Ingeborg Schwenzer

**Schweizerisches Obligationenrecht
Allgemeiner Teil**

S*j*L

Stämpflis juristische Lehrbücher

Dr. Ingeborg Schwenzer, LL.M.

o. Professorin an der Universität Basel

Schweizerisches Obligationenrecht

Allgemeiner Teil

Sechste, überarbeitete Auflage

 Stämpfli Verlag

Zitiervorschlag:
Schwenzer, OR AT, 6. Aufl., N

Bibliografische Information der Deutschen Nationalbibliothek
Die Deutsche Nationalbibliothek verzeichnet diese Publikation in der Deutschen
Nationalbibliografie; detaillierte bibliografische Daten sind im Internet über
http://dnb.d-nb.de abrufbar.

Gesamtherstellung:
Stämpfli Publikationen AG, Bern
Printed in Switzerland

© Stämpfli Verlag AG Bern · 2012

www.staempfliverlag.com

ISBN 978-3-7272-8676-6

FSC
www.fsc.org
MIX
Papier aus ver-
antwortungsvollen
Quellen
FSC® C016087

Vorwort zur sechsten Auflage

Obwohl die letzte Auflage nur drei Jahre zurückliegt und der grosse Reformschub im Obligationenrecht bislang ausgeblieben ist, waren im Rahmen der Neuauflage wiederum wichtige Neuerungen und Veränderungen einzuarbeiten. Neben einer Unzahl kleinerer Gesetzesänderungen scheinen zudem Literatur und Rechtsprechung zum Obligationenrecht in den vergangenen Jahren kontinuierlich zuzunehmen, dies gilt vor allem für das Haftpflichtrecht. Neue Ideen und Konzepte finden vielfältigen literarischen Widerhall. Trotz umfangreicherer Nachträge wurde versucht, den Umfang des Lehrbuchs nicht wesentlich zu erweitern. Die Konzeption der Vorauflagen wurde beibehalten. Rechtsprechung und Literatur wurden bis Ende April 2012 berücksichtigt. Gesetze werden bereits nach dem voraussichtlichen Stand vom 1. Januar 2013 zitiert.

Mein herzlicher Dank gilt meinem wissenschaftlichen Assistenten Adam Herzfeld, MLaw, für die sorgfältige Sichtung und Aufarbeitung des aktuellen Materials, Frau Tomie Keller, MLaw, für die Sammlung desselben sowie Herrn Lukas Meyer, stud. iur., für die sorgfältige Überprüfung und Anpassung der Änderungen.

Basel, im Juni 2012 *I.S.*

Aus dem Vorwort zur ersten Auflage

Das vorliegende Lehrbuch wendet sich in erster Linie an Studierende zur Vor- und Nachbereitung der Vorlesung Obligationenrecht, Allgemeiner Teil. Entsprechend dieser Zielsetzung versucht es, Grundstrukturen aufzuzeigen, um ein zusammenhängendes Verständnis dieser Kernmaterie des Privatrechts zu ermöglichen. Dabei steht die Herausarbeitung der widerstreitenden Interessen und der Sachfragen im Vordergrund. Auf eine tiefschürfende Auseinandersetzung mit Theorien wird vor allem da verzichtet, wo diese keine Praxisrelevanz besitzen.

Einbezogen ist auch das ausservertragliche Haftpflichtrecht. Entscheidend dafür war der Gedanke, Gemeinsamkeiten, aber vor allem auch Unterschiede vertraglicher und deliktischer Haftung plastisch werden zu lassen (vgl. vor allem Dritter Teil). Aus Gründen der besseren Lesbarkeit wurden die Literatur- und Rechtsprechungsnachweise im Text auf ein Minimum beschränkt. Bei den Rechtsprechungsnachweisen wurde besonderes Gewicht auf die jüngere bundesgerichtliche Rechtsprechung gelegt. Soweit eine von dieser abweichende Auffassung vertreten wird, erfolgte eine entsprechende Kenntlichmachung. Ausführliche Literaturhinweise zu Beginn der jeweiligen Kapitel sollen ein weiterführendes Studium erleichtern.

Zu tiefem Dank bin ich den Mitarbeiterinnen und Mitarbeitern meines Lehrstuhls verpflichtet, die dieses Projekt mitgetragen haben. Allen voran gilt mein Dank Frau Heidi Marchetti, die in aufopferungsvoller Weise das Manuskript von den Anfängen bis zur Druckreife betreut hat. Ganz herzlich danken möchte ich meinen Assistenten, den Herren lic.iur. Maurice Courvoisier, lic.iur. Christopher Langloh, Advokat, lic.iur. Beat Schönenberger und vor allem lic.iur. Matthias Stein-Wigger für die Überarbeitung des Manuskripts in mühevoller Kärrnerarbeit und viele kritische Diskussionsbeiträge.

Ein Lehrbuch lebt von der Auseinandersetzung mit Studierenden. Für kritische Anmerkungen bin ich deshalb allen Leserinnen und Lesern sehr dankbar.

Das Manuskript wurde im Sommer 1997 abgeschlossen. Die bundesgerichtliche Rechtsprechung wurde bis BGE 123 III Heft 3 berücksichtigt.

Basel, im September 1997 *I.S.*

Inhaltsübersicht

Inhaltsverzeichnis

Abkürzungsverzeichnis

a.A.	anderer Ansicht
ABGB	Allgemeines Bürgerliches Gesetzbuch für Österreich vom 1. Juni 1811
abl.	ablehnend
Abs.	Absatz
aBV	Bundesverfassung der Schweizerischen Eidgenossenschaft vom 29. Mai 1874, aufgehoben durch Bundesverfassung der Schweizerischen Eidgenossenschaft vom 18. April 1999 (SR 101)
AcP	Archiv für die civilistische Praxis (Deutschland)
AG	Aargau
AGB	Allgemeine Geschäftsbedingungen
AGVE	Aargauische Gerichts- und Verwaltungsentscheide
AJP	Aktuelle Juristische Praxis
allg.	allgemein
aOR	BG über das Obligationenrecht vom 14. Juni 1881 (altes OR)
AppGer	Appellationsgericht
ArbGer	Arbeitsgericht
ArG	BG vom 13. März 1964 über die Arbeit in Industrie, Gewerbe und Handel, Arbeitsgesetz (SR 822.11)
Art.	Artikel
ASA	Archiv für Schweizerisches Abgaberecht
AT	Allgemeiner Teil
ATC	Arrêts du Tribunal Cantonal
ATSG	BG vom 6. Oktober 2000 über den Allgemeinen Teil des Sozialversicherungsrechts (SR 830.1)
Aufl.	Auflage
ausf.	ausführlich
AVB	Allgemeine Vertragsbedingungen
AwR	Anwaltsrevue
BankG	BG vom 8. November 1934 über die Banken und Sparkassen (SR 952.0)
BBG	BG vom 19. April 1978 über die Berufsbildung (SR 412.10)
BBl	Bundesblatt
BBT	Berner Bankrechtstag
Bd.	Band
Bde.	Bände
BehiG	BG vom 13. Dezember 2002 über die Beseitigung von Benachteiligungen von Menschen mit Behinderungen (SR 151.3)
BezGer	Bezirksgericht
BG	Bundesgesetz
BGB	Bürgerliches Gesetzbuch für das Deutsche Reich vom 18. August 1896 i.d.F. der Bekanntmachung vom 2. Januar 2002
BGBB	BG vom 4. Oktober 1991 über das bäuerliche Bodenrecht (SR 211.412.11)
BGBl.	Bundesgesetzblatt (Deutschland)

BGE	Entscheidungen des Schweizerischen Bundesgerichts
BGF	BG vom 21. Juni 1991 über die Fischerei (SR 923.0)
BGFA	BG vom 23. Juni 2000 über die Freizügigkeit der Anwältinnen und Anwälte (SR 935.61)
BGer	Bundesgericht
BGHSt	Entscheidungen des Bundesgerichtshofes in Strafsachen (Deutschland)
BGHZ	Entscheidungen des Bundesgerichtshofes in Zivilsachen (Deutschland)
BJM	Basler Juristische Mitteilungen
BN	Der Bernische Notar
BPV	Bundesamt für Privatversicherungen
BR	Baurecht
BSG	BG vom 3. Oktober 1975 über die Binnenschifffahrt (SR 747.201)
Bsp.	Beispiel
BT	Besonderer Teil
BV	Bundesverfassung der Schweizerischen Eidgenossenschaft vom 18. April 1999 (SR 101)
BVG	BG vom 25. Juni 1982 über die berufliche Alters-, Hinterlassenen- und Invalidenvorsorge (SR 831.40)
BVerfG	Bundesverfassungsgericht (Deutschland)
BVerfGE	Entscheidungen des (deutschen) Bundesverfassungsgerichts
BZG	BG vom 4. Oktober 2002 über den Bevölkerungsschutz und den Zivilschutz (SR 520.1)
BZP	BG vom 4. Dezember 1947 über den Bundeszivilprozess (SR 273)
bzw.	beziehungsweise
b2b	business to business
b2c	business to consumer
C.A.	Court of Appeal (England)
CC	Code civil bzw. Codice civile (Frankreich bzw. Italien)
CCS	Code civil suisse (= ZGB)
CEDIDAC	Publications CEDIDAC/Centre du Droit de l'entreprise (droit industriel, droit d'auteur, droit commercial) de l'Université de Lausanne
ch.	Chiffre = Ziffer
CESL	Common European Sales Law
CIF	cost, insurance, freight (Kosten, Versicherung, Fracht)
CIM	Einheitliche Rechtsvorschriften für den Vertrag über die internationale Eisenbahnbeförderung von Gütern, Anhang B des Übereinkommens vom 9. Mai 1980 über den internationalen Eisenbahnverkehr (SR 0.742.403.1)
CISG	United Nations Convention on Contracts for the International Sale of Goods/Übereinkommen der Vereinten Nationen vom 11. April 1980 über Verträge über den internationalen Warenkauf (SR 0.221.211.1)
CJ	Cour de Justice
CMR	Übereinkommen vom 19. Mai 1956 über den Beförderungsvertrag im internationalen Strassengüterverkehr (SR 0.741.611)
CO	Code des obligations (= OR)

CVIM	Convention des Nations Unies (de Vienne) sur les contrats de vente internationale de marchandises (= CISG)
DCFR	Draft Common Frame of Reference
d.h.	das heisst
ders.	derselbe (Autor)
DesG	BG vom 5. Oktober 2001 über den Schutz von Design (SR 232.12)
dies.	dieselbe (Autorin)/dieselben (Autoren)
diff.	differenzierend
Dig.	Digesten des Corpus iuris civilis
DIGMA	Zeitschrift für Datenrecht und Informationssicherheit
Diss.	Dissertation
E	Entwurf
e	electronic
E.	Erwägung
EBG	Eisenbahngesetz vom 20. Dezember 1957 (SR 742.101)
EG	Europäische Gemeinschaft
EGZGB ZH	Zürcher Einführungsgesetz zum Schweizerischen Zivilgesetzbuch
Einl.	Einleitung
EJPD	Eidgenössisches Justiz- und Polizeidepartement
EKK	Eidgenössische Kommission für Konsumentenfragen
EleG	BG vom 24. Juni 1902 betreffend die elektrischen Schwach- und Starkstromanlagen, Elektrizitätsgesetz (SR 734.0)
Erl.	Erläuterung(en)
et al.	et alteri
etc.	et cetera
EU	Europäische Union
EVG	Eidgenössisches Versicherungsgericht
EWG	Europäische Wirtschaftsgemeinschaft
EXW	ex works, ab Werk
f./ff.	und folgende (Seite/Seiten)
FamPra.ch	Die Praxis des Familienrechts
FAS	free alongside ship, frei Längsseite Seeschiff
FMedG	BG über die medizinisch unterstützte Fortpflanzung vom 18. Dezember 1998 (BBl 1998, 5714 ff.)
FN	Fussnote
FOB	free on board, frei an Bord
franz.	französisch
FS	Festschrift
FusG	BG vom 3. Oktober 2003 über Fusion, Spaltung, Umwandlung und Vermögensübertragung (SR 221.301)
FZR	Freiburger Zeitschrift für Rechtsprechung
G	Gesetz
GBV	V vom 22. Februar 1910 betreffend das Grundbuch (SR 211.432.1)
GestG	BG vom 24. März 2000 über den Gerichtsstand in Zivilsachen (SR 272)
ggf.	gegebenenfalls

GlG	BG vom 24. März 1995 über die Gleichstellung von Frau und Mann, Gleichstellungsgesetz (SR 151)
gl.M.	gleicher Meinung
GmbH	Gesellschaft mit beschränkter Haftung
GSchG	BG vom 24. Januar 1991 über den Schutz der Gewässer, Gewässerschutzgesetz (SR 814.20)
GTG	BG vom 21. März 2003 über die Gentechnik im Ausserhumanbereich (SR 814.91)
GUMG	BG vom 8. Oktober 2004 über genetische Untersuchungen beim Menschen (SR 810.12)
GUMV	Verordnung vom 14. Februar 2007 über die genetischen Untersuchungen beim Menschen (SR 810.122.1)
Harv.L.Rev.	Harvard Law Review (USA)
HAVE	Haftung und Versicherung
HFG	BG über die Forschung am Menschen vom 30. September 2011 (noch nicht in Kraft)
HGer	Handelsgericht
h.M.	herrschende Meinung
HPG	Haftpflichtgesetz
Hrsg.	Herausgeber
i.A.	im Auftrage
i.c.	in casu
i.d.F.	in der Fassung
i.d.R.	in der Regel
i.d.S.	in der Sache
i.E.	im Ergebnis
i.V.m.	in Verbindung mit
i.w.S.	im weiteren Sinne
Incoterms	International Commercial Terms
insb.	insbesondere
IPRG	BG vom 18. Dezember 1987 über das Internationale Privatrecht (SR 291)
IVG	BG vom 19. Juni 1959 über die Invalidenversicherung (SR 831.20)
JAR	Jahrbuch des Schweizerischen Arbeitsrechts
JdT	Journal des Tribunaux
JherJb	Jherings Jahrbücher für die Dogmatik des bürgerlichen Rechts (Deutschland)
JSG	BG vom 20. Juni 1986 über die Jagd und den Schutz wildlebender Säugetiere und Vögel, Jagdgesetz (SR 922.0)
Jura	Juristische Ausbildung (Deutschland)
JZ	Juristenzeitung (Deutschland)
K.B.	Law Reports, King's Bench (England)
KAG	BG über die kollektiven Kapitalanlagen vom 23. Juni 2006 (SR 951.31)
Kap.	Kapitel
KassGer	Kassationsgericht
KEG	Kernenergiegesetz vom 21. März 2003 (SR 732.1)

KG	BG vom 6. Oktober 1995 über Kartelle und andere Wettbewerbs-beschränkungen, Kartellgesetz (SR 251)
KGer	Kantonsgericht
KGTG	BG vom 20. Juni 2003 über den internationalen Kulturgütertransfer (SR 444.1)
KGTV	Verordnung vom 13. April 2005 über den internationalen Kulturgütertransfer (SR 444.11)
KHG	Kernenergiehaftpflichtgesetz vom 18. März 1983 (SR 732.44)
KKG	BG vom 23. März 2001 über den Konsumkredit (SR 221.214.1)
Komm	Kommentar
krit.	kritisch
KVG	BG vom 18. März 1994 über die Krankenversicherung (SR 832.10)
LeGes	Gesetzgebung und Evaluation
LFG	BG vom 21. Dezember 1948 über die Luftfahrt, Luftfahrtgesetz (SR 748.0)
lit.	litera (= Buchstabe)
LPG	BG vom 4. Oktober 1985 über die landwirtschaftliche Pacht (SR 221.213.2)
LTrV	Verordnung vom 17. August 2005 über den Lufttransport (SR 748.411)
LugÜ	Übereinkommen vom 16. September 1988 über die gerichtliche Zuständigkeit und die Vollstreckung gerichtlicher Entscheidungen in Zivil- und Handelssachen (SR 0.275.11)
m. Anm.	mit Anmerkung
M-Commerce	Mobile Commerce
m.E.	meines Erachtens
m.a.W.	mit anderen Worten
m. ausf. Diskussion	mit ausführlicher Diskussion
m. krit. Anm.	mit kritischer Anmerkung
m. Nachw.	mit Nachweis(en)
m.w. Nachw.	mit weiteren Nachweisen
MG	BG vom 3. Februar 1995 über die Armee und die Militärverwaltung, Militärgesetz (SR 510.10)
mp	mietrechtspraxis
MSchG	BG vom 28. August 1992 über den Schutz von Marken und Herkunftsangaben, Markenschutzgesetz (SR 232.11)
MünchKomm	Münchener Kommentar zum Bürgerlichen Gesetzbuch (Deutschland)
N	Randnummer
Nachw.	Nachweis
NJW	Neue Juristische Wochenschrift (Deutschland)
Nr.	Nummer
n. rkr.	nicht rechtskräftig
o.dgl.	oder dergleichen
o.g.	oben genannt
OGer	Obergericht

OHG	BG vom 4. Oktober 1991 über die Hilfe an Opfer von Straftaten, Opferhilfegesetz (SR 312.5)
OR	BG vom 30. März 1911 betreffend die Ergänzung des Schweizerischen Zivilgesetzbuches, Fünfter Teil: Obligationenrecht (SR 220)
PartG	BG vom 18. Juni 2004 über die eingetragene Partnerschaft gleichgeschlechtlicher Paare (SR 211.231)
PatG	BG vom 25. Juni 1954 über die Erfindungspatente, Patentgesetz (SR 232.14)
PauRG	BG vom 18. Juni 1993 über Pauschalreisen (SR 944.3)
PBG	BG vom 20. März 2009 über die Personenbeförderung (SR 745.1)
PG	Postgesetz vom 17. Dezemeber 2010 (SR 783.0)
PHI	Produkthaftpflicht International (Deutschland)
plädoyer	Plädoyer: Magazin für Recht und Politik
POG	BG über die Organisation der Schweizerischen Post vom 17. Dezember 2010 (SR 783.1)
ppa	per procura
Pra	Die Praxis des Bundesgerichts
PrHG	BG vom 18. Juni 1993 über die Produktehaftpflicht, Produktehaftpflichtgesetz (SR 221.112.944)
ProstG	(deutsches) Gesetz zur Regelung der Rechtsverhältnisse der Prostituierten vom 27. Dezember 2001 (BGBl. 2001 I S. 3983)
PrSG	BG über die Produktsicherheit vom 12. Juni 2009 (SR 930.11)
PüG	Preisüberwachungsgesetz vom 20. Dezember 1985 (SR 942.20)
RabelsZ	Rabels Zeitschrift für ausländisches und internationales Privatrecht (Deutschland)
RGZ	Entscheidungen des Reichsgerichts in Zivilsachen (Deutschland)
RJN	Recueil de jurisprudence neuchâteloise
RLG	BG vom 4. Oktober 1963 über Rohrleitungsanlagen zur Beförderung flüssiger oder gasförmiger Brenn- oder Treibstoffe, Rohrleitungsgesetz (SR 746.1)
RtiD	Rivista ticinese di diritto
RVJ	Revue valaisanne de jurisprudence
S.	Satz
S.	Seite
s.a.	siehe auch
SAG	Schweizerische Aktiengesellschaft (seit 1990: SZW)
SchKG	BG vom 11. April 1889 über Schuldbetreibung und Konkurs (SR 281.1)
SchlT	Schlusstitel
SebG	BG vom 23. Juni 2006 über Seilbahnen zur Personenbeförderung (SR 743.01)
SemJud	La semaine judiciaire
SIA	Schweizerischer Ingenieur- und Architektenverein
SIC	Swiss Interbank Clearing
sic!	Zeitschrift für Immaterialgüter-, Informations- und Wettbewerbsrecht
SJK	Schweizerische Juristische Kartothek
SJZ	Schweizerische Juristen-Zeitung

SMS	Short Message Service
SOG	Solothurnische Gerichtspraxis
sog.	so genannt
SPR	Schweizerisches Privatrecht
SprstG	BG vom 25. März 1977 über explosionsgefährliche Stoffe, Sprengstoffgesetz (SR 941.41)
SR	Systematische Sammlung des Bundesrechts (Systematische Rechtssammlung)
SSHW	Schweizer Schriften zum Handels- und Wirtschaftsrecht
ST	Der Schweizer Treuhänder
Std.	Stunde
StGB	Schweizerisches Strafgesetzbuch vom 21. Dezember 1937 (SR 311.0)
str.	streitig
StSG	Strahlenschutzgesetz vom 22. März 1991 (SR 814.50)
SVG	Strassenverkehrsgesetz vom 19. Dezember 1958 (SR 741.01)
SVZ	Schweizerische Versicherungs-Zeitschrift
SZIER	Schweizerische Zeitschrift für internationales und europäisches Recht
SZW	Schweizerische Zeitschrift für Wirtschaftsrecht
TrolleybusG	BG vom 29. März 1950 über die Trolleybusunternehmungen (SR 744.21)
u.Ä.	und Ähnliches
u.a.	unter anderem
u.U.	unter Umständen
UmwelthaftungsG	(deutsches) Umwelthaftungsgesetz vom 20.12.1990 (BGBl I S. 2634)
UN	United Nations
UNCITRAL	United Nations Commission on International Trade Law
UNIDROIT	Institut International pour l'Unification du Droit Privé/International Institute for the Unification of Private Law
URG	BG vom 9. Oktober 1992 über das Urheberrecht und verwandte Schutzrechte, Urheberrechtsgesetz (SR 231.1)
USA	United States of America
USG	BG vom 7. Oktober 1983 über den Umweltschutz, Umweltschutzgesetz (SR 814.01)
UVG	BG vom 20. März 1981 über die Unfallversicherung (SR 832.20)
UWG	BG vom 19. Dezember 1986 gegen den unlauteren Wettbewerb (SR 241)
V	Verordnung
VE	Vorentwurf
VersR	Versicherungsrecht (Deutschland)
vgl.	vergleiche
VKKG	V vom 6. November 2002 zum Konsumkreditgesetz (SR 221.214.11)
Vorbem.	Vorbemerkung(en)
VPB	Verwaltungspraxis der Bundesbehörden
VVG	BG vom 2. April 1908 über den Versicherungsvertrag (SR 221.229.1)

VZertEs	Verordnung vom 3. Dezember 2004 über Zertifizierungsdienste im Bereich der elektronischen Signatur (SR 943.032)
WM	Wertpapier-Mitteilungen (Deutschland)
WuR	Wirtschaft und Recht, Zeitschrift für Wirtschaftspolitik und Wirtschaftsrecht mit Einschluss des Sozial- und Arbeitsrechts (Deutschland)
WZG	BG vom 22. Dezember 1999 über die Währung und die Zahlungsmittel (SR 941.10)
z.B.	zum Beispiel
ZBGR	Schweizerische Zeitschrift für Beurkundungs- und Grundbuchrecht
ZBJV	Zeitschrift des Bernischen Juristenvereins
ZBl	Schweizerisches Zentralblatt für Staats- und Verwaltungsrecht
ZertEs	BG vom 19. Dezember 2003 über Zertifizierungsdienste im Bereich der elektronischen Signatur (SR 943.03)
ZEuP	Zeitschrift für Europäisches Privatrecht (Deutschland)
ZGB	Schweizerisches Zivilgesetzbuch vom 10. Dezember 1907 (SR 210)
ZGRG	Zeitschrift für Gesetzgebung und Rechtsprechung in Graubünden
Ziff.	Ziffer
ZivGer	Zivilgericht
ZPO	Schweizerische Zivilprozessordnung vom 19. Dezember 2008 (SR 272)
ZR	Blätter für Zürcherische Rechtsprechung
ZSR	Zeitschrift für Schweizerisches Recht
zust.	zustimmend
ZVglRWiss	Zeitschrift für vergleichende Rechtswissenschaft (Deutschland)
ZVW	Zeitschrift für Vormundschaftswesen
ZWR	Zeitschrift für Walliser Rechtsprechung

Literaturübersicht

I. Lehrbücher, Monografien, Sammelwerke u.a.

AMONN KURT/WALTHER FRIDOLIN, Grundriss des Schuldbetreibungs- und Konkursrechts, 8. Aufl., Bern 2008 (zit. AMONN/WALTHER, SchKG)

BERGER BERNHARD, Allgemeines Schuldrecht, Bern 2008 (zit. BERGER, Schuldrecht)

BERGER BERNHARD/GÜNGERICH ANDREAS, Zivilprozessrecht, Bern 2008 (zit. BERGER/GÜNGERICH, Zivilprozessrecht)

BUCHER EUGEN, Schweizerisches Obligationenrecht, Allgemeiner Teil, 2. Aufl., Zürich 1988 (zit. BUCHER, OR AT)

BUCHER EUGEN, Obligationenrecht, Besonderer Teil, 3. Aufl., Zürich 1988 (zit. BUCHER, OR BT)

DESCHENAUX HENRI/TERCIER PIERRE, La responsabilité civile, 2. Aufl., Bern 1982 (zit. DESCHENAUX/TERCIER)

DRUEY JEAN NICOLAS, Grundriss des Erbrechts, 5. Aufl., Bern 2002 (zit. DRUEY, Erbrecht)

ENGEL PIERRE, Traité des obligations en droit suisse, 2. Aufl., Bern 1997 (zit. ENGEL, OR AT)

ENGEL PIERRE, Contrats de droit suisse, 2. Aufl., Bern 2000 (zit. ENGEL, OR BT)

FURRER ANDREAS/MÜLLER-CHEN MARKUS, Obligationenrecht, Allgemeiner Teil, Zürich 2008 (zit. FURRER/MÜLLER-CHEN)

GAUCH PETER, Der Werkvertrag, 5. Aufl., Zürich 2011 (zit. GAUCH, Werkvertrag)

GAUCH PETER/SCHLUEP WALTER R./SCHMID JÖRG/EMMENEGGER SUSANNE, Schweizerisches Obligationenrecht, Allgemeiner Teil, 2 Bde., 9. Aufl., Zürich 2008 (zit. GAUCH/SCHLUEP/BEARBEITERIN)

GUGGENHEIM DANIEL, Le droit suisse des contrats, Bd. I, La conclusion des contrats, Genf 1991 (zit. GUGGENHEIM, Droit des contrats I)

GUGGENHEIM DANIEL, Le droit suisse des contrats, Bd. II, Les effets des contrats, Genf 1995 (zit. GUGGENHEIM, Droit des contrats II)

GUHL THEO, Das Schweizerische Obligationenrecht, 9. Aufl., Zürich 2000, bearbeitet von Alfred Koller, Anton K. Schnyder und Jean Nicolas Druey (zit. GUHL/BEARBEITER)

HAUSHEER HEINZ/JAUN MANUEL, Die Einleitungsartikel des ZGB, 2. Aufl., Bern 2003 (zit. HAUSHEER/JAUN, Einleitungsartikel)

HONSELL HEINRICH, Schweizerisches Haftpflichtrecht, 4. Aufl., Zürich 2005 (zit. HONSELL, Haftpflichtrecht)

HONSELL HEINRICH, Schweizerisches Obligationenrecht, Besonderer Teil, 9. Aufl., Bern 2010 (zit. HONSELL, OR BT)

HUGUENIN CLAIRE, Obligationenrecht Allgemeiner Teil, 3. Aufl., Zürich 2008 (zit. HUGUENIN, OR AT)

HUGUENIN CLAIRE, Obligationenrecht Besonderer Teil, 3. Aufl., Zürich 2008 (zit. HUGUENIN, OR BT)

KELLER ALFRED, Haftpflicht im Privatrecht, Bd. I, 6. Aufl., Bern 2001; Bd. II, 2. Aufl., Bern 1998 (zit. KELLER, Haftpflicht I/II)

KELLER MAX/GABI SONJA/GABI KARIN, Haftpflichtrecht, 3. Aufl., Basel/Frankfurt a.M. 2012 (zit. KELLER/GABI/GABI, Haftpflichtrecht)

KELLER MAX/SCHAUFELBERGER PETER C., Das Schweizerische Schuldrecht, Bd. III, Ungerechtfertigte Bereicherung, 3. Aufl., Basel/Frankfurt a.M. 1990 (zit. KELLER/SCHAUFELBERGER, Schuldrecht III)

KELLER MAX/SCHÖBI CHRISTIAN, Das Schweizerische Schuldrecht, Bd. I, Allgemeine Lehren des Vertragsrechts, 3. Aufl., Basel/Frankfurt a.M. 1988 (zit. KELLER/ SCHÖBI, Schuldrecht I)

KELLER MAX/SCHÖBI CHRISTIAN, Das Schweizerische Schuldrecht, Bd. IV, Gemeinsame Rechtsinstitute für Schuldverhältnisse aus Vertrag, unerlaubter Handlung und ungerechtfertigter Bereicherung, 2. Aufl., Basel/Frankfurt a.M. 1985 (zit. KELLER/SCHÖBI, Schuldrecht IV)

KELLER MAX/SIEHR KURT, Kaufrecht, 3. Aufl., Zürich 1995 (zit. KELLER/SIEHR, Kaufrecht)

KOLLER ALFRED, Schweizerisches Obligationenrecht, Allgemeiner Teil, 3. Aufl., Bern 2009 (zit. KOLLER, OR AT)

KOLLER ALFRED, Schweizerisches Obligationenrecht, Besonderer Teil, Bern 2012 (zit. KOLLER, OR BT)

KRAMER ERNST A. (Hrsg.), Neue Vertragsformen der Wirtschaft, 2. Aufl., Bern 1992 (zit. AUTOR, in: KRAMER [Hrsg.], Neue Vertragsformen)

KRAMER, ERNST A. (Hrsg.), Konsumentenschutz im Privatrecht, SPR X, Basel 2008 (zit. BEARBEITERIN, Titel, SPR X)

KRAMER, ERNST A., Grundkurs Obligationenrecht Allgemeiner Teil, Basel 2009

LANDOLT HARDY/ROBERTO VITO, Haftpflichtrecht in a nutshell, Zürich 2010 (zit. LANDOLT/ROBERTO, Haftpflichtrecht)

LIVER PETER, Das Eigentum, SPR V/1, Basel/Frankfurt a.M. 1977 (zit. LIVER, SPR V/1)

MEIER ISAAK, Schweizerisches Zivilprozessrecht, eine kritische Darstellung aus der Sicht von Praxis und Lehre, Zürich/Basel/Genf 2010 (zit. MEIER, Zivilprozessrecht)

MEIER-HAYOZ ARTHUR/FORSTMOSER PETER, Schweizerisches Gesellschaftsrecht, 10. Aufl., Bern 2007 (zit. MEIER-HAYOZ/FORSTMOSER, Gesellschaftsrecht)

MERZ HANS, Obligationenrecht, Allgemeiner Teil, SPR VI/1, Basel/Frankfurt a.M. 1984 (zit. MERZ, SPR VI/1)

MERZ HANS, Vertrag und Vertragsschluss, 2. Aufl., Freiburg i.Ue. 1992 (zit. MERZ, Vertrag und Vertragsschluss)

MÜLLER CHRISTOPH, Contrats de droit suisse, Bern 2012 (zit. MÜLLER, Contrats)

MÜLLER-CHEN MARKUS/GIRSBERGER DANIEL/FURRER ANDREAS, Obligationenrecht, Besonderer Teil, Zürich 2011 (zit. MÜLLER-CHEN/GIRSBERGER/FURRER)

OFTINGER KARL/STARK EMIL W., Schweizerisches Haftpflichtrecht, Allgemeiner Teil, Bd. I, 5. Aufl., Zürich 1995 (zit. OFTINGER/STARK, Haftpflichtrecht I)

OFTINGER KARL/STARK EMIL W., Schweizerisches Haftpflichtrecht, Besonderer Teil, Bd. II/1, 4. Aufl., Zürich 1987 (zit. OFTINGER/STARK, Haftpflichtrecht II/1)

OFTINGER KARL/STARK EMIL W., Schweizerisches Haftpflichtrecht, Besonderer Teil, Bd. II/2, 4. Aufl., Zürich 1989 (zit. OFTINGER/STARK, Haftpflichtrecht II/2)

OFTINGER KARL/STARK EMIL W., Schweizerisches Haftpflichtrecht, Besonderer Teil, Bd. II/3, 4. Aufl., Zürich 1991 (zit. OFTINGER/STARK, Haftpflichtrecht II/3)

PEDRAZZINI MARIO M./OBERHOLZER NIKLAUS, Grundriss des Personenrechts, 4. Aufl., Bern 1993 (zit. PEDRAZZINI/OBERHOLZER, Personenrecht)

PORTMANN WOLFGANG/REY HEINZ, Ausservertragliches Haftpflichtrecht, Ein Kompendium in Form von erläuterten Begriffen, Zürich 2005 (zit. PORTMANN/REY)

REHBINDER MANFRED, Schweizerisches Arbeitsrecht, 15. Aufl., Bern 2002 (zit. REH-BINDER, Arbeitsrecht)

REY HEINZ, Ausservertragliches Haftpflichtrecht, 4. Aufl., Zürich 2008 (zit. REY, Haftpflichtrecht)

REY HEINZ, Die Grundlagen des Sachenrechts und das Eigentum, 3. Aufl., Bern 2007 (zit. REY, Sachenrecht)

ROBERTO VITO, Schweizerisches Haftpflichtrecht, Zürich 2002 (zit. ROBERTO, Haftpflichtrecht)

SCHLECHTRIEM PETER/SCHMIDT-KESSEL MARTIN, Schuldrecht, Allgemeiner Teil, 6. Aufl., Tübingen 2005 (zit. SCHLECHTRIEM/SCHMIDT-KESSEL, Schuldrecht AT)

SCHLECHTRIEM PETER, Schuldrecht, Besonderer Teil, 6. Aufl., Tübingen 2003 (zit. SCHLECHTRIEM, Schuldrecht BT)

SCHMID JÖRG/HÜRLIMANN-KAUP BETTINA, Sachenrecht, 3. Aufl., Zürich/Basel/Genf 2009 (zit. SCHMID/HÜRLIMANN-KAUP, Sachenrecht)

SCHNYDER ANTON K./PORTMANN WOLFGANG/MÜLLER-CHEN MARKUS, Ausservertragliches Haftpflichtrecht, Zürich 2008 (zit. SCHNYDER/PORTMANN/MÜLLER-CHEN, Haftpflichtrecht)

STAEHELIN ADRIAN/STAEHELIN DANIEL/GROLIMUND PASCAL, Zivilprozessrecht: nach dem Entwurf für eine Schweizerische Zivilprozessordnung und weiteren Erlassen – unter Einbezug des internationalen Rechts, Zürich 2008 (zit. STAEHELIN/STAEHELIN/GROLIMUND, Zivilprozessrecht)

STAEHELIN ADRIAN/SUTTER THOMAS, Zivilprozessrecht, Basel 1992 (zit. STAEHELIN/SUTTER, Zivilprozessrecht)

SUTTER-SOMM THOMAS, Schweizerisches Zivilprozessrecht, 2. Aufl., Zürich/Basel/Genf 2012 (zit. SUTTER-SOMM, Zivilprozessrecht)

TERCIER PIERRE, Le droit des obligations, 4. Aufl., Zürich 2009 (zit. TERCIER, Obligations)

TERCIER PIERRE, Les contrats spéciaux, 4. Aufl., Zürich 2009 (zit. TERCIER, Contrats)

TUOR PETER/SCHNYDER BERNHARD/SCHMID JÖRG/RUMO-JUNGO ALEXANDRA, Das Schweizerische Zivilgesetzbuch, 13. Aufl., Zürich/Basel/Genf 2009 (zit. TUOR/SCHNYDER/BEARBEITERIN)

VASELLA DAVID/SCHNYDER ANTON K./WEBER STEFAN, Haftpflicht- und Privatversicherungsrecht, Bern 2008 (zit. Haftpflichtrecht 2008)

VOGEL OSCAR/SPÜHLER KARL, Grundriss des Zivilprozessrechts und des internationalen Zivilprozessrechts der Schweiz, 8. Aufl., Bern 2006 (zit. VOGEL/SPÜHLER, Zivilprozessrecht)

VON BÜREN BRUNO, Schweizerisches Obligationenrecht, Allgemeiner Teil, Zürich 1964 (zit. VON BÜREN, OR AT)

VON TUHR ANDREAS/ESCHER ARNOLD, Allgemeiner Teil des Schweizerischen Obligationenrechts, Bd. II, 3. Aufl., Zürich 1974 (zit. VON TUHR/ESCHER)

VON TUHR ANDREAS/PETER HANS, Allgemeiner Teil des Schweizerischen Obligationenrechts, Bd. I, 3. Aufl., Zürich 1979 (zit. VON TUHR/PETER)

VON TUHR ANDREAS/PETER HANS/ESCHER ARNOLD, Allgemeiner Teil des Schweizerischen Obligationenrechts, Supplement, Zürich 1984 (zit. VON TUHR/ESCHER)

WERRO FRANZ, La responsabilité civile, 2. Aufl., Bern 2011 (zit. WERRO, Responsabilité)

ZWEIGERT KONRAD/KÖTZ HEIN, Einführung in die Rechtsvergleichung, 3. Aufl., Tübingen 1996 (zit. ZWEIGERT/KÖTZ, Rechtsvergleichung)

II. Kommentare

AMSTUTZ MARC/BREITSCHMID PETER/FURRER ANDREAS/GIRSBERGER DANIEL/HUGUE-NIN CLAIRE/MÜLLER-CHEN MARKUS/ROBERTO VITO/RUMO-JUNGO ALEXAN-DRA/SCHNYDER ANTON K. (Hrsg.), Handkommentar zum Schweizer Privatrecht, Zürich 2007 (zit. CHK/BEARBEITERIN)

GAUCH PETER/AEPLI VIKTOR/STÖCKLI HUBERT (Hrsg.), Präjudizienbuch zum OR, Rechtsprechung des Bundesgerichts, 6. Aufl., Zürich 2006 (zit. Gauch/Aepli/Stöckli/BEARBEITERIN)

HONSELL HEINRICH (Hrsg.), OR AT Art. 1–529, Kurzkommentar, Basel 2008 (zit. KuKo OR/ BEARBEITERIN)

HONSELL HEINRICH/VOGT NEDIM PETER/WIEGAND WOLFGANG (Hrsg.), Kommentar zum Schweizerischen Privatrecht, Obligationenrecht I, Art. 1–529 OR, 5. Aufl., Basel/Frankfurt a.M. 2011 (zit. BaslerKomm/BEARBEITERIN)

HONSELL HEINRICH/VOGT NEDIM PETER/WATTER ROLF (Hrsg.), Kommentar zum Schweizerischen Privatrecht, Obligationenrecht II, Art. 530–964 OR, Art. 1–6 SchlT AG, Art. 1–11 ÜBest GmbH, 4. Aufl., Basel/Frankfurt a.M. 2012 (zit. BaslerKomm/BEARBEITERIN)

HONSELL HEINRICH/VOGT NEDIM PETER/GEISER THOMAS (Hrsg.), Kommentar zum Schweizerischen Privatrecht, Schweizerisches Zivilgesetzbuch I, Art. 1–456 ZGB, 4. Aufl., Basel/Frankfurt a.M. 2010 (zit. BaslerKomm/BEARBEITERIN)

KREN KOSTKIEWICZ JOLANTA/BERTSCHINGER URS/NOBEL PETER/SCHWANDER IVO/WOLF STEPHAN (Hrsg.), OR: Handkommentar Schweizerisches Obligationenrecht, 2. Aufl., Zürich 2009 (zit. HandKomm OR/BEARBEITERIN)

SCHLECHTRIEM PETER/SCHWENZER INGEBORG (Hrsg.), Kommentar zum Einheitlichen UN-Kaufrecht (CISG), 5. Aufl., München 2008 (zit. SCHLECHTRIEM/SCHWENZER/BEARBEITERIN)

SPÜHLER KARL/TENCHIO LUCA/INFANGER DOMINIK (Hrsg.), Kommentar zur Schweizerischen Zivilprozessordnung, Basel 2010 (zit. BaslerKomm/BearbeiterIn)

STAEHELIN ADRIAN/BAUER THOMAS/STAEHELIN DANIEL (Hrsg.), Kommentar zum Bundesgesetz über Schuldbetreibung und Konkurs, Band I, Art. 1–158, Band II, Art. 159–352, 2. Aufl., Basel 2010 (zit. BaslerKomm/BEARBEITERIN)

SUTTER-SOMM THOMAS/HASENBÖHLER FRANZ/LEUENBERGER CHRISTOPH (Hrsg.), Kommentar Schweizerische Zivilprozessordnung (ZPO), Zürich 2010 (zit. SUTTER-SOMM/BearbeiterIn)

THÉVENOZ LUC/WERRO FRANZ (Hrsg.), Commentaire romand, Code des obligations I, Art. 1–529 OR, Basel 2003 (zit. CR CO I/BEARBEITERIN)

TERCIER PIERRE/AMSTUTZ MARC (Hrsg.), Commentaire romand, Code des obligations II, Art. 530–1186 OR, Basel 2008 (zit. CR CO II/BEARBEITERIN)

Berner Kommentar zum Schweizerischen Privatrecht, Bern, verschiedene Aufl. und Jahrgänge (zit. BernerKomm/BEARBEITERIN); Berner Kommentar Update, Obligationenrecht, Allgemeine Bestimmungen, Art. 1–109 OR (ohne Art. 62–67 OR), nachgeführt bis 5. Ergänzungslieferung, Bern 2011 (zit. BernerKomm/Update)

Zürcher Kommentar zum schweizerischen Zivilgesetzbuch, Zürich, verschiedene Aufl. und Jahrgänge (zit. ZürcherKomm/BEARBEITERIN)

III. Materialien

Änderung des Obligationenrechts (Verjährungsfristen der Gewährleistungsansprüche im Kauf- und Werkvertrag. Verlängerung und Koordination) vom 16. März 2012, BBl 2012, 3447 (zit. nOR)

BG über die Forschung am Menschen (HFG) vom 30. September 2011, BBl 2011, 7415 (noch nicht in Kraft) (zit. HFG)

Entwurf zur Totalrevision des BG über den Versicherungsvertrag, BBl 2011, 7819 (zit. E-VVG)

Entwurf zur Änderung des BG über Schuldbetreibung und Konkurs (Sanierungsrecht), BBl 2010, 6507 (zit. E-SchKG)

Kernenergiehaftpflichtgesetz (KHG) vom 13. Juni 2008, BBl 2008, 5341 (noch nicht in Kraft) (zit. nKHG)

Vorentwurf zur Revision und Vereinheitlichung des Haftpflichtrechts (Haftpflichtgesetz; HPG) vom 9. Oktober 2000 (zit. VE-HPG)

Vorentwurf zur Revision des Verjährungsrechts (Obligationenrecht) (VE-Verjährung)

Vorentwurf zur Teilrevision des Obligationenrechts (Verzugszinsen) (zit. VE-Verzugszinsen)

Vorentwurf zur Totalrevision des BG vom 19. Dezember 2003 über Zertifizierungsdienste im Bereich der elektronischen Signatur (ZertES) (zit. VE-ZertES)

1. Teil: Grundlagen

Kapitel 1: Rechtsquellen, Gegenstand und Funktion des OR

§ 1 Funktion, Entstehung und Weiterentwicklung des OR

Literatur: BUCHER, OR AT, 3 ff., 15 ff.; FURRER/MÜLLER-CHEN, Kap. 1 N 14 ff.; GUHL/KOLLER, 1 ff.; HUGUENIN, OR AT, N 1 ff., 10 ff.; MERZ, SPR VI/1, 1 ff.; VON TUHR/PETER, 1 ff.; TERCIER, Obligations, N 36 ff.; BaslerKomm/BUCHER, Einl. vor Art. 1 ff. N 1 ff.; BernerKomm/KRAMER, Allg. Einl. N 1 ff.; CR CO I/THÉVENOZ/WERRO, Intr. gén. N 1 ff.; ZürcherKomm/SCHÖNENBERGER, Allg. Einl. N 1 ff.;

BRUNNER, Europäisches Vertragsrecht, Festschrift Ott, Zürich 2008, 471 ff.; CHAPPUIS CHRISTINE, L'harmonisation internationale du droit des obligations, muse du législateur suisse, in: CHAPPUIS CHRISTINE/FOËX/THÉVENOZ (Hrsg.), Le législateur et le droit privé, Genf 2006, 177 ff.; DORALT, Strukturelle Schwächen in der Europäisierung des Privatrechts, RabelsZ 2011, 260 ff.; EIDENMÜLLER/FAUST/GRIGOLEIT/JANSEN/WAGNER/ZIMMERMANN, Der Gemeinsame Referenzrahmen für das Europäische Privatrecht, JZ 2008, 529 ff.; ENGEL, L'évolution récente de la partie générale du droit des obligations, in: BLANC (Hrsg.), L'évolution récente du droit des obligations, Lausanne 2004, 1 ff.; ERNST, Der «Common Frame of Reference» aus juristischer Sicht, AcP 208 [2008], 248 ff.; FAUVARQUE-COSSON, Heurs et malheurs de l'unification du droit des contrats en Europe, Mélanges Tercier II, Genf 2008, 245 ff.; HONSELL, Die Zukunft des Privatrechts, ZSR 2007 I, 219 ff.; IMMENHAUSER, Zur Rezeption der deutschen Schuldrechtsreform in der Schweiz, recht 2006, 1 ff.; JANSEN, Principles of European Tort Law?, RabelsZ 70 (2006), 733 ff.; JANSEN/ZIMMERMANN, Grundregeln des bestehenden Gemeinschaftsprivatrechts?, JZ 2007, 113 ff.; JUNG, Die Rezeption als vinculum substantiale unseres Rechtskreises – Das Beispiel des Obligationenrechts, in: BÜCHLER/ERNST/OBERHAMMER (Hrsg.), Vinculum iuris, Basel 2008, 35 ff.; KRAMER, Die Europäisierung des Privatrechts, recht 2001, 102 ff.; DERS., Der Stil eines zukünftigen europäischen Vertragsgesetzes – die schweizerische Privatrechtskodifikation als Vorbild?, ZBJV 2008, 901 ff.; PICHONNAZ, Le centenaire du Code des obligations: un code toujours plus hors du code, ZSR 2011 II, 117 ff.; PFEIFFER, Methodik der Privatrechtsangleichung in der EU, AcP 208 [2008], 227 ff.; STOLL, Rechtsvergleichung und zivilrechtliche Methodik, Festschrift Canaris, Band II, München 2007, 829 ff.; TERCIER, La réforme du droit de la responsabilité civile: Chronique d'une mort annoncée, in: CHAPPUIS CHRISTINE/FOËX/THÉVENOZ (Hrsg.), Le législateur et le droit privé, Genf 2006, 25 ff.; VON BAR/SCHULTE-NÖLKE, Gemeinsamer Referenzrahmen für europäisches Schuld- und Sachenrecht, ZRP 2005, 165 ff.

I. Funktion

1.01   Das Obligationenrecht regelt die *schuldrechtlichen Beziehungen* zwischen Privatpersonen. Es enthält die wesentlichen Regelungen für den auf *Bedarfsdeckung* gerichteten geschäftlichen Verkehr im privaten und wirtschaftlichen Bereich. Dabei geht es vor allem um die auf die Herstellung und den Austausch von Vermögensgütern gerichteten Geschäfte (z.B. Werkvertrag, Kauf). Das Obligationenrecht bezweckt darüber hinaus aber auch den *Schutz des Einzelnen*, indem es den Ersatz von Schäden an Personen und Gütern (Art. 41 ff.) und den Ausgleich ungerechtfertigter Vermögensverschiebungen (Art. 62 ff.) regelt.

II. Entstehung

1.02   Die wesentlichen Grundgedanken des heute geltenden OR gehen auf das *aOR von 1881* zurück (vgl. hierzu ausführlich MERZ, SPR VI/1, 1 ff.). Dieses wiederum war massgeblich beeinflusst vom zürcherischen privatrechtlichen Gesetzbuch einerseits und vom Entwurf eines Allgemeinen Deutschen Gesetzes über Schuldverhältnisse (Dresdner Entwurf) andererseits. Beide Vorbilder basieren auf der Pandektistik des 19. Jahrhunderts, woraus sich die starken römischrechtlichen Elemente im schweizerischen OR erklären, obwohl in der Schweiz eine eigentliche Rezeption des römischen Rechtes anders als in Deutschland nie stattgefunden hat.

1.03   Mit der Vereinheitlichung des nicht im aOR enthaltenen Zivilrechts (ZGB von 1907) wurde das aOR mit Ausnahme des Rechtes der Handelsgesellschaften, des Firmen-, Handelsregister- und Wertpapierrechtes überarbeitet und als *revidiertes OR* unter dem Titel «Bundesgesetz betreffend die Ergänzung des Schweizerischen Zivilgesetzbuches (Fünfter Teil: Obligationenrecht)» im *Jahre 1912* gemeinsam mit den übrigen Materien des ZGB in Kraft gesetzt. Die Revision der Titel 24 bis 33 (Art. 552 ff.) folgte schliesslich im Jahre 1936.

III. Weiterentwicklung

1.04   Auch nach 1936 wurde das OR durch zahlreiche Einzelgesetze geändert und ergänzt (vgl. BernerKomm/KRAMER, Allg. Einl. N 3 ff.; BaslerKomm/BUCHER, Einl. vor Art. 1 ff. N 4 ff.; CR CO I/THÉVENOZ/

WERRO, Intr. gén. N 3 ff.). Das Schwergewicht der Reformen war dabei der Sozialschutz, die Wettbewerbspolitik und die Bodenpolitik.

So hat sich erst in den vergangenen Jahrzehnten der Gedanke Bahn 1.05 gebrochen, dass von einer Richtigkeitsgewähr des Vertrages aufgrund des wirtschaftlichen und sozialen Machtungleichgewichtes zwischen den Vertragspartnern in vielen Bereichen nicht die Rede sein kann (vgl. dazu N 25.05 ff.). Der Gesetzgeber hat darauf mit der Schaffung zwingender Normen zugunsten des *sozial und wirtschaftlich Schwächeren* namentlich im Bereich des Arbeitsvertragsrechtes, des Bürgschaftsrechtes, des Mietrechtes und des Abzahlungsrechtes reagiert. In weiteren Bereichen bestehen noch Regelungsdefizite. So macht insbesondere der Schutz des Konsumenten bei Verwendung Allgemeiner Geschäftsbedingungen den Erlass entsprechender Schutznormen dringend erforderlich (vgl. dazu N 44.04).

Auch im Bereich des *Haftpflichtrechtes* hat der Gedanke des Sozial- 1.06 schutzes zu gravierenden Veränderungen geführt. Das auf dem Verschuldensprinzip aufbauende Haftpflichtrecht des OR konnte angesichts des Gefährdungspotentials einer hoch technisierten Gesellschaft nicht mehr befriedigen. In einer Vielzahl von Sondergesetzen wurden deshalb sog. Gefährdungshaftungstatbestände geschaffen, die eine Ersatzpflicht unabhängig von individueller Fehlleistung vorsehen (z.B. SVG, EHG, LFG). Die geplante Gesamtrevision des Haftpflichtrechtes (vgl. VE-HPG) wird derzeit nicht weiter verfolgt.

Vielfältigen Reformen wurde auch das *Wirtschaftsrecht* unterworfen. 1.07 So hat der Gesetzgeber mit UWG, KG und PüG Instrumente zum Schutze eines funktionierenden Wettbewerbs geschaffen. Auch das Aktienrecht wurde einer grundlegenden Gesamtrevision unterzogen.

Bodenpolitische Überlegungen haben zu gesetzgeberischen Eingriffen 1.08 im Bereich des Grundstückvertragsrechts und des Pachtrechts geführt.

Schuldrechtliche Materien finden sich in grossem Umfang auch *aus-* 1.09 *serhalb des OR*. Neben den bereits genannten Sondergesetzen im Haftpflicht- und Wettbewerbsrecht ist insoweit vor allem auf das Privatversicherungsrecht (VVG) und das Immaterialgüterrecht (PatG, URG, MSchG) hinzuweisen. Auch im Bereich des Konsumentenschutzes finden sich wichtige obligationenrechtliche Materien in Sondergesetzen (PrHG, PauRG, KKG).

Von zunehmender Bedeutung werden schliesslich *internationale Kon-* 1.10 *ventionen* zur Vereinheitlichung des Privatrechtes. Als wichtigste ist hier das Übereinkommen der Vereinten Nationen über Verträge über den internationalen Warenkauf (CISG) zu nennen, das die Anwendung nationalen Kaufrechtes grundsätzlich ersetzt, wenn Käufer und Verkäufer ihre Niederlassung in verschiedenen Staaten haben. Mit heute 78 Vertragsstaaten deckt es potentiell 80% des gesamten Welthandels ab.

1.11   Schliesslich zeigt auch die fortschreitende Privatrechtsvereinheitlichung in Europa Auswirkungen im nationalen Schweizer Recht. Die Rechtsakte der *Europäischen Gemeinschaft* sind zwar für die Schweiz nicht verbindlich, dennoch wurde das Schweizer Recht bereits in wichtigen Bereichen an EG-Richtlinien angeglichen (vgl. nur Produkthaftpflicht, Pauschalreisen, Konsumentenkredit, Haustürgeschäfte). In anderen Bereichen steht allerdings eine Anpassung des nationalen Rechts noch aus (vgl. vor allem Schutz vor missbräuchlichen Klauseln, Verbrauchsgüterkauf, Fernabsatz, elektronischer Geschäftsverkehr, unlautere Geschäftspraktiken). Die geplante Teilrevision des OR im Bereich des Fernabsatzes und des Kaufrechts wurde leider fallen gelassen. Auch das Projekt einer Revision des KIG, mit der Regelungen zu AGB ins OR integriert werden sollten, wurde aufgegeben, lediglich Art. 8 UWG wurde inzwischen revidiert.

1.12   Darüber hinausgehend existieren bereits verschiedene – allerdings nicht normativ verbindliche – Regelwerke, die eine einheitliche Ordnung wesentlicher Bereiche des allgemeinen Teils des Obligationenrechtes unternehmen. Zu nennen sind insbesondere die UNIDROIT-Principles of International Commercial Contracts sowie auf europäischer Ebene die Principles of European Contract Law. Im Jahre 2008 wurde der Entwurf eines *Common Frame of Reference* vorgelegt, der von der akademischen Gemeinschaft überwiegend kritisch aufgenommen wurde (vgl. EIDENMÜLLER/FAUST/GRIGOLEIT/JANSEN/WAGNER/ZIMMERMANN, JZ 2008, 529 ff.). Darauf aufbauend hat die Europäische Union 2011 den Entwurf eines Common European Sales Law (CESL) veröffentlicht, der jedoch ebenfalls mit grosser Skepsis betrachtet werden muss. Es ist zu hoffen, dass sich UNCITRAL die Aufgabe, ein weltweit vereinheitlichtes allgemeines Vertragsrecht zu schaffen, zu eigen machen wird und demnächst entsprechende Arbeiten aufnimmt.

1.13   Mittelfristig muss auch eine *Gesamtrevision* des OR AT anvisiert werden, da viele der heute geltenden Regeln den Geist der Pandektistik des 19. Jahrhunderts verströmen und nicht geeignet sind, die Rechtsprobleme des 21. Jahrhunderts adäquat zu lösen.

§ 2 Systematik des OR, Stellung des OR im Privatrecht

Literatur: BUCHER, OR AT, 8 ff.; FURRER/MÜLLER-CHEN, Kap. 1 N 1 ff., 42 ff.; GAUCH/SCHLUEP/SCHMID, N 7 ff.; GUHL/KOLLER, 4 ff.; HUGUENIN, OR AT, N 14 ff.; MERZ, SPR VI/1, 10 ff.; TERCIER, Obligations, N 46 ff.; VON TUHR/PETER, 3 ff.; BaslerKomm/BUCHER, Einl. vor Art. 1 ff. N 21 ff., 32 ff.; BernerKomm/KRAMER, Allg. Einl. N 10 ff.; CR CO I/THÉVENOZ/WERRO, Intr. gén. N 5 ff.; ZürcherKomm/SCHÖNEN-BERGER, Allg. Einl. N 43, 49 ff., 63 ff.;
JUNG, Gibt es in der Schweiz ein Handelsrecht?, recht 2009, 43 ff.

I. Aufbau

Das OR ist in *fünf Abteilungen* gegliedert. Den Allgemeinen Bestimmungen (Art. 1–183), auch Allgemeiner Teil (AT) genannt, folgen in der zweiten Abteilung die einzelnen Vertragsverhältnisse (Art. 184–551), häufig auch als Besonderer Teil (BT) des OR bezeichnet. Die dritte bis fünfte Abteilung enthalten Regelungen zu Handelsgesellschaften und Genossenschaften, Handelsregister, Geschäftsfirmen und kaufmännischer Buchführung sowie das Recht der Wertpapiere. 2.01

Im AT des OR werden Regeln, die sowohl für Verträge als auch für andere Schuldverhältnisse gelten, gewissermassen *vor die Klammer* gezogen. Dabei darf freilich nicht übersehen werden, dass diese allgemeinen Regeln historisch zumeist anhand des Kaufvertrages entwickelt worden sind und zuweilen auf andere Vertragstypen nicht richtig passen. Dies führt häufig zu Sonderregelungen für einzelne Vertragstypen im Bereich des BT des OR und in Sondergesetzen, die den Vorschriften des AT oft vorgehen. 2.02

II. Verhältnis zum ZGB

OR und ZGB bilden gemeinsam die *Gesamtkodifikation des Privatrechtes*; materiell ist dabei das OR der fünfte Teil des ZGB im weiteren Sinne, formell ist es freilich ein selbstständiges Gesetz mit eigener Gliederung und Artikelzählung. 2.03

Die Einheit der Privatrechtskodifikation bedeutet zunächst, dass die *Bestimmungen des ZGB*, namentlich die Einleitungsartikel (Art. 1–10 ZGB) und die Vorschriften zur Handlungsfähigkeit (Art. 12 ff. ZGB), ohne weiteres auch im Bereich des OR zur Anwendung gelangen. Ande- 2.04

5

rerseits finden die *Allgemeinen Bestimmungen des OR* ihrerseits Anwendung auf die im ZGB geregelten personen-, familien-, erb- und sachenrechtlichen Rechtsverhältnisse. Über den Wortlaut des Art. 7 ZGB hinausgehend gilt dies auch für jene Vorschriften, die nicht allein die Entstehung, Erfüllung und Aufhebung des Vertrages betreffen. Insbesondere können obligationenrechtliche Normen unmittelbar oder analog überall dort angewendet werden, wo eine abschliessende Regelung eines zivilrechtlichen Rechtsverhältnisses nicht beabsichtigt ist (vgl. z.B. BGE 107 II 396, 397 ff.: Sicherstellung einer Scheidungsrente durch entsprechende Anwendung von Art. 43 Abs. 2).

2.05 Ausserhalb des Privatrechts finden die Bestimmungen des Obligationenrechtes zwar keine direkte Anwendung. Es kann jedoch auf sie auch im *öffentlichen Recht* zurückgegriffen werden, wenn der jeweilige Regelungsgehalt dort sachgerecht erscheint. So sind insbesondere die obligationenrechtlichen Bestimmungen über Willensmängel entsprechend auf den öffentlichrechtlichen Vertrag anwendbar (BGE 105 Ia 207, 211 f.).

III. Verzicht auf ein selbstständiges Handelsgesetzbuch

2.06 In einigen europäischen Staaten (vgl. etwa Deutschland, Frankreich und Österreich) gilt ein sog. *dualistisches System*, d.h. bei der Normierung des Privatrechts wird von der Zweiteilung in ein allgemeines, bürgerliches Gesetzbuch und ein Handelsgesetzbuch ausgegangen. Dabei kann das Handelsrecht als das Sonderprivatrecht des kaufmännischen Verkehrs definiert werden. Dem schweizerischen Privatrecht ist diese Zweiteilung fremd. Auf den Erlass eines Handelsgesetzbuches wurde verzichtet. Vielmehr herrscht ein *monistisches System* vor: Das OR umfasst sowohl *bürgerliches Recht* als auch *Handelsrecht*. Die damit bewirkte Integration von bürgerlichem und kaufmännischem Rechtsverkehr stellt nicht nur die modernere Lösung dar (so nun auch Italien, Niederlande), sie entspricht insbesondere auch angloamerikanischer Rechtsauffassung. Der Sache nach enthält freilich die zweite Hälfte des OR (Art. 552 ff.) ausschliesslich Handelsrecht; auch viele der im BT geregelten Vertragstypen kommen ausschliesslich oder doch hauptsächlich im kaufmännischen Verkehr vor. Wo darüber hinaus ein Bedürfnis für eine auf den kaufmännischen Verkehr abstellende Sonderregelung bestand, wurde diese im jeweiligen Sachzusammenhang aufgenommen, z.B. die Verzugszinsberechnung (Art. 104 Abs. 3) oder Sondervorschriften für den Handelskauf (Art. 190, 191 Abs. 2, 3, 212 Abs. 3, 215) und das kaufmännische Darlehen (Art. 313 Abs. 2). Im Übrigen gelten die Bestimmungen des OR sowohl für den kaufmännischen als auch für den privaten Verkehr. Ob jemand als geschäftserfahrener Kaufmann oder als Privatperson am Rechtsverkehr teilnimmt, wird jedoch häufig bei der Auslegung zu berücksichtigen sein. So sind an die Rüge (Art. 201 Abs. 1) durch den privaten Käufer wesentlich geringere Anforderungen zu stellen, als wenn es sich um einen Kaufmann handelt; die Aussagen einer gewerblichen Verkäuferin stellen weit eher eine zugesicherte Eigenschaft (Art. 197 Abs. 1) dar als diejenigen einer privaten.

IV. Räumlicher Anwendungsbereich

Die Regeln des OR gelten grundsätzlich nur für den *inner-* 2.07 *schweizerischen Rechtsverkehr*. Liegt ein Fall mit Auslandsberührung vor, z.B. wenn eine der Parteien ihren Wohnsitz im Ausland hat, so muss nach den Regeln des *Internationalen Privatrechts* bestimmt werden, welche der beteiligten Rechtsordnungen auf den Sachverhalt anwendbar ist. Ist ein schweizerisches Gericht mit dem Rechtsstreit befasst, so prüft es diese Frage anhand des IPRG. Dieses enthält im 9. Kapitel «Obligationenrecht» (Art. 112 ff. IPRG) Regeln zur Zuständigkeit der schweizerischen Gerichte, zum jeweils anwendbaren Recht und zur Anerkennung ausländischer Entscheidungen auf dem Gebiet obligationenrechtlicher Streitigkeiten.

Kapitel 2: Die Grundbegriffe des OR

§ 3   Rechtsgeschäft

Literatur: BERGER, Schuldrecht, N 231 ff.; BUCHER, OR AT, 40 ff.; ENGEL, OR AT, 136 ff.; FURRER/MÜLLER-CHEN, Kap. 1 N 119 ff.; GAUCH/SCHLUEP/SCHMID, N 118 ff.; GUHL/KOLLER, 95 ff.; HUGUENIN, OR AT, N 72 ff.; KELLER/SCHÖBI, Schuldrecht I, 8 ff.; KOLLER, OR AT, § 3 N 1 ff.; MERZ, Vertrag und Vertragsschluss, N 1 ff.; TERCIER, Obligations, N 170 ff.; VON TUHR/PETER, 143 ff.; CR CO I/DESSEMONTET, Art. 1 N 1 ff.; KuKo OR/WIEGAND, Einl. zu Art. 1–40g N 6 ff.; ZürcherKomm/JÄGGI, Art. 1 N 17 ff.

I. Begriff

3.01 Das Rechtsgeschäft ist ein Tatbestand, der aus mindestens einer *Willenserklärung* (vgl. dazu N 27.01 ff.) besteht, und an den die Rechtsordnung den Eintritt des gewollten *rechtlichen Erfolges* knüpft (statt vieler KOLLER, OR AT, § 3 N 5 m. Nachw.). Das Gesetz verwendet den Begriff des Rechtsgeschäftes zwar an verschiedenen Stellen (z.B. Art. 33 Abs. 2, 34 Abs. 1, 35 Abs. 1), definiert ihn jedoch nirgends und stellt im Gegensatz zum deutschen BGB auch keine diesbezüglichen allgemeinen Regeln auf. Vielmehr wird der Vertrag als wichtigstes Rechtsgeschäft ausführlich geregelt; diese Bestimmungen können auf andere Rechtsgeschäfte entsprechend angewendet werden (BUCHER, OR AT, 41).

3.02 Das Rechtsgeschäft muss *mindestens eine Willenserklärung* enthalten. Häufig enthält es jedoch mehrere Willenserklärungen (z.B. Vertrag). Oft genügt das Vorliegen einer oder mehrerer Willenserklärungen nicht, um einen bestimmten Rechtserfolg herbeizuführen. Vielmehr müssen noch andere Tatbestandsmerkmale hinzutreten. Dabei kann es sich beispielsweise um einen *Realakt* oder eine *behördliche Mitwirkung* handeln. Wenn jemand das Eigentum an einer Sache auf einen anderen übertragen will, dann genügt dazu nach Art. 714 Abs. 1 ZGB nicht, dass beide sich darüber einig sind, dass das Eigentum übergehen soll. Es muss die Übergabe des Besitzes, die Tradition, also ein Realakt, hinzukommen. Zur Eheschliessung genügt nicht ein entsprechender Vertrag der Verlobten. Vielmehr müssen die Willenserklärungen vor dem Zivilstandsbeamten abgegeben werden (Art. 102 ZGB).

II. Zahl der Beteiligten

3.03 Die Rechtsgeschäfte können zunächst nach der Zahl der an ihnen beteiligten Personen eingeteilt werden.

1. Einseitige Rechtsgeschäfte

a) Allgemeines

3.04 Einseitige Rechtsgeschäfte enthalten die *Willenserklärung nur einer Person*. Zu den einseitigen Rechtsgeschäften gehören beispielsweise die Auslobung (Art. 8), die Bevollmächtigung (Art. 33 Abs. 2), die Errichtung einer Stiftung (Art. 80 ZGB) und die Testamentserrichtung (Art. 498 ZGB).

b) Gestaltungsrechte

Literatur: BERGER, Schuldrecht, N 100 ff.; BUCHER, OR AT, 35 ff.; ENGEL, OR AT, 29 ff.; GAUCH/SCHLUEP/SCHMID, N 65 ff., 151 ff.; HUGUENIN, OR AT, N 102 ff.; KELLER/SCHÖBI, Schuldrecht I, 9 ff.; KOLLER, OR AT, § 3 N 65 ff.; MERZ, SPR VI/1, 72 ff.; TERCIER, Obligations, N 269 ff.; VON TUHR/PETER, 23 ff.; BaslerKomm/BUCHER, Einl. vor Art. 1 ff. N 41 f.; BernerKomm/KRAMER, Allg. Einl. N 39 ff.; CR CO I/CHAIX, Art. 368 N 9 ff.; ZürcherKomm/JÄGGI, Vorbem. Art. 1 N 97 ff.;
ENRIQUEZ, Zur Lehre vom Gestaltungsrecht, ZSR 2009 I, 355 ff.; STEINER, Das Gestaltungsrecht, Zürich 1984; VIONNET, L'exercice des droits formateurs, Diss. Lausanne 2007, Genf/Basel/Zürich 2008.

Eine herausragende Stellung unter den einseitigen Rechtsge- 3.05
schäften nimmt die Ausübung von Gestaltungsrechten ein.

Von einem Gestaltungsrecht wird gesprochen, wenn einer Person die 3.06
Befugnis zusteht, durch einseitige Willenserklärung ein *Recht zu begründen, zu verändern oder aufzuheben*. Gestaltungsrechte können auf vertraglicher Vereinbarung (z.B. Option, Vorkaufsrecht) oder Gesetz (z.B. Rücktrittsrecht nach Art. 107 Abs. 2) beruhen.

Zu den *rechtsbegründenden Gestaltungsrechten* gehören etwa die Be- 3.07
fugnis des Empfängers einer Offerte, durch Annahme einen Vertrag zustande zu bringen, die Option, das Vorkaufs-, Kaufs- und Rückkaufsrecht (vgl. Art. 216a ff.). Zu den *rechtsändernden Gestaltungsrechten* zählt etwa die Ausübung des Wahlrechtes bei der Wahlobligation (Art. 72) oder des dem Gläubiger bei Schuldnerverzug zustehenden Wahlrechts (Art. 107 Abs. 2). Zu den *rechtsaufhebenden Gestaltungsrechten* gehören vor allen Dingen das Kündigungsrecht bei Dauerschuldverhältnissen sowie das Rücktritts- oder Wandlungsrecht bei Leistungsstörungen.

Gestaltungsrechte werden im Allgemeinen durch *einseitige empfangs-* 3.08
bedürftige Willenserklärung ausgeübt. In besonderen Fällen, in denen wichtige Interessen der an dem Rechtsverhältnis Beteiligten oder der Allgemeinheit auf dem Spiel stehen, ordnet das Gesetz allerdings an, dass das Recht klageweise geltend zu machen ist (sog. *Gestaltungsklagerechte*). Der Eintritt der Gestaltungswirkung erfolgt dann nicht bereits durch Erklärung, sondern erst durch ein der Klage stattgebendes Urteil (*Gestaltungsurteil*). Beispiele hierfür sind etwa die Auflösung einer Gesellschaft nach Art. 545 Abs. 1 Ziff. 7, die Anfechtung der Vaterschaft nach Art. 256 ZGB oder die Scheidung einer Ehe (vgl. etwa Art. 111 Abs. 2 ZGB).

Die Ausübung des Gestaltungsrechtes ist grundsätzlich *bedingungs-* 3.09
feindlich (BGE 108 II 102, 104; vgl. dazu N 11.11). Die mit einer Bedingung verknüpfte Unsicherheit kann dem Erklärungsgegner, der ein berechtigtes Interesse an einer eindeutigen Klärung der Rechtslage hat,

nicht zugemutet werden. Aus demselben Grund ist die Gestaltungserklärung grundsätzlich auch *unwiderruflich* (BGE 109 II 319, 326). Bestreitet jedoch der Erklärungsgegner die Wirksamkeit der Gestaltungserklärung, so ist er nicht schutzbedürftig und die Gestaltungserklärung kann widerrufen werden (BGE 128 III 70, 75 f. m. Anm. KOLLER, AJP 2002, 840 f.; PETITPIERRE, SemJud 2002 II, 306 ff.).

3.10   Da das Gestaltungsrecht kein Forderungsrecht ist, unterliegt es nicht der Verjährung (vgl. Art. 127). Freilich gelten für die Ausübung von Gestaltungsrechten vielfach bestimmte Fristen. Dabei handelt es sich jedoch um sog. *Verwirkungsfristen* (zur Abgrenzung von Verjährung und Verwirkung vgl. N 83.04 f.), auch wenn das Gesetz zuweilen in unzutreffender Weise von Verjährung spricht. Beispiele: Geltendmachung der Unverbindlichkeit eines Vertrages (Art. 31 Abs. 1); Anfechtung der Vaterschaft (Art. 256c ZGB).

3.11   Keiner Befristung unterliegt grundsätzlich die Ausübung des *ordentlichen Kündigungsrechts* bei *Dauerschuldverhältnissen*. Hier besteht das Kündigungsrecht so lange wie das diesem Recht zugrunde liegende Rechtsverhältnis. Dies gilt freilich nur für die sog. ordentliche Kündigung. Das regelmässig auf einem wichtigen Grund aufbauende *ausserordentliche Kündigungsrecht* unterliegt – soweit es gesetzlich nicht befristet ist – jedenfalls einer Befristung nach dem Prinzip von Treu und Glauben aus Art. 2 Abs. 1 ZGB, d.h. es muss innerhalb einer angemessenen Frist, nachdem die Kündigende zuverlässige Kenntnis vom wichtigen Grund erlangt hat, ausgeübt werden (BGE 93 II 18 f. – Arbeitsvertrag).

2. Mehrseitige Rechtsgeschäfte

3.12   Mehrseitige Rechtsgeschäfte enthalten die *Willenserklärungen mehrerer* (mindestens zweier) *Personen.* Zu den mehrseitigen Rechtsgeschäften gehören die Verträge und die Beschlüsse.

a) Vertrag

Literatur: BERGER, Schuldrecht, N 246 f., 281 ff.; BUCHER, OR AT, 40; ENGEL, OR AT, 158 ff.; GAUCH/SCHLUEP/SCHMID, N 222 ff.; HUGUENIN, OR AT, N 78 ff.; KELLER/SCHÖBI, Schuldrecht I, 10 f.; KOLLER, OR AT, § 3 N 42 ff., 74 ff.; MERZ, Vertrag und Vertragsschluss, 44 ff.; TERCIER, Obligations, N 213 ff.; VON TUHR/PETER, 147 ff.; BaslerKomm/BUCHER, Vor Art. 1–40 N 3 ff., 22 ff.; BernerKomm/KRAMER, Allg. Einl. N 152 ff.; CR CO I/DESSEMONTET, Art. 1 N 2 ff.; KuKo OR/WIEGAND, Art. 1 N 11 ff.; ZürcherKomm/JÄGGI, Art. 1 N 62 ff.

aa) Begriff

Der Vertrag ist ein Rechtsgeschäft, das aus inhaltlich *überein-* 3.13
stimmenden, aufeinander bezogenen Willenserklärungen von mindestens
zwei Personen besteht.

bb) Einteilung

Von den verschiedenen Einteilungskriterien seien hier drei er- 3.14
wähnt: die Unterscheidung zwischen *Nominat-* und *Innominatverträgen*,
die Unterscheidung nach der *Zahl der Leistungsverpflichteten* sowie die
Unterscheidung zwischen *einfachen* und *Dauerschuldverhältnissen*.

(1) Nominat- und Innominatverträge

Literatur: BERGER, Schuldrecht, N 295 ff.; BUCHER, OR BT, 25 ff.; ENGEL,
OR AT, 175 ff.; FURRER/MÜLLER-CHEN, Kap. 1 N 44 f.; GAUCH/SCHLUEP/SCHMID,
N 250 ff.; GUHL/KOLLER, 330 ff.; HONSELL, OR BT, 15 ff.; HUGUENIN, OR AT, N 4, 8;
KELLER/SCHÖBI, Schuldrecht I, 95 ff.; KOLLER, OR AT, § 3 N 95 f.; TERCIER, Obligations,
N 238 ff.; BaslerKomm/AMSTUTZ/MORIN/SCHLUEP, Einl. vor Art. 184 ff. N 1 ff.; Berner-
Komm/KRAMER, Art. 19–20 N 56 ff.; CHK/HUGUENIN, Vorb 184 ff./Innominatkontrakte
AT; CR CO I/GUILLOD/STEFFEN, Art. 19–20 N 50 ff.; KuKo OR/KIRINIS, Einl. vor
Art. 184 ff. N 1 ff.;
AMSTUTZ, Vertragskollisionen, Festschrift Rey, Zürich 2003, 161 ff.; BÜHLER, Eine
Lanze für die gesetzlichen Vertragstypen, Festschrift Gauch, Zürich 2004, 371 ff.;
DASSER, Vertragstypenrecht im Wandel, Baden-Baden/Zürich 2000; DERS., Vertragsrecht
ohne Vertragstypenrecht?, Festschrift Rey, Zürich 2003, 207 ff.; GAUCH, Das gesetzliche
Vertragstypenrecht der Schuldverträge, Festschrift Honsell, Zürich 2002, 3 ff.; HUNKE-
LER, Schadensregulierungsvertrag als Innominatkontrakt: Ein unerforschtes Minenfeld, in:
JKR 2002, Bern 2003, 181 ff.; KOLLER ALFRED, Begriff und Rechtsgrundlagen des
Grundstückkaufs, in: KOLLER ALFRED (Hrsg.), Der Grundstückkauf, 2. Aufl., Bern 2001,
17 ff.; KRAMER, Neue Vertragsformen der Wirtschaft, 2. Aufl., Bern 1992; SCHLUEP,
Innominatverträge, SPR VII/2; DERS., Zusammengesetzte Verträge: Vertragsverbindung
oder Vertagsverwirrung, Festschrift Rey, Zürich 2003, 285 ff.

Je nachdem, ob ein Vertragstyp ausdrücklich im Gesetz gere- 3.15
gelt ist oder nicht, wird von Nominat- oder Innominatvertrag gesprochen.
Entschliesst sich der Gesetzgeber, einen bis anhin nicht geregelten Vertragstypus gesetzlich zu normieren (z.B. Pauschalreisevertrag), so wird
aus einem Innominat- ein Nominatvertrag.

Die *Innominatverträge* werden gemeinhin in zwei Gruppen unterteilt 3.16
(vgl. BaslerKomm/AMSTUTZ/MORIN/SCHLUEP, Einl. vor Art. 184 ff.
N 6 ff. m.w. Nachw.): die gemischten Verträge und die Verträge sui generis. Bei den *gemischten Verträgen* handelt es sich um einheitliche Ver-

träge, in denen Elemente verschiedener Vertragstypen miteinander kombiniert werden, so z.B. beim Leasing, das sich aus kauf-, miet- und darlehensrechtlichen Elementen zusammensetzt (vgl. BGE 119 II 236, 239 f.). Innerhalb der gemischten Verträge unterscheidet die Literatur weitere Untergruppen (vgl. BaslerKomm/AMSTUTZ/MORIN/SCHLUEP, Einl. vor Art. 184 ff. N 8; BernerKomm/KRAMER, Art. 19–20 N 59 ff.), worauf hier jedoch mangels praktischer Relevanz dieser Theorien verzichtet werden soll. *Verträge eigener Art* (sui generis) sind solche, die sich überhaupt keinem gesetzlichen Typus zuordnen lassen, z.B. der Lizenzvertrag (BGE 115 II 255, 257), der Vertrag über den Transfer eines Sportlers von einem Verein zum anderen oder die Übertragung (vermögenswerter) Persönlichkeitsrechte.

3.17   Neben den Innominatverträgen existieren noch die sog. *zusammengesetzten Verträge* (auch Vertragsverbindungen genannt; vgl. BaslerKomm/AMSTUTZ/MORIN/SCHLUEP, Einl. vor Art. 184 ff. N 10; BernerKomm/KRAMER, Art. 19–20 N 64). Bei diesen handelt es sich um Verknüpfungen verschiedener Nominat- oder Innominatverträge, z.B. wenn sich ein Unternehmen verpflichtet, ein Kraftwerk zu bauen, die erforderlichen Maschinen zu liefern, das Personal in die Bedienung der Maschinen einzuweisen, das Management zu übernehmen, und die Gegenleistung in der Lieferung von Rohöl besteht (BGE 97 II 390, 395).

(2) Einseitige und zweiseitige Verträge

3.18   Nach der *Zahl der Leistungspflichtigen* kann zwischen einseitigen und zweiseitigen Verträgen unterschieden werden.

3.19   Während bei einem *einseitigen Vertrag* lediglich einer der Parteien eine Leistungspflicht obliegt (z.B. Schenkung), treffen beim *zweiseitigen Vertrag* beide Parteien Leistungspflichten.

3.20   Im Rahmen der zweiseitigen Verträge können wiederum die *vollkommen zweiseitigen* von den *unvollkommen zweiseitigen Verträgen* unterschieden werden.

3.21   Beim *vollkommen zweiseitigen Vertrag* stehen die Leistungspflichten in einem Austauschverhältnis (*Synallagma*). Die eine Partei verspricht der anderen eine Leistung nur, damit und weil die andere Partei ihrerseits eine Leistung verspricht und erbringt (Do-ut-des-Prinzip). Die gegenseitigen Leistungspflichten stehen sowohl im Hinblick auf ihre Entstehung als auch auf ihre Durchsetzung in einem Abhängigkeitsverhältnis. Zu den vollkommen zweiseitigen oder synallagmatischen Verträgen gehören sämtliche *entgeltlichen Verträge*, d.h. beispielsweise Kauf und Miete oder auch das entgeltliche Darlehen, bei dem der Zins die Gegenleistung zur Überlassung der Darlehensvaluta darstellt (unrichtig BGE 93 II 189, 192, wo der entgeltliche Darlehensvertrag als unvollkommen zweiseitiger Vertrag aufgefasst wird). Wo das Gesetz vom zweiseitigen Vertrag spricht (vgl. nur Art. 82 f., 107, 119 Abs. 2), ist damit immer der vollkommen zweiseitige gemeint.

Beim *unvollkommen zweiseitig verpflichtenden Vertrag* treffen zwar 3.22 ebenfalls beide Parteien Leistungspflichten, diese stehen jedoch nicht in einem Austauschverhältnis. Hauptbeispiel ist der unentgeltliche Auftrag, bei dem für die Beauftragte die Pflicht zur Ausführung des Auftrags besteht und der Auftraggeber der Beauftragten zum Ersatz ihrer Aufwendungen verpflichtet ist.

Die Bestimmung, ob und welche Leistungspflichten im Austauschver- 3.23 hältnis stehen, ist bedeutsam für den Fall der *Leistungsstörung*. Wird eine im Synallagma stehende Pflicht nicht erfüllt, so hat der andere Vertragspartner das Recht, die von ihm versprochene Gegenleistung zurückzuhalten (Art. 82). Bei Verzug kann er die in Art. 107 Abs. 2 genannten Rechte ausüben. Wird eine Leistung, die im synallagmatischen Verhältnis zur Gegenleistung steht, unmöglich, so wird der andere Teil von seiner Gegenleistungspflicht befreit (Art. 119 Abs. 2). Dies bedeutet beispielsweise, dass der Käufer den Kaufpreis grundsätzlich so lange zurückbehalten kann, bis die Verkäuferin die Sache liefert; ist die Kaufsache zerstört worden, so wird der Käufer grundsätzlich von der Pflicht zur Kaufpreiszahlung befreit.

Im Einzelfall kann es vorkommen, dass sich in einem Vertrag *sowohl* 3.24 *synallagmatische als auch nicht synallagmatische* Leistungspflichten finden. So stehen beispielsweise beim entgeltlichen Auftrag lediglich die Pflicht der Beauftragten zur Ausführung des Auftrags und die Pflicht des Auftraggebers zur Leistung des Entgelts im Austauschverhältnis. Die bereits erwähnte Pflicht des Auftraggebers zum Aufwendungsersatz nimmt jedoch an diesem Austauschverhältnis nicht teil, so dass bei einer Verletzung dieser Pflicht die Vorschriften über die vollkommen zweiseitigen Verträge grundsätzlich nicht direkt zur Anwendung gelangen.

(3) Dauerschuldverhältnisse

Literatur: FURRER/MÜLLER-CHEN, Kap. 1 N 134 ff.; GAUCH/SCHLUEP/ SCHMID, N 261 ff.; HUGUENIN, OR AT, N 85 f.; KOLLER, OR AT, § 2 N 120; MERZ, SPR VI/1, 128 ff.; BaslerKomm/BUCHER, Vor Art. 1–40 N 29 f.; BernerKomm/KRAMER, Allg. Einl. N 156 ff.; CR CO I/DESSEMONTET, Art. 1 N 28 ff.; KuKo OR/WIEGAND, Einl. zu Art. 1–40g N 15 ff.;

FOUNTOULAKIS, Le sort des prestations à la fin des contrats de durée, in: PICHON-NAZ/WERRO (Hrsg.), La pratique contractuelle 2: Symposium en droit des contrats, Genf/Zürich/Basel 2011, 55 ff.; GAUCH, System der Beendigung von Dauerverträgen, Freiburg i.Ue. 1968; JEANDIN, Les effets de la faillite sur le contrat de durée, in: BELLANGER/CHAIX/CHAPPUIS CHRISTINE/HERITIER LACHAT (Hrsg.), Le contrat dans tous ses états, Bern 2004, 71 ff.; VENTURI-ZEN RUFFINEN, La résiliation pour justes motifs des contrats de durée, Diss. Fribourg 2007, Zürich/Basel/Genf 2007; VETTER/GUTZWILLER, Voraussetzungen und Rechtsfolgen der ausserordentlichen Beendigung von Dauerschuldverhältnissen, AJP 2010, 699 ff.

3.25   Je nachdem, ob sich der Vertrag in einem einmaligen Austausch von Leistungen erschöpft oder die Parteien zu Leistungen über einen längeren Zeitraum hinweg verpflichtet sind, kann zwischen *einfachen* und *Dauerschuldverhältnissen* unterschieden werden. Im OR AT finden sich keine speziellen Regeln für Dauerschuldverhältnisse, vielmehr stand hier häufig der Kaufvertrag als einfaches Schuldverhältnis Pate.

3.26   *Dauerschuldverhältnisse* sind dadurch gekennzeichnet, dass von beiden Parteien über einen längeren Zeitraum hinweg Leistungen zu erbringen sind. Von den gesetzlich geregelten Verträgen gehören hierzu vor allem Miete, Pacht, Leihe, Arbeitsverhältnis sowie Gesellschaftsverträge. Auch Innominatkontrakte kommen als Dauerschuldverhältnisse vor, z.B. Leasing-, Krediteröffnungs-, Unterrichts-, Pensions- oder Hauswartsvertrag. Ebenfalls zu den Dauerschuldverhältnissen rechnen die *Sukzessivlieferverträge* über Strom, Gas, Wasser, aber auch Bier, Zeitschriften etc. Keine Dauerschuldverhältnisse sind hingegen die *Ratenverträge*, z.B. der Abzahlungskauf, da der Vertrag hier an sich auf einen einmaligen, klar umschriebenen Leistungsaustausch gerichtet ist, einer Partei jedoch vertraglich die Befugnis eingeräumt wird, ihre Leistung in Form von Teilleistungen (Raten) zu erbringen.

3.27   Die Besonderheit der Dauerschuldverhältnisse zeigt sich einmal im Hinblick auf ihre *Beendigung*. Soweit ein Dauerschuldverhältnis nicht für einen bestimmten Zeitraum abgeschlossen ist, erfolgt die Beendigung durch *Kündigung*. Diese Gestaltungserklärung wirkt ex nunc, d.h. nur für die Zukunft. Darüber hinaus sieht das Gesetz für viele Dauerschuldverhältnisse neben der ordentlichen Kündigung auch eine ausserordentliche Kündigung aus wichtigem Grund vor (Miete: Art. 266g, Pacht: Art. 297, Arbeitsvertrag: Art. 337 f., einfache Gesellschaft: Art. 545 Abs. 2). Aus diesen Regeln leitet sich der allgemeine Grundsatz ab, dass jedes Dauerschuldverhältnis jederzeit aus *wichtigem Grund* gekündigt werden kann (BGE 128 III 428 ff.: Darlehen als kündbares Dauerschuldverhältnis).

Besonderheiten ergeben sich auch im Hinblick auf die Behandlung 3.28
von *Mängeln beim Vertragsschluss* (z.b. Nichtigkeit, Willensmängel),
wenn ein Dauerschuldverhältnis bereits in Vollzug gesetzt ist. Hier wäre
es wirtschaftlich unsinnig, die von den Parteien im Vertrauen auf das
Bestehen des Dauerschuldverhältnisses bereits erbrachten Leistungen
über das Bereicherungsrecht rückabzuwickeln. Für den Arbeitsvertrag
sieht deshalb das Gesetz in Art. 320 Abs. 3 ausdrücklich vor, dass die
Unverbindlichkeit in ihrer Wirkung *auf die Zukunft zu beschränken* ist.
Diese Lösung kann verallgemeinert und auf andere Dauerschuldverhältnisse übertragen werden (BaslerKomm/SCHWENZER, Vor Art. 23–31
N 7; BGE 129 III 320, 328 ff.; krit. FOUNTOULAKIS, 66 ff.).

b) Beschluss

Zu den mehrseitigen Rechtsgeschäften zählen die Beschlüsse, 3.29
durch die die inneren Angelegenheiten einer Vereinigung, z.B. einer
einfachen Gesellschaft oder eines Vereins, geregelt werden (vgl. dazu
z.B. KOLLER, OR AT, § 3 N 45). Im Gegensatz zu Verträgen, die aus
übereinstimmenden, wechselseitigen Willenserklärungen bestehen, liegen bei den Beschlüssen *gleich gerichtete Willenserklärungen* mehrerer
Personen vor. Aus dem Gesellschaftsvertrag oder den Statuten und aus
dem Gesetz ergibt sich, ob ein *einstimmiger Beschluss* erforderlich ist
oder ob ein *Mehrheitsbeschluss* ausreicht. Anders als beim Vertrag brauchen bei einem Mehrheitsbeschluss nicht alle Willenserklärungen über-
einzustimmen. Vielmehr ist der Beschluss bindend, wenn die erforderliche Mehrheit erreicht ist.

III. Verpflichtungs- und Verfügungsgeschäfte

Literatur: BERGER, Schuldrecht, N 252 ff.; BUCHER, OR AT, 42 ff.; ENGEL,
OR AT, 144 ff.; FURRER/MÜLLER-CHEN, Kap. 1 N 137 ff.; GAUCH/SCHLUEP/SCHMID,
N 136 ff.; GUHL/KOLLER, 96 f.; HUGUENIN, OR AT, N 88 ff.; KOLLER, OR AT, § 3
N 56 ff.; MERZ, Vertrag und Vertragsschluss, N 29 ff.; TERCIER, Obligations, N 206 ff.;
VON TUHR/PETER, 194 ff.; KuKo OR/WIEGAND, Einl. zu Art. 1–40g N 12 ff.; Zürcher-
Komm/JÄGGI, Art. 1 N 52 f.

Die Rechtsgeschäfte können weiter danach unterschieden wer- 3.30
den, ob sie obligatorische oder unmittelbar rechtsändernde Wirkungen
nach sich ziehen.

1. Verpflichtungsgeschäfte

3.31   Unter einem Verpflichtungsgeschäft ist ein Rechtsgeschäft zu verstehen, durch das die *Verpflichtung zu einem Handeln oder Unterlassen* begründet wird. Bei den im BT des OR geregelten Vertragstypen handelt es sich durchweg um solche Verpflichtungsgeschäfte. Hauptbeispiel ist der Kaufvertrag. Er verpflichtet die Verkäuferin, dem Käufer den Kaufgegenstand zu übergeben und ihm das Eigentum daran zu verschaffen, und den Käufer zur Kaufpreiszahlung (Art. 184 Abs. 1). Durch den Kaufvertrag ändert sich aber an der rechtlichen Zuordnung des Kaufgegenstandes noch nichts; die Verkäuferin bleibt trotz Abschlusses des Kaufvertrages Eigentümerin der verkauften Sache. Das Verpflichtungsgeschäft hat also keine unmittelbare Verminderung der Aktiva, wohl aber eine *Vermehrung der Passiva* der Verpflichteten zur Folge.

3.32   Meistens ist das Verpflichtungsgeschäft ein *Vertrag*, ausnahmsweise jedoch auch ein einseitiges Rechtsgeschäft, wie beispielsweise die Auslobung (Art. 8).

2. Verfügungsgeschäfte

3.33   Das Verfügungsgeschäft ist ein Rechtsgeschäft, durch das ein *Recht übertragen, belastet, geändert oder aufgehoben* wird. Verfügungsgeschäfte betreffen meist dingliche Rechte und finden sich deshalb im Sachenrecht, z.B. die Eigentumsübertragung von Fahrnis (Art. 714 ZGB) und Grundstücken (Art. 656 Abs. 1 ZGB) oder die Einräumung eines Pfandrechtes (Art. 884 ZGB). Verfügungsgeschäfte über Forderungsrechte finden sich im AT des OR, so die Forderungsabtretung (Zession, Art. 164) und die Aufhebung einer Forderung (Art. 115). Im Gegensatz zum Verpflichtungsgeschäft *vermindern sich* durch das Verfügungsgeschäft unmittelbar *die Aktiva* der Verfügenden.

3.34   Das Verfügungsgeschäft besteht oft aus einem *Vertrag*, z.B. bei der Zession, ausnahmsweise jedoch auch aus einer einzigen Willenserklärung, wie beispielsweise bei der einseitigen Aufgabe des Eigentums (Dereliktion, Art. 729 ZGB). Streitig ist, ob bei der Eigentumsübertragung ein *dinglicher Vertrag* nötig ist (vgl. hierzu HONSELL, OR BT, 42 ff.). Darüber hinaus sind jedoch insbesondere bei der Eigentumsübertragung noch weitere Tatbestandsmerkmale erforderlich, nämlich bei der Übertragung des Eigentums an Fahrnis der Besitzübergang (Art. 714 Abs. 1 ZGB), bei Grundeigentum die Eintragung im Grundbuch (Art. 656 Abs. 1 ZGB).

Eine Verfügung ist – im Gegensatz zum Verpflichtungsgeschäft – nur 3.35
wirksam, wenn der Verfügenden die *Verfügungsmacht*, d.h. die rechtliche Befugnis, über das Recht zu verfügen, zusteht. Regelmässig hat die Inhaberin eines Rechtes auch die Verfügungsmacht. So kann die Eigentümerin einer Sache oder die Inhaberin einer Forderung durch Eigentumsübertragung oder durch Abtretung der Forderung darüber verfügen, so dass der Erwerber Eigentümer der Sache oder Inhaber der Forderung wird.

Ausnahmsweise steht nicht der Inhaberin eines Rechtes, sondern einem anderen die Verfügungsmacht zu. Wichtigstes Beispiel hierfür ist 3.36
der *Konkurs*, bei dem die Gemeinschuldnerin die Verfügungsmacht über ihr vom Konkursbeschlag erfasstes Vermögen verliert (Art. 204 SchKG; vgl. dazu BaslerKomm/WOHLFART/MEYER, Art. 204 SchKG N 1).

Verfügt jemand im eigenen Namen über Rechte Dritter, so ist diese 3.37
Verfügung mangels Verfügungsmacht grundsätzlich unwirksam. Ausnahmen von diesem Grundsatz finden sich insbesondere im Sachenrecht für den *Erwerb* von Fahrnis *vom Nichtberechtigten durch einen Gutgläubigen* (Art. 933 ZGB) sowie für den gutgläubigen Erwerb von Eigentum oder anderen dinglichen Rechten an Grundstücken (Art. 973 Abs. 1 ZGB). Darüber hinaus ist die Verfügung durch eine Nichtberechtigte auch dann wirksam, wenn sie mit zuvor erteilter *Einwilligung* der Berechtigten erfolgt oder diese sie nachträglich *genehmigt*.

3. Unterschiede

Der wesentliche Unterschied zwischen Verpflichtungs- und 3.38
Verfügungsgeschäften liegt darin, dass ein Verpflichtungsgeschäft lediglich das *rechtliche Dürfen*, das Verfügungsgeschäft jedoch das *rechtliche Können* beschränkt. So ist der Kaufvertrag, mit dem sich eine Nichtberechtigte zur Eigentumsübertragung einer ihr nicht gehörenden Sache verpflichtet, ohne weiteres wirksam; die Erfüllung des Kaufvertrages durch Eigentumsübertragung scheitert jedoch an der fehlenden Verfügungsmacht, soweit nicht die Voraussetzungen des gutgläubigen Eigentumserwerbs nach Art. 933 ZGB erfüllt sind (vgl. HONSELL, OR BT, 72 f.). Die Verkäuferin wird dem Käufer in einem solchen Fall u.U. schadenersatzpflichtig (vgl. Art. 195 Abs. 1 Ziff. 4, Abs. 2).

Ein weiterer Unterschied zwischen Verpflichtungs- und Verfügungs- 3.39
geschäften liegt darin, dass bei Verfügungen der *Prioritätsgrundsatz* gilt, bei Verpflichtungen eine solche Rangordnung jedoch nicht besteht. Verfügt jemand mehrmals, so ist nur die zeitlich erste Verfügung wirksam,

während alle späteren Verfügungen unwirksam sind, sofern nicht die Vorschriften über den gutgläubigen Erwerb eingreifen. Demgegenüber ist eine mehrmalige Verpflichtung gegenüber verschiedenen Personen möglich; die zeitlich erste Verpflichtung steht rangmässig nicht besser als die zeitlich letzte (vgl. BGE 75 II 131, 136 f.).

IV. Kausale und abstrakte Geschäfte

Literatur: BERGER, Schuldrecht, N 262 ff.; BUCHER, OR AT, 47 ff.; ENGEL, OR AT, 148 ff.; FURRER/MÜLLER-CHEN, Kap. 1 N 144 ff.; GUHL/KOLLER, 100 f.; HUGUENIN, OR AT, N 95 ff.; KOLLER, OR AT, § 3 N 61 f.; MERZ, Vertrag und Vertragsschluss, N 60 ff.; VON TUHR/PETER, 200 ff., 203 f., 266 ff.;

HONSELL, Tradition und Zession – kausal oder abstrakt?, Festschrift Wiegand, Bern 2005, 349 ff.

3.40   Zuwendungen erfolgen regelmässig nicht ohne Grund. Vielmehr verfolgen die Parteien einen *typischen Zuwendungszweck.* Im römischen Recht wurde von der causa gesprochen. Bei Austauschverträgen liegt der Zweck im Erlangen der Gegenleistung, bei unentgeltlichen Verträgen soll die Zuwendung eine unentgeltliche Bereicherung bewirken, Gesellschaftsverträge haben zum Ziel, durch Zusammenwirken einen gemeinsamen Zweck zu erreichen.

3.41   Je nachdem, ob die Gültigkeit eines Rechtsgeschäftes vom zugrunde liegenden Rechtsgrund abhängen soll oder nicht, wird zwischen *kausalen* und *abstrakten Rechtsgeschäften* unterschieden (vgl. nur VON TUHR/ PETER, 203; andere Begriffsverwendung bei GUHL/KOLLER, 100 f.).

1. Kausale Geschäfte

3.42   Kausale Geschäfte sind solche Geschäfte, bei denen der *Rechtsgrund der Zuwendung zum Inhalt des Geschäfts* gehört. Hierzu zählen die meisten *Verpflichtungsgeschäfte.* So ist beim Kaufvertrag die Vereinbarung, dass jede der beiden Vertragsparteien für ihre Leistung eine Gegenleistung erhält, der Rechtsgrund für den mit dem Kaufvertrag entstehenden Anspruch des Käufers auf Übergabe und Eigentumsverschaffung und den Anspruch der Verkäuferin auf Kaufpreiszahlung.

3.43   Kausal sind nach schweizerischer Auffassung jedoch auch die *Verfügungsgeschäfte* betreffend *Grundstücke* und *Fahrnis* (vgl. TUOR/ SCHNYDER/SCHMID, 815, 999 f.; REY, Sachenrecht, N 353 ff., 1735 jeweils m. Nachw.). Dies bedeutet, dass die Verfügung nur dann wirksam ist, wenn das der Verfügung zugrunde liegende Verpflichtungsgeschäft seinerseits wirksam ist. Für die Übertragung dinglicher Rechte an Grundstücken ist dieses Kausalitätsprinzip ausdrücklich in Art. 974 Abs. 2 ZGB normiert. In ständiger Praxis wird es auch auf die Übertragung dinglicher Rechte an Fahrnis angewandt (vgl. nur BGE 55 II 302, 306 ff.; REY, Sachenrecht, N 354 m.w. Nachw.; a.A. noch VON TUHR/ PETER, 203). In der praktischen Konsequenz bedeutet dies, dass die Eigentumsübertragung scheitert, wenn ihr beispielsweise kein wirksamer Kaufvertrag oder keine wirksame Schenkung zugrunde liegt. Die Veräussernde bleibt Eigentümerin der Sache und hat gegenüber dem Erwerber einen Anspruch auf Herausgabe nach Art. 641 Abs. 2 ZGB (rei vindicatio). Würde demgegenüber die Eigentumsübertragung nicht als vom Grundgeschäft abhängig, sondern als von diesem losgelöst – abstrakt – begriffen, so wäre die Veräussernde bei Unwirksamkeit des Grundgeschäftes lediglich auf einen bereicherungsrechtlichen Anspruch (Art. 62 ff.) verwiesen. Praktische Konsequenzen zeitigt das Kausalitätsprinzip damit vor allem im Falle des *Konkurses des Empfängers* (vgl. KOLLER, OR AT, § 3 N 62). Da die Veräussernde bei unwirksamem Grundgeschäft Eigentümerin bleibt, steht ihr nach Art. 242 Abs. 1 SchKG ein Aussonderungsrecht zu (vgl. BaslerKomm/RUSSENBERGER, Art. 242 SchKG N 14 ff.); als blosse Bereicherungsgläubigerin wäre sie wie alle anderen Konkursgläubigerinnen auf die regelmässig sehr niedrige Konkursquote verwiesen.

2. Abstrakte Geschäfte

Abstrakte Geschäfte sind solche Geschäfte, die *vom Rechts-* 3.44 *grund der Zuwendung losgelöst* sind. Im Gegensatz zu den kausalen Geschäften gehört der Rechtsgrund nicht zum Inhalt des Geschäftes. Zu den abstrakten Geschäften gehören aus dem Kreis der *Verpflichtungsgeschäfte* beispielsweise die Wechsel- und Checkgeschäfte (Art. 1007, 1146). Diese Verpflichtungsgeschäfte enthalten nicht nur keine Bezugnahme auf den Rechtsgrund der Verpflichtung, sie sind auch insoweit abstrakt, als das Fehlen einer durchsetzbaren Grundforderung, z.B. einer Kaufpreisforderung, das Entstehen einer Wechsel- oder Checkverbindlichkeit nicht zu hindern vermag.

Als Beispiel eines abstrakten *Verfügungsgeschäftes* sei – im Gegensatz 3.45 zur Übertragung des Eigentums – die Abtretung einer Forderung (Zession) genannt (vgl. dazu N 90.07 ff.).

3. Abstraktes Schuldbekenntnis

Literatur: BERGER, Schuldrecht, N 276 ff.; BUCHER, OR AT, 55 ff.; ENGEL, OR AT, 156 f.; GAUCH/SCHLUEP/SCHMID, N 1175a ff.; GUHL/KOLLER, 100 f.; HUGUENIN, OR AT, N 97; KOLLER, OR AT, § 24 N 1 ff.; MERZ, Vertrag und Vertragsschluss, N 66 ff.; TERCIER, Obligations, N 308 ff.; VON TUHR/PETER, 268 ff.; BaslerKomm/ SCHWENZER, Art. 17; BernerKomm/SCHMIDLIN, Art. 17; CHK/KUT/SCHNYDER, OR 17; CR CO I/TEVINI DU PASQUIER, Art. 17 N 1 ff.; KuKo OR/HURNI, Art. 17; ZürcherKomm/ JÄGGI, Art. 17;

CREUTZIG, Das selbständige Schuldversprechen, Basel 1969; KRAUSKOPF, Die Schuldanerkennung im schweizerischen Obligationenrecht, Diss. Freiburg i.Ue. 2003; DERS., Der Begriff, die Erscheinungsformen und die Bedeutung der Schuldanerkennung im Obligationenrecht, recht 2005, 169 ff.; MUSTER, La reconnaissance de dette abstraite, Diss. Lausanne, Zürich 2004.

3.46   Das *Schuldbekenntnis* oder auch *Schuldanerkenntnis* ist die Erklärung der Schuldnerin gegenüber dem Gläubiger, dass eine bestimmte Schuld bestehe, ohne dass darin der Schuldgrund (wie z.B. Kaufvertrag vom 1.9.2005) genannt wird. Es ist ein *einseitiger Vertrag* (BernerKomm/SCHMIDLIN, Art. 17 N 35; a.A. ZürcherKomm/JÄGGI, Art. 17 N 8: einseitige Erklärung; BezGer Kreuzlingen, SJZ 2000, 592 ff.). Erklärungen der Beteiligten nach einem Verkehrsunfall, einem Ladendiebstahl oder einem sonstigen Schadensereignis sind allerdings in der Regel kein Schuldanerkenntnis. Solche Erklärungen beschreiben grundsätzlich nur einen faktischen Vorgang und wollen keine konkreten Leistungspflichten begründen (offen gelassen, ob Vergleich oder Schuldbekenntnis: BGE 96 II 25 f.).

3.47   Art. 17 bestimmt, dass das abstrakte Schuldanerkenntnis *gültig* ist. Damit wird die Ende des 19. Jahrhunderts im gemeinen Recht höchst umstrittene Frage, ob das abstrakte Schuldversprechen klagbar sei, im positiven Sinne geklärt. Welche konkreten Folgen ein abstraktes Schuldanerkenntnis nach sich zieht, lässt sich der Vorschrift allerdings nicht entnehmen. Nach in Praxis und Lehre unbestrittener Auffassung führt jedes abstrakte Schuldbekenntnis zu einer *Beweislastumkehr* (BaslerKomm/SCHWENZER, Art. 17 N 8 f. m. Nachw.). Das Schuldanerkenntnis reicht als selbstständiger Klagegrund aus. Es ist Sache der Schuldnerin, das Schuldverhältnis aufzudecken, das dem Schuldbekenntnis zugrunde lag. Es steht ihr jedoch frei, alle Gegenrechte aus dem Grundverhältnis zu erheben, d.h. insbesondere Einwendungen, die sich auf das wirksame Zustandekommen des Grundverhältnisses beziehen (BGE 131 III 268, 273), oder Einreden, die die Durchsetzbarkeit des dem Schuldanerkenntnis zugrunde liegenden Anspruchs betreffen (BGE 65 II 66, 84). Über die Beweisabstraktheit hinausgehend kann dem Schuldbekenntnis auch die

Wirkung eines *Verzichts* auf bestimmte oder auch auf sämtliche aus dem Grundverhältnis entspringenden Einwendungen und Einreden zukommen (BaslerKomm/SCHWENZER, Art. 17 N 10 f. m. Nachw.). Der Schuldnerin ist dann die Berufung auf diese verwehrt. Ein solches «einredeabstraktes» Schuldbekenntnis ist allerdings nicht leichthin anzunehmen. Der Einredenverzicht muss vielmehr ausdrücklich erfolgen oder sich aus den Umständen unzweifelhaft ergeben (BGE 65 II 66, 82).

Auch das abstrakte Schuldbekenntnis ist insoweit *kausal*, als es keine Rechtswirkungen zeitigt, wenn die ihm zugrunde liegende Forderung nicht besteht oder nicht durchsetzbar ist (vgl. BGer, Cahiers du bail 2006, 110, 113 f.). Ein Teil der Lehre vertritt demgegenüber in Anlehnung an das deutsche Recht (§§ 780, 781 BGB) die Auffassung, das Schuldverhältnis sei im materiellen Sinne völlig abstrakt, d.h. losgelöst vom Grundverhältnis (VON TUHR/PETER, 270 ff.; CREUTZIG, 49). Für das Schweizer Recht ist diese Lehre abzulehnen. Zudem ergeben sich aus dieser abweichenden Auffassung keine grösseren praktischen Unterschiede, da danach das Schuldbekenntnis bei Mängeln des Grundverhältnisses nach Bereicherungsrecht zurückgefordert werden kann, im Ergebnis also ebenfalls nicht durchsetzbar ist. 3.48

§ 4 Schuldverhältnis

Literatur: BERGER, Schuldrecht, N 215 ff.; BUCHER, OR AT, 38 f.; ENGEL, OR AT, 3 ff.; FURRER/MÜLLER-CHEN, Kap. 1 N 77 ff., 117 f.; GAUCH/SCHLUEP/SCHMID, N 23 ff.; GUHL/KOLLER, 7 ff.; HUGUENIN, OR AT, N 17 ff.; KELLER/SCHÖBI, Schuldrecht I, 2 ff.; KOLLER, OR AT, § 2 N 1 ff.; MERZ, SPR VI/1, 47 ff.; TERCIER, Obligations, N 99 ff.; VON TUHR/PETER, 9 ff.; BaslerKomm/BUCHER, Einl. vor Art. 1 ff. N 36 ff.; BernerKomm/KRAMER, Allg. Einl. N 33 ff.; CR CO I/DESSEMONTET, Art. 1 N 1 ff.; KuKo OR/WIEGAND, Einl. zu Art. 1–40g N 1 ff.; ZürcherKomm/JÄGGI, Vorbem. Art. 1 N 6 ff., 103 ff.;

BUCHER, «Schuldverhältnis» des BGB: ein Terminus – drei Begriffe, Festschrift Wiegand, Bern 2005, 93 ff.; WALTER, Auf dem Weg zum Schuldverhältnis – wo weiter?, recht 2005, 71 ff.

I. Begriff

1. Schuldverhältnis im engeren Sinne

Unter *Schuldverhältnis im engeren Sinne* oder *Obligation* wird das Rechtsverhältnis zwischen Gläubiger und Schuldnerin verstanden, kraft dessen der Gläubiger eine Leistung, d.h. ein Tun oder Unterlassen, 4.01

verlangen kann und die Schuldnerin korrespondierend hierzu zur Leistungserbringung verpflichtet ist. Das Gesetz verwendet den Begriff Schuldverhältnis nicht; stattdessen ist in den Überschriften zu den einzelnen Titeln und Abschnitten im AT des OR von der Obligation die Rede. Schuldverhältnis im engeren Sinne oder Obligation, bzw. obligatorisches Recht, sind damit Oberbegriffe für die im OR benutzten Begriffe wie Anspruch (Art. 35 Abs. 3), Verbindlichkeit (Art. 97 Abs. 1), Schuldpflicht (Art. 101 Abs. 1), Forderung (Art. 164) oder Verpflichtung (Art. 180 Abs. 1), wobei je nachdem auf die Sicht des Gläubigers oder der Schuldnerin abgestellt wird.

4.02   Im engsten Sinne ist unter Obligation ein bestimmtes *Wertpapier*, das eine Darlehensforderung verkörpert, zu verstehen (vgl. Art. 1156 ff.).

2. Schuldverhältnis im weiteren Sinne

4.03   Unter einem *Schuldverhältnis im weiteren Sinne* wird das *gesamte Rechtsverhältnis* zwischen zwei Personen als Organismus, aus dem sich eine ganze Reihe von Einzelansprüchen und Pflichten ergeben können, verstanden.

4.04   Das Schuldverhältnis im weiteren Sinne entsteht in der Regel mit *Abschluss des Vertrages* (zu vorvertraglichen Pflichten vgl. N 47.01 ff.). In diesem Zeitpunkt können, aber müssen noch nicht die einzelnen Forderungen entstehen. Umgekehrt ist das Schuldverhältnis im weiteren Sinne unabhängig vom Fortbestand einer Einzelforderung, die in der Regel durch Erfüllung erlischt. Das Schuldverhältnis *endet* erst, wenn keinerlei Pflichten zwischen den Parteien mehr bestehen. Die aus einem Schuldverhältnis entspringende Einzelforderung kann grundsätzlich abgetreten werden; ob damit im Einzelfall auch andere im Schuldverhältnis wurzelnde Rechte, vor allem Gestaltungsrechte, mit auf den neuen Gläubiger übergehen, ist umstritten (vgl. N 90.20 f.). Freilich kann im Einzelfall auch die Stellung im Schuldverhältnis als Ganzes auf eine andere Person übertragen werden. So geht nach Art. 261 Abs. 1 ein bestehendes Mietverhältnis mit Eigentumsübertragung auf den Erwerber der Mietsache über. Eine ähnliche Bestimmung findet sich in Art. 333 für die Übernahme von Arbeitsverhältnissen bei Betriebsnachfolge (Einzelheiten vgl. N 92.01 ff.).

4.05   Wenn im Folgenden von Schuldverhältnis die Rede ist, so ist damit regelmässig das Schuldverhältnis im weiteren Sinne gemeint.

II. Relativität der Schuldverhältnisse

Literatur: MERZ, SPR VI/1, 56 ff.; BERGER, Schuldrecht, N 95; ENGEL, OR
AT, 18 ff.; FURRER/MÜLLER-CHEN, Kap. 1 N 81 ff.; GUHL/KOLLER, 7 ff.; HUGUENIN, OR
AT, N 23, 50 ff.; KOLLER, OR AT, § 2 N 21 ff.; TERCIER, Obligations, N 115 f.; VON
TUHR/PETER, 9 f.; BernerKomm/KRAMER, Allg. Einl. N 43 ff.; CR CO I/THÉVENOZ,
Art. 97 N 42 f.; ZürcherKomm/JÄGGI, Vorbem. Art. 1 N 61 ff.;
IMHOF, Obligation und subjektives Recht, Diss. Freiburg i.Ue., Basel 2003; WEBER,
Dritte Spuren zwischen absoluten und relativen Rechten?, Festschrift Rey, Zürich 2003,
583 ff.; ZULLIGER, Eingriffe Dritter in Forderungsrechte, Zürich 1988.

1. Grundsatz

Die aus dem Schuldverhältnis entstehenden Rechte und Pflich-   4.06
ten wirken lediglich *zwischen den Parteien*, d.h. sie sind relativ. Dies
unterscheidet sie von den *absoluten Rechten* des Sachenrechts, die sich
gegen jedermann richten. Absolut wirken auch die Immaterialgüterrechte, z.B. Urheber-, Patent-, Muster- und Markenrechte, sowie die Persönlichkeitsrechte.

Aus der Relativität des Schuldverhältnisses ergibt sich, dass beispiels-   4.07
weise dem Käufer nach Abschluss des Kaufvertrages, aber vor Eigentumsübertragung keine Rechte gegen Dritte zustehen, wenn diese auf die
Kaufsache einwirken. Wird die Kaufsache von einem Dritten zerstört, so
hat nur die Verkäuferin als Eigentümerin einen Anspruch auf Schadenersatz. Auch einer Pfändung durch Dritte kann der Käufer nicht widersprechen. Fällt die Verkäuferin in Konkurs, so steht dem Käufer kein Aussonderungsrecht zu (Art. 242 Abs. 1 SchKG). Aus der Relativität der
Schuldverhältnisse folgt auch, dass bei einer Körperverletzung nur der
Verletzte seinen Schaden ersetzt erhält. Vertragspartner des Verletzten,
z.B. der Arbeitgeber, der wegen des Ausfalls seines Arbeitnehmers eine
Gewinneinbusse erleidet, werden nicht geschützt (vgl. hierzu ausführlich
N 14.19 ff.).

2. Einschränkungen

*a) Sittenwidrige Beeinträchtigung vertraglicher Rechte
Dritter*

Grundsätzlich stehen dem Gläubiger gegenüber einem Dritten,   4.08
der die Schuldnerin zum Vertragsbruch verleitet, keine Rechte zu, da nur
sein relatives Recht betroffen und die *Verleitung zum Vertragsbruch* als

solche noch nicht widerrechtlich im Sinne des Art. 41 Abs. 1 ist (vgl. N 50.06). Ausnahmsweise kann die Anstiftung zum Vertragsbruch, wenn sie in einer gegen die guten Sitten verstossenden Schädigungsabsicht erfolgt, aber eine *sittenwidrige Schädigung* nach Art. 41 Abs. 2 darstellen. In diesem Fall steht dem geschädigten Gläubiger ein Schadenersatzanspruch zu (BGE 114 II 91, 97 f. m.w. Nachw.; vgl. auch N 51.06).

b) Verdinglichung obligatorischer Rechte

4.09 Bestimmte obligatorische Rechte, die sich auf ein Grundstück beziehen, können *im Grundbuch vorgemerkt* werden (Art. 959 Abs. 1 ZGB). Hierzu gehören vor allem das Vor- und Rückkaufsrecht, das Kaufsrecht, aber auch Miete und Pacht. Durch die Vormerkung erlangen diese relativen Rechte *quasi-dingliche* Wirkung, d.h. sie werden den absoluten Rechten angenähert und können vom Gläubiger unmittelbar auch gegen jeden Dritten durchgesetzt werden. Sie werden deshalb zu den sog. *Realobligationen* gerechnet (vgl. dazu LIVER, SPR V/1, 21 f.). Auch der Anspruch auf Eigentumsübertragung eines Grundstücks aus Kaufvertrag kann im Falle eines drohenden Doppelverkaufs durch die Verkäuferin mittels einer Verfügungsbeschränkung (Art. 960 Abs. 1 Ziff. 1 ZGB) mit quasi-dinglicher Wirkung ausgestattet werden (REY, Sachenrecht, N 1477).

c) Schutz des berechtigten Besitzers

4.10 Auch wenn dem Mieter oder Pächter nur ein relatives Recht gegen die Eigentümerin der Miet- oder Pachtsache zusteht, so ist er doch als Besitzer nach den *Besitzesschutzregeln* (Art. 926 ff. ZGB) gegen Eingriffe Dritter in sein Besitzesrecht grundsätzlich geschützt (Einzelheiten BernerKomm/STARK, Vorbem. Art. 926–929 ZGB N 1 ff.). Darüber hinaus hat das Bundesgericht die deliktsrechtliche Gleichstellung des obligatorisch berechtigten Mieters oder Pächters mit der Eigentümerin eines Grundstücks befürwortet (BGE 104 II 15, 19 ff. m.w. Nachw.; vgl. auch BGE 119 II 411, 415; N 50.05).

d) Schutz der Familienwohnung

4.11 Ebenfalls in Durchbrechung des Prinzips der Relativität der Schuldverhältnisse werden dem *Ehegatten bzw. eingetragenen Partner des Mieters* der Familienwohnung bestimmte vertragliche Rechte einge-räumt, obwohl er nicht selbst Vertragspartei ist. So muss die Kündigung seitens der Vermieterin nicht nur dem Mieter, sondern auch seinem Ehe-gatten bzw. eingetragenen Partner zugestellt werden (Art. 266n). Ande-rerseits muss dieser auch der Kündigung durch den Mieter zustimmen (Art. 266m), und schliesslich kann der Ehegatte bzw. eingetragene Part-ner die Kündigung anfechten und Erstreckung des Mietverhältnisses verlangen (Art. 273a). All diese Bestimmungen wollen einen grösstmög-lichen Schutz der Familienwohnung gewährleisten (vgl. auch Art. 169 ZGB, dazu ausführlich ZürcherKomm/HASENBÖHLER, Art. 169 ZGB).

III. Leistungspflicht und Forderungsrecht

Literatur: BERGER, Schuldrecht, N 222 ff.; FURRER/MÜLLER-CHEN, Kap. 1 N 92 ff.; GAUCH/SCHLUEP/SCHMID, N 35 ff.; GUHL/KOLLER, 9 ff.; HUGUENIN, OR AT, N 20 ff., 59 ff.; KOLLER, OR AT, § 2 N 12 ff.; MERZ, SPR VI/1, 62 ff., 118 ff.; VON TUHR/PETER, 43 ff.; BernerKomm/KRAMER, Allg. Einl. N 72 ff.; ZürcherKomm/JÄGGI, Vorbem. Art. 1 N 14 ff.;

LEUPOLD, Wettbewerbsverbot bei der Unternehmungsübertragung, Basel/Frankfurt a.M. 1995; TAKEI, Inhalt und Rechtsfolgen von Geheimhaltevereinbarungen, SJZ 2008, 57 ff.; WERRO, La distinction entre l'obligation de résultat et l'obligation de moyens, une nouvelle approche de la répartition du fardeau de la preuve de la faute dans la responsabi-lité contractuelle, ZSR 1989 I, 253 ff.

Jedes Schuldverhältnis enthält zumindest eine *Leistungspflicht* 4.12 der Schuldnerin, der ein entsprechendes *Forderungsrecht* des Gläubigers gegenübersteht.

1. Leistungspflicht des Schuldners

a) Positive und negative Leistungspflichten

Die Leistungspflicht der Schuldnerin kann sowohl in einem 4.13 (*positiven*) Tun als auch in einem (*negativen*) Unterlassen bestehen.

Die *positiven Leistungspflichten* können in sachliche und persönliche 4.14 Leistungen unterteilt werden. *Sachliche Leistungen* sind aus dem Ver-mögen zu erbringen, z.B. die Leistung von Geld, die Übertragung des Eigentums an einer Sache oder die Überlassung der Nutzung einer Sache. Zu den *persönlichen Leistungen* gehören Arbeitsleistungen, die Besor-gung fremder Geschäfte, Pflichten zur Verwahrung, Auskunft oder Rechnungslegung. Die Unterscheidung zwischen sachlichen und persönlichen Leistungen ist bedeutsam im Hinblick auf die *Grenzen der Verpflichtung*. So spielt die persönliche Leistungsfähigkeit der Schuldnerin vor allem bei persönlichen Leistungen eine Rolle (vgl. auch Berner-Komm/WEBER, Art. 68 N 33). Bei Geldleistungen hingegen ist sie gänzlich irrelevant (vgl. GAUCH/SCHLUEP/EMMENEGGER, N 2572). Sachliche Leistungen können ausser von der Schuldnerin auch von Dritten erbracht werden (statt vieler MERZ, SPR VI/1, 125); stirbt die Schuldnerin, so geht ihre Verpflichtung auf die Erben über. Bei persönlichen Leistungen ist dies hingegen regelmässig nicht der Fall, sie sind grundsätzlich mit der Person der Schuldnerin verbunden und erlöschen mit deren Tod (vgl. etwa Art. 405 Abs. 1; vgl. auch BGE 103 II 52, 55 f.).

4.15   Die positiven Leistungspflichten können des Weiteren danach unterschieden werden, ob die Schuldnerin für den Eintritt eines bestimmten Erfolgs einzustehen hat oder lediglich ein sorgfältiges Tätigwerden schuldet. In Anlehnung an die französische Terminologie wird insoweit von *obligations de résultat* einerseits und *obligations de moyens* andererseits gesprochen (vgl. insb. WERRO, ZSR 1989 I, 253 ff.). Die Hauptpflichten der Verkäuferin, Vermieterin oder Werkunternehmerin sind typische obligations de résultat. Demgegenüber schuldet z.B. die Arbeitnehmerin oder Beauftragte, insbesondere die Ärztin oder Anwältin, keinen bestimmten Erfolg, sondern allein den Einsatz der je berufsspezifischen Sorgfalt. Bedeutung erlangt diese Unterscheidung vor allem im Rahmen der Leistungsstörungen (vgl. N 67.04 f.).

4.16   Zu den *negativen Leistungspflichten* gehören vor allem *Unterlassungspflichten*, z.B. Konkurrenz- oder Veräusserungsverbote. Unterlassungspflichten beschränken das rechtliche Dürfen, nicht aber das rechtliche Können, so dass etwa eine dem Veräusserungsverbot widersprechende Eigentumsübertragung gleichwohl wirksam ist (Ausnahme: Art. 960 ZGB; vgl. N 4.09), die Schuldnerin jedoch gegenüber dem Gläubiger zu Schadenersatz verpflichtet (vgl. Art. 97 Abs. 1). Zu den negativen Leistungspflichten zählen weiter die Pflichten der Schuldnerin, ein bestimmtes Verhalten des Gläubigers zu *dulden* oder zu *gestatten*, z.B. Betreten eines Grundstückes oder Veröffentlichung eines Fotos.

4.17   Unterlassungspflichten können einerseits selbstständig zum *Gegenstand eines Vertrages* gemacht werden, z.B. ein vertraglich vereinbartes Konkurrenzverbot (vgl. etwa Art. 340 ff.) oder die vertragliche Verpflichtung, ein Grundstück nicht zu überbauen. Oft ergeben sich Unterlassungspflichten jedoch auch als *Nebenpflichten* aus einem im Übrigen auf ein positives Tun gerichteten Vertrag. So ist die Schuldnerin nach Treu und Glauben (Art. 2 Abs. 1 ZGB) grundsätzlich verpflichtet, alles zu unterlassen, was den Eintritt des mit dem Vertrag bezweckten Erfolgs beeinträchtigt. Beispielsweise darf die Vermieterin von Geschäftsräumen nicht im selben Gebäude oder in unmittelbarer Nähe ein Konkurrenzunternehmen eröffnen. Auch beim Unternehmenskauf kann aus Treu und Glauben ein solches Konkurrenzverbot gefolgert werden (vgl. LEUPOLD, 217 ff.).

b) Primäre und sekundäre Leistungspflichten

Aus dem Schuldverhältnis entsteht die Leistungspflicht der Schuldnerin, z.B. zur Lieferung der Kaufsache gemäss Art. 184 Abs. 1 oder zum Schadenersatz gemäss Art. 41 Abs. 1. Es wird insoweit von einer *primären Leistungspflicht* gesprochen.   4.18

Bei Störung einer primären Leistungspflicht kann eine *sekundäre Leistungspflicht* vor allem in Form einer *Schadenersatzpflicht* entstehen. Diese tritt entweder neben die primäre Leistungspflicht, z.B. die Pflicht zum Ersatz des Verzugsschadens nach Art. 103, 106, oder sie ersetzt diese, z.B. die Verpflichtung zum Schadenersatz wegen Nichterfüllung nach Art. 97 Abs. 1 oder Art. 107 Abs. 2 (zum Ganzen BernerKomm/ KRAMER, Allg. Einl. N 89 f.).   4.19

c) Haupt- und Nebenpflichten

Leistungspflichten aus einem Schuldverhältnis können des Weiteren danach unterteilt werden, ob es sich um sog. *Haupt-* oder *Nebenpflichten* handelt.   4.20

Unter *Hauptpflichten* werden dabei überwiegend jene Pflichten verstanden, die das betreffende Schuldverhältnis charakterisieren, z.B. die Lieferpflicht der Verkäuferin beim Kaufvertrag oder die Herstellungspflicht der Werkunternehmerin beim Werkvertrag sowie die Geldleistungspflicht der jeweils anderen Vertragspartei (MERZ, SPR VI/1, 62 f.).   4.21

Nebenpflichten hingegen prägen das jeweilige Schuldverhältnis nicht typischerweise (vgl. die abweichende Terminologie von BernerKomm/ KRAMER, Allg. Einl. N 91 ff.). Nebenpflichten können sich zum einen aus *ausdrücklicher Vereinbarung* zwischen den Parteien ergeben, z.B. wenn die Verkäuferin ausser der Lieferung einer Maschine auch deren Aufstellung und die Einweisung des Personals in die Bedienung übernommen hat oder die Parteien bezüglich bestimmter Tatsachen *Geheimhaltung* vereinbaren. Vielfach ordnet auch das *Gesetz* im Rahmen der   4.22

besonderen Vertragsverhältnisse subsidiär Nebenpflichten an, die eingreifen, falls die Parteien nicht etwas anderes vereinbart haben. So regelt etwa Art. 188 die Kostentragung beim Kaufvertrag, Art. 259 die Pflicht der Mieterin zu kleinen Reinigungen und Ausbesserungen oder Art. 330a die Verpflichtung der Arbeitgeberin zur Erteilung eines Zeugnisses. In grossem Umfang ergeben sich Nebenpflichten darüber hinaus aus dem Grundsatz von *Treu und Glauben*, der die Schuldnerin verpflichtet, alles zu tun, um die Verwirklichung des Leistungserfolgs sicherzustellen (BGE 114 II 57, 65 f.).

4.23 Nach ihrem *Inhalt* können die Nebenpflichten in Mitteilungs-, Verschaffungs-, Mitwirkungs- sowie Obhuts- und Schutzpflichten unterteilt werden (GUHL/KOLLER, 11 f.; Bsp. bei BernerKomm/MERZ, Art. 2 ZGB N 265 ff.; MERZ, SPR VI/1, 64 ff.).

4.24 Im Hinblick auf die klageweise Durchsetzbarkeit kann zwischen *selbstständigen* und *unselbstständigen Nebenpflichten* differenziert werden (GUHL/KOLLER, 12 f.). Die Verletzung einer selbstständigen Nebenpflicht gibt dem Gläubiger einen klageweise durchsetzbaren Anspruch auf Erfüllung der Nebenpflicht und nicht nur auf Schadenersatz bei ihrer Verletzung. Unselbstständige Nebenpflichten – wie in der Regel die Obhuts- und Schutzpflichten – sind hingegen nicht unmittelbar auf dem Klageweg erzwingbar; ihre Verletzung gibt dem Gläubiger lediglich einen Anspruch auf Schadenersatz.

4.25 Die *praktische Bedeutung* der Einteilung nach Haupt- und Nebenpflichten darf allerdings nicht überschätzt werden. Hauptpflichten stehen zwar regelmässig im Synallagma. Im Einzelfall kann jedoch auch eine Pflicht, die wie etwa die Verpackungspflicht im Allgemeinen als Nebenpflicht zu werten ist, für die Parteien von so herausragender Bedeutung sein, dass sie als Hauptpflicht erscheint, z.B. wenn der Käufer die Ware mitsamt der Verpackung weiterverkaufen will.

4.26 Auch die Einordnung von Nebenpflichten als unselbstständig oder selbstständig kann von Fall zu Fall *variieren*. So hat zwar der Kaufhausbesucher sicher keinen klageweise durchsetzbaren Anspruch auf Reinigung des Gebäudes. Ihm bleibt nur der Schadenersatzanspruch, falls er beispielsweise auf einem Gemüseblatt ausgleitet. Dem Arbeitnehmer, der durch die arbeitsrechtliche Fürsorgepflicht (Art. 328) in seinem Integritätsinteresse geschützt werden soll, wird andererseits eine Leistungs- oder Unterlassungsklage zugestanden (BernerKomm/KRAMER, Allg. Einl. N 95), falls Sicherheitsdefizite des Arbeitsplatzes seine Gesundheit bedrohen. Im Einzelfall kann eine Schutzpflicht sogar Hauptpflicht eines Vertrages sein, z.B. beim Bewachungsvertrag.

d) Obliegenheiten

Literatur: BERGER, Schuldrecht, N 211 ff.; FURRER/MÜLLER-CHEN, Kap. 1 N 104 f.; GAUCH/SCHLUEP/SCHMID, N 101 ff.; HUGUENIN, OR AT, N 64; KOLLER, OR AT, § 2 N 89 ff.; TERCIER, Obligations, N 292 ff.; VON TUHR/PETER, 12 f.; BernerKomm/ KRAMER, Allg. Einl. N 113 ff.; CHK/MERCIER, OR 91; CR CO I/LOERTSCHER, Art. 91 N 2; KuKo OR/GROSS/SPRECHER, Art. 91 N 3; ZürcherKomm/JÄGGI, Vorbem. Art. 1 N 78;

RIEMER, Unverbindliche Rechtsnormen im Privatrecht und im öffentlichen Recht: Ordnungsvorschriften, Obliegenheitsnormen, Normen mit unvollkommenen Obligationen und andere, Festschrift Ott, Zürich 2008, 153 ff.

Von der Leistungspflicht ist die sog. Obliegenheit zu unter- 4.27 scheiden. Bei Obliegenheiten handelt es sich um *«Pflichten geringerer Intensität»* (BernerKomm/KRAMER, Allg. Einl. N 113). Im Gegensatz zu Leistungspflichten sind Obliegenheiten weder gerichtlich durchsetzbar, noch entsteht bei ihrer Verletzung ein Anspruch auf Schadenersatz. Die Verletzung einer Obliegenheit führt für den Belasteten aber regelmässig zu *Rechtsnachteilen*, vor allem zum Verlust einer ihm günstigen Rechtsposition. So verliert der Käufer, der die Mangelhaftigkeit der Ware nicht rügt (Art. 201), sämtliche Ansprüche aus Sachgewährleistung (Art. 197 ff.). Kommt der Gläubiger seiner Pflicht, die ihm gehörig angebotene Leistung anzunehmen, nicht nach, so erfolgt eine Besserstellung der Schuldnerin nach den Regeln über den Gläubigerverzug (Art. 91 ff.).

Als *Beispiele* solcher Obliegenheiten sind aus dem OR neben der be- 4.28 reits erwähnten Untersuchungs- und Rügepflicht des Käufers (Art. 201) vor allem die entsprechende Pflicht des Werkbestellers (Art. 367 Abs. 1), die Schadensabwendungs- und Schadensminderungspflicht des Geschädigten (Art. 44 Abs. 1) sowie allgemein die Mitwirkungspflicht des Gläubigers bei Leistungserbringung durch die Schuldnerin zu nennen. Obliegenheiten finden sich vor allem auch im Versicherungsrecht, wo der Versicherte der Versicherung in verschiedenen Situationen Anzeige machen muss (Gefahrerhöhung: Art. 28 Abs. 3, 30 Abs. 1 VVG, Eintritt des Versicherungsfalls: Art. 38 Abs. 1 VVG, Doppelversicherung: Art. 53 Abs. 1 VVG).

2. Forderungsrecht des Gläubigers

Das *Korrelat zur Leistungspflicht* der Schuldnerin ist das For- 4.29 derungsrecht des Gläubigers. Aus dem Forderungsrecht des Gläubigers entspringt sowohl die Einziehungsbefugnis als auch das Recht, die erbrachte Leistung behalten zu dürfen und diese nicht aus ungerechtfertigter Bereicherung nach Art. 62 ff. herausgeben zu müssen. Damit ist dem Gläubiger freilich nur für den problemlosen Fall der freiwilligen Leistung durch die Schuldnerin gedient.

a) Klagbarkeit

4.30   Leistet die Schuldnerin nicht freiwillig, so kann der Gläubiger auf die Leistung klagen. Dies geschieht regelmässig mit der *Leistungsklage*, auf die hin ein Leistungsurteil ergeht, das die Schuldnerin zu der versprochenen Leistung verurteilt.

b) Vollstreckbarkeit

4.31   Mit dem Leistungsurteil kann der Gläubiger gegen die Schuldnerin im Wege der *Zwangsvollstreckung* vorgehen. Für Ansprüche auf Geldzahlung oder Sicherheitsleistung richtet sich die Zwangsvollstreckung nach SchKG, die zwangsweise Durchsetzung sonstiger Ansprüche (Realexekution) ist nunmehr in Art. 335 ff. ZPO geregelt. Darunter fallen insbesondere Ansprüche auf Sachleistung, auf Vornahme von Handlungen, auf Unterlassung und Duldung sowie auf Abgabe einer Willenserklärung.

c) Eigenmächtige Durchsetzbarkeit

4.32   Grundsätzlich kann der Gläubiger sein Recht nur mit *staatlicher Hilfe* (Gerichte, Vollstreckungsorgane) durchsetzen. Eine eigenmächtige Durchsetzung von Ansprüchen ist widerrechtlich und kann den Gläubiger schadenersatzpflichtig machen. Eine Ausnahme von diesem Prinzip enthält Art. 52 Abs. 3 für den Fall, dass obrigkeitliche Hilfe nicht rechtzeitig erlangt werden kann und ohne *Selbsthilfe* die Verwirklichung des Anspruchs vereitelt oder wesentlich erschwert würde. In einem solchen Fall wird der eigenmächtig handelnde Gläubiger von der Ersatzpflicht befreit (vgl. REY, Haftpflichtrecht, N 775, 786 ff. m.w. Nachw.).

4.33   Für den Sonderfall, dass sich sowohl Gläubiger als auch Schuldnerin gegenseitig gleichartige Leistungen – insbesondere Geld – schulden, sieht das OR selbst die «private Zwangsvollstreckung» im Wege der *Verrechnung* (Art. 120 ff.; vgl. N 77.01 ff.) vor. Der Gläubiger kann sich hier durch blosse Erklärung für seine Forderung Befriedigung verschaffen. Diese Form der Selbsthilfe ist unbedenklich, da sie sich einerseits ohne Anwendung körperlicher Gewalt vollzieht und andererseits die Schuldnerin ohne weiteres eine gerichtliche Überprüfung dadurch herbeiführen kann, dass sie die ihr gegen den Gläubiger ihrerseits zustehende Forderung einklagt.

3. Gegenrechte des Schuldners: Einwendungen und Einreden

Literatur: BERGER, Schuldrecht, N 96 ff.; BUCHER, OR AT, 37 f.; ENGEL, OR AT, 33 ff.; FURRER/MÜLLER-CHEN, Kap. 1 N 111 f.; GAUCH/SCHLUEP/SCHMID, N 76 ff.; HUGUENIN, OR AT, N 654 ff., 890 ff.; KOLLER, OR AT, § 2 N 65 ff.; TERCIER, Obligations, N 280 ff.; VON TUHR/PETER, 27 ff.; CHK/WULLSCHLEGER, OR 81, 82; CR CO I/ HOHL, Art. 82 N 1 ff.; KuKo OR/GROSS/SPRECHER, Art. 82, 83.;
KRAUSKOPF, Der Begriff, die Erscheinungsformen und die Bedeutung der Schuldanerkennung im Obligationenrecht, recht 2005, 169 ff.; SCHALLER, Einwendungen und Einreden im schweizerischen Schuldrecht, Zürich 2010.

Gegen die Inanspruchnahme durch den Gläubiger kann sich die 4.34 Schuldnerin mit Einwendungen und Einreden zur Wehr setzen. *Einwendungen* richten sich regelmässig gegen den Bestand einer Forderung und sind im Prozess *von Amtes wegen* durch das Gericht zu beachten; *Einreden* hindern lediglich die uneingeschränkte Durchsetzbarkeit und sind nur dann zu berücksichtigen, wenn sich die Schuldnerin *darauf beruft*. Die Terminologie des OR trägt dieser Unterscheidung nicht hinreichend Rechnung. So ist beispielsweise in Art. 18 Abs. 2 von der Einrede der Simulation die Rede, obgleich es sich eindeutig um eine Einwendung handelt.

Bei den *Einwendungen* kann zwischen rechtshindernden und rechts- 4.35 vernichtenden unterschieden werden. Mit einer *rechtshindernden Einwendung* macht die Schuldnerin geltend, dass der Anspruch des Gläubigers nicht entstanden ist, z.B. wegen Gesetzes- oder Sittenwidrigkeit eines Vertrages (Art. 20 Abs. 1). Eine *rechtsvernichtende Einwendung* gründet sich darauf, dass der wirksam entstandene Anspruch später untergegangen ist, z.B. durch Erfüllung der Forderung.

Die *Einreden* können entsprechend ihrer Wirkung in dauernde (per- 4.36 emptorische), aufschiebende (dilatorische) und anspruchsbeschränkende Einreden unterteilt werden. Eine *dauernde Einrede*, z.B. die Verjährungseinrede (Art. 142), steht der gerichtlichen Durchsetzbarkeit für immer entgegen. Hierzu zählt auch die sog. dolo-petit-Einrede (dolo petit qui petit quod statim redditurus est). Danach kann niemand etwas verlangen, was er unmittelbar selbst wieder zurückgeben müsste. Eine *aufschiebende Einrede*, z.B. die der Stundung, hindert die Durchsetzbarkeit nur für einen bestimmten Zeitraum. Eine *anspruchsbeschränkende Ein-*

rede, z.B. die Einrede des nicht erfüllten Vertrages (Art. 82), hindert zwar nicht die Durchsetzbarkeit des Anspruchs, führt jedoch zu einer eingeschränkten Verurteilung, nämlich der Verurteilung Zug um Zug gegen Empfang einer dem Einredeberechtigten zustehenden Leistung.

IV. Schuld und Haftung

Literatur: BERGER, Schuldrecht, N 209 f.; ENGEL, OR AT, 35 ff.; GAUCH/ SCHLUEP/SCHMID, N 88 ff.; HUGUENIN, OR AT, N 41 ff.; KOLLER, OR AT, § 2 N 99 ff.; VON TUHR/PETER, 17 ff.; BernerKomm/KRAMER, Allg. Einl. N 101 ff.; ZürcherKomm/ JÄGGI, Vorbem. Art. 1 N 49 ff.;

KADNER, Haftung(en) ohne Verschulden – die transnationale Perspektive, in: CHAPPUIS CHRISTINE/WINIGER (Hrsg.), Journée de la responsabilité civile 2002, Zürich 2003, 81 ff.; KOLLER THOMAS, «Gewinnversprechen» und das Bundesgericht – eine Gewinn versprechende Rechtsprechung?, Festschrift Walter, Bern 2005, 377 ff.

1. Begriff

4.37   Unter Schuld ist das *Verpflichtetsein* der Schuldnerin, ihre Leistungspflicht zu verstehen. Haftung bedeutet demgegenüber das Unterworfensein der Schuldnerin unter den *zwangsweisen Zugriff* des Gläubigers. Grundsätzlich bildet die Haftung das Korrelat zur Schuld.

4.38   Der Begriff «Haftung» wird freilich *nicht einheitlich* verwendet. Teilweise wird «haften» auch im Sinne von «schulden» gebraucht, z.B. in Art. 499, wo es um den Umfang der Verpflichtung der Bürgin geht. Mit «Haftung» wird häufig auch das Einstehenmüssen für entstandene Schäden bezeichnet; so wird insbesondere von der Vertragshaftung oder von der ausservertraglichen Haftpflicht gesprochen.

2. Gegenstand der Haftung

4.39   Regelmässig haftet die Schuldnerin mit ihrem gesamten Vermögen. Die Haftung ist somit – im Gegensatz zu in früheren Rechtsordnungen angeordnetem persönlichem Schuldverhaft – *Realhaftung*. Ausserdem ist sie *Vollhaftung*. Ausnahmsweise kann die Haftung auf bestimmte Gegenstände beschränkt sein (Sachhaftung), wie insbesondere bei Grundlast (Art. 782 Abs. 1 ZGB) und Versatzpfand (Art. 910 Abs. 2 ZGB). Fälle einer summenmässig beschränkten Haftung finden sich vor allem im Gesellschaftsrecht (Kommanditär: Art. 608 Abs. 1, GmbH-Gesellschafter: Art. 802 Abs. 1), Fälle einer wertmässig beschränkten Haftung im Erbrecht (Art. 590 ZGB).

3. Schuld ohne Haftung

Eine Schuld ohne Haftung liegt vor, wenn eine Forderung von 4.40
der Schuldnerin zwar erfüllt, die Erfüllung vom Gläubiger jedoch nicht
mittels staatlicher Hilfe erzwungen werden kann. Diese sog. *unvollkommenen Verbindlichkeiten* werden auch als *Naturalobligationen* bezeichnet (vgl. dazu insb. GUHL/KOLLER, 15 ff.; ENGEL, OR AT, 43 ff.;
BUCHER, OR AT, 67 ff.).

Zu den Naturalobligationen gehören *verjährte Forderungen*. Sie kön- 4.41
nen ohne weiteres erfüllt und auch eingeklagt werden. Leistet die
Schuldnerin auf eine verjährte Forderung, so darf der Gläubiger das Erlangte behalten, ein Rückforderungsrecht aus Leistungskondiktion steht
der Schuldnerin nicht zu (Art. 63 Abs. 2). Erhebt die Schuldnerin allerdings die Einrede der Verjährung (Art. 142), so ist die Klage des Gläubigers als unbegründet abzuweisen.

Bereits die *Klagbarkeit* wird Ansprüchen aus Spiel und Wette versagt 4.42
(Art. 513 Abs. 1). Dasselbe gilt für Differenzgeschäfte über Waren oder
Börsenpapiere, die Spielcharakter aufweisen (Art. 513 Abs. 2; dazu
GUHL/KOLLER, 15 f.; BaslerKomm/BAUER, Art. 513 N 3). Zu ihrer Verstärkung eingegangene Konventionalstrafen oder bestellte Sicherheiten,
z.B. Bürgschaft oder Pfandrecht, sind ebenfalls unklagbar. Die freiwillige
Erfüllung ist jedoch auch hier möglich, und das Geleistete kann grundsätzlich nicht wegen fehlenden Rechtsgrundes zurückgefordert werden
(vgl. nur Art. 514 Abs. 2). Demgegenüber entstehen aus Glücksspielen in
behördlich bewilligten Spielbanken klagbare Forderungen (Art. 515a;
vgl. auch BGE 126 III 534, 538 f.). Auch sog. *Gewinnversprechen* sind
keine Spiele im Sinne von Art. 513 und können deshalb durchgesetzt
werden (vgl. T. KOLLER, FS Walter, 377, 391 f.).

Sittliche Pflichten, z.B. eine über den Rahmen des Art. 328 ZGB hi- 4.43
nausgehende Unterstützung von Verwandten, rechnen ebenfalls zu den
Naturalobligationen. Sie sind nicht erzwingbar; wird jedoch freiwillig
geleistet, so ist die Rückforderung ebenfalls ausgeschlossen (Art. 63
Abs. 2).

4. Haftung ohne Schuld

Finden wir bei Naturalobligationen eine Schuld ohne Haftung, 4.44
so gibt es auch das Gegenstück, nämlich eine Haftung ohne Schuld. Bei
der *Kollektivgesellschaft* trifft die Verpflichtung aus einem Schuldverhältnis die Gesellschaft selbst (Art. 562); die einzelnen Gesellschafter

haften jedoch neben der Gesellschaft subsidiär mit ihrem eigenen Vermögen (Art. 568).

V. Schuldverhältnis und Gefälligkeitsverhältnis

Literatur: FURRER/MÜLLER-CHEN, Kap. 1 N 151 ff.; HUGUENIN, OR AT, N 105 ff.; BernerKomm/KRAMER, Allg. Einl. N 61 ff.; CHK/KUT/SCHNYDER, OR 1 N 7; CR CO I/WERRO, Art. 43 N 34 ff.;

BRINER, Haftung für Informationen auf Websites, sic! 2002, 231 ff.: GAUCH, Bauernhilfe: Drei Fälle und wie das Bundesgericht dazu kam, die Schadenersatzregel des Art. 422 Abs. 1 OR auf den Auftrag und die Gefälligkeit anzuwenden, Festschrift Richli, Zürich 2006, 191 ff.; HÜRLIMANN-KAUP, Die privatrechtliche Gefälligkeit und ihre Rechtsfolgen, Freiburg i.Ue. 1999; REISCHL, Schuldverhältnis des «geschäftlichen Kontakts» durch Gefälligkeitshandlungen, Festschrift Musielak, München 2004, 411 ff.; WERREN, Eine Gefälligkeitshandlung, Festschrift Ott, Zürich 2008, 557 ff.

4.45   Im Gegensatz zum Schuldverhältnis begründet ein Gefälligkeitsverhältnis *keine Verpflichtung*, die versprochene Gefälligkeit zu erbringen. Es fehlt ihm an der rechtlichen Verbindlichkeit. Dies unterscheidet das Gefälligkeitsverhältnis auch von den Naturalobligationen.

4.46   Oft ist die *Abgrenzung* zwischen Gefälligkeits- und Schuldverhältnis nicht einfach zu treffen. Zwar sind Gefälligkeitsverhältnisse immer *unentgeltlich*, doch reicht die Unentgeltlichkeit allein nicht aus, um ein Gefälligkeitsverhältnis anzunehmen, da das Gesetz auch unentgeltliche Verträge, also Schuldverhältnisse, kennt (Schenkung: Art. 239 ff.; Leihe: Art. 305 ff.; unentgeltlicher Auftrag: Art. 394 ff.; unentgeltlicher Hinterlegungsvertrag: Art. 472 ff.). Zu berücksichtigen sind darüber hinaus auch die *Art* der Gefälligkeit, ihr *Grund* und *Zweck*, ihre wirtschaftliche und rechtliche *Bedeutung*, insbesondere für den Empfänger, die *Umstände*, unter denen sie erwiesen wird, und die dabei bestehende *Interessenlage* der Parteien. Für einen Bindungswillen und damit ein Schuldverhältnis spricht ein eigenes rechtliches oder wirtschaftliches Interesse der Leistenden an der gewährten Hilfe oder ein erkennbares Interesse des Begünstigten, fachmännisch beraten oder unterstützt zu werden (BGE 116 II 695, 698). Zur Haftung, wenn der aus Gefälligkeit tätig werdenden Person ein Schaden entsteht, vgl. BGE 129 III 181 ff. (dazu GAUCH, FS Richli, 191 ff.).

4.47   Ein Gefälligkeitsverhältnis ist regelmässig die Einladung zu einer geselligen Veranstaltung oder die Übernahme von *Gefälligkeiten des täglichen Lebens*, wie etwa alltägliche Nachbarschaftshilfe (zum nachbarschaftlichen Hütedienst vgl. BGer, 20.10.2011, 4A_275/2011). Jedoch kann auch hier bei erkennbarer besonderer Wichtigkeit für die Parteien ein Schuldverhältnis anzunehmen sein, z.B. bei Mitnahme im Auto zu einer Tagung bei Benzinkostenbeteiligung oder abwechselnder Fahrt und Mitnahme zweier Arbeitskollegen zum Arbeitsplatz.

Besondere Bedeutung kommt der Abgrenzung zwischen Schuldver- 4.48
hältnis und Gefälligkeitsverhältnis bei unentgeltlicher Erteilung von *Rat* und *Auskunft* zu (vgl. dazu insb. BernerKomm/KRAMER, Allg. Einl. N 66 ff.; HONSELL, OR BT, 318 ff.; vgl. auch BGE 124 III 363, 368 f.; zu Websites vgl. BRINER, sic! 2002, 231, 232 ff.).

Kapitel 3: Die Entstehungsgründe der Obligation

§ 5 Überblick über die Entstehungsgründe

> *Literatur:* BERGER, Schuldrecht, N 200; FURRER/MÜLLER-CHEN, Kap. 1 N 154 ff.; GAUCH/SCHLUEP/SCHMID, N 33 f., 271 ff.; GUHL/KOLLER, 95; HUGUENIN, OR AT, N 66 ff.; KOLLER, OR AT, § 2 N 104 ff.; TERCIER, Obligations, N 141 ff.; VON TUHR/PETER, 43 f.; BernerKomm/KRAMER, Allg. Einl. N 116 ff.; ZürcherKomm/JÄGGI, Vorbem. Art. 1 N 174 ff.;
>
> BÄRTSCHI, Hat das Vertragsrecht ausgedient?, ZBJV 2010, 429 ff.; IMMENHAUSER, Das Dogma von Vertrag und Delikt, Weimar/Wien 2006; WIEGAND, Von der Obligation zum Schuldverhältnis, recht 1997, 85 ff.

I. Allgemeines

Aus der Systematik des ersten Titels («Die Entstehung der Ob- 5.01
ligationen») des OR lassen sich *drei Entstehungsgründe* für Obligationen bzw. für Schuldverhältnisse ableiten: der *Vertrag*, die *unerlaubte Handlung* und die *ungerechtfertigte Bereicherung*. Diese Dreiteilung der Entstehungsgründe geht letztlich auf das römische Recht zurück. Sie ist allerdings ungenau und unvollständig. Besser ist es, zwischen Obligationen *aus Rechtsgeschäft* und solchen *aus Gesetz* zu unterscheiden. Obligationen aus Rechtsgeschäft knüpfen an den Willen einer oder beider Parteien an; Obligationen aus Gesetz entstehen, weil das Gesetz selbst, Gewohnheitsrecht oder durch Richterrecht begründete Rechtsinstitute an ein bestimmtes Verhalten oder an einen bestimmten Zustand rechtliche Konse-

quenzen in Form einer Obligation knüpfen. Zu diesen *gesetzlichen Schuldverhältnissen* gehören ausser der im OR AT ausdrücklich erwähnten unerlaubten Handlung und ungerechtfertigten Bereicherung unzählige weitere Schuldverhältnisse. Die Art. 41 ff. werden ergänzt durch Haftungstatbestände in Sondergesetzen, den Art. 62 ff. steht das Schuldverhältnis der Geschäftsführung ohne Auftrag (Art. 419 ff.) nahe. Systematisch steht die Geschäftsführung ohne Auftrag zwar in der zweiten Abteilung des OR («Die einzelnen Vertragsverhältnisse»), ihre Wirkungen sind jedoch gerade nicht auf rechtsgeschäftlichen Willen, sondern unmittelbar auf das Gesetz zurückzuführen. Die systematische Stellung im Anschluss an das Auftragsrecht lässt sich vor allem daraus erklären, dass die die Geschäftsführerin und den Geschäftsherrn treffenden Rechtsfolgen jenen des Auftragsrechts nachgebildet sind. Zu den gesetzlichen Schuldverhältnissen gehören auch solche aus dem Familien-, Erb- und Sachenrecht, z.B. die Unterhaltspflicht zwischen Ehegatten (Art. 163 f. ZGB) sowie zwischen Eltern und Kindern (Art. 276 ZGB), der Lidlohnanspruch (Art. 334 ZGB), der Vindikationsanspruch (Art. 641 Abs. 2 ZGB) oder die Ansprüche aus Verantwortlichkeit des Grundeigentümers (Art. 679, 679a ZGB).

5.02   Zu den gesetzlichen Schuldverhältnissen gehören auch jene, die durch *Richterrecht*, d.h. durch gerichtliche Lückenfüllung entstanden sind. Dies sind insbesondere das vorvertragliche Vertrauensverhältnis, das Pflichten entstehen lässt, deren schuldhafte Verletzung zu einer Schadenersatzpflicht führt (culpa in contrahendo, vgl. N 47.01 ff.), sowie die sog. faktischen Vertragsverhältnisse (vgl. N 28.58 ff.). Darüber hinaus wird in neuerer Zeit im Anschluss an vereinzelte Auffassungen in der deutschen Doktrin für das Schweizer Recht ein einheitliches gesetzliches Schuld-(auch Schutz-)verhältnis postuliert (vgl. BernerKomm/KRAMER, Allg. Einl. N 145 ff.; WIEGAND, recht 1997, 86 ff.). Dieses dogmatische Konstrukt ist indes abzulehnen, da es die zu lösenden Sachfragen eher verdeckt denn erhellt (Einzelheiten vgl. N 52.01 ff., 87.01 ff.).

II. Anspruchskonkurrenz

Literatur: BERGER, Schuldrecht, N 201 ff.; FURRER/MÜLLER-CHEN, Kap. 1 N 168 ff.; GAUCH/SCHLUEP/EMMENEGGER, N 2932 ff.; GUHL/KOLLER, 218; OFTINGER/ STARK, Haftpflichtrecht I, § 13; PORTMANN/REY, 44 ff.; REY, Haftpflichtrecht, N 38 ff.; SCHNYDER/PORTMANN/MÜLLER-CHEN, Haftpflichtrecht, N 482 ff.; VON TUHR/ESCHER, 108 ff.;

BRUNNER, Die Anwendung deliktsrechtlicher Regeln auf die Vertragshaftung, Freiburg i.Ue. 1991; GAUCH, Die Vereinheitlichung der Delikts- und Vertragshaftung, ZSR 1997 I,

315 ff., 330 f.; SCHNEIDER, UN-Kaufrecht und Produktehaftpflicht: zur Auslegung von Art. 4 Satz 1 und Art. 5 CISG und zur Abgrenzung vertraglicher und ausservertraglicher Haftung aus der Sicht des CISG, Basel/Frankfurt a.M. 1995; SCHÖNLE, Die Deliktshaftung des Verkäufers wegen «Mängel der Kaufsache», Mélanges Schmidlin, Basel/Frankfurt a.M. 1998, 379, 391 ff.; SIEHR, Anspruchskonkurrenz und IPR, Festschrift Honsell, Zürich 2002, 189 ff.; WERRO, Die Sorgfaltspflichtverletzung als Haftungsgrund nach Art. 41 OR: Plädoyer für ein modifiziertes Verständnis von Widerrechtlichkeit und Verschulden in der Haftpflicht, ZSR 1997 I, 343, 374 ff.; WESSNER, Droit contractuel et droit délictuel, SVZ 1997, 16 ff.

Nicht selten verwirklicht ein Verhalten den Tatbestand mehrerer, *verschiedener Anspruchsgrundlagen.* So stellt eine vertragliche Leistungsstörung oft zugleich ein Delikt dar: Ein ärztlicher Kunstfehler kann eine Schlechterfüllung des Behandlungsvertrages (Art. 97 Abs. 1) wie auch eine unerlaubte Handlung bedeuten (Körperverletzung, Art. 41 Abs. 1); eine schuldhafte Beschädigung der Mietsache durch die Mieterin stellt ebenfalls eine Vertragsverletzung einerseits und ein Delikt in Form der Sachbeschädigung andererseits dar. Nach h.M. stehen die unterschiedlichen Ansprüche grundsätzlich unabhängig nebeneinander, es liegt insoweit *Anspruchskonkurrenz* vor (vgl. z.B. BGE 120 II 58, 61; 113 II 246, 247; REY, Haftpflichtrecht, N 39 m.w. Nachw.). Selbstverständlich kann jedoch der Gläubiger das Geschuldete nur einmal verlangen. Im Prozess braucht der Gläubiger nur den entsprechenden Sachverhalt vorzutragen; nach dem Grundsatz iura novit curia hat das Gericht zu prüfen, ob sich daraus ein vertraglicher und/oder ein deliktischer Anspruch ergibt. 5.03

Die *praktische Bedeutung* der Anspruchskonkurrenz ergibt sich daraus, dass für vertragliche und deliktische Ansprüche oft unterschiedliche Regelungen gelten. Häufig ist dabei der vertragliche Anspruch für den Geschädigten günstiger. Dies gilt etwa im Hinblick auf die Beweislast bezüglich des Verschuldens (vgl. Art. 97 Abs. 1, 41 Abs. 1 i.V.m. Art. 8 ZGB), die Haftung für Hilfspersonen (vgl. Art. 101 Abs. 1, 55 Abs. 1) und die Verjährung (vgl. Art. 127 ff., 60 Abs. 1). U.U. kann jedoch auch der umgekehrte Fall vorliegen, dass nämlich die ausservertragliche Haftung gegeben, ein vertraglicher Anspruch jedoch ausgeschlossen ist. Dies gilt insbesondere, wenn für die ausservertragliche Haftung ein Verschulden nicht vorausgesetzt ist (vgl. Art. 1 PrHG gegenüber Art. 97 Abs. 1, 208 Abs. 3) oder wenn die vertraglichen Verjährungsfristen für den Gläubiger ungünstiger sind als die deliktischen (vgl. Art. 60 Abs. 1 gegenüber Art. 210 Abs. 1). 5.04

Die Regel, dass mehrere Ansprüche voneinander unabhängig zu beurteilen sind, gilt ausnahmslos, soweit *Einwirkungen des Delikts- auf den* 5.05

Vertragsanspruch in Frage stehen. So wird die relative einjährige Verjäh-rungsfrist des Art. 60 Abs. 1 nicht auf konkurrierende Vertragsansprüche übertragen (BGE 87 II 155, 159). Hingegen wird in einzelnen Fallgrup-pen eine *Veränderung der deliktischen Haftung* durch das konkurrierende Vertragsrecht angenommen (OFTINGER/STARK, Haftpflichtrecht I, § 13 N 59 ff.; vgl. auch SCHÖNLE, Mélanges Schmidlin, 379, 394 ff.). So müssen im Gesetz vorgesehene Haftungsmilderungen für einzelne Ver-tragstypen (vgl. nur Schenkung: Art. 248 Abs. 1) auch für konkurrieren-de Deliktsansprüche gelten, wenn die vom Vertragsrecht beabsichtigte Begünstigung der Schuldnerin nicht durch einen konkurrierenden De-liktsanspruch illusorisch gemacht werden soll. Bei einem vertraglich vereinbarten Haftungsausschluss ist es zunächst eine Frage der Ausle-gung, ob dieser auch einen konkurrierenden Deliktsanspruch erfassen soll (bejahend BGE 107 II 161, 168; 120 II 58, 61; offen gelassen in BGE 111 II 471, 480). Da jedoch bei Verletzung der körperlichen Integrität ein Haftungsausschluss ohnehin nicht in Betracht kommt (vgl. dazu N 24.14), beschränkt sich die Problematik auf Sachschäden. Bei Schäden an Sachen, die typischerweise und bestimmungsgemäss von einer man-gelhaften Vertragsleistung betroffen werden, z.B. Holz, das von einer fehlerhaft funktionierenden Säge zerschnitten wird, sollte die vertragliche Haftungsordnung auch auf konkurrierende Deliktsansprüche durchschla-gen. Keinen Einfluss auf konkurrierende Deliktsansprüche haben hinge-gen regelmässig die im Vertragsrecht teilweise anzutreffenden kurzen Verjährungsvorschriften; hier bleibt es für den Deliktsanspruch bei Art. 60 Abs. 1 (vgl. BaslerKomm/HONSELL, Art. 210 N 3; diff. SCHÖNLE, Mélanges Schmidlin, 379, 398, 401 f., der die vertragsrechtlichen Ver-wirkungs- und Verjährungsvorschriften dann auf den Deliktsanspruch anwenden will, wenn der verursachte Schaden im Bereich des vertrags-typischen Risikos liegt).

2. Teil: Der Inhalt der Obligation

Kapitel 1: Die Bestimmung des Leistungsinhalts

§ 6 Leistungsgegenstand

Literatur: FURRER/MÜLLER-CHEN, Kap. 2 N 35 ff.; GAUCH/SCHLUEP/SCHMID, N 344 ff.; GUHL/KOLLER, 50 ff.; HUGUENIN, OR AT, N 770 ff.; KOLLER, OR AT, § 37 N 1 ff.; MERZ, SPR VI/1, 132 ff.; TERCIER, Obligations, N 708 ff.; BernerKomm/KRAMER, Allg. Einl. N 74 ff.; Art. 1 N 168 ff.; ZürcherKomm/JÄGGI, Art. 1 N 82 f.

I. Allgemeines

Im Zeitpunkt der Schuldbegründung müssen nicht nur die Parteien, sondern auch der Leistungsgegenstand *bestimmt* oder jedenfalls *bestimmbar* sein (vgl. BGE 84 II 13, 18; 84 II 266, 272 f.). Bei *gesetzlichen Schuldverhältnissen* bereitet dies keine Schwierigkeiten; aus den einschlägigen Normen ergeben sich sowohl die Parteien als auch der Leistungsgegenstand. So ist nach Art. 41 der Geschädigte Gläubiger und die Schädigerin Schuldnerin, Leistungsgegenstand ist grundsätzlich Geldersatz für den dem Geschädigten von der Schädigerin zugefügten Schaden. Die Frage der Bestimmtheit oder Bestimmbarkeit spielt deshalb nur bei *vertraglichen Schuldverhältnissen* eine Rolle (vgl. nur BGE 84 II 13, 18; 84 II 266, 277 f.). 6.01

Bestimmtheit oder wenigstens Bestimmbarkeit ist zunächst erforderlich um festzustellen, ob die Parteien überhaupt einen Vertrag geschlossen haben. Der *Konsens* erfordert die Einigung über die sog. wesentlichen Vertragspunkte, die essentialia negotii (Einzelheiten N 29.03 ff.). 6.02

Ob die Schuldnerin *erfüllt* hat, kann ebenfalls nur festgestellt werden, wenn die Leistungspflicht hinreichend bestimmt ist. Schliesslich ist es für die Durchsetzung eines Anspruchs im Wege der *Zwangsvollstreckung* unerlässlich, dass das zu vollstreckende Urteil von der Schuldnerin eine ganz konkrete Leistung verlangt, da andernfalls z.B. im Rahmen des Vollstreckungsverfahrens nicht klar wäre, welche Sache der Schuldnerin wegzunehmen ist. Auch der *Schadenersatzanspruch*, der dem Gläubiger in bestimmten Fällen zusteht, wenn die Schuldnerin nicht leistet (z.B. Art. 97 Abs. 1, 107 Abs. 2), setzt für seine Berechnung Bestimmtheit oder Bestimmbarkeit der ursprünglich geschuldeten Leistung voraus. 6.03

II. Bestimmtheit und Bestimmbarkeit

6.04   Bestimmtheit liegt vor, wenn die Leistungspflichten von einem unbeteiligten Dritten unmittelbar dem *Wortlaut des Vertrages* entnommen werden können. Dies ist beispielsweise der Fall, wenn ein Kaufvertrag als Kaufobjekt ein Occasionsauto, Marke VW Golf, Fahrgestell Nr. 925768, und den dafür zu bezahlenden Kaufpreis in Höhe von CHF 20 000.– ausdrücklich benennt. Oft ist freilich der Wortlaut der Erklärungen der Parteien nicht so eindeutig, so dass auf die den Vertragsschluss begleitenden *Umstände* zurückgegriffen werden muss. Erklärt der Käufer der Verkäuferin lediglich «ich kaufe», so können Kaufgegenstand und Kaufpreis nur aufgrund des Angebots oder der Vorverhandlungen der Parteien bestimmt werden.

6.05   Häufig wird gerade die *in Geld bestehende Gegenleistung* von den Parteien nicht ausdrücklich bestimmt, z.B. wenn ein Käufer eine Ware ohne konkrete Preisangabe bei einem Versandhaus bestellt. Zur Bestimmung des Kaufpreises ist dann auf Kataloge, Preislisten etc. zurückzugreifen. Fehlen auch derartige Umstände, anhand derer die Gegenleistung konkret bestimmt werden kann, so ist in der Regel die *übliche Vergütung* geschuldet. Im Rahmen der einzelnen Vertragsverhältnisse finden sich jeweils dementsprechende Regelungen, z.B. beim Kaufvertrag Art. 212 Abs. 1: mittlerer Marktpreis, beim Arbeitsvertrag Art. 322 Abs. 1: üblicher oder durch Normalarbeitsvertrag oder Gesamtarbeitsvertrag bestimmter Lohn, beim Werkvertrag Art. 374: Wert der Arbeit und der Aufwendungen. Zum Mietvertrag vgl. BGE 100 II 330 f.; BGer, 12.5.2009, 4A_551/2008 (krit. BernerKomm/KRAMER, Art. 1 N 169 m.w. Nachw.).

6.06   Besonderheiten im Hinblick auf das Bestimmtheitserfordernis ergeben sich beim *Vorvertrag* (vgl. N 26.05) und bei der *Abtretung künftiger Forderungen* (vgl. N 90.28 f.). Zur Bestimmbarkeit der *Hauptschuld* bei Eingehung einer Bürgschaft vgl. BGE 128 III 434, 437 ff.

III. Bestimmung durch eine Partei oder durch Dritte

6.07   Die Befugnis, den Leistungsgegenstand oder Einzelheiten der Leistungserbringung genauer zu bestimmen, kann durch den gemeinsamen Willen der Vertragsschliessenden einer der *Vertragsparteien* oder einem *Dritten* übertragen sein. Die wichtigsten Fälle sind insoweit die

Gattungsschuld (vgl. N 8.06), bei der die Schuldnerin einen nach Gattungsmerkmalen bestimmten Leistungsgegenstand auswählt, und die *Wahlschuld* (vgl. N 9.02). Auch der *Spezifikationskauf*, bei dem der Käufer vertraglich die Befugnis hat, nachträglich die Beschaffenheit des Kaufgegenstandes im Hinblick auf Gestalt, Masse, Dimension, Farbe etc. im Einzelnen zu bestimmen (vgl. dazu KELLER/SIEHR, 150 f.), rechnet hierzu.

Ist die Bestimmung der Leistung oder Gegenleistung dem Ermessen 6.08 einer *Vertragspartei* überlassen, z.B. bei der Kaufpreisabrede «Preis freibleibend», so muss doch aus dem übergeordneten Prinzip von Treu und Glauben (Art. 2 ZGB) gefolgert werden, dass die *Bestimmung nach billigem Ermessen* zu erfolgen hat (für das deutsche Recht vgl. ausdrücklich § 315 BGB). Wird diese Grenze nicht eingehalten, ist die Bestimmung nach Art. 20 Abs. 1 bzw. Art. 27 ZGB unwirksam.

Die Parteien können die Bestimmung auch einem oder mehreren *Dritten* 6.09 überlassen, z.B. wenn die Festlegung des Preises durch einen Sachverständigen erfolgen soll. Auch der Dritte muss im Zweifel seine Bestimmung nach billigem Ermessen treffen (so für das deutsche Recht ausdrücklich § 317 Abs. 1 BGB).

§ 7 Modalitäten der Leistungserbringung

I. Allgemeines

Wie der Leistungsgegenstand so müssen auch die Modalitäten 7.01 der Leistungserbringung im Hinblick auf Ort, Zeit etc. *bestimmt* bzw. *bestimmbar* sein. Besteht ein Schuldverhältnis aus mehreren Forderungen/Verpflichtungen, so sind die Leistungsmodalitäten für jede gesondert zu bestimmen.

Bei *vertraglichen Schuldverhältnissen* ist es auch hier primär *Sache* 7.02 *der Parteien*, die Einzelheiten festzulegen. Häufig werden freilich Einzelheiten der Leistungserbringung von den Parteien nicht ausdrücklich geregelt, so dass diese aus den *Umständen*, wozu auch Sitten und Gebräuche gehören, abgeleitet werden müssen. Fehlt es im Einzelfall auch an besonderen Umständen, anhand derer die Modalitäten der Leistungserbringung ermittelt werden können, so greifen *subsidiäre gesetzliche Bestimmungen* ein. Im Ergebnis ergibt sich damit eine *dreistufige Prüfungsfolge*: 1. ausdrückliche Parteiabrede, 2. aus den Umständen ableitbare, stillschweigende Parteiabrede, 3. subsidiäre gesetzliche Bestimmung. Bei *gesetzlichen Schuldverhältnissen* ist regelmässig in Ermangelung einer anders lautenden Parteiabrede unmittelbar auf die gesetzliche Regelung zurückzugreifen.

II. Leistungsort

Literatur: BERGER, Schuldrecht, N 1251 ff.; BUCHER, OR AT, 303 ff.; ENGEL, OR AT, 629 ff.; FURRER/MÜLLER-CHEN, Kap. 2 N 47 ff.; GAUCH/SCHLUEP/EMMEN-EGGER, N 2104 ff.; GUHL/KOLLER, 238 ff.; HUGUENIN, OR AT, N 795 ff.; KELLER/ SCHÖBI, Schuldrecht I, 223 ff.; KOLLER, OR AT, § 38 N 1 ff.; TERCIER, Obligations, N 1077 ff.; VON TUHR/ESCHER, 39 ff.; BaslerKomm/LEU, Art. 74; BernerKomm/WEBER, Art. 74; CHK/WULLSCHLEGER, OR 74; CR CO I/HOHL, Art. 74 N 1 ff.; KuKo OR/ GROSS/SPRECHER, Art. 74; ZürcherKomm/SCHRANER, Art. 74;

MARKUS, Der Vertragsgerichtsstand gemäss Verordnung «Brüssel I» und revidiertem LugÜ nach der EuGH-Entscheidung Color Deck, ZSR 2007 I, 319 ff.; WALDER, Neue Zivilprozessordnung: Experiment geglückt, plädoyer 6/06, 36 ff.

1. Begriff

7.03   Der *Leistungsort* ist der Ort, an dem die Schuldnerin ihre Leistungshandlungen vorzunehmen hat. Gesetz und überwiegende schweizerische Literatur verwenden statt des Begriffes Leistungsort den Begriff *Erfüllungsort* (Art. 74). Dieser Begriff ist jedoch insoweit irreführend, als am Leistungsort nicht notwendigerweise Erfüllung, d.h. der mit dem Rechtsgeschäft beabsichtigte Erfolg, eintritt (so auch BernerKomm/ WEBER, Art. 74 N 8). So liegt etwa der Leistungsort beim Versendungskauf am Wohnsitz der Verkäuferin; Erfüllung des Kaufvertrages – nämlich Eigentums- und Besitzverschaffung, Art. 184 Abs. 1 – tritt jedoch erst ein, wenn der Käufer die Ware an seinem Wohnsitz in Empfang nimmt *(Erfolgsort)*.

2. Bedeutung

7.04   Der Leistungsort hat in erster Linie Bedeutung für die Frage, ob die Schuldnerin *richtig erfüllt* hat. Leistung an einem anderen Ort als dem Erfüllungsort befreit die Schuldnerin nicht. Vielmehr kann der Gläubiger die Leistung zurückweisen und die Schuldnerin gerät u.U. in Verzug. In Gläubigerverzug hingegen kommt der Gläubiger, der eine Leistung der Schuldnerin am richtigen Leistungsort nicht entgegennimmt. Bedeutung hat die Bestimmung des Leistungsortes vor allem auch für den Übergang der *Preisgefahr*, wenn die Sache versendet werden soll (vgl. Art. 185 Abs. 2). Hat die Schuldnerin am Leistungsort das ihrerseits zur Bewirkung des Leistungserfolgs Erforderliche unternommen, so trägt der Gläubiger das Risiko eines zufälligen Untergangs der Sache. Dies hat zur Folge, dass er den Kaufpreis bezahlen muss, ohne die Ware zu erhalten.

Für Klagen aus Vertrag besteht am Ort, an dem die charakteristische   7.05
Leistung zu erbringen ist, ein *Gerichtsstand* (Art. 31 ZPO; für internationale Sachverhalte vgl. Art. 113 IPRG und Art. 5 Ziff. 1 lit. a LugÜ).

3. Hol-, Bring- und Schickschuld

Als Leistungsorte kommen zunächst der Wohn- oder Ge-   7.06
schäftssitz bzw. der Aufenthaltsort der Schuldnerin oder des Gläubigers in Betracht. Der Leistungsort kann aber auch an einem dritten Ort gelegen sein. Dementsprechend kann zwischen Hol-, Bring- und Schickschuld unterschieden werden. Bei der *Holschuld* ist es Sache des Gläubigers, die Leistung am Sitz der Schuldnerin oder an einem dritten Ort abzuholen. Die Schuldnerin hat das ihrerseits Erforderliche zur Leistungserbringung getan, wenn sie die Leistung an diesem Ort zur Abholung bereithält und ggf. dem Gläubiger hiervon Mitteilung macht. Bei der *Bringschuld* obliegt es der Schuldnerin, die Leistung am Sitz des Gläubigers oder an einem bestimmten dritten Ort zu erbringen. Sowohl bei der Holschuld als auch bei der Bringschuld fallen Leistungs- und Erfolgsort zusammen. Anders ist es bei der *Schickschuld*, bei der die Schuldnerin verpflichtet ist, die Ware von ihrem Wohnsitz oder einem dritten Ort aus zu versenden (beim Kauf: Versendungskauf, Distanzkauf), der Leistungserfolg aber nicht bereits an diesem Ort, sondern erst mit Eintreffen der Ware beim Gläubiger eintritt.

4. Bestimmung des Leistungsorts

a) Ausdrückliche Vereinbarung der Parteien

Nach Art. 74 Abs. 1 ist zunächst zu prüfen, ob die Parteien   7.07
ausdrücklich einen bestimmten Ort als Leistungsort bestimmt haben. Von besonderer Bedeutung sind insoweit im Handelsverkehr häufig benutzte Klauseln (*Handelsklauseln*, Tradeterms). Die Geltung dieser Handelsklauseln muss von den Parteien vereinbart werden, d.h. sie gelten nicht automatisch wie Rechtsnormen. Für den internationalen Handelsverkehr werden von der Internationalen Handelskammer die sog. *Incoterms* (In-

ternational Commercial Terms) ausgearbeitet. Derzeit liegen die Incoterms 2010 vor.

7.08 Diese Klauseln regeln neben *Kosten- und Gefahrtragung* auch den *Leistungsort* (vgl. BGE 49 II 70, 75 f.; 49 II 232, 235; a.A. die Literatur, vgl. nur BaslerKomm/LEU, Art. 74 N 3; GAUCH/SCHLUEP/EMMENEGGER, N 2123 FN 46 m.w. Nachw.). So ist z.B. der Leistungsort bei der Klausel EXW (ex works, ab Werk) der Ort des herstellenden Unternehmens, bei den Klauseln FOB (free on board; frei an Bord) und CIF (cost, insurance, freight; Kosten, Versicherung, Fracht) der Verschiffungshafen, obwohl die Verkäuferin bei der Klausel CIF Kosten und Versicherung der Ware bis zum Bestimmungshafen zu tragen hat (Einzelheiten zu den Incoterms bei RAMBERG, ICC Guide to Incoterms 2010, Paris 2011).

b) Umstände, aus denen sich der Leistungsort ergibt

7.09 Haben die Parteien nicht ausdrücklich einen bestimmten Leistungsort vereinbart, so kann dieser sich gleichwohl aus den besonderen *Umständen* des Falles ergeben (Art. 74 Abs. 1).

7.10 Einmal kann aufgrund der *Natur des Schuldverhältnisses* nur ein bestimmter Leistungsort in Betracht kommen. So muss die Arbeitnehmerin ihre Arbeitsleistung im Unternehmen des Arbeitgebers erbringen; Heizöl ist in den Tank des Hauses des Käufers einzufüllen; der Bau eines Hauses kann nur auf einem bestimmten Grundstück erfolgen.

7.11 Darüber hinaus kann sich der Leistungsort vor allem auch aus der *Verkehrssitte* ergeben. Von der Bäckerin erwartet heute grundsätzlich niemand mehr, dass sie die Brötchen am Morgen beim Käufer abliefert. Auch beim Kauf einer Küche in einem Mitnahmemöbelhaus liegt grundsätzlich eine Holschuld vor. Anders ist der Fall zu beurteilen beim Kauf in einem Küchenfachgeschäft, wo sich die Verkäuferin zudem in der Regel zu Montage und Einbau der Küche verpflichtet.

c) Subsidiäre gesetzliche Regelung

7.12 Für Fälle, in denen sich der Leistungsort nicht aus den Umständen des Einzelfalles ermitteln lässt, hält das *Gesetz* zunächst im OR BT subsidiäre Regelungen bereit. So muss nach Art. 477 die hinterlegte Sache dort zurückgegeben werden, wo sie aufbewahrt werden sollte. Für alle Fälle, in denen auch den Regeln des OR BT kein konkreter Leistungsort entnommen werden kann, wie etwa beim Kauf, gilt Art. 74 Abs. 2. Er regelt in Ziff. 1 den Leistungsort für Geldschulden, in Ziff. 2

für Speziesschulden und schliesslich in Ziff. 3 für alle restlichen Verbindlichkeiten.

Nach Art. 74 Abs. 2 Ziff. 1 sind *Geldschulden* an dem Ort zu zahlen, 7.13 wo der Gläubiger zur Zeit der Erfüllung seinen Wohnsitz hat. D.h. Geldschulden sind grundsätzlich *Bringschulden*. Bei Kaufleuten ist auf die geschäftliche Niederlassung abzustellen. Bis zu dem Zeitpunkt, in dem das Geld in den Verfügungsbereich des Gläubigers gelangt, trägt die Schuldnerin das Verlust- und Verzögerungsrisiko. Dies gilt nicht nur bei Barzahlung, sondern auch, wenn sich die Schuldnerin eines Erfüllungsgehilfen, wie beispielsweise der Post, bedient (vgl. BGE 119 II 232 235, m.w. Nachw.; vgl. auch N 75.03 ff.). Bei Übersendung eines Posteinzahlungsscheins durch den Gläubiger gilt allerdings nach der Verkehrsauffassung die Post als Zahlstelle des Gläubigers, so dass Buchungs- oder Überweisungsverzögerungen zu seinen Lasten gehen (vgl. BGE 124 III 145, 147).

Art. 74 Abs. 2 Ziff. 1 stellt auf den *Wohnsitz* des Gläubigers *im Zeit-* 7.14 *punkt der Erfüllung*, nicht aber im Zeitpunkt des Vertragsschlusses ab. Dies kann für die Schuldnerin mit Unannehmlichkeiten verbunden sein, wenn der Gläubiger seinen Wohnsitz zwischen Vertragsschluss und Erfüllung wechselt, wenn er verstirbt und seine Erben einen anderen Wohnsitz haben oder wenn er die Forderung an einen neuen Gläubiger abtritt. In allen Fällen sieht sich die Schuldnerin u.U. mit einem Leistungsort – vielleicht sogar im Ausland – konfrontiert, den sie nicht voraussehen konnte. Deshalb gestattet Art. 74 Abs. 3 der Schuldnerin, *am ursprünglichen Wohnsitz* des Gläubigers zu erfüllen, wenn ihr aus der Änderung des Leistungsortes eine erhebliche Belästigung erwächst. Unerhebliche Belästigungen durch Verlegung des Wohnsitzes muss die Schuldnerin hinnehmen, sie kann aber die Mehrkosten vom Gläubiger erstattet verlangen (vgl. BernerKomm/WEBER, Art. 74 N 151 m.w. Nachw.).

Wird eine bestimmte Sache geschuldet (*Speziesschuld*), so bestimmt 7.15 Art. 74 Abs. 2 Ziff. 2 den Lageort im Zeitpunkt des Vertragsschlusses als Leistungsort, d.h. Speziesschulden sind grundsätzlich *Holschulden*. Befindet sich die Sache allerdings an einem anderen Ort als dem Wohn- oder Geschäftssitz der Schuldnerin, so kann dies nur gelten, wenn beide Parteien im Zeitpunkt des Vertragsschlusses den Lageort kannten. Sonst könnte beispielsweise eine Verkäuferin Ware, die sich ohne Wissen des Käufers in den USA befindet, ihm dort anbieten. Art. 74 Abs. 2 Ziff. 2 gilt nicht nur für die ursprüngliche Vertragsverpflichtung, sondern ist entsprechend auf Rückgabepflichten in Zusammenhang mit der Rückabwicklung eines Vertrages anwendbar (vgl. BGE 109 II 26, 32 zur Wandlung gem. Art. 208 Abs. 1).

7.16 Andere Verbindlichkeiten sind nach Art. 74 Abs. 2 Ziff. 3 an dem Ort zu erfüllen, wo die *Schuldnerin* im Zeitpunkt ihrer Entstehung *ihren Wohnsitz* hatte. D.h. falls keine anderen Regelungen vorgehen, ist grundsätzlich von einer *Holschuld* auszugehen. Die Bestimmung findet vor allem Anwendung auf die Lieferung von Gattungssachen sowie auf Arbeitsleistungen aus Werkvertrag und Auftrag, soweit sich aus der Natur des Schuldverhältnisses nicht etwas anderes ergibt.

III. Leistungszeit

Literatur: BERGER, Schuldrecht, N 1257 ff.; BUCHER, OR AT, 305 ff.; ENGEL, OR AT, 623 ff.; FURRER/MÜLLER-CHEN, Kap. 2 N 52 ff.; GAUCH/SCHLUEP/EMMENEGGER, N 2152 ff.; GUHL/KOLLER, 236 ff.; HUGUENIN, OR AT, N 802 ff.; KELLER/SCHÖBI, Schuldrecht I, 214 ff.; KOLLER, OR AT, § 39 N 1 ff.; TERCIER, Obligations, N 1054 ff.; VON TUHR/ESCHER, 44 ff.; BaslerKomm/LEU, Art. 75 ff.; BernerKomm/WEBER, Art. 75 ff.; CHK/WULLSCHLEGER, OR 75 ff.; CR CO I/HOHL, Art. 75 ff.; KuKo OR/GROSS/SPRECHER, Art. 75 ff.; ZürcherKomm/SCHRANER, Art. 75 ff.;

DE FEO, Die Fälligkeit von Vertragsforderungen, Zürich 2011; KOLLER THOMAS, Die fristgerechte Erfüllung von Geldschulden im Privatrecht, recht 1993, 148; SCHENKER, Die rechtzeitige und die verspätete Erfüllung von Verbindlichkeiten, recht 1989, 47 ff.

1. Begriff

7.17 Bei der Leistungszeit ist zwischen der Erfüllbarkeit (Erbringbarkeit) und der Fälligkeit einer Forderung zu unterscheiden. *Erfüllbarkeit* heisst, dass die Schuldnerin die Leistung zwar bereits erbringen darf, der Gläubiger sie aber noch nicht verlangen kann. *Fälligkeit* bedeutet, dass der Gläubiger die Leistung zu fordern berechtigt ist und die Schuldnerin leisten muss. Erfüllbar ist eine Forderung spätestens mit Eintritt der Fälligkeit, oft aber auch schon vorher, z.B. wenn durch vertragliche Abrede die Fälligkeit hinausgeschoben worden ist (Stundung).

2. Bedeutung

7.18 Die Leistungszeit ist für die Frage, ob die Schuldnerin *richtig erfüllt* hat, von entscheidender Bedeutung. Ist die Leistung erbringbar und nimmt der Gläubiger die ihm angebotene Leistung nicht an, so gerät er in Gläubigerverzug (Art. 91 ff.). Leistet die Schuldnerin trotz Fälligkeit nicht, so liegt unter den Voraussetzungen von Art. 102 ff. Schuldnerverzug vor. In diesem Falle muss der Gläubiger grundsätzlich nach Art. 107 Abs. 1 vorgehen. Im Einzelfall kann jedoch der Gläubiger ein erhöhtes Interesse an der Einhaltung der vereinbarten Leistungszeit haben. Er braucht dann der Schuldnerin keine zusätzliche Frist zur Nachholung der Leistung zu gewähren (sog. *relatives Fixgeschäft*, Art. 108 Ziff. 3, vgl. dazu N 66.21). Es ist sogar möglich, dass die Leistung nach Verstreichen des Leistungstermins überhaupt nicht mehr nachholbar ist, dass sie mit anderen Worten in diesem Zeitpunkt unmöglich wird, weil mit einer später erbrachten Leistung der Zweck des Rechtsgeschäfts nicht mehr erreicht werden kann (sog. *absolutes Fixgeschäft*, vgl. Basler-Komm/WIEGAND, Art. 97 N 18 m.w. Nachw.). Dies ist z.B. der Fall, wenn Weihnachtsbäume erst am 25. Dezember geliefert werden oder das zur Fahrt zum Flughafen bestellte Taxi so spät eintrifft, dass das Charterflugzeug nicht mehr erreicht werden kann.

3. Bestimmung der Leistungszeit

Primär ist es *Sache der Parteien*, die Leistungszeit durch Vereinbarung von Terminen oder Fristen zu bestimmen. Unter *Termin* wird ein vereinbarter Zeitpunkt verstanden, z.B. 2. August 1997, am 40. Geburtstag des Gläubigers etc. Fälligkeit und Erbringbarkeit fallen hier zusammen. Bei einer *Frist* kann die Schuldnerin innerhalb eines vereinbarten Zeitraumes erfüllen, z.B. «zahlbar innert 30 Tagen nach Lieferung», «Lieferung zwischen dem 1. und 15. September 1997». Bei Vereinbarung einer Frist kann die Schuldnerin die Leistung mit Beginn der Frist erbringen, fällig wird sie erst mit Ablauf der Frist (vgl. ENGEL, OR AT, 624). 7.19

In Art. 76–80 finden sich *Auslegungsregeln* für die *Bestimmung der Leistungszeit*, wenn die Parteien diese nur ungenau umschrieben haben. Die Details hierzu erschliessen sich aus der Lektüre der Bestimmungen selbst; es soll deshalb nicht näher darauf eingegangen werden. Eine Ergänzungsregel im Hinblick auf die *Erbringbarkeit* der Leistung enthält Art. 81. Auch wenn die Leistung noch nicht fällig ist, ist die Schuldnerin im Zweifel berechtigt, die Leistung zu erbringen. Dabei hat sie allerdings nicht das Recht, einen Diskont abzuziehen, falls dies nicht dem Gesetz (z.B. Art. 208 Abs. 2 SchKG), der Vereinbarung zwischen den Parteien oder der Verkehrsübung entspricht (vgl. dazu z.B. ZürcherKomm/SCHRANER, Art. 81 N 20 ff.). Aus Gesetz (z.B. Art. 1030 Abs. 1), der Natur des Vertrages oder den Umständen kann sich jedoch ergeben, dass 7.20

eine *vorzeitige Erfüllung ausgeschlossen* sein soll (vgl. dazu Zürcher-Komm/SCHRANER, Art. 81 N 7 ff.). Dies wird beispielsweise anzunehmen sein bei einem verzinslichen Darlehen, bei dem der Gläubiger im Regelfall kein Interesse an der vorzeitigen Rückzahlung hat (vgl. aber Art. 17 Abs. 1 KKG), oder bei Vereinbarung eines Liefertermins für sperrige Ware, wenn der Käufer nicht über ausreichende Lagerkapazitäten verfügt.

7.21   Ausser aus einer entsprechenden Parteiabrede kann sich die Leistungszeit auch aus der *Natur des Schuldverhältnisses* ergeben, z.B. wenn ein Landwirt bereits im Frühjahr seine gesamte Kartoffelernte verkauft oder eine Ware erst noch hergestellt werden muss. Hier ist im Hinblick auf die Leistungszeit jeweils zu fragen, was vernünftige Parteien unter Berücksichtigung der gesamten Umstände als Leistungszeit vereinbart hätten.

7.22   *Subsidiäre gesetzliche Bestimmungen* über die Leistungszeit finden sich schliesslich an vielen Stellen des BT des OR im Hinblick auf einzelne Vertragsverhältnisse (vgl. z.B. zur Regelung der Fälligkeit: Pflichten aus Kaufvertrag: Art. 184 Abs. 2; Mietzins: Art. 257c; Darlehensrückzahlung: Art. 318; Rückgabepflicht des Aufbewahrers: Art. 475 Abs. 1; zur Regelung der Erbringbarkeit: Rückgabepflicht des Aufbewahrers: Art. 476) sowie in Spezialgesetzen (vgl. z.B. zur Regelung der Erbringbarkeit: Art. 17 Abs. 1 KKG).

7.23   Kann nach keinem der vorgenannten Kriterien die Leistungszeit bestimmt werden, so greift die höchst subsidiäre Regel des Art. 75 ein. Diese gilt auch für die gesetzlichen Schuldverhältnisse. Die Erfüllung kann sogleich geleistet und gefordert werden. Dies bedeutet, dass die Leistung mit dem *Abschluss des Vertrages*, bzw. mit Entstehung der Forderung sowohl *erbringbar* als auch *fällig* ist.

IV. Teilleistungen

Literatur: BERGER, Schuldrecht, N 1198 ff.; ENGEL, OR AT, 620 ff.; FURRER/MÜLLER-CHEN, Kap. 2 N 63 f.; GAUCH/SCHLUEP/EMMENEGGER, N 2367 ff.; GUHL/KOLLER, 233 f.; HUGUENIN, OR AT, N 777; KELLER/SCHÖBI, Schuldrecht I, 206 ff.; KOLLER, OR AT, § 42 N 1 ff.; VON TUHR/ESCHER, 14 ff.; BaslerKomm/LEU, Art. 69; BernerKomm/WEBER, Art. 69; CHK/WULLSCHLEGER, OR 69; CR CO I/HOHL, Art. 69; KuKo OR/GROSS/SPRECHER, Art. 69; ZürcherKomm/SCHRANER, Art. 69.

7.24   Auch für die Frage, ob die Schuldnerin einer teilbaren Leistung berechtigt ist, diese in Teilen zu erbringen, sind in erster Linie die *Vereinbarungen der Parteien* und die *Umstände* des Einzelfalls massgebend.

So können die Parteien z.B. vereinbaren, dass die Lieferpflicht der Verkäuferin ratenweise zu erfolgen hat, so etwa, wenn bei einem mehrbändigen Lexikon jeder Band innerhalb einer bestimmten Frist nach seinem Erscheinen zu liefern ist. Teilleistung ist auch zulässig, wenn überhaupt nur in Teilen geleistet werden kann, weil beispielsweise die Menge der zu liefernden Ware einen Transport auf mehreren Lastwagen bedingt.

Ergibt sich weder aus Vereinbarung noch aus den Umständen ein Recht der Schuldnerin zur Teilleistung, so gilt Art. 69 Abs. 1: Der Gläubiger braucht eine *Teilleistung nicht anzunehmen* (zu den gesetzlichen Ausnahmen vgl. ZürcherKomm/SCHRANER, Art. 69 N 23 ff.). Ausdrücklich behandelt diese Vorschrift zwar nur die Teilzahlung, sie ist jedoch entsprechend auf alle anderen teilbaren Leistungspflichten anzuwenden (BGE 75 II 137, 140). Weist der Gläubiger eine Teilleistung zurück, so gerät er nicht in Gläubigerverzug, während bei der Schuldnerin für die ganze Leistung einschliesslich des angebotenen Teils Schuldnerverzug eintreten kann (BGE 75 II 137, 142). 7.25

Auch wenn die Schuldnerin grundsätzlich nicht zu Teilleistungen berechtigt ist, gibt es doch Fälle, in denen der Gläubiger eine *Teilleistung nicht zurückweisen* darf. Art. 69 Abs. 1 setzt voraus, dass die gesamte Schuld feststeht und fällig ist. Bestreitet die Schuldnerin das Bestehen der Leistungspflicht nur teilweise, so kann ihr nicht verwehrt werden, den unbestrittenen Teil der Forderung als Teilleistung zu erbringen, da sie sonst auch mit diesem Teil in Verzug geraten würde und die daraus resultierenden nachteiligen Folgen tragen müsste (BGE 133 III 598, 603). Die Ablehnung einer Teilleistung durch den Gläubiger kann schliesslich auch gegen *Treu und Glauben* verstossen. So kann der Käufer von 20 Kisten Wein die versehentliche Lieferung von lediglich 19 Kisten nicht zurückweisen, wenn eine Nachlieferung der fehlenden Kiste sein Interesse an der Verwendung der Gesamtlieferung nicht beeinträchtigt. 7.26

Von der Frage, ob die Schuldnerin zu Teilleistungen berechtigt ist, ist das Problem zu unterscheiden, ob der Gläubiger eine *Teilleistung verlangen* kann. Art. 69 Abs. 2 bejaht diese Frage für den Fall, dass die Schuldnerin nur einen Teil der Forderung bestreitet. Auch in anderen Fällen hat der Gläubiger das Recht, Teilleistungen zu verlangen. Ein solches Vorgehen wird sich häufig bei der Geltendmachung eines Anspruchs im Prozess empfehlen, wenn der Anspruch nur dem Grunde nach (z.B. Frage des Verschuldens), nicht aber der Höhe nach (z.B. Umfang der eingetretenen Schäden) streitig ist. Der Gläubiger, der nur einen Teil seines Anspruchs einklagt, vermindert damit sein Prozesskostenrisiko (vgl. 7.27

ZürcherKomm/SCHRANER, Art. 69 N 30; vgl. aber für die Verjährungsunterbrechung N 84.32).

V. Leistung in Person oder durch Dritte

Literatur: BERGER, Schuldrecht, N 1194 f.; BUCHER, OR AT, 294 f.; ENGEL,
OR AT, 611 ff.; GAUCH/SCHLUEP/EMMENEGGER, N 2033 ff.; GUHL/KOLLER, 232 f.;
HUGUENIN, OR AT, N 759 ff.; KOLLER, OR AT, § 36 N 1 ff.; MERZ, SPR VI/1, 125 ff.;
TERCIER, Obligations, N 1030 ff.; VON TUHR/ESCHER, 23 ff.; BaslerKomm/LEU, Art. 68;
BernerKomm/WEBER, Art. 68; CHK/WULLSCHLEGER, OR 68; CR CO I/HOHL, Art. 68;
KuKo OR/GROSS/SPRECHER, Art. 68; ZürcherKomm/SCHRANER, Art. 68;

    FRAGNOLI, Drittleistung und Pflichterfüllung: auch gegen den Willen des Schuldners?,
ZBJV 2010, 177 ff.; KOZIOL, Mangelhafte Leistung eines Dritten, Festschrift Kramer,
Basel 2004, 565 ff.

1. Grundsatz

7.28   Ob die Schuldnerin in Person zu leisten hat oder eine wirksame
Leistungserbringung auch durch Dritte möglich ist, bestimmt sich nach
Parteivereinbarung, den besonderen Umständen des jeweiligen Vertrages
oder subsidiär nach Gesetz. Die persönliche Leistung durch die Schuldnerin ist nur dort erforderlich, wo es auf die *Persönlichkeit der Schuldnerin* ankommt. Gesetzlich vermutet wird dies z.B. beim Arbeitsvertrag
(Art. 321), beim Werkvertrag (Art. 364 Abs. 2; BGE 103 II 52, 55 f.)
sowie beim Auftrag (Art. 398 Abs. 3). Wo es auf die Persönlichkeit der
Schuldnerin nicht ankommt, gilt der Grundsatz des Art. 68: Die Leistung
kann auch durch einen *Dritten* erfolgen. Dabei ist es irrelevant, ob der
Dritte durch die Schuldnerin zur Leistungserbringung beauftragt wurde
oder nicht. Die Leistung des Dritten ist selbst dann wirksam, wenn sie
ohne Wissen oder sogar gegen den Willen der Schuldnerin erbracht wird
(sog. Intervention; BGE 83 III 99, 102; BGer, 14.4.2005, 4C.69/2005).
Nimmt der Gläubiger die von einem Dritten angebotene Leistung nicht
an, so gerät er gegenüber der Schuldnerin in Annahmeverzug, es sei
denn, Letztere hat der Leistung durch den Dritten widersprochen.

7.29   Von der Leistung durch Dritte ist der Beizug von *Hilfspersonen* zu unterscheiden. Bei vielen Verträgen, bei denen es auf die Persönlichkeit der
Schuldnerin ankommt und eine Leistung durch Dritte deshalb nicht möglich ist, ist gleichwohl ein Beizug von Hilfspersonen nicht ausgeschlossen. So kann die Ärztin die Behandlung des Patienten zwar nicht auf
einen Dritten übertragen. Nach den Umständen ist es jedoch üblich, dass

sie beispielsweise Laboruntersuchungen durch medizinisch-technisches Personal ausführen lässt. Die Unterscheidung zwischen der Leistung durch Dritte und dem Beizug von Hilfspersonen ist im Hinblick auf die *Haftung der Schuldnerin* bedeutsam. Während die Schuldnerin für Hilfspersonen nach Art. 101 Abs. 1 einzustehen hat, haftet sie grundsätzlich nicht für die fehlerhafte Leistungserbringung durch Dritte (vgl. auch N 23.05 f.).

2. Verhältnis des Dritten zum Schuldner

a) Im Allgemeinen

Von der Frage, ob ein Dritter mit befreiender Wirkung für die 7.30 Schuldnerin leisten kann, ist das *Innenverhältnis* zwischen dem Dritten und der Schuldnerin zu unterscheiden. Dieses gibt Auskunft darüber, ob und ggf. wie der Dritte wegen der erfolgten Leistung seinerseits auf die Schuldnerin zugreifen kann. Handelt der Dritte mit Willen der Schuldnerin, so liegt im Innenverhältnis meist ein *Auftrag* vor, und der Dritte kann Ersatz seiner Auslagen nach Art. 402 Abs. 1 verlangen. Fehlt es an einem Auftrag seitens der Schuldnerin, so wird der Dritte als *Geschäftsführer ohne Auftrag* tätig. Für die Rückgriffsmöglichkeit kommt es dann darauf an, ob die Leistung im Interesse der Schuldnerin erfolgte oder nicht (vgl. Art. 422). Möglich ist freilich auch, dass im Verhältnis zwischen Drittem und Schuldnerin eine *Schenkung* (Art. 239 ff.) vorliegt, so dass kein Rückgriff stattfindet.

Von der Leistung durch Dritte ist der *Forderungskauf* zu unterschei- 7.31 den. Der Dritte (Forderungskäufer) leistet hier auf eine eigene Schuld aufgrund Kaufvertrags mit dem Gläubiger, der ihm als Gegenleistung hierfür die Forderung gegen die Schuldnerin abtritt. Die Forderung geht in diesem Fall nicht unter; der Dritte kann vielmehr als neuer Gläubiger gegen die Schuldnerin vorgehen.

b) Subrogation

Literatur: BERGER, Schuldrecht, N 2427 ff.; GUHL/KOLLER, 279 ff.; HUGUENIN, OR AT, N 1333 ff.; BaslerKomm/ZELLWEGER-GUTKNECHT, Art. 110 N 1 ff.; CHK/REETZ/GRABER, OR 110; CR CO I/TEVINI DU PASQUIER, Art. 110.

Nach Art. 110 hat die Leistung durch einen Dritten in zwei 7.32 Ausnahmefällen die besondere Wirkung, dass die Forderung des Gläubigers gegen die Schuldnerin nicht erlischt, sondern im Wege einer Legalzession auf den Leistenden übergeht. Es wird hierbei von *Subrogation* gesprochen. Die Subrogation begünstigt den leistenden Dritten insoweit, als mit der Forderung auch alle für diese bestellten Sicherheiten und sonstigen Nebenrechte auf ihn übergehen (Art. 170; BaslerKomm/ ZELLWEGER-GUTKNECHT, Art. 110 N 16). Sie ermöglicht dem zahlenden Dritten den Rückgriff gegen die Schuldnerin neben und unabhängig von allfälligen Ansprüchen aus dem Innenverhältnis.

7.33   Subrogation findet einerseits statt, wenn die *Schuldnerin* dem Gläubiger spätestens bei der Leistung durch den Dritten *anzeigt*, dass dieser an die Stelle des Gläubigers treten soll (Art. 110 Ziff. 2, vgl. dazu BGE 86 II 18, 24 f.). Der in der Praxis wichtigere Fall ist der des Art. 110 Ziff. 1: Durch Subrogation privilegiert wird der Dritte, der durch Bezahlung einer fremden Schuld eine dem Gläubiger *verpfändete Sache ablöst*, um ein ihm an dieser Sache zustehendes dingliches Recht nicht zu verlieren (zum Ablösungsrecht des Eigentümers beim Grundpfandrecht vgl. Art. 827 ZGB). Art. 110 Ziff. 1 wird analog angewandt, wenn der Gläubiger das Pfand des Dritten verwertet und das Innenverhältnis zwischen Drittem und Schuldnerin streitig ist (vgl. BGE 108 II 188, 190).

7.34   In beiden Fällen des Art. 110 geht die Forderung im Umfang der Befriedigung des Gläubigers auf den Dritten über. Leistet der Dritte nur *teilweise*, so verbleibt der unbezahlte Rest der Forderung beim Gläubiger. Dadurch entstehen zwei Teilforderungen, die in Bezug auf die für sie bestellten Sicherheiten grundsätzlich gleichrangig sind. Entsprechend der Rechtsparömie *nemo subrogat contra se* (vgl. § 268 BGB, Art. 1252 franz. CC) sollen dem ursprünglichen Gläubiger jedoch aus der Subrogation keine Rechtsnachteile erwachsen. Dies bedeutet, dass dann, wenn die Verwertung der Sicherheit nicht ausreicht, um beide Teilforderungen zu befriedigen, die Forderung des ursprünglichen Gläubigers vorgeht (für das Parallelproblem bei der Bürgschaft vgl. Art. 507 Abs. 2 Satz 2).

Kapitel 2: Ausgewählte Schuldinhalte

§ 8   Stück- und Gattungsschuld

Literatur: BERGER, Schuldrecht, N 425 f.; BUCHER, OR AT, 103 f., 297, 421; FURRER/MÜLLER-CHEN, Kap. 2 N 40 f.; GAUCH/SCHLUEP/SCHMID, N 97 ff.; GAUCH/ SCHLUEP/EMMENEGGER, N 2247 ff.; GUHL/KOLLER, 50 f.; HUGUENIN, OR AT, N 778 f.; KOLLER, OR AT, § 2 N 121 ff.; MERZ, SPR VI/1, 141 ff.; TERCIER, Obligations, N 993 ff.; VON TUHR/PETER, 53 ff.; BaslerKomm/BUCHER, Vor Art. 1–40 N 33; BaslerKomm/LEU,

Art. 71; BernerKomm/WEBER, Art. 71 N 12 ff.; CHK/WULLSCHLEGER, OR 71; CR CO I/
HOHL, Art. 71; KuKo OR/GROSS/SPRECHER, Art. 71; ZürcherKomm/SCHRANER, Art. 71;
GELZER PHILIPP, Bemerkungen zur Unterscheidung zwischen aliud und peius beim
Gattungskauf, AJP 1997, 703 ff.; GRUBER, Das drohende Ende der Stückschuld, JZ 2005,
707 ff.; KOLLER, Aliud und peius – wirklich überholt? – oder: Was das CISG und das
revidierte deutsche Recht dem OR (noch) voraus haben, Festschrift Kramer, Basel 2004,
531 ff.; KRAMER, Noch einmal zur aliud-Lieferung beim Gattungskauf: BGE 121 III
453 ff., recht 1997, 78 ff.; DERS., Abschied von der aliud-Lieferung, Festschrift Honsell,
Zürich 2002, 247 ff.; LANZ RAPHAEL, Die Abgrenzung zwischen Falschlieferung (aliud)
und Schlechtlieferung (peius) und ihre Relevanz: BGE 121 III 453 ff., recht 1996, 248 ff.

I. Begriff

Die auf eine Sachleistung gerichtete Schuld kann fest bestimmt 8.01
sein: Ein bestimmtes Gemälde wird verkauft; der Erblasser vermacht sein
einziges Grundstück einer Nichte; ein mit der Zimmernummer bezeich-
netes Hotelzimmer wird vermietet. Es handelt sich hier um eine *Stückschuld* (Speziesschuld): Nur eine einzige, individuell bestimmte Sache ist
zur Erfüllung der Schuldpflicht geeignet. Es ist jedoch auch möglich,
dass der Leistungsinhalt nur nach Gattungsmerkmalen bezeichnet ist: Es
werden tausend Tonnen Rohöl verkauft; der Vater verspricht, seiner
Tochter einen Neuwagen Marke VW Golf zu schenken; der Gast bestellt
ein Hotelzimmer mit Dusche. In diesen Fällen liegt eine *Gattungsschuld*
(Genusschuld) vor, bei der im Zeitpunkt des Abschlusses des Rechtsgeschäftes mindestens ein Stück mehr vorhanden ist, als zur Erfüllung der
Leistungspflicht erforderlich ist. Stückschulden finden wir dort, wo sich
das Interesse der Parteien auf eine *konkrete Sache* richtet, z.B. im Kunst-,
Antiquitäten- und Occasionshandel. Leistungspflichten, die sich auf ein
Grundstück beziehen, sind ebenfalls regelmässig Stückschulden. Gattungsschulden sind da anzutreffen, wo die Gläubigerin nicht an einem
bestimmten Stück interessiert ist, wie namentlich bei gleichartigen *Na-
turprodukten* oder *Waren aus Serienproduktion*.

Die Abgrenzung zwischen Stück- und Gattungsschuld ist nicht zu 8.02
verwechseln mit dem Begriffspaar unvertretbare/vertretbare Sachen
(BGE 85 II 402, 407). *Vertretbare Sachen* sind solche, die im Verkehr
nach Zahl, Mass oder Gewicht bestimmt zu werden pflegen, was bei
unvertretbaren Sachen nicht der Fall ist. Zwar werden Gegenstand einer
Gattungsschuld in der Praxis zumeist vertretbare Sachen sein, begriffs-
notwendig ist dies jedoch nicht. Eine Gattungsschuld liegt auch vor,
wenn (irgend-)eine Tuschzeichnung von Picasso verkauft wird. Umgekehrt können vertretbare Sachen Gegenstand einer Stückschuld sein:

Verkauft wird die gesamte Ladung Fische eines Frachters oder die Jahresernte eines Bauern.

8.03 Gattungsschulden sind in der Praxis am häufigsten beim *Kaufvertrag* anzutreffen. Wie die oben genannten Beispiele jedoch deutlich machen, können auch *andere Obligationen* die Form einer Gattungsschuld annehmen (z.B. Gattungsmiete, -vermächtnis oder -schenkung).

8.04 Die Merkmale, anhand derer die Gattung zu bestimmen ist, können weiter oder enger gefasst sein. Im Einzelnen ist dies Sache der *Parteivereinbarung*. Ggf. ist der übereinstimmende Parteiwille durch Auslegung zu ermitteln. Der *Gattungsbegriff* ist deshalb immer *relativ*. Eine objektive, vom Parteiwillen losgelöste Bestimmung der jeweiligen Gattung ist nicht möglich (vgl. BGE 121 III 453, 456 f. m.w. Nachw.).

8.05 Bei der Auslegung der Parteierklärungen im Hinblick auf die Bestimmung der Gattung muss stets die Frage gestellt werden, welche *Anstrengungen der Schuldner* im Hinblick auf die Erfüllung seiner Leistungspflicht *versprochen* hat. Wer verspricht, zehn Sack Zement zu liefern, ohne dass sich aus der Vereinbarung oder den besonderen Umständen eine Einschränkung ergeben würde, ist verpflichtet, sich diese am Markt zu beschaffen, auch wenn sein eigener Lieferant ausfällt. Verkauft hingegen ein Müller Mehl aus seiner eigenen Mühle, so wird er befreit, wenn diese abbrennt; keine Gläubigerin kann von ihm erwarten, dass er sich etwa noch vorhandenes Mehl am Markt beschafft. Für den letzten Fall findet sich häufig der Begriff der *begrenzten Gattungsschuld* oder auch *Vorratsschuld*. Diese Begriffe sind freilich insoweit irreführend, als sie suggerieren, es handle sich hier um Ausnahmefälle von der als Regel geltenden gänzlich unbeschränkten Gattungsschuld. In der Praxis ist jedoch jede Gattungsschuld mehr oder weniger begrenzt, wenn von der Sonderform der Geldschulden abgesehen wird.

II. Besonderheiten der Gattungsschuld

1. Flexibilität bei der Leistungserbringung

8.06 Bei der Gattungsschuld hat der Schuldner im Hinblick auf die Leistungserbringung eine gewisse Flexibilität. Nach Art. 71 Abs. 1 hat er das Recht, die Stücke, mit denen er seine Leistungspflicht erfüllen will, aus der Gattung auszuwählen. Allerdings bestimmt Art. 71 Abs. 2, dass der Schuldner nicht Sachen unter *mittlerer Qualität* anbieten darf. Kann die Gläubigerin Ware unter mittlerer Qualität zurückweisen, so ist sie andererseits nicht berechtigt, beste Qualität zu fordern.

Liefert der Gattungsschuldner Ware minderer Qualität, so liegt ein Fall 8.07
der *Nichterfüllung* vor, während bei der Stückschuld auch mit einer mangelhaften Sache erfüllt wird und die Gläubigerin allein auf die Gewährleistungsansprüche wegen Sachmängel verwiesen wird (zum Kauf vgl.
Art. 197 ff.). Bei der Gattungsschuld hat demnach die Gläubigerin immer
noch den aus dem Vertrag resultierenden ursprünglichen *Erfüllungsanspruch* (vgl. BaslerKomm/HONSELL, Art. 206 N 3). Allerdings bestimmt
Art. 206 Abs. 1 für den Gattungskauf, dass dieser Anspruch nur unter
denselben Voraussetzungen (Art. 201: Rüge; Art. 210: einjährige Verjährungsfrist) geltend gemacht werden kann wie die Ansprüche aus Sachgewährleistung (vgl. BaslerKomm/HONSELL, Art. 206 N 1). Überwiegend wird freilich die Auffassung vertreten, dass Art. 206 Abs. 1 nur für
das sog. *peius* gelten soll, nicht aber, wenn die Ware krass von dem Vereinbarten abweicht, namentlich wenn sie einer anderen Gattung angehört
(sog. *aliud*; vgl. z.B. BernerKomm/GIGER, Art. 206 N 9; BaslerKomm/
HONSELL, Art. 206 N 3 m.w. Nachw.). Das Bundesgericht (BGE 121 III
453, 455 ff.) nimmt ein aliud sogar dann an, wenn die Sache nicht alle
von den Parteien vereinbarten Gattungsmerkmale aufweist (gewöhnliche
Schaltung statt Automatikgetriebe; vgl. auch BGer, 11. 1. 2001, 4C.279/
2000: falsche Scheibentönung bei PW: offen gelassen, ob Mangel oder
aliud). Diese Auffassung ist jedoch abzulehnen (so auch GUHL/KOLLER,
381; KRAMER, recht 1997, 78 ff.). Es ist nicht einzusehen, warum die
Gläubigerin, die Salz statt Zucker geliefert erhält, ohne zu rügen zehn
Jahre lang die Nachlieferung von Zucker verlangen kann, während diejenige, die lediglich verunreinigten Zucker geliefert erhält, bei unterlassener Rüge jedenfalls innert Jahresfrist sämtliche Ansprüche verliert. Allein
mit dieser Lösung kann auch eine einheitliche Lösung für nationale und
internationale Kaufverträge erzielt werden (zum CISG vgl. SCHLECHT-
RIEM/SCHWENZER/SCHWENZER, Art. 35 CISG N 4, 10).

Durch die Auswahl bestimmter Stücke wird der Schuldner im Ver- 8.08
hältnis zur Gläubigerin noch nicht in dem Sinne gebunden, dass diese
nunmehr einen Anspruch auf eben jene Stücke hätte. Eine solche *Bindung* tritt erst mit Leistungserbringung ein (BUCHER, OR AT, 297).

2. Beschaffungspflicht

Solange noch Stücke aus der Gattung vorhanden sind, trifft den 8.09
Schuldner eine *Beschaffungspflicht*. Er wird nicht nach Art. 119 Abs. 1
von seiner Leistungspflicht befreit, wenn einzelne Stücke der Gattung
untergegangen sind, auch wenn er beabsichtigte, gerade mit diesen Stü-

cken den Vertrag mit der Gläubigerin zu erfüllen (vgl. statt vieler ZürcherKomm/SCHRANER, Art. 71 N 40 m.w. Nachw.). Insoweit ist es besonders wichtig, die nach dem Vertrag jeweils geschuldete Gattung und damit die *Grenzen der Beschaffungspflicht* des Schuldners genau zu bestimmen.

8.10 Für *Kaufverträge* enthält Art. 185 Abs. 2 eine Sonderregel. Danach geht beim Gattungskauf die Gefahr des zufälligen Untergangs mit *Ausscheidung* der Ware bzw. beim Versendungskauf mit *Übergabe an* die erste *Transportperson* auf die Käuferin über. Dies bedeutet, dass die Käuferin den Kaufpreis zu bezahlen hat, auch wenn sie die Ware wegen zufälligen Untergangs nicht erhält. Art. 185 stellt eine Ausnahmebestimmung im Sinne von Art. 119 Abs. 3 dar, woraus gefolgert werden kann, dass der Schuldner in diesen Fällen nicht zur Beschaffung anderer als der ausgeschiedenen oder versendeten Stücke verpflichtet ist, sondern vielmehr nach Art. 119 Abs. 1 von seiner Lieferpflicht *befreit* wird.

8.11 Ausserhalb des Gattungskaufes ist Art. 185 Abs. 2 jedoch nicht, auch nicht entsprechend, anzuwenden (so auch VON TUHR/PETER, 56 f.). Im Gegensatz zum deutschen BGB (§ 243 Abs. 2 BGB) hat der Schweizer Gesetzgeber nämlich *keine allgemeine Bestimmung* geschaffen, wonach sich bei jeder Gattungsschuld das Schuldverhältnis auf eine bestimmte Sache konzentriert und damit die Gattungsschuld zur Speziesschuld wird, wenn der Schuldner das zur Erfüllung seinerseits Erforderliche getan hat. Deshalb kann sich beispielsweise der Hotelier, der für einen Gast ein bestimmtes Zimmer reserviert hat, nicht darauf berufen, dass dieses Zimmer durch einen Wasserschaden unbenutzbar geworden sei, soweit noch andere Zimmer derselben Gattung in seinem Hotel frei sind. Dies gilt namentlich auch bei *Geldschulden*: Der Schuldner wird nicht frei, wenn das abgesandte Geld bei der Beförderung verloren geht oder gar wenn das zur Bezahlung einer Schuld bei ihm bereitgelegte Geld gestohlen wird. Zum Gefahrübergang bei Annahmeverzug vgl. N 70.04 f.

8.12 Ein besonderes Problem kann bei der *Vorratsschuld* auftreten, wenn nur ein *Teil* des Vorrats *untergeht*. Reicht der verbleibende Teil aus, um die Gläubigerin zu befriedigen, so bleibt der Schuldner insoweit zur Leistung verpflichtet. Was passiert jedoch, wenn der Schuldner verschiedenen Gläubigerinnen bestimmte Quantitäten schuldet und der noch verbleibende Teil des Vorrats nicht zur Erfüllung aller Verpflichtungen ausreicht? In diesem Fall ist nach Treu und Glauben eine je anteilmässige Beschränkung der Leistungspflicht anzunehmen (vgl. VON TUHR/PETER, 57).

§ 9   Wahlschuld und Alternativvermächtigung

Literatur: BERGER, Schuldrecht, N 1207 ff.; BUCHER, OR AT, 297 ff.;
FURRER/MÜLLER-CHEN, Kap. 2 N 43 f.; GAUCH/SCHLUEP/SCHMID, N 92 f.; GAUCH/
SCHLUEP/EMMENEGGER, N 2252 ff., 2269 ff.; GUHL/KOLLER, 51 ff.; HUGUENIN, OR AT,
N 780 ff.; KOLLER, OR AT, § 2 N 124 ff.; MERZ, SPR VI/1, 135 ff.; TERCIER, Obligations,
N 1011 ff.; VON TUHR/PETER, 77 ff.; BaslerKomm/LEU, Art. 72; BernerKomm/WEBER,
Art. 72; CHK/WULLSCHLEGER, OR 72; CR CO I/HOHL, Art. 72; KuKo OR/GROSS/
SPRECHER, Art. 72; ZürcherKomm/SCHRANER, Art. 72.

I. Wahlschuld

1. Begriff

Bei der Wahlschuld werden mindestens *zwei Leistungen alter-*   9.01
nativ geschuldet, es ist jedoch nur die eine oder andere zu erbringen (Bsp.
bei ZürcherKomm/SCHRANER, Art. 72 N 8). Im Gegensatz zur Gattungsschuld brauchen die wahlweise geschuldeten Leistungen nicht dieselben
Gattungsmerkmale aufzuweisen, sie müssen nicht einmal gleichwertig
sein (vgl. BGE 96 II 18, 20 f.).

2. Wahlrecht

Wer die Wahl ausüben darf, bestimmt sich nach der *Parteiver-*   9.02
einbarung. Subsidiär soll nach Art. 72 im Zweifel die Wahl dem *Schuld-*
ner zustehen. In der Praxis ergibt sich freilich durch Auslegung aufgrund
der Umstände in den meisten Fällen ein Wahlrecht *der Gläubigerin*, z.B.
beim Kauf am Warenautomaten oder bei der Auswahl des Menüs bei
Vollpension.

Das Wahlrecht wird durch einseitige, empfangsbedürftige *(Gestal-*   9.03
tungs-)Erklärung ausgeübt. Mit seiner Ausübung beschränkt sich das
Schuldverhältnis auf die ausgewählte Sache oder sonstige Leistung (vgl.
BGE 50 II 40, 43 f.). Übt die berechtigte Partei das Wahlrecht nicht aus,
so ist zu unterscheiden: Steht das Wahlrecht dem *Schuldner* zu, so treten
die üblichen Nichterfüllungsfolgen ein. Die Gläubigerin kann nach
Art. 107 ff. vorgehen. Bei Klage auf Erfüllung muss alternativ geklagt
werden. Übt die Gläubigerin das ihr zustehende Wahlrecht nicht aus,
liegt der Tatbestand des Gläubigerverzugs vor. Da dem Schuldner jedoch
eine Hinterlegung aller alternativ geschuldeten Leistungen nicht zumutbar ist, geht in diesem Fall das Wahlrecht auf ihn über. Bei synallagmati-

schen Verträgen ist grundsätzlich eine Nachfristsetzung analog Art. 107 Abs. 1 erforderlich (vgl. BGE 110 II 148, 152). Freilich steht es dem Schuldner auch frei, sämtliche alternativ geschuldeten Leistungen zu hinterlegen (vgl. BGE 134 III 348, 352).

3. Unmöglichkeit einer der alternativ geschuldeten Leistungen

9.04   Bei ursprünglicher Unmöglichkeit einer der vorgesehenen Leistungen beschränkt sich das Schuldverhältnis auf die *noch mögliche Leistung*. Für die Fälle nachträglicher Unmöglichkeit sind die Rechtsfolgen in der Lehre umstritten (vgl. BaslerKomm/LEU, Art. 72 N 4 m.w. Nachw.). Vereinfachend ist hier entsprechend § 265 BGB ebenfalls eine *Konzentration* auf die noch mögliche Leistung anzunehmen, es sei denn, die Leistung ist infolge eines Umstandes unmöglich geworden, den der nicht wahlberechtigte Teil zu vertreten hat (ähnlich BUCHER, OR AT, 298 f.).

II. Alternativermächtigung

9.05   Von der Wahlschuld ist die alternative Ermächtigung des Schuldners bzw. *Ersetzungsbefugnis* (facultas alternativa) zu unterscheiden (vgl. dazu ausführlich ZürcherKomm/SCHRANER, Art. 72 N 64 ff.). Im Gegensatz zur Gattungsschuld und zur Wahlschuld wird bei der Ersetzungsbefugnis nur eine Leistung geschuldet (zur Abgrenzung der Ersetzungsbefugnis zur Leistung an Erfüllungs Statt vgl. N 74.01). An die Stelle der ursprünglichen Leistung kann jedoch durch Ausübung der Ersetzungsbefugnis eine andere gesetzt werden. Solange die berechtigte Partei von der Ersetzungsbefugnis noch keinen Gebrauch gemacht hat, gelten bei einem Untergang der Hauptleistung die allgemeinen Nichterfüllungsregeln. Geht die Hauptleistung unter, so ist es irrelevant, ob die andere Leistung möglich wäre. Umgekehrt befreit der Untergang der anderen Leistung nicht von der Verpflichtung zur Erfüllung der Hauptleistung.

9.06   *Gesetzlich* vorgesehen ist die Ersetzungsbefugnis in Art. 84 Abs. 2 für Fremdwährungsschulden: Der Schuldner hat grundsätzlich das Recht, in Landeswährung zu erfüllen. Im Übrigen kann eine Ersetzungsbefugnis durch *Vertrag* vereinbart werden. In den allermeisten Fällen sehen die Parteien vor, dass die Ersetzungsbefugnis dem *Schuldner* zusteht. Ihm soll dadurch die Leistungserbringung erleichtert werden, z.B. wenn der Käufer eines Neuwagens das Recht hat, einen Teil des Kaufpreises durch Hingabe seines gebrauchten Fahrzeugs zu tilgen (vgl. dazu HONSELL, OR BT, 19 f.). Im Einzelfall ist es freilich auch denkbar, dass der *Gläubigerin* vertraglich das Recht eingeräumt wird, ersatzweise eine andere als die ursprünglich geschuldete Leistung zu verlangen.

§ 10 Geldschuld

Literatur: BUCHER, OR AT, 300 ff.; ENGEL, OR AT, 633 ff.; FURRER/ MÜLLER-CHEN, Kap. 2 N 45; GAUCH/SCHLUEP/EMMENEGGER, N 2286 ff.; GUHL/KOLLER, 89 ff.; HUGUENIN, OR AT, N 561, 865; MERZ, SPR VI/1, 167 ff.; TERCIER, Obligations, N 1092 ff.; VON TUHR/PETER, 58 ff.; BaslerKomm/LEU, Art. 84 ff.; BernerKomm/WEBER, Art. 84 ff.; CHK/MERCIER, OR 84 ff.; CR CO I/LOERTSCHER, Art. 84 ff.; KuKo OR/ GROSS/SPRECHER, Art. 84 ff.;
ARTER, Elektronische Bezahlvorgänge, in: SCHLAURI/JÖRG/ARTER (Hrsg.), Internet-Recht und digitale Signaturen, Bern 2005, 125 ff.; KOLLER, Rechtsprobleme der halbbaren Zahlung, Festschrift Rey, Zürich 2003, 235 ff.; WEBER, Das Geld in einem sich wandelnden Vermögensrecht, ZSR 1981 I, 165 ff.; WERRO, Les intérêts moratoires et compensatoires dans la responsabilité civile: Le point sur quelques développements récents, in: WERRO (Hrsg.), Le temps dans la responsabilité civile, Bern 2007, 27 ff.

I. Allgemeines

Geld stellt das mit Abstand *häufigste Leistungsobjekt* dar. Bei 10.01 entgeltlichen Verträgen besteht die Gegenleistung immer in Geld; bei anderen Schuldinhalten wie Schaden- oder Verwendungsersatz ist ebenfalls grundsätzlich eine Geldleistung geschuldet. Gleichwohl finden sich im OR nur wenige Vorschriften, die sich explizit mit der Geldschuld befassen (Art. 84–90).

Dogmatisch werden Geldschulden in der Literatur teilweise als Unter- 10.02 fall der *Gattungsschulden* betrachtet (vgl. BUCHER, OR AT, 104). Praktisch ist diese Einordnung jedoch nur von geringer Bedeutung, da die meisten für die Gattungsschuld geltenden Prinzipien auf die Geldschuld nicht angewendet werden können: So gibt es kein Geld mittlerer oder schlechterer Qualität im Sinne des Art. 71 Abs. 2; auch eine Beschränkung der Haftung des Schuldners auf den bei ihm vorhandenen Vorrat ist bei Geldschulden nicht denkbar. Nur wenn bestimmte gattungsmässig bezeichnete Geldzeichen geschuldet sind (sog. *Geldsortenschuld*), insbesondere wenn der Schuldner bestimmte Münzen oder Geldscheine einer anderen oder ausser Kraft gesetzten Währung kauft, liegt eine Gattungs-schuld im eigentlichen Sinne vor. Nur in höchst seltenen Ausnahmefällen können Geldzeichen als individuell bestimmte Sachen als *Stückschuld* geschuldet sein. Dies ist etwa denkbar, wenn sich die herauszugebende Tausendernote noch unterscheidbar im Vermögen des Schuldners befindet oder wenn eine Geldnote mit der Unterschrift eines Fussballstars zum Gegenstand eines Kaufvertrags gemacht wird.

II. Probleme der Geldentwertung

10.03   Geldschulden sind grundsätzlich *Geldsummenschulden*, d.h. es gilt das *Nennwertprinzip*. Eine Anpassung an eine allfällige Geldentwertung findet nicht statt. Die Gläubigerin der Geldforderung trägt das Risiko der Entwertung. Praktisch bedeutsam wird dies namentlich bei längerfristigen Verträgen.

10.04   Gegen die Geldentwertung kann sich die Gläubigerin durch Vereinbarung von *Wertsicherungsklauseln* sichern. Während früher Goldklauseln, die die Geldschuld an den Goldwert koppelten, und Fremdwährungsklauseln mit Effektivzusatz weit verbreitet waren, finden sich heute meistens *Indexklauseln*, die die Geldschuld an einen bestimmten Index binden (vgl. dazu ausführlich BernerKomm/WEBER, Art. 84 N 228 ff.; GAUCH/ SCHLUEP/EMMENEGGER, N 2384 m.w. Nachw.). Am gebräuchlichsten ist die Anknüpfung an den Landesindex für Konsumentenpreise. Schranken für derartige Indexklauseln finden sich namentlich im Mietrecht (vgl. Art. 269b). Zur ausnahmsweisen gerichtlichen Vertragsanpassung vgl. N 35.08.

10.05   Von den Geldsummenschulden sind die *Geldwertschulden* zu unterscheiden (dazu BernerKomm/WEBER, Art. 84 N 203 ff.). Bei diesen wird nicht eine bestimmte Summe, sondern ein Betrag geschuldet, der zur Herstellung eines bestimmten Zustandes erforderlich ist. Durch den Schadenersatz ist der Zustand herzustellen, der ohne das schädigende Ereignis bestünde; eine Unterhaltsforderung ist an den Unterhaltsbedürfnissen der Berechtigten ausgerichtet. Mit gerichtlichem Urteil, das wegen der Vollstreckbarkeit auf einen bestimmten Betrag lauten muss, verwandelt sich freilich auch die Geldwertschuld in eine Geldsummenschuld. Namentlich bei Unterhaltsrenten ist jedoch auch hier zur Sicherung der Gläubigerin eine Indexierung möglich (vgl. Art. 128, 286 Abs. 1 ZGB; zur Indexierung von Schadenersatzrenten vgl. N 15.06).

III. Zinsen

Literatur: ENGEL, OR AT, 647 ff.; FURRER/MÜLLER-CHEN, Kap. 2 N 45; GAUCH/SCHLUEP/EMMENEGGER, N 2349 ff.; GUHL/KOLLER, 92 ff.; HUGUENIN, OR AT, N 794; MERZ, SPR VI/1, 175 ff.; TERCIER, Obligations, N 1109 ff.; VON TUHR/PETER, 68 ff.; BaslerKomm/LEU, Art. 73; BernerKomm/WEBER, Art. 73; CHK/WELLSCHLEGER, OR 73; CR CO I/HOHL, Art. 73; KuKo OR/GROSS/SPRECHER, Art. 73; ZürcherKomm/ SCHRANER, Art. 73; BLAESER, Die Zinsen im schweizerischen Obligationenrecht: geltendes Recht und Vorschlag für eine Revision, Diss. Zürich 2011; GELZER CLAUDIUS, Verzugs-, Schadens- und Bereicherungszins: Verzinsungspflichten bei unfreiwilliger Kreditierung im schwei- zerischen Privatrecht mit rechtsvergleichenden Hinweisen, Diss. Basel 2010; DERS., Ver- zugszinssatzregelungen im Spannungsfeld zwischen Wirtschaft, Politik und Rechtswis- senschaft, Festschrift Schwenzer, Band I, Bern 2011, 561 ff.; LÄUBLI-ZIEGLER, Zeit ist Geld II – oder die Funktion der Zinsen im Haftpflichtrecht, HAVE 2005, 320 ff.; RÜET- SCHI, Zahlbar «30 Tage netto», SJZ 2003, 341 ff; WEBER, Neukonzeption der Verzugs- zinsregelung, Festschrift Eugen Bucher, Bern 2009, 781 ff.

1. Begriff

Zins ist das *Entgelt für die Überlassung von Kapital* (MERZ, 10.06 SPR VI/1, 175). Er berechnet sich nach Bruchteilen des überlassenen Kapitals und der Dauer der Überlassung. Aus dieser Definition folgt, dass Mietzinsen, Renten, Provisionen oder Bearbeitungsgebühren für Darlehen sowie Dividenden bei Aktiengesellschaften keine Zinsen im Rechtssinne darstellen.

Der Zins ist eine *Nebenleistung zur Kapitalforderung* und von deren 10.07 Bestand abhängig (sog. *Akzessorietät*). Aus dieser Abhängigkeit ergeben sich folgende Konsequenzen: Nach Art. 170 Abs. 1 und 3 gehen mit der *Abtretung* die laufenden wie auch im Zweifel die rückständigen Zinsen auf den Zessionar über; allfällige *Sicherheiten* haften im Zweifel auch für Zinsforderungen (vgl. Bürgschaft: Art. 499 Abs. 2 Ziff. 3; Grundpfand- recht: Art. 818 Abs. 1 Ziff. 2 und 3 ZGB; Fahrnispfand: Art. 891 Abs. 2 ZGB). Im Zweifel hängt der Zinsanspruch vom Fortbestand bzw. der *Durchsetzbarkeit* der Hauptforderung ab (vgl. Art. 89 Abs. 2, 114 Abs. 2, 133; ATC VS, RVJ 2001, 289, 290). Klagt die Gläubigerin lediglich die Kapitalforderung ein, ohne sich die Geltendmachung der Zinsforderung vorzubehalten, kann darin ein *Erlass* der rückständigen Zinsen liegen (vgl. BGE 52 II 215 ff.). Erhöhte Selbstständigkeit gegenüber der Haupt- forderung geniesst die Zinsforderung, wenn sie in einem Wertpapier *(Coupon)* verbrieft ist (vgl. Art. 114 Abs. 3, 980 Abs. 1).

2. Entstehungsgründe

10.08   Die Pflicht, eine Geldschuld zu verzinsen, ergibt sich aus Vertrag, Übung oder Gesetz.

10.09   Für den wichtigsten Fall, das *Darlehen*, stellt Art. 313 zwei *Vermutungen* auf. Während im nichtkaufmännischen Verkehr das Darlehen nur bei entsprechender Vereinbarung, die freilich auch stillschweigend oder konkludent möglich ist, verzinslich sein soll, sind im kaufmännischen Verkehr Zinsen auch geschuldet, wenn dies nicht verabredet ist.

10.10   In vielen *dispositiven Vorschriften* des Gesetzes wird eine Verzinsungspflicht angeordnet. Als Beispiele seien hier nur genannt: Art. 104, 105 (Verzugs- bzw. Prozesszinsen), Art. 213 Abs. 2 (Kaufpreisforderung), Art. 173 Abs. 1, 195 Abs. 1 Ziff. 1, 208 Abs. 2 (Rückgewähr des Kaufpreises samt Zinsen) oder Art. 402 Abs. 1 (Ersatz von Auslagen und Verwendungen). Darüber hinaus kann generell angenommen werden, dass eine Forderung auf Ersatz von Verwendungen und auch auf Schadenersatz verzinslich ist, selbst wenn es das Gesetz nicht ausdrücklich anordnet (vgl. BGE 122 III 53, 54). Dieser sog. *Schadenszins* ist vom Zeitpunkt an zu zahlen, in dem sich das schädigende Ereignis finanziell auswirkt (vgl. BGE 130 III 591, 599). Er setzt keinen Verzug voraus, kann aber – bei Vorliegen von Verzug – nicht kumulativ zum Verzugszins beansprucht werden, da er funktional denselben Zweck erfüllt.

3. Höhe des Zinssatzes

10.11   Nach Art. 73 Abs. 1 beträgt der Zinssatz 5%, wenn weder durch Vertrag, Übung oder Gesetz eine andere Höhe bestimmt ist.

10.12   Primär ist es *Sache der Parteien*, die Höhe des Zinssatzes festzulegen. Fehlt es an einer ausdrücklichen Vereinbarung, so ist in einem weiteren Schritt auf eine allenfalls bestehende *Übung* abzustellen. Auf einer dritten Stufe bestimmt sich der Zinssatz nach *besonderen gesetzlichen Bestimmungen*, z.B. Art. 1045 Abs. 1 Ziff. 2, 1046 Ziff. 2, 1130 Ziff. 2 (Wechsel- und Checkregress: 6%), Art. 104 Abs. 1 (Verzugszins im nichtkaufmännischen Verkehr: 5%), Art. 104 Abs. 3 (Verzugszins im kaufmännischen Verkehr: Bankdiskonto am Zahlungsort, vgl. dazu BGE 122 III 53, 55 f.; 116 II 140 ff.; BaslerKomm/WIEGAND, Art. 104 N 6) oder Art. 314 Abs. 1 (Darlehen: ortsüblicher Zinssatz). Höchst subsidiär gilt sodann die *5-%-Regel* des Art. 73 Abs. 1 (BGE 126 III 189, 192: Darlehen, vgl. aber BGE 134 III 224 ff.).

Der Freiheit der Parteien, den Zinssatz durch Vereinbarung festzule-   10.13
gen, sind freilich durch verschiedene *Höchstzinsvorschriften* Grenzen
gesetzt. Bei Konsumkrediten, die durch das KKG geregelt werden
(Art. 38 KKG), darf der effektive Jahreszins 15% nicht überschreiten
(Art. 1 VKKG). Für grundpfandgesicherte Darlehen sind nach Art. 795
Abs. 2 ZGB auch die *Kantone* befugt, Höchstzinsvorschriften aufzustellen (vgl. dazu BGE 119 Ia 59 ff.). Dasselbe gilt nach Art. 73 Abs. 2 auch
für die Bekämpfung von Missbräuchen im Zinswesen ausserhalb des
Anwendungsbereichs des KKG. Hiervon wurde bereits in vielfältiger
Weise Gebrauch gemacht. So gilt z.B. im Kanton Zürich ein Höchstzins-
satz von 18% (vgl. § 215 Abs. 1 EGZGB ZH). Verstösst eine Zinsver-
einbarung gegen zwingende Höchstzinsvorschriften, so ist sie nach
Art. 20 Abs. 1 *unwirksam* (Einzelheiten vgl. N 32.44 f.).

Im Übrigen kann eine überhöhte Zinsvereinbarung dem strafrechtli-   10.14
chen Verbot des *Wuchers* nach Art. 157 StGB widersprechen, *sittenwidrig* nach Art. 20 Abs. 1 sein (vgl. N 32.32) oder eine *Übervorteilung* im
Sinne des Art. 21 darstellen. In Anlehnung an die bestehenden Vorschriften ist insoweit bundesprivatrechtlich von einem flexiblen Höchstzinssatz
von ca. 15–20% auszugehen (vgl. auch BGE 93 II 189 ff.).

Zum Schutze des Zinsschuldners sehen zudem Art. 105 Abs. 3, 314   10.15
Abs. 3 ein *Zinseszinsverbot* vor. Dieses Verbot ist jedoch in der Praxis
nur beschränkt wirksam. Art. 105 ist dispositiv und erlaubt den Parteien,
fällige Verzugszinsen in eine Kapitalforderung umzuwandeln und davon
erneut Zinsen zu berechnen. Art. 314 Abs. 3 enthält einen Vorbehalt für
das kaufmännische Kontokorrent und ähnliche Geschäftsformen, bei
denen Zinseszinsen üblich sind.

Kapitel 3: Die Bedingungen

Literatur: BERGER, Schuldrecht, N 787 ff.; BUCHER, OR AT, 505 ff.; ENGEL,
OR AT, 568 ff.; FURRER/MÜLLER-CHEN, Kap. 2 N 57 ff.; GAUCH/SCHLUEP/EMMENEGGER,
N 3947 ff.; GUHL/KOLLER, 54 ff.; HUGUENIN, OR AT, N 1232 ff.; KELLER/SCHÖBI,
Schuldrecht I, 103 ff.; KOLLER, OR AT, § 75 N 1 ff.; MERZ, SPR VI/1, 148 ff.; TERCIER,
Obligations, N 896 ff.; VON TUHR/ESCHER, 254 ff.; BaslerKomm/EHRAT, Art. 151–157;
CHK/DUBS/ROTH PELLANDA, OR 151–157; CR CO I/PICHONNAZ, Art. 151–157;
KuKo OR/HONSELL, Art. 151–157;
EITEL, Bedingtes Eigentum, ZBJV 1998, 245 ff.; GUTMANS, Die Regel der Erfüllungs-
bzw. Nichterfüllungsfiktion im Recht der Bedingung (Art. 156 OR), Basel 1995; LAUKO,
Art. 152 Abs. 3 OR und die aufschiebend bedingte Abtretung: zugleich ein Beitrag zu
Begriff und Wirkungsweise von Verfügungen, Diss. Zürich 2012; PETER, Das bedingte

Geschäft, Zürich 1994; PIOTET PAUL, La réalisation d'une condition peut-elle avoir un effet réel? Théorie du transfer de propriété, ZSR 1988 I, 359 ff.; REETZ, Die Anwendbarkeit von Art. 152 Abs. 3 OR im Rahmen der Sicherungszession, recht 2006, 233 ff.; SPAHNI, Die Bedingung: Ein Beitrag zur Dogmatik der bedingten Verträge nach Schweizerischem Recht, Zürich 1984; STAEHELIN DANIEL, Bedingte Verfügungen, Zürich 1993.

§ 11   Begriff, Arten, Zulässigkeit

I. Begriff

11.01   Ein Rechtsgeschäft ist bedingt, wenn die Wirkungen des Geschäfts von einem *zukünftigen, ungewissen Ereignis abhängig* gemacht werden (vgl. Art. 151 Abs. 1). In der Umgangssprache hingegen wird der Begriff der Bedingung weiter verstanden und umfasst z.B. Vertragsbedingungen, Allgemeine Geschäftsbedingungen oder Versteigerungsbedingungen. Dies sind jedoch keine Bedingungen im Sinne der Art. 151 ff. OR. Dasselbe gilt für sog. *Rechtsbedingungen.* Darunter sind die Voraussetzungen zu verstehen, von denen eine Rechtsnorm die Wirksamkeit des Rechtsgeschäftes abhängig macht, z.B. das Erfordernis der Genehmigung durch eine Behörde (vgl. GAUCH/SCHLUEP/EMMENEGGER, N 4027 m.w. Nachw.).

11.02   Eine Bedingung liegt nur vor, wenn das Ereignis, an das die Wirksamkeit des Rechtsgeschäftes geknüpft wird, *zukünftig und ungewiss* ist (vgl. statt vieler BGE 122 III 10, 15 f.; BaslerKomm/EHRAT, Vor Art. 151–157 N 1). Vergangene oder gegenwärtige objektiv feststehende Ereignisse können keine Bedingung im Sinne der Art. 151 ff. darstellen, selbst wenn für die am Rechtsgeschäft Beteiligten das Ereignis subjektiv ungewiss ist. Nehmen die Parteien auf ein solches Ereignis Bezug, so stellt dies eine *Voraussetzung für die Gültigkeit* des Geschäfts dar (vgl. GAUCH/SCHLUEP/EMMENEGGER, N 4029). Ebenfalls keine Bedingung im Rechtssinne liegt vor, wenn zwar der Eintritt einer Tatsache, nicht aber dessen Zeitpunkt gewiss ist. Soll beispielsweise das Eigentum an einer geschenkten Sache beim Tode des Beschenkten an den Schenker oder dessen Erben zurückfallen, so liegt eine *Befristung*, nicht aber eine Bedingung vor (vgl. BUCHER, OR AT, 508 f.; ferner BGE 122 III 10, 15 f.). Eine echte Bedingung betrifft hingegen Art. 247 Abs. 1 (Rückfall des Geschenkes bei Vorversterben des Beschenkten).

11.03   Von einer Bedingung kann die Wirksamkeit sowohl des *gesamten Vertrages* als auch nur einer *einzelnen Forderung* abhängig gemacht werden. So hängt beim *Kauf auf Probe* oder Besicht (Art. 223 ff.) die

Wirksamkeit des Kaufvertrages von der Genehmigung der Kaufsache durch den Käufer ab. Bei der *Schadensversicherung* ist nur die Leistungspflicht der Versicherung bedingt, nämlich abhängig vom Eintritt eines Schadensfalles, die Leistungspflicht des Versicherungsnehmers zur Zahlung der Prämien hingegen ist unbedingt (vgl. für die Lebensversicherung: BGE 112 II 157, 159).

Eine Bedingung kann von den Parteien *ausdrücklich* oder *stillschweigend* vereinbart werden. Schenkt z.B. ein Ehemann seiner Ehefrau Familienschmuck, so erfolgt dies unter der stillschweigenden Bedingung, dass die Ehe nicht geschieden werde (vgl. BGE 71 II 255, 256). Durch nachträgliche Annahme einer stillschweigenden Bedingung kann damit ein Vertrag an veränderte Umstände angepasst werden. Zur Vertragsanpassung aufgrund der clausula-rebus-sic-stantibus-Regel vgl. N 35.04 ff.   11.04

II. Arten

1. Aufschiebende und auflösende Bedingungen

Das Gesetz unterscheidet zwischen aufschiebenden (Art. 151) und auflösenden (Art. 154) Bedingungen. Ist ein Geschäft *aufschiebend* (suspensiv) bedingt, so entfaltet es seine Rechtswirkungen erst mit Bedingungseintritt. Beispiele: Beim Kauf unter Eigentumsvorbehalt (vgl. Art. 715 Abs. 1 ZGB) geht das Eigentum an der Kaufsache erst mit vollständiger Bezahlung des Kaufpreises auf den Käufer über (str., vgl. BaslerKomm/EHRAT, Vor Art. 151–157 N 7 m.w. Nachw.). Eine aufschiebende Bedingung liegt auch beim Kauf auf Probe vor (BGE 55 II 39, 44 f.). Eine Konventionalstrafe steht unter der aufschiebenden Bedingung, dass die Leistung nicht oder nicht richtig bewirkt wird (vgl. GAUCH/SCHLUEP/EMMENEGGER, N 3791). Bei einer *auflösenden* (resolutiven) Bedingung ist das Rechtsgeschäft zunächst voll wirksam, seine Wirkungen entfallen jedoch wieder mit Bedingungseintritt. Beispiel: Versprechen einer Unterhaltsrente bis zur Wiederverheiratung des Berechtigten (vgl. BGE 81 II 587, 591 f.; vgl. auch BGE 127 III 515, 517 f.).   11.05

Im Einzelfall kann es schwierig sein zu bestimmen, ob die Parteien eine aufschiebende oder eine auflösende Bedingung gewollt haben. Durch *Auslegung* nach dem Vertrauensprinzip ist zu ermitteln, welche Wirkung die Bedingung nach der Vereinbarung der Parteien haben soll (vgl. GAUCH/SCHLUEP/EMMENEGGER, N 3962 ff.). Wenn erst das künftige, ungewisse Ereignis die Wirkungen des Vertrages auslösen soll, handelt es sich um eine aufschiebende Bedingung. Sollen die Wirkungen bereits   11.06

mit Vertragsschluss entstehen und bei Eintritt des Ereignisses enden, liegt eine auflösende Bedingung vor. So muss im Fall der Unterhaltsrente bis zur Wiederverheiratung von einer auflösenden Bedingung ausgegangen werden, da sonst die Vereinbarung der Parteien keinen Sinn machen würde. Verspricht hingegen eine Tante ihrem Neffen ein Geschenk, wenn er die Matur mit einer bestimmten Note ablegt, so liegt eine aufschiebende Bedingung vor.

2. Weitere Einteilungskriterien

11.07   Des Weiteren kann zwischen willkürlichen (potestativen) und zufälligen (kasuellen) Bedingungen unterschieden werden (vgl. Basler-Komm/EHRAT, Vor Art. 151–157 N 8). Von *willkürlichen* oder auch Willensbedingungen wird gesprochen, wenn der Eintritt oder Nichteintritt der Bedingung vom Willen einer Vertragspartei abhängig ist, z.B. die Zahlung des Kaufpreises beim Kauf unter Eigentumsvorbehalt oder die Genehmigung durch den Käufer beim Kauf auf Probe. Eine *zufällige* Bedingung liegt vor, wenn der Eintritt oder Nichteintritt der Bedingung nicht vom Willen der Vertragsparteien abhängt, z.B. der Schadensfall beim Versicherungsvertrag oder das Vorversterben des Beschenkten (vgl. Art. 247).

11.08   In der Lehre (vgl. GAUCH/SCHLUEP/EMMENEGGER, N 3971 ff. m.w. Nachw.) wird ausserdem zwischen positiven und negativen Bedingungen unterschieden. Bei einer *positiven* Bedingung wird an den Eintritt eines Ereignisses angeknüpft, bei einer *negativen* an dessen Nichteintritt. Für die Rechtswirkungen der Bedingung ist dieses Unterscheidungskriterium jedoch nicht von praktischer Relevanz.

III. Zulässigkeit

11.09   Die meisten Rechtsgeschäfte können an eine Bedingung geknüpft werden. Dies gilt nicht nur für Schuldverträge, sondern auch für die im OR geregelten Verfügungen, z.B. Schulderlass oder Abtretung einer Forderung.

11.10   *Bedingungsfeindlich* sind hingegen viele Geschäfte des ZGB: z.B. im *Familienrecht* die Eheschliessung (Art. 101 f. ZGB) und die Adoption (Art. 264 ff. ZGB), im *Erbrecht* die erbrechtliche Ausschlagung (Art. 570 Abs. 2 ZGB), nicht aber Verfügungen von Todes wegen (Art. 482 Abs. 1 ZGB). *Sachenrechtliche Geschäfte*, die ins Grundbuch eingetragen werden müssen, sind grundsätzlich bedingungsfeindlich (vgl. auch Art. 217, Art. 12 GBV; vgl. aber BGE 115 II 216 ff.). Die aufschiebend bedingte Eigentumsübertragung an beweglichen Sachen ist nur wirksam, wenn der Eigentumsvorbehalt in ein öffentliches Register eingetragen ist (vgl. Art. 715 Abs. 1 ZGB).

Die Ausübung eines *Gestaltungsrechtes* kann grundsätzlich nicht mit einer Bedingung versehen werden, da die damit verbundene Unsicherheit dem Erklärungsgegner nicht zugemutet werden soll. Aus diesem Schutzzweck ergibt sich aber gleichzeitig, dass eine Bedingung auch bei Gestaltungsrechten möglich ist, wenn ihr Eintritt vom Willen des Erklärungsgegners abhängt (vgl. GAUCH/SCHLUEP/SCHMID, N 154 f.; MERZ, SPR VI/1, 80). Beispiel: Kündigung eines Mietvertrages durch die Vermieterin, falls der Mieter den noch ausstehenden Mietzins nicht bis zu einem bestimmten Termin leistet. Zur Eventualverrechnung vgl. N 78.03. | 11.11

Von der Bedingungsfeindlichkeit eines Rechtsgeschäftes sind die *unzulässigen Bedingungen* zu unterscheiden. Nach Art. 157 kann ein widerrechtliches oder unsittliches Verhalten nicht zur Bedingung eines Anspruchs gemacht werden (vgl. GAUCH/SCHLUEP/EMMENEGGER, N 3988 f.). Beispiel: Versprechen einer Schenkung, falls der Beschenkte eine Straftat begeht. | 11.12

§ 12 Rechtslage während der Schwebezeit

I. Allgemeines

Solange die Bedingung noch nicht eingetreten ist, aber noch eintreten kann, besteht ein *Schwebezustand*. Bei der aufschiebenden Bedingung sind die Parteien vom Zeitpunkt der Einigung an gebunden, auch wenn die Wirkungen des Rechtsgeschäftes hinausgeschoben sind. Bei der auflösenden Bedingung ist das Rechtsgeschäft sofort wirksam, die Wirkungen entfallen jedoch mit Eintritt der Bedingung. Insoweit bezieht sich der Schwebezustand auf den Fortbestand des Rechtsgeschäftes. In beiden Fällen kann von einem *Anwartschaftsrecht* gesprochen werden (vgl. GAUCH/SCHLUEP/EMMENEGGER, N 3994 f. m.w. Nachw.; a.A. MERZ, SPR VI/1, 158). So steht beispielsweise bei der aufschiebend bedingten Zession das Anwartschaftsrecht dem bedingt berechtigten Zessionar zu, während die Forderung selbst noch der Zedentin verbleibt. Bei der auflösend bedingten Zession ist die Zessionarin Forderungsinhaberin, der Zedent hat jedoch ein Anwartschaftsrecht wegen des möglichen Rückfalls der Forderung. Das aus einem bedingten Rechtsgeschäft | 12.01

resultierende Anwartschaftsrecht kann als Minus zum Vollrecht nach den für dieses geltenden Regeln übertragen und vererbt werden (vgl. Einzelheiten bei PETER, 257 ff., 379 ff.).

II. Schutz des Gläubigers

1. Bei aufschiebender Bedingung

12.02 Obwohl der Gläubiger bei einer aufschiebenden Bedingung während der Schwebezeit die bedingte Forderung noch nicht geltend machen kann bzw. bei einer bedingten Verfügung noch nicht Rechtsinhaber geworden ist, geniesst er während der Schwebezeit nach Art. 152 *Schutz*, als ob sein Recht bereits ein unbedingtes wäre.

12.03 Zunächst kann auch die bedingte Forderung durch Bürgschaft (Art. 492 Abs. 2), Grundpfandverschreibung (Art. 824 ZGB) oder Faustpfand (Art. 884 ZGB) *gesichert* werden (vgl. VON TUHR/ESCHER, 264). Bei Gefährdung seines Rechts kann der Gläubiger nach Art. 152 Abs. 2 dieselben *Sicherungsmassregeln* verlangen, wie wenn seine Forderung unbedingt wäre, d.h. namentlich einen Arrest nach Art. 271 Abs. 2 SchKG (dazu BaslerKomm/STOFFEL, Art. 271 SchKG N 24) oder eine Vormerkung im Grundbuch nach Art. 960 Abs. 1 Ziff. 1 ZGB erwirken (vgl. GAUCH/SCHLUEP/EMMENEGGER, N 3998 f. m.w. Nachw.).

12.04 Nach Art. 152 Abs. 1 darf die bedingt Verpflichtete während der Schwebezeit nichts vornehmen, was die gehörige Erfüllung ihrer Verbindlichkeit verhindern könnte. D.h. beispielsweise, dass sie die bedingt geschuldete Sache nicht zerstören, beschädigen oder veräussern darf und ggf. Massnahmen zu deren Erhaltung zu treffen hat. Verletzt die Schuldnerin diese Pflicht, so hat sie dem Gläubiger im Falle des Bedingungseintritts *Schadenersatz* wegen Vertragsverletzung zu leisten (vgl. Art. 97 Abs. 1; BaslerKomm/EHRAT, Art. 152 N 2).

12.05 Noch weitergehend schützt Art. 152 Abs. 3 den bedingt Berechtigten bei *Zwischenverfügungen* der bedingt Verpflichteten. Da bei einer aufschiebend bedingten Verfügung (bedingte Zession, bedingter Erlass, Eigentumsvorbehalt) die Schuldnerin noch volle Rechtsinhaberin ist, kann sie während der Schwebezeit ihr Recht ohne weiteres auf eine dritte Person übertragen. Eine solche Übertragung würde im Falle des Bedingungseintritts den Rechtserwerb durch den bedingt Berechtigten vereiteln. Deshalb bestimmt Art. 152 Abs. 3, dass derartige *Verfügungen während der Schwebezeit* im Falle des Bedingungseintritts im Verhältnis zum bedingt Berechtigten *unwirksam* sind. Der Schutz des bedingt Berechtigten kann jedoch nicht weiter gehen, als wenn er schon vor Bedingungseintritt Vollrechtsinhaber gewesen wäre (vgl. BUCHER, OR AT, 511 f.). Deshalb finden die Regeln über den *Erwerb vom Nichtberechtigten* (vgl. Art. 714 Abs. 2, 933 ff. ZGB) im Rahmen des Art. 152 Abs. 3 entsprechende Anwendung. Freilich ist diese Einschränkung nur von geringer praktischer Relevanz. Bei Forderungen gibt es grundsätzlich keinen gutgläubigen Erwerb (vgl. N 90.05). Ein gutgläubiger Eigentumserwerb eines Dritten von der bedingt Verpflichteten während der Schwebezeit wird in der Regel schon deshalb nicht möglich sein, weil sich die Sache im Besitz des bedingt Berechtigten befindet (vgl. Art. 714 Abs. 2, 933 ZGB).

2. Bei auflösender Bedingung

Auch bei der auflösenden Bedingung besteht ein *Schwebezu-* 12.06
stand. Bei einer auflösend bedingten Verfügung fällt das Recht mit Eintritt der Bedingung automatisch an den ursprünglichen Rechtsinhaber zurück. Er ist deshalb ebenso schutzbedürftig wie der unter einer aufschiebenden Bedingung Berechtigte (vgl. VON TUHR/ESCHER, 269). Obwohl Art. 152 von seiner systematischen Stellung her nur bei der aufschiebenden Bedingung anwendbar ist, erscheint es sachgerecht, diese Bestimmung *analog* auch im Rahmen der auflösenden Bedingung anzuwenden (vgl. GAUCH/SCHLUEP/EMMENEGGER, N 4012 m.w. Nachw.). Konkret bedeutet dies z.B. bei einer auflösend bedingten Zession, dass der Einzug der Forderung durch die Zessionarin analog Art. 152 Abs. 3 bei Eintritt der Bedingung gegenüber dem Zedenten unwirksam ist, es sei denn der Drittschuldner wusste nicht, dass die Zessionarin nur auflösend bedingt Forderungsinhaberin war (Art. 167). In letzterem Fall muss jedoch die Zessionarin entsprechend Art. 152 Abs. 1 i.V.m. Art. 97 Abs. 1 dem ursprünglichen Forderungsinhaber bei Eintritt der Bedingung Schadenersatz leisten.

§ 13 Eintritt oder Ausfall der Bedingung

I. Eintritt der Bedingung

Tritt das zukünftige, ungewisse Ereignis ein, so ändert sich die 13.01
Rechtslage: Bei der aufschiebenden Bedingung entstehen die Rechtswirkungen des Rechtsgeschäftes, bei der auflösenden Bedingung enden sie. In beiden Fällen tritt diese Wirkung *automatisch* ein, ohne dass es einer zusätzlichen Willenserklärung der Parteien bedarf (vgl. BaslerKomm/

EHRAT, Art. 151 N 9, 154 N 2). Dies unterscheidet die auflösende Bedingung von einem vertraglich vereinbarten Rücktrittsrecht, das mittels Gestaltungserklärung ausgeübt werden muss.

13.02 Den Eintritt der Bedingung hat die Partei zu *beweisen*, die daraus rechtliche Vorteile ableitet (vgl. Art. 8 ZGB; GUHL/KOLLER, 57). Ob der Eintritt einer willkürlichen Bedingung nur durch eine entsprechende Handlung der durch sie begünstigten Vertragspartei oder auch *durch einen Dritten* bewirkt werden kann, ist durch Auslegung der Parteivereinbarung zu bestimmen (vgl. VON TUHR/PETER, 271 f.). Entsprechend Art. 68 bestimmt Art. 155, dass in Fällen, in denen es auf die Persönlichkeit der Vertragspartei nicht ankommt, die Bedingung auch von den Erben erfüllt werden kann. Beispiel: Beim Kauf unter Eigentumsvorbehalt tritt die Bedingung auch dann ein, wenn ein Dritter oder nach dem Tod des Käufers sein Erbe den Kaufpreis bezahlt.

13.03 Die Rechtslage ändert sich mit dem Zeitpunkt des Eintritts der Bedingung, d.h. *ex nunc*. Eine *Rückwirkung* findet grundsätzlich *nicht statt* (vgl. Art. 151 Abs. 2, 154 Abs. 2). Dies bedeutet insbesondere, dass Früchte und Nutzungen während der Schwebezeit der jeweiligen Rechtsinhaberin und nicht dem bedingt Berechtigten gebühren (vgl. VON TUHR/ESCHER, 274, 276). So stehen dem Gläubiger bei einer aufschiebend bedingten Zession die aus der Forderung fliessenden Zinsen erst ab Bedingungseintritt zu.

13.04 Im Rahmen der Vertragsfreiheit steht es den Parteien jedoch frei, eine *Rückwirkung* zu vereinbaren. Der bedingt Berechtigte hat dann einen obligatorischen Anspruch auf die während der Schwebezeit gezogenen Früchte (vgl. GUHL/KOLLER, 60). Eine *Auslegungsregel* enthält diesbezüglich Art. 153 Abs. 1: Ist die versprochene Sache dem Gläubiger vor Bedingungseintritt übergeben worden, so wird vermutet, dass die Parteien eine Rückwirkung gewollt haben: Der Gläubiger darf die während der Schwebezeit aus der Sache gezogenen Nutzungen bei Bedingungseintritt behalten. Bei Ausfall der Bedingung hat er sie nach Bereicherungsrecht herauszugeben (vgl. Art. 153 Abs. 2).

13.05 Dem Eintritt der Bedingung wird der Fall gleichgestellt, dass die Partei, zu deren Nachteil der Eintritt gereichen würde, den *Bedingungseintritt* wider Treu und Glauben *verhindert* (Art. 156). Durch diese Bestimmung, die eine Ausprägung des allgemeinen Prinzips von Treu und Glauben (Art. 2 Abs. 1 ZGB) darstellt, wird der Bedingungseintritt fingiert (vgl. im Einzelnen GUTMANS, Recht der Bedingung, 67 ff.). Beispiel: Beim Kauf unter Eigentumsvorbehalt darf die Verkäuferin den Eintritt der aufschiebenden Bedingung nicht dadurch vereiteln, dass sie die Annahme der letzten Kaufpreisrate durch den Käufer ablehnt. Die Versicherte darf das Recht der Versicherung, von der Sozialversicherung erbrachte Leistungen anzurechnen, nicht dadurch verhindern, dass sie auf die Geltendmachung einer IV-Rente verzichtet (vgl. BGE 133 III 527, 534 f.). Bei *willkürlichen Bedingungen* hingegen steht es der jeweiligen Partei an sich frei, ob sie die Bedingung eintreten lässt oder nicht. Gleichwohl kann auch hier in Ausnahmefällen eine treuwidrige Verhinderung des Bedingungseintritts vorliegen. So hat das Bundesgericht (vgl. BGE 113 II 31, 35 f.) Art. 156 in einem Fall angewandt, in dem das Optionsrecht auf Verlängerung des Untermietverhältnisses aufschiebend bedingt davon abhängig war, dass die Mieterin ein ihr ihrerseits gegenüber dem Vermieter zustehendes Optionsrecht ausübte. Ein Mieterwechsel erfolgte allein zu dem Zweck, den Bedingungseintritt für die Ausübung des durch die Erstmieterin der Untermieterin eingeräumten Optionsrechts auf Verlängerung der Untermiete zu vereiteln (vgl. aber BGer, SemJud 1999, 113, 115).

Art. 156 setzt nicht voraus, dass die Partei, die wider Treu und Glau- 13.06 ben den Eintritt einer aufschiebenden Bedingung verhindert, in dieser *Absicht* handelt (vgl. BGE 109 II 20, 22; zur Treuwidrigkeit bei Kündigung eines Arbeitsverhältnisses vgl. ZivGer BS, BJM 2002, 95, 97 f.; OGer ZH, ZR 2003, 21 ff.).

II. Ausfall der Bedingung

Die Bedingung ist ausgefallen, wenn das zukünftige, ungewisse 13.07 Ereignis *nicht mehr eintreten kann*. Im Falle einer aufschiebenden Bedingung kann das Rechtsgeschäft nicht mehr wirksam werden. Bei einer auflösenden Bedingung bleibt das Geschäft endgültig wirksam (vgl. GAUCH/SCHLUEP/EMMENEGGER, N 3993, 4007).

Dem Ausfall der Bedingung muss der Fall gleichgestellt werden, dass 13.08 ihr *Eintritt* von einer Partei wider Treu und Glauben *herbeigeführt* worden ist. Zwar regelt Art. 156 diesen Fall nicht ausdrücklich, die Bestimmung ist jedoch nach herrschender Meinung insoweit entsprechend anwendbar (vgl. nur BGE 109 II 20, 21; BaslerKomm/EHRAT, Art. 155 N 2 m.w. Nachw.).

Fehlt in einem Vertrag für Erfüllung oder Ausfall einer Bedingung ein 13.09 Termin, so ist durch Auslegung ein *angemessener Zeitraum* festzulegen, nach dessen Ablauf der Schwebezustand endgültig beendet ist (vgl. BGE 95 II 523, 527).

3. Teil: Allgemeine Grundlagen vertraglicher und deliktischer Haftung

Kapitel 1: Der Schaden und Schadenersatz

§ 14 Schadensbegriff und Schadensarten

Literatur: BERGER, Schuldrecht, N 1538 ff.; DESCHENAUX/TERCIER, § 3; ENGEL, OR AT, 472 ff.; FURRER/MÜLLER-CHEN, Kap. 10 N 39 ff., 50 ff.; GAUCH/SCHLUEP/EMMENEGGER, N 2845 ff., 2879 ff.; GUHL/KOLLER, 62 ff.; HONSELL, Haftpflichtrecht, § 1 N 26 ff., § 8; HUGUENIN, OR AT, N 607 ff.; KELLER ALFRED, Haftpflicht I, 64 ff.; KELLER/GABI/GABI, Haftpflichtrecht, 10 ff.; KOLLER, OR AT, § 46 N 7 ff.; MERZ, SPR VI/1, 180 ff.; OFTINGER/STARK, Haftpflichtrecht I, § 2; PORTMANN/REY, 12 f.; REY, Haftpflichtrecht, N 149 ff., 305; ROBERTO, Haftpflichtrecht, N 584 ff.; SCHNYDER/PORTMANN/MÜLLER-CHEN, Haftpflichtrecht, N 18 ff.; VON TUHR/PETER, 83 ff.; WERRO, Responsabilité, N 42 ff.; BaslerKomm/HEIERLI/SCHNYDER A.K., Art. 41 N 3 ff.; BaslerKomm/WIEGAND, Art. 97 N 38 ff.; BernerKomm/BREHM, Art. 41 N 66 ff.; BernerKomm/WEBER, Art. 97 N 147 ff.; CHK/MÜLLER, OR 41 N 20 ff.; CHK/FURRER/WEY, OR 97–98 N 71 ff.; CR CO I/WERRO, Art. 41 N 8 ff.; CR CO I/THÉVENOZ, Art. 97 N 30 ff.; KuKo OR/SCHÖNENBERGER, Art. 41 N 2 ff.; KuKo OR/THIER, Art. 97 N 18;

BENSAHEL/MICOTTI/SCHERRER, Certains Aspects du dommage dans la gestion de fortune, SemJud 2008 II, 333 ff.; BERTHOUD, Le droit aux valeurs d'affectation, Diss. Fribourg 2008, Genf/Basel/Zürich 2008; BYDLINSKI, Die «Umrechnung» immaterieller Schäden in Geld, Festschrift Widmer, Wien 2003, 27 ff.; CHAIX, La fixation du dommage par le juge (art. 42 al. 2 CO), in: CHAPPUIS CHRISTINE/WINIGER (Hrsg.), Le préjudice, Journée da la responsabilité civile 2004, Zürich 2004, 39 ff.; BREHM, Einige herausfordernde Gedanken zu den Grenzen des Schadenersatzrechts, ZBJV 2006, 325 ff.; CHAPPUIS BENOIT, Le moment du dommage, Zürich 2007; DERS., Le moment de la fixation du dommage, in: WERRO (Hrsg.), Le temps dans la responsabilité civile, Bern 2007, 1 ff.; DERS., Commentaire de l'arrêt du Tribunal fédéral 4A_351/2007 du 15 janvier 2007, HAVE 2008, 141 ff.; DERS., Quelques dommages dits irréparables: réflexions sur la théorie de la différence et la notion de patrimoine, SemJud 2010, 165 ff.; CHAPPUIS CHRISTINE, Cour de Justice des Communautés Européennes: Un arrêt significatif pour la notion suisse de dommage, SemJud 2002 II, 389, 393 ff.; CHAPPUIS GUY, Der Haushaltschaden – nach wie vor aktuell oder die Unzulänglichkeiten des normativen Schadensbegriffs, Jusletter 28. Februar 2005; DERS., Le préjudice ménager: encore et toujours ou les errances du dommage normatif, HAVE 2004, 282 ff.; CHAPPUIS CHRISTINE/WERRO, La responsabilité civile: à la croisée des chemins, ZSR 2003 II, 237 ff.; DUPONT, Dommage vers une nouvelle définition, SemJud 2003 II, 471 ff.; FELLMANN, Neuere Entwicklungen im Haftpflichtrecht, AJP 1995, 878, 879 ff.; DERS., Schadenersatz für den Unterhalt eines unerwünschten Kindes, ZBJV 1987, 317 ff.; DERS., Normativierung des Personenschadens – der Richter als Gesetzgeber?, in: HAVE (Hrsg.), Personen-Schaden-Forum 2005, Zürich 2005, 13 ff.; DERS., Art. 42 OR als Frucht der Anpassung des Obligationenrechts an das Zivilgesetzbuch, Festgabe zum Schweizerischen Juristentag 2007, Zürich 2007, 273 ff.; DERS., Substanziierung und Beweis unter besonderer Berücksichtigung von Art. 42 Abs. 1 und 2 OR, in: FELLMANN/WEBER (Hrsg.), Haftpflichtprozess 2007, Zürich/Basel/Genf

2007; FUHRER, Ausgewählte Fragen im Zusammenhang mit der Liquidation von Sachschäden, in: KOLLER ALFRED (Hrsg.), Haftpflicht- und Versicherungsrechtstagung 1993, St. Gallen 1993, 73 ff.; DERS., Schadenserie oder Serienschaden?, Festschrift Kramer, Basel 2004, 827 ff.; GASSMANN, Ehrenamtliche Tätigkeit im Haftpflichtrecht, HAVE 2004, 253 ff.; GAUCH, Grundbegriffe des ausservertraglichen Haftpflichtrechts, recht 1996, 225 ff.; DERS., Grenzüberschreitungen im privaten Schadensrecht, Festschrift Walter, Bern 2005, 293 ff.; GEISSELER, Der Haushaltschaden, in: KOLLER ALFRED (Hrsg.), Haftpflicht- und Versicherungsrechtstagung 1997, St. Gallen 1997, 59 ff.; DERS., Schaden und unentgeltliche Arbeit, HAVE 2004, 257 ff.; GHIRINGHELLI, Risarcibilità delle vacanze impedite o rovinate, Collezione Assista, Genf 1998, 174 ff.; GILLIÉRON, Les dommages-intérêts contractuels, Lausanne 2011; GUYAZ, Arrêt du Tribunal fédéral 4C.324/2007 du 5 janvier 2006, Dommage subséquent et perte de gain normative, HAVE 2006, 126 ff.; HACHEM, Prävention und Punitive Damages, in: WOLF/MONA/HÜRZELER (Hrsg.), Prävention im Recht, Basel 2008, 197 ff.; HANDSCHIN, «Verminderung der Aktiven ...» – Schadensbegriff und Fair Value-Bewertung, Festschrift Schwenzer, Band I, Bern 2011, 697 ff.; HAUSHEER, Neuere Entwicklungen beim Schadensausgleich im Bereiche der Familie, insbesondere zum Haushalt- und «Scheidungsschaden», Festschrift Widmer, Wien 2003, 113 ff.; HERRMANN/SCHMID, Die «verlorene Heilungs-Chance» als ersatzfähiges Rechtsgut im schweizerischen Artzthaftpflichtrecht, Festschrift zum fünfzigjährigen Bestehen der Schweizerischen Gesellschaft für Haftpflicht- und Versicherungsrecht, Zürich/Basel/Genf 2010, 233 ff.; HERZOG-ZWITTER, Haushaltschaden, normativer Schadensbegriff und der allgemeine Rechtsgrundsatz der Schadensminderungspflicht im Haftpflichtrecht, HAVE 2005, 275 ff.; HOMMERS, Strafe und Ersatz: zwei Zumessungsschemata im Verbund. Ein Beitrag aus psychologischer Sicht, Festschrift Rehbinder, Berlin et al. 2006, 233 ff.; HONSELL, Das Kind als Schaden, Festschrift Eugen Bucher, Bern 2009, 275 ff.; DERS., Differenztheorie und normativer Schadensbegriff, Festschrift zum fünfzigjährigen Bestehen der Schweizerischen Gesellschaft für Haftpflicht- und Versicherungsrecht, Zürich/Basel/Genf 2010, 255 ff.; HUBER, JEAN BAPTISTE, Schadensminderungspflicht und Haushaltschaden, HAVE 2005, 375 ff.; HUBER CHRISTIAN, Das Ausmass des Haushaltsführerschadens in Abhängigkeit von Tabellenwerken – unterschiedliche Ansätze in Deutschland und der Schweiz, HAVE 2009, 109 ff.; DERS., Die Ersatzfähigkeit von Baueigenleistung bei Verletzung und Tötung – ein in der Schweiz noch nicht entdecktes Phänomen, Festschrift Kuhn, Bern 2009, 259 ff.; ILERI, Wertschöpfungstheorie, Collezione Assista, Genf 1998, 288 ff.; DERS., Altruistischer Schaden, HAVE 2004, 251 ff.; JÄGGI, Gutachten zur Frage der Entschädigung eines invaliden Ordensbruders, HAVE 2004, 245 ff.; KADNER GRAZIANO, Entwicklungstendenzen im schweizerischen ausservertraglichen Haftungs- und Schadensrecht, in: JUNG (Hrsg.), Aktuelle Entwicklungen im Haftungsrecht, Bern 2007, 1 ff.; KARNER, Der Ersatz des Haushaltschadens im europäischen Vergleich, in: WEBER (Hrsg.), Personen-Schaden-Forum 2012, Zürich/Basel/Genf 2012, 165 ff.; KAUFMANN/ESCHMANN/HAFEN, Haushaltassessment – das Ei des Kolumbus?, HAVE 2010, 13 ff.; KISSLING, Dogmatische Begründung des Haushaltschadens, Diss. Bern 2006; DIES., Haushaltschaden und Ausfall anderer unentgeltlicher Tätigkeiten – Begründunsansätze und Grundsätze der Schadensberechnung, in: WEBER (Hrsg.), Personen-Schaden-Forum 2007, Zürich/Basel/Genf 2007, 15 ff.; KOLLER THOMAS, Strafsteuern, Bussen und Geldstrafen als privatrechtlich nicht ersatzfähiger Schaden – ein weiteres Beispiel für die enge Verzahnung zweier rechtlicher Subsysteme, AJP 2008, 1295 ff.; LANDOLT, Der Pflegeschaden, in: HAVE (Hrsg.), Personen-Schaden-Forum 2003, Zürich 2003, 67 ff.; DERS., Kurze Geschichte des Schadensausgleichsrechts, in: WEBER/FUHRER

(Hrsg.), Retouchen oder Reformen?, Zürich 2004, 67 ff.; DERS., Aktuelles zum Pflege-, Betreuungs- und Besuchsschaden, HAVE 2011, 3 ff.; DERS., Der Nichtvermögensschaden, Festschrift zum fünfzigjährigen Bestehen der Schweizerischen Gesellschaft für Haftpflicht- und Versicherungsrecht, Zürich/Basel/Genf 2010, 341 ff. (zit.: FS Ges. Haftpflicht- und Versicherungsrecht); LÜCHINGER, Schadenersatz im Vertragsrecht, Freiburg i.Ue. 1999; MANNSDORFER, Pränatale Schädigung, Ausservertragliche Ansprüche pränatal geschädigter Personen; unter Berücksichtigung der Rechtslage im Ausland, insbesondere in Deutschland und den Vereinigten Staaten von Amerika, Freiburg 2000; DERS., Haftung für pränatale Schädigung des Kindes, ZBJV 2001, 605 ff.; MARTENS, Schadensersatz für entgangene Theaterfreuden?, AcP 2009, 445 ff.; MÜLLER CHRISTOPH, Die ärztliche Haftpflicht für die Geburt eines unerwünschten behinderten Kindes, AJP 2003, 522 ff.; DERS., Unterhaltspflichten für ein ungeplantes Kind als Schaden?, Jusletter 10. Juli 2006; PEDERGNANA, Vom Preis eines Hausmannes, plädoyer 6/2000, 27 ff.; PERGOLIS, Haftpflichtrechtlicher Haushaltsschaden und die neue Tabellenserie des BFS zum Zeitaufwand für Haus- und Familienarbeit vom Juni 2006, HAVE 2006, 169 ff.; PERGOLIS/ DÜRR BRUNNER, Ungereimtheiten beim Haushaltschaden, HAVE 2005, 202 ff.; PETIT-PIERRE, Le préjudice patrimonial et le tort moral: vers de nouvelles frontières?, in: CHAP-PUIS CHRISTINE/WINIGER (Hrsg.), Le préjudice, Zürich 2004, 63 ff.; DERS., Réparation et dommage, Festschrift Wessner, Basel 2011, 275 ff.; PRIBNOW, Zur Bestimmung des Haushaltschadens, plädoyer 4/1996, 29 ff.; DERS., SAKE und Haushaltsschaden – Einsame Palme auf sandigem Grund, ZBJV 2000, 297 ff.; DERS., Haushalts- und Erwerbsschaden der Teilzeiterwerbstätigen vor dem Zürcher Handelsgericht, HAVE 2004, 317 ff.; DERS., Haushaltsschaden: ars abstracta iuridicialis, Urteile des Bundesgerichts 4A_19/ 2008 vom 1.4.2008 und 4A_98/2008 vom 8.5.2008, HAVE 2008, 214 ff.; DERS., SAKE 2004: Kollektives Haushaltsverständnis als statistisch erfasste allgemeine Lebenserfahrung, HAVE 2006, 167 ff.; PRIBNOW/WIDMER/SOUSA-POZA/GEISER, Die Bestimmung des Haushaltschadens auf der Basis der SAKE. Von der einsamen Palme zum Palmenhain, HAVE 2002, 24 ff.; REY, Deliktsrechtliche Ersatzfähigkeit reiner Nutzungsbeeinträchtigungen an Sachen – Ein künftiges Diskussionsthema in der Schweiz?, Festschrift Widmer, Wien 2003, 283 ff.; ROBERTO, Die Haftung des Reiseveranstalters, Zürich 1990; DERS., Schadenersatz wegen verdorbener Ferien, recht 1990, 79 ff.; DERS., Schadensrecht, Basel 1997; DERS., Zur Ersatzfähigkeit verdorbener Ferien, recht 1997, 108 ff.; RÜETSCHI, Haftung für fehlgeschlagene Sterilisation, AJP 1999, 1359 ff.; DERS., «Wrongful Life» – die französische Sichtweise, FamPra.ch 2001, 266 ff.; SCHAETZLE, Tücken der Schadensberechnung, HAVE 2004, 112 ff.; DERS., SAKE-Interpretationen, in: WEBER (Hrsg.), Personen-Schaden-Forum 2007, Zürich/Basel/Genf 2007, 93 ff.; SCHLECHTRIEM, Schadenersatz und Schadensbegriff, ZEuP 1997, 232 ff.; SCHMID JÖRG, Die Folgen der Nichterfüllung, in: GAUCH/SCHMID (Hrsg.), Die Rechtsentwicklung an der Schwelle zum 21. Jahrhundert, Zürich 2001, 301 ff.; SCHMID, MARKUS, Aspekte und Thesen der Arzthaftung, in: JUNG (Hrsg.), Aktuelle Entwicklungen im Haftungsrecht, Bern 2007, 111 ff.; SCHÖN-BÜHLMANN, Haushaltschaden: Erste Erfahrungen mit den neuen SAKE-Tabellen 2004, in: WEBER (Hrsg.), Personen-Schaden-Forum 2007, Zürich/Basel/Genf 2007, 77 ff.; SCHWENZER, Der schweizerische Entwurf zur Reform des Haftpflichtrechtes – eine kritische Stellungnahme, in: WINIGER (Hrsg.), La responsabilité civile européenne de demain, Genf/Zürich/Basel 2008, 77 ff.; SIDLER, Der Nachweis des Schadens und die Bestimmung des Ersatzwertes nach Art. 42 OR, in: HAVE (Hrsg.), Personen-Schaden-Forum 2004, Zürich 2004, 87 ff.; DERS., Schadenschätzung und Gerechtigkeitsgebot – oder: die Beweismechanik bei ziffernmässig nicht nachweisbaren Schäden, AJP 2005, 535 ff.; DERS.,

Ehrenamtliche Tätigkeit im Haftpflichtrecht, in: WEBER (Hrsg.), Personen-Schaden-Forum 2007, Zürich/Basel/Genf 2007, 61 ff.; STARK, Zur Frage der Schädigungen ohne Vermögensnachteile, Festschrift Keller, Zürich 1989, 311 ff.; STEINER, Das «Kind als Schaden» – ein Lösungsvorschlag, ZBJV 2001, 646 ff.; DIES., Arzthaftpflicht. Haftung für Sterilisationsfehler («Kind als Schaden»), Bemerkungen zu BGE 132 III 359 ff., AJP 2006, 1150 ff.; STOESSEL, Schadensberechnung nach der Differenztheorie, Festschrift zum fünfzigjährigen Bestehen der Schweizerischen Gesellschaft für Haftpflicht- und Versicherungsrecht, Zürich/Basel/Genf 2010, 601 ff.; THÜR, Schadenersatz bei durchkreuzter Familienplanung: unter Berücksichtigung der Rechtsprechung in Deutschland, England und den USA, Diss. Zürich 1996; WAGNER G., Neue Perspektiven im Schadensersatzrecht – Kommerzialisierung, Strafschadensersatz, Kollektivschaden, Gutachten A zum 66. Deutschen Juristentag, in: Verhandlungen des 66. Deutschen Juristentages, Band I, München 2006; WALTER, Die Rechtsprechung des Bundesgerichts zum Haushaltschaden, in: ILERI (Hrsg.), Die Ermittlung des Haushaltschadens nach Hirnverletzung, Zürich 1995, 15 ff.; DERS., Die statistischen Eckdaten in der Rechtsprechung, HAVE 2006, 164 ff.; DERS., Zur Rechtsnatur des Ermessensbegriffs in Art. 42 Abs. 2 OR, Festschrift zum fünfzigjährigen Bestehen der Schweizerischen Gesellschaft für Haftpflicht- und Versicherungsrecht, Zürich/Basel/Genf 2010, 677 ff.; WEBER, Neue Zahlen für den Haushaltschaden, HAVE 2006, 163 f.; WEBER/SCHAETZLE, Zeit ist Geld oder der unterschätzte Einfluss des Rechnungstages auf die Schadensberechnung, HAVE 2004, 97 ff.; WEIMAR, Schadenersatz für den Unterhalt eines unerwünschten Kindes, Festschrift Hegnauer, Bern 1986, 641 ff.; WERRO, Contrat de voyage à forfait et ... vacances gâchées! Y a-t-il un lien entre l'indemnité due et le contrat?, Festschrift Gauch, Zürich 2004, 695 ff.; DERS., Du dommage ménager au dommage monacal ou de la relativisation du dommage normatif, HAVE 2004, Zürich 2004, 247 ff.; DERS., Le préjudice: une notion dans la mouvance des conceptions, in: CHAPPUIS CHRISTINE/WINIGER (Hrsg.), Le préjudice, Zürich 2004, 125 ff.; DERS., Le dommage ménager: notion et calcul, in: PICHONNAZ/WERRO (Hrsg.), Le préjudice corporel: bilan et perspectives, Bern 2009, 15 ff.; WIDMER, Privatrechtliche Haftung, in: MÜNCH/GEISER (Hrsg.), Schaden – Haftung – Versicherung, Basel/Genf/München 1999, 7, 27 ff.; WIDMER/GEISER/SOUSA-POZA, Gedanken und Fakten zum Haushaltschaden aus ökonomischer Sicht, ZBJV 2000, 1 ff.; DIES., Replik zu Pribnow, SAKE und Haushaltsschaden, ZBJV 2000, 301 ff.; WINIGER, La notion de préjudice: Perspectives européennes, La naissance et la vie non souhaitées, in: CHAPPUIS CHRISTINE/WINIGER (Hrsg.), Journée da la responsabilité civile 2004, Zürich 2004, 75 ff.

I. Allgemeines

14.01   Dem Schadenersatz als Inhalt der Obligation kommt eine enorme wirtschaftliche Bedeutung zu (vgl. auch N 49.03). Vorschriften, die die Verpflichtung zu Schadenersatz normieren, finden sich in sämtlichen Teilen des ZGB und OR (vgl. nur Art. 41, 97 Abs. 1, Art. 29 Abs. 2, 679, 679a ZGB). Im *ausservertraglichen Bereich* ist die Verpflichtung zu Schadenersatz regelmässig primäre Leistungspflicht, während im *vertraglichen Bereich* Schadenersatz in der Regel als sekundäre Leistungspflicht bei schuldhafter Verletzung einer Primärleistungspflicht geschuldet wird (vgl. nur Art. 97 Abs. 1, 208 Abs. 2, 3).

Die einzelnen Haftungstatbestände bestimmen nur, unter welchen 14.02 Voraussetzungen Schadenersatz zu leisten ist. Sie geben jedoch grundsätzlich keine Antwort auf die Frage, was ein *Schaden im juristischen Sinne* überhaupt ist, welche *Arten* von Schäden ersatzfähig sind, wie der Schaden *berechnet* und *bemessen* wird. Rudimentäre Regelungen zu diesen Fragen finden sich lediglich in den Art. 42 ff., d.h. im Rahmen der Bestimmungen zur Entstehung der Obligation durch unerlaubte Handlungen. Diese gelten über Art. 99 Abs. 3 auch im Vertragsrecht. Die Bedeutung des Schadenersatzrechtes über die Grenzen der unerlaubten Handlung hinausgehend rechtfertigt es jedoch, allgemeine Fragen des Schadenersatzrechtes gewissermassen vor die Klammer zu ziehen.

Das schweizerische Recht des Schadenersatzes ist – wie jenes der an- 14.02a deren Rechtsordnungen des deutschen Rechtskreises – über weite Strecken ausgesprochen schädigerfreundlich. Dies hängt nicht zuletzt damit zusammen, dass die wesentlichen Grundgedanken des Schadensrechts auch heute noch unreflektiert auf im 19. Jahrhundert in Deutschland entwickelte Theorien zurückgehen. Die einseitige Bevorzugung des Schädigers zeigt sich bereits beim Schadensbegriff nach der Differenztheorie, Beweisfragen, der Vorteilsanrechnung sowie insbesondere bei der Bemessung des Schadenersatzes wie auch einer allfälligen Minderung.

II. Schadensbegriff

1. Differenztheorie

Im allgemeinen Sprachgebrauch wird unter Schaden jede Ein- 14.03 busse an Lebensgütern verstanden: die Beeinträchtigung der Gesundheit, die Beschädigung einer Sache, die Tötung eines Tieres sowie auch der Verlust von Lebensfreude oder Freizeit. Der seit der Pandektistik im deutschen Rechtskreis vertretene *Schadensbegriff im Rechtssinne* knüpft demgegenüber allein an ökonomisch Messbares an. Der Schaden wird definiert als unfreiwillige Vermögensverminderung, die in einer Verminderung der Aktiven, einer Vermehrung der Passiven oder in entgangenem Gewinn bestehen kann. Nach der herrschenden *Differenztheorie* ist dabei der gegenwärtige Stand des Vermögens der Geschädigten mit dem Stand zu vergleichen, den das Vermögen ohne das schädigende Ereignis hätte (vgl. BGE 128 III 22, 26; 126 III 388, 393 m.w. Nachw.). Schaden im Rechtssinne ist deshalb immer nur ein *Vermögensschaden*. D.h. nicht die

Körperverletzung als solche stellt einen Schaden dar, sondern erst die daraus resultierenden Kosten der Heilbehandlung und allfällige Erwerbseinbussen. *Nichtvermögensschäden* sind nach der Differenztheorie grundsätzlich nicht ersatzfähig (vgl. dazu insb. STARK, FS Keller, 311 ff.). Dies gilt insbesondere für seelische Unbill, die Beeinträchtigung des Affektionsinteresses, Einbusse an Freizeit oder entgangenen Urlaubsgenuss (vgl. BGE 115 II 475, 481 f.; ROBERTO, recht 1997, 108 ff.). Allenfalls im Wege der Naturalrestitution, z.B. durch tierärztliche Behandlung eines verletzten Tieres oder Rückgabe eines entwendeten Erinnerungsstücks, können diese Interessen ausgeglichen werden. Im Einzelfall kann ein immaterieller Schaden einen Genugtuungsanspruch nach Art. 47, 49 auslösen.

14.04   Keinen immateriellen, sondern einen materiellen und damit grundsätzlich ersatzfähigen Schaden stellt die Belastung mit *Unterhalt für ein unerwünschtes Kind* dar (grundlegend BGE 132 III 359 ff. m.w. Nachw.). Es geht dabei um Fälle, in denen ein Dritter für die Geburt eines unerwünschten Kindes aufgrund seines Fehlverhaltens einzustehen hat, z.B. wegen fehlerhaft durchgeführter Sterilisation, unterbliebenen rechtmässigen Schwangerschaftsabbruchs infolge fehlender Aufklärung oder Verkaufs einer unwirksamen Antikonzeptionspille.

14.04a   Keinen ersatzfähigen Schaden soll die Belastung mit einer Strafe oder einer Steuerbusse darstellen (vgl. BGE 134 III 59, 64 f.). Dies wird daraus gefolgert, dass Strafe und Busse höchstpersönlicher Natur seien, weshalb die dadurch erlittene Vermögensverminderung nicht auf einen Dritten im Wege des Schadenersatzes wegen Vertragsverletzung überwälzt werden dürfe (krit. und diff. T. KOLLER, AJP 2008, 1298 ff.).

2. Normativer Schaden

14.05   Der klassische, sich an der Differenztheorie orientierende Schadensbegriff wird in der deutschen Literatur bereits seit den 1960er-Jahren stark kritisiert. Anstelle der Differenztheorie wollten dort verschiedene Autoren einen *normativen Schadensbegriff* setzen, mit dem Ziel, bestimmte Nachteile unter Berücksichtigung normativer Wertungsgesichtspunkte auch dann für ersatzfähig zu betrachten, wenn keine Vermögensdifferenz im eigentlichen Sinne vorliegt. Der rein normative Schadensbegriff konnte sich weder in Deutschland noch in der Schweiz durchsetzen. Gleichwohl bestehen gewisse Tendenzen, die *Differenztheorie zu relativieren*. Dies geschieht unter den Schlagworten Kommerzialisierungsgedanke, Frustrationsgedanke und ökonomisch strukturierter

Schadensbegriff (vgl. FUHRER, in: KOLLER ALFRED [Hrsg.], Haftpflicht- und Versicherungsrechtstagung 1993, 73, 77 ff.; SCHMID, in: GAUCH/ SCHMID, Die Rechtsentwicklung an der Schwelle zum 21. Jahrhundert, 301, 302 ff.; REY, Haftpflichtrecht, N 179 ff., 371 ff.; GAUCH/SCHLUEP/ EMMENEGGER, N 2852 ff.; ROBERTO, Haftpflichtrecht, N 597 ff.).

Der *Kommerzialisierungsgedanke* geht davon aus, dass bestimmte 14.06 Nutzungsmöglichkeiten in unserer heutigen Gesellschaft kommerzialisiert sind und damit einen Vermögenswert darstellen, auch wenn sich der Nutzungsausfall als solcher nicht negativ im Vermögen der Geschädigten niederschlägt. In Verfolgung dieses Gedankens gewährt die deutsche Rechtsprechung Ersatz für *Nutzungsausfall* namentlich während der Reparaturzeit eines beschädigten Autos, auch wenn die Geschädigte keinen Ersatzwagen gemietet hat oder ihr sonstige Kosten entstanden sind (zur Schweizer Rechtsprechung vgl. N 18.10). Die Ersatzfähigkeit wurde darüber hinaus ausgedehnt auf andere Wirtschaftsgüter von zentraler Bedeutung, auf deren ständige Verfügbarkeit die eigenwirtschaftliche Lebenshaltung der Eigentümerin angewiesen ist, z.B. Wohn- oder auch Ferienhaus (BGHZ 98, 212 ff.). Mit einer derartigen abstrakten Nutzungsentschädigung werden regelmässig auch die anteiligen Generalunkosten (z.B. Steuer, Versicherung etc.) abgedeckt.

Nach dem *Frustrationsgedanken* sollen zwar nicht abstrakte Nut- 14.07 zungsmöglichkeiten, wohl aber Aufwendungen, die in Erwartung eines künftigen Genusses getätigt wurden, schadenersatzfähig sein, wenn sie sich aufgrund des Eintritts des schädigenden Ereignisses im Nachhinein als nutzlos erweisen, z.B. wenn die Erwerberin eines Theaterbilletts auf dem Weg zum Theater angefahren wird und deshalb die Vorstellung versäumt. Die Frustrationstheorie stellt damit auf die nutzlosen Aufwendungen, der Kommerzialisierungsgedanke auf den Entgang des Äquivalents ab (ROBERTO, Haftpflichtrecht, N 611).

Der *ökonomisch strukturierte Schadensbegriff*, der von den Anhängern 14.08 der ökonomischen Analyse des Rechts vertreten wird, greift sowohl den Kommerzialisierungs- als auch den Frustrationsgedanken auf. Nutzungs- bzw. Gebrauchsmöglichkeiten, die in den Marktpreis eines Nutzungsträgers einbezogen sind, wie es wohl bei allen Gebrauchsgütern mit wirtschaftlichem Wert der Fall sein dürfte, sollen danach Vermögensqualität besitzen, so dass bereits die Beeinträchtigung der abstrakten Gebrauchsmöglichkeit zu Schadenersatz führt.

In der schweizerischen Lehre und Rechtsprechung wurden diese Rela- 14.09 tivierungstendenzen in früherer Zeit mehrheitlich *abgelehnt* (OFTINGER/STARK, Haftpflichtrecht I, § 2 N 56 ff.), da damit eine rechtspolitisch nicht erwünschte Haftungserweiterung verbunden wäre. Entsprechend der klassischen Differenztheorie soll dementsprechend kein Schadenersatz gewährt werden bei lediglich abstrakter Beeinträchtigung der Nutzungsmöglichkeit eines Gebrauchsgutes (vgl. BGE 126 III 388, 393 f.), der Beeinträchtigung der Arbeitskraft, ohne dass sich diese in einer Erwerbseinbusse niederschlägt, oder der Beeinträchtigung von Urlaubsgenuss (vgl. BGE 115 II 474, 481) oder Freizeit. Neuerdings scheint sich indes hier eine vorsichtige Öffnung in Richtung Anerkennung eines normativen Schadensbegriffes anzubahnen (vgl. GAUCH/ SCHLUEP/EMMENEGGER, N 2856 ff.; HONSELL, ZSR 2011 II, 5, 97 ff.; LANDOLT, FS Ges. Haftpflicht- und Versicherungsrecht, 341 ff.). In dieselbe Richtung zielt der Vorschlag von HANDSCHIN (FS Schwenzer, 697, 704 ff.) grundsätzlich an den Wiederbeschaffungswert anzuknüpfen.

14.10   Beim sog. *Haushaltschaden* gehen Schweizer Lehre und Rechtsprechung indes schon lange einmütig von einem normativen Schadensbegriff aus (vgl. WALTER, 15 ff.; ROBERTO, Schadensrecht, 212 ff.). Wird eine Hausfrau und Mutter verletzt, so wird regelmässig keine Haushalts- und Erziehungshilfe eingestellt. Vielmehr behelfen sich die Familienmitglieder für die Zeit des Ausfalls anderweitig, so dass nach der Differenztheorie kein Vermögensschaden vorliegt. Das Bundesgericht anerkennt hier einen abstrakten wirtschaftlichen Wertverlust, der durch die Beeinträchtigung der Arbeitsfähigkeit im Haushalt entstanden ist. Dieser ist auch dann zu ersetzen, wenn er sich nicht in zusätzlichen Aufwendungen niederschlägt, mithin gar keine Vermögensminderung eintritt (BGE 127 III 403, 405 ff. m.w. Nachw.). Zur Berechnung im konkreten Fall vgl. BGE 131 III 360, 369 ff.; 132 III 321, 332 ff. je m.w. Nachw. Die teilweise vertretene Auffassung, die Familienmitglieder müssten durch Mithilfe dazu beitragen, den Haushaltschaden zu reduzieren, ist abzulehnen. Letztere trifft schon deshalb keine Schadensminderungspflicht, weil sie nicht mit der Geschädigten identisch sind. Dem Haushaltschaden gleichgestellt wurde der sog. *Pflegeschaden*, wenn die Geschädigte zuhause unentgeltlich von Familienangehörigen gepflegt wird (vgl. BGer, Pra 2002, 1127 ff.; zur Berechnung vgl. OGer LU, 27. 9. 2006, 11 04 163), sowie der Erwerbsausfall einer Selbständigen, der durch unentgeltliche Hilfe aufgefangen wird (vgl. BGer, 5. 1. 2006, 4C.324/2005 E. 3.4.). Mit überzeugenden Gründen vertritt SIDLER (Personen-Schaden-Forum 2007, 61, 73 ff.) die Auffassung, dass *ehrenamtliche Tätigkeit* dieser Kategorie zugerechnet werden muss. Zur Ersatzfähigkeit von Baueigenleistungen vgl. CHR. HUBER, FS Kuhn, 259 ff.

M.E. kann es in der Tat kaum zweifelhaft sein, dass Nutzungsvorteile   14.11
aus ökonomischer Sicht einen Vermögenswert besitzen. Dasselbe gilt für
Ferien und Freizeit, die in der Regel durch Arbeit «erkauft» werden.
Gleichwohl kann ein Ersatz dieser Schäden aus rechtspolitischen Gründen nicht generell befürwortet werden, da sonst die Ersatzpflicht ins Un-
überschaubare steigen würde. Die bisherige Diskussion sowohl in
Deutschland als auch in der Schweiz krankt allerdings daran, dass sie
meint, Nutzungsausfallschäden etc. immer gleich behandeln zu müssen,
unabhängig davon, auf welchem Rechtsgrund die Haftung beruht. Eine
Differenzierung nach der jeweils *verletzten Schutzpflicht* ist indessen
angezeigt (so auch SCHLECHTRIEM, ZEuP 1997, 232, 246). Sicher ist es
zutreffend, den Automobilisten, der einen Verkehrsunfall verursacht,
ausservertraglich weder für entgangenen Urlaubsgenuss einstehen zu
lassen, wenn sich die Verletzte auf einer Ferienreise befindet (vgl. BGHZ
60, 214; vgl. aber KassGer ZH, ZR 1997, Nr. 16: Ersatz unnützer Aufwendungen für Ferienreise bei willkürlicher Verhaftung), noch dafür,
dass die Verletzte für die Zeit ihrer Verletzung sich als nutzlos erweisen-
de Aufwendungen im Zusammenhang mit der Haltung eines Reitpferdes
oder dergleichen getätigt hat (vgl. BGHZ 55, 151). Dasselbe sollte für
den abstrakten Nutzungsausfall des beschädigten Autos, der sich nicht im
Vermögen der Geschädigten niederschlägt, gelten. Die abweichende
Auffassung der deutschen Rechtsprechung zu dieser Frage kann m.E. vor
allem mit der Bedeutung der dortigen Automobilindustrie erklärt werden.
Anders gestaltet sich die Sachlage bei Verletzung einer *Vertragspflicht*.
Der Reiseveranstalter verspricht durchaus ungestörten Urlaubsgenuss
und erhält dafür eine entsprechende Gegenleistung; bei Verletzung seiner
Pflichten sollte er deshalb auch für den entsprechenden normativen
Schaden einzustehen haben (so auch CHAPPUIS CHRISTINE, SemJud 2002
II, 389, 393 ff.). Ähnliches gilt im Hinblick auf entgangene Nutzungen.
Schon heute ist unbestritten, dass im Rahmen des negativen Interesses für
Aufwendungen Ersatz verlangt werden kann, die im Hinblick auf die
Durchführung eines Vertrages getätigt worden sind und die sich, weil der
Vertrag beispielsweise unwirksam ist, im Nachhinein als unnütz heraus-
stellen. So kann etwa die Käuferin eines Autos u.U. aus culpa in contra-
hendo die Kosten der Garagenmiete bis zum nächstmöglichen Kündi-
gungstermin verlangen, wenn sich herausstellt, dass das Fahrzeug schon
vor Vertragsabschluss zerstört wurde und der Vertrag deshalb nach
Art. 20 Abs. 1 nichtig ist. Auch im Rahmen des positiven Interesses und
des Verzugsschadens nach Art. 103 Abs. 1 sollten abstrakt entgangene
Nutzungsvorteile unabhängig von einer allfällig vereinbarten Konventio-

nalstrafe ersatzfähig sein, weil der Vertragsschuldner die (rechtzeitige) Nutzung verspricht und hierfür ein Entgelt erhält. Zur Berechnung des Wertes kann dabei abstrakt an marktmässige Mietkosten oder – wo diese nicht existieren - an die für die Nutzung getätigten unnütz gewordenen Aufwendungen angeknüpft werden. Die hier vertretene Auffassung beurteilt das Vorliegen des Schadens anhand *der im Einzelfall verletzten Pflicht*. Sie ist insoweit normativ, wobei freilich kein Schadensbegriff – auch nicht jener der Differenztheorie – ohne normative Wertungen auskommen kann. In eine ähnliche Richtung tendiert auch ROBERTO (Haftpflichtrecht, N 630 ff.), der sich in Abkehr von einheitlichen Schadensformeln für einen gegliederten Schadensbegriff ausspricht.

14.12　Ein modernes Schadensrecht, das neben der blossen Kompensation auch die *Prävention* bezweckt, muss ausserdem dafür Sorge tragen, dass sich eine Pflichtverletzung für den Schädiger nicht lohnt. Dies gilt insbesondere für vorsätzliche Eingriffe in fremde Rechtspositionen und Vertragsverletzungen. Verpflichtet sich z.B. der Hersteller von Textilien, diese ohne Einsatz von Kinderarbeit zu fertigen, so schuldet er der Käuferin bei Pflichtverletzung als Minimalschadenersatz den Betrag, um den er die Herstellungskosten durch Einsatz von Kindern senken konnte, auch dann, wenn die Käuferin diese Textilien ohne Einbussen weiter veräussern konnte (a.A. GAUCH, FS Walter, 293, 316 f.).

3. Perte d'une chance

Literatur: BERGER-STEINER, Das Beweismass im Privatrecht, Diss. Bern 2007, Bern 2008; DIES., Der Kausalitätsbeweis, in: WEBER (Hrsg.), Personen-Schaden-Forum 2009, Zürich/Basel/Genf 2009, 13 ff.; BIERI, La responsabilité du mandataire proportionelle à la causalité: une perspective économique, ZSR 2006 I, 515 ff.; DERS., Perte d'une chance vs responsabilité proportionnelle à la probabilité de la causalité, Jusletter 27. August 2007; CHAPPUIS CHRISTINE, Responsabilité civile: entre audace et repli, Festschrift Wessner, Basel 2011, 91 ff.; FELBER, Artfremdes Gewächs, Übernahme der Rechtsfigur «perte d'une chance» problematisch, NZZ 19. Juli 2007, 14; GRECHENIG/ STREMITZER, Der Einwand rechtmässigen Alternativverhaltens – Rechtsvergleich, ökonomische Analyse und Implikationen für die Proportionalhaftung, RabelsZ 73 (2009), 336 ff.; HIRSCH ALAIN, Perte d'une chance et causalité, in: CHAPPUIS CHRISTINE/WINIGER (Hrsg.), Les causes du dommage, Genf 2007, 279 ff.; HIRSCH LAURENT, Le procès manqué, in: CHAPPUIS CHRISTINE/WINIGER (Hrsg.), Les causes du dommage, Genf 2007, 249 ff.; JOURDAIN, La perte d'une chance, une curiosité française, Festschrift Wessner, Basel 2011, 167 ff.; KADNER GRAZIANO, Ersatz für «Entgangene Chancen» im europäischen und im schweizerischen Recht, HAVE 2008, 61 ff.; LANDOLT, Perte d'une chance – verlorene oder vertane Chance, HAVE 2008, 68 ff.; KADNER GRAZIANO, La «perte d'une chance» en droit privé européen: «tout ou rien» ou réparation partielle du dommage en cas de causalité incertaine, in: CHAPPUIS CHRISTINE/WINIGER (Hrsg.), Les causes du dommages, Genf 2007, 217; KUONEN/LIEGEOIS., Rupture des négociations et perte d'une chance de conclure, SemJud 2008 II, 249 ff.; KOZIOL, Schadenersatz für verlorene Chancen, ZBJV 2001, 889 ff.; LE TENDRE, Chance qui peut!, Festschrift zum fünzigjährigen Bestehen der Schweizerischen Gesellschaft für Haftpflicht- und Versicherungsrecht, Zürich/Basel/Genf 2010, 355 ff.; MÜLLER CHRISTOPH, La perte d'une chance, Bern 2002; DERS., Schadenersatz für verlorene Chancen – Ei des Kolumbus oder Trojanisches Pferd?, AJP 2002, 389 ff.; DERS., La perte d'une chance, in: FOËX/WERRO (Hrsg.), La réforme du droit de la responsabilité civile, Zürich 2004, 143 ff.; DERS., La perte d'une chance n'a pas perdu sa chance en droit suisse: Commentaire de l'ATF 133 III 462, HAVE 2008, 55 ff.; DERS., Hat die perte d'une chance in der Schweiz noch eine Chance? – BGE 133 III 462, ZBJV 2007, 862 ff.; THEVENOZ, La perte d'une chance et sa réparation, in: WERRO (Hrsg.), Quelques questions fondamentales du droit de la responsabilité civile: actualités et perspectives, Bern 2002, 237 ff.; SPINDLER, Kausalität im Zivil- und Wirtschaftsrecht, AcP 208 [2008], 283 ff.; TAUPITZ, Proportionalhaftung zur Lösung von Kausalitätsproblemen – insbesondere in der Arzthaftung?, Festschrift Canaris, München 2007, Band I, 1231 ff.

In den letzten Jahren wird auch in der Schweizer Literatur die 14.12a Frage des Ersatzes für entgangene Chancen (*perte d'une chance*) diskutiert. Es geht dabei vor allem um Heilungschancen, Prozesschancen, Chancen in Zusammenhang mit Wettbewerben sowie Chancen bei Gewinnspielen. Nach der Theorie der *perte d'une chance*, die vor allem im französischen Rechtskreis anerkannt ist, soll in diesen Fällen Ersatz nach dem Masse der Wahrscheinlichkeit des Eintritts der Chance zu leisten sein. M.a.W., wo die Folgen einer Erkrankung nur mit einer Wahrscheinlichkeit von 25% auf einen Behandlungsfehler zurückzuführen sind, soll der Patient auch nur 25% seines Schadens verlangen können. Das Bundesgericht (vgl. BGE 133 III 462, 471 f.) hat diese Theorie explizit für den Fall der entgangenen Heilungschancen abgelehnt. Dieser Auffassung ist zuzustimmen; insoweit geht es um die haftungsbegründende Kausalität, d.h. darum, ob das ärztliche Fehlverhalten überhaupt ursächlich war für den Schadenseintritt. Anders ist es in den übrigen Fallgruppen, wo die Haftung fest steht und es lediglich noch um die haftungsausfüllende Kausalität geht, wie z.B. wenn das für ein Turnier favorisierte Pferd auf dem Transport dorthin getötet wird. Ähnlich wie die Vertrauenshaftung (vgl. N 52.01 ff.) so wird auch die Theorie der *perte d'une chance* in den letzten Jahren geradezu inflationär diskutiert. So soll sogar Schadenersatz bei unzulässigem Abbruch von Vertragsverhandlungen (dazu N 47.08) weder auf das positive noch auf das negative Interesse gerichtet, sondern als *perte d'une chance* zu berechnen sein (vgl. KUONEN/LIÉGEOIS, SemJud 2008 II, 249, 267 ff.). Im Ergebnis bedeutet dies jedoch, dass jeder in der Zukunft liegende Schaden nunmehr unter dem Institut der *perte d'une chance* behandelt werden müsste (sehr krit. auch BERGER-STEINER, N 09.14 ff.).

4. Punitive damages

Literatur: DASSER, Punitive Damages: Vom «fremden Fötzel» zum «Miteidgenoss»?, SJZ 2000, 101 ff.; HACHEM, Prävention und Punitive Damages, in: WOLF/MONA/HÜRZELER (Hrsg.), Prävention im Recht, Basel 2008, 197 ff.

14.12b Mit der stärkeren Betonung des Präventionsgedankens im Schadensrecht stellt sich auch für das Schweizer Recht die Frage der Wünschbarkeit und Zulässigkeit von *punitive damages*, d.h. einem Strafschadenersatz, der unabhängig von jeglichem Vermögensschaden gewährt wird (hierzu grundlegend HACHEM, in: WOLF/MONA/HÜRZELER, Prävention im Recht, 197 ff.). Während dieses Institut dem angloamerikanischen Recht wohl bekannt ist, wird es im deutschen Rechtskreis als mit dem dem Schadensrecht angeblich innewohnenden Bereicherungsverbot unvereinbar abgelehnt. In eindrucksvoller und überzeugender Weise hat jüngst HACHEM (in: WOLF/MONA/HÜRZELER, Prävention im Recht, 197, 210 ff.) die Möglichkeit der Zusprechung von punitive damages auch im Schweizer Recht begründet.

III. Positiver Schaden und entgangener Gewinn

14.13 Ersatzfähig ist sowohl der positive Schaden *(damnum emergens)* als auch der entgangene Gewinn *(lucrum cessans)*. Von *positivem Schaden* wird insoweit gesprochen, als bei der Geschädigten eine Vermögensminderung eintritt, sei es durch Verringerung der Aktiven oder durch Vermehrung der Passiven. Beispiele: Zerstörung eines Gemäldes, Reparaturkosten bei Beschädigung einer Sache, Heilungskosten bei Körperverletzung. *Entgangener Gewinn* liegt vor, wenn die Geschädigte ihr Vermögen ohne das schädigende Ereignis hätte vermehren können. Beispiele: Die Käuferin hätte die Kaufsache mit Gewinn weiterveräussern können; in einem Betrieb muss aufgrund Ausfalls einer Maschine die Produktion unterbrochen werden; die Verletzte erleidet Einbussen in ihrem Erwerbseinkommen. Während der positive Schaden im Zeitpunkt des Schadenersatzes zumeist feststeht und von der Geschädigten bewiesen werden kann (vgl. Art. 42 Abs. 1), ist für die Bestimmung des entgangenen Gewinns oft eine Zukunftsprognose erforderlich. Art. 42

Abs. 2 sieht für diesen Fall eine gerichtliche *Schadensschätzung* vor, wobei der gewöhnliche Lauf der Dinge und die von der Geschädigten getroffenen Massnahmen zu berücksichtigen sind (instruktiv HGer ZH, ZR 2001, 97 ff.). Der Schaden kann dabei auch anhand eines *Gewinnes*, den der Schädiger infolge der schädigenden Handlung erzielen konnte, berechnet werden (grundlegend BOCK, Gewinnherausgabe als Folge einer Vertragsverletzung: eine rechtsvergleichende Untersuchung der vertraglichen Vorteilsherausgabe unter Berücksichtigung des schweizerischen, deutschen und englischen Rechts, Diss. Basel 2010, 173 ff.; vgl. auch AppGer BS, 8. 4. 2005, BJM 2006, 92, 97 – Umsatzsteigerung bei Verletzung eines Konkurrenzverbots).

Für bestimmte Vertragstypen, vor allem im Transportrecht, ist die Haf- 14.14 tung allerdings auf den *Wert der Sache* beschränkt, ein Ersatz von entgangenem Gewinn damit ausgeschlossen (vgl. Art. 447 f.: Frachtvertrag; Art. 40 CIM: Internationaler Eisenbahnverkehr; Art. 23 CMR: Internationaler Strassengüterverkehr). Auch in Allgemeinen Geschäftsbedingungen wird die Haftung für entgangenen Gewinn zumeist wegbedungen.

IV. Personen-, Sach- und reiner Vermögensschaden

Literatur: DESCHENAUX/TERCIER, § 3 N 18 ff.; FURRER/MÜLLER-CHEN, Kap. 10 N 51 ff.; GAUCH/SCHLUEP/EMMENEGGER, N 2879 f.; HONSELL, Haftpflichtrecht, § 1 N 58 f.; HUGUENIN, OR AT, N 612, 615; KELLER, Haftpflicht I, 65 ff.; KELLER/GABI/GABI, Haftpflichtrecht, 16 f.; MERZ, SPR VI/1, 189; OFTINGER/STARK, Haftpflichtrecht I, § 2 N 60 f.; PORTMANN/REY, 13 ff.; REY, Haftpflichtrecht, N 192 ff.; SCHNYDER/PORTMANN/MÜLLER-CHEN, Haftpflichtrecht, N 35 ff.; WERRO, Responsabilité, N 58 ff.; BaslerKomm/HEIERLI/SCHNYDER A.K., Art. 41 N 10 ff.; BernerKomm/BREHM, Art. 41 N 75 ff.; CHK/MÜLLER, OR 41 N 25; CR CO I/WERRO, Art. 41 N 17 ff.; KuKo OR/SCHÖNENBERGER, Art. 41 N 10;
FELLMANN, Normativierung des Personenschadens – der Richter als Gesetzgeber?, in: HAVE (Hrsg.), Personen-Schaden-Forum 2005, Zürich 2005, 13 ff.; KOCH/KOZIOL, Schadenersatz bei Personenschäden in Europa, in: HAVE (Hrsg.), Personen-Schaden-Forum 2003, Zürich 2003, 13 ff.; SÜSSKIND, Nachweis des Personenschadens, in: HAVE (Hrsg.), Personen-Schaden-Forum 2004, Zürich 2004, 111 ff.; TERCIER, De la distinction entre dommage corporel, dommage matériel et autres dommages, Festschrift Assista, Genève 1979, 247 ff.; vgl. auch die Literatur vor N 50.04.

Die Unterscheidung zwischen Personen-, Sach- und reinem 14.15 Vermögensschaden knüpft an die Frage an, welches *Rechtsgut* primär verletzt worden ist. Sie hat mit dem Schadensbegriff als solchem nichts zu tun (so auch ROBERTO, Haftpflichtrecht, N 586).

14.16   Ein *Personenschaden* ist die Vermögensverminderung infolge Tötung oder Verletzung eines Menschen, ein *Sachschaden* derjenige, der auf Beschädigung, Zerstörung oder Verlust einer Sache zurückzuführen ist. Ein *reiner Vermögensschaden* liegt immer dann vor, wenn eine Vermögensverminderung weder als Personen- noch als Sachschaden zu qualifizieren ist (vgl. z.B. REY, Haftpflichtrecht, N 194).

14.17   Im *Vertragsrecht* ist die Differenzierung anhand des verletzten Rechtsgutes grundsätzlich irrelevant. So hat der Verkäufer einer mangelhaften Sache bei Verschulden für den entstandenen Schaden nach Art. 97 Abs. 1, 208 Abs. 3 einzustehen, gleichgültig ob dieser aus einer Körperverletzung, einer Sachbeschädigung oder lediglich daraus resultiert, dass die Sache ihren Kaufpreis nicht wert ist oder der Käuferin der Gewinn aus einem Weiterverkauf entgeht (reiner Vermögensschaden).

14.18   Bedeutung hat die Unterscheidung vor allem im *Deliktsrecht,* und zwar im Rahmen der Widerrechtlichkeit nach Art. 41 Abs. 1 (vgl. N 50.04 ff.) und der Haftungsvoraussetzungen der sondergesetzlichen Kausalhaftungen (vgl. N 54.03).

V. Direkter und indirekter Schaden

Literatur: DESCHENAUX/TERCIER, § 3 N 29 ff.; ENGEL, OR AT, 475 ff.; FURRER/MÜLLER-CHEN, Kap. 10 N 56 ff., Kap. 22 N 18 f.; GAUCH/SCHLUEP/EMMENEGGER, N 2881 ff.; GUHL/KOLLER, 190 f.; HONSELL, Haftpflichtrecht, § 1 N 48 ff.; HUGUENIN, OR AT, N 622, 1180 f.; KELLER, Haftpflicht I, 73 ff.; KELLER/GABI/GABI, Haftpflichtrecht, 17 f.; KOLLER, OR AT, § 61 N 1 ff.; MERZ, SPR VI/1, 190 ff.; OFTINGER/STARK, Haftpflichtrecht I, § 2 N 71 ff.; REY, Haftpflichtrecht, N 350 ff.; SCHNYDER/PORTMANN/MÜLLER-CHEN, Haftpflichtrecht, N 61 ff.; VON TUHR/PETER, 432 ff.; WERRO, Responsabilité, N 123 ff.; BaslerKomm/HEIERLI/SCHNYDER A.K., Art. 41 N 8 f.; BernerKomm/BREHM, Art. 41 N 16 ff.; CR CO I/WERRO, Art. 41 N 15; CHK/MÜLLER, OR 41 N 27; CR CO I/THÉVENOZ, Art. 97 N 44 ff.; KuKo OR/SCHÖNENBERGER, Art. 41 N 11 f.;

ARMBRÜSTER, Drittschäden und vertragliche Haftung, recht 1993, 84 ff.; DERS., Vertragliche Haftung für Drittschäden – quo vadis Helvetia?, Festschrift Wiegand, Bern 2005, 71 ff.; BÄRTSCHI, Verabsolutierte Relativität: die Rechtsstellung des Dritten im Umfeld von Verträgen, Zürich 2009; FISCHER, Ausservertragliche Haftung für Schockschäden Dritter, Zürich 1988; FREI, Der Reflexschaden im Haftpflichtrecht (Eine rechtsvergleichende, rechtstheoretische Studie), Diss. Zürich 1973; GIOVANNONI, Le dommage indirect en droit suisse de la responsabilité civile, ZSR 1977 II, 31 ff.; HARTMANN, Die Unterscheidung zwischen dem unmittelbaren und dem mittelbaren Gläubigerschaden im Konkurs der Aktiengesellschaft, SZW 2006, 321 ff.; HÜRLIMANN, Die Haftung des Liegenschaftsschätzers gegenüber einem vertragsfremden Dritten, BR 2004, 105 ff.; KOLLER, Dritthaftung einer Vertragspartei, in: Neue und alte Fragen zum privaten Baurecht, St. Galler Baurechtstagung 2004, 1 ff.; KRAMER, Die Kausalität im Haftpflichtrecht: Neue Tendenzen in Theorie und Praxis, ZBJV 1987, 289, 310 ff.; LANDOLT, Ersatzpflicht für

«Schockschäden», Festschrift Schwander, Zürich/St. Gallen 2011, 361 ff.; MEDICUS, Die «Identität des Schadens» als Argument für den Ersatz von Drittschäden, Festschrift Schlechtriem, Tübingen 2003, 613 ff.; MEIERHANS, Der immer noch nicht bewältigte Reflexschaden, recht 1994, 202 ff.; PIOTET, Le débiteur qui viole son obligation peut-il devoir indemniser un tiers (Drittschadensliquidation), Bern 1994 (zit. PIOTET, Drittschadensliquidation); DERS., Le Tribunal fédéral et la liquidation du dommage d'un tiers, JdT 1994 I, 194 ff.; PERREN, Zur Daseinsberechtigung der Drittschadensliquidation, ZBJV 2004, 58 ff.; TERCIER, La réparation du préjudice réfléchi en droit suisse de la responsabilité civile, Gedächtnisschrift Peter Jäggi, Freiburg i.Ue. 1977, 239 ff.; WEBER, Drittschadensliquidation – eine Zwischenbilanz, Festschrift Piotet, Bern 1990, 215 ff.

1. Allgemeines

Die Unterscheidung zwischen direktem und indirektem Scha- 14.19
den (auch Drittschaden, Reflexschaden) knüpft an die *Person des Ge-schädigten* an (statt vieler DESCHENAUX/TERCIER, § 3 N 29). *Direkt* geschädigt ist die Person, die in ihren Rechtsgütern durch die schädigende Handlung selbst betroffen ist, d.h. bei einer Körperverletzung die Verletzte, bei einer Sachbeschädigung die Eigentümerin der Sache, bei einer Vertragsverletzung die Vertragspartnerin. Oftmals erleiden jedoch auch Dritte durch das schädigende Ereignis eine Vermögenseinbusse, z.B. der Veranstalter, wenn das Konzert wegen Verletzung des Popstars abgesagt werden muss, oder der Abnehmer der Käuferin, wenn die versprochene Leistung des Zulieferanten ausbleibt. Dies ist ein sog. *indirekter Scha-den*.

Nach herkömmlicher Auffassung hat der Schädiger nur für den direk- 14.20
ten Schaden, nicht aber für den Reflexschaden einzustehen (statt vieler HONSELL, Haftpflichtrecht, § 1 N 51). Dies wird damit begründet, dass das Gesetz allein in Art. 45 Abs. 3, nämlich bei Tötung einer Person, eine Haftpflicht für einen Reflexschaden (Versorgerschaden) vorsieht. Im Gegenschluss wird hieraus gefolgert, dass in anderen Fällen ein Ersatz des Reflexschadens ausgeschlossen sein soll.

Wiederholt hat jedoch die Rechtsprechung in Fällen, in denen bei un- 14.21
voreingenommener Betrachtungsweise ein Reflexschaden vorliegt, eine Ersatzpflicht bejaht. Dies ist z.B. der Fall bei den sog. *Schockschäden*. Ein Vater, der die Tötung seiner Kinder durch den Absturz eines Militär-flugzeuges miterlebt, erleidet einen Schock und damit eine Gesundheits-beeinträchtigung, die ihrerseits eine Heilbehandlung erforderlich macht (vgl. BGE 112 II 118 ff.; KRAMER, ZBJV 1987, 289, 310 ff.). Ebenso wurde entschieden, wenn das schädigende Verhalten, durch das ein abso-lutes Rechtsgut einer bestimmten Person verletzt wird, gleichzeitig gegen ein *Schutzgesetz* verstösst, das auch die Vermögensinteressen Dritter

schützen will. Das Bundesgericht (BGE 102 II 85 ff.) hat diese Konstellation in den sog. Kabelbruch-Fällen bejaht (vgl. dazu N 50.21). Zum direkten und indirekten Schaden im Rahmen der aktienrechtlichen Verantwortlichkeit vgl. insbes. BGE 131 III 306 ff.

14.22 Die vorstehenden Beispiele machen deutlich, dass die Differenzierung zwischen direktem Schaden und indirektem Schaden kaum geeignet ist, die Ersatzfähigkeit eines Schadens im Einzelfall zu bejahen oder zu verneinen. In der Sache geht es vielmehr auch hier um die Bestimmung des *Schutzzwecks der verletzten Pflicht.*

2. Drittschadensliquidation

14.23 Ein Schaden im Sinne der Differenztheorie liegt auch vor, wenn die Gläubigerin ihrerseits aufgrund des schädigenden Ereignisses haftpflichtig wird, z.B. wenn die Käuferin im Vertrag mit ihrem Abnehmer eine Konventionalstrafe versprochen hat und diese leisten muss, weil ihr Verkäufer nicht rechtzeitig liefert (vgl. BGE 116 II 441, 443 f.). Die Gläubigerin macht hier ihr eigenes *Haftpflichtinteresse* geltend. Nicht ganz glücklich wird insoweit teilweise von uneigentlicher Drittschadensliquidation gesprochen.

14.24 Anders liegt der Fall, wenn die Verletzte selbst aufgrund besonderer Umstände rechnerisch gar keinen Schaden zu verzeichnen hat, dieser vielmehr notwendigerweise im Vermögen einer anderen Person entsteht, die jedoch ihrerseits keinen Anspruch gegen den Schädiger besitzt. Beispiele: Die Ware, die der Verkäufer an die Käuferin versendet, wird auf dem Transport durch Verschulden der Transportpersonen beschädigt. Der Verkäufer hat keinen Schaden, weil er aufgrund Gefahrübergangs nach Art. 185 Abs. 2 den Kaufpreisanspruch gegenüber der Käuferin behält; die Käuferin hat keinen Anspruch gegen den Transporteur, weil sie weder Vertragspartnerin noch im Zeitpunkt der Beschädigung der Ware Eigentümerin derselben ist. Weitere Beispiele: Das vom Erblasser einer Dritten vermachte Gemälde wird beim Erben zerstört; ein Nebenunternehmer zerstört eine noch nicht übergebene Werkleistung (vgl. Art. 376 Abs. 1), an der die Werkunternehmerin aufgrund Einbaus (vgl. Art. 671 Abs. 1 ZGB) bereits das Eigentum verloren hat. In diesen Fällen wird von *obligatorischer Gefahrentlastung* gesprochen. Ähnlich liegt es bei der sog. *mittelbaren Stellvertretung.* Der Kommissionär, der in eigenem Namen, aber für fremde Rechnung eine Ware kauft, erleidet keinen Schaden, wenn der Verkäufer nicht liefert; die Kommittentin hat keinen Anspruch, da sie nicht Vertragspartnerin ist. Ein weiteres Beispiel bildet das *Treuhandverhältnis*: Der Treuhänder ist zwar formal Eigentümer des Treugutes, soll dieses aber nach Beendigung des Treuhandverhältnisses an die Treugeberin herausgeben. Wird das Treugut in den Händen des Treuhänders zerstört, so hat dieser wiederum keinen Schaden, weil er der Treugeberin nicht haftet; die Treugeberin andererseits hat keinen Anspruch. Schliesslich sind die sog. *Obhutsfälle* zu nennen. Es geht hier darum, dass beispielsweise der Entlehner einer Sache diese zur Reparatur gibt, wo sie zerstört wird. Wiederum erleidet der Entlehner als Vertragspartner des Werkunternehmers keinen Schaden, da er von seiner Verpflichtung zur Rückgabe gegenüber der Verleiherin befreit wird, die Verleiherin hat mangels Vertrages gegen den Werkunternehmer keinen vertraglichen Anspruch. Immerhin steht ihr in diesem Fall als Eigentümerin der Sache gegenüber dem Werkunternehmer ein deliktischer Anspruch nach Art. 41 Abs. 1 zur Verfügung.

In all diesen Fällen erscheint es als stossend, den Schädiger nur deshalb nicht haften zu lassen, weil sich das schädigende Ereignis für den anspruchsberechtigten Verletzten mehr oder weniger zufällig nicht vermögensvermindernd auswirkt, sondern der *Schaden* auf eine Dritte *verlagert* ist. In der deutschen Lehre und Rechtsprechung ist deshalb für diese Fälle seit langem das Institut der sog. *Drittschadensliquidation* anerkannt. In Korrektur der Differenztheorie wird dem Verletzten erlaubt, den Schaden, den die Dritte erlitten hat, gegenüber dem Schädiger zu liquidieren, als ob es sein eigener wäre. Der Verletzte ist sodann verpflichtet, seinen Anspruch gegen den Schädiger an die geschädigte Dritte abzutreten, so dass diese im Ergebnis ihren Schaden selbst vom Schädiger einklagen kann.   14.25

Schweizerische Lehre und Rechtsprechung stehen der Figur der Drittschadensliquidation tendenziell skeptisch gegenüber (vgl. GAUCH/ SCHLUEP/EMMENEGGER, N 2886 ff. m.w. Nachw.; weiter gehend ARMBRÜSTER, FS Wiegand, 71, 79 ff.). Lediglich für den Fall der *mittelbaren Stellvertretung* wird sie allgemein anerkannt (a.A. PIOTET, Drittschadensliquidation, 48 f., 59 f.). In den anderen Fällen können freilich häufig auch auf anderem Weg sachlich befriedigende Ergebnisse erzielt werden. Trägt die Käuferin beim *Versendungskauf* die Transportkosten, so kann mittelbare Stellvertretung angenommen werden. Im Übrigen ist die Ware beim Versendungskauf meist versichert, wobei der Versicherungsvertrag entweder von der Käuferin selbst oder vom Verkäufer zu deren Gunsten (Art. 112) abgeschlossen wird, so dass die Käuferin einen eigenen Anspruch besitzt. Schliesslich kann auch der Transportvertrag selbst als Vertrag zugunsten der Käuferin betrachtet werden. In den Fällen, in de-   14.26

nen ein *Treuhänder* oder *Obhutsinhaber* einen auf die Sache bezogenen Vertrag schliesst, ist zu unterscheiden. Ist der Treuhänder oder Obhutsinhaber zu solchen Massnahmen gegenüber der Treugeberin/Eigentümerin verpflichtet, so ist der Schädiger Hilfsperson im Sinne des Art. 101 Abs. 1 und der Treuhänder/Obhutsinhaber haftet gegenüber der Treugeberin/Eigentümerin, so dass er als Schaden gegenüber dem Schädiger sein eigenes Haftpflichtinteresse geltend machen kann. Fehlt es an einer solchen Verpflichtung des Treuhänders/Obhutsinhabers, kann auch hier u.U. mit der Figur der mittelbaren Stellvertretung operiert werden. Damit verbleiben nur wenige Fälle, in denen das Ergebnis nach der Differenztheorie nicht befriedigt, wie insbesondere die Zerstörung der vermachten Sache beim Erben oder des Treuguts beim Treuhänder durch einen lediglich deliktisch handelnden Schädiger sowie die Beeinträchtigung des nicht abgenommenen Werkes durch einen Nebenunternehmer. Wird die Differenztheorie konsequent angewandt, ist hier ohne das Institut der Drittschadensliquidation nicht auszukommen (a.A. offenbar Berner-Komm/BREHM, Art. 41 N 26, der immer einen Anspruch des Verletzten auf den objektiven Wert bejaht, weil er Direktgeschädigter sei und die Umstände, die zur Schadensverlagerung führen, für den Schädiger «res inter alios acta» seien).

VI. Unmittelbarer und mittelbarer Schaden

Literatur: DESCHENAUX/TERCIER, § 3 N 24 ff.; HONSELL, Haftpflichtrecht, § 1 N 44 ff.; KELLER, Haftpflicht I, 71 ff.; KELLER/GABI/GABI, Haftpflichtrecht, 16; OFTINGER/STARK, Haftpflichtrecht I, § 2 N 26; REY, Haftpflichtrecht, N 333 ff.; SCHNYDER/PORTMANN/MÜLLER-CHEN, Haftpflichtrecht, N 59 f.; VON TUHR/PETER, 88 f.; WERRO, Responsabilité, N 116 ff.; BaslerKomm/HEIERLI/SCHNYDER A.K., Art. 41 N 7; BernerKomm/BREHM, Art. 41 N 74a; CHK/MÜLLER, OR 41 N 26; CR CO I/WERRO, Art. 41 N 14; KuKo OR/SCHÖNENBERGER, Art. 41 N 9;

ATAMER, Haftung des gewerblichen Verkäufers für Schäden durch mangelhafte Ware: Ist das Verschuldenserfordernis sachgerecht?, ZSR 2011 I, 449 ff.; COENDET, Schadenszurechnung im Kaufrecht, recht 2008, 15 ff.; FISCHER, Der unmittelbare und der mittelbare Schaden im Kaufrecht, Zürich 1985; HONSELL, Der Mangelfolgeschaden beim Kauf – der Papageienfall des Bundesgerichts, recht 2007, 154 ff.; KELLER ROLAND, Abgrenzung unmittelbarer und mittelbarer Schaden nach Art. 208 Abs. 2 und 3 OR, AJP 2007, 780 ff.; KOLLER ALFRED, Der Papageien-Fall, in: KOLLER ALFRED (Hrsg.), Leistungsstörungen – Nicht- und Schlechterfüllung von Verträgen, St. Gallen 2008, 1 ff.; DERS., Bemerkungen zur Haftung nach Art. 208 Abs. 2 OR, Festschrift Eugen Bucher, Bern 2009, 375 ff.; SCHÖNLE, Interprétation théologique et musicologique de l'art. 208 CO, Mélanges Tercier I, Zürich 2003, 23 ff.; ZELLWEGER-GUTKNECHT, Gewährleistung, Mangelfolgeschaden und Verjährung, ZBJV 2007, 763 ff.

Die Unterscheidung zwischen unmittelbarem und mittelbarem 14.27
Schaden knüpft an die *Länge der Kausalkette* zwischen schädigendem
Ereignis und Schaden an (vgl. statt vieler HONSELL, Haftpflichtrecht, § 1
N 44). Der *positive Schaden* zählt dabei meist zum unmittelbaren Scha-
den, kann jedoch im Einzelfall, wenn die Kausalkette mehrere Glieder
umfasst, auch zum mittelbaren Schaden gehören. Beispiel: Die Beschä-
digung einer Stromleitung führt zur Stromunterbrechung und dem Ver-
derb der in einer Tiefkühltruhe gelagerten Lebensmittel. *Entgangener
Gewinn* gehört regelmässig zum mittelbaren Schaden (ebenso REY,
Haftpflichtrecht, N 342 m.w. Nachw.).

Grundsätzlich ist die Differenzierung zwischen unmittelbarem und 14.28
mittelbarem Schaden irrelevant, da beide gleichermassen ersetzt werden.
Allein bei der *Rechts- und Sachgewährleistung des Verkäufers* unterscheidet das Gesetz zwischen dem unmittelbaren und dem weiteren
Schaden (vgl. Art. 195 Abs. 1 Ziff. 4, Abs. 2; 208 Abs. 2, 3). Während
der Verkäufer für unmittelbaren Schaden ohne Verschulden haftet, kann
Ersatz weiteren Schadens nur bei Vorliegen von Verschulden verlangt
werden. Im Papageienfall (BGE 133 III 257, 271) hat das Bundesgericht
die Abgrenzung nach der Länge der Kausalkette vorgenommen. Diese
Abgrenzung ist unbrauchbar; sie widerspricht den grundlegenden Wertungen des OR sowie rechtsvergleichenden Erkenntnissen (vgl. die Kritik
bei HONSELL, recht 2007, 154, 155 ff.).

VII. Positives und negatives Interesse

Literatur: BERGER, Schuldrecht, N 1555 f.; BUCHER, OR AT, 341 ff.; FURRER/
MÜLLER-CHEN, Kap. 7 N 84 f., Kap. 20 N 43, 45; GAUCH/SCHLUEP/EMMENEGGER,
N 2897 ff.; GUHL/KOLLER, 75 ff.; HONSELL, Haftpflichtrecht, § 1 N 53 ff.; HUGUENIN, OR
AT, N 611 ff.; KELLER/GABI/GABI, Haftpflichtrecht, 11; KOLLER, OR AT, § 46 N 23 ff.;
REY, Haftpflichtrecht, N 394a f.; TERCIER, Obligations, N 1212 ff.; VON TUHR/PETER,
86 f.; CR CO I/THÉVENOZ, Art. 97 N 33 ff.;
KELLER M., Das negative Interesse im Verhältnis zum positiven Interesse, Zürich
1949; LÜCHINGER, Schadenersatz im Vertragsrecht, Freiburg i.Ue. 1999, N 114 ff.; WID-
MER CORINNE, Umfang des Schadenersatzes bei nicht zur Perfektion gelangten Verträgen,
Diss. Basel/Genf/München 2003.

Im *Vertragsrecht* unterscheidet das Gesetz zwischen der Haf- 14.29
tung auf das positive Interesse (Erfüllungsinteresse) und jener auf das
negative Interesse (Vertrauensschaden).

Das *positive Interesse* ist regelmässig geschuldet, wenn der Vertrags- 14.30
partnerin aus Nicht- oder Schlechterfüllung ein Schaden erwächst (vgl.
nur Art. 97 Abs. 1, 107 Abs. 2, 368). Zuweilen spricht das Gesetz aus-

drücklich von dem aus der Nichterfüllung entstandenen Schaden (Art. 107 Abs. 2). Kann die Gläubigerin das positive Interesse verlangen, so ist sie im Wege des Schadenersatzes so zu stellen, als ob der *Vertrag vollumfänglich korrekt erfüllt* worden wäre (BGE 120 II 296, 298; BaslerKomm/WIEGAND, Art. 97 N 38 m.w. Nachw.). Dazu gehört insbesondere auch der Ersatz des entgangenen Gewinns. Kann der Umfang des positiven Interesses nicht bewiesen werden, so ist grundsätzlich das negative Interesse als Mindestschaden geschuldet (vgl. § 284 BGB). Schon im Sinne einer *Rentabilitätsvermutung* ist davon auszugehen, dass der Nutzen aus dem Vertrag jedenfalls die Auslagen und Aufwendungen gedeckt hätte. Schadenersatz auf das positive Interesse bedeutet allerdings immer Geldersatz. Naturalrestitution, die auf einen Nachbesserungsanspruch in Natur hinausliefe, kann grundsätzlich nicht verlangt werden.

14.31   Das *negative Interesse* ist prinzipiell geschuldet, wenn das Vertrauen einer Partei in die Bestandskraft eines Vertrages enttäuscht wird. Das Gesetz spricht insoweit vom Ersatz des aus dem Dahinfallen des Vertrages erwachsenen Schadens (vgl. Art. 26 Abs. 1, 39 Abs. 1, 109 Abs. 2, zur culpa in contrahendo vgl. N 47.13). Ist das negative Interesse geschuldet, so muss die Geschädigte so gestellt werden, als ob sie *von dem ungültigen Geschäft nie etwas gehört* hätte. Ersatzfähig sind vor allem *Auslagen* und *Aufwendungen*, die sie im Hinblick auf den Vertrag getätigt hat, z.B. die Kosten des Vertragsschlusses oder die Kosten für die Miete einer Garage, wenn sich der Kaufvertrag über das Auto als unwirksam erweist. Auch *entgangener Gewinn* kann ausnahmsweise im Rahmen des negativen Interesses ersatzfähig sein (ebenso GAUCH/SCHLUEP/EMMENEGGER, N 2903; GUHL/KOLLER, 76 f., jeweils m.w. Nachw.). Dies gilt zwar nicht für den im Hinblick auf den (unwirksamen) Vertrag erhofften Gewinn, wohl aber dann, wenn die Geschädigte im Hinblick auf die Wirksamkeit des Vertrages auf den Abschluss eines anderen Geschäfts verzichtet hat. Beispiel: Die Verkäuferin hat im Vertrauen auf den Kaufvertrag andere Interessenten der Kaufsache abgewiesen. Im Einzelfall ist es sogar möglich, dass das negative Interesse das positive übersteigt, nämlich dann, wenn der Gewinn aus dem Geschäft, das die Geschädigte ausgeschlagen hat, höher gewesen wäre als der Gewinn, den sie bei Wirksamkeit des Vertrages hätte erzielen können. Im Gegensatz zum deutschen Recht beschränkt das Schweizer Recht den Ersatz des negativen Interesses nicht auf den Betrag des positiven Interesses (Ausnahme: Art. 8 Abs. 2); jedoch kann sich eine derartige Beschränkung aus den nach Art. 43 Abs. 1 zu berücksichtigenden Umständen ergeben (so auch VON TUHR/PETER, 87, FN 30).

Nicht zu verwechseln ist die obgenannte Abgrenzung mit dem sog. 14.32 *Erhaltungs-* oder *Integritätsinteresse* (ausführlich dazu LÜCHINGER, Schadenersatz im Vertragsrecht, N 344 ff.). Dieses kann sowohl im Rahmen des positiven als auch des negativen Interesses geschuldet sein. Es geht hierbei vor allem darum, dass die Gläubigerin im Zuge der Vertragerfüllung (positive Vertragsverletzung) oder im Verlauf der Vertragsverhandlungen einen Körper- oder Sachschaden erleidet. Die Gläubigerin ist dann – bei Vorliegen der übrigen Anspruchsvoraussetzungen – in jedem Fall so zu stellen, als ob ihre Rechtsgüter nicht beeinträchtigt worden wären.

VIII. Abstrakte und konkrete Schadensberechnung

Literatur: BUCHER, OR BT, 67, 71 f.; FURRER/MÜLLER-CHEN, Kap. 14 N 71 ff.; GUHL/KOLLER, 77; HONSELL, OR BT, 60 ff.; HUGUENIN, OR AT, N 607 ff.; KELLER/GABI/GABI, Haftpflichtrecht, 105 ff.; KELLER/SIEHR, Kaufrecht, 38 f., 45 f.; PORTMANN/REY, 32 f.; SCHNYDER/PORTMANN/MÜLLER-CHEN, Haftpflichtrecht, N 373 ff.; WERRO, Responsabilité, N 1034 ff.; BaslerKomm/KOLLER ALFRED, Art. 191 N 7 ff., Art. 215 N 8 ff.; BernerKomm/GIGER, Art. 191 N 30 ff., Art. 215 N 40 ff.; CHK/ HRUBESCH-MILLAUER, OR 191 N 3 ff.; CR CO I/WERRO, Art. 42 N 5 ff.; KuKo OR/ KIKINIS, Art. 191 N 4 ff.; ZürcherKomm/SCHÖNLE, Art. 191 N 10 ff.;
FLEURY, La détermination et le calcul du dommage en responsabilité civile, ius.full 3/2005, 10.

Ebenfalls primär im *Vertragsrecht*, d.h. genauer gesagt vor al- 14.33 lem im Kaufrecht, ist die Unterscheidung zwischen konkreter und abstrakter Schadensberechnung relevant (vgl. Art. 191 Abs. 2, 3, 215). Bei der *konkreten Schadensberechnung* wird der Schaden nach der Differenz zwischen dem Vertragspreis und dem tatsächlich getätigten Deckungsgeschäft berechnet. Beispiel: Der Käufer nimmt die Ware nicht ab, und die Verkäuferin veräussert sie an einen anderen Abnehmer, kann aber nur einen geringeren Kaufpreis erzielen. Diese Art der Schadensberechnung entspricht der Differenztheorie. Bei Waren, die einen *Markt- oder Börsenpreis* haben, kann die Käuferin oder Verkäuferin ihren Schaden unabhängig von der Vornahme eines Deckungsgeschäfts aber auch *abstrakt* als Differenz zwischen dem Vertragspreis und dem Markt- oder Börsenpreis zur Erfüllungszeit berechnen. Dies gilt selbst dann, wenn bei Vornahme eines Deckungsgeschäftes der Schaden nach der konkreten Schadensberechnung niedriger wäre als nach der abstrakten. Insoweit liegt bei der abstrakten Schadensberechnung eine Abweichung von der Differenztheorie vor (vgl. zum Ganzen insb. KELLER/SIEHR, Kaufrecht, 38 f., 45 f.).

§ 15   Inhalt und Umfang der Schadenersatzpflicht

> *Literatur:* DESCHENAUX/TERCIER, § 27; ENGEL, OR AT, 502 f.; FURRER/ MÜLLER-CHEN, Kap. 14 N 44 ff.; GUHL/KOLLER, 80 f.; HONSELL, Haftpflichtrecht, § 8 N 1 ff.; KELLER, Haftpflicht II, 43 ff.; KELLER/GABI/GABI, Haftpflichtrecht, 108 ff.; KOLLER, OR AT, § 46 N 34 ff., § 49 N 1 ff.; MERZ, SPR VI/1, 192 ff.; OFTINGER/STARK, Haftpflichtrecht I, § 2 N 85 ff.; PORTMANN/REY, 39 f.; REY, Haftpflichtrecht, N 327 f.; SCHNYDER/PORTMANN/MÜLLER-CHEN, Haftpflichtrecht, N 456 ff.; VON TUHR/PETER, 114 ff.; WERRO, Responsabilité, N 1168 ff.; BaslerKomm/HEIERLI/SCHNYDER A.K., Art. 43 N 2 ff.; BernerKomm/BREHM, Art. 43 N 4 ff.; CHK/MÜLLER, OR 43; CR CO I/ WERRO, Art. 43 N 4 ff.; KuKo OR/SCHÖNENBERGER, Art. 43;
>
> BOESCH, Prozesskosten, in: FELLMANN/WEBER, Der Haftpflichtprozess, Zürich 2006, 145 ff.; GEISER, Schadenersatzrente – Unbeliebte oder überlegene Entschädigung: Überlegungen aus wissenschaftlicher Sicht, in: WEBER (Hrsg.), Personen-Schaden-Forum 2011, Zürich/Basel/Genf 2011, 15 ff.; JÄGER, Reimbursement for attorney's fees: a comparative study of the laws of Switzerland, Germany, France, England and the United States of America: international arbitration rules and the United Nations Convention on Contracts for the International Sale of Goods (CISG), Diss. Basel 2009, Den Haag 2010; LANDOLT, Haftpflichtrechtliche Ersatzpflicht für Autoschäden, in: SCHAFFHAUSER (Hrsg.), Jahrbuch zum Strassenverkehrsrecht 2008, St. Gallen 2008, 89 ff.; PILTZ, Rechtsverfolgungskosten als ersatzfähiger Schaden, Festschrift Schwenzer, Band II, Bern 2011, 1387 ff.; SCHWENZER, Rechtsverfolgungskosten als Schaden, Mélanges Tercier II, Zürich 2008, 417 ff.; STAUBER, Anspruch auf Ersatz vorprozessualer Anwaltskosten – prozessuale Aspekte, Festschrift Bühler, Zürich/Basel/Genf 2008, 147 ff.; WERRO, Les intérêts moratoires et compensatoires dans la responsabilité civile: Le point sur quelques développements récents, in: WERRO (Hrsg.), Le temps dans la responsabilité civile, Bern 2007, 27 ff.

I. Naturalrestitution und Geldersatz

15.01   Grundsätzlich sind zwei Wege denkbar, wie Schadenersatz geleistet werden kann: Entweder stellt der Schuldner selbst den Zustand her, der bestehen würde, wenn das schädigende Ereignis nicht eingetreten wäre *(Naturalrestitution)*, oder er leistet den Geldbetrag, der für die Herstellung dieses Zustandes erforderlich ist *(Geldersatz)*. Das OR bevorzugt keine dieser beiden Möglichkeiten (vgl. BGE 107 II 134, 139 ff. m.w. Nachw.; anders § 249 Abs. 1 BGB, wonach primär Naturalrestitution geschuldet ist). Vielmehr bestimmt nach Art. 43 Abs. 1 das Gericht die Art des Schadenersatzes unter Berücksichtigung der jeweiligen Umstände. In der Praxis spielt Schadenersatz in Form der *Naturalrestitution* nur 15.02 eine geringe Rolle. Insbesondere bei Sachbeschädigung oder Körperverletzung ist es der Geschädigten regelmässig nicht zumutbar, dass der Schädiger selbst die Sache repariert oder die erforderliche Heilbehandlung vornimmt, selbst wenn er über die hierfür erforderlichen Fähigkeiten verfügen sollte. Im Wege der Naturalrestitution kann jedoch die Eigentümerin vom Dieb *Herausgabe* der entwendeten Sache verlangen – unabhängig von einem allfälligen Eigentumsherausgabeanspruch nach Art. 641 Abs. 2 ZGB (BGE 110 II 183, 187 f.) – oder die Eigentümerin eines Grundstücks, auf dem widerrechtlich Müll abgeladen wurde, Entfernung desselben. Auch die Fälle des *Kontrahierungszwanges*, in denen die Ablehnung eines Vertrages als Verletzung des Persönlichkeitsrechtes oder als sittenwidrige Schädigung im Sinne des Art. 41 Abs. 2 erscheint (Einzelheiten vgl. N 26.13 ff.), können dogmatisch über die Naturalrestitution begründet werden. Für den in der Praxis wichtigen Bereich der *Persönlichkeitsverletzung* durch Medien enthalten Art. 28g ff. ZGB in Form des Rechts auf Gegendarstellung eine Sonderregelung der Naturalrestitution.

Naturalrestitution kann unabhängig davon verlangt werden, ob nach 15.03 der Differenztheorie ein Vermögensschaden vorliegt (vgl. BGE 129 III 331, 334). Auf diese Weise kann mithin auch die Wiederherstellung lediglich *immaterieller Interessen* verlangt werden. Naturalrestitution scheidet hingegen aus, wenn Schadenersatz wegen Nichterfüllung eines Vertrages verlangt wird, da dies dem Erfüllungsanspruch gleichkäme (ebenso BaslerKomm/WIEGAND, Art. 97 N 54).

Im Regelfall hat die Schadenersatzleistung in *Geld* zu erfolgen. Hier- 15.04 bei sind zunächst die Kosten zu erstatten, die zur Wiederherstellung des ursprünglichen Zustandes erforderlich sind, insbesondere Reparaturkosten bei Sachbeschädigung und Heilungskosten bei Körperverletzung. Ist eine Wiederherstellung nicht möglich oder verbleiben trotz Wiederherstellung des ursprünglichen Zustandes nach der Differenztheorie Nachteile im Vermögen der Geschädigten, z.B. bei Beschädigung einer Sache oder teilweiser Invalidität der Verletzten, so sind auch diese aus-zu_gleichen.

Geldersatz kann durch eine einmalige *Kapitalleistung*, aber auch in 15.05 Form einer periodisch zu entrichtenden *Rente* geleistet werden. Art. 43 Abs. 2 sieht diese Möglichkeit ausdrücklich vor, was sich jedoch bereits aus Art. 43 Abs. 1 ergeben würde. In der Praxis spielt Schadenersatz in

Form einer Rente jedoch allenfalls beim *Versorgerschaden* (Art. 45 Abs. 3) oder bei *Invalidität* eine Rolle. Hier steht der Geschädigten die Wahl zu, ob sie einer langfristig wertsicheren Rente oder einer sofort verfügbaren Kapitalabfindung den Vorzug gibt (vgl. BGE 125 III 312, 321; a.A. noch BGE 117 II 609, 625 f.: nur ausnahmsweise Rente). Auch eine *Pflegeschadensrente* kann in Betracht kommen (vgl. BGer, 26. 3. 2002, 4C.276/2001). Bei *Sachschäden* kommt hingegen eine Rente praktisch nicht in Betracht.

15.06   Erfolgt der Ersatz in Form einer Rente, ist eine Absicherung gegen die Geldentwertung mittels *Indexierung* vorzunehmen (vgl. BGE 125 III 312, 320 f.; krit. BernerKomm/BREHM, Art. 43 N 10, 14).

II. Totalreparation

1. Grundsatz

15.07   Nach der Differenztheorie, die allein auf den Vergleich zweier Vermögenslagen abstellt, haftet der Schädiger grundsätzlich für alle der Geschädigten entstandenen vermögensmässigen Nachteile *(Totalreparation)*. Wer einen Weidezaun schlecht repariert, so dass die Pferde entweichen können, haftet der Pferdehalterin, mit der er den Vertrag geschlossen hat, auch für den Haftpflichtschaden, den diese nach Art. 56 Abs. 1 erleidet, wenn die Tiere auf der nahe gelegenen Strasse einen Verkehrsunfall verursachen. Das Kind, das einen Körperschaden erlitten hat, kann im Rahmen seiner eigenen Heilungskosten auch die Reisekosten verlangen, die den Eltern durch erforderliche Krankenbesuche entstehen (vgl. BGE 97 II 259, 266 f.).

15.08   Erforderlich ist freilich immer, dass zwischen der deliktischen Rechtsgutsverletzung bzw. der Vertragsverletzung und dem eingetretenen Schaden eine *Kausalbeziehung* besteht, d.h. dass die Rechtsguts- oder Vertragsverletzung ursächlich war für den erlittenen Vermögensnachteil. Dies kann als sog. *haftungsausfüllende Kausalität* bezeichnet werden im Unterschied zur sog. *haftungsbegründenden Kausalität*, bei der es um die Ursächlichkeit zwischen der dem Schädiger zur Last gelegten schädigenden Handlung und der Rechtsguts- oder Vertragsverletzung geht (Einzelheiten zur Kausalität vgl. N 19.01 ff.).

15.08a   Zum Schaden gehört der *Schadenszins* von dem Zeitpunkt an, in dem das schädigende Ereignis sich finanziell ausgewirkt hat, bis zum Tag der Zahlung des Schadenersatzes (BGE 130 III 591, 599). Er beträgt 5% (Art. 73 Abs. 1, vgl. BGE 122 III 53, 54).

2. Vorsorgliche Aufwendungen

Aufwendungen, die die später Geschädigte *vor dem schädigen-* 15.09
den Ereignis, aber im Hinblick auf ein solches getätigt hat, sind an sich
nicht durch das schädigende Ereignis kausal verursacht. Beispiel: Im
Hinblick auf allfällige Ausfälle infolge von Unfällen halten die Ver-
kehrsbetriebe Ersatzwagen bereit (vgl. BGHZ 32, 280, 283 ff.); zum
Schutz vor Diebstählen installiert ein Warenhaus eine Alarmanlage und
beschäftigt einen Warenhausdetektiv. Im Unterschied zum Frustrations-
schaden sind diese Aufwendungen gerade im Hinblick auf spätere schädigende Ereignisse gemacht worden. Fraglich ist, ob der Schädiger hierfür (anteilig) haften soll.

Es gilt hier im Einzelfall zu unterscheiden: *Kommt* die von der späte- 15.10
ren Geschädigten getroffene Vorsorgemassnahme dem Schädiger *konkret
zugute,* indem der Schaden geringer ausfällt, als wenn die Vorsorgemassnahme unterblieben wäre, z.B. beim Ersatzfahrzeug, so hat der
Schädiger anteilig für diese Kosten einzustehen. Denn auch Kosten für
Massnahmen, die die Geschädigte nach Eintritt des schädigenden Ereignisses unternimmt, um den Schaden gering zu halten, z.B. Heilungskosten, um die Erwerbsfähigkeit wieder herzustellen, sind ja ohne weiteres
ersatzfähig. Es kann dem Schädiger nicht zum Vorteil gereichen, dass die
Geschädigte solche Massnahmen bereits vorsorglich getroffen hat. Dabei
mag im Ersatz solcher Vorhaltekosten auch eine andere Berechung des
Nutzungsausfallschadens zu sehen sein. Anders ist die Sachlage zu beurteilen, wenn es um Massnahmen geht, die vorsorglich zur *Feststellung
des Schädigers* getroffen werden. Diese wirken sich nicht schadensmin-
dernd aus. Auch müssten diese Kosten, wenn sie erst nach dem schädigenden Ereignis entstehen, von der Geschädigten selbst getragen werden,
da es keinen Ersatz für die mit der Schadensfeststellung verbundenen
allgemeinen Umtriebe gibt.

3. Rechtsverfolgungskosten

Der Ersatz von Rechtsverfolgungskosten, zu denen vor allem 15.10a
die Prozesskosten aber auch die Anwaltskosten in Zusammenhang mit
Einleitung und Verlauf eines Prozesses gehören, werden grundsätzlich
nach dem insoweit anwendbaren Prozessrecht erstattet (vgl. nur Art. 95,
105 ff. ZPO). Fraglich ist, ob Kosten, die nach dem anwendbaren Prozessrecht nicht erstattet werden, vor allem z.B. ein übertarifliches An-
waltshonorar, als Schaden geltend gemacht werden können. Obwohl

diese Kosten zweifellos im Sinne der Differenztheorie einen Schaden darstellen, muss die Ersatzfähigkeit nach OR insoweit verneint werden (ausf. hierzu SCHWENZER, FS Tercier II, 417, 422 ff.). Wollte man anders entscheiden, so würde dies zu einer Ungleichbehandlung von Gläubigerin und Schuldner führen. Denn nur die obsiegende Gläubigerin könnte diese Kosten als Schadenersatz liquidieren; der obsiegende Schuldner ginge hingegen mangels Anspruchsgrundlage für einen Schadenersatz leer aus.

III. Vorteilsanrechnung

Literatur: BERGER, Schuldrecht, N 1546; DESCHENAUX/TERCIER, § 23 N 21 ff.; ENGEL, OR AT, 521; FURRER/MÜLLER-CHEN, Kap. 14 N 93 ff.; GUHL/KOLLER, 73 ff.; HONSELL, Haftpflichtrecht, § 8 N 33 ff.; KELLER, Haftpflicht I, 68 f.; KELLER, Haftpflicht II, 40 ff.; KELLER/GABI/GABI, Haftpflichtrecht, 80 ff.; KOLLER, OR AT, § 50 N 1 ff.; MERZ, SPR VI/1, 208 ff.; OFTINGER/STARK, Haftpflichtrecht I, § 6 N 49 ff.; REY, Haftpflichtrecht, N 211 ff.; ROBERTO, Haftpflichtrecht, N 784 ff.; SCHNYDER/PORTMANN/ MÜLLER-CHEN, Haftpflichtrecht, N 379 ff.; VON TUHR/PETER, 101 ff.; WERRO, Responsabilité, N 995 ff.; BaslerKomm/HEIERLI/SCHNYDER A.K., Art. 42 N 7 f.; BernerKomm/ BREHM, Art. 42 N 27 ff.; CHK/MÜLLER, OR 42 N 24 ff.; CR CO I/WERRO, Art. 42 N 20 ff.; KuKo OR/SCHÖNENBERGER, Art. 42 N 10 ff.;

BECK, Zusammenwirken von Schadenausgleichsystemen, in: MÜNCH/GEISER (Hrsg.), Schaden – Haftung – Versicherung, Basel/Genf/München 1999, 235, 297 ff.; BENSAHEL/ MICOTTI/SCHERRER, Certains aspects du dommage dans la gestion de fortune, SemJud 2008 II, 333 ff.; KUHN, Die Anrechnung von Vorteilen im Haftpflichtrecht, Bern/Stuttgart 1987; PRIBNOW/SCHMID, Die Versorgungsquoten aus Erwerbseinkommen und Haushaltsführung, HAVE 2003, 70 ff.; SCHMIDT MAREIKE, Profiting from Substitute Transactions? – Offsetting Losses and Benefits under the CISG, Festschrift Schwenzer, Band II, Bern 2011, 1499 ff.; STEIN, Die Vorteilsanrechnung, insbesondere bei Versicherungsleistungen, SVZ 1986, 241 ff., 269 ff.; VON BÜREN, Zur Zulässigkeit der «passing-on defence» in kartellrechtlichen Schadenersatzverfahren nach schweizerischem Recht, SZW 2007, 189 ff.

1. Begriff und allgemeine Prinzipien

15.11   Häufig entstehen der Geschädigten infolge des schädigenden Ereignisses nicht nur Nachteile, sondern gleichzeitig auch *finanzielle Vorteile.* Beispiele: Während des Krankenhausaufenthaltes werden die Kosten für die Verpflegung zu Hause gespart; der Arbeitgeber der arbeitsunfähigen Verunfallten zahlt den Lohn weiter; derjenigen, die ihren Versorger verloren hat, fällt (vorzeitig) die Erbschaft oder die Leistung aus einer Lebensversicherung zu; die Reparatur der beschädigten Sache führt durch Einbau neuer Ersatzteile zu einer Wertsteigerung. In all diesen Fällen fragt sich, ob sich die Geschädigte den erlangten Vorteil auf ihren Schadenersatzanspruch *anrechnen* lassen muss. Bei strikter Anwendung der Differenztheorie wäre eine Vorteilsanrechnung (Vorteilsausgleichung) an sich immer zu bejahen.

Voraussetzung einer Anrechnung ist allerdings, dass der erlangte Vor- 15.12
teil *ursächlich* auf das schädigende Ereignis zurückzuführen ist (BGE 112 Ib 322, 330). Herrschende Rechtsprechung und Lehre lassen auch hier spiegelbildlich zur haftungsbegründenden und zur haftungsausfüllenden Kausalität nicht schon einen natürlichen Kausalzusammenhang genügen. Vorteile sollen nur anzurechnen sein, soweit sie durch das schädigende Ereignis *adäquat kausal* (vgl. dazu N 19.03 ff.) verursacht worden sind (OFTINGER/STARK, Haftpflichtrecht I, § 6 N 55 f.). Von vornherein muss deshalb die Anrechnung solcher Vorteile ausscheiden, die lediglich zufällig im Zusammenhang mit dem schädigenden Ereignis stehen. Beispiele: Die Geschädigte lernt im Spital einen Millionenerben kennen und heiratet diesen; sie spielt aus Langeweile Lotto und gewinnt den Jackpot.

Die Adäquanztheorie ist jedoch nicht geeignet, das Problem der Vor- 15.13
teilsanrechnung abschliessend zu regeln. Vielmehr widerspricht es in vielen Fällen dem *Sinn und Zweck des Schadenersatzes* und würde zu einer stossenden Entlastung des Schädigers führen, wenn alle adäquat verursachten Vorteile angerechnet würden. Sinnvoller ist es, nach *Fallgruppen* zu unterscheiden.

2. Leistungen Dritter

Leistungen Dritter sollen regelmässig nicht den Schädiger ent- 15.14
lasten und führen deshalb nicht zu einer Vorteilsanrechnung. Dies gilt einmal für *freiwillige Leistungen* Dritter (statt vieler BernerKomm/ BREHM, Art. 42 N 39 m.w. Nachw.), z.B. wenn ein Onkel seiner Nichte zum Ausgleich der infolge eines Unfalls erlittenen seelischen Unbill eine Ferienreise schenkt. Dasselbe gilt in der Regel für Leistungen, auf die die Geschädigte einen *Anspruch* hat. Bestimmte *Versicherungsleistungen*, die sich die Geschädigte durch eigene Prämienzahlung vorher selbst «erkauft» hat (private Unfallversicherung – Summenversicherung, BGE 119 II 361, 363 ff.; Lebensversicherung), sollen der Geschädigten bzw. ihren Hinterbliebenen *kumulativ* zu den Ansprüchen gegenüber dem Schädiger verbleiben (ausdrücklich zur Personenversicherung BGE 83 II 443 ff.; vgl. Art. 96 VVG: kein Regressrecht des Versicherers gegen den Schädi-

ger bei Personenversicherung; vgl. auch Art. 84 E-VVG; anders im Bereich des OHG, BGE 126 II 237 ff.; dazu ZEHNTNER, AJP 2000, 1566 ff.). In anderen Fällen soll der Geschädigten die Schadenersatzleistung des Schädigers und die Leistung des Dritten zwar nicht kumulativ zugute kommen. Hier dient die Nichtanrechnung vielmehr dazu, dass der leistende Dritte auf den Schädiger *Rückgriff* nehmen kann. So geht nach Art. 72 Abs. 1 ATSG der Schadenersatzanspruch der Geschädigten gegen den Schädiger bei der Sozialversicherung im Wege der Subrogation auf den Versicherungsträger über (vgl. dazu BGE 134 III 489, 491 ff.; vgl. auch Art. 34b BVG, Art. 7 OHG). Kommen Eltern für die Heilbehandlung ihres Kindes im Rahmen ihrer Unterhaltsverpflichtung nach Art. 276 ZGB auf oder bezahlt der Arbeitgeber der verletzten Arbeitnehmerin während der Zeit ihrer Arbeitsunfähigkeit weiter Lohn nach Art. 324a, so sollen diese Leistungen den Haftpflichtigen ebenfalls nicht entlasten. Dem Unterhaltspflichtigen bzw. dem Arbeitgeber steht vielmehr entsprechend Art. 51 Abs. 2 (vgl. dazu N 88.32 f.) oder nach dem Gedanken der Geschäftsführung ohne Auftrag der Rückgriff gegen den Schädiger offen. Dasselbe gilt, wenn neben dem Schädiger weitere Personen vertraglich oder ausservertraglich für das schädigende Ereignis einzustehen haben.

15.15 Anders ist die Sachlage, wenn der *Schädiger selbst* oder seine eigene *Haftpflichtversicherung* Leistungen erbringt. Diese sind regelmässig auf den Schadenersatzanspruch anzurechnen (vgl. nur Art. 62 Abs. 3 SVG).

3. Eigene Leistungen des Geschädigten

15.16 Vorteile, die aus Handlungen resultieren, zu denen die Geschädigte im Rahmen ihrer *Schadensminderungspflicht* nach Art. 44 Abs. 1 *verpflichtet* ist, sind auf den Schadenersatzanspruch anzurechnen. So hat die Verkäuferin, die die Ware bei Nichtabnahme durch den Käufer im Wege eines Deckungsgeschäftes veräussert, lediglich einen Anspruch auf die Differenz zwischen dem beim Deckungsverkauf erzielten Erlös und dem vertraglich vereinbarten Kaufpreis. Hat die Geschädigte allerdings *überobligationsmässige Anstrengungen* unternommen, zu denen sie nach Art. 44 Abs. 1 nicht verpflichtet ist, so kann dies dem Schädiger nicht zugute kommen. Eine Vorteilsanrechnung unterbleibt deshalb (ähnlich HONSELL, Haftpflichtrecht, § 8 N 43). Beispiel: Die infolge einer Beschädigung des Fahrschulwagens ausgefallenen Stunden werden von der Fahrschullehrerin in ihrer Freizeit nachgeholt.

4. Sonstige Vermögensvorteile

Bei sonstigen Vermögensvorteilen, die weder auf Leistungen 15.17 Dritter noch auf solche der Geschädigten selbst zurückgehen, muss aufgrund *wertender Betrachtung* festgestellt werden, ob eine Vorteilsanrechnung im Einzelfall stattzufinden hat.

Die Verletzte, die während der Dauer des Spitalaufenthalts die Kosten 15.18 der häuslichen Verpflegung spart, muss sich diesen Vorteil anrechnen lassen (Nachw. bei BernerKomm/BREHM, Art. 42 N 31). Wird eine gebrauchte Sache nach Zerstörung durch eine neue ersetzt oder eine beschädigte Sache unter Einfügung von Neuteilen repariert, so fliesst der Geschädigten bei Sachen, die der Abnutzung unterliegen und nur eine begrenzte Lebensdauer haben, ein Mehrwert zu, da die neue bzw. reparierte Sache eine längere Lebensdauer hat als die gebrauchte zerstörte bzw. beschädigte. Dieser Vorteil ist nach h.M. grundsätzlich nach dem Prinzip *Abzug «neu für alt»* auf den Schadenersatzanspruch anzurechnen (vgl. REY, Haftpflichtrecht, N 218 m. Nachw. zur Lehre). Dies erscheint nicht unproblematisch, wird doch hier der Geschädigten gewissermassen eine Neuanschaffung infolge des schädigenden Ereignisses aufgezwungen.

Macht eine Ehefrau nach Art. 45 Abs. 3 wegen Tötung ihres Eheman- 15.19 nes einen *Versorgerschaden* geltend, so muss sie sich hierauf anrechnen lassen, dass sie für die Zukunft von der Unterhaltspflicht gegenüber ihrem Mann entbunden ist (vgl. BGE 108 II 434, 437). Fraglich ist, ob auf den Versorgerschaden eine Anrechnung der *Erbschaft* erfolgen soll, wenn die Versorgte gleichzeitig Erbin des Verstorbenen ist. Einigkeit besteht darüber, dass der Stamm der Erbschaft, den die Erbin auch bei einem späteren Tod erworben hätte, nicht anzurechnen ist. Hingegen ist der bis zum vermutlichen späteren Todeszeitpunkt erzielte Vermögensertrag nach der Rechtsprechung anzurechnen (vgl. BGE 95 II 411, 416; 99 II 207, 212). Richtiger Ansicht nach kann dies jedoch nur gelten, wenn und soweit die Vermögenserträge vom Erblasser für die Bestreitung des Unterhalts eingesetzt worden wären und deshalb nicht zu einer Vergrösserung des Vermögens geführt hätten (ähnlich auch BernerKomm/ BREHM, Art. 42 N 36).

Verlangen Mitglieder eines (nach Kartellrecht unzulässigen) Preis- 15.20 kartells von ihren Käuferinnen überhöhte Kartellpreise, so fragt sich, ob im Wege der Vorteilsanrechnung zu berücksichtigen ist, dass die Käuferinnen ihrerseits die überhöhten Preise an ihre Abnehmerinnen weitergegeben haben (sog. *passing-on defence*). Unter Berufung auf das sog. Bereicherungsverbot im Schadensrecht wird die Vorteilsanrechnung bejaht (vgl. VON BÜREN, SZW 2007, 189, 205). Meines Erachtens steht jedoch hier der Schutzzweck der Verbotsnorm einer Anrechnung entgegen; ein Preiskartell müsste andernfalls regelmässig keinerlei zivilrechtliche Schadenersatzansprüche von Seiten der Abnehmerinnen befürchten.

§ 16   Schadensbemessung und Reduktionsgründe

Literatur: BERGER, Schuldrecht, N 1865 ff.; DESCHENAUX/TERCIER, § 28; ENGEL, OR AT, 506 ff.; FURRER/MÜLLER-CHEN, Kap. 14 N 118 ff.; GAUCH/SCHLUEP/ EMMENEGGER, N 2905 ff.; GUHL/KOLLER, 82 ff.; HONSELL, Haftpflichtrecht, § 9; HUGUE-NIN, OR AT, N 624; KELLER/GABI/GABI, Haftpflichtrecht, 108 ff.; KOLLER, OR AT, § 51 N 1 ff.; MERZ, SPR VI/1, 214 ff.; OFTINGER/STARK, Haftpflichtrecht I, § 7; PORTMANN/REY, 34 ff.; REY, Haftpflichtrecht, N 395 ff.; ROBERTO, Haftpflichtrecht, N 827 ff.; SCHNYDER/PORTMANN/MÜLLER-CHEN, Haftpflichtrecht, N 425 ff.; VON TUHR/PETER, 104 ff.; WERRO, Responsabilité, N 1180 ff., 1130 ff.; BaslerKomm/ HEIERLI/SCHNYDER A.K., Art. 43 ff.; BernerKomm/BREHM, Art. 43 f.; CHK/MÜLLER, OR 43 ff.; CR CO I/WERRO, Art. 43 f.; KuKo OR/SCHÖNENBERGER, Art. 43 ff.;

ACHTARI, Le devoir du lésé de minimiser son dommage, Diss. Fribourg 2008, Zürich/Basel/Genf 2008; BENSAHEL/MICOTTI/SCHERRER, Certains aspects du dommage dans la gestion de fortune, SemJud 2008 II, 333 ff.; BRULHART, L'influence de la prédisposition constitutionnelle sur l'obligation de réparation du responsable, in: WERRO (Hrsg.), La fixation de l'indemnité, Bern 2004, 89 ff.; CHAPPUIS CHRISTINE, La faute concomitante de la victime, in: WERRO (Hrsg.), La fixation de l'indemnité, Bern 2004, 29 ff.; FELLMANN, Genetische Untersuchungen und Haftpflichtrecht, HAVE 2006, 9 ff.; FLÜHMANN, Haftung aus Prüfung und Berichterstattung gegenüber Dritten, Diss. St. Gallen, Bern 2004; FRÉSARD-FELLAY, Aspects de la coordination de l'assurance sociale et de la responsabilité civile, in: WERRO (Hrsg.), La fixation de l'indemnité, Bern 2004, 135 ff.; GEHRER, Von der Schadenminderungspflicht, Collezione Assista, Genf 1998, 156 ff.; HÜRZELER, Schadensprävention und Schadensminderung im Sozialversicherungs- und Haftpflichtrecht, in: WOLF/MONA/HÜRZELER (Hrsg.), Prävention im Recht, Basel 2008, 163 ff.; DERS., Verletzung der Schadensminderungsobliegenheit, AJP 2007, 518 ff.; KRÄUCHI, Die konstitutionelle Prädisposition, Bern 1998; LUDER, Der Einwand der verkürzten Lebenserwartung gegenüber Geschädigten, HAVE 2003, 68 ff.; LUTERBACHER, Die Schadensminderungspflicht, Diss. Zürich 2005; PICHONNAZ, Le devoir du lésé de diminuer son dommage, in: WERRO (Hrsg.), La fixation de l'indemnité, Bern 2004, 109 ff.; PRIBNOW, Intensitätsarmer Kausalzusammenhang und Kürzung wegen konstitutioneller Prädisposition – Leistungskürzung nach VVG – Beweislast für anrechenbare Sozialversicherungsleistungen - Heilungskosten nach OR 42 II, HAVE 2009, 278 ff.; ROBERTO, Schadensrecht, Basel 1997; SCHMID, Vertragshaftung und Voraussehbarkeit des Schadens, Festschrift Eugen Bucher, Bern 2009, 663 ff.; STUDHALTER, Konstitutionelle Prädisposition – Anmerkungen zur einschlägigen haftpflichtrechtlichen Rechtsprechung des Bundesgerichts seit «Di Bello», Festschrift zum fünfzigjährigen Bestehen der Schweizerischen Gesellschaft für Haftpflicht- und Versicherungsrecht, Zürich/Basel/Genf 2010, 615 ff.; SUTTER, The straw that breaks the camel's back, Festschrift zum fünfzigjährigen Bestehen der Schweizerischen Gesellschaft für Haftpflicht- und Versicherungsrecht,

Zürich/Basel/Genf 2010, 633 ff.; TERCIER, La fixation de l'indemnité: quelques remarques finales, in: WERRO (Hrsg.), La fixation de l'indemnité, Bern 2004, 191 ff.; THALER, Sportregeln und zivilrechtliche Haftung, in: ARTER (Hrsg.), Sport und Recht, Bern 2004, 129 ff.; WEBER, Reduktion von Schadenersatzleistungen, in: WEBER (Hrsg.), Personen-Schaden-Forum 2007, Zürich/Basel/Genf 2007, 111 ff.; WERRO (Hrsg.), La fixation de l'indemnité: une synthèse, in: WERRO (Hrsg.), La fixation de l'indemnité, Bern 2004, 201 ff.; WIDMER, Contributory negligence under Swiss Law, in: MAGNUS/MARTIN-CASALS (Hrsg.), Unification of tort law: Contributory negligence, The Hague 2004, 209 ff.; WINIGER, La gravité de la faute du responsable, in: WERRO (Hrsg.), La fixation de l'indemnité, Bern 2004, 15 ff.

I. Grundsatz

Von der Schadensberechnung – wie sie in den vorstehenden 16.01 Ausführungen behandelt wurde – ist die *Schadenersatzbemessung* zu unterscheiden. Erst wenn feststeht, dass und in welcher Höhe ein Schaden im Rechtssinne entstanden ist, hat das Gericht zu bestimmen, in welchem Umfang der Schädiger tatsächlich Ersatz zu leisten hat. Nach Art. 43 Abs. 1 steht dem Gericht insoweit ein *Ermessen* zu. Bei der Schadenersatzbemessung berücksichtigt es sowohl die Umstände als auch die Grösse des Verschuldens. Weitere Reduktionsgründe sind in Art. 44 und einer Reihe von Sondergesetzen genannt oder ergeben sich aus herrschender Lehre und Rechtsprechung. Teilweise wird allerdings in neuerer Zeit die Schadensminderungspflicht nach Art. 44 Abs. 2 als Element der Schadensberechnung angesehen (vgl. VASELLA/SCHNYDER/WEBER, Haftpflichtrecht 2008, 38).

II. Grösse des Verschuldens

Oftmals kann eine kleine Ursache einen sehr grossen Schaden 16.02 herbeiführen, z.B. wenn ein Fussgänger durch geringe Unaufmerksamkeit einen Verkehrsunfall mit Personen- und Sachschaden in Millionenhöhe verursacht. Art. 43 Abs. 1 mildert das Alles-oder-Nichts-Prinzip, indem er eine *Proportionalität* zwischen *Verschulden* und *Haftpflicht* statuiert (vgl. OFTINGER/STARK, Haftpflichtrecht I, § 7 N 11 ff. m. Nachw.). Das Gericht kann bei *leichter Fahrlässigkeit* die Ersatzpflicht reduzieren, so dass die Geschädigte einen Teil ihres Schadens selber tragen muss. Steht freilich hinter dem Schädiger eine Haftpflichtversicherung – wie es heute meist der Fall ist –, so erscheint eine Reduktion des Schadenersatzes nicht angezeigt.

16.03   Bei *mittelschwerem* bis *schwerem Verschulden* kommt eine Herabsetzung grundsätzlich nicht in Betracht (BGE 92 II 234, 240; 91 II 291, 297). Dasselbe gilt, wenn der Schädiger aus *Kausalhaftung* haftet (BGE 97 II 221, 228; BernerKomm/BREHM, Art. 43 N 41 m.w. Nachw. zu abweichender Praxis). Auch bei *entgeltlichen Verträgen* erscheint eine Ermässigung selbst bei leicht fahrlässigem Vertragsbruch nicht angemessen, da der Schädiger eine Gegenleistung erhält (vgl. BernerKomm/BREHM, Art. 43 N 38 ff.).

III. Selbstverschulden

1. Allgemeines

16.04   Nach Art. 44 Abs. 1 stellt das Selbstverschulden (Mitverschulden) der Geschädigten einen *Reduktionsgrund* dar. Der Begriff ist insoweit irreführend, als es sich nicht um ein Verschulden im technischen Sinne handelt, sondern nur um ein Verschulden gegen sich selbst, gegen die eigenen Interessen. D.h. es liegt hier eine sog. *Obliegenheitsverletzung* vor. Wer selbst zur Schadensentstehung beigetragen hat, soll den Schädiger nicht auf vollen Schadenersatz in Anspruch nehmen können.

16.05   Selbstverschulden setzt *Urteilsfähigkeit* (vgl. Art. 16, 18 ZGB) der Geschädigten voraus. Einem zweijährigen Kind, das nicht urteilsfähig ist, kann nicht zum Vorwurf gemacht werden, dass es seinem Ball auf die Strasse nachläuft, wo es angefahren wird. Sein Schadenersatzanspruch gegen den zu schnell fahrenden Autofahrer ist deshalb nicht nach Art. 44 Abs. 1 zu kürzen. Allenfalls kommt bei Urteilsunfähigen eine Reduktion des Ersatzanspruchs entsprechend Art. 54 Abs. 1 aus Gründen der *Billigkeit* in Betracht.

16.05a   Dem Opfer kann es nicht zum Selbstverschulden gereichen, wenn es nicht verhindert, dass ein gerade zu seinem Schutz aufgestellter Straftatbestand verwirklicht wird (a.A. BGer, FamPra.ch 2004, 653, 656 f., m. Anm. SCHWENZER, 657 f.: Selbstverschulden eines Kindes bei sexuellem Missbrauch). Der Schutzzweck solcher Normen liefe sonst leer.

16.06   Neben dem Selbstverschulden können auch andere Umstände, für die die Geschädigte einstehen muss, zu einer Herabsetzung des Schadenersatzes führen (ausführlich BernerKomm/BREHM, Art. 44 N 37 ff.). So muss sich die geschädigte Halterin eines Motorfahrzeuges die *Betriebsgefahr* ihres Fahrzeuges, die für einen Unfall mitursächlich war, anrechnen lassen (vgl. BGE 108 II 51, 56 f.; 123 III 274, 279). Wenn ein ungenügend überwachtes Tier in ein zu schnell fahrendes Auto rennt, erhält die Tierhalterin nur einen gekürzten Schadenersatz (vgl. BGE 85 II 243, 247).

Dem Selbstverschulden der Geschädigten ist das *Verschulden von Hilfspersonen*, für die die Geschädigte, wenn sie selbst haften müsste, einzustehen hat, gleichzustellen. Macht die Geschädigte einen Anspruch aus *unerlaubter Handlung* geltend, so muss sie sich eine Kürzung in Bezug auf das Mitverschulden der Personen gefallen lassen, für die sie nach Art. 55 Abs. 1 einzustehen hätte. Bei einem Anspruch aus *Vertragshaftung* kommt es auf ein Mitverschulden der Hilfspersonen im Sinne des Art. 101 Abs. 1 an (vgl. BGE 130 III 591, 600 ff.: Architekt als Hilfsperson der Bauherrin). Die Motorfahrzeughalterin muss sich das Verschulden des Fahrzeugführers entsprechend Art. 58 Abs. 4 SVG anrechnen lassen. Im Rahmen ausservertraglicher Haftung findet jedoch keine Anrechnung statt im Verhältnis zwischen *Eltern und Kindern,* denn Eltern sind insoweit nicht Hilfspersonen ihrer Kinder. Hat ein Aufsichtsverschulden der Eltern zum Unfall eines Kindes beigetragen, so erfolgt keine Kürzung des Anspruchs des Kindes gegen den Schädiger. Die Eltern haften vielmehr neben dem Schädiger dem Kind gegenüber solidarisch wegen Verletzung ihrer Aufsichtspflicht. Der erforderliche Ausgleich zwischen Eltern und Schädiger findet dann über Art. 51 Abs. 2 statt. 16.07

Beim *Versorgerschaden* muss sich die Berechtigte ein allfälliges Mitverschulden des Getöteten im Rahmen von Art. 44 Abs. 1 anrechnen lassen; dies gilt auch beim entsprechenden Genugtuungsanspruch nach Art. 47 oder Art. 49 sowie bei Leistungen nach dem OHG (vgl. OGer TG, SJZ 2002, 393: i.c. verneint bei intimem Verhältnis des Getöteten zur Ehefrau des Täters). Dabei handelt es sich nicht um die Anrechnung eines Drittverschuldens, denn hier leitet die berechtigte Person ihren Anspruch in der Sache von demjenigen des Getöteten ab. Den Haftpflichtigen darf nicht eine weitergehende Belastung treffen, als wenn er dem Getöteten direkt haften würde (vgl. auch BGE 117 II 50, 60 f.). 16.07a

Art. 44 Abs. 1 gilt nicht nur, wenn der Schädiger aufgrund Verschuldens haftet, sondern auch bei einer *Kausalhaftung* (vgl. auch Art. 59 Abs. 1 SVG). Zur Anwendbarkeit bei PauRG BGE 130 III 182 ff. 16.08

2. Fallgruppen

Aus Art. 44 Abs. 1 folgen drei Fälle, in denen eine Kürzung des Ersatzanspruchs wegen Selbstverschuldens in Betracht kommt: *Einwilligung* der Geschädigten, Mitverschulden bei der *Entstehung* und bei der *Verschlimmerung* des Schadens. 16.09

a) Einwilligung – Handeln auf eigene Gefahr

Literatur: WERRO, Responsabilité, N 1211 ff.; CHK/MÜLLER, OR 44 N 1 f.; CR CO I/WERRO, Art. 44 N 6 ff.; KuKo OR/SCHÖNENBERGER, Art. 44 N 2 f.; GIRSBERGER, Behandlung von Schäden aus Risikosportarten, Symposium Richard Frank, Zürich 2003, 53 ff.; THALER, Haftung zwischen Wettkampfsportlern: insbesondere beim Sportunfall und Dopingmissbrauch, Zürich 2002; DERS., Sportregeln und zivilrechtliche Haftung, in: ARTER (Hrsg.), Sport und Recht, Bern 2003, 129 ff.; ZEDER, Haftungsbefreiung durch Einwilligung des Geschädigten: Eine rechtsvergleichende Betrachtung unter Einschluss des Handelns auf eigene Gefahr im Bereich des Sports, Zürich 1999.

16.10   Eine besondere Form des Selbstverschuldens stellt die Einwilligung der Geschädigten in die schädigende Handlung dar. Freilich handelt es sich dabei nicht um eine *Einwilligung im technischen Sinne*, denn diese schliesst bereits das Vorliegen einer Vertragsverletzung oder die Widerrechtlichkeit im Sinne des Art. 41 Abs. 1 aus (vgl. z.B. Berner-Komm/BREHM, Art. 41 N 63; ausführlich hierzu N 50.36 ff.), so dass es schon an einer Haftungsgrundlage fehlt. Im Rahmen des Art. 44 Abs. 1 kommt deshalb nur die *unwirksame*, z.B. gesetzes- oder sittenwidrige (Art. 20 Abs. 1), oder die sog. *unechte Einwilligung* in Betracht.

16.11   Das sog. *Handeln auf eigene Gefahr* stellt den praktisch wichtigsten Fall der unechten Einwilligung dar. Eine Person, die sich bewusst einer besonderen Gefahr ausgesetzt hat, soll keinen oder jedenfalls keinen vollen Schadenersatz verlangen können, wenn sich das von ihr selbst eingegangene Risiko verwirklicht. Besondere Bedeutung erlangt das Handeln auf eigene Gefahr bei *Sportunfällen.* Wenngleich die Sportlerin – ausser in gewissem Umfang bei Kampfsportarten (vgl. N 50.39) – nicht auf den Schutz ihrer körperlichen Integrität verzichtet, so setzt sie sich doch einem erhöhten Unfallrisiko aus. Führt ein nach den Regeln der jeweiligen Sportart *regelgerechtes Verhalten* zu einer Verletzung, kann hierfür kein Ersatz verlangt werden. Bei *leichten Regelverstössen*, wie sie jedem Teilnehmer an der betreffenden Sportart unterlaufen können, ist der Ersatzanspruch jedenfalls nach Art. 44 Abs. 1 zu kürzen. *Grobe Regelverstösse* sind indes von der Einwilligung der Verletzten nicht mehr umfasst, so dass von einem Handeln auf eigene Gefahr nicht mehr gesprochen werden kann (vgl. BGE 117 II 547 ff.).

16.12   Handeln auf eigene Gefahr liegt auch vor, wenn jemand mit einem Fahrer mitfährt, der keinen Führerausweis besitzt oder angetrunken ist (vgl. BGE 91 II 218, 222 f.; vgl. auch BGE 97 II 221, 229).

b) Mitverschulden bei der Verursachung oder
Verschlimmerung des Schadens

Eine Reduktion des Schadenersatzes nach Art. 44 Abs. 1   16.13
kommt namentlich in Betracht, wenn ein Selbstverschulden der Geschädigten für die *Entstehung des Schadens mitursächlich* war. Beispiele:
Jemand springt an einer nicht dafür vorgesehenen Stelle kopfvoran ins
untiefe Bassin und zieht sich dabei eine Querschnittslähmung zu (BGE
116 II 422, 427 f.; vgl. auch BGE 123 III 306, 313 f.). Eine Fahrzeuglen-
kerin hat den Unfall und die Schwere der dabei erlittenen Körperverletzungen durch unangepasste Fahrweise einerseits und durch Nichttragen
des Sicherheitsgurts andererseits mitverursacht (BGE 117 II 609, 617).

Eine Herabsetzung des Schadenersatzes kann jedoch auch stattfinden,   16.14
wenn das Selbstverschulden der Geschädigten zur *Vergrösserung eines*
schon entstandenen *Schadens* geführt hat, d.h. wenn sie gegen ihre
Pflicht, den Schaden so gering wie möglich zu halten *(Schadensminderungspflicht)*, verstossen hat (BaslerKomm/HEIERLI/SCHNYDER A.K.,
Art. 44 N 8 m.w. Nachw.). Beispiel: Die Verletzte missachtet die ärztliche Empfehlung zu stationärer Überwachung (vgl. BGE 128 III 34 ff.),
oder sie weigert sich, sich einer zumutbaren Operation zu unterziehen,
wodurch die Erwerbsfähigkeit wiederhergestellt werden könnte. Hierher
gehört auch der Fall, dass die Vertragsgläubigerin es versäumt, den
Schuldner auf das *Risiko eines aussergewöhnlich hohen Schadens*, das
dieser nicht voraussehen kann, hinzuweisen. So muss die Reisende den
Reiseveranstalter einer Kreuzfahrt über den besonders hohen Wert eines
anvertrauten Gepäckstücks orientieren (BGE 130 III 182, 187: Koffer mit
Schmuck). Die Käuferin einer Ware muss den Verkäufer darauf auf-
merksam machen, dass ihr bei einer Verzögerung der Lieferung eine
aussergewöhnlich hohe Konventionalstrafe droht.

Von einem Selbstverschulden bei der Verschlimmerung des Schadens   16.15
kann freilich nur gesprochen werden, soweit die *Massnahmen* zur Schadensminderung der Geschädigten *zumutbar* sind (vgl. BGE 107 Ib 155,
158). Bei einer Körperverletzung muss sich die Geschädigte einer aus
schulmedizinischer Sicht risikolosen Heilbehandlung unterziehen; unsichere oder risikoreiche Therapien sind hingegen nicht zumutbar (vgl.
OFTINGER/STARK, Haftpflichtrecht I, § 6 N 171 ff.). Leistet der Vertragsschuldner nicht, so darf die Gläubigerin nicht auf dessen Kosten die
Marktentwicklung abwarten und spekulieren, sondern muss rechtzeitig
ein Deckungsgeschäft tätigen.

Die *Kosten*, die der Geschädigten im Rahmen der Schadensminderung   16.16
entstehen, sind als Teil des Schadenersatzes vom Schädiger zu tragen.

Das Recht auf Ersatz der Kosten der Schadensminderungsmassnahmen geht dabei weiter als die Pflicht, diese zu ergreifen. So trifft den Schädiger auch die Kostenpflicht, wenn die Massnahme im Einzelfall nicht zum Erfolg geführt hat oder wenn für die Geschädigte keine Pflicht bestanden hat, diese zu ergreifen. Die Grenze ist erst bei Massnahmen anzusetzen, die keine vernünftige Geschädigte mehr zur Schadensminderung getroffen hätte.

3. Rechtsfolgen

16.17   Liegen die Voraussetzungen des Art. 44 Abs. 1 vor, so kann das Gericht nach seinem Ermessen die Ersatzpflicht *ermässigen* oder gänzlich von ihr *entbinden*.

16.18   Beim *Handeln auf eigene Gefahr* kommt häufig der völlige Ausschluss des Schadenersatzes in Betracht. Dies gilt namentlich bei Sportverletzungen.

16.19   Wird der Geschädigten ein Selbstverschulden bei der *Schadensentstehung* zur Last gelegt, so müssen die jeweiligen Verursachungsbeiträge des Schädigers einerseits und der Geschädigten andererseits in Form von *Quoten* ermittelt werden. Teilweise wird insoweit auch von einer sektoriellen Verteilung gesprochen (vgl. OFTINGER/STARK, Haftpflichtrecht I, § 7 N 21 ff.). Sind die Verursachungsbeiträge gleich hoch, z.B. wenn sowohl dem Schädiger als auch der Geschädigten leichtes Verschulden zur Last zu legen ist, so muss dementsprechend die Geschädigte eine Kürzung ihres Anspruchs in Höhe von 50% in Kauf nehmen. Bei unterschiedlichen Verursachungsbeiträgen ist entsprechend zu verfahren. Ist das Selbstverschulden nur mit einer Quote von ca. 10% zu bemessen, so bleibt es grundsätzlich unberücksichtigt (vgl. BGE 132 III 249, 256). Grobes Mitverschulden kann zu einem gänzlichen Ausschluss der Haftung des Schädigers führen, wie es insbesondere in Art. 59 Abs. 1 SVG für die Gefährdungshaftung der Fahrzeughalterin ausdrücklich gesetzlich bestimmt wird. Für den Fall, dass einen Kausalhaftpflichtigen zusätzlich ein Verschulden trifft, das ebenso schwer wiegt wie das Mitverschulden der Geschädigten, wird in der Literatur die sog. *Verschuldenskompensation* vertreten (vgl. nur BernerKomm/BREHM, Art. 44 N 34 ff. m.w. Nachw.). Danach soll ein zusätzliches Verschulden des Kausalhaftpflichtigen ein Selbstverschulden des Geschädigten aufwiegen oder unbeachtlich erscheinen lassen. Die Rechtsprechung des Bundesgerichts zu dieser Frage ist uneinheitlich (abl.: BGE 113 II 323, 328; zust.: BGE 116 II 422, 428). Nach richtiger Ansicht (vgl. ROBERTO, Haftpflichtrecht, N 889) sollte das mitwirkende Verschulden bei Gefährdungshaftung bloss zu einer geringeren Reduktion des Schadenersatzes führen. Keinesfalls sollte die Verschuldenskompensation schematisch oder gar im Sinne einer mathematischen Formel angewandt werden. Die Bestimmung der Haftungsquoten ist und bleibt immer eine Ermessensfrage, die mehr oder weniger von Wertungen abhängig ist.

Hat das Selbstverschulden der Geschädigten zu einer *Verschlimme-* 16.20 *rung des Schadens* beigetragen, so kann in der Regel der Teil des Schadens, der auf das Verhalten der Geschädigten selbst zurückzuführen ist, mehr oder weniger genau beziffert werden. Beispiel: Verweigert die Verletzte eine zumutbare Umschulungsmassnahme, so wird ihr Schadenersatzanspruch wegen Erwerbsunfähigkeit um den Betrag gekürzt, den sie nach erfolgter Umschulung in einem anderen Beruf hätte verdienen können.

IV. Weitere Reduktionsgründe

1. Für die Schadensentstehung kausale Umstände

War ein *Zufall,* d.h. ein Ereignis, für das niemand haftpflicht- 16.21 rechtlich verantwortlich ist, mitursächlich für die Entstehung des Schadens, kommt ebenfalls eine Herabsetzung des Schadenersatzanspruches in Betracht. Dies gilt freilich nur, soweit die vom Schädiger verletzte Pflicht nicht gerade auch den Zweck verfolgte, die Geschädigte vor derartigen Zufällen zu schützen. So kann sich derjenige, der den Bau eines Weidezaunes versprochen hat, nicht darauf berufen, dass die Tiere bei einem Gewitter in Panik den mangelhaften Zaun durchbrochen haben, wenn ein ordnungsgemäss errichteter Zaun dem Ausbruchsversuch standgehalten hätte (vgl. auch BaslerKomm/HEIERLI/SCHNYDER A.K., Art. 43 N 16).

Einen weiteren Herabsetzungsgrund stellt die sog. *konstitutionelle* 16.22 *Prädisposition* der Geschädigten dar, wenn sie (lediglich) *mit*ursächlich war für die Schadensentstehung (zur konstitutionellen Prädisposition im Rahmen der hypothetischen Kausalität vgl. N 21.06; vgl. zu dieser äusserst subtilen und oft wenig überzeugenden Unterscheidung STUDTHALTER, FS Ges. Haftpflicht- und Versicherungsrecht, 615 ff.) und es unbillig erscheint, den Haftpflichtigen mit dem Ersatz des gesamten Schadens zu belasten. Eine Reduktion darf insoweit nur ausnahmsweise erfolgen (vgl. BGer 9. 9. 2008, 4A_188/2008, E. 3.3.). Beispiele: Die Bluterin verblutet wegen einer geringfügigen Schnittwunde; eine Vorschädigung der Wirbelsäule ist mitursächlich für bleibende Behinderungen nach einem Unfall (vgl. BGE 131 III 12, 14 m.w. Nachw.). Genetische Untersuchungen zum Zwecke der Schadensberechnung und -bemessung sind allerdings nicht zulässig (Art. 29 GUMG). Konstitutionelle Prädisposition als Reduktionsgrund kann auch bei Sachbeschädigung, namentlich bei der Verletzung von Tieren, in Betracht kommen (zum Ganzen KRÄUCHI, Die konstitutionelle Prädisposition, Bern 1998; OFTINGER/STARK, Haftpflichtrecht I, § 7 N 37 f.).

16.23   Mitwirkendes *Drittverschulden* ist hingegen kein Herabsetzungsgrund (ungenau BGE 123 III 204, 213; vgl. auch N 16.07a). Vielmehr haften in diesem Fall der Schädiger und der Dritte der Geschädigten solidarisch; die Verteilung des Schadenersatzes zwischen dem Schädiger und dem Dritten hat auf dem Regressweg (Art. 50 Abs. 2, 51 Abs. 2) zu erfolgen (vgl. OFTINGER/STARK, Haftpflichtrecht I, § 7 N 40 ff. m. Nachw.). Bei grobem Drittverschulden wird freilich teilweise eine Unterbrechung des Kausalzusammenhangs angenommen (vgl. N 20.01 ff.).

2. Für die Schadensentstehung nicht kausale Umstände

16.24   Aus Gründen der Billigkeit können auch Umstände, die für die Entstehung des Schadens nicht ursächlich waren, zu einer Reduktion des Schadenersatzes führen.

16.25   Art. 44 Abs. 2 sieht die Möglichkeit der Ermässigung für den Fall vor, dass der Schädiger, dem nur leichte Fahrlässigkeit zur Last gelegt werden kann, durch Leistung des Ersatzes in eine *Notlage* versetzt würde. Ist der Schädiger allerdings *haftpflichtversichert*, so kann sich weder er noch seine Versicherung auf eine Notlage gemäss Art. 44 Abs. 2 berufen (vgl. BGE 113 II 323, 328). Mit der starken Verbreitung der Haftpflichtversicherung ist dieser Reduktionsgrund in der Praxis denn auch von nur noch geringer Relevanz.

16.26   Verschiedene haftpflichtrechtliche Sondergesetze sehen darüber hinaus die Möglichkeit der Ermässigung des Schadenersatzes bei einem *ungewöhnlich hohen Einkommen* der Getöteten oder Verletzten vor (vgl. Art. 62 Abs. 2 SVG, Art. 7 Abs. 2 KHG). Das OR enthält keine entsprechende Bestimmung. Eine analoge Anwendung der Sonderbestimmungen wird von der Lehre abgelehnt, da dieser Reduktionsgrund dem Prinzip der Rechtsgleichheit widerspricht (vgl. BernerKomm/BREHM, Art. 43 N 63). Im Rahmen der allgemeinen Ermessensentscheidung nach Art. 43 Abs. 1 können jedoch die *wirtschaftlichen und sozialen Verhältnisse* der Parteien in Betracht gezogen werden (vgl. BGE 104 II 184, 188). Eine

Ermässigung ist denkbar, wenn die Geschädigte den Schaden sehr viel leichter als der Haftpflichtige tragen kann, vor allem wenn ihr Schaden durch eine Schadensversicherung gedeckt ist. Ist jedoch der Schädiger haftpflichtversichert, so scheidet auch in diesem Fall eine Reduktion aus.

Eine Herabsetzung des Schadenersatzes nach Art. 43 Abs. 1 soll 16.27 schliesslich bei *Unentgeltlichkeit* eines Geschäftes sowie bei reinen *Gefälligkeitshandlungen* möglich sein (BGE 127 III 446, 448). Die herrschende Meinung (vgl. OFTINGER/STARK, Haftpflichtrecht I, § 7 N 67 ff. m.w. Nachw.) leitet diesen Reduktionsgrund aus Art. 99 Abs. 2 ab, wonach im Vertragsrecht das Mass der Haftung milder beurteilt wird, wenn das Geschäft für den Schuldner keinerlei Vorteil bezweckt. Dieser Gedanke wird auch auf die ausservertragliche Haftung übertragen. Richtiger Ansicht nach (wie hier BaslerKomm/WIEGAND, Art. 99 N 13; OGer BL, BJM 1999, 91, 94) kann aber in Art. 99 Abs. 2 kein Herabsetzungsgrund gesehen werden. Vielmehr regelt diese Bestimmung den Haftungs-, d.h. den *Verschuldensmassstab* (vgl. auch Art. 248). Bei unentgeltlichen Geschäften und Gefälligkeitshandlungen haftet der Schuldner in der Regel nicht schon bei leichter Fahrlässigkeit, sondern nur bei grober Fahrlässigkeit und Vorsatz. Liegen dann allerdings die Voraussetzungen für eine Haftung vor, so erscheint m.E. eine Herabsetzung des Schadenersatzanspruches nach Art. 43 Abs. 1 nicht angebracht.

§ 17 Genugtuung

I. Allgemeines und Begriff

Literatur: BERGER, Schuldrecht, N 1874 f.; DESCHENAUX/TERCIER, § 3 N 44 ff., § 8; ENGEL, OR AT, 523 ff.; FURRER/MÜLLER-CHEN, Kap. 14 N 49 ff.; GUHL/KOLLER, 64 ff.; HONSELL, Haftpflichtrecht, § 10; HUGUENIN, OR AT, N 617; KELLER, Haftpflicht II, 120 ff.; KELLER/GABI/GABI, Haftpflichtrecht, 125 ff.; MERZ, SPR VI/1, 235 ff.; OFTINGER/STARK, Haftpflichtrecht I, § 8; PORTMANN/REY, 22 ff., 34 ff., 39 ff.; REY, Haftpflichtrecht, N 442 ff.; ROBERTO, Haftpflichtrecht, N 907 ff.; SCHNYDER/PORTMANN/MÜLLER-CHEN, Haftpflichtrecht, N 466 ff.; VON TUHR/PETER, 125 ff.; WERRO, Responsabilité, N 144 ff., 1271 ff.; BaslerKomm/HEIERLI/SCHNYDER A.K., Art. 47, Art. 49; BernerKomm/BREHM, Art. 47, Art. 49; CHK/MÜLLER, OR 47, OR 49; CR CO I/WERRO, Art. 47, Art. 49; KuKo OR/SCHÖNENBERGER, Art. 47, Art. 49; ZürcherKomm/LANDOLT, Vorb zu Art. 47/49, Art. 47, Art. 49;

BARGELLI, Schmerzensgeld, *danno biologico*, Nichtvermögensschaden, in: WEBER (Hrsg.), Personen-Schaden-Forum 2006, Zürich 2006, 15 ff.; BYDLINSKI, Die «Umrechnung» immaterieller Schäden in Geld, Festschrift Widmer, Wien 2003, 27 ff.; DUNAND, La réparation du tort moral du travailleur par l'employer, Mélanges Tercier II, Genf 2008, 173 ff.; GAUCH, Grundbegriffe des ausservertraglichen Haftpflichtrechts, recht 1996, 225, 236 ff.; GOMM, Die Genugtuung nach dem Opferhilfegesetz, in: HAVE (Hrsg.), Personen-

Schaden-Forum 2005, Zürich 2005, 175 ff.; GURZELER, Beitrag zur Bemessung der Genugtuung: unter besonderer Berücksichtigung potentiell traumatisierender Ereignisse, Diss. Bern, Zürich 2005; GUYAZ, L'indemnisation du tort moral en cas d'accident, SemJud 2003 II, 1 ff.; HIRSCH, Le tort moral dans la jurisprudence récente, in: PICHONNAZ/WERRO (Hrsg.), Le préjudice corporel: bilan et perspectives, Bern 2009, 259 ff.; HÜTTE, Genugtuung – eine Einrichtung zwischen Zivilrecht, Strafrecht, Sozialversicherungsrecht und Opferhilfegesetz, Collezione Assista, Genf 1998, 264 ff.; DERS., Genugtuungsrecht im Wandel, SJZ 1988, 169 ff.; DERS., Anleitung zur Ermittlung angemessener Genugtuungsleistungen im Zivil- und Opferhilferecht, in: HAVE (Hrsg.), Personen-Schaden-Forum 2005, Zürich 2005, 139 ff.; DERS., Lässt sich Genugtuung (als Folge von Sexualdelikten) «berechnen»?, HAVE 2004, 226 ff.; DERS., Genugtuung: Kapital oder Rente?, AJP 2008, 475 ff.; HÜTTE/DUCKSCH, Die Genugtuung bei Tötung und Körperverletzung, 3. Aufl., Zürich 1999; DIES., Die Genugtuung, 3. Aufl., 3. Nachlieferung, Zürich 2005; JETZER, Schmerzensgeld im Konkubinat, Jusletter 16. April 2012; KADNER, Schmerzensgeld für Angehörige, ZEuP 1996, 135 ff.; KOLLER JÜRG, Genugtuung aus Vertragsverletzung, Diss. Freiburg i.Ue., Zürich 2003; KOLLER THOMAS, Quotenvorrecht und Genugtuungsleistungen für Körperverletzungen – ein guteidgenössischer Kompromiss des Bundesgerichts?, AJP 1997, 1427 ff.; LANDOLT, Stand und Entwicklung des Genugtuungsrechts, HAVE 2009, 125 ff.; LARESE, Die Genugtuung: Ein verkanntes Instrument des Persönlichkeitsschutzes?, Medialex 1997, 139 ff.; PETITPIERRE, Le préjudice patrimonial et le tort moral: vers de nouvelles frontières?, in: CHAPPUIS CHRISTINE/WINIGER (Hrsg.), Le préjudice, Journée de la responsabilité civile 2004, Zürich 2004, 63 ff.; PORTMANN, Genugtuungsbegründende Persönlichkeitsverletzung im Arbeitsverhältnis, Festschrift Eugen Bucher, Bern 2009, 581 ff.; SCHMID, Vertragsverletzung und Genugtuung, Festschrift Kramer, Basel 2004, 647 ff.; SIDLER, Die Bemessung der Genugtuung bei Invaliditätsschäden, SJZ 1997, 165 ff.; DERS., Die Genugtuung und ihre Bemessung, in: MÜNCH/GEISER (Hrsg.), Schaden – Haftung – Versicherung, Basel/Genf/München 1999, 445 ff.; DERS., Die Bemessung der Genugtuung bei Todesfällen – ein Plädoyer für die Zusprechung von Regelgenugtuungen, recht 2003, 54 ff.; SUTTER, Voraussetzungen der Haftung bei Verletzung der Persönlichkeit, BJM 1991, 1 ff.; TERCIER, Contribution à l'étude du tort moral et de sa réparation en droit civil suisse, Diss. Freiburg i.Ue. 1971; DERS., La fixation de l'indemnité pour tort moral en cas de lésions corporelles ou de mort d'homme, Festschrift Assista, Genève 1989, 143 ff.; VOGT, Der Genugtuung genug?, HAVE 2003, 261 ff.

17.01   Für lediglich *immaterielle Schäden*, die sich nicht im Vermögen des Verletzten niederschlagen, kann nach der Differenztheorie mangels eines Schadens im rechtlichen Sinne kein Schadenersatz verlangt werden. In bestimmten Fällen gewährt jedoch das Gesetz einen Ausgleich für immaterielle Unbill in Form eines Genugtuungsanspruchs.

17.02   Zweck der Genugtuung ist es, einen gewissen *Ausgleich* für körperliche Schmerzen und seelische Leiden, z.B. Beeinträchtigung der Lebensfreude und des Lebensgenusses, zu schaffen (BGE 121 III 252, 255). Die Verletzte soll sich durch die Genugtuung andere Annehmlichkeiten leisten können (BGE 118 II 404, 408; 115 II 156, 158). Demgegenüber tritt heute der früher auch betonte *Strafgedanke* völlig in den Hintergrund (BGE 115 II 156, 158; statt vieler REY, Haftpflichtrecht, N 447).

II. Voraussetzungen

1. Im Allgemeinen

In der Praxis spielt vor allem der Genugtuungsanspruch bei 17.03
Körperverletzung und *Tötung* nach Art. 47 sowie bei *Persönlichkeitsverletzung* nach Art. 49 eine Rolle. Der Anspruch nach Art. 49 wird dabei
als allgemeine Grundlage erachtet, gegenüber der Art. 47 als lex specialis
erscheint (vgl. z.B. BGE 123 III 204, 210; ferner REY, Haftpflichtrecht,
N 449 m.w. Nachw.). Über Art. 99 Abs. 3 gelten diese Bestimmungen
auch bei Vertragsverletzungen (BGE 123 III 204, 206 f.), wobei jeweils
die besonderen Voraussetzungen erfüllt sein müssen. Ein *einfacher* Vertragsbruch, der keine Körper- oder Persönlichkeitsverletzung zur Folge
hat, zieht keinen Genugtuungsanspruch nach sich (vgl. aber BGE 137 III
303, 310, wo eine Persönlichkeitsverletzung angenommen wurde).

Auch im *ZGB* eröffnen verschiedene Bestimmungen dem Gericht die 17.04
Möglichkeit, eine Genugtuung zuzusprechen (vgl. Art. 29 Abs. 2, 429a
ZGB). Darüber hinaus wird in verschiedenen obligationenrechtlichen
Sondergesetzen auf die Art. 47, 49 verwiesen (vgl. nur Art. 62 Abs. 1
SVG, Art. 7 Abs. 1 KHG, Art. 9 Abs. 3 UWG, Art. 12 Abs. 1 lit. b KG).
Art. 22 Abs. 1 OHG sieht einen eigenen Genugtuungsanspruch vor.

Allerdings rechtfertigt nicht jede immaterielle Unbill die Zusprechung 17.05
einer Genugtuung. Erforderlich ist vielmehr eine gewisse *Intensität* der
Beeinträchtigung, die es gerechtfertigt erscheinen lässt, das erlittene Leid
nicht als Teil des allgemeinen Lebensrisikos zu betrachten, sondern besonders zu entschädigen. Art. 49 bringt dies dadurch zum Ausdruck, dass
nur bei einer *schweren Verletzung*, die nicht anders wieder gutgemacht
werden kann, Genugtuung zu leisten ist; Art. 47 stellt auf die *besonderen
Umstände* ab.

2. Körperverletzung und Tötung

Nach Art. 47 kann das Gericht bei Körperverletzung oder 17.06
Tötung eines Menschen der Verletzten oder den Angehörigen der Getöteten eine angemessene Geldsumme als Genugtuung zusprechen. Voraussetzung dafür ist, dass einerseits ein *Haftungstatbestand*, sei es aus
Verschuldens- oder aus Kausalhaftung, erfüllt ist, und dass andererseits
die *besonderen Umstände* die Gewährung einer Genugtuung rechtfertigen.

17.07 Bei einer *Körperverletzung* ist zunächst die *Verletzte* selbst anspruchsberechtigt. Zu ihren Lebzeiten können *Angehörige* keinen Genugtuungsanspruch aus Art. 47 geltend machen. Allenfalls steht ihnen ein solcher nach Art. 49 Abs. 1 wegen Verletzung ihres eigenen Persönlichkeitsrechtes zu (vgl. N 17.11; BGE 123 III 204, 206; 117 II 50, 56; 112 II 220, 222 ff.; krit. GAUCH, recht 1996, 225, 236 f.). Stirbt die Verletzte, so ist ihr Genugtuungsanspruch auf die begrenzte Zeit ihres Leidens abzustimmen. Dieser von den Angehörigen ererbte Genugtuungsanspruch ist nicht auf jenen mit dem Tode entstehenden Anspruch der Angehörigen anzurechnen (BGE 118 II 404, 407).

17.08 *Besondere Umstände*, die bei einer Körperverletzung die Zusprechung einer Genugtuung rechtfertigen, liegen nicht bereits bei jeder geringfügigen Beeinträchtigung des Wohlbefindens vor. Vielmehr muss der erlittene körperliche oder seelische Schmerz von einer *gewissen Schwere* sein (BGE 110 II 163, 166). Nach der Rechtsprechung des Bundesgerichts (BGE 116 II 519, 521; 108 II 422, 431 ff.) kann auch einer Person, die z.B. wegen des erlittenen *Hirnschadens* nicht mehr in der Lage ist, die Schmerzbeeinträchtigung zu spüren, eine Genugtuung zugesprochen werden. In der Literatur wird dieser Entscheid kritisiert (vgl. Nachw. bei KuKo OR/SCHÖNENBERGER, Art. 47–49 N 13; REY, Haftpflichtrecht, N 481 ff.; GAUCH, recht 1996, 225, 237 f.), da die Verletzte selbst keine Unbill mehr empfinde und es sich deshalb in diesen Fällen in der Sache um einen Anspruch der nahen Angehörigen handle, dieser jedoch nach neuerer Rechtsprechung unmittelbar aus Art. 49 Abs. 1 abgeleitet werden könne.

17.09 Bei *Tötung* eines Menschen steht der Genugtuungsanspruch den *Angehörigen* zu. Das Kriterium einer rechtlichen Verwandtschaftsbeziehung ist allerdings hierfür weder ausreichend noch erforderlich. Entscheidend ist vielmehr, ob *faktisch enge Beziehungen* zu der Getöteten bestanden haben. Eine Genugtuung können demnach regelmässig verlangen der Ehegatte (z.B. BGE 113 II 332, 339), der eingetragene Partner, die Eltern (z.B. BGE 118 II 404, 409) und die Kinder (z.B. BGE 113 II 323, 339) sowie u.U. auch Geschwister (BGE 118 II 404, 409; AppGer BS, BJM 2006, 34, 36). Als weitere anspruchsberechtigte Personen kommen auch Pflegeeltern (vgl. GUYAZ, SemJud 2003 II, 1, 18 m.w. Nachw.), Verlobte und nichteheliche Lebenspartner in Betracht (BGE 114 II 144, 149: Verlobte; Justiz-, Gemeinde- und Kirchendirektion BE, plädoyer 2001, 65 ff.: nichteheliche Partner, selbst wenn sie nicht zusammen leben; sehr problematisch AppGer BS, BJM 2009, 35, 39 ff.).

3. Persönlichkeitsverletzung

Ausser in den Fällen der Körperverletzung und Tötung kann 17.10
nach Art. 49 Abs. 1 bei *widerrechtlicher Persönlichkeitsverletzung* eine
Genugtuung verlangt werden, wenn die Schwere der Verletzung es rechtfertigt und diese nicht anders wieder gutgemacht worden ist. Leichte
Persönlichkeitsverletzungen sind nicht zu berücksichtigen (vgl. BGE 125
III 70, 74 f.; BernerKomm/BREHM, Art. 49 N 23 ff.). Anspruchsberechtigt ist die in ihrem Persönlichkeitsrecht selbst Betroffene, worunter auch
juristische Personen fallen können (BGE 64 II 14, 21 f.; str. vgl. REY,
Haftpflichtrecht, N 484 m.w. Nachw.).

Als *Fälle* der Persönlichkeitsverletzung kommen dabei namentlich in 17.11
Betracht: Beeinträchtigungen der Freiheit, z.B. durch ungerechtfertigte
Verhaftung oder Entmündigung, Nötigung und Erpressung; Ehrverlet-
zungen, insbesondere durch die Presse, unwahre Aussagen, Kreditschä-
digung oder Angriffe auf die geschlechtliche Ehre (vgl. BGE 125 III
269 ff.); Verletzung des Urheberrechts an Porträtfotografie (KGer SG,
sic! 2000, 188, 191); unbefugte Verwendung von Filmaufnahmen zu
Werbezwecken (BGE 129 III 715 ff.); Beeinträchtigung der Handels-
und Gewerbefreiheit durch unlauteren Wettbewerb oder Boykott; Mobbing (KGer VS, RVJ 2000, 177, 181 ff.); sexuelle Belästigung am Arbeitsplatz (ArbGer ZH, ZR 2000, 289 ff.); Beeinträchtigungen der persönlichen Sphäre, wie insbesondere eine schwere Verletzung naher Angehöriger (vgl. BGE 123 III 204, 206; 117 II 50, 56). Auch eine *Sachbeschädigung*, z.B. die Tötung eines Haustieres, kann im Einzelfall eine
schwere Persönlichkeitsverletzung darstellen. Hingegen sollte bei einer
Ehestörung keine Genugtuung gewährt werden (a.A. noch BGE 109 II 4,
5); nach hier vertretener Auffassung fehlt es insoweit bereits an der Widerrechtlichkeit (vgl. N 50.14).

III. Bemessung

1. Allgemeines

Bei der Bemessung und Festsetzung von Genugtuungsleistun- 17.12
gen kommt dem Gericht ein erheblicher *Ermessensspielraum* zu. Abzustellen ist dabei vor allem auf die Art und Schwere der Verletzung, die
Intensität und Dauer der Beeinträchtigung sowie auf die Schwere des
Verschuldens. Die im Rahmen des Schadenersatzanspruchs zu berücksichtigenden Bemessungskriterien und Reduktionsgründe sind auch bei

der Genugtuung zu berücksichtigen. Überwiegendes Selbstverschulden schliesst einen Anspruch auf Genugtuung aber nicht aus (BGE 116 II 733, 734 ff.; 117 II 50, 60 ff.). Der Gedanke, dass sich die Anspruchsberechtigte beim Versorgerschaden das Verschulden der Getöteten anrechnen lassen muss (vgl. N 16.07a), ist sinngemäss anwendbar, wenn ein Anspruch nach Art. 49 wegen Verletzung einer Angehörigen geltend gemacht wird (vgl. BGE 117 II 50, 61 f.; begrifflich unklar BGE 123 III 204, 213). Grundsätzlich nicht zu berücksichtigen sind die (geringeren) Lebenskosten am ausländischen Wohnsitz der Berechtigten, es sei denn, die Berechtigte würde in krasser Weise besser gestellt (BGE 123 III 10, 13 ff.; vgl. auch BGE 125 II 554 ff. – zum OHG –, m. Anm. ZEHNTNER, AJP 2000, 1023 f.).

2. Einzelfälle

17.13   Wenngleich die Rechtsprechung seit den 1980er-Jahren deutlich höhere Beträge als Genugtuung gewährt, so fallen diese – vor allem im internationalen Vergleich – immer noch relativ niedrig aus.

17.14   Bei *Schwerstinvalidität* wurden in den letzten Jahren Genugtuungssummen von bis zu CHF 200 000.– zugesprochen (vgl. BGE 134 III 97, 100; KGer SZ, plädoyer 1997/5, 67, 69; BezGer Münchwilen, plädoyer 1998/1, 58, 59; Kasuistik bei SIDLER, in: MÜNCH/GEISER (Hrsg.), Schaden – Haftung – Versicherung, 445, 469). Bei *Tötung naher Angehöriger* gewährt die Rechtsprechung in der Regel zwischen CHF 10 000.– und CHF 50 000.– entsprechend der jeweiligen Nähe der Beziehung (vgl. SIDLER, in: MÜNCH/GEISER (Hrsg.), Schaden – Haftung –Versicherung, 445, 474 ff.; Kasuistik bei REY, Haftpflichtrecht, N 505; vgl. auch GURZELER, 323). Bei vorsätzlicher Tötung der Tochter wurde eine Summe von CHF 100 000.– für die Eltern als angemessen erachtet (OGer ZH, 25.8.2009, plädoyer 2009/6, 67). Genugtuungssummen an *Angehörige eines Schwerverletzten* lagen bisher zwischen CHF 20 000.– und CHF 50 000.– (BGE 112 II 220, 225 f.; 117 II 50; KGer ZG, plädoyer 1999/6, 60; eingehende Kasuistik bei REY, Haftpflichtrecht, N 506; Gauch/Aepli/Stöckli/STÖCKLI, Art. 47 N 13 f.). Im unveröffentlichten Teil des BGE 122 III 5 ff. wurde jedoch die Regel aufgestellt, dass nahe Angehörige etwa auf die Hälfte der dem Verletzten selbst zustehenden Genugtuung Anspruch haben (vgl. SIDLER, in: MÜNCH/GEISER (Hrsg.), Schaden – Haftung – Versicherung, 445, 480).

17.15   Bei sonstigen Verletzungen des *Persönlichkeitsrechts* liegen die zugesprochenen Genugtuungssummen kaum jemals über CHF 10 000.–.

Eine Wende in der Rechtsprechung hat sich jedoch in Fällen *sexuellen Missbrauchs* abgezeichnet, in denen Genugtuungssummen bis zu CHF 100 000.– zugesprochen werden (vgl. BGE 125 III 269, 275 f.). Auch bei Übertragung des *HI-Virus* durch ungeschützten Sexualkontakt wurden CHF 80 000.– als Genugtuung gewährt (vgl. BGE 125 III 412, 417 ff.). Insgesamt müssen in vielen Fällen die zugesprochenen Genugtuungssummen jedoch als geradezu lächerlich niedrig bezeichnet werden (vgl. GURZELER, 327 ff.).

3. Arten der Genugtuung

Grundsätzlich erfolgt die Leistung von Genugtuung in Form eines einmaligen *Kapitalbetrages*. Bei andauernder immaterieller Unbill ist jedoch auch die Zusprechung einer *Rente* denkbar (vgl. BGE 134 III 97 ff.). 17.16

Nach Art. 49 Abs. 2 kann das Gericht bei Persönlichkeitsverletzungen anstatt oder neben einer Geldleistung auch auf eine *andere Art der Genugtuung* erkennen. Als solche kommt vor allem eine Gegendarstellung, der Widerruf unwahrer Behauptungen, die gerichtliche Missbilligung, eine Urteilspublikation (dazu BGE 131 III 26 ff.) oder auch die symbolische Leistung eines Betrages oder Zahlung an Dritte in Betracht (vgl. BernerKomm/BREHM, Art. 49 N 102 ff.; krit. REY, Haftpflichtrecht, N 507 ff.). 17.17

§ 18   Einzelne Schadensfälle

I. Schadenersatz bei Eigentumsverletzung

Literatur: BERGER, Schuldrecht, N 1849; DESCHENAUX/TERCIER, § 24; FURRER/MÜLLER-CHEN, Kap. 14 N 112 ff.; HONSELL, Haftpflichtrecht, § 8 N 44 ff.; KELLER, Haftpflicht II, 103 ff.; KELLER/GABI/GABI, Haftpflichtrecht, 106 ff.; MERZ, SPR VI/1, 194 ff.; OFTINGER/STARK, Haftpflichtrecht I, § 6 N 354 ff.; REY, Haftpflichtrecht, N 306 ff.; ROBERTO, Haftpflichtrecht, N 670 ff.; SCHNYDER/PORTMANN/MÜLLER-CHEN, Haftpflichtrecht, N 421 ff.; WERRO, Responsabilité, N 82 ff., 969 ff.; BaslerKomm/HEIERLI/SCHNYDER A.K., Art. 41 N 12; BernerKomm/BREHM, Art. 41 N 77 ff., Art. 42 N 19 ff.; CHK/MÜLLER, OR 41 N 28 ff.; CR CO I/WERRO, Art. 42 N 14 f.; KuKo OR/SCHÖNENBERGER, Art. 42 N 15 ff.;

BERTHOUD, Le droit aux valeurs d'affection, Diss. Lausanne 2008, Genf/Basel/Zürich 2008; BREHM, Der Tierschaden, in: Strassenverkehrsrechtstagung 2004, Freiburg i.Ue. 2004, 181 ff.; DERS., Les nouveaux droits du détenteur en cas de lésion subie par son animal, HAVE 2003, 119 ff.; CHAPPUIS GUY, Die neuen Rechte des Halters eines getöteten oder verletzten Tieres – wie neu sind sie wirklich?, in: Strassenverkehrsrechtstagung 2004, Freiburg i.Ue. 2004, 192 ff.; DIES., Les nouvelles dispositions de responsabilité civile sur les animaux: Que vaut Médor?, in: CHAPPUIS CHRISTINE/WINIGER (Hrsg.), Le préjudice, Journée de la responsabilité civile 2004, Zürich 2005, 15 ff.; DIES., Les nouveaux droits du déteneur de l'animal tué ou blessé. Nouveaux, vraiment?, HAVE 2004, 92 ff.; FUHRER, Ausgewählte Fragen im Zusammenhang mit der Liquidation von Sachschäden, in: KOLLER ALFRED (Hrsg.), Haftpflicht- und Versicherungsrechtstagung 1993, St. Gallen 1993, 73 ff.; HUBER, Der merkantile Minderwert beim Kfz-Schaden – ein vernachlässigbarer oder vernachlässigter Schadensposten?, Festschrift Welser, Wien 2004, 303 ff.; KREPPER, Affektionswert-Ersatz bei Haustieren, AJP 2008, 704 ff.; LANDOLT, Haftpflichtrechtliche Ersatzpflicht für Autoschäden, in: SCHAFFHAUSER (Hrsg.), Jahrbuch zum Strassenverkehrsrecht 2008, St. Gallen 2008, 89 ff.; NÄNNI, Integritätsinteresse und Ersatz fiktiver Kosten, Festschrift von der Crone, Zürich 2007, 145 ff.

18.01   Liegt eine Eigentumsverletzung (vgl. zum Begriff der Eigentumsverletzung N 50.16 ff.) vor, so ist der daraus resultierende Nachteil im Vermögen der Geschädigten zu ersetzen. Der Sachschaden ist demnach der durch *Zerstörung*, *Beschädigung* oder *Verlust einer Sache* hervorgerufene Schaden (vgl. BGE 118 II 176, 179; 116 II 480, 490 f.). Schadensrechtlich relevant ist also nur die Vermögensverminderung und nicht die Beeinträchtigung der Sache.

1. Wertersatz

18.02   Bei Zerstörung oder Verlust einer Sache ist zunächst der sog. *Verkehrswert* zu ersetzen, d.h. die Kosten, die für eine Wiederbeschaffung am Markt aufgewendet werden müssen. Bei wertbeständigen Sachen entspricht dies dem Preis einer Neuanschaffung (zur Berechnung bei Baumschäden vgl. BGE 127 III 73, 77 ff., m. Anm. ROBERTO, AJP 2001, 723 ff.); bei nicht wertbeständigen Sachen entscheidet der jeweilige Gebrauchtwert (vgl. dazu OFTINGER/STARK, Haftpflichtrecht I, § 6 N 360 ff.). Bei Gegenständen, bei denen kein Occasionshandel besteht, oder wenn die Anschaffung einer gebrauchten Sache der Geschädigten nicht zumutbar ist (z.B. Kleider, Schuhe etc.), ist der Neupreis zu erstatten, wobei allerdings ggf. ein Abzug «neu für alt» zu machen ist (vgl. N 15.18).

18.03   Das *subjektive Interesse* der Geschädigten kann jedoch im Einzelfall den Verkehrswert übersteigen, z.B. in dem klassischen Lehrbuchbeispiel der Tötung eines dressierten Hundes, der zusammen mit einem anderen Hund als eingeübtes Paar eine Zirkusnummer bestreitet. Hier muss über den Marktwert des getöteten Hundes hinaus auch in Rechnung gestellt werden, dass der überlebende Hund durch den Tod seines Partners an Wert verliert. Insoweit ist der Schadenersatz nicht allein objektiv, sondern auch subjektiv zu berechnen (in diesem Sinne auch OFTINGER/ STARK, Haftpflichtrecht I, § 6 N 357). Dies gilt z.b. auch bei Zerstörung oder Beschädigung von Bäumen, selbst wenn dadurch der Grundstückswert nicht beeinträchtigt wird (BGE 129 III 331, 334); die Wiederherstellungskosten können als Schadenersatz verlangt werden.

Nicht ersatzfähig ist grundsätzlich ein blosses *Affektionsinteresse* (vgl. REY, Haftpflichtrecht, N 323 m.w. Nachw.). Bei Verletzung oder Tötung eines *Haustieres* kann allerdings nach Art. 43 Abs. 1bis dem Affektionswert angemessen Rechnung getragen werden. Zu den Tieren, die im häuslichen Bereich gehalten werden, gehören auch in einem Stall untergebrachte Pferde. Im Übrigen kann nur in extremen Ausnahmefällen, z.b. bei absichtlicher, grausamer Zerstörung einer Sache, darin gleichzeitig eine Persönlichkeitsverletzung der Eigentümerin gesehen und ein Genugtuungsanspruch nach Art. 49 Abs. 1 gewährt werden (BGE 87 II 290, 292 f.). 18.04

Werden *herrenlose Sachen*, z.b. Fische, Frösche etc., zerstört, so fehlt es schon deshalb an einem Schaden im Sinne der Differenztheorie, weil sie in niemandes Eigentum stehen. Nach verschiedenen Sondergesetzen (Art. 59a USG, Art. 31 GTG) muss die haftpflichtige Person jedoch die Kosten von Massnahmen ersetzen, die ergriffen werden, um die Umwelt wieder herzustellen. 18.05

2. Reparaturkosten

Wird eine beschädigte Sache repariert, so sind zunächst die für die Reparatur erforderlichen *Kosten* zu ersetzen. Ist eine Reparatur nicht möglich, ist der durch die Beschädigung verursachte *Minderwert* auszugleichen. Bei Beschädigung eines Autos (dazu speziell HONSELL, Haftpflichtrecht, § 8 N 49 ff.; KELLER, Haftpflicht II, 107 ff.) sollen die Reparaturkosten unabhängig davon verlangt werden können, ob die Geschädigte die Reparatur tatsächlich von einer Werkstatt vornehmen lässt, sie kostengünstig selbst ausführt oder das beschädigte Auto einfach weiterbenutzt (vgl. REY, Haftpflichtrecht, N 328). Diese im Hinblick auf die Differenztheorie nicht unproblematische, aber herrschende Auffassung kann grundsätzlich nicht auf Fälle der Beschädigung anderer Sachen übertragen werden. So sind potenzielle tierärztliche Behandlungskosten nicht zu erstatten, wenn die Eigentümerin es vorzieht, das Tier nicht behandeln, sondern verenden zu lassen. 18.06

Übersteigen die Reparaturkosten den aktuellen Verkehrswert der Sache, so liegt ein sog. *wirtschaftlicher Totalschaden* vor (z.B. HONSELL, 18.07

Haftpflichtrecht, § 8 N 51 m.w. Nachw.). In diesem Fall soll die Geschädigte nicht die höheren Reparaturkosten, sondern lediglich die Kosten für die Anschaffung einer Ersatzsache verlangen können. Bei Beschädigung von austauschbaren marktgängigen Sachen, insbesondere Kraftfahrzeugen, erscheint dies sachgerecht und entspricht der Pflicht der Geschädigten, den Schaden so gering wie möglich zu halten. Werden andere Sachen, z.B. Tiere, Bäume, denkmalgeschützte Häuser etc., beschädigt, so kann dieser Grenzwert nicht übernommen werden (vgl. auch ROBERTO, Haftpflichtrecht, N 680 ff.). Für Haustiere stellt nunmehr Art. 42 Abs. 3 ausdrücklich klar, dass Heilungskosten auch dann angemessen als Schaden geltend gemacht werden können, wenn sie den Wert des Tieres übersteigen. Freilich gibt es auch in diesen Fällen eine *Obergrenze* für den Ersatz der Reparaturkosten, jenseits derer die Geschädigte ihre Schadensminderungspflicht nach Art. 44 Abs. 1 verletzt.

18.08   Trotz durchgeführter Reparatur kann ein Minderwert der Sache verbleiben *(merkantiler Minderwert)*. Dies gilt insbesondere für Unfallautos, für die auch nach ordnungsgemässer Reparatur bei Wiederverkauf auf dem Markt nur ein geringerer Preis zu erzielen ist. Dieser Minderwert ist der Geschädigten ebenfalls zu ersetzen, und zwar unabhängig davon, ob er sich bei einem allfälligen Wiederverkauf realisiert und ob ein solcher überhaupt stattfindet (vgl. BGE 64 II 137, 138 f.; w. Nachw. bei OFTINGER/STARK, Haftpflichtrecht I, § 6 N 370).

3. Entgangene Gebrauchsvorteile

18.09   Bei Zerstörung, Verlust oder Beschädigung einer Sache entsteht der Geschädigten oft auch ein *Nutzungsausfall* während der Reparaturzeit bzw. bis zur Lieferung einer Ersatzsache. Beispiele: Bei einer vermieteten Sache entfallen die Mieteinnahmen; eine Fabrik kann während der Zeit des Ausfalls einer Maschine nicht produzieren; das Taxiunternehmen benötigt während der Reparaturzeit ein Ersatzfahrzeug. Soweit sich diese Schadensposten ziffernmässig im Vermögen der Geschädigten niederschlagen, sind auch sie zu ersetzen. Eine abstrakte Nutzungsentschädigung ist im Rahmen der Vertragshaftung zwar grundsätzlich zu bejahen, im ausservertraglichen Bereich jedoch abzulehnen.

18.10   Zur Frage, ob der Geschädigte bei zeitweisem *Ausfall eines Motorfahrzeugs* Ersatz allfälliger Mietwagenkosten beanspruchen kann, haben Rechtsprechung und Lehre folgende Kriterien entwickelt (vgl. statt vieler BernerKomm/BREHM, Art. 41 N 80 m.w. Nachw.). Tatsächlich entstandene Mietwagenkosten sind nur ersatzfähig, wenn das Auto *gewerblich* oder *beruflich genutzt* wird oder wenn es der Geschädigten nicht zumutbar ist, für die Fahrt zur Arbeit und für sonstige Verrichtungen ein öffentliches Verkehrsmittel zu benützen. Diejenige, die ihr Auto lediglich *privat nutzt* und auf öffentliche Verkehrsmittel umsteigen kann, hat keinen Ersatzanspruch, auch wenn sie tatsächlich einen Ersatzwagen anmietet. Sie kann allenfalls die Kosten für öffentliche Verkehrsmittel und ggf. Taxikosten verlangen. Dogmatisch lässt sich dies damit begründen, dass die Miete eines Ersatzwagens in diesem Fall eine Verletzung der Schadensminderungspflicht nach Art. 44 Abs. 1 darstellt. Entwickelt wurden diese Kriterien für Verkehrsunfälle, d.h. im ausservertraglichen Haftpflichtrecht. Bei Nutzungsausfall aufgrund Vertragsverletzung mag anhand des Schutzzwecks der Norm im Einzelfall anders zu entscheiden sein (vgl. N 14.11).

Für den Fall, dass kein Anspruch auf Ersatz von Mietwagenkosten besteht, vertreten einzelne Autoren die Auffassung, dass die Geschädigte anteiligen *Ersatz der Generalunkosten* (Steuern, Versicherung, Garagenmiete etc.) verlangen könne (vgl. VON TUHR/PETER, 84 FN 10). Eine Haftung für derartige frustrierte Aufwendungen kommt jedoch allenfalls im Vertragsrecht in Betracht, im ausservertraglichen Schadenersatzrecht ist sie abzulehnen (so auch OFTINGER/STARK, Haftpflichtrecht I, § 6 N 376; REY, Haftpflichtrecht, N 316). 18.11

II. Schadenersatz bei Körperverletzung

Literatur: BERGER, Schuldrecht, N 1846, 1848; DESCHENAUX/TERCIER, § 25; ENGEL, OR AT, 511 ff.; FURRER/MÜLLER-CHEN, Kap. 14 N 101 ff.; HONSELL, Haftpflichtrecht, § 8 N 59 ff.; KELLER, Haftpflicht II, 51 ff.; KELLER/GABI/GABI, Haftpflichtrecht, 88 ff.; MERZ, SPR VI/1, 199 ff.; OFTINGER/STARK, Haftpflichtrecht I, § 6 N 89 ff.; REY, Haftpflichtrecht, N 219 ff.; ROBERTO, Haftpflichtrecht, N 639 ff.; SCHNYDER/PORTMANN/MÜLLER-CHEN, Haftpflichtrecht, N 396 f., 407 ff.; WERRO, Responsabilité, N 63 ff., 991 ff.; BaslerKomm/HEIERLI/SCHNYDER A.K., Art. 46; BernerKomm/BREHM, Art. 46; CHK/MÜLLER, OR 46; CR CO I/WERRO, Art. 42 N 13; KuKo OR/SCHÖNENBERGER, Art. 46; ZürcherKomm/LANDOLT, Art. 46;

BECK, Leistungsabbau im Sozialversicherungsrecht – Konsequenzen für die Schaden- und Regresserledigung, in: WEBER (Hrsg.), Personen-Schaden-Forum 2007, Zürich/Basel/Genf 2007, 249 ff.; BERGER, Das Risiko posttraumatischer Spätfolgen nach Hirnverletzung, Vom Umgang des Juristen mit unfallbedingten gesundheitlichen Spätfolgen und was der Arzt dazu beitragen kann, HAVE 2007, 13 ff.; BREHM, La réparation du dommage corporel en responsabilité civile, Bern 2002; DERS., Schadensatz für Körperverletzung in der Schweiz, in: KOCH/KOZIOL (Hrsg.), Compensation for personal injury in a comparative perspective, Wien 2003, 325 ff.; DERS., Die problematische Berechnung des Dauerschadens, in: WEBER (Hrsg.), Personen-Schaden-Forum 2008, Zürich/Basel/Genf

2008, 223 ff.; DORN/GEISER/GRAF/SOUSA-POZA, Die Berechnung des Erwerbsschadens, Bern 2007; DORN/GEISER/SENTI/SOUSA-POZA, Die Berechnung des Erwerbsschadens mit Hilfe von Daten der Lohnstrukturerhebung, in: HAVE (Hrsg.), Personen-Schaden-Forum 2005, Zürich 2005, 39 ff.; FELLMANN, Normativierung des Personenschadens – der Richter als Gesetzgeber?, in: HAVE (Hrsg.), Personen-Schaden-Forum 2005, Zürich 2005, 13 ff.; DERS., Genetische Untersuchungen und Haftpflichtrecht, HAVE 2006, 9 ff.; HUBER, Statistische Schadensberechnung und Schadenregulierung: Die Bestimmung des Erwerbsschadens mit Hilfe von Statistiken, in: WEBER (Hrsg.), Personen-Schaden-Forum 2009, Zürich/Basel/Genf 2009, 121 ff.; HÜTTE, Gedanken zur Ermittlung des haftpflichtrelevanten künftigen Schadens jugendlicher Schwerstinvalider wegen Minderung der Erwerbsfähigkeit, SVZ 1991, 157 ff.; GEKELER HUNZIKER, Der Rentenschaden, AwR 2006, 235 ff.; GRESSLY, Schadenersatz in Form einer indexierten Rente?, Collezione Assista, Genf 1998, 242 ff.; KISSLING, Dogmatische Begründung des Haushaltschadens, Diss. Bern 2006; LANDOLT, Der Fall Kramis (BGE vom 24.3.2002 4C.276/2001) – Pflegeschaden quo vadis?, ZBJV 2003, 394 ff.; DERS., Der Pflegeschaden, in: HAVE (Hrsg.), Personen-Schaden-Forum 2003, Zürich 2003, 67 ff.; DERS., Strukturelle Vereinfachung des Haftpflichtrechts, in. WEBER (Hrsg.), Personen-Schaden-Forum 2008, Zürich/Basel/Genf 2008, 231 ff.; LANDOLT, Essenzielle Entwicklungen im neuen Jahrhundert: Der Betreuungs- und Pflegeschaden, in: WEBER (Hrsg.), Personen-Schaden-Forum 2012, Zürich/Basel/Genf 2012, 251 ff.; LANDOLT/RUGGLI, Der Bereitschafts-(Präsenz-) und Überwachungsschaden, in: LANDOLT/RUGGLI, Der Angehörigenschaden und soziale Sicherheit der pflegenden Angehörigen/Der Bereitschafts-(Präsenz-) und Überwachungsschaden, Zürich/Basel/Genf 2010, 99f.; OTT WERNER E., Erwerbsausfall von Selbständigerwerbenden, in: KOLLER ALFRED (Hrsg.), Haftpflicht- und Versicherungsrechtstagung 2001, St. Gallen 2001; SCHAETZLE, Der Geschädigte hat die Wahl: indexierte Rente oder Kapital?, AJP 1999, 1162 ff.; DERS., Der Schaden und seine Berechnung, in: MÜNCH/GEISER (Hrsg.), Schaden – Haftung – Versicherung, Basel/Genf/München 1999, 401 ff.; DERS., Erschwerung des wirtschaftlichen Fortkommens – kapitalisiert, AJP 1999, 1472 ff.; DERS., Wie künftig Lohn- und Kostenentwicklungen sowie Pensionskassenleistungen zu berücksichtigen sind, HAVE 2006, 136 ff.; SCHATZMANN, Die Erschwerung des wirtschaftlichen Fortkommens, SJZ 2000, 333 ff.; DERS., Die Erschwerung des wirtschaftlichen Fortkommens, Bern 2001; DERS., Rentenschaden im Invaliditätsfall: Stand der Diskussion, HAVE 2002, 253 ff.; DERS., Die Invaliditätsbemessung im Haftpflichtrecht am Beispiel des Erwerbsschadens, in: WEBER (Hrsg.), Personen-Schaden-Forum 2008, Zürich/Basel/Genf 2008, 51 ff.; SCHMID, Invaliditätsbemessung im Haftpflichtrecht: Ausgewählte Probleme aus der Sicht des Geschädigtenvertreters, in: WEBER (Hrsg.), Personen-Schaden-Forum 2008, Zürich/Basel/Genf 2008, 13 ff.; STUDHALTER, Gesamtschadenmethode, Saldoverrechnung und Kongruenzdivergenzen, HAVE 2006, 114 ff.; SÜSSKIND, Nachweis des Personenschadens, in: HAVE (Hrsg.), Personen-Schaden-Forum 2004, Zürich 2004, 111 ff.; TRIGO TRINDADE, Mort d'homme, invalidité et analyse économique du droit, in: CHAPPUIS CHRISTINE/WINIGER (Hrsg.), Le préjudice, Journée de la responsabilité civile 2004, Zürich 2004, 93 ff.; WEBER, Vereinfachungen, Visionen und Illusionen, in: WEBER (Hrsg.), Personen-Schaden-Forum 2008, Zürich/Basel/Genf 2008, 291 ff.; WEBER/SCHAETZLE, Personenschaden im Rück- und Ausblick - eine kritische Standortbestimmung, in: WEBER (Hrsg.), Personen-Schaden-Forum 2010, Zürich/Basel/Genf 2010, 281 ff.; DIES., Von Einkommensstatistiken zum Kapitalisierungszinsfuss oder warum jüngere Geschädigte zu wenig Schadenersatz erhalten und ältere zu viel, AJP 1997, 1106 ff.; DIES., Wie soll der zukünftige Schaden konkret berechnet werden?, AJP 1998, 197 f.; WERRO, Le préjudice: une notion dans la mouvance des conceptions, in: CHAPPUIS CHRISTINE/WINIGER (Hrsg.), Le préjudice, Journée de la responsabilité civile 2004, Zürich 2004, 125 ff.; WESSNER, L'indemnisation du dommage patrimonial résultant de l'invalidité chez les jeunes lésés, in: WERRO (Hrsg.), Le temps dans la responsabilité civile, Bern 2007, 139 ff.; WYSS, Gedanken zum Kapitalisierungszinsfuss bei Invaliditäts- und Versorgerschäden, AJP 1997, 848 ff.; DERS., Neue Tendenzen in der Berechnung von Invaliditäts- und Versorgerschäden, in: TERCIER (Hrsg.), Kapitalisierung – Neue Wege, Freiburg i.Ue. 1998, 191 ff.; DERS., Und nochmals Bemerkungen zur Berechnung von Invaliditäts- und Versorgerschäden, AJP 1998, 183 ff.

Liegt eine Körperverletzung (zum Begriff vgl. N 50.08 ff.) vor, so ergeben sich die ersatzfähigen Schadensposten aus Art. 46 Abs. 1. Streitig ist, ob die darin enthaltene gesetzliche Aufzählung abschliessend oder lediglich enumerativ ist (abschliessend: HONSELL, Haftpflichtrecht, § 8 N 61; BaslerKomm/HEIERLI/SCHNYDER A.K., Art. 46 N 2; BernerKomm/BREHM, Art. 46 N 4; enumerativ: OFTINGER/STARK, Haftpflichtrecht I, § 6 N 103; KELLER/GABI/GABI, Haftpflichtrecht, 88). Art. 46 Abs. 1 gewährt bei Körperschäden Ersatz der *Heilungskosten* und des *Verdienstausfalls*. Damit sind eigentlich alle denkbaren Schadensposten erfasst. Nachteile, die sich aus der Erschwerung des wirtschaftlichen Fortkommens ergeben, sind kein gesonderter Schadensposten, sondern im Rahmen des Verdienstausfalls zu berücksichtigen.   18.12

Häufig können im Zeitpunkt des Urteils die genauen Folgen einer Körperverletzung noch nicht abschliessend beurteilt werden. Der Gesetzgeber hat deshalb in Art. 46 Abs. 2 und einer Reihe von Spezialgesetzen (vgl. z.B. Art. 36 Abs. 3 EleG; zu Art. 62 Abs. 1 SVG vgl. OFTINGER/STARK, Haftpflichtrecht I, § 6 N 223 FN 348 f.) die Möglichkeit des sog. *Rektifikations-* oder *Nachklagevorbehalts* bei Körperverletzung vorgesehen. Das Gericht kann dadurch die Unsicherheiten, z.B. über Grösse und Dauer der Schädigung, berücksichtigen und eine allfällige Anpassung des Urteils während maximal zweier Jahre ermöglichen (vgl. ausführlich OFTINGER/STARK, Haftpflichtrecht I, § 6 N 222 ff.; REY, Haftpflichtrecht, N 272 ff.).   18.13

1. Heilungskosten

Bei einer Körperverletzung sind zunächst alle *Kosten* zu erstatten, die erforderlich sind, um die Folgen der *Verletzung zu beheben* oder zu *mindern*. Hierunter fällt die ärztliche Behandlung, sei sie ambulant oder im Spital, erste Hilfe, Krankentransport, häusliche Pflege, Kuren, Bäder, Arzneien, spezielle Ernährung, Kranken- und Pflegeutensilien wie Rollstühle, Wäsche, Krücken und Prothesen. Bei dauernder Gehbehinde-   18.14

rung können beispielsweise auch die Kosten für einen Umzug in eine behindertengerechte Wohnung oder für entsprechende Umbaumassnahmen verlangt werden. Kosten für die Umrüstung eines Autos sind jedenfalls dann ersatzfähig, wenn das Auto zur Ausübung des Berufs erforderlich ist (Kasuistik bei OFTINGER/STARK, Haftpflichtrecht I, § 6 N 110; REY, Haftpflichtrecht, N 229 f.; Gauch/Aepli/Stöckli/STÖCKLI, Art. 46 N 3).

18.15   Zu den Kosten der Heilbehandlung gehören auch *Besuchskosten naher Angehöriger* (BGE 97 II 259, 266 f.) oder Kosten, die entstehen, wenn Eltern ihr verunfalltes Kind im Wege des Rooming-in im Spital begleiten, sofern dies der Heilung förderlich ist (sog. *Betreuungsschaden*, vgl. BGer, 27. 3. 2007, 4C.413/2006).

18.16   Grundsätzlich sind nur die notwendigen Aufwendungen zu ersetzen. Freilich darf ein eventuelles *Prognoserisiko* nicht zulasten der Geschädigten gehen. Stellt sich z.B. erst nachträglich heraus, dass ein Helikoptertransport nicht erforderlich gewesen wäre, hat der Schädiger gleichwohl die hierfür erforderlichen Kosten zu tragen, wenn diese Transportart im Zeitpunkt des Unfalls nicht als völlig unvernünftig erschien (so BernerKomm/BREHM, Art. 46 N 9).

18.17   Ist die völlige Wiederherstellung medizinisch möglich, so ist sie auch dann geschuldet, wenn die hierfür aufzuwendenden Kosten aussergewöhnlich hoch sind. Einen *wirtschaftlichen Totalschaden* wie bei Sachschäden gibt es bei Körperschäden nicht. Freilich ist auch hier der Ersatzfähigkeit durch die Schadensminderungspflicht der Geschädigten nach Art. 44 Abs. 1 eine *Obergrenze* gesetzt. Verbleibt von der Verletzung eine kleine, im täglichen Leben nicht sichtbare Narbe, so kann die Verletzte nicht CHF 50 000.– für deren Beseitigung im Wege einer Schönheitsoperation verlangen, auch wenn dies medizinisch möglich wäre.

18.18   Heilungskosten sind *konkret* zu berechnen, d.h. sie können nur verlangt werden, wenn sie bereits angefallen sind bzw. sicher anfallen werden. Eine abstrakte, von der Vornahme der Heilbehandlung unabhängige Berechnung muss hier ausscheiden. Allerdings ist auch bei unentgeltlicher häuslicher Pflege durch Familienangehörige der *Pflegeschaden* im Umfang der Kosten für fremde Hilfe zu ersetzen (vgl. BGer, Pra 2002, 1127 ff.).

18.19   Heilungskosten werden heute regelmässig zunächst von der *Versicherung* der Geschädigten (Krankenversicherung, Unfallversicherung, Invalidenversicherung) übernommen. Eine Vorteilsanrechnung findet insoweit nicht statt. Die leistende Versicherung kann vielmehr im *Regresswege* auf den Schädiger bzw. dessen Haftpflichtversicherer zurückgreifen

(Art. 72 ATSG; Art. 34b BVG; vgl. aber N 88.32 f.). Die Ansprüche gehen allerdings nur so weit auf den Versicherungsträger über, als dessen Leistungen zusammen mit dem vom Schädiger geschuldeten Ersatz den entsprechenden Schaden übersteigen (vgl. Art. 73 Abs. 1 ATSG), was insbesondere bei einer Kürzung des Schadenersatzanspruchs wegen Selbstverschuldens Bedeutung erlangt (sog. *Quotenvorrecht*).

2. Verdienstausfall

Oftmals erleidet die in ihrer körperlichen Integrität Verletzte 18.20 neben den Heilungskosten auch einen *Verdienstausfall*, sei es zeitweise während der erforderlichen Heilbehandlung oder auf Dauer wegen Invalidität. Auch diese Kosten sind vom Schädiger neben den Heilungskosten zu ersetzen. Dabei ist vom jeweiligen Nettolohn auszugehen (BGE 136 III 222 ff.; 129 III 135, 142 f.). Ausserdem ist die *Erschwerung des wirtschaftlichen Fortkommens*, z.B. stärkere Gefährdung des Arbeitsplatzes für Teilinvalide, Beeinträchtigung der Beförderungschancen, stärkerer Leistungsabbau oder erhöhtes Risiko bei Verlust eines paarigen Organs (Auge, Gehör etc.), zu berücksichtigen.

Im Rahmen des Verdienstausfalls kommt nur ein *konkreter Schaden* in 18.21 Betracht (vgl. DESCHENAUX/TERCIER, § 25 N 10). Die *abstrakte Beeinträchtigung der Erwerbsfähigkeit*, ohne dass sich diese vermögensmässig auswirkt, ist – vom Sonderfall des Haushaltschadens (vgl. N 14.10) abgesehen – nicht ersatzfähig (BGE 127 III 403, 408). Bleibt ein Vermögensschaden bei einer selbstständig Erwerbenden aber nur deshalb aus, weil Angehörige unentgeltlich im Betrieb mitarbeiten und den Ausfall dadurch auffangen, kann dies den Schädiger nicht entlasten (vgl. BGer, AJP 2006, 606 f.). Die Unternehmerin, deren Betrieb trotz ihrer unfallbedingten Abwesenheit keine Einbussen zu verzeichnen hat, hat allerdings keinen Ersatzanspruch. Dasselbe gilt für den Playboy, der nur von den Früchten seines Vermögens lebt.

Während der bis zum Urteil eingetretene Verdienstausfall meist ohne 18.22 grosse Schwierigkeiten konkret berechnet werden kann, erfordert die Ermittlung des künftigen Schadens infolge Invalidität eine mehr oder weniger schwierige *Prognose*. Das Gericht muss prüfen, welche Auswirkungen die medizinische Invalidität auf die Fähigkeit der Geschädigten hat, eine Tätigkeit auszuüben. Dabei sind alle *Umstände des Einzelfalls* zu berücksichtigen, insbesondere die jeweilige berufliche Tätigkeit der Verletzten (vgl. die zahlreichen Nachw. bei OFTINGER/STARK, Haftpflichtrecht I, § 6 N 118 f.). Der Verlust eines Fingers hat bei einer Pianistin ganz andere Folgen als bei einer Buchhalterin. Aufgrund der Schadensminderungspflicht nach Art. 44 Abs. 1 ist die Geschädigte jedoch u.U. verpflichtet, sich umschulen zu lassen (dazu BernerKomm/BREHM, Art. 44 N 51). Auf den Verdienstausfall wird dann der Betrag angerechnet, den sie in einem anderen Beruf verdienen kann oder könnte. Bei (Teil-)Invalidität ist auch der sog. Rentenschaden zu ersetzen, d.h. die Einbusse bei der Altersrente aufgrund des verminderten Einkommens wegen Einschränkung der Erwerbsfähigkeit (BGE 126 III 41, 44 ff.; LÄUBLI ZIEGLER, AJP 2002, 841 ff.). Bei *unselbständig Erwerbenden* ist anzunehmen, dass sie ihre Erwerbstätigkeit nicht über das AHV-Alter hinaus fortsetzen (BGE 123 III 115, 117 ff.), für *selbständig Erwerbende* ist auf die konkreten Umstände abzustellen (BGE 136 III 310, 312; 124 III 222, 226). Anders als beim Haushaltschaden (N 18.23a) sind Reallohnerhöhungen nicht abstrakt, sondern nur konkret zu berücksichtigen (vgl. BGer, 13. 6. 2008, 4A_116/2008, E. 3).

18.23   Bei *Kindern* und *Personen in Ausbildung* ist es besonders schwierig, einen künftigen Verdienstausfall infolge Invalidität zu berechnen (OFTINGER/STARK, Haftpflichtrecht I, § 6 N 129 f. m.w. Nachw.). Das Gericht muss zunächst den wahrscheinlichen zukünftigen Beruf bestimmen, das darin von einer Gesunden erzielbare Einkommen schätzen und sodann zu ermitteln versuchen, um wieviel dieses Einkommen durch die Invalidität herabgesetzt wird. Lassen sich keine konkreten Anhaltspunkte finden, wird von einem Durchschnittseinkommen ausgegangen.

18.23a   Die Praxis bedient sich weitgehend *Berechnungsprogrammen* und *Barwerttafeln* (z.B. HGer ZH, ZR 2008, Nr. 14, 33 ff.; vgl. HONSELL, Haftpflichtrecht, § 8 N 72 ff.). Dabei wird oft vergessen, dass alle Rechnungen auf Hypothesen beruhen, und mathematische Genauigkeit nur vorgetäuscht ist (zur Kritik vgl. BREHM, ZBJV 2006, 325, 334 ff.). Besondere Aufmerksamkeit hat die Berechnung des Haushaltschadens erfahren. Hier wird auf die im Rahmen der schweizerischen Arbeitskräfteerhebung (SAKE) ermittelten Werte und die darauf basierenden Tabellen abgestellt; eine Reallohnerhöhung von 1%/Jahr ist zu berücksichtigen (vgl. BGE 132 III 321, 332 ff.).

18.24   Kein Ersatz für Verdienstausfall ist geschuldet, wenn der Verletzten Gewinne aus *verbotenen Geschäften* entgehen, z.B. aus Diebstahl oder Betäubungsmittelhandel (diff. Lösung bei OFTINGER/STARK, Haftpflichtrecht I, § 6 N 136). Dies gilt nicht für Einkommen aus einer Tätigkeit, die zwar (noch) als *sittenwidrig* gilt, aber nicht gesetzeswidrig ist, wie insbesondere die Prostitution (vgl. BGE 111 II 295, 296 ff.).

Fraglich ist, ob die Geschädigte auch dann Ersatz ihres Verdienstaus- 18.25
falls verlangen kann, wenn die Arbeitsunfähigkeit auf eine sog. *Begeh-
rensneurose* zurückzuführen ist, d.h. nicht auf die Unfallfolgen, sondern
auf eine mit der Aussicht auf eine Rente verbundene neurotische Fehlhal-
tung. Während im Bereich des UVG die Rechtsprechung grundsätzlich
die Adäquanz von Begehrensneurosen verneint (vgl. BGE 112 V 30,
36 ff. m.w. Nachw.), wird sie im Haftpflichtrecht bejaht (vgl. BGE 96 II
392, 396 ff.). Rein faktisch kann Begehrensneurosen dadurch vorgebeugt
werden, dass die Ersatzleistung nicht in Form einer Rente, sondern in
Form einer Kapitalleistung zugesprochen wird.

Erhält die Geschädigte aufgrund des IVG eine *Invalidenrente* und u.U. 18.26
aufgrund des UVG eine *Komplementärrente* (vgl. dazu HONSELL, Haftpflichtrecht, § 8 N 83), so wird diese auf den Schadenersatzanspruch
nicht angerechnet. Vielmehr geht der Anspruch im Wege der Legalzession (vgl. Art. 72 ATSG) im Umfang der Versicherungsleistung auf die
Versicherung über. Dasselbe gilt für Leistungen nach BVG (vgl. Art. 34b
BVG). Bei *Lohnfortzahlung* durch den Arbeitgeber nach Art. 324a hat
dieser analog Art. 51 Abs. 2 ein Rückgriffsrecht gegen den Schädiger
(vgl. BGE 126 III 521 ff.).

III. Schadenersatz bei Tötung

Literatur: BERGER, Schuldrecht, N 1847; DESCHENAUX/TERCIER, § 26;
ENGEL, OR AT, 518 ff.; FURRER/MÜLLER-CHEN, Kap. 14 N 108 ff.; HONSELL, Haft-
pflichtrecht, § 8 N 86 ff.; HUGUENIN, OR AT, N 623; KELLER, Haftpflicht II, 76 ff.;
KELLER/GABI, Schuldrecht II, 90 ff.; MERZ, SPR VI/1, 204 ff.; OFTINGER/STARK, Haft-
pflichtrecht I, § 6 N 242 ff.; REY, Haftpflichtrecht, N 278 ff.; SCHNYDER/PORTMANN/
MÜLLER-CHEN, Haftpflichtrecht, N 396 f., 398 ff.; BaslerKomm/HEIERLI/SCHNYDER
A.K., Art. 45; BernerKomm/BREHM, Art. 45; CHK/MÜLLER, OR 45; CR CO I/WERRO,
Art. 45; KuKo OR/SCHÖNENBERGER, Art. 45; ZürcherKomm/LANDOLT, Vorb zu Art. 45/46,
Art. 45;

. BITTEL, Ausgewählte Fragen zum Versorgungsschaden, in: HAVE (Hrsg.), Personen-
Schaden-Forum 2004, Zürich 2004, 53 ff.; BRUNNER/FELLER, Zur «Haftung des Motor-
fahrzeughalters für Versorgerschäden seiner Familienangehörigen», HAVE 2008, 195 ff.;
EICHENBERGER, Der Versorgerschaden und die besonderen haftungs- und versicherungs-
rechtlichen Bestimmungen des Strassenverkehrsgesetzes, Jusletter 26. Juli 2010; FISCHER,
Berechnungsvorschläge zum Versorgungsschaden aus der Praxis, in: WEBER (Hrsg.),
Personen-Schaden-Forum 2012, Zürich/Basel/Genf 2012, 19 ff.; HUNZIKER-BLUM,
Die Einwendung der Überschuldung des Versorgers, HAVE 2002, 148 ff.; KOZIOL, Die
Tötung im Schadenersatzrecht, Festschrift Widmer, Wien 2003, 203 ff.; LANDOLT, Der
Angehörigenschaden, in: LANDOLT/RUGGLI, Der Angehörigenschaden und soziale
Sicherheit der pflegenden Angehörigen/Der Bereitschafts-(Präsenz-) und Überwachungs-
schaden, Zürich/Basel/Genf 2010, 1 ff.; SCHMID, Aspekte und Thesen zum Versorgungs-

schaden, in: HAVE (Hrsg.), Personen-Schaden-Forum 2004, Zürich 2004, 11 ff.; STEHLE, Der Versorgungsschaden: Dogmatik und Berechnung, Diss. Freiburg i.Ue., Zürich/ Basel/Genf 2010; DERS., Kritisches zum Recht des Versorgungsschadens, HAVE 2010, 98 ff.; TRIGO TRINDADE, Mort d'homme, invalidité et analyse économique du droit, in: CHAPPUIS CHRISTINE/WINIGER (Hrsg.), Le préjudice, Journée de la responsabilité civile 2004, Zürich 2004, 93 ff; WERRO, Le dommage, l'indemnité et les frais funeraires: L'état critique d'une question de principe après l'ATF 135 III 397, FZR 2010, 1 ff.

1. Allgemeines

18.27   Im Falle der Tötung einer Person stellt nicht der Tod als solcher einen Schaden dar, sondern erst die Vermögenseinbusse, die die Erben oder Angehörigen aufgrund des Todes erleiden. Art. 45 nennt die in diesem Fall ersatzfähigen Schadensposten, wobei das Bundesgericht die darin enthaltene Aufzählung als *abschliessend* betrachtet (vgl. BGE 53 II 123 f.; 54 II 138, 141; a.A. die überwiegende Literatur, vgl. nur REY, Haftpflichtrecht, N 278 m.w. Nachw.). Art. 45 Abs. 1 und Abs. 2 gelten auch, wenn die Tötung durch ein vertragswidriges Verhalten verursacht wurde. Hingegen soll nach herrschender Meinung die Verweisung in Art. 99 Abs. 3 nicht für Art. 45 Abs. 3 gelten (vgl. BGE 123 III 204, 207; GAUCH/SCHLUEP/EMMENEGGER, N 2894 m.w. Nachw.), was vor allem für die Frage der Verjährung bedeutsam ist.

18.28   Die in Art. 45 Abs. 1 und Abs. 3 genannten Schadensposten stellen einen *Reflex- oder Drittschaden* dar, der vom Gesetz hier ausdrücklich für ersatzfähig erklärt wird. Demgegenüber handelt es sich bei den in Art. 45 Abs. 2 genannten Schäden um solche, die noch in der Person der Getöteten infolge einer Körperverletzung entstanden sind und auf die Erben im Wege der Universalsukzession übergehen (vgl. DESCHENAUX/TERCIER, § 26 N 10).

2. Bestattungskosten

18.29   Nach Art. 45 Abs. 1 sind zunächst die *Bestattungskosten*, mit denen in der Regel die Erben der Getöteten belastet sind, zu ersetzen. Diese Bestimmung schliesst die Berufung des Schädigers auf die *Reserveursache* (vgl. N 21.04) aus, dass diese Kosten zu einem späteren Zeitpunkt ohnehin angefallen wären (vgl. BGE 135 III 397, 401 ff.; krit. hierzu WERRO, FZR 2010, 1 ff.). Zu den Bestattungskosten gehören die Kosten für Kremation oder Beerdigung, Todesanzeigen, Trauerfeier, Trauerkleidung und Grabmal, nicht hingegen der Grabunterhalt (vgl. BGE 113 II 323, 338 f.).

3. Heilungskosten und Verdienstausfall

Ist der Tod erst einige Zeit nach der Körperverletzung eingetre- 18.30
ten, so ist Schadenersatz auch für die *Kosten der versuchten Heilung* und
den während dieser Zeit erlittenen *Verdienstausfall* geschuldet. Die Berechnung erfolgt hier in gleicher Weise wie im Rahmen des Art. 46
Abs. 1. Insoweit ist Art. 45 Abs. 2 überflüssig.

4. Versorgerschaden

Nach Art. 45 Abs. 3 können die Personen, die durch die Tötung 18.31
ihre Versorgerin verloren haben, Ersatz ihres Schadens verlangen. Der
Anspruch ist unabhängig davon, ob der Versorgte gleichzeitig Erbe der
Getöteten ist oder nicht. Erträgnisse aus Summenversicherungen sind auf
den Versorgerschaden nicht anzurechnen. Zur Anrechnung einer allfälligen Erbschaft vgl. N 15.19.

Als *Versorgerin* wird diejenige betrachtet, die eine andere Person re- 18.32
gelmässig in der Absicht unterstützt, ganz oder zum Teil ihre Existenz zu
sichern. Nicht entscheidend ist, ob die Getötete *von Gesetzes wegen* zur
Unterstützung verpflichtet war (vgl. BGE 114 II 144, 146). Als Versorgerin kommen dementsprechend in Betracht: Ehegatten, eingetragene
Partnerinnen, Eltern und Kinder, Stiefeltern und -kinder, Geschwister,
Schwiegereltern und -kinder, Verlobte, aber auch nichteheliche Partnerinnen (Nachw. bei OFTINGER/STARK, Haftpflichtrecht I, § 6 N 265 ff.;
zum Letzteren vgl. BGE 114 II 144, 146 f.).

Umfang und Dauer des Ersatzanspruches hängen davon ab, in welcher 18.33
Höhe und wie lange die Getötete dem Versorgten mutmasslich Unterhalt
geleistet hätte (Einzelheiten zur Berechnung bei REY, Haftpflichtrecht,
N 292 ff.; OFTINGER/STARK, Haftpflichtrecht I, § 6 N 280 ff.; HUNZI-
KER-BLUM, HAVE 2002, 148 ff.; sehr problematisch AppGer BS,
BJM 2009, 35 ff.). Die Alimentenbevorschussung durch das Gemeinwesen ist bei der Ermittlung des Schadens zu berücksichtigen (BGE 129 II
49, 53 ff.). Bei Tötung einer *Hausfrau und Mutter* ist ebenfalls Ersatz des
daraus entstehenden Versorgerschadens geschuldet, auch wenn die von
ihr erbrachten Unterhaltsleistungen in Natur erfolgten und die Einstellung einer Haushalts- und Erziehungshilfe unterbleibt. Der Schaden
wird – wie der Haushaltschaden - insoweit normativ bestimmt.

Weitere Vermögensschäden, die den Erben der Getöteten beispielswei- 18.34
se dadurch entstehen können, dass diese ein Unternehmen nicht weiter-

führen oder ihr Vermögen nicht weiter vermehren konnte, sind im Gegensatz zum Versorgerschaden nicht ersatzfähig.

IV. Schadenersatz bei Persönlichkeitsverletzung

Literatur: HAUSHEER, Gewinnherausgabe nach Persönlichkeitsverletzung durch Medien – BGE 5C.66/2006 vom 7. Dezember 2006, ZBJV 2007, 341 ff.; INDERKUM, Schadenersatz, Genugtuung und Gewinnherausgabe aus Persönlichkeitsverletzung, Diss. Fribourg 2008, Zürich/Basel/Genf 2008.

18.35 Führt die Persönlichkeitsverletzung zu psychischen Folgeschäden, so sind diese Kosten ebenso wie bei einer Körperverletzung zu ersetzen. Darüber hinaus kommt eine Genugtuung nach Art. 49 Abs. 1 in Betracht. Besondere Probleme entstehen bei einem lukrativen *Eingriff in die vermögenswerten Aspekte* der Persönlichkeit insbesondere in Zusammenhang mit Werbung und Medien. Veröffentlicht eine Zeitung einen ehrverletzenden Artikel und steigert damit die Auflage oder nutzt jemand das Photo eines Skifahrers unberechtigt für Werbezwecke, so wird ein Schaden im Vermögen des Trägers des Persönlichkeitsrechts regelmässig ziffernmässig nicht nachweisbar sein. Zu Recht wird deshalb die Methode der sog. *dreifachen Schadensberechnung* befürwortet (BGE 132 III 379, 382 f.). Danach kann der Schaden nach Wahl des Geschädigten auf drei verschiedene Arten berechnet werden: Ersatz des entgangenen Gewinns, Herausgabe des erzielten Gewinns und Lizenzanalogie, d.h. fingierte Lizenzgebühr. Das Bundesgericht (BGE 133 III 153, 160 ff.) hat in jüngerer Zeit den Anspruch auf Gewinnherausgabe bei Persönlichkeitsverletzung durch die Medien ausdrücklich anerkannt. Auch eine Berechnung des Schadens nach der Lizenzanalogie erscheint nunmehr möglich (ATC VS, RVJ 2007, 239, 242 f.).

Kapitel 2: Die Kausalität

Literatur: BERGER, Schuldrecht, N 1549 ff., 1852 ff.; DESCHENAUX/TERCIER, § 4; ENGEL, OR AT, 482 ff.; FURRER/MÜLLER-CHEN, Kap. 10 N 64 ff.; GAUCH/SCHLUEP/ EMMENEGGER, N 2945 ff.; GUHL/KOLLER, 67 ff.; HONSELL, Haftpflichtrecht, § 3; HUGUENIN, OR AT, N 625 ff.; KELLER, Haftpflicht I, 79 ff.; KELLER/GABI/GABI, Haftpflichtrecht, 20 ff.; KOLLER, OR AT, § 48 N 56 ff.; OFTINGER/STARK, Haftpflichtrecht I, § 3; PORTMANN/REY, 24 f.; REY, Haftpflichtrecht, N 516 ff.; ROBERTO, Haftpflichtrecht, N 149 ff.; VON TUHR/PETER, 87 ff.; WERRO, Responsabilité, N 191 ff.; BaslerKomm/ HEIERLI/SCHNYDER A.K., Art. 41 N 15 ff.; BaslerKomm/WIEGAND, Art. 97 N 41; BernerKomm/BREHM, Art. 41 N 102 ff.; BernerKomm/WEBER, Art. 97 N 217 ff.; CHK/ MÜLLER, OR 41 N 35 ff.; CHK/FURRER/WEY, OR 97–98 N 100 ff.; CR CO I/WERRO, Art. 41 N 32 ff.; CR CO I/THÉVENOZ, Art. 97 N 30 ff.; KuKo OR/SCHÖNENBERGER, Art. 41 N 13 ff.; KuKo OR/THIER, Art. 97 N 19;

BERGER, Unfallanalytik und Biomechanik – beweisrechtliche Bedeutung, SJZ 2006, 25 ff.; BERGER-STEINER, Der Kausalitätsbeweis, in: WEBER (Hrsg.), Personen-Schaden-Forum 2009, Zürich/Basel/Genf 2009, 13 ff.; BORLE, Keine haftpflichtrechtliche Kausalität bei banalen Unfallereignissen, HAVE 2010, 135 ff.; BRULHART, Les lésions bénignes du rachis cervical: les enjeux pour le responsable et l'assureur, in: CHAPPUIS CHRISTINE/WINIGER (Hrsg.), Les causes du dommages, Genf 2007, 131 ff.; DRUEY, Der Schutzzweck des Vertrags als Mittel zur Haftungsbegrenzung, Diss. Basel 2004; DUC, Notion de causalité en cas de lésion corporelles, AJP 2010, 644 ff.; FELLMANN, Neuere Entwicklungen im Haftpflichtrecht, AJP 1995, 878, 883 ff.; GALLI, Kausalität bei psychischen Störungen im Deliktsrecht, Diss. Basel 2006, Basel 2007; GAUCH, Grundbegriffe des ausservertraglichen Haftpflichtrechts, recht 1996, 225, 228 ff.; GIGER, Analyse der Adäquanzproblematik im Haftpflichtrecht, Festschrift Keller, Zürich 1989, 141 ff.; GUYAZ, La causalité en matière de lésions cervicales non objectivables: les enjeux pour la victime, in: CHAPPUIS CHRISTINE/WINIGER (Hrsg.), Les causes du dommage, Genf 2007, 81 ff.; HERZOG-ZWITTER/HAAS/NEUHAUS-DESCUVES, Haftpflichtrecht: Wegfall einer einmal gegebenen natürlichen Kausalität, HAVE 2009, 32 ff.; ILERI, Die Wahrscheinlichkeit oder die normative Wahrheit, Festschrift zum fünfzigjährigen Bestehen der Schweizerischen Gesellschaft für Haftpflicht- und Versicherungsrecht, Zürich/Basel/Genf 2010, 273 ff.; JUVET, Degré de la preuve en droit de la responsabilité civile, plus particulièrement sous l'angle de la causalité, Festschrift Brehm, Bern 2012, 205 ff.; KOLLER ALFRED, Die zivilrechtliche Haftung des Arztes für das unverschuldete Fehlschlagen einer Sterilisation, in: KOLLER ALFRED (Hrsg.), Haftpflicht- und Versicherungsrechtstagung 1997, St. Gallen 1997, 1, 17 ff.; KOZIOL, Schadenersatz für verlorene Chancen?, ZBJV 2001, 889 ff.; KRAMER, Die Kausalität im Haftpflichtrecht: Neue Tendenzen in Theorie und Praxis, ZBJV 1987, 289, 306 ff.; DERS., Schleudertrauma: Das Kausalitätsproblem im Haftpflicht- und Sozialversicherungsrecht, BJM 2001, 153 ff.; LOSER, Kritische Überlegungen zur Reform des privaten Haftpflichtrechts – Haftung aus Treu und Glauben, Verursachung und Verjährung, ZSR 2003 II, 127 ff.; DERS., Causation – Kausalität, HAVE 2005, 250 ff.; MÜLLER CHRISTOPH, La perte d'une chance, Bern 2002; DERS., Schadenersatz für verlorene Chancen – Ei des Columbus oder Trojanisches Pferd?, AJP 2002, 389 ff.; NIGG, Kausalität und Umwelthaftung im Zivilrecht, SVZ 1997, 30 ff.; OTT, Haftung des Arztes oder des Spitals infolge fehlerhafter Unfallbehandlung, Collezione Assista, Genf 1998, 438, 452 ff.; DERS., Das medizinische Gutachten – insbesondere das Fehler- und Kausalitätsgutachten im Arzthaftpflichtrecht, in: WEBER (Hrsg.), HAVE, Personen-Schaden-

Forum 2006, Zürich 2006, 41 ff.; PRIBNOW, Die überwiegende Undurchsichtigkeit – wie viel Beweis für welches Mass?, HAVE 2009, 158 ff.; PROBST, La causalité d'aujourd'hui, in: CHAPPUIS CHRISTINE/WINIGER (Hrsg.), Les causes du dommage, Genf 2007, 15 ff.; ROBERTO, Schadensrecht, Basel 1997; ROBERTO/GRECHENIG, Zurechnungsprobleme im Haftpflicht- und Sozialversicherungsrecht – die Rolle der Adäquanz, in: WEBER (Hrsg.), Personen-Schaden-Forum 2009, Zürich/Basel/Genf 2009, 55 ff.; ROMERIO, Toxische Kausalität, Basel 1996; SCHAER, Unerträglich faszinierend: Borderlinesyndrom der Adäquanz oder soll das zivile Haftpflichtrecht Auffangbecken für intensitätsarme Adäquanzen im Sozialversicherungsrecht sein?, Collezione Assista, Genf 1998, 554 ff.; SCHMID, Natürliche und adäquate Kausalität im Haftpflicht- und Sozialversicherungsrecht, in: KOLLER ALFRED (Hrsg.), Haftpflicht- und Versicherungsrechtstagung 1997, St. Gallen 1997, 183 ff.; SIDLER, Betrachtungen nach einer Dekade der besonderen Adäquanzprüfung bei sog. Schleudertraumen, AJP 2002, 791 ff.; WIDMER, Privatrechtliche Haftung, in: MÜNCH/GEISER (Hrsg.), Schaden – Haftung – Versicherung, Basel/Genf/München 1999, 7, 44 ff.; WENGER, Gesundheitsschäden durch Mobilfunkanlagen?, AJP 2005, 1171 ff.; WINIGER, Causalité: l'influence psychologique en droit suisse, in: CHAPPUIS CHRISTINE/WINIGER (Hrsg.), Les causes du dommage, Genf 2007, 37 ff.; WYSS, Kausalitätsfragen unter besonderer Berücksichtigung der hypothetischen Kausalität, SJZ 1997, 313 ff.

§ 19 Natürlicher und adäquater Kausalzusammenhang

I. Allgemeines – natürliche Kausalität

19.01   Die Haftung für einen eingetretenen Schaden kommt nur in Betracht, wenn das der Schädigerin zur Last gelegte Verhalten – die Verletzung einer Vertragspflicht oder einer deliktischen Verhaltenspflicht – *ursächlich* war. Mit anderen Worten: Es muss eine kausale Verknüpfung zwischen dem schädigenden Verhalten und der Rechtsgutsverletzung einerseits *(haftungsbegründende Kausalität)* sowie zwischen der Rechtsgutsverletzung und dem eingetretenen Schaden andererseits *(haftungsausfüllende Kausalität)* bestehen. Diese ist nach der sog. *conditio-sine-qua-non-Formel* dann gegeben, wenn das fragliche Verhalten nicht hinweggedacht werden kann, ohne dass der eingetretene Erfolg entfiele (sog. natürliche Kausalität; vgl. z.B. BGE 119 V 335, 337; 117 V 359, 360 m.w. Nachw.). Wird der Schädigerin ein *Unterlassen* vorgeworfen, so ist die Formel entsprechend abzuwandeln: Ein Unterlassen ist dann natürlich kausal, wenn das gebotene Verhalten nicht hinzugedacht werden kann, ohne dass der eingetretene Erfolg entfiele (vgl. etwa BGE 124 III 155, 165).

Viel diskutiert wird die Frage des *Beweismasses,* d.h. welches Mass an 19.01a Wahrscheinlichkeit zu verlangen ist, um die natürliche Kausalität bejahen zu können. Gemeinhin wird insoweit eine *überwiegende Wahrscheinlichkeit* verlangt (vgl. BGer, 15.3.2010, 4D_151/2009). Überwiegende Wahrscheinlichkeit soll nach der Rechtsprechung des Bundesgerichts voraussetzen, dass aus einem objektiven Gesichtswinkel wichtige Gründe für die Richtigkeit einer Behauptung sprechen, ohne dass andere Möglichkeiten eine signifikante Bedeutung aufweisen oder vernünftigerweise in Betracht kommen (BGE 133 III 81, 89). Eine derartige Wahrscheinlichkeitsschätzung gründet indes kaum auf einer soliden statistischen Basis, sie ist mehr oder weniger Ausdruck einer Scheinrationalität, die die gerichtliche Entscheidungsfindung eher verdunkelt denn erhellt. Es verwundert deshalb nicht, dass die Literatur dieser Rechtsprechung überwiegend kritisch gegenüber steht (vgl. nur PRIBNOW, HAVE 2009, 158 ff.).

Der *natürliche Kausalzusammenhang* allein ist nicht geeignet für die 19.02 Unterscheidung zwischen die Haftpflicht begründenden, rechtlich relevanten Ursachen und irrelevanten Ursachen. Denn eine einmal in Gang gesetzte Kausalkette kann sich unendlich fortsetzen. Verpasst z.B. jemand den Zug, weil das bestellte Taxi zu spät eintrifft, und wird er bei einem Unfall mit dem nächsten Zug verletzt, so ist die Vertragsverletzung eine natürliche Ursache für den eingetretenen Körperschaden, ja selbst dafür, dass der Verletzte bei dem sich anschliessenden Spitalaufenthalt bestohlen wird. Müsste die Schädigerin für alle, auch noch so entfernten Folgen ihres Verhaltens einstehen, so würde die Haftpflicht uferlos. Es bedarf deshalb der *Einschränkung* der in natürlichem Sinne haftungsrelevanten Ursachen aufgrund von *Wertungskriterien* (ausführlich BGE 123 III 110, 112; vgl. nur BaslerKomm/HEIERLI/SCHNYDER A.K., Art. 41 N 15).

II. Adäquanztheorie

Die erforderliche Haftungsbeschränkung erfolgt zunächst mittels 19.03 der *Adäquanztheorie.* Bei dieser handelt es sich nicht um eine Kausalitätstheorie im naturwissenschaftlichen Sinne, sondern um eine juristische Wertung mit dem Ziel der Haftungsbeschränkung. Nach bundesgerichtlicher Rechtsprechung und herrschender Lehre liegt ein adäquater Kausalzusammenhang vor, wenn die Ursache nach dem *gewöhnlichen Lauf der Dinge* und der *allgemeinen Lebenserfahrung* an sich geeignet ist, einen Erfolg von der Art des eingetretenen herbeizuführen, der Eintritt des Erfolges also durch das Ereignis allgemein als begünstigt erscheint (vgl. z.B. BGE 123 III 110, 112; 121 V 45, 49; 112 II 439, 442; 102 II 232, 237). Von entscheidender Bedeutung ist dabei das Kriterium der *Risikoerhöhung*. Haftpflichtrechtlich ist die Adäquanz – im Unterschied zum Sozialversicherungsrecht – nicht nach der Schwere des Unfallereignisses zu beurteilen (BGE 123 III 110, 113). Die sog. Harmlosigkeitsgrenze, wonach bei einer kollisionsbedingten Geschwindigkeitsänderung unter 10 km/h keine überwiegende Wahrscheinlichkeit mehr für die ursächliche Verknüpfung von Auffahrunfall und Körperverletzung spreche (vgl. nur HGer ZH, 16.8.2008; bestätigt durch BGer, 17.11.2009, 4A_494/2009; vgl. dazu BORLE, HAVE 2010, 135 ff.), ist abzulehnen (AppGer BS, BJM 2005, 33, 37; KGer BL, SJZ 2006, 136 ff.).

19.04 Mittels der Adäquanztheorie ist zunächst auf der Ebene der haftungsbegründenden Kausalität zu bestimmen, welche *Rechtsgutverletzungen* der Schädigerin zuzurechnen sind (ausdrücklich FELLMANN, AJP 1995, 878, 883 m. Nachw.). So haftet im oben genannten Beispiel das Taxiunternehmen nicht für die Folgen des Zugunfalls, da die Vertragsverletzung das Risiko, mit dem Zug zu verunglücken, nicht erhöht hat. Bejaht wurde die adäquate Kausalität hingegen in einem Fall, in dem der Vater zweier Kinder, die durch den Absturz eines Militärflugzeuges getötet wurden, infolge der Nachricht einen Nervenschock erlitt (BGE 112 II 118 ff.; weitere Kasuistik bei OFTINGER/STARK, Haftpflichtrecht I, § 3 N 28 ff.), oder auch bei Invalidität aufgrund psychischer Störungen nach einem Verkehrsunfall mit anschliessendem grundlosen strafrechtlichen Verfahren (vgl. AppGer BS, 21. 6. 2006, BJM 2007, 228, 233 ff.).

19.05 Die Adäquanztheorie dient aber auch dazu zu bestimmen, welche *Folgeschäden* im Rahmen der haftungsausfüllenden Kausalität der Schädigerin zuzurechnen sind. Beispiel: Weil jemand in seiner Kindheit eine Körperverletzung erlitten hat, die eine entstellende Narbe zurückliess, entgeht ihm die Heirat mit einer Millionenerbin; bei der Behandlung einer Körperverletzung wird eine Krebserkrankung diagnostiziert, aufgrund derer es dem Geschädigten verunmöglicht wird, zu einer preisgünstigeren Krankenkasse zu wechseln. In beiden Fällen ist der adäquate Kausalzusammenhang zwischen Rechtsgutsverletzung und Schaden abzulehnen, weil es an einer Risikoerhöhung fehlt.

19.06 Das Bundesgericht bejahte freilich zuweilen das Vorliegen eines adäquaten Kausalzusammenhangs in recht grosszügiger Weise. So wurde die Haftung des Ehebrechers bejaht, weil der Ehebruch der Frau zur Scheidung des Ehepaares und zum Stellenverlust des bei seinem Schwiegervater angestellten Ehemannes führte (BGE 43 II 309 ff.). Oftmals wird das

Kriterium der Adäquanz auch bemüht, wo es eigentlich um Fragen des Beweises der natürlichen Kausalität geht (zur Rspr. zum Schleudertrauma vgl. KRAMER, BJM 2001, 153, 166 ff.). Von daher ist es verständlich, wenn in der Lehre teilweise nach *anderen Möglichkeiten zur Eingrenzung* der ersatzfähigen Schäden gesucht wird (vgl. Kritik bei ROBERTO, Schadensrecht, 75 ff.; REY, Haftpflichtrecht, N 545 ff. m.w. Nachw.).

III. Schutzzwecktheorie

Die Schutzzwecktheorie (auch Normzwecktheorie, Lehre vom Rechtswidrigkeitszusammenhang), die vor allem in Deutschland die Adäquanztheorie schon weitgehend verdrängt hat, stellt darauf ab, ob der Ersatz eines bestimmten Schadens durch den durch Auslegung ermittelten *Schutzzweck der verletzten Norm* gedeckt wird (statt vieler REY, Haftpflichtrecht, N 547 m. Nachw.). Wie die Adäquanztheorie kann sie zunächst zur Begründung der Haftung für *primäre Rechtsgutsverletzungen* herangezogen werden. Beispiele: Begründung der Widerrechtlichkeit im Sinne des Art. 41 Abs. 1 bei reinen Vermögensschäden (vgl. N 50.19 ff.); Zurechnung von Schockschäden gegenüber einem Unfallverursacher. Sodann ermöglicht sie die Zurechnung von *Folgeverletzungen*. Beispiel: Der aufgrund eines Unfalls Hospitalisierte zieht sich im Spital eine Lungenentzündung zu; er wird im Spital bestohlen. Während im ersten Beispielsfall die *Folgeverletzung* vom Schutzzweck der ursprünglich verletzten Norm mitumfasst ist, scheidet eine Haftung im zweiten Beispielsfall für den Diebstahl aus. Die Norm, Leib und Leben einer anderen Person nicht zu verletzen, will nicht vor allfälligen Diebstählen schützen. Schliesslich kann die Schutzzwecklehre aber auch für die Frage der Zurechnung von *Folgeschäden* herangezogen werden. Wer als Steuerberaterin ihre Pflicht verletzt, den Klienten über die steuerlichen Nachteile eines Grundstückskaufs aufzuklären, haftet nicht für Nachteile, die aus anderen als steuerlichen Gründen entstehen, z.B. wenn sich das gekaufte Grundstück als mangelhaft erweist. Liefert die Verkäuferin ein mangelhaftes Bierfass, so haftet sie nur für den Wert ausgelaufenen Bieres, nicht jedoch für den höheren Wert des vom Käufer wider Erwarten eingefüllten Weines (Beispiel nach Molinaeus). Auf diese Weise kann auch der Ersatz entgangener Urlaubsfreude bei Mängeln des Reiseveranstaltungsvertrages bejaht werden (vgl. N 14.11); Strassenverkehrsregeln hingegen bezwecken regelmässig lediglich den Schutz von Leib, Leben und Eigentum, sie sollen nicht ungestörten Urlaubsgenuss sichern.

19.07

19.08   Bei einer Abkehr vom Erfolgsunrecht und einer konsequenten Anwendung des Verhaltensunrechts auch in Fällen der Verletzung eines
absoluten Rechts (hierzu ausführlich N 50.28 ff.) ist der Zweck der verletzten Verhaltensnorm bereits im Rahmen der Widerrechtlichkeit zu
prüfen (vgl. ROBERTO, Haftpflichtrecht, N 65 ff., 205).

§ 20   Unterbrechung des Kausalzusammenhangs

Literatur: BERGER, Schuldrecht, N 1855 ff.; DESCHENAUX/TERCIER, § 4
N 51 ff.; FURRER/MÜLLER-CHEN, Kap. 10 N 81 ff.; GUHL/KOLLER, 69 ff.; HONSELL,
Haftpflichtrecht, § 3 N 37 ff.; HUGUENIN, OR AT, N 629; KELLER, Haftpflicht I, 92 ff.;
KELLER/GABI/GABI, Haftpflichtrecht, 38 ff.; KOLLER, OR AT, § 48 N 85 ff.; OFTIN-
GER/STARK, Haftpflichtrecht I, § 3 N 132 ff.; PORTMANN/REY, 25 ff.; REY, Haftpflicht-
recht, N 551 ff.; SCHNYDER/PORTMANN/MÜLLER-CHEN, Haftpflichtrecht, N 117 ff.,
124 f., 131 f.; WERRO, Responsabilité, N 241 ff.; BaslerKomm/HEIERLI/SCHNYDER A.K.,
Art. 41 N 20 f.; BernerKomm/BREHM, Art. 41 N 132 ff.; BernerKomm/WEBER, Art. 97
N 241 ff.; CHK/MÜLLER, OR 41 N 38 ff.; CHK/FURRER/WEY, OR 97–98 N 111 ff.;
CR CO I/WERRO, Art. 41 N 39 ff.; KuKo OR/SCHÖNENBERGER, Art. 41 N 16;
KuKo OR/THIER, Art. 97 N 19.

I. Grundsatz

20.01   Herrschende Lehre und Rechtsprechung gehen davon aus, dass
auch ein *adäquater Kausalzusammenhang* durch hinzutretende weitere
Ursachen *unterbrochen* werden kann, so dass die ursprünglich adäquate
Ursache nicht mehr zu einer Haftung führt (BGE 95 II 630, 635; REY,
Haftpflichtrecht, N 559 ff. m.w. Nachw.). Angenommen wird dies für
Fälle höherer Gewalt, groben Selbstverschuldens des Geschädigten und
groben Verschuldens eines Dritten. Verschiedene Sondergesetze sehen
ausdrücklich einen Haftungsausschluss in diesen Fällen vor (vgl. nur
N 54.08).

20.02   Höhere Gewalt liegt vor bei einem unvorhersehbaren, aussergewöhnlichen Ereignis, das mit unabwendbarer Gewalt von aussen hereinbricht
(BGE 102 Ib 257, 262). Als höhere Gewalt, die den adäquaten Kausalzusammenhang unterbricht, wurde beispielsweise der Niedergang einer
Lawine angesehen (BGE 80 II 216, 220), nicht jedoch das heftige Un-
wetter in einer Berggegend (BGE 100 II 134, 142; 111 II 429, 433 f.).
Auch *grobes Selbstverschulden* des Geschädigten soll geeignet sein, den
adäquaten Kausalzusammenhang zu unterbrechen (vgl. z.B. BGE 110 II
37, 42 f.; 123 III 306, 313 f.: i.c. Unterbrechung der Kausalität aber ver-

neint; KGer SG, 27. 8. 2008, BZ.2007.8). Dasselbe gilt für *grobes Drittverschulden*. In beiden Fällen kann eine Unterbrechung des adäquaten Kausalzusammenhangs jedoch nur angenommen werden, wenn das Verschulden so grob ist, dass es ausserhalb des normalen Geschehens liegt und damit nicht zu rechnen war (BGE 116 II 519, 524), z.B. wenn sich jemand in suizidaler Absicht vor ein Auto wirft.

II. Kritik

Die Lehre von der Unterbrechung des Kausalzusammenhangs 20.03 ist *abzulehnen* (so auch HONSELL, Haftpflichtrecht, § 3 N 37). Sie ist in sich widersprüchlich. Denn entweder liegt ein adäquater Kausalzusammenhang vor oder nicht (so schon BGE 86 IV 153, 156).

In den Fällen *höherer Gewalt* und *groben Drittverschuldens* geht es in 20.04 der Sache letztlich um eine korrekte Umschreibung des *Schutzzwecks* der jeweiligen Norm bzw. der verletzten Pflicht. In den Sondergesetzen, die eine Gefährdungshaftung normieren, hat der Gesetzgeber selbst bestimmt, ob das Risiko höherer Gewalt oder eines groben Drittverschuldens der Betreiberin einer gefährlichen Anlage auferlegt werden soll oder nicht. So hat beispielsweise nach Art. 27 Abs. 2 SprstG die Betreiberin dieses Risiko nicht zu tragen, während es nach Art. 5 Abs. 1 KHG der Betreiberin einer Kernenergieanlage zugerechnet wird, so dass diese auch haftet, wenn es durch kriegerische Ereignisse oder Sabotage zu einer Freisetzung von radioaktiver Strahlung kommt. Aber auch in anderen Fällen ist die Haftung nach dem Schutzzweck der jeweiligen Pflicht zu bestimmen. So ist bei der Bestimmung eines Werkmangels im Sinne des Art. 58 Abs. 1 zu fragen, ob das Werk so beschaffen sein musste, dass auch in Fällen höherer Gewalt oder groben Drittverschuldens eine Schädigung Dritter vermieden wird. Dies wird beispielsweise für eine Lawinenverbauung an einer für den Publikumsverkehr zugelassenen Skipiste zu bejahen sein. Strassenverkehrsregeln hingegen bezwecken den Schutz von Leib und Leben anderer Verkehrsteilnehmer, sie wollen nicht das Gemeinwesen davor schützen, dass bei einem unfallbedingten Stau andere ungeduldige Verkehrsteilnehmer den Grünstreifen befahren und beschädigen (ähnlich BGHZ 58, 162 ff.).

In den Fällen des *groben Selbstverschuldens* des Geschädigten bedarf 20.05 es des Instituts der Unterbrechung des Kausalzusammenhangs ebenfalls nicht. Auch hier muss primär der Schutzzweck der verletzten Pflicht über die Ersatzfähigkeit entscheiden. Selbstverständlich wollen die Normen des SVG nicht den Selbstmörder schützen; ganz anders ist jedoch die Pflicht einer psychiatrischen Einrichtung zum Schutze eines suizidalen Patienten zu beurteilen. Im Übrigen können die Fälle groben Selbstverschuldens über Art. 44 Abs. 1 sachgerecht gelöst werden, wobei bei besonders grobem Selbstverschulden auch ein gänzlicher Ausschluss des Schadenersatzanspruchs und nicht lediglich eine Reduktion in Betracht kommt. Die bei der Anwendung des Art. 44 Abs. 1 mögliche Differenzierung erscheint insgesamt sachgerechter als das mit dem Institut der Unterbrechung des Kausalzusammenhangs verbundene Alles-oder-Nichts-Prinzip.

20.06   Auch die in Deutschland bekannt gewordenen sog. *Verfolgerfälle* können auf dieser Grundlage gelöst werden. Es geht dabei darum, dass sich jemand seiner Verhaftung durch Flucht zu entziehen versucht und beispielsweise ein Polizist bei der Verfolgung einen Körperschaden erleidet. Entscheidend ist, ob die Pflicht, sich einer gerechtfertigten Festnahme nicht zu entziehen, auch den Schutz des Polizeibeamten in seiner körperlichen Integrität bezweckt oder nicht. Dies ist letztendlich eine Wertungsfrage, die in der einen oder anderen Richtung beantwortet werden kann (vgl. HONSELL, Haftpflichtrecht, § 3 N 48 f.).

§ 21   Besondere Umstände

I. Mehrere Schadensursachen

Literatur: FURRER/MÜLLER-CHEN, Kap. 10 N 101 ff.; HONSELL, Haftpflichtrecht, § 3 N 65 ff.; KELLER, Haftpflicht I, 103 f.; KELLER/GABI/GABI, Haftpflichtrecht, 22 ff.; KOLLER, OR AT, § 48 N 67 ff.; OFTINGER/STARK, Haftpflichtrecht I, § 3 N 116 ff.; REY, Haftpflichtrecht, N 613 ff.; ROBERTO, Haftpflichtrecht, N 160 ff.; SCHNYDER/PORTMANN/MÜLLER-CHEN, Haftpflichtrecht, N 98 ff.; WERRO, Responsabilité, N 215 ff.; BaslerKomm/HEIERLI/SCHNYDER A.K., Art. 41 N 24 f.; BernerKomm/BREHM, Art. 41 N 145 ff.; CR CO I/WERRO, Art. 41 N 47 ff.; KuKo OR/SCHÖNENBERGER, Art. 41 N 17 f.;

AUBRY GIRARDIN, Les causes du dommage, in: CHAPPUIS CHRISTINE/WINIGER (Hrsg.), Les causes du dommage, Genf 2007, 75 f.; KÜTTEL, Begriff der Teilnahme nach Art. 50 OR, HAVE 2008, 320 ff.; LOSER, Kausalitätsprobleme bei der Haftung für Umweltschäden, Bern/Stuttgart 1994; DERS., Schadenersatz für wahrscheinliche Kausalität, AJP 1994, 954 ff.; METTLER/FRAEFEL, Umwelthaftungsrecht, AwR 2009, 137 ff.; MÜLLER-CHEN, Entwicklungen im europäischen Umwelthaftungsrecht, SZIER 1997, 213, 234 ff.; PETIT-PIERRE, Zivilrechtliche Haftpflicht für Umweltschädigungen nach schweizerischem Recht, Basel/Frankfurt a.M. 1993; QUENDOZ, Modell einer Haftung bei alternativer Kausalität, Zürich 1991; STUDHALTER, Konstitutionelle Prädisposition – Anmerkungen zur einschlägigen haftpflichtrechtlichen Rechtsprechung des Bundesgerichts seit «Di Bello», Fest-

schrift zum fünfzigjährigen Bestehen der Schweizerischen Gesellschaft für Haftpflicht-
und Versicherungsrecht, Zürich/Basel/Genf 2010, 615 ff.; SUTTER, The straw that breaks
the camel's back, Festschrift zum fünfzigjährigen Bestehen der Schweizerischen Gesellschaft für Haftpflicht- und Versicherungsrecht, Zürich/Basel/Genf 2010, 633 ff.; WEBER,
Kausalität und Solidarität – Schadenszurechnung bei einer Mehrheit von tatsächlichen
oder potentiellen Schädigern, HAVE 2010, 115 ff.; WERRO, L'objection du comportement
de substitution licite: de son utilité et de sa place, in: CHAPPUIS CHRISTINE/WINIGER
(Hrsg.), Les causes du dommage, Genf 2007, 53 ff.

1. Kumulative Kausalität

Von *kumulativer Kausalität* wird gesprochen, wenn mehrere 21.01
Schadensursachen vorliegen, wobei jede Ursache für sich allein genommen den Schadenseintritt hätte bewirken können (weitergehend HON-
SELL, Haftpflichtrecht, § 3 N 69). Beispiel: Zwei Industrieunternehmen
leiten unabhängig voneinander Giftstoffe in ein Gewässer ein, was zu
einem Fischsterben führt. In diesen Fällen besteht Einigkeit, dass jede der
beiden Schädigerinnen voll haften muss. Insbesondere können sich die
Schädigerinnen nicht darauf berufen, dass der Schaden auch dann eingetreten wäre, wenn einer der beiden Verursachungsbeiträge hinweggedacht wird.

2. Alternative Kausalität

Alternative Kausalität liegt vor, wenn mehrere Schadensursa- 21.02
chen in Betracht kommen, jedoch im konkreten Fall nur eine von diesen
für die Rechtsgutsverletzung kausal geworden sein kann. Während früher
die Fälle des sog. *Raufhandels* die Diskussion prägten (vgl. BGE 57 II
417, 419 ff.), tritt die Problematik heute vor allem im *Umwelt-* und *Produktehaftpflichtrecht* zutage. Beispiel: Mehrere Arzneimittelherstellerin-
nen vertreiben Produkte mit identischem Wirkstoff, der zu Gesundheitsschäden führt; der Geschädigte ist im Nachhinein nicht in der Lage zu
beweisen, wessen Medikament er eingenommen hat. Für die Lösung
dieser Fälle ist zu unterscheiden:

Liegt ein *bewusstes Zusammenwirken* bei der Schadensverursachung 21.03
vor, so haften die Teilnehmerinnen dem Geschädigten nach Art. 50
Abs. 1 solidarisch, auch wenn nicht nachgewiesen werden kann, wessen
Verursachungsbeitrag den Schaden herbeigeführt hat (vgl. Basler-
Komm/HEIERLI/SCHNYDER A.K., Art. 41 N 25 m.w. Nachw.; vgl. auch
N 88.13). Dies gilt etwa beim sog. Raufhandel, aber auch in Fällen, in

denen z.B. bei einer unfriedlichen Demonstration Dritte geschädigt werden. Höchst umstritten sind jedoch die Folgen der alternativen Kausalität, wenn es an einem Zusammenwirken der Schädigerinnen fehlt, d.h. insbesondere im *Umwelt-* und *Produktehaftpflichtrecht*. Während die herrschende Lehre früher davon ausging, dass in diesem Fall keine der potenziellen Schädigerinnen haften müsse (vgl. nur BernerKomm/BREHM, Art. 41 N 145 ff. m.w. Nachw.), wird diese Auffassung in der neueren Literatur zunehmend kritisiert. Manche Autoren setzen sich für eine *anteilige Haftpflicht* entsprechend der jeweiligen Höhe der Wahrscheinlichkeit der Verursachung ein (vgl. REY, Haftpflichtrecht, N 624 m.w. Nachw.). Im Bereich der Produktehaftpflicht führt dies zu der im US-amerikanischen Recht entwickelten market share-liability, wonach jedes Unternehmen, das das fehlerhafte Produkt hergestellt hat, entsprechend seinem Marktanteil dem Geschädigten haftet. Teilweise wird auch in diesem Fall eine *solidarische Haftung* aller möglichen Schädigerinnen befürwortet (HONSELL, Haftpflichtrecht, § 3 N 67). Letzterer Ansicht ist zuzustimmen. Insbesondere die market share-liability ist nicht praktikabel und hat sich auch international nicht durchsetzen können. Vertretbar erscheint auch eine Umkehr der Beweislast (so WEBER, HAVE 2010, 115, 120 f.), die im Ergebnis häufig auf eine Solidarhaftung hinauslaufen wird.

II. Hypothetische Kausalität

Literatur: BERGER, Schuldrecht, N 1633; FURRER/MÜLLER-CHEN, Kap. 10 N 108 ff.; GAUCH/SCHLUEP/EMMENEGGER, N 2953; GUHL/KOLLER, 75; HONSELL, Haftpflichtrecht, § 3 N 50 ff.; HUGUENIN, OR AT, N 628; KELLER, Haftpflicht I, 103 f.; KELLER/GABI/GABI, Haftpflichtrecht, 27; OFTINGER/STARK, Haftpflichtrecht I, § 6 N 10 ff.; REY, Haftpflichtrecht, N 604 ff.; ROBERTO, Haftpflichtrecht, N 164 ff.; SCHNYDER/PORTMANN/MÜLLER-CHEN, Haftpflichtrecht, N 109 f.; WERRO, Responsabilité, N 199 ff.; BaslerKomm/HEIERLI/SCHNYDER A.K., Art. 41 N 26 f.; BernerKomm/BREHM, Art. 41 N 147 ff.; CR CO I/WERRO, Art. 41 N 35 ff.; KuKo OR/SCHÖNENBERGER, Art. 41 N 19 f.;

FELLMANN, Genetische Untersuchungen und Haftpflichtrecht, HAVE 2006, 9 ff.; GRECHENIG/STREMITZER, Der Einwand rechtmässigen Alternativverhaltens – Rechtsvergleich, ökonomische Analyse und Implikationen für die Proportionalhaftung, RabelsZ 73 (2009), 336 ff.; KOLLER ALFRED, Die zivilrechtliche Haftung des Arztes für das unverschuldete Fehlschlagen einer Sterilisation, in: KOLLER ALFRED (Hrsg.), Haftpflicht- und Versicherungsrechtstagung 1997, St. Gallen 1997, 1, 17 ff.; KRAMER, Die Kausalität im Haftpflichtrecht: Neue Tendenzen in Theorie und Praxis, ZBJV 1987, 289, 306 ff.; LUDER, Der Einwand der verkürzten Lebenserwartung gegenüber Geschädigten, HAVE 2003, 68 ff.; STUDHALTER, Die Berufung des präsumtiven Haftpflichtigen auf hypothetische Kausalverläufe, Zürich 1995; WERRO, L'objection du comportement de substitution licite: de son utilité et de sa place, in: CHAPPUIS CHRISTINE/WINIGER (Hrsg.), Les causes du dommage, Genf 2007, 53 ff.; WYSS, Kausalitätsfragen unter besonderer Berücksichtigung der hypothetischen Kausalität, SJZ 1997, 313, 318 ff.

Bei der *hypothetischen Kausalität* (überholende Kausalität; 21.04 diff. zwischen hypothetischer und überholender Kausalität, Berner-Komm/BREHM, Art. 41 N 147 ff.; REY, Haftpflichtrecht, N 607 ff., 609 ff.) geht es darum, dass das schädigende Ereignis eine bereits in Gang befindliche Kausalkette überholt, aufgrund derer derselbe Schaden zu einem späteren Zeitpunkt eingetreten wäre. Im Hinblick auf die wegen des überholenden schädigenden Ereignisses nicht zum Zuge kommende Ursache wird auch von *Reserveursache* gesprochen. Beispiele: Das bei einem Verkehrsunfall beschädigte Auto wäre in der folgenden Nacht auf dem Autoabstellplatz des Halters durch einen umstürzenden Baum ebenfalls beschädigt worden. Der aufgrund eines ärztlichen Kunstfehlers Getötete wäre kurze Zeit später an einer Krebskrankheit verstorben.

In der überwiegenden schweizerischen Literatur wird das Problem der 21.05 überholenden Kausalität im Rahmen der Kausalität behandelt (vgl. GAUCH/SCHLUEP/EMMENEGGER, N 2953); richtig verstanden geht es jedoch um ein *Problem der Schadensberechnung* (so auch OFTINGER/STARK, Haftpflichtrecht I, § 6 N 11 m.w. Nachw.). Nach der Differenztheorie, die auf die hypothetische Vermögensentwicklung beim Geschädigten abstellt, müssten an sich in jedem Schadensfall allfällige Reserveursachen berücksichtigt werden. Nur vereinzelt enthält das Gesetz selbst eine Regelung dieser Problematik. So wird in Art. 45 Abs. 1 die Haftung derjenigen, die den Tod eines Menschen zu verantworten hat, für die Kosten der Bestattung angeordnet. Ihr wird damit die Berufung darauf, dass diese Kosten ohnehin – wenn auch zu einem späteren Zeitpunkt – angefallen wären, abgeschnitten. Im Übrigen ist in der schweizerischen Lehre und Rechtsprechung umstritten, ob die Schädigerin zu ihrer Befreiung einwenden kann, der behauptete Schaden wäre unabhängig von ihrem Verhalten wegen späterer hypothetischer Ereignisse ohnehin eingetreten (Nachw. in BGE 115 II 440, 443 ff.; vgl. auch BGE 122 III 229, 233 ff.). Das Bundesgericht vertritt die Auffassung, dass die hypothetische Kausalität aufgrund von *wertenden Gesichtspunkten* berücksichtigt werden kann (BGE 115 II 440, 445).

Aus der Rechtsprechung des Bundesgerichtes (vgl. die Übersicht bei 21.06 WYSS, SJZ 1997, 313, 320 f.) lassen sich folgende Prinzipien ableiten: Bei *zukünftigem Schaden* (Erwerbseinbussen, Versorgerschaden, entgangenem Gewinn) ist der hypothetische Kausalverlauf im Rahmen der

Schadensberechnung prinzipiell zu berücksichtigen. So kommt es beim Versorgerschaden auf die hypothetische Lebenserwartung, beim Erwerbsausfallschaden darauf an, welches Einkommen der Verletzte wie lange hätte erzielen können. Bereits die Schadensberechnung hängt deshalb von der konstitutionellen Prädisposition des Geschädigten ab (BGE 131 III 12, 14; zur konstitutionellen Prädisposition als Reduktionsgrund vgl. N 16.22). Genetische Untersuchungen sind aber auch insoweit ausgeschlossen (Art. 29 GUMG). Bei *gegenwärtigem positivem Schaden*, insbesondere bei Sachbeschädigung, ist zu unterscheiden: Setzt der hypothetische Kausalverlauf erst ein, nachdem die Sache bereits beschädigt oder zerstört ist, so ist er unbeachtlich. Dies gilt insbesondere dann, wenn der Geschädigte bei Beschädigung oder Zerstörung der Sache aufgrund der Reserveursache einen Ersatzanspruch erlangt hätte, der ihm nunmehr aufgrund des (überholenden) schädigenden Ereignisses entgeht. Beispiel: Im obigen Beispielsfall ersetzt die Kaskoversicherung des Halters bei Zerstörung des Autos durch den umfallenden Baum nur den geringeren Wert des beschädigten Autos. Anders ist der Fall zu beurteilen, wenn die hypothetische Kausalkette schon vor dem schädigenden Ereignis zu laufen begonnen hat. Beispiel: Das aufgrund tierärztlichen Behandlungsfehlers verendete Pferd hätte aufgrund vorbestehender Dämpfigkeit kurze Zeit später eingeschläfert werden müssen. Hier trifft das schädigende Ereignis auf eine im Wert bereits verminderte Sache, so dass der hypothetische Kausalverlauf bei der Schadensberechnung zu berücksichtigen ist.

21.07   Eng mit der Frage der überholenden Kausalität ist das Problem verwandt, ob es der Schädigerin gestattet sein soll, sich auf *rechtmässiges Alternativverhalten* zu berufen, d.h. darauf, dass derselbe Schaden auch dann eingetreten wäre, wenn sie nicht gegen eine allgemeine deliktische Verhaltenspflicht oder gegen eine Vertragspflicht verstossen hätte (vgl. allgemein BGE 122 III 229, 234 f.). Namentlich bei Vertragsverletzungen anerkennt das Bundesgericht in der Regel die Berufung auf rechtmässiges Alternativverhalten. So kann sich die Anwältin gegenüber ihrem Klienten darauf berufen, dass die wegen Fristversäumnis verwirkte Klage ohnehin abgewiesen worden wäre (BGE 87 II 364, 372), der Ärztin, die ihre Aufklärungspflicht verletzt hat, wird der Nachweis ermöglicht, der Patient hätte auch bei ordnungsgemässer Aufklärung in die Operation eingewilligt (BGE 117 Ib 197, 206 ff.; offen gelassen in BGE 108 II 59, 64; 113 Ib 420, 426). Bei missbräuchlicher Kündigung eines Arbeitsverhältnisses (Art. 336) soll nach überwiegender Meinung (vgl. ZürcherKomm/STAEHELIN, Art. 336a N 8; w. Nachw. bei STEIN-WIGGER,

Die Beendigung des Franchisevertrages, Basel 1999, 279 f.) der Arbeitnehmer keinen Anspruch auf Ersatz der im Zusammenhang mit der Stellensuche anfallenden Kosten haben, weil diese auch bei ordentlicher Kündigung entstehen würden. Diese Auffassung ist abzulehnen. Bei sozialschützenden und bei ein bestimmtes Verhalten ausdrücklich missbilligenden Normen darf der Einwand des rechtmässigen Alternativverhaltens nicht zugelassen werden. Andernfalls liefe der angestrebte Schutz leer (vgl. auch STEIN-WIGGER, Die Beendigung des Franchisevertrages, Basel 1999, 282 f.).

III. Toxische Kausalität

Literatur: ALIOTTA, Asbestopfer: Neue Rechtsprechung in der EU und in der Schweiz, HAVE 2005, 364 ff.; PARIZZI, Die Asbestproblematik im europäischen Kontext, HAVE 2004, 296 ff.; ROMERIO, Toxische Kausalität, Basel 1996; WENGER, Gesundheitsschäden durch Mobilfunkanlagen?, AJP 2005, 1171 ff.

Toxische Schädigungen entwickeln sich oft schleichend und 21.08 über einen Zeitraum von Jahren oder gar Jahrzehnten hinweg. Der *Beweis der natürlichen Kausalität* ist in diesen Fällen oft schwer zu führen. Der Geschädigte muss nicht nur beweisen, dass die fragliche Substanz *generell* geeignet ist, eine bestimmte Gesundheitsschädigung herbeizuführen, wie z.B. dass ionisierende Strahlung Leukämie hervorrufen kann, sondern er muss auch nachweisen, dass seine *individuelle* Erkrankung durch die Substanz und nicht durch andere Faktoren oder aufgrund allgemeinen Lebensrisikos entstanden ist. Teilweise wird versucht, diesen Beweisschwierigkeiten durch Postulierung einer sog. *Wahrscheinlichkeitshaftung* zu begegnen: Ist das Risiko einer Erkrankung um 20% erhöht, soll der Geschädigte nur einen entsprechenden Anteil seines Schadens ersetzt erhalten. Dieser Vorschlag birgt indes die grosse Gefahr, dass die Stellung der Geschädigten insgesamt verschlechtert wird (zum Ganzen grundlegend ROMERIO, Toxische Kausalität, passim). Zum verwandten Problem der *perte d'une chance* vgl. N 14.12a.

143

Kapitel 3: Die (subjektive) Verantwortlichkeit des Schuldners

§ 22 Verschulden

Literatur: BERGER, Schuldrecht, N 1525 ff.; BUCHER, OR AT, 346 ff.; DESCHENAUX/TERCIER, § 7; ENGEL, OR AT, 456 ff.; FURRER/MÜLLER-CHEN, Kap. 11 N 81 ff.; GUHL/KOLLER, 82 ff., 194 ff.; GAUCH/SCHLUEP/EMMENEGGER, N 2961 ff.; HONSELL, Haftpflichtrecht, § 6; HUGUENIN, OR AT, N 630 ff.; KELLER, Haftpflicht I, 115 ff.; KELLER/GABI/GABI, Haftpflichtrecht, 61 ff.; KOLLER, OR AT, § 48 N 37 ff.; OFTINGER/STARK, Haftpflichtrecht I, § 5; PORTMANN/REY, 67 f.; REY, Haftpflichtrecht, N 804 ff.; ROBERTO, Haftpflichtrecht, N 216 ff.; SCHNYDER/PORTMANN/MÜLLER-CHEN, Haftpflichtrecht, N 197 ff.; TERCIER, Obligations, N 1228 ff.; VON TUHR/PETER, 427 ff.; WERRO, Responsabilité, N 259 ff.; BaslerKomm/HEIERLI/SCHNYDER A.K., Art. 41 N 45 ff.; BaslerKomm/WIEGAND, Art. 97 N 42 ff.; BernerKomm/BREHM, Art. 41 N 164 ff.; BernerKomm/WEBER, Art. 99 N 27 ff.; CHK/MÜLLER, OR 41 N 6 ff.; CHK/FURRER/WEY, OR 97–98 N 115 ff.; CR CO I/WERRO, Art. 41 N 84 ff.; CR CO I/THÉVENOZ, Art. 99 N 4 ff.; KuKo OR/SCHÖNENBERGER, Art. 41 N 29 ff.; KuKo OR/THIER, Art. 97 N 20 f.;

AEPLI, Zum Verschuldensmassstab bei der Haftung für reinen Vermögensschaden nach Art. 41 OR, SJZ 1997, 405 ff.; BUCHER, Verschuldensfähigkeit und Verschulden, Festschrift Pedrazzini, Bern 1990, 287 ff.; CHAPPUIS CHRISTINE/WERRO, La responsabilité civile: à la croisée des chemins, ZSR 2003 II, 237 ff.; CIACCHI, Alte und neue Paradigmen in der Fahrlässigkeitshaftung, Festschrift Brüggemeier, Baden-Baden 2009, 157 ff.; EGLI, Der besondere Haftungsmassstab von Art. 321e OR, in: JUNG (Hrsg.), Aktuelle Entwicklungen im Haftungsrecht, Bern 2007, 45 ff.; ETIER/PÉTERMANN, Innovation ou rénovation?, Le retour du risque en tant que fondement refoulé de la responsabilité civile, in: FOËX/WERRO (Hrsg.), La réforme du droit de la responsabilité civile, Zürich 2004, 1 ff.; FELLMANN, Der Verschuldensbegriff im Deliktsrecht, ZSR 1987 I, 339 ff.; GAUCH, Grundbegriffe des ausservertraglichen Haftpflichtrechts, recht 1996, 225, 234 ff.; GIGER, Berührungspunkte zwischen Widerrechtlichkeit und Verschulden, Jubiläumsschrift «100 Jahre Schweizerisches Obligationenrecht», Freiburg i.Ue. 1982, 369 ff.; GLOOR, Das vertragliche Übernahmeverschulden: Einordnung und Erweiterung zur fahrlässigen Leistungsübernahme, Diss. Luzern 2011, Zürich/Basel/Genf 2012; GRIEDER, Vertragswidrigkeit und objektivierte Fahrlässigkeit, Zürich 2002; DERS., Die unsorgfältige Unsorgfalt, AJP 2002, 959 ff.; GUILLOD, Responsabilité médicale: de la faute objectivée à l'absence de faute, in: CHAPPUIS CHRISTINE/WINIGER (Hrsg.), Responsabilités objectives, Journée de la responsabilité civile 2002, Zürich 2003, 155 ff.; GUTZWILLER, Unsorgfältige Vermögensverwaltung, AJP 2000, 57 ff.; JAUN, Haftung für Sorgfaltspflichtverletzung, Bern 2007; KADNER GRAZIANO, Haftung(en) ohne Verschulden – die transnationale Perspektive, in: CHAPPUIS CHRISTINE/WINIGER (Hrsg.), Responsabilités objectives, Journée de la responsabilité civile 2002, Zürich 2003, 81 ff.; PORTMANN, Erfolgsunrecht oder Verhaltensunrecht? Zugleich ein Beitrag zur Abgrenzung von Widerrechtlichkeit und Verschulden im Haftpflichtrecht, SJZ 1997, 273 ff.; ROBERTO, Verschulden statt Adäquanz – oder sollte es gar die Rechtswidrigkeit sein?, recht 2002, 145 ff.; ROBERTO/GRECHENIG, Rückschaufehler («Hindsight Bias») bei Sorgfaltspflichtverletzungen, ZSR 2011 I, 5 ff.; RÜETSCHI, Aurea mediocritas – Gedanken zum Begriff der mittleren

Fahrlässigkeit, HAVE 2009, 137 ff.; SCHAER/DUC/KELLER, Das Verschulden im Wandel des Privatversicherungs-, Sozialversicherungs- und Haftpflichtrechts, Basel 1992; SCHÖNENBERGER, Die dritte Widerrechtlichkeitstheorie, HAVE 2004, 3 ff.; SCHWENZER, Der schweizerische Entwurf zur Reform des Haftpflichtrechtes – eine kritische Stellungnahme, in: WINIGER (Hrsg.), La responsabilité civile européenne de demain, Genf/Zürich/Basel 2008, 77 ff.; WALTER, Abgrenzung von Verschulden und Vertragsverletzung bei Dienstleistungsobligationen, in: KOLLER ALFRED (Hrsg.), Haftung aus Vertrag, St. Gallen 1998, 43 ff.; WERRO, Die Sorgfaltspflichtverletzung als Haftungsgrund nach Art. 41 OR: Plädoyer für ein modifiziertes Verständnis von Widerrechtlichkeit und Verschulden in der Haftpflicht, ZSR 1997 I, 343 ff.; DERS., Haftung für fehlerhafte Auskunft und Beratung – braucht es die Rechtsfigur der Vertrauenshaftung, recht 2003, 12 ff.; WIDMER, Privatrechtliche Haftung, in: MÜNCH/GEISER (Hrsg.), Schaden – Haftung – Versicherung, Basel/Genf/München 1999, 7, 61 ff.; WINIGER, La gratuité de la faute du responsable, in: WERRO (Hrsg.), La fixation de l'indemnité, Bern 2004, 15 ff.;

speziell zur Urteilsfähigkeit: PEDRAZZINI/OBERHOLZER, Personenrecht, 63 ff.; BaslerKomm/BIGLER-EGGENBERGER, Art. 16 ZGB; BernerKomm/BUCHER, Art. 16 ZGB.

I. Bedeutung

Das OR baut bis heute entsprechend seinen römischrechtlichen 22.01 Wurzeln auf dem sog. *Verschuldensprinzip* auf. Dies bedeutet, dass Schadenersatz grundsätzlich nur dann geschuldet ist, wenn eine Ursache nicht nur adäquat kausal zum Schadenseintritt geführt hat, sondern wenn dem Handelnden auch ein persönlicher Vorwurf gemacht werden kann. Das Verschuldensprinzip liegt sowohl der *Vertragshaftung* (vgl. nur Art. 97 Abs. 1) als auch der *ausservertraglichen Haftung* (vgl. Art. 41) zugrunde. Es gilt immer dann, wenn das Gesetz nicht etwas anderes, d.h. eine Haftung ohne Verschulden, anordnet.

Das Verschulden ist zunächst eine *Haftungsvoraussetzung*, damit ein 22.02 Schadenersatzanspruch überhaupt entsteht. Der jeweilige Grad des Verschuldens findet sodann bei der *Schadensbemessung* im Rahmen der Art. 43 Abs. 1, 44 (vgl. dazu N 16.02 f.) Berücksichtigung.

Das Verschulden im Sinne persönlicher Vorwerfbarkeit weist eine 22.03 subjektive und eine objektive Komponente auf. In *subjektiver Hinsicht* setzt Verschulden Urteilsfähigkeit voraus; in *objektiver* Hinsicht ist erforderlich, dass das dem Schädiger zur Last gelegte Verhalten vom durchschnittlich Erwartbaren negativ abweicht.

II. Urteilsfähigkeit

22.04   Ein Verschuldensvorwurf kann nur einer Person gemacht werden, die *urteilsfähig*, d.h. in der Lage ist, das Unrecht ihres Verhaltens zu erkennen und entsprechend dieser Einsicht zu handeln (e contrario Art. 18 ZGB).

22.05   Nach Art. 16 ZGB ist jede Person urteilsfähig, der nicht wegen ihres Kindesalters oder wegen Geisteskrankheit, Geistesschwäche, Trunkenheit oder ähnlichen Zuständen die Fähigkeit fehlt, vernunftgemäss zu handeln. *Mündigkeit* (Art. 14 ZGB) ist für die Annahme von Urteilsfähigkeit nicht Voraussetzung.

22.06   Das Vorliegen der Urteilsfähigkeit ist immer anhand der *konkreten Umstände* zu prüfen, wie insbesondere im Hinblick auf die Gefährlichkeit des in Frage stehenden Verhaltens und die Eigenschaften des Schädigers im Zeitpunkt des schädigenden Ereignisses. Deshalb ist es möglich, dass eine Person in Bezug auf eine bestimmte Handlung urteilsfähig ist, in Bezug auf eine andere jedoch nicht (vgl. OFTINGER/STARK, Haftpflichtrecht I, § 5 N 118 m.w. Nachw.).

22.07   *Erwachsene Personen* sind im Regelfall urteilsfähig, es sei denn es läge Geisteskrankheit oder Geistesschwäche vor. Trunkenheit oder die Einnahme von Drogen kann zwar die Urteilsfähigkeit ausschliessen. In diesem Fall ist das haftungsbegründende Verschulden jedoch zumeist darin zu sehen, dass sich jemand in einen solchen, die Urteilsfähigkeit vorübergehend ausschliessenden Zustand versetzt hat (vgl. Art. 54 Abs. 2; BGE 111 II 263, 267; vgl. aber BGE 103 II 330, 335).

22.08   Für die Beurteilung der Urteilsfähigkeit von *Kindern* gibt es keine feste Altersgrenze. Vielmehr ist diese jeweils aufgrund der Umstände des Einzelfalls festzustellen. Selten wird allerdings Urteilsfähigkeit schon vor Schuleintritt bejaht; je nach in Frage stehender Handlung kann sie auch noch bei zehn- bis elfjährigen Kindern zu verneinen sein; ab dem zwölften Altersjahr wird die Urteilsfähigkeit von der Rechtsprechung fast immer bejaht (zur Kasuistik vgl. OFTINGER/STARK, Haftpflichtrecht I, § 5 N 120 ff.).

22.09   In Literatur und bundesgerichtlicher Rechtsprechung besteht Uneinigkeit, ob es *verschiedene Stufen der Urteilsfähigkeit* gibt. Während einige Autoren den Standpunkt vertreten, Urteilsfähigkeit könne für eine fragliche Handlung nur entweder bejaht oder verneint werden (so insb. BernerKomm/BREHM, Art. 41 N 172 m.w. Nachw.; BaslerKomm/BIGLER-EGGENBERGER, Art. 16 ZGB N 40 m.w. Nachw.), vertreten andere die Auffassung, dass es zwischen fehlender und vorhandener Urteilsfähigkeit auch eine verminderte Urteilsfähigkeit gebe (vgl. insb. OFTINGER/ STARK, Haftpflichtrecht I, § 5 N 123 ff. m.w. Nachw.). Im Ergebnis hat der Streit freilich keine praktischen Auswirkungen. Die Vertreter beider Auffassungen berücksichtigen nämlich allfällige Zwischenstufen der Urteilsfähigkeit im Rahmen des Verschuldens, das insbesondere bei Kindern und Jugendlichen milder beurteilt wird (vgl. auch BGE 116 II 422, 427; 102 II 363, 368).

Fehlt die Urteilsfähigkeit, so kommt allenfalls eine *Billigkeitshaftung* 22.10 nach Art. 54 Abs. 1 in Betracht. Diese Bestimmung gilt nicht nur im ausservertraglichen Bereich, sie ist im Rahmen der Vertragshaftung entsprechend anzuwenden (BGE 102 II 226, 230).

III. Arten des Verschuldens

1. Allgemeines

Das Verschulden tritt in zwei Formen auf: *Vorsatz* und *Fahr-* 22.11 *lässigkeit*. Während im Strafrecht die Abgrenzung zwischen Vorsatz und Fahrlässigkeit von vorrangigem Interesse ist, da viele Straftatbestände nur vorsätzlich, nicht aber fahrlässig verwirklicht werden können, kommt dieser im Zivilrecht nur eine geringere Bedeutung zu. Hier werden Vorsatz und grobe Fahrlässigkeit aus Gründen der Beweiserleichterung für den Geschädigten oft gleichgestellt (vgl. nur Art. 100 Abs. 1). Von Interesse ist im Zivilrecht vielmehr eher die Trennungslinie zwischen grober und leichter Fahrlässigkeit.

2. Vorsatz

Vorsatz bedeutet *Wissen und Wollen des Erfolgs*, d.h. der delik- 22.12 tischen Rechtsgutsverletzung oder der Vertragsverletzung. Wer den Erfolg zwar nicht will, aber billigend in Kauf nimmt, handelt bedingt vorsätzlich *(Eventualvorsatz)*.

Streitig ist, ob im Zivilrecht – wie im Strafrecht – vom normalen Vor- 22.13 satz die *Absicht* als qualifizierte Form zu unterscheiden ist, bei der der Erfolg geradezu den Zweck des Handelns darstellt (vgl. für die Unterscheidung im Zivilrecht insb. OFTINGER/STARK, Haftpflichtrecht II/1, § 16 N 23). Im Ergebnis jedenfalls ist die Unterscheidung im Zivilrecht irrelevant, da auch nach jenen Bestimmungen, deren Wortlaut ausdrücklich ein absichtliches Verhalten voraussetzt (vgl. zu Art. 28 N 38.08, zu

Art. 41 Abs. 2 N 51.04), der einfache (direkte) Vorsatz in jedem Fall ausreicht.

3. Fahrlässigkeit

a) Objektiver Fahrlässigkeitsmassstab

22.14   Fahrlässigkeit bedeutet das *Ausserachtlassen der im Verkehr erforderlichen Sorgfalt*. Dabei ist im Zivilrecht im Gegensatz zum Strafrecht, das auf einem persönlichen Schuldvorwurf gegenüber dem Täter aufbaut, aus Gründen des Verkehrsschutzes von einem *objektivierten Fahrlässigkeitsmassstab* auszugehen (BGE 116 Ia 162, 169 f.; vgl. statt vieler REY, Haftpflichtrecht, N 843 ff. m.w. Nachw.). Zur Fahrlässigkeit gehört auch der Vorwurf der *Vermeidbarkeit*. Eine durch Schreck veranlasste Reflexhandlung kann deshalb entschuldbar sein (vgl. AppGer BS, BJM 2001, 296, 299: Barhocker, m. krit. Anm. ROBERTO, recht 2002, 145).

22.15   Massstab für die aufzubringende Sorgfalt sind nicht die individuellen Fähigkeiten des Schädigers, sondern die Sorgfalt, welche eine *vernünftige Person* (reasonable person) in der konkreten Situation aufgebracht hätte. Dabei ist der jeweilige *Verkehrskreis* massgeblich. Ein Maurer hat sich wie ein ordentlicher Maurer zu verhalten, ein Arzt hat die Regeln der ärztlichen Kunst – ggf. eines engeren Fachgebietes – einzuhalten, ein Anwalt hat bei Beratung und Prozess jedenfalls die Sorgfalt anzuwenden, die unter Anwälten üblich ist. Haben sich allerdings in einem bestimmten Verkehrskreis gewisse «Unsitten» herausgebildet, so entlastet es den Schädiger nicht, wenn er sich darauf beruft, dass auch andere Angehörige seiner Berufsgruppe unsorgfältig handeln.

22.16   Verstösst der Schädiger gegen behördlich erlassene *Schutzvorschriften*, z.B. Polizei- und Ordnungsvorschriften, so liegt darin regelmässig ein Abweichen von der im Verkehr erforderlichen Sorgfalt. Umgekehrt befreit die Einhaltung solcher Vorschriften oder auch das Vorliegen einer *behördlichen Genehmigung* nicht unbedingt von einem Schuldvorwurf, denn diese wollen regelmässig nur einen Mindeststandard festlegen (dazu OFTINGER/STARK, Haftpflichtrecht I, § 5 N 101 f.; REY, Haftpflichtrecht, N 872 ff.).

22.17   *Individuelle Unfähigkeit* oder Sorglosigkeit entlastet den Schädiger nicht. Eine Ausnahme gilt bei Vertragsverletzungen, wenn die Gläubigerin die hinter dem Durchschnittsstandard bleibenden Fähigkeiten und Eigenschaften des Schuldners gekannt hat oder hätte kennen müssen (vgl. auch Art. 321e Abs. 2 zum Arbeitsvertrag). Beauftragt eine Person einen «Sonntagsbastler» mit der Reparatur ihres Autos, so kann sie nicht die Sorgfalt eines ordentlichen Mechanikers erwarten. Besitzt der Schädiger andererseits eine *höhere Fachkenntnis* als in seinem Berufskreis üblich, so hat er diese einzusetzen und kann sich nicht darauf berufen, dass er lediglich die übliche Sorgfalt angewandt hat.

b) Verschulden und Widerrechtlichkeit bzw. Vertragsverletzung

In der Literatur (vgl. FELLMANN, ZSR 1987 I, 339, 351 ff.) 22.18 wird die *Objektivierung* des Verschuldensbegriffs teilweise *kritisiert*. Denn das Kriterium der objektiven Sorgfaltspflichtverletzung ist bereits bei der Frage der Widerrechtlichkeit im Bereich ausservertraglicher Haftung – jedenfalls wenn der Lehre vom Verhaltensunrecht gefolgt wird (vgl. dazu N 50.28 ff.) – und der Vertragsverletzung bei Verträgen, die allein auf ein Tätigwerden gerichtet sind (obligation de moyens), heranzuziehen. Dasselbe Kriterium könne dann nicht noch einmal im Rahmen des Verschuldens geprüft werden. Vielmehr sei hier die subjektive Vorwerfbarkeit, die sog. *innere* im Gegensatz zur (objektivierten) *äusseren Sorgfalt* entscheidend. Folgt man mit der modernen Lehre der sog. dritten Widerrechtlichkeitstheorie, wonach für die Bestimmung der Widerrechtlichkeit die Verletzung einer Schutzpflicht entscheidend ist (vgl. N 50.04), so entfällt die mögliche Überschneidung von Widerrechtlichkeit und Verschulden (vgl. SCHÖNENBERGER, HAVE 2004, 3, 9).

Die Unterschiede zur herrschenden Meinung, die am objektivierten 22.19 Verschuldensbegriff festhält, sind freilich geringer als zu erwarten wäre. Auch wer das Verschulden als subjektiven Schuldvorwurf begreift, wird in vielen Fällen ein sog. *Übernahmeverschulden* annehmen (z.B. BGE 93 II 317, 324). Operiert ein übermüdeter Arzt eine Patientin und unterläuft ihm aufgrund seiner Übermüdung ein Fehler, so mag ihm der Fehler selbst subjektiv zwar nicht zum Vorwurf gereichen. Die subjektive Unsorgfalt ist jedoch darin zu sehen, dass er trotz Übermüdung die Operation überhaupt übernommen hat.

M.E. ist mit der herrschenden Auffassung in Lehre und Rechtspre- 22.20 chung für das Zivilrecht am objektivierten Verschuldensmassstab festzuhalten (so auch WERRO, ZSR 1997 I, 343, 371 ff.; DERS., recht 2003, 12, 14; ROBERTO, Haftpflichtrecht, N 222). Im Zivilrecht geht es um den *wertenden Ausgleich widerstreitender Interessen* und nicht – wie im Strafrecht – um individuelle Vorwerfbarkeit. Im *Vertragsrecht* ist der objektive Verschuldensmassstab schon aus Gründen des Vertrauensschutzes geboten. Wer einen Vertrag abschliesst und für eine Vertragsleistung die marktübliche Gegenleistung erbringt, darf auch die marktübliche Sorgfalt erwarten. Doch auch im *Deliktsrecht* kann für die Berücksichtigung individueller Unfähigkeit kein Raum sein. Dies gilt umso mehr, als eine Schadenersatzhaftung heute in der überwiegenden Mehrzahl der Fälle nicht das handelnde Individuum belastet, sondern von der Solidargemeinschaft der Haftpflichtversicherten getragen wird (vgl. N 49.05).

22.21   Aus dieser Betrachtungsweise folgt, dass eine im Bereich der Widerrechtlichkeit oder Vertragswidrigkeit festgestellte Pflichtverletzung auch das *Verschulden indiziert*. Bei objektiver Pflichtverletzung wird das Verschulden nur in seltenen Ausnahmefällen verneint werden können, z.B. wenn einem Arzt aufgrund einer plötzlichen Herzattacke das Skalpell ausrutscht.

c) Grade der Fahrlässigkeit

22.22   Entsprechend der Intensität des Sorgfaltsverstosses ist zunächst zwischen leichter und grober Fahrlässigkeit zu unterscheiden. Von *leichter Fahrlässigkeit* wird bei nur geringer Abweichung von der üblichen Sorgfalt gesprochen, bei einem Fehler, der praktisch jeder Person unterlaufen könnte. *Grobe Fahrlässigkeit* liegt hingegen vor, wenn die im Verkehr erforderliche Sorgfalt in einem besonders schweren und hohen Mass ausser Acht gelassen wird, wenn elementare Vorsichtsmassnahmen, die jeder Person einleuchten, missachtet werden (zur Kasuistik vgl. BernerKomm/BREHM, Art. 41 N 201 ff.; KELLER, Haftpflicht I, 119). Während das Gesetz nur an diese Zweiteilung in leichte und grobe Fahrlässigkeit anknüpft (vgl. nur Art. 100 Abs. 1, 2), soll es nach Rechtsprechung und überwiegender Lehre auch noch eine Zwischenstufe in Form der *mittleren Fahrlässigkeit* geben (vgl. BGE 100 II 332, 338; GAUCH/ SCHLUEP/EMMENEGGER, N 2972; RÜETSCHI, HAVE 2009, 137 ff.; a.A. OFTINGER/STARK, Haftpflichtrecht I, § 5 N 105).

4. Bedeutung des Verschuldensgrades

22.23   Grundsätzlich haftet der Schädiger für *jedes Verschulden*, d.h. für Vorsatz und jede Form der Fahrlässigkeit (vgl. nur Art. 41 Abs. 1, 99 Abs. 1). Eine Reihe gesetzlicher Vorschriften statuiert jedoch Haftungsmilderungen und macht die Haftung von einer qualifizierten Form des Verschuldens abhängig.

So setzt eine *sittenwidrige Schädigung* im Sinne des Art. 41 Abs. 2 ein 22.24 vorsätzliches Handeln des Schädigers voraus. Nach Art. 248 Abs. 1 haftet der *Schenker* nur bei vorsätzlicher oder grobfahrlässiger Schädigung. In allgemeiner Form bestimmt Art. 99 Abs. 2, dass das Mass der Haftung milder zu beurteilen ist, wenn das Geschäft für den Schuldner *keinen Vorteil* bezweckt (vgl. auch Art. 420 Abs. 2: Notgeschäftsführung). Bei Unentgeltlichkeit wird demnach eine Haftung für leichtes Verschulden grundsätzlich nicht in Betracht kommen.

Besondere Bedeutung hat der Verschuldensgrad für die *Haftung des* 22.25 *Arbeitnehmers* gegenüber der Arbeitgeberin. In Fällen, in denen mit geringem Versehen erfahrungsgemäss gerechnet werden muss, z.B. beim Führen von Motorfahrzeugen (vgl. OGer BL, JAR 1994, 118 ff.) oder bei Bedienung komplizierter Maschinen, stellt sich der Schaden als typisches Unternehmensrisiko dar (sog. *schadensgeneigte Arbeit*). Ist der Schaden nur auf leichte Fahrlässigkeit des Arbeitnehmers zurückzuführen, entfällt seine Haftung. Bei mittlerer Fahrlässigkeit erfolgt eine Reduktion im Sinne einer Schadensteilung zwischen Arbeitgeberin und Arbeitnehmer. Nur bei Vorsatz und grober Fahrlässigkeit haftet der Arbeitnehmer voll (vgl. zum Ganzen BaslerKomm/PORTMANN, Art. 321e N 5 ff.).

Ein besonderer Haftungsmassstab findet sich schliesslich noch im *Ge-* 22.26 *sellschaftsrecht*. Nach Art. 538 Abs. 1 haftet der Gesellschafter bei der einfachen Gesellschaft nur für die Sorgfalt, die er in seinen eigenen Angelegenheiten anzuwenden pflegt *(diligentia quam in suis)*. Dies gilt jedoch nicht für den geschäftsführenden Gesellschafter, der für seine Tätigkeit eine Vergütung erhält (Art. 538 Abs. 3). Nur eigenübliche Sorgfalt ist auch bei *Gefälligkeiten* geschuldet (vgl. BGE 137 III 539, 545 – Kinderhüten).

Soweit für die Vertragshaftung eine Haftungsmilderung eingreift, 22.27 muss diese auch auf den konkurrierenden *Deliktsanspruch* durchschlagen. Sollte im Rahmen des konkurrierenden Deliktsanspruchs schon leichte Fahrlässigkeit zur Haftungsbegründung ausreichen, würde dies die im Vertragsrecht bezweckte Haftungserleichterung zunichte machen (BGE 120 II 58, 61; VON TUHR/ESCHER, 108 f.; vgl. auch N 5.05).

IV. Beweislast für Verschulden

Entsprechend Art. 8 ZGB hat die Gläubigerin alle anspruchs- 22.28 begründenden Voraussetzungen, d.h. grundsätzlich auch das Verschulden, zu beweisen.

22.29 Dieses Prinzip gilt bis heute uneingeschränkt, soweit die Gläubigerin ihren Anspruch auf die *deliktische Grundnorm* des Art. 41 stützt. Angemessen ist dies bei einem zufälligen Aufeinandertreffen von Schädiger und Geschädigter, z.B. beim Zusammenstoss zweier Snowboarder. Hier sind beide Parteien gleichermassen in der Lage, die zum Unfall führenden Umstände aufzuklären und zu beweisen. Deshalb rechtfertigt es sich, eine allfällige Beweislosigkeit der Partei aufzubürden, die einen Anspruch geltend macht.

22.30 Anders ist die Situation im *Vertragsrecht*. Hier ist es der Gläubigerin zumeist nur möglich nachzuweisen, dass der Schuldner nicht, zu spät oder schlecht geleistet hat. Die Ursachen der Vertragsverletzung liegen jedoch regelmässig in der Sphäre des Schuldners, in die die Gläubigerin keinen Einblick hat. Müsste bei einer Vertragsverletzung die Gläubigerin die Beweislast für das Verschulden tragen, so würde ihr Anspruch häufig aus Gründen der Beweisnot scheitern. Deshalb findet im Vertragsrecht grundsätzlich eine *Beweislastumkehr* statt: Nicht die Gläubigerin hat das Verschulden des Schuldners zu beweisen, sondern dieser muss sich entlasten, indem er darlegt, dass ihn im Hinblick auf die Vertragsverletzung kein Verschulden trifft (sog. *Entlastungs-* oder *Exkulpationsbeweis*, vgl. nur Art. 97 Abs. 1, 103 Abs. 2, 208 Abs. 3). Richtiger Ansicht nach (vgl. GAUCH, Werkvertrag, N 1891; BGE 93 II 311, 315) gilt die Beweislastumkehr auch für die Schadenersatzhaftung des Werkunternehmers nach Art. 368 Abs. 1, obgleich der Gesetzeswortlaut eine solche nicht nahe legt.

22.31 Oftmals sieht sich aber auch die Geschädigte bei *ausservertraglicher Haftung* ähnlichen Beweisschwierigkeiten wie die Vertragsgläubigerin gegenüber. Wie soll sie beweisen, dass ein Dachziegel unsorgfältig befestigt war, dass bei der Konzeption oder Herstellung eines Produktes ein Fehler unterlaufen ist oder dass das von der Weide entsprungene Tier nicht gehörig beaufsichtigt wurde? Dieser Problematik wird vom Gesetz durch die sog. *Kausalhaftungen* (vgl. N 53.01 ff.) begegnet.

V. Haftung ohne Verschulden

22.32 Vom Prinzip der Verschuldenshaftung ausgehend, bildet die Haftung ohne Verschulden die *Ausnahme*.

1. Ausservertragliche Haftung

Ausservertraglich haftet der Schuldner ohne Verschulden im 22.33
Rahmen der durchwegs sondergesetzlich geregelten sog. *Gefährdungshaftungen* (vgl. N 54.01 ff.). Die meisten sog. *einfachen Kausalhaftungen* sind hingegen nach hier vertretener Ansicht in der Sache nichts anderes als eine Verschuldenshaftung mit Beweislastumkehr (vgl. N 49.08 f.).

2. Vertragliche Haftung

Aufgrund der Vertragsfreiheit steht es dem Schuldner selbst- 22.34
verständlich frei zu versprechen, auch ohne Verschulden haften zu wollen (vgl. auch Art. 111: Garantievertrag; Art. 171 Abs. 2: Übernahme der Einstandspflicht für Leistungsfähigkeit des Drittschuldners beim Forderungskauf). In derartigen Fällen wird von einer *Garantie* gesprochen. Leistet der *Gattungsschuldner* nicht, obgleich noch Stücke aus der versprochenen Gattung vorhanden sind, so haftet er ohne Rücksicht auf ein allfälliges Verschulden. Freilich wird in diesen Fällen faktisch zumeist ein Verschulden vorliegen.

Vereinzelt sehen Bestimmungen des OR BT bei einzelnen Vertragsty- 22.35
pen eine verschuldensunabhängige Haftung vor, wie insbesondere die Haftung des *Pächters* nach Inventar (Art. 299b) sowie die – allerdings summenmässig beschränkte – Haftung des *Gast-* und *Stallwirts* (Art. 487, 490). Der *Entlehner* und der Aufbewahrer haften sogar für Zufall (Art. 306 Abs. 3, 474 Abs. 2), jedoch nur, wenn sie vorher bereits eine Vertragspflicht verletzt haben. Dasselbe gilt für die Haftung des Schuldners im *Verzug* (Art. 103).

Ohne eigenes Verschulden hat der Vertragsschuldner für das Verhal- 22.36
ten seiner *Hilfspersonen* einzustehen (Art. 101 Abs. 1). Allerdings wird hier dem Schuldner das Verhalten einer Hilfsperson nur dann zugerechnet, wenn ihm – hätte er selbst gehandelt – ein solches Verhalten zum Verschulden gereichen würde (vgl. N 23.10 f.).

Häufig wird auch die Haftung des *Verkäufers* als verschuldensunab- 22.37
hängig bezeichnet (vgl. z.B. BaslerKomm/HONSELL, Vor Art. 197–210 N 1). Dies ist jedoch nur bedingt richtig. Die verschuldensunabhängigen Rechtsbehelfe der Wandlung und Minderung sind nichts anderes als eine Ausprägung des Synallagmas. Bei der Schadenersatzhaftung ist zu unterscheiden: verschuldensunabhängig wird nach Art. 195 Abs. 1 Ziff. 4, 208 Abs. 2 für unmittelbaren Schaden gehaftet (vgl. auch Art. 171 Abs. 1, 173: Forderungskauf), voller Schadenersatz setzt auch im Kaufrecht Ver-

schulden voraus (vgl. Art. 195 Abs. 2, 208 Abs. 3). Die Abgrenzung zwischen unmittelbarem und weiterem Schaden wird dabei von der Rechtsprechung nach der Länge der Kausalkette vorgenommen (vgl. N 14.28).

22.38   Auch die Haftung des *Reiseveranstalters* nach Art. 14, 15 PauRG ist vom praktischen Ergebnis her nichts anderes als eine Verschuldenshaftung mit Beweislastumkehr.

§ 23   Haftung für Hilfspersonen

I. Problemstellung

23.01   In einer arbeitsteilig funktionierenden Wirtschaft kommt es dauernd vor, dass jemand nicht selbst tätig wird, sondern zu Verrichtungen Hilfspersonen beizieht. Dabei stellt sich die Frage, unter welchen Voraussetzungen der Geschäftsherr für die Handlungen dieser Personen einzustehen hat. Das Gesetz beantwortet dies in Art. 101 Abs. 1 für die vertragliche, in Art. 55 Abs. 1 für die ausservertragliche Haftung. Diesen Vorschriften liegt der Gedanke zugrunde, dass derjenige, der durch den Einsatz von Hilfspersonen seinen Wirkungskreis und damit seine Verdienstmöglichkeiten erweitert, auch allfällige nachteilige Folgen zu tragen hat.

II. Im vertraglichen Bereich

Literatur: BERGER, Schuldrecht, N 1761 ff.; BUCHER, OR AT, 350 ff.; ENGEL, OR AT, 739 ff.; FURRER/MÜLLER-CHEN, Kap. 2 N 32, 18 N 90 ff.; GAUCH/SCHLUEP/ EMMENEGGER, N 3013 ff.; GUHL/KOLLER, 247 ff.; HUGUENIN, OR AT, N 721 ff.; KELLER/ SCHÖBI, Schuldrecht I, 208 f., 238 ff.; KOLLER, OR AT, § 54 N 90 ff.; TERCIER, Obligations, N 1235 ff.; VON TUHR/ESCHER, 122 ff.; WERRO, Responsabilité, N 507 ff.; Basler-Komm/WIEGAND, Art. 101; BernerKomm/WEBER, Art. 101; CHK/FURRER/WEY, OR 101; CR CO I/THÉVENOZ, Art. 101; KuKo OR/THIER, Art. 101; ZürcherKomm/OSER/SCHÖ-NENBERGER, Art. 101;

ATAMER, Haftung des gewerblichen Verkäufers für Schäden durch mangelhafte Ware: Ist das Verschuldenserfordernis sachgerecht?, ZSR 2011 I, 449 ff.; BRETTON-CHEVALLIER, Haftung der Bank gegenüber ihrem Kunden und externe Vermögensverwaltung, SZW 2003, 254 ff.; DONATIELLO, Responsabilité du débiteur: de la délégation à l'organisation de l'exécution des obligations: codification supranationales récentes (CVIM, principes d'UNIDROIT, principes européens) et Code des obligations Suisse, Diss. Genf 2010; DROZ, La substitution dans le contrat de mandat, Diss. Genf 2008; GRIEDER, Die sachkundige Hilfsperson – Gedanken zur Hilfspersonenhaftung, Festschrift Ott, Zürich 2008,

565 ff.; HONSELL, Die Haftung für Hilfspersonen, Festschrift Schwenzer, Band I, Bern 2011, 779 ff.; HUBER JOACHIM, Die analoge Anwendung der vertraglichen Gehilfenhaftungsvorschrift bei Delegation von Verkehrspflichten in Deutschland, der Schweiz und Österreich: zugleich ein Beitrag zur Entwicklung und zum Stand der deliktischen Gehilfenhaftung in diesen Ländern, München 1997; KOLLER ALFRED, Die Haftung für den Erfüllungsgehilfen nach Art. 101, Diss. Freiburg i.Ue. 1980; PICHONNAZ/KUONEN, Les intérêts sur le dommage contractuel et la responsabilité pour le fait de l'auxiliaire: Rappel de deux principes à la lumière d'un arrêt récent commentaire de l'arrêt du tribunal fédéral du 13 août 2004 publié aux ATF 130 III 591 (4C.96/2004), BR 2005, 15 ff.; RUSCH, Hilfsperson, Substitut und Direktanspruch, Jusletter 18. Oktober 2010; SPIRO, Die Haftung für Erfüllungsgehilfen, Bern 1984; DERS., Die Haftung für Abschluss- und Verhandlungsgehilfen, ZSR 1986 I, 619 ff.

1. Allgemeines

Nach Art. 101 Abs. 1 hat der Vertragsschuldner (Geschäfts- 23.02 herr) für den Schaden einzustehen, den eine Hilfsperson (Erfüllungsgehilfe) der Vertragsgläubigerin in Ausübung ihrer Verrichtungen zufügt. Art. 101 Abs. 1 bildet *keine selbstständige Anspruchsgrundlage* für Schadenersatz, sondern stellt lediglich eine *Zurechnungsnorm* für Drittverhalten dar (str., wie hier BaslerKomm/WIEGAND, Art. 101 N 2).

Die Einstandspflicht des Geschäftsherrn nach Art. 101 Abs. 1 wird nur 23.03 bei *befugter Zuziehung eines Erfüllungsgehilfen* relevant. Darf der Schuldner nach dem Inhalt des Vertrages zur Leistungserbringung gar keine Hilfspersonen beiziehen, so liegt im *unbefugten Beizug* bereits ein eigenes Verschulden des Schuldners, das ihn nach Art. 97 Abs. 1 haftpflichtig macht.

2. Hilfsperson

a) Begriff

Hilfsperson im Sinne des Art. 101 Abs. 1 ist jede Person, die 23.04 *mit Wissen und Wollen des Schuldners* bei der Erfüllung einer Schuldpflicht tätig wird. Beispielhaft nennt das Gesetz Hausgenossen und Arbeitnehmer. So ist der Volontär Hilfsperson des Anwalts (BGE 117 II 563, 568), die Sprechstundenhilfe Hilfsperson des Arztes (BGE 116 II 519, 522) und jeder Mitmieter Hilfsperson der anderen Mitmieter (BGer, 3. 7. 2006, 4C.103/2006, E. 4.2). Indessen ist die Ausgestaltung des Innenverhältnisses zwischen Geschäftsherr und Erfüllungsgehilfe nicht entscheidend für die Frage der Zurechnung im Aussenverhältnis. Insbesondere ist ein Subordinationsverhältnis zwischen Geschäftsherrn und

Erfüllungsgehilfe – wie es Art. 55 Abs. 1 voraussetzt (vgl. N 23.15 ff.) – nicht erforderlich. Auch ein *unabhängiger Dritter*, z.B. ein Subunternehmer, kann Erfüllungsgehilfe im Sinne des Art. 101 Abs. 1 sein. Der Generalunternehmer, der die schlüsselfertige Erstellung eines Hauses verspricht, haftet deshalb für die am Bau tätigen Handwerker (BGE 116 II 305, 308). Bei einer Bringschuld hat der Schuldner auch für die Transportperson einzustehen, selbst wenn es sich dabei um Post oder Bahn handelt. Des Weiteren wurde der Vermieter als Hilfsperson des Mieters im Verhältnis zur Untermieterin angesehen (BGE 119 II 337, 338). Auch die Eltern können Erfüllungsgehilfen eines unmündigen Vertragsschuldners sein, wenn sie z.B. den von dem Kind erbten Betrieb führen. Beauftragt ein Bauherr mehrere Personen mit der Realisierung eines Bauwerks, kann einer der Beauftragten im Verhältnis zu den anderen als Hilfsperson des Bauherrn gelten, wenn ihm eine Vorrangstellung zukommt, indem er z.B. gegenüber den anderen weisungsbefugt ist (BGE 130 III 591, 603).

b) Abgrenzung zur Substitution

23.05 Vom Erfüllungsgehilfen ist der *Substitut* nach Auftragsrecht (Art. 398 Abs. 3, 399) zu unterscheiden. Substitution liegt vor, wenn der Beauftragte die Besorgung des Geschäfts einem Dritten überträgt, der selbstständig an seiner Stelle die geschuldete Leistung erbringen soll. Von praktischer Bedeutung ist die Abgrenzung deshalb, weil der Beauftragte nach Art. 399 Abs. 2 bei *erlaubter Substitution* nur für gehörige Sorgfalt bei Auswahl und Instruktion des Dritten haftet, sich aber im Übrigen dessen Fehlverhalten nicht zurechnen lassen muss. Der *unbefugte Beizug* eines Substituten stellt als solcher bereits eine Vertragsverletzung durch den Schuldner dar, die ihn nach Art. 97 Abs. 1 zum Schadenersatz verpflichtet (vgl. Art. 399 Abs. 1). Zur Abgrenzung zwischen erlaubter und unerlaubter Substitution vgl. GAUCH/SCHLUEP/EMMEN-EGGER, N 3063 ff.

23.06 In der Lehre ist die *Abgrenzung* zwischen Erfüllungsgehilfe und Substitut *umstritten*. Neuere Lehre und Rechtsprechung legen Art. 399 Abs. 2 restriktiv aus (vgl. nur HOFSTETTER, SPR VII/2, 74 f.; BGE 107 II 238, 245; 112 II 347, 353); das Merkmal der selbstständigen Geschäftsbesorgung durch den Dritten soll allein nicht massgeblich sein. Substitution soll vielmehr nur vorliegen, wenn der Beizug des Dritten *im Interesse der Auftraggeberin* erfolgt, z.B. der Beizug eines Spezialisten durch einen beauftragten Arzt oder Anwalt (problematisch insoweit BGer,

14.3.2008, 4A_407/2007: Kanzleikollege). Erfolgt der Beizug hingegen *im Interesse des Beauftragten selbst*, z.B. zur Vergrösserung seines eigenen geschäftlichen Wirkungskreises oder seines Umsatzes, so ist der beigezogene Dritte Erfüllungsgehilfe, für den der Schuldner nach Art. 101 Abs. 1 einzustehen hat.

3. In Erfüllung einer Schuldpflicht

Art. 101 Abs. 1 verlangt, dass die Hilfsperson in *Erfüllung ei-* 23.07 *ner Schuldpflicht*, einer Obliegenheit oder bei Ausübung eines Rechts aus einem *Schuldverhältnis* tätig wird. Dies setzt voraus, dass ein Schuldverhältnis, sei es vertraglicher oder gesetzlicher Natur, zwischen dem Geschäftsherrn und der Geschädigten bereits besteht. Ausreichend ist allerdings auch ein vorvertragliches Verhandlungsverhältnis (vgl. N 48.04). Im ausservertraglichen Bereich hingegen kommt Art. 101 Abs. 1 nicht zur Anwendung, dort gilt ausschliesslich Art. 55 Abs. 1.

Im Einzelfall ist es wichtig, den *Pflichtenkreis* des Geschäftsherrn ge- 23.08 nau abzugrenzen, um zu bestimmen, wessen Verhalten er sich zurechnen lassen muss (vgl. BGE 125 III 223, 225). So schuldet der Werkunternehmer zwar nach Art. 364 Abs. 3 die Bereithaltung der notwendigen Werkzeuge, nicht aber deren Herstellung; der einfache Zwischenhändler braucht die Ware nicht eingehend zu untersuchen. In beiden Fällen findet deshalb eine Zurechnung allfälligen Fehlverhaltens des Herstellers nicht statt (a.A. ATAMER, ZSR 2011 I, 449, 474). Lässt dagegen der Verkäufer von Ware diese unmittelbar durch den Hersteller liefern, so muss er sich eine Verzögerung durch diesen zurechnen lassen. Gleiches gilt beim Einsatz von Transportpersonen: Bei der Schickschuld ist nur die Versendung geschuldet, die Transportperson ist deshalb nicht Erfüllungsgehilfe. Anders ist die Sachlage bei der Bringschuld, bei der der Transport zur Leistungspflicht des Schuldners gehört.

4. In Ausübung der Verrichtung

Art. 101 Abs. 1 verlangt, dass die Hilfsperson den Schaden *in* 23.09 *Ausübung ihrer Verrichtungen* verursacht hat. Erforderlich ist deshalb ein sog. *funktioneller Zusammenhang* in dem Sinn, dass die schädigende Handlung zugleich eine Nicht- oder Schlechterfüllung der Schuldpflicht des Geschäftsherrn aus seinem Vertrag mit der Geschädigten darstellt (vgl. BGE 92 II 15, 18). Streitig ist, ob der Geschäftsherr auch für Handlungen des Gehilfen einzustehen hat, die dieser lediglich *bei Gelegenheit der Verrichtung* verübt (Nachw. bei BaslerKomm/WIEGAND, Art. 101 N 10). Werden freilich die aus dem Vertragsverhältnis resultierenden Schutzpflichten des Geschäftsherrn entsprechend weit gefasst, so liegt ein funktioneller Zusammenhang selbst bei vorsätzlichem Handeln der Hilfsperson vor, wenn das Vertragsverhältnis die Handlung ermöglicht hat (a.A. HONSELL, Haftpflichtrecht, § 13 N 16). Beispielsweise hat der Malermeister nach Art. 101 Abs. 1 nicht nur einzustehen, wenn sein Geselle durch unvorsichtiges Hantieren mit einer Leiter eine Fensterscheibe einschlägt, sondern auch, wenn er anlässlich der Malerarbeiten einen Diebstahl verübt.

5. Hypothetische Vorwerfbarkeit

23.10   Nach heute herrschender Auffassung (vgl. nur BGE 119 II 337, 338; BaslerKomm/WIEGAND, Art. 101 N 13 ff.) ist für die Zurechnung des Verhaltens einer Hilfsperson im Rahmen des Art. 101 Abs. 1 weder das Verschulden des Geschäftsherrn noch das Verschulden der Hilfsperson entscheidend. Es ist vielmehr zu fragen, ob die Handlung der Hilfsperson dem Schuldner vorzuwerfen wäre, wenn er sie selbst vorgenommen hätte (*hypothetische Vorwerfbarkeit*; vgl. BGE 119 II 337, 338). Dies bedeutet einerseits, dass der Geschäftsherr sich nicht wie bei Art. 55 Abs. 1 durch den Nachweis entlasten kann, dass er die Hilfsperson sorgfältig ausgewählt, instruiert und überwacht hat. Andererseits wird der Geschäftsherr auch bei fehlendem Verschulden der Hilfsperson – etwa wegen mangelnder Urteilsfähigkeit – nicht befreit, wenn ihm selbst das in Frage stehende Verhalten zu einem Schuldvorwurf gereichen würde.

23.11   Setzt der Schuldner eine Hilfsperson ein, die über *grössere Sachkunde* verfügt als er selbst aufgrund des Vertrages schuldet, so entfällt die Zurechnung nach Art. 101 Abs. 1 selbst dann, wenn die Hilfsperson aufgrund ihrer weitergehenden Qualifikation ein Verschulden trifft (vgl. GAUCH/SCHLUEP/EMMENEGGER, N 3044 f.). Die Gläubigerin soll nicht allein deshalb besser gestellt werden, weil der Geschäftsherr eine Hilfsperson beigezogen und nicht selbst gehandelt hat. Freilich ist in derartigen Fällen besonders genau zu prüfen, ob nicht der Geschäftsherr nach dem Inhalt des Vertrages gerade die Sorgfalt schuldet, die (allein) die sachkundige Hilfsperson zu erbringen imstande ist (vgl. BGE 130 III 591, 605 f.: Architekt als Hilfsperson bei Bauprojekt).

23.11a   Im praktischen Ergebnis kann freilich auf das Erfordernis der hypothetischen Vorwerfbarkeit verzichtet werden (vgl. eindrücklich HONSELL, FS Schwenzer, 779, 787 f.). Art. 101 kann zwanglos als Haftung für fremdes Verschulden interpretiert werden, wobei es lediglich nicht auf die Urteilsfähigkeit der Hilfsperson ankommt.

III. Im ausservertraglichen Bereich (Geschäftsherrnhaftung)

Literatur: BERGER, Schuldrecht, N 1880 ff.; DESCHENAUX/TERCIER, § 9; EN-GEL, OR AT, 533 ff.; FURRER/MÜLLER-CHEN, Kap. 12 N 6 ff.; GUHL/KOLLER, 202 ff.; HONSELL, Haftpflichtrecht, § 13; HUGUENIN, OR AT, N 738 f.; KELLER, Haftpflicht I, 170 ff.; KELLER/GABI/GABI, Haftpflichtrecht, 168 ff.; OFTINGER/STARK, Haftpflichtrecht II/1, § 20; PORTMANN/REY, 60 f.; REY, Haftpflichtrecht, N 896 ff.; ROBERTO, Haftpflicht-recht, N 294 ff.; SCHNYDER/PORTMANN/MÜLLER-CHEN, Haftpflichtrecht, N 232 ff.; TER-CIER, Obligations, N 1893 ff.; VON TUHR/PETER, 444 ff.; WERRO, Responsabilité, N 452 ff.; BaslerKomm/HEIERLI/SCHNYDER A.K., Art. 55; BernerKomm/BREHM, Art. 55; CHK/MÜLLER, OR 55; CR CO I/WERRO, Art. 55; KuKo OR/SCHÖNENBERGER, Art. 55; ZürcherKomm/OSER/SCHÖNENBERGER, Art. 55;

AESCHIMANN, La responsabilité du fait de l'organisation: faits et droit, ZSR 2002 I, 99 ff.; CHAPPUIS CHRISTINE/WERRO, La responsabilité civile: à la croisée des chemins, ZSR 2003 II, 237 ff.; FELLMANN, Produzentenhaftung in der Schweiz, ZSR 1988 I, 275 ff.; HUBER JOACHIM, Die analoge Anwendung der vertraglichen Gehilfenhaftungsvor-schrift bei Delegation von Verkehrspflichten in Deutschland, der Schweiz und Österreich: zugleich ein Beitrag zur Entwicklung und zum Stand der deliktischen Gehilfenhaftung in diesen Ländern, München 1997; PETRIN, Fortentwicklung der Geschäftsherrnhaftung in der Schweiz, Diss. St. Gallen, Zürich 2004; WAESPI, Organisationshaftung: zwischen Risiko und Unsorgfalt bei der Geschäftsherrnhaftung, Diss. Neuchâtel, Bern 2005; DERS., Organisationshaftung – mit ungleichen Ellen gemessen, HAVE 2004, 271 ff.; WIDMER, Produktehaftung, recht 1986, 4 ff.; DERS., Produktehaftung in der Schweiz, in: Produkte-haftung Schweiz/Europa/USA, Bern 1986, 15 ff.; vgl. auch die Literatur vor N 53.30 ff.

1. Allgemeines

Während im vertraglichen Bereich Art. 101 Abs. 1 lediglich die 23.12 Zurechnung des Verhaltens einer Hilfsperson normiert, statuiert Art. 55 Abs. 1 für den ausservertraglichen Bereich die *Haftung* des Geschäfts-herrn *für eigene (vermutete)* Pflichtwidrigkeit, wenn eine Hilfsperson eine Dritte schädigt. Dementsprechend kann sich der Geschäftsherr nach Art. 55 Abs. 1 durch den Nachweis gehöriger Sorgfalt befreien; im Rah-men des Art. 101 Abs. 1 ist ein derartiger Befreiungsbeweis hingegen nicht möglich. Die vertragliche Einstandspflicht für Hilfspersonen reicht damit weiter als die ausservertragliche und ist deshalb für die Geschädig-te regelmässig günstiger.

23.13   Art. 55 Abs. 1 wird von der herrschenden Meinung den sog. *einfachen Kausalhaftungen* zugerechnet und nicht als Fall der Verschuldenshaftung mit Beweislastumkehr bewertet (vgl. REY, Haftpflichtrecht, N 881 m.w. Nachw.; BGE 110 II 456, 460). Diese Auffassung wird damit begründet, dass an den nach Art. 55 Abs. 1 zu erbringenden *Befreiungsbeweis* (auch Exzeptionsbeweis) höhere Anforderungen zu stellen sind als an einen Exkulpationsbeweis, wie er etwa im Rahmen des Art. 97 Abs. 1 erbracht werden kann (vgl. BGE 97 II 221, 223 f.). In der Praxis wirkt sich dieser angebliche Unterschied allerdings kaum aus (vgl. N 49.08 f.; krit. auch HONSELL, Haftpflichtrecht, § 13 N 4 ff.).

23.14   Wie Art. 41 Abs. 1 verlangt auch Art. 55 Abs. 1 neben Schaden und Kausalität die *Widerrechtlichkeit* (vgl. N 50.04 ff.), d.h. die Handlung der Hilfsperson muss ein absolutes Rechtsgut oder eine Schutznorm verletzen, obwohl diese Voraussetzung nicht ausdrücklich aus dem Text der Vorschrift hervorgeht.

2. Hilfsperson

23.15   Da der Geschäftsherr nach Art. 55 Abs. 1 der Sache nach für eigenes Auswahl-, Instruktions- und Aufsichtsverschulden haftet, können nur solche Personen als Hilfsperson im Sinne des Art. 55 Abs. 1 gelten, die der Weisungs- und Aufsichtsbefugnis des Geschäftsherrn unterstellt sind. Erforderlich ist deshalb – im Gegensatz zu Art. 101 Abs. 1 – ein Unterordnungs- bzw. *Subordinationsverhältnis* (BGE 84 II 381, 382; weitergehend PETRIN, 76 ff.).

23.16   Ein Subordinationsverhältnis liegt regelmässig vor zwischen Arbeitgeber und Arbeitnehmer. Allerdings ist die rechtliche Qualifikation des Innenverhältnisses zwischen Geschäftsherr und Hilfsperson nicht massgebend. Es kommt vielmehr auf die tatsächliche Befugnis zur *Erteilung von Weisungen* und zur *Ausübung von Aufsicht* an. So können auch Familienangehörige Verrichtungsgehilfen im Sinne des Art. 55 Abs. 1 sein. An einem Subordinationsverhältnis fehlt es, wenn die Hilfsperson selbstständig ist und eigenen Entscheidungsspielraum besitzt, auch wenn sie im Einzelfall nach Weisungen des Auftraggebers handelt. Dies gilt insbesondere für den Anwalt im Verhältnis zu seinem Klienten, den Architekten oder Bauunternehmer im Verhältnis zum Bauherrn, den Subunternehmer im Verhältnis zum Generalunternehmer und den vertretungsberechtigten Gesellschafter einer einfachen Gesellschaft in Bezug auf die übrigen Gesellschafter (vgl. auch Kasuistik bei

BernerKomm/BREHM, Art. 55 N 8 ff.). Dasselbe gilt für die Organe einer juristischen Person.

Nicht erforderlich ist, dass der Verrichtungsgehilfe unmittelbar den 23.17 Weisungen und der Aufsicht des Geschäftsherrn untersteht. Bei *mehrstufigen Subordinationsverhältnissen*, insbesondere bei Unternehmen, können weitere Hilfspersonen dazwischentreten. Geschäftsherr ist dann immer die hierarchisch höchststehende Person (vgl. HONSELL, Haftpflichtrecht, § 13 N 12).

Bei *Leiharbeitsverhältnissen* und Vermietung von Arbeitskräften wird 23.18 zugunsten der Geschädigten davon ausgegangen, dass allein der Entlehner bzw. Mieter Geschäftsherr im Sinne des Art. 55 Abs. 1 ist (vgl. REY, Haftpflichtrecht, N 906 m.w. Nachw.).

3. In Ausübung der Verrichtung

Wie Art. 101 Abs. 1 verlangt auch Art. 55 Abs. 1, dass die 23.19 Hilfsperson den Schaden in Ausübung ihrer dienstlichen oder geschäftlichen Verrichtungen verursacht hat. Auch hier ist also ein *funktioneller Zusammenhang* zwischen Schadenszufügung und geschäftlicher Verrichtung erforderlich. Dieser entfällt jedoch nicht schon dadurch, dass die Hilfsperson Weisungen zuwiderhandelt, ihre Kompetenz überschreitet oder einer Dritten vorsätzlich Schaden zufügt (BGE 95 II 93, 106). So hat beispielsweise der Geschäftsherr einzustehen, wenn ein Arbeitnehmer während einer Arbeitspause trotz Rauchverbots eine brennende Zigarette wegwirft und dadurch einen Brand herbeiführt oder der Malergeselle den Kunden bestiehlt (a.A. VON TUHR/PETER, 446; PETRIN, 126: Haftung für Organisationsrisiken).

An einem funktionellen Zusammenhang fehlt es, wenn die Schädigung 23.20 durch die Hilfsperson lediglich *bei Gelegenheit der Verrichtung* verübt wurde (vgl. BernerKomm/BREHM, Art. 55 N 23 m.w. Nachw.; a.A. HONSELL, Haftpflichtrecht, § 13 N 16), wenn insbesondere die Ausübung der Verrichtung das Risiko einer Schadenszufügung nicht erhöht hat. Im ausservertraglichen Bereich kann dies häufiger der Fall sein als im vertraglichen. So hat beispielsweise der Geschäftsherr nicht nach Art. 55 Abs. 1 einzustehen, wenn der angestellte Chauffeur eine Dienstfahrt dazu benutzt, um eine Bank auszurauben. Auch Schlägereien unter Arbeitskollegen erfolgen nicht mehr in Ausübung der geschäftlichen Verrichtung.

4. Befreiungsgründe

23.21   Der Geschäftsherr kann sich von der Haftung nach Art. 55 Abs. 1 durch den Nachweis befreien, dass er *alle nach den Umständen gebotene Sorgfalt* angewendet hat, um einen Schaden der eingetretenen Art zu verhüten, oder dass der Schaden auch bei Anwendung dieser Sorgfalt eingetreten wäre.

a) Sorgfaltsbeweis

23.22   Nach Art. 55 Abs. 1 kann sich der Geschäftsherr zunächst durch den Nachweis von der Haftung befreien, dass er *alle nach den Umständen objektiv gebotene Sorgfalt* angewendet hat. In der heutigen Gesellschaft erscheint diese Möglichkeit als stossend und fehl am Platz, da sie die Risiken der arbeitsteiligen Wirtschaft einseitig der Geschädigten auferlegt und nicht demjenigen, der den Nutzen daraus zieht. Die meisten ausländischen Rechtsordnungen kennen deshalb keinen derartigen Befreiungsbeweis des Geschäftsherrn; sie ordnen vielmehr eine strikte Einstandspflicht für Hilfspersonen auch im ausservertraglichen Bereich an *(respondeat superior)*. Es ist deshalb zu begrüssen, dass die Rechtsprechung die Anforderungen an den Sorgfaltsbeweis immer höher geschraubt hat, insbesondere je wichtiger und gefährlicher die Arbeit der Hilfsperson ist (krit. de lege lata, WIDMER, recht 1986, 50, 56 f.). Leading case ist heute immer noch der legendäre Schachtrahmen-Fall (BGE 110 II 456 ff.). Seither sind bezeichnenderweise keine weiteren Entscheide des Bundesgerichts zum Befreiungsbeweis ergangen.

23.23   Traditionell umfasste der Sorgfaltsbeweis drei Ebenen: die Sorgfalt in der Auswahl der Hilfspersonen *(cura in eligendo)*, in der Instruktion *(cura in instruendo)* und in der Überwachung *(cura in custodiendo)*. Bei der *Auswahl* sind vor allem die Ausbildung und die Erfahrung der Hilfsperson sowie deren Gewissenhaftigkeit und Vertrauenswürdigkeit zu überprüfen (Kasuistik bei BernerKomm/BREHM, Art. 55 N 57 ff.). *Instruktionen* sind insbesondere bei gefährlichen Arbeiten erforderlich und wenn die Hilfsperson mit der ihr übertragenen Arbeit nicht oder nur wenig vertraut ist (Kasuistik bei BernerKomm/BREHM, Art. 55 N 66 ff.). Es bedarf ausserdem einer *Überwachung*, deren Intensität von der jeweiligen Arbeit und den Eigenschaften der Hilfsperson abhängt. Nur auf zuverlässige, langjährige Arbeiter darf sich der Arbeitgeber verlassen, ohne diese ständig zu ermahnen oder zu überwachen (BGE 110 II 456, 461; weitere Kasuistik bei BernerKomm/BREHM, Art. 55 N 73 ff.).

Neben diesen drei Sorgfaltspflichten ist schon lange anerkannt, dass 23.24
der Geschäftsherr seine Hilfspersonen mit *geeignetem Werkzeug* auszu-
rüsten und ihnen gutes, allenfalls notwendiges Material zur Verfügung zu
stellen hat (vgl. Kasuistik bei BernerKomm/BREHM, Art. 55 N 90). Teilweise wird diese Pflicht von der Literatur auch als Teil der Instruktionspflicht begriffen (vgl. DESCHENAUX/TERCIER, § 9 N 57).

Von besonderer Bedeutung ist schliesslich die Pflicht *zur sorgfältigen* 23.25
Organisation der Arbeit und des Betriebes, die von manchen Autoren
allerdings ebenfalls der Instruktions- oder Beaufsichtigungspflicht zugeschlagen wird (vgl. etwa ZürcherKomm/OSER/SCHÖNENBERGER, Art. 55
N 29). Danach muss ein Unternehmen so organisiert sein, dass Schäden
für Dritte durch Hilfspersonen möglichst vermieden werden können
(BGE 90 II 86, 90). Hierzu gehört neben klaren Kompetenzen und
Pflichtenheften auch die richtige Disposition der Arbeitskräfte (vgl. Ber-
nerKomm/BREHM, Art. 55 N 78 m.w. Nachw.). Vom *Warenhersteller*
verlangt das Bundesgericht eine Endkontrolle der Produkte (BGE 110 II
456, 464 f.). Ist eine solche nicht möglich oder zumutbar, so ist eine si-
cherere Konstruktion zu wählen. Auch wenn dieser Entscheid zur Produktehaftpflicht, die damals noch nicht spezialgesetzlich geregelt war,
ergangen ist, so lassen sich doch die dort entwickelten Gedanken auf
andere Fälle der Geschäftsherrnhaftung übertragen. Praktisch dürfte heute der Sorgfaltsbeweis nicht mehr gelingen, wann immer jemand durch
ein pflichtwidriges Verhalten einer Hilfsperson geschädigt wird. Denn
nahezu jedes pflichtwidrige Verhalten einer Hilfsperson kann durch eine
sorgfältige Organisation des Betriebes verhindert werden.

b) Berufung auf rechtmässiges Alternativverhalten

Nach Art. 55 Abs. 1 kann sich der Geschäftsherr überdies von 23.26
der Haftung befreien, indem er nachweist, dass der Schaden auch bei
Anwendung der gebotenen Sorgfalt eingetreten wäre. Richtiger Ansicht
nach (vgl. nur OFTINGER/STARK, Haftpflichtrecht II/1, § 20 N 153) ergibt
sich diese zweite Möglichkeit des Befreiungsbeweises bereits aus *allgemeinen Kausalitätserwägungen* (vgl. N 21.07). Denkbar ist danach, dass
der Geschäftsherr beweist, dass sich die Hilfsperson trotz seines eigenen
Sorgfaltsverstosses pflichtgemäss verhalten hat oder dass auch die Einhaltung aller objektiv gebotenen Sorgfalt ein pflichtwidriges Handeln der
Hilfsperson nicht hätte verhindern können.

IV. Exkurs: Organhaftung

Literatur: BERGER, Schuldrecht, N 402 ff.; GAUCH/SCHLUEP/EMMENEGGER, N 3069 ff.; HONSELL, Haftpflichtrecht, § 13 N 46 ff.; OFTINGER/STARK, Haftpflichtrecht II/1, § 20 N 13; PORTMANN/REY, 60; REY, Haftpflichtrecht, N 971 ff.; SCHNYDER/PORTMANN/MÜLLER-CHEN, Haftpflichtrecht, N 224 ff.; WERRO, Responsabilité, N 516 ff.; BaslerKomm/HUGUENIN, Art. 54/55 ZGB N 6 ff.; BernerKomm/RIEMER, Art. 54/55 ZGB N 16 ff., N 53 ff.; CHK/NIGGLI, ZGB 55; CR CO I/WERRO, Art. 55 N 37 ff.; ZürcherKomm/EGGER, Art. 55 ZGB N 3 ff.;

ROMY, Responsabilité des organes, in: IMSAND (Hrsg.), La responsabilité civile dans l'entreprise, Lausanne 2004, 1 ff.; VILLA, Organes de fait et organes apparents, in: IMSAND (Hrsg.), La responsabilité civile dans l'entreprise, Lausanne 2004, 69 ff.; VOGEL, Neuere Tendenzen im Konzern(haftungs)recht, Festschrift Druey, Zürich 2002, 607 ff.

23.27   Von der Hilfspersonenhaftung nach Art. 101 Abs. 1 und Art. 55 Abs. 1 ist die Organhaftung nach Art. 55 Abs. 2 ZGB zu unterscheiden. Danach gilt jedes Handeln des Organs einer juristischen Person unmittelbar als Handeln der juristischen Person selbst. Dies bedeutet, dass sich die juristische Person nicht nur im vertraglichen, sondern auch im ausservertraglichen Bereich das Verhalten ihrer Organe *wie eigenes zurechnen* lassen muss, ohne dass sie sich durch den Nachweis eigener Sorgfalt befreien könnte. Erforderlich ist jedoch, dass das *Organ selbst objektiv schuldhaft* gehandelt hat (Art. 41) bzw. sich bei einer Vertragsverletzung nicht exkulpieren könnte (Art. 97 Abs. 1). Hinzukommen muss auch hier ein *funktioneller Zusammenhang* in dem Sinne, dass das Organ in seiner Eigenschaft als solches und nicht als Privatperson gehandelt hat (BGE 121 III 176, 180).

23.28   Organe im Sinne des Art. 55 ZGB sind zunächst diejenigen Funktionäre einer juristischen Person, die nach Gesetz oder Statuten zur Erfüllung gesellschaftlicher Aufgaben berufen sind *(formelle Organe).* Als Organe gelten aber auch Personen, die die eigentliche Geschäftsführung einer juristischen Person oder sonst eine leitende Stellung innehaben *(faktische Organe,* vgl. BGE 117 II 570, 571 f.; 128 III 92 ff.). Organe sind somit insbesondere der Verwaltungsrat und seine Mitglieder, die Generalversammlung, Geschäftsführer und Prokuristen mit Leitungsfunktionen.

23.29   Organeigenschaft und Hilfspersoneneigenschaft schliessen sich gegenseitig aus, so dass es nie zu einer Überschneidung zwischen Art. 55 Abs. 2 ZGB und Art. 101 Abs. 1 bzw. Art. 55 Abs. 1 kommen kann.

23.30   Sonderbestimmungen finden sich ausserdem im *Gesellschaftsrecht.* So ordnet Art. 567 Abs. 3 die Haftung der Kollektivgesellschaft für unerlaubte Handlungen ihrer Gesellschafter an. Dasselbe gilt nach Art. 722 für die Aktiengesellschaft im Verhältnis zu ihren Organen; letztere Bestimmung geht allerdings nicht über die in Art. 55 Abs. 2 ZGB statuierte

Einstandspflicht hinaus (vgl. BGE 121 III 176, 179). Vergleichbare Bestimmungen finden sich auch für die Kommanditgesellschaft (Art. 603), die Kommanditaktiengesellschaft (Art. 764 Abs. 2), die GmbH (Art. 817) sowie die Genossenschaft (Art. 899 Abs. 3).

V. Eigenhaftung der Hilfsperson bzw. des Organs und Rückgriff des Geschäftsherrn

Literatur: FURRER/MÜLLER-CHEN, Kap. 10 N 117 ff.; HONSELL, Haftpflichtrecht, § 13 N 41 ff.; OFTINGER/STARK, Haftpflichtrecht II/1, § 20 N 154; REY, Haftpflichtrecht, N 963 ff.; VON TUHR/PETER, 449 f.; WERRO, Responsabilité, N 532 ff.; BaslerKomm/HEIERLI/SCHNYDER A.K., Art. 55 N 24; BernerKomm/BREHM, Art. 55 N 105 ff.; CHK/MÜLLER, OR 55 N 25 f.; CHK/NIGGLI, ZGB 55 N 13 f.; CR CO I/WERRO, Art. 55 N 42 f.; KuKo OR/SCHÖNENBERGER, Art. 55 N 14; ZürcherKomm/OSER/SCHÖNENBERGER, Art. 55 N 31 ff.;
SPITZ, Deliktische Eigenhaftung von Organ- und Hilfspersonen, SJZ 2003, 165 ff.

Liegen bei der Hilfsperson im Einzelfall die Voraussetzungen 23.31 des Art. 41 vor (zur Bestimmung des Pflichtenkreises vgl. SPITZ, SJZ 2003, 165, 169 ff.), so haftet diese dem geschädigten Dritten aus *unerlaubter Handlung*. Dasselbe gilt für Organe (vgl. Art. 55 Abs. 3 ZGB). Für die mit der Geschäftsführung einer Aktiengesellschaft befassten Personen statuiert Art. 754 Abs. 1 zusätzlich die Haftung gegenüber den Aktionären und den Gesellschaftsgläubigern, die ebenfalls deliktischer Natur ist (vgl. BaslerKomm/GERICKE/WALLER, Art. 754 N 23 f.). Hilfsperson bzw. Organ und Geschäftsherr bzw. juristische Person sind insoweit *Solidarschuldner* nach Art. 51 Abs. 1.

Ob und inwieweit der Geschäftsherr bzw. die juristische Person auf die 23.32 Hilfsperson bzw. das Organ *Rückgriff* nehmen kann, bestimmt sich zunächst nach dem *Innenverhältnis* und danach, ob insoweit eine Pflichtverletzung der handelnden Person vorliegt (vgl. z.B. Art. 321e; vgl. auch Art. 754 Abs. 1). Darüber hinaus kann der Geschäftsherr u.U. nach den Regeln über den *Ausgleich zwischen Solidarschuldnern* auf den Handelnden zurückgreifen; Art. 55 Abs. 2 ist insoweit überflüssig (vgl. BaslerKomm/HEIERLI/SCHNYDER A.K., Art. 55 N 24 m.w. Nachw.).

§ 24 Vertragliche Haftungsausschlüsse und -beschränkungen

Literatur: ENGEL, OR AT, 722 ff.; GAUCH/SCHLUEP/EMMENEGGER, N 3077 ff., 2898 ff.; GUHL/KOLLER, 246, 248 f.; HUGENIN, OR AT, N 741 ff.; KELLER/ SCHÖBI, Schuldrecht I, 243 f.; KOLLER, OR AT, § 60 N 1 ff.; TERCIER, Obligations, N 1259 ff.; VON TUHR/ESCHER, 118 ff.; WERRO, Responsabilité, N 3, 679 ff.; Basler-Komm/WIEGAND, Art. 100; 101 N 16 f.; BernerKomm/WEBER, Art. 100; 101 N 163 ff.; CHK/FURRER/WEY, OR 100, 101 N 42 ff.; CR CO I/THÉVENOZ, Art. 100, 101 N 37 ff.; KuKo OR/THIER, Art. 100; 101 N 6; ZürcherKomm/OSER/SCHÖNENBERGER, Art. 100; 101 N 14;

BRINER, Haftung für Informationen auf Websites, sic! 2002, 231 ff.; BUOL, Beschränkung der Vertragshaftung durch Vereinbarung, Zürich 1996; CHAPPUIS CHRISTINE, Les clauses fixant l'étendue de la responsabilité du débiteur, in: Les grandes clauses des contrats internationaux, 55ᵉ Séminaire de la Commission Droit et Vie des Affaires, Paris/Bruxelles 2005, 61 ff.; DIES., La limitation de la responsabilité en matière de prejudices corporels, in: PICHONNAZ/WERRO (Hrsg.), Le préjudice corporel: bilan et perspectives, Bern 2009, 291 ff.; EMMENEGGER, Haftungsbeschränkung und Haftungsausschluss im Vertrauenskon-text, ZBJV 2005, 537 ff.; FLÜHMANN, Haftung aus Prüfung und Berichterstattung gegenüber Dritten, Diss. St. Gallen, Bern 2004; GAUCH, Die Vertragshaftung der Banken und ihre AVB, recht 2006, 77 ff.; HOCHSTRASSER, Freizeichnung zugunsten und zulasten Dritter, Diss. Zürich 2006; JACQUEMOUD, Zur Haftung des Netzbetreibers und deren Wegbedingung, SZW 2008, 574 ff.; KRAUSKOPF-FORERO, Die Kontrolle von Freizeichnungen im Vertrags- und Wettbewerbsrecht, BR 1999, 26 ff.; KUHN, Wegbedingung der Haftung für Lieferverzug, Gewährleistung sowie Mangelfolgeschäden in Kaufverträgen, Festschrift Rey, Zürich 2003, 441 ff.; MEIER, Haftungsfreizeichnungsklauseln, Festschrift Eike Schmidt, Heidelberg 2005, 223 ff.; MÜLLER-CHEN, Vertragliche Haftung und Freizeichnungsmöglichkeiten des Beraters, Festschrift Gauch, Zürich 2004, 507 ff.; DERS., Haftungsbeschränkung und -ausschluss im Vorentwurf eines Bundesgesetzes über die Revision und Vereinheitlichung des Haftpflichtrechts, in: WEBER/FUHRER (Hrsg.), Retouchen oder Reformen?, Zürich 2004, 61 ff.; OESCH, Die Freizeichnung im schweizerischen vertraglichen Schadenersatzrecht und ihre Schranken, Basel 1978; PETITPIERRE, A propos des conventions exclusives de la responsabilité, Mélanges Schmidlin, Basel/Frankfurt a.M. 1998, 347 ff.; RUSCH/BORNHAUSER, Korrektiv zu Freizeichung von der Hilfspersonenhaftung, AJP 2010, 1228 ff.; SCHMID, Die Folgen der Nichterfüllung, in: GAUCH/SCHMID (Hrsg.), Die Rechtsentwicklung an der Schwelle zum 21. Jahrhundert, Zürich 2001, 301, 316 ff.; DERS., Freizeichnungsklauseln, Festschrift Rey, Zürich 2003, 307 ff.; SCHWENZER, Be-schränkung und Modifikation der vertraglichen Haftung, in: KOLLER ALFRED (Hrsg.), Haftung aus Vertrag, St. Gallen 1998, 99 ff.; DIES., Die Freizeichnung des Verkäufers von der Sachmängelhaftung im amerikanischen und deutschen Recht, Frankfurt a.M. 1979; THOMANN, Sicherheit und Haftungsbeschränkungen im Internet-Banking, recht 1998, 160 ff.; ZIRLICK, Freizeichnung von der Deliktshaftung, Diss. Bern 2003.

I. Allgemeines

Entsprechend dem Grundsatz der Vertragsfreiheit kann der 24.01 Schuldner seine Haftung ausschliessen oder beschränken *(Freizeichnung)*. Eine solche Wegbedingung der Haftung setzt aber auf jeden Fall eine vertragliche Vereinbarung voraus (vgl. nur BGE 111 II 471, 480). Der Wegbedingung der Haftung sind *mittelbare Haftungsbeschränkungen* gleich zu setzen, z.b. Verpflichtungsbeschränkung durch Leistungsbeschrieb, Risikoverteilungsklauseln (BGE 132 III 449, 452), Erschwerung der Rechtsverfolgung etc.

Auch die *ausservertragliche Haftung* kann vertraglich wegbedungen 24.02 werden (vgl. BGE 107 II 161, 168; offen gelassen in BGE 111 II 471, 480). Ob eine Freizeichnungsklausel im Einzelfall auch die Haftung aus unerlaubter Handlung erfasst, ist durch Auslegung zu ermitteln. Bei Freizeichnungsklauseln in AGB ist zu beachten, dass diese grundsätzlich eng und im Zweifel zulasten des Aufstellers auszulegen sind (vgl. N 45.10 f.), so dass ein Ausschluss der ausservertraglichen Haftung nur dann angenommen werden kann, wenn die fragliche Klausel insoweit eindeutig ist (vgl. BGE 115 II 474, 479). Fehlt es an einer vertraglichen Vereinbarung, kann durch eine Warnung o. dgl. jedenfalls die Schaffung eines Vertrauenstatbestandes verhindert werden (zum Haftungsausschluss für Informationen auf Websites vgl. BRINER, sic! 2002, 231, 237 ff.).

II. Grenzen der Zulässigkeit

Grenzen für die Zulässigkeit von Freizeichnungsklauseln finden 24.03 sich in Art. 100 und Art. 101 Abs. 2, 3; in zunehmendem Umfang werden gesetzliche Grenzen jedoch auch in Zusammenhang mit speziellen Haftungstatbeständen im OR BT oder in Sondergesetzen aufgestellt. Grundsätzlich differenziert das Gesetz nicht danach, ob eine Freizeichnungsklausel *individuell* ausgehandelt oder Teil von *AGB* ist (vgl. aber Art. 256 Abs. 2 lit. a, 288 Abs. 2 lit. a). Heute wird jedoch überwiegend die Auffassung vertreten, dass für eine Wegbedingung der Haftung in AGB strengere Massstäbe anzulegen sind (vgl. N 46.02).

1. Allgemeine Grenzen

a) Grad des Verschuldens

24.04   Ob eine Freizeichnung von der Haftung für *eigenes Verschulden* zulässig ist, hängt nach Art. 100 Abs. 1 zunächst vom Grad des Verschuldens ab. Nach Art. 100 Abs. 1 ist die Wegbedingung der Haftung für *Vorsatz* und *grobe Fahrlässigkeit* unzulässig. Eine Freizeichnung von der Haftung wegen leichter oder mittlerer Fahrlässigkeit ist hingegen grundsätzlich möglich.

24.05   Weitergehend als die Haftung für eigenes Verschulden kann die *Haftung für Hilfspersonen* abbedungen werden, weshalb esim Einzelfall damit entscheidend darauf ankommt, ob eigenes Verschulden in Form der Organisationshaftung oder Haftung für Hilfspersonen angenommen wird. Eine Freizeichnung ist nach Art. 101 Abs. 2 sogar für Fälle möglich, in denen dem Geschäftsherrn im Sinne hypothetischer Vorwerfbarkeit Vorsatz oder grobe Fahrlässigkeit zur Last gelegt werden müsste. Die unterschiedliche Behandlung von natürlichen Personen und Organen auf der einen und Hilfspersonen auf der anderen Seite wird zunehmend kritisiert (vgl. MÜLLER-CHEN, FS Gauch, 507, 515).

24.06   Eine wesentliche *Einschränkung* der Freizeichnungsmöglichkeit enthalten Art. 100 Abs. 2 und Art. 101 Abs. 3, wenn die Verzichtende im Dienst des anderen steht oder die Verantwortlichkeit aus dem Betrieb eines obrigkeitlich konzessionierten Gewerbes folgt. Der erste Fall betrifft Freizeichnungen im *Arbeitsverhältnis*, der zweite Fall Gewerbebetriebe, deren Ausübung eine öffentlichrechtliche Konzession voraussetzt. Zu den *obrigkeitlich konzessionierten Gewerben* zählen neben Bahn und Post (vgl. aber Art. 11, Art. 17 Abs. 3 PG) auch Banken (vgl. BGE 112 II 450, 455) und Luftseilbahnen (vgl. BGE 113 II 246, 251). Die Literatur (vgl. ZürcherKomm/OSER/SCHÖNENBERGER, Art. 100 N 5) rechnet darüber hinaus Ärzte, Notare, Anwälte, Apotheker, Gastwirte sowie Energieversorgungsunternehmen zu dieser Gruppe. In allen diesen Fällen ist eine Freizeichnung von der Haftung für *eigenes Verschulden* im Regelfall nicht möglich (Art. 100 Abs. 2); die Haftung für *Hilfspersonen* kann lediglich in Bezug auf leichte Fahrlässigkeit wegbedungen werden (Art. 101 Abs. 3). Die derzeit gebräuchlichen AVB der Banken widersprechen diesen Grundsätzen (vgl. GAUCH, recht 2006, 77, 81 ff.).

24.07   Weitergehend wird in der neueren Literatur (vgl. nur BaslerKomm/WIEGAND, Art. 100 N 6 m.w. Nachw.) die Auffassung vertreten, dass auch eine Freizeichnung für leichte Fahrlässigkeit ungültig sein kann, wenn sie der *Natur des Geschäfts* widerspricht. So sollte ein gänzlicher

Ausschluss der Haftung für die *sorgfältige Erbringung berufstypischer Pflichten* nicht zulässig sein (für die Haftung des Beraters vgl. MÜLLER-CHEN, FS Gauch, 507, 517; vgl. auch Art. 16 PauRG). Im Bereich der Hilfspersonenhaftung wird auch hier allenfalls eine Wegbedingung der Haftung für leichte Fahrlässigkeit akzeptiert werden können.

Zeichnet sich der Schuldner von jeglicher Haftung frei, obgleich im Einzelfall nur ein Ausschluss für leichtes Verschulden zulässig wäre, so ist die Klausel als insgesamt unwirksam zu beurteilen, d.h. der Schuldner haftet auch für leichte Fahrlässigkeit (a.A. BaslerKomm/WIEGAND, Art. 100 N 4 m.w. Nachw.). Eine sog. *geltungserhaltende Reduktion* in dem Sinne, dass die Freizeichnung nur insoweit ungültig ist, als sie das erlaubte Verschuldensmass übersteigt, ist unter dem Gesichtspunkt der Prävention abzulehnen (vgl. ausführlich N 32.45). Soweit sich die Freizeichnungsklausel in AGB findet, ist dieses Ergebnis auch aus dem *Transparenzgebot* (vgl. N 46.04) abzuleiten. 24.08

b) Differenzierung zwischen Haftungsausschluss und -beschränkung

Eine Freizeichnungsklausel, die gegen Art. 100, 101 Abs. 2, 3 verstösst, ist nach bundesgerichtlicher Rechtsprechung (vgl. BGE 115 II 474, 479) unwirksam, gleichgültig ob die Haftung *insgesamt ausgeschlossen* oder lediglich auf bestimmte Schadensarten oder summenmässig *beschränkt* wird. Diesem Ergebnis kann zugestimmt werden, wenn es um Fälle der Haftung für Vorsatz oder grobe Fahrlässigkeit geht (Art. 100 Abs. 1). Nicht angemessen erscheint die Gleichsetzung von gänzlichem Haftungsausschluss und blosser Haftungsbeschränkung jedoch bei lediglich leichter Fahrlässigkeit (Art. 100 Abs. 2). Unter Abwägung der Interessen sowohl der Gläubigerin als auch des Schuldners kann hier zwar die völlige Rechtlosstellung der Gläubigerin stossend sein, nicht aber eine Haftungsbeschränkung (vgl. auch Art. 16 Abs. 2 PauRG). Insbesondere im *kaufmännischen Verkehr* muss der Ausschluss bestimmter Schadensarten, z.B. entgangener Gewinn, Sachschäden, oder eine Beschränkung auf die bei Vertragsschluss voraussehbaren Schäden möglich sein. Für eine derartige Differenzierung bietet jedenfalls Art. 100 Abs. 2, der die Ungültigerklärung der Freizeichnungsklausel in das Ermessen des Gerichts stellt, eine ausreichende Handhabe. 24.09

2. Spezielle Regelungen

24.10   *Spezielle Grenzen* für Freizeichnungsklauseln finden sich bei einzelnen Vertragstypen des OR BT sowie in Sondergesetzen.

24.11   Nach Art. 199 kann der *Verkäufer* seine Haftung für Sachmängel bis zur Grenze der Arglist abbedingen. Er wird damit wesentlich besser gestellt als nach Art. 100, 101 Abs. 2, 3. Streitig ist, ob Art. 199 den allgemeinen Regeln vorgeht (vgl. auch HONSELL, OR BT, 90 ff. m.w. Nachw.; offen gelassen in BGE 107 II 161, 166 f.). Jedenfalls wenn der Verkäufer aufgrund Verschuldens (auch) nach Art. 97 Abs. 1 haftet, sollte die Freizeichnungsmöglichkeit nach Art. 100, 101 Abs. 2, 3 beurteilt werden. Im praktischen Ergebnis spielt diese Frage allerdings kaum eine Rolle. Denn das Bundesgericht kontrolliert Freizeichnungsklauseln in erster Linie im Wege der Auslegung. Die Freizeichnungsklausel gilt danach nicht für Mängel, mit denen die Käuferin nicht rechnen musste (BGE 130 III 686, 689 ff.).

24.12   Im *Miet- und Pachtrecht* verbieten Art. 256 Abs. 2 und Art. 288 Abs. 2 jegliche Freizeichnung des Vermieters oder Verpächters von der Haftung für den vertragsgemässen Gebrauch der Sache, soweit es sich um Wohn- oder Geschäftsräume handelt oder die Freizeichnungsklausel Teil von AGB ist. Auch im Bereich der landwirtschaftlichen Pacht ist jegliche Wegbedingung der Haftung des Verpächters unzulässig (Art. 29 LPG). Diese die Mieterin oder Pächterin besser stellenden Regelungen gehen den allgemeinen Vorschriften vor.

24.13   Weitere Bestimmungen finden sich schliesslich noch in zahlreichen *Sondergesetzen*, z.B. in Art. 16 PauRG, Art. 8 PrHG und Art. 87 Abs. 1 SVG (weitere Nachw. bei OFTINGER/STARK, Haftpflichtrecht I, § 12 N 6).

3. Keine Freizeichnung von der Haftung für Körperschäden

24.14   Weitgehend Einigkeit besteht heute, dass die Haftung für Körperschäden *nicht ausgeschlossen* werden kann (vgl. TERCIER, Obligations, N 1267; PETITPIERRE, Mélanges Schmidlin, 347, 349). Dies gilt für alle Arten von Verträgen und für die ausservertragliche Haftung, auch wenn das Gesetz nicht wie in Art. 16 Abs. 1 PauRG und Art. 8 PrHG die Freizeichnung von der Haftung für Körperschäden im Einzelfall ausdrücklich verbietet (vgl. auch Art. 87 Abs. 1 SVG). Die körperliche Integrität ist ein so hohes Rechtsgut, dass jeder Haftungsausschluss als sittenwidrig (Art. 20 Abs. 1) und damit nichtig zu betrachten ist.

4. Teil: Die Entstehung der Obligation aus Vertrag

Kapitel 1: Die Vertragsfreiheit

Literatur: BERGER, Schuldrecht, N 167 ff.; BUCHER, OR AT, 87 ff.; ENGEL, OR AT, 94 ff.; FURRER/MÜLLER-CHEN, Kap. 1 N 56 ff.; GAUCH/SCHLUEP/SCHMID, N 611a ff.; HUGUENIN, OR AT, N 140 ff.; KELLER/SCHÖBI, Schuldrecht I, 92 ff.; KOLLER, OR AT, § 13 N 2 ff.; MERZ, Vertrag und Vertragsschluss, N 81 ff.; TERCIER, Obligations, N 514 ff.; VON TUHR/PETER, 247 ff.; BaslerKomm/BUCHER, Vor Art. 1–40 N 1 ff.; BernerKomm/KRAMER, Art. 19–20 N 13 ff.; CHK/KUT/SCHNYDER, OR 19–20 N 1 ff.; CR CO I/GUILLOD/STEFFEN, Art. 19 et 20 N 4 ff.; KuKo OR/HERZOG, Art. 19 N 1 ff.;

ABEGG, Die zwingenden Inhaltsnormen des Schuldvertragsrechts, Diss. Freiburg i.Ue., Zürich 2004; DERS., Was ist evoluthorische Rechtstheorie?, Dargestellt am Beispiel der Evolution der Vertragsfreiheit, ZSR 2005 I, 435 ff.; AEPLI, Zur Inhaltsproblematik allgemeiner Geschäftsbedingungen, dargestellt anhand vorformulierter Klauseln von Banken, ZSR 2000 I, 85 ff.; BAUDENBACHER, Braucht die Schweiz ein AGB-Gesetz?, ZBJV 1987, 505 ff.; BELSER, Freiheit und Gerechtigkeit im Vertragsrecht, Diss. Freiburg i.Ue. 2000; DIES., Vertragsfreiheit und Vertragsgerechtigkeit, ein Kommentar zum deutschen Bürgschaftsbeschluss und zum Stand der richterlichen Inhaltskontrolle in der Schweiz, AJP 1998, 433 ff.; BEYELER, Angebot oder Nichtangebot?, recht 2009, 34 ff.; CARONI, Privatrecht – eine sozialhistorische Einführung, Basel 1988; GRIMM, Recht und Staat der bürgerlichen Gesellschaft, Frankfurt 1987; KRAMER, Die Krise des liberalen Vertragsdenkens, München 1974; MERZ, Privatautonomie heute – Grundsatz und Rechtswirklichkeit, Karlsruhe 1970; OFTINGER, Die Vertragsfreiheit, in: Festgabe zur Hundertjahrfeier der Bundesverfassung, Zürich 1948, 315 ff.; SCHNYDER BERNHARD, Vertragsfreiheit als Privatrechtsbegriff, Diss. Freiburg i.Ue. 1960; SCHÖNLE, Les fondements constitutionnels de la liberté contractuelle, in: Présence et actualité de la constitution dans l'ordre juridique, Basel 1991, 61 ff.; VIRET, La liberté contractuelle et ses limites en droit suisse du contrat d'assurance, Collezione Assista, Genf 1998, 730 ff.; WIEACKER, Das Sozialmodell der klassischen Privatrechtsgesetzbücher, in: Industriegesellschaft und Privatrechtsordnung, Frankfurt a.M. 1974, 9 ff.; WOLF BURKARD J., Vertragsfreiheit – das verkannte Verfassungsrecht, AJP 2002, 8 ff.; WOLF ERNST, Vertragsfreiheit – eine Illusion?, Festschrift Max Keller, Zürich 1989, 361 ff.; vgl. auch die Literatur vor N 32.01, 44.01.

§ 25   Grundsatz der Vertragsfreiheit

I. Begriff

Vertragsfreiheit bedeutet, dass jede Bürgerin in ihrer Entschei- 25.01 dung frei ist, *ob*, *mit wem* und *mit welchem Inhalt* sie einen Vertrag schliesst. Die Vertragsfreiheit wird auch heute noch als das wichtigste Grundprinzip angesehen, von dem das Vertragsrecht ausgeht (vgl. nur BaslerKomm/BUCHER, Vor Art. 1–40 N 1 ff.). Sie gilt nicht nur im OR, sondern grundsätzlich auch im ZGB, z.B. beim Ehevertrag oder Erbvertrag.

25.02 Die Vertragsfreiheit ist *Teil der Privatautonomie*, zu der auch andere Grundfreiheiten (vgl. BernerKomm/KRAMER, Art. 19–20 N 20) gehören: Freiheit der Person, Testierfreiheit, Assoziationsfreiheit, Freiheit des Eigentums. Im Internationalen Privatrecht wird von *Parteiautonomie* gesprochen. Damit wird die Befugnis der an einem Rechtsverhältnis mit Auslandsberührung beteiligten Personen bezeichnet, die für ihr Rechtsverhältnis massgebliche nationale Rechtsordnung selbst zu wählen (vgl. BaslerKomm/AMSTUTZ/VOGT/WANG, Art. 116 IPRG N 8 f. m.w. Nachw.). Das Prinzip des grundsätzlichen Vorrangs der Parteiautonomie gilt im schweizerischen IPRG vor allem im Schuldvertragsrecht (vgl. Art. 116 IPRG).

25.03 Die Vertragsfreiheit hängt besonders eng mit der *Garantie des Privateigentums* zusammen, denn ohne die Möglichkeit, über das Eigentum im Wege von Verträgen zu verfügen, wäre dieses in seinem Kern tangiert (vgl. BGE 113 Ia 126, 139). Sie ist schliesslich auch die privatrechtliche Komponente der in der Bundesverfassung garantierten *Wirtschaftsfreiheit* (Art. 27 BV). Teilweise wird sie gar als eigenständiges ungeschriebenes Verfassungsrecht bezeichnet (WOLF, AJP 2002, 8, 11).

II. Geschichtliche Entwicklung, namentlich im 20. Jahrhundert

25.04 Das Prinzip der Vertragsautonomie hat seine Wurzeln im *Naturrecht* einerseits und im *ökonomischen Liberalismus* andererseits. Zu höchster Blüte gelangte es im ausgehenden 19. Jahrhundert. Dementsprechend beherrschte es nahezu ungebrochen das aOR und das ursprüngliche OR von 1912 und insbesondere auch das deutsche BGB von 1900. Das paläo-liberale (so BernerKomm/KRAMER, Art. 19–20 N 23) Vertragsdenken basiert auf dem Gedanken des sich selbst regulierenden Marktes, der *Gleichheit und Unabhängigkeit aller Marktbürgerinnen*, die in rationaler Einschätzung ihrer Bedürfnisse am Tauschverkehr teilnehmen. Der Vertrag wird so als Mittel zur Herstellung von sozialer Harmonie begriffen (vgl. MünchKomm/KRAMER, Vor § 145 BGB N 2).

25.05 Es braucht nicht betont zu werden, dass dieses Modell schon zu Beginn des 20. Jahrhunderts kaum der Realität entsprach (vgl. MERZ, Privatautonomie, 6). Mit der sozio-ökonomischen Entwicklung im letzten Jahrhundert hat es den Wirklichkeitsbezug noch mehr verloren. Von vollständiger Konkurrenz, wie sie das Modell voraussetzt, ist heute nur noch wenig zu spüren. Vielmehr weisen viele Märkte *oligopolistische* bis hin zu *monopolistischen Strukturen* auf (vgl. MERZ, Vertrag und Vertragsschluss, N 92). Auch Markttransparenz, die Voraussetzung für eine rationale Entscheidung ist, besteht für die durchschnittliche Bürgerin kaum mehr.

Heute herrscht deshalb im Wesentlichen Einigkeit darüber, dass dem 25.06 Vertrag als solchem nicht automatisch eine *Richtigkeitsgewähr* oder auch nur eine Richtigkeitschance innewohnt (vgl. nur BernerKomm/KRAMER, Art. 19–20 N 25; BAUDENBACHER, ZBJV 1987, 505, 511). Denn es fehlt in vielen Bereichen an der hierfür unabdingbaren Voraussetzung: dem Machtgleichgewicht der Parteien in wirtschaftlicher, intellektueller und verhandlungsbezogener Hinsicht. Besonders deutlich wird dies in Zusammenhang mit der *AGB-Problematik* (vgl. N 44.02 f.), wo der Konsumentin allein die Alternative des take it or leave it verbleibt (vgl. MERZ, Vertrag und Vertragsschluss, N 93). Aber auch im kaufmännischen Bereich, z.B. zwischen Grossunternehmen und deren Zulieferern und Abnehmern, besteht Vertragsfreiheit faktisch nur in eingeschränktem Masse (krit. BAUDENBACHER, ZBJV 1987, 505, 511 f.).

Seit den 1970er-Jahren wird deshalb zunehmend die Abkehr vom le- 25.07 diglich formal verstandenen Prinzip der Vertragsfreiheit und die Hinwendung zu einer *material verstandenen Vertragsfreiheit* postuliert, deren Aufgabe vor allem der Schutz der Schwächeren sein soll (vgl. ZWEIGERT/KÖTZ, Rechtsvergleichung, 323 ff.; vgl. auch BGE 123 III 292, 298). Namentlich in den Bereichen des Konsumentenschutzes, des Arbeitsrechts und des Mietrechts hat dies zu wiederholten Eingriffen des Gesetzgebers geführt, wobei die Entwicklung sicher noch nicht abgeschlossen ist. Freilich ist gerade in den letzten Jahren in der juristischen Literatur wieder eine Tendenzwende zu verzeichnen, die durch die ökonomische Analyse des Rechts und die seit den 1990er-Jahren wieder unangefochtene Vorrangstellung der Marktwirtschaft weitere Unterstützung erfährt (zur ökonomischen Analyse des Rechts vgl. ASSMANN et al. (Hrsg.), Ökonomische Analyse des Rechts, Tübingen 1993).

International zeichnet sich inzwischen eine klare Zweiteilung ab: Ver- 25.08 tragsfreiheit wird als notwendig und wünschbar erachtet im b2b-Bereich (business to business), im b2c-Bereich (business to consumer) wird sie in zunehmendem Masse eingeschränkt. Vielerorts hat dies bereits zu eigenständigen Konsumentenschutzgesetzen geführt, die ausserhalb der Gesamtkodifikation des Privatrechts stehen. In der Schweiz sind derartige

Ansätze bislang erst rudimentär vorhanden (vgl. Art. 8 UWG, dazu N 46.03 ff.).

§ 26 Ausprägungen und Grenzen der Vertragsfreiheit

26.01   Im Einzelnen können *verschiedene Aspekte* der Vertragsfreiheit unterschieden werden: die Abschlussfreiheit, die Partnerwahlfreiheit, die Inhaltsfreiheit, die Typenfreiheit, die Formfreiheit sowie die Aufhebungs- und Änderungsfreiheit.

I. Abschlussfreiheit

1. Grundsatz

26.02   Abschlussfreiheit ist die Freiheit, Verträge abschliessen zu dürfen oder auch nicht abschliessen zu müssen (BGE 102 Ia 539, 542). Die Abschlussfreiheit hat demnach sowohl eine *positive* als auch eine *negative Seite*.

26.03   Während die positive Abschlussfreiheit vor allem durch die *Grenzen der Inhaltsfreiheit* eingeschränkt wird, findet die negative Abschlussfreiheit ihre Grenze in den in vielen Bereichen bestehenden *Abschlusspflichten*.

2. Vorvertrag

Literatur: BUCHER, OR AT, 105; ENGEL, OR AT, 181 ff.; FURRER/MÜLLER-CHEN, Kap. 3 N 36 ff.; GAUCH/SCHLUEP/SCHMID, N 1074 ff.; GUHL/KOLLER, 107 ff.; HUGUENIN, OR AT, N 142 ff.; KELLER/SCHÖBI, Schuldrecht I, 102 f.; KOLLER, OR AT, § 22 N 5 ff.; MERZ, Vertrag und Vertragsschluss, N 290 ff.; VON TUHR/PETER, 273 ff.; BaslerKomm/BUCHER, Art. 22 N 1 ff.; BernerKomm/KRAMER, Art. 22 N 71 ff.; CHK/KUT/SCHNYDER, OR 22; CR CO I/DESSEMONTET, Art. 22; KuKo OR/HERZOG, Art. 22;

BUCHER, Die verschiedenen Bedeutungsstufen des Vorvertrages, Berner Festgabe zum Schweizerischen Juristentag, Bern 1979, 169 ff.; BRÜCKNER, Verwandte Verträge (Vorvertrag, Vorkaufsvertrag, Vertrag auf Begründung eines Kaufsrechts bzw. Rückkaufsrechts), in: KOLLER ALFRED (Hrsg.), Der Grundstückkauf, 2. Aufl., Bern 2001, 503 ff.; BÜHLER-REIMANN, Der verhandelte Vertrag, SJZ 1989, 257 ff.; COTTIER, De l'inutilité de la promesse de vente?, SJZ 1980, 273 ff.; HARTMANN, Die vorvertraglichen Informationspflichten und ihre Verletzung, Diss. Freiburg i.Ue. 2001; HERZOG, Der Vorvertrag im schweizerischen und deutschen Schuldrecht, Zürich 1999; KUONEN, Les précontrats ou la renaissance de l'hydre de Lerne, ZSR 2011 I, 301 ff.; RAUSS, Der Letter of Intent – ein Vorvertrag?, ST 1988, 397 ff.; REBER, Zum Durchgriff beim Vorvertrag, recht 1993, 92 ff.; STOFFEL, La promesse de contracter en droit suisse, in: Pouvoir exécutif et pouvoir législatif, Lausanne 1986, 131 ff.; TERCIER, Défense et illustration de la promesse de vente immobilière, BR 1985, 24 ff.

Die Pflicht zum Abschluss eines Vertrages (Hauptvertrag) kann 26.04 sich aus einem *Vorvertrag* (Art. 22) ergeben, d.h. vertraglich begründet werden. Darin liegt allerdings keine eigentliche Einschränkung der Vertragsfreiheit, denn der Abschluss des Vorvertrags unterliegt grundsätzlich dem freien Willen der Parteien (vgl. BaslerKomm/BUCHER, Art. 22 N 5).

Der Vorvertrag verpflichtet eine oder beide Parteien zum *Abschluss* 26.05 *des Hauptvertrages*, sei es zwischen den Parteien des Vorvertrages selbst oder mit einem Dritten (BGE 98 II 305, 307). In letzterem Fall handelt es sich um einen Vorvertrag zugunsten Dritter (Art. 112; vgl. dazu BernerKomm/KRAMER, Art. 22 N 84 m.w. Nachw.). Nach h.M. (vgl. BernerKomm/KRAMER, Art. 22 N 97 m.w. Nachw.) müssen bereits im Vorvertrag die *Leistungen* des Hauptvertrages *bestimmt oder* jedenfalls hinreichend *bestimmbar* sein. Nach Art. 22 Abs. 2 gilt eine zum Schutze der Parteien aufgestellte *Formvorschrift* auch schon für den Abschluss des Vorvertrages (BGE 58 II 362, 364 f.).

Die *Sinnhaftigkeit* eines Vorvertrages, der sich auf einen Hauptvertrag 26.06 unter *denselben Parteien* richtet, wird zu Recht überwiegend bezweifelt (vgl. BernerKomm/KRAMER, Art. 22 N 82 ff.; differenzierend BaslerKomm/BUCHER, Art. 22 N 31 ff.). Entstehen die Verpflichtungen der Parteien bereits aus dem Vorvertrag, dann ist der Hauptvertrag kein Vertrag mehr. Erzeugt hingegen der Vorvertrag noch keine Verpflichtung, dann fehlt es diesem an den notwendigen Voraussetzungen eines Vertrages. Ein Vorvertrag zwischen den Parteien des späteren Hauptvertrages macht vor allem Sinn in einer Rechtsordnung, in der – wie im französischen Recht – schon mit Abschluss des schuldrechtlichen Kaufvertrages das Eigentum übergeht (vgl. VON TUHR/PETER, 275). Mittels des Vorvertrages können die Parteien eine schuldrechtliche Bindung herbeiführen, ohne dass sich die sachenrechtliche Lage ändert. Da sich der schweizerische Gesetzgeber jedoch für das *Traditionsprinzip* entschieden hat, entfällt ein wesentliches Motiv für den Vorvertrag. Gleichwohl erfreut sich der Vorvertrag vor allem in den vom französischen Recht beeinflussten welschen Kantonen nach wie vor grosser Beliebtheit (vgl. BernerKomm/KRAMER, Art. 22 N 89). Ob es vernünftig ist, einen Vorvertrag abzuschliessen, müssen letztlich die Parteien und nicht die Dogmatik entscheiden (vgl. GAUCH/SCHLUEP/SCHMID, N 1080).

26.07 Ein in der Praxis wichtiger Fall des Vorvertrages ist die sog. *Architekten-* und *Unternehmerklausel* (vgl. GAUCH/SCHLUEP/SCHMID, N 1089 ff. m.w. Nachw.). Damit verpflichtet sich die Käuferin eines Grundstücks, die Ausführung allfälliger späterer Architektenleistungen oder Bauarbeiten dem Verkäufer oder einem bestimmten Dritten zu übertragen. Obwohl solche Klauseln weit verbreitet sind, sind sie im Ergebnis *nicht durchsetzbar*, denn die Käuferin kann entsprechend Art. 377 oder Art. 404 von der aus dem Vorvertrag begründeten Abschlusspflicht zurücktreten (vgl. BGer, SemJud 1998, 617, 619 f.; BGE 117 II 273, 276). Allerdings ist die Käuferin im Falle eines Rücktritts entsprechend Art. 377 zur vollen Schadloshaltung, d.h. zum Ersatz des positiven Interesses verpflichtet (vgl. für den Auftrag aber Art. 404 Abs. 2, dazu BGer, SemJud 1998, 617, 620 f.).

26.08 Auch in Fällen, in denen dem Abschluss eines Hauptvertrages nicht tatsächliche, sondern *rechtliche Gründe* entgegenstehen, kann der Abschluss eines Vorvertrages sinnvoll sein. Soll z.B. sichergestellt werden, dass einer Gesellschaft, die sich in Gründung befindet und deshalb noch keine eigene Rechtspersönlichkeit besitzt, mit ihrem Entstehen bestimmte Lizenzen eingeräumt werden, so bietet sich ein entsprechender Vorvertrag zwischen den Gründern der Gesellschaft und der späteren Lizenzgeberin an.

26.09 Begründet der Vorvertrag die Pflicht, einen Hauptvertrag abzuschliessen, so muss grundsätzlich zunächst auf Abschluss des Hauptvertrages geklagt werden. Das zusprechende Urteil ersetzt die Willenserklärung, so dass der Hauptvertrag damit zustande kommt (vgl. MERZ, Vertrag und Vertragsschluss, N 330). Erfüllt jedoch eine Partei nunmehr auch die Verpflichtung aus dem Hauptvertrag nicht, muss in einem zweiten Prozess auf Leistung aus dem Hauptvertrag geklagt werden (*Zweistufentheorie*; vgl. BGE 97 II 48, 52). Aus prozessökonomischer Sicht ist diese doppelte Prozessführung jedenfalls dann nicht sinnvoll, wenn Vorvertrag und Hauptvertrag zwischen denselben Parteien geschlossen werden und der Vorvertrag bereits alle wesentlichen Elemente des Hauptvertrages enthält. Deshalb ist in diesem Fall der sog. *Einstufentheorie* der Vorzug zu geben, wonach aus dem Vorvertrag direkt auf Erfüllung der nach dem Hauptvertrag geschuldeten Leistung geklagt werden kann (vgl. BGE 118 II 32, 34; BernerKomm/KRAMER, Art. 22 N 119 ff. m.w. Nachw.; a.A. GAUCH/SCHLUEP/SCHMID, N 1087 f.).

3. Kontrahierungszwang

Literatur: BUCHER, OR AT, 89 f.; ENGEL, OR AT, 99 ff.; FURRER/MÜLLER-
CHEN, Kap. 1 N 65 ff., Kap. 3 N 41 ff.; GAUCH/SCHLUEP/SCHMID, N 1101a ff.; HUGUENIN,
OR AT, N 147 ff.; KELLER/SCHÖBI, Schuldrecht I, 92; KOLLER, OR AT, § 22 N 1 ff.;
MERZ, Vertrag und Vertragsschluss, N 271; VON TUHR/PETER, 278 ff.; BaslerKomm/
BUCHER, Vor Art. 1–40 N 7; BernerKomm/KRAMER, Art. 19–20 N 94 ff.; CHK/KUT/
SCHNYDER, OR 1 N 38 ff.; CR CO I/GUILLOD/STEFFEN, Art. 19 et 20 N 37 ff.;
KuKo OR/HERZOG, Art. 19 N 2; ZürcherKomm/JÄGGI, Art. 1 N 526 ff.;
ARNET, Freiheit und Zwang beim Vertragsabschluss, Habil. Basel 2006, Bern 2008;
AMSTUTZ/ABEGG/KARAVAS, Soziales Vertragsrecht, Basel 2006; BUCHER, Drittwirkung
der Grundrechte?, SJZ 1987, 37 ff.; DERS., Nicht «Kontrahierungspflicht» – schon eher
Schutz vor Boykott, recht 2003, 101 ff.; BYDLINSKI, Zu den dogmatischen Grundlagen des
Kontrahierungszwanges, AcP 180 (1980), 1 ff.; CAMPRUBI, Kontrahierungszwang gemäss
BGE 129 III 35: ein Verstoss gegen die Wirtschaftsfreiheit, AJP 2004, 384 ff.; GÖKSU,
Rassendiskriminierung beim Vertragsabschluss als Persönlichkeitsverletzung, Freiburg
i.Ue. 2003; DERS., Gedanken zur Kontrahierungspflicht anlässlich von BGE 129 III 35,
ZBJV 2004, 35 ff.; GRONER, Wettbewerbsrechtliche Kontrahierungspflicht – am Beispiel
des Filmverleihs, SZW 2000, 159 ff.; KLETT, Vertragsfreiheit und Kontrahierungszwang,
BJM 2005, 161 ff.; MARTENET, La liberté contractuelle saisie par le droit de la
concurrence, in: BRAUN (Hrsg.), Actualités du droit des contrats, Lausanne 2008, 79 ff.;
NAGUIB, Diskriminierende Verweigerung des Vertragsabschlusses über Dienstleistungen
Privater: Diskriminierungsschutzrecht zwischen Normativität, Realität und Idealität, AJP
2009, 993 ff.; TOBLER, Die EG-Richtlinie zur Gleichstellung der Geschlechter in Bezug
auf den Zugang zu und die Versorgung mit Waren und Dienstleistungen, AJP 2006,
1440 ff.; WOLF, Vertragsfreiheit – eine Illusion, Festschrift Max Keller, Zürich 1989,
361 ff.; ZÄCH, Der kartellrechtliche Kontrahierungszwang, SZW 1992, 1 ff.

In bestimmten Bereichen des Wirtschaftslebens wird die Ab- 26.10
schlussfreiheit durch *gesetzlich statuierte Kontrahierungspflichten* eingeschränkt bzw. aufgehoben (Kontrahierungszwang). Damit geht regelmässig auch eine Einschränkung der (negativen) Partnerwahlfreiheit einher;
oft wird auch die Inhaltsfreiheit beschränkt, weil die entsprechenden
Verträge zu bestimmten Bedingungen abgeschlossen werden müssen
(vgl. BernerKomm/KRAMER, Art. 22 N 94 ff.).

a) Kontrahierungszwang aufgrund öffentlichrechtlicher Bestimmungen

Öffentlichrechtliche Kontrahierungspflichten interessieren hier 26.11
nur insoweit, als die daraus resultierenden Rechtsbeziehungen dem Privatrecht und nicht dem öffentlichen Recht unterliegen. Gänzlich dem
öffentlichen Recht unterworfen sind die Beziehungen zwischen öffent-
lichrechtlich organisierten *Krankenhäusern* und ihren Benützern. Für
Versorgungsleistungen (Elektrizität, Wasser, Gas) gilt je nach Kanton

oder Gemeinde öffentliches oder Privatrecht (Nachw. bei Berner-Komm/KRAMER, Art. 19–20 N 99). Hingegen unterliegen die Beziehungen zwischen den *Eisenbahnen*, auch den SBB, und ihren Benützern dem Privatrecht. Art. 12 PBG ordnet insoweit einen Kontrahierungszwang an. Die Beziehungen zwischen der *Post* und ihren Benützern unterstehen grundsätzlich ebenfalls dem Privatrecht (vgl. Art. 11 Abs. 1 POG; für den Leistungsauftrag der Post vgl. Art. 13-17 PG, dazu BGE 129 III 35, 37 ff.). Die Privatisierung bisher staatlicher Aufgaben ist hier der Grund für gesetzliche Kontrahierungspflichten (vgl. KLETT, BJM 2005, 161, 170). Ein Kontrahierungszwang besteht für Anwältinnen nach Art. 12 lit. g BGFA im Rahmen der Pflichtverteidigung und der unentgeltlichen Rechtspflege. Weitere öffentlichrechtliche Kontrahierungspflichten finden sich im *kantonalen Recht* (Nachw. bei BernerKomm/KRAMER, Art. 19–20 N 107), in einigen Kantonen ist eine Bewirtungspflicht der Gastwirte geregelt. Ähnliches gilt für Notfallhilfe der Ärztinnen, Hebammen und Apothekerinnen.

b) Kontrahierungszwang aufgrund des Kartellgesetzes und des Strafgesetzbuches

26.12   Nach Art. 7 Abs. 1 KG sind Vorkehren eines *Kartells* oder einer kartellähnlichen Organisation, namentlich eines *marktbeherrschenden Unternehmens*, unzulässig, wenn sie Dritte vom Wettbewerb ausschliessen oder erheblich behindern. Hierunter fallen nach Art. 7 Abs. 2 KG insbesondere Liefer- und Bezugssperren bzw. Diskriminierung von Abnehmern oder Lieferanten. Bei Verletzung dieses Verbots kann das Gericht nach Art. 13 lit. b KG den Abschluss eines marktgerechten und branchenüblichen Vertrages anordnen. Damit besteht für Kartelle und marktbeherrschende Unternehmen eine *Kontrahierungspflicht zum Abschluss marktgerechter und branchenüblicher Verträge* mit Abnehmern und Lieferanten (vgl. BBl 1995 I 468, 570 f.). Insoweit wird auch die Partnerwahl- und die Inhaltsfreiheit eingeschränkt. Nach Art. 261bis StGB macht sich wegen *Rassendiskriminierung* strafbar, wer eine von ihm angebotene Leistung, die für die Allgemeinheit bestimmt ist, einer Person wegen ihrer Rasse, Ethnie oder Religion verweigert. Des weiteren verbietet z.B. Art. 6 BehiG, Personen aufgrund ihrer *Behinderung* zu diskriminieren. Auch hieraus können privatrechtliche Kontrahierungspflichten abgeleitet werden.

c) Allgemeiner Kontrahierungszwang

Dogmatisch lässt sich ein allgemeiner privatrechtlicher Kontrahierungszwang auf das *Persönlichkeitsrecht* (Art. 28 Abs. 2, 28a Abs. 1 Ziff. 2 ZGB) und auf das *Verbot sittenwidriger Schädigung* (Art. 41 Abs. 2) stützen (vgl. BGE 129 III 35, 45; BernerKomm/KRAMER, Art. 19–20 N 110). In beiden Fällen kann die Pflicht zum Abschluss des Vertrages als Schadenersatz im Wege der Naturalherstellung begriffen werden (vgl. N 15.02).   26.13

Soll freilich die Abschlussfreiheit nicht aus den Angeln gehoben werden, so kann nicht jede Verweigerung des Abschlusses eines Vertrages als Persönlichkeitsverletzung oder als Verstoss gegen die guten Sitten betrachtet werden. Es gilt vielmehr, den Bereich, in dem ein privatrechtlicher Kontrahierungszwang angenommen werden kann, eng zu umschreiben (vgl. BGE 129 III 35, 45; ZürcherKomm/JÄGGI, Art. 1 N 529). Dabei müssen jedoch auch die *Grundrechte* (vgl. insb. Art. 17 BV: Medienfreiheit) in die Wertung einbezogen werden (vgl. HÄFELIN/HALLER, Schweizerisches Bundesstaatsrecht, 6. Aufl., Zürich 2005, N 278 ff.).   26.14

Aus den oben erwähnten spezialgesetzlichen Regelungen lassen sich zwei gemeinsame Kriterien herausschälen: die sich in einer Monopol- oder marktbeherrschenden Stellung äussernde *Marktmacht* der einen Partei und das *Angewiesensein auf die Leistung* der anderen Partei (vgl. BernerKomm/KRAMER, Art. 19–20 N 110 m.w. Nachw.). In einer älteren Entscheidung wollte das Bundesgericht den privatrechtlichen Kontrahierungszwang noch auf solche Ausnahmefälle beschränken, «wo eine sachlich nicht gerechtfertigte Verweigerung des Vertragsabschlusses lebenswichtige Interessen des davon Betroffenen verletzt oder gefährdet» (BGE 80 II 26, 37: Fall Seelig). Diese enge Beschränkung des Kontrahierungszwangs wurde inzwischen in Anlehnung an entsprechende Forderungen in der Literatur (vgl. BernerKomm/KRAMER, Art. 19–20 N 110) aufgegeben. In BGE 129 III 35, 45 f. bejahte das Bundesgericht einen Kontrahierungszwang für Fälle, in denen jemand Güter oder Dienstleistungen, die zum *Normalbedarf* gehören, *allgemein und öffentlich* anbietet, aufgrund der *starken Marktstellung der Anbieterin* zumutbare Ausweichmöglichkeiten fehlen und *keine sachlich gerechtfertigten Gründe* für die Verweigerung des Vertragsabschlusses vorliegen. Dies wurde für die Post im Hinblick auf die Versendung von Informations- und Werbepublikationen bejaht (BGE 129 III 35, 46 f.).   26.15

II. Partnerwahlfreiheit

26.16   Die Partnerwahlfreiheit umfasst das Recht, seinen Vertragspartner frei zu wählen (*positive Partnerwahlfreiheit*) wie auch Verträge mit bestimmten Personen nicht abzuschliessen (*negative Partnerwahlfreiheit*; BGE 100 Ia 445, 449).

26.17   Einschränkungen unterliegt die positive Partnerwahlfreiheit namentlich im Arbeitsvertragsrecht, wo für bestimmte Personengruppen *Beschäftigungsverbote* bestehen (vgl. Art. 29 Abs. 3, 30 Abs. 1 ArG; w. Nachw. bei BernerKomm/REHBINDER, Art. 320 N 11, 25). Eine faktische Einschränkung erfährt die positive Partnerwahlfreiheit auch dort, wo Verträge mit bestimmten Personen gesetzlich zwar nicht untersagt, aber von einer *behördlichen Bewilligung* abhängig gemacht werden, z.B. beim Verkauf von Grundstücken an (bestimmte) Ausländer (vgl. Art. 2 BewG; w. Nachw. bei BernerKomm/KRAMER, Art. 19–20 N 44).

26.18   Negative Partnerwahlfreiheit ist nicht gegeben, soweit ein *Kontrahierungszwang* besteht. Keine Einschränkung ergibt sich allerdings aus Art. 3 GlG, der jede geschlechtsspezifische Diskriminierung von Arbeitnehmerinnen und Arbeitnehmern verbietet. Denn bei diskriminierender Ablehnung einer Anstellung hat die betroffene Person nach Art. 5 Abs. 2 GlG lediglich einen Anspruch auf Entschädigung, nicht aber auf Anstellung.

III. Inhaltsfreiheit

26.19   Die Inhaltsfreiheit oder auch *Vertragsfreiheit im engeren Sinne* ist der einzige Aspekt der Vertragsfreiheit, der im Gesetz ausdrücklich angesprochen wird (Art. 19 Abs. 1). Sie bedeutet, dass die Parteien frei sind, den Inhalt ihres Vertrages beliebig zu bestimmen, wozu vor allem die Ausgestaltung von Leistung und Gegenleistung, aber auch sämtliche anderen Bedingungen des Vertrages gehören (BGE 96 II 18, 20). Zur Inhaltsfreiheit gehört insbesondere, dass die Parteien das *Wertverhältnis* zwischen Leistung und Gegenleistung frei bestimmen können. Im Gegensatz zum rund hundert Jahre älteren österreichischen ABGB, das bei einer Verkürzung über die Hälfte (laesio enormis) – eine Partei bekommt nicht einmal die Hälfte dessen, was ihr nach dem gemeinen Wert zustehen müsste – ein Aufhebungsrecht gewährt (§ 934 ABGB), wurde im OR der Gedanke der *Preisgerechtigkeit* (iustum pretium) nicht aufgenommen (BernerKomm/KRAMER, Art. 19–20 N 24). Grenzen für die freie Preisgestaltung durch die Parteien ergeben sich allenfalls aus öffentlichrechtlichen Bestimmungen, dem Verbot sittenwidriger Verträge und der Anfechtbarkeit bei Übervorteilung nach Art. 21.

Zu den Grenzen der Inhaltsfreiheit im Einzelnen vgl. N 32.01 ff. 26.20

IV. Typenfreiheit

Literatur: BERGER, Schuldrecht, N 170; BUCHER, OR AT, 91 ff.; ENGEL, OR AT, 175 ff.; FURRER/MÜLLER-CHEN, Kap. 4 N 72; GAUCH/SCHLUEP/SCHMID, N 626 f.; GUHL/KOLLER, 330 ff.; HONSELL, OR BT, 15 ff.; HUGUENIN, OR AT, N 8; KELLER/SCHÖBI, Schuldrecht I, 95 ff.; KOLLER, OR AT, § 10 N 37 ff.; VON TUHR/PETER, 248 f.; BaslerKomm/BUCHER, Vor Art. 1–40 N 12 ff.; BaslerKomm/AMSTUTZ/MORIN/SCHLUEP, Einl. vor Art. 184 ff. N 1 ff.; BernerKomm/KRAMER, Art. 19–20 N 49 ff.; CHK/HUGUENIN, Vorb 184 ff. / Innominatkontrakte AT; CR CO I/GUILLOD/STEFFEN, Art. 19 et 20 N 50 ff.; KuKo OR/KIKINIS, Vor Art. 184 ff. N 2 ff.;

BUCHER, Hundert Jahre Schweizerisches Obligationenrecht: Wo stehen wir heute im Vertragsrecht?, ZSR 1983 II, 251 ff.; BÜHLER, Eine Lanze für die gesetzlichen Vertragstypen, Festschrift Gauch, Zürich 2004, 371 ff.; DASSER, Vertragstypen im Wandel, Zürich/Baden-Baden 2000; DERS., Vertragsrecht ohne Vertragstypenrecht?, Festschrift Rey, Zürich 2003, 207 ff.; ENGEL, La liberté contractuelle: du peuple des bergers à l'Europe des humanistes, ZSR 1991 I, 43 ff.; GAUCH, Das gesetzliche Vertragstypenrecht der Schuldverträge, Festschrift Honsell, Zürich 2002, 3 ff.; DERS., Von den wesentlichen Vertragspunkten, recht 1991, 45 ff.; KRAMER, Funktion, rechtliche Problematik und Zukunftsperspektiven der Innominatverträge, in: KRAMER (Hrsg.), Neue Vertragsformen der Wirtschaft, 2. Aufl., Bern 1992, 23 ff.; SCHLUEP, Innominatverträge, SPR VII/2, Basel 1979, 763 ff.; DERS., Zusammengesetzte Verträge: Vertragsverbindung oder Vertragsverwirrung, Festschrift Rey, Zürich 2003, 285 ff.; TERCIER, Des législateurs innommés, Festschrift Schluep, Zürich 1988, 45 ff.; vgl. auch die Literatur vor N 3.15.

1. Allgemeines

Teil der Inhaltsfreiheit nach Art. 19 Abs. 1 ist auch die sog. 26.21 Typenfreiheit. Typenfreiheit bedeutet, dass die Parteien nicht an die im BT des OR geregelten Vertragstypen (Nominatverträge) gebunden sind, sondern die Freiheit haben, von diesen abzuweichen und gänzlich neue Vertragstypen zu erfinden (*Innominatverträge*; vgl. dazu ausführlich N 3.15 ff.).

Das Prinzip der Typenfreiheit gilt im gesamten *Schuldvertragsrecht* 26.22 mit Ausnahme des Gesellschafts- und Wertpapierrechtes. Demgegenüber herrscht in den anderen Gebieten des Privatrechts (Familienrecht, Erbrecht, Sachenrecht) weitgehend *Typenzwang*, d.h. das Gesetz stellt nur bestimmte Rechtsformen zur Verfügung (numerus clausus; vgl. BGE

111 II 134, 142; BernerKomm/KRAMER, Art. 19–20 N 53). So gibt es nur eine Art der Ehe; die Ehegatten können nur einen von drei verschiedenen Güterständen wählen; als Verfügungen von Todes wegen kommen nur Testamente oder Erbverträge in Betracht; das Sachenrecht anerkennt nur eine begrenzte Anzahl dinglicher Rechte, z.B. das Faustpfandrecht, nicht aber das besitzlose Pfandrecht.

2. Rechtsanwendung bei Innominatverträgen

26.23   Da Innominatverträge sich gerade dadurch auszeichnen, dass sie im Gesetz keine besondere Regelung erfahren haben, stellt sich das Problem, welche Regeln des OR BT neben den Vorschriften des OR AT und Art. 2 ZGB, die unbestritten auch für Innominatverträge gelten (vgl. BernerKomm/KRAMER, Art. 19–20 N 68 m.w. Nachw.), auf diese anzuwenden sind. Dabei müssen zwei Fragen auseinander gehalten werden, was in der Literatur nicht immer hinreichend deutlich wird: Erstens geht es um die Frage, inwieweit *zwingende Bestimmungen* (z.B. Formvorschriften) eines bestimmten Vertragstyps auch auf einen Innominatvertrag anwendbar sind. Zweitens ist die Frage zu beantworten, durch welche Regeln des *dispositiven Rechts* der Vertrag zu ergänzen ist, falls die Parteien die Regelung eines auftretenden Problems in ihrem Vertrag unterlassen haben (so auch KOLLER, OR AT, § 10 N 40 ff.).

26.24   Im Hinblick auf die Frage der zwingenden Bestimmungen ist nach den allgemeinen Regeln der *Analogie* vorzugehen (vgl. dazu BernerKomm/MEIER-HAYOZ, Art. 1 ZGB N 346 ff.; ausf. auch GAUCH, Festschrift Honsell, 3, 23 ff.). Es ist zu prüfen, welchen Zweck die jeweilige zwingende Norm verfolgt. Ist die Interessenlage beim in Frage stehenden Innominatvertrag vergleichbar, so ist die zwingende Bestimmung entsprechend auf diesen anzuwenden (vgl. BaslerKomm/BUCHER, Vor Art. 1–40 N 43 ff.; BernerKomm/KRAMER, Art. 19–20 N 82).

26.25   Im Hinblick auf die zweite Frage, die *Vertragsergänzung*, haben Lehre und Praxis eine ganze Palette von Theorien entwickelt (vgl. dazu ausführlich BernerKomm/KRAMER, Art. 19–20 N 74 ff.; BaslerKomm/AMSTUTZ/MORIN/SCHLUEP, Einl. vor Art. 184 ff. N 13 ff.). Letztlich stiften jedoch all diese Theorien mehr Verwirrung, als dass sie zur Lösung der Frage der Rechtsanwendung bei Innominatverträgen viel beitragen. Das Bundesgericht enthält sich weitgehend einer eigenen Stellungnahme im Theorienstreit (vgl. nur BGE 124 III 456, 458 ff.). Auch hier soll nicht näher auf diese Theorien eingetreten werden. Im Ergebnis ist vielmehr mit der modernen Lehre (vgl. BaslerKomm/AMSTUTZ/MORIN/

SCHLUEP, Einl. vor Art. 184 ff. N 19; BernerKomm/KRAMER, Art. 18 N 255) davon auszugehen, dass die Methode der Vertragsergänzung bei Innominatverträgen dieselbe ist wie bei den gesetzlich geregelten Vertragstypen (vgl. hierzu N 34.01 ff.).

V. Formfreiheit

Ein weiterer Aspekt der Vertragsfreiheit ist die sog. Formfrei-   26.26 heit. Auch sie äussert sich in zwei Richtungen. Zum einen gilt, dass ein Vertrag grundsätzlich *formfrei*, d.h. auch mündlich oder sogar stillschweigend, geschlossen werden kann, wenn das Gesetz im Einzelfall nicht ausdrücklich die Einhaltung einer bestimmten Form vorsieht (Art. 11 Abs. 1). Zum anderen steht es den Parteien frei, in Fällen, in denen der Vertragsschluss an sich formfrei möglich ist, die Einhaltung einer besonderen Form oder – bei gesetzlicher Formvorschrift – einer strengeren *Form zu vereinbaren* (Art. 16 Abs. 1). Einzelheiten zur Formfreiheit und ihren Grenzen bei N 31.01 ff.

VI. Aufhebungs- und Änderungsfreiheit

Literatur: HIGI, Einseitige Vertragsänderungen – eine normale Anomalie?, Festschrift Gauch, Zürich 2004, 439 ff.

Das Korrelat der Abschlussfreiheit ist die *Aufhebungsfreiheit*,   26.27 die es den Parteien jederzeit erlaubt, einen einmal geschlossenen Vertrag durch einverständlichen *Aufhebungsvertrag* (contrarius actus) zu beendigen (BGE 102 Ia 539, 542; BGE 134 III 625, 633 f.: konsensuale Auflösung einer Vereinsmitgliedschaft; Einzelheiten bei N 82.02). Hingegen ist die *einseitige Lösung* von einem Vertrag aufgrund des Satzes pacta sunt servanda (Verträge sind zu halten) nicht ohne weiteres möglich (BernerKomm/KRAMER, Art. 19–20 N 87). Bei Verträgen, die auf einen *einmaligen Leistungsaustausch* gerichtet sind, kommt eine einseitige Lösung vom Vertrag grundsätzlich nur in Betracht, wenn der Vertrag nicht oder nicht gehörig erfüllt wurde (vgl. nur Art. 107 Abs. 2, 205 Abs. 1). Nur beim Auftrag und beim Werkvertrag ist aufgrund des diesen Verträgen zugrunde liegenden Vertrauensverhältnisses ein jederzeitiger Widerruf bzw. Rücktritt möglich (vgl. Art. 404, 377; siehe aber BaslerKomm/WEBER, Art. 404 N 9 ff.). Bei auf unbestimmte Zeit eingegangenen *Dauerschuldverhältnissen* besteht regelmässig die Möglichkeit der ordentlichen Kündigung (vgl. nur Art. 266a ff., 335 ff.). Auch befristete Dauerschuldverhältnisse, die an sich keiner ordentlichen Kündigung unterliegen, müssen nach Ablauf eines bestimmten Zeitraumes kündbar sein (vgl. nur Art. 334 Abs. 3; vgl. auch N 32.24). Nur in Ausnahmefällen wird die Möglichkeit der Kündigung aus Gründen des Sozialschutzes rechtlich oder faktisch eingeschränkt (vgl. Art. 272 ff.: Mieterstreckung; Art. 10 GlG: Schutz bei Rachekündigung). Schliesslich sind alle Dauerschuldverhältnisse bei Vorliegen eines wichtigen Grundes einseitig aufhebbar (vgl. nur Art. 266g, 337 ff.). Dies gilt auch für Darlehensverträge mit einer bestimmten vereinbarten Laufzeit (BGE 128 III 428, 430 ff. – «Uriella»).

26.28   Die *Änderungsfreiheit* gibt den Parteien das Recht, den Inhalt ihres Vertrages jederzeit in gegenseitigem Einvernehmen abzuändern (vgl. GAUCH/SCHLUEP/SCHMID, N 616). Sie ist das Korrelat zur Inhaltsfreiheit bei Abschluss eines Vertrages; dementsprechend gelten die Grenzen der Inhaltsfreiheit für die Änderungsfreiheit entsprechend. Durch sog. *Neuverhandlungsklauseln* können sich die Parteien bereits bei Abschluss des Vertrages dazu verpflichten, im Falle des Eintritts bestimmter Umstände zu einer Vertragsänderung Hand zu bieten (vgl. BernerKomm/KRAMER, Art. 18 N 283 ff. m.w. Nachw.). Zur gerichtlichen Vertragsanpassung bei veränderten Umständen vgl. N 35.04 ff.

26.29   Die Befugnis zur *einseitigen Vertragsänderung* ist in einzelnen Bestimmungen des Miet- (vgl. Art. 269d) und Arbeitsrechts (Art. 349 Abs. 2) vorgesehen.

Kapitel 2: Der Vertragsschluss im Allgemeinen

§ 27   Willenserklärung und Vertrauensprinzip

Literatur: BERGER, Schuldrecht, N 233 ff., 699 ff.; BUCHER, OR AT, 121 ff.; ENGEL, OR AT, 123 ff., 216 ff.; FURRER/MÜLLER-CHEN, Kap. 2 N 65 ff.; GAUCH/SCHLUEP/SCHMID, N 167 ff., N 206 ff.; GUHL/KOLLER, 99 ff.; HUGUENIN, OR AT, N 153 ff.; KELLER/SCHÖBI, Schuldrecht I, 14 ff., 123 ff.; KOLLER, OR AT, § 3 N 108 ff., N 153 ff.; MERZ, Vertrag und Vertragsschluss, N 160 ff.; TERCIER, Obligations, N 178 ff.; VON TUHR/PETER, 157 ff., 285 ff.; BaslerKomm/BUCHER, Art. 1 N 3 ff.; BernerKomm/KRAMER, Art. 1 N 2 ff.; CHK/KUT/SCHNYDER, OR 1 N 5 ff.; CR CO I/DESSEMONTET, Art. 1 N 7 ff.; KuKo OR/WIEGAND, Art. 1 N 4 ff.; ZürcherKomm/JÄGGI, Art. 1 N 20 ff., N 181 ff.;

BALSCHEIT, Konsumvertragsrecht und E-Commerce, Diss. Bern 2005; BRUNNER, Neue Entwicklungen im Konsumrecht, SJZ 2001, 241 ff.; BURGARD, Das Wirksamwerden empfangsbedürftiger Willenserklärungen im Zeitalter moderner Telekommunikation, AcP 195 (1995), 74 ff.; BYDLINSKI, Die Grundlagen des Vertragsrechts im Meinungsstreit, BJM 1982, 1 ff.; GASSER, E-Commerce: Innovation im (Vertrags-)Recht?, SJZ 2001, 386 ff.; GUHL, Die Auslegung der rechtsgeschäftlichen Erklärungen während des ausgehenden Jahrhunderts, ZSR 1952 I, 141 ff.; HESS/SIMMEN, Das neue Konsumkreditgesetz (KKG), Zürich 2002; HONSELL, Willenstheorie oder Erklärungstheorie?, Festschrift Walter, Bern 2005, 335 ff.; JÖRG, Vertragsschluss im Internet und neue Geschäftsmodelle: Ausgewählte Rechtsfragen, in: ARTER/JÖRG (Hrsg.), Internet-Recht und Electronic Commerce Law, Lachen/St. Gallen 2001, 1 ff.; JÖRG/ARTER, Ein kritischer Blick auf den Entwurf zum Bundesgesetz über den elektronischen Geschäftsverkehr, AJP 2002, 165 ff.; KOLLER ALFRED, Empfangstheorie und «Ferien-Kündigung», ZBJV 1999, 136 ff.; KRAMER, Grundfragen der vertraglichen Einigung, München 1972, 84 ff.; MANKOWSKI, Zum Nachweis des Zugangs bei elektronischen Erklärungen, NJW 2004, 1901 ff.; MEIER-HAYOZ, Das Vertrauensprinzip beim Vertragsabschluss, Diss. Zürich 1948; SCHÖLL, Postlagersendung und Rückbehalteauftrag, SJZ 2001, 419 ff.; VON DER CRONE/WEGMANN, Wille und Willensreferenz im Vertragsrecht, ZSR 2007 I, 111 ff.; WEBER/JÖHRI, Vertragsabschluss im Internet, in: WEBER/HILTY/AUF DER MAUR (Hrsg.), Geschäftsplattform Internet, Zürich 2000, 39 ff.; WIEGAND, Die Geschäftsverbindung im E-Banking, in: WIEGAND (Hrsg.), E-Banking, Rechtliche Grundlagen, Bern 2002, 93 ff.; WIEGAND/MARTI, Das Bundesgesetz über den elektronischen Geschäftsverkehr – Die rechtliche Erfassung des E-Commerce, in: KOLLER THOMAS/MURALT MÜLLER, Nationale und internationale Bezüge des E-Commerce, Bern 2002, 37 ff.; vgl. auch die Literatur vor N 33.01.

I. Begriff der Willenserklärung und Abgrenzung

1. Begriff

Die Willenserklärung oder Willensäusserung ist der Kern jeden 27.01 Rechtsgeschäfts (vgl. nur Art. 1 Abs. 1). Sie kann definiert werden als *private Willenskundgabe*, die auf die *Erzielung einer Rechtsfolge* gerichtet ist (ähnlich ZürcherKomm/JÄGGI, Art. 1 N 21). Sie unterscheidet sich damit von Willenskundgaben auf dem Gebiet des öffentlichen Rechts, also von öffentlichrechtlichen Erklärungen von Behörden, z.B. Verwaltungsakten, aber auch von solchen von Privaten in öffentlichen Angelegenheiten, z.B. Ausübung des Stimm- und Wahlrechts.

Jede Willenserklärung besteht aus zwei Komponenten: dem (inneren) 27.02 *Willen* einerseits und dem (äusserlich erkennbaren) *Erklärungstatbestand* andererseits. Der Wille kann wiederum in drei Elemente unterteilt werden: den Handlungs-, den Geschäfts- und den Erklärungswillen (Einzelheiten bei BernerKomm/KRAMER, Art. 1 N 31 ff.). Unter dem *Hand-*

lungswillen ist das Bewusstsein zu handeln zu verstehen. Der Handlungswille fehlt, wenn jemand unter Hypnose oder unter überwältigendem Zwang (vis absoluta) eine Handlung vornimmt (BGE 72 II 154, 157: Testament). Der Handlungswille fehlt auch, wenn jemand im Internet eine vermeintliche Werbeanzeige anklickt und damit einem nicht intendierten Vertrag zustimmt (z.B. zu einem Internet-Dialer). Der *Geschäftswille* (Rechtsfolgewille) umfasst den Willen, mit der Erklärung eine bestimmte Rechtsfolge herbeizuführen, z.B. einen Vertrag abzuschliessen, ein Vertragsverhältnis durch Kündigung oder Rücktritt zu beenden oder ein Recht zu übertragen (BGE 116 II 695, 696). Unter *Erklärungswille* (Geltungswille) fällt der Wille, den Geschäftswillen einer anderen Person mitzuteilen, damit er die beabsichtigten Rechtswirkungen erzeugt.

27.03   Im Normalfall wird der Wille fehlerfrei gebildet, und der Erklärungstatbestand entspricht dem wirklichen Willen des Erklärenden. Dann interessieren die einzelnen Elemente der Willenserklärung nicht weiter. Probleme entstehen erst, wenn Wille und Erklärungstatbestand nicht übereinstimmen oder sich bereits bei der Willensbildung Fehler eingeschlichen haben. Bei einer *Diskrepanz von Wille und Erklärung* muss zunächst bestimmt werden, ob dem wirklichen Willen oder dem Erklärten der Vorrang einzuräumen ist (vgl. N 27.36 ff.). Wird der Erklärende an einer Erklärung behaftet, die er nicht gewollt hat, oder war die Willensbildung fehlerhaft, so liegt ein sog. *Willensmangel* vor (N 36.01 ff.), der den Erklärenden u.U. zur Anfechtung berechtigt.

2. Abgrenzungen

27.04   Von der Willenserklärung sind die sog. Realakte (Tathandlungen) und die rechtsgeschäftsähnlichen Handlungen zu unterscheiden (vgl. ausführlich dazu VON TUHR/PETER, 174 ff.).

27.05   *Realakte* sind Handlungen, an die die Rechtsordnung unabhängig von einem entsprechenden Willen des Handelnden Rechtsfolgen knüpft. Beispiel: Hat jemand eine fremde Sache verarbeitet oder umgebildet, so erwirbt er nach Art. 726 Abs. 1 ZGB Eigentum an derselben, wenn die Arbeit kostbarer ist als der Stoff. Dies gilt unabhängig davon, ob er einen entsprechenden Willen besitzt (vgl. VON TUHR/PETER, 175) oder ob er überhaupt handlungsfähig ist (vgl. BernerKomm/BUCHER, Art. 23 N 21 ZGB).

27.06   Unter *rechtsgeschäftsähnlichen Handlungen* werden Willens- oder Wissensmitteilungen verstanden, an die das Gesetz ebenfalls Rechtsfolgen knüpft, ohne dass diese vom Mitteilenden gewollt sein müssen. Als Beispiele seien hier nur genannt: Die Kundgabe der Vollmacht (Art. 34 Abs. 3), die den Verzug begründende Mahnung (Art. 102 Abs. 1), die Anzeige der Abtretung einer Forderung an den Schuldner (Art. 167) oder die Mängelrüge (Art. 201). Da die rechtsgeschäftsähnlichen Handlungen den Willenserklärungen verwandt sind, können jedenfalls die Regeln über die Handlungsfähigkeit sowie über Auslegung und Wirksamwerden von Willenserklärungen *analog* angewandt werden (vgl. BernerKomm/ SCHMIDLIN, Art. 23 N 182 m.w. Nachw.).

II. Arten der Willenserklärungen

Die Willenserklärungen können anhand verschiedener Krite- 27.07 rien unterteilt werden. Von den vielfältigen Unterteilungsmöglichkeiten (vgl. BernerKomm/KRAMER, Art. 1 N 7 ff.; GAUCH/SCHLUEP/SCHMID, N 177 ff.) sollen hier nur die drei wichtigsten erwähnt werden.

1. Ausdrückliche und konkludente Willenserklärungen

Je nach der Form des Erklärungsaktes kann zwischen aus- 27.08 drücklichen und konkludenten bzw. stillschweigenden Willenserklärungen unterschieden werden (vgl. Art. 1 Abs. 2).

Bei der *ausdrücklichen Willenserklärung* kommt der Geschäftswille 27.09 des Erklärenden unmittelbar in der Erklärung zum Ausdruck. Dabei kann es sich sowohl um mündliche als auch um schriftliche Erklärungen handeln, z.B. wenn jemand erklärt: «Ich biete Ihnen dieses Auto für CHF 15 000.– an.» Eine ausdrückliche Erklärung liegt auch dann vor, wenn andere Ausdrucksmittel als die Sprache verwendet werden, denen nach Verabredung zwischen den Parteien oder Übung ein bestimmter Sinn beizumessen ist, z.B. Kopfnicken oder Handaufheben (vgl. Berner-Komm/KRAMER, Art. 1 N 8).

Eine *konkludente* oder *stillschweigende Willenserklärung* liegt vor, 27.10 wenn der Geschäftswille objektiv allein aus dem Verhalten einer Person abgeleitet wird (wie hier BernerKomm/KRAMER, Art. 1 N 11; diff. GAUCH/SCHLUEP/SCHMID, N 188 ff.; vgl. w. Nachw. bei KOLLER, OR AT, § 3 N 127). So gilt nach Art. 7 Abs. 3 die Auslage von Waren mit Angabe des Preises in der Regel als Angebot zum Abschluss eines Kaufvertrages (vgl. hierzu N 28.10). Sendet die Verkäuferin die vom Käufer schriftlich bestellte Ware ab, so liegt darin auch gleichzeitig eine Annahme des Vertragsangebots (vgl. BGE 38 II 516, 519). Um aus den Umständen oder dem Verhalten einer Person auf einen bestimmten Geschäftswillen schliessen zu können, müssen freilich hinreichend schlüssige, tatsächliche Anhaltspunkte vorhanden sein, die nach Treu und Glauben keinen anderen Schluss zulassen (BGE 52 II 284, 292).

27.11   Blosses *Nichtstun* oder *Schweigen* kann im Regelfall nicht als Willenserklärung gewertet werden (statt vieler BGE 30 II 298, 301; ENGEL, OR AT, 131). Dies gilt freilich nicht, wenn die Parteien beispielsweise bereits vorher in einem Rahmenvertrag vereinbart haben, dass das Schweigen auf eine Bestellung als Annahme zu werten ist. Insoweit liegt sogar eine ausdrückliche Willenserklärung vor (vgl. KOLLER, OR AT, § 7 N 99). Ausserdem kennt das Gesetz eine Reihe von Regelungen, in denen an das Schweigen einer Partei bestimmte Rechtsfolgen geknüpft werden, das Schweigen mithin als konkludente Willenserklärung betrachtet wird (vgl. nur Art. 6, 395; Einzelheiten N 28.36 ff.).

2. Unmittelbare und mittelbare Willenserklärungen

27.12   Die Unterscheidung zwischen unmittelbaren und mittelbaren Erklärungen erfolgt danach, ob die Beteiligten miteinander unmittelbar kommunizieren oder ob zwischen der Erklärungshandlung und der Kenntnisnahme noch ein Übermittlungsvorgang erforderlich ist (vgl. GAUCH/SCHLUEP/SCHMID, N 186). *Unmittelbare Erklärungen* sind demnach vor allem mündliche Erklärungen unter Anwesenden oder am Telefon (vgl. Art. 4). Gleichzustellen sind interaktive Online-Kommunikationsformen (chat). *Mittelbare Erklärungen* sind namentlich schriftliche Erklärungen unter Abwesenden (vgl. Art. 5), Erklärungen via E-Mail oder SMS sowie mündliche Erklärungen, die durch einen Boten überbracht werden.

3. Empfangsbedürftige und nicht empfangsbedürftige Willenserklärungen

27.13   Gemeinhin wird im Anschluss an das deutsche Recht zwischen empfangsbedürftigen und nicht empfangsbedürftigen Willenserklärungen unterschieden.

27.14   *Empfangsbedürftige Willenserklärungen* sind solche, die an eine andere Person gerichtet sind. Damit sich die Empfängerin auf die durch die Erklärung geschaffene Rechtslage einstellen kann, ist es erforderlich, dass die Erklärung von der Empfängerin wahrgenommen werden kann. Hauptbeispiele für empfangsbedürftige Willenserklärungen sind Angebot und Annahme beim Vertragsschluss sowie sämtliche Gestaltungserklärungen (vgl. N 3.05 ff.).

Bei *nicht empfangsbedürftigen Willenserklärungen* gibt es keine Person, die sich auf die veränderte Rechtslage einstellen müsste. Deshalb gelten für das Wirksamwerden solcher Erklärungen andere Regeln als bei empfangsbedürftigen Willenserklärungen. Zu den nicht empfangsbedürftigen Willenserklärungen gehören insbesondere das Testament, die Errichtung einer Stiftung und die Auslobung (Art. 8). 27.15

Die *rechtsgeschäftsähnlichen Handlungen* sind in der Regel empfangsbedürftige Erklärungen. Allerdings genügt bei der Mängelrüge nach Art. 201 die rechtzeitige Absendung (vgl. Art. 27 CISG; a.A. etwa BaslerKomm/HONSELL, Art. 201 N 10; BernerKomm/GIGER, Art. 201 N 96). Das Verlust- und Verzögerungsrisiko trägt die Verkäuferin, weil sie durch Lieferung mangelhafter Ware Anlass zur Abgabe dieser Erklärung gegeben hat. 27.16

III. Abgabe und Zugang von Willenserklärungen

1. Allgemeines

Eine Willenserklärung existiert, wenn ein entsprechender Wille nach aussen kundgetan wird. Bei empfangsbedürftigen Willenserklärungen kann dies allein jedoch nicht für das Wirksamwerden ausreichen. Im Einzelnen können bei einer empfangsbedürftigen schriftlichen Willenserklärung unter Abwesenden, z.B. einer Kündigung, vier Phasen unterschieden werden: Der Brief wird geschrieben, in den Postbriefkasten eingeworfen, er erreicht den Briefkasten der Empfängerin und wird schliesslich von dieser gelesen. Solange die Willenserklärung den Machtbereich des Erklärenden nicht verlassen hat, kann dieser sie jederzeit zurücknehmen. Umgekehrt hat es die Empfängerin in der Hand, eine Willenserklärung, die einmal in ihren Machtbereich gelangt ist, zur Kenntnis zu nehmen oder nicht. Deshalb kann es für die Frage, wann eine empfangsbedürftige Willenserklärung wirksam wird, nur auf den Zeitpunkt des *Absendens* oder des *Eintreffens* bei der Empfängerin ankommen. Das OR hat sich für letzteren Zeitpunkt entschieden *(Zugangsprinzip)*. Das Risiko, dass eine Erklärung überhaupt nicht, verspätet oder 27.17

verstümmelt bei der Empfängerin eintrifft, wird damit dem Erklärenden zugewiesen.

2. Abgabe

a) Begriff

27.18   Eine *nicht empfangsbedürftige Willenserklärung* ist abgegeben und damit auch bereits wirksam, wenn der Erklärende sich der Erklärung *entäussert* hat, z.B. wenn der Zettel, auf dem er einen Finderlohn für die entlaufene Katze verspricht, an den Baum geheftet wird.

27.19   Für die Abgabe einer *empfangsbedürftigen Willenserklärung* ist überdies erforderlich, dass die Erklärung in Richtung auf die Empfängerin *in Bewegung gesetzt* wird, so dass unter normalen Umständen mit dem Zugang bei dieser gerechnet werden kann (vgl. VON TUHR/PETER, 168 f.). Bei *mündlichen Erklärungen* unter Anwesenden setzt dies voraus, dass die Erklärung so geäussert wird, dass die Empfängerin in der Lage ist, sie zu verstehen. Dies gilt auch für telefonische Erklärungen. Eine mündliche Erklärung unter Abwesenden, wie sie bei Einsatz eines Boten möglich ist, ist abgegeben, wenn sie gegenüber dem Boten vollendet ist und diesem Weisung zur Übermittlung an die Empfängerin erteilt wurde (vgl. GAUCH/SCHLUEP/SCHMID, N 203; a.A. BernerKomm/ZÄCH, Vorbem. Art. 32–40 N 21). Die Abgabe einer *schriftlichen Erklärung* unter Anwesenden erfolgt durch Überreichen des Schriftstückes; eine schriftliche Erklärung unter Abwesenden ist abgegeben, wenn sie auf den Weg zur Empfängerin gebracht wurde. Beim Brief ist dies der Einwurf in den Postbriefkasten, beim Telefax die Veranlassung der Fernkopie, bei E-Mail die Übertragung.

b) Bedeutung

27.20   Mit der Abgabe wird die nicht empfangsbedürftige Willenserklärung wirksam; für die empfangsbedürftige Willenserklärung ist sie Voraussetzung für das spätere Wirksamwerden.

27.21   Der *Zeitpunkt der Abgabe* der Willenserklärung ist entscheidend für das Vorliegen bestimmter subjektiver Voraussetzungen in der Person des Erklärenden (vgl. ausführlich BernerKomm/SCHMIDLIN, Art. 3 N 34 ff.). So kann eine empfangsbedürftige Willenserklärung auch noch wirksam werden, wenn der Erklärende nach der Abgabe, aber vor ihrem Eintreffen bei der Empfängerin verstorben ist. Auch für die Frage der Handlungsfähigkeit oder des Vorliegens von Willensmängeln kommt es auf den Zeitpunkt der Abgabe und nicht des Zugangs der Erklärung an.

3. Zugang

Empfangsbedürftige Willenserklärungen werden grundsätzlich 27.22
nicht bereits mit Abgabe, sondern erst mit Zugang, d.h. mit Eintreffen bei
der Empfängerin wirksam.

a) Begriff

Zugang bedeutet, dass die Willenserklärung so in den *Macht-* 27.23
bereich der Erklärungsempfängerin gelangt, dass unter normalen Umständen mit ihrer Kenntnisnahme gerechnet werden kann. Ob und wann
die Adressatin tatsächlich Kenntnis von der Erklärung nimmt, ist hingegen nicht entscheidend (vgl. KOLLER, ZBJV 1999, 136 f.; BGE 118 II
42, 43 f.). Dies unterscheidet die Zugangs- von der sog. Vernehmungstheorie (vgl. dazu KOLLER, OR AT, § 3 N 134; BGE 32 II 281, 286).
Zum *Machtbereich* der Empfängerin gehören zweifellos Wohnung, Geschäftsräume, der Hausbriefkasten, aber auch das Postfach, der Anrufbeantworter, das Telefax-Gerät sowie der elektronische Briefkasten im
Server in Bezug auf E-Mail. Überdies ist erforderlich, dass mit der *Möglichkeit der Kenntnisnahme* unter normalen Umständen gerechnet werden
kann (vgl. KOLLER, ZBJV 1999, 136, 137 ff.; GAUCH/SCHLUEP/SCHMID,
N 199). Bedeutsam ist dies vor allem im Hinblick auf Erklärungen, die
innerhalb einer bestimmten Frist zu erfolgen haben (z.B. Annahme –
Art. 3 Abs. 2 –, Kündigung). Bei einer *Sendung*, die privat oder durch die
Post *uneingeschrieben* zugestellt wird, ist dies dann der Fall, wenn sie zu
einer Zeit, in der mit der Leerung gerechnet werden darf, in den Briefkasten der Adressatin gelegt wird (vgl. BGE 118 II 42, 44; zum Zeitpunkt
des Zugangs einer Kündigung während der Ferien des Arbeitnehmers
vgl. KOLLER, ZBJV 1999, 136, 139 ff.). Bei Einwurf eines Briefes in
einen Geschäftsbriefkasten am Freitagabend nach Geschäftsschluss geht
die Erklärung dagegen erst am darauf folgenden Montagmorgen zu (vgl.
BGer, ZR 1936, 173, 175). Ein *eingeschriebener Brief*, der der Empfängerin nicht sofort zugestellt werden kann, gilt als in dem Zeitpunkt zugegangen, in dem unter normalen Umständen mit Abholung der Sendung
bei der Post gerechnet werden kann (vgl. BernerKomm/KRAMER, Art. 1
N 88; BGE 137 III 208, 214; a.A. bei eingeschrieben versandter Mitteilung einer Mietzinserhöhung BGE 107 II 189, 193: Ablauf der siebentä-

gigen Abholungsfrist; zu Postlagersendungen vgl. BGE 127 III 173, 174 f.), sofern die tatsächliche Abholung nicht vorher erfolgt. *Telefaxmitteilungen* gehen mit dem Abschluss des Druckvorgangs am Empfangsgerät der Adressatin zu, Mitteilungen auf einem *Anrufbeantworter* mit Abschluss der Tonbandaufzeichnung, sofern in diesem Zeitpunkt nach der Verkehrssitte mit Kenntnisnahme zu rechnen ist (vgl. GAUCH/SCHLUEP/ SCHMID, N 199 ff.). Bei *E-Mail*-Mitteilungen muss zwischen einer geschäftlichen und einer privaten Empfängerin unterschieden werden (vgl. JÖRG, in: ARTER/JÖRG, Internet-Recht, 1, 8 f.). Die gewerbliche Empfängerin trifft eine Abruf-Obliegenheit, so dass Mitteilungen mit Speicherung im jeweiligen Server zugehen, sofern in diesem Zeitpunkt nach der Verkehrssitte mit Kenntnisnahme zu rechnen ist. Hingegen sollte bei einem privaten E-Mail-Anschluss auf die Kenntnisnahme in Form des Öffnens des E-Mails abgestellt werden. Etwas anderes kann nur angenommen werden, wenn die Empfängerin den Erklärenden dazu aufgefordert hat, ihr seine Erklärung per E-Mail zukommen zu lassen. Der Nachweis des Eintreffens bzw. Öffnens der E-Mail kann grundsätzlich mit den im Rahmen von handelsüblichen E-Mail-Programmen möglichen Eingangs- bzw. Lesebestätigungen geführt werden.

27.24   Bei Einsatz von *Hilfspersonen* gilt es zu unterscheiden. Zugang bei der Vertreterin bewirkt gleichzeitig den Zugang bei der Geschäftsherrin (vgl. KOLLER, OR AT, § 3 N 143). Beim Boten (zur Abgrenzung von Bote und Vertreter vgl. N 40.06 ff.) kommt es darauf an, in wessen Lager er steht (vgl. BernerKomm/KRAMER, Art. 1 N 89 m.w. Nachw.). Bedient sich der Erklärende eines *Erklärungsboten*, so geht die Erklärung nach den allgemeinen Regeln erst zu, wenn sie in den Machtbereich der Empfängerin gelangt. Bei Einsatz eines sog. *Empfangsboten* auf Seiten der Erklärungsempfängerin kann die Aushändigung einer schriftlichen oder die Abgabe einer mündlichen Erklärung an diese Person den Zugang bewirken, sofern sie entweder nach dem Willen der Adressatin zur Entgegennahme ermächtigt oder aber nach der Verkehrsauffassung als befugt und geeignet anzusehen ist, die Erklärung in Empfang zu nehmen (vgl. BGE 118 II 42, 44). Als derartige Empfangsboten werden regelmässig Hausgenossen (BGE 32 II 281, 286) und Angestellte (BGE 31 II 772, 775) angesehen. Für den Zeitpunkt des Zugangs ist darauf abzustellen, wann die Übermittlung an die Empfängerin nach dem gewöhnlichen Lauf der Dinge erwartet werden kann. Leitet der Empfangsbote die Erklärung nicht an die Empfängerin weiter, so fällt dies in deren Risikobereich (BGE 118 II 42, 44).

b) Bedeutung

Der Zeitpunkt des Zugangs entscheidet einmal darüber, ob eine 27.25
Erklärung, die innerhalb einer bestimmten Frist abgegeben werden muss,
rechtzeitig erfolgt ist. Zum anderen ist er für die Frage relevant, ob der
Erklärende an seine Erklärung *gebunden* ist oder diese – weil er es sich
anders überlegt hat – noch zurücknehmen kann. Für Angebot und Annahme bestimmt Art. 9, dass ein *Widerruf* möglich ist, wenn er vor oder
gleichzeitig mit dem Antrag bzw. der Annahmeerklärung eintrifft. Diese
vom Wortlaut her auf die Vertragsschlusserklärungen beschränkte Bestimmung kann verallgemeinert und auf alle Willenserklärungen angewandt werden (vgl. BaslerKomm/BUCHER, Art. 9 N 3, 6). Der Erkläre-
de hat es demnach in der Hand, durch einen mit einem schnelleren
Kommunikationsmittel auf den Weg gebrachten Widerruf das *Wirksamwerden* seiner Willenserklärung *zu verhindern*. Beispiel: Der Widerruf
per E-Mail überholt die mit einfachem Brief erfolgte Erklärung. Art. 9
geht weiter und anerkennt die Wirksamkeit eines Widerrufs selbst dann,
wenn dieser zwar nach der Erklärung zugeht, aber von der Empfängerin
früher als die widerrufene Erklärung zur Kenntnis genommen wird. Dieser Konzession an die Vernehmungstheorie liegt zugrunde, dass die
Erklärungsempfängerin, die zuerst den Widerruf zur Kenntnis nimmt, in
ihrem Vertrauen auf die Wirksamkeit der Willenserklärung nicht geschützt zu werden braucht. Freilich wird dieser Ausnahmefall nur selten
praktisch. Denn der Widerrufende ist für den rechtzeitigen Widerruf, d.h.
auch für den Zeitpunkt der Kenntnisnahme der Adressatin, beweispflich-
tig, und im Regelfall wird ihm der Beweis, dass der Widerruf vor der
ursprünglichen Erklärung von der Adressatin zur Kenntnis genommen
wurde, nicht gelingen. Im *elektronischen Geschäftsverkehr* ist nicht auf
den zeitlichen Eingang von Erklärung und Widerruf abzustellen, sondern
auf die Gleichzeitigkeit der Kenntnisnahme, wobei es keinen Unterschied
machen kann, ob die Erklärung wenige Sekunden oder Minuten vor oder
nach dem Widerruf gelesen wurde, solange die Empfängerin noch nicht
im Vertrauen auf die Erklärung gehandelt hat.

Von der Wirksamkeit einer Willenserklärung mit Zugang ist der Zeit- 27.26
punkt des *Eintritts der Gestaltungswirkung* zu unterscheiden. Dieser
kann, muss aber nicht mit dem Zeitpunkt des Zugangs übereinstimmen.
So tritt bei einer Kündigung die Wirkung, d.h. die Auflösung des
Schuldverhältnisses, erst mit Ablauf der Kündigungsfrist ein, also einige
Zeit nach Zugang der Erklärung. Beim Vertragsschluss werden die Wirkungen der Annahmeerklärung auf den Zeitpunkt der Absendung zurückdatiert (Art. 10 Abs. 1; dazu N 28.41).

c) Zugangshindernisse

27.27   Bei Verweigerung der Entgegennahme einer Erklärung durch die Empfängerin kommt es darauf an, ob diese berechtigt oder unberechtigt ist. Bei *berechtigter Verweigerung*, z.B. bei ungenügender Frankierung eines Briefes oder E-Mail ohne Betreff und Text nur mit Attachment, ist die entsprechende Erklärung nicht zugegangen. Bei *unberechtigter Annahmeverweigerung* wird der Zugang hingegen fingiert (vgl. BGE 90 III 8, 10; BernerKomm/KRAMER, Art. 1 N 93). Teilweise wird in der Literatur (vgl. VON TUHR/PETER, 173; ZürcherKomm/JÄGGI, Art. 1 N 403) auch die Auffassung vertreten, die Erklärung sei in diesem Fall zwar nicht zugegangen, sie könne jedoch auch noch nach Ablauf einer allfälligen Erklärungsfrist mit fristwahrender Wirkung wiederholt werden.

27.28   Bei *anderen Zugangshindernissen* (die Empfängerin ist mit unbekannter Adresse verzogen; sie hat keinen Briefkasten, E-mail landet im spam-Filter) wird der Zugang der Erklärung zwar nicht fingiert, der Erklärende kann jedoch seine Erklärung wiederholen, und der Empfängerin ist es nach Treu und Glauben verwehrt, sich auf eine allfällige Fristversäumung zu berufen, weil das Zugangshindernis in ihrer Sphäre liegt (vgl. VON TUHR/PETER, 173; OGer ZH, ZR 1955, 358, 359 f.).

d) Einschränkungen des Zugangsprinzips

27.29   Im Rahmen der Vertragsfreiheit können die Parteien *vereinbaren*, dass eine Willenserklärung bereits mit ihrer Absendung und nicht erst mit Zugang wirksam wird. Im Einzelfall kann sich dies auch aus der *Verkehrssitte* ergeben. Bestellt jemand per Telefax Waren «express» oder kurzfristig ein Hotelzimmer, so kommt der Vertrag bereits mit Absendung der Ware bzw. mit der Bereitstellung des Zimmers zustande, weil nach den Umständen ein Zugang der durch konkludentes Verhalten geäusserten Willenserklärung nicht erwartet werden kann.

27.30   Aus Gründen des *Konsumentenschutzes* stellt das Gesetz in Art. 40e Abs. 4 (Haustürgeschäft), Art. 406e Abs. 1 (Partnervermittlung) und Art. 16 Abs. 2 KKG (Konsumkreditvertrag) für die Rechtzeitigkeit der Ausübung des Widerrufsrechts durch den Konsumenten (ausführlich dazu N 28.63 ff.) auf den *Zeitpunkt der Absendung* und nicht des Zugangs ab. Insoweit trägt die Empfängerin das Verzögerungsrisiko, wenn die Erklärung beispielsweise längere Zeit bei der Post liegen bleibt. Das Verlustrisiko verbleibt hingegen beim Konsumenten. Bei der *Mängelrü-*

ge nach Art. 201 trägt hingegen die Empfängerin nicht nur das Verzöge-
rungs-, sondern auch das Verlustrisiko, wenn es dem Käufer gelingt, die
rechtzeitige Absendung der Anzeige zu beweisen (vgl. N 27.16).

e) Zugang bei unmittelbaren Erklärungen

Eine unter Anwesenden abgegebene *schriftliche Willenserklä-* 27.31
rung wird mit der Übergabe des Schriftstücks an die Erklärungsempfängerin wirksam (vgl. BernerKomm/KRAMER, Art. 1 N 90). Dies entspricht
der Zugangstheorie bei Erklärungen unter Abwesenden.

Hingegen wird bei *mündlichen Erklärungen* unter Anwesenden auf die 27.32
tatsächliche Kenntnisnahme durch die Erklärungsempfängerin abgestellt,
was der *Vernehmungstheorie* entspricht (vgl. ZürcherKomm/JÄGGI,
Art. 1 N 431; a.A. VON TUHR/PETER, 170; BernerKomm/KRAMER, Art. 1
N 91). Dasselbe muss für interaktive Online-Kommunikationsformen
gelten. Dadurch wird die Erklärungsempfängerin im Vergleich zur Zugangstheorie besser und der Erklärende schlechter gestellt. Der Grund
hierfür ist darin zu sehen, dass der Erklärende bei solchen unmittelbaren
Verhandlungen jederzeit die Möglichkeit hat, sich durch Rückfrage zu
versichern, ob seine Erklärung auch tatsächlich vernommen worden ist.
Eine *Einschränkung* ist allenfalls in den Fällen zu machen, in denen die
Erklärungsempfängerin aus Umständen, die in ihrer Person liegen und
die der Erklärende weder kannte noch kennen musste, gehindert war, die
Erklärung zu verstehen (vgl. VON TUHR/PETER, 170), z.B. wenn eine
Schwerhörige ihr Hörgerät ausgeschaltet hat.

IV. Auslegung von Willenserklärungen

1. Allgemeines

Die Willenserklärung besteht – wie oben ausgeführt – aus den 27.33
beiden Elementen Wille und Erklärung. Mit der Erklärung will der Erklärende die Rechtslage entsprechend seinem wirklichen Willen umgestal-
ten. Stimmen wirklicher Wille und Erklärung überein, so treten keine
Probleme auf. Die Juristin freilich beschäftigen Fälle, in denen die Erklärung dem wirklichen Willen nur unvollkommen oder gar nicht entspricht.
So kann eine Willenserklärung *mehrdeutig* sein. Bietet jemand eine Sache zu hundert Dollar an, so können darunter US-amerikanische, kanadi-
sche oder australische Dollar zu verstehen sein. Aber auch eine *scheinbar*

eindeutige Erklärung muss nicht unbedingt dem Willen des Erklärenden entsprechen, z.B. wenn er sich verschreibt oder die Bedeutung des von ihm benutzten Wortes falsch versteht. In einem berühmten, vom deutschen Reichsgericht (RGZ 99, 147 ff.) entschiedenen Fall schlossen die Parteien einen Kaufvertrag über Haakjöringsköd, was auf Norwegisch Haifischfleisch bedeutet. Beide Parteien meinten jedoch, darunter sei Walfleisch zu verstehen.

27.34   In diesen Fällen muss der Sinn der jeweiligen Erklärung durch Auslegung ermittelt werden. Dabei gibt es prinzipiell *zwei Ansatzpunkte* (zu deren dogmengeschichtlichem Ursprung vgl. ZürcherKomm/JÄGGI, Art. 1 N 182 ff.): Der erste stellt auf den wirklichen Willen ab, auch wenn dieser in der Erklärung nicht oder nur undeutlich zum Ausdruck kommt *(Willenstheorie)*; der zweite fragt danach, welchen Sinn eine vernünftige Person der Erklärung nach Treu und Glauben zugemessen hätte *(Vertrauenstheorie)*.

27.35   In beiden Fällen ist zunächst von der Erklärung selbst auszugehen, berücksichtigt werden aber auch die jeweiligen *Umstände*, z.B. allfällige Vorverhandlungen der Parteien, und die *Sitten und Gebräuche* innerhalb der beteiligten Kreise (vgl. BGE 120 II 182, 184; 131 III 606, 611 ff.). Ob dabei – wie von der h.L. angenommen – das *Willensprinzip* den Ausgangspunkt und das *Vertrauensprinzip* die Ausnahme darstellt (krit. hierzu HONSELL, FS Walter, 335 ff.), ist für die Lösung praktischer Probleme kaum relevant.

2. Willensprinzip

27.36   Es gibt Rechtsgeschäfte, bei denen ausschliesslich die *Interessen des Erklärenden* auf dem Spiel stehen. Hauptbeispiel ist das Testament. Die in einem Testament Bedachte ist in ihrem Vertrauen auf den objektiven Erklärungswert nicht zu schützen. Deshalb ist bei einem Testament der *wirkliche Wille* des Erblassers durch Auslegung zu ermitteln, auch wenn er in der Erklärung nicht oder nur ungenau zum Ausdruck kommt (BGE 120 II 182, 184; BernerKomm/KRAMER, Art. 18 N 53; DRUEY, Erbrecht, § 12 N 5 ff.). Zur Frage, ob für den wirklichen Willen irgendwelche Anhaltspunkte in der Urkunde vorhanden sein müssen – sog. Andeutungstheorie –, vgl. DRUEY, Erbrecht, § 12 N 13 ff.; BGE 111 II 17, 19 f.; GAUCH/SCHLUEP/SCHMID, N 1243 ff. Hat z.B. ein Erblasser ein Testament hinterlassen, dessen Inhalt lautet «Mami soll alles haben», und kann durch Zeugenaussagen oder Briefe nachgewiesen werden, dass er seine Ehefrau und nicht seine eigene Mutter stets mit «Mami» bezeichnete, so ist von einer Einsetzung der Ehefrau als Alleinerbin und nicht der Mutter auszugehen.

Bei den meisten Rechtsgeschäften kommt es allerdings ausser auf die 27.37 Interessen des Erklärenden auch auf die *Interessen der Erklärungs-empfängerin* an. Dies gilt namentlich für alle empfangsbedürftigen Willenserklärungen. Die Erklärungsempfängerin muss in der Lage sein, sich auf die Rechtslage, wie sie durch die Willenserklärung geschaffen wird, einzustellen. Weicht der wirkliche Wille des Erklärenden vom objektiven Erklärungswert der Willenserklärung ab, so stellt sich die Frage, ob die Erklärungsempfängerin in ihrem Vertrauen auf das Erklärte zu schützen ist. In zwei Fällen bedarf es keines solchen Schutzes; vielmehr ist mit dem Willensprinzip auf das wirklich Gewollte abzustellen, wobei auch unter Anwendung des Vertrauensprinzips (N 27.41) das Ergebnis dasselbe wäre.

Dies gilt zunächst, wenn die Erklärungsempfängerin den *wirklichen* 27.38 *Willen* des Erklärenden *kennt* (vgl. BGE 105 II 16, 19; KOLLER, OR AT, § 3 N 153). So bestimmt Art. 18 Abs. 1, dass bei der Auslegung eines Vertrages der übereinstimmende wirkliche Wille der Parteien und nicht die unrichtige Bezeichnung oder Ausdrucksweise zu beachten ist. Das hinter dieser Vorschrift stehende Prinzip, die Regel *falsa demonstratio non nocet* (die falsche Bezeichnung schadet nicht), gilt auch für die Auslegung von Willenserklärungen (BGE 115 II 323, 329 m.w. Nachw.). Wenn die Erklärungsempfängerin weiss, was der Erklärende will, vertraut sie nicht auf den objektiven Erklärungstatbestand und ist deshalb nicht schutzwürdig; es gilt dann das wirklich Gewollte. So kommt auch im oben genannten Haakjöringsköd-Fall (N 27.33) ein Vertrag über das wirklich Gewollte, nämlich Walfleisch, und nicht über das Erklärte, Haifischfleisch, zustande.

Die Erklärungsempfängerin ist in ihrem Vertrauen auch dann nicht 27.39 schutzwürdig, wenn sie den wirklichen Willen des Erklärenden zwar nicht erkannt hat, bei der nach den Umständen gebotenen Sorgfalt jedoch *hätte erkennen können* (BGE 80 II 26, 31 ff.; KOLLER, OR AT, § 3 N 155). Aus der Pflicht zur gegenseitigen Rücksichtnahme folgt, dass die Erklärungsempfängerin eine ihr zugegangene Willenserklärung auslegen und ggf. rückfragen muss (vgl. ZürcherKomm/JÄGGI, Art. 1 N 201 f.; HGer ZH, ZR 1992/1993, 143, 149 f.). Haben die Parteien beispielsweise in Vorverhandlungen immer von einem Preis in Höhe von CHF 9700.– gesprochen, und macht der Erklärende nunmehr ein Angebot über CHF 7900.–, so darf die Erklärungsempfängerin nicht unbesehen davon ausgehen, der Erklärende habe seine Preisvorstellungen nach unten korrigiert. Sie darf sich dann nach Treu und Glauben nicht auf den objektiven Erklärungswert verlassen. Vielmehr gilt nach dem Willensprinzip auch in diesem Fall das vom Erklärenden wirklich Gewollte.

3. Vertrauensprinzip

27.40 Weicht der wirkliche Wille des Erklärenden von dem Erklärten ab und konnte dies die Erklärungsempfängerin bei der gebotenen Sorgfalt nicht erkennen, so ist sie in ihrem Vertrauen auf das *objektiv Erklärte* zu schützen (statt aller GAUCH/SCHLUEP/SCHMID, N 219; BGE 116 II 431, 434 f. m.w. Nachw.). Dies folgt aus einer Abwägung der Interessen des Erklärenden einerseits und der Erklärungsempfängerin andererseits: Der Fehler liegt in der Sphäre des Erklärenden. Es gilt also nicht das vom Erklärenden wirklich Gewollte, sondern das, was die Empfängerin aufgrund der Erklärung als das vom Erklärenden Gewollte ansehen durfte.

27.41 Dies ist der Kern des sog. *Vertrauensprinzips* (Vertrauenstheorie). Danach ist der objektive Erklärungssinn der Willenserklärung zu ermitteln (vgl. GAUCH/SCHLUEP/SCHMID, N 209). Die Willenserklärung gilt so, wie sie eine *vernünftige Person* in den Schuhen der Erklärungsempfängerin nach Treu und Glauben *verstehen durfte* und *musste* (BGE 125 III 305, 308; 117 II 273, 278). Eine solche vom Empfängerhorizont interpretierte Willenserklärung wird auch als eine *normative Willenserklärung* bezeichnet (vgl. BGE 116 II 695, 697; BernerKomm/KRAMER, Art. 1 N 44).

27.42 Wird jemand aufgrund des Vertrauensprinzips an einer Erklärung behaftet, die nicht seinem wirklichen Willen entspricht, so liegt ein sog. *Erklärungsirrtum* vor (vgl. N 37.03 ff.). Der Erklärende kann sich dann nur durch Anfechtung (Art. 23 ff.) von den Wirkungen seiner Erklärung wieder lösen; er ist aber u.U. der Erklärungsempfängerin zu Schadenersatz verpflichtet (Art. 26).

4. Bedeutung der Auslegung

27.43 Die Auslegung entscheidet zunächst darüber, ob *überhaupt eine Willenserklärung* vorliegt. Erscheint für eine objektive Beobachterin eine bestimmte Handlung nach Treu und Glauben als Willenserklärung, so muss sich der Erklärende daran festhalten lassen, auch wenn er gar nicht den Willen hatte, rechtsgeschäftlich tätig zu werden (vgl. BernerKomm/KRAMER, Art. 1 N 37). Das immer wieder erwähnte Lehrbuchbeispiel der Trierer Weinversteigerung verdeutlicht diesen Sachverhalt: Ein Ortsfremder winkt bei einer Versteigerung durch Erheben der Hand seinem Freund zu. Er weiss nicht, dass das Handheben die Abgabe eines höheren Kaufangebots bedeutet; die Versteigerin nimmt das (Schein-) Angebot an und schlägt ihm das gerade versteigerte Fass Wein zu.

Eine Willenserklärung kann demnach auch *ohne Erklärungsbewusst-* 27.44 *sein* angenommen werden (vgl. BernerKomm/KRAMER, Art. 1 N 46 ff.). Allerdings muss die Erklärung dem Erklärenden *objektiv zurechenbar* sein, was voraussetzt, dass er sich der ihm unterstellten Bedeutung seines Verhaltens aufgrund der ihm bekannten oder erkennbaren Umstände hätte bewusst sein können (vgl. BGE 120 II 197, 202). Konnte der Erklärende im Trierer Weinversteigerungsfall nicht erkennen, dass eine Weinversteigerung im Gange war, so führt auch die Anwendung des Vertrauensprinzips nicht zum Vorliegen einer Willenserklärung. Dies gilt erst recht in Fällen, in denen nicht nur das Erklärungsbewusstsein fehlt, sondern gar *kein Handlungswille* vorhanden ist (vgl. BernerKomm/KRAMER, Art. 1 N 58 f.). So kann z.B. keine normative Willenserklärung angenommen werden, wenn ein Dritter die Unterschrift einer anderen Person fälscht und damit den Eindruck erweckt, diese habe eine Willenserklärung abgegeben.

Die Auslegung entscheidet sodann darüber, welcher *Sinn* einer Wil- 27.45 lenserklärung beizumessen ist, und ob ein *Konsens* (vgl. dazu N 29.01 ff.) und damit ein Vertrag zwischen den Parteien zustande gekommen ist (vgl. GAUCH/SCHLUEP/SCHMID, N 209).

§ 28   Angebot und Annahme

Literatur: BERGER, Schuldrecht, N 646 ff.; BUCHER, OR AT, 125; ENGEL, OR AT, 191 ff.; FURRER/MÜLLER-CHEN, Kap. 3 N 8 ff.; GAUCH/SCHLUEP/SCHMID, N 354 ff.; GUHL/KOLLER, 109 ff.; HUGUENIN, OR AT, N 208 ff.; KELLER/SCHÖBI, Schuldrecht I, 45 ff.; KOLLER, OR AT, § 7 N 1 ff.; MERZ, Vertrag und Vertragsschluss, N 191 ff.; TERCIER, Obligations, N 604 ff.; VON TUHR/PETER, 181 ff.; CR CO I/DESSEMONTET, Art. 3;

ARTER, Vertragsrechtliche Probleme bei Dialern – zugleich ein Beitrag zu Telefondienstverträgen, recht 2004, 41 ff.; BALSCHEIT, Konsumvertragsrecht und E-Commerce, Diss. Basel 2005; BETZ, Vertragsschluss durch Schweigen, Rechtsvergleichende Untersuchung zwischen Deutschland, Österreich und der Schweiz, Diss. Marburg 1984; BLÄTTLER, Versteigerungen über das Internet, Diss. Zürich 2004; BRINKMANN, Vertragsfiktion, Diss. St. Gallen 1992; BÜHLER, Der verhandelte Vertrag, SJZ 1989, 257 ff.; CHERPILLOD GIACOBINO, Internet dans la conclusion du contrat et les solutions de paiement, SemJud 2003 II, 393 ff.; FAVRE-BULLE, Le contrat électronique, in: BELLANGER/CHAIX/CHAPPUIS CHRISTINE/HÉRITIER LACHAT (Hrsg.), Le contrat dans tous ses états, Bern 2004, 175 ff.; FONTAINE, Le processus de formation du contrat dans tous ses états, in: BELLANGER/

CHAIX/CHAPPUIS CHRISTINE/HÉRITIER LACHAT (Hrsg.), Le contrat dans tous ses états, Bern 2004, 227 ff.; FOUNTOULAKIS, Der Vorentwurf zu einem Bundesgesetz über den elektronischen Geschäftsverkehr, in: COTTIER/RÜETSCHI/SAHLFELD (Hrsg.), Information und Recht, Basel/Genf/München 2002, 57 ff.; FONTOULAKIS/WERRO, Are Offer and Acceptance Subject to the Form Requirements of the Future Contract? – Or, What We Can Learn from a Four-Hand Analysis Based on Dickinson v. Dodds, Festschrift Schwenzer, Band I, Bern 2011, 515 ff.; GASSER, E-Commerce: Innovation im (Vertrags-) Recht?, SJZ 2001, 386 ff.; GRÄFLIN/ITEN, Der Mechanismus des Vertragsschlusses via Internet, ius.full 2005, 2 ff.; GRONER, Wirtschaftliche Argumentation des Bundesgerichts, SJZ 2002, 457 ff.; GUINAUD, L'offre et l'acceptation, in: Premières journées juridiques yougoslavo-suisses, Zürich 1984, 197 ff.; HÄSEMEYER, Das Vertragsangebot als Teil des Vertrages, Festschrift Jayme, München 2004, 1435 ff.; HIRSCH, Les critères de la conclusion du contrat, Études Hirsch, Genf 2004, 333 ff.; HONSELL, OR-Novelle zum Konsumentenschutz, AJP 1992, 66 ff.; DERS., Kaufrecht und elektronischer Geschäftsverkehr, in: JÖRG/ARTER (Hrsg.), Internet-Recht und Electronic Commerce Law, Bern 2003, 211 ff.; HONSELL/PIETRUSZAK, Der Vernehmlassungsentwurf zu einem Bundesgesetz über den elektronischen Geschäftsverkehr, AJP 2001, 771 ff.; HUGUENIN, Direktvertrieb und Widerrufsrecht, AJP 1994, 691 ff.; JACCARD, Le législateur suisse à l'épreuve d'internet: Aperçu de l'avant-projet de loi fédérale sur le commerce électronique, SemJud 2003 II, 209 ff.; JÖRG, Vertragsabschluss im Internet und neue Geschäftsmodelle: Ausgewählte Rechtsfragen, in: ARTER/JÖRG (Hrsg.), Internet-Recht und Electronic Commerce Law, Lachen/St. Gallen 2001, 1 ff.; JÖRG/ARTER, Ein kritischer Blick auf den Entwurf zum Bundesgesetz über den elektronischen Geschäftsverkehr, AJP 2002, 165 ff.; KOLLER ALFRED, Vertragsabschluss durch Schweigen auf einen Antrag?, recht 1996, 70 ff.; KRAMER, Neues aus Gesetzgebung, Praxis und Lehre zum Vertragsabschluss, BJM 1995, 1 ff.; DERS., Schweigen als Annahme eines Antrags, Jura 1984, 235 ff.; LAIM, Die vermutete Dereliktion bei der Zusendung unbestellter Sachen im Sinne von Art. 6a OR, recht 1995, 188 ff.; LINK, Ungelöste Probleme bei Zusendung unbestellter Ware, NJW 2003, 2811 ff.; MARTINI, Die Zusendung unbestellter Ware, in: WOLF/MONA/HÜRZELER (Hrsg.), Prävention im Recht, Basel 2008, 183 ff.; MONN, Die Verhandlungsabrede: Begründung, Inhalt und Durchsetzung von Verhandlungspflichten, Diss. Freiburg i.Ue., Zürich/ Basel/Genf 2010; PIOTET DENISE, Le statut réel des marchandises envoyées sans commande, SJZ 1993, 149 ff.; PIOTET PAUL, La théorie de la conclusion du contrat et son évolution en droit suisse, ZBJV 1985, 148 ff.; SPINDLER, Bemerkungen zum geplanten Bundesgesetz über den elektronischen Geschäftsverkehr, sic! 2001, 259 ff.; STAUDER, Der Schutz des Konsumenten im E-Commerce, in: TRÜEB (Hrsg.), Aktuelle Rechtsfragen des E-Commerce, Zürich 2001, 139 ff.; WEBER/JÖHRI, Vertragsabschluss im Internet, in: WEBER/HILTY/AUF DER MAUR (Hrsg.), Geschäftsplattform Internet, Zürich 2000, 39 ff.; WIEGAND, Die Geschäftsverbindung im E-Banking, in: WIEGAND (Hrsg.), E-Banking, Rechtliche Grundlagen, Bern 2002, 93 ff.

I. Allgemeines

28.01   Nach Art. 1 Abs. 1 setzt der Abschluss eines Vertrages die übereinstimmende gegenseitige Willensäusserung der Parteien voraus, d.h. es sind *zwei übereinstimmende Willenserklärungen* erforderlich.

Entsprechend der zeitlichen Abfolge der Erklärungen wird die erste als *Antrag* (Angebot, Offerte), die zweite als *Annahme* (Akzept, Akzeptation) bezeichnet. Dementsprechend wird im Stadium des Vertragsschlussverfahrens von Antragsteller (Antragender, Offerent, Anbieter) und von der Annehmenden (Akzeptantin, Angebotsempfängerin, Antragsempfängerin, Oblatin) gesprochen.

Die Vorstellung, dass sich der Vertragsschluss im Wege des Austausches zweier vertragskonstituierender Erklärungen vollzieht, ist bei komplexeren Vertragsverhältnissen vielfach wirklichkeitsfremd (vgl. GAUCH/SCHLUEP/SCHMID, N 484 ff.). Wirtschaftlich bedeutenderen Verträgen geht meist ein *längerer Verhandlungsprozess* voraus, währenddessen sich die Parteien Schritt für Schritt dem Vertragsschluss nähern. Die Einigung über einzelne Punkte des Vertrages findet stufenweise statt, so dass kaum mehr von Antrag und Annahme gesprochen werden kann. Gleichwohl bleibt es auch hier beim Erfordernis der gegenseitigen Willensübereinstimmung, auch wenn diese nicht an zwei einzelnen Erklärungen festgemacht werden kann (so auch MERZ, Vertrag und Vertragsschluss, N 192 m.w. Nachw.). 28.02

II. Angebot

1. Begriff

a) Allgemeines

Der Antrag ist eine *empfangsbedürftige Willenserklärung*, durch die einer anderen Person der Abschluss eines Vertrages so angetragen wird, dass der Vertragsschluss nur noch *von ihrem Einverständnis* abhängt und z.B. durch ein schlichtes «ja» oder «einverstanden» zustande kommen kann. Als empfangsbedürftige Willenserklärung wird der Antrag mit Eintreffen bei der Antragsempfängerin wirksam, sofern er nicht wirksam widerrufen worden ist (vgl. Art. 9 Abs. 1). 28.03

Wie jede Willenserklärung kann auch der Antrag ausdrücklich oder konkludent erfolgen. Ein konkludentes Angebot ist regelmässig in der Auslage von Waren mit Angabe des Preises zu sehen (vgl. Art. 7 Abs. 3). 28.04

b) Bestimmtheit

Der Antrag muss im Hinblick auf den Typus des abzuschliessenden Vertrages, auf die wesentlichen Vertragspunkte (essentialia nego- 28.05

tii) sowie auf die Vertragspartnerin hinreichend *bestimmt* oder jedenfalls *bestimmbar* sein.

28.06   Ausreichende Bestimmtheit im Hinblick auf den *Vertragstypus* liegt vor, wenn aus der Offerte hervorgeht, dass z.B. der Abschluss eines Kaufvertrages und nicht eines Mietvertrages gewollt ist und dass der Offerent verkaufen und nicht kaufen will (ähnlich BernerKomm/ SCHMIDLIN, Art. 3 N 7).

28.07   Das Erfordernis der Bestimmtheit im Hinblick auf die *essentialia negotii* bezieht sich vor allem auf Leistung und Gegenleistung (vgl. VON TUHR/PETER, 183; BGE 31 II 640, 644 f.). So müssen bei einem Kaufvertrag die Kaufsache und die Höhe des Kaufpreises bestimmt oder jedenfalls bestimmbar sein. Zu den Einzelheiten von Bestimmtheit und Bestimmbarkeit vgl. N 6.01 ff.

28.08   Um dem Bestimmtheitserfordernis zu genügen, muss das Angebot in der Regel auch die *Person der* potenziellen *Vertragspartnerin* erkennen lassen. Freilich gibt es auch Fälle, in denen es dem Offerenten gleichgültig ist, mit wem er einen Vertrag schliesst. Es ist deshalb möglich, dass sich ein Angebot an einen *unbestimmten Personenkreis* (ad incertas personas) richtet (vgl. GAUCH/SCHLUEP/SCHMID, N 388 f. m.w. Nachw.). So gilt die Auslage von Waren mit Angabe des Preises nach Art. 7 Abs. 3 als Antrag an jede Interessentin; das Aufstellen eines Warenautomaten ist ein Angebot auf Abschluss eines Kaufvertrages an jede, die das verlangte Geldstück einwirft.

c) Bindungswille

28.09   Um von einem Antrag sprechen zu können, ist erforderlich, dass die Erklärung des Offerenten einen hinreichenden *Bindungswillen* erkennen lässt, d.h. den Willen, im Falle der Annahme des Antrags gebunden zu sein. Kein Bindungswille liegt in der Regel vor, wenn jemand mit einem sog. *letter of intent* (vgl. BernerKomm/KRAMER, Art. 22 N 56 ff.) seine Bereitschaft zu erkennen gibt, mit einer anderen Person in ernsthafte Vertragsverhandlungen einzutreten. Vom Antrag muss auch durch Auslegung die blosse Aufforderung zur Offertstellung *(invitatio ad offerendum)* unterschieden werden. Letztere stellt kein Angebot dar, sie ist lediglich eine Aufforderung an andere, ihrerseits ein Angebot zum Vertragsschluss abzugeben. Wer zur Abgabe von Angeboten auffordert, will sich selbst die Freiheit vorbehalten, daraufhin einlangende Angebote anzunehmen oder abzulehnen.

Ob im Einzelfall ein Antrag oder eine invitatio ad offerendum vorliegt, 28.10 ist durch Auslegung zu ermitteln. Entsprechende *Auslegungsregeln* finden sich in Art. 7 (vgl. KOLLER, OR AT, § 7 N 19). Nach Art. 7 Abs. 1 liegt zunächst kein Antrag im Rechtssinne vor, wenn dem Angebot eine die Behaftung ablehnende Erklärung beigefügt ist. Hierzu gehören *Vorbehalte* wie «ohne Verbindlichkeit», «unverbindlich», «freibleibend» oder «ohne obligo» (vgl. BernerKomm/SCHMIDLIN, Art. 7 N 4 ff. m.w. Nachw.). Der fehlende Bindungswille kann sich darüber hinaus aus der *Natur des Geschäftes* oder den *Umständen* ergeben, z.B. bei einer Einladung zur Submission (vgl. GAUCH/SCHLUEP/SCHMID, N 369; BaslerKomm/BUCHER, Art. 7 N 5 f.; dazu N 28.57) oder beim Steigerungskauf, wo die Offerte erst von der Bieterin ausgeht. Nach Art. 7 Abs. 2 wird vermutet, dass die *Versendung von Tarifen, Preislisten* und dergleichen noch keinen Antrag darstellt. Entsprechendes gilt für Prospekte, Inserate, Werbespots in Rundfunk und Fernsehen, Videotext, Teleshopping sowie grundsätzlich Waren- und Dienstleistungsangebote auf einer Website. Der rechtspolitische Grund hierfür ist darin zu sehen, dass sich der Anbieter den Vertragsschluss im Einzelfall noch vorbehalten will. Würde in der Versendung von Preislisten etc. bereits ein bindendes Angebot gesehen, so könnte es vorkommen, dass sich der Antragsteller mit einer solchen Zahl von Kaufverträgen konfrontiert sieht, die er z.B. aufgrund mangelnder eigener Kapazitäten gar nicht alle erfüllen kann. Anders ist nach Art. 7 Abs. 3 die *Auslage von Waren* mit Angabe des Preises zu beurteilen; sie stellt grundsätzlich einen Antrag dar, soweit nicht ein anderer Wille des Erklärenden zum Ausdruck kommt, etwa wenn der Verkäufer der Ware das Schildchen «verkauft» beifügt (vgl. nur ZürcherKomm/JÄGGI, Art. 7 N 33; a.A. BernerKomm/SCHMIDLIN, Art. 7 N 28). Für das Angebot von Dienstleistungen gilt diese Vermutung nicht (vgl. BGE 80 II 26, 35 f.: Fall Seelig). Bei einer Website liegt ein Antrag des Anbieters vor, wenn die Erfüllung online erfolgen soll und vorherige Bezahlung mit einer Kreditkarte vorgeschrieben ist, vor allem bei Bereithalten digitalisierter Produkte zum Download (vgl. STAUDER, 139, 148), sowie bei *online-Buchung* von Bahn- oder Flugzeugtickets.

Von der invitatio ad offerendum ist der *Antrag mit Widerrufsvorbehalt* 28.11 (N 28.22) zu unterscheiden. Bei Letzterem liegt ein bindender Antrag vor, der Offerent behält sich jedoch den Widerruf desselben bis zum Zeitpunkt, in dem der Vertrag durch die Annahmeerklärung der anderen Partei perfekt wird, vor. Nimmt die Offertenempfängerin das Angebot an, bevor es widerrufen worden ist, so kommt ein Vertrag zustande (vgl. BaslerKomm/BUCHER, Art. 3 N 5).

d) Zusendung unbestellter Sachen

28.12 Nach Art. 6a Abs. 1 ist die Zusendung einer unbestellten Sache *kein Antrag*. Die Bestimmung ist nicht wie Art. 7 lediglich eine Auslegungsregel, sondern sie stellt eine *Fiktion* auf. D.h. die Zusendung der unbestellten Sache gilt auch dann nicht als Antrag, wenn nach allgemeinen Auslegungsregeln darin eine stillschweigende Offerte gesehen werden könnte oder der Absender der Ware sogar eine ausdrückliche Offerte oder eine Rechnung beilegt (vgl. GAUCH/SCHLUEP/SCHMID, N 427; KOLLER, OR AT, § 7 N 86). Die Vorschrift wurde aus Gründen des Konsumentenschutzes geschaffen und soll deshalb bei Zusendung von Waren an eine Kauffrau nicht zur Anwendung gelangen (vgl. BaslerKomm/BUCHER, Art. 6a N 4).

28.13 Da die Zusendung der Ware keinen Antrag darstellt, kann weder im Behalten, im Ge- oder Verbrauch noch in der Vernichtung der Ware durch die Konsumentin eine *Annahme* gesehen werden, so dass dadurch kein Vertrag zustande kommt (vgl. BaslerKomm/BUCHER, Art. 6a N 3). Will die Konsumentin den Kaufpreis bezahlen, so liegt erst darin eine Offerte, die ihrerseits in der Regel vom Absender der Ware nach Art. 6 angenommen wird (vgl. KOLLER, OR AT, § 7 N 86).

28.14 Keine Fragen des Vertragsschlusses behandeln Art. 6a Abs. 2 und 3. Nach Art. 6a Abs. 2 ist die Empfängerin *nicht verpflichtet*, die Sache *zurückzusenden* oder *aufzubewahren*. Daraus folgt nicht nur, dass sie sie ge- oder verbrauchen oder vernichten kann, ohne zu einer vertraglichen Gegenleistung verpflichtet zu sein, sondern auch, dass sie bei Vornahme dieser Handlungen weder nach Delikt schadenersatzpflichtig wird, noch nach den Grundsätzen der Eingriffskondiktion eine allfällige Bereicherung herauszugeben hat (vgl. GAUCH/SCHLUEP/SCHMID, N 430). Lediglich in Fällen, in denen eine unbestellte Sache *offensichtlich irrtümlich zugesandt* worden ist, z.B. wenn der Absender die Adresse verwechselt oder dem Postboten ein Irrtum unterlaufen ist, muss die Empfängerin nach Art. 6a Abs. 3 den Absender *benachrichtigen*, damit dieser sie abholen kann. In diesem Fall besteht auch eine zeitlich beschränkte Aufbewahrungspflicht der Empfängerin (vgl. PIOTET, SJZ 1993, 149, 152). Unterlässt die Empfängerin die in Art. 6a Abs. 3 statuierte Benachrichtigungspflicht, so wird sie gegenüber dem Absender schadenersatzpflichtig. Es handelt sich hierbei um Schadenersatz aus unerlaubter Handlung (a.A. BaslerKomm/BUCHER, Art. 6a N 2: culpa in contrahendo), wobei Art. 6a Abs. 3 als Schutznorm im Sinne des Art. 41 Abs. 1 angesehen werden kann.

2. Wirkung

a) Bindung des Offerenten

Im Interesse der Empfängerin ist der Antragende an seine Of- 28.15
ferte gebunden. Der Antrag ist also *unwiderruflich* und kann auch nicht
mehr einseitig durch den Offerenten abgeändert werden (vgl. GAUCH/
SCHLUEP/SCHMID, N 393 f.; zum schriftlichen Steigerungsangebot im
SchKG vgl. dagegen BGE 128 III 198 ff.). Es liegt nunmehr ausschliesslich in der Hand der Angebotsempfängerin, ob sie das Angebot annehmen oder ablehnen will.

b) Dauer der Bindung

Die Dauer der Bindung des Offerenten an seinen Antrag kann 28.16
freilich nicht unbegrenzt sein. Sie hängt primär davon ab, ob der Offerent
eine Frist für die Annahme gesetzt hat (Art. 3) oder nicht (Art. 4, 5).

Da der Offerent die dominierende Person des Abschlussverfahrens ist, 28.17
kann er aufgrund des Prinzips der Vertragsfreiheit die Modalitäten des
Vertragsabschlusses bestimmen. Es liegt zunächst in seiner Hand, die
Dauer seiner Bindung durch *Setzen einer Frist*, innerhalb derer die Annahmeerklärung bei ihm eingetroffen sein muss, zu bestimmen (vgl. aber
Art. 5 Abs. 1 E-VVG: das Versicherungsunternehmen *muss* seinen Antrag befristen). Eine derartige Fristsetzung wird in der Regel ausdrücklich
kalendermässig erfolgen, jedoch ist auch eine stillschweigende Fristsetzung, die sich insbesondere aus entsprechenden Handelsbräuchen ergeben kann, möglich (BGE 50 II 16, 17: 24-Stunden-Frist im internationalen Eierhandel). Nach Art. 3 Abs. 1 bleibt der Offerent bis zum Ablauf
der gesetzten Frist an seinen Antrag gebunden.

Hat der Antragsteller keine Frist für die Annahme bestimmt, so diffe- 28.18
renziert das Gesetz danach, ob der Antrag unter Anwesenden oder unter
Abwesenden gestellt wird.

Ein *Antrag unter Anwesenden*, wozu nach Art. 4 Abs. 2 auch die 28.19
Kommunikation per Telefon zu rechnen ist, muss *sogleich* angenommen
werden (Art. 4 Abs. 1). Dies bedeutet, dass sich die Empfängerin sofort
entscheiden muss, ob sie das Angebot annehmen will oder nicht. Eine
Sonderregel für den Steigerungskauf enthält Art. 231 Abs. 2.

Beim *Antrag unter Abwesenden*, wozu auch die Kommunikation per 28.20
Telefax, Teletext, Videotext und E-Mail gehört (vgl. nur BernerKomm/
SCHMIDLIN, Art. 4 N 4; teilweise a.A. GAUCH/SCHLUEP/SCHMID, N 412
m.w. Nachw.), besteht die Bindung bis zu dem Zeitpunkt, in dem der

Offerent den Eingang einer Annahmeerklärung bei ihrer ordnungsmässigen und rechtzeitigen Absendung erwarten darf (Art. 5 Abs. 1), d.h. es gilt eine nach den Umständen *angemessene Frist*. Für die *Fristberechnung* muss die Dauer des Transports für die Offerte bis zum Zugang bei der Empfängerin, die Überlegungsfrist sowie die Dauer des Transports der Annahmeerklärung bis zum Zugang beim Offerenten berücksichtigt werden (HGer ZH, ZR 1948, 226). Im Hinblick auf die Zeit des *Transports der Offerte* darf der Offerent nach Art. 5 Abs. 2 davon ausgehen, dass dieser nicht verzögert worden ist. Die Dauer der *Überlegungszeit* hängt wesentlich von den Umständen des Einzelfalls ab, d.h. namentlich von Bedeutung und Umfang der Offerte (BGE 98 II 109, 111), allfälligen Marktschwankungen, der Notwendigkeit, zusätzliche Informationen einzuholen (vgl. BaslerKomm/BUCHER, Art. 5 N 10, 13), oder auch der jeweiligen Branchenüblichkeit (BGE 50 II 16, 17). Die Dauer für den *Transport der Annahmeerklärung* bemisst sich danach, welches Transportmittel der Offerent seinerseits für die Offerte gewählt hat. Eine ordnungsmässige Absendung der Annahmeerklärung setzt voraus, dass die Akzeptantin ein Transportmittel wählt, das dem für die Offerte benutzten an Schnelligkeit entspricht, z.B. Offerte per E-Mail und Annahmeerklärung per Telefon (BGE 19, 921, 930; KOLLER, OR AT, § 7 N 41). Hat der Offerent die Benutzung eines bestimmten Transportmittels vorgeschrieben, so darf er davon ausgehen, dass dieses auch benutzt wird (vgl. BGE 98 II 109, 110). Je nach den Umständen kann damit die Annahmefrist und somit auch die Dauer der Bindung an den Antrag von wenigen Stunden bis zu mehreren Wochen betragen (vgl. aber BGE 86 II 347, 351: keine Bindungsfrist von 25 Jahren bei einem Erbteilungsvertrag).

28.21   In Abweichung von Art. 5 Abs. 1 bestimmt Art. 1 Abs. 1 VVG, dass derjenige, der der Versicherung einen Antrag zum Abschluss eines *Versicherungsvertrages* gestellt hat, für 14 Tage bzw. vier Wochen an den Antrag gebunden bleibt. Auch hier steht es jedoch dem Offerenten frei, der Versicherung für die Annahme eine kürzere Frist zu setzen (vgl. KOLLER, OR AT, § 7 N 42). Das neue Recht wird wesentlich konsumentenfreundlicher gestaltet. Allein das Versicherungsunternehmen ist nach Art. 5 Abs. 1 E-VVG verpflichtet, seinen Antrag zu befristen; nach Art. 5 Abs. 2 E-VVG muss diese Frist mindestens drei Wochen betragen.

c) Ausschluss der Bindung

28.22   Dem Prinzip der Vertragsfreiheit entsprechend steht es dem Offerenten frei, die Bindung an den Antrag auszuschliessen, indem er sich den *Widerruf* auch nach Wirksamwerden des Antrags *vorbehält*. Klauseln wie «Zwischenverkauf vorbehalten» oder «'s het solang's het» sind als derartiger Widerrufsvorbehalt zu werten (zur Unterscheidung zur invitatio ad offerendum vgl. N 28.11).

3. Erlöschen

Das Angebot erlischt mit *Ablehnung* durch die Angebots- 28.23 empfängerin oder mit *Ablauf der Annahmefrist*, grundsätzlich jedoch nicht mit Tod oder Handlungsunfähigkeit des Offerenten.

a) Ablehnung des Angebots

Die Ablehnung des Angebots kann ausdrücklich erfolgen. Je- 28.24 doch liegt auch eine Ablehnung vor, wenn das Angebot unter *Erweiterungen*, *Einschränkungen* oder sonstigen *Änderungen* angenommen wird. Eine solche «Annahme» gilt als *Ablehnung verbunden mit* einem neuen *Antrag*, den der ursprüngliche Offerent nach seinem Belieben annehmen oder seinerseits ablehnen kann (vgl. BGer, SemJud 1999, 27, 28; GAUCH/SCHLUEP/SCHMID, N 441 f.).

b) Ablauf der Annahmefrist

Das Angebot erlischt auch, wenn die Annahmeerklärung nicht 28.25 vor Ablauf der vom Offerenten gesetzten oder nach Art. 4 und 5 zu bestimmenden Annahmefrist beim Offerenten eingetroffen ist (Art. 3 Abs. 2). Eine nicht fristgemässe Annahmeerklärung kann deshalb nicht mehr zum Vertragsschluss führen. Sie gilt vielmehr als ein *neues Angebot* (BGE 26 II 328, 333; BernerKomm/SCHMIDLIN, Art. 5 N 24 m.w. Nachw.).

Wurde die Annahmeerklärung *rechtzeitig abgesandt*, hat sich der 28.26 Transport jedoch verzögert, so kann dies zu Härten für die Akzeptantin führen, die in guten Treuen davon ausgehen darf, dass ein Vertrag zustande gekommen ist. Deshalb bestimmt Art. 5 Abs. 3, dass der Offerent in diesem Fall der Akzeptantin die Verzögerung *unverzüglich anzeigen* muss. Unterlässt er diese Anzeige, so gilt die Offerte als nicht erloschen und der Vertrag kommt durch die rechtzeitig abgesandte, aber verspätet zugegangene Annahmeerklärung zustande (vgl. KOLLER, OR AT, § 7 N 50; Cour de Justice Civile GE, SemJud 1975, 518, 526). Entgegen der systematischen Stellung des Art. 5 Abs. 3 gilt diese Regel nicht nur für die Fälle des Art. 5, sondern muss entsprechend auch bei einer vom Offerenten angesetzten Annahmefrist angewandt werden.

c) Widerruf

28.27 Hat sich der Offerent den Widerruf der Offerte vorbehalten, so erlischt die Offerte auch, wenn der Offertenempfängerin ein *Widerruf* derselben *zugeht.*

d) Tod oder Handlungsunfähigkeit

28.28 Grundsätzlich erlischt die Offerte nicht durch *Tod* oder nach Absendung der Offerte eingetretene *Handlungsunfähigkeit des Offerenten* (vgl. VON TUHR/PETER, 168). Ausnahmen sind dort zu machen, wo sich durch Auslegung ergibt, dass der Offerent nur sich selbst, nicht aber seine Erben binden wollte, z.B. bei der Bestellung von Gegenständen für den persönlichen Bedarf (vgl. BernerKomm/SCHMIDLIN, Art. 3 N 36 f.).

28.29 *Stirbt* die *Offertenempfängerin* nach Zugang, aber vor Annahme der Offerte, so ist ebenfalls durch Auslegung zu ermitteln, ob sich die Offerte ausschliesslich an die Verstorbene richtete oder nach dem Willen des Offerenten auch die Erben die Möglichkeit haben sollten, die Offerte anzunehmen (vgl. BernerKomm/SCHMIDLIN, Art. 3 N 31 m.w. Nachw.).

III. Annahme

1. Begriff

28.30 Die Annahme ist eine *empfangsbedürftige Willenserklärung*, mit der die Offertenempfängerin dem Offerenten ihr *Einverständnis* mit dem angebotenen Vertragsschluss *kundtut* (vgl. KOLLER, OR AT, § 7 N 53). Als empfangsbedürftige Willenserklärung wird sie mit Zugang beim Offerenten wirksam, es sei denn, sie wurde nach Art. 9 widerrufen. Ausnahmsweise kann auf den Zugang verzichtet werden (vgl. N 27.29). Die Annahmeerklärung wird dann bereits mit Abgabe wirksam (vgl. BGE 84 II 187, 197 f.).

28.31 Die Annahme muss *inhaltlich* mit dem Antrag *übereinstimmen*. Ausreichend ist, dass Übereinstimmung in Bezug auf die objektiv und subjektiv wesentlichen Vertragspunkte vorliegt (vgl. N 29.03). Ob dies der

Fall ist, ist durch Auslegung des Antrags einerseits und der Annahme andererseits zu ermitteln.

Die Annahme kann *ausdrücklich* oder *konkludent* erfolgen (BGE 38 II   28.32 516, 519: ausgeführte Teillieferung; OGer ZH, ZR 1966, 242, 244: Bezug von Mieträumen). Eine konkludente Annahme wird auch als sog. Realakzept bezeichnet (vgl. BernerKomm/SCHMIDLIN, Art. 3 N 58 ff.). Grundsätzlich ist die Annahmeerklärung an keine besondere *Form* gebunden. Der Offerent als dominierende Person des Abschlussverfahrens hat es jedoch in der Hand, für die Annahme eine bestimmte Form vorzuschreiben, z.B. Annahme per eingeschriebenem Brief (vgl. AppGer BS, BJM 2008, 41, 44). Zu prüfen ist allerdings, ob es dem Offerenten tatsächlich auf Einhaltung einer bestimmten Form ankam, oder ob er mit der Benennung eines bestimmten Transportmittels nicht indirekt die Frist für die Annahme verkürzen wollte, z.B. wenn Annahme per E-Mail gefordert wird (vgl. dazu BGE 98 II 109 ff.).

2. Schweigen als Annahme

a) Grundsatz

Blosses Schweigen stellt grundsätzlich *keine Annahmeerklä-*   28.33 *rung* dar. Dies gilt auch dann, wenn der Offerent in seinem Antrag zum Ausdruck gebracht hat, er werte das Schweigen der Angebotsempfängerin als Annahme (vgl. VON TUHR/PETER, 189).

b) Ausnahmen

Nur ausnahmsweise gilt Schweigen als Annahme.   28.34

Möglich ist dies zunächst, wenn die Parteien im Rahmen ihrer Vor-   28.35 verhandlungen oder eines Rahmenvertrages *vereinbart* haben, dass dem Schweigen diese Bedeutung beikommen soll, oder wenn sich Entsprechendes aus einer laufenden *Geschäftsbeziehung* oder den *Gepflogenheiten* zwischen den Parteien ergibt (vgl. ZürcherKomm/JÄGGI, Art. 1 N 145; KOLLER, OR AT, § 7 N 99).

In gewissen Fällen bestimmt auch das *Gesetz*, dass Schweigen als An-   28.36 nahme gilt. So gilt nach Art. 395 ein nicht sofort abgelehnter Auftrag als angenommen, wenn er sich auf die *Besorgung von Geschäften* bezieht, die die Beauftragte kraft obrigkeitlicher Bestellung oder gewerbsmässig betreibt oder zu deren Besorgung sie sich öffentlich empfohlen hat. Zu den hierunter fallenden Berufsgruppen gehören insbesondere Ärztinnen,

Anwältinnen, Architektinnen, Banken, Treuhandgesellschaften etc. (vgl. dazu BaslerKomm/WEBER, Art. 395 N 3 f.). Nach Art. 2 Abs. 1 VVG gilt der Antrag des Versicherungsnehmers, der darauf gerichtet ist, einen bestehenden *Versicherungsvertrag* zu verlängern oder abzuändern, als angenommen, wenn die Versicherung ihn nicht innerhalb von 14 Tagen bzw. vier Wochen ablehnt (vgl. dazu BGE 120 II 133 ff.). Neu soll die Frist drei Wochen betragen (Art. 6 E-VVG).

28.37   Neben diesen für einzelne Vertragstypen geltenden Sonderregeln findet sich eine allgemeine Regel in Art. 6. Danach gilt in Fällen, in denen wegen der besonderen *Natur des Geschäftes* oder nach den *Umständen* eine ausdrückliche Annahme nicht zu erwarten ist, der Vertrag als abgeschlossen, wenn der Antrag nicht binnen angemessener Frist *abgelehnt* wird. Wo dies der Fall ist, gilt das Schweigen als Annahme, d.h. die Annahmeerklärung wird vom Gesetz fingiert (so auch KOLLER, OR AT, § 7 N 105, 107; VON TUHR/PETER, 189; a.A. GAUCH/SCHLUEP/SCHMID, N 455; BernerKomm/SCHMIDLIN, Art. 6 N 14; BaslerKomm/BUCHER, Art. 6 N 1). Art. 6 unterscheidet zwei Fälle, in denen die Fiktion greift, nämlich die Natur des Geschäftes und die Umstände.

28.38   Wegen der besonderen *Natur des Geschäftes* ist eine Ablehnung in der Regel nicht zu erwarten, wenn der in Aussicht genommene Vertrag der Angebotsempfängerin *lediglich Vorteile* bringt, z.B. bei der Schenkung (vgl. BGE 110 II 156, 161; AppGer BS, BJM 2000, 194, 197), der Bürgschaft (BGE 15, 361, 364), der Abtretung (vgl. BGE 84 II 355, 363) und dem Erlassvertrag (vgl. BGE 52 II 215, 222). Der fingierte Annahmewille beschränkt sich aber auf die Zustimmung zum beantragten Vorteil; ein stillschweigender Verzicht auf andere oder weitere Ansprüche kann darin nicht gesehen werden (vgl. BGE 124 III 67, 69 f.).

28.39   Als *besonderer Umstand* fällt neben den bereits erwähnten bestehenden Geschäftsverbindungen und Gepflogenheiten zwischen den Parteien insbesondere in Betracht, dass die Angebotsempfängerin ihrerseits den Offerenten zur Offertstellung aufgefordert hat *(invitatio ad offerendum)*, z.B. durch Versendung von Katalogen, Bestellscheinen, Preislisten etc. (vgl. GAUCH/SCHLUEP/SCHMID, N 457 f.; BernerKomm/SCHMIDLIN, Art. 6 N 44 ff.).

28.40   Die Fiktion des Art. 6 greift nicht ein, wenn die Angebotsempfängerin den Antrag innert angemessener Frist ablehnt. Die *Ablehnung* ihrerseits ist eine empfangsbedürftige Willenserklärung und unterliegt den gleichen Regeln wie die Annahme (vgl. ZürcherKomm/JÄGGI, Art. 6 N 34 f.). Die in Art. 6 bestimmte angemessene *Frist*, innerhalb derer die Ablehnung zu erfolgen hat, ist entsprechend der Annahmefrist nach Art. 4, 5 zu bestimmen (vgl. BernerKomm/SCHMIDLIN, Art. 6 N 59).

3. Wirkungen

Entspricht die Annahmeerklärung inhaltlich dem Angebot und 28.41 wird sie wirksam, ehe der Antrag erloschen ist, so kommt der *Vertrag zustande*. Vorbehalten bleiben Fälle, in denen die Wirksamkeit eines Vertrages zusätzlich von der Genehmigung einer dritten Person oder einer Behörde abhängig ist (vgl. Art. 169 ZGB: Zustimmung des Ehegatten zu Rechtsgeschäften betreffend die Familienwohnung; Art. 30 LPG; Art. 61 BGBB). Die Wirkungen des Vertragsschlusses (*Gestaltungswirkung*) werden jedoch bei einem Vertragsschluss unter Abwesenden nach Art. 10 zurückdatiert. Bei ausdrücklicher oder konkludenter Annahmeerklärung beginnen die Wirkungen des Vertrages nicht erst mit Zugang der Annahme beim Offerenten, sondern bereits mit deren Absendung bzw. mit Beginn des konkludenten Handelns (Art. 10 Abs. 1). In den Fällen des Art. 6, d.h. der Annahme durch Schweigen, beginnen sie bereits mit Zugang des Antrags (Art. 10 Abs. 2). *Bedeutung* kann diese *Rückdatierung* der Vertragswirkungen erlangen, wenn die Vertragsleistung nach Absendung, aber vor Zugang der Annahmeerklärung unmöglich wird (Art. 119 Abs. 1 einerseits und Art. 20 Abs. 1 andererseits), sowie im Hinblick auf die Fälligkeit der jeweiligen Leistung (vgl. auch BaslerKomm/BUCHER, Art. 10 N 5 ff.). Streitig ist die Rückwirkung in Bezug auf den Gefahrübergang nach Art. 185 Abs. 1 (vgl. BaslerKomm/ KOLLER, Art. 185 N 1 m.w. Nachw.).

Eine *verspätete Annahmeerklärung*, die auch nicht nach Art. 5 Abs. 3 28.42 als rechtzeitig angesehen werden kann, führt nicht zum Vertragsschluss. Jedoch ist darin ein *neuer Antrag* zu sehen, den der ursprüngliche Offerent annehmen oder ablehnen kann.

Auch eine Annahmeerklärung, die bezüglich des wesentlichen Inhalts 28.43 der Offerte *Einschränkungen*, *Erweiterungen* oder sonstige *Änderungen* enthält, bringt den Vertrag nicht zustande. Sie ist vielmehr als *Ablehnung* des ursprünglichen Antrags verbunden mit einem *neuen Angebot* zu bewerten. Besonderheiten gelten, wenn die Abweichung von Antrag und Annahme darin liegt, dass die Parteien auf ihre jeweiligen AGB Bezug genommen haben (kollidierende AGB, vgl. N 45.14 f.).

IV. Sonderfälle

1. Kaufmännisches Bestätigungsschreiben

Literatur: BERGER, Schuldrecht, N 677 ff.; BUCHER, OR AT, 141 ff.; ENGEL, OR AT, 203 ff.; FURRER/MÜLLER-CHEN, Kap. 3 N 45 ff.; GAUCH/SCHLUEP/SCHMID, N 1159 ff.; GUHL/KOLLER, 112 f.; HUGUENIN, OR AT, N 232 ff.; KOLLER, OR AT, § 25 N 1 ff.; MERZ, Vertrag und Vertragsschluss, N 227; VON TUHR/PETER, 188 f.; Basler-Komm/BUCHER, Art. 6 N 22 ff.; BernerKomm/SCHMIDLIN, Art. 6 N 80 ff.; CHK/KUT/SCHNYDER, OR 6 N 17 ff.; CR CO I/DESSEMONTET, Art. 6 N 11 ff.; KuKo OR/WIEGAND, Art. 6 N 9 ff.; ZürcherKomm/JÄGGI, Art. 6 N 67 ff.;

BETZ, Vertragsschluss durch Schweigen, Rechtsvergleichende Untersuchung zwischen Deutschland, Österreich und der Schweiz unter besonderer Berücksichtigung des kaufmännischen Bestätigungsschreibens, Diss. Marburg 1984; CANARIS, Die Vertrauenshaftung im deutschen Privatrecht, München 1971, 206 ff.; GAUCH, Von der konstitutiven Wirkung des kaufmännischen Bestätigungsschreibens, SZW 1991, 177 ff.; KRAMER, Neues zum Vertragsabschluss aus Gesetzgebung, Praxis und Lehre, BJM 1995, 1, 7 ff.; DERS., Schweigen auf kaufmännisches Bestätigungsschreiben und rechtsgeschäftlicher Vertrauensgrundsatz, recht 1990, 99 ff.; MATHYS, Bestätigungsschreiben und Erklärungsfiktionen, Diss. Zürich 1997; SCHMIDT KARSTEN, Die Praxis zum sog. kaufmännischen Bestätigungsschreiben: ein Zankapfel der Vertragsrechtsdogmatik, Festschrift Honsell, Zürich 2002, 99 ff.

a) Begriff und Funktion

28.44 Im kaufmännischen Verkehr ist es üblich, dass im Anschluss an mündliche Vertragsverhandlungen eine Partei das Vereinbarte schriftlich bestätigt (*kaufmännisches Bestätigungsschreiben*). Stimmt der Inhalt des Bestätigungsschreibens mit dem tatsächlich Vereinbarten überein, so ergeben sich keine Probleme. Es handelt sich dann um ein sog. *deklaratorisches* kaufmännisches Bestätigungsschreiben (vgl. KOLLER, OR AT, § 25 N 3; BernerKomm/SCHMIDLIN, Art. 6 N 84). Die praktische Funktion eines Bestätigungsschreibens liegt jedoch darin, spätere Streitigkeiten darüber, ob ein Vertrag überhaupt zustande gekommen ist, und wenn ja, mit welchem Inhalt, zu vermeiden. Von daher stellt sich die Frage, welche Bedeutung dem Bestätigungsschreiben im kaufmännischen Verkehr zukommt, wenn die Verhandlungen noch nicht zu einem Vertragsschluss geführt haben oder wenn das Bestätigungsschreiben von der getroffenen Vereinbarung abweicht, sei es in Form einer Änderung, Weglassung oder Hinzufügung.

b) Beweiskraft

Einigkeit besteht darüber, dass dem Bestätigungsschreiben im 28.45
Streitfall eine wichtige *Beweisbedeutung* zukommt (vgl. statt vieler
KRAMER, recht 1990, 99, 100). Überwiegend wird dabei die Auffassung
vertreten, dass aufgrund des von der Empfängerin unwidersprochen gebliebenen Bestätigungsschreibens eine *Umkehr der Beweislast* eintritt
(vgl. nur MERZ, Vertrag und Vertragsschluss, N 227; KOLLER, OR AT,
§ 25 N 10). Während grundsätzlich derjenige, der den Abschluss eines
Vertrages behauptet, diesen beweisen muss, ist es nun Sache der
Empfängerin des Bestätigungsschreibens zu beweisen, dass ein Vertrag
nicht oder zu anderen Bedingungen geschlossen wurde.

c) Konstitutive Wirkung

Fraglich ist, ob einem unwidersprochen gebliebenen Bestäti- 28.46
gungsschreiben darüber hinaus *konstitutive Wirkung* zukommt, d.h. dass
ein Vertrag als zu den im Bestätigungsschreiben festgehaltenen Bedingungen geschlossen gilt, auch wenn es der Empfängerin im Prozess gelingen sollte zu beweisen, dass aufgrund der mündlichen Verhandlungen
der Vertrag nicht oder nicht so zustande gekommen ist.

Von der Rechtsprechung und dem überwiegenden Teil der Lehre (vgl. 28.47
BGE 114 II 250, 251; GAUCH/SCHLUEP/SCHMID, N 1162 ff. je m.w.
Nachw.; a.A. Koller, OR AT, § 25 N 14 ff.) wird die Möglichkeit der
konstitutiven Wirkung des Bestätigungsschreibens *bejaht*. Umstritten ist
allerdings, wo die Grenzen der konstitutiven Wirkung liegen, und wie sie
dogmatisch begründet werden kann (vgl. Übersicht bei MERZ, Vertrag
und Vertragsschluss, N 242a ff.).

Das Bundesgericht (BGE 114 II 250, 252; 123 III 35, 41 f.) misst ei- 28.48
nem widerspruchslos gebliebenen Bestätigungsschreiben nur dann konstitutive Wirkung bei, wenn es vom Verhandlungsergebnis *nicht derart
abweicht*, dass nach Treu und Glauben nicht mehr mit dem Einverständnis der Empfängerin gerechnet werden darf. Dies beurteilt sich nach einem *objektiven Massstab* und hängt nicht von der subjektiven Einstellung des Absenders ab. Es ist folglich unerheblich, ob er der Meinung
war, der Inhalt des Schreibens entspreche der Vereinbarung (anders noch
BGE 71 II 224). Läuft der Inhalt des Bestätigungsschreibens dem Verhandlungsergebnis *krass zuwider*, kommt eine konstitutive Wirkung
nicht in Betracht (BGE 114 II 250, 252). Dies gilt erst recht, wenn zwischen den Parteien gar keine Vertragsverhandlungen stattgefunden haben

(a.A. offenbar ZivGer BS, BJM 1993, 310 ff.). *Dogmatisch* stützt das Bundesgericht die konstitutive Wirkung des unwidersprochen gebliebenen Bestätigungsschreibens auf eine analoge Anwendung des Art. 6 in Verbindung mit dem Vertrauensprinzip (BGE 114 II 250, 251; so etwa auch KRAMER, recht 1990, 99, 105 f.; KOLLER, OR AT, § 25 N 19; BernerKomm/SCHMIDLIN, Art. 6 N 99 f.; a.A. GAUCH/SCHLUEP/SCHMID, N 1158a ff.).

28.49   Die konstitutive Wirkung des Bestätigungsschreibens entfällt, wenn die Empfängerin dem Inhalt des Schreibens innert angemessener Frist *widersprochen* hat. Der Widerspruch ist eine empfangsbedürftige Willenserklärung. Bei der Bestimmung der *Frist* sind die jeweiligen Umstände (Vertragsgegenstand, notwendige Zeit zur Prüfung des Bestätigungsschreibens, Kommunikationsmittel) zu berücksichtigen (vgl. BernerKomm/SCHMIDLIN, Art. 6 N 114 ff.).

28.50   Eine *Sonderregel* findet sich in Art. 12 Abs. 1 VVG. Stimmt der Inhalt der der Versicherungsnehmerin von der Versicherung übersandten Police mit den getroffenen Vereinbarungen nicht überein, so muss sie innert vier Wochen widersprechen, sonst gilt der Versicherungsvertrag zu den in der Police festgehaltenen Bedingungen. Diese Sonderregel soll im neuen Recht aufgehoben werden (Art. 11 Abs. 2 E-VVG).

2. Option

28.51   Ein Optionsrecht begründet die Möglichkeit, durch *einseitige (Gestaltungs-)Erklärung* einen *Vertrag zu begründen* oder zu *verlängern* (vgl. BGE 113 II 31, 34; BaslerKomm/BUCHER, Art. 22 N 22). Der Vertragsschluss bedarf mithin keiner Annahmeerklärung durch die andere Partei. Dieser geschieht indes kein Unrecht, denn das Optionsrecht seinerseits gründet auf einem zwischen den Parteien bereits zuvor geschlossenen Vertrag oder auf Gesetz (z.B. Art. 682 Abs. 1 ZGB: Vorkaufsrecht der Miteigentümer). Der abzuschliessende Vertrag ist *suspensiv bedingt* durch die Ausübung des Optionsrechts (BGE 122 III 10, 15). Die wichtigsten *Beispielsfälle* sind das Kaufs-, Vorkaufs- und Rückkaufsrecht (vgl. z.B. Art. 216a ff.). Ein Optionsrecht gibt es jedoch auch in Bezug auf andere Verträge (vgl. z.B. BGE 113 II 31 ff.: Mietoption).

3. Auslobung und Preisausschreiben

Literatur: BUCHER, OR AT, 148 ff.; ENGEL, OR AT, 209 ff.; FURRER/
MÜLLER-CHEN, Kap. 3 N 52 ff.; GAUCH/SCHLUEP/SCHMID, N 1040 ff.; GUHL/KOLLER,
116 f.; HUGUENIN, OR AT, N 218 ff.; KELLER/SCHÖBI, Schuldrecht I, 10; KOLLER, OR
AT, § 26 N 1 ff.; MERZ, Vertrag und Vertragsschluss, N 261 ff.; BaslerKomm/BUCHER,
Art. 8; BernerKomm/SCHMIDLIN, Art. 8; CHK/KUT/SCHNYDER, OR 8; CR CO I/DESSE-
MONTET, Art. 8; KuKo OR/WIEGAND, Art. 8; ZürcherKomm/JÄGGI, Art. 8;

HODLER, Teilnehmer- und Athletenvertrag, in: NATER (Hrsg.), Sport und Recht: Vertragsgestaltung im Sport, Zürich 2004, 1 ff.; KOLLER ALFRED, Der Architekturwettbewerb, in: GAUCH/TERCIER (Hrsg.), Das Architektenrecht, 3. Aufl., Freiburg i.Ue. 1995,
67 ff.; DERS., Fehlerhafte Preisentscheide bei Architekturwettbewerben, in: TERCIER/
HÜRLIMANN (Hrsg.), In Sachen Baurecht, Freiburg i.Ue. 1989, 101 ff.; REBER, Rechtshandbuch für Bauunternehmer, Bauherr, Architekt und Bauingenieur, 4. Aufl., Zürich
1983, 249 ff.; ULRICH, Der Architekturwettbewerb unter besonderer Berücksichtigung
fehlerhafter Preisentscheide, Diss. St. Gallen 1994.

a) Auslobung

Die Auslobung ist das *öffentliche Versprechen einer Belohnung* 28.52
für die Vornahme einer Leistung (Art. 8 Abs. 1). Beispiele sind etwa die
Aussetzung einer Belohnung für Hinweise zur Verbrechensaufklärung in
den Medien oder das Versprechen eines Finderlohns in Form einer öffentlichen Bekanntmachung.

Nach heute herrschender Auffassung ist die Auslobung ein *einseitiges* 28.53
Rechtsgeschäft, d.h. eine Annahmeerklärung ist nicht erforderlich (vgl.
eingehend KOLLER, OR AT, § 26 N 15 ff.; zum dogmengeschichtlichen
Hintergrund BaslerKomm/BUCHER, Art. 8 N 1 ff.). Dementsprechend ist
Handlungs- oder Urteilsfähigkeit der Leistenden nicht Voraussetzung für
den Anspruch auf Belohnung (vgl. MERZ, Vertrag und Vertragsschluss,
N 263); der Anspruch entsteht sogar auch, wenn die Auslobung der Leis-
tenden gar nicht bekannt war (anschaulich BGE 39 II 597 ff.).

Im Gegensatz zur Offerte ist die Auslobung nach Art. 8 Abs. 2 bis zur 28.54
Erbringung der Leistung grundsätzlich *frei widerruflich*. Jedoch ist der
Auslobende im Falle des Widerrufs verpflichtet, denjenigen, die im Vertrauen auf die Auslobung Aufwendungen gemacht haben, den Vertrauensschaden bis maximal zur Höhe des Erfüllungsinteresses zu ersetzen.
Dies gilt nicht, wenn der Auslobende beweist, dass die Leistung nicht
gelungen wäre, weil z.B. eine andere zuvorgekommen wäre (vgl. Bas-
lerKomm/BUCHER, Art. 8 N 32 m.w. Nachw.).

b) Preisausschreiben

28.55 Das Preisausschreiben ist ein Sonderfall der Auslobung, nämlich das Versprechen einer Belohnung im Rahmen eines *Wettbewerbes*, z.B. eines Architektur-, Forschungs- oder sportlichen Wettbewerbes (vgl. GAUCH/SCHLUEP/SCHMID, N 1051 f.). Im Unterschied zur einfachen Auslobung erwartet der Veranstalter beim Preisausschreiben mehrere Leistungen. Die Belohnung, der Preis, soll jedoch nur der oder den besten Leistung(en) zufallen (vgl. KOLLER, OR AT, § 26 N 25). Dies setzt einen *Preisentscheid* voraus, der meist einer neutralen Instanz übertragen wird.

28.56 Häufig setzt die Teilnahme an einem Preisausschreiben eine *Anmeldung* voraus, z.B. bei Sportwettkämpfen, wodurch zwischen Veranstalter und Teilnehmerin regelmässig ein Vertragsverhältnis entsteht (vgl. ZürcherKomm/JÄGGI, Art. 8 N 22 ff.).

4. Submission

Literatur: FURRER/MÜLLER-CHEN, Kap. 3 N 61 ff.; GAUCH/SCHLUEP/SCHMID, N 1056a ff.; KOLLER, OR AT, § 7 N 117 ff.; MERZ, Vertrag und Vertragsschluss, N 213 f.; TERCIER, Obligations, N 647 ff.; BaslerKomm/BUCHER, Art. 8 N 21; BernerKomm/SCHMIDLIN, Art. 8 N 64 f.; CHK/KUT/SCHNYDER, OR 8 N 3; CR CO I/DESSEMONTET, Art. 8 N 6 ff.; ZürcherKomm/JÄGGI, Art. 8 N 29 ff.;

BEYELER, Angebot oder Nichtangebot?, recht 2009, 34 ff.;DESCHENAUX, La concurrence dans la mise en soumission de travaux de construction en droit privé commun et en droit des cartels, L'homme et son environnement, Freiburg i.Ue. 1980, 149 ff.; GALLI, Die Submission der öffentlichen Hand im Bauwesen, Diss. Zürich 1981; GALLI/MOSER/LANG, Praxis des öffentlichen Beschaffungsrechts, Zürich 2003; GAUCH, Werkvertrag, N 456 ff.; DERS., Submission im Bauwesen – privatrechtliche Aspekte, Mensch und Umwelt, Freiburg i.Ue. 1980; LANG, Neue Rechtsgrundlagen für das Vergabewesen in der Schweiz – Das Abkommen CH–EU im öffentlichen Beschaffungswesen, ZBl 2003, 32 ff.; REBER, Rechtshandbuch für Bauunternehmer, Bauherr, Architekt und Bauingenieur, 4. Aufl., Zürich 1983, 54 ff.

28.57 Bei grösseren Projekten werden häufig die zu erbringenden Leistungen ausgeschrieben, d.h. mehrere Unternehmer werden eingeladen, aufgrund bestimmter Unterlagen ein Angebot für die Erbringung der Vertragsleistung einzureichen (sog. *Einladung zur Submission*, vgl. die Ausschreibung von Bauarbeiten im Sinne von Art. 4 Abs. 1 SIA-Norm 118). Im Gesetz ist die Submission nicht geregelt. Juristisch betrachtet stellt die Einladung zur Submission eine *invitatio ad offerendum* dar, die freilich schon die wesentlichen Bedingungen, zu denen die Offerte zu erfolgen hat, festlegt (BGE 46 II 369, 372; BernerKomm/SCHMIDLIN,

Art. 8 N 64). Die Offerte erfolgt durch den Bieter (Submittenten). Die Ausschreibende (Submissionarin) ist grundsätzlich frei in ihrem Entschluss, ob und mit wem sie einen Vertrag abschliessen will. Verletzt sie allerdings die in ihrer Ausschreibung selbst bestimmten Vergaberegeln, so kommt ein Anspruch aus culpa in contrahendo in Betracht (vgl. GAUCH/SCHLUEP/SCHMID, N 1064). In Abweichung von diesen im Privatrecht allseits anerkannten Prinzipien hat allerdings die öffentlichrechtliche Abteilung des Bundesgerichts entschieden, dass ungeachtet der Auslegung im Einzelfall die «Offerte» des Bieters im Vergabeverfahren noch kein Angebot im Sinne des OR darstelle (vgl. BGE 134 II 297, 304). Diese Auffassung ist weder juristisch noch wirtschaftlich vertretbar (vgl. auch BEYELER, recht 2009, 34 ff.).

5. Faktischer Vertrag

Literatur: BUCHER, OR AT, 270 ff.; ENGEL, OR AT, 192 f.; FURRER/MÜLLER-CHEN, Kap. 3 N 67 ff.; GAUCH/SCHLUEP/SCHMID, N 1183a ff.; GUHL/KOLLER, 111; HUGUENIN, OR AT, N 938; KELLER/SCHÖBI, Schuldrecht I, 57; KOLLER, OR AT, § 3 N 217 ff.; MERZ, Vertrag und Vertragsschluss, N 12 ff.; BaslerKomm/BUCHER, Art. 1 N 70 ff.; BernerKomm/KRAMER, Art. 1 N 21 ff., 238 ff.; CHK/KUT/SCHNYDER, OR 1 N 64 ff.; ZürcherKomm/JÄGGI, Art. 1 N 543 ff.;

GIGER, Rechtsfolgen norm- und sittenwidriger Verträge, Zürich 1989, 104 ff.; HAHN, Vergütungsansprüche für Dienstleistungen bei fehlender vertraglicher Grundlage, Diss. Freiburg i.Ue., Bern 2004; HAUPT, Über faktische Vertragsverhältnisse, Festschrift Siber, Bd. II, Leipzig 1943, 5 ff.; JEANPRÊTRE, Le contrat de fait, RJN 1982, 9 ff.; KRAMER, Neues aus Gesetzgebung, Praxis und Lehre zum Vertragsabschluss, BJM 1995, 1, 19 f.; SCHWENZER, Rezeption deutschen Rechtsdenkens im schweizerischen Obligationenrecht, in: SCHWENZER (Hrsg.), Schuldrecht, Rechtsvergleichung und Rechtsvereinheitlichung an der Schwelle zum 21. Jahrhundert, Tübingen 1999, 59 ff.; SYZ, Faktisches Vertragsverhältnis, Zürich 1991; WIEACKER, Willenserklärung und sozialtypisches Verhalten, Göttinger Festschrift für das Oberlandesgericht Celle, Göttingen 1961, 263 ff.; WÜRSCH/DALLAFIOR, Können Fakten Verträge begründen?, SJZ 1989, 273 ff.

a) Allgemeines

Verträge entstehen aufgrund übereinstimmender Willenserklärungen, seien sie ausdrücklich oder konkludent. Von diesem Erfordernis will die Lehre vom faktischen Vertrag absehen, indem sie in verschiedenen Fallgruppen aus rechtspolitischen Gründen *Vertragswirkungen* auch *ohne Vertragsschluss* annimmt (vgl. ausführlich BernerKomm/KRAMER, Art. 1 N 21 f.). Diese Lehre wurde von einer – ursprünglich nationalsozialistischem Gedankengut nahestehenden – Mindermeinung in Deutsch-   28.58

land vertreten, wo sie freilich inzwischen einmütig aufgegeben wurde, und wird heute von verschiedenen Schweizer Autoren (vgl. GAUCH/ SCHLUEP/SCHMID, N 1184 ff. m.w. Nachw.) sowie auch vereinzelt vom Bundesgericht (zustimmend noch BGE 110 II 244, 248 f.; bestätigt durch BGer, SemJud 1999, 109, 115; offen gelassen in BGE 108 II 112, 113; i.c. abgelehnt in BGE 119 II 437, 441) postuliert (vgl. auch HGer ZH, SJZ 2008, 436 ff.: vertragswidriges Nichtlöschen von Software nach Vertragsbeendigung).

b) Fallgruppen

28.59   Die Probleme, die durch die Lehre vom faktischen Vertrag gelöst werden sollen, lassen sich der Sache nach in *zwei Fallgruppen* unterteilen (so auch MERZ, Vertrag und Vertragsschluss, N 17; ähnlich BaslerKomm/BUCHER, Art. 1 N 73 ff.; weitergehend GAUCH/SCHLUEP/ SCHMID, N 1187 ff.; GIGER, 104 ff.).

28.60   Einmal soll im modernen *Massenverkehr*, z.B. bei Transportleistungen oder Leistungen der Daseinsvorsorge, ein Vertrag allein durch die *tatsächliche Inanspruchnahme der Leistung* zustande kommen (so etwa auch BaslerKomm/BUCHER, Art. 1 N 73). So soll das blosse Besteigen einer Strassenbahn einen Beförderungsvertrag, das Abstellen eines Autos auf einem bewachten Parkplatz einen Bewachungsvertrag begründen, so dass die Benutzerin zur Entgeltzahlung verpflichtet ist.

28.61   Die Lehre vom faktischen Vertrag ist indes in dieser Fallgruppe in der Regel nicht erforderlich, da zumeist in der Inanspruchnahme einer entgeltlichen Leistung eine *konkludente Willenserklärung* gesehen werden kann (vgl. BernerKomm/KRAMER, Art. 1 N 22; WÜRSCH/DALLAFIOR, SJZ 1989, 276; vgl. auch Art. 320 Abs. 2 für den Arbeitsvertrag). Dies gilt auch, wenn sich diejenige, die die Leistung in Anspruch nimmt, gegen ihre Verpflichtung zur Gegenleistung verwahrt (vgl. BGHZ 21, 319 ff.: Hamburger Parkplatz-Fall); eine solche *protestatio facto contraria* ist unbeachtlich, weil sich die Handelnde damit zu ihrem tatsächlichen Verhalten in Widerspruch setzt (venire contra factum proprium; a.A. GAUCH/SCHLUEP/SCHMID, N 1190; BernerKomm/KRAMER, Art. 1 N 23). Bei der Inanspruchnahme einer entgeltlichen Leistung durch eine *Minderjährige*, die sich ohne Zustimmung ihrer Eltern nach Art. 18, 19 Abs. 1 ZGB nicht verpflichten kann, läuft die Lehre vom faktischen Vertrag dem das ZGB/OR beherrschenden Prinzip des Minderjährigenschutzes zuwider (vgl. BernerKomm/KRAMER, Art. 1 N 22; diff. BernerKomm/BUCHER, Art. 17/18 ZGB N 176 ff.; illustrativ dazu BGHZ 55,

128: Flugreise-Fall). Auch ohne die Annahme eines Vertrages kann der Leistende in diesem Fall hinreichend geschützt werden: Die Unmündige haftet nach Bereicherungsrecht und ggf. aus unerlaubter Handlung (vgl. Art. 19 Abs. 3 ZGB).

In der zweiten Fallgruppe geht es um *in Vollzug gesetzte Dauer-* 28.62 *schuldverhältnisse*, die sich nachträglich als ungültig erweisen. Ein Arbeitsvertrag wird, nachdem beide Parteien über längere Zeit ihre gegenseitigen Leistungen erbracht haben, angefochten (vgl. BGE 132 III 242 ff.); ein drei Jahre lang faktisch funktionierender Leasingvertrag stellt sich als unwirksam heraus, weil die Vorschriften über den Abzahlungskauf missachtet wurden (vgl. BGE 110 II 244 ff.; vgl. auch BGer, SemJud 1999, 109 ff.). Hier stellt sich die Frage, ob die während eines längeren Zeitraums erbrachten Leistungen nach Bereicherungsrecht rückabgewickelt werden sollen oder ob das Vertragsverhältnis für die Dauer seines faktischen Funktionierens als rechtswirksam betrachtet werden kann. Für den Arbeitsvertrag enthält Art. 320 Abs. 3 eine positivrechtliche Regelung: Der Ungültigkeitsgrund kann nur für die Zukunft (ex nunc) geltend gemacht werden, für die Zeit des faktischen Vollzugs wird der Vertrag als gültig angesehen. In der Sache handelt es sich dabei um eine *teleologische Reduktion der Ungültigkeitsfolgen* auf eine Wirkung ex nunc (vgl. BernerKomm/KRAMER, Art. 1 N 241). Dieser in Art. 320 Abs. 3 ausgesprochene Gedanke kann ohne weiteres auch auf andere Dauerschuldverhältnisse angewandt werden, so dass auch insoweit die Lehre vom faktischen Vertrag überflüssig ist (vgl. BernerKomm/KRAMER, Art. 1 N 240 ff.; so auch BGE 129 III 320, 328 ff.).

V. Widerrufsrecht bei einzelnen Konsumentengeschäften

In verschiedenen Normen wird dem Konsumenten das unab- 28.63 dingbare Recht eingeräumt, seine auf den Vertragsschluss gerichtete Willenserklärung innerhalb eines bestimmten Zeitraums zu *widerrufen*. Der rechtspolitische Grund für dieses erst in jüngerer Zeit geschaffene Widerrufsrecht des Konsumenten liegt darin, dass Konsumenten in bestimmten Situationen oft übereilt einen Vertrag abschliessen und ihnen deshalb eine *zusätzliche Überlegungsfrist* eingeräumt werden soll (vgl. BaslerKomm/GONZENBACH/KOLLER-TUMLER, Vor Art. 40a–40f N 1; krit. MERZ, Vertrag und Vertragsschluss, N 183a). Mit zunehmender Verbreitung derartiger Widerrufsrechte sollte der Gesetzgeber darüber nachdenken, allgemeine einheitliche Bestimmungen zu deren Ausgestaltung und Rechtsfolgen zu schaffen (vgl. für Deutschland § 355 ff. BGB).

1. Haustürgeschäfte

Literatur: BRUNNER, Haustürgeschäfte, SPR X, 197 ff.; ENGEL, OR AT, 306 ff.; FURRER/MÜLLER-CHEN, Kap. 3 N 76 ff.; GAUCH/SCHLUEP/SCHMID, N 475a ff.; GUHL/KOLLER, 113 f.; HUGUENIN, OR AT, N 252 ff.; KOLLER, OR AT, § 7 N 70 ff.; MERZ, Vertrag und Vertragsschluss, N 183a; BaslerKomm/GONZENBACH/KOLLER-TUMLER, Art. 40a–40f; CHK/KUT/SCHNYDER, OR 40a–g; CR CO I/WERRO, Art. 40a–40f; KuKo OR/KESSLER, Art. 40a–40f; ZürcherKomm/DORNIER, Art. 40a–f;

BÜHLMANN-ESCHMANN, Der Konsumentenschutzartikel der Bundesverfassung im Rahmen der Schweizerischen Wirtschaftsverfassung, Zürich 1990, 187 ff.; DORNIER, Das Widerrufsrecht bei Haustürgeschäften und ähnlichen Verträgen (Art. 40a–40g OR), Diss. Freiburg i.Ue. 1994; FAVRE-BULLE, L'article 31[sexies] de la Constitution Fédérale, AJP 1993, 265 ff.; GMEINER, Gegen ein Widerrufsrecht im neuen Konsumentenschutzrecht, SVZ 1986, 375 ff.; GONZENBACH, «Pacta sunt servanda» oder neues Licht auf einen alten Grundsatz, ZSR 1987 I, 435 ff., 459 ff.; HARTMANN, Konsumentenschutzrechtliche Widerrufsrechte im schweizerischen Recht – Möglichkeiten und Grenzen der Vereinheitlichung, ZSR 2008 I, 307 ff.; HONSELL, OR-Novelle zum Konsumentenschutz, AJP 1992, 66 ff.; DERS., Kaufrecht und elektronischer Geschäftsverkehr, in: JÖRG/ARTER (Hrsg.), Internet-Recht und Electronic Commerce Law, Bern 2003, 211 ff.; HONSELL/PIETRUSZAK, Der Vernehmlassungsentwurf zu einem Bundesgesetz über den elektronischen Geschäftsverkehr, AJP 2001, 771 ff.; HUGUENIN, Direktvertrieb und Widerrufsrecht, AJP 1994, 691 ff.; JACCARD, Les devoirs d'information précontractuelle et la vente à distance dans l'avant-projet de la loi fédérale sur le commerce électronique, in: KOLLER THOMAS/MURALT MÜLLER (Hrsg.), Nationale und internationale Bezüge des E-Commerce, Bern 2002, 17 ff.; DERS., Le législateur suisse à l'épreuve d'Internet: Aperçu de l'avant-projet de loi fédérale sur le commerce électronique, SemJud 2003 II, 209 ff.; JÖRG, Vertragsschluss im Internet und neue Geschäftsmodelle: Ausgewählte Rechtsfragen, in: ARTER/JÖRG (Hrsg.), Internet-Recht und Electronic Commerce Law, Lachen/St. Gallen 2001, 1 ff.; DERS., Informationspflichten im E-Commerce, in: JÖRG/ARTER (Hrsg.), Internet-Recht und Electronic Commerce Law, Bern 2003, 15 ff.; JÖRG/ARTER, Ein kritischer Blick auf den Entwurf zum Bundesgesetz über den elektronischen Geschäftsverkehr, AJP 2002, 165 ff.; KOLLER-TUMLER, Konsumentenschutz im OR, recht 1992, 40 ff.; KUHN, Konsumenteninformation und Vertragswiderrufsrecht – neueste Entwicklungen, SVZ 1986, 333 ff.; MONFERRINI/VON DER CRONE, Die Rückabwicklung mangelhafter Verträge, SZW 2011, 485 ff.; PICHONNAZ, La protection du consommateur en droit des contrats: le difficile équilibre entre cohérence du système contractuel et régime particulier, Festschrift Stauder, Baden-Baden 2006, 323 ff.; SCHAFFELHUBER, Zum Tatbestand des Haustürgeschäfts, Liber amicorum Stauder, Baden-Baden 2006, 423 ff.; DERS., Les contrats dans le droit de la consommation, in: BRAUN (Hrsg.), Actualités du droit des contrats, Lausanne 2008, 45 ff.; SCHMELZER, Der Konsumentenvertrag, Chur 1995; SCHÖBI, Ein Vertragsrecht für das digitale Zeitalter?, in: TRÜEB (Hrsg.), Aktuelle Rechtsfragen des E-Commerce, Zürich 2001, 47 ff.; DERS., Das Bundesgesetz vom 23. März 2001 über den Konsumkredit im Überblick, in: HESS/SIMMEN (Hrsg.), Das neue Konsumkreditgesetz (KKG), Zürich 2002, 7 ff.; STAUDER, Le consommateur – enfant chéri ou mal aimé du législateur, in: CHAPPUIS CHRISTINE/FOËX/THÉVENOZ (Hrsg.), Le législateur et le droit privé, Genf 2006, 145 ff.; VIGNERON, L'information des consommateurs en droit européen et en droit suisse de la consommation, Zürich 2005; WALTHER, e-confidence in e-commerce durch Alternative Dispute Resolution, AJP 2001, 755 ff.; WIEGAND/MARTI, Das Bundesgesetz über den elektronischen Geschäftsverkehr – Die rechtliche Erfassung des E-Commerce, in: KOLLER THOMAS/MURALT MÜLLER (Hrsg.), Nationale und internationale Bezüge des E-Commerce, Bern 2002, 37 ff.

Die in Anlehnung an eine entsprechende EG-Richtlinie (vgl. 28.64 BaslerKomm/GONZENBACH/KOLLER-TUMLER, Vor Art. 40a–40f N 2) im Jahre 1990 ins OR eingefügten Art. 40a ff. geben dem Konsumenten ein Widerrufsrecht bei Haustürgeschäften und ähnlichen Verträgen.

a) Voraussetzungen des Widerrufsrechts

aa) Das Widerrufsrecht gilt nur bei *Konsumentenverträgen* 28.65 über *bewegliche Sachen* und *Dienstleistungen* (Art. 40a Abs. 1). Erforderlich ist damit einerseits, dass die Anbieterin der Ware oder Dienstleistung *gewerbsmässig* handelt, andererseits, dass der Kunde die Leistung für den *persönlichen oder familiären Gebrauch* erwirbt. Ein Vertrag, der vom Kunden in Ausübung einer Erwerbstätigkeit geschlossen wird, z.B. der Kauf eines Röntgengerätes durch einen Arzt, fällt nicht darunter, weil es insoweit am Schutzbedürfnis mangelt. Voraussetzung ist weiter, dass das Entgelt *CHF 100.– übersteigt* (vgl. Art. 40a Abs. 1 lit. b); Verträge, bei denen die Gegenleistung weniger beträgt, belasten den Kunden nur geringfügig.

Das Widerrufsrecht gilt nicht bei *Versicherungsverträgen* (Art. 40a 28.66 Abs. 2), obwohl gerade hier ein grosses Schutzbedürfnis des Kunden zu bejahen ist (vgl. BaslerKomm/GONZENBACH/KOLLER-TUMLER, Vor Art. 40a–40f N 4 m.w. Nachw.; a.A. GMEINER, SVZ 1986, 375 ff.). Im neuen Recht wird diese Lücke dadurch geschlossen, dass Art. 7 E-VVG nunmehr ein eigenes Widerrufsrecht statuiert.

bb) Das Widerrufsrecht setzt voraus, dass der Kunde unter besonderen 28.67 Umständen, die typischerweise eine *Überrumpelungssituation* begründen (dazu KOLLER, OR AT, § 7 N 71), zur Abgabe seiner Willenserklärung bestimmt worden ist. Dazu gehören nach Art. 40b das Ansprechen des Kunden an seinem Arbeitsplatz, in Wohnräumen oder in deren unmittelbarer Umgebung, wobei es sich insoweit nicht um die Wohnräume des Kunden handeln muss (Beispiel: sog. Tupper-Partys). Gleiches gilt für das Ansprechen in öffentlichen Verkehrsmitteln oder auf öffentlichen Strassen und Plätzen sowie anlässlich einer Werbeveranstaltung, die mit einer Ausflugsfahrt etc. verbunden ist (Beispiel: sog. Kaffeefahrten, aber

auch gesellige und kulturelle Veranstaltungen; vgl. Einzelheiten bei Bas-
lerKomm/GONZENBACH/KOLLER-TUMLER, Art. 40b N 4 ff.).

28.68 cc) Mangels Schutzbedürftigkeit des Kunden besteht kein Widerrufsrecht, wenn der *Kunde* selbst die Vertragsverhandlungen *angeregt* hat
(Art. 40c lit. a). Allerdings muss die erste Initiative überhaupt vom Kunden ausgegangen sein; eine sog. *provozierte Bestellung*, z.B. durch Angabe der Telefonnummer auf Werbeantwortkarten u.ä., schliesst das Widerrufsrecht nicht aus (BGHZ 109, 127; BaslerKomm/GONZENBACH/
KOLLER-TUMLER, Art. 40c N 2; diff. HONSELL, AJP 1992, 66, 67).

28.69 Auch bei einem Vertragsschluss an *Markt-* oder *Messeständen* fehlt es
an der Schutzbedürftigkeit des Kunden (Art. 40c lit. b), weil hier mit
geschäftlichem Kontakt oder unmittelbarem Ansprechen zu rechnen ist
(vgl. etwa KOLLER, OR AT, § 7 N 72; krit. DORNIER, Widerrufsrecht,
689 ff.).

b) Ausübung des Widerrufsrechts

28.70 Der Kunde kann seine Vertragsschlusserklärung innerhalb von
sieben Tagen widerrufen (vgl. Art. 40e Abs. 2 OR). Irrelevant ist, welche
der beiden Parteien das Angebot gemacht und welche es angenommen
hat.

28.71 Der *Beginn* der siebentägigen *Widerrufsfrist* knüpft kumulativ an zwei
Voraussetzungen an (Art. 40e Abs. 2): die Willenserklärung des Kunden
einerseits und andererseits seine *Kenntnis vom Widerrufsrecht* und der
Anbieteradresse, worüber der Kunde nach Art. 40d Abs. 1 von der Anbieterin schriftlich zu *unterrichten* ist. Verstösst die Anbieterin gegen die
in Art. 40d aufgestellte Orientierungspflicht, so beginnt die Widerrufsfrist nicht zu laufen (vgl. GUHL/KOLLER, 114).

28.72 Der Widerruf muss *schriftlich* erfolgen (Art. 40e Abs. 1). Zur Einhaltung der Frist genügt die *rechtzeitige Absendung* des Widerrufs (Art. 40e
Abs. 4; vgl. auch N 27.30).

c) Rechtsfolgen bei Widerruf

28.73 Durch den Widerruf wird der Vertrag mit rückwirkender Wir-
kung *(ex tunc)* aufgelöst (vgl. BaslerKomm/GONZENBACH/KOLLER-
TUMLER, Art. 40f N 2; a.A. HONSELL, AJP 1992, 66, 67). Nach Art. 40f
Abs. 1 haben beide Parteien die empfangenen Leistungen *zurückzuerstat-
ten*. Sachen können mit dem Vindikationsanspruch (Art. 641 Abs. 2
ZGB) herausverlangt werden, Geldleistungen sind nach Bereicherungs-

recht zurückzuerstatten (vgl. BGE 137 III 243, 251; vgl. dazu MONFER-
RINI/VON DER CRONE, SZW 2011, 485 ff.. Für den *Gebrauch einer Sache*
schuldet der Kunde nach Art. 40f Abs. 2 einen angemessenen Mietzins.
Ist die Sache untergegangen oder stärker als bei üblichem Gebrauch ab-
genutzt, so kommt es darauf an, ob der Kunde mit der allfälligen Rückgabe rechnen musste oder nicht. Bei gehöriger Belehrung über das
Widerrufsrecht haftet er für Untergang oder aussergewöhnliche Verschlechterung; ist eine Belehrung unterblieben, so entfällt auch ein Anspruch auf Schadenersatz (vgl. BaslerKomm/GONZENBACH/KOLLER-
TUMLER, Art. 40f N 3). Eine dem Kunden erbrachte *Dienstleistung* ist
nach Art. 40f Abs. 3 wertmässig zu entschädigen (vgl. dazu im Einzelnen: KOLLER, OR AT, § 7 N 82 m.w. Nachw.). Eine über die genannten
Posten hinausgehende Entschädigung wird nicht geschuldet, selbst wenn
diese im Vertrag vereinbart worden ist (Art. 40f Abs. 4).

2. Konsumkredit

Einheitlich für alle Konsumkreditverträge, worunter auch Ab- 28.74
zahlungskauf und Leasingvertrag fallen, wird das Widerrufsrecht in
Art. 16 KKG geregelt. Wie beim Haustürgeschäft beträgt die *Widerrufsfrist* sieben Tage.

3. Partnerschaftsvermittlung

Das Recht der Ehe- und Partnerschaftsvermittlung (Art. 406a ff.) 28.75
kennt schliesslich ebenfalls ein Widerrufsrecht (Art. 406e). Der Vertrag ist
aufschiebend bedingt (a.A. GUHL/SCHNYDER, § 50 N 36: negative potesta-
tive Resolutivbedingung); die *Widerrufsfrist* beträgt wie beim Haustürgeschäft sieben Tage. Begrifflich ist Art. 406e Abs. 1 verunglückt, indem
er von *Rücktritt* spricht. Ein Rücktritt von einem noch nicht wirksam gewordenen Vertrag ist juristischer Unsinn.

4. Weitere Widerrufsrechte

Verschiedenen Vorstössen, weitere Widerrufsrechte, wie z.B. 28.76
in Bezug auf Fernabsatzverträge oder Teilnutzungsrechte an Immobilien,
einzuführen, war kein Erfolg beschieden. Das Schutzniveau für Konsumenten bleibt in der Schweiz damit nach wie vor weit hinter dem europäischen zurück. Neu wird jedoch ein Widerrufsrecht für *Versicherungs-*

verträge geschaffen (Art. 7 E-VVG), wobei die *Widerrufsfrist* zwei Wochen beträgt (Art. 7 Abs. 2 E-VVG).

§ 29   Konsens und Dissens

Literatur: BERGER, Schuldrecht, N 691 ff.; BUCHER, OR AT, 117 ff.; ENGEL, OR AT, 212 ff.; FURRER/MÜLLER-CHEN, Kap. 3 N 28 ff.; GAUCH/SCHLUEP/SCHMID, N 308 ff.; GUHL/KOLLER, 103 ff.; HUGUENIN, OR AT, N 192 ff.; KELLER/SCHÖBI, Schuldrecht I, 53 ff.; KOLLER, OR AT, § 6 N 3 ff.; MERZ, Vertrag und Vertragsschluss, N 174 ff.; TERCIER, Obligations, N 562 ff.; VON TUHR/PETER, 189 ff.; BaslerKomm/BUCHER, Art. 1 N 3 ff., N 20 ff.; BernerKomm/KRAMER, Art. 1 N 117 ff.; CHK/KUT/SCHNYDER, OR 1 N 24 ff.; CR CO I/DESSEMONTET, Art. 1 N 7 ff.; KuKo OR/WIEGAND, Art. 1 N 16 ff.; ZürcherKomm/JÄGGI, Art. 1 N 75 ff., N 279 ff.;

GAUCH, Von den wesentlichen Vertragspunkten, recht 1991, 45 ff.; HEDINGER, Grundlegung zu einem System des Vertragsrechts, Bern 1989, 94 ff.; HONSELL, Willenstheorie oder Erklärungstheorie?, Festschrift Walter, Bern 2005, 335 ff.; KOLLER ALFRED, Vertragsfloskeln, BR 1989, 24 ff.; KRAMER, Grundfragen der vertraglichen Einigung, München 1972, 96 ff.; DERS., Konsensprobleme im Rahmen des UN-Kaufrechts, Festschrift Welser, Wien 2004, 539 ff.; KÜNZLE, Konsens und Dissens, recht 1992, 52 ff.; MORIN, L'article 2 CO et la formation du contrat, Festschrift Sandoz, Genf 2006, 463 ff.; TERCIER, Contrat et documents contractuels, BR 2001, 91 ff.

I. Konsens

1. Begriff

29.01 Konsens liegt vor, wenn die *Willenserklärungen* der vertragsschliessenden Parteien *übereinstimmen*. Ob dies gegeben ist, muss durch Auslegung (vgl. N 27.33 ff.) der beiden Erklärungen ermittelt werden.

29.02 Ergibt die Auslegung, dass die Parteien übereinstimmend dasselbe gewollt haben, so liegt ein sog. *natürlicher* oder *tatsächlicher Konsens* vor. Es gilt das Gewollte, selbst wenn das Erklärte davon abweicht (falsa demonstratio non nocet, Art. 18 Abs. 1). Kann hingegen ein übereinstimmender gemeinsamer Wille der Parteien nicht festgestellt werden, so sind die Willenserklärungen nach dem Vertrauensprinzip auszulegen. Ergibt sich danach bezüglich des Erklärungswertes eine Übereinstimmung, so ist ein sog. *normativer* oder rechtlicher *Konsens* gegeben (vgl. KOLLER, OR AT, § 6 N 3 f.; BernerKomm/KRAMER, Art. 1 N 121 mit Kasuistik und w. Nachw.; mit beachtlichen Argumenten nunmehr gegen das Konstrukt des normativen Konsenses HONSELL, FS Walter, 335 ff.; DERS., ZSR 2011 II, 5, 57 ff.).

2. Wesentliche Vertragspunkte

Der Konsens muss sich auf alle wesentlichen Punkte des Ver- 29.03
trages beziehen (statt vieler BGE 100 II 330, 331; GAUCH/SCHLUEP/
SCHMID, N 330). Hierzu gehören zunächst die *objektiv wesentlichen
Vertragspunkte* (essentialia negotii), die den unentbehrlichen Geschäfts-
kern umfassen, nämlich die vertragstypenbestimmenden Merkmale, Leistung und Gegenleistung sowie die Parteien (vgl. BGE 97 II 53, 55; BGer,
SemJud 2001 I, 589 ff.; Einzelheiten bei KOLLER, OR AT, § 6 N 28 ff.;
a.A. GAUCH/SCHLUEP/SCHMID, N 334 f.). Ausreichend ist freilich, dass
die wesentlichen Punkte aufgrund der übereinstimmenden Willenserklärungen der Parteien bestimmbar sind (BGE 84 II 266, 272; vgl. dazu
N 6.05). Eine Einigung über die *Nebenpunkte* (accidentalia negotii), z.B.
Zahlungs- und Lieferbedingungen, Leistungsort und -zeit, ist für den
Vertragsschluss grundsätzlich nicht erforderlich (vgl. Art. 2 Abs. 1). Anders liegt der Fall, wenn die Regelung eines Nebenpunktes für mindestens eine Partei unabdingbare Voraussetzung für den Vertragsabschluss
ist und die andere Partei dies erkennen konnte (*subjektiv wesentliche
Vertragspunkte*; vgl. GUHL/KOLLER, 106; OGer ZH, ZR 1991, 2, 6; BGE
97 II 53, 55).

Liegt ein Konsens bezüglich der objektiv wesentlichen Vertragspunkte 29.04
vor, so wird nach Art. 2 Abs. 1 der *Vertragsschluss* auch dann *vermutet*,
wenn sich die Parteien die Regelung von Nebenpunkten vorbehalten
haben. Dies bedeutet, dass derjenige, der einen Vertragsschluss behauptet, lediglich die Einigung bezüglich der essentialia negotii nachzuweisen
hat. Es ist dann Sache der anderen Partei, die sich auf Nichtabschluss des
Vertrages beruft, nachzuweisen, dass die noch ausstehende Regelung der
Nebenpunkte für sie subjektiv so wesentlich war, dass ohne diese ein
Vertrag noch nicht zustande kommen sollte und dass dies auch dem Vertragspartner erkennbar war (str.; wie hier BernerKomm/KRAMER, Art. 2
N 10 ff.; KOLLER, OR AT, § 6 N 20 ff.; GAUCH/SCHLUEP/SCHMID,
N 993 ff.; a.A. etwa BGE 110 II 287, 291; vgl. ferner BGE 118 II 32,
34).

Soweit eine Einigung über Nebenpunkte nicht erfolgt ist, der Vertrag 29.05
aber trotzdem zustande gekommen ist, hat das Gericht den *Vertrag* entsprechend zu *ergänzen* (vgl. Art. 2 Abs. 2; BernerKomm/KRAMER,
Art. 2 N 21 ff.; vgl. dazu N 34.04 ff.).

3. Rechtsfolgen

29.06 Bei Vorliegen von Konsens ist der Vertrag geschlossen. Im Falle des normativen Konsenses kann sich allerdings jene Partei, die an einer Willenserklärung behaftet wird, die nicht ihrem wirklichen Willen entspricht, durch Anfechtung vom Vertrag lösen.

II. Dissens

1. Begriff

29.07 Liegt weder natürlicher noch normativer Konsens vor, d.h. stimmen die Willenserklärungen nicht überein, so wird von Dissens gesprochen. Der Dissens kann sich dabei auf alle oder auch nur auf einzelne Vertragspunkte beziehen *(Total- oder Partialdissens)*. Denkbar ist es, dass die Willenserklärungen aneinander vorbeigehen, z.B. wenn der Offerent eine Sache zu CHF 1000.– anbietet und die Akzeptantin die Offerte für CHF 900.– «annimmt». Auch bei objektiv mehrdeutigen Erklärungen, die nur scheinbar übereinstimmen (vgl. Dollar-Fall N 27.33), liegt ein Dissens vor.

29.08 Je nach dem Bewusstsein der Parteien kann zwischen offenem und verstecktem Dissens unterschieden werden. Beim *offenen Dissens* ist den Parteien bewusst, dass sie sich nicht oder noch nicht über alle Punkte des Vertrages geeinigt haben, über die nach dem erkennbaren Willen auch nur einer Partei eine Vereinbarung getroffen werden soll. Beispiele: Die Parteien konnten sich noch nicht über den Kaufpreis einigen; sie streiten noch um Einzelheiten der Zahlungsbedingungen. Bei einem *versteckten Dissens* meinen die Parteien irrtümlich, dass eine Einigung erfolgt sei, obgleich diese nicht vorliegt.

2. Rechtsfolgen

29.09 Beschlägt der Dissens die objektiv wesentlichen Vertragspunkte, so kommt ein Vertrag nicht zustande. Irrelevant ist, ob es sich dabei um einen offenen oder um einen versteckten Dissens handelt (vgl. statt vieler KOLLER, OR AT, § 6 N 9 und N 12).

29.10 Betrifft der Dissens hingegen lediglich *Nebenpunkte* des Vertrages, so hindert dies das Zustandekommen des Vertrages grundsätzlich nicht (vgl. Art. 2 Abs. 1). Die Vermutung des Art. 2 Abs. 1 gilt zwar dem Wortlaut nach nur für den offenen Partialdissens, sie ist jedoch auf den versteckten

Dissens entsprechend anwendbar (BGE 103 II 190, 194 f.; Berner-Komm/KRAMER, Art. 1 N 157). Freilich bleibt es jeder Partei unbenommen, die Vermutung zu widerlegen, indem sie beweist, dass es sich bei dem in Frage stehenden Nebenpunkt um einen *subjektiv wesentlichen Vertragspunkt* handelte, d.h. dass sie den Vertrag ohne Einigung über diesen nicht abgeschlossen hätte (BGE 54 II 300, 305; KOLLER, OR AT, § 6 N 20 ff.).

Nach diesen Prinzipien sind auch sog. *Punktationen*, mit denen Partei- 29.11
en während länger dauernder Vertragsverhandlungen einzelne erzielte Verhandlungsergebnisse aufzeichnen, zu beurteilen (Einzelheiten bei BernerKomm/KRAMER, Art. 22 N 63 ff.).

§ 30   Bewusstes Abweichen von Wille und Erklärung

Literatur: BERGER, Schuldrecht, N 727 ff.; BUCHER, OR AT, 146 ff.; ENGEL, OR AT, 224 ff.; FURRER/MÜLLER-CHEN, Kap. 2 N 110, 3 N 31 ff.; GAUCH/SCHLUEP/ SCHMID, N 1013 ff., 819, 834 ff.; GUHL/KOLLER, 130 ff.; HUGUENIN, OR AT, N 189 f.; KELLER/SCHÖBI, Schuldrecht I, 193 ff.; KOLLER, OR AT, § 3 N 202 ff.; TERCIER, Obligations, N 584 ff.; VON TUHR/PETER, 292 ff.; BaslerKomm/BUCHER, Art. 1 N 11; Basler-Komm/WIEGAND, Art. 18 N 44 ff.; BernerKomm/KRAMER, Art. 1 N 54 f., Art. 18 N 103 ff.; CHK/KUT/SCHNYDER, OR 18 N 27 ff.; CR CO I/WINIGER, Art. 18 N 60 ff.; KuKo OR/BLUMER, Art. 24 N 6; KuKo OR/WIEGAND, Art. 18 N 36 ff.; ZürcherKomm/ JÄGGI, Art. 1 N 418 ff.; ZürcherKomm/GAUCH, Art. 18 N 83 ff.;

KOLLER ALFRED, Grundstückkauf mit Schwarzzahlung, ZBJV 1990, 121 ff.; KRAUS-KOPF, Der Begriff, die Erscheinungsformen und die Bedeutung der Schuldanerkennung im Obligationenrecht, recht 2005, 169 ff.; RUOSS, Scheingebote an Kunstauktionen, Zürich 1984; SCHMID J., Die öffentliche Beurkundung von Schuldverträgen, Freiburg i.Ue. 1988; SCHMIDLIN, Der formungültige Grundstückkauf, ZSR 1990 I, 224 ff.; SPIRO, Grundstück-kauf und Formzwang (Replik zu BGE 90 II 154 ff.), BJM 1965, 213 ff.; WIEGAND/ BRUNNER, Vom Umfang des Formzwanges und damit zusammenhängenden Fragen des Grundstückkaufvertrages, recht 1993, 1 ff.

Ein bewusstes Abweichen von Wille und Erklärung ist in *drei* 30.01
Fällen denkbar: dem geheimen Vorbehalt, der Scherzerklärung und dem Scheingeschäft. Nur Letzteres hat in Art. 18 Abs. 1 eine ausdrückliche gesetzliche Regelung erfahren.

I. Geheimer Vorbehalt und Scherzerklärung

30.02   Beim *geheimen Vorbehalt* (Mentalreservation) behält sich der Erklärende insgeheim vor, das Erklärte nicht zu wollen. Er geht dabei davon aus, dass die Erklärungsempfängerin den geheimen Vorbehalt nicht kennt. Eine *Scherzerklärung* liegt demgegenüber vor, wenn jemand eine nicht ernstlich gemeinte Willenserklärung in der Erwartung abgibt, dass die Erklärungsempfängerin den Mangel der Ernstlichkeit erkennt (vgl. BaslerKomm/BUCHER, Art. 1 N 11).

30.03   Bezüglich der Rechtsfolgen ist in beiden Fällen auf die *Situation der Erklärungsempfängerin* abzustellen (vgl. KOLLER, OR AT, § 3 N 204 f.; BernerKomm/KRAMER, Art. 18 N 109). Hat sie den Mangel der Ernstlichkeit nicht erkannt, so ist sie in ihrem Vertrauen auf das Erklärte zu schützen. Dies gilt nicht, wenn die Erklärungsempfängerin die fehlende Ernstlichkeit tatsächlich durchschaut hat bzw. hätte erkennen können, da es insoweit an der Schutzbedürftigkeit fehlt. Die Willenserklärung ist dann nichtig.

II. Scheingeschäft

1. Begriff

30.04   Im Unterschied zur Mentalreservation und zur Scherzerklärung *täuschen* beim Scheingeschäft (Simulation) beide Parteien *einverständlich einen Vertrag vor*, ohne an diesen gebunden sein zu wollen (vgl. BGE 97 II 201, 207). Zweck der Simulation ist regelmässig die Täuschung eines Dritten, z.B. der Steuerbehörde (anschaulich BGE 90 II 154 ff.).

30.05   Die Simulation kann sich auf den ganzen Vertrag *(Vollsimulation)* oder auch nur auf Teile desselben *(Teilsimulation)*, z.B. den Kaufpreis, beziehen (vgl. BGE 117 II 382 ff.). Häufig verdeckt das Scheingeschäft *(simuliertes Geschäft)* ein anderes, ernstlich gewolltes *(dissimuliertes)* Geschäft. Dies ist namentlich beim Grundstückskauf mit einer Schwarzgeldabrede der Fall.

2. Rechtsfolgen

30.06   Die Rechtsfolgen bei Simulation ergeben sich aus Art. 18.

30.07   Nach Art. 18 Abs. 1 ist das *simulierte Geschäft unwirksam*, da es beiden Parteien an einem Geltungswillen fehlt (vgl. BGE 97 II 201, 207).

Die Unwirksamkeit des Scheingeschäftes gilt auch gegenüber Dritten (vgl. BGE 106 II 141, 145). Hiervon macht allerdings Art. 18 Abs. 2 eine Ausnahme. Hat der Schuldner ein *simuliertes schriftliches Schuldbekenntnis* abgegeben und hat ein Dritter die Forderung im Vertrauen auf dieses Schuldbekenntnis erworben, so kann der Schuldner dem Dritten nicht entgegenhalten, dass die Forderung auf einem Scheingeschäft zwischen ihm und der Gläubigerin beruht und deshalb gar nicht entstanden ist. Die sog. Simulationseinrede (korrekt: Simulationseinwendung, vgl. N 4.34) ist damit ausgeschlossen; andere Einwendungen und Einreden kann der Schuldner aber trotz Art. 18 Abs. 2 geltend machen (zur analogen Anwendung des Art. 18 Abs. 2 in weiteren Fällen vgl. BernerKomm/ KRAMER, Art. 18 N 176 ff.).

Auf das allenfalls hinter einem simulierten Geschäft stehende *dissimulierte Geschäft* sind die für dieses geltenden Vorschriften anwendbar. Nach Art. 18 Abs. 1 hindert allein die Tatsache der Simulation die Wirksamkeit des dissimulierten Geschäfts nicht (vgl. BGE 96 II 383, 390). Dessen Unwirksamkeit kann sich jedoch aus einem Verstoss gegen inhaltliche Schranken oder gegen Formvorschriften ergeben, z.B. beim Grundstückskaufvertrag mit Schwarzgeldabrede. **30.08**

3. Abgrenzung zu Treuhand-, Strohmann- und Umgehungsgeschäften

Das Scheingeschäft ist vom Treuhand-, Strohmann- und Umgehungsgeschäft zu unterscheiden. Während die Parteien beim Scheingeschäft einen Vertrag nur vortäuschen wollen, soll bei den genannten Geschäften der *rechtliche Erfolg* nach dem gemeinsamen Willen der Parteien durchaus *eintreten* (vgl. GAUCH/SCHLUEP/SCHMID, N 1029 m.w. Nachw.). Jedoch entspricht bei allen drei Geschäften das gewollte rechtliche Gewand nicht dem verfolgten wirtschaftlichen Zweck. **30.09**

Bei der *Treuhand* (fiduziarisches Rechtsgeschäft; vgl. dazu Berner-Komm/KRAMER, Art. 18 N 199 ff.) überträgt die Treugeberin dem Treuhänder ein Recht (Eigentum, Forderung) mit der Abrede, im eigenen Namen, aber im Interesse und für Rechnung der Treugeberin tätig zu werden. Die Treuhand zerfällt in zwei Teile: das *schuldrechtliche* fiduziarische *Grundgeschäft* (Auftrag, Sicherungsabrede) und die fiduziarische Übertragung des Rechts als *Verfügungsgeschäft*. Charakteristisch ist, dass der Treuhänder eine überschiessende Rechtsmacht erhält. Er wird Vollrechtsinhaber; in der Ausübung des Rechtes ist er jedoch gegenüber der Treugeberin durch die obligatorisch wirkende Abrede beschränkt. **30.10**

Besteht die Treuhand im Interesse der Treugeberin, so wird von *Verwaltungstreuhand* gesprochen, z.B. wenn eine Ärztin ihre Forderungen zur Einziehung auf eine Verrechnungsstelle überträgt (Inkassozession, vgl. N 90.03). Besteht sie im Interesse des Treunehmers, so liegt eine sog. *Sicherungstreuhand* vor, z.B. bei der Sicherungsübereignung (vgl. dazu auch Art. 717 ZGB) oder der Sicherungszession.

30.11 Das *Strohmanngeschäft* ist ein Unterfall der Treuhand. Es geht hier darum, dass jemand zwar im eigenen Namen, aber für Rechnung und im Interesse eines Hintermanns ein Recht erwirbt oder ausübt, weil der Hintermann selbst nicht in Erscheinung treten will oder kann (vgl. Einzelheiten bei BernerKomm/KRAMER, Art. 18 N 136 ff., insb. N 139).

30.12 Beim *Umgehungsgeschäft* geht es den Parteien darum, durch eine atypische Vertragsgestaltung eine bestimmte Rechtsfolge zu umgehen (vgl. BGE 125 III 257, 262; BernerKomm/KRAMER, Art. 18 N 140 ff.). Beispiel: In einem Arbeitsvertrag vereinbaren die Parteien, dass der Lohnanspruch nicht dem Arbeitnehmer, sondern seiner Frau zustehen soll, weil der Arbeitnehmer selbst Lohnpfändungen durch seine Gläubiger befürchtet (vgl. auch N 32.15).

Kapitel 3: Die Gültigkeitsvoraussetzungen

§ 31   Form der Verträge

Literatur: BERGER, Schuldrecht, N 743 ff.; BUCHER, OR AT, 160 ff.; ENGEL, OR AT, 246 ff.; FURRER/MÜLLER-CHEN, Kap. 5 N 1 ff.; GAUCH/SCHLUEP/SCHMID, N 488 ff.; GUHL/KOLLER, 119 ff.; HUGUENIN, OR AT, N 309 ff.; KELLER/SCHÖBI, Schuldrecht I, 19 ff.; KOLLER, OR AT, § 12 N 1 ff.; MERZ, Vertrag und Vertragsschluss, N 329 ff.; TERCIER, Obligations, N 663 ff.; VON TUHR/PETER, 233 ff.; BaslerKomm/ SCHWENZER, Art. 11–16; BernerKomm/SCHMIDLIN, Art. 11–16; CHK/KUT/SCHNYDER, OR 11–16; CR CO I/GUGGENHEIM, Art. 11–16; KuKo OR/WIEGAND/HURNI, Art. 11–16; ZürcherKomm/JÄGGI, Art. 11–16;

ARTER/JÖRG (Hrsg.), Internet-Recht und Electronic Commerce Law, Lachen/St. Gallen 2001; BALSCHEIT, Konsumvertragsrecht und E-Commerce, Diss. Basel, Bern 2005; BERNATH, Rechtliche Aspekte neuer Informations- und Kommunikationstechnologien, in: Aspekte des Wirtschaftsrechts, Zürich 1994, 3 ff.; BRÜCKNER, Der Umfang des Formzwangs beim Grundstückkauf, ZBGR 1994, 1 ff.; CHERPILLOD GIACOBINO, Internet dans la conclusion du contrat et les solutions du paiement, SemJud 2003 II, 393 ff.; DAUMKE, Rechtsprobleme der Telefaxübermittlung, ZIP 1995, 722 ff.; DÉPRAZ, La forme authentique en droit fédéral et en droit cantonal comparé, Diss. Lausanne 2002; DÖRR, Elektronische Signaturen und Haftung der Anbieter von Zertifizierungsdiensten, Diss. Zürich 2003; FAVRE-BULLE, Le contrat électronique, in: BELLANGER/CHAIX/CHAPPUIS CHRISTINE/ HÉRITIER LACHAT, Le contrat dans tous ses états, Bern 2004, 175 ff.; FOUNTOULAKIS, Der

Vorentwurf zu einem Bundesgesetz über den elektronischen Geschäftsverkehr, in: COT-TIER/RÜETSCHI/SAHLFELD (Hrsg.), Information und Recht, Basel/Genf/München 2002, 57 ff.; FONTOULAKIS/WERRO, Are Offer and Acceptance Subject to the Form Requirements of the Future Contract? – Or, What We Can Learn from a Four-Hand Analysis Based on Dickinson v. Dodds, Festschrift Schwenzer, Band I, Bern 2011, 515 ff.; FUR-RER, Heilung des Formmangels im Vertrag, Zürich 1992; GABRIEL, Formvorbehalt für Vertragsänderungen, SJZ 2010, 533 ff.; GANDOLFI, Das Problem der Konversion des nichtigen Vertrags in den europäischen Rechtsordnungen, Festschrift Schlechtriem, Tübingen 2003, 493 ff.; GASSER, Rechtsöffnung im Cyberspace?, AJP 2001, 91 ff.; GAUCH, Vom Formzwang des Grundstückkaufes und seinem Umfang, BR 1986, 80 ff.; GIGER, Rechtsfolgen norm- und sittenwidriger Verträge, Zürich 1989; GÖTTE, Mitteilungen. Zur Frage der Schriftform bei einem verschlüsselten Text, SJZ 1995, 280; HESS, Immobilien-Leasing und Formzwang, ZBGR 1991, 1 ff.; HONSELL/PIETRUSZAK, Der Vernehmlassungsentwurf zu einem Bundesgesetz über den elektronischen Geschäftsverkehr, AJP 2001, 771 ff.; HOEREN, Beweiswert digitaler Dokumente: eine EU-Perspektive, in: SCHLAURI/JÖRG/ARTER (Hrsg.), Internet-Recht und digitale Signaturen, Bern 2005, 83 ff.; HOFFMANN, Willenserklärungen im Internet: Rechtssicherheit durch elektronische Signaturen sowie Anpassung der Formvorschriften und des Beweisrechts, Diss. Dresden/Hamburg 2003; HUBER, Die öffentliche Beurkundung als Begriff des Bundesrechtes, ZBGR 1988, 228 ff.; JACCARD, La conclusion de contrats par ordinateur, Bern 1996; JÖRG/ARTER, Ein kritischer Blick auf den Entwurf zum Bundesgesetz über den elektronischen Geschäftsverkehr, AJP 2002, 165 ff.; DIES., Digitale Signaturen: Die Public-Key-Infrastruktur nach der neuen Zertifizierungsdiensteverordnung, ZBJV 2000, 449 ff.; KOL-LER ALFRED, Vom Formmangel und seinen Folgen, in: KOLLER ALFRED (Hrsg.), Der Grundstückkauf, 2. Aufl., Bern 2001, 77 ff.; DERS., Grundstückkauf mit Schwarzzahlung, ZBJV 1990, 121 ff.; DERS., Anmerkung zu BGE 113 II 402, BR 1989, 95 f.; KOLLER THOMAS, Beurkundungsprobleme bei Steuerüberwälzungsklauseln in Grundstückkaufverträgen, AJP 2007, 1491 ff.; LEGLER, Digitale Signaturen in der Schweiz: Vom realen zum virtuellen Notariat?, ZBGR 2001, 129 ff.; LENZ, Die elektronische Signatur: eine Analogie zur eigenhändigen Unterschrift?, Stuttgart 2001; LEUENBERGER, Abschluss des Grundstückkaufvertrages, in: KOLLER ALFRED (Hrsg.), Der Grundstückkauf, 2. Aufl., Bern 2001, 27 ff.; MARKWALDER, Public Key Infrastructure: Eignung von PKI zur Erfüllung zivilrechtlicher Anforderungen aus Gesetz und Vertrag innerhalb einer Unternehmung (B2B, B2C und B2E), Diss. Zürich 2009; MERZ, Die vertraglich vorbehaltene Form (Art. 16 OR), in: Travaux de la 5ᵉ semaine juridique turco-suisse, Istanbul 1976, 169 ff.; OTT, «Teleologische Reduktion» mit Beispielen aus dem Schuld- und Sachenrecht, Festschrift Rey, Zürich 2003, 563 ff.; PESTALOZZI/VEIT, Elektronische Signaturen: schweizerische Regulierungsansätze im europäischen Umfeld, AJP 2000, 599 ff.; PFÄFFLI, Unwahrer Kaufpreis: Nichtiger Grundstückkauf, BN 2007, 96 ff.; DERS., Rechtsfolgen bei unrichtiger Angabe des Kaufpreises beim Grundstückkauf, Jusletter 1. Oktober 2007; RAMSAU-ER, Die Regelung der Public Key Infrastruktur in der Schweiz, in: WEBER/HILTY/AUF DER MAUR (Hrsg.), Geschäftsplattform Internet, Zürich 2000, 59 ff.; RUF, Bemerkungen zum BGE 113 II 402 betreffend den Umfang des Formzwanges beim Grundstückkauf, BN 1992, 321 ff.; DERS., Der Umfang des Formzwangs beim Grundstückkauf, ZBGR 1997, 361 ff.; DERS., Beurkundung von Vertragsverbindungen, Festschrift 100 Jahre bernischer Notare, Langenthal 2003, 223 ff.; RUNGE, «Elektronische Unterschriften», St. Gallen 1997; SCHLAURI, Elektronische Signaturen, Zürich/Basel/Genf 2002; DERS., Die Digitale Signatur: Basistechnologie des elektronischen Geschäftsverkehrs, in:

ARTER/JÖRG (Hrsg.), Internet-Recht und Electronic Commerce Law, Lachen/St. Gallen 2001, 55 ff.; SCHLAURI/JÖRG/ARTER (Hrsg.), Internet-Recht und digitale Signaturen, Bern 2005; SCHLAURI/KOHLAS, Vorentwurf zu einem Bundesgesetz über elektronische Signaturen, sic! 2001, 253 ff.; SCHMID, Die öffentliche Beurkundung von Schuldverträgen, Freiburg i.Ue. 1988; DERS., Der Umfang des Formzwanges, recht 1989, 113 ff.; DERS., Thesen zur öffentlichen Beurkundung, ZBGR 1993, 1 ff.; DERS., Vertrauenshaftung bei Formungültigkeit, Festschrift Walter, Bern 2005, 417 ff.; SCHMID ALEXANDER/SCHMID JEAN-DANIEL, Gerichtsstandsklauseln in allgemeinen Geschäftsbedingungen in über das Internet abgeschlossenen Verträgen im Binnenkontext, Jusletter 6. Juni 2011; SCHMIDLIN, Der formungültige Grundstückkauf: Bemerkungen zur neueren Lehre und Rechtsprechung, ZSR 1990 I, 223 ff.; SCHÖBI, Vertragsschluss auf elektronischem Weg: Schweizer Recht heute und morgen, in: WEBER/HILTY/AUF DER MAUR (Hrsg.), Geschäftsplattform Internet, Zürich 2000, 95 ff.; DERS., E-Commerce – Herausforderung für den Gesetzgeber, BJM 2001, 105 ff.; DERS., Digitale Signatur: Stand der Gesetzgebung, DIGMA 2002, 32 ff.; DERS., Das Bundesgesetz vom 19. Dezember 2003 über Zertifizierungsdienste im Bereich der elektronischen Signatur (ZertEs), in: SCHLAURI/JÖRG/ARTER (Hrsg.), Internet-Recht und digitale Signaturen, Bern 2005, 17 ff.; DERS., Zivilrechtliche Aspekte des Internets – zu den neuen Artikeln 14 Abs. 2bis und 59a OR, Jusletter 1. März 2004; SCHÖLL, Die Konversion des Rechtsgeschäfts, Diss. Basel, Bern 2004; SCHUMACHER, Vertragsgestaltung, Zürich 2004; SIDLER, Beweislast liegt beim Schlüsselinhaber, Bemerkungen zum Entwurf des Bundesgesetzes über die elektronische Signatur (BGES), DIGMA 2001, 64 ff.; SPINDLER, Die digitale Signatur und E-Banking – die Schweiz im europäischen Umfeld, in: WIEGAND (Hrsg.), E-Banking, Die einzelnen Rechtsgeschäfte, Bern 2003, 17 ff.; SPIRO, Die unrichtige Beurkundung des Preises bei Grundstückskauf, Basel 1964; STAEHELIN ADRIAN, Die neuen elektronischen Medien im Zivilprozess, Festschrift Vogel, Freiburg i.Ue. 1991, 95 ff.; STAEHELIN DANIEL, Vertretungsverhältnis nicht genannt – öffentliche Urkunde ungültig?, Jusletter 2. August 2010; STEJSKAL, Elektronische Signaturen: Einsatzmöglichkeiten im Bankenumfeld, Bern 2004; TERCIER, La formation du contrat et les clauses d'architecte, in: GAUCH/TERCIER (Hrsg.), Das Architektenrecht, 3. Aufl., Freiburg i.Ue. 1995, 39 ff.; VOLKEN, Zum Problem des «formnichtigen» Rechtsgeschäftes, ZWR 1981, 461 ff.; WIEGAND, Formungültigkeit und Vertrauenshaftung – Bemerkungen zu einem bemerkenswerten Urteil des Bundesgerichts, recht 1999, 225 ff.; WIEGAND/BRUNNER, Vom Umfang des Formzwanges und damit zusammenhängende Fragen des Grundstückkaufvertrages, recht 1993, 1 ff.; WOLFER, Formfreiheit der Rückabwicklungsvereinbarung, AJP 2008, 1582 f.

I. Grundsatz der Formfreiheit

31.01   Entsprechend dem allgemeinen Prinzip der Vertragsfreiheit steht das OR auf dem Standpunkt der *Formfreiheit*. Gemäss Art. 11 Abs. 1 bedürfen Verträge deshalb nur dann einer besonderen Form, wenn eine solche vom Gesetz ausdrücklich angeordnet ist oder wenn die Parteien eine Form vereinbaren (Art. 16).

II. Zwecke gesetzlicher Formvorschriften

Gesetzliche Formvorschriften verfolgen namentlich drei Zwe- 31.02
cke: Zunächst haben sie eine *Warnfunktion* und wollen die Parteien vor
dem übereilten Abschluss wichtiger Geschäfte schützen. Sie dienen sodann der *Rechtssicherheit*, indem sie durch Sicherung des Beweises die
Prozessführung erleichtern und auch Dritten eine verlässliche Grundlage
für die Beurteilung eines Rechtsgeschäftes bieten. Schliesslich bezwecken sie die Schaffung *klarer Verhältnisse*, was vor allem dort von Bedeutung ist, wo der förmliche Vertrag Grundlage für einen Registerein-
trag ist, d.h. vor allem bei Grundstücksgeschäften (Grundbuch) und im
Gesellschaftsrecht (Handelsregister). Während die herkömmlichen von
der *Schriftlichkeit* ausgehenden Formerfordernisse alle Zwecke erfüllen
konnten, entfällt die Warnfunktion und damit der Übereilungsschutz bei
der *elektronischen Signatur*.

Je nachdem kann eine Formvorschrift mehreren Zwecken zugleich 31.03
dienen; im Einzelfall kann aber auch ein einziger Zweck ganz im Vordergrund stehen.

III. Arten gesetzlicher Formvorschriften

Es können drei Arten von Formvorschriften unterschieden 31.04
werden: die einfache Schriftlichkeit, die qualifizierte Schriftlichkeit und
die öffentliche Beurkundung.

1. Einfache Schriftlichkeit

a) Allgemeines

Die einfache Schriftlichkeit setzt eine *Erklärung in Schriftform* 31.05
und deren *Unterzeichnung* voraus (Art. 13–15). Sie ist die schwächste
der Formvorschriften und findet sich vor allem dort, wo es um den
Schutz der typischerweise schwächeren Vertragspartei oder um die Be-
weissicherung geht, z.B. bei Zession (Art. 165 Abs. 1), Vorkaufsvertrag
ohne Bestimmung eines Kaufpreises (Art. 216 Abs. 3), Schenkungsversprechen (Art. 243 Abs. 1), Kündigung von Wohn- und Geschäftsräumen
(Art. 266l Abs. 1), Vereinbarung eines Konkurrenzverbots im Arbeitsvertrag (Art. 340) oder Vermögensübertragung von im Handelsregister

eingetragenen Gesellschaften (Art. 70 Abs. 2 FusG); ausführliche Zusammenstellung bei BernerKomm/SCHMIDLIN, Art. 11 N 60 ff.

b) Schriftlichkeit

31.06 Zur Schriftlichkeit gehört, dass der Erklärungsinhalt in *Schriftzeichen* auf einem Erklärungsträger aufgezeichnet und *dauerhaft festgehalten* wird. Die Aufzeichnung auf Ton- oder Datenträger reicht allenfalls dann aus, wenn sie veränderungsresistent ist (vgl. BaslerKomm/ SCHWENZER, Art. 13 N 3 m.w. Nachw.). Gleichgültig ist die Schriftart und das verwendete Schreibgerät, sofern nur die dauerhafte Verkörperung gewährleistet ist. Insbesondere können auch Formulare und Vordrucke verwendet werden.

31.07 Nach Art. 13 Abs. 1 muss ein Vertrag die *Unterschriften* der Personen tragen, die durch ihn verpflichtet werden sollen. Entgegen des zu engen Wortlauts, der allein auf die Unterzeichnung abstellt, bedeutet dies, dass nur die Erklärung der sich *verpflichtenden Partei* schriftlich sein muss (BGE 101 II 222, 231). Entscheidend ist somit, ob es sich um einen einseitig oder zweiseitig verpflichtenden Vertrag handelt. So ist nach Art. 243 Abs. 1 nur das Versprechen der Schenkerin, nach Art. 165 Abs. 1 nur die Erklärung der Zedentin, nicht jedoch die Annahmeerklärung der jeweiligen anderen Vertragspartei dem Schriftformerfordernis unterworfen. Ein Erbteilungsvertrag hingegen bedarf als zweiseitig verpflichtender Vertrag der Unterzeichnung beider Parteien (vgl. Art. 634 Abs. 2 ZGB).

31.08 Bei zwei- oder mehrseitigen Verträgen ist nicht erforderlich, dass sich alle Erklärungen auf einer *einheitlichen Vertragsurkunde* finden, solange nur die Bezugnahme auf einen bestimmten Vertrag sichergestellt ist (vgl. BGE 118 II 395, 398).

c) Unterzeichnung

31.09 Die Erklärende anerkennt durch die Unterschrift einerseits die Erklärung, andererseits wird dadurch die Identifikation der Erklärenden gewährleistet. Zu unterschreiben ist in der Regel mindestens mit dem *Familiennamen*, die blossen Initialen genügen grundsätzlich nicht. Soweit jedoch die Erklärende aus anderen Hinweisen der Urkunde hinreichend *identifizierbar* ist, kann auch der blosse Vorname, ein Spitzname oder die Angabe einer Verwandtschaftsbezeichnung («Deine Mutter») genügen (a.A. KOLLER, OR AT, § 12 N 55). Auch Pseudonyme, die in der Öffentlichkeit benützt werden, reichen aus.

Nach Art. 14 Abs. 1 ist die Unterschrift *eigenhändig* zu schreiben. 31.10 Dies schliesst jede Art mechanischer oder technischer Unterzeichnung aus, auch wenn sie von der Namensträgerin persönlich ausgeführt wird (zur elektronischen Signatur vgl. N 31.14). Ausnahmen vom Prinzip der Eigenhändigkeit sehen Art. 14 Abs. 2 und 3 sowie Art. 15 vor. Nach Art. 14 Abs. 2 genügt eine Nachbildung der eigenhändigen Unterschrift auf mechanischem Wege, d.h. durch Stempel, Druck oder Fotokopie *(Faksimileunterschrift)*, wenn der Gebrauch verkehrsüblich ist, d.h. namentlich bei Wertpapieren oder Versicherungspolicen. Die Unterschrift einer Blinden ist nach Art. 14 Abs. 3 nur dann wirksam, wenn sie entweder amtlich beglaubigt ist oder nachgewiesen wird, dass die Unterzeichnende den Inhalt der Urkunde gekannt hat. Nach Art. 15 steht das *beglaubigte Handzeichen* oder die *öffentliche Beurkundung* der eigenhändigen Unterschrift gleich, wenn jemand nicht schreiben kann, sei es aufgrund Unkenntnis der Schrift oder körperlicher Unfähigkeit. Art. 15 findet keine Anwendung bei Wechsel und Check (Art. 1085, 1143). Für die Errichtung eines Testaments geht Art. 502 ZGB vor.

Die Unterzeichnung kann auch durch eine *Vertreterin* erfolgen, wobei 31.11 dann das Vertretungsverhältnis anzugeben ist (vgl. BGE 102 II 197, 201) bzw. aus der Urkunde hinreichend deutlich werden muss, z.B. durch die Zusätze i.A. (im Auftrag) oder ppa. (per procura). Eine Unterschrift der Vertreterin mit dem Namen der Vertretenen entspricht wohl gelegentlich noch der Übung, sie kann aber grundsätzlich nicht den Anforderungen der Schriftlichkeit genügen (BernerKomm/SCHMIDLIN, Allg. Erl. zu Art. 12–15 N 17 f.; a.M. VON TUHR/PETER, 395).

Die Unterschrift muss nach ihrer *räumlichen* Stellung den Inhalt der 31.12 Urkunde decken, d.h. in der Regel in der Schriftrichtung dem Text nachfolgen. Ergänzungen, Änderungen und Streichungen müssen zumindest mit den Initialen der Erklärenden versehen werden (BernerKomm/ SCHMIDLIN, Allg. Erl. zu Art. 12–15 N 21).

Zeitlich braucht die Unterschrift der Anfertigung des Textes nicht 31.13 nachzugehen. Auch das nachträglich vervollständigte Blankett wahrt die Schriftform (str., vgl. BernerKomm/SCHMIDLIN, Allg. Erl. zu Art. 12–15 N 24 ff. m.w. Nachw.).

d) Moderne Kommunikationsformen

31.14 Streitig ist, ob durch die Verwendung moderner Kommunikationsmittel das Schriftformerfordernis erfüllt werden kann. Per Post übersandte *Fotokopien* genügen nach überwiegender Auffassung nicht, da die unterschriebene Urkunde den Bereich der Absenderin nicht verlässt (vgl. BGE 112 II 326, 328; 112 Ia 173; anders unter Art. 13 CISG). Die über Telefax oder elektronisch übermittelte unterschriebene und ggf. eingescannte Urkunde kann hingegen dem Austausch von Erklärungen mittels Briefes gleichgestellt werden (str., Einzelheiten bei BaslerKomm/ SCHWENZER, Art. 13 N 14b m.w. Nachw.; vgl. auch Art. 5 Abs. 1 IPRG; a.A. BGE 121 II 252 f.). Die Schriftform muss hier schon aus Praktikabilitäts- und Wirtschaftlichkeitsgründen bejaht werden. Nach bislang überwiegender Auffassung erfüllen mittels *E-Mail-Text* bzw. auf andere Weise elektronisch geschlossene Verträge das Formerfordernis der einfachen Schriftlichkeit nicht, weil eine Erklärung in herkömmlicher Schriftform und eine eigenhändige Unterschrift fehlen, auch wenn eine eingescannte Unterschrift in ein word-Dokument übertragen wird (diff. BaslerKomm/SCHWENZER, Art. 13 N 14c). Entsprechend der internationalen Entwicklung (vgl. EG-Richtlinie 99/93/EG über elektronische Signaturen vom 13. Dezember 1999; EG-Richtlinie 2000/31/EG über den elektronischen Geschäftsverkehr vom 8. Juni 2000) wurde auch in der Schweiz die *elektronische Signatur* eingeführt (ZertES). Art. 14 Abs. 2bis stellt die qualifizierte elektronische Signatur der Unterschrift gleich. In der Praxis wird jedoch von dieser Möglichkeit nur sehr zurückhaltend Gebrauch gemacht. Im *Zivilprozess* und im *Betreibungs- und Konkursverfahren* können Eingaben der Parteien nun auch elektronisch erfolgen (Art. 130 Abs. 1 ZPO; Art. 33a Abs. 1, 34 Abs. 2 SchKG).

e) Ersatz der Schriftlichkeit durch öffentliche Beurkundung

31.15 Wählen die Parteien anstatt der einfachen Schriftlichkeit die *öffentliche Beurkundung*, so muss dies für die Einhaltung der Schriftform in jedem Fall genügen, da damit die Zwecke des Schriftformerfordernisses ebenso erreicht werden können (str., diff. GAUCH/SCHLUEP/SCHMID, N 531; offen gelassen in BGE 81 II 502, 505).

2. Qualifizierte Schriftlichkeit

In verschiedenen Bestimmungen wird die Schriftlichkeit durch 31.16 *zusätzliche Anforderungen* qualifiziert. So muss nach Art. 505 Abs. 1 ZGB das Testament grundsätzlich von Anfang bis Ende eigenhändig geschrieben sein (vgl. auch Art. 361 ZGB: Vorsorgeauftrag eigenhändig oder öffentlich beurkundet). Bei der Bürgschaftserklärung natürlicher Personen unter CHF 2000.– muss nach Art. 493 Abs. 2 S. 2 eigenhändig der Haftungsbetrag angegeben werden. Andere Normen sehen vor, dass die Urkunde bestimmte Angaben enthalten muss (vgl. nur Art. 406d: Partnerschaftsvermittlungsvertrag; Art. 9 ff. KKG: Konsumkreditvertrag; Art. 40h OR-E: Teilzeitnutzungsrechte an Immobilien; ausführliche Zusammenstellung bei BernerKomm/SCHMIDLIN, Art. 11 N 65 ff.) oder die Erklärung auf einem amtlichen Formular zu erfolgen hat (Art. 266l Abs. 2).

3. Öffentliche Beurkundung

Bei der öffentlichen Beurkundung wird die Erklärung durch ei- 31.17 ne vom Staat damit betraute Person *(Urkundsperson, Notar)* in einem eigens dafür *festgelegten Verfahren* in einer Urkunde festgehalten (BGE 99 II 159, 161). Die öffentliche Beurkundung stellt die strengste gesetzliche Form dar. Sie findet sich bei besonders wichtigen und *risikoreichen Geschäften* und immer, wenn das Rechtsgeschäft Grundlage für die Eintragung in ein *öffentliches Register* ist. So gilt das Erfordernis öffentlicher Beurkundung bei der Bürgschaftserklärung natürlicher Personen, falls der Haftungsbetrag CHF 2000.– übersteigt (Art. 493 Abs. 2 S. 1), sowie vor allem bei Grundstücksgeschäften (vgl. Art. 216 Abs. 1, 2, 243 Abs. 2, Art. 657 Abs. 1 ZGB; ausführliche Zusammenstellung bei BernerKomm/SCHMIDLIN, Art. 11 N 82 f.).

Der Begriff der öffentlichen Beurkundung gehört dem *Bundesrecht* an 31.18 (vgl. BGE 113 II 402, 404; 124 I 297, 299). Nach Art. 55 Abs. 1 SchlT ZGB bestimmen jedoch die *Kantone*, in welcher Weise auf ihrem Gebiet die öffentliche Beurkundung hergestellt wird. Das kantonale Beurkundungsverfahren muss einerseits den sich aus Begriff und Zweck der öffentlichen Beurkundung ergebenden Mindestanforderungen des Bundesrechts genügen, darf aber andererseits nicht die Wirksamkeit des Bundeszivilrechts beeinträchtigen oder verunmöglichen (BGE 106 II 146, 150). Zu den *bundesrechtlichen Mindestanforderungen* gehört, dass die Urkundsperson die Äusserungen der Parteien wahrheitsgetreu und vollständig in der öffentlichen Urkunde festhält. Sie hat den Text den Parteien persönlich zur Kenntnis zu bringen und dessen Genehmigung durch sie entgegenzunehmen. Die Beurkundung wird dadurch vollzogen, dass die Urkundsperson die Urkunde mit Angabe von Ort und Datum versieht, siegelt und unterschreibt (vgl. zu den bundesrechtlichen Mindestanforderungen LEUENBERGER, N 26 ff.). Gemäss Art. 55a SchlT ZGB können nun auch elektronische Ausfertigungen von öffentlichen Urkunden mittels qualifizierter elektronischer Signatur erstellt werden. Im Übrigen können die Kantone das Beurkundungsverfahren relativ frei ausgestalten. Insbesondere bestimmt das kantonale Recht, ob Pläne oder andere Dokumente, auf die sich die Beurkundung bezieht, selbstständig zu beurkunden sind oder ob ein Verweis darauf genügt (BGE 106 II 146, 149 f.; krit. insoweit LEUENBERGER, N 31), und ob ausserkantonal errichtete öffentliche Urkunden über innerkantonale Grundstücke anzuerkennen sind (vgl. dazu OGer BL, BJM 2001, 301 ff.). Das kantonale Recht regelt auch die *Folgen der Nichteinhaltung* des jeweiligen Verfahrens, d.h. ob die Verfahrensregeln blosse Ordnungsvorschriften sind, deren Verletzung die Wirksamkeit des Vertrages nicht beeinträchtigt, oder Gültigkeitsvorschriften darstellen, bei deren Nichteinhaltung der Vertrag unwirksam ist (vgl. hierzu BGE 106 II 146, 151; vgl. im Einzelnen zum kantonalen Verfahren LEUENBERGER, N 33 ff.).

31.19 Von der öffentlichen Beurkundung ist die *amtliche Beglaubigung* zu unterscheiden. Während die Urkundsperson bei der öffentlichen Beurkundung bestätigt, dass eine Erklärung oder Tatsache von einer bestimmten Person abgegeben worden ist, wird durch die amtliche Beglaubigung lediglich bestätigt, dass eine *Unterschrift* von einer bestimmten Person herrührt. Über die Kenntnis der Unterzeichnenden vom Text der Urkunde und dessen Rekognition sagt die amtliche Beglaubigung dagegen nichts aus (Einzelheiten bei BernerKomm/SCHMIDLIN, Art. 13 N 34 ff.).

IV. Umfang des Formzwangs

31.20 Wo das Gesetz – wie bei der qualifizierten Schriftlichkeit üblich – selbst die formbedürftigen Teile eines Rechtsgeschäfts aufzählt, z.B. bei der Bürgschaft (Art. 493) oder beim Konsumkredit (Art. 9 ff. KKG), bereitet der Umfang des Formzwangs keine Schwierigkeiten. Aber auch in den übrigen Fällen ergibt sich der Umfang des Formzwangs aus dem Bundesrecht. Nach ständiger Rechtsprechung des Bundesgerichtes unterliegen sowohl die *objektiv* als auch die *subjektiv wesentlichen*

Vertragspunkte dem Formzwang (vgl. nur BGE 125 III 131, 133; 113 II 402, 404 m.w. Nachw.).

Formbedürftig sind zunächst die *objektiv wesentlichen Punkte* des 31.21 Vertrags, d.h. die essentialia negotii. Beim Grundstückskaufvertrag zählen hierzu die Parteien, einschliesslich allfälliger Stellvertreter (BGE 112 II 330, 332; diff. STAEHELIN, Jusletter 2.8.2010, Rz. 14 ff.), die Kaufsache (Lage und Form der verkauften Parzelle, BGE 127 III 248, 255), der (wahre) Kaufpreis einschliesslich eventuell erfolgter Anzahlungen sowie die Angabe des Rechtsgrundes (vgl. BGer, 24. 4. 2007, 5A.33/2006; weitere Rechtsprechungsnachw. bei BaslerKomm/SCHWENZER, Art. 11 N 14).

Geschäftsbestandteile, die über die essentialia negotii hinausgehen, 31.22 sog. *accidentalia negotii*, fallen dann unter den Formzwang, wenn sie *Leistung und Gegenleistung* präzisieren, z.B. Zahlungsbedingungen, Konventionalstrafen oder Übernahme von Hypotheken (vgl. Berner-Komm/SCHMIDLIN, Art. 11 N 96).

Nach überwiegender Lehre und Rechtsprechung unterliegen grund- 31.23 sätzlich auch die *subjektiv wesentlichen Vertragspunkte* dem Formzwang (vgl. nur BGE 125 III 131, 133; 113 II 402, 404; GAUCH/SCHLUEP/ SCHMID, N 537 m.w. Nachw.; krit. BernerKomm/SCHMIDLIN, Art. 11 N 98). Das Bundesgericht schränkt dies freilich insoweit ein, als nur solche subjektiv wesentlichen Vertragspunkte dem Formerfordernis unterliegen sollen, die ihrer Natur nach ein Element des betreffenden Vertragstypus bilden, d.h. das, was vom *cadre naturel* des konkreten Geschäftes erfasst wird (BGer, ZBJV 1999, 173, 174; BGE 119 II 135, 138; 113 II 402, 404; zust. GAUCH/SCHLUEP/SCHMID, N 538 m.w. Nachw.). So brauchen beim *Grundstückskaufvertrag* Leistungen des Käufers, die nicht im Austausch gegen das Grundstück, sondern für andere Leistungen der Verkäuferin zu erbringen sind, in der öffentlichen Urkunde nicht erwähnt zu werden, auch wenn sie für die Parteien conditio sine qua non für den Kaufabschluss sind (BGE 119 II 135, 138 f.; 113 II 404 f.). Dementsprechend ist etwa das Versprechen des Käufers, für die Verkäuferin unter Anrechnung auf den Kaufpreis ein Haus zu errichten, formbedürftig (BGE 94 II 270, 273), ebenso ein Darlehen, welches eine eigentliche Stundungsabrede bezüglich eines Teils des Kaufpreises darstellt (BGer, ZBJV 1999, 173, 174), nicht aber ein in Zusammenhang mit dem Kaufvertrag vereinbartes Darlehen zu marktüblichen Bedingungen (BGE 113 II 402, 405). Umstritten ist die Formbedürftigkeit für einen mit einem Grundstückskauf verbundenen *Werk- oder Architektenvertrag* (vgl.

GAUCH, Werkvertrag, N 423 m.w. Nachw.; BGE 119 II 29, 30 ff.; 107 II 211, 215 f.).

31.24 Ein Vertrag, für den das Gesetz eine Formvorschrift aufstellt und der noch nicht gänzlich erfüllt ist, kann nur in der entsprechenden Form *abgeändert*, d.h. modifiziert oder ergänzt werden (Art. 12). Entgegen des zu engen Wortlauts und der Marginalie gilt diese Bestimmung nicht nur für die Fälle der einfachen Schriftlichkeit, sondern auch für die anderen gesetzlichen Formvorschriften, insbesondere für die öffentliche Beurkundung (BGE 123 III 97, 99 f.; 95 II 419, 422 f.). Ausgenommen sind ergänzende *Nebenbestimmungen*, die schon beim ursprünglichen Vertragsabschluss formfrei möglich gewesen wären oder die – entgegen des Wortlauts des Art. 12 – zwar mit der ursprünglichen Urkunde in Widerspruch stehen, aber nur *objektiv* und *subjektiv unwesentliche Punkte* betreffen (vgl. BGE 123 III 97, 100; BernerKomm/SCHMIDLIN, Art. 12 N 17).

31.25 Problematisch ist das Verhältnis zwischen Art. 12, der formbedürftigen Abänderung, und Art. 115, wonach eine Forderung auch dann formfrei erlassen werden kann, wenn zu ihrer Begründung die Einhaltung einer Form erforderlich war. Aus Art. 115 folgt der allgemeine Grundsatz, dass jedes formbedürftige Rechtsgeschäft *formfrei* ganz oder teilweise *aufgehoben* werden kann. Abgrenzungsprobleme stellen sich, wenn bei synallagmatischen Verträgen die Aufhebung oder Beschränkung einer Forderung das Verhältnis von Leistung und Gegenleistung beeinflusst. Soll der Zweck der Formvorschriften nicht unterlaufen werden, muss in diesen Fällen Art. 12 der Anwendung von Art. 115 vorgehen (gl.M. BernerKomm/SCHMIDLIN, Art. 12 N 11 f.; a.M. Basler-Komm/GONZENBACH/GABRIEL-TANNER, Art. 115 N 9). Für die Abgrenzung des formfreien Aufhebungsvertrags von der formbedürftigen Vertragsänderung ist damit entscheidend, ob der abgeschlossene Vertrag zumindest weiterhin in Kraft bleibt (vgl. BGer, 9. 4. 2008, 4A_49/2008, E. 2.1).

V. Rechtsfolgen bei Formmangel

1. Formungültigkeit

31.26 Bei Nichteinhaltung gesetzlicher Formvorschriften ist das Rechtsgeschäft nach Art. 11 Abs. 2 ungültig, es sei denn, das Gesetz ordnet im Einzelfall eine andere Rechtsfolge an. Dies bedeutet, dass Formvorschriften im Zweifelsfall *Gültigkeits-* und nicht blosse *Ord-*

nungsvorschriften sind, deren Nichteinhaltung die Wirksamkeit des Vertrages nicht berührt (vgl. z.B. Art. 406d, Art. 15 Abs. 1 KKG).

a) Auffassung des Bundesgerichts

aa) Nichtigkeit

In ständiger Rechtsprechung versteht das Bundesgericht unter 31.27
Formungültigkeit *absolute Nichtigkeit*, die vom Gericht von Amtes wegen zu berücksichtigen ist, und auf die sich auch am Vertrag nicht beteiligte Dritte berufen können (vgl. nur BGE 112 II 330, 334; 106 II 146, 151).

Sind nur einzelne Bestimmungen eines Vertrages formbedürftig, so ist 31.28
in analoger Anwendung von Art. 20 Abs. 2 *Teilnichtigkeit* zu vermuten, wenn nicht anzunehmen ist, dass die Parteien den Vertrag ohne den nichtigen Teil überhaupt nicht geschlossen hätten.

Bei in Vollzug gesetzten *Dauerschuldverhältnissen* ist die Nichtigkeit 31.29
in ihrer Wirkung auf die Zukunft zu beschränken. D.h. es findet keine Rückabwicklung der bereits erbrachten Leistungen statt, sondern jede Partei kann sich unter Berufung auf die Formungültigkeit nur für die Zukunft vom Vertrag lösen. Das Bundesgericht begründet dieses Ergebnis dogmatisch unter Zuhilfenahme des Instituts des faktischen Vertrags (vgl. BGE 110 II 244, 248 f.; vgl. dazu N 28.62). Richtiger Ansicht nach geht es dabei jedoch um eine *teleologische* Reduktion der Unwirksamkeitsnorm auf eine Wirkung ex nunc.

bb) Rechtsmissbrauch

Die Nichtigkeitsfolge wird vom Bundesgericht durch Anwen- 31.30
dung des *Rechtsmissbrauchsverbots* nach Art. 2 Abs. 2 ZGB erheblich eingeschränkt (vgl. nur BGE 112 II 330, 336). Rechtsmissbrauch hat das Gericht von Amtes wegen zu berücksichtigen. Es hat dabei «nicht nach starren Regeln, sondern unter Würdigung aller Umstände des konkreten Falles zu entscheiden» (BGE 112 II 107, 111; 112 II 330, 333, je m.w. Nachw.).

Hauptbeispiel ist insoweit die *beidseitige, freiwillige* und *irrtumsfreie* 31.31
Erfüllung, wo eine Rückabwicklung regelmässig als stossend betrachtet werden muss. Wurde der formunwirksame Vertrag vollständig erfüllt, so ist die Berufung auf Formmangel rechtsmissbräuchlich, wenn nicht die Würdigung aller übrigen Umstände, d.h. namentlich das Verhalten der

Parteien bei und nach Vertragsschluss, eindeutig zum gegenteiligen Ergebnis führt (BGE 112 II 330, 333). Auch schon die *Erfüllung zur Hauptsache* kann den Einwand des Rechtsmissbrauchs begründen. Wann ein Vertrag zur Hauptsache erfüllt ist, lässt sich nur im Einzelfall unter Würdigung der besonderen Umstände beurteilen. Rechtsmissbrauch wurde etwa bejaht bei Erfüllung einer Erschliessungsvereinbarung mit noch ausstehender Erfüllung des formunwirksamen Landabtretungsversprechens (BGE 112 II 107, 112) oder bei beidseitiger Erfüllung eines Grundstückskaufvertrags mit noch ausstehender Zahlung der Differenz zwischen verurkundetem und gewolltem Kaufpreis (BGE 104 II 99, 101; vgl. auch BGer, ZBJV 1999, 173, 174). Auch der geschäftserfahrene Mieter kann den während Jahren vorbehaltlos bezahlten Mietzins nicht zurückfordern, nur weil die Mietzinserhöhung im Rahmen einer formungültigen Vertragsänderung erfolgte (vgl. BGE 123 III 70, 75). Ist der Vertrag noch *gänzlich unerfüllt*, so ist die Berufung auf Formmangel nicht rechtsmissbräuchlich, wenn nicht besondere Umstände das gegenteilige Ergebnis nahe legen. Unsicherheit herrscht in der bundesgerichtlichen Rechtsprechung in der Frage, ob der Rechtsmissbrauchseinwand auch dann eingreift, wenn der Vertrag in Unkenntnis des Formmangels, d.h. *nicht irrtumsfrei*, erfüllt wurde. Wer in Unkenntnis des Mangels erfüllt hat, handelt grundsätzlich nicht rechtsmissbräuchlich, wenn er sich auf Formmangel beruft (BGE 112 II 330, 334 m.w. Nachw.; BGer, Sem-Jud 2002 I, 405 ff.).

31.32　　Rechtsmissbrauch kommt ausserdem in Betracht, wenn der Formmangel von der Partei, die sich auf ihn beruft, *arglistig herbeigeführt* wurde, sie ihn beim Abschluss des Vertrags bewusst in Kauf genommen oder zum eigenen Vorteil sogar gewollt hat (vgl. BGE 90 II 21, 27).

31.33　　Die Berufung auf Formmangel setzt darüber hinaus grundsätzlich *kein schutzwürdiges Interesse* der den Mangel geltend machenden Partei voraus; selbst spekulative Beweggründe machen ihr Vorgehen nicht missbräuchlich, wenn der Vertrag noch nicht erfüllt wurde (vgl. BGE 90 II 21, 28). Es ist auch zulässig, dass eine Partei sich vom Vertrag wegen Sachmängel oder deshalb lossagen will, weil sie ihn sonst für unvorteilhaft hält. Andererseits wurde bei beidseitiger Erfüllung des Vertrags die Berufung auf Formmangel wiederholt als zweckwidrig und rechtsmissbräuchlich erklärt, weil eine Partei damit z.B. die Wertsteigerung ausnützen oder sich vertraglichen Gewährleistungspflichten entziehen wollte (vgl. BGE 92 II 323, 327). Auch kann Rechtsmissbrauch bejaht werden, wenn eine Formvorschrift nur die Gegenpartei, nicht aber diejenige, die sich darauf beruft, schützen will (vgl. BGE 112 II 330, 336).

Liegt Rechtsmissbrauch vor und ist der Vertrag vollständig erfüllt, so 31.34
wird bei einem Grundstückskaufvertrag der Käufer nicht nur formell,
sondern auch *materiell Eigentümer*. Soweit der Vertrag noch nicht vollständig erfüllt ist, muss aus dem Einwand des Rechtsmissbrauchs ein
Erfüllungsanspruch abgeleitet werden (so wohl auch BGE 116 II 700,
701 f.; 112 II 107, 112; offen gelassen in BGer, ZBJV 1999, 173, 175).
In einem Einzelfall nahm das Bundesgericht (ZBJV 1999, 173, 175) eine
Schadenersatzpflicht nach den Grundsätzen der Vertrauenshaftung (vgl.
dazu N 52.01 ff.) an. Bei noch teilweise ausstehender Geldleistung läuft
dies wirtschaftlich auf dasselbe wie ein Erfüllungsanspruch hinaus. Bei
noch teilweise ausstehender Sachleistung kann indes auf einen Erfüllungsanspruch nicht verzichtet werden. Ein Erfüllungsanspruch kann aus
Art. 2 Abs. 2 ZGB freilich nicht folgen, wenn der Vertrag noch gar nicht
erfüllt ist (BGE 104 II 99, 101 f. m.w. Nachw.). Dies gilt jedoch nicht in
Fällen, in denen der Formmangel von einer Partei arglistig herbeigeführt
wurde (so auch GAUCH/SCHLUEP/SCHMID, N 557).

b) Lösungen in der Literatur

Die Literatur lehnt die Rechtsprechung des Bundesgerichts 31.35
mehrheitlich ab. Einige Autoren fassen die Formungültigkeit als *Ungül-
tigkeit sui generis* oder *relative Nichtigkeit* auf. Anders als bei der vom
Bundesgericht vertretenen absoluten Nichtigkeit soll diese nur von den
Parteien geltend gemacht werden können und durch Erfüllung grundsätz-
lich *heilbar* sein (vgl. nur GAUCH/SCHLUEP/SCHMID, N 558 ff. m.w.
Nachw.). Andere sehen im formungültigen Vertrag ein *unvollkommenes
Schuldverhältnis* (vgl. BernerKomm/SCHMIDLIN, Art. 11 N 41 ff. m.w.
Nachw.) oder bemühen die Lehre vom faktischen Vertragsverhältnis
(GIGER, Rechtsfolgen, 104 ff.).

c) Stellungnahme

Im Ausgangspunkt, dass Formungültigkeit nach Art. 11 Abs. 2 31.36
vom Gericht von Amtes wegen zu berücksichtigende *absolute Nichtigkeit* bedeutet, ist dem Bundesgericht beizupflichten (so auch KOLLER,
OR AT, § 12 N 99 ff.). Ausdrücklich wird diese Rechtsfolge in Art. 15
Abs. 1 KKG angeordnet, wenn der Konsumkreditvertrag bestimmten
Formvorschriften nicht entspricht. Auch der Wortlaut anderer Bestimmungen (vgl. nur Art. 216, 243 Abs. 1, 269d Abs. 2, 406d) spricht für
absolute und nicht für relative Nichtigkeit. Vor allem aber würde es dem

Schutzzweck vieler Formvorschriften widersprechen, wenn sie nicht vom Gericht von Amtes wegen zu berücksichtigen wären, sondern die betroffene Partei sich auf sie berufen müsste.

31.37 Was die Einschränkung der Nichtigkeitsfolgen bei formunwirksamen Verträgen betrifft, so besteht in Lehre und Rechtsprechung im Grundsatz Einigkeit. Streitig sind allein Detailfragen und die dogmatische Begründung. Der Sache nach geht es um eine *teleologische Reduktion der Unwirksamkeitsnorm* mit dem Ziel grösstmöglicher Aufrechterhaltung des Vertrages. Dabei ist vom jeweiligen Schutzzweck der Formvorschrift auszugehen. Das fallweise Vorgehen der Rechtsprechung verdient deshalb gegenüber allen pauschalisierenden Lösungsversuchen der Literatur den Vorzug.

31.38 Es darf freilich nicht übersehen werden, dass die oben genannte Rechtsprechung fast ausschliesslich anhand formunwirksamer Grundstückskaufverträge entwickelt wurde. Sie kann deshalb nicht unbesehen auf Fälle der Verletzung anderer Formvorschriften übertragen werden. Denn beim *Grundstückskaufvertrag* bezweckt die öffentliche Beurkundung nicht allein den Schutz vor Übereilung, sondern es stehen hier auch Drittinteressen im Hinblick auf die Rechtssicherheit auf dem Spiel. Wo eine Formvorschrift lediglich eine Partei vor Übereilung schützen will (vgl. etwa Art. 493: Bürgschaft), wird in grosszügigerer Weise als beim Grundstückskaufvertrag Rechtsmissbrauch bzw. Heilung (Konvaleszenz) durch auch nur teilweise Erfüllung anzunehmen sein. Dies gilt freilich nicht, wo das Gesetz wie in Art. 15 Abs. 1 KKG eine Heilung ausdrücklich nicht vorsieht, bzw. wo etwa der Gedanke des Konsumentenschutzes vorzugehen hat.

2. Konversion

31.39 Ein formungültiges Rechtsgeschäft kann im Einzelfall in ein formfrei gültiges *umgedeutet* werden (Konversion). Im Gegensatz zu § 140 BGB kennt das OR zwar keine entsprechende Vorschrift, die Möglichkeit ist jedoch in Rechtsprechung und Lehre unumstritten (vgl. nur BGE 93 II 439, 452; BernerKomm/SCHMIDLIN, Art. 11 N 161 ff.). Der Sinn und Zweck der Konversion besteht darin, den von den Parteien erstrebten wirtschaftlichen Erfolg auch dann zu verwirklichen, wenn das rechtliche Mittel, das sie gewählt haben, unzulässig ist, jedoch ein anderer rechtlicher Weg zur Verfügung steht, der zum annähernd gleichen wirtschaftlichen Ergebnis führt.

Nach der Rechtsprechung des Bundesgerichtes muss das *Ersatzge-* 31.40
schäft inhaltlich im formungültigen Geschäft enthalten sein, darf aber
nicht weiter reichen als das von den Parteien beabsichtigte und weder der
einen noch der anderen Partei strengere Verpflichtungen auferlegen als
das nichtige. Möglich ist danach etwa die Umdeutung einer formunwirksamen Zession in eine formfrei mögliche Inkassovollmacht oder ein pactum de cedendo (vgl. N 90.16), eines formungültigen Checks in eine
Anweisung (BGE 80 II 82, 86) oder eines formungültigen Ordrepapiers
in eine abstrakte Schuldanerkennung (BGE 65 II 66, 79 f.). Ihre Grenze
findet die Konversion an der Zweckfunktion der die Nichtigkeit begründenden Norm. Die Umdeutung ist demnach ausgeschlossen, wenn sie auf
eine Umgehung dieser Norm hinauslaufen würde (BGE 126 III 182,
184).

3. Rückabwicklung

Ist ein Vertrag formunwirksam, eine Konversion nicht möglich 31.41
und liegt auch kein Fall von Rechtsmissbrauch vor, so sind die auf den
formunwirksamen Vertrag erbrachten Leistungen *zurückzugewähren*. Im
Vermögen des Empfängers noch vorhandene Sachleistungen werden mit
der *rei vindicatio* (Art. 641 Abs. 2 ZGB), Grundstücke mit der Grundbuchberichtigungsklage (Art. 975 ZGB) rückerstattet. Sofern keine spezialgesetzlichen Regelungen (vgl. z.B. Art. 15 Abs. 2–4 KKG) existieren,
folgt im Übrigen die Rückabwicklung dem *Bereicherungsrecht*
(Art. 62 ff.). Ist die Leistung in Kenntnis der Formunwirksamkeit erbracht worden, z.B. beim Kauf mit Schwarzgeldabrede, steht Art. 63
Abs. 1 der Rückforderung nicht entgegen, da die Leistung nicht auf eine
Nichtschuld, sondern im Zweifel zum Zwecke der Erlangung der Gegenleistung erfolgt ist (so auch BernerKomm/SCHMIDLIN, Art. 11 N 145
m.w. Nachw.).

4. Haftung bei Formungültigkeit

Bei Formungültigkeit kommt grundsätzlich eine Haftung aus 31.42
culpa in contrahendo in Betracht (vgl. ausführlich BernerKomm/
SCHMIDLIN, Art. 11 N 183 ff.). Dies gilt etwa, wenn eine Partei die andere arglistig über die Formbedürftigkeit getäuscht hat oder das Formerfordernis kannte oder aufgrund ihrer beruflichen und geschäftlichen Stellung hätte kennen müssen und die andere Partei darüber nicht aufgeklärt
hat. Haben sich aber beide Parteien bewusst über das Formerfordernis

hinweggesetzt, so handelt jede auf eigenes Risiko; Schadenersatzansprüche scheiden von vornherein aus. Dasselbe gilt, wenn der Formmangel auf die Nachlässigkeit beider Parteien zurückzuführen ist (vgl. BGE 106 II 36, 41 f.; GAUCH/SCHLUEP/SCHMID, N 583 f.).

31.43 Bei blosser Fahrlässigkeit einer Partei ist insoweit Vorsicht geboten, als der Anspruch aus culpa in contrahendo den mit der Formvorschrift bezweckten *Übereilungsschutz* nicht unterlaufen darf. Wer sich mündlich verbürgt, darf nicht über den Umweg des Schadenersatzes so behandelt werden, als sei die Form eingehalten worden. Denn in diesem Fall entspräche das negative dem positiven Interesse. Auch der blosse *Abbruch von Vertragsverhandlungen* kann keinen Anspruch aus culpa in contrahendo begründen (vgl. N 47.08).

VI. Vertraglich vorbehaltene Form

1. Allgemeines

31.44 Wo das Gesetz keine besondere Form anordnet, können die Parteien gleichwohl eine solche vereinbaren. In der *Art der Form* sind sie nicht beschränkt. Lediglich wo das Gesetz selbst eine Form vorsieht, darf die Parteiabrede diese nicht abschwächen, sondern nur ergänzen oder verstärken, z.B. Vereinbarung öffentlicher Beurkundung statt einfacher Schriftlichkeit. Die gewillkürte Form wird zumeist ähnlichen *Zwecken* dienen, wie sie den gesetzlichen Formvorschriften zugrunde liegen, nämlich eindeutige Feststellung der Wirksamkeit eines Geschäftes und des Inhalts der Erklärung.

31.45 Der Formvorbehalt ist *Teil des Vertrages*. Er muss deshalb spätestens mit dessen Abschluss vereinbart werden. In der Regel wird er von der Offerentin, die die dominierende Person des Abschlussverfahrens ist, in die Vertragsverhandlungen eingeführt; Formvorbehalte finden sich auch häufig in AGB oder Rahmenverträgen. Ein *nach Vertragsabschluss* vereinbarter Formvorbehalt hat auf die Wirksamkeit des bereits Vereinbarten keinen Einfluss mehr, sondern dient lediglich Beweiszwecken. Freilich kann in einem solchen Vorbehalt oft ein Indiz dafür gesehen werden, dass sich die Parteien vorher noch gar nicht binden wollten (vgl. Berner-Komm/SCHMIDLIN, Art. 16 N 14).

31.46 Der Formvorbehalt seinerseits bedarf *keiner Form*. Er kann sowohl mündlich als auch konkludent vereinbart werden. So kommt nach der Rechtsprechung der Versendung von Vertragsdoppeln regelmässig die Bedeutung eines Schriftformvorbehalts zu (vgl. BGE 105 II 75, 79).

2. Wirkungen des Formvorbehalts

Bei einem vertraglichen Formvorbehalt ist nach Art. 16 Abs. 1 31.47 im Zweifel davon auszugehen, dass die Einhaltung der Form von den Parteien als *Gültigkeitserfordernis* und nicht lediglich zu Beweiszwecken gewollt war (konstitutive und nicht nur deklaratorische Bedeutung des Formvorbehalts).

Haben die Parteien *Schriftform* vereinbart, ohne deren Einzelheiten 31.48 näher zu bestimmen, so sind nach Art. 16 Abs. 2 im Zweifel die im Gesetz in den Art. 13–15 für die einfache Schriftlichkeit aufgestellten Regeln, namentlich im Hinblick auf die eigenhändige Unterschrift, einzuhalten.

Art. 16 gilt entgegen seines Wortlauts nicht nur für die für den Vertrag 31.49 vorbehaltene Form, sondern entsprechend auch in Bezug auf Formvorbehalte für *einseitige Rechtsgeschäfte*, die im Rahmen der Vertragsdurchführung und -abwicklung vorzunehmen sind, z.B. die Ausübung von Gestaltungsrechten (vgl. BGE 95 II 43, 46 ff.).

Grundsätzlich treten bei Nichteinhaltung der vertraglich vorbehaltenen 31.50 Form dieselben *Rechtsfolgen* ein wie bei Verstoss gegen eine gesetzliche Formvorschrift. Gleichwohl ergeben sich in der Praxis grosse Unterschiede, da die Parteien es in der Hand haben, die Rechtsfolgen eines Formverstosses anders zu bestimmen oder die Formabrede abzuändern bzw. aufzuheben.

3. Änderung und Aufhebung des Formvorbehalts

Ein vertraglicher Formvorbehalt kann jederzeit *formfrei aufge-* 31.51 *hoben* werden. Auch Abänderungen des Vertrages sind formfrei möglich, da Art. 12 nur für gesetzliche Formvorschriften gilt (vgl. GAUCH/ SCHLUEP/SCHMID, N 611). Eine Aufhebung oder Abänderung des Formvorbehalts ist auch stillschweigend oder durch konkludentes Handeln möglich, d.h. insbesondere dann, wenn sich die Parteien über die vereinbarte Form hinwegsetzen oder den Vertrag vorbehaltlos erfüllen (vgl. BGE 105 II 75, 78; 125 III 263, 268). Die Parteien können freilich auch die Abänderung oder Aufhebung des Formvorbehalts einer Form unterstellen, was ebenfalls konkludent möglich ist. Dies sollte aber nicht schon daraus abgeleitet werden, dass der ursprüngliche Vertrag individuell gestaltet und für die Parteien von grosser Wichtigkeit war (gl.M. BernerKomm/SCHMIDLIN, Art. 16 N 46; a.A. ZürcherKomm/JÄGGI, Art. 16 N 46). Soweit ein vertraglicher Formvorbehalt vorliegt, wird in der Praxis eine (konkludente) Aufhebung dieses Formvorbehalts regelmässig nur dann angenommen, wenn eine oder beide Partei(en) im Vertrauen auf das mündlich Vereinbarte den Vertrag teilweise oder sogar ganz erfüllt hat bzw. haben.

§ 32 Inhaltliche Schranken

Literatur: BERGER, Schuldrecht, N 1077 ff.; BUCHER, OR AT, 238 ff.; ENGEL, OR AT, 94 ff., 267 ff.; FURRER/MÜLLER-CHEN, Kap. 5 N 60 ff.; GAUCH/SCHLUEP/ SCHMID, N 611a ff.; HUGUENIN, OR AT, N 361 ff.; KELLER/SCHÖBI, Schuldrecht I, 141 ff.; KOLLER, OR AT, § 13 N 1 ff.; TERCIER, Obligations, N 708 ff.; VON TUHR/ PETER, 247 ff.; BaslerKomm/HUGUENIN, Art. 19/20; BernerKomm/KRAMER, Art. 19–20; CHK/KUT/SCHNYDER, OR 19–20; CR CO I/GUILLOD/STEFFEN, Art. 19 et 20; KuKo OR/ HERZOG, Art. 19–20;

ABEGG, Die zwingenden Inhaltsnormen des Schuldvertragsrechts, Diss. Freiburg i.Ue., Zürich 2004; DERS., Rechtsfolgen zwingender Inhaltsnormen im System von Art. 19 und 20 OR – eine historisch evolutorische Perspektive, AJP 2005, 1113 ff.; AEPLI, Grundrechte und Privatrecht, Diss. Freiburg i.Ue. 1980; ARTER, Vertragsrechtliche Probleme bei Dialern – zugleich ein Beitrag zu Telefondienstverträgen, recht 2004, 41 ff.; BERTOSSA, Lésion et usure: un couple bien étrange – Quelques réflexions sur les relations entre les articles 21 CO et 157 CP, in: BELLANGER/CHAIX/CHAPPUIS CHRISTINE/HÉRITIER LACHAT (Hrsg.), Le contrat dans tous ses états, Bern 2004, 125 ff.; BÜCHLER, Persönlichkeitsgüter als Vertragsgegenstand, Festschrift Rey, Zürich 2003, 177 ff.; BÜRGE, Rechtsdogmatik und Wirtschaft. Das richterliche Moderationsrecht beim sittenwidrigen Rechtsgeschäft im Rechtsvergleich – Deutschland, Schweiz, Österreich, Frankreich, Berlin 1987; ERNE, Vertragsgültigkeit und drittstaatliche Eingriffsnormen, Zürich 1985; ETTER, Konkurrenzverbote beim Unternehmenskauf und Wettbewerbsrecht, sic! 2001, 481 ff.; FISCHER, Beitrag zur Sozialschutztheorie, Zürich 1989; FOUNTOULAKIS, Interzession naher Angehöriger, eine rechtsvergleichende Untersuchung im deutschen und angelsächsischen Rechtskreis, Bern 2005; GAUCH, Modifizierte Teilnichtigkeit, recht 1983, 95 ff.; FREHNER, Die zivilrechtliche Unzulässigkeit von Wettbewerbsabreden, Diss. Fribourg 2007, Basel 2007; GIGER, Rechtsfolgen norm- und sittenwidriger Verträge, Zürich 1989; GUBLER-SCHAUB, Schutz des schwächeren Vertragspartners im allgemeinen und unter besonderer Berücksichtigung des Versicherungsvertrages, Diss. Basel 1981; HEINEMANN, Haftungsübernahme durch Nahbereichspersonen – Symptom einer allgemeinen Krise des Interzessionsrechts, Festschrift Sandoz, Genf 2006, 447 ff.; HERZOG, Bemerkungen zum Problem der höchstzulässigen Dauer von Schuldverträgen, recht 2001, 201 ff.; HÜRLIMANN ROLAND, Teilnichtigkeit von Schuldverträgen nach Art. 20 Abs. 2 OR, Freiburg i.Ue. 1984; HÜRLIMANN BRIGITTE, Prostitution – ihre Regelung im schweizerischen Recht und die Frage der Sittenwidrigkeit, Diss. Freiburg i.Ue., Zürich 2004; DIES., Freiwillige Prostitution nicht sittenwidrig, plädoyer 2004, 33 ff.; HUGUENIN, Nichtigkeit und Unverbindlichkeit als Folgen anfänglicher Vertragsmängel, Bern 1984; KRAMER, Vertragsnichtigkeit und hypothetischer Parteiwille im schweizerischen OR, Mélanges Tandogan, Ankara 1990, 155 ff.; LEU/VON DER CRONE, Übermässige Bindung und die guten Sitten, SZW 2003, 221 ff.; MAYER-MALY, Was leisten die guten Sitten?, AcP 194 (1994), 105 ff.; MARTENET, La liberté contractuelle saisie par le droit de la concurrence, in: BRAUN (Hrsg.),

Actualités du droit des contrats, Lausanne 2008, 79 ff.; OFTINGER, Die Vertragsfreiheit, Festgabe zur Hundertjahrfeier der Bundesverfassung, Zürich 1984, 315 ff.; OGOREK, Alte Römer und neue Sittlichkeit – Rechtsvergleichendes zur Gültigkeit von Telefonsexverträgen, Festschrift Wiegand, Bern 2005, 573 ff.; PETITPIERRE, Une proposition de lecture systématique des art. 19 et 20 CO, SemJud 2001 II, 73 ff.; DERS., Réflexions sur l'impossibilité objective initiale provoquée par la faute d'une partie, Mélanges Tandogan, Ankara 1990, 165 ff.; ROUILLER, Der widerrechtliche Vertrag: die verbotsdurchsetzende Nichtigkeit, Bern 2002; SCHMID, Zur sozialen Wirklichkeit des Vertrages, Diss. Zürich 1982; SCHMIDT-GABAIN, Verkaufen verboten! Bemerkungen zu den zivilrechtlichen Folgen des Art. 16 Abs. 1 KGTG, AJP 2007, 575 ff.; SCHNYDER BERNHARD, Vertragsfreiheit als Privatrechtsbegriff, Diss. Freiburg i.Ue. 1960; SCHÖBI, Strafe muss (auch im Privatrecht) sein! Zur Sanktionierung eines gesetzeswidrigen Leasingvertrags, Festschrift Giger, Bern 2009, 449 ff.; SCHÖNLE, Les fondements constitutionnels de la liberté contractuelle, in: Droits des obligations et droit bancaire, Etudes, Basel 1995, 9 ff.; SCHWANDER, Was macht einen Rechtssatz zwingend oder dispositiv?, Festschrift Kramer, Basel 2004, 399 ff.; VENTURI/FAVRE, Renonciation anticipée à former un recours de droit public: Revirement de jurisprudence, Jusletter 23. Oktober 2006; WIDMER LÜCHINGER, Die zivilrechtliche Beurteilung von anwaltlichen Erfolgshonorarvereinbarungen, AJP 2011, 1445 ff.; WYSS/VON DER CRONE, Bestechung bei Vertragsschluss, SZW 2003, 35 ff.; ZUFFEREY-WERRO, Le contrat contraire aux bonnes mœurs, Diss. Freiburg i.Ue. 1988; vgl. auch die Literatur vor N 25.01 und 63.01.

I. Grundsatz der Inhaltsfreiheit und seine Schranken im Allgemeinen

Einer der wichtigsten Aspekte der Vertragsfreiheit ist die Inhaltsfreiheit. Sie wird in Art. 19 Abs. 1 ausdrücklich gewährleistet, gleichzeitig aber auch relativiert: Inhaltsfreiheit existiert nur innerhalb der *Schranken des Gesetzes*. Das Gericht hat den Inhalt des Vertrages insoweit von Amtes wegen zu kontrollieren (BGE 110 II 360, 368).   32.01

Für die Inhaltskontrolle liefern Art. 19 Abs. 2 und 20 Abs. 1 eine Reihe sich teilweise überschneidender *Kriterien*. Art. 19 Abs. 2 nennt die zwingenden Vorschriften, die öffentliche Ordnung, die guten Sitten und das Persönlichkeitsrecht; Art. 20 Abs. 1 die Unmöglichkeit der Leistung, die Widerrechtlichkeit und wiederum die guten Sitten. Wie die verschiedenen Kontrollkriterien voneinander abzugrenzen sind, ist in der Literatur zum Teil höchst umstritten (vgl. KOLLER, OR AT, § 13 N 6 f.; GAUCH/SCHLUEP/SCHMID, N 645 ff.; je m.w. Nachw.).   32.02

Besonders umstritten ist die Funktion des Kontrollkriteriums der *öffentlichen Ordnung* in Art. 19 Abs. 2. Teilweise wird hierin nichts anderes als der Komplex der zwingenden Verbotsnormen des öffentlichen Rechts gesehen (vgl. etwa GAUCH/SCHLUEP/SCHMID, N 648 f.), teilweise   32.03

wird dieses Kriterium auch den guten Sitten zugeordnet (vgl. etwa MEIER-HAYOZ, SJK Nr. 1134, 4). In neuerer Zeit wird das Kriterium der öffentlichen Ordnung zunehmend als eigenständiger Massstab für die AGB-Inhaltskontrolle herangezogen (vgl. BernerKomm/KRAMER, Art. 19–20 N 158).

32.04   Der Streit hat indessen keine grossen praktischen Auswirkungen, da die Rechtsfolgen prinzipiell dieselben sind. Es soll deshalb hier nicht näher darauf eingegangen werden. Im Folgenden werden die fünf genannten Kontrollkriterien zu *drei Gruppen* zusammengefasst (statt vieler GAUCH/SCHLUEP/SCHMID, N 629 ff.; BaslerKomm/HUGUENIN Art. 19/ 20 N 13): die Widerrechtlichkeit einschliesslich der Verletzung der öffentlichen Ordnung, die Sittenwidrigkeit einschliesslich der Verletzung des Persönlichkeitsrechts und schliesslich die Unmöglichkeit.

II. Widerrechtlichkeit (einschliesslich der Verletzung der öffentlichen Ordnung)

1. Allgemeines

32.05   Widerrechtlichkeit im Sinne des Art. 19 Abs. 2, 20 Abs. 1 liegt vor, wenn ein Vertrag gegen *zwingende privat- oder öffentlichrechtliche Normen* des schweizerischen Rechts verstösst (vgl. BaslerKomm/ HUGUENIN, Art. 19/20 N 15 m.w. Nachw.). Dieser Begriff der Widerrechtlichkeit ist nicht mit jenem in Art. 41 Abs. 1 (vgl. dazu N 50.04 ff.) identisch.

32.06   Dabei kann sich die Widerrechtlichkeit aus dem Gegenstand, dem Abschluss mit dem vereinbarten Inhalt oder dem mittelbaren Vertragszweck ergeben (vgl. BGE 119 II 222, 224). Verpflichtet sich jemand zu einer Straftat, so ist bereits das *Vereinbarte* widerrechtlich (BGE 64 II 254, 263). Der Abschluss eines Vertrages mit dem *vereinbarten Inhalt* kann widerrechtlich sein, wenn beispielsweise Betäubungsmittel (vgl. BGE 117 IV 139, 148) oder Kulturschätze, deren Handel verboten ist, verkauft werden. Auch ein *mittelbarer Vertragszweck*, z.B. die Aufnahme und Gewährung eines Darlehens zum Zwecke der Abwicklung eines Betäubungsmittelgeschäftes, kann die Widerrechtlichkeit begründen (vgl. BGE 112 IV 41, 47 f.).

32.07   Grundsätzlich genügt es zur Begründung der Widerrechtlichkeit nicht, dass nur die *subjektive Beteiligung* eines Vertragspartners verboten ist (vgl. BGE 102 II 401, 404), z.B. bei einem Vertrag mit einer Architektin, die nach kantonalem Recht nicht zur Berufsausübung berechtigt ist (vgl. BGE 117 II 47, 48). Jedoch kann sich auch in diesen Fällen die Nichtigkeit des Vertrages aus dem Sinn und Zweck der Verbotsnorm (z.b. Vertrag mit einer nicht zugelassenen Ärztin, Anwältin oder Notarin) ergeben (vgl. BGE 117 II 47, 48; 122 III 110, 116).

Keine Widerrechtlichkeit begründet der Verstoss gegen ein Verbot, 32.08 das sich nur gegen die *äusseren Umstände des Vertragsschlusses* richtet, z.b. Kauf nach Ladenschluss oder unerlaubte Sonntagsarbeit (vgl. BernerKomm/KRAMER, Art. 19–20 N 141). Auch ein Vertrag, der *Forderungsrechte Dritter* verletzt, z.b. ein Doppelverkauf oder das Abwerben von Arbeitnehmern, ist nicht widerrechtlich, er kann jedoch u.U. sittenwidrig sein und eine Schadenersatzpflicht nach Art. 41 Abs. 2 begründen (vgl. N 51.06).

Für die Beurteilung der Widerrechtlichkeit kommt es grundsätzlich auf 32.09 den *Zeitpunkt des Vertragsschlusses* an. Aus Gründen des Vertrauensschutzes kann eine später erlassene Verbotsnorm den Vertrag grundsätzlich nicht im Nachhinein widerrechtlich werden lassen (vgl. VON TUHR/ PETER, 229). Umgekehrt sollte aber die Heilung des Vertrages nicht von vornherein ausgeschlossen werden, wenn eine Verbotsnorm zwar im Zeitpunkt des Vertragsschlusses bestanden hat, im Zeitpunkt der gerichtlichen Beurteilung jedoch weggefallen ist (vgl. BernerKomm/KRAMER, Art. 19–20 N 145).

2. Verstoss gegen öffentliches Recht

Die Widerrechtlichkeit kann sich aus einem Verstoss gegen 32.10 Vorschriften des *öffentlichen Rechts*, seien sie bundesrechtlicher oder kantonaler Natur, ergeben (BGE 117 II 286, 287). Derartige Verbotsgesetze finden sich namentlich im Strafrecht (vgl. BGE 134 III 52, 53 ff.: i.c. für Art. 164 Abs. 1 StGB verneint), Verwaltungsrecht, aber auch im Prozessrecht. Widerrechtlich und damit nichtig sind z.B. kartellrechtswidrige Absprachen (vgl. BGE 134 III 438, 442 «Resh») oder eine Zinsvereinbarung, die bei Konsumkrediten einen effektiven Jahreszins von 15% (Art. 9 Abs. 2 lit. b KKG i.V.m. Art. 1 VKKG) überschreitet. Dasselbe gilt für die Vereinbarung eines Erfolgshonorars im Rahmen eines anwaltlichen Auftragsverhältnisses (vgl. Art. 12 lit. e BGFA). Der Leihmutterschaftsvertrag ist wegen Verstosses gegen Art. 31 FMedG nichtig (für weitere Kasuistik vgl. BernerKomm/KRAMER, Art. 19–20 N 149).

Der Verstoss gegen öffentlichrechtliche Normen *ausländischen Rechts* 32.11 begründet keine Widerrechtlichkeit. Jedoch kann ein derartiger Vertrag sittenwidrig sein (vgl. BGer, Pra 2001, 812, 813 ff., m. Anm. KOLLER, AJP 2002, 464 ff.: internationaler Waffenhandel); eine ausländische Verbotsnorm, z.B. ein Einfuhrverbot, kann auch zur Unmöglichkeit der Leistung und damit evtl. zur Nichtigkeit des Vertrags führen.

3. Verstoss gegen zwingendes Privatrecht

32.12 Ein Vertrag darf nicht gegen die *unabänderlichen Vorschriften des Privatrechts* verstossen (Art. 19 Abs. 2). Von solchen zwingenden Bestimmungen (ius cogens) können die Parteien im Gegensatz zu nachgiebigen (dispositiven) Vorschriften, die lediglich dann zur Anwendung gelangen, wenn die Parteien nicht etwas anderes vereinbart haben, nicht abweichen.

32.13 Der zwingende Charakter einer privatrechtlichen Norm kann sich einmal bereits aus dem *Wortlaut* des Gesetzes ergeben (vgl. nur Art. 34 Abs. 2, 100 Abs. 1, 199, 254, 256 Abs. 2, 361, 362). Er kann sich andererseits aber auch aus *Sinn und Zweck* (ratio legis) einer Bestimmung ableiten, z.B. das Recht des Mieters zur Anfechtung des Mietzinses als rechtsmissbräuchlich nach Art. 270a (vgl. BGE 133 III 61, 71), die jederzeitige Widerruflichkeit des Auftrags nach Art. 404 Abs. 1 (vgl. BGE 115 II 464, 466 ff.; krit. hierzu HONSELL, OR BT, 337 ff. m.w. Nachw.).

32.14 Zwingende Normen des Privatrechts können *zweiseitig zwingend* sein, so dass von ihnen in keiner Richtung abgewichen werden darf (vgl. nur Art. 361). Sie können jedoch auch nur *einseitig zwingend* sein, so dass lediglich nicht zu Ungunsten einer Partei, wohl aber zu deren Gunsten davon abgewichen werden kann (vgl. Art. 362, 418a Abs. 2 S. 2, Art. 19 PauRG, Art. 37 KKG, Art. 98 VVG, Art. 2 Abs. 1 E-VVG).

4. Umgehungsgeschäfte

32.15 Unwirksam ist nicht nur ein Vertrag, der unmittelbar gegen ein gesetzliches Verbot verstösst, sondern auch ein *Umgehungsgeschäft* (fraus legis), mit dem die Parteien den vom Verbotsgesetz missbilligten Erfolg auf einem Weg zu erreichen suchen, den die Verbotsnorm nicht erfasst. So wurde vom Bundesgericht die Einräumung einer eigentümerähnlichen Stellung für einen Ausländer an einem Grundstück in der Schweiz als Umgehung des Verbots des Grundstückerwerbs durch Ausländer und damit nichtig erachtet (BGE 107 II 440, 445 f.). Anerkannt ist sodann, dass die rechtliche Selbstständigkeit juristischer Personen dann nicht zu beachten ist, wenn sie treuwidrig geltend gemacht wird (vgl.

BGE 113 II 31, 36: *Durchgriff*). Dabei ist jedoch stets der *Schutzzweck* der Verbotsnorm zu beachten. Will eine Norm nicht das verfolgte Ziel, sondern nur eine bestimmte Vorgehensweise verbieten, entfällt ein verpöntes Umgehungsgeschäft (vgl. BGE 125 III 257, 262).

III. Sittenwidrigkeit (einschliesslich der Verletzung des Persönlichkeitsrechts)

1. Allgemeines und Begriff

Sowohl Art. 19 Abs. 2 als auch Art. 20 Abs. 1 setzen der In- 32.16 haltsfreiheit der Parteien durch das Kriterium der *guten Sitten* eine Grenze. Ergänzend bestimmt Art. 27 Abs. 2 ZGB, dass sich niemand seiner Freiheit entäussern oder sich in ihrem Gebrauch in einem das Recht oder die Sittlichkeit verletzenden Grade beschränken darf.

Das Kriterium der Sittenwidrigkeit stellt eine ausfüllungsbedürftige 32.17 *Generalklausel* dar, in welche die sich ständig wandelnden Wertvorstellungen der Gesellschaft einfliessen (vgl. BaslerKomm/HUGUENIN, Art. 19/20 N 33 f.). Insoweit sind auch die in der Verfassung niedergelegten Grundrechte mittelbar im Privatrecht zu berücksichtigen (zur sog. Drittwirkung der Grundrechte im Privatrecht vgl. BGE 111 II 245, 253 ff.).

Sittenwidrigkeit wurde und wird auch heute noch oft definiert als *Ver-* 32.18 *stoss gegen die herrschende Moral*, d.h. gegen das allgemeine Anstandsgefühl (vgl. nur BGE 115 II 232, 235; grundlegend RGZ 48, 114, 124). In neuerer Zeit wird freilich zunehmend weniger auf die moralischen Wertanschauungen der Gesellschaft abgestellt. Vielmehr werden die guten Sitten als *ethische Ordnung*, «die sich aus der Gesamtheit der im positiven Recht verwirklichten Wertentscheidungen ableiten lässt», verstanden (BUCHER, OR AT, 256). Sie können auch als Ausdruck *sozialer Gerechtigkeit* gewertet werden.

Bei der Beurteilung der Sittenwidrigkeit ist der *Vertrag als Ganzes* zu 32.19 würdigen. Mehrere Vertragsklauseln, von denen jede einzelne an sich nicht sittenwidrig ist, können in ihrer Gesamtheit gleichwohl Sittenwidrigkeit begründen (OGer BL, BJM 1973, 95, 98; BGE 38 II 541, 546).

Die Ausfüllung des Begriffes der Sittenwidrigkeit kann nur durch die 32.20 Bildung von *Fallgruppen* erfolgen, wobei sich als Grobeinteilung die Verletzung des Persönlichkeitsrechts einerseits und die übrigen Fälle andererseits anbietet.

2. Verletzung des Persönlichkeitsrechts

32.21 Eine Verletzung des Persönlichkeitsrechts und damit Sittenwidrigkeit kann sich entweder aus dem *Gegenstand* oder aus einem *Übermass der Bindung* ergeben. Dabei ist zu differenzieren zwischen der von Amtes wegen zu berücksichtigenden Sittenwidrigkeit, die aus dem Gegenstand der Bindung folgt, und dem blossen Verstoss gegen das Persönlichkeitsrecht bei übermässiger Bindung, der nur zur Unverbindlichkeit führt, wenn sich die geschützte Person darauf beruft (vgl. BGE 129 III 209, 214).

a) Gegenstand der Bindung

32.22 Sittenwidrig sind Verträge, die die Freiheit im *höchstpersönlichen Bereich* beschränken. Hierzu gehört etwa die Verpflichtung, eine Ehe einzugehen oder nicht einzugehen, eine Vereinbarung zwischen Ehegatten, für ihre Ehe die Möglichkeit der Scheidung abzubedingen (BGH NJW 1986, 2046), die Verpflichtung, den Ehenamen auch nach Scheidung einer langen Ehe wieder abzulegen (a.A. BGHZ 175, 173 ff.), Verpflichtungen im Hinblick auf Konfession (OGer ZH, SJZ 1950, 362 f.), Staatsangehörigkeit oder Parteizugehörigkeit, die Verpflichtung zur Einnahme empfängnisverhütender Mittel etc. (weitere Kasuistik bei BernerKomm/KRAMER, Art. 19–20 N 214 f.). Hingegen können bestimmte Persönlichkeitsgüter (z.B. Stimme, Bild, Image) durchaus Gegenstand von Verträgen sein (vgl. BÜCHLER, FS Rey, 177, 181 ff.). Auch der Vertrag über die Veröffentlichung eigener Bilder erotischen Inhalts im Internet ist nicht sittenwidrig (vgl. BGE 136 III 401, 409).

b) Übermass der Bindung

32.23 Ebenfalls sittenwidrig sind Verträge, durch welche die wirtschaftliche Dispositionsfreiheit einer Vertragspartei übermässig eingeschränkt wird. Dies kann sich sowohl aus der *Dauer der vertraglichen Bindung* als auch aus der *Intensität der Vertragspflichten* in ihrer Gesamtheit ergeben (BGE 114 II 159, 161).

32.24 Sittenwidrig sind grundsätzlich sog. *ewige Verträge*, d.h. Dauerschuldverhältnisse ohne Kündigungsmöglichkeit, wenn dadurch die persönliche Freiheit in übermässiger Weise beeinträchtigt wird (verneint für «lebenslangen Bojenvertrag», HGer ZH, ZR 2000, 45, 52 ff.). Die jeweilige noch hinnehmbare Höchstdauer muss aufgrund der Umstände des

Einzelfalls, insbesondere auch der Interessen beider Parteien bestimmt werden (vgl. BGE 130 III 495, 503 f.: Wirksamkeit eines Mitarbeiterbeteiligungsvertrags; BGE 114 II 159, 164: Zulässigkeit einer 20-jährigen Bierlieferungsverpflichtung; BGE 113 II 209, 211: privatrechtlicher Vertrag zwischen zwei Gemeinden über dauernde Wasserlieferung darf nach 63 Jahren entschädigungslos gekündigt werden). Weitere Fälle sind übermässige *Konkurrenzverbote* (vgl. ausf. COTTI, Das vertragliche Konkurrenzverbot, Freiburg i.Ue. 2001, N 130 ff.; vgl. auch Art. 340a Abs. 1), die unbeschränkte *Globalzession* aller gegenwärtigen und künftigen Forderungen (vgl. BGE 112 II 433, 436; 113 II 163, 165; vgl. dazu N 90.31), u.U. vertragliche Abtretungsverbote (vgl. dazu N 90.24) oder abstrakt formuliert: *Knebelungsverträge*, die die Verpflichtete der Willkür des anderen ausliefern, ihre wirtschaftliche Freiheit aufheben oder in einem Masse einschränken, dass die Grundlagen ihrer wirtschaftlichen Existenz gefährdet sind (BGE 114 II 159, 162; 111 II 330, 337).

Sittenwidrigkeit muss auch bei Übernahme von Bürgschaften und anderen Interzessionen durch mittellose Angehörige angenommen werden (vgl. BVerfGE 89, 214, 234; grundlegend FOUNTOULAKIS, Interzession, passim). 32.25

3. Übrige Fälle

Bei den übrigen Fällen der Sittenwidrigkeit geht es vor allem um Verstösse gegen *grundlegende sozialethische Prinzipien* und Wertmassstäbe. 32.26

a) Verträge, die auf eine sexuelle Leistung gerichtet sind

Im Gegensatz zu früher kann heute das *nichteheliche Zusammenleben* aufgrund gewandelter Moralvorstellungen in der Gesellschaft nicht mehr als sittenwidrig angesehen werden (BGE 109 II 228, 230; 108 II 204, 206). Dies gilt selbst dann, wenn einer der Partner noch mit einer anderen Person verheiratet ist (a.A. wohl noch BGE 111 II 295, 298) oder beide demselben Geschlecht angehören. 32.27

Noch immer aber sollen Verträge, die auf die Erbringung einer *sexuellen Leistung* gerichtet sind, nach wohl h.M. gegen die herrschende Sozialmoral verstossen (BGE 109 II 15, 17). Sittenwidrig und deshalb von keiner Seite durchsetzbar sind deshalb der Vertrag mit einer Prostituierten (vgl. BaslerKomm/HUGUENIN, Art. 19/20 N 38 m.w. Nachw.; a.A. HÜRLIMANN, B., Prostitution, 219 ff.) oder einem Strichjungen oder Ver- 32.28

träge zur öffentlichen Darstellung des Geschlechtsverkehrs (anders nunmehr ausdrücklich für Deutschland § 1 ProstG, wonach zwar kein Erfüllungsanspruch auf Vornahme der sexuellen Handlung, wohl aber ein Entgeltanspruch nach deren Vornahme besteht). Für Verträge mit Telefonanbietern von erotischen oder pornographischen Dienstleistungen wurde die Sittenwidrigkeit jedoch verneint (BGE 129 III 604, 617).

b) Verträge, die gegen sozialethische Wertungen verstossen

32.29   Sittenwidrig sind Verträge, die *berufs- und standesrechtlichen Grundsätzen* widersprechen, wenn an der korrekten Berufsausübung ein erhebliches öffentliches Interesse besteht (vgl. BGE 132 III 455, 458), was insbesondere bei Ausnutzen eines Vertrauensverhältnisses zur Erlangung einer Schenkung der Fall sein kann. Sittenwidrig ist beispielsweise auch das *Bestechen und sich bestechen lassen* (Art. 4a UWG) oder die bezahlte Mithilfe bei einer Examensarbeit bzw. Dissertation (AppGer BS, BJM 1969, 76 ff.). Dasselbe gilt für einen Vertrag, der auf eine Verfälschung der Wettbewerbssituation beim *Steigerungskauf* abzielt, sei es durch das Nichtbieten gegen Entgelt (pactum de non licitando; BGE 109 II 123, 126) oder das Bieten durch Strohmänner (pactum de licitando; vgl. BGE 112 II 337, 346). Bei einem entgeltlichen *Verzicht auf eine rechtliche Befugnis*, z.B. Schweigegeldvertrag oder Verzicht auf Rechtsmittel im Bauverfahren, will das Bundesgericht (vgl. BGE 123 III 101, 105 f.; BGer, 12. 6. 2008, 4A_37/2008, E. 3.3; BGer, 11.3.2009, 4A_21/2009, E. 5.1) differenzieren: Sittenwidrigkeit soll vorliegen, wenn der Verzicht auf einer verpönten Kommerzialisierung der Rechtsposition beruht (zu Recht krit. WIEGAND, ZBJV 1998, 677, 679 ff.; vgl. nunmehr auch BGer, 17. 7. 2006, 4P.110/2006 und 4C.202/2005). Der aufgrund einer Schmiergeldzahlung zustande gekommene Vertrag ist dagegen nicht per se nichtig (BGE 129 III 320, 324: «Zürcher Klärschlammaffäre»).

32.30   Zur Sittenwidrigkeit von AGB vgl. N 46.07.

c) Erhebliche Disparität von Leistung und Gegenleistung

32.31   Die Bestimmung von Leistung und Gegenleistung gehört zum Kernbereich der Inhaltsfreiheit (vgl. N 26.19). Namentlich für die Vereinbarung von Darlehenszinsen gibt es allerdings gesetzliche Obergrenzen, die nicht überschritten werden dürfen (vgl. Art. 9 Abs. 2 lit. b KKG i.V.m. Art. 1 VKKG). Zum anderen enthält Art. 21 eine spezielle Regelung für Fälle offenbaren Missverhältnisses zwischen Leistung und Gegenleistung.

Streitig ist, inwieweit eine erhebliche *Inäquivalenz von Leistung und* 32.32 *Gegenleistung* daneben auch zur Sittenwidrigkeit führen kann (vgl. GAUCH/SCHLUEP/SCHMID, N 676 f. m.w. Nachw.). Überwiegend wird die Auffassung vertreten, dass dieser Problemkreis abschliessend vom Übervorteilungstatbestand des Art. 21 erfasst werde (statt vieler BGE 115 II 232, 236 m.w. Nachw.). Dieser Auffassung kann nicht gefolgt werden, da Art. 21 einerseits zusätzlich zur erheblichen Disparität von Leistung und Gegenleistung das Vorliegen subjektiver Momente verlangt, andererseits die Möglichkeit der Übervorteilten, sich vom Vertrag zu lösen, nur innert Jahresfrist vorsieht. Ausserdem erscheint es kaum verständlich, wenn ein Vertrag einerseits den strafrechtlichen Wuchertatbestand (Art. 157 StGB) erfüllt und andererseits privatrechtlich durchsetzbar sein soll (vgl. BERTOSSA, in: BELLANGER et al., 125, 127). Bei *besonders krasser Inäquivalenz* von Leistung und Gegenleistung ist deshalb unabhängig von Art. 21 Sittenwidrigkeit zu bejahen (so früher auch BGE 93 II 189, 191 f.: Darlehenszins von 26%; BernerKomm/KRAMER, Art. 19–20 N 205 m.w. Nachw.). Dies gilt vor allem dort, wo es – wie bei der Mehrheit der Verträge – keine gesetzlichen Obergrenzen gibt.

d) Beeinträchtigung obligatorischer Rechte Dritter

Grundsätzlich ist die Beeinträchtigung obligatorischer Rechte 32.33 Dritter aufgrund der Relativität der Schuldverhältnisse nicht sittenwidrig. Bei Vorliegen *qualifizierter Umstände* kann jedoch die Sittenwidrigkeit zu bejahen sein (BGE 102 II 339, 340), z.B. wenn jemand einen anderen zum Vertragsbruch verleitet, um sich selbst daraus Vorteile zu verschaffen (vgl. Art. 4 lit. a, d UWG; BGE 114 II 91, 98 ff.).

IV. Unmöglicher Inhalt

Nach Art. 20 Abs. 1 ist ein Vertrag, der einen unmöglichen In- 32.34 halt hat, nichtig. In der Sache handelt es sich dabei um einen Fall der *Leistungsstörung*, so dass eine Behandlung der Problematik dort geboten ist (vgl. N 64.02 ff.).

V. Rechtsfolgen

1. Nichtigkeit

32.35   Nach Art. 20 Abs. 1 ist ein Vertrag, der einen unmöglichen oder widerrechtlichen Inhalt hat oder gegen die guten Sitten verstösst, nichtig. Die *Nichtigkeit* wirkt *ex tunc* (BGE 97 II 108, 115) und ist vom Gericht von Amtes wegen zu berücksichtigen (BGE 110 II 360, 368). Bei in Vollzug gesetzten *Dauerschuldverhältnissen* sind die Rechtswirkungen freilich auf die Zukunft (ex nunc) zu beschränken (vgl. Art. 320 Abs. 3; BGE 113 II 209, 211).

32.36   Das Grundprinzip des Art. 20 Abs. 1 erfährt allerdings zwei wesentliche *Einschränkungen*.

32.37   Verstösst ein Vertrag gegen eine *Verbotsnorm*, so ist er nur dann nichtig, «wenn diese Rechtsfolge vom Gesetz ausdrücklich vorgesehen wird oder sich aus dem Sinn und Zweck der verletzten Norm ergibt» (BGE 134 III 52, 54 m.w. Nachw.). So ist beispielsweise ein Versicherungsvertrag, der in Verletzung einer Verbotsnorm dem Versicherungsnehmer eine Vergünstigung gewährt, nicht als nichtig angesehen worden (vgl. BGE 111 II 52, 54; weitere Kasuistik bei BernerKomm/KRAMER, Art. 19–20 N 324).

32.38   Bezweckt eine Verbotsnorm, wie viele privatrechtliche zwingende Normen, typischerweise nur den *Schutz einer Vertragspartei*, so ist die Nichtigkeit nur zugunsten der zu schützenden Partei zu berücksichtigen; die andere Vertragspartei kann sich nicht darauf berufen. Anerkannt wird dieses Ergebnis von der neueren Lehre für die Fälle der Sittenwidrigkeit wegen Verletzung des Persönlichkeitsrechts. Sie ist sich darin einig, dass Art. 20 Abs. 1 insoweit im Lichte des Art. 27 Abs. 2 ZGB zu interpretieren ist (vgl. BGE 129 III 209, 214; BernerKomm/KRAMER, Art. 19–20 N 370 ff.). Diese Überlegungen müssen jedoch auf alle Verbotsnormen ausgedehnt werden (in diesem Sinne BaslerKomm/HUGUENIN, Art. 19/20 N 55).

2. Teilnichtigkeit

a) Grundsatz

32.39   Betrifft der Mangel nur *einzelne Teile* des Vertrages, so ist nach Art. 20 Abs. 2 nur dieser Teil des Vertrages nichtig, der Rest hingegen wirksam. Dies gilt nicht, wenn die Parteien den Vertrag ohne den nichtigen Teil nicht geschlossen hätten (BGE 120 II 35, 40).

Voraussetzung für die Anwendung des Art. 20 Abs. 2 ist zunächst in 32.40
objektiver Hinsicht, dass sich der Vertrag in einen mangelhaften und in einen mangelfreien Teil aufspalten lässt (HGer ZH, ZR 1997, 104, 107). Dies ist nicht der Fall, wenn der Vertrag nach einer Verbotsnorm, oder weil er gegen herrschende Moralvorstellungen verstösst, insgesamt nichtig sein soll (BGE 112 II 433, 437 f.). Eine Aufspaltung kann auch nicht erfolgen, wenn eine der beiden im Synallagma stehenden Leistungspflichten unwirksam ist (BGE 80 II 327, 334). Die Aufrechterhaltung der Gegenleistungspflicht würde dem Grundgedanken des Synallagmas zuwiderlaufen. Beispiel: Bei Sittenwidrigkeit der Arbeitsleistung erfasst die Nichtigkeit selbstverständlich auch die Verpflichtung zur Gegenleistung.

Lässt sich der Mangel auf einen Teil des Vertrages beschränken, so 32.41
wird nach Art. 20 Abs. 2 *Teilnichtigkeit vermutet*, d.h. die Partei, die Gesamtnichtigkeit geltend macht, muss die hierfür erforderlichen Umstände beweisen (vgl. BaslerKomm/HUGUENIN, Art. 19/20 N 71 m.w. Nachw.). Dies gilt jedoch nur, wenn nicht anzunehmen ist, dass der Vertrag ohne den nichtigen Teil überhaupt nicht geschlossen worden wäre. Zur Beantwortung dieser Frage ist zunächst auf die Vereinbarung der Parteien zurückzugreifen. Die Parteien können vereinbaren, dass der Vertrag bei Nichtigkeit einzelner Abreden insgesamt nichtig sein soll (sog. *Nichtigkeitsabreden*), oder umgekehrt, dass die Nichtigkeit einzelner Bestimmungen die Wirksamkeit des Vertrages im Übrigen unberührt lässt (sog. *salvatorische Klauseln*). Solche Abreden gehen der Bestimmung des Art. 20 Abs. 2 vor (vgl. GAUCH/SCHLUEP/SCHMID, N 695 m.w. Nachw.). Fehlt es an einer vertraglichen Vereinbarung, so ist auf den *hypothetischen Parteiwillen* abzustellen, d.h. es ist zu fragen, was vernünftige Parteien in den Schuhen der Vertragspartner vereinbart hätten, wenn ihnen im Zeitpunkt des Vertragsschlusses die Unwirksamkeit einzelner Teile des Vertrages bekannt gewesen wäre (BGE 120 II 35, 41 m.w. Nachw.). Bei Verletzung *sozialschützender Normen* oder des *Persönlichkeitsrechts* ist allerdings nach Wahl der Geschützten auch dann Teilnichtigkeit des Vertrages anzunehmen, wenn sich die andere Partei darauf beruft, sie hätte den Vertrag ohne die stossende Klausel nicht geschlossen (BGE 109 II 239, 244; 80 II 327, 335; vgl. auch N 32.55).

Sind einzelne Bestimmungen eines Vertrages wegen Gesetzes- oder 32.42
Sittenverstosses unwirksam und ist von Teilnichtigkeit auszugehen, so tritt an die Stelle der unwirksamen Abrede je nachdem *zwingendes* oder *dispositives Gesetzesrecht* (vgl. auch Art. 357 Abs. 2). Im Übrigen hat sich das Gericht am hypothetischen Parteiwillen zu orientieren (vgl. BGE

114 II 163 f.; vgl. auch N 34.04 ff.). In allen diesen Fällen, in denen anstelle der unwirksamen Abrede eine Ersatzregel tritt, wird von *modifizier-
ter Teilnichtigkeit* gesprochen (vgl. GAUCH/SCHLUEP/SCHMID, N 703).

b) Geltungserhaltende Reduktion

32.43   Verschiedene gesetzliche Bestimmungen sehen vor, dass das
Gericht eine übermässige Verpflichtung *herabsetzen* kann, z.B. eine
übermässig hohe Konventionalstrafe (Art. 163 Abs. 3), eine unverhältnismässig hohe Vergütung beim Partnerschaftsvermittlungsvertrag
(Art. 406h), einen unverhältnismässig hohen Mäklerlohn (Art. 417) oder
ein übermässiges Konkurrenzverbot (Art. 340a Abs. 2). Teilweise hält
auch das Gesetz eine *Ersatzregel* bei übermässiger Bindung bereit, wie
insbesondere Art. 334 Abs. 3, wonach ein Arbeitsverhältnis nach zehn
Jahren von jeder Vertragspartei gekündigt werden kann, auch wenn es
für eine längere Zeit eingegangen worden ist.

32.44   Darüber hinaus soll nach herrschender Lehre und Rechtsprechung
auch in anderen Fällen (vgl. Nachw. bei BernerKomm/KRAMER,
Art. 19–20 N 380 ff.; GAUCH/SCHLUEP/SCHMID, N 706) eine sog. *Reduktion auf das erlaubte Mass* oder *geltungserhaltende Reduktion* möglich sein. Der Vertrag ist dann nur insoweit nichtig, als die vom Gesetz
oder der Sittenordnung erlaubte Höchstgrenze überschritten wurde; im
Umfang und mit Massgabe des Erlaubten bleibt er aufrechterhalten. So
soll im Wege der geltungserhaltenden Reduktion insbesondere ein sog.
ewiger Vertrag oder ein Vertrag mit übermässig langer Bindungsdauer
auf die zulässige Höchstdauer herabgesetzt werden können (vgl. BGE
114 II 159, 163; 107 II 216, 218 ff.). Dasselbe gilt für eine die gesetzliche
Höchstgrenze überschreitende Zinsabrede (vgl. BGE 93 II 189, 192; a.A.
BernerKomm/KRAMER, Art. 19–20 N 379: marktübliche Ersatzregel).
Hat jemand entgegen Art. 100 Abs. 1 jegliche Haftung, d.h. auch diejenige für Vorsatz und grobe Fahrlässigkeit, ausgeschlossen, so soll der
(rechtlich zulässige) Ausschluss der Haftung für leichte Fahrlässigkeit
gleichwohl aufrechterhalten bleiben (vgl. BernerKomm/KRAMER,
Art. 19–20 N 358; vgl. dazu N 46.09). Abgelehnt wurde die geltungserhaltende Reduktion hingegen aus Gründen der Rechtssicherheit bei einer
das Persönlichkeitsrecht verletzenden Globalzession (vgl. BGE 106 II
369, 379).

32.45   Die geltungserhaltende Reduktion entspricht zweifellos dem hypothetischen Parteiwillen und ist deshalb dogmatisch nicht zu beanstanden. Sie
begegnet jedoch in Fällen, in denen die Nichtigkeit darauf zurückzuführen

ist, dass gegen eine geschriebene oder ungeschriebene Norm zum *Schutze der sozial schwächeren Vertragspartei* verstossen wurde (Höchstzinssatz, übermässige Bindung), erheblichen *rechtspolitischen Bedenken*. Die geltungserhaltende Reduktion liefert hier geradezu einen Anreiz, Übermässiges zu vereinbaren (vgl. HÜRLIMANN, Teilnichtigkeit, 79). Denn in den meisten Fällen wehrt sich die sozial schwächere Partei in der Praxis nicht gegen die übermässige Bindung; in den wenigen anderen Fällen besteht das Risiko für die andere Vertragspartei lediglich darin, dass die Verpflichtung auf das herabgesetzt wird, was rechtmässig von vornherein hätte vereinbart werden können. Bezogen auf die Gesamtzahl aller abgeschlossenen Verträge kann die stärkere Vertragspartei damit im Durchschnitt immer noch Übermässiges faktisch durchsetzen. Unter dem Gesichtspunkt der *Prävention* muss deshalb in diesen Fällen die geltungserhaltende Reduktion abgelehnt werden (so auch RUSCH/BORNHAUSER, AJP 2010, 1228, 1237 f.). Allein der sozial schwächeren Partei muss die Wahl überlassen werden, ob sie sich auf Voll- oder Teilnichtigkeit beruft (vgl. auch zur Übervorteilung N 32.55). So bestimmt etwa auch Art. 15 Abs. 2 KKG, dass bei Nichtigkeit des Konsumkreditvertrages die Konsumentin den Kredit bis zum Ablauf der Kreditdauer zurückzahlen kann, ohne Zinsen oder Kosten dafür bezahlen zu müssen. Diese Auffassung wird nunmehr auch vom Bundesgericht für den Fall eines gesetzeswidrigen Leasingvertrages vertreten (BGer, 18.12.2008, 4A_404/2008, E. 5.6; zust. SCHÖBI, FS Giger, 449, 468 ff.). Entsprechendes muss insbesondere auch bei Unwirksamkeit von AGB gelten (so auch BernerKomm/ KRAMER, Art. 19–20 N 377 ff. m.w. Nachw.; vgl. N 46.09).

3. Haftung aus culpa in contrahendo

Hat eine Partei den Unwirksamkeitsgrund *gekannt* oder aus 32.46 *Fahrlässigkeit nicht gekannt* und die andere Partei hierüber nicht aufgeklärt, so kommt eine Schadenersatzhaftung nach den Grundsätzen der culpa in contrahendo in Betracht (vgl. BaslerKomm/HUGUENIN, Art. 19/20 N 59 m.w. Nachw.). Dies gilt freilich nicht, wenn die Haftung dem Zweck der Verbotsnorm zuwiderlaufen würde.

4. Rückabwicklung

Soweit ein Vertrag nach Art. 20 Abs. 1 nichtig ist, sind die er- 32.47 brachten Leistungen *zurückzuerstatten*. Im Vermögen des Empfängers noch vorhandene Sachleistungen sind mit der *rei vindicatio* (Art. 641

Abs. 2 ZGB), Grundstücke mit der Grundbuchberichtigungsklage (Art. 975 ZGB) rückabzuwickeln. Im Übrigen folgt die Rückabwicklung dem *Bereicherungsrecht*, wobei zu beachten ist, dass im Rahmen von Art. 66 eine Rückforderung ausgeschlossen ist. Für nichtige *Konsumkreditverträge* enthalten Art. 15 Abs. 2–4 KKG Sonderbestimmungen.

VI. Übervorteilung

Literatur: BERGER, Schuldrecht, N 1067 ff.; BUCHER, OR AT, 228 ff.; ENGEL, OR AT, 298 ff.; FURRER/MÜLLER-CHEN, Kap. 5 N 127 ff.; GAUCH/SCHLUEP/SCHMID, N 731 ff.; GUHL/KOLLER, 48 f.; HUGUENIN, OR AT, N 440 ff.; KELLER/SCHÖBI, Schuldrecht I, 198 ff.; KOLLER, OR AT, § 14 N 248 ff.; TERCIER, Obligations, N 838 ff.; VON TUHR/PETER, 342 ff.; BaslerKomm/HUGUENIN, Art. 21; BernerKomm/KRAMER, Art. 21; CHK/KUT/SCHNYDER, OR 21; CR CO I/SCHMIDLIN, Art. 21; KuKo OR/HERZOG, Art. 21;

BERTOSSA, Lésion et usure: un couple bien étrange, in: BELLANGER/CHAIX/CHAPPUIS CHRISTINE/HÉRITIER LACHAT (Hrsg.), Le contrat dans tous ses états, Bern 2004, 125 ff.; CASSANI, Liberté contractuelle et protection pénale de la partie faible: L'usure, une infraction en quête de sens, in: BELLANGER/CHAIX/CHAPPUIS CHRISTINE/HÉRITIER LACHAT (Hrsg.), Le contrat dans tous ses états, Bern 2004, 135 ff.; BIERI, La disproportion évidente entre les prestations promises par les parties à un contrat – Critique de l'arrêt du club de football de Lohn, Festschrift Wessner, Basel 2011, 423 ff.; GAUCH, Der Fussballclub und sein Mietvertrag: Ein markanter Entscheid zur Übervorteilung: BGE 123 III 292 ff., recht 1998, 55 ff.; DERS., Die Übervorteilung – Bemerkungen zu Art. 21 OR, recht 1989, 91 ff.; GRONER, Wirtschaftliche Argumentation des Bundesgerichts, SJZ 2002, 457 ff.; KLETT, Vom Beruf alte Fragen neu zu stellen – zur vertraglichen Äquivalenz, Festschrift Walter, Bern 2005, 351 ff.; KNOEPFEL-KUNZ, Willensbildung, Beeinflussung und Vertragsschluss, Zürich 1989; KRAMER, Art. 21 OR: Geltungserhaltende Reduktion bei Übervorteilung, AJP 1997, 1556 ff.; MUNZINGER, Referat über die Wucherfrage, ZSR 1867, 41 ff.; OFTINGER, Betrachtungen über die laesio im Schweizer Privatrecht, Festschrift Zepos, Athen 1973, 535 ff.; REY, Vertragsrecht und Aspekte der Vertragsgerechtigkeit, Festschrift Gauch, Zürich 2004, 563 ff.; STARK, Die Übervorteilung (Art. 21) im Lichte der bundesgerichtlichen Rechtsprechung, Festgabe zur Hundertjahrfeier des Bundesgerichts, Basel 1975, 377 ff: STOCKER, Wucher und Läsion: Begriff und Rechtsfolgen der Äquivalenzstörung im schweizerischen Vertragsrecht, Diss. Zürich 2010.

1. Allgemeines

32.48   Art. 21 regelt die Fälle des *Wuchers* und befindet sich an der Nahtstelle zwischen den die Inhaltsfreiheit beschränkenden Art. 19, 20 und den Willensmängeln nach Art. 23 ff. Er beschränkt einerseits die inhaltliche Gestaltungsfreiheit der Parteien, andererseits verlangt er wie die Willensmängel ein subjektives Element und entspricht Letzteren im Hinblick auf die Rechtsfolgen (vgl. BernerKomm/KRAMER, Art. 21 N 5).

Aufgrund der hohen Beweisanforderungen und der engen zeitlichen Limitierung der Geltendmachung kommt der Bestimmung in der *Praxis* nur geringe Bedeutung zu. Der Schutzzweck läuft damit weitgehend leer.

Liegt eine grobe Disparität zwischen Leistung und Gegenleistung vor, 32.49 so ergibt sich eine *dreistufige Prüfungsreihenfolge* (vgl. BaslerKomm/ HUGUENIN, Art. 21 N 19 ff.): Zunächst ist zu prüfen, ob die Vereinbarung eventuell einem gesetzlichen Verbot (Höchstpreis, Höchstzins) widerspricht; auf der zweiten Stufe findet eine Kontrolle anhand der Sittenwidrigkeit statt; auf der dritten Stufe kommt die Anfechtung nach Art. 21 in Betracht. Liegt sowohl Sittenwidrigkeit als auch Übervorteilung im Sinne des Art. 21 vor, so kann sich die Geschützte auf beide Tatbestände berufen.

2. Voraussetzungen

a) Offenbares Missverhältnis

Als *objektive Voraussetzung* verlangt Art. 21 Abs. 1 zunächst 32.50 ein offenbares Missverhältnis zwischen Leistung und Gegenleistung im Zeitpunkt des Vertragsschlusses (BGE 109 II 347, 348 f.). Tritt eine Veränderung der Wertrelation erst nach Vertragsschluss ein, so kann in Ausnahmefällen die clausula rebus sic stantibus zur Anwendung gelangen (vgl. BernerKomm/KRAMER, Art. 21 N 19). Ein offenbares Missverhältnis liegt nur dann vor, wenn die Inäquivalenz von Leistung und Gegenleistung gewissermassen *in die Augen springt* (BGE 53 II 483, 488). Vergleichsmassstab sind insoweit die jeweiligen Marktverhältnisse (BGE 123 III 292, 303; Kasuistik bei BaslerKomm/HUGUENIN, Art. 21 N 8 f.).

b) Ausnahmesituation beim Übervorteilten

Subjektiv muss auf Seiten der *Übervorteilten* eine *Ausnahmesi-* 32.51 *tuation* vorliegen, die ihre Entscheidungsfreiheit beeinträchtigt (vgl. GAUCH/SCHLUEP/SCHMID, N 736). Beispielhaft nennt Art. 21 Abs. 1 die Notlage, die Unerfahrenheit und den Leichtsinn der Übervorteilten. Die Ausnutzung anderer Schwächezustände, z.B. Abhängigkeiten oder Erschöpfungszustände, ist jedoch nach herrschender Auffassung ebenfalls unter Art. 21 Abs. 1 zu subsumieren (vgl. BernerKomm/KRAMER, Art. 21 N 35 m.w. Nachw.).

Eine *Notlage* kann sich aus wirtschaftlichen, persönlichen oder auch 32.52 politischen Umständen ergeben, z.B. Arbeitslosigkeit, Scheidungssituation oder politische Verfolgung (vgl. BGE 84 II 107, 110 f.). Entscheidend ist, dass der Abschluss des ungünstigen Vertrages gegenüber der Inkaufnahme drohender Nachteile als das kleinere Übel betrachtet wird (BGE 123 III 292, 301). Auch eine juristische Person kann sich in einer Notlage befinden. Nicht entscheidend ist, ob die Notlage unverschuldet ist oder nicht. Für die Frage der *Unerfahrenheit* kommt es individuell auf die fehlende Sachkenntnis der Übervorteilten im Hinblick auf den konkreten Vertrag an (BGE 92 II 168, 175 f.; HGer ZH, ZR 1999, 145, 153). Dasselbe gilt für das Merkmal *Leichtsinn*; entscheidend ist, ob die Übervorteilte im konkreten Fall leichtfertig gehandelt hat (BGE 61 II 31, 36 f.; HGer ZH, ZR 1999, 145, 153).

c) Ausbeutung

32.53　　Auf Seiten des *Übervorteilenden* ist *subjektiv* Voraussetzung, dass er die Schwächesituation der anderen Partei bewusst zum Zwecke des Vertragsschlusses *ausgenutzt* hat (BGE 92 II 168, 177; HGer ZH, ZR 1999, 145, 154). Dies setzt Kenntnis sowohl vom offenbaren Missverhältnis zwischen Leistung und Gegenleistung als auch von der Ausnahmesituation der Übervorteilten voraus (illustrativ: BGE 61 II 31, 37).

3. Rechtsfolgen

32.54　　Die Übervorteilung führt im Gegensatz zur Sittenwidrigkeit nach Art. 20 Abs. 1 nicht zur vom Gericht von Amtes wegen zu berücksichtigenden Nichtigkeit des Vertrages, sondern gibt der Übervorteilten lediglich die Möglichkeit, sich durch einseitige Erklärung vom Vertrag zu lösen (anders etwa § 138 Abs. 2 BGB und § 879 Abs. 2 Ziff. 4 ABGB: Nichtigkeit). Dieses *Anfechtungsrecht* muss innerhalb eines Jahres nach Abschluss des Vertrages ausgeübt werden (Art. 21 Abs. 2), ohne dass es darauf ankommt, ob die subjektive Ausnahmesituation noch besteht oder nicht (vgl. BernerKomm/KRAMER, Art. 21 N 57). Die Ausübung des Anfechtungsrechts und die Rechtsfolgen entsprechen der Situation bei der Geltendmachung von Willensmängeln (vgl. N 39.01 ff.).

32.55　　Zum Schutze der Übervorteilten muss dieser das *Wahlrecht* zustehen, ob sie sich gänzlich vom Vertrag lösen oder diesen unter Reduzierung der wucherischen Leistung auf das marktübliche Mass aufrechterhalten will (vgl. BGE 123 III 292, 300; GAUCH/SCHLUEP/SCHMID, N 754 f. m.w. Nachw.). Ob auch der Übervorteilende den Vertrag zu diesen Bedingungen geschlossen hätte, ist irrelevant (vgl. BGE 123 III 292, 300;

BaslerKomm/HUGUENIN, Art. 21 N 16 m.w. Nachw.; a.A. etwa KOLLER, OR AT, § 14 N 259). Der Schutzzweck des Art. 21 verbietet es hingegen, der Übervorteilten, die sich ganz aus dem Vertrag lösen will, eine Modifikation des Vertrages aufzuzwingen (offen gelassen in BGE 123 III 292, 300 m. Nachw. zum Streitstand).

Kapitel 4: Die Auslegung und Anpassung von Verträgen

§ 33 Vertragsauslegung

Literatur: BERGER, Schuldrecht, N 1119 ff.; BUCHER, OR AT, 180 ff.; ENGEL, OR AT, 235 ff.; FURRER/MÜLLER-CHEN, Kap. 4 N 2 ff.; GAUCH/SCHLUEP/SCHMID, N 1196 ff.; GUHL/KOLLER, 101 ff.; HUGUENIN, OR AT, N 259 ff.; KELLER/SCHÖBI, Schuldrecht I, 119 ff.; KOLLER, OR AT, § 9 N 1 ff.; TERCIER, Obligations, N 939 ff.; VON TUHR/PETER, 288 ff.; BaslerKomm/WIEGAND, Art. 18 N 1 ff.; BernerKomm/KRAMER, Art. 18 N 10 ff.; CHK/KUT/SCHNYDER, OR 18 N 1 ff.; CR CO I/WINIGER, Art. 18 N 1 ff.; KuKo OR/WIEGAND, Art. 18 N 5 ff.; ZürcherKomm/GAUCH, Art. 18 N 295 ff.;

CHAPPUIS CHRISTINE, Le texte clair du contrat, Festschrift Perrin, Genf 2002, 3 ff.; GAUCH, Vertrag und Parteiwille, in: Hundert Jahre Schweizerisches Obligationenrecht, Freiburg i.Ue. 1982, 343 ff.; DERS., Auslegung, Ergänzung und Anpassung schuldrechtlicher Verträge, in: GAUCH/SCHMID (Hrsg.), Die Rechtsentwicklung an der Schwelle zum 21. Jahrhundert, Zürich 2001, 209 ff.; GAUCH/SCHLUEP, Zum reinen Auslegungsstreit – Eine Klarstellung, SJZ 1982, 230 ff.; HADŽIMANOVIĆ, Auslegung und Ergänzung von Verträgen – Vertragliche Nebenpflichten im englischen und schweizerischen Recht, Diss. Zürich 2004; KLETT, Vertragsrecht und dispositives Gesetzesrecht, Festschrift Gauch, Zürich 2004, 459 ff.; KÖTZ, Vertragsauslegung. Eine rechtsvergleichende Skizze, Festschrift Zeuner, Tübingen 1994, 219 ff.; KRAMER, Juristische Methodenlehre, Bern 1998, 108 ff.; LANGE, Das Auslegungsprinzip des Sichverständlichmachens, Diss. Zürich 1981; LANZI, Die Verkehrssitte und ihre zivilprozessuale Behandlung, Diss. Zürich 1982; MEIER-HAYOZ, Zur Gesetzes- und Vertragsauslegung, SJZ 1956, 173 ff.; MERZ, Auslegung, Lückenfüllung und Normberichtigung, AcP 164 (1964), 305 ff.; OTT, Die Interpretation von Verträgen und Statuten, Basel 2000; ZELLER, Auslegung von Gesetz und Vertrag: Methodenlehre für die juristische Praxis, Zürich 1989; ZINDEL, Reiner Auslegungsstreit und Konsensfrage, SJZ 1982, 356 ff.

I. Allgemeines

Steht fest, dass zwischen den Parteien ein Vertrag zustande gekommen ist, sei es aufgrund natürlichen oder normativen Konsenses, so können die Parteien dennoch unterschiedliche Auffassungen über den 33.01

massgeblichen Vertragsinhalt vertreten. In diesem Fall ist das Gericht aufgerufen, durch *Vertragsauslegung* das Vereinbarte zu ermitteln. Nur theoretisch lässt sich von der Vertragsauslegung die *Vertragsergänzung* unterscheiden. Bei Letzterer geht es nicht darum zu ermitteln, was die Parteien vereinbart haben, sondern darum, dass die vertragliche Regelung lückenhaft geblieben ist und deshalb ergänzt werden muss. In der Praxis gehen jedoch Vertragsauslegung und Vertragsergänzung ineinander über.

33.02   Ziel der Auslegung ist es zunächst, das von den Parteien *übereinstimmend wirklich Gewollte* zu ermitteln (vgl. BaslerKomm/WIEGAND, Art. 18 N 7). Der übereinstimmende Wille gilt, auch wenn er in der Erklärung nicht oder nicht hinreichend Ausdruck gefunden hat (Art. 18 Abs. 1). Es gilt der Vorrang der empirischen oder subjektiven vor der normativen oder objektivierten Vertragsauslegung (BGer, Pra 2002, 503, 505). Erst wenn aufgrund der Auslegung feststeht, dass ein übereinstimmender Wille der Parteien nicht vorgelegen hat, ist auf das *Vertrauensprinzip* (vgl. N 27.40 ff.) zurückzugreifen (vgl. BGE 121 III 118, 123 m.w. Nachw.). Der Inhalt des Vertrages ist dann danach zu ermitteln, was die Erklärungsempfängerin nach Treu und Glauben verstehen durfte und musste. Insoweit wird auch von normativer Auslegung gesprochen (vgl. BernerKomm/KRAMER, Art. 18 N 67).

33.03   Über die *Methoden der Vertragsauslegung* – wie auch der Gesetzesauslegung – wurden und werden immer noch dicke Bücher geschrieben. Über die Sinnhaftigkeit eines bis ins Feinste ausziselierten Methodenkanons können freilich unterschiedliche Ansichten vertreten werden. So meinte schon RADBRUCH (Einführung in die Rechtswissenschaft, 13. Aufl., Stuttgart 1980, 283), dass eine Wissenschaft, die sich mit ihrer eigenen Methodenlehre beschäftigt, krank sei. Vor allem aber darf nicht aus den Augen verloren werden, dass auch ein noch so ausgefeilter Methodenkanon nicht viel mehr als eine *Scheinrationalität* begründen kann. Denn letztlich gründet die Auslegung – wie gerichtliche Kognition insgesamt – auf den Wertungen des individuell befassten Gerichts und ist deshalb immer mehr oder weniger subjektiv. Es ist deshalb wichtiger als jede Methodenlehre, sich die eigenen Wert- und Vorurteile, die auch in die Auslegung einfliessen, bewusst zu machen und diese offen zu legen.

II. Auslegungsgrundsätze

33.04   Wie bei der Auslegung von Willenserklärungen ist auch bei der Vertragsauslegung zunächst vom *Wortlaut* auszugehen (vgl. BGE 118 II

363, 366). Schon aus Art. 18 Abs. 1 wird jedoch deutlich, dass zur Auslegung über den Wortlaut selbst hinauszugehen ist. Auch scheinbar eindeutige Erklärungen müssen u.U. ausgelegt werden (vgl. BGE 127 III 444, 445, dazu WIEGAND, recht 2002, 200); dem Wortlaut allein kommt deshalb gegenüber den anderen Auslegungskriterien *keine Vorrangstellung* zu (vgl. BGE 125 III 305, 308; 123 III 24, 26; BaslerKomm/ WIEGAND, Art. 18 N 25; ausführlich hierzu CHAPPUIS CHRISTINE, Festschrift Perrin, 3, 12 ff.). Bei geschäftsgewandten Personen mit juristischer Ausbildung darf man zwar davon ausgehen, dass sie juristische Begriffe richtig verstehen (vgl. BGer, ZGRG 2007, 88, 91), dies gilt jedoch nicht für Laien (vgl. BGE 129 III 702, 707 ff.: «Solidarschuld»).

Neben dem Wortlaut sind immer die gesamten *Umstände des Einzelfalls* zu berücksichtigen (vgl. ausführlich BGE 129 III 702, 707 ff.). Schon die Parteien können in ihrem Vertrag Auslegungsregeln festlegen, z.B. Wortdefinitionen. Von Bedeutung sind auch insbesondere die Vorverhandlungen zwischen den Parteien (BGE 72 II 29, 35), ihr Verhalten nach Vertragsschluss (BGE 110 II 141, 147), die Interessenlage im Zeitpunkt des Vertragsschlusses (BGE 109 II 24, 25) und der jeweilige Vertragszweck (BGE 115 II 260, 268).   33.05

Von besonderer Bedeutung für die Auslegung sind das Prinzip von *Treu und Glauben* (vgl. BGE 116 II 345, 347; 111 II 291, 293), *Verkehrssitten* und *Handelsbräuche* (vgl. BGE 91 II 356, 358 f.; 86 II 256, 257). Bei Verträgen unter Kaufleuten spricht eine Vermutung dafür, dass sie handelsspezifische Ausdrücke so verstanden haben, wie sie in der jeweiligen Branche und in der geografischen Umgebung der Parteien benutzt werden. Dies gilt insbesondere für die im internationalen Handelsverkehr häufig verwendeten Handelsklauseln (Incoterms, vgl. N 7.07 f.).   33.06

Sind unterschiedliche Auslegungen möglich und führt die eine zur Wirksamkeit, die andere jedoch zur Unwirksamkeit des Vertrages, so ist grundsätzlich derjenigen der Vorzug zu geben, aufgrund derer der Vertrag wirksam ist *(favor negotii;* vgl. BGE 120 II 35, 40; 117 II 609, 621 f.).   33.07

Für Einzelfälle enthält das Gesetz selbst *Auslegungsregeln* (vgl. nur Art. 16 Abs. 1, 76 f., 481 Abs. 2). Diese kommen jedoch nur höchst subsidiär zur Anwendung, wenn ein anderer Wille der Parteien aufgrund der gesamten Umstände des Einzelfalls nicht festgestellt werden kann (vgl. BernerKomm/KRAMER, Art. 18 N 49).   33.08

III. Sonderfälle

1. Formbedürftige Verträge

33.09 Die Auslegung formbedürftiger Verträge folgt nach heute überwiegender Meinung (vgl. BGE 127 III 248, 254; 122 III 361, 366 m.w. Nachw.) den gleichen Grundsätzen wie diejenige formfreier Geschäfte. Dies bedeutet, dass auch bei formbedürftigen Verträgen der wirkliche Wille der Erklärenden unabhängig vom Wortlaut der Erklärung zu ermitteln ist (Art. 18 Abs. 1). Die früher verbreitete sog. *Andeutungstheorie*, wonach die Auslegung nur so weit gehen kann, als der Wille im Wortlaut der Erklärung angedeutet ist, wird heute überwiegend abgelehnt (vgl. BGE 127 III 529, 532; GAUCH/SCHLUEP/SCHMID, N 1245 m.w. Nachw.).

33.10 Eine andere Frage ist, ob der so ermittelte Vertragsinhalt *formgültig* ist. Zur Bestimmung dieser Frage ist auf den Schutzzweck der jeweiligen Formvorschrift abzustellen. Danach können folgende Fälle unterschieden werden (vgl. auch KOLLER, OR AT, § 12 N 92 ff.): Wurde ein Vertragspunkt *überhaupt nicht beurkundet* (Beispiel: Der Kaufvertrag erwähnt die Verpflichtung des Käufers zur Übernahme einer Hypothek nicht), so liegt ein Formmangel vor. Wurde ein Vertragspunkt *falsch beurkundet*, so kommt es darauf an, ob dies absichtlich (z.B. Schwarzgeldabrede) oder lediglich irrtümlich geschah. Bei *absichtlicher* Falschbeurkundung ist ebenfalls ein Formmangel anzunehmen (vgl. BGE 117 II 145, 147), weil es sonst in der Hand der Parteien liegen würde, sich faktisch über Formvorschriften hinwegzusetzen. Bei lediglich *fahrlässiger* Falschbeurkundung kann hingegen davon ausgegangen werden, dass das durch Auslegung ermittelte Gewollte auch formwirksam ist (so auch BernerKomm/KRAMER, Art. 18 N 98; diff. KOLLER, OR AT, § 12 N 96).

2. Allgemeine Geschäftsbedingungen

33.11 Für die Auslegung Allgemeiner Geschäftsbedingungen gelten zwar zunächst die allgemeinen Regeln. Darüber hinaus wurden jedoch eigene Kriterien entwickelt (vgl. N 45.08 ff.).

§ 34   Vertragsergänzung

Literatur: BERGER, Schuldrecht, N 1152 ff.; BUCHER, OR AT, 186 ff.; ENGEL, OR AT, 235 ff.; FURRER/MÜLLER-CHEN, Kap. 4 N 40 ff.; GAUCH/SCHLUEP/SCHMID, N 1248 ff.; HUGUENIN, OR AT, N 281 ff.; KELLER/SCHÖBI, Schuldrecht I, 136 ff.; KOLLER, OR AT, § 10 N 1 ff.; TERCIER, Obligations, N 954 ff.; VON TUHR/PETER, 291; BaslerKomm/WIEGAND, Art. 18 N 57 ff.; BernerKomm/KRAMER, Art. 18 N 208 ff.; CHK/KUT/SCHNYDER, OR 18 N 33 ff.; CR CO I/WINIGER, Art. 18 N 158 ff.; KuKo OR/ WIEGAND, Art. 18 N 48 ff.; ZürcherKomm/GAUCH, Art. 18 N 483 ff.;

CORBOZ, La réception du contrat par le juge: la qualification, l'interprétation et le complètement, in: BELLANGER/CHAIX/CHAPPUIS CHRISTINE/HÉRITIER LACHAT (Hrsg.), Le contrat dans tous ses états, Bern 2004, 269 ff.; HADŽIMANOVIĆ, Auslegung und Ergänzung von Verträgen – Vertragliche Nebenpflichten im englischen und schweizerischen Recht, Diss. Zürich 2004; GAUCH, Auslegung, Ergänzung und Anpassung schuldrechtlicher Verträge, in: GAUCH/SCHMID (Hrsg.), Die Rechtsentwicklung an der Schwelle zum 21. Jahrhundert, Zürich 2001, 209 ff.; KLETT, Vertragsrecht und dispositives Gesetzesrecht, Festschrift Gauch, Zürich 2004, 459 ff.

I. Allgemeines

Gerichtliche Vertragsergänzung greift dann Platz, wenn die 34.01
Parteien eine bestimmte Frage, über die im Nachhinein Streit entsteht, nicht geregelt haben (sog. *Vertragslücke*; vgl. BGE 115 II 484, 487 f.). Beispiele: Der Vertrag enthält keine Regelungen über die Zahlungsmodalitäten oder zur Frage der Gewährleistung bei Sachmängeln. Irrelevant ist, ob den Parteien im Zeitpunkt des Vertragsschlusses die Lücke bewusst war oder nicht (vgl. BaslerKomm/WIEGAND, Art. 18 N 61). Gerichtliche Vertragsergänzung muss auch dann eingreifen, wenn die Parteien eine Frage zwar geregelt haben, diese *Regelung* jedoch *unwirksam* ist, die Unwirksamkeit den Vertrag im Übrigen jedoch nicht berührt (vgl. BernerKomm/KRAMER, Art. 18 N 214).

Vertragsergänzung setzt immer voraus, dass *überhaupt ein Vertrag* 34.02
geschlossen wurde, über dessen prinzipielle Wirksamkeit kein Streit (mehr) zwischen den Parteien besteht (vgl. aber BaslerKomm/WIEGAND, Art. 18 N 59 f.). Deshalb kommt eine ergänzende Vertragsauslegung im Hinblick auf die sog. *essentialia negotii*, hinsichtlich derer eine Einigung zwischen den Parteien erforderlich ist, nicht in Betracht (statt vieler: BGE 119 II 347 f.).

Keine gerichtliche Vertragsergänzung liegt vor, soweit eine im Vertrag 34.03
zwischen den Parteien ungeregelt gebliebene Frage von *zwingendem Gesetzesrecht* gelöst wird. Insoweit fehlt es bereits an einer Vertragslü-

cke, da die Parteien hierüber gar nicht disponieren können (vgl. Zürcher Komm/GAUCH, Art. 18 N 488).

II. Massstäbe für die gerichtliche Vertragsergänzung

34.04   Als Mittel der gerichtlichen Vertragsergänzung kommt zum einen das *dispositive Gesetzesrecht*, zum anderen der sog. *hypothetische Parteiwille* in Betracht (zur das Gesetz ergänzenden, sog. mittelbaren Vertragsergänzung vgl. GAUCH, in: GAUCH/SCHMID, 209, 222). Bei der Vertragsergänzung aufgrund hypothetischen Parteiwillens fragt sich das Gericht, was redliche Parteien in den Schuhen der Vertragspartner nach Treu und Glauben vereinbart hätten, wenn sie im Zeitpunkt des Vertragsschlusses die offen gebliebene Frage als regelungsbedürftig erkannt hätten (vgl. BGE 115 II 484, 488). Die Frage, ob im Einzelfall dem dispositiven Gesetzesrecht oder dem hypothetischen Parteiwillen *Vorrang* gebührt, ist in der Literatur höchst umstritten (vgl. BernerKomm/KRAMER, Art. 18 N 230 ff.; GAUCH, in: GAUCH/SCHMID, 209, 222 ff.). Wie häufig ist der Theorienstreit jedoch über weite Strecken unfruchtbar, denn im konkreten Einzelfall divergieren die Lösungen kaum.

34.05   Aufgrund des Primats der Vertragsfreiheit spricht m.E. viel dafür, einer Vertragsergänzung aufgrund des *hypothetischen Parteiwillens* den Vorzug zu geben (a.A. BGE 115 II 484, 488). Viele Normen des dispositiven Rechts lassen bereits aufgrund ihres Wortlauts erkennen, dass sie nur höchst subsidiär zur Anwendung kommen sollen, nämlich wenn die Parteien weder eine ausdrückliche Vereinbarung getroffen haben, noch aus den Umständen oder der Natur des Geschäfts eine Regelung abgeleitet werden kann (vgl. nur Art. 74 f., 81, 185). Auch in Art. 2 Abs. 2 wird das Gericht zur Lückenfüllung auf die Natur des Geschäftes verwiesen. Schliesslich enthalten viele dispositive Gesetzesnormen einen Verweis auf die Verkehrsübung (vgl. etwa Art. 112 Abs. 2, 213 Abs. 2) oder auf Handelsbräuche (vgl. nur Art. 429 Abs. 2, 430 Abs. 1).

34.06   Dem hypothetischen Parteiwillen im Rahmen der Lückenfüllung Vorrang einzuräumen, heisst nun freilich nicht, dass das *dispositive Gesetzesrecht* zur Bedeutungslosigkeit herabgestuft würde. Denn in vielen Fällen, in denen das dispositive Recht einen Richtigkeitsgehalt aufweist, kann davon ausgegangen werden, dass redlich denkende Vertragspartner eine Vertragsergänzung gerade anhand der Regeln des dispositiven Rechts gewollt hätten (ähnlich BaslerKomm/WIEGAND, Art. 18 N 70 ff.;

BernerKomm/KRAMER, Art. 18 N 232). Haben es Kaufleute beispielsweise unterlassen, in ihrem Kaufvertrag eine Regelung für den Fall vor-
zusehen, dass die Kaufsache mangelhaft ist, so ist der Vertrag durch die
Art. 197 ff. zu ergänzen. Diese Regeln halten einen angemessenen Interessenausgleich für den Fall von Sachmängeln bereit. In anderen Fällen
hingegen, in denen das dispositive Recht lediglich wertindifferente, technische Regeln oder nicht sachgerechte, antiquierte Regelungen enthält
(vgl. nur Art. 185 Abs. 1), wird eine Vertragsergänzung nach dem hypothetischen Parteiwillen eher zu einem anderen Ergebnis als das dispositive Recht führen.

Gerichtliche Vertragsergänzung muss grundsätzlich das Prinzip der   34.07
Vertragsfreiheit respektieren (vgl. BernerKomm/KRAMER, Art. 18 N 245).
Es ist nicht Sache des Gerichts, im Wege der Ergänzung aus jedem Vertrag einen gerechten oder vernünftigen Vertrag zu machen. Haben es die
Parteien eines Arbeitsvertrages beispielsweise versäumt, ein nachvertrag-
liches Konkurrenzverbot zu statuieren, so darf das Gericht ein solches
nicht im Wege ergänzender Vertragsauslegung in den Vertrag hineinle-
sen, auch wenn es zur Wahrung der Interessen der Arbeitgeberin sinnvoll
wäre (vgl. BGE 93 II 272, 275 f.).

§ 35   Vertragsanpassung an veränderte Umstände

Literatur: BERGER, Schuldrecht, N 1161 ff.; BUCHER, OR AT, 395 ff.; ENGEL,
OR AT, 785 ff.; FURRER/MÜLLER-CHEN, Kap. 4 N 51 ff.; GAUCH/SCHLUEP/SCHMID,
N 1280 ff.; GUHL/KOLLER, 310 f.; HUGUENIN, OR AT, N 296 ff.; KELLER/SCHÖBI,
Schuldrecht I, 254 ff.; KOLLER, OR AT, § 10 N 35 f., § 29 N 1 ff.; TERCIER, Obligations,
N 962 ff.; VON TUHR/PETER, 170 ff.; BaslerKomm/WIEGAND, Art. 18 N 95 ff.; Berner-
Komm/KRAMER, Art. 18 N 272 ff.; CHK/KUT/SCHNYDER, OR 18 N 40 ff.; CR CO I/
WINIGER, Art. 18 N 193 ff.; KuKo OR/WIEGAND, Art. 18 N 66 ff.; ZürcherKomm/
GAUCH, Art. 18 N 563 ff.;

BISCHOFF, Vertragsrisiko und clausula rebus sic stantibus, Zürich 1983; BREITSCHMID,
Über Schwierigkeiten wirtschaftlicher Betrachtungsweise im Privatrecht, Festschrift
Druey, Zürich 2002, 61 ff.; BÜHLER, Die clausula rebus sic stantibus als Mittel der Zu-
kunftsbewältigung, Festschrift Giger, Bern 1989, 35 ff.; BURKHARDT, Vertragsanpassung
bei veränderten Umständen in der Praxis des schweizerischen Privatrechts, Bern 1997;
CHAPPUIS CHRISTINE, L'intervention du tribunal dans le contrat convergence entre les
principes Unidroit et le droit suisse, Festschrift Reymond, Paris 2004, 53 ff.; GAUCH,
Auslegung, Ergänzung und Anpassung schuldrechtlicher Verträge, in: GAUCH/SCHMID
(Hrsg.), Die Rechtsentwicklung an der Schwelle zum 21. Jahrhundert, Zürich 2001,
209 ff.; LEU, Vertragstreue in Zeiten des Wandels, Festschrift von der Crone, Zürich 2007, 107 ff.; PICHONNAZ, La modification des circonstances et l'adaption du contrat,
in: PICHONNAZ/WERRO (Hrsg.), La pratique contractuelle 2: Symposium en droit des
contrats, Genf/Zürich/Basel 2011, 21 ff.; RAMPINI, Die nachträgliche Leistungserschwe-

rung, Diss. St. Gallen, Bern 2003; SCHÖNLE, L'imprévision des faits futurs lors de la conclusion d'un contrat générateur d'obligations, Hundert Jahre Schweizerisches Obligationenrecht, Freiburg i.Ue. 1982, 413 ff.; SCHUMACHER, Vertrauen in und durch Verträge, Festschrift Gauch, Zürich 2004, 637 ff.; SCHWENZER, Die clausula und das CISG, Festschrift Eugen Bucher, Bern 2009, 723 ff.; SULZER, Zweckstörungen im schweizerischen Vertragsrecht, Zürich 2002; DERS., Clausula rebus sic stantibus und der gestörte Vertragszweck, AJP 2003, 987 ff.; TERCIER, La clausula rebus sic stantibus en droit suisse des obligations, JdT 1979, 194 ff.; WIEGAND, Clausula rebus sic stantibus – Bemerkungen zu den Voraussetzungen ihrer Anwendung, Festschrift Walter, Bern 2005, 443 ff.; DERS., Die Finanzmarktkrise und die clausula rebus sic stantibus dargestellt am Beispiel der Bonuszahlungen, Jusletter 9. Februar 2009.

I. Allgemeines

35.01 Namentlich bei längerfristigen Verträgen stellt sich oft das Problem, dass sich im Laufe der Zeit die *äusseren Umstände*, unter denen der Vertrag abgeschlossen wurde, wie vor allem die wirtschaftlichen Rahmenbedingungen und damit auch das Wertverhältnis zwischen Leistung und Gegenleistung, *verändern* (vgl. BernerKomm/KRAMER, Art. 18 N 273). Doch auch bei auf einen einmaligen Leistungsaustausch gerichteten Schuldverhältnissen können derartige Veränderungen auftreten, wie z.B. kriegerische Auseinandersetzungen im Export- oder Importstaat oder die Finanz- und Wirtschaftskrise 2008/09. Solche Veränderungen können sich in einer *Leistungserschwerung für den Schuldner* oder in einer *Leistungsentwertung für die Gläubigerin* ausdrücken. Beispiele: Infolge einer Ölkrise haben sich die Gestehungskosten für den Verkäufer von Öl und Ölprodukten vervielfacht; die im Iran ansässige Käuferin von Bier kann mit diesem infolge Alkoholverbotes nichts mehr anfangen (BGH WM 1984, 432 ff.); durch Inflation entspricht der vereinbarte Preis nicht mehr der Sachleistung (vgl. etwa BGE 48 II 366, 372; 45 II 351, 355). In diesen Fällen stellt sich die Frage, ob der Vertrag an die veränderten Verhältnisse anzupassen ist (vgl. Kasuistik der bundesgerichtlichen Rechtsprechung bei BaslerKomm/WIEGAND, Art. 18 N 123 ff.).

35.02 Ausgehend vom Grundsatz *pacta sunt servanda* gilt zunächst, dass Verträge trotz veränderter Umstände aufrechtzuerhalten und vereinbarungsgemäss zu erfüllen sind (vgl. BGE 120 II 155, 166; 119 II 347, 351). Dementsprechend muss der Gattungsschuldner das Beschaffungsrisiko (vgl. BGE 43 II 214 ff.), die Käuferin oder Mieterin einer Sache das Verwendungsrisiko und die Geldgläubigerin das Geldentwertungsrisiko tragen (vgl. BGE 101 II 17, 21). Es ist grundsätzlich Sache der jeweils betroffenen Vertragspartei, bereits im ursprünglichen Vertrag *Vorsorge für eine allfällige Veränderung* der Verhältnisse zu treffen, indem sie auf Aufnahme entsprechender Klauseln, die eine Anpassung des Vertrages ermöglichen, besteht. Die Geldgläubigerin kann sich in einem längerfristigen Vertrag durch Indexklauseln schützen (vgl. BGE 117 II 40 ff.; 113 II 303 ff.; vgl. N 10.04), die Käuferin einer Sache kann die in Aussicht genommene Verwendung zu einer Bedingung erheben. Auch können die Parteien in ihren Vertrag sog. *Neuverhandlungsklauseln* (vgl. dazu BernerKomm/KRAMER, Art. 18 N 283 ff.) aufnehmen, die sie verpflichten, über die Anpassung des Vertrags an die neuen Verhältnisse zu verhandeln.

Vielfach enthält auch das Gesetz *Anpassungsregeln*. Als eine solche 35.03 kann etwa Art. 119 Abs. 1 angesehen werden, wonach bei nachträglicher, unverschuldeter Unmöglichkeit der Vertrag als aufgehoben gilt. Anpassungsregeln finden sich aber vor allem auch für spezielle Vertragstypen. So sind *Dauerschuldverhältnisse* aus wichtigem Grund kündbar (vgl. Art. 266g Abs. 1, 297 Abs. 1, 337, 418r Abs. 1, 527 Abs. 1; vgl. auch Art. 309 Abs. 2, 476 Abs. 1; zur Abgrenzung von clausula und Kündigung aus wichtigem Grund BGE 128 III 428, 432). Ein Recht zur Vertragsauflösung wird der Gläubigerin oft auch bei *Konkurs* oder *Vermögensverschlechterung* des Schuldners gewährt (vgl. Art. 266h Abs. 2, 297a Abs. 1, 316 Abs. 1, 337a). Eine sehr weit gehende Anpassungsregel findet sich im *Werkvertragsrecht*. Nach Art. 373 Abs. 2 kann das Gericht bei Vorliegen ausserordentlicher Umstände, die die Fertigstellung hindern oder übermässig erschweren, eine Erhöhung des Preises oder die Auflösung des Vertrages bewilligen (vgl. dazu BGE 113 II 513, 516 ff.; 109 II 333, 335). Für die *landwirtschaftliche Pacht* sieht das Gesetz ebenfalls sehr weit gehende Anpassungsmöglichkeiten vor (vgl. Art. 10–13 LPG).

II. Vertragsanpassung durch das Gericht

Fehlt es an einer vertraglichen oder gesetzlichen Anpassungs- 35.04 regel, so kommt eine gerichtliche Vertragsanpassung nur *in Ausnahmefällen* in Betracht. Diskutiert wird diese Frage unter den Stichworten *clausula rebus sic stantibus* oder Wegfall bzw. Änderung der Geschäftsgrundlage.

Dogmatisch wird die gerichtliche Vertragsanpassung heute von der 35.05 überwiegenden Lehre als Teil der gerichtlichen *Vertragsergänzung* begriffen (vgl. nur BernerKomm/KRAMER, Art. 18 N 275). Der Vertrag ist im Hinblick auf die Frage der Anpassung an veränderte Verhältnisse lückenhaft. Demgegenüber leitet das Bundesgericht traditionellerweise die Vertragsanpassung aus dem Verbot des *Rechtsmissbrauchs* (Art. 2 Abs. 2 ZGB) ab (vgl. BGE 107 II 343, 348).

1. Voraussetzungen

35.06   Eine gerichtliche Vertragsanpassung kommt nur in Betracht, wenn zumindest folgende Voraussetzungen erfüllt sind (weitere Kriterien bei BernerKomm/KRAMER, Art. 18 N 342 ff.):

35.07   Keine Anpassung findet statt, wenn das *Risiko veränderter Umstände* durch den Vertrag oder das Gesetz einer Partei zugewiesen ist (vgl. ZürcherKomm/GAUCH, Art. 18 N 589). So kann sich die Käuferin einer Sache nicht auf deren Untergang beim Transport berufen, wenn sie nach Art. 185 Abs. 2 die Gefahr trägt. Der Bürge kann keine Anpassung des Vertrages verlangen, wenn der Hauptschuldner zahlungsunfähig wird, weil er nach Sinn und Zweck des Bürgschaftsvertrages gerade dieses Risiko tragen soll.

35.08   Einigkeit besteht darin, dass eine Anpassung des Vertrages nur in Betracht kommt, wenn die Veränderung der Umstände im Zeitpunkt des Vertragsschlusses *nicht voraussehbar* war (BGE 101 II 17, 21). Bei Voraussehbarkeit hätte die von der Veränderung betroffene Partei durch entsprechende vertragliche Klauseln Vorsorge treffen können. Keine Berücksichtigung finden deshalb normale Teuerungsraten, schleichende Inflation, Wechselkursschwankungen oder Gesetzesänderungen (vgl. BGE 127 III 300, 305). Anders liegt es bei einschneidenden Veränderungen der Sozialexistenz, z.B. bei galoppierendem Währungsverfall, Veränderungen durch Krieg oder Revolution und unvorhersehbaren Naturkatastrophen (vgl. BaslerKomm/WIEGAND, Art. 18 N 101 ff. m.w. Nachw.). Zur wirtschaftlichen und moralischen Unmöglichkeit vgl. N 63.06.

35.09   Auch bei Nichtvorhersehbarkeit kommt eine Anpassung des Vertrages nur in Betracht, wenn die Veränderung der Verhältnisse zu einer gravierenden Äquivalenzstörung, zu einem *groben Missverhältnis* zwischen Leistung und Gegenleistung führt (vgl. BGE 107 II 343, 348). Geringfügige Äquivalenzstörungen können eine Anpassung des Vertrages nicht rechtfertigen (BGE 104 II 314, 315). Wo die Schwelle liegt, jenseits derer ein Festhalten an den ursprünglichen Bedingungen des Vertrages nicht mehr zumutbar ist, kann nicht für alle Fälle einheitlich beantwortet werden. Viel hängt hier vom jeweiligen Einzelfall ab, wie z.B. davon, ob es sich um ein spekulatives Geschäft handelt und wie hoch die Gewinnspanne im jeweiligen Handelssektor ist (vgl. SCHWENZER, FS Bucher, 723, 730). Wo keine besonderen Umstände vorliegen, wird für eine Anpassung des Vertrages ein Schwellenwert von wenigstens 100% zu verlangen sein.

2. Rechtsfolgen

Liegen die Voraussetzungen für eine gerichtliche Vertragsan- 35.10 passung vor, so steht die Beurteilung der Frage, auf welche Weise der Vertrag den veränderten Umständen angepasst werden kann, im *Ermessen des Gerichts* (vgl. auch Art. 373 Abs. 2). Wie bei der Vertragsergänzung hat es dabei den hypothetischen Parteiwillen und das Gebot von Treu und Glauben zu berücksichtigen (vgl. BGE 127 III 300, 307). In erster Linie hat es zu versuchen, durch Änderung des Inhalts des Vertrages diesen an die veränderten Umstände *anzupassen*, z.B. durch Verringerung der Leistungspflicht, Erhöhung der Gegenleistung oder Gewährung von Erfüllungserleichterungen. Als ultima ratio kommt schliesslich die *Auflösung des Vertrages in Betracht* (vgl. BernerKomm/KRAMER, Art. 18 N 353 ff. m.w. Nachw.). Einer Neuverhandlungspflicht, wie sie in jüngerer Zeit in zunehmendem Masse diskutiert wird (Nachw. bei SCHWENZER, FS Bucher, 723, 736 ff.), sollte nicht das Wort geredet werden, da sie einmal nicht durchgesetzt werden könnte und zum anderen konstruktive (Neu-)verhandlung nur auf der Basis der Freiwilligkeit denkbar erscheint.

Kapitel 5: Die Willensmängel

Literatur: BERGER, Schuldrecht, N 966 ff.; BUCHER, OR AT, 192 ff.; ENGEL, OR AT, 217 ff.; FURRER/MÜLLER-CHEN, Kap. 6, 7; GAUCH/SCHLUEP/SCHMID, N 730 ff.; GUHL/KOLLER, 129 ff.; HUGUENIN, OR AT, N 450 ff.; KELLER/SCHÖBI, Schuldrecht I, 153 ff.; KOLLER, OR AT, § 14 N 1 ff.; TERCIER, Obligations, N 769 ff.; VON BÜREN, OR AT, 215 ff.; VON TUHR/PETER, 297 ff.; BaslerKomm/SCHWENZER, Art. 23–31; BernerKomm/SCHMIDLIN, Art. 23–31; CHK/KUT/SCHNYDER, OR 23–31; CR CO I/SCHMIDLIN, Art. 23–31; KuKo OR/BLUMER, Art. 23–31;

ADAMS, Der Irrtum über «künftige Sachverhalte» – Anwendungsbeispiel und Einführung in die ökonomische Analyse des Rechts, recht 1986, 14 ff.; AEPLI, Mehrsprachigkeit und Fremdsprachigkeit im Vertragsrecht, Festschrift Gauch, Zürich 2004, 337 ff.; BAUMANN, Die Folgen von Willensmängeln in Versicherungsverträgen, HAVE 2002, 92 ff.; BURKART, Teilungültigkeit bei Drohung? Art. 20 Abs. 2, 25, 30 Abs. 2 OR, AJP 2000, 112 ff.; GAUCH, BGE 107 II 343: Grundlagenirrtum und clausula rebus sic stantibus, recht

1983, 6 ff.; DERS., Urteilsanmerkung zu BGE 114 II 131 ff., SAG 1989, 152 ff.; DERS., Sachgewährleistung und Willensmängel beim Kauf einer mangelhaften Sache – Alternativität der Rechtsbehelfe und Genehmigung des Vertrages (BGE 127 III 83 ff.), recht 2001, 184 ff.; GILOMEN, Absichtliche Täuschung beim Abschluss von Verträgen nach schweizerischem Obligationenrecht, Diss. Bern 1950; GMÜNDER, Teilanfechtung aus Irrtum bei der Unternehmensübernahme, St. Gallen 1992; GOLTZ, Motivirrtum und Geschäftsgrundlage im Schuldvertrag, Diss. Lausanne 1973; GUTZWILLER, Willensmängel, culpa in contrahendo und Verschweigen von Gefahrstatsachen im Privatversicherungsrecht in der neueren Praxis des Bundesgerichts, HAVE 2003, 43 ff.; HARTMANN, Die Rückabwicklung von Schuldverträgen, Zürich 2005; DERS., Rückabwicklung und «faktisches Vertragsverhältnis» bei ungültigen Arbeitsverträgen, ZBJV 2007, 277 ff.; HEIZ, Grundlagenirrtum, Diss. Zürich 1985; HEHLI, Die alternativen Rechtsbehelfe des Käufers, Diss. Luzern 2008, Zürich/Basel/Genf 2008; HONSELL, Die Konkurrenz von Sachmängelhaftung und Irrtumsanfechtung – Irrungen und Wirrungen, SJZ 2007, 173 ff.; HOTZ, Japanische, deutsche und schweizerische Irrtumsregelungen, Diss. Zürich 2006, Tübingen 2006; HÜRLIMANN-KAUP, Art. 28 OR und kaufrechtliche Sachgewährleistung bei absichtlicher Täuschung des Käufers, ZBJV 2002, 137 ff.; HUGUENIN, Die absichtliche Täuschung durch Dritte: Art. 28 Abs. 2 OR, SJZ 1999, 261 ff.; KELLER/SCHMIED-SYZ, Analyse der Willensmängel, Basel/Frankfurt a.M. 1995; KLAUSBERGER, Die Willensmängel im schweizerischen Vertragsrecht, Diss. Zürich 1989; KOLLER ALFRED, Die Irrtumsanfechtung von Scheidungskonventionen, AJP 1995, 412 ff.; DERS., Irrtumsanfechtung familienrechtlicher Rechtsgeschäfte, Festschrift Bernhard Schnyder, Freiburg i.Ue. 1995, 455 ff.; KOLLER THOMAS, Wechselwirkungen zwischen privatrechtlichen Rechtsgeschäften und ihren Steuerfolgen, ZBJV 1998, 309, 318 ff.; DERS., Das fleckig gewordene Glas – Zur Alternativität der Ansprüche aus kaufrechtlicher Sachgewährleistung und allgemeiner Vertraglicher Haftung, AJP 2007; 1183 ff.; KOLLER THOMAS/PLOTKE, Picasso und van Gogh im Spiegelbild – Überlegungen zum Grundlagenirrtum im Kunstrecht, Festschrift Huwiler, Bern 2007, 363 ff.; KOLLY, Der Grundlagenirrtum nach Art. 24 OR: Rechtsprechung des Bundesgerichts, Diss. Zürich 1978; KRAMER, Der Irrtum beim Vertragsschluss: eine weltweit rechtsvergleichende Bestandsaufnahme, Zürich 1998; DERS., Kalkulationsirrtum bezüglich Flächenmass eines Grundstückes?, AJP 1993, 1516 ff.; DERS., Eine Wendung der Rechtsprechung des Bundesgerichts zum Grundlagenirrtum?, SJZ 1970, 177 ff.; DERS., Ein Blick auf neue europäische und aussereuropäische Zivilgesetzbücher oder Entwürfe zu solchen, Festschrift Eugen Bucher, Bern 2009, 435 ff.; MARANTELLI, Steuerlich motivierter Grundlagenirrtum?, ASA 1998, 513 ff.; MAYER-MALY, Bemerkungen zum Irrtum über den Wert, Festschrift Pedrazzini, Bern 1990, 343 ff.; PETITPIERRE, La partie générale du code des obligations: un texte au service d'un système, Festschrift Perrin, Genf 2002, 79 ff.; PICHONNAZ, Le malentendu productif, Mélanges Tercier I, Zürich 2003, 167 ff.; PIOTET, A propos de l'arrêt «Picasso», JdT 1988 I, 519 ff.; DERS., L'annulation pour erreur de droit, JdT 1993 I, 538 ff.; DERS., De l'adage «nul n'est censé ignorer la loi» et des conséquences de l'erreur de droit, in: L'avocat moderne: mélanges publiés par l'Ordre des Avocats Vaudois à l'occasion de son Centenaire, Basel 1998, 3 ff.; PORTMANN, Die Anfechtung des öffentlichrechtlichen Arbeitsvertrags wegen eines Willensmangels, recht 2006, 144 ff.; REISER, Fahrlässiger Irrtum nach Art. 26 OR, Diss. Zürich 2012; RUSCH, Grundlagenirrtum bei mangelhaften Gattungssachen und Werken, SJZ 2010, 553 ff.; SCHMIDLIN, Der Irrtum über zukünftige Sachverhalte nach Art. 24 Abs. 1 Ziff. 4 OR: Fehldiagnose oder Fehlprognose, AJP 1992, 1386 ff.; DERS., Saurer Wein, Trompetengold und falsches Silber im Substanz- oder Grundlagenirrtum, Mélanges

Tercier I, Zürich 2003, 69 ff.; SCHMIDLIN/MEYER-PRITZL, Interessenabwägung bei der Irrtumsanfechtung und Irrtum über künftige Sachverhalte, recht 1997, 256 ff.; SCHÖLL, Die Konversion des Rechtsgeschäfts, Diss. Basel, Bern 2005; STEINER, Die Anwendbarkeit von Bestimmungen des OR im Rahmen von Versicherungsverträgen, insbesondere bei Anzeigepflichtverletzung (BGE 126 III 82), HAVE 2002, 45 ff.; VISCHER, Sachgewährleistung bei Unternehmenskäufen, SJZ 2001, 361 ff.; VOGEL, Prozessvergleich und Willensmängel, recht 1987, 99 ff.; VON DER CRONE/HOFFMANN-NOWOTNY, Wertungsparallelität und Interessenausgleich im Irrtumsrecht, SJZ 2008, 53 ff.; WIEGAND, Bemerkungen zum Picasso-Entscheid, recht 1989, 101 ff.; DERS., Zur Rückabwicklung gescheiterter Verträge, Festschrift Gauch, Zürich 2004, 709 ff.; WOLF, Rechtsirrtum im Privatrecht – Argument oder Anachronismus?, Diss. Basel 2003; WYSS/VON DER CRONE, Bestechung bei Vertragsschluss, SZW 2003, 35 ff.; ZEHNDER, Begriffsmerkmale der Wesentlichkeit im schweizerischen Irrtumsrecht, Zürich 1993; ZEITER/FURRER, Überblick über den Grundlagenirrtum am Beispiel eines Vergleichsvertrages, ius.full 2004, 74 ff.

§ 36 Einleitung

I. Allgemeines

Nach der *Vertrauenstheorie* ist der Erklärende an eine Erklä- 36.01 rung immer so gebunden, wie sie die Erklärungsempfängerin nach den konkreten Umständen objektiv verstehen musste und durfte. Unter der Marginalie «Mängel des Vertragsschlusses» (Art. 23–31) werden jedoch eine Reihe von Tatbeständen erfasst, in denen der Wille fehlerhaft gebildet oder geäussert wurde. Es wird deshalb von sog. *Willensmängeln* gesprochen. Ein Willensmangel berechtigt den Erklärenden, sich durch Anfechtung von seiner Erklärung zu lösen. Schützt die Vertrauenstheorie zunächst die Erklärungsempfängerin, so tritt mit der Zulassung der Anfechtung die *Willenstheorie* und damit das Interesse des Erklärenden wieder in den Vordergrund. Abgemildert wird die damit verbundene Bevorzugung des Erklärenden gegenüber der redlichen Erklärungsempfängerin jedoch wieder dadurch, dass ein Irrtum nur zur Anfechtung berechtigt, wenn er wesentlich ist (Art. 23), und dass der Anfechtende u.U. zu Schadenersatz verpflichtet ist (Art. 26, 29 Abs. 2).

II. Arten der Willensmängel

Die Willensmängel lassen sich in *zwei grosse Gruppen* unter- 36.02 teilen: Die Fälle, in denen die Erklärung dem (fehlerfrei) gebildeten Willen nicht entspricht (Erklärungsirrtum), und jene Fälle, in denen der Wille, eine bestimmte Erklärung abzugeben, fehlerhaft gebildet wurde, sei es infolge Irrtums (Motivirrtum, Grundlagenirrtum) oder veranlasst durch die Vertragspartnerin oder eine Dritte (Täuschung, Drohung).

36.03   Kein Willensmangel liegt vor, wenn es an einem bewussten, willkürlichen, finalen menschlichen Handeln fehlt, wie insbesondere im Fall der *vis absoluta* (z.B. gewaltsames Führen der Hand zur Unterschrift) im Gegensatz zur blossen *vis compulsiva*. Eine derartige «Erklärung» ist von vornherein nichtig (vgl. KOLLER, OR AT, § 14 N 212).

36.04   Allen Willensmängeln ist gemeinsam, dass sie nur dann beachtlich sind und zur Anfechtung berechtigen, wenn sie kausal für die Abgabe der Willenserklärung gewesen sind. *Kausalität* ist zu bejahen, wenn der Erklärende die Willenserklärung ohne Vorliegen eines Willensmangels gar nicht oder jedenfalls nicht in dieser Weise abgegeben hätte, z.B. wenn er einen Vertrag nicht oder nur zu anderen Bedingungen geschlossen hätte (vgl. KOLLER, OR AT, § 14 N 30).

III. Anwendungsbereich

36.05   Die Art. 23–31 gelten nicht nur für Verträge, sondern grundsätzlich für *alle Rechtsgeschäfte* und *geschäftsähnlichen Handlungen* des OR und über Art. 7 ZGB auch für andere zivilrechtliche Verhältnisse, sofern Willensmängel im Einzelfall nicht einer Sonderregelung unterliegen oder die ratio der Anfechtung entgegensteht. *Sondervorschriften* über die Geltendmachung von Willensmängeln finden sich namentlich im Familien-, Erb- und Versicherungsvertragsrecht (Einzelheiten BaslerKomm/SCHWENZER, Vor Art. 23–31 N 5).

36.06   Zur Anwendung der Vorschriften über Willensmängel im *Prozessrecht* und *öffentlichen Recht* siehe BaslerKomm/SCHWENZER, Vor Art. 23–31 N 15 ff.

§ 37   Irrtum

I. Begriff und allgemeine Voraussetzungen

37.01   Irrtum ist die *falsche Vorstellung* über einen Sachverhalt. Kein Irrtum im eigentlichen Sinne liegt vor, wenn sich der Erklärende gar keine Vorstellungen macht (ignorantia); die fehlende Vorstellung ist jedoch juristisch dem Irrtum gleichzustellen (vgl. BGE 100 II 278, 282 f.). Der Irrtum ist immer *unbewusst*. Bei Zweifeln an der Richtigkeit der eigenen Vorstellung kommt ein Irrtum nicht in Betracht. Auch bewusstes Nichtwissen schliesst den Irrtum aus (vgl. zum Ganzen Berner-Komm/SCHMIDLIN, Art. 23/24 N 15 ff.).

Art. 23 beschränkt die Anfechtbarkeit auf Fälle, in denen der Irrtum 37.02 *wesentlich* ist. Das Risiko eines unwesentlichen Irrtums trägt der Erklärende. Wesentlich ist ein Irrtum, wenn nach den Umständen davon auszugehen ist, dass der Irrende bei Kenntnis des wahren Sachverhalts die Erklärung nicht oder nicht mit diesem Inhalt abgegeben hätte. Dabei müssen sowohl eine *objektive* als auch eine *subjektive* Komponente erfüllt sein: Wesentlichkeit kann nur bejaht werden, wenn nach allgemeiner Verkehrsanschauung und auch aus der Sicht des Erklärenden die Bindung an die nicht gewollte Erklärung als unzumutbar erscheint. Art. 24 Abs. 1 zählt vier Fälle auf, in denen der Irrtum als wesentlich betrachtet wird. Die Aufzählung ist zwar nicht als abschliessend anzusehen; aus der Praxis ist jedoch kein Fall bekannt, in dem ein nicht unter Art. 24 Abs. 1 Ziff. 1–4 fallender Irrtum als wesentlich eingestuft worden wäre. In Art. 24 Abs. 1 Ziff. 1–3 werden Fälle des sog. Erklärungsirrtums behandelt, dem die unrichtige Übermittlung nach Art. 27 gleichzustellen ist, Art. 24 Abs. 1 Ziff. 4 regelt den Grundlagenirrtum und Art. 24 Abs. 2 den einfachen Motivirrtum.

II. Erklärungsirrtum

1. Allgemeines

Ein Erklärungsirrtum liegt vor, wenn jemand an einer Erklä- 37.03 rung behaftet wird, die nicht seinem wirklichen (Geschäfts-)Willen entspricht. Der Irrtum betrifft hier nicht die Willensbildung, sondern die *Äusserung* des fehlerfrei gebildeten Willens.

Bevor eine Anfechtung wegen Erklärungsirrtums in Erwägung gezo- 37.04 gen wird, muss die Willenserklärung *ausgelegt* werden. Führt bereits die Auslegung zu dem Ergebnis, dass nicht das Erklärte, sondern das wirklich Gewollte gilt, so bedarf es keiner Anfechtung. Eine Anfechtung ist nur dort erforderlich, wo aufgrund des *Vertrauensprinzips* das Erklärte und nicht das wirklich Gewollte gilt.

2. Formen des Erklärungsirrtums

Der Erklärungsirrtum tritt in zwei Varianten auf, zum einen als 37.05 *Irrtum im Erklärungsakt* und zum anderen als *Inhaltsirrtum*.

37.06   Beim *Irrtum im Erklärungsakt* benutzt der Erklärende ein falsches Erklärungszeichen, indem er sich verschreibt, verspricht oder vergreift. Beispiel: Statt wie beabsichtigt mit CHF 13 800.– wird ein Ring in der Schaufensterauslage mit CHF 1380.– ausgezeichnet (vgl. BGE 105 II 23 ff.).

37.07   Gleichzustellen ist der Fall der *Falschübermittlung durch* einen *Boten* nach Art. 27. Diese Bestimmung erfasst die unrichtige Übermittlung durch eine Übermittlungsperson wie Bote, Dolmetscher, Mäkler, Agent oder Post. Nicht unter Art. 27 fällt der Stellvertreter, da dieser eine eigene Willenserklärung abgibt, nicht jedoch eine fremde übermittelt. Art. 27 gilt nur für die zur Übermittlung der Erklärung vom Erklärenden eingesetzte Person *(Erklärungsbote)*. Versteht der *Empfangsbote* der Erklärungsempfängerin die Erklärung falsch oder gibt er sie falsch an die Erklärungsempfängerin weiter, so geht dies zulasten der Empfängerin. Eine Anfechtung kommt ebenso wenig in Betracht, wie wenn diese selbst die Erklärung missverstanden hätte (a.A. die h.L., vgl. BernerKomm/ SCHMIDLIN, Art. 27 N 10 m.w. Nachw.). Gibt allerdings die Empfängerin aufgrund des Missverständnisses eine eigene Erklärung ab, die nicht ihrem Willen entspricht, so kann allein diese angefochten werden.

37.08   Art. 27 gilt nicht nur bei fahrlässiger, sondern auch bei *absichtlicher Falschübermittlung* durch den Boten (a.A. die h.L., vgl. BernerKomm/ SCHMIDLIN, Art. 27 N 18 m.w. Nachw.). Da der Erklärende die Mittelsperson auswählt und einsetzt, muss er sich deren Verhalten zunächst unter Risikogesichtspunkten zurechnen lassen, kann die Erklärung jedoch anfechten.

37.08a   Ein Irrtum im Erklärungsakt ist auch anzunehmen, wenn das ursprünglich richtig Erklärte auf dem Weg zur Empfängerin durch eine unerkannt *fehlerhafte Software* verfälscht wird.

37.09   Ein Erklärungsirrtum in Form des *Inhaltsirrtums* liegt vor, wenn der Erklärende zwar das Erklärungszeichen gewollt, ihm jedoch eine andere Bedeutung beigemessen hat, als ihm nach normativer Auslegung zukommt, z.B. wenn er den Begriff «sans engagement» mit «gratis» gleichsetzt (vgl. BGE 64 II 9 f.). In der Praxis kommt dies vor allem bei Erklärungen in fremder Sprache oder bei Verwendung von Abkürzungen vor.

3. Fälle der Wesentlichkeit des Erklärungsirrtums

37.10   In den in Art. 24 Abs. 1 Ziff. 1–3 genannten Fällen wird die *Wesentlichkeit* des Erklärungsirrtums *vermutet*. Dies schliesst jedoch nicht aus, dass im Einzelfall auch ein unter den Wortlaut dieser Bestimmungen subsumierbarer Irrtum objektiv oder subjektiv als nicht wesentlich anzusehen ist.

a) Zustimmung zu einem anderen Vertrag als dem gewollten

Nach Art. 24 Abs. 1 Ziff. 1 liegt Wesentlichkeit vor, wenn der 37.11 Erklärende einem anderen als dem gewollten Vertrag zugestimmt hat *(error in negotio)*. Dazu ist erforderlich, dass der gewollte Vertrag seinem gesamten Inhalt nach als ein wesentlich anderer zu qualifizieren ist als der geschlossene, z.b. ein entgeltlicher Vertrag statt eines unentgeltlichen, Kauf statt Miete oder Handeln eines Stellvertreters in eigenem statt in fremdem Namen. Ein error in negotio liegt auch vor, wenn jemand *überhaupt keine* rechtsgeschäftliche *Erklärung* abgeben will, sein Verhalten jedoch nach dem Vertrauensprinzip als eine solche gewertet wird, z.b. bei einer Bürgschaftsübernahme statt einer blossen Tatsachenmitteilung oder bei einer von der Erklärungsempfängerin nicht als solcher verstandenen Scherzerklärung (vgl. BernerKomm/KRAMER, Art. 18 N 109).

Ein error in negotio ist jedoch zu verneinen, wenn sich jemand über 37.12 die *rechtliche Qualifikation* eines von ihm gewollten Vertrages oder dessen rechtliche Sekundärfolgen, z.B. Haftungsfragen, irrt (vgl. BGE 103 II 129, 131). Eine Anfechtung scheidet auch aus, wo das Gesetz an das *Schweigen* einer Person bestimmte Rechtsfolgen anknüpft. Aus Gründen des Verkehrsschutzes kann sich der Schweigende nicht darauf berufen, er habe die rechtliche Bedeutung seines Schweigens nicht gekannt (vgl. GAUCH/SCHLUEP/SCHMID, N 1172). Dasselbe gilt im Bereich des Gutglaubensschutzes bei der Vollmacht (vgl. N 42.29 ff.).

b) Irrtum über die Identität der Sache oder der Person

Nach Art. 24 Abs. 1 Ziff. 2 wird bei einem Irrtum über die 37.13 Identität der Sache oder der Person *(error in obiecto vel in persona)* die Wesentlichkeit vermutet. Der Irrtum muss sich auf die Identität der Sache oder der Person der Vertragspartnerin beziehen. Es reicht nicht aus, wenn sich der Erklärende lediglich über Eigenschaften der Sache oder der Person irrt (vgl. BGE 118 II 297, 299), z.B. über bestimmte Eigenschaften eines individualisierten Kaufobjekts (vgl. BGE 57 II 284, 288). Abgrenzungsschwierigkeiten zwischen *Identitätsirrtum* und *Eigenschaftsirrtum* können namentlich auftreten, wenn der Vertragsgegenstand nur der Gattung nach bestimmt ist. Ein Identitätsirrtum ist zu bejahen, wenn die Sache zu dem vertraglich vereinbarten Zweck nach objektiven Massstäben keinen vernünftigen Bezug hat (hundertmal teurerer chemisch reiner Kalisalpeter zu pharmazeutischen Zwecken statt Kalisalpeter zu Düngezwecken, BGE 45 II 433 ff.). Ansonsten liegt ein Eigenschaftsirrtum vor, der allenfalls zur Anfechtung wegen Grundlagenirrtums berechtigt (vgl. BGE 57 II 284, 288).

37.14   Nicht jeder Identitätsirrtum ist jedoch *wesentlich*. Will jemand bei einem Hotel das ihm bekannte Zimmer Nr. 31 bestellen, verschreibt sich jedoch und bestellt das Zimmer Nr. 13, so ist der Irrtum nur unwesentlich, wenn sich die beiden Zimmer bezüglich Lage, Ausstattung und Preis etc. nicht unterscheiden. Dies gilt selbst dann, wenn der Gast niemals ein Zimmer mit der Nr. 13 gemietet hätte, weil er abergläubisch ist.

37.15   Der Irrtum über die *Identität der Vertragspartnerin* ist nur dann wesentlich, wenn der Vertrag mit Rücksicht auf diese Person geschlossen wurde, wie etwa bei Verträgen mit personalem Einschlag (z.B. Auftrag) oder Kreditgeschäften (vgl. BUCHER, OR AT, 200 f.).

c) Irrtum über Umfang der Leistung und Gegenleistung

37.16   Nach Art. 24 Abs. 1 Ziff. 3 ist grundsätzlich auch der Erklärungsirrtum, der sich auf den Umfang von Leistung und Gegenleistung bezieht *(error in quantitate)*, wesentlich. Entscheidend ist dabei, ob eine *erhebliche Differenz* zwischen gewollter und tatsächlich vereinbarter Leistung bzw. Gegenleistung besteht. So ist als wesentlicher Irrtum anzusehen die irrtümliche Beschriftung eines Ringes mit CHF 1380.– statt mit CHF 13 800.– (BGE 105 II 23, 24 f.) oder die Angabe des Kaufpreises in Höhe von CHF 77 000.– statt CHF 117 000.– (BGE 82 II 576, 585 f.). Ist jedoch ein verkauftes Grundstück tatsächlich kleiner als im Vertrag angegeben, so liegt kein Erklärungsirrtum, sondern allenfalls ein Grundlagenirrtum vor (vgl. ENGEL, OR AT, 326; a.A. VON TUHR/PETER, 305 f.). Dasselbe gilt, wenn beim Verkauf eines Warenlagers (Speziesschuld) der Bestand hinter dem vertraglich Angegebenen zurückbleibt. Ebenso wenig ist ein Erklärungsirrtum anzunehmen, wenn sich ein Vertragspartner lediglich über den Wert der Leistung oder der Gegenleistung irrt, z.B. Irrtum einer Aktiengesellschaft über den wirklichen Wert der von ihr bei einem Erbgang übernommenen Aktien (vgl. BGE 110 II 293, 302).

4. Einzelfälle

37.17   Eine Reihe in der Praxis häufig vorkommender Fälle des Erklärungsirrtums bedürfen besonderer Erwähnung.

Unterschreibt jemand eine *nicht gelesene* oder nicht verstandene *Ur-* 37.18
kunde, so kommt aufgrund der Vertrauenstheorie der Vertrag mit dem
Inhalt der Urkunde zustande. Nach der Rechtsprechung (vgl.
BGE 90 II
449, 453) ist jedoch eine Anfechtung wegen Erklärungsirrtums grundsätzlich zulässig, ausser wenn ersichtlich ist, dass der Erklärende im Bewusstsein der Unkenntnis des Inhalts des Erklärten sich allem, was die
Gegnerin will, unterwirft (BGE 49 II 167, 182; GAUCH/SCHLUEP/
SCHMID, N 934 ff.). Diese Prinzipien gelten grundsätzlich auch für die
Zustimmung zu *AGB*. Freilich stellt hier die Rechtsprechung im Rahmen
des Vertrauensprinzips erhöhte Anforderungen an die Konsensbildung:
Ungewöhnliche oder überraschende Klauseln werden von vornherein gar
nicht Vertragsinhalt (vgl. N 45.07), so dass es einer Anfechtung nicht
bedarf.

Besonderer Behandlung bedarf auch die *Blankounterschrift*. Wer eine 37.19
Blankounterschrift aus der Hand gibt, trägt damit das Risiko, dass die
Urkunde entgegen seinen Intentionen ausgefüllt wird. Das Bundesgericht
lässt deshalb in diesem Fall zu Recht eine Berufung auf Erklärungsirrtum
nicht zu (vgl. BGE 88 II 422, 428), so dass der Erklärende an die Bedingungen des abredewidrig ausgefüllten Blanketts gebunden bleibt. Erkennt allerdings die Dritte den Blankettmissbrauch oder bleibt ihr dieser
aufgrund grober Fahrlässigkeit unbekannt, kommt ein Vertrag zu den in
der blanko unterschriebenen Urkunde enthaltenen Bedingungen schon
nach Vertrauensgrundsätzen nicht zustande. Eine Anfechtung erübrigt
sich daher.

Bei *automatisierten Erklärungen* liegt bei fehlerhafter Eingabe oder 37.20
Bedienung ein Erklärungsirrtum vor. Denkbar ist ein Erklärungsirrtum
auch bei fehlerhafter Übermittlung auf Grund eines Softwarefehlers.
Andere Fehler sind grundsätzlich allenfalls als Grundlagenirrtum zu behandeln (vgl. BernerKomm/SCHMIDLIN, Art. 27 N 31 ff.).

III. Motivirrtum

Der Motivirrtum ist ein *Irrtum bei der Willensbildung*. Der Er- 37.21
klärende geht irrtümlich von einem falschen Umstand aus, der für seinen
Geschäftswillen bedeutsam ist. Beispiele: Jemand kauft eine Sache als
Hochzeitsgeschenk für einen Freund, die Beziehung geht aber in die
Brüche; jemand hat eine irrige Vorstellung über den Marktpreis und hält
den Preis einer ihm angebotenen Ware für günstig; ein Reisender von
überdurchschnittlicher Körpergrösse bucht eine Schiffsreise und irrt sich

dabei über die Länge der Kajütenbetten (OGer ZH, ZR 1987, 131, 135 f.).

37.22 Nach Art. 24 Abs. 2 ist der Motivirrtum als *unwesentlich* anzusehen und berechtigt nicht zur Anfechtung, es sei denn es liegt ein Grundlagenirrtum nach Art. 24 Abs. 1 Ziff. 4 vor.

IV. Grundlagenirrtum

37.23 Der Grundlagenirrtum nach Art. 24 Abs. 1 Ziff. 4 ist ein *qualifizierter Motivirrtum*, der im Gegensatz zu Art. 24 Abs. 2 als wesentlich betrachtet wird und damit zur Anfechtung berechtigt. In der Gerichtspraxis ist er der mit Abstand am häufigsten geltend gemachte Irrtum.

1. Wesentlichkeit

37.24 Art. 24 Abs. 1 Ziff. 4 definiert den Grundlagenirrtum als Irrtum über einen bestimmten Sachverhalt, «der vom Irrenden nach Treu und Glauben im Geschäftsverkehr als eine *notwendige Grundlage des Vertrages* betrachtet wurde». Zur Bejahung der Wesentlichkeit ist demnach zunächst auch hier sowohl ein subjektives als auch ein objektives Merkmal erforderlich.

37.25 *Subjektive Wesentlichkeit* ist nur dann gegeben, wenn der Sachverhalt, auf den sich die irrige Vorstellung des Erklärenden bezieht, conditio sine qua non für seine Willensbildung gewesen ist. Insoweit wird auch von *notwendiger Grundlage* (vgl. BGE 97 II 43, 46 f.) oder unerlässlicher Voraussetzung (vgl. BGE 95 II 407, 409) gesprochen. Erforderlich ist danach, dass der Erklärende den Vertrag nicht oder nicht zu diesen Bedingungen geschlossen hätte, wenn er sich nicht im Irrtum befunden hätte. Möglichen Beweisproblemen wird dadurch begegnet, dass aus objektiver Wesentlichkeit regelmässig auch auf subjektive Wesentlichkeit geschlossen wird (vgl. KOLLY, Grundlagenirrtum, N 149).

37.26 Zur subjektiven Wesentlichkeit muss hinzukommen, dass sich auch nach den Anforderungen des *loyalen Geschäftsverkehrs* der zugrunde gelegte Sachverhalt als notwendige Grundlage des Vertrages darstellt. Dabei ist zu fragen, ob ein redlicher Dritter in den Schuhen des Irrenden den Abschluss des Vertrages vom Vorliegen des vorgestellten Sachverhalts abhängig gemacht hätte. Nicht nachvollziehbare, rein subjektive Motive des Irrenden werden dadurch ausgeschaltet. Hingegen ist *objektive Wesentlichkeit* vor allem dann zu bejahen, wenn von dem irrtümlich vorgestellten Sachverhalt der Wert der Vertragsleistungen abhängt (vgl. zur Kasuistik BernerKomm/SCHMIDLIN, Art. 23/24 N 466 ff.). Auch ein in der Zukunft liegender Sachverhalt kann in diesem Sinne objektiv wesentlich sein.

Schliesslich folgt aus dem Grundsatz von Treu und Glauben, dass die **37.27** Bedeutung des irrtümlich vorgestellten Sachverhalts für die Vertragspartnerin des Irrenden *erkennbar* sein muss (vgl. BGE 110 II 293, 303; offen gelassen in BGE 114 II 131, 139 f.). Nicht erforderlich ist jedoch, dass sie den Irrtum tatsächlich erkannt hat (vgl. BGE 113 II 25, 29). In der neueren Literatur ist dieses dritte Kriterium allerdings *umstritten* (abl.: KOLLER, OR AT, § 14 N 49 ff.; GAUCH/SCHLUEP/SCHMID, N 781; bejahend: BernerKomm/SCHMIDLIN, Art. 23/24 N 75 ff., 512 ff. m.w. Nachw.). Richtiger Ansicht nach kann jedoch auf dieses Erfordernis nicht verzichtet werden, da sonst die Vertragspartnerin des Irrenden mit einem nach Treu und Glauben nicht zu vereinbarenden Geschäftsrisiko belastet würde. Auch das Kriterium der objektiven Wesentlichkeit vermag das Erfordernis der Erkennbarkeit nicht zu ersetzen. Kauft z.B. jemand ein Auto, um es nach Kalifornien zu exportieren, wo strengere Abgasvorschriften als in der Schweiz gelten, in der irrigen Meinung, die dortigen Werte würden eingehalten, so ist der Irrtum zweifellos subjektiv und objektiv wesentlich. Zur Anfechtung kann er aber nur berechtigen, wenn die Verkäuferin den besonderen Verwendungszweck und die daraus resultierenden Anforderungen an die Eigenschaften des Autos kannte oder kennen musste.

Die Erkennbarkeit der *Bedeutung* des irrtümlich vorgestellten Sach- **37.28** verhalts kann sich ergeben aus der zentralen Bedeutung, die einem bestimmten Sachverhalt für den Vertragsinhalt im Allgemeinen zukommt, den *gemeinsamen Vorstellungen* der Parteien oder den besonderen *Vertragsumständen*, wie insbesondere daraus, dass der Irrende die Vertragspartnerin auf besondere Umstände hingewiesen hat.

2. Sachlicher Bezugspunkt

Der Irrtum kann sich auf Umstände beziehen, die innerhalb **37.29** oder ausserhalb des Vertrages liegen. Als *innerhalb des Vertrages* liegende Umstände kommen namentlich körperliche oder rechtliche Eigenschaften des Vertragsgegenstandes wie auch vertragsrelevante Eigenschaften der Parteien in Betracht. *Ausserhalb des Vertrages* liegende Umstände sind vor allem die mit dem Vertrag verfolgten Zwecke und ausserhalb des Vertrages liegende Risiken, z.B. Finanzierungsmöglichkeiten für den Geldschuldner oder die Zahlungsfähigkeit des Drittschuldners bei einem Forderungskauf (vgl. zur Kasuistik N 37.36).

37.30   Der Irrtum kann sich zunächst auf bei Vertragsschluss *gegenwärtige oder vergangene Sachverhalte* beziehen. Ob auch ein Irrtum über *künftige Sachverhalte* wesentlich sein kann, ist äusserst umstritten.

37.31   Das *Bundesgericht* anerkennt in ständiger Rechtsprechung auch einen Irrtum über eine in der Zukunft liegende Entwicklung. Zunächst wurde verlangt, dass beide Parteien einen bestimmten zukünftigen Sachverhalt irrtümlich als sicher angesehen haben (vgl. BGE 109 II 105, 110 f.). Heute ist jedoch anerkannt, dass ein Grundlagenirrtum selbst dann vorliegen kann, wenn zwar nur eine Partei fälschlicherweise annahm, ein zukünftiges Ereignis sei sicher, aber auch die Gegenpartei nach Treu und Glauben im Geschäftsverkehr hätte erkennen müssen, dass die *Sicherheit* für die andere Partei *Vertragsvoraussetzung* war (vgl. BGE 117 II 218, 224; 118 II 297, 300). Blosse Hoffnungen, übertriebene Erwartungen oder Spekulationen reichen hingegen nicht aus (zuletzt BGE 118 II 297, 300). Auch soll beim *Gattungskauf* die Mangelfreiheit der künftigen Lieferung keine als sicher vorausgesetzte Vertragsgrundlage darstellen, weil der Käufer im Zeitpunkt des Vertragsschlusses damit rechnen müsse, dass die von der Verkäuferin später ausgesuchte Ware Mängel aufweisen könne (vgl. BGer, 19. 2. 2007, 4C.300/2006, E. 5).

37.32   Die *Lehre* unterstützt teilweise diese Rechtsprechung (vgl. Berner-Komm/KRAMER, Art. 18 N 306 ff.; ENGEL, OR AT, 328 f.; SCHMIDLIN, AJP 1992, 1386 ff. m.w. Nachw.), teilweise steht sie ihr ablehnend gegenüber (GAUCH/SCHLUEP/SCHMID, N 801 ff.; KOLLER, OR AT, § 14 N 85 ff.). Die Gegner der bundesgerichtlichen Rechtsprechung reklamieren zum einen *sprachlogische Gründe* für sich: Einen Irrtum über die naturgemäss unsichere Zukunft könne es gar nicht geben (vgl. KOLLY, N 314 ff. m.w. Nachw.). Zum anderen wird argumentiert, dass die einseitige *Unverbindlichkeit* des Vertrages keine passende Rechtsfolge darstellt, wenn sich die Zukunft anders entwickelt, als bei Vertragsschluss erwartet (GAUCH/SCHLUEP/SCHMID, N 801).

37.33   M.E. ist der Auffassung des Bundesgerichts im Ergebnis beizupflichten. Die Ablehnung der Beachtlichkeit eines Irrtums über zukünftige Sachverhalte aus sprachlogischen Gründen erscheint als rein *begrifflich*. Nicht überzeugend ist aber auch das Argument der unpassenden Rechtsfolge. Denn in Fällen, in denen eine Rückabwicklung als stossend erscheint, wie vor allem bei über längere Zeit in Vollzug gesetzten Dauerschuldverhältnissen, sind ohnehin die Unwirksamkeitsfolgen teleologisch zu beschränken. In anderen Fällen ist nicht ersichtlich, warum die *Un-*

verbindlichkeit nicht angemessen wäre. Zu beachten ist allerdings, dass durch die Berufung auf Irrtum nicht die vertragliche oder gesetzliche *Risikoverteilung* zwischen den Parteien unterlaufen werden darf. Insoweit können nur solche Umstände als relevant angesehen werden, die von beiden Parteien als notwendige Grundlage des Vertrages angesehen wurden oder redlicherweise angesehen werden mussten, und ohne deren Vorliegen der Vertrag nicht oder nicht in dieser Weise zustande gekommen wäre.

3. Einzelfälle

Aus den oben behandelten Kriterien ergeben sich zusammen- 37.34
fassend die folgenden Fallgruppen:

Ein Grundlagenirrtum wird regelmässig bejaht, wo es um zentrale *Ei-* 37.35
genschaften des Vertragsgegenstandes geht, z.B. die Echtheit eines Gemäldes, Teppichs oder einer Antiquität (vgl. nur BGE 114 II 131, 139), die Grösse des verpachteten Bodens, des verkauften Grundstücks oder der vermieteten Wohnung (vgl. nur BGE 135 III 537, 541 ff.; 113 II 25, 28 f.), die Überbaubarkeit des Grundstücks im Zeitpunkt des Vertragsschlusses (BGE 98 II 15, 18 ff.) und – bei sicherer Annahme – auch die künftige Überbaubarkeit (BGE 109 II 105, 109 ff.). Auch ein Irrtum über Eigenschaften der Vertragspartnerin kann, wo es auf die Person der Vertragspartnerin wesentlich ankommt, Grundlagenirrtum sein (vgl. BUCHER, OR AT, 207 f.).

Ein Grundlagenirrtum bezüglich ausserhalb des Vertrags liegender 37.36
Umstände kann vor allem bejaht werden, soweit es um Umstände geht, von deren Vorliegen das *Erreichen des Vertragszwecks* abhängt. Beispiele: Irrtum in Bezug auf die Nutzbarkeit der Patente oder die finanzielle Lage beim Kauf eines Unternehmens (vgl. nur BGE 107 II 419, 425 f.), in Bezug auf die Erteilung eines Wirtschaftspatents beim Kauf einer Liegenschaft mit Gastwirtschaft (BGE 55 II 184, 189) oder in Bezug auf die Anlernzeit und Verdienstmöglichkeiten beim Kauf einer Reinigungsmaschine (BGE 84 II 515, 518 ff.).

Regelmässig zu verneinen ist ein Grundlagenirrtum bei *risikoreichen,* 37.37
spekulativen Geschäften (vgl. BGE 109 II 105, 110 f.). Bei einem *Vergleich* kommt ein Grundlagenirrtum nur insoweit in Betracht, als es sich nicht gerade um die im Zeitpunkt seines Abschlusses bestrittenen und unsicheren Punkte handelt (BGE 132 III 737, 740 f.; BGE 130 III 49, 52; KGer SG, FamPra.ch 2003, 185, 187). Kein Grundlagenirrtum liegt vor bei Irrtum über den *blossen Wert* der gegenseitigen Leistungen, ohne

dass sich der Irrtum gleichzeitig auch auf Eigenschaften des Vertragsgegenstandes bezieht (BGE 110 II 293, 303). Unterlässt es eine Partei, anlässlich des Vetragsschlusses eine für sie wichtige Frage trotz gegenteiliger Anhaltspunkte zu klären, kann sie sich später nicht auf Grundlagenirrtum berufen (vgl. BGer, 7. 2. 2008, 4A_408/2007, E. 3.2: Fläche des Mietobjekts). Der sog. *Rechtsirrtum* ist grundsätzlich ebenfalls in der Regel nur ein unbeachtlicher Motivirrtum (BGE 118 II 58, 63; ausführlich BernerKomm/SCHMIDLIN, Art. 24 N 308 ff. m.w. Nachw.; diff. hingegen WOLF, Rechtsirrtum, 86 ff.). Dies gilt auch für den von der Gegenpartei fahrlässig veranlassten Rechtsirrtum (BGE 127 III 147, 152). Der *Übervorteilende* kann sich nicht mit der Begründung auf Irrtum berufen, dass die wucherische Geschäftsgrundlage wesentlich gewesen sei (vgl. BGE 123 III 292, 300). Dies liefe dem Schutzzweck des Art. 21 zuwider.

4. Abgrenzungen

37.38   Der Grundlagenirrtum ist insbesondere von der stillschweigenden Bedingung und der gerichtlichen Vertragsanpassung nach der clausula rebus sic stantibus abzugrenzen.

37.39   Eine *stillschweigende Bedingung* kann nur angenommen werden, wenn die Parteien ihren Vertrag vom Eintritt oder Nichteintritt eines ungewissen zukünftigen Ereignisses abhängig machen wollten. Insofern ergeben sich keine Überschneidungen mit dem Grundlagenirrtum, auch wenn dieser in Bezug auf zukünftige Sachverhalte zugelassen wird, da bei diesem jedenfalls eine Partei den zukünftigen Sachverhalt für sicher gehalten haben muss.

37.40   Die Abgrenzung zwischen *clausula rebus sic stantibus* und Grundlagenirrtum hängt wesentlich von der Frage ab, ob ein Grundlagenirrtum über zukünftige Sachverhalte anerkannt wird oder nicht. Wird diese Frage verneint, so ist jede in der Zukunft liegende Veränderung der Verhältnisse nach der clausula zu beurteilen (vgl. GAUCH/SCHLUEP/SCHMID, N 804). Wird hingegen der Grundlagenirrtum auch für zukünftige Sachverhalte bejaht, so wird der Anwendungsbereich der clausula enger. Er ist dann auf Fälle zu beschränken, in denen die zukünftige Veränderung beim Vertragsschluss nicht voraussehbar war und an die die Parteien auch gar nicht gedacht haben (vgl. BernerKomm/SCHMIDLIN, Art. 23/24 N 240).

V. Rechnungsfehler und Kalkulationsirrtum

Nach Art. 24 Abs. 3 hindert ein blosser Rechnungsfehler die 37.41
Verbindlichkeit des Vertrages nicht, er ist vielmehr zu berichtigen. Ein
blosser Rechnungsfehler oder *offener Kalkulationsirrtum* liegt vor, wenn
die Parteien die einzelnen Berechnungselemente zum Gegenstand ihrer
Vereinbarung gemacht haben und das rechnungsmässige Resultat auf
einem Fehler beruht (vgl. BGE 119 II 341, 343; 116 II 685, 687 f.). Wurde die Berechnungsgrundlage selbst nicht zum Gegenstand der Vereinbarung gemacht, scheidet eine Anwendung des Art. 24 Abs. 3 aus. Insoweit
liegt ein interner, *versteckter Kalkulationsirrtum* vor, der grundsätzlich
unbeachtlicher Motivirrtum ist. Bezieht sich dieser allerdings auf Elemente der Vertragsgrundlage, kommt im Einzelfall auch ein Grundlagenirrtum in Betracht (vgl. BGE 102 II 81 ff.).

§ 38   Täuschung und Drohung

I. Absichtliche Täuschung

1. Allgemeines

Der durch absichtliche Täuschung hervorgerufene Motivirrtum 38.01
berechtigt nach Art. 28 auch dann zur Anfechtung, wenn er *nicht wesentlich* im Sinne der Art. 23, 24 ist, weil die Vertragspartnerin hier nicht
schutzwürdig ist. Sonderregeln zu Art. 28 finden sich in Art. 6–8 VVG
(neu Art. 18-22 E-VVG) für den Versicherungsvertrag.

Art. 28 schützt die *Freiheit des Willens* im rechtsgeschäftlichen Be- 38.02
reich. Die Anfechtbarkeit beruht auf der Beeinträchtigung der Entschlussfreiheit, nicht auf der Arglist der Täuschenden oder darauf, dass
der Getäuschte einen Vermögensnachteil erlitten hat. Deshalb berechtigt
auch die zum Wohle des anderen begangene Täuschung zur Anfechtung
(vgl. BernerKomm/SCHMIDLIN, Art. 28 N 75 f.).

2. Täuschungshandlung

Ein täuschendes Verhalten besteht in der Vorspiegelung *fal-* 38.03
scher oder im *Verschweigen vorhandener Tatsachen* (vgl. BGE 116 II
431, 434).

Die täuschende Handlung muss sich auf *Tatsachen* beziehen, d.h. auf 38.04
objektiv feststellbare Zustände oder Ereignisse tatsächlicher oder rechtli-

cher Art. Blosse subjektive Werturteile und Meinungsäusserungen fallen nicht darunter (vgl. BUCHER, OR AT, 219). Bei Werbung kommt es darauf an, ob ein verständiger Betrachter dieser einen sachlichen Gehalt beimessen oder sie als marktschreierische Anpreisung ansehen würde. Tatsachen können sowohl *äussere*, z.b. Eigenschaften des Vertragsgegenstandes oder Zahlungsfähigkeit, als auch *innere Umstände* sein, z.b. Zahlungs- oder Leistungswilligkeit.

38.05   Die Täuschung kann durch *positive Handlungen* erfolgen, z.B. durch Behauptungen, oder konkludent. Für die Würdigung der Behauptung ist dabei nach dem Vertrauensprinzip auf den *Verkehrskreis des Getäuschten* abzustellen (vgl. BGE 116 II 431, 434 f.). Auch in der Preisgestaltung kann eine Täuschung liegen, z.b. wenn für eine Fälschung ein Preis verlangt wird, wie er für ein echtes Kunstwerk bezahlt wird. Der Vorspiegelung falscher Tatsachen ist das *Unterdrücken wahrer Tatsachen* gleichzustellen, sei es durch positive Behauptung des Gegenteils oder durch Manipulationen am Vertragsgegenstand, z.B. Zurückdrehen des Tachometers oder Übermalen von Bruch- oder Roststellen.

38.06   Das *Verschweigen von Tatsachen* stellt nur dann eine Täuschung dar, wenn eine *Aufklärungspflicht* besteht. Eine solche kann sich aus besonderer gesetzlicher Vorschrift oder aus Vertrag ergeben oder wenn eine Mitteilung nach Treu und Glauben und den herrschenden Anschauungen geboten ist. Wann dies zutrifft, ist im konkreten Einzelfall zu bestimmen (vgl. BGE 116 II 431, 434 f.; 117 II 218, 228). Dabei ist insbesondere die *Natur des Vertrages* und die jeweilige *Stellung der Parteien* zu berücksichtigen. Ein erhöhtes Mass an Aufklärungspflichten ist anzunehmen bei Dauerschuldverhältnissen sowie bei Verträgen, die ein besonderes Vertrauensverhältnis voraussetzen, z.b. beim Auftrag oder bei Personengesellschaften. Geringere Aufklärungspflichten bestehen bei einmaligen Austauschverträgen (vgl. ausführlich BernerKomm/SCHMIDLIN, Art. 28 N 38 f.). Freilich hat auch hier jede Vertragspartei die andere über Umstände aufzuklären, die erkennbar für den Entschluss zum Vertragsabschluss von wesentlicher Bedeutung sind. Erhöhte Aufklärungspflichten bestehen, wo aufgrund unterschiedlicher wirtschaftlicher Stellung ein *Macht- und Informationsgefälle* zwischen den Parteien besteht. So darf eine Händlerin ein Fahrzeug nicht als fabrikneu bezeichnen, obwohl es bereits drei Jahre zuvor in die Schweiz eingeführt worden ist (vgl. BGE 116 II 431, 435). Auf ausdrückliche Fragen des Vertragspartners müssen auf jeden Fall wahrheitsgemässe Angaben gemacht werden, sofern die entsprechende Frage zulässig ist (vgl. N 38.09). So muss die Arbeitnehmerin Fragen wahrheitsgetreu beantworten, die in unmittelbarem Zusammenhang zum Arbeitsplatz und der zu leistenden Arbeit stehen (vgl. Einzelheiten bei BGE 132 II 161, 166 f.; dazu PORTMANN, recht 2006, 144 ff.). Keine Aufklärungspflicht trifft die *Übervorteilte*, auch wenn sie bereits im Zeitpunkt des Abschlusses des wucherischen Vertrages dessen spätere Anfechtung in Aussicht nimmt (vgl. BGE 123 III 292, 301), sonst würde der Schutzzweck des Art. 21 missachtet.

3. Absicht

Die Täuschung muss *absichtlich* erfolgen, d.h. die Täuschende 38.07 muss die Unrichtigkeit des Sachverhalts kennen. *Fahrlässige Falschangaben* führen nicht zur Anwendung des Art. 28. Sie können aber Schadenersatzansprüche aus culpa in contrahendo auslösen. Auch kann der getäuschte Vertragspartner u.U. wegen Grundlagenirrtums anfechten.

Für die Täuschungsabsicht genügt nicht nur der direkte Vorsatz, son- 38.08 dern auch ein *Eventualvorsatz* (BGE 53 II 143, 150; vgl. auch BGE 123 III 165, 169), so dass eine Anfechtung in Frage kommt, wenn jemand ins Blaue hinein, ohne vom betreffenden Sachverhalt überhaupt Kenntnis zu besitzen, unrichtige Angaben macht.

4. Widerrechtlichkeit

Widerrechtlichkeit wird in Art. 28 im Gegensatz zu Art. 29 38.09 Abs. 1 nicht explizit vorausgesetzt, weil der Gesetzgeber offenbar davon ausging, dass eine absichtliche Täuschung immer widerrechtlich sei. Wo jedoch jemand auf *unzulässige*, das Persönlichkeitsrecht verletzende *Fragen* wahrheitswidrige Angaben macht, muss die Widerrechtlichkeit im Einzelfall verneint werden, so dass eine Anfechtung nicht in Betracht kommt. Dies gilt namentlich, wenn beim Abschluss eines *Arbeitsvertrages* Fragen gestellt werden, die nicht mit dem Arbeitsplatz oder der zu leistenden Arbeit in Zusammenhang stehen (vgl. BaslerKomm/PORTMANN, Art. 320 N 7 ff.).

5. Kausalität und Irrtum

Durch die Täuschung muss auf Seiten des Getäuschten ein *Irr-* 38.10 *tum* hervorgerufen oder aufrechterhalten werden. Dieser wiederum muss für die Abgabe der Willenserklärung *kausal* gewesen sein. Hieran fehlt es, wenn der Getäuschte den wahren Sachverhalt erkannt hat oder wenn er die Willenserklärung auch bei dessen Kenntnis abgegeben hätte. Die Kausalität ist zu bejahen, wenn der Getäuschte die Willenserklärung gar nicht (*dolus causam dans*) oder jedenfalls nicht mit diesem Inhalt (*dolus incidens*) abgegeben hätte.

6. Täuschung durch Dritte

38.11 Die Täuschung macht den Vertrag nur dann unverbindlich, wenn sie von der Vertragspartnerin selbst ausgegangen ist oder, bei Täuschung durch einen Dritten, für die Vertragspartnerin jedenfalls *erkennbar* war (Art. 28 Abs. 2). Im Gegensatz zu Art. 28 Abs. 1 genügt damit nach dem Wortlaut von Art. 28 Abs. 2 bereits *Fahrlässigkeit* der Vertragspartnerin, obwohl die drittverursachte Täuschung weniger verpönenswert ist als die durch die Vertragspartnerin veranlasste. Zu Recht weist HUGUENIN (SJZ 1999, 261, 263 ff.) auf diesen Wertungswiderspruch hin. Im Wege einer teleologischen Reduktion ist Art. 28 Abs. 2 daher so auszulegen, dass der Vertrag nur dann angefochten werden kann, wenn die Vertragspartnerin von der Täuschung *Kenntnis* hatte (HUGUENIN, SJZ 1999, 261, 264 ff.).

38.12 *Dritte* im Sinne des Art. 28 Abs. 2 sind Personen, die nicht an den Vertragsverhandlungen im Lager der Vertragspartnerin, d.h. der Anfechtungsgegnerin, beteiligt sind. Das Handeln von Vertretern und Abschlussgehilfen (Organe, Stellvertreter, Boten, Mäkler, Handelsreisende oder Agenten) ist der (täuschenden) Vertragspartnerin wie eigenes Verhalten zuzurechnen (vgl. BGE 108 II 419, 421 f.; diff. HUGUENIN, SJZ 1999, 261, 266 ff.). Dritte sind hingegen auch die eigenen Angestellten und Vertreter des Getäuschten, es sei denn, sie wären wirtschaftlich identisch mit der Vertragspartnerin (vgl. BGE 112 II 503, 505). Auch der einzelne Aktionär gilt bei Verträgen mit der Aktiengesellschaft als Dritter, es sei denn, er wäre als Alleinaktionär mit dieser wirtschaftlich identisch.

II. Drohung (Furchterregung)

1. Allgemeines

38.13 Nach Art. 29 Abs. 1 kann derjenige, der durch Drohung zur Eingehung eines Vertrages bestimmt worden ist, den Vertrag anfechten. Wie Art. 28 schützt auch Art. 29 die *Willensfreiheit* beim Vertragsschluss. Im Unterschied zu Art. 28 macht selbst die *Drohung durch Dritte* den Vertrag unverbindlich, woraus erhellt, dass die Drohung als eine noch grössere Beeinträchtigung der Willensfreiheit angesehen wird als die Täuschung.

2. Drohung

Unter dem Begriff der Furchterregung oder Drohung ist die 38.14 *Beeinflussung der Entschlussfreiheit* durch Inaussichtstellen eines künftigen Übels zu verstehen. Es kommt nur der *psychische Zwang* (vis compulsiva), nicht aber die Überwältigung durch physischen Zwang (vis absoluta) in Betracht. In letzterem Fall fehlt es überhaupt an einer Willenserklärung.

Das Übel muss dem Bedrohten *ernsthaft in Aussicht gestellt* werden, 38.15 so dass dieser nach den Umständen mit dessen Verwirklichung rechnen muss (vgl. BernerKomm/SCHMIDLIN, Art. 29/30 N 16). Nicht entscheidend ist, dass die Drohende beabsichtigt, die Drohung wahr zu machen (vgl. KOLLER, OR AT, § 14 N 204). Ob eine Drohung vorliegt, ist nicht objektiv vom Standpunkt einer vernünftigen Person aus, sondern subjektiv aus der *Sicht des Bedrohten* zu beurteilen, wobei Lebensstellung, Alter, Geschlecht und Bildungsgrad zu berücksichtigen sind (vgl. BUCHER, OR AT, 226 f.).

Gleichgültig ist, ob die Drohung von der Vertragspartnerin selbst oder 38.16 einer *Dritten* (zum Begriff der Dritten vgl. N 38.12) ausgeht. Auch anonyme Drohungen und politische Kollektivbedrohungen können zur Anfechtung berechtigen. Im Falle der Drohung durch eine Dritte kommt jedoch u.U. eine Entschädigungspflicht des Anfechtenden gegenüber der Vertragspartnerin in Betracht (vgl. Art. 29 Abs. 2).

3. Begründete Furcht

Eine Drohung berechtigt nur dann zur Anfechtung, wenn sie 38.17 beim Bedrohten eine *begründete Furcht* hervorruft. Art. 30 Abs. 1 präzisiert die Fälle, in denen die Furcht als begründet anzusehen ist. Voraussetzung ist danach, dass die Drohung ein gewisses Gewicht besitzt, so dass sie geeignet ist, die Willensfreiheit zu beeinträchtigen.

Eine Drohung ist nur dann relevant, wenn dem Vertragspartner *selbst* 38.18 oder einer ihm *nahe stehenden Person* ein Übel angedroht wird. Der Kreis der nahe stehenden Personen ist nicht auf Ehepartner, Verwandte oder dergleichen beschränkt (vgl. BernerKomm/SCHMIDLIN, Art. 29/30

N 27). Allerdings muss es sich um eine *natürliche Person* handeln. Wird das Übel einer juristischen Person angedroht, so kann diese nicht als nahe stehende Person angesehen werden (vgl. BernerKomm/SCHMIDLIN, Art. 30 N 28). Meist wird hier jedoch eine Drohung unmittelbar gegenüber dem an.der juristischen Person interessierten Vertragspartner anzunehmen sein (vgl. BUCHER, OR AT, 225).

38.19   Art. 30 Abs. 1 zählt die *Rechtsgüter* auf, deren Bedrohung die Anfechtbarkeit des Vertrages begründet: Leib, Leben, Ehre oder Vermögen. Diese Aufzählung ist nicht abschliessend. In Betracht kommen ausserdem Freiheit, Geheimsphäre oder andere persönliche Rechtsgüter (vgl. GAUCH/SCHLUEP/SCHMID, N 879).

4. Widerrechtlichkeit

38.20   Die Drohung muss *widerrechtlich* sein. Widerrechtlichkeit liegt immer dann vor, wenn das in Aussicht gestellte Übel widerrechtlich ist, z.B. das Bedrohen von Leben und Gesundheit, das Androhen einer anderen unerlaubten Handlung oder eines Vertragsbruchs. Das Zurückhalten der Leistung während schwebender Vergleichsverhandlungen ist jedoch jedenfalls dann nicht widerrechtlich, wenn dem Gegner nicht der Ruin oder Totalverlust droht (vgl. BGE 111 II 349, 351).

38.21   Die Drohung mit der *Geltendmachung eines Rechts* ist an sich nicht widerrechtlich. Dasselbe gilt für ein Verhalten, das im Belieben der Handelnden steht, z.B. der Nichtabschluss eines Vertrages im Rahmen der Vertragsfreiheit. Art. 30 Abs. 2 erklärt jedoch die Furcht auch in diesen Fällen für berücksichtigungsfähig, wenn die durch die Drohung geschaffene Notlage zur Erlangung *übermässiger Vorteile* ausgenutzt wird. Dies ist etwa der Fall, wenn durch die Drohung mit Betreibung dem Schuldner ein Schuldanerkenntnis über ein Darlehen abgenötigt wird, das er gar nicht empfangen hat (BGE 84 II 621, 624). Anderes gilt jedoch, wenn die Drohung mit einem Prozess die Abgabe eines Schuldanerkenntnisses über eine bestehende Schuld (vgl. BGE 110 II 132, 135 f.) oder die Drohung mit Betreibung die Sicherstellung tatsächlich bestehender Forderungen zum Ziel hat (BGE 50 III 141, 144 f.).

38.22   Die Drohung mit einer *Strafanzeige* oder einem *Strafantrag* muss immer dann als widerrechtlich angesehen werden, wenn kein innerer Zusammenhang zu dem angestrebten Zweck besteht, z.B. Drohung mit Anzeige wegen Steuerhinterziehung zum Zwecke des Abschlusses eines Kaufvertrages (vgl. BGE 125 III 353, 355). Betrifft die Anzeige oder der Strafantrag jedoch ein Delikt, durch das die Drohende oder eine ihr nahe stehende Person geschädigt wurde, so ist die Drohung nur dann widerrechtlich, wenn die Drohende mehr erlangen will, als ihr als Schadenersatz zusteht (vgl. BGE 125 III 353, 355).

§ 39 Geltendmachung der Willensmängel und Rechtsfolgen

I. Unverbindlichkeit des Vertrages

1. Grundsatz

Liegt ein Willensmangel vor, so ist nach dem Gesetzeswortlaut 39.01 (vgl. Art. 23, 28 Abs. 1, 29 Abs. 1) der Vertrag für die betroffene Partei *unverbindlich*. Einigkeit besteht, dass auch bei *Übervorteilung* nach Art. 21 Abs. 1 dieselbe Rechtsfolge eintritt. In Lehre und Rechtsprechung ist allerdings heftig umstritten, was unter dem Begriff der Unverbindlichkeit zu verstehen ist.

Nach der sog. *Ungültigkeitstheorie* (vgl. GAUCH/SCHLUEP/SCHMID, 39.02 N 890) ist der Vertrag von Anfang an ungültig, er entfaltet folglich überhaupt keine Wirkungen. Diese entstehen erst, wenn das Rechtsgeschäft von der Partei, bei der ein Willensmangel vorliegt, nachträglich genehmigt wird (vgl. GAUCH/SCHLUEP/SCHMID, N 890 m.w. Nachw.). Der Vertrag ist also *aufschiebend bedingt*, wobei die Bedingung in der Nichtgeltendmachung des Willensmangels besteht.

Nach der *Anfechtungstheorie* ist der Vertrag hingegen zunächst gültig, 39.03 kann aber durch die Partei, bei der ein Willensmangel vorliegt, unter Berufung hierauf aufgelöst werden (heute überwiegende Meinung, vgl. BernerKomm/SCHMIDLIN, Art. 23/24 N 119 m.w. Nachw.). Der Vertrag ist also *auflösend bedingt*, wobei die Bedingung in der Geltendmachung des Willensmangels besteht.

Eine dritte Theorie geht schliesslich von *geteilter Ungültigkeit* aus 39.04 (vgl. VON TUHR/PETER, 338). Für diese ist der Vertrag für die Partei, die sich in einem Willensmangel befunden hat, von Anfang an ungültig, für die andere dagegen von Anfang an gültig. D.h. für jene ist er aufschiebend, für diese auflösend bedingt.

Das Bundesgericht hat sich in BGE 114 II 131, 143 der Ungültigkeits- 39.05 theorie angeschlossen, ohne sich dabei für volle oder geteilte Unverbindlichkeit zu entscheiden, nachdem es in verschiedenen früheren Entscheiden der Anfechtungstheorie zugeneigt hatte (vgl. BGE 109 II 319, 327).

39.06   Die *Konsequenzen* der unterschiedlichen Auffassungen zeigen sich namentlich bei der Verjährung des Bereicherungsanspruches, der sich ergibt, wenn der Willensmangel geltend gemacht wird (Einzelheiten vgl. N 39.27).

39.07   M.E. verdient die *Anfechtungstheorie* eindeutig den Vorzug. Es erscheint als sachgerechter, bis zum Zeitpunkt der Anfechtung von einem wirksamen Vertrag mit allen zugehörigen Haupt- und Nebenpflichten auszugehen. Dies gilt vor allem auch im Hinblick auf die Kausalität der Eigentumsübertragung, da sonst beispielsweise der Käufer das Eigentum erst durch Ersitzung erwirbt. Sachlich akzeptabel erscheint der Entscheid des Bundesgerichts allein deshalb, weil über die Annahme der Ungültigkeitstheorie wenigstens faktisch eine zeitliche Befristung der Rückabwicklung auf zehn Jahre ab Leistung erreicht wird und damit die vom Bundesgericht im Rahmen des Art. 31 Abs. 1 vertretene Auffassung der unbefristeten Anfechtungsmöglichkeit (vgl. N 39.16) korrigiert wird.

2. Teilnichtigkeit

39.08   Betrifft der Willensmangel nur einen *Teil des Vertrages*, so soll in analoger Anwendung von Art. 20 Abs. 2 nur dieser Teil nichtig sein, wenn nicht anzunehmen ist, dass der Vertrag ohne ihn nicht geschlossen worden wäre (vgl. BGE 116 II 685, 687; BernerKomm/SCHMIDLIN, Art. 23/24 N 148 ff.; diff. GAUCH/SCHLUEP/SCHMID, N 852). Auszugehen ist dabei vom *mutmasslichen* (hypothetischen) *Parteiwillen*, wobei das Bundesgericht freilich nicht auf den inneren Willen oder das Gutdünken der Parteien abstellt, sondern eine objektive Einschätzung vornimmt. Bei einem Grundlagenirrtum über Eigenschaften der Kaufsache kann so über eine Teilanfechtung eine Herabsetzung des Kaufpreises, d.h. faktisch eine Minderung, wie sie in Art. 205 Abs. 1 vorgesehen ist, erreicht werden (vgl. BGE 107 II 419, 425). Insoweit zeigt sich auch im Bereich der Willensmängel die Tendenz der Rechtsprechung zu einer *teleologischen Reduktion* der Unwirksamkeitsgründe.

39.09   Angemessen ist diese auf den hypothetischen Parteiwillen abstellende Lösung allerdings nur beim *Grundlagenirrtum* nach Art. 24 Abs. 1 Ziff. 4 (zum Erklärungsirrtum vgl. N 39.19). In den Fällen der absichtlichen *Täuschung* und der *Drohung*, in denen der Willensmangel auf das unredliche Verhalten der anderen Vertragspartei zurückzuführen ist, muss es in der Hand des Getäuschten oder Bedrohten liegen, ob er sich ganz vom Vertrag lösen oder diesen unter veränderten Bedingungen aufrechterhalten will. Auf den hypothetischen Willen der Täuschenden oder

Drohenden kann es insoweit nicht ankommen (vgl. BGE 125 III 353, 357, m. Anm. BURKART, AJP 2000, 112 ff.). Dasselbe gilt bei der *Übervorteilung* (vgl. auch N 32.55).

II. Geltendmachung der Unverbindlichkeit

Die Geltendmachung der Unverbindlichkeit wird für alle Wil- 39.10 lensmängel *einheitlich* in Art. 31 geregelt. Die Marginalie zu dieser Bestimmung, die von der Aufhebung des Mangels durch Genehmigung spricht, ist allerdings irreführend.

1. Anfechtungsberechtigung

Anfechtungsberechtigt ist derjenige, der einem Willensmangel 39.11 unterlegen ist, nicht jedoch die Vertragspartnerin.

Zur Anfechtungsberechtigung nach Zession einer Forderung vgl. 39.12 N 90.39.

2. Anfechtungserklärung

Die Geltendmachung der Unverbindlichkeit des Vertrages er- 39.13 folgt durch *(Gestaltungs-)Erklärung.* Möglich ist die ausdrückliche Erklärung, dass der Betroffene den Vertrag nicht halten will, aber auch ein entsprechendes konkludentes Verhalten. Eine *konkludente Anfechtung* kann insbesondere im Verlangen der Rückgewähr bereits erbrachter Leistungen, der Rücksendung empfangener oder der Annahmeverweigerung angebotener Leistungen gesehen werden. Auch das Begehren einer Vertragsänderung kann u.U. die Anfechtungserklärung einschliessen (vgl. BUCHER, OR AT, 211). Als Gestaltungsrecht ist die Anfechtungserklärung zwar grundsätzlich *unwiderruflich.* Jedoch ist ein Zurückkommen auf die Anfechtungserklärung zulässig, wenn die Erklärungsgegnerin das Bestehen des Gestaltungsrechts oder dessen wirksame Ausübung bestreitet (vgl. BGE 128 III 70, 75 f.).

Die Anfechtungserklärung bedarf keiner besonderen *Form.* Dies gilt 39.14 auch dann, wenn ein formbedürftiges Rechtsgeschäft angefochten wird. Sie braucht den Willensmangel, der geltend gemacht wird, nicht zu nennen (vgl. BGE 106 II 346, 349; diff. KOLLER, OR AT, § 14 N 288 ff.). Beruft sich der Anfechtende zunächst auf einen Irrtum, so schliesst dies die spätere Geltendmachung einer Täuschung nicht aus (vgl. BGE 106 II 346, 349 f.).

3. Anfechtungsfrist

39.15   Nach Art. 31 Abs. 1 sowie nach Art. 21 Abs. 1 muss die Anfechtung binnen *Jahresfrist* erfolgen. Diese Frist ist keine Verjährungs-, sondern eine *Verwirkungsfrist* (BGE 114 II 131, 141). Nach Art. 31 Abs. 2 beginnt die Frist in den Fällen des Irrtums und der Täuschung mit der Entdeckung zu laufen. Erforderlich ist insoweit sichere Kenntnis, blosse Zweifel genügen nicht (vgl. BGE 98 II 15, 21 f.). Bei Drohung beginnt die Frist mit der Beseitigung der Furcht; bei Übervorteilung jedoch bereits mit Abschluss des Vertrages (Art. 21 Abs. 2).

39.16   Im Gegensatz zu vielen anderen Bestimmungen (vgl. nur Art. 60 Abs. 1, 67 Abs. 1) enthält Art. 31 neben der relativen Jahresfrist *keine absolute Ausschlussfrist*, so dass die Anfechtung auch noch Jahrzehnte nach Abschluss des Vertrages möglich ist, sofern nur die Jahresfrist eingehalten wird (vgl. BGE 114 II 130, 140 f.). Allenfalls soll eine Korrektur stossender Ergebnisse über Art. 25 Abs. 1 möglich sein. Demgegenüber wird in der Literatur vor allem bei vollzogenen Verträgen vielfach eine absolute Ausschlussfrist auch im Rahmen des Art. 31 befürwortet (vgl. nur WIEGAND, recht 1989, 101, 107 f.). Zu Recht wird darauf hingewiesen, dass in anderen Bereichen des Privatrechts für die Berufung auf Unwirksamkeit wegen Willensmängel durchweg absolute Ausschlussfristen gelten (vgl. nur Art. 108 Abs. 1, 256c Abs. 1, 260c Abs. 1, 521 ZGB). Eine *Analogie* zu diesen Vorschriften erscheint angezeigt, so dass auch im Rahmen von Art. 31 von einer absoluten Ausschlussfrist von zehn Jahren ab Vertragsschluss ausgegangen werden sollte.

III. Ausschluss der Anfechtung

1. Treu und Glauben

39.17   Nach Art. 25 Abs. 1 ist die Anfechtung ausgeschlossen, wenn sie *Treu und Glauben widerspricht*. Diese Bestimmung stellt eine spezielle Ausprägung von Art. 2 Abs. 2 ZGB dar (BGE 123 III 200, 203). Von seiner systematischen Stellung her gilt Art. 25 nur für die Geltendmachung des *Irrtums* nach Art. 23, 24, nicht jedoch für die Unverbindlichkeit wegen *Täuschung* und *Drohung* nach Art. 28 ff. In der Regel erscheint bei Täuschung und Drohung eine entsprechende Anwendung des Art. 25 Abs. 1 auch nicht angebracht, da es an der Schutzwürdigkeit der Vertragspartnerin fehlt. Allenfalls bei treuwidriger Verzögerung der Anfechtung zum Zwecke der Spekulation kann im Einzelfall Art. 25 Abs. 1 auch bei absichtlicher Täuschung anwendbar sein (BGE 108 II 102, 105).

Die Tatsache allein, dass der Irrtum auf ein *Verschulden des Irrenden* zurückzuführen ist, lässt die Berufung auf Irrtum noch nicht als treuwidrig erscheinen (BGE 105 II 23, 26). Freilich kann das jeweilige Verschulden als ein Faktor in die Gesamtabwägung mit einzubeziehen sein. Dabei ist auch die *Stellung der Parteien* im Geschäftsverkehr zu berücksichtigen. Bei einem Kaufmann wird die Berufung auf fahrlässigen Irrtum im Interesse der Sicherheit des Handelsverkehrs eher treuwidrig sein als bei einem Geschäftsunerfahrenen. Unterschreibt jemand einen in *fremder Sprache* abgefassten Vertrag, obwohl er Gelegenheit hätte, den Vertrag übersetzen zu lassen, ist die spätere Berufung auf Irrtum treuwidrig (Cour de Justice Civile GE, SemJud 1974, 405, 414). Treuwidrig kann insbesondere auch die *ungebührliche Verzögerung* der Anfechtung sein (BGE 108 II 102, 105) oder die Anfechtung wegen Grundlagenirrtums durch den Käufer, wenn dieser zwischenzeitlich den *Untergang der Kaufsache* verschuldet hat und diese deshalb nicht mehr zurückgeben kann (vgl. auch Art. 207 Abs. 3). Ohne Belang ist hingegen, ob die einseitige Unverbindlichkeit als unverhältnismässige Rechtsfolge erscheint. Die Geltendmachung des Irrtums verstösst vielmehr nur dann gegen Treu und Glauben, wenn es sich um *unnütze Rechtsausübung* handelt oder ein *krasses Missverhältnis der Interessen* besteht (BGE 123 III 200, 203; krit. dazu SCHMIDLIN/MEYER-PRITZL, recht 1997, 256, 257 f.), d.h. wenn die Berufung auf Irrtum dem Irrenden kaum Vorteile, der Anfechtungsgegnerin aber schwere Nachteile bringt (vgl. BGE 132 III 737, 743; dazu T. KOLLER, ZBJV 2007, 831, 845 ff.).

39.18

Eine besondere Ausprägung des in Art. 25 Abs. 1 niedergelegten Prinzips enthält Art. 25 Abs. 2 für den *Erklärungsirrtum*: Der Irrende muss den Vertrag so gelten lassen, wie er ihn verstanden hat, wenn die andere Partei sich hierzu bereit erklärt. In diesem Fall tritt *Konversion* ein, so dass der Vertrag mit dem vom Irrenden gewollten Inhalt gilt. Für den Grundlagenirrtum passt Art. 25 Abs. 2 nicht (vgl. GAUCH/SCHLUEP/SCHMID, N 849; a.A. KOLLER, OR AT, § 14 N 126); allenfalls kommt hier eine Teilanfechtung in sinngemässer Anwendung von Art. 20 Abs. 2 in Betracht.

39.19

2. Genehmigung

39.20   Die Berufung auf Willensmängel ist ausgeschlossen, wenn die davon betroffene Partei den Vertrag genehmigt hat. Mit der Genehmigung tritt *Heilung* (Konvaleszenz) ein.

39.21   Eine Genehmigung kann nicht nur durch ausdrückliche Erklärung, sondern vor allem auch durch *konkludentes Verhalten* erfolgen (vgl. BGE 108 II 102, 105). Wer in Kenntnis der Anfechtbarkeit eine empfangene Sache verbraucht oder veräussert, die gegnerische Leistung fordert oder vorbehaltlos annimmt, die eigene Leistung vorbehaltlos und freiwillig erbringt oder einen ihm bekannten Willensmangel in einem hängigen Prozess nicht geltend macht, genehmigt stillschweigend. Keine Genehmigung ist jedoch in der *blossen Weiterbenutzung* der empfangenen Sache zu sehen, namentlich wenn die Gegenpartei die Rücknahme ablehnt oder der Empfänger auf die Nutzung der Sache angewiesen ist und sich mangels Rückgewähr der von ihm selbst erbrachten Leistung kein Ersatzobjekt beschaffen kann (vgl. BGE 109 II 319, 327). Die Genehmigung setzt die sichere Kenntnis des Willensmangels voraus, blosse Zweifel genügen nicht. Vor allem bei Täuschung und Drohung darf eine konkludente Genehmigung nicht leichthin angenommen werden (vgl. BGE 108 II 102, 105).

39.22   Dem fruchtlosen *Verstreichen der Jahresfrist* misst Art. 31 Abs. 1 dieselben Wirkungen wie einer ausdrücklichen oder stillschweigenden Genehmigung bei. Auch wird vom Bundesgericht in der Wahl der kaufrechtlichen Rechtsbehelfe wegen Gewährleistung eine Genehmigung gesehen (BGE 127 III 83, 86).

IV. Rechtsfolgen nach erfolgter Anfechtung

1. Rückwirkende Unwirksamkeit

39.23   Weitgehend Einigkeit besteht, dass nach erfolgter Geltendmachung des Willensmangels der Vertrag als von Anfang an *(ex tunc)* unwirksam gilt, also niemals Rechtswirkungen gezeigt hat. Für die Vertreter der Ungültigkeitstheorie ist dieses Ergebnis selbstverständlich; aber auch die Vertreter der Anfechtungstheorie sind überwiegend der Auffassung, dass die Anfechtung auf den Zeitpunkt des Vertragsschlusses zurückwirkt, so dass dessen Wirkungen nachträglich entfallen (vgl. nur BernerKomm/SCHMIDLIN, Art. 23/24 N 140 f.).

Teilweise wird in neuerer Zeit entsprechend der Rechtsprechung zu 39.24
Art. 109 Abs. 1 postuliert, dass auch bei der Anfechtung wegen Willensmängel der Vertrag nicht als aufgehoben gelten solle, sondern sich in ein *vertragliches Rückgewährschuldverhältnis* mit umdirigierten Leistungspflichten verwandle (vgl. BernerKomm/SCHMIDLIN, Art. 31 N 97 ff.; WIEGAND, FS Gauch, 709, 717 ff.; REISER, N 46). Das Bundesgericht (BGE 137 III 243, 248 f.) hat dieser Auffassung eine klare Absage erteilt.

Bei in Vollzug gesetzten *Dauerschuldverhältnissen* sind die Wirkun- 39.25
gen der Anfechtung auf die Zukunft *(ex nunc)* zu beschränken (so nun auch BGE 129 III 320, 328 ff.). Soll dieses Ergebnis nicht auf eine teleologische Reduktion der Unwirksamkeitsnorm gestützt werden, so ergibt sich eine entsprechende Beschränkung jedenfalls aus Art. 25 Abs. 1 (vgl. GAUCH/SCHLUEP/SCHMID, N 944). Wo freilich die erbrachte Leistung für den Irrenden oder Getäuschten praktisch keinen Wert hatte, muss auch bei einem Dauerschuldverhältnis die ex tunc-Wirkung bejaht werden (vgl. BGer, ZWR 2008, 177, 185, E. 15b).

2. Rückabwicklung

Wurde der Vertrag wirksam angefochten, so müssen noch nicht 39.26
erbrachte Leistungen nicht mehr erbracht werden, erbrachte Leistungen sind *zurückzugewähren*.

Eine beim Empfänger noch vorhandene Sachleistung kann mit der 39.27
Vindikation (Art. 641 Abs. 2 ZGB), ein Grundstück mit der *Grundbuchberichtigungsklage* (Art. 975 Abs. 1 ZGB) zurückverlangt werden, soweit noch keine Ersitzung (Art. 728 ZGB resp. Art. 661 ZGB) eingetreten ist. Andere Leistungen sind nach *Bereicherungsrecht* (Art. 62 ff.) auszugleichen (vgl. BGE 137 III 243, 250). Nach der vom Bundesgericht (BGE 114 II 130, 141 ff.) vertretenen Ungültigkeitstheorie soll die zehnjährige absolute *Verjährungsfrist* des Art. 67 Abs. 1 bereits im Zeitpunkt der Leistung zu laufen beginnen. Unter den Vertretern der Anfechtungstheorie sind die Auffassungen über den Zeitpunkt des Verjährungsbeginns des Bereicherungsanspruchs geteilt. Teilweise wird unter Berufung auf die ex-tunc-Wirkung der Anfechtung das Ergebnis, zu dem das Bundesgericht gelangt, unterstützt (vgl. KOLLER, OR AT, § 14 N 304). Namhafte Vertreter der Anfechtungstheorie stehen jedoch auf dem Standpunkt, dass die Verjährung trotz Rückwirkung der Anfechtung erst mit dem Zeitpunkt der Anfechtung zu laufen beginne (BUCHER, OR AT, 699, FN 181; BernerKomm/SCHMIDLIN, Art. 23/24 N 140 f.; diff. HÜRLI-

MANN-KAUP, ZBJV 2002, 137, 141). Letzterer Auffassung ist zuzustimmen, da sonst der Bereicherungsanspruch verjähren könnte, ehe er überhaupt entstanden ist.

39.28 Bei beidseitig erbrachten Leistungen hat die Rückabwicklung in Fortwirkung des Synallagmas *Zug um Zug* zu erfolgen (vgl. auch N 58.19 ff.). Zum Schutze des Getäuschten und des Bedrohten ist im Einzelfall eine modifizierte Rückabwicklung entsprechend Art. 15 Abs. 2, 3 KKG in Erwägung zu ziehen.

3. Schadenersatz

39.29 Neben der Rückabwicklung kommt ggf. ein Schadenersatzanspruch in Betracht. Dabei handelt es sich jeweils um Fälle des Verschuldens beim Vertragsschluss (*culpa in contrahendo*; BUCHER, OR AT, 217; BGE 113 II 25, 31: Haftung eigener Art). Zu unterscheiden ist die Schadenersatzpflicht des Anfechtenden einerseits und der anderen Vertragspartei andererseits.

a) Schadenersatzpflicht des Anfechtenden

39.30 Nach Art. 26 haftet der Anfechtende, der seinen Irrtum der eigenen *Fahrlässigkeit* zuzuschreiben hat, auf Schadenersatz. Das Verhalten des Irrenden ist dabei mit einer gewissen Strenge zu behandeln, weil das Schweizer Recht den Irrenden ohnehin günstiger behandelt als andere Rechtsordnungen, die die Schadenersatzpflicht ohne Verschulden eingreifen lassen, wie z.B. § 122 BGB (vgl. BGE 105 II 23, 27; 113 II 25, 29), oder die Anfechtbarkeit bei verschuldetem Irrtum ganz ausschliessen. Bei einem *Erklärungsirrtum* wird Fahrlässigkeit praktisch immer zu bejahen sein, ein *Grundlagenirrtum* kann hingegen auch unverschuldet sein. So darf sich der Erklärende insbesondere auf Angaben der Vertragsgegnerin über Eigenschaften des Vertragsgegenstandes verlassen und braucht diese nicht selbst nachzuprüfen (BGE 113 II 25, 29 f.).

39.31 Der Erklärende haftet nicht nur für eigenes Verschulden, sondern auch für Verschulden seiner *Verhandlungsgehilfen*, seien sie nun rechtlich als Stellvertreter oder als blosse Übermittlungspersonen zu qualifizieren. Dogmatisch rechtfertigt sich dieses Ergebnis ohne weiteres aus der entsprechenden Anwendung des Art. 101 Abs. 1 im Rahmen der Haftung aus culpa in contrahendo (vgl. N 48.04).

Die Schadenersatzpflicht entfällt, wenn die Vertragspartnerin den Irr- 39.32
tum *gekannt hat* oder *hätte kennen sollen*. In diesen Fällen ist freilich
zunächst zu prüfen, ob nicht bereits nach dem Vertrauensprinzip der
Vertrag mit dem vom Erklärenden gewollten Inhalt zustande kommt. Bei
erkennbarem Erklärungsirrtum wird dies regelmässig der Fall sein, so
dass dem Ausschluss insoweit keine Bedeutung zukommt. Praktische
Bedeutung hat der Ausschluss der Schadenersatzhaftung damit nur beim
Grundlagenirrtum (vgl. GAUCH/SCHLUEP/SCHMID, N 851 m.w. Nachw.).

Bei Kenntnis oder fahrlässiger Unkenntnis des Irrtums auf Seiten der 39.33
Erklärungsgegnerin kommt statt des Ausschlusses des Schadenersatzan-
spruchs auch lediglich eine *Herabsetzung* entsprechend Art. 44 Abs. 1 in
Betracht (str., offen gelassen in BGE 113 II 25, 31; bejahend KOLLER,
OR AT, § 14 N 134).

Der schuldhaft Irrende schuldet nach Art. 26 Abs. 1 das *negative Inte-* 39.34
resse. Wo es der Billigkeit entspricht, kann das Gericht jedoch nach
Art. 26 Abs. 2 Schadenersatz bis zum *Erfüllungsinteresse* zusprechen. In
der Praxis hat diese Bestimmung jedoch keine Bedeutung.

Art. 26 gilt nicht bei der Anfechtung wegen *Täuschung* oder *Drohung*. 39.35
Ging die Drohung allerdings von einer Dritten aus, so hat der Bedrohte
der Vertragsgegnerin nach gerichtlichem Billigkeitsermessen gemäss
Art. 29 Abs. 2 eine Entschädigung zu leisten, wenn die Vertragspartnerin
die Drohung nicht gekannt hat oder hätte kennen müssen. Höchstgrenze
der Entschädigung wird im Regelfall das negative Interesse sein (vgl.
BUCHER, OR AT, 223).

b) Schadenersatzpflicht der anderen Vertragspartei

Wird der Vertrag wegen Täuschung oder Drohung angefoch- 39.36
ten, so kommt eine Haftung der anderen Vertragspartei aus *culpa in
contrahendo* in Betracht. Denn die Täuschung oder Drohung im Rahmen
der Vertragsverhandlungen stellt regelmässig ein Verschulden beim
Vertragsschluss dar, wobei die täuschende oder drohende Vertragspartnerin auch für ihre Verhandlungsgehilfen nach Art. 101 Abs. 1 einzustehen
hat.

Nach Art. 31 Abs. 3 ist bei Täuschung oder Drohung auch bei *Geneh-* 39.37
migung des Vertrages ein Anspruch auf Schadenersatz nicht grundsätzlich ausgeschlossen. Art. 31 Abs. 3 ist keine selbstständige Haftungsgrundlage, der Schadenersatzanspruch ergibt sich vielmehr auch hier aus
den Grundsätzen der culpa in contrahendo (ausführlich hierzu FARGNOLI,
SJZ 2011, 173, 180).

39.38   Ausser bei Täuschung und Drohung durch die Vertragspartnerin kommt ein Schadenersatzanspruch auch dann in Betracht, wenn die Vertragspartnerin einen Irrtum des Anfechtenden *fahrlässig* verursacht hat.

V. Konkurrenzen

Literatur: FURRER/MÜLLER-CHEN, Kap. 7 N 96 ff.; HUGUENIN, OR AT, N 536 ff.;

BAUDENBACHER/SPIEGEL, Die Rechtsprechung des schweizerischen Bundesgerichts zum Verhältnis von Sachmängelgewährleistung und allgemeinen Rechtsbehelfen des Käufers – Ein Musterbeispiel angewandter Rechtsvergleichung?, Festschrift Pedrazzini, Bern 1990, 229 ff.; BÜHLER, Zur sogenannten alternativen Gewährleistung – Irrtum im Kaufrecht, SJZ 1978, 1 ff., 378; GAUCH, Sachgewährleistung und Willensmängel beim Kauf einer mangelhaften Sache – Alternativität der Rechtsbehelfe und Genehmigung des Vertrages (BGE 127 III 83 ff.), recht 2001, 184 ff.; HUBER, Die Konkurrenz von Irrtumsanfechtung und Sachmängelhaftung im neuen Schuldrecht, Festschrift Hadding, Berlin 2004, 105 ff.; HÜRLIMANN-KAUP, Art. 28 OR und kaufrechtliche Sachgewährleistung bei absichtlicher Täuschung des Käufers, ZBJV 2002, 137 ff.; MERZ, Sachgewährleistung und Irrtumsanfechtung, Festschrift Guhl, Zürich 1950, 87 ff.; SCHÖBI, Grundlagenirrtum neben Gewährleistung, recht 1984, 134 ff.; SCHULTHEISS/ZUMSTEIN, Zur Alternative Irrtum/Gewährleistung im Kaufrecht, SJZ 1978, 124 f.

1. Grundlagenirrtum und Rechtsbehelfe des OR BT

39.39   Häufig überschneidet sich der Grundlagenirrtum mit Rechtsbehelfen, die im OR BT für die einzelnen Vertragstypen geregelt sind. Fraglich ist, ob neben diesen besonderen Rechtsbehelfen eine Berufung auf Grundlagenirrtum möglich sein soll.

39.40   In ständiger Rechtsprechung lässt das *Bundesgericht* eine Anfechtung wegen Grundlagenirrtums neben der *kaufrechtlichen Sachgewährleistung* zu (vgl. nur BGE 114 II 131, 134 m.w. Nachw.). Die Anfechtung unterliegt dabei nicht den besonderen Voraussetzungen der Sachgewährleistung (Art. 201, 210), selbst wenn sich der Irrtum auf eine wesentliche Eigenschaft der Kaufsache bezieht. Argumentiert wird, dass es sich bei der Irrtumsanfechtung um einen Mangel in der Willensbildung und damit der Vertragsentstehung handle, der Anspruch auf Gewährleistung hingegen Mängel bei der Vertragserfüllung betreffe (BGE 114 II 131, 136). In der jüngeren *Literatur* stösst diese Rechtsprechung zunehmend auf Kritik (vgl. die Nachw. bei BaslerKomm/SCHWENZER, Vor Art. 23–31 N 9). Von diesen Autoren werden die Art. 197 ff. als abschliessend betrachtet. Zudem entbehre die bundesgerichtliche Rechtsprechung der Folgerichtigkeit, wenn sie Ansprüche nach Art. 97 Abs. 1 nur unter den Voraussetzungen der Art. 197 ff., die Irrtumsanfechtung jedoch unbeschränkt zulasse (vgl. BAUDENBACHER/SPIEGEL, FS Pedrazzini, 229, 259 f.). Schliesslich erscheint die Rechtsprechung des Bundesgerichts widersprüchlich, denn beim *Viehkauf* (Art. 198) soll eine Anfechtung wegen Willensmängel ausgeschlossen sein (BGE 111 II 67, 70 f.). In BGE 127 III 83, 86 hat das Bundesgericht der Alternative der Rechtsbehelfe allerdings dadurch die Spitze gebrochen, dass in der Entscheidung für die Rechtsbehelfe wegen Gewährleistung eine Genehmigung des Vertrages nach Art. 31 Abs. 1 gesehen wurde (krit. KRAMER, AJP 2001, 1155, 1156). Ausserdem wird nunmehr beim *Gattungskauf* bereits das Vorliegen eines Grundlagenirrtums in Bezug auf die Mangelhaftigkeit der Kaufsache verneint (vgl. N 37.31).

Die alternative Zulassung von Irrtumsanfechtung und Sachgewährleistung kann m.E. jedenfalls nach Lieferung der Sache dann nicht überzeugen, wenn sich der Irrtum gerade auf eine *Eigenschaft der Kaufsache* bezieht. Hier decken sich Irrtumsanfechtung und Sachgewährleistung. Die alternative Irrtumsanfechtung unterläuft die zum Zwecke rascher Abwicklung sinnvollen Art. 201, 210. Immerhin soll nach der Rechtsprechung des Bundesgerichts (BGE 126 III 59, 66) eine Freizeichnung bezüglich bestimmter Eigenschaften auch die Irrtumsanfechtung ausschliessen. 39.41

Auch neben der *Rechtsgewährleistung* nach Art. 192 ff. will das Bundesgericht die Anfechtung wegen Grundlagenirrtums zulassen (BGE 109 II 319, 322; zust. BaslerKomm/HONSELL, Vor Art. 192–210 N 7 m.w. Nachw.). Hiergegen ergeben sich im Wesentlichen dieselben Bedenken wie im Rahmen der Sachgewährleistung. Die Entscheidung des Gesetzgebers für das Eviktionsprinzip (vgl. HONSELL, OR BT, 72) darf nicht dadurch umgangen werden, dass bei abstrakter Eviktionsgefahr die Irrtumsanfechtung zugelassen wird (krit. auch SCHÖBI, recht 1984, 134 ff.). 39.42

Keinesfalls zuzulassen ist die Irrtumsanfechtung nach nationalem Recht neben den Rechtsbehelfen des *CISG* wegen Vertragswidrigkeit der Ware (Art. 35 ff. CISG), Rechtsmängeln (Art. 41 CISG) oder Belastung der Ware mit gewerblichen Schutzrechten (Art. 42 CISG). Sonst würde die mit dem Abkommen angestrebte internationale Rechtsvereinheitlichung in einem Kernbereich des Kaufrechts ausgehöhlt (vgl. SCHLECHTRIEM/SCHWENZER/SCHWENZER, Art. 35 N 45 f., Art. 41 N 22 f., Art. 42 N 27). Dasselbe gilt im Hinblick auf einen Irrtum bezüglich der Leistungsfähigkeit oder -willigkeit der anderen Partei, da die diesbezüglichen Rechtsfolgen in Art. 71 CISG abschliessend geregelt sind. 39.43

39.44 Im *Werkvertragsrecht* ist die Anfechtung wegen Irrtums über ausserordentliche Umstände, welche die Fertigstellung hindern oder übermässig erschweren, durch die Spezialregelung des Art. 373 Abs. 2 ausgeschlossen (BGE 109 II 333, 335). Dasselbe gilt für einen Irrtum im Hinblick auf eine Überschreitung des Kostenansatzes wegen Vorrangs des Art. 375. Richtigerweise muss auch die Anfechtung wegen Grundlagenirrtums, der sich auf Eigenschaften des Werkes bezieht, ausgeschlossen sein, da sonst das dem Unternehmer im Rahmen der Gewährleistung für Werkmängel grundsätzlich zustehende Nachbesserungsrecht unterlaufen würde (i.E. ebenso GAUCH, Werkvertrag, N 2317 f. m.w. Nachw.).

2. Täuschung bzw. Drohung und Rechtsbehelfe des OR BT

39.45 Die Anfechtung eines Vertrages wegen *Täuschung* oder *Drohung* ist nach Wahl des Getäuschten oder Bedrohten neben den Rechtsbehelfen des OR BT (BGE 127 III 83, 85) und des CISG möglich. Dies gilt auch und gerade im Verhältnis zur Sach- und Rechtsgewährleistung (vgl. KOLLER, OR AT, § 14 N 187). Die Täuschende oder Drohende verdient nicht den Schutz, der mit dem oben vertretenen Ausschluss der Irrtumsanfechtung verbunden ist.

Kapitel 6: Die Stellvertretung

Literatur: BERGER, Schuldrecht, N 830 ff.; BUCHER, OR AT, 594 ff.; ENGEL, OR AT, 372 ff.; FURRER/MÜLLER-CHEN, Kap. 8; GAUCH/SCHLUEP/SCHMID, N 1304 ff.; GUHL/KOLLER, 153 ff.; HUGUENIN, OR AT, N 1077 ff.; KELLER/SCHÖBI, Schuldrecht I, 63 ff.; KOLLER, OR AT, § 15 N 1 ff.; TERCIER, Obligations, N 377 ff.; VON TUHR/PETER, 347 ff.; BaslerKomm/WATTER, Art. 32–40; BernerKomm/ZÄCH, Art. 32–40; CHK/KUT/SCHNYDER, OR 32–40; CR CO I/CHAPPUIS CHRISTINE, Art. 32–40; KuKo OR/JUNG, Art. 32–40;

ABEGGLEN, Wissenszurechnung im Konzern, ZBJV 2006, 1 ff.; CHOU, Wissen und Vergessen bei juristischen Personen, Basel 2002; FELLMANN, Die Vertretungsmacht des Geschäftsführers in der einfachen Gesellschaft – eine kritische Auseinandersetzung mit BGE 124 III 355 ff., AJP 2000, 637 ff.; GEHRLEIN, Wirksame Vertretung trotz Unkenntnis über Person des Vertretenen, VersR 1995, 268 ff.; GILLIARD, La représentation directe dans le code des obligations: un chef-d'œuvre d'incohérence, Festschrift Max Keller, Zürich 1989, 161 ff.; HANISCH, Das Genfer Abkommen über die Stellvertretung beim internationalen Warenkauf von 1983, Festschrift Giger, Bern 1989, 251 ff.; KÜNZLE, Der direkte Anwendungsbereich des Stellvertretungsrechts, Diss. St. Gallen 1985; NEUMAYER, Vertragsschluss unter fremdem Namen, Mélanges Engel, Lausanne 1989, 221 ff.; SCHMID,

Umfang des Formzwanges, recht 1989, 113 ff.; SCHÖNLE, Vertragsrecht und Verfügungs-ermächtigung des indirekten Stellvertreters, Festschrift Gauch, Zürich 2004, 615 ff.; SCHWAGER, Der Architekt als Vertreter des Bauherrn, BR 1980, 19 ff.; WATTER, Die Verpflichtung der Aktiengesellschaft durch rechtsgeschäftliches Handeln ihrer Stellvertreter, Prokuristen und Organe speziell bei sog. Missbrauch der Vertretungsmacht, Diss. Zürich 1985; DERS., Zur Vertretung im Handelsrecht, ZSR 1986 I, 541 ff.; ZOBL, Probleme der organschaftlichen Vertretungsmacht, ZBJV 1989, 289 ff.

§ 40   Bedeutung, Interessenlage, Abgrenzungen

I. Bedeutung und Interessenlage

Wer eine Willenserklärung abgibt, handelt grundsätzlich für 40.01 sich selbst. Die Rechtswirkungen sollen nur denjenigen treffen, der ein Geschäft vornimmt. Oft besteht jedoch das Bedürfnis, dass jemand *für einen anderen rechtsgeschäftlich handelt*. Dies kann einmal auf *tatsächlichen Gründen* beruhen, z.B. wenn jemand wie im heutigen Geschäftsleben üblich seinen Wirkungskreis erweitern will oder es ihm an eigener Sachkunde mangelt. Möglich ist aber auch, dass die Notwendigkeit, eine Hilfsperson für rechtsgeschäftliches Handeln einzusetzen, auf *rechtlichen Gründen* beruht, z.B. beim Vertragsabschluss für Unmündige, die selbst nicht handlungsfähig sind, oder für eine juristische Person.

Mit der in Art. 32 ff. geregelten Stellvertretung wird die Möglichkeit 40.02 geschaffen, dass jemand mit rechtserheblicher Wirkung für einen anderen handelt. Bei der Stellvertretung sind regelmässig *drei Personen* beteiligt: Der Vertreter, der selbst handelt, die Dritte, dergegenüber gehandelt wird, und der Vertretene (Geschäftsherr), in dessen Person die Wirkungen des Geschäfts eintreten.

Bei der Regelung der Stellvertretung gilt es, sowohl die Interessen der 40.03 Dritten als auch die des Vertretenen zu schützen. Die *Dritte* hat in aller Regel ein *Interesse* daran zu wissen, wer ihr Vertragspartner ist. Möglich ist dies aber nur, wenn sie weiss, ob der Handelnde für sich selbst oder für eine andere Person tätig wird. Deshalb lässt Art. 32 Abs. 1 die Wirkungen der Stellvertretung grundsätzlich nur eintreten, wenn der Vertreter im Namen des Vertretenen handelt (unmittelbare Stellvertretung). Das *Interesse des Vertretenen* geht vor allem dahin, dass er nur Handlungen solcher Personen gegen sich gelten lassen muss, die mit seinem Willen und in seinem Interesse tätig werden. Der Schutz des Vertretenen wird nach Art. 32 Abs. 1 dadurch verwirklicht, dass der Vertreter zur Stellvertretung ermächtigt sein muss.

II. Abgrenzungen

1. Unmittelbare und mittelbare Stellvertretung

40.04　　Stellvertretung im Sinne der Art. 32 ff. setzt voraus, dass der Vertreter *im Namen des Vertretenen* und nicht im eigenen Namen handelt. Dies wird als *unmittelbare (direkte, offene, echte) Stellvertretung* bezeichnet. Keine Stellvertretung im Sinne der Art. 32 ff. liegt vor, wenn der Handelnde zwar im Interesse und für Rechnung eines Hintermannes auftritt, dabei aber in eigenem Namen tätig wird, sog. *mittelbare (indirekte, verdeckte, unechte) Stellvertretung* (zur Abgrenzung vgl. BGE 126 III 59, 64 f.). Die Wirkungen des Rechtsgeschäfts treffen im Gegensatz zur unmittelbaren Stellvertretung zunächst nur den Handelnden selbst, nur er wird berechtigt und verpflichtet (zu praktischen Anwendungen vgl. BaslerKomm/WATTER, Art. 32 N 29). Sollen die Wirkungen auf den Hintermann übergeleitet werden, so bedarf es grundsätzlich einer Abtretung der Forderung bzw. einer Schuldübernahme (vgl. Art. 32 Abs. 3; vgl. allerdings Art. 401 Abs. 1).

40.05　　Der in der Praxis wichtigste Fall der mittelbaren Stellvertretung ist die *Kommission* (Art. 425 ff.). Der Kommissionär übernimmt es, gegen eine Provision in eigenem Namen für Rechnung eines anderen (des Kommittenten) den Einkauf oder Verkauf von beweglichen Sachen oder Wertpapieren zu besorgen.

2. Stellvertretung und Botenschaft

40.06　　Vom Stellvertreter ist der Bote zu unterscheiden. Während der Stellvertreter eine eigene Willenserklärung abgibt, übermittelt der Bote lediglich eine *fremde Willenserklärung* (vgl. VON TUHR/PETER, 349 f.). Statt des Boten könnte sich der Geschäftsherr auch der brieflichen oder elektronischen Übermittlung seiner Erklärung bedienen. Während der Stellvertreter zumindest urteilsfähig sein muss (vgl. N 41.02), kann als Bote auch ein urteilsunfähiges Kind fungieren.

40.07　　Ob die Mittelsperson im Einzelfall als Stellvertreter oder Bote zu qualifizieren ist, ist nach dem Vertrauensprinzip aus der *Sicht der Erklärungsempfängerin* zu beurteilen (vgl. BernerKomm/ZÄCH, Vorbem. Art. 32–40 N 17).

40.08　　Entscheidend ist die Abgrenzung zwischen Stellvertreter und Bote im Hinblick auf die Einhaltung von Formvorschriften, allfällige Willensmängel sowie auf den Zugang von Erklärungen. Bei der Stellvertretung muss die Erklärung des Vertreters der *Formvorschrift* genügen, bei der Botenschaft jene des Geschäftsherrn. Im Hinblick auf das Vorliegen von *Willensmängeln* ist bei der Stellvertretung ebenfalls auf die Person des Vertreters, bei der Botenschaft auf die Person des Geschäftsherrn abzustellen. *Zugegangen* ist eine Erklärung, wenn sie beim Vertreter eintrifft; bei Einschaltung eines (Empfangs-)Boten geht die Erklärung erst dann zu, wenn die Übermittlung an den Geschäftsherrn nach dem gewöhnlichen Lauf der Dinge erwartet werden kann (vgl. zum Ganzen BaslerKomm/WATTER, Art. 32 N 8; VON TUHR/PETER, 350).

3. Stellvertretung und Abschlussvermittlung

Von der Stellvertretung ist weiter die Abschlussvermittlung 40.09 etwa durch einen Mäkler (Art. 412 ff.) oder einen Vermittlungsagenten (Art. 418a ff.) zu unterscheiden. Der Abschlussvermittler gibt im Gegensatz zum Stellvertreter selbst keine Willenserklärung ab, er *vermittelt* lediglich *den Abschluss* zwischen den Vertragsparteien selbst, indem er diese zusammenführt (vgl. BernerKomm/ZÄCH, Vorbem. Art. 32–40 N 23 ff.).

4. «Vertretung» bei einer Tathandlung

Stellvertretung kommt nur im *rechtsgeschäftlichen Bereich* in 40.10 Betracht, d.h. bei Abgabe oder Empfang einer Willenserklärung. Auf den Einsatz von Hilfspersonen bei *Tathandlungen*, z.B. Reparatur einer Sache aufgrund Werkvertrags oder Herstellung eines Produktes, sind die Art. 32 ff. nicht anwendbar. Fügt die Hilfsperson einem anderen bei Ausführung der Tathandlung einen Schaden zu, so beurteilt sich die Einstandspflicht des Geschäftsherrn je nachdem nach Art. 101 Abs. 1 oder Art. 55 Abs. 1. Auch auf die *«Quasi-Stellvertretung»* nach Art. 923 ZGB finden Art. 32 ff. keine Anwendung (vgl. BaslerKomm/STARK/ERNST, Art. 932 ZGB N 1).

Rechtsgeschäftsähnliche Handlungen, wie Mahnung, Rüge oder Nach- 40.11 fristsetzung, sind zwar keine Willenserklärungen, sie stehen diesen jedoch nahe. Deshalb können die Art. 32 ff. auf diese entsprechend angewandt werden (vgl. BaslerKomm/WATTER, Art. 32 N 4 m.w. Nachw.).

5. Handeln unter fremdem Namen

40.12   Von der Stellvertretung, die ein Handeln in fremdem Namen voraussetzt, ist das *Handeln unter fremdem Namen* zu unterscheiden. In letzterem Fall benutzt der Handelnde den fremden Namen als eigenen, z.B. wenn sich jemand in einem Hotel unter fremdem Namen einmietet.

40.13   Für die Rechtsfolgen bei Handeln unter fremdem Namen ist danach zu differenzieren, ob es der Erklärungsgegnerin auf die Person des Namensträgers ankommt oder nicht (vgl. BGE 120 II 197, 200; BernerKomm/ ZÄCH, Art. 32 N 71 m.w. Nachw.). Ist es ihr gleichgültig, mit wem sie den Vertrag abschliesst, wie insbesondere bei *Bargeschäften* des täglichen Lebens, so kommt der Vertrag zwischen dem Handelnden und der Erklärungsgegnerin zustande, auch wenn sich der Handelnde eines falschen Namens bedient. Kommt es hingegen der Erklärungsgegnerin gerade auf die Person des Namensträgers an, wie insbesondere bei einer *Kreditierung* der Gegenleistung, so sind die Regeln über die Stellvertretung entsprechend anwendbar. Entscheidend ist dann, ob der Vertreter ermächtigt ist, für den wirklichen Namensträger zu handeln. Liegt diese Voraussetzung vor, treffen die Rechtswirkungen den wirklichen Namensträger; fehlt sie, haftet der unter fremdem Namen Handelnde als Vertreter ohne Vertretungsmacht.

6. Aktive und passive Stellvertretung

40.14   Von *aktiver Stellvertretung* wird gesprochen, wenn jemand eine Willenserklärung im Namen eines anderen abgibt, von *passiver*, wenn er eine solche im Namen eines anderen entgegennimmt. Von ihrem Wortlaut her regeln die Art. 32 ff. nur die aktive Stellvertretung, sie gelten jedoch auch für die passive (vgl. GAUCH/SCHLUEP/SCHMID, N 1313). Ist jemand zur aktiven Stellvertretung ermächtigt, so schliesst dies die passive Vertretung regelmässig ein (vgl. VON TUHR/PETER, 363). Im Einzelfall kann jedoch die Ermächtigung auf die passive unter Ausschluss der aktiven Stellvertretung beschränkt sein (vgl. auch Art. 418e Abs. 1).

§ 41 Voraussetzungen und Wirkungen

I. Voraussetzungen

1. Zulässigkeit

Stellvertretung ist grundsätzlich bei *allen Willenserklärungen* 41.01 möglich, d.h. insbesondere sowohl bei Verpflichtungs- als auch bei Verfügungsgeschäften. Viele Rechtsgeschäfte des Familien- und Erbrechts sind jedoch *vertretungsfeindlich*, d.h. das Gesetz verlangt ein höchstpersönliches Handeln des Betroffenen (vgl. nur Art. 102 ZGB: Heirat; Art. 7 Abs. 2 PartG: Eingehung der eingetragenen Partnerschaft; Art. 498 ff. ZGB: letztwillige Verfügung; BGE 108 II 405, 408: Erbvertrag).

2. Willenserklärung des Vertreters

Da der Vertreter eine eigene Willenserklärung im Namen des 41.02 Vertretenen abgibt, muss er zumindest *urteilsfähig* (Art. 16 ZGB) sein. Er braucht hingegen *nicht handlungsfähig* zu sein, da die Wirkungen des Rechtsgeschäfts nicht ihn selbst, sondern den Vertretenen treffen (vgl. BaslerKomm/WATTER, Art. 32 N 21 m.w. Nachw.; a.A. KELLER/ SCHÖBI, Schuldrecht I, 65). Auch dem Vertretenen geschieht insoweit kein Unrecht. Bevollmächtigt er beispielsweise eine urteilsfähige unmündige Person, so hat er das damit verbundene Risiko selbst zu tragen. Bei der *gesetzlichen Vertretung* durch Eltern oder Vormund ist die Vertretung durch eine nicht handlungsfähige Person ausgeschlossen (vgl. Art. 296 Abs. 2, 379 Abs. 1 ZGB).

3. Handeln im Namen des Vertretenen

Nach Art. 32 Abs. 1 ist Voraussetzung, dass der Vertreter *im* 41.03 *Namen des Vertretenen* handelt. Dies kann *ausdrücklich* erfolgen, z.B. wenn der Vertreter sagt «ich kaufe im Namen des X». Nach Art. 32 Abs. 2 kann es sich jedoch auch aus den *Umständen* ergeben, dass jemand für eine andere Person handelt. Dabei muss für die Dritte erkennbar sein, dass der Handelnde nicht sich selbst, sondern einen anderen berechtigen und verpflichten will (vgl. GAUCH/SCHLUEP/SCHMID, N 1331; BGE 90 II 285, 289 f.: Bresaola-Fall). So wird beispielsweise aus den Umständen deutlich, dass ein Verkäufer im Warenhaus oder ein

Angestellter in einer Bank nicht für sich selbst, sondern für den Geschäftsherrn tätig wird.

41.04 Wenn weder ein Handeln des Vertreters ausdrücklich im Namen des Vertretenen vorliegt, noch aus den Umständen unter Anwendung des Vertrauensprinzips auf ein Vertretungsverhältnis zu schliessen ist, so handelt es sich mangels Offenkundigkeit um ein *Eigengeschäft* des Vertreters (BGE 120 II 197, 198). Wenn der Vertreter erklären will, dass er in fremdem Namen handelt, dies jedoch aus seinem Verhalten für eine redliche Dritte nicht deutlich wird, so liegt ein Erklärungsirrtum vor, der den Vertreter nach Art. 24 Abs. 1 Ziff. 1 zur Anfechtung berechtigt.

41.05 Eine *Ausnahme* vom Prinzip der Offenkundigkeit lässt Art. 32 Abs. 2 für den Fall zu, dass es der Dritten gleichgültig ist, mit wem sie den Vertrag abschliesst (sog. *Geschäft für den, den es angeht*; vgl. dazu BGE 84 II 20 f.). In diesem Fall ist die Dritte nicht schutzbedürftig (vgl. GAUCH/ SCHLUEP/SCHMID, N 1333 m.w. Nachw.; a.A. BUCHER, OR AT, 622). Fehlendes Interesse der Dritten an der Person des Vertragspartners ist regelmässig bei den *Bargeschäften* des täglichen Lebens, z.B. Kauf in einem Warenhaus, anzunehmen (vgl. ferner ATC VS, RVJ 1989, 185, 187; OGer ZH, ZR 1981, 5). Dabei ist es ausreichend, dass die Dritte bereit wäre, den Vertrag auch mit dem Vertretenen zu schliessen. Nicht erforderlich ist, dass sie ihn mit jedem beliebigen Dritten schliessen würde (vgl. BGE 117 II 387, 390).

4. Ermächtigung

41.06 Zum Schutze des Vertretenen verlangt Art. 32 Abs. 1, dass der Vertreter zur Vertretung ermächtigt ist. Diese sog. *Vertretungsmacht* kann sich zum einen aus Rechtsgeschäft und zum anderen aus Gesetz ergeben.

41.07 Die durch *Rechtsgeschäft* erteilte Vertretungsmacht wird als Vollmacht bezeichnet (Einzelheiten N 42.01 ff.).

41.08 Die Vertretungsmacht kann sich aber auch aus *Gesetz* ergeben. Hierzu gehört vor allem die Vertretungsbefugnis der *Eltern* für ihre unmündigen Kinder (Art. 304 Abs. 1 ZGB), des Vormunds und Beistands (Art. 405 Abs. 2, 418, 419 Abs. 1 ZGB) und der Ehegatten bzw. Partnerinnen und Partner untereinander (Art. 166 ZGB, Art. 15 Abs. 1, 2 PartG). Ebenfalls hierher zu rechnen ist die Vertretungsmacht der *Organe einer juristischen Person* (Art. 55 Abs. 2 ZGB, Art. 718, 811) und der *Gesellschafter* einer *Kollektiv-* oder *Kommanditgesellschaft* (Art. 563 ff., 603). Teilweise wird die Vertretungsmacht der Organvertreter allerdings auch als eigenständige Kategorie angesehen (vgl. GAUCH/SCHLUEP/SCHMID, N 1324 f.; wie hier KOLLER, OR AT, § 16 N 12), was aber in der Praxis keinen grossen Unterschied macht. Auch für die Vertretungsmacht des Geschäftsführers in der *einfachen Gesellschaft* enthält Art. 543 Abs. 3 eine (Dritten gegenüber) unwiderlegbare Vermutung (vgl. dazu BGE 124 III 355 ff.; m. krit. Anm. FELLMANN, AJP 2000, 637 ff.).

II. Wirkungen

1. Wirkung für und gegen den Vertretenen

Liegen die Voraussetzungen des Art. 32 Abs. 1 oder 2 vor, so wirkt das Rechtsgeschäft unmittelbar *für und gegen den Vertretenen*. Der Rechtskreis des Vertreters wird nicht berührt. Wirken allerdings Vertreter und Dritte bewusst zum Nachteil des Vertretenen zusammen *(Kollusion)*, wird der Vertretene nicht verpflichtet. Entsprechendes gilt, wenn die Dritte den Missbrauch der Vertretungsmacht kannte. Dies folgt aus dem allgemeinen Verbot des Rechtsmissbrauchs. 41.09

Damit die Rechtswirkungen in der Person des Vertretenen eintreten können, ist lediglich Voraussetzung, dass dieser *rechtsfähig* ist. Urteils- oder gar Handlungsfähigkeit ist nicht erforderlich; sie fehlt regelmässig bei der gesetzlichen Stellvertretung (vgl. VON TUHR/PETER, 391). Wird eine sich in Gründung befindende juristische Person vertreten, so fehlt es dieser noch an der Rechtsfähigkeit. Die Rechtswirkungen können deshalb nicht in ihrer Person eintreten; vielmehr muss die juristische Person nach ihrer Entstehung das Handeln des Vertreters genehmigen (vgl. BGE 123 III 24, 26 ff.; BernerKomm/ZÄCH, Vorbem. Art. 32–40 N 49). 41.10

Obwohl die Rechtsfolgen des Geschäftes allein den Vertretenen treffen, kann der *Vertreter selbst* bei Ausübung seiner Tätigkeit u.U. gegenüber der Dritten nach den Grundsätzen der culpa in contrahendo bzw. der Vertrauenshaftung *schadenersatzpflichtig* werden (vgl. N 47.11). 41.11

2. Willensmängel und Kenntnis bestimmter Umstände

Da der Vertreter eine eigene Willenserklärung abgibt, muss für die Beurteilung des Vorliegens eines Willensmangels immer auf die *Person des Vertreters* und nicht des Vertretenen abgestellt werden (vgl. BGE 105 II 16, 19; GAUCH/SCHLUEP/SCHMID, N 1446). Da die Wirkungen des Geschäftes jedoch den Vertretenen treffen, ist nur dieser *anfechtungsberechtigt* (vgl. BernerKomm/ZÄCH, Art. 32 N 132). Die Anfech- 41.12

tungserklärung kann aber wiederum vom Vertreter im Namen des Vertretenen abgegeben werden. Hat ein Erklärungsirrtum des Vertreters allerdings zur Folge, dass er seine *Vertretungsmacht überschreitet* (Beispiel: V hat Vollmacht, eine Sache für bis zu CHF 2300.– zu kaufen; er verschreibt sich und kauft für CHF 3200.–), so handelt er insoweit ohne Vertretungsmacht und die Wirkungen treffen den Vertretenen nicht.

41.13   Bei verschiedenen Rechtsgeschäften, wie insbesondere beim gutgläubigen Erwerb beweglicher Sachen (Art. 933 ff. ZGB), kommt es auf die *Kenntnis* oder das *Kennenmüssen* bestimmter Umstände an. Handelt ein Vertreter, so ist auch hier zunächst auf die Bewusstseinslage des Vertreters und nicht des Vertretenen abzustellen (vgl. BGer, 29. 11. 2007, 4A_303/2007, E. 3.4; KOLLER, OR AT, § 21 N 34 ff.). Das hat die stossende Konsequenz, dass ein Bösgläubiger durch Einschaltung eines gutgläubigen Vertreters gutgläubig Eigentum an einer Sache erwerben könnte. Unter Gesichtspunkten der Billigkeit und Erkenntnissen der Rechtsvergleichung ist daher zu fordern, dass auch Kenntnis oder Kennenmüssen des Vertretenen berücksichtigt wird (vgl. VON TUHR/PETER, 393 f.). Für die Wissenszurechnung im Konzern vgl. ABEGGLEN, ZBJV 2006, 1 ff.

§ 42   Vollmacht

Literatur: BERGER, Schuldrecht, N 849 ff.; BUCHER, OR AT, 605 ff.; ENGEL, OR AT, 380 ff.; FURRER/MÜLLER-CHEN, Kap. 8 N 52 ff.; GAUCH/SCHLUEP/SCHMID, N 1342 ff.; GUHL/KOLLER, 158 ff.; HUGUENIN, OR AT, 1104 ff.; KELLER/SCHÖBI, Schuldrecht I, 71 ff.; KOLLER, OR AT, § 18 N 1 ff.; VON TUHR/PETER, 354 ff.; BaslerKomm/WATTER, Art. 33; BernerKomm/ZÄCH, Art. 33; CHK/KUT/SCHNYDER, OR 33; CR CO I/CHAPPUIS CHRISTINE, Art. 33; KuKo OR/JUNG, Art. 33;
BUCHER, Gibt es eine Befugnis zu vollmachtloser Stellvertretung?, recht 1986, 58 ff.; CHAPPUIS CHRISTINE, Abus du pouvoir de représentation: le fondé de procuration devenu organe, AJP 1997, 689 ff.; DIES., L'abus de pouvoir du fondé de procuration, SZW 1994, 232 ff.; CHAPPUIS CHRISTINE/DÄTWYLER, Titre de procuration, la protection de la bonne foi selon les art. 33, 34 et 37 CO, SemJud 1987, 241 ff.; GIGER MARCEL, Kommentar zu BGE 120 II 197 ff., recht 1995, 28 ff.; ISENRING, Vertretungswirkung durch den falsus procurator, Festschrift Honsell, Zürich 2007, 87 ff.; KÜNZLE, Kommentar zu BGE 120 II 197 ff., AJP 1994, 1462 ff.; PIOTET PAUL, Un des héritiers ou autres communistes peut-il révoquer la procuration donnée par tous?, SJZ 1994, 1 ff.; PLOTKE, Weitergeltung einer Vollmacht trotz Verlust der Handlungsfähigkeit des Vollmachtgebers?, recht 2005, 151 ff.; REINHART, Die unwiderrufliche Vollmacht, Zürich 1981; SCHOTT, Insichgeschäft und Interessenkonflikt, Zürich 2002; SCHWAGER, Die Vollmacht des Architekten, in: GAUCH/TERCIER (Hrsg.), Das Architektenrecht, 3. Aufl., Freiburg i.Ue. 1995, 253 ff.; STAEHELIN DANIEL, Vertretungsverhältnis nicht genannt – öffentliche Urkunde ungültig?,

Jusletter 2. August 2010; STIERLI, Die Architektenvollmacht, Freiburg i.Ue. 1988; ZOBL, Probleme im Spannungsfeld von Bank-, Erb- und Schuldrecht, AJP 2001, 1007 ff.

Die Vollmacht ist die *durch Rechtsgeschäft erteilte Vertre-* 42.01 *tungsmacht* (statt vieler GAUCH/SCHLUEP/SCHMID, N 1322).

I. Erteilung der Vollmacht (Bevollmächtigung)

1. Grundsatz

Die Vollmachtserteilung erfolgt durch eine *empfangsbedürftige* 42.02 *Willenserklärung* seitens des *Vollmachtgebers* (Vertretenen). Auch eine stillschweigende Bevollmächtigung ist möglich. Die Vollmacht wird wirksam, sobald sie dem Vertreter zugeht (vgl. BGE 78 II 369, 372; BaslerKomm/WATTER, Art. 33 N 9 m.w. Nachw.). Die *Zustimmung des Vertreters* ist nicht erforderlich, da er durch die Erteilung der Vollmacht nicht verpflichtet wird, von dieser Gebrauch zu machen (vgl. GAUCH/ SCHLUEP/SCHMID, N 1345 m.w. Nachw.). Er kann auf die Vollmacht jederzeit verzichten und diese damit zum Erlöschen bringen.

Die Erteilung der Vollmacht bedarf grundsätzlich keiner besonderen 42.03 *Form*. Dies soll selbst dann gelten, wenn die Vollmacht auf den Abschluss eines formbedürftigen Vertrages gerichtet ist (BGE 112 II 330, 332). In verschiedenen Einzelfällen statuiert allerdings das Gesetz ein Schriftformerfordernis für die Vollmacht (vgl. Art. 493 Abs. 6, vgl. auch Art. 348b Abs. 1, 689b Abs. 2). Darüber hinaus verlangt die neuere Lehre (vgl. BernerKomm/ZÄCH, Art. 33 N 57), dass dort, wo eine Formvorschrift Schutzfunktion besitzt, die Erteilung der Vollmacht ebenfalls formbedürftig ist. Die *Vorsorgevollmacht* (Art. 360 ZGB), mit der einer anderen Person für den Fall der eigenen Urteilsunfähigkeit umfassende Vertretungsbefugnis eingeräumt wird (vgl. dazu WASSEM, In dubio pro vita?, Die Patientenverfügung, Diss. Basel 2010, Berlin 2010, 48 ff.), muss nach Art. 361 Abs. 1 ZGB eigenhändig errichtet oder öffentlich beurkundet werden.

2. Kundgabe der Vollmacht

Von der Bevollmächtigung (sog. *interne Vollmacht*) ist die 42.04 Kundgabe der Vollmacht an Dritte (sog. *externe Vollmacht*) zu unterscheiden (vgl. statt vieler GAUCH/SCHLUEP/SCHMID, N 1343, 1406).

Damit erklärt der Vollmachtgeber einer Dritten oder durch öffentliche Bekanntmachung einem unbestimmten Personenkreis, dass er eine bestimmte Person bevollmächtigt habe. Die Kundgabe kann auch durch Vorlage einer *Vollmachtsurkunde* erfolgen. Die Mitteilung stellt keine Willenserklärung, sondern eine blosse Wissensmitteilung dar (vgl. KOLLER, OR AT, § 18 N 16). Fehlt es an einer Vollmachterteilung durch Willenserklärung gegenüber dem Vertreter, so kann die Kundgabe diese nicht ersetzen (h.M., vgl. nur BernerKomm/ZÄCH, Art. 33 N 128; a.A. BGE 107 II 105, 115: externe Vollmacht). Gleichwohl bleibt die Kundgabe einer nicht existierenden Bevollmächtigung nicht ohne rechtliche Konsequenzen: *Gutgläubige Dritte* dürfen sich auf die Kundgabe verlassen (Art. 33 Abs. 3, vgl. N 42.29 ff.). Der Kundgabe der Vollmacht ist der Fall gleichzustellen, dass der Geschäftsherr einer Person eine *Stellung einräumt*, mit der nach der Verkehrsübung eine Ermächtigung verbunden zu sein pflegt (BGE 120 II 197, 204).

3. Vollmacht und Grundverhältnis

42.05   Der Bevollmächtigung liegt regelmässig ein schuldrechtliches *Grundverhältnis* zugrunde, das die Rechte und Pflichten zwischen Vertretenem und Vertreter regelt. In den meisten Fällen handelt es sich dabei um einen Auftrag oder Arbeitsvertrag.

42.06   Die Vollmacht betrifft das *Aussenverhältnis* zwischen Vollmachtgeber und Dritter. Sie berechtigt den Bevollmächtigten lediglich, im Namen des Geschäftsherrn tätig zu werden, und verpflichtet ihn nicht dazu. Demgegenüber regelt das Grundverhältnis das *Innenverhältnis* zwischen Vollmachtgeber und Bevollmächtigtem. Aus ihm ergibt sich die Verpflichtung des Bevollmächtigten, für den Vollmachtgeber tätig zu werden (vgl. zum Ganzen BaslerKomm/WATTER, Art. 33 N 11; KOLLER, OR AT, § 18 N 2 ff.).

42.07   Die Bevollmächtigung als einseitiges Rechtsgeschäft ist grundsätzlich losgelöst vom Grundverhältnis zu betrachten (sog. *Abstraktheit* der Vollmacht; vgl. dazu GAUCH/SCHLUEP/SCHMID, N 1351 m.w. Nachw.). Dies bedeutet insbesondere, dass die Vollmacht auch dann gültig ist, wenn das Grundgeschäft mit einem Mangel behaftet ist, z.B. wenn ein urteilsfähiger Unmündiger ohne Zustimmung seiner Eltern beauftragt und bevollmächtigt wird. Selbst eine isolierte Vollmacht, der kein Grundverhältnis zugrunde liegt, ist denkbar, wenngleich tatsächlich äusserst selten. Der *faktischen*, wenngleich nicht rechtlichen *Verknüpfung* von Vollmacht und Grundverhältnis trägt das Gesetz jedoch in verschiedenen Bestimmungen Rechnung. So wird nach Art. 396 Abs. 2 beim Auftrag eine Bevollmächtigung in dem Umfang vermutet, wie sie zur Ausführung des Auftrags erforderlich ist. Mit der Auflösung des Grundverhältnisses erlischt regelmässig auch die Vollmacht (vgl. N 42.22). Umgekehrt berührt das Erlöschen der Vollmacht das Grundverhältnis aber grundsätzlich nicht (vgl. Art. 34 Abs. 1, 35 Abs. 3).

4. Willensmängel bei der Vollmachterteilung

Die Bevollmächtigung kann wie jedes Rechtsgeschäft bei Vorliegen von Willensmängeln durch den Vollmachtgeber angefochten werden (vgl. BernerKomm/ZÄCH, Art. 33 N 118). Hat der Vertreter allerdings von der Vollmacht *noch keinen Gebrauch* gemacht, so erübrigt sich eine Anfechtung, weil der Vollmachtgeber die Vollmacht jederzeit *widerrufen* kann (Art. 34). *Nach Gebrauch* der Vollmacht durch den Vertreter nutzt dem Vollmachtgeber ein Widerruf freilich nichts mehr, da dieser nur ex nunc wirkt, also nicht im Hinblick auf das bereits abgeschlossene Geschäft. Hier bedarf es der *Anfechtung* der Vollmacht. Da jedoch die Dritte auf den Bestand der Vollmacht vertraut hat, muss die Anfechtung sowohl *gegenüber dem Vertreter* als auch gegenüber *der Dritten* erfolgen (vgl. VON TUHR/PETER, 360). Der Vertretene haftet gegebenenfalls nach Art. 26 oder Art. 29 Abs. 2 auf Schadenersatz, und zwar wiederum sowohl dem Vertreter als auch der Dritten gegenüber (vgl. VON TUHR/PETER, 360). 42.08

II. Arten und Umfang der Vollmacht

Art und Umfang der Vollmacht bestimmt der *Vollmachtgeber* (vgl. Art. 33 Abs. 2). Häufig wird in diesem Zusammenhang von Weisungen des Vollmachtgebers gesprochen (vgl. KOLLER, OR AT, § 18 N 9 ff.). Dies ist insofern irreführend, als der Begriff der Weisungen dem Arbeits- und Auftragsrecht, d.h. dem Grundverhältnis, entstammt (vgl. Art. 321d, 397). 42.09

Der Vollmachtgeber kann die Vollmacht durch einen Anfangs- oder Endtermin zeitlich *befristen*, auf Rechtsgeschäfte mit bestimmten Dritten oder in *sachlicher* Hinsicht beschränken. Möglich ist auch eine Beschränkung in *formeller* Hinsicht, indem der Geschäftsherr für das Vertreterhandeln Schriftlichkeit verlangt. 42.10

1. Spezial-, Gattungs- und Generalvollmacht

42.11   Nach dem *Umfang der Vollmacht* kann zwischen Spezial-, Gattungs- und Generalvollmacht unterschieden werden (vgl. etwa BGE 99 II 39, 43). Bei der *Spezialvollmacht* hat der Vertreter Vollmacht für ein einzelnes Geschäft, z.B. den Kauf eines Grundstücks. Eine *Gattungsvollmacht* liegt vor, wenn der Vertreter zur Vornahme von Geschäften bestimmter Gattung bevollmächtigt ist, z.B. der Kassier zum Verkauf der Waren. Im Handelsverkehr werden regelmässig Gattungsvollmachten erteilt. Von einer *Generalvollmacht* wird gesprochen, wenn dem Vertreter Vollmacht für alle Geschäfte wirtschaftlicher Natur erteilt wird, die ein bestimmtes Vermögen betreffen (zur Zulässigkeit der Generalvollmacht im bürgerlichen Rechtsverkehr vgl. BernerKomm/ZÄCH, Art. 33 N 96 ff.). Die Vorsorgevollmacht nach Art. 360 ZGB stellt im Regelfall eine Generalvollmacht dar.

42.12   Im Einzelfall ist der Umfang der Vollmacht aufgrund des *Vertrauensprinzips* zu bestimmen (vgl. BGE 93 II 461, 482; BernerKomm/ZÄCH, Art. 33 N 144 ff.). Für die im Wirtschaftsverkehr besonders wichtigen *kaufmännischen Vollmachten* wird der Umfang der Vertretungsbefugnis vom *Gesetz umschrieben* (vgl. Art. 459 f.: Prokura; Art. 462: Handlungsbevollmächtigter; Art. 348b Abs. 2: Handelsreisender). Zwar kann der Geschäftsherr auch bei den kaufmännischen Vollmachten die Vollmacht im Innenverhältnis einschränken. Jedoch dürfen sich gutgläubige Dritte, die von der Beschränkung im Innenverhältnis keine Kenntnis haben, auf den gesetzlich umschriebenen Umfang der Vertretungsmacht verlassen (vgl. nur Art. 460 Abs. 3).

2. Einzel- und Kollektivvollmacht

42.13   Soll ein Vertreter allein mit Wirkung für und gegen den Vertretenen handeln können, so liegt eine *Einzelvollmacht* vor. Es ist jedoch auch möglich, dass ein Vertreter nur berechtigt sein soll, mit einem oder mehreren anderen zusammen für den Vertretenen zu handeln. In diesem Fall wird von einer *Kollektivvollmacht* gesprochen (vgl. Art. 460 Abs. 2: Kollektivprokura). Im Rahmen der gesetzlichen Vertretung sieht das Gesetz häufig die Kollektivvertretung vor (vgl. nur Art. 304 Abs. 1 i.V.m. 297 Abs. 1 ZGB: Eltern; vgl. auch Art. 555: Gesellschafter der Kollektivgesellschaft; Art. 718 Abs. 1: Verwaltungsrat der Aktiengesellschaft). Der Zweck einer Kollektivvollmacht besteht vor allem in der gegenseitigen Kontrolle der Vertreter (vgl. BaslerKomm/WATTER, Art. 33 N 24).

In der Regel müssen bei der Kollektivvollmacht zwei Vertreter *zu-* 42.14 *sammenwirken* (beachte aber Art. 304 Abs. 2 ZGB*)*. Nicht erforderlich ist jedoch gleichzeitiges Handeln. Es reicht aus, wenn lediglich ein Vertreter tätig wird und der andere Vertreter entweder bereits vorher seine Zustimmung zu diesem Geschäft erteilt hat oder es nachträglich genehmigt (vgl. BGE 84 III 72, 75; 58 II 157, 160 f.; BaslerKomm/WATTER, Art. 33 N 25). Nicht möglich ist jedoch die *Generalermächtigung* zur Einzelvornahme von Rechtsgeschäften durch einen Kollektivvertreter, da dies dem Zweck der Kollektivvollmacht zuwiderlaufen würde (vgl. BernerKomm/ZÄCH, Art. 33 N 70 m.w. Nachw.).

Von der Kollektivvollmacht ist die *Solidarvollmacht* zu unterscheiden. 42.15 Bei dieser erteilt der Geschäftsherr mehreren Vertretern eine Einzelvollmacht, so dass diese jeweils allein tätig werden können.

3. Haupt- und Untervollmacht

Die Vollmacht *(Hauptvollmacht)* kann die Befugnis des Vertre- 42.16 ters beinhalten, seinerseits einen weiteren Vertreter zu bevollmächtigen (*Untervollmacht*; BGE 85 I 39, 45). Häufig wird hierfür der Begriff der Substitution verwendet (vgl. BaslerKomm/WATTER, Art. 33 N 20). Dies ist freilich irreführend, da dieser Begriff aus dem Auftragsrecht stammt und damit Vollmacht und Grundverhältnis vermengt werden.

Grundsätzlich handelt der Untervertreter unmittelbar *im Namen* und 42.17 *mit Wirkung für den Geschäftsherrn* selbst, und nicht etwa für den Hauptvertreter. Die juristische Konstruktion, dass der Untervertreter den Hauptvertreter vertrete und die Wirkungen gleichsam nur durch den Hauptvertreter hindurch mittelbar den Geschäftsherrn treffen, ist mit der neueren Literatur (vgl. GAUCH/SCHLUEP/SCHMID, N 1452) abzulehnen.

4. Selbstkontrahieren und Doppelvertretung (In-sich-Geschäfte)

Ein In-sich-Geschäft liegt vor, wenn ein und dieselbe Person 42.18 auf beiden Seiten tätig wird *(Personenidentität)*.

Beim *Selbstkontrahieren* nimmt ein Vertreter im Namen des Vertrete- 42.19 nen mit sich selbst im eigenen Namen ein Rechtsgeschäft vor, z.B. wenn sich der Geschäftsführer eines Unternehmens das eigene Gehalt erhöht.

Bei der *Doppelvertretung* handelt ein Vertreter im Namen des Vertretenen auf der einen Seite und gleichzeitig im Namen eines Dritten, den er ebenfalls vertritt, auf der anderen Seite. Solche Geschäfte tragen regelmässig die Gefahr der *Interessenkollision* in sich. Nach ständiger Rechtsprechung des Bundesgerichts sind sie deshalb nur zulässig, wenn der Vertretene den Vertreter zu einem solchen Geschäftsabschluss *besonders ermächtigt* hat oder die *Natur des Geschäfts* die Gefahr der Benachteiligung des Vertretenen ausschliesst (vgl. BGE 95 II 617, 621; 112 II 503, 506; 126 III 361, 363; 127 III 332, 333). Letzteres ist der Fall, wenn das Geschäft des Vertreters dem Vertretenen lediglich einen *rechtlichen Vorteil* bringt, z.B. eine Schenkung der Eltern an ihre unmündigen Kinder (vgl. BGE 59 II 111, 112). Dasselbe gilt für die Erfüllung einer bereits bestehenden Verbindlichkeit, z.B. Auszahlung des Lohnes an den Vertreter entsprechend dem Arbeitsvertrag oder bei Abschluss eines Vertrages zum Markt- oder Börsenpreis (BGE 93 II 461, 481 f.) sowie für Rechtsgeschäfte, die der als Organ handelnde Alleingesellschafter einer Aktiengesellschaft mit sich selbst schliesst (BGE 126 III 361, 366).

42.20 Handelt der Vertreter dem Verbot des Selbstkontrahierens oder der Doppelvertretung zuwider, ohne dass ein Ausnahmefall vorliegt, so handelt er *ohne Vertretungsmacht*. Dem Geschäftsherrn steht es dann frei, das Handeln des Vertreters nachträglich zu genehmigen (vgl. BGE 89 II 321, 325). Zur Befugnis des Verwaltungsrates zur Genehmigung eines In-sich-Geschäftes vgl. BGE 127 III 332, 334 f.

42.21 Dem In-sich-Geschäft gleichzustellen sind Fälle, in denen zwar keine Personenidentität, aber typischerweise eine *Interessenkollision* besteht (a.A. SCHOTT, 93 ff.), z.B. wenn sich der Vertreter im Namen des Geschäftsherrn für eine eigene Schuld gegenüber einer Dritten, die gleichzeitig seine Gläubigerin ist, verbürgt (vgl. auch BGE 126 III 361 ff. zur Interessenkollision bei gesetzlicher Vertretung). Dritten kann die Begrenzung der Vertretungsmacht jedoch nur entgegen gehalten werden, wenn der Interessenkonflikt für sie erkennbar war (vgl. BGE 126 III 361, 363 f.).

III. Erlöschen der Vollmacht

1. Erlöschensgründe

42.22 Die Spezialvollmacht erlischt mit *Abwicklung* des Geschäfts, auf das sie sich bezieht. Eine zeitlich befristete oder auflösend bedingte Vollmacht erlischt mit Ablauf der gesetzten *Frist* oder mit Eintritt der

Bedingung. Die *Auflösung des Grundverhältnisses* hat wegen der Abstraktheit der Vollmacht zwar nicht das automatische Erlöschen derselben zur Folge. Im Regelfall ist jedoch davon auszugehen, dass die Vollmacht stillschweigend auf die Dauer des Grundverhältnisses befristet ist (vgl. VON TUHR/PETER, 365).

Selbst wenn das Grundverhältnis fortbesteht, kann die Vollmacht je- 42.23 derzeit durch den Geschäftsherrn *widerrufen* und damit zum Erlöschen gebracht werden (Art. 34 Abs. 1, vgl. auch Art. 465 Abs. 1). Das Widerrufsrecht ist *unverzichtbar* (Art. 34 Abs. 2). Dies gilt selbst dann, wenn die Vollmacht im Interesse des Vertreters erteilt wurde (Einzelheiten bei BernerKomm/ZÄCH, Art. 34 N 19 ff.). Der Widerruf wird durch eine Gestaltungserklärung gegenüber dem Vertreter ausgeübt. Er kann auch stillschweigend erfolgen, indem der Geschäftsherr beispielsweise den Vertreter zur Rückgabe der Vollmachtsurkunde auffordert (vgl. auch BGE 112 II 451, 457: Bevollmächtigung eines Dritten als stillschweigender Widerruf).

Der *Verzicht des Vertreters* hat nach herrschender Meinung (vgl. 42.24 GAUCH/SCHLUEP/SCHMID, N 1368 m.w. Nachw.) ebenfalls das Erlöschen der Vollmacht zur Folge. Ein zusätzlicher Widerruf der Vollmacht durch den Geschäftsherrn erscheint als überflüssig.

Schliesslich wird das Erlöschen der Vollmacht in einer Reihe von Fäl- 42.25 len vom Gesetz vermutet (Art. 35 Abs. 1 und 2). Die Vollmacht erlischt danach grundsätzlich bei *Tod, Verlust der Handlungsfähigkeit* oder *Konkurs* des Vollmachtgebers oder des Bevollmächtigten sowie bei Auflösung einer juristischen Person, einer Kollektiv- oder Kommanditgesellschaft. Dies gilt jedoch nicht, wenn der Vollmachtgeber etwas anderes bestimmt hat oder sich aus der Natur des Geschäftes etwas Abweichendes ergibt. So soll beispielsweise eine Bankvollmacht häufig den Tod des Vollmachtgebers überdauern (*postmortale Vollmacht*; vgl. dazu ZOBL, AJP 2001, 1007 ff.; BaslerKomm/WATTER, Art. 35 N 7 ff.); für die kaufmännischen Vollmachten ergibt sich diese Rechtsfolge aus Art. 465 Abs. 2. Bei der postmortalen Vollmacht vertritt der Bevollmächtigte die Erben des Vollmachtgebers (vgl. KGer ZH, ZR 1998, 70, 73); jeder Erbe (allein) kann jedoch die Vollmacht widerrufen. Auch der Fortbestand der Vollmacht über den Eintritt der Handlungsunfähigkeit hinaus kann vereinbart werden (vgl. BGE 132 III 222, 225). Art. 360 Abs. 1 ZGBsieht die Möglichkeit einer derartigen *Vorsorgevollmacht* explizit vor (vgl. dazu ausführlich WASSEM, In dubio pro vita?, Die Patientenverfügung, Diss. Basel 2010, Berlin 2010, 48 ff.).

2. Rechtsfolgen

42.26   Mit dem Erlöschen der Vollmacht entfällt für den Vertreter die Vertretungsmacht. Handelt er dennoch im Namen des Vertretenen, so liegt ein Fall der *Vertretung ohne Vertretungsmacht* vor.

42.27   Zugunsten des gutgläubigen Vertreters, der vom Erlöschen der Vollmacht (noch) keine Kenntnis erlangt hat oder haben müsste, fingiert Art. 37 Abs. 1 allerdings den *Fortbestand der Vollmacht*, um den Vertreter vor dem Haftungsrisiko des Art. 39 Abs. 1 zu schützen. Dies gilt nicht, wenn die Dritte um das Erlöschen der Vollmacht weiss (Art. 37 Abs. 2) oder wissen müsste, weil der Vertreter in diesem Fall nicht nach Art. 39 Abs. 1 haftet (vgl. N 43.09).

42.28   Nach dem Erlöschen der Vollmacht ist der Vertreter zur *Rückgabe der Vollmachtsurkunde* verpflichtet (Art. 36 Abs. 1). Meist folgt eine entsprechende Pflicht bereits aus dem Grundverhältnis (z.B. Art. 400 Abs. 1: Auftrag; vgl. ferner BaslerKomm/WATTER, Art. 36 N 3). Wird der Vertreter vom Vollmachtgeber oder seinen Rechtsnachfolgern nicht *zur Rückgabe* der Vollmachtsurkunde *angehalten* und nimmt er trotz Erlöschens der Vollmacht unter Vorlage der Urkunde im Namen des Vertretenen Rechtsgeschäfte vor, so handelt er zwar gleichwohl ohne Vertretungsmacht, so dass die Wirkungen des Geschäfts nicht in der Person des Vertretenen eintreten (für das Erlöschen aufgrund Widerrufs vgl. aber Art. 34 Abs. 3, dazu N 42.31). Nach Art. 36 Abs. 2 haftet jedoch der Vollmachtgeber bzw. sein Rechtsnachfolger einer gutgläubigen Dritten gegenüber, die auf die Vollmachtsurkunde vertraut, auf Schadenersatz. Dies ist ein gesetzlicher Fall der Haftung aus *culpa in contrahendo* (vgl. GAUCH/SCHLUEP/SCHMID, N 1387). Nach h.M. (vgl. aber N 47.06) setzt er deshalb grundsätzlich ein Verschulden seitens des Vollmachtgebers voraus und beschränkt sich regelmässig auf Ersatz des negativen Interesses.

IV. Schutz gutgläubiger Dritter

42.29   Die Frage, ob und inwieweit eine gutgläubige Dritte in ihrem Vertrauen auf den Bestand und den Umfang einer Vollmacht zu schützen ist, hängt entscheidend davon ab, ob die Vollmacht nach aussen kundgetan wurde (sog. externe Vollmacht) oder nicht (sog. interne Vollmacht). Bei der bloss *internen Vollmacht* verlässt sich die Dritte allein auf die Aussage des Vertreters. Besteht die Vollmacht nicht oder nicht in dem behaupteten Umfang, so ist die Dritte allenfalls bei Vorliegen der Voraussetzungen des Art. 37 geschützt. Im Übrigen kann sich die Dritte nur an den Vertreter selbst halten. Bei der *externen Vollmacht* hingegen vertraut die Dritte auf den vom Vertretenen durch die Kundgabe geschaffenen Rechtsschein (vgl. BGE 120 II 197, 198 ff.). Sie ist deshalb in weiterem Masse schutzwürdig als bei der internen Vollmacht. Art. 33 Abs. 3 und Art. 34 Abs. 3 tragen diesen Gedanken Rechnung (zur Frage, ob der gute Glaube des Dritten die fehlende Vertretungsmacht des *gesetzlichen Vertreters* zu heilen vermag, vgl. BGE 107 II 105, 114 f.).

Nach Art. 33 Abs. 3 beurteilt sich der *Umfang* einer externen Voll- 42.30
macht nach Massgabe der erfolgten Kundgebung. Dasselbe muss für die Frage gelten, ob *überhaupt eine Vollmacht* erteilt wurde (vgl. GAUCH/ SCHLUEP/SCHMID, N 1399 m.w. Nachw.). Dies bedeutet, dass der Geschäftsherr aufgrund des Vertreterhandelns ebenso unmittelbar verpflichtet wird, wie wenn eine Vollmacht (im kundgegebenen Umfang) vorgelegen hätte (vgl. BernerKomm/ZÄCH, Art. 33 N 157). In der Literatur wird dieser Tatbestand terminologisch uneinheitlich als (externe) Anscheins- oder Duldungsvollmacht, Rechtsscheinvollmacht, Quasi-Vollmacht oder schlicht als Schutz der gutgläubigen Dritten bezeichnet (vgl. BGE 120 II 197, 199 m.w. Nachw.). In der Sache geht es darum, den Geschäftsherrn aufgrund des *Vertrauensprinzips* an einem Verhalten zu behaften, das nicht seinem inneren Willen entspricht. Vorausgesetzt wird, dass das tatsächliche Verhalten des Vertretenen nach Treu und Glauben auf einen Mitteilungswillen schliessen lässt (BGer, Pra 2002, 922, 924; vgl. auch KGer SG, 22. 7. 2008, BZ.2007.91, E. 2). Auf Art. 33 Abs. 3 kann sich die gutgläubige Dritte auch dann berufen wenn der Vertreter seine Vertretungsmacht missbraucht (vgl. BGE 131 III 511, 517 f.).

Ergänzt wird dieser Schutz durch Art. 34 Abs. 3 für den Fall des *Wi-* 42.31
derrufs oder der *nachträglichen Beschränkung* einer tatsächlich erteilten Vollmacht. Widerruf oder Beschränkung einer externen Vollmacht können gutgläubigen Dritten nur entgegengehalten werden, wenn sie ihnen in derselben Art und Weise wie die Vollmacht mitgeteilt wurden (vgl. BernerKomm/ZÄCH, Art. 34 N 53 ff. m.w. Nachw.). Dies gilt auch, wenn sich der gute Glaube der Dritten auf eine *Vollmachtsurkunde* stützt. Insoweit geht Art. 34 Abs. 3 der Bestimmung des Art. 36 Abs. 2 vor (vgl. GAUCH/SCHLUEP/SCHMID, N 1401 m.w. Nachw.; a.A. BUCHER, OR AT, 612; ISENRING, Festschrift Honsell, 87, 108 f.).

Art. 34 Abs. 3 gilt nur für den Fall des Widerrufs bzw. der nachträgli- 42.32
chen Beschränkung, nicht jedoch, wenn die Vollmacht aufgrund eines in Art. 35 genannten Umstandes erlischt (vgl. KOLLER, OR AT, § 19 N 17). In diesen Fällen kann die Dritte nur geschützt werden, wenn auch der

Vertreter gutgläubig war (vgl. Art. 37 Abs. 1). Ein weitergehender Schutz ist vor allem bei der *Prokura* vorgesehen. Nach Art. 461 Abs. 2 kann deren Erlöschen gutgläubigen Dritten nur entgegengehalten werden, wenn eine entsprechende Eintragung im Handelsregister erfolgt und bekannt gemacht worden ist.

42.33   Voraussetzung ist immer, dass die Dritte *gutgläubig* ist (Art. 3 ZGB). Dies gilt auch im Rahmen des Art. 33 Abs. 3, obwohl die Gutgläubigkeit hier nicht ausdrücklich erwähnt wird (vgl. BaslerKomm/WATTER, Art. 33 N 35). Kennt die Dritte den Mangel der Vertretungsmacht oder müsste sie ihn bei Anwendung der gehörigen Sorgfalt erkennen, so ist sie nicht schutzwürdig. Dies gilt insbesondere auch bei einem für die Dritte erkennbaren *Missbrauch der Vertretungsmacht* seitens des Vertreters (zu den Anforderungen an die Sorgfaltspflicht der Dritten vgl. BGE 131 III 511, 519 ff.).

§ 43   Vertretung ohne Vertretungsmacht

Literatur: BERGER, Schuldrecht, N 874 ff.; BUCHER, OR AT, 641 ff.; ENGEL, OR AT, 402 ff.; FURRER/MÜLLER-CHEN, Kap. 8 N 106 ff.; GAUCH/SCHLUEP/SCHMID, N 1372 ff.; GUHL/KOLLER, 166 ff.; HUGUENIN, OR AT, N 1120 ff.; KELLER/SCHÖBI, Schuldrecht I, 88 ff.; KOLLER, OR AT, § 19 N 1 ff.; BaslerKomm/WATTER, Art. 38 ff.; BernerKomm/ZÄCH, Art. 38 f.; CHK/KUT/SCHNYDER, OR N 38 ff.; CR CO I/CHAPPUIS CHRISTINE, Art. 38 f.; KuKo OR/JUNG, Art. 38 ff.;

FELLMANN/MÜLLER, Die Vertretungsmacht des Geschäftsführers in der einfachen Gesellschaft – eine kritische Auseinandersetzung mit BGE 124 III 355 ff., AJP 2000, 637 ff.; ISENRING, Vertretungswirkung durch den falsus procurator, Festschrift Honsell, Zürich 2007, 87 ff.; KOZIOL, Risikoverteilung bei auftragswidrigem Handeln des Bevollmächtigten, Festschrift Rey, Zürich 2003, 427 ff.; RUSCH, Rechtsscheinlehre in der Schweiz, Zürich 2010, 80 ff.; VIOLAND, Die Stellvertretung ohne Ermächtigung (OR Art. 38 und 39), Diss. St. Gallen 1987; VOGT, Die Zustimmung des Dritten zum Rechtsgeschäft, Zürich 1982.

I. Rechtsverhältnis zwischen Vertretenem und Drittem

43.01   Das rechtsgeschäftliche Handeln des Vertreters ohne Vertretungsmacht *(falsus procurator)* entfaltet keine Rechtswirkungen gegenüber dem Vertretenen.

1. Genehmigung

Nach Art. 38 Abs. 1 hat der Vertretene jedoch das Recht, durch *Genehmigung* den vom Vertreter ohne Vertretungsmacht geschlossenen Vertrag «an sich zu ziehen» und damit die Vertretungswirkungen eintreten zu lassen. Für diese Möglichkeit wird er sich insbesondere dann entscheiden, wenn ihm der Vertrag günstig erscheint. 43.02

Die Genehmigung stellt eine *Gestaltungserklärung* dar und kann auch konkludent erteilt werden (BGE 43 II 293, 300: Erfüllung eines Vertrages durch den Vertretenen). Sie kann sowohl gegenüber dem Vertreter als auch gegenüber der Dritten erfolgen (vgl. BGE 93 II 302, 307). Sie *wirkt* auf den Zeitpunkt des Vertragsschlusses *zurück*. Mit der Genehmigung wird der Vertretene genauso berechtigt und verpflichtet, als ob der Vertreter im Rahmen einer bestehenden Vertretungsmacht gehandelt hätte. 43.03

2. Schwebezustand

Bis zur Erteilung einer allfälligen Genehmigung oder deren Ablehnung besteht ein *Schwebezustand*: Die Dritte ist vorläufig an ihre Erklärung gebunden, während noch unsicher ist, ob der Vertretene genehmigen wird. 43.04

Zur Beendigung des Schwebezustandes kann die Dritte nach Art. 38 Abs. 2 jedoch dem Vertretenen eine angemessene *Frist* zur Erklärung über die Genehmigung *setzen*. Welche Dauer angemessen ist, bestimmt sich nach den Umständen des Einzelfalls, wobei insbesondere die Bedeutung des in Frage stehenden Rechtsgeschäftes zu berücksichtigen ist (vgl. BaslerKomm/WATTER, Art. 39 N 10). Lehnt es der Vertretene ab, den Vertrag zu genehmigen, so ist das vom Vertreter ohne Vertretungsmacht geschlossene Geschäft *endgültig unwirksam;* auch die Dritte ist nicht mehr an ihre Erklärung gebunden. Einer Verweigerung der Genehmigung steht es gleich, wenn der Vertretene die Genehmigung nicht innerhalb der ihm von der Dritten hierfür gesetzten Frist erteilt (Art. 38 Abs. 2); das *Schweigen* des Vertretenen *gilt* in diesem Fall grundsätzlich *als Ablehnung* (vgl. VON TUHR/PETER, 402 m.w. Nachw.). Allein wenn die Dritte in guten Treuen aufgrund der Gesamtumstände davon ausgehen konnte, der Vertretene werde bei fehlendem Einverständnis widersprechen, kann das Stillschweigen im Einzelfall als Genehmigung aufgefasst werden (vgl. BGE 124 III 355, 361; m. krit. Anm. FELLMANN/ MÜLLER, AJP 2000, 637, 641). 43.05

3. Schadenersatz und Rückabwicklung

43.06 Eine Schadenersatzpflicht des Vertretenen kommt nur im Falle des Art. 36 Abs. 2 in Betracht (vgl. N 42.28). Hat der Vertretene aufgrund des unwirksamen Rechtsgeschäftes von der Dritten eine Leistung empfangen, so ist diese *zurückzugewähren*. Je nachdem handelt es sich dabei um einen Vindikations- oder Bereicherungsanspruch.

II. Rechtsverhältnis zwischen Vertreter und Drittem

43.07 Kommt das Rechtsgeschäft wegen mangelnder Vertretungsmacht des Vertreters zwischen der Dritten und dem Vertretenen *endgültig nicht zustande*, so muss die Dritte, die auf die Gültigkeit des Geschäfts vertraute, auf andere Weise geschützt werden. Der Vertreter haftet deshalb gegenüber der Dritten nach Massgabe des Art. 39 Abs. 1 und 2 auf Schadenersatz.

43.08 Der *Umfang der Haftung* hängt zunächst davon ab, ob der *Vertreter* den Mangel seiner Vertretungsmacht *kannte* bzw. *hätte kennen müssen* oder nicht. Kannte der Vertreter den Mangel nicht und hätte er ihn auch nicht bei Anwendung der gebotenen Sorgfalt kennen können, so haftet er nach Art. 39 Abs. 1 lediglich auf das *negative Interesse* (vgl. KOLLER, OR AT, § 20 N 7). Bei Verschulden des Vertreters kann das Gericht nach Art. 39 Abs. 2 nach Billigkeit Ersatz *weiteren Schadens* bis hin zum positiven Interesse zusprechen (vgl. BGE 106 II 131, 133).

43.09 Die Haftung des Vertreters und deren Umfang hängt aber andererseits auch von der Kenntnislage der Dritten ab. *Positive Kenntnis der Dritten* vom Mangel der Vertretungsmacht schliesst die Schadenersatzhaftung des Vertreters in jedem Fall aus (vgl. KOLLER, OR AT, § 20 N 5 f.). Kennt die Dritte den Mangel, so vertraut sie nicht auf die Aussage des Vertreters und ist deshalb nicht schutzwürdig. Umstritten ist, welche Bedeutung die bloss *fahrlässige Unkenntnis der Dritten* vom Mangel der Vertretungsmacht hat. Während einige Autoren bei Fahrlässigkeit der Dritten ebenfalls jeden Ersatzanspruch ausschliessen wollen (vgl. BernerKomm/ZÄCH, Art. 39 N 20), ist nach richtiger Ansicht zu differenzieren: Ein *Ausschluss der Haftung* des Vertreters kann nur im Rahmen des Art. 39 Abs. 1, d.h. bei unverschuldeter Unkenntnis seitens des Vertreters, befürwortet werden. Haftet der Vertreter nach Art. 39 Abs. 2, d.h. liegt auch in seiner Person Verschulden vor, führt die bloss fahrlässige

Unkenntnis der Dritten vom Mangel der Vertretungsmacht nicht zu einem gänzlichen Ausschluss des Schadenersatzes, sondern lediglich zu einer *Reduktion* entsprechend Art. 44 Abs. 1 (vgl. BGE 116 II 689, 694; BaslerKomm/WATTER, Art. 39 N 4 m.w. Nachw.).

Neben dem Anspruch auf Schadenersatz kann ein *Vindikations-* oder *Bereicherungsanspruch* gegen den vollmachtlosen Vertreter in Betracht kommen, wenn er eine für den angeblich Vertretenen bestimmte Leistung entgegengenommen hat (vgl. BaslerKomm/WATTER, Art. 39 N 10 f. m.w. Nachw.). Ein Bereicherungsanspruch ist auch dann möglich, wenn der Vertreter die Leistung seinerseits an einen Unbeteiligten weitergegeben hat (vgl. BGE 116 II 689, 691). 43.10

III. Rechtsverhältnis zwischen Vertretenem und Vertreter

Ob zwischen dem Vertretenen und dem Vertreter bei vollmachtloser Stellvertretung irgendwelche Ausgleichs- oder Schadenersatzansprüche bestehen, bestimmt sich nach dem zwischen diesen Personen bestehenden *Grundverhältnis* und danach, ob der Vertreter die hieraus resultierenden Pflichten verletzt hat. Besteht zwischen Vertretenem und Vertreter kein vertragliches Grundverhältnis, kommen allenfalls Ansprüche aus Geschäftsführung ohne Auftrag, unerlaubter Handlung oder Bereicherungsrecht in Betracht (vgl. zum Ganzen GAUCH/SCHLUEP/SCHMID, N 1422 f.). 43.11

Kapitel 7: Allgemeine Geschäftsbedingungen

Literatur: BERGER, Schuldrecht, N 944 ff.; BRUNNER, Allgemeine Geschäftsbedingungen, SPR X, 111 ff.; BUCHER, OR AT, 151 ff.; ENGEL, OR AT, 167 ff.; FURRER/MÜLLER-CHEN, Kap. 4 N 59 ff.; GAUCH/SCHLUEP/SCHMID, N 1116 ff.; GUHL/KOLLER, 117 ff.; HUGUENIN, OR AT, N 235 ff., 278 f., 408 ff.; KELLER/SCHÖBI, Schuldrecht I, 97 f.; KOLLER, OR AT, § 23 N 1 ff.; MERZ, Vertrag und Vertragsschluss, N 93 ff.; TERCIER, Obligations, N 858 ff.; VON TUHR/PETER, 143 f.; BaslerKomm/BUCHER, Art. 1 N 47 ff.; BernerKomm/KRAMER, Art. 1 N 173 ff.; CHK/KUT/SCHNYDER, OR 1 N 47 ff.; CR CO I/DESSEMONTET, Art. 1 N 38 ff.; KuKo OR/WIEGAND, Art. 1 N 22 ff.; Zürcher-Komm/JÄGGI, Art. 1 N 426 ff.

BADDELEY, Unterwerfungserkläungen von Athleten – ein Anwendungsfall allgemeiner Geschäftsbedingungen, ZBJV 2008, 357 ff.; BAUDENBACHER, Wirtschafts-, schuld- und verfahrensrechtliche Probleme der allgemeinen Geschäftsbedingungen, Zürich 1983; DERS.,

Braucht die Schweiz ein AGB-Gesetz?, ZBJV 1987, 505 ff.; BAUDENBACHER et al., AGB – eine Zwischenbilanz, St. Gallen, 1991; BAUER, Der Schutz vor unbilligen AGB im schweizerischen Recht, 3. Aufl., Zürich 1981; BOUVERAT, Conditions générales d'affaires: perspectives législatives. Etude de droit suisse à la lumière du droit communautaire et de ses applications en France et en Allemagne, Diss. Neuchâtel 2008, Bern 2009; BRUNNER ALEXANDER, Die Kontrolle Allgemeiner Geschäftsbedingungen in der aktuellen schweizerischen Lehre und Praxis, ZSR 1999 I, 305 ff.; BUCHER, Wie lange noch Belastung des Kunden mit den Fälschungsrisiken im Bankenverkehr?, recht 1997, 41 ff.; BÜRGI, Allgemeine Versicherungsbedingungen im Lichte der neuesten Entwicklungen auf dem Gebiete der AGB, Diss. Zürich 1985; FORSTMOSER, Die rechtliche Behandlung von Allgemeinen Geschäftsbedingungen im schweizerischen und im deutschen Recht, Festgabe Kummer, Bern 1980, 99 ff.; DERS., Gesetzgebung und Gerichtspraxis zu den Allgemeinen Geschäftsbedingungen in der Schweiz, in: Allgemeine Geschäftsbedingungen in Doktrin und Praxis, Zürich 1982, 23 ff.; GONZENBACH, Konsumenten-AGB und kein Ende – oder doch, recht 1993, 28 ff.; HARDEGGER, Über die Allgemeinen Geschäftsbedingungen der Banken, St. Gallen 1991; HENNINGER, Vom Umgang mit AGB, BR 2002, 133 ff.; HUGUENIN JACOBS, Allgemeine Geschäftsbedingungen in der Schweiz im Lichte der neuen EU-Richtlinie über missbräuchliche Klauseln in Verbraucherverträgen, recht 1995, 85 ff.; JUNOD MOSER, Les conditions générales à la croisée du droit de la concurrence et du droit de la consommation, Genf 2001; KOLLER THOMAS, Fragen zum Recht der Allgemeinen Geschäftsbedingungen – dargestellt anhand einer Deckungsausschlussklausel in der Betriebshaftpflichtversicherung, recht 1999, 43 ff.; KRAMER, AGB- und Konsumentenkaufvertragsrecht: Das neue europäische Recht als Vorbild für die Schweiz?, ZSR 1999 I, 295 ff.; DERS., Allgemeine Geschäftsbedingungen: Status quo, Zukunftsperspektiven, SJZ 1985, 17 ff., 33 ff.; MATT, Das Transparenzgebot in der deutschen AGB-Rechtsprechung: ein Mittel zur Aktivierung von Art. 8 UWG?, Basel 1997; RUSCH/HUGUENIN, Einseitige Änderungsrechte in allgemeinen Geschäftsbedingungen – das trojanische Pferd im Vertrag, SZW 2008, 37 ff.; SCHENK-ENGELER, Klauselkataloge in einigen neueren europäischen AGB- und Verbraucherschutzgesetzgebungen: Ihre Bedeutung für das schweizerische Recht, Diss. St. Gallen 1993; SCHUMACHER, Vertragsgestaltung, Zürich 2004; SCHWAB, Die Übernahme von Allgemeinen Geschäftsbedingungen in elektronisch abgeschlossene Verträge, Diss. Zürich 2001; SCHWENZER, Beschränkung und Modifikation der vertraglichen Haftung, in: KOLLER ALFRED (Hrsg.), Haftung aus Vertrag, St. Gallen 1998, 99 ff.; STICHER, Die Kontrolle Allgemeiner Geschäftsbedingungen als wettbewerbsrechtliches Problem, Diss. St. Gallen 1981; TERCIER, Des législateurs innommés, Festgabe Schluep, Zürich 1988, 45 ff.; THÉVENOZ, Les conditions générales des banques – réflexions sur un législateur innommé, Mélanges Tercier, Genf/Zürich/Basel 2008, 457 ff.; WEBER, Allgemeine Geschäftsbedingungen der Banken, SAG 1984, 150 ff.; WESSNER, Les contrats d'adhésion: Quelle protection pour la partie réputée la plus faible?, ZSR 1986 I, 161 ff.

§ 44   Einleitung

I. Begriff

44.01   Allgemeine Geschäftsbedingungen (AGB) sind typischerweise für eine Vielzahl von Verträgen *vorformulierte Vertragsbedingungen*, die eine Vertragspartei (Verwenderin) der anderen bei Abschluss des Vertrages stellt. Sie können von der Verwenderin selbst (vgl. BGE 119 II 443 ff.: Allgemeine Versicherungsbedingungen; BGE 100 II 153 ff.: Sparkassareglement), einem Interessenverband (vgl. BGE 77 II 154 ff.: Allgemeine Bedingungen des schweizerischen Spediteurenverbandes; BGE 109 II 452 ff.: SIA-Norm) oder auch einer Dritten (vgl. BGHZ 74, 204 ff.: notariell vorformulierte Vertragsformulare) vorformuliert sein. Auch Erklärungen von Sportlern, mit denen sich diese dem Regelwerk der übergeordneten Sportorganisationen unterwerfen (dazu ausf. BADDE-LEY, ZBJV 2008, 357 ff.), rechnen hier her. Entscheidend ist, dass die Bedingungen zwischen den Parteien *nicht* im Einzelnen *ausgehandelt*, nicht ob sie für eine Vielzahl von Verträgen vorformuliert wurden (vgl. Art. 3 Abs. 1 EG-Richtlinie 93/13/EWG vom 5. April 1993 über missbräuchliche Klauseln in Verbraucherverträgen). Weitergehend ist sogar zu fragen, ob nicht – jedenfalls bei Geschäften mit Konsumenten – Klauseln selbst dann missbräuchlich oder unangemessen sein können, wenn sie ausgehandelt sind (vgl. SCHWENZER, in: KOLLER ALFRED (Hrsg.), Haftung aus Vertrag, 99, 105 f.).

II. Bedeutung und Interessenlage

AGB sind ein Kind der *industriellen Revolution*. Sie finden 44.02 sich in allen Bereichen des modernen Wirtschaftslebens. Hand in Hand mit der Produktion von Massengütern und dem Angebot von Massendienstleistungen gehen auch Massenverträge. Banken, Versicherungen, Transportunternehmen, Warenherstellerinnen, aber auch Architektinnen oder Vermieterinnen verwenden heute bei Vertragsabschlüssen regelmässig vorformulierte Bedingungen. Dabei werden verschiedene Zwecke verfolgt: Zum einen haben AGB einen *Rationalisierungseffekt*. So wird z.B. durch die Vereinbarung einheitlicher Liefer- und Zahlungsbedingungen in Massenverträgen die Abwicklung erleichtert. Zum anderen haben sie einen *Spezialisierungseffekt*. Sie regeln ein Rechtsverhältnis umfassend, wo das Gesetz keine, nur lückenhafte oder unpassende dispositive Normen bereithält. Dies gilt insbesondere für die sog. Innominatverträge. Schliesslich dienen AGB regelmässig der *Risikoüberwälzung*, indem die Verwenderin belastende Regeln des dispositiven Rechts zulasten der anderen Vertragspartei abbedungen werden, wie insbesondere durch Haftungsausschluss- oder -begrenzungsklauseln (vgl. zur wirtschaftlichen Funktion auch BernerKomm/KRAMER, Art. 1 N 176 ff.).

44.03 Den (teilweise durchaus) berechtigten Interessen der Verwenderin stehen die Interessen der anderen Vertragspartei gegenüber. Letztere hat grundsätzlich keine Möglichkeit, auf die Ausgestaltung des Vertrages im Einzelnen Einfluss zu nehmen. Die Vertragsfreiheit wird auf ein *take it or leave it* reduziert (vgl. BernerKomm/KRAMER, Art. 19–20 N 30). Dabei hilft auch ein Ausweichen auf andere Anbieterinnen wenig. Denn im Bereich der AGB herrscht zwischen den Marktteilnehmerinnen praktisch keine Konkurrenz; die AGB sind in der jeweiligen Branche wenn nicht einheitlich, so doch nahezu identisch (vgl. für Bankbedingungen BGE 122 III 27 ff.; dazu BUCHER, recht 1997, 41, 49 f.). In besonderem Masse sind davon die Konsumenten betroffen. Doch auch für kaufmännische Anbieter und Nachfrager, die sich einem marktmächtigen Unternehmen gegenübersehen, von dem sie in ihrer wirtschaftlichen Existenz abhängig sind, ist die Situation kaum anders. Ausserdem findet auch im kaufmännischen Verkehr ein Aushandeln der Vertragsbedingungen oftmals nicht statt, da es sich aufgrund zu hoher Transaktionskosten nicht lohnt. Deshalb erscheint es kaum sachgerecht, die gerichtliche Klauselkontrolle auf Verträge mit Konsumenten zu beschränken (vgl. SCHWENZER, in: KOLLER ALFRED (Hrsg.), Haftung aus Vertrag, 99, 106 f.).

III. Rechtslage

44.04 Im Gegensatz zum Ausland, wo heute vielerorts spezielle gesetzliche Regelungen zur AGB-Problematik bzw. zur generellen Kontrolle von Vertragsbedingungen existieren (vgl. nur §§ 305 ff. BGB, EG-Richtlinie 93/13/EWG vom 5. April 1993 über missbräuchliche Klauseln in Verbraucherverträgen; vgl. dazu HUGUENIN, recht 1995, 85 ff.), fehlt es in der Schweiz bislang noch an einer *gesetzlichen Regelung*. Lediglich in Art. 8 UWG wird die AGB-Problematik angesprochen. Im Übrigen muss versucht werden, sie nach den allgemeinen Normen des OR dogmatisch zu bewältigen. Dabei sind *drei Stufen* einer möglichen Kontrolle zu unterscheiden: die Abschlussebene (Geltungskontrolle), die Auslegung und die Inhaltskontrolle.

44.05 Der zuletzt im Jahre 2003 unternommene Versuch, AGB-Regelungen im OR zu verankern (vgl. Empfehlung EKK vom 3. 6. 2003 betreffend AGB), ist wiederum gescheitert.

§ 45 Einbeziehung und Auslegung

Literatur: BERGER, Schuldrecht, N 950 ff.; FURRER/MÜLLER-CHEN, Kap. 4 N 73 ff.; HUGUENIN, OR AT, N 413 ff., 425 ff.; BernerKomm/KRAMER, Art. 1 N 187 ff., 218 ff.; CHK/KUT/SCHNYDER, OR 1 N 51 ff.; CR CO I/DESSEMONTET, Art. 1 N 42 ff.; KuKo OR/WIEGAND, Art. 1 N 23 ff.; ZürcherKomm/JÄGGI, Art. 1 N 440 ff.; ARTER/JÖRG, Rückbelastungsklauseln bei Kreditkartenverträgen im E-Commerce, SJZ 2003, 25 ff.; BADDELEY, Unterwerfungserklärungen von Athleten – ein Anwendungsfall allgemeiner Geschäftsbedingungen, ZBJV 2008, 357 ff.; BUSER-GORA, Kontrolle von Allgemeinen Geschäftsbedingungen im internationalen Handelsverkehr, Diss. Zürich 2012; CEREGHETTI, Disclaimers und Haftungsfreizeichnungen im E-Commerce, sic! 2002, 1 ff.; DENZLER, Allgemeine Geschäftsbedingungen der öffentlichen Hand – Grenzen des Kleingedruckten, in: Schweizerische Baurechtstagung 2007, 233 ff.; DILL, Internet-Verträge, AJP 2000, 1513 ff.; GASSER, Rechtliche Aspekte des M-Commerce, SZW 2002, 13 ff.; GERBER, Die Kontrolle Allgemeiner Versicherungsbedingungen – schweizerische Vergangenheit, europäische Zukunft?, Festschrift Anton K. Schnyder, Zürich 2002, 57 ff.; GIGER, Grundsätzliches zum Einbezug allgemeiner Geschäftsbedingungen in den Einzelvertrag, in: Allgemeine Geschäftsbedingungen in Doktrin und Praxis, Zürich 1982, 59 ff.; DERS., Geltungs- und Inhaltskontrolle Allgemeiner Geschäftsbedingungen, Zürich 1983; HENNINGER, Vom Umgang mit AGB, BR 2002, 133 ff.; HIGI, Allgemeine Vertragsbestimmungen – Überlegungen zu Gewöhnlichem und Ungewöhnlichem in Recht und Alltag, Festschrift Ott, Zürich 2008, 495 ff.; HONSELL, Kaufrecht und elektronischer Geschäftsverkehr, in: JÖRG/ARTER (Hrsg.), Internet-Recht und Electronic Commerce Law, Bern 2003, 211 ff.; HUNGER, Allgemeine Geschäftsbedingungen (AGB) und M-Commerce: Die Zumutbarkeit der Kenntnisnahme von AGB im Spannungsverhältnis zwischen Technologie und Recht, SZW 2002, 161 ff.; JÖRG, Vertragsschluss im Internet und neue Geschäftsmodelle: Ausgewählte Rechtsfragen, in: ARTER/JÖRG (Hrsg.), Internet-Recht und Electronic Commerce Law, Lachen/St. Gallen 2001, 1 ff.; KOLLER THOMAS, AGB-Kontrolle und UN-Kaufrecht (CISG) – Probleme aus schweizerischer Sicht, Festschrift Honsell, Zürich 2002, 223 ff.; DERS., Einmal mehr: das Bundesgericht und seine verdeckte AGB-Inhaltskontrolle, AJP 2008, 943 ff.; KOLLER-TUMLER, E-Banking und Konsumentenschutz, in: WIEGAND (Hrsg.), E-Banking, Rechtliche Grundlagen, Bern 2002, 143 ff.; KUHN, Auslegung von Allgemeinen Versicherungsbedingungen (AVB) unter Mitberücksichtigung von Art. 33 VVG, Festschrift Honsell, Zürich 2002, 567 ff.; DERS., Wegbedingung der Haftung für Lieferverzug, Gewährleistung sowie Mangelfolgeschäden in Kaufverträgen, Festschrift Rey, Zürich 2003, 441 ff.; LÜSCHER, «Gewöhnliches» zur Ungewöhnlichkeitsregel oder «Ungewöhnliches Gewöhnliches»?, Jusletter 18. Oktober 2010; MAURENBRECHER, Die Vereinbarung der Allgemeinen Geschäftsbedingungen der Banken, ZSR 1990 I, 173 ff.; MEIER, Haftungsfreizeichnungsklauseln, Festschrift Eike Schmidt, Heidelberg 2005, 223 ff.; NESTLÉ, Die Übernahme allgemeiner Geschäftsbedingungen bei Internetangeboten (nach schweizerischem, europäischem und amerikanischem Konsumentenschutzrecht), in: WEBER/HILTY/AUF DER MAUR (Hrsg.), Geschäftsplattform Internet, Zürich 2000, 249 ff.; PERRIG, Die AGB-Zugänglichkeitsregel: Das Kriterium der Zugänglichekit als Regelerfordernis bei der Einbeziehung von Allgemeinen Geschäftsbedingungen (AGB) – Empfehlungen zu einem Swiss Code of Best Practice, Diss. Basel 2011; RUSCH/MAISSEN, Automatische Vertragsverlängerungsklauseln in allgemeinen Geschäftsbedingungen, recht 2010, 95 ff.; SCHWAB, Die Übernahme von Allgemeinen Geschäftsbedingungen in elektronisch abgeschlossene Verträge,

Diss. Zürich 2001; STAUDER, La protection des consommateurs et le commerce électronique, in: Rapports suisses présentés au XVIᵉ Congrès international de droit comparé, Partie II, Zürich 2002, 673 ff.; THOMANN, Sicherheit und Haftungsbeschränkungen im Internet-Banking, recht 1998, 160 ff.; WIEGAND, Die Auslegung allgemeiner Geschäftsbedingungen, Festschrift Kramer, Basel 2004, 331 ff.; ZIRLICK, Freizeichnung von der Deliktshaftung, Diss. Bern 2003.

I. Einbeziehung

1. Vereinbarung

45.01   AGB sind *keine Rechtsnormen*. Ihre Geltung beruht vielmehr immer auf Rechtsgeschäft, d.h. sie werden nur Vertragsinhalt, wenn eine dementsprechende *Willensübereinstimmung* der Parteien vorliegt (statt vieler BaslerKomm/BUCHER, Art. 1 N 52). Nach Art. 1 Abs. 2 kann die Übernahme der AGB sowohl ausdrücklich als auch konkludent erfolgen (BGE 77 II 154, 156). Im Hinblick auf den erforderlichen Konsumentenschutz sind jedoch Einschränkungen geboten.

45.02   Im Verhältnis zum Konsumenten sollten AGB nur Vertragsbestandteil werden, wenn die Verwenderin einerseits den Vertragspartner bei Vertragsschluss auf die AGB *hingewiesen* hat und dieser andererseits die *Möglichkeit* hatte, diese *zur Kenntnis zu nehmen* (so auch § 305 Abs. 2 BGB; vgl. ferner BGE 100 II 200, 209 f.). Ausreichend ist danach, wenn die AGB auf der Rückseite des Vertragsformulars abgedruckt sind und sich ein entsprechender Verweis auf der Vorderseite befindet (BGE 84 II 556, 561 f.; 93 I 323, 327). Ein *Hinweis nach Vertragsabschluss*, z.B. auf einer Rechnung oder einem Lieferschein, kann keinesfalls genügen; insoweit handelt es sich lediglich um eine Offerte zur Vertragsänderung, die von der anderen Partei auch nicht durch Stillschweigen nach Art. 6 angenommen wird (vgl. KOLLER, OR AT, § 23 N 16). Ist nach der Art des Vertragsschlusses ein ausdrücklicher Hinweis nur unter ausserordentlichen Schwierigkeiten möglich, z.B. beim Bewachungsvertrag im Parkhaus, so muss ein deutlich sichtbarer *Aushang* am Ort des Vertragsschlusses genügen.

45.03   Des Weiteren ist erforderlich, dass der Kunde in zumutbarer Weise von den AGB *Kenntnis nehmen kann*. Hierzu gehört auch, dass die AGB verständlich und drucktechnisch lesbar sind (sog. *Transparenzgebot*; vgl. BernerKomm/KRAMER, Art. 1 N 207) sowie in der Verhandlungs- oder einer dem Kunden verständlichen Sprache abgefasst sind. Nicht erforderlich ist jedoch die tatsächliche Kenntnisnahme. Hat die andere Vertragspartei ihr Einverständnis mit der Geltung der AGB erklärt, ohne tatsächlich von ihrem Inhalt Kenntnis genommen zu haben – wie dies in der Praxis meist der Fall ist –, so wird von einer sog. *Globalübernahme* gesprochen (vgl. BGE 119 II 443, 445; 108 II 416, 418).

Auch im Verhältnis zum Konsumenten ist es möglich, dass AGB in einer *Rahmenvereinbarung* für eine bestimmte Art von künftigen Rechtsgeschäften im Voraus vereinbart werden, wie dies etwa bei Aufnahme einer Bankverbindung üblich ist. Auch für diese Rahmenvereinbarung müssen freilich die oben genannten Kriterien erfüllt sein. Oftmals sehen AGB ihrerseits allerdings vor, dass die Verwenderin das Recht haben soll, die AGB einseitig zu ändern (vgl. dazu RUSCH/HUGUENIN, SZW 2008, 37, 45 f.). Zum Einbezug von AGB im E-Banking vgl. THOMANN, recht 1998, 160, 162 ff.   45.04

Im Vergleich zum Verkehr mit Konsumenten sind an die Einbeziehung von AGB im *kaufmännischen Verkehr* geringere Anforderungen zu stellen. Hier kommt insbesondere auch eine stillschweigende Einbeziehung in Betracht. So gelten im kaufmännischen Verkehr AGB als stillschweigend vereinbart, wenn sich Entsprechendes aus einer vorangehenden *Geschäftsbeziehung* zwischen den Parteien oder aus *Handelsbrauch* ergibt (vgl. BGE 77 II 154, 155 f.; Einzelheiten BernerKomm/KRAMER, Art. 1 N 198 ff.).   45.05

Eine Sonderregel für die Einbeziehung von AGB, die bei *Pauschalreiseverträgen* bereits heute die o.g. Anforderungen an die Einbeziehung gesetzlich festschreibt, enthält Art. 4 Abs. 1 und 2 PauRG. Danach werden AGB nur Vertragsbestandteil, wenn die Veranstalterin diese dem Reisenden vor Vertragsschluss – in der Regel im Reiseprospekt – schriftlich mitgeteilt oder jedenfalls schriftlich bestätigt hat. Nur bei last-minute-Reisen kann u.U. auf eine schriftliche Bestätigung verzichtet werden. Sonderbestimmungen finden sich auch für den Versicherungsvertrag (Art. 3 VVG, neu Art. 13 E-VVG; vgl. dazu KOLLER, OR AT, § 23 N 27).   45.06

Beim *elektronischen Vertragsabschluss* muss der Kunde die Möglichkeit haben, die AGB herunterzuladen, abzuspeichern und auszudrucken (vgl. Art. 10 Abs. 3 EG-Richtlinie 2000/31/EG vom 8. 6. 2000 über den elektronischen Geschäftsverkehr; ausführlich hierzu PERRIG, 323 ff.). Zusätzliche Probleme treten beim *M-Commerce* im Hinblick auf die Zumutbarkeit der Kenntnisnahme auf (vgl. GASSER, SZW 2002, 13, 26; HUNGER, SZW 2002, 161 ff.; ausführlich hierzu PERRIG, 358 ff.).   45.06a

2. Ungewöhnlichkeitsregel

45.07   Ein in der Praxis wichtiges Instrument der Kontrolle von AGB bereits auf der Abschlussebene ist die sog. *Ungewöhnlichkeitsregel* (vgl. dazu BRUNNER, ZSR 1999 I, 305, 325 ff.; T. KOLLER, AJP 2008, 943 ff.). Nach ständiger Rechtsprechung (vgl. nur BGE 119 II 443, 446 m.w. Nachw., zuletzt BGE 135 III 1, 7 f.) werden bei einer Globalübernahme seitens eines geschäftsunerfahrenen Kunden solche Klauseln nicht Vertragsinhalt, die ungewöhnlich sind, und auf die der Kunde nicht besonders hingewiesen worden ist. Entwickelt wurde diese Rechtsprechung anhand von *Gerichtsstandsklauseln*, in denen der Konsument auf den durch Art. 59 Abs. 1 aBV garantierten Gerichtsstand an seinem Wohnsitz verzichtete (vgl. BGE 104 Ia 278 ff.; 109 Ia 55 ff.). In späteren Entscheiden wurde die Ungewöhnlichkeitsregel jedoch auch auf andere Bestimmungen angewandt, z.B. auf eine Klausel, mit der der geschäftsunerfahrene Bauherr der Architektin umfassende Vollmacht erteilt (vgl. BGE 109 II 452, 456 ff.), oder eine Klausel über die Haftung des Mieters in den AGB der Autovermieterin, die erheblich von den üblichen Regeln der Kaskoversicherung abweicht (vgl. BGE 119 II 443, 446). Welche Klauseln ungewöhnlich sind, beurteilt sich in erster Linie danach, ob sie einen geschäftsfremden Inhalt aufweisen, d.h. zu einer wesentlichen *Änderung des Vertragscharakters* führen oder in erheblichem Masse aus dem gesetzlichen Rahmen des Vertragstypus fallen (vgl. BGE 109 II 452, 458). Darüber hinaus lässt das Bundesgericht aber auch *Kriterien der Inhaltskontrolle* einfliessen, indem es die Ungewöhnlichkeit umso eher bejaht, je stärker eine Klausel die Rechtsstellung des Vertragspartners beeinträchtigt (BGE 119 II 443, 446; vgl. auch GAUCH, recht 2006, 77, 83 f. für Banken-AVB), unabhängig davon, ob eine derartige Klausel branchenüblich ist. Dies gilt insbesondere auch im Hinblick auf die Annahme der Ungewöhnlichkeit von einseitigen Vertragsänderungsklauseln in AGB (BGE 135 III 225 ff.; RUSCH/MAISSEN, recht 2010, 95, 100).

II. Auslegung

45.08   Grundsätzlich gelten die *allgemeinen Auslegungsprinzipien* auch für die Auslegung von AGB. In der Sache allerdings erfolgt die Auslegung von AGB in Anwendung des Vertrauensprinzips ohne Rücksicht auf die individuelle Vertragskonstellation, d.h. einheitlich (vgl. dazu WIEGAND, FS Kramer, 331, 337 ff.). Ergänzend zu den allgemeinen Auslegungsprinzipien haben Rechtsprechung und Lehre zwei Maximen entwickelt, die der besonderen Situation beim Vertragsschluss unter Zugrundelegung von AGB Rechnung tragen sollen.

1. Vorrang der Individualabrede

Haben die Parteien individuell etwas vereinbart, das zu einer Klausel in den AGB in Widerspruch steht, so geht die Individualabrede vor (BGE 93 II 317, 325 f.; 81 II 346, 350; HGer ZH, ZR 1992/1993, 79, 80). Rechtsdogmatisch lässt sich dies auf das Verbot des *venire contra factum proprium* stützen, d.h. dass sich niemand zu seinem eigenen Verhalten in Widerspruch setzen darf (vgl. BernerKomm/KRAMER, Art. 1 N 210). Auf diese Weise hat die Rechtsprechung beispielsweise wiederholt *Haftungsausschlussklauseln* in Kaufverträgen die Wirksamkeit versagt, wenn die Verkäuferin das Vorliegen einer bestimmten Eigenschaft zugesichert oder garantiert hatte (BGE 122 III 426, 429; 109 II 24, 25; AppGer BS, BJM 1990, 257, 259). Damit verlagert sich freilich die Frage der Klauselkontrolle auf die Ebene der Haftungsvoraussetzungen. 45.09

2. Unklarheitenregel

Führt die Auslegung einer Klausel in AGB nicht zu einem eindeutigen Ergebnis, so ist sie in dem dem Kunden günstigsten Sinne auszulegen, d.h. Unklarheiten gehen zu Lasten der Verwenderin (*Unklarheitenregel*, interpretatio contra proferentem, vgl. BGE 124 III 155, 158 f. m.w. Nachw.). Gesetzlich ausdrücklich niedergelegt ist dieses Prinzip in Art. 33 VVG für die Auslegung von Versicherungsbedingungen; es gilt jedoch auch für alle anderen AGB (BGE 115 II 264, 268 m.w. Nachw.). Die Rechtfertigung dieser Regel liegt darin, dass es die Verwenderin, die die AGB stellt, in der Hand hätte, diese unmissverständlich zu fassen. Aus missverständlichen Klauseln soll sie nicht noch Nutzen ziehen dürfen. Ein klassisches Beispiel für eine derartige unklare Klausel findet sich häufig in Verkaufsbedingungen («Ansprüche aus Gewährleistung bestehen nur insoweit, als sie vom Hersteller übernommen werden»), wo dem Kunden das interne Verhältnis zwischen Verkäuferin und Herstellerin nicht bekannt sein kann. 45.10

Der Unklarheitenregel nahe verwandt ist das sog. *Restriktionsprinzip*. Danach sind insbesondere Klauseln, die vom dispositiven Recht abweichen, eng zu interpretieren (BGE 117 II 609, 621; 115 II 474, 479). Unklarheitenregel und Restriktionsprinzip wurden wiederholt in Kauf- und Werkverträgen nutzbar gemacht, um Freizeichnungsklauseln zu 45.11

überspielen, wenn die Kaufsache oder das Werk einen aussergewöhnlichen Mangel aufwies, der den wirtschaftlichen Zweck des Geschäftes wesentlich beeinträchtigte (vgl. BGE 91 II 344, 350 ff.: nicht behebbare Mängel eines Neuwagens; OGer ZH, ZR 1991, 230 f.: nicht wassertaugliches Motorboot).

III. Stellungnahme

45.12   Die vom Bundesgericht praktizierte Kontrolle von AGB auf der Abschluss- und Auslegungsebene begegnet erheblichen Bedenken. Zum einen kann auf dieser Ebene ein *wirksamer Konsumentenschutz* nicht gewährleistet werden. Ob eine Klausel im Einzelfall von einem Gericht als unklar angesehen wird, ähnelt mehr oder weniger einem Roulette-Spiel (vgl. etwa OGer ZH, ZR 1997, 213, 214). Ausserdem ist es lediglich eine Frage der Zeit, bis AGB-Aufstellerinnen ihre Klauseln so präzise gefasst haben, dass ihnen auch mit der Unklarheitenregel nicht beizukommen ist. Die Ungewöhnlichkeitsregel versagt, wenn auf eine bestimmte Klausel ausdrücklich hingewiesen wird (vgl. auch BernerKomm/KRAMER, Art. 1 N 208 f.). Zum anderen verwischt das Bundesgericht bei Anwendung der Ungewöhnlichkeitsregel die Prinzipien von Abschluss- und Inhaltskontrolle, indem es bei der Beurteilung der Ungewöhnlichkeit auch den materiellen Regelungsgehalt einer Klausel in die Betrachtung einbezieht (vgl. BernerKomm/KRAMER, Art. 19–20 N 280; T. KOLLER, AJP 2008, 943, 951 f.). Diese *verdeckte Inhaltskontrolle* kann den Ansprüchen der Rechtssicherheit nicht genügen; denn wie schon der herausragende amerikanische Rechtswissenschaftler LLEWELLYN (52 Harv.L.Rev. 700, 703 [1939]) sagte: «Covert tools are never reliable tools.»

45.13   Erforderlich ist deshalb eine *offene Inhaltskontrolle*. Ungewöhnlichkeits- und Unklarheitenregel können dann auf ihren sachlich berechtigten Kern zurückgeführt werden (statt vieler BernerKomm/KRAMER, Art. 1 N 208). Für den b2c-Bereich wurde die offene Inhaltskontrolle nunmehr in Art. 8 UWG verankert; für b2b-Geschäfte bleibt sie nach wie vor im Ungewissen.

IV. Sonderfall: Battle of the Forms

Literatur: BÜHRER, AGB-Kollisionen, Battle of the Forms und weitere Probleme beim Verweis auf Allgemeine Geschäftsbedingungen, Zürich 1987; KRAMER, «Battle of the forms», Festschrift Gauch, Zürich 2004, 493 ff.

Im kaufmännischen Verkehr kommt es häufig vor, dass jede 45.14
Partei versucht, dem Vertrag ihre eigenen AGB zugrunde zu legen, z.B. die Verkäuferin ihre Lieferbedingungen und der Käufer seine Einkaufsbedingungen (battle of the forms; *Kollision von AGB*). Fraglich ist dann, ob sich eine Partei mit ihren AGB durchsetzen kann.

Nach der älteren Auffassung obsiegte die Partei, die als letzte ihre 45.15
AGB übersandte *(Theorie vom letzten Wort)*. So wurde beispielsweise in der Absendung der Ware unter Beifügung der Lieferbedingungen ein neuer Antrag gesehen, der vom Käufer mit Entgegennahme der Ware konkludent oder nach Art. 6 angenommen wurde. Die neuere Lehre lehnt diese Theorie als einseitig die Verkäuferin bevorzugend bzw. zu zufälligen Ergebnissen führend ab (vgl. BernerKomm/KRAMER, Art. 1 N 160; a.A. wohl GAUCH/SCHLUEP/SCHMID, N 1135). Vielmehr gilt Folgendes: Der *Vertrag kommt* grundsätzlich trotz der Kollision der AGB *zustande* (vgl. Art. 2 Abs. 1). Enthalten die jeweiligen AGB übereinstimmende Klauseln (z.B. Schiedsklauseln), so gelten diese. Soweit die AGB einander widersprechen, liegt ein *(Partial-)Dissens* vor, so dass sich keine Partei mit ihren AGB durchzusetzen vermag. Die so entstandene Vertragslücke ist vom Gericht nach Art. 2 Abs. 2 zu füllen.

§ 46   Inhaltskontrolle

Literatur: BERGER, Schuldrecht, N 964 f.; FURRER/MÜLLER-CHEN, Kap. 4 N 87 ff.; HUGUENIN, OR AT, N 429 ff.; MERZ, Vertrag und Vertragsschluss, N 96a f.; BaslerKomm/HUGUENIN, Art. 19/20 N 24 ff.; BernerKomm/KRAMER, Art. 19–20 N 270 ff.; CHK/KUT/SCHNYDER, OR 1 N 62 f.; CR CO I/DESSEMONTET, Art. 1 N 54 ff.; KuKo OR/WIEGAND, Art. 1 N 24 f.;

AEPLI, Zur Inhaltsproblematik allgemeiner Geschäftsbedingungen, dargestellt anhand vorformulierter Klauseln von Banken, ZSR 2000 I, 85 ff.; ARTER/JÖRG, Rückbelastungsklauseln bei Kreditkartenverträgen im E-Commerce, SJZ 2003, 25 ff.; BADDELEY, Unterwerfungserklärungen von Athleten – ein Anwendungsfall allgemeiner Geschäftsbedingungen, ZBJV 2008, 357 ff.; BAUDENBACHER, Das UWG auf neuer Grundlage, Bern 1989, 139 ff.; BÉGUIN, Klare Ausscheidung von Nebenkosten und Höhe der Akontozahlungen im Mietvertrag, mp 2004, 167 ff.; BELSER, Vertragsfreiheit und Vertragsgerechtigkeit, ein Kommentar zum deutschen Bürgschaftsbeschluss und zum Stand der richterlichen Inhaltskontrolle in der Schweiz, AJP 1998, 433, 441 f.; BUSER-GORA, Kontrolle von Allgemeinen Geschäftsbedingungen im internationalen Handelsverkehr, Diss. Zürich

2012; DESSEMONTET et al., Was soll noch Art. 8 UWG?, SAG 1987, 109 ff.; DESSEMON-TET, Le contrôle judiciaire des conditions générales, in: CARRUZZO/OBERSON (Hrsg.), La nouvelle loi contre la concurrence déloyale, Lausanne 1988, 57 ff.; FAVRE-BULLE, Anmerkung zu BGE 119 II 443 ff., SemJud 1994, 644 ff.; FURRER, Eine AGB-Inhaltskontrolle in der Schweiz?, HAVE 2011, 324 ff.; GAUCH, Die Verwendung missbräuchlicher Geschäftsbedingungen – unlauterer Wettbewerb nach Art. 8 UWG, BR 1987, 51 ff.; DERS., Das gesetzliche Vertragstypenrecht der Schuldverträge, Festschrift Honsell, Zürich 2002, 3 ff.; DERS., Die Vertragshaftung der Banken und ihre AVB, recht 2006, 77 ff.; GIGER, Geltungs- und Inhaltskontrolle Allgemeiner Geschäftsbedingungen, Zürich 1983; GUYET, Les conditions générales, les conditions commerciales abusives et l'art. 8 de la nouvelle loi fédérale contre la concurrence déloyale, Mélanges Assista, Genève 1989, 47 ff.; HENNINGER, Vom Umgang mit AGB, BR 2002, 133 ff.; HOLLIGER-HAGMANN, Artikel 8 – das Kuckucksei im UWG, Jusletter 20. Februar 2012; JUNOD MOSER, Les conditions générales en droit de la concurrence, sic! 2001, 183 ff.; DIES., Les conditions générales à la croisée du droit de la concurrence et du droit de la consommation, Genf 2001; KOLLER THOMAS, AGB-Kontrolle und UN-Kaufrecht (CISG) – Probleme aus schweizerischer Sicht, Festschrift Honsell, Zürich 2002, 223 ff.; DERS., Einmal mehr: das Bundesgericht und seine verdeckte AGB-Inhaltskontrolle, AJP 2008, 943 ff.; KOLLER-TUMLER, E-Banking und Konsumentenschutz, in: WIEGAND (Hrsg.), E-Banking, Rechtliche Grundlagen, Bern 2002, 143 ff.; KUHN, Was bedeutet die offene Inhaltskontrolle von Allgemeinen Geschäftsbedingungen (AGB) gemäss Art. 8 neu UWG für die schweizerische Versicherungswirtschaft, SVZ 1987, 275 ff.; DERS., Wegbedingung der Haftung für Lieferverzug, Gewährleistung sowie Mangelfolgeschäden in Kaufverträgen, Festschrift Rey, Zürich 2003, 441 ff.; KUT/STAUBER, Die UWG-Revision vom 17. Juni 2011 im Überblick, Jusletter 20. Februar 2012; MATT, Das Transparenzgebot in der deutschen AGB-Rechtsprechung: ein Mittel zur Aktivierung von Art. 8 UWG?, Basel 1997; MORIN, Les clauses contractuelles non négociées, ZSR 2009 I, 497 ff.; MÜLBERT, Das Transparenzgebot des UWG als Instrument der AGB-Kontrolle, AJP 1995, 723 ff.; NEUMAYER, Zu Art. 8 des neuen UWG, Festschrift Keller, Zürich 1989, 727 ff.; NORDMANN, Der Schutz des Mieters nach dem neuen Gesetz über den unlauteren Wettbewerb (UWG), mp 1989, 1 ff.; PEDRAZZINI/PEDRAZZINI, Unlauterer Wettbewerb UWG, 2. Aufl., Bern 2002, 211 ff.; PICHONNAZ, La protection du consommateur en droit des contrats: le difficile équilibre entre cohérence du système contractuel et régime particulier, Festschrift Stauder, Baden-Baden 2006, 323 ff.; RUSCH, Bankgebühren vor der Inhaltskontrolle, recht 2011, 170 ff.; SCHMID, Gewährleistungsbeschränkungen bei Grundstückverkäufen und Art. 8 UWG, in: TERCIER/HÜRLIMANN (Hrsg.), In Sachen Baurecht, Freiburg i.Ue. 1989, 47 ff.; DERS., Die Gewährleistung beim Grundstückkauf, Ausgewählte Fragen unter Berücksichtigung von Altlasten, ZBGR 2000, 353 ff.; DERS., Die Inhaltskontrolle Allgemeiner Geschäftsbedingungen: Überlegungen zum neuen Art. 8 UWG, ZBJV 2012, 1 ff.; SCHOTT, Missbräuchliche Allgemeine Geschäftsbedingungen – Zur Inhaltskontrolle, ST 2012, 78 ff.; STÖCKLI, Der neue UWG 8 – Aufbruch oder perte d'une chance?, in: WEBER (Hrsg.), Personen-Schaden-Forum 2012, Zürich/Basel/Genf 2012, 199 ff.; DERS., Der neue Art. 8 UWG – offene Inhaltskontrolle, aber nicht für alle, BR 2011, 184 ff.; TOLLER, Schuldrechtliche Folgen der Verletzung von Art. 8 UWG, in: Aktuelle Fragen zum Wirtschaftsrecht, Zürich 1995, 51 ff.; VISCHER MARKUS, Freizeichnungsklauseln in Grundstückkaufverträgen – Gegenstand einer AGB-Kontrolle oder der Selbstverantwortung?, SJZ 2012, 177 ff.; WILDHABER, Inhaltskontrolle von Allgemeinen Geschäftsbedingungen im unternehmerischen Verkehr, SJZ 2011, 537 ff.

I. Allgemeines

AGB unterliegen zunächst wie alle Vertragsbedingungen den 46.01 Grenzen des *zwingenden Rechts*. Insbesondere sind für Freizeichnungs- klauseln die gesetzlich normierten Schranken (vgl. N 24.03 ff.) zu beach- ten. Allerdings differenziert das OR in seinen zwingenden Bestimmungen grundsätzlich nicht danach, ob eine Klausel individualvertraglich ausge- handelt oder in AGB enthalten ist, oder welche Stellung die Parteien im Wirtschaftsleben einnehmen. Die bislang insoweit einzige Ausnahme findet sich in Art. 256 Abs. 2 lit. a und Art. 288 Abs. 2 lit. a, wonach die Vermieterin oder Verpächterin ihre Haftung wegen Mängel der Sache nicht in AGB abbedingen kann. Weitergehend hat das Bundesgericht auch die Vereinbarung von Nebenkosten in AGB nicht zugelassen, da Art. 257a Abs. 2 diesbezüglich eine besondere Vereinbarung verlangt (BÉGUIN, mp 2004, 167 ff.; BGer, 21. 3. 2007, 4P.323/2006, E. 2.1; BGer, 29. 4. 2002, 4C.24/2002, E. 2.4.2).

In der Lehre (vgl. GAUCH/SCHLUEP/SCHMID, N 1148 ff. m.w. 46.02 Nachw.) besteht Einigkeit, dass darüber hinaus eine *spezifische AGB- Inhaltskontrolle* erforderlich ist, da für den den AGB unterworfenen Kunden von der Vertragsfreiheit faktisch nur wenig übrig bleibt und von einer Richtigkeitsgewähr oder -chance – wie bei einem unter gleich star- ken Partnern individuell ausgehandelten Vertrag – kaum mehr die Rede sein kann. Weitergehend ist eine gerichtliche Kontrolle aller Vertrags- klauseln zu fordern, gleichgültig ob sie in AGB enthalten sind oder im Einzelnen ausgehandelt wurden (vgl. KÖTZ, Europäisches Vertrags- recht I, Tübingen 1996, 221). Streitig und unsicher ist jedoch, ob und inwieweit eine derartige offene Inhaltskontrolle, die sich am *Leitbild des dispositiven Rechts* ausrichtet, schon nach geltendem Recht möglich ist.

II. Art. 8 UWG

Mit Art. 8 UWG hat der Gesetzgeber eine *wettbewerbsrechtli-* 46.03 *che Regel* geschaffen, die sich mit der Verwendung missbräuchlicher Geschäftsbedingungen befasst. In seiner ursprünglichen Fassung galt Art. 8 UWG sowohl im b2c- als auch im im b2b-Bereich. Allerdings handelte nach der alten Fassung nur diejenige unlauter, d.h. wettbe- werbswidrig, die AGB verwendet, die *in irreführender Weise* zum Nach- teil einer Vertragspartei vom dispositiven Recht erheblich abweichen (vgl. BGE 122 III 378 f.) oder eine der Vertragsnatur erheblich widersprechende Verteilung von Rechten und Pflichten vorsehen. Diese Bestimmung lehnte sich zwar eng an § 307 Abs. 2 BGB an. Sie unterschied sich jedoch durch das Erfordernis der *Irreführung*; die *einseitige inhaltliche Ausgestaltung* einer Klausel genügte damit nicht, vielmehr musste dieser auch eine Täuschungsgefahr innewohnen. Diese enge Fassung hatte zur Folge, dass Art. 8 UWG in der Praxis ein Schattendasein führte und deshalb *keine effektive Inhaltskontrolle* erreicht werden konnte. Die am 1. Juli 2012 in Kraft getretene Neufassung des Art. 8 UWG verzichtet auf das Erfordernis der Irreführung, beschränkt jedoch den personellen Anwendungsbereich auf b2c-Geschäfte.

1. Voraussetzungen

46.04 Art. 8 UWG gilt nur im Verhältnis zu *Konsumenten*. Für den Begriff des Konsumentenvertrages kann auf Art. 32 Abs. 2 ZPO zurückgegriffen werden. Danach sind Konsumentenverträge solche über Leistungen des üblichen Verbrauchs, die für die persönlichen oder familiären Bedürfnisse des Konsumenten bestimmt sind und von der anderen Partei im Rahmen ihrer beruflichen oder gewerblichen Tätigkeit angeboten werden. Diese Definition entspricht dem international gängigen Konsumentenbegriff. Damit hat sich der Gesetzgeber bewusst dagegen entschieden, auch kleine und mittlere Unternehmen (KMU) in den Schutzbereich einzubeziehen (krit. FURRER, HAVE 2011, 324, 327; WILDHABER, SJZ 2011, 537, 541).

46.04a Ein unlauteres Verhalten setzt nach Art. 8 UWG voraus, dass die AGB zum Nachteil des Konsumenten ein *erhebliches und ungerechtfertigtes Missverhältnis* zwischen den vertraglichen Rechten und den vertraglichen Pflichten vorsehen. Auch wenn im Text der Bestimmung nicht ausdrücklich erwähnt, wird insoweit der Massstab des dispositiven Rechts herangezogen werden können. Des weiteren mag auch der in vielen ausländischen Rechtsordnungen anzutreffende Katalog unwirksamer Klauseln (vgl. nur §§ 308, 309 BGB) den Schweizer Gerichten als nützliche Leitlinie dienen. Art. 8 UWG spricht schliesslich zusätzlich von einer Verletzung von *Treu und Glauben*. Diesem Erfordernis kommt indes keine eigenständige Bedeutung zu.

2. Rechtsfolgen

Einigkeit besteht heute, dass eine gegen Art. 8 UWG verstos- 46.05
sende Klausel *nichtig* ist (vgl. SCHMID, ZBJV 2012, 1, 16). Die Nichtigkeit ist vom Gericht von Amtes wegen zu beachten. Die dem Konsumenten an sich zustehenden lauterkeitsrechtlichen Rechtsbehelfe (Art. 9, 10
Abs. 1 UWG) spielen in der Praxis keine Rolle. Von wichtiger Bedeutung ist indes das Verbandsklagerecht nach Art. 10 Abs. 2 UWG und das
Klagerecht des Bundes (Art. 10 Abs. 3 UWG).

III. Allgemeine vertragsrechtliche Inhaltskontrolle

Ob neben und über Art. 8 UWG hinausgehend das Gericht auf- 46.06
gerufen ist, AGB einer Inhaltskontrolle anhand der allgemeinen Regeln
des OR zu unterwerfen, war und ist in der *Literatur* höchst *umstritten*.
Das *Bundesgericht* hatte sich bislang nicht zur offenen Inhaltskontrolle
bekannt und geht stattdessen den Weg über die Abschluss- und Ausle-
gungskontrolle. Mit der Neufassung des Art. 8 UWG, der nunmehr im
b2c-Bereich eine echte Inhaltskontrolle ermöglicht, hat diese Diskussion
freilich eine neue Bedeutung erlangt. Es geht jetzt ausschliesslich um die
Frage, ob auch im b2b-Geschäftsverkehr eine offene Inhaltskontrolle
stattfinden soll. Im b2b-Bereich hat die Vertragsfreiheit auch heute noch
ihren legitimen Platz, auch wenn es zu bedenken gilt, dass sich kleinere
und mittlere Unternehmen im Verhältnis zu Grossunternehmen oftmals
in keiner besseren Verhandlungsposition als Konsumenten befinden.

M.E. ist die offene Inhaltskontrolle auch im b2b-Bereich schon aus 46.07
Gründen der *Rechtsklarheit* und -*sicherheit* geboten (so auch WILDHA-
BER, SJZ 2011, 537, 545). Auch in anderen Rechtsordnungen hatte sich
die Rechtsprechung bereits Jahrzehnte vor Eingreifen des Gesetzgebers
der Problematik angenommen (vgl. ZWEIGERT/KÖTZ, Rechtsvergleichung, 325 ff.). Rechtsdogmatisch lässt sich die Inhaltskontrolle vor allem auf Art. 19 Abs. 2, 20 Abs. 1 stützen, wobei hier offen bleiben soll,
ob missbräuchliche Klauseln gegen die *öffentliche Ordnung* oder gegen
die *guten Sitten* verstossen (zum Nachw. anderer Einordnungsversuche
vgl. BernerKomm/KRAMER, Art. 19–20 N 291).

Wichtiger als die dogmatische Begründung ist der anzuwendende 46.08
Kontrollmassstab. Insoweit kann im b2b-Verkehr nicht ohne weiteres an
die in Art. 8 UWG genannten Kriterien angeknüpft werden. Vielmehr

müssen für den b2b-Verkehr eigenständige Kriterien für die Inhaltskontrolle entwickelt werden, die der Bedeutung der Vertragsfreiheit und der jeweiligen Stellung der Parteien im Wirtschaftsleben angemessen Rechnung tragen.

IV. Rechtsfolgen bei Unwirksamkeit einzelner Klauseln

46.09 Verstösst eine einzelne Klausel gegen Art. 8 UWG oder gegen Art. 19 Abs. 2, 20 Abs. 1, so ist sie *insgesamt unwirksam* (vgl. KOLLER, OR AT, § 23 N 75 f. m.w. Nachw.). Eine Reduktion auf das erlaubte Mass findet nicht statt (vgl. GAUCH/SCHLUEP/SCHMID, N 1156a; BernerKomm/KRAMER, Art. 19–20 N 376 ff.; vgl. auch N 24.08, 32.45). Dies würde schon dem Transparenzgebot widersprechen. Die Unwirksamkeit einer oder mehrerer Klauseln führt jedoch *nicht* zur *Nichtigkeit des* ganzen *Vertrages*. Insbesondere kann sich die Verwenderin der AGB nicht darauf berufen, dass sie den Vertrag nicht geschlossen hätte, wenn sie die Unwirksamkeit der Klausel gekannt hätte. Die durch den Wegfall der Klausel entstandene Vertragslücke hat das Gericht zu füllen (vgl. N 34.01 ff.).

Kapitel 8: Das Verschulden bei Vertragsverhandlungen (culpa in contrahendo)

Literatur: BERGER, Schuldrecht, N 1942 ff.; BUCHER, OR AT, 277 ff.; ENGEL, OR AT, 503 ff.; FURRER/MÜLLER-CHEN, Kap. 18 N 101 ff.; GAUCH/SCHLUEP/SCHMID, N 946 ff.; GUHL/KOLLER, 103 ff.; HUGUENIN, OR AT, N 949 ff.; KELLER/SCHÖBI, Schuldrecht I, 39 ff.; KOLLER, OR AT, § 28 N 1 ff.; MERZ, Vertrag und Vertragsschluss, N 118 ff.; TERCIER, Obligations, N 631 ff.; VON TUHR/PETER, 192 f.; BaslerKomm/BUCHER, Art. 1 N 78 ff.; BaslerKomm/WIEGAND, Einl. zu Art. 97–109 N 10; BernerKomm/KRAMER, Allg. Einl. N 132 ff.; Art. 22 N 4 ff.; CHK/FURRER/WEY, OR 97–98 N 9 ff.; CR CO I/THÉVENOZ, Intro. art. 97–109 N 19 ff.; KuKo OR/WIEGAND, Art. 1 N 28 ff.; ZürcherKomm/JÄGGI, Art. 1 N 566 ff.;

BERGER, Zur Unterscheidung zwischen Rechtsscheinhaftung und Vertrauenshaftung, recht 2002, 201 ff.; CEREGHETTI, Disclaimers und Haftungsfreizeichnungen im E-Commerce, sic! 2002, 1 ff.; FARGNOLI, Culpa in contrahendo im «Dornröschenschlaf»?, SJZ 2011, 173 ff.; FRICK, Culpa in contrahendo – Eine rechtsvergleichende und kollisionsrechtliche Studie, Zürich 1992; GONZENBACH, Culpa in contrahendo im schweizerischen Vertragsrecht, Bern 1987; DERS., Bemerkungen zu BGE 120 II 331 ff., recht 1995, 117 ff.;

HAHN, Vergütungsansprüche für Dienstleistungen bei fehlender vertraglicher Grundlage, Diss. Freiburg i.Ue., Bern 2004; HARTMANN, Die vorvertraglichen Informationspflichten und ihre Verletzung, Diss. Freiburg i.Ue. 2001, 105 ff.; DERS., Der Abbruch der Vertragsverhandlungen als Enttäuschung von Vertrauen, ZBJV 2003, 516 ff.; HEHLI, Die alternativen Rechtsbehelfe des Käufers, Diss. Luzern 2008, Zürich/Basel/Genf 2008; JACCARD, Les devoirs d'information précontractuelle et la vente à distance dans l'avant-projet de loi fédérale sur le commerce électronique, in: KOLLER THOMAS/MURALT MÜLLER (Hrsg.), Nationale und internationale Bezüge des E-Commerce, Bern 2002, 17 ff.; JÖRG, Informationspflichten im E-Commerce, in: JÖRG/ARTER (Hrsg.), Internet-Recht und Electronic Commerce Law, Bern 2003, 15 ff.; KAISER, Die zivilrechtliche Haftung für Rat, Auskunft, Empfehlung und Gutachten, Bern 1987; KUONEN, La responsabilité précontractuelle, Diss. Fribourg 2007, Zürich/Basel/Genf 2007; DERS., Le contrat de négociation: Un aperçu de ses principales clauses et de leur sanction, Jusletter 7. Juli 2008; KUONEN/LIÉGEOIS., Rupture des négociations et perte d'une chance de conclure, SemJud 2008 II, 249 ff.; LAUER, Vorvertragliche Informationspflichten (insbesondere gegenüber Verbrauchern) nach schweizerischem, deutschem und französischem Recht, Genf 1983; LOSER, Vertrauenshaftung und Schutzpflicht – Vor dem Hintergrund europäischer Rechtsvereinheitlichung, in: Recht und Internationalisierung, Zürich 2000, 113 ff.; LÜCHINGER, Die Verjährung von Ansprüchen aus culpa in contrahendo, SJZ 2006, 197 ff.; MEIER-SCHATZ, Über die privatrechtliche Haftung für Rat und Anlagerat, Mélanges Piotet, Bern 1990, 151 ff.; MONN, Die Verhandlungsabrede: Begründung, Inhalt und Durchsetzung von Verhandlungspflichten, Diss. Freiburg i.Ue., Zürich/Basel/Genf 2010; MÜLLER GERD, Abschied von der Haftung des Verkäufers aus culpa in contrahendo oder Wiedergeburt?, Festschrift Hadding, Berlin 2004, 199 ff.; PIOTET P., La culpa in contrahendo aujourd'hui, SJZ 1981, 225 ff.; DERS., Développements récents de la théorie de la culpa in contrahendo, Mélanges Flattet, Lausanne 1985, 363 ff.; DERS., La responsabilité précontractuelle, spécialement du fait d'autrui, ZSR 1987 I, 743 ff.; REISCHL, Schuldverhältnis des «geschäftlichen Kontakts» durch Gefälligkeitshandlungen, Festschrift Musielak, München 2004, 411 ff.; ROUILLER, Culpa in contrahendo et liberté de rompre les négociations: Existe-t-il des devoirs précontractuels hors de l'obligation d'information? L'identification exacte du devoir violé et ses conséquences, JdT 2006 I, 163 ff.; SCHENKER, Precontractual Liability in Swiss Law, in: Rapports suisses présentés au XIIIᵉ Congrès international de droit comparé, Zürich 1990, 89 ff.; SCHÖNLE, La responsabilité des banques pour renseignements inexacts, in: Droit des obligations et droit bancaire, Basel 1995, 219 ff.; SCHUMACHER, Vertragsgestaltung, Zürich 2004; SCHWENZER, Aufwendungsersatz bei nicht durchgeführten Verträgen, Festschrift Schlechtriem, Tübingen 2003, 657 ff.; SPIRO, Die Haftung für Abschluss- und Verhandlungsgehilfen, zugleich ein Beitrag zur Lehre von der culpa in contrahendo, ZSR 1986 I, 619 ff.; TERCIER, La culpa in contrahendo en droit suisse, in: Premières journées juridiques yougoslavo-suisses, 1984, 225 ff.; THALMANN, Von der vorvertraglichen Aufklärungspflicht der Bank zur börsengesetzlichen Informationspflicht des Effektenhändlers, Festschrift Druey, Zürich 2002, 971 ff.; VON JHERING, Culpa in contrahendo oder Schadenersatz bei nichtigen oder nicht zur Perfection gelangten Verträgen, JherJb 1861, 183 ff.; WAHRENBERGER, Vorvertragliche Aufklärungspflichten im Schuldrecht, Zürich 1992; WERTENBRUCH, Zur Haftung aus culpa in contrahendo bei Abbruch von Vertragsverhandlungen, ZIP 2004, 1525 ff.; WESSNER, Quelques figures libres et imposées du devoir d'information durant la période précontractuelle: user, abuser, méduser, Mélanges Tercier II, Genf 2008, 513 ff.; WICK, Die Vertrauenshaftung im schweizerischen Recht, AJP 1995, 1270 ff.; WIDMER CORINNE, Umfang des Schadenersatzes bei nicht zur Perfektion gelangten Verträgen, Basel/Genf/München 2003; WIE-GAND, Von der Obligation zum Schuldverhältnis. Zur Entwicklung des schweizerischen Schuldrechts, Teil 1, recht 1997, 85 ff.

§ 47   Begriff und allgemeine Voraussetzungen

I. Begriff

47.01   Häufig gehen einem Vertragsschluss mehr oder weniger lange Vertragsverhandlungen voraus. Auch wenn die Parteien während dieses Zeitraums noch nicht vertraglich gebunden sind, entstehen im Vorstadium des Vertrages Pflichten, die sich von jenen, die gegenüber jedermann ausservertraglich geschuldet sind, unterscheiden. Werden diese Pflichten verletzt, so kann dies zu einer *Haftung aus Verschulden bei Vertragsschluss* (culpa in contrahendo) führen.

47.02   Im Gegensatz zu verschiedenen moderneren Kodifikationen (vgl. auch § 311 Abs. 2 BGB) ist das Institut der culpa in contrahendo im OR nicht allgemein geregelt. In Art. 26, 36 Abs. 2 und 39 sowie in Art. 411 Abs. 2 ZGB finden sich jedoch *punktuelle Regelungen*, die ein Verschulden im Verhandlungsstadium mittels eines Schadenersatzanspruchs sanktionieren. Darüber hinausgehend ist sie heute jedoch von Rechtsprechung und Lehre (vgl. nur GAUCH/SCHLUEP/SCHMID, N 962a ff.; BGE 120 II 331, 336, je m.w. Nachw.) als *eigenständiges Institut* anerkannt, wenngleich in Einzelfragen nach wie vor viele Unsicherheiten bestehen.

II. Allgemeine Voraussetzungen

47.03   Erforderlich ist zunächst, dass zwischen den Parteien überhaupt ein *geschäftlicher Kontakt* stattgefunden hat, durch den bei der verletzten Partei ein erhöhtes Vertrauen hervorgerufen wurde (BGE 116 II 695, 698; GUHL/KOLLER, 104).

47.04   Grundsätzlich treffen die Pflichten aus dem vorvertraglichen Vertrauensverhältnis *die Parteien* des anzubahnenden Vertrages. Wie bereits aus Art. 39 deutlich wird, können jedoch auch *Dritte*, die im Verhandlungsstadium besonderes Vertrauen für sich in Anspruch nehmen, haftpflichtig werden.

47.05   Spiegelbildlich können Vertragsverhandlungen erhöhte Pflichten nicht nur gegenüber der in Aussicht genommenen Vertragspartnerin, sondern auch gegenüber Dritten begründen. Dies gilt dann, wenn der in Aussicht genommene Vertrag eine *Dritte begünstigen* soll (BGE 108 II 305, 313).

Die Haftung aus culpa in contrahendo setzt nach h.M. neben einer 47.06 *Pflichtverletzung*, einem *Schaden* und *Kausalität* grundsätzlich ein *Verschulden* voraus. Die in Art. 39 Abs. 1 gemachte Ausnahme könne nicht auf andere Fälle übertragen werden (vgl. KOLLER, OR AT, § 28 N 27). Diese Auffassung kann heute nicht mehr überzeugen. Entsprechend den modernen Entwicklungen im Bereich der Leistungsstörungen (vgl. N 60.04) sollte auch bei der vorvertraglichen Haftung das culpa-Modell durch eine Abgrenzung nach Risikosphären ersetzt werden (vgl. SCHWENZER, FS Schlechtriem, 657, 662 ff.).

III. Fallgruppen

Welche Pflichten durch die Aufnahme von Vertragsverhand- 47.07 lungen entstehen, kann kaum abstrakt, sondern nur anhand von Fallgruppen beurteilt werden. Im Rahmen der Vertragsfreiheit steht es den Parteien darüber hinaus frei, im Wege eines sog. *Verhandlungsvertrages* das Verhandlungsverhältnis und die daraus resultierenden Pflichten (z.B. Geheimhaltung, Kostentragung etc.) näher auszugestalten (vgl. KUONEN, Jusletter 7. 7. 2008; MONN, N 656 ff.).

1. Nichtzustandekommen eines Vertrages

Ein Anspruch aus culpa in contrahendo kommt in Betracht, 47.08 wenn eine Partei schuldhaft das *Zustandekommen* eines Vertrages *verhindert*, indem sie z.B. einen Vertrag trotz Kenntnis oder schuldhafter Unkenntnis der Nichtigkeit wegen ursprünglicher Unmöglichkeit der Leistung oder Gesetzeswidrigkeit abschliesst (BGE 36 II 193, 203), die andere Partei über die Formbedürftigkeit nicht aufklärt (BGE 106 II 36, 40 f.; 98 II 23, 29 f.) oder sich nicht um eine von ihr einzuholende behördliche Bewilligung bemüht (KGer VS, ZWR 1986, 225, 230; BGE 90 II 21, 26). Der blosse *Abbruch von Vertragsverhandlungen* begründet an sich keine Haftung; dies gilt jedoch dann nicht, wenn die Verhandlungen von Anbeginn ohne ernstlichen Abschlusswillen geführt wurden oder weiterverhandelt wird, obwohl bereits sicher ist, dass mit einem Vertragsschluss nicht mehr zu rechnen ist (vgl. Nachw. bei BernerKomm/ KRAMER, Art. 22 N 12 ff.; BGer, SemJud 2002 I, 164, 167 ff., dazu HARTMANN, ZBJV 2003, 516 ff.; weiter gehend wohl MONN, N 908 ff.).

Auch das Wissen um geplante Investitionen der Gegenseite, die nur bei Vertragsschluss Sinn machen, ist zu berücksichtigen (vgl. HARTMANN, ZBJV 2003, 516, 533). Im Ergebnis wird culpa in contrahendo bei Abbruch von Vertragsverhandlungen von der Rechtsprechung nur bejaht, wenn auf den intendierten Vertrag bereits (Teil-)Leistungen erbracht wurden.

2. Nachteiliger Vertragsabschluss

47.09   Trotz Zustandekommens eines Vertrages kann ein Anspruch aus culpa in contrahendo in Betracht kommen, wenn eine Partei ihr im Verhandlungsstadium obliegende *Aufklärungs- und Informationspflichten* schuldhaft verletzt und es dadurch zu einem für die andere Partei nachteiligen Vertragsabschluss kommt (BGE 102 II 81, 84; 92 II 328, 333). Entscheidend ist nun freilich, wie weit der Kreis vorvertraglicher Informations- und Aufklärungspflichten gezogen wird. Wie bereits im Rahmen der absichtlichen Täuschung dargestellt (vgl. N 38.06), hängt insoweit viel von den Umständen des Einzelfalles ab, insbesondere auch von der *Stellung der Parteien* im Wirtschaftsleben (Kasuistik bei BernerKomm/KRAMER, Art. 22 N 33 ff.). Ein Anspruch aus culpa in contrahendo kommt dabei nicht allein bei vorsätzlichem Verhalten in Betracht, es reichen auch *fahrlässige Falschangaben* aus (BGE 105 II 75, 79 f.; GAUCH/SCHLUEP/SCHMID, N 968). In zunehmendem Masse werden vor allem aus Gründen des Konsumentenschutzes Informations- und Aufklärungspflichten gesetzlich normiert (vgl. für den Bereich des E-Commerce und Fernabsatzes JÖRG, in: JÖRG/ARTER, Internet-Recht, 15, 38 ff., mit einer Liste der Aufklärungspflichten 63 ff.).

3. Schutzpflichten im Hinblick auf absolute Rechte der anderen Vertragspartei

47.10   Selbstverständlich obliegen den Verhandlungspartnern auch *Schutzpflichten* bezüglich der *körperlichen Integrität* und des *Sacheigentums* der jeweils anderen Partei (vgl. statt vieler ZürcherKomm/JÄGGI, Art. 1 N 578). So muss der Boden eines Warenhauses gefahrlos begehbar, die zu einer Arztpraxis führende Treppe ausreichend beleuchtet sein. Diese Schutzpflichten unterscheiden sich jedoch in ihrer Intensität nicht von jenen, die gegenüber jedermann auch ohne Vertragsverhandlungen geschuldet sind (vgl. KOLLER, OR AT, § 28 N 42 ff.). Werden sie verletzt und erleidet die Verhandlungspartnerin deshalb einen Körper- oder Sachschaden, so besteht eine Haftung aufgrund *unerlaubter Handlung*. Eines zusätzlichen Anspruchs aus culpa in contrahendo bedarf es nach richtiger Ansicht (vgl. BernerKomm/KRAMER, Art. 22 N 38 m.w. Nachw.) nicht; dies gilt vor allem, wenn der nach Art. 55 Abs. 1 im Rahmen der deliktischen Gehilfenhaftung mögliche Exzeptionsbeweis mit der neueren Rechtsprechung zurückgedrängt wird (vgl. MERZ, Vertrag und Vertragsschluss, N 156).

4. Sachwalterhaftung

In der Schweizer Literatur (vgl. WICK, AJP 1995, 1270, 1273 f.   47.11 m.w. Nachw.) wird in Anlehnung an das deutsche Recht teilweise eine Haftung von Personen, die als Dritte an Vertragsverhandlungen beteiligt sind, ohne selbst Vertragspartei werden zu sollen, nach den Grundsätzen der culpa in contrahendo bejaht (sog. *Sachwalterhaftung*). Nach hier vertretener Auffassung geht es jedoch insoweit um deliktische Berufspflichten zum Schutze fremden Vermögens (vgl. N 52.03; vgl. ferner KOLLER, OR AT, § 28 N 49).

IV. Rechtsfolgen

Die Rechtsfolgen bei schuldhafter Verletzung der Pflichten im   47.12 Verhandlungsstadium können je nach Fallgruppe verschieden ausfallen.

Bei schuldhaftem *Nichtzustandekommen* eines Vertrages richtet sich   47.13 der Anspruch regelmässig auf *Schadenersatz* (vgl. KOLLER, OR AT, § 28 N 26 ff.). Entsprechend Art. 26 Abs. 1 ist dabei grundsätzlich das negative Interesse geschuldet (vgl. statt vieler BGE 105 II 75, 81 ff.). Ersatzfähig sind demnach vor allem Aufwendungen, die die Verhandlungspartnerin im Vertrauen auf einen wirksamen Vertragsabschluss getätigt hat. In Ausnahmefällen kann aus Billigkeit bei grobem Verschulden entsprechend Art. 26 Abs. 2, 39 Abs. 2 auch das positive Interesse verlangt werden (vgl. BGE 116 II 689, 690; 106 II 131, 132).

Kommt es aufgrund der vorvertraglichen Pflichtverletzung zu einem   47.14 *nachteiligen Vertragsabschluss*, so ist das Interesse des anderen Vertragsteils oft auf gänzliche oder teilweise *Aufhebung des Vertrages* gerichtet. Aus culpa in contrahendo ist deshalb ein entsprechendes Gestaltungsrecht anzunehmen. Daneben kommt auch ein Schadenersatzanspruch in Betracht (vgl. zum Ganzen BernerKomm/KRAMER, Art. 22 N 39 ff.).

§ 48   Rechtsnatur

48.01   Die Rechtsnatur der culpa in contrahendo ist in der Lehre und Rechtsprechung immer noch höchst umstritten. Ein Teil der Lehre spricht sich für die *deliktsrechtliche Natur* der vorvertraglichen Pflichten aus (vgl. nur KELLER/SCHÖBI, Schuldrecht I, 42 f.; MERZ, Vertrag und Vertragsschluss, N 152), ein anderer Teil betont den *vertragsrechtlichen* Charakter dieses Rechtsinstituts (vgl. VON TUHR/PETER, 192 f.). Wiederum andere sehen die culpa-Haftung als *Haftung eigener Art* (vgl. BUCHER, OR AT, 286; GAUCH/SCHLUEP/SCHMID, N 981; KOLLER, OR AT, § 28 N 21 ff.).

48.02   Nachdem das Bundesgericht nach anfänglichem Schwanken die Frage der Rechtsnatur der culpa in contrahendo zunächst offen gelassen hatte (BGE 104 II 94, 95; 101 II 266, 269), hat es sie in neuerer Zeit der zwischen Vertrags- und Deliktsrecht angesiedelten dritten Haftungskategorie, der *Vertrauenshaftung* (vgl. N 52.02), zugeschlagen (BGE 134 III 390, 395; 121 III 350, 355).

48.03   Wichtiger als alle theoretischen Überlegungen zur Rechtsnatur der culpa in contrahendo ist es, sich die mit der dogmatischen Einordnung verbundenen *Sachfragen* vor Augen zu halten und diese einer angemessenen Lösung zuzuführen (so BGE 101 II 266, 269). Es geht dabei um die Haftung für Hilfspersonen, die Verjährung und die Beweislast im Hinblick auf das Verschulden.

48.04   In ständiger Rechtsprechung bevorzugt das Bundesgericht in Bezug auf die *Hilfspersonenhaftung* die vertragsrechtliche Zurechnungsnorm des Art. 101 Abs. 1 und nicht die deliktische des Art. 55 Abs. 1 (vgl. nur BGE 108 II 419, 422). Diese Lösung erscheint auch als die im Hinblick auf die Unangemessenheit des Exzeptionsbeweises nach Art. 55 Abs. 1 einzig sachgerechte Lösung.

48.05   Im Hinblick auf die *Verjährung* wendet hingegen das Bundesgericht nicht die allgemeine Verjährungsfrist des Art. 127, sondern die deliktische Verjährungsfrist nach Art. 60 Abs. 1 an (BGE 134 III 390, 396 ff. m. ausf. Diskussion). Angemessen erscheint dies bei Integritätsschäden, die zum genuinen Regelungsbereich des Deliktsrechts gehören. Bei Vermögensschäden mag der Rückgriff auf die vertragsrechtliche Verjährung indes sachgerechter sein, da die relative einjährige Verjährungsfrist des Art. 60 Abs. 1 als zu kurz bemessen erscheint (vgl. vor allem BUCHER, OR AT, 287; DERS., recht 2006, 186, 188 ff.; LÜCHINGER, SJZ 2006, 197, 200 f.).

Schliesslich sollte auch im Rahmen der Haftung aus culpa in contra- 48.06 hendo bezüglich des Verschuldens die *Beweislast* nicht der Geschädigten auferlegt werden, wie dies bei einem deliktischen Anspruch der Fall ist, sondern eine Beweislastumkehr entsprechend Art. 97 Abs. 1 stattfinden. Die Gründe, die im vertraglichen Bereich für eine Beweislastumkehr sprechen (vgl. N 22.30), liegen regelmässig auch bei der Haftung aus culpa in contrahendo vor (BernerKomm/KRAMER, Allg. Einl. N 141).

Insgesamt zeigt sich damit, dass in den Sachfragen eine Anlehnung 48.07 des Anspruchs aus culpa in contrahendo an die *Vertragshaftung* häufig angemessener erscheint als eine Übernahme deliktsrechtlicher Prinzipien.

5. Teil: Die Entstehung der Obligation aus unerlaubter Handlung

Kapitel 1: Allgemeine Grundlagen

§ 49 Begriff und Funktion des ausservertraglichen Haftpflichtrechts

Literatur: BOSSHARD/KELLER, Haftpflichtbestimmungen, 12. Aufl., Bern 2004; DESCHENAUX/TERCIER, § 1 N 7 ff., 24 ff.; ENGEL, OR AT, 440 ff.; FURRER/MÜLLER-CHEN, Kap. 10 N 1 ff.; GUHL/KOLLER, 180 ff.; HONSELL, Haftpflichtrecht, § 1 N 1 ff., 8 ff., 63 ff.; KELLER, Haftpflicht I, 32 ff.; KELLER/GABI/GABI, Haftpflichtrecht, 1 ff.; OFTINGER/STARK, Haftpflichtrecht I, § 1 N 5 ff., 9 ff., 101 ff., § 13 N 1 ff.; REY, Haftpflichtrecht, N 1 ff., 12 ff., 57 ff.; ROBERTO, Haftpflichtrecht, N 9 ff.; SCHNYDER/PORTMANN/MÜLLER-CHEN, Haftpflichtrecht, N 1 ff.; TERCIER, Obligations, N 1859 ff.; WERRO, Responsabilité, N 1 ff.; CR CO I/WERRO, Intro. art. 41–61;

BRÜGGEMEIER, Grundlagen der Haftung nach dem schweizerischen Gesetz zur Reform des Haftpflichtrechts, in: FOËX/WERRO (Hrsg.), La réforme du droit de la responsabilité civile, Zürich 2004, 49 ff.; BÜHLER, Ist die Schadensprävention kein Thema für das Schweizerische Haftpflichtrecht?, Festschrift Rey, Zürich 2003, 197 ff.; BUSSANI, Les relations entre la responsabilité contractuelle et la responsabilité délictuelle, in: FOËX/WERRO (Hrsg.), La réforme du droit de la résponsabilité civile, Zürich 2004, 109 ff.; CHAPPUIS CHRISTINE/WERRO, La responsabilité civile: à la croisée des chemins, ZSR 2003 II, 237 ff.; ETIER, Du risque à la faute, Diss. Genf 2006; FUHRER, Zum Verhältnis von Haftpflicht und Privatversicherung im Vorentwurf zur Revision und Vereinheitlichung des Haftpflichtrechts, ZSR 2001 I, 371 ff.; DERS., Die Totalrevision des Haftpflicht- und des Versicherungsvertragsrechts als Chance für eine Vereinheitlichung und Modernisierung der Bestimmungen zum Schutz geschädigter Personen, Festgabe Schweizerischer Juristentag 2004, 3 ff.; FELLMANN, Selbstverantwortung und Verantwortlichkeit im Schadenersatzrecht, SJZ 1995, 41 ff.; FRÉSARD-FELLAY, Aspects de la coordination de l'assurance sociale et de la responsabilité civile, in: WERRO (Hrsg.), La fixation de l'indemnité, Bern 2004, 135 ff.; HAUSHEER, Neuerungen bei den Haftungsgründen, SVZ 1997, 22 ff.; HONSELL, Reformbestrebungen im schweizerischen Haftpflichtrecht, Festschrift Schlechtriem, Tübingen 2003, 743 ff.; KOZIOL, Revision und Vereinheitlichung des Haftpflichtrechts – Sicht aus dem Ausland, in: WEBER/FUHRER (Hrsg.), HAVE, Retouchen oder Reformen?, Zürich 2004, 23 ff.; HÜRZELER, Schadensprävention und Schadensminderung im Sozialversicherungs- und Haftpflichtrecht, in: WOLF/MONA/HÜRZELER (Hrsg.), Prävention im Recht, Basel 2008, 163 ff.; IMMENHAUSER, Das Dogma von Vertrag und Delikt, Weimar/Wien 2006; DERS., Die unerlaubte Handlung – Begreifliches und Unbegreifliches, in: BÜCHLER/ERNST/OBERHAMMER (Hrsg.), Vinculum iuris, Basel 2008, 65 ff.; KADNER GRAZIANO, Entwicklungstendenzen im schweizerischen ausservertraglichen Haftungs- und Schadensrecht, in: JUNG (Hrsg.), Aktuelle Entwicklungen im Haftungsrecht, Bern 2007, 1 ff.; LÄUBLI-ZIEGLER, Zeit ist Geld II – oder die Funktion der Zinsen im Haftpflichtrecht, HAVE 2005, 320 ff.; MAGNUS, Europa und sein Deliktsrecht – Gründe für und wider die Vereinheitlichung des ausservertraglichen Haftpflichtrechts, Festschrift Widmer, Wien 2003, 221 ff.; MÜLLER-CHEN, Haftpflichtrecht in der Krise?, BJM 2002, 289 ff.; DERS., Probleme des dualistischen Haftungskonzepts, in: FELLMANN/WEBER (Hrsg.), Haftpflichtprozess 2008, Zürich 2008, 13 ff.; PORTMANN, Revision und Vereinheitlichung des Haftpflichtrechts – Eine Auseinandersetzung mit dem geplanten Bundesgesetz, ZSR 2001 I, 327 ff.; ROBERTO, Verschuldenshaftung und einfache Kausalhaftungen: eine überholte Unterscheidung?, AJP 2005, 1323 ff.; SCHÖBI, Revision und Vereinheitlichung des Haftpflichtrechts – Ergebnisse der Vernehmlassung und weiteres Vorgehen, in: WEBER/FUHRER (Hrsg.), HAVE, Retouchen oder Reformen?, Zürich 2004, 9 ff.; SCHWENZER, Der schweizerische Entwurf zur Reform des Haftpflichtrechtes – eine kritische Stellungnahme, in: WINIGER (Hrsg.), La responsabilité civile européenne de demain, Genf/Zürich/Basel 2008, 77 ff.; SPITZ, Haftung für Wettbewerbshandlungen, in: JUNG (Hrsg.), Aktuelle Entwicklungen im Haftungsrecht, Bern 2007, 205 ff.; TATTI, Les relations entre la responsabilité civile et l'assurance (art. 54–54i AP), in: FOËX/WERRO (Hrsg.), La réforme du droit de la responsabilité civile, Zürich 2004, 183 ff.; VASELLA/SCHNYDER/WEBER, Haftpflicht und Privatversicherungsrecht, Entwicklungen 2007, Bern 2008; VINEY, Les tentatives actuelles d'harmonisation des droits de la responsabilité civile au sein de l'Union européenne, in: CHAPPUIS CHRISTINE/WINIGER (Hrsg.), Journée de la responsabilité civile 2002, Zürich 2003, 173 ff.; WEBER, Zivilrechtliche Haftung im Internet, in: ARTER/JÖRG (Hrsg.), Internet-Recht und Electronic Commerce Law, Bern 2003, 159 ff.; WERRO, The Swiss Tort Reform: a Possible Model for Europe?, in: BUSSANI (Hrsg.), European Tort Law, Bern 2007, 81 ff.; WIDMER, Privatrechtliche Haftung, in: MÜNCH/GEISER (Hrsg.), Schaden – Haftung – Versicherung, Basel/Genf/München 1999, 7 ff.; DERS., Ein erster Schritt zu einem europäischen Haftpflichtrecht?, HAVE 2005, 245 ff.; WINIGER, L'architecture de l'Avant-projet de loi sur la responsabilité civile, ZSR 2001 I, 299 ff.

I. Begriff

49.01   Das ausservertragliche Haftpflichtrecht *(Deliktsrecht)* regelt den Schadensausgleich in Fällen, in denen zwischen dem Schädiger und der Geschädigten vor dem schädigenden Ereignis nicht notwendigerweise Rechtsbeziehungen bestehen müssen. Soweit die Voraussetzungen eines ausservertraglichen Haftpflichtanspruchs gegeben sind, kann dieser allerdings auch neben einem vertraglichen Anspruch zur Anwendung gelangen (Anspruchskonkurrenz, vgl. N 5.03 ff.).

49.02   Geregelt ist das ausservertragliche Haftpflichtrecht einerseits in den Art. 41 ff. unter dem Begriff der *unerlaubten Handlungen.* Zahlreiche weitere Bestimmungen finden sich jedoch auch im ZGB (z.B. Art. 333, 679, 679a ZGB) sowie in Sondergesetzen.

II. Funktion

Dem ausservertraglichen Haftpflichtrecht kommt eine enorme *wirtschaftliche Bedeutung* zu, die aufgrund veränderter Wertvorstellungen in unserer Gesellschaft weiter zunimmt. Was vor einigen Jahrzehnten noch als Unglück und allgemeines Lebensrisiko begriffen wurde, erscheint heute vielfach als Unrecht, das einen Ausgleich in Form von Schadenersatz erheischt. Erwähnt seien insoweit nur die Produkte- und Arzthaftpflicht, die noch vor wenigen Jahrzehnten lediglich ein kümmerliches Dasein fristeten. 49.03

Als primäre Funktion des ausservertraglichen Haftpflichtrechtes wurde und wird auch heute noch von der herrschenden Meinung überwiegend der *Schadensausgleich* angesehen (vgl. REY, Haftpflichtrecht, N 12). Mit der Zunahme kollektiver Schadensabnahmesysteme in Form von Versicherungen tritt jedoch diese Funktion immer mehr in den Hintergrund. Abgelehnt wird auch der pönale Charakter des Haftpflichtrechts. Tragend ist heute m.E. der Gesichtspunkt der *Prävention*, d.h. der Schadensverhütung (ebenso FELLMANN, SJZ 1995, 41, 44 f.; OFTINGER/STARK, Haftpflichtrecht I, § 1 N 15). Das ausservertragliche Haftpflichtrecht will einen Anreiz schaffen, sich so zu verhalten, dass Dritte aufgrund eines Verhaltens nicht geschädigt werden. 49.04

Vor allem bei Körperverletzungen, aber auch bei Sachschäden bedeutet ausservertragliche Haftung heute nur noch in den seltensten Fällen, dass eine Schadenersatzleistung vom Schädiger selbst an die Geschädigte persönlich zu erbringen ist. Vielmehr stehen hinter beiden *kollektive Schadensabnahmesysteme*. Es gibt kaum noch Fälle, in denen der Schädiger nicht im Hinblick auf die Folgen seiner Haftpflicht versichert ist. Der Geschädigten wird heute im Regelfall der Schaden bereits durch private und öffentliche (Sozial-)Versicherungen abgenommen. Das ausservertragliche Haftpflichtrecht ist damit primär zu einem *Recht der Regressvoraussetzungen* zwischen verschiedenen Versicherern geworden. Es entscheidet darüber, ob der Schadensversicherer auf den Haftpflichtversicherer zurückgreifen kann. Selbst diese Funktion geht verloren, wenn – wie es jedenfalls punktuell auch in der Schweiz der Fall sein dürfte – Schadensteilungsabkommen zwischen Haftpflicht- und Schadensversicherern bestehen, nach denen nur noch ein pauschaler Ausgleich und nicht mehr ein Regress im Einzelfall erfolgt. 49.05

Vor diesem Hintergrund kann die Frage gestellt werden, ob das ausservertragliche Haftpflichtrecht heute überhaupt noch eine *Existenzberechtigung* besitzt oder ob es nicht – jedenfalls im Bereich der Körper- 49.06

schäden – mit Einführung einer allgemeinen *(Volks-)Unfallversicherung*, in die dann auch Beiträge aller potenziell Haftpflichtigen einfliessen müssten, abgeschafft werden könnte (vgl. zum Ganzen insb. ZWEIGERT/ KÖTZ, Rechtsvergleichung, 685 ff.). Der Gedanke der Prävention könnte dabei durchaus im Rahmen der Prämiengestaltung berücksichtigt werden, so dass ein solches System nicht der Verantwortungslosigkeit Vorschub leisten würde. In Neuseeland wurde dieses Modell bereits 1974 in die Tat umgesetzt und funktioniert dort sehr zufriedenstellend. Auch in anderen Ländern ist es namentlich in den 1970er-Jahren auf grosses Interesse gestossen; seine Verwirklichung dürfte aber vor allem an der überragenden Bedeutung der Versicherungswirtschaft gescheitert sein (zur Diskussion in der Schweiz vgl. OFTINGER/STARK, Haftpflichtrecht I, § 1 N 140 ff.).

III. Arten ausservertraglicher Haftung

1. Verschuldenshaftung

49.07   Das geltende Schweizer Recht ist (noch) vom *Verschuldensprinzip* geprägt (vgl. N 22.01 ff.), d.h. Schadenersatz wird nur in Fällen geschuldet, in denen der Schädiger vorsätzlich oder fahrlässig handelt (vgl. Art. 41).

2. Kausalhaftungen

a) Begriff

49.08   Die sog. *Kausalhaftungen* werden heute immer noch als Ausnahmen zur Verschuldenshaftung betrachtet (vgl. nur REY, Haftpflichtrecht, N 24; OFTINGER/STARK, Haftpflichtrecht I, § 1 N 102), wenngleich sie diese in der praktischen Bedeutung bereits überflügelt haben dürften. Im Unterschied zur Verschuldenshaftung fehlt es bei den Kausalhaftungen an einem (expliziten) Verschuldenserfordernis. Unterschieden wird die sog. *einfache* (gewöhnliche, milde; teilweise diff. REY, Haftpflichtrecht, N 894) *Kausalhaftung* und die *Gefährdungshaftung* (auch strenge, scharfe Kausalhaftung).

49.09   Der Begriff der Kausalhaftung ist *irreführend*. Weder bei der einfachen Kausalhaftung noch bei der Gefährdungshaftung wird lediglich dafür gehaftet, dass irgendein menschliches Verhalten oder eine Sache kausal für den Schadenseintritt war. Die meisten einfachen Kausalhaftungen (vgl. z.B. Art. 55 Abs. 1, 56 Abs. 1, Art. 333 ZGB) sind in der Sache nichts anderes als eine *Verschuldenshaftung mit Beweislastumkehr*, da sich der Schädiger durch einen Sorgfaltsbeweis von der Haftung befreien kann (ebenso KuKo OR/Schönenberger, Vor Art. 41–61 N 9; Honsell, Haftpflichtrecht, § 1 N 23; Roberto, Haftpflichtrecht, N 35; Ders., AJP 2005, 1323, 1329: gesetzlich konkretisierte Sondertatbestände der Verschuldenshaftung; a.A. Rey, Haftpflichtrecht, N 881, m.w. Nachw.; offen gelassen von BGE 131 III 115, 116 f.). Die Werkeigentümerhaftung (Art. 58 Abs. 1) sieht zwar keine Entlastung bei fehlendem Verschulden vor, sie verlangt aber die Mangelhaftigkeit des Werkes, was faktisch zumeist einem Verschulden gleichkommt. Dasselbe gilt für die Haftpflicht des Warenherstellers nach Art. 1 PrHG. Selbst die in Sondergesetzen geregelten *Gefährdungshaftungstatbestände*, die an die besondere Gefährlichkeit einer Anlage oder Einrichtung anknüpfen, lassen Kausalität allein nicht genügen, sondern sehen unter bestimmten Umständen eine Entlastung des Schädigers vor (vgl. nur Art. 59 Abs. 1 SVG).

Da sich der Begriff der Kausalhaftung jedoch in der schweizerischen 49.10 Rechtswissenschaft allgemein eingebürgert hat, soll er trotz seiner Fragwürdigkeit auch hier als Kurzformel für die Umschreibung bestimmter Haftungtatbestände benützt werden.

b) Verhältnis zur Verschuldenshaftung

Liegen die Voraussetzungen eines Kausalhaftungstatbestandes 49.11 vor und fällt dem Schädiger gleichzeitig ein Verschulden zur Last, so dass an und für sich auch eine Haftung nach Art. 41 Abs. 1 bestünde, so soll nach der Rechtsprechung des Bundesgerichts grundsätzlich die *Verschuldenshaftung zurücktreten* und allein die Kausalhaftung zum Zuge kommen (vgl. BGE 115 II 237, 242). Insoweit wird eine Anspruchskonkurrenz, die zwischen ausservertraglicher Verschuldenshaftung und Vertragshaftung (vgl. BGE 120 II 58, 61; 113 II 246, 247) bzw. zwischen Kausalhaftung und Vertragshaftung bejaht wird, abgelehnt. Das neben der Kausalhaftung vorliegende Verschulden ist jedoch im Rahmen der *Schadensbemessung* zu berücksichtigen.

Unproblematisch ist der Ausschluss der Anspruchskonkurrenz zwi- 49.12 schen ausservertraglicher Verschuldenshaftung und Kausalhaftung dort, wo der Umfang der Kausalhaftung nicht hinter jenem der Verschuldenshaftung zurückbleibt (vgl. etwa Art. 55 Abs. 1). Reicht die Kausalhaftung jedoch weniger weit als die Verschuldenshaftung, indem sie beispielsweise gewisse Schadensarten vom Anwendungsbereich ausschliesst, so ist zugunsten der Geschädigten bei Vorliegen von Verschulden von einer *Anspruchskonkurrenz* auszugehen (vgl. auch Art. 11 Abs. 2 PrHG; a.A. BGE 106 II 75 ff. zu Art. 58 Abs. 1 SVG; wie hier KRAMER, recht 1984, 128, 129 ff.).

Kapitel 2: Die Verschuldenshaftung

§ 50   Die Grundnorm: Art. 41 Abs. 1

Literatur: BERGER, Schuldrecht, N 1832 ff.; FURRER/MÜLLER-CHEN, Kap. 11 N 106 f.; PORTMANN/REY, 11, 58 f.; SCHNYDER/PORTMANN/MÜLLER-CHEN, Haftpflicht-recht, N 221 ff.; WERRO, Responsabilité, N 252 ff.; für Gesamtdarstellungen von Art. 41 Abs. 1 vgl. insb.: BaslerKomm/HEIERLI/SCHNYDER A.K., Art. 41; BernerKomm/BREHM, Art. 41; CHK/MÜLLER, OR 41; CR CO I/WERRO, Art. 41; KuKo OR/SCHÖNENBERGER, Art. 41;

BÜHLER, Auswirkungen des Produktsicherheitsgesetzes auf das Privatrecht, SJZ 2012, 45 ff.; CRAMER, Rechtsschutz bei Persönlichkeitsverletzungen durch Medien, recht 2007, 123 ff.; SCHWENZER, Der schweizerische Entwurf zur Reform des Haftpflichtrechtes – eine kritische Stellungnahme, in: WINIGER (Hrsg.), La responsabilité civile européenne de demain, Genf/Zürich/Basel 2008, 77 ff.; WESSNER, La responsabilité pour faute: une conception non suprénante, des conditions d'application novatrices, Le regard d'un juriste suisse, HAVE 2005, 252 ff.

I. Allgemeines

50.01   Nach Art. 41 Abs. 1 haftet, wer einem anderen widerrechtlich und schuldhaft einen Schaden zufügt. In allgemeiner Weise können demnach die Haftungsvoraussetzungen folgendermassen zusammengefasst werden: *Schaden, Kausalität, Widerrechtlichkeit* und *Verschulden*. Haftpflichtig ist diejenige Person, die durch ihr eigenes menschliches *Handeln* oder *Unterlassen* den Schaden verursacht hat. Demgegenüber unterscheidet eine neuere Lehre (ROBERTO, Haftpflichtrecht, N 39 f.) als Haftungsvoraussetzungen *Rechtswidrigkeit, Rechtsgutsverletzung, Kausalität* und *Verschulden;* der *Schaden* erscheint demgegenüber auf der Rechtsfolgenseite.

50.02   Mit Art. 41 Abs. 1 hat sich der schweizerische Gesetzgeber für eine *deliktische Generalklausel* entschieden, die die Aufgabe, im Einzelfall durch Auslegung und Eingrenzung über die Haftung zu entscheiden, den Gerichten überlässt. Demgegenüber hat es beispielsweise der deutsche Gesetzgeber in § 823 ff. BGB vorgezogen, durch weitgehende Normierung von *Einzeltatbeständen* im Bereich der geschützten Rechtsgüter die rechtspolitischen Grundwertungen selbst zu treffen. Dieser historische Ausgangspunkt spiegelt sich freilich kaum noch in der Praxis der beiden Staaten wider. Schweizerische Lehre und Rechtsprechung haben nämlich die Einzeltatbestände des § 823 BGB weitgehend rezipiert und in den Begriff der *Widerrechtlichkeit* übernommen. Demgegenüber hat sich die deutsche Rechtsprechung bereits in den Fünfzigerjahren des letzten Jahrhunderts allmählich der ihr vom Gesetzgeber auferlegten Fesseln entledigt und das Deliktsrecht in Richtung einer Generalklausel weiterentwickelt. Die schweizerische Rechtsprechung scheint sich hingegen der Existenz des Art. 41 Abs. 1 als einer Generalklausel kaum bewusst zu sein.

Da die Begriffe des Schadens, der Kausalität und des Verschuldens 50.03 bereits behandelt worden sind, sind in diesem Zusammenhang lediglich die *Widerrechtlichkeit* und mögliche Rechtfertigungsgründe näher zu betrachten.

II. Widerrechtlichkeit

Literatur: BERGER, Schuldrecht, N 1833 ff.; DESCHENAUX/TERCIER, § 6; EN-GEL, OR AT, 447 ff.; FURRER/MÜLLER-CHEN, Kap. 11 N 1 ff.; GUHL/KOLLER, 186 ff.; HONSELL, Haftpflichtrecht, § 4; KELLER, Haftpflicht I, 106 ff.; KELLER/GABI/GABI, Haftpflichtrecht, 43 ff.; OFTINGER/STARK, Haftpflichtrecht I, § 4; PORTMANN/REY, 27 ff.; REY, Haftpflichtrecht, N 665 ff.; ROBERTO, Haftpflichtrecht, N 41 ff.; SCHNYDER/PORTMANN/ MÜLLER-CHEN, Haftpflichtrecht, N 133 ff.; VON TUHR/PETER, 408 ff.; WERRO, Responsabilité, N 297 ff.; BaslerKomm/HEIERLI/SCHNYDER A.K., Art. 41 N 30 ff.; BernerKomm/BREHM, Art. 41 N 32 ff.; CHK/MÜLLER, OR 41 N 42 ff.; CR CO I/WERRO, Art. 41 N 51 ff.; KuKo OR/SCHÖNENBERGER, Art. 41 N 21 ff.;

AEBI-MÜLLER/PFAFFINGER, Haftung für Rat und Auskunft – unter besonderer Berücksichtigung von Empfehlungsschreiben und Referenzauskünften, Festschrift Vonplon, Zürich/Basel/Genf 2009, 21 ff.; BÄCHLI, Das Recht am eigenen Bild, Basel 2002; BERGER, Abschied vom Gefahrensatz?, recht 1999, 104 ff.; BOSSHARD, Neuere Tendenzen in der Lehre zum Begriff der Widerrechtlichkeit nach Art. 41 OR, Zürich 1988; BÜCHLER, Die Kommerzialisierung Verstorbener, AJP 2003, 3 ff.; CARTIER, Begriff der Widerrechtlichkeit nach Art. 41 OR, Diss. St. Gallen 2007; CASANOVA, Die Haftung der Parteien für prozessuales Verhalten, Freiburg i.Ue. 1982; CHAPPUIS CHRISTINE, La distinction entre illicéité et la faute: n'est-il pas temps de renoncer?, Festschrift Brehm, Bern 2012, 83 ff.; CHAPPUIS CHRISTINE/WERRO, La responsabilité civile: à la croisée des chemins, ZSR 2003 II, 237 ff.; DELCÒ, Die Bedeutung des Grundsatzes von Treu und Glauben beim Ersatz reiner Vermögensschäden, Zürich 2000; FELLMANN, Neuere Entwicklungen im Haftpflichtrecht, AJP 1995, 878, 885 f.; DERS., Ist eine Integration der Haftung für positive Vertragsverletzung in das Deliktsrecht sachgerecht?, recht 1997, 95 ff.; DERS., Widerrechtlichkeit: drei Theorien für ein Problem – Versuch einer Zwischenbilanz, ZSR

2009, 473 ff.; DERS., Sustanzbeeinträchtigungs- und Funktionsbeeinträchtigungstheorie beim Sachschaden – Fata Morganen am juristischen Horizont, Festschrift Brehm, Bern 2012, 133 ff.; DERS., Inhalt und Tragweite des Produktsicherheitsgesetzes (PrSG) vom 12. Juni 2009, HAVE 2010, 3 ff.; FISCHER, Dritthaftung für falsche freiwillige Auskünfte, ZVglRWiss 1984, 1 ff.; DERS., Ausservertragliche Haftung für Schockschäden Dritter, Zürich 1988; FLÜHMANN, Haftung aus Prüfung und Berichterstattung gegenüber Dritten, Diss. St. Gallen, Bern 2004; FUHRER, Ausgewählte Fragen im Zusammenhang mit der Liquidation von Sachschäden, in: KOLLER ALFRED (Hrsg.), Haftpflicht- und Versicherungsrechtstagung 1993, St. Gallen 1993, 73 ff.; GABRIEL, Die Widerrechtlichkeit in Art. 41 Abs. 1 OR unter Berücksichtigung des Ersatzes reiner Vermögensschäden, Diss. Freiburg i.Ue. 1987; GAUCH, Die Vereinheitlichung der Delikts- und Vertragshaftung, ZSR 1997 I, 315, 318 f.; DERS., Grundbegriffe des ausservertraglichen Haftpflichtrechts, recht 1996, 225 ff.; GAUCH/SWEET, Deliktshaftung für reinen Vermögensschaden, Festschrift Keller, Zürich 1989, 117 ff.; GIGER, Berührungspunkte zwischen Widerrechtlichkeit und Verschulden, Hundert Jahre Schweizerisches Obligationenrecht, Freiburg i.Ue. 1982, 369 ff.; GUTZWILLER, Der Beweis der Verletzung von Sorgfaltspflichten, insbesondere der Aufklärungspflicht, im Anlagengeschäft der Banken, AJP 2004, 411 ff.; HOFSTETTER, Gutachterhaftung gegenüber Dritten im schweizerischen Recht, AJP 1998, 261 ff.; JAUN, Der Gefahrensatz – Gefahr oder Chance?, ZBJV 2003, 141 ff.; DERS., Haftung für Sorgfaltspflichtverletzung, Habil. Bern 2007; KELLER, Ist eine Treu und Glauben verletzende Schädigung widerrechtlich?, recht 1987, 136 f.; KERNEN, Das Geldwäschereigesetz als Quelle von haftpflichtrechtlichen «Schutznormen», recht 2008, 133 ff.; KESSLER, Mobbing – Aspekte der Ersatzpflicht, Festschrift Foegen, St. Gallen 2006, 89 ff.; KOLLER, Zum Dritten – nochmals und letztmals zu BGE 119 II 127, AJP 2003, 729 ff.; DERS., Ausservertragliche Haftung eines Ingenieurs für mangelhafte Hangsicherung?, Festschrift Walter, Bern 2005, 367 ff.; KOZIOL, Die Vereinheitlichung der Delikts- und Vertragshaftung im Schweizer Vorentwurf für einen Allgemeinen Teil des Haftpflichtrechts, ZBJV 1998, 517 ff.; KRAMER, «Reine Vermögensschäden» als Folge von Stromkabelbeschädigungen, recht 1984, 128 ff.; KUHN, Die Haftung aus falscher Auskunft und falscher Raterteilung, SJZ 1986, 345 ff.; LEHMANN, Ist Geldwäscherei nach Art. 305bis StGB eine haftpflichtrechtliche Schutznorm?, Festschrift Honsell, Zürich 2007, 1 ff.; LORANDI, Haftung für reinen Vermögensschaden, recht 1990, 19 ff.; LOSER, Konkretisierung der Vertrauenshaftung, recht 1999, 73 ff.; MANNSDORFER, Pränatale Schädigung, Freiburg i.Ue. 2000; MEIER-SCHATZ, Über die privatrechtliche Haftung für Rat und Anlagerat, Festschrift Piotet, Bern 1990, 151 ff.; MERZ, Die Widerrechtlichkeit gemäss Art. 41 OR als Rechtsquellenproblem, Berner Festgabe für den Schweizerischen Juristenverein, Bern 1955, 301 ff.; MISTELI, La responsabilité pour le dommage purement économique, Zürich 1999; MORIN, Le comportement contraire au principe de la bonne foi au sens de l'article 46 alinéa 2 de l'Avant-projet de loi fédérale sur la révision et l'unification du droit de la responsabilité civile, in: FOËX/ WERRO (Hrsg.), La réforme du droit de la responsabilité civile, Zürich 2004, 61 ff.; NICOD, Le concept de l'illicéité civile à la lumière des doctrines françaises et suisses, Diss. Lausanne 1987; NOTH/GROB, Rechtsnatur und Voraussetzungen der obligationenrechtlichen Prospekthaftung – ein Überblick, AJP 2002, 1435 ff.; OTT/GRIEDER, Plädoyer für den postmortalen Persönlichkeitsschutz, AJP 2001, 672 ff.; OVERNEY, Illicéité de résultat et illicéité de comportement, une distinction dépassée?, Festschrift Brehm, Bern 2012, 293 ff.; PETITPIERRE, Les fondements de la responsabilité civile, ZSR 1997 I, 273, 277 ff.; PEYER, Zur Ersatzfähigkeit reiner Vermögensschäden, recht 2002, 99 ff.; PORTMANN, Erfolgsunrecht oder Verhaltensunrecht? Zugleich ein Beitrag zur Abgrenzung von Widerrechtlichkeit und Verschulden im Haftpflichtrecht, SJZ 1997, 273 ff.; RASCHEIN, Die Widerrechtlichkeit im System des schweizerischen Haftpflichtrechts, Diss. Bern 1985; REY, Rechtliche Sonderverbindungen und Rechtsfortbildung, Festschrift Keller, Zürich 1989, 231 ff.; DERS., Deliktsrechtliche Ersatzfähigkeit reiner Nutzungsbeeinträchtigungen an Sachen – Ein künftiges Diskussionsthema in der Schweiz?, Festschrift Widmer, Wien 2003, 283 ff.; ROBERTO, Deliktsrechtlicher Schutz des Vermögens, AJP 1999, 511 ff.; DERS., Verschulden statt Adäquanz – oder sollte es gar die Rechtswidrigkeit sein, recht 2002, 145 ff.; DERS., Haftung für Dienstleistungen gegenüber vertragsfremden Dritten, in: Recht und Internationalisierung, Festgabe der Juristischen Abteilung der Universität St. Gallen zum Juristentag 2000, Zürich 2000, 137 ff.; DERS., Wandlungen, Reform und Stand des schweizerischen Haftpflichtrechts, Festschrift 25 Jahre juristische Abschlüsse an der Universität St. Gallen (HSG), Zürich 2007, 419 ff.; ROBERTO/HRUBESCH-MILLAUER, Offene und neue Fragestellungen im Bereich des Persönlichkeitsschutzes, Festschrift Druey, Zürich 2002, 229 ff.; ROMERIO, Toxische Kausalität, Basel/Frankfurt a.M. 1996; SCHÖNENBERGER BEAT, Haftung für Rat und Auskunft gegenüber Dritten, Basel 1999; DERS., Die dritte Widerrechtlichkeitstheorie, HAVE 2004, 3 ff.; SCHÖNLE, Die Deliktshaftung des Verkäufers wegen «Mängel der Kaufsache», Mélanges Schmidlin, Basel/Frankfurt a.M. 1998, 379 ff.; SCHROETER, Die Dritthaftung staatlich anerkannter Gutachter im deutschen und schweizerischen Recht, Feschschrift Schwenzer, Band II, Bern 2011, 1565 ff.; SCHWANDER, Geldwäscherei. Sorgfaltspflichten der Finanzintermediäre gemäss Geldwäschereigesetz als Schutznormen i.S. von Art. 41 Abs. 1 OR? Anknüpfung der Schadenersatzklage im internationalen Verhältnis, Art. 133 Abs. 2 IPRG, AJP 2007, 1177 ff.; SCHWARZ, Zivilrechtliche Haftung für Geldwäscherei, HAVE 2009, 9 ff.; SCHWENZER, Rezeption deutschen Rechtsdenkens im schweizerischen Obligationenrecht, in: SCHWENZER (Hrsg.), Schuldrecht, Rechtsvergleichung und Rechtsvereinheitlichung an der Schwelle zum 21. Jahrhundert, Tübingen 1999, 59 ff.; DIES., Sachgüterschutz im Spannungsfeld deliktischer Verkehrspflichten und vertraglicher Leistungspflichten, JZ 1988, 525 ff.; SCHWENZER/SCHÖNENBERGER, Civil Liability for Purely Economic Loss in Switzerland, in: Swiss reports presented at the XVth International Congress of Comparative Law, Zürich 1998, 353 ff.; TAUFER, Allgemeine Bemerkungen über die Ad-hoc-Publizitätsvorschrift nach Artikel 72 des Kotierungsreglementes der Schweizer Börse (SWX), AJP 2000, 1120 ff.; WERRO, Die Sorgfaltspflichtverletzung als Haftungsgrund nach Art. 41 OR: Plädoyer für ein modifiziertes Verständnis von Widerrechtlichkeit und Verschulden in der Haftpflicht, ZSR 1997 I, 343 ff.; DERS., Tort Liability for Pure Economic Loss: A Critique of Current Trends in Swiss Law, in: BANAKAS (Hrsg.), Civil Liability for Pure Economic Loss, London/The Hague/Boston 1996, 181 ff.; WICK, Die Vertrauenshaftung im schweizerischen Recht, AJP 1995, 1270 ff.; WIDMER, Die Vereinheitlichung des schweizerischen Haftpflichtrechts – Brennpunkte eines Projekts, ZBJV 1994, 385 ff.; DERS., Privatrechtliche Haftung, in: MÜNCH/GEISER (Hrsg.), Schaden – Haftung – Versicherung, Basel/Genf/München 1999, 7, 35 ff.; WINIGER, Une définition ambivalente et 2000 ans de confusion: illicéité objective et subjective, Festschrift Wessner, Basel 2011, 265 ff.; ZULLIGER, Eingriffe Dritter in Forderungsrechte, Zürich 1988.

1. Allgemeines

50.04   Der Begriff der Widerrechtlichkeit (Rechtswidrigkeit) hat die Funktion, zum Schadenersatz verpflichtendes Unrecht von hinzunehmenden Nachteilen zu unterscheiden. Rechtsprechung und herrschende Lehre (BGE 119 II 127, 128; 122 III 176, 192; statt vieler REY, Haftpflichtrecht, N 670 ff.) gehen dabei (noch) von dem in der deutschen Pandektistik im 19. Jahrhundert entwickelten *objektiven Widerrechtlichkeitsbegriff* aus (zur geschichtlichen Entwicklung vgl. SCHWENZER, in: SCHWENZER (Hrsg.), Schuldrecht, Rechtsvergleichung und Rechtsvereinheitlichung, 59, 60 ff.). Widerrechtlich ist eine Schadenszufügung danach, wenn sie gegen eine allgemeine gesetzliche Pflicht verstösst, indem entweder ein absolutes Recht des Geschädigten beeinträchtigt oder eine reine Vermögensschädigung durch Verstoss gegen eine einschlägige Schutznorm bewirkt wird. Demgegenüber sollte nach der früher vereinzelt vertretenen *subjektiven Widerrechtlichkeitstheorie* die Widerrechtlichkeit allein aus der Tatsache der Schädigung als solcher abgeleitet werden, es sei denn, die Verursacherin wäre dazu aus besonderen Gründen befugt (vgl. die Nachw. zu dieser Theorie bei REY, Haftpflichtrecht, N 677; ausf. zum Theorienstreit GABRIEL, Widerrechtlichkeit, N 212 ff.). In jüngerer Zeit gewinnt schliesslich eine dritte Widerrechtlichkeitstheorie zunehmend an Terrain (vgl. nur WERRO, ZSR 1997 I, 343, 366 f.; SCHÖNENBERGER, 149 ff.; DERS., HAVE 2004, 3 ff.; ROBERTO, Haftpflichtrecht, N 41 ff.; vgl. auch N 50.28 ff.). Statt auf die Art des verletzten Rechtsguts abzustellen, wird – im Anschluss an die angloamerikanische *negligence*-Haftung – an die *Verletzung einer Schutzpflicht* angeknüpft. Dies hat den Vorteil, dass einerseits reine Vermögensschäden im Ausgangspunkt gleich wie Schäden aus der Verletzung absoluter Rechtsgüter behandelt werden und andererseits die erforderliche Haftungsbegrenzung durch fallgruppenweise Herausarbeitung bestimmter Schutzpflichten erfolgen kann.

2. Verletzung absoluter Rechtsgüter

a) Überblick

50.05   Widerrechtlichkeit liegt nach h.M. zunächst vor, wenn ein absolutes Rechtsgut verletzt wird. Demgegenüber verlangt die neuere Lehre (vgl. N 50.04) auch insoweit die Verletzung einer dieses Rechtsgut schützenden Pflicht. *Absolute Rechte* sind solche, die eine Ausschluss- und Abwehrwirkung gegen jedermann entfalten. Es sind dies persönliche

Rechtsgüter, dingliche Rechte sowie Immaterialgüterrechte. Zu den Ersten gehören das Recht auf Leben, die körperliche und psychische Integrität, Freiheit sowie andere Aspekte des Persönlichkeitsrechtes. Zur zweiten Gruppe zählen das Eigentumsrecht, der Besitz, soweit er sachenrechtlich geschützt ist (a.A. REY, Haftpflichtrecht, N 692), und beschränkte dingliche Rechte wie das Pfandrecht, das Baurecht, das dingliche Wohnrecht sowie andere Dienstbarkeiten (z.B. Jagd- und Fischereirechte). Immaterialgüterrechte sind Urheber-, Patent- und Markenrechte und Design (ehemals Muster und Modelle).

Nicht zu den absolut geschützten Rechtsgütern zählt das *Vermögen als* 50.06 *solches.* Reine (primäre) Vermögensschäden, die sich nicht als Folge der Verletzung eines absolut geschützten Rechtsguts darstellen, sind deshalb auch nach h.M. ausservertraglich nur ersatzfähig, wenn gegen eine das Vermögen als solches *schützende Norm* verstossen wurde oder eine sittenwidrige Schädigung vorliegt. Dasselbe gilt für die Verletzung *relativer Rechte*, so dass insbesondere nicht jede Vertragsverletzung (BGE 74 II 23, 26) oder Verleitung zum Vertragsbruch (vgl. auch Art. 4 lit. a UWG) per se widerrechtlich ist. Allenfalls die *Forderungszuständigkeit* als solche kann zu den absolut geschützten Rechtsgütern gerechnet werden (so auch ZULLIGER, Forderungsrechte, 151 ff.), so dass bei schuldhafter Einziehung einer fremden Forderung, die der Forderungsinhaber gegen sich gelten lassen muss, nicht nur ein Bereicherungsanspruch, sondern auch ein Schadenersatzanspruch nach Art. 41 Abs. 1 besteht. Dasselbe muss gelten, wo jemandem durch Vertrag *ausschliessliche Nutzungsrechte* an Persönlichkeitsgütern eingeräumt wurden, z.B. das ausschliessliche Recht zur Vermarktung von Photos eines Sportlers zu Werbezwecken.

Der Verletzung eines absoluten Rechtsguts ist die unmittelbare 50.07 *Rechtsgutsgefährdung* im Hinblick auf die Widerrechtlichkeit gleichzustellen, so dass *Schadensabwehrkosten* grundsätzlich ebenso zu ersetzen sind wie Folgekosten einer Rechtsgutsverletzung (vgl. SCHWENZER, JZ 1987, 1059, 1060; SCHÖNLE, Mélanges Schmidlin, 379, 390; a.A. BGE 117 II 259, 269 f.; krit. dazu GAUCH, recht 1996, 225, 233).

b) Einzelfragen

aa) Körperverletzung

Unter einer Körperverletzung ist jede *Beeinträchtigung* der 50.08 *körperlichen* oder *psychischen Integrität* zu verstehen. Auch die ungewollte Schwangerschaft stellt eine Körperverletzung in diesem Sinne dar.

50.09 Die Ursache mag dabei zunächst auf *physisch fassbarem Weg* auf den Körper des Verletzten einwirken (Schlag; Einatmen von Asbestfasern; Einnahme eines Medikamentes, das den Fötus schädigt etc.). Auch die Ansteckung mit einem Krankheitserreger, z.B. HI-Viren, stellt eine Körperverletzung dar, unabhängig davon, ob die eigentliche Krankheit ausbrechen wird oder nicht (vgl. BGHSt 36, 1, 6 f.).

50.10 Eine Gesundheitsschädigung kann jedoch auch auf rein psychischem Weg vermittelt werden *(psychische Kausalität)*. Dies ist z.B. der Fall bei den sog. *Schockschäden*, wenn Personen aufgrund des erlebten Schreckens ein sich körperlich manifestierendes psychisches Trauma entwickeln. Es geht hier einmal darum zu beurteilen, wann eine eigentliche Gesundheitsschädigung vorliegt und nicht nur eine durchschnittliche Trauer- und Schmerzreaktion, wie sie bei jedem Menschen auftreten würde. Zum anderen muss der Kreis der Personen, die Ersatz eines solchen Schockschadens verlangen können, mit Hilfe der Adäquanz- oder Schutzzwecktheorie eingegrenzt werden. Grundsätzlich können nur von einem Unfall selbst Betroffene und ihnen nahe stehende Personen Ersatz eines Schockschadens verlangen; unbeteiligte Dritte oder gar solche, die erst aus den Medien davon erfahren, haben keinen Ersatzanspruch. *Mobbing* stellt zunächst eine Persönlichkeitsverletzung dar, führt jedoch oft zu gravierenden Gesundheitsschädigungen der betroffenen Person (ausf. hierzu KESSLER, FS Foegen, 89 ff.).

50.11 Ist jemand der Einwirkung durch eine *toxische Substanz* ausgesetzt worden, so ist es oft schwierig zu bestimmen, ab wann von einer Körperverletzung gesprochen werden kann (Einzelheiten bei ROMERIO, Toxische Kausalität, Basel 1996, 16 ff.). Auch hier kann u.U. auf die sog. psychische Kausalität zurückgegriffen werden. War jemand einem konkreten Risiko ausgesetzt, so hat diejenige, die das Risiko verursacht hat, jedenfalls die Kosten künftiger ärztlicher Überwachung zu tragen.

50.12 Auch der lege artis ausgeführte *ärztliche Heileingriff* stellt nach h.M. eine Körperverletzung dar (BGE 108 II 59, 62; 120 Ib 197, 200 f.; a.A. die h.L. im Strafrecht, vgl. STRATENWERTH/JENNY, Strafrecht, BT I, 6. Aufl., Bern 2003, § 3 N 15 m.w. Nachw.). Er ist nur dann nicht widerrechtlich, wenn und soweit der Patient hierin wirksam eingewilligt hat (vgl. N 50.37 f.). Im Rahmen der neuen Widerrechtlichkeitstheorie (vgl. N 50.04) ist demgegenüber auch hier auf die Verletzung der Regeln der ärztlichen Kunst als Schutzpflichten abzustellen.

bb) Verletzung sonstiger Persönlichkeitsrechte

Als Verletzung eines absolut geschützten Rechtsguts kommen 50.13
neben dem Recht auf Leben und körperliche Unversehrtheit auch die
sonstigen Aspekte des Persönlichkeitsrechtes in Betracht. Hierzu zählen
die persönliche Freiheit, das Recht auf den Namen, das Recht am eigenen
Bild und an der eigenen Stimme, das Recht auf Achtung der Privatsphäre
und das Recht auf Ehre (Einzelheiten bei BaslerKomm/MEILI, Art. 28
ZGB N 17 ff.). Juristischen Personen steht grundsätzlich ebenfalls Persönlichkeitsschutz zu (vgl. BGE 121 III 168, 171). Auch *Stalking* im
Sinne des Art. 28b Abs. 1 ZGB stellt eine Beeinträchtigung des Persönlichkeitsrechts dar. Nach Art. 28 Abs. 2 ZGB ist grundsätzlich jede Verletzung der Persönlichkeit *widerrechtlich*, es sei denn, es läge einer der
dort genannten Rechtfertigungsgründe vor (vgl. BGE 126 III 305, 306).

Das Bundesgericht (BGE 109 II 4, 5) hat eine deliktische Persönlich- 50.14
keitsverletzung auch im Falle eines Ehebruchs bejaht und dem Ehemann
und Scheinvater einen Schadenersatzanspruch für die bei Kind und Mutter nicht einbringlichen Kosten des erfolgreichen Anfechtungsprozesses
gegen den genetischen Vater zugesprochen. Diese Rechtsprechung ist
abzulehnen (wie hier BezGer Rorschach, FamPra.ch 2000, 108, 110;
OFTINGER/STARK, Haftpflichtrecht II/1, § 16 N 140 ff.). Dem *Recht auf
eheliche Treue* kann keine absolute Ausschlusswirkung beigemessen
werden. Zudem führt diese Auffassung dazu, dass der Ehestörer nach
Art. 50 Abs. 2 auf den untreuen Ehegatten zurückgreifen könnte, da dann
beide als Solidarschuldner behandelt werden müssten.

Das Persönlichkeitsrecht endet grundsätzlich mit dem *Tod seines Trä-* 50.15
gers, ein *postmortaler Persönlichkeitsschutz* wird von der h.M. verneint
(a.A. OTT/GRIEDER, AJP 2001, 627 ff.). Wird jedoch das Ansehen eines
Verstorbenen durch ehrverletzende Äusserungen, Fotos vom Totenbett
oder Veröffentlichung von Tagebuchaufzeichnungen herabgesetzt, so
können den Angehörigen Ansprüche wegen Verletzung ihres eigenen
Persönlichkeitsrechts zustehen (vgl. dazu BaslerKomm/MEILI, Art. 28
ZGB N 35 m.w. Nachw.). Diese Rechtslage vermag nicht zu befriedigen,
wenn die Images berühmter Personen nach deren Tod kommerziell aus-
gebeutet werden. Hier muss von der Vererblichkeit vermögenswerter
Bestandteile von Persönlichkeitsrechten ausgegangen werden, so dass
den Erben die entsprechenden Ansprüche bei Verletzung dieser Rechte
zustehen (grundlegend BÜCHLER, AJP 2003, 3, 8 ff.; DIES., AcP 206
[2006], 300, 320 ff.).

cc) Eigentumsverletzung

50.16 Eine Eigentumsverletzung liegt vor bei *Zerstörung, Beschädigung* oder *Entziehung einer Sache* (vgl. BGE 118 II 176, 179). Umstritten ist, ob das *Löschen elektronischer Daten* eine Sachbeschädigung darstellt (vgl. REY, Haftpflichtrecht, N 308a). Ausreichend ist auch eine *Gebrauchsbeeinträchtigung*, wenn dadurch die abstrakte Nutzungsmöglichkeit für längere Zeit aufgehoben wird, z.B. wenn ein Schiff in einem Kanalstück eingesperrt wird (vgl. BGHZ 55, 153, 159 f.; i.d.S. ebenso BGE 116 II 480, 492 – Tschernobyl). Werden hingegen lediglich konkrete Nutzungsabsichten vereitelt, z.B. das Befahren einer bestimmten Strasse, so stellt dies keine Eigentumsverletzung bezüglich des Fahrzeugs dar. Konkrete Nutzungsabsichten gehören nicht zum Schutzbereich des Eigentums.

50.17 Keine Eigentumsverletzung liegt bei *Lieferung* oder *Herstellung einer mangelhaften Sache* vor (BaslerKomm/HONSELL, Vor Art. 197–210 N 7). Schäden an der Sache selbst sind ausschliesslich nach kauf- oder werkvertraglichem Sachmängelrecht zu ersetzen. Dies gilt selbst dann, wenn der Mangel zunächst nur einen kleinen, abgrenzbaren Teil der Sache betrifft und später aufgrund des Mangels die ganze Sache zerstört wird (sog. *weiterfressender Mangel;* wie hier OGer BL, BJM 1999, 91, 96; HONSELL, Haftpflichtrecht, § 21 N 66 ff.; SCHÖNLE, Mélanges Schmidlin, 379, 388 ff.; anders die deutsche Rechtsprechung, vgl. z.B. BGHZ 67, 359, 363 ff.). Beispiel: Aufgrund eines defekten Schwimmerschalters wird eine Reinigungsanlage durch Brand zerstört.

50.18 Fraglich ist auch, ob eine Eigentumsverletzung bei *Wirkungslosigkeit sachschützender Produkte* zu bejahen ist, wenn an einer Sache gerade der Schaden eintritt, den das Produkt verhindern sollte. Als Beispiel sei hier der Fall eines unwirksamen Pflanzenschutzmittels genannt. Meines Erachtens sollte auch hier eine deliktische Eigentumsverletzung verneint und der Verwender allein auf vertragliche Rechtsbehelfe verwiesen werden (vgl. SCHWENZER, JZ 1988, 525, 528 f.), da es insoweit allein um die Enttäuschung vertraglicher Gebrauchserwartungen und nicht deliktischer Sicherheitserwartungen geht (anders auch hier die deutsche Rechtsprechung, vgl. BGHZ 80, 186, 188 ff.). Dasselbe muss in Fällen gelten, in denen ein mangelhaftes Produkt, das zur Be- oder Verarbeitung von Grundstoffen dient, diese unbrauchbar macht, z.B. wenn eine Säge Holzverschnitt produziert oder fehlerhafte Korken den Wein in den Flaschen verderben (anders wiederum BGHZ 101, 337, 341).

3. Verletzung einer Schutznorm (Ersatz reiner Vermögensschäden)

a) Allgemeines

Liegt die Verletzung eines absoluten Rechts vor, so bedarf es 50.19 nach heute noch überwiegender Ansicht des Rückgriffs auf Schutznormen grundsätzlich nicht (vgl. aber N 50.28 ff.). Diese erfüllen ihre legitime Funktion vor allem im Bereich der primären *(reinen) Vermögensschäden.* Diese sind nur dann nach Art. 41 Abs. 1 ersatzfähig, wenn die Schädigerin eine *Verhaltensnorm* verletzt hat, deren Zweck es ist, das Vermögen des Geschädigten gegenüber Schädigungen der konkret vorliegenden Art zu schützen (vgl. z.B. BGE 119 II 127, 128 f.; REY, Haftpflichtrecht, N 705 m.w. Nachw.).

Derartige, das Vermögen schützende Normen finden sich zunächst im 50.20 *Strafrecht* (vgl. z.B. Art. 146 StGB: Betrug; Art. 147 StGB: betrügerischer Missbrauch einer Datenverarbeitungsanlage; Art. 148 StGB: Check- und Kreditkartenmissbrauch; Art. 150 StGB: Erschleichen einer Leistung; zur Geldwäscherei nach Art. 305bis StGB vgl. BGE 133 III 323 ff.; vgl. aber BGE 134 III 529 ff.; vgl. dazu KERNEN, recht 2008, 133 ff.; LEHMANN, FS Honsell, 1 ff.). Für die Praxis wichtige Schutznormen existieren vor allem auch im *Wettbewerbsrecht* (z.B. KG, UWG; vgl. BGer, sic! 2000, 644 ff.), wobei im Einzelfall genau geprüft werden muss, ob die verletzte Norm das Vermögen eines konkreten Mitbewerbers oder lediglich die Allgemeinheit schützen will. So kann nach Art. 12 Abs. 1 lit. b KG Schadenersatz verlangen, wer durch eine unzulässige Wettbewerbsbeschränkung, insbesondere durch Verweigerung von Geschäftsbeziehungen und Diskriminierungsmassnahmen, im Wettbewerb behindert wird. Demgegenüber begründen z.B. Verstösse gegen das PüG grundsätzlich keine Schadenersatzansprüche für Mitbewerber.

Die Tendenz der Rechtsprechung, Normen vermögensschützenden 50.21 Charakter zuzumessen, geht zuweilen freilich recht weit. Dies gilt insbesondere in den sog. *Kabelbruch-Fällen*, bei denen es darum geht, dass beispielsweise eine Baggerfahrerin ein im Eigentum des Versorgungsunternehmens stehendes Stromkabel beschädigt und die an das Kabel angeschlossenen Unternehmen Ersatz ihres Betriebsausfalls als primären Vermögensschaden verlangen. Das Bundesgericht hat hier wiederholt (vgl. BGE 101 Ib 252, 256; 102 II 85, 88) einen Ersatzanspruch bejaht, da Art. 239 StGB, der die Störung von Betrieben, die der Allgemeinheit dienen, unter Strafe stellt, auch den Schutz des einzelnen Abnehmers vor primären Vermögensschäden bezwecke (krit. MERZ, SPR VI/1, 191 f.;

KRAMER, recht 1984, 128, 133; KELLER/GABI/GABI, Haftpflichtrecht, 77 f.). Nun ist zwar in der Tat kein Grund dafür ersichtlich, warum derjenige, der Zeitungen produziert, schlechter gestellt werden sollte als jemand, der eine Gärtnerei betreibt und bei dem bei Stromausfall im Gewächshaus durch Erfrieren der Pflanzen eine Eigentumsverletzung eintritt. Die Lösung dieser Fälle ist jedoch nicht im Ersatz primärer Vermögensschäden, sondern im Einklang mit der neuen Lehre (vgl. N 50.04) umgekehrt im *Ausschluss* der Ersatzfähigkeit *von Sachschäden* zu sehen, da der Schutzzweck der verletzten Norm generell nicht die Stromabnehmer umfasst (so auch SCHÖNENBERGER, HAVE 2004, 3, 8). Dasselbe muss gelten, wenn der angeschlossene Unternehmer Eigentümer der Versorgungsleitung ist und sich der Sachschaden als Folgeschaden zur Eigentumsverletzung am Kabel einstellt (a.A. BGE 97 II 221 ff.). Kritisch muss auch die Auffassung des Bundesgerichts (vgl. BGE 101 II 69, 72) bewertet werden, die Art. 252 StGB als Schutzgesetz zugunsten eines späteren Arbeitgebers bewertet und deshalb die Arbeitgeberin bei Ausstellung eines *unwahren Arbeitszeugnisses* haften lässt (Einzelheiten zu Referenz- und Empfehlungsschreiben bei AEBI-MÜLLER/PAFFINGER, FS Vonplon, 21 ff.).

b) Verletzung des Grundsatzes von Treu und Glauben

50.22   Eine Mindermeinung in der Literatur (KELLER/GABI/GABI, Haftpflichtrecht, 46 ff.; KELLER, recht 1987, 136 f.; HOFSTETTER, AJP 1998, 261, 264) will im Rahmen rechtlicher Sonderverbindungen bei einer Verletzung des Grundsatzes von *Treu und Glauben* (Art. 2 Abs. 1 ZGB) Widerrechtlichkeit annehmen. Die herrschende Meinung (BGE 108 II 305, 311; 121 III 350, 354; 124 III 297, 301; statt vieler HONSELL, Haftpflichtrecht, § 2 N 7; OFTINGER/STARK, Haftpflichtrecht II/1, § 16 N 108 ff. m.w. Nachw.) vertritt hingegen zu Recht die Auffassung, dass aus Art. 2 Abs. 1 ZGB in der Regel keine deliktischen Verhaltenspflichten abgeleitet werden können. Dementsprechend stellt auch unter diesem Gesichtspunkt nicht jede Vertragsverletzung, die lediglich einen Vermögensschaden zur Folge hat, eine widerrechtliche Schädigung im Sinne des Art. 41 Abs. 1 dar (so auch BGE 74 II 23, 26).

c) Berufspflichten zum Schutze fremden Vermögens

50.23   Eine Reihe *gesetzlicher Bestimmungen* (vgl. Art. 752, Art. 39 BankG, Art. 145 KAG) normiert eine ausservertragliche Haftung von

Personen, die mit der Ausgabe von Emissionsprospekten oder der Verwaltung einer kollektiven Kapitalanlage betraut sind, gegenüber den jeweiligen Anlegern. Revisorinnen haften gemäss Art. 755 ausserdem auch gegenüber Gesellschaftsgläubigern und Dritten, die im Vertrauen auf den Revisionsbericht Aktien erwerben oder z.B. Darlehen gewähren (vgl. BGer, AJP 1998, 1235, 1237 m. Anm. GLANZMANN).

Darüber hinaus anerkennt das Bundesgericht eine auf Art. 41 Abs. 1 50.24 gestützte Haftung für *unrichtige Rat-* oder *Auskunftserteilung* derjenigen, die aufgrund ihres Fachwissens in Anspruch genommen wird, wunschgemäss Auskünfte erteilt und dabei wider besseres Wissen oder leichtfertig unrichtige Angaben macht oder wesentliche Tatsachen verschweigt, die ihr bekannt sind und von denen sie sich sagen muss, dass ihre Kenntnis den in Frage stehenden Entschluss beeinflussen könnte (BGE 111 II 471, 474; 116 II 695, 699). In diesen Fällen wird eine ausservertragliche Schutzpflicht angenommen, deren schuldhafte Verletzung zum Schadenersatz führt (vgl. zu dieser Fallgruppe insb. FISCHER, ZVglRWiss 1984, 1 ff.; KUHN, SJZ 1986, 345 ff.).

Aus den oben genannten gesetzlichen Bestimmungen und der bundes- 50.25 gerichtlichen Rechtsprechung zur Haftung für unrichtige Rat- und Auskunftserteilung lässt sich das übergeordnete Prinzip ableiten, dass diejenige, die *Berufspflichten zum Schutze fremden Vermögens* verletzt, auch ausservertraglich für primäre Vermögensschäden einzustehen hat. Dies entspricht der neueren Lehre, die die Widerrechtlichkeit einheitlich an die Verletzung einer Schutzpflicht anknüpft (vgl. N 50.04). Soll diese Haftung allerdings nicht ausufern, so sind diese Berufspflichten genau zu umschreiben, ist der Kreis der geschützten Personen einzuschränken und der Haftungsumfang sorgfältig abzustecken (vgl. grundlegend SCHÖNENBERGER, 153 ff.). In Übertragung der in Art. 100 Abs. 2, 101 Abs. 3 getroffenen gesetzgeberischen Wertentscheidung können drittschützende Berufspflichten vor allem bei Personen angenommen werden, die ein *obrigkeitlich konzessioniertes Gewerbe* (vgl. dazu N 24.06) betreiben (grundlegend hierzu SCHROETER, FS Schwenzer, 1565, 1577 ff.). Geschützt werden sollten m.E. nur die eigentlichen *Leistungsdestinatäre*, d.h. diejenigen Personen, die typischerweise bei Verletzung dieser Pflichten einen Vermögensschaden erleiden, weil sie auf die korrekte Pflichterfüllung vertrauen. Entsprechend der Lösung in ausländischen Rechtsordnungen muss z.B. eine Liegenschaftsschätzerin dem Käufer eines Grundstücks haften, wenn sie aufgrund Vertrages mit dem Verkäufer die Liegenschaft fahrlässig zu hoch bewertet (a.A. BGE 130 III 345 ff.). Der

Haftungsumfang hat sich jeweils am Zweck der verletzten Schutzpflicht zu orientieren (vgl. auch N 19.07).

50.26 Der Haftung wegen Verletzung von Berufspflichten zum Schutze fremden Vermögens ist auch die in der neueren Schweizer Literatur (vgl. WICK, AJP 1995, 1270, 1273 f.; LOSER, recht 1999, 73, 87) diskutierte, aus dem deutschen Recht stammende sog. *Sachwalterhaftung* zuzuordnen. Es geht dabei darum, dass Personen, die an fremden Vertragsverhandlungen aktiv beteiligt sind, durch fehlerhafte Informationen Vermögensschäden bei dem späteren Vertragspartner verursachen. Die deliktische Verankerung dieser Pflichten erscheint sachgerechter als eine Ausdehnung der Haftung aus culpa in contrahendo auf vertragsfremde Dritte oder die Annahme einer Vertrauenshaftung (vgl. N 52.03).

d) Ungerechtfertigte Inanspruchnahme staatlicher Verfahren

50.27 Grundsätzlich ist jede Bürgerin befugt, staatliche Verfahren für vermeintliche Ansprüche in Anspruch zu nehmen. Widerrechtlichkeit im Sinne des Art. 41 Abs. 1 kann deshalb nicht bereits dann bejaht werden, wenn der geltend gemachte Anspruch objektiv nicht besteht (BGE 117 II 394, 398 m. Nachw.; vgl. aber Art. 273 Abs. 1 SchKG: Ersatz bei ungerechtfertigtem Arrest, dazu BaslerKomm/STOFFEL, Art. 273 SchKG N 13 ff.). Anders ist der Fall zu beurteilen, wenn ein staatliches Verfahren (z.B. Gerichtsverfahren, Betreibungsverfahren) *ohne sachliche Gründe* angestrengt wird und die Partei damit *sittenwidrig absichtlich* oder *grob fahrlässig* handelt (BGE 88 II 276, 281; 93 II 170, 183). Hier ist Widerrechtlichkeit anzunehmen (zur ungerechtfertigten Betreibung vgl. BGE 115 III 18 ff.). In der Sache liesse sich freilich in diesen Fällen die Haftung besser auf Art. 41 Abs. 2 wegen sittenwidriger Schädigung stützen (vgl. zum Ganzen insb. OFTINGER/STARK, Haftpflichtrecht II/1, § 16 N 156 ff.; CASANOVA, Die Haftung der Parteien für prozessuales Verhalten, 105 ff.).

4. Erfolgs- oder Verhaltensunrecht

50.28 Die wohl noch überwiegende Lehre (grundlegend dafür MERZ, Widerrechtlichkeit als Rechtsquellenproblem, 301, 309) und die Rechtsprechung (z.B. BGE 123 II 577, 581 f.; 119 II 127, 128; anders aber noch BGE 82 II 25, 28; vgl. dazu GAUCH, recht 1996, 225, 232) gehen davon aus, dass die Verletzung eines absoluten Rechtes immer den Tatbestand der Widerrechtlichkeit erfüllt, ohne dass es darauf ankommen soll, ob dabei eine Norm verletzt wurde, die den Schutz dieses absoluten Rechts bezweckt *(Erfolgsunrecht)*. Lediglich im Rahmen des Ersatzes reiner Vermögensschäden soll die Verletzung einer das Vermögen schützenden Norm erforderlich sein *(Verhaltensunrecht)*.

Die Lehre vom Erfolgsunrecht vermag indessen allenfalls bei unmittelbaren Schädigungen durch aktives Handeln zu überzeugen. Bei *mittelbaren Schädigungen* und bei Schädigungen durch *Unterlassen* versagt sie. Erleidet z.B. jemand bei einem Autounfall eine Körperverletzung, so handelt die Automobilherstellerin nicht bereits deshalb widerrechtlich, weil sie die Sache in Verkehr gebracht und damit eine (adäquate) Ursache für die Verletzung gesetzt hat. Erforderlich ist vielmehr, dass der Herstellerin eine *(Verkehrs-)Pflichtverletzung* zur Last gelegt werden kann, aufgrund derer das Produkt fehlerhaft ist. Dasselbe gilt bei Unterlassungen. Jede Person, die eine im Supermarkt am Boden liegende Bananenschale nicht aufhebt, handelt schuldhaft und adäquat ursächlich, wenn eine andere Person darauf später ausgleitet. Die Widerrechtlichkeit dieses Unterlassens kann jedoch nur bejaht werden, wenn und soweit eine *Pflicht zum Handeln*, d.h. zur Gefahrenabwehr, besteht und von der Unterlassenden verletzt wurde (vgl. BGer, ZBJV 2000, 289). Bei Unterlassungen können sich Handlungspflichten vor allem aus Normen des Privat-, Straf- oder Verwaltungsrechts ergeben, aufgrund derer die Schädigerin in Bezug auf den Geschädigten eine Garantenstellung einnimmt (BGE 115 II 15, 19; zum sog. Gefahrensatz vgl. N 50.32 f.). Trotz Verletzung eines absoluten Rechtsguts kann deshalb die Widerrechtlichkeit in diesen Fällen im Sinne des Verhaltensunrechts nur bei Verstoss gegen eine entsprechende Verhaltensnorm bejaht werden. **50.29**

Auch in anderen Fällen der Verletzung eines absoluten Rechts kann die Widerrechtlichkeit nur durch *Auslegung der verletzten Schutznorm* bestimmt werden. Verursacht beispielsweise jemand aufgrund eines Verstosses gegen die Strassenverkehrsregeln einen Verkehrsunfall, so haftet sie nicht für den Tod einer Person, der deshalb eintritt, weil ein im Stau festgehaltener Arzt das Bett des Kranken nicht mehr rechtzeitig erreicht. Dasselbe gilt, wenn Schlachttiere in einem Tiertransporter aufgrund der sommerlichen Hitze verenden. Der Schutzzweck der Strassenverkehrsregeln umfasst diese Personen- und Sachschäden nicht. In diesem Sinne sind auch die sog. Kabelbruch-Fälle zu lösen: Geschützt ist nur das Eigentum an der Versorgungsleitung, nicht aber dasjenige angeschlossener Betriebe. **50.30**

Die Lehre vom Erfolgsunrecht ist deshalb abzulehnen (so nun auch dezidiert ROBERTO, Haftpflichtrecht, N 262 ff.; WERRO, ZSR 1997 I, 343, 366 f.; REY, Haftpflichtrecht, N 701; FELLMANN, ZSR 2009 I, 473, **50.31**

492 ff.; OVERNEY, FS Brehm, 293, 307 ff.). Auch in Fällen der Verletzung eines absoluten Rechts knüpft die Haftung grundsätzlich an ein *Verhaltensunrecht* an (ähnlich PETITPIERRE, ZSR 1997 I, 273, 277 f.; HONSELL, Haftpflichtrecht, § 4 N 1a; für das Verwaltungsrecht vgl. HÄFELIN/MÜLLER, Grundriss des Allgemeinen Verwaltungsrechts, 4. Aufl., Zürich 2002, N 1754 ff.). Allenfalls in Ausnahmefällen behält das Erfolgsunrecht eine gewisse Berechtigung. Stürzt jemand von einem Barhocker und reisst dabei eine andere Person zu Boden (vgl. AppGer BS, BJM 2001, 296 ff.), so muss darin eine widerrechtliche Körperverletzung gesehen werden (a.A. ROBERTO, recht 2002, 145, 148 ff.), weil sonst Notwehr oder Nothilfe nicht zulässig wären. Auch hier lässt sich das richtige Ergebnis zwanglos mit einer Schutzpflichtverletzung nach der dritten Widerrechtlichkeitstheorie begründen (vgl. SCHÖNENBERGER, HAVE 2004, 3, 10). Wer indes generell am Erfolgsunrecht festhält, muss die erforderliche Haftungsbegrenzung in den oben erwähnten Fällen mittels des schwammigen Instituts der *Adäquanz* oder im Rahmen des *Verschuldens* vornehmen.

5. Gefahrensatz

50.32   Der sog. *Gefahrensatz* besagt, dass diejenige, die einen Zustand schafft, welcher einen anderen schädigen könnte, die zur Vermeidung eines Schadens erforderlichen *Schutzmassnahmen* ergreifen muss (BGE 126 III 113, 115 m.w. Nachw.; statt vieler REY, Haftpflichtrecht, N 753 m.w. Nachw). So obliegt etwa Bergbahnunternehmen, Ski- und Sesselliftbetreiberinnen eine Verkehrssicherungspflicht für die Sicherheit der von ihnen angelegten Skipisten (BGE 121 III 358, 360 f.; zu den Grenzen vgl. BGE 130 III 193, 196 ff.). Schächte, Öffnungen, Treppen etc. müssen mit Schutzvorrichtungen, z.B. Geländern, versehen werden (BGE 95 II 93, 96). Die Pflicht zur Gefahrenabwehr trifft auch diejenige, die einen gefährlichen Zustand zwar nicht geschaffen, wohl aber aufrechterhalten hat (vgl. BGE 123 III 306, 313, krit. HAUSHEER/JAUN, ZBJV 1998, 532, 543 f.).

50.33   Umstritten ist, an welcher Stelle der Gefahrensatz im Rahmen von Art. 41 Abs. 1 zu prüfen ist. Die Anhänger der Lehre vom Erfolgsunrecht, nach deren Auffassung bereits die Verletzung absoluter Rechte die Widerrechtlichkeit begründet, messen dem Gefahrensatz nur im Rahmen des *Verschuldens* Bedeutung bei (vgl. BGE 124 III 297, 300 f.; vgl. auch BernerKomm/BREHM, Art. 41 N 51). Nach zutreffender Ansicht (so noch BGE 116 Ia 162, 169; BaslerKomm/HEIERLI/SCHNYDER A.K., Art. 41

N 38; REY, Haftpflichtrecht, N 756; ROBERTO, Haftpflichtrecht, N 269) ist der Gefahrensatz jedoch bereits im Rahmen der *Widerrechtlichkeit* zu prüfen. Er ist mit den sog. Verkehrs(sicherungs-)Pflichten gleichzusetzen und dient der Begründung der Widerrechtlichkeit in Fällen mittelbarer und durch Unterlassen verursachter Verletzung absoluter Rechte. Bei reinen Vermögensschäden kann hingegen aus dem Gefahrensatz allein keine Haftung begründet werden (insoweit zutreffend BGE 124 III 297, 300 f.; zust. auch BERGER, recht 1999, 104, 108).

III. Ausschluss der Widerrechtlichkeit

Literatur: BERGER, Schuldrecht, N 1838 ff.; DESCHENAUX/TERCIER, § 6 N 28 ff.; FURRER/MÜLLER-CHEN, Kap. 11 N 66 ff.; GUHL/KOLLER, 192 ff.; HONSELL, Haftpflichtrecht, § 5; KELLER, Haftpflicht I, 111 ff.; KELLER/GABI/GABI, Haftpflichtrecht, 54 ff.; OFTINGER/STARK, Haftpflichtrecht I, § 4 N 45 ff.; OFTINGER/STARK, Haftpflichtrecht II/1, § 16 N 224 ff.; PORTMANN/REY, 29 ff.; REY, Haftpflichtrecht, N 757 ff.; ROBERTO, Haftpflichtrecht, N 76 ff.; SCHNYDER/PORTMANN/MÜLLER-CHEN, Haftpflichtrecht, N 174 ff.; VON TUHR/PETER, 417 ff.; WERRO, Responsabilité, N 348 ff.; Basler-Komm/HEIERLI/SCHNYDER A.K., Art. 52; BernerKomm/BREHM, Art. 41 N 60 ff.; Art. 52; CHK/MÜLLER, OR 41 N 51 ff., OR 52; CR CO I/WERRO, Art. 41 N 70 ff.; KuKo OR/SCHÖNENBERGER, Art. 52;

BRÜCKNER, Die Rechtfertigung des ärztlichen Eingriffs in die körperliche Integrität gemäss Art. 28 Abs. 2 ZGB, ZSR 2000 I, 451 ff.; CONTI, Die Malaise der ärztlichen Aufklärung, AJP 2000, 615 ff.; FRIEDRICH, La responsabilité du sportif dans ses rapports avec d'autres sportifs: thèmes choisis selon le droit actuel et selon l'Avant-projet de révision du droit de la responsabilité civile, in: FOËX/WERRO (Hrsg.), La réforme du droit de la responsabilité civile, Zürich 2004, 219 ff.; GATTIKER, Die Verletzung der Aufklärungspflicht und ihre Folgen, in: FELLMANN/POLEDNA (Hrsg.), Die Haftung des Arztes und des Spitals, Zürich 2003, 111 ff.; GIRSBERGER, Behandlung von Schäden aus Risikosportarten, in: Rechtsschutz im Privatrecht, Symposium für Richard Frank, Zürich 2003, 53 ff.; GRUNEWALD, Die Grenzen der Einwilligung in physische und psychische Selbstschädigungen, Festschrift Heldrich, München 2005, 165 ff.; GUILLOD, Responsabilité médicale: de la faute objectivée à l'absence de faute, in: CHAPPUIS CHRISTINE/WINIGER (Hrsg.), Responsabilités objectives, Journée de la responsabilité civile 2002, Zürich 2003, 155 ff.; HAUSHEER, Unsorgfältige ärztliche Behandlung, in: MÜNCH/GEISER (Hrsg.), Schaden – Haftung – Versicherung, Basel/Genf/München 1999, 719 ff.; JANIS, Hypothetische Einwilligung und Aufklärung über Operationsrisiken, HAVE 2003, 145 ff.; KOLLER ALFRED, Haftung des Arztes aus unterlassener Aufklärung, AJP 1997, 1197 ff.; LANDOLT, Grundlagen des Impfrechts, AJP 2004, 280 ff.; DERS, Medizinalhaftung, HAVE 2009, 329 ff.; MANAÏ, Le devoir d'information du médecin en procès, SemJud 2000 II, 341 ff.; MANNSDORFER, Haftung für pränatale Schädigung des Kindes, ZBJV 2001, 605 ff.; POGGIA, Consentement du patient: d'où vient-on et où va-t-on?, Festschrift Brehm, Bern 2012, 335 ff.; POLEDNA, Arzt- und Spitalhaftung vor neuen Entwicklungen – ein Überblick, in: FELLMANN/POLEDNA (Hrsg.), Die Haftung des Arztes und des Spitals, Zürich 2003, 111 ff.; ROGGO, Aufklärung des Patienten: eine ärztliche Informationspflicht, Bern 2002;

ROGGO, Ärztliche Haftung aus Auftrag – Aufklärungspflicht des Arztes und Einwilligung des Patienten – «Hypothetische Einwilligung», AJP 2008, 913 ff.; STIFFLER, Sportunfall, insbesondere Skiunfall, in: MÜNCH/GEISER (Hrsg.), Schaden – Haftung – Versicherung, Basel/Genf/München 1999, 631 ff.; THALER, Sportregeln und zivilrechtliche Haftung, in: ARTER (Hrsg.), Sport und Recht, Bern 2004, 17 ff.

50.34 Die Widerrechtlichkeit ist ausgeschlossen, wenn ein *Rechtfertigungsgrund* vorliegt, d.h., wenn im konkreten Fall das abstrakt rechtswidrige Verhalten gerechtfertigt ist.

1. Überblick

50.35 Als mögliche Rechtfertigungsgründe kommen neben der in der Praxis besonders bedeutsamen Einwilligung in Betracht: die rechtmässige *Ausübung öffentlicher Gewalt* sowie *Notwehr, Notstand* und *Selbsthilfe* nach Art. 52 (Einzelheiten bei REY, Haftpflichtrecht, N 775 ff. m.w. Nachw.) und deren besondere Ausprägungen in Art. 701, 926 ZGB. Das *Erziehungsrecht* der Eltern nach Art. 301 ZGB rechtfertigt gewisse Beschränkungen der Freiheit des Kindes, nicht jedoch körperliche Züchtigungen (vgl. BaslerKomm/SCHWENZER, Art. 301 ZGB N 8). Verletzungen des Persönlichkeitsrechts können nach Art. 28 Abs. 2 ZGB vor allem auch bei Vorliegen eines überwiegenden *privaten* oder *öffentlichen Interesses* gerechtfertigt sein (Einzelheiten bei BaslerKomm/MEILI, Art. 28 ZGB N 46 ff.).

2. Einwilligung

50.36 Von herausragender Bedeutung ist der Rechtfertigungsgrund der Einwilligung. Sie stellt ein einseitiges Rechtsgeschäft dar und setzt als solches grundsätzlich *Handlungsfähigkeit* voraus. *Urteilsfähigkeit* genügt, soweit es sich um die Einwilligung in die Verletzung höchstpersönlicher Rechte handelt (Art. 19 Abs. 2 ZGB; vgl. nur REY, Haftpflichtrecht, N 766 m.w. Nachw.). Eine Einwilligung kann nach Art. 20 Abs. 1 unwirksam sein, wenn die Verletzung gegen die *guten Sitten* verstösst. Die Tötung eines Menschen, insbesondere auch durch aktive Sterbehilfe, ist deshalb in jedem Fall widerrechtlich (vgl. auch Art. 114 StGB). Dasselbe gilt für erhebliche Körperverletzungen, soweit damit nicht ein vernünftiger Zweck, z.B. insbesondere eine Heilbehandlung, verfolgt wird. Im Übrigen darf eine Einwilligung nicht gegen das Verbot *übermässiger Selbstbindung* nach Art. 27 Abs. 2 ZGB verstossen; deshalb ist sie auch vor dem Eingriff jederzeit frei widerruflich (vgl. OFTINGER/STARK,

Haftpflichtrecht II/1, § 16 N 242). Eine unwirksame Einwilligung schliesst die Widerrechtlichkeit nicht aus, sie kann jedoch im Rahmen von Art. 44 Abs. 1 berücksichtigt werden.

Besondere Bedeutung kommt der Einwilligung im *Arzthaftungsrecht* 50.37 zu (vgl. dazu insb. CONTI, AJP 2000, 615 ff.; POGGIA, FS Brehm, 335 ff.; GATTIKER, in: FELLMANN/POLEDNA, Haftung des Arztes, 111 ff.; HONSELL, Haftpflichtrecht, § 5 N 22 ff.). Der ärztliche Eingriff in die körperliche Integrität ist nach h.M. nur dann nicht widerrechtlich, wenn der Patient wirksam in die Behandlung eingewilligt hat. Dies setzt jedoch voraus, dass die Ärztin ihrer *Aufklärungspflicht* gegenüber dem Patienten nachgekommen ist und ihn insbesondere über die Risiken der Behandlung oder Operation aufgeklärt hat (BGE 108 II 59, 61; 117 Ib 197, 203; 113 Ib 420, 425; allgemein zur Aufklärungshaftung KOLLER, AJP 1997, 1197 ff.). Die ordnungsgemässe Aufklärung muss die Ärztin beweisen. Bei fehlender oder unvollständiger Aufklärung ist die Einwilligung des Patienten unwirksam. Die Ärztin soll sich allerdings darauf berufen dürfen, dass der Patient auch bei hinreichender Aufklärung eingewilligt hätte (BGE 133 III 121, 129 ff.), d.h. auf *rechtmässiges Alternativverhalten*.

Fehlt es an einer wirksamen Einwilligung seitens des Patienten, so haf- 50.38 tet die Ärztin nicht nur für Behandlungsfehler, sondern auch bei Eintritt von Risiken, die mit einem lege artis durchgeführten Eingriff verbunden sind (vgl. BGE 133 III 121, 128; diff. GATTIKER, in: FELLMANN/ POLEDNA, Haftung des Arztes, 111, 131 ff.). Die *deliktische Aufklärungshaftung* ist somit ein wichtiges Instrument des Patientenschutzes, da Arzthaftungsprozesse sonst meist daran zu scheitern drohen, dass der Patient nicht in der Lage ist, einen Behandlungsfehler zu beweisen (krit. dagegen ROBERTO, Haftpflichtrecht, N 93 ff.).

Besonders ausführlich gesetzlich geregelt wird die Einwilligung in 50.38a Art. 16–18 HFG für *Forschung im Gesundheitsbereich*, insbesondere in Medizin und Biologie.

Bedeutung hat die rechtfertigende Einwilligung auch bei *Sportverlet-* 50.39 *zungen*. Sind Beeinträchtigungen der körperlichen Integrität geradezu Ziel der jeweiligen Sportart (z.B. Boxen), so ist von einer Einwilligung bezüglich regelkonform verursachter Verletzungen auszugehen (BGE 117 II 547, 548; vgl. auch STIFFLER, in: MÜNCH/GEISER (Hrsg.), Schaden – Haftung – Versicherung, Basel/Genf/München 1999, 631, 651; a.A. THALER, in: ARTER, Sport und Recht, 129, 160). Bei anderen Sportarten, insbesondere bei Extremsportarten wie z.B. Canyoning, kann zwar keine Einwilligung in Körperverletzungen angenommen werden, es liegt jedoch im Regelfall ein Handeln auf eigene Gefahr vor (vgl. N 16.11).

§ 51   Sittenwidrige Schädigung

Literatur: BERGER, Schuldrecht, N 1876 ff.; DESCHENAUX/TERCIER, § 6 N 50 ff.; ENGEL, OR AT, 453 ff.; FURRER/MÜLLER-CHEN, Kap. 11 N 108 ff.; HONSELL, Haftpflichtrecht, § 7; KELLER/GABI/GABI, Haftpflichtrecht, 58 f.; OFTINGER/STARK, Haftpflichtrecht II/1, § 16 N 191 ff.; REY, Haftpflichtrecht, N 792 ff.; ROBERTO, Haftpflichtrecht, N 62 f.; SCHNYDER/PORTMANN/MÜLLER-CHEN, Haftpflichtrecht, N 167 ff.; VON TUHR/PETER, 416 f.; WERRO, Responsabilité, N 405 ff.; BaslerKomm/HEIERLI/SCHNYDER A.K., Art. 41 N 40 ff.; BernerKomm/BREHM, Art. 41 N 233 ff.; CHK/MÜLLER, OR 41 N 55 f.; CR CO I/WERRO, Art. 41 N 80 ff.; KuKo OR/SCHÖNENBERGER, Art. 41 N 37 ff.;
   BIERI, Sittenwidrige Schädigung nach Art. 41 Abs. 2 OR, AJP 2008, 549 ff.; CAMPRUBI, Kontrahierungszwang gemäss BGE 129 III 35: ein Verstoss gegen die Wirtschaftsfreiheit, AJP 2004, 384 ff.; GÖKSU, Gedanken zur Kontrahierungspflicht anlässlich von BGE 129 III 35, ZBJV 2004, 35 ff.; KLETT, Vertragsfreiheit und Kontrahierungszwang, BJM 2005, 161 ff.; SCHLUEP, Schuldrechtliche Aspekte der Verleitung zum Vertragsbruch, Festschrift Keller, Zürich 1989, 261 ff.

51.01   Nach Art. 41 Abs. 2 haftet auch diejenige ausservertraglich auf Schadenersatz, die einen anderen in einer gegen die *guten Sitten* verstossenden Weise *absichtlich* schädigt. Widerrechtlichkeit im Sinne des Art. 41 Abs. 1 wird hier nicht vorausgesetzt. Diese Bestimmung erlaubt somit eine Ausdehnung der Haftung auf Fälle, in denen zwar keine Widerrechtlichkeit vorliegt, das Rechtsgefühl aber dennoch eine Ersatzpflicht verlangt (BGE 108 II 305, 312). Bedeutung hat diese Bestimmung demnach vor allem im Hinblick auf den Ersatz *reiner Vermögensschäden*. Freilich ist ihr Anwendungsbereich gleichwohl eher schmal. Sie soll nur «ausnahmsweise und mit grösster Zurückhaltung» angenommen werden (BGE 124 III 297, 302), nämlich dann, wenn ein Verhalten nicht der Wahrnehmung eigener Interessen dient, sondern primär darauf abzielt, andere zu schädigen (BGE 124 III 297, 303). Rechtsprechung und Lehre gehen ausserdem in zunehmendem Masse auch bei Beeinträchtigung primärer Vermögensinteressen von Widerrechtlichkeit im Sinne des Art. 41 Abs. 1 aus, wenn die Ablehnung ausservertraglicher Schadenersatzhaftung als unangemessen empfunden wird.

I. Voraussetzungen

51.02   Art. 41 Abs. 2 verlangt zum einen einen Verstoss gegen die guten Sitten und zum anderen eine absichtliche Schädigung.

51.03   Der Begriff der *guten Sitten* ist derselbe wie in Art. 20 Abs. 1 (vgl. N 32.17 ff.; ebenso HONSELL, Haftpflichtrecht, § 7 N 4; diff. aber OFTINGER/STARK, Haftpflichtrecht II/1, § 16 FN 284). Der Versuch, die guten Sitten näher zu definieren (vgl. etwa BernerKomm/BREHM, Art. 41 N 240 ff.), endet allerdings meist in einer Leerformel, so dass nur über die Bildung von *Fallgruppen* eine annäherungsweise Konkretisierung dieser Generalklausel unternommen werden kann.

In subjektiver Hinsicht lässt Art. 41 Abs. 2 nicht jede Form des Ver- 51.04 schuldens genügen, sondern verlangt *Absicht*. Nach herrschender Meinung ist jedoch keine Absicht im technischen Sinne erforderlich, ausreichend ist vielmehr *Vorsatz* (einschliesslich Eventualvorsatz; statt vieler REY, Haftpflichtrecht, N 798 m.w. Nachw.).

II. Einzelfälle

Aus der Rechtsprechung lassen sich vor allem *vier Fallgruppen* 51.05 herausarbeiten, in denen eine sittenwidrige Schädigung im Sinne des Art. 41 Abs. 2 angenommen wird:

Eine *Verleitung zum Vertragsbruch* ist an sich nicht widerrechtlich 51.06 (BGE 114 II 91, 98; vgl auch Art. 4 lit. a UWG). Bei Vorliegen besonderer Umstände, z.B. bei Schädigungsabsicht oder arglistiger Täuschung, kann sie jedoch sittenwidrig sein, so dass diejenige, die zum Vertragsbruch verleitet, dem Vertragspartner des anderen zu Schadenersatz verpflichtet ist.

Eine sittenwidrige Schädigung kann auch bei Abreden in Zusammen- 51.07 hang mit einer *Versteigerung* vorliegen. Dies gilt sowohl für das sog. pactum de non licitando, d.h. das Versprechen unter Mitbietenden, gegen Leistung einer Entschädigung vom Bieten Abstand zu nehmen, als auch für das Gegenstück, das pactum de licitando, d.h. eine Absprache zwischen der Eigentümerin der zu versteigernden Sache und einer Bietenden, Scheingebote abzugeben (vgl. BGE 109 II 123, 126).

Sittenwidrig kann auch die grundlose *Ablehnung des Vertragsschlus-* 51.08 *ses* sein, wenn die Anbieterin eine Monopol- oder marktbeherrschende Stellung innehat (vgl. N 26.13 ff.). Der nach Art. 41 Abs. 2 geschuldete Schadenersatz führt dann im Wege der Naturalrestitution zu einem Kontrahierungszwang (BGE 80 II 26, 37).

Schliesslich kann eine sittenwidrige Schädigung bei *Missbrauch einer* 51.09 *formalen Rechtsstellung* angenommen werden. Dies gilt ausser bei unberechtigter Verfahrenseinleitung (vgl. N 50.27) insbesondere bei missbräuchlicher Vollstreckung eines rechtskräftigen Urteils, das auf arglistige Weise erschlichen worden ist (vgl. HONSELL, Haftpflichtrecht, § 7 N 16 ff.).

§ 52   Vertrauenshaftung?

Literatur: BERGER, Schuldrecht, N 1964 ff.; FURRER/MÜLLER-CHEN, Kap. 18 N 111 ff.; HONSELL, Haftpflichtrecht, § 4 N 22, 24a; ROBERTO, Haftpflichtrecht, N 280 ff.; SCHNYDER/PORTMANN/MÜLLER-CHEN, Haftpflichtrecht, N 171 ff.; WERRO, Responsabilité, N 320 ff.; BaslerKomm/BUCHER, Art. 1 N 69a ff.; BaslerKomm/ HEIERLI/SCHNYDER A.K., Art. 41 N 44; BaslerKomm/WIEGAND, Einl. zu Art. 97–109 N 11; BernerKomm/KRAMER, Allg. Einl. N 150 f.; CHK/FURRER/WEY, OR 97–98 N 14; Intro. art. 97–109 N 20 ff.; KuKo OR/WIEGAND, Art. 1 N 31;

AMSTUTZ/WATTER, Urteilsbesprechung Swissair-Entscheid, AJP 1995, 502 ff.; BÄRTSCHI, Verabsolutierte Relativität: die Rechtsstellung des Dritten im Umfeld von Verträgen, Habil. Zürich 2009; BERGER, Zur Unterscheidung zwischen Rechtsscheinhaftung und Vertrauenshaftung, recht 2002, 201 ff.; BRECHBÜHL, Haftung aus erwecktem Konzernvertrauen, Bern 1998; BUCHER, Was man aus einem Fall von «Putativ-Vertrauenshaftung» lernen kann, recht 2001, 65 ff.; DERS., Vertrauenshaftung: Was? Woher? Wohin?, Festschrift Walter, Bern 2005, 231 ff.; BURG/VON DER CRONE, Vertrauenshaftung im Konzern, SZW 2010, 417 ff.; CANARIS, Die Vertrauenshaftung im deutschen Privatrecht, München 1971; CHAPPUIS CHRISTINE, La responsabilité fondée sur la confiance, SemJud 1997, 165 ff.; DIES., Les règles de la bonne foi entre contrat et délit, Mélanges Schmidlin, Basel/Frankfurt a.M. 1998, 227 ff.; DIES., Responsabilité fondée sur la confiance: un tour d'horizon, in: CHAPPUIS CHRISTINE/WINIGER (Hrsg.), La responsabilité fondée sur la confiance – Vertrauenshaftung, Zürich 2001, 21 ff.; DELCO, Die Bedeutung des Grundsatzes von Treu und Glauben beim Ersatz reiner Vermögensschäden, Zürich 2000; DRUEY, Urteilsbesprechung Swissair-Entscheid, SZW 1995, 93 ff.; DERS., Misstrauen in die Vertrauenshaftung? Nochmals zum «Konzernvertrauen», SZW 2001, 190 ff.; DERS., Vertrauenshaftung – eine Revolution? Festschrift Kramer, Basel 2004, 347 ff.; FELLMANN, Haftung für Werbung – ein erster Schritt zu einer allgemeinen Vertrauenshaftung?, medialex 1995, 94 ff.; GONZENBACH, Senkrechtstarter oder Bruchlandung?, recht 1995, 117 ff.; HAUSHEER/JAUN, Die privatrechtliche Rechtsprechung des Bundesgerichts im Jahre 1996, ZBJV 1999, 401 ff.; HESS, Bargeldlose Überweisung mit Hilfe von Interbankzahlungssystemen – Vertrauenshaftung im Zahlungsverkehrsrecht?, recht 1996, 144 ff.; HONSELL, Die Haftung für Auskunft und Gutachten, insbesondere gegenüber Dritten, Festschrift Nobel, Bern 2005, 939 ff.; HÜRLIMANN, Die Haftung des Liegenschaftsschätzers gegenüber einem vertragsfremden Dritten, BR 2004, 105 ff.; KOLLER, Ausservertragliche Haftung eines Ingenieurs für mangelhafte Hangsicherung, Festschrift Walter, Bern 2005, 367 ff.; DERS., Haftung einer Vertragspartei für den Schaden eines vertragsfremden Dritten, in: KOLLER (Hrsg.), Neue und alte Fragen zum privaten Baurecht, St. Galler Baurechtstagung 2004, 1 ff.; KREN KOSTKIEWICZ, Vertrauenshaftung im schweizerischen IPR, ZBJV 2001, 161 ff.; KUZMIC, Haftung aus «Konzernvertrauen»: Die Aussenhaftung des Konzerns im schweizerischen Privatrecht, Zürich 1998; LOSER, Konkretisierung der Vertrauenshaftung, recht 1999, 73 ff.; DERS., Vertrauenshaftung und Schutzpflicht – Vor dem Hintergrund europäischer Rechtsvereinheitlichung, in: MEIER-SCHATZ/SCHWEIZER (Hrsg.), Recht und Internationalisierung, Festgabe der Juristischen Abteilung der Universität St. Gallen zum Juristentag 2000, Zürich 2000, 113 ff.; DERS., Kritische Überlegungen zur Reform des privaten Haftpflichtrechts – Haftung aus Treu und Glauben, Verursachung und Verjährung, ZSR 2003 II, 127 ff.; DERS., Schutzwirkungen zugunsten Dritter, Festschrift Kramer, Basel 2004, 579 ff.; DERS., Die Vertrauenshaftung im schweizerischen Schuldrecht, Bern 2006; DERS., Die Vertrauenshaftung im schweizerischen Schuldrecht, Grundlagen, Erscheinungsformen und Ausgestaltung im geltenden Recht vor dem Hintergrund europäischer Rechtsentwicklung, Bern 2006; DERS., Die Vertrauenshaftung in der Praxis, in: JUNG (Hrsg.), Aktuelle Entwicklungen im Haftungsrecht, Bern 2007, 23 ff.; DERS., Vertrauenshaftung und Verjährung im Schuldrecht, recht 2009, 211 ff.;

MEIER PHILIPPE, Urteilsbesprechung BGE 121 III 350, AJP 1995, 1622 ff.; MORIN, La responsabilité fondée sur la confiance, Genf/Basel/München 2002; DIES., Définition de la responsabilité fondée sur la confiance au regard de la jurisprudence récente du tribunal fédéral, SemJud 2000 II, 161 ff.; DIES., Les caractéristiques de la responsabilité fondée sur la confiance, JdT 2005 I, 41 ff.; MOSER, Die Haftung gegenüber vertragsfremden Dritten, Bern 1998; MOSER/BERGER, Vertrauenshaftung auch im Bankgeschäft – zur Haftungsgrundlage und zu den Grenzen von Aufklärungspflichten, AJP 1999, 541 ff.; MÜLLER-CHEN, Probleme des dualistischen Haftungskonzepts, in: FELLMANN/WEBER (Hrsg.), Haftpflichtprozess 2008, Zürich 2008, 13 ff.; MÜNCH, Haftung aus Konzernvertrauen, ZBJV 1994, 767 ff.; NOTH/GROB, Rechtsnatur und Voraussetzungen der obligationenrechtlichen Prospekthaftung – ein Überblick, AJP 2002, 1435 ff.; ODÖRFER, La responsabilité fondée sur la confiance, in: Marc Mounier zum Abschied, Genève 1997, 23 ff.; PETITPIERRE, Enfoncer une porte ouverte?, in: CHAPPUIS CHRISTINE/WINIGER (Hrsg.), La responsabilité fondée sur la confiance – Vertrauenshaftung, Zürich 2001, 183 ff.; ROBERTO, Deliktsrechtlicher Schutz des Vermögens, AJP 1999, 511 ff.; RUSCH, Rechtsscheinlehre in der Schweiz, Habil. Zürich 2010; SCHMID, Vertrauenshaftung bei Formungültigkeit, Festschrift Walter, Bern 2005, 417 ff.; SCHMIDLIN, La responsabilité fondée sur la confiance en tant que responsabilité de contact quasi contractuelle, in: CHAPPUIS CHRISTINE/WINIGER (Hrsg.), La responsabilité fondée sur la confiance – Vertrauenshaftung, Zürich 2001, 177 ff.; DERS., Die Vertrauenshaftung im vertraglichen Kontakt. Neue Wege in der Schweizerischen Rechtsprechung?, Festschrift Bydlinski, Wien 2002, 415 ff.; SCHNYDER A.K., Haftung aus erwecktem Konzernvertrauen im schweizerischen Recht und mögliche Auswirkungen für das Kollisionsrecht, Collisio Legum per Gerardo Broggini, Milano 1996, 485 ff.; SCHÖNENBERGERBEAT, Haftung für Rat und Auskunft gegenüber Dritten, Basel 1999; DERS., Die dritte Widerrechtlichkeitstheorie, HAVE 2004, 3 ff.; SCHRÖTER, Die Dritthaftung staatlich anerkannter Gutachter im deutschen und schweizerischen Recht, Festschrift Schwenzer, Band II, Bern 2011, 1565 ff.; SCHWENZER, Rezeption deutschen Rechtsdenkens im schweizerischen Obligationenrecht, in: SCHWENZER (Hrsg.), Schuldrecht, Rechtsvergleichung und Rechtsvereinheitlichung an der Schwelle zum 21. Jahrhundert, Tübingen 1999, 59 ff.; SOMMER, Vertrauenshaftung, Anstoss zur Neukonzeption des Haftpflicht und Obligationenrechts?, AJP 2006, 1031 ff.; THÉVENOZ, La responsabilité fondée sur la confiance dans les services bancaires et financiers, in: CHAPPUIS CHRISTINE/WINIGER (Hrsg.), La responsabilité fondée sur la confiance – Vertrauenshaftung, Zürich 2001, 37 ff.; WALTER, Vertrauenshaftung im Umfeld des Vertrages, ZBJV 1996, 273 ff.; DERS., Die Vertrauenshaftung: Unkraut oder Blume im Garten des Rechts?, ZSR 2001 I, 79 ff.; WERRO, Urteilsbesprechung BGE 121 III 350, BR 1996, 56; DERS., Haftung für fehlerhafte Auskunft und Beratung – braucht es die Rechtsfigur der Vertrauenshaftung?, recht 2003, 12 ff.; WICK, Die Vertrauenshaftung im schweizerischen Recht, AJP 1995, 1270 ff.; WIDMER CORINNE, Vertrauenshaftung – Von der Gefährlichkeit des Überflüssigen, ZSR 2001 I, 101 ff.; WIEGAND, Formungültigkeit und Vertrauenshaftung – Bemerkungen zu einem bemerkenswerten Urteil des Bundesgerichts, recht 1999, 225 ff.; DERS., Ad-hoc-Publizität und Schadenersatz, Festschrift Chapuis, Zürich 1998, 143 ff.; DERS., Urteilsbesprechung BGE 120 II 331 («Swissair»), ZBJV 1996,

321 ff.; DERS., Die Canaris-Rezeption in der Schweiz – Vertrauenshaftung und «einheitliches gesetzliches Schutzverhältnis» im Schweizer Recht, Festschrift Canaris, Band II, München 2007, 881 ff.; vgl. auch die Literatur vor N 50.04 ff.; DERS., Vertrauensentsprechung, Festschrift Bucher, Bern 2009, 819 ff.

52.01   Bis in die 1990er-Jahre war der Begriff der *Vertrauenshaftung* im schweizerischen Recht praktisch unbekannt. Erfunden wurde er in Deutschland (CANARIS, Die Vertrauenshaftung im deutschen Privatrecht, München 1971), wo er sich freilich weder in der Literatur, geschweige denn in der Rechtsprechung durchzusetzen vermochte (vgl. dazu SCHWENZER, in: SCHWENZER (Hrsg.), Schuldrecht, Rechtsvergleichung und Rechtsvereinheitlichung, 59, 68 ff.). Vereinzelt in der schweizerischen Literatur rezipiert (BernerKomm/KRAMER, Allg. Einl. N 150 f.), fand er jedoch schliesslich seinen Weg in die bundesgerichtliche Rechtsprechung. Die schweizerische Lehre ist inzwischen in zwei unversöhnliche Lager gespalten: Befürwortet wird die Vertrauenshaftung von stark in deutschrechtlicher Dogmatik verhafteten Autoren, auf vehemente Ablehnung stösst sie bei von angloamerikanischem Rechtsdenken beeinflussten und rechtsvergleichend orientierten Personen.

52.02   In zwei leading cases der Jahre 1994/95 hob das Bundesgericht die Vertrauenshaftung als dritte Schiene neben der Vertrags- und Deliktshaftung aus der Taufe. Im *Swissair-Entscheid* (BGE 120 II 331 ff.; bestätigt in BGE 123 III 220, 231; 124 III 297, 303 ff., i.c. jedoch verneint) ging es um die Haftung für erwecktes Konzernvertrauen, d.h. die Verantwortlichkeit der Muttergesellschaft für das zugunsten ihrer Tochter durch entsprechende Erklärungen und Werbeaussagen ausgelöste Vertrauen. Im *Ringer-Fall* (BGE 121 III 350 ff.) wurde die Haftung eines Sportverbandes gegenüber einem zunächst für die Weltmeisterschaften selektionierten, dann aber grundlos ausgeschlossenen Sportlers bejaht. Schliesslich bemühte das Bundesgericht (ZBJV 1999, 173, 175) die Vertrauenshaftung, um einen Schadenersatzanspruch bei einem nur teilweise erfüllten, *formunwirksamen Grundstückskaufvertrag* zu begründen (zur Kritik vgl. BUCHER, recht 2001, 65 ff.; vgl. auch N 31.34). Auch die althergebrachte *wechselrechtliche Rechtsscheinhaftung* wurde kurzerhand mit der Vertrauenshaftung gleichgesetzt (vgl. BGE 128 III 324, 327; abl. ROTH/VON DER CRONE, SZW 2002, 311, 315 f.). In einer ganzen Reihe weiterer Entscheide wurde die Vertrauenshaftung thematisiert, i.c. allerdings verneint oder offen gelassen. Die Vertrauenshaftung soll immer dann eingreifen, wenn zwischen der Schädigerin und dem Geschädigten eine rechtliche *Sonderverbindung* besteht, d.h. eine besondere Vertrauens- und Treuebeziehung (BGE 121 III 350, 356), die es rechtfertigt, die aus Treu und Glauben hergeleiteten Schutz- und Aufklärungspflichten greifen zu lassen. Unter dem Dach dieser Vertrauenshaftung werden so hete-rogene Tatbestände wie die Haftung aus culpa in contrahendo (vgl. BGer, SemJud 1999, 113, 117; SemJud 1999, 205, 207), die ausservertragliche Haftung für Rat und Auskunft (vgl. BGE 124 III 363, 369; abl. OGer BL, BJM 1999, 91, 99) sowie die Konzernvertrauenshaftung untergebracht (BGE 121 III 350, 354 ff.). Die Literatur (vgl. WICK, AJP 1995, 1270, 1273 f.; WALTER, ZBJV 1996, 273; LOSER, recht 1999, 73, 87) fasst weitergehend auch die unter dem Begriff des Vertrages mit Schutzwir-kung für Dritte und der Sachwalterhaftung verbundenen Probleme darun-ter; teilweise werden sogar das Vertrauensprinzip beim Vertragsschluss, der objektivierte Verschuldensbegriff und der Gutglaubensschutz der Vertrauenshaftung zugeschlagen (vgl. LOSER, recht 1999, 73, 76).

Wenngleich am Ergebnis der die Vertrauenshaftung diskutierenden 52.03 Entscheide in der Regel nichts auszusetzen ist, so begegnet doch der dogmatische Ansatz erheblichen Bedenken (krit. auch HONSELL, Haft-pflichtrecht, § 4 N 22; WICK, AJP 1995, 1277 ff.; SCHÖNENBERGER, 151 f.; ROBERTO, AJP 1999, 511, 518; zust. jedoch HAUSHEER/JAUN, ZBJV 1999, 401, 404 ff.). Praktisch knüpft jegliche Haftung – egal ob aus Vertrag oder Delikt – an enttäuschtes Vertrauen an. Allein die Tatsa-che, dass es in den letzten Jahren kaum mehr einen ausservertraglichen Haftpflichtfall gab, in dem es um reinen Vermögensschaden ging und das Institut der Vertrauenshaftung *nicht* bemüht wurde, bestätigt die bereits in den Vorauflagen vertretene Ansicht, dass das Institut der Vertrauens-haftung zu *konturenlos* ist, als dass es dazu geeignet wäre, die anstehen-den Sachprobleme zu lösen. In der Sache geht es, wie insbesondere die Rechtsvergleichung mit Rechtsordnungen ausserhalb des deutschen Rechtskreises zeigt, primär um die Herausarbeitung und Eingrenzung *deliktischer Haftung für primäre Vermögensschäden*. Hier vermag insbe-sondere die dritte Widerrechtlichkeitstheorie (vgl. N 50.04) zu sinnvollen Ergebnissen zu führen (vgl. SCHÖNENBERGER, HAVE 2004, 3, 7). So können die Konzern- und die Auskunftshaftung ohne weiteres im Rah-men von Art. 41 Abs. 1 der Haftung für Verletzung von Berufspflichten zum Schutze fremden Vermögens zugeordnet werden (so auch WERRO, recht 2003, 12, 20; zum Konzernvertrauen vgl. DRUEY, SZW 2001, 190 ff.). Dabei gilt es, einen Kanon von Verhaltenspflichten für die je-weiligen Berufsgruppen aufzustellen. Im Ringer-Entscheid hätte sich eine Haftung wegen sittenwidriger Schädigung nach Art. 41 Abs. 2 be-gründen lassen. Auch in anderen Fällen reicht das vorhandene dogmati-sche Instrumentarium aus, um sachgerechte Lösungen zu erzielen (vgl. BGE 123 III 220, 228: Widerrechtlichkeit i. S. d. Art. 41 Abs. 1 bei Verletzung der Firmengebrauchspflicht). Die Überflüssigkeit der Vertrauenshaftung wird besonders deutlich, wenn das Bundesgericht aus demselben Lebenssachverhalt kumulativ sowohl eine Haftung aus Delikt als auch eine Vertrauenshaftung ableitet (vgl. BGer, 26. 9. 2001, 4C.193/2000, m. krit. Anm. WYSS/VON DER CRONE, SZW 2002, 112 ff.). Immerhin wurde inzwischen wenigstens die Subsidiarität der Vertrauenshaftung gegenüber der Vertragshaftung ausdrücklich vom Bundesgericht angenommen (BGE 131 III 377, 380 = Pra 2006, 216, 219). Abzulehnen ist schliesslich die Gleichstellung der Haftung für culpa in contrahendo mit den vorgenannten Tatbeständen. Bei diesem, seit nunmehr mehr als hundert Jahren anerkannten Rechtsinstitut handelt es sich – soweit es um den Ersatz primärer Vermögensschäden geht – um eine Vorverlagerung vertraglicher Pflichten in das Verhandlungsstadium. Dies hat mit der ausservertraglichen Haftung für primäre Vermögensschäden nichts zu tun. Ebenfalls abzulehnen ist die Vertrauenshaftung in Zusammenhang mit formunwirksamen Verträgen (so auch WIEGAND, recht 1999, 225, 227, der im Übrigen der Vertrauenshaftung positiv gegenübersteht), wo die eigentliche Sachfrage jene einer teleologischen Reduktion der Unwirksamkeitsnorm ist.

52.04   Inzwischen hat sich das Bundesgericht zwar bemüht, die Anforderungen an das Bestehen einer *rechtlichen Sonderverbindung* auf theoretischer Ebene etwas zu konkretisieren. Eine solche soll nur aus bewusstem oder normativ zurechenbarem Verhalten entstehen (vgl. BGer, SemJud 2000 I, 549, 554). Dennoch ist immer noch unklar, wo die Grenze zwischen einer die Vertrauenshaftung begründenden Sonderbeziehung und einer «Jedermannsbeziehung» in der Praxis verlaufen soll (grundlegend WIDMER, ZSR 2001 I, 101, 115 ff.). Wenig hilfreich sind Aussagen wie, dass das Vertrauen auf eine freiwillige Leistungserbringung nur ausnahmsweise Schutz finde, namentlich wenn der Vertragsschluss auf Grund der bestehenden Machtverhältnisse nicht möglich sei (BGE 133 III 449, 452). In einem leading case (BGE 130 III 345 ff.) lehnte das Bundesgericht eine rechtliche Sonderverbindung zwischen dem vom Grundstücksverkäufer beauftragten Liegenschaftsschätzer und dem Grundstückskäufer ab, weil im Zeitpunkt der Erstellung des Gutachtens kein Kontakt bestand und der Beklagte nichts von den Kaufabsichten wusste (ebenda, 352). Dieser Entscheid macht die Unbrauchbarkeit der Theorie der rechtlichen Sonderverbindung besonders deutlich. In jeder ausländischen Rechtsordnung hätte der Liegenschaftsschätzer wegen Verletzung von Berufspflichten gegenüber dem Grundstückskäufer einstehen müssen. Was den Ausgangspunkt der Vertrauenshaftung, die Haftung im Konzern betrifft, ist in der jüngeren Rechtsprechung eine deutliche Tendenz sichtbar, die Haftung wieder einzuschränken. Insbesondere wird die Erwartung, dass jemand ohne vertragliche Verpflichtung eine Leistung erbringt, wie es im *Swissair*-Entscheid angenommen wurde, jedenfalls im Ergebnis nicht mehr geschützt (vgl. BGer, 5.6.2009, 4A_80/2009, 4A_88/2009; dazu BURG/VON DER CRONE, SZW 2010, 417 ff.; vgl. auch schon BGE 133 III 449, 451).

Offen bleiben vor allem auch die *Rechtsfolgen*, nämlich die Frage der 52.05 entsprechenden Anwendung vertrags- oder deliktsrechtlicher Prinzipien auf diese hybride Haftungsform (so auch ausdrücklich WALTER, ZSR 2001 I, 79, 99 f.; krit. CHAPPUIS CHRISTINE, in: CHAPPUIS CHRISTINE/ WINIGER [Hrsg.], 21, 32 ff.). Soll die gemischte Sichtweise, die das Bundesgericht im Rahmen der culpa in contrahendo vertritt (vgl. N 48.04 f.), nun auch für die Vertrauenshaftung gelten? Oder soll einheitlich auf deliktische oder vertragliche Grundsätze abgestellt werden (so CHAPPUIS CHRISTINE, Mélanges Schmidlin, 227, 240 ff.) oder alles dem Einzelfall überlassen werden (so HAUSHEER/JAUN, ZBJV 1999, 401, 410)? Soll nur das negative (so wohl BGE 124 III 363, 369) oder auch das positive Interesse (so BGer, ZBJV 1999, 173, 175) aus Vertrauenshaftung ersetzt werden? Oder sind gar Erfüllungsansprüche denkbar (so HAUSHEER/ JAUN, ZBJV 1999, 401, 412)? Allein bezüglich der Verjährung hat sich das Bundesgericht (BGE 134 III 390, 398) für die Anwendung der entsprechenden deliktischen Frist (Art. 60 Abs. 1) ausgesprochen. Die aufgeworfenen Fragen zeigen, dass – so wünschenswert eine gewisse Flexibilität der Rechtsprechung auch ist – die Vertrauenshaftung der Willkür Tür und Tor öffnet.

Kapitel 3: Die Kausalhaftungen

§ 53 Einfache Kausalhaftungen

I. Allgemeines

53.01 Zu den *einfachen Kausalhaftungen* zählen aus dem OR die Geschäftsherrnhaftung (Art. 55 Abs. 1), die Tierhalterhaftung (Art. 56 Abs. 1), die Werkeigentümerhaftung (Art. 58 Abs. 1), die Haftung für Signaturschlüssel (Art. 59a) sowie die Haftung des Urteilsunfähigen (Art. 54). Aus dem ZGB sind die Haftung des Familienhauptes (Art. 333 ZGB) und die Grundeigentümerhaftpflicht (Art. 679 ZGB) zu nennen. Auch die Produktehaftpflicht nach dem PrHG stellt eine einfache Kausalhaftung dar, da sie – ähnlich wie die Werkeigentümerhaftung – an die Fehlerhaftigkeit eines Produktes anknüpft.

53.02 Wie alle Haftungstatbestände setzen auch die einfachen Kausalhaftungen zunächst einen *Schaden* und *Kausalität* voraus. Die *Widerrechtlichkeit* ist indes in den gesetzlichen Bestimmungen nicht ausdrücklich normiert. Die herrschende Meinung (vgl. REY, Haftpflichtrecht, N 883 m.w. Nachw.; BGE 123 II 577, 581 f.; 112 II 118, 128; offen gelassen in BGE 116 II 480, 491 f.) geht jedoch davon aus, dass diese Voraussetzung auch im Bereich der Kausalhaftungen gilt. Dieser Auffassung kann in ihrer Pauschalität nicht gefolgt werden. So bestimmt etwa das PrHG (Art. 1 PrHG) den Kreis der geschützten Rechtsgüter selbst. Aber auch bei den anderen Haftungstatbeständen ist der *Schutzzweck* jeweils besonders zu prüfen.

II. Geschäftsherrnhaftung (Art. 55)

53.03 Zur Geschäftsherrnhaftung vgl. N 23.12 ff.

III. Tierhalterhaftung (Art. 56)

Literatur: BERGER, Schuldrecht, N 1886 ff.; DESCHENAUX/TERCIER, § 11; ENGEL, OR AT, 541 ff.; FURRER/MÜLLER-CHEN, Kap. 12 N 53 ff.; GUHL/KOLLER, 205 f.; HONSELL, Haftpflichtrecht, § 17; KELLER, Haftpflicht I, 181 ff.; KELLER/GABI/GABI, Haftpflichtrecht, 179 ff.; OFTINGER/STARK, Haftpflichtrecht II/1, § 21; PORTMANN/REY, 62 f.; REY, Haftpflichtrecht, N 975 ff.; ROBERTO, Haftpflichtrecht, N 423 ff.; SCHNYDER/PORTMANN/MÜLLER-CHEN, Haftpflichtrecht, N 248 ff.; VON TUHR/PETER, 452 ff.; WERRO, Responsabilité, N 931 ff.; BaslerKomm/HEIERLI/SCHNYDER A.K.,

Art. 56, 57; BernerKomm/BREHM, Art. 56, 57; CHK/MÜLLER, OR 56, 57; CR CO I/
WERRO, Art. 56, 57; KuKo OR/SCHÖNENBERGER, Art. 56, 57;
   BIERI, La réforme de la responsabilité civile des détenteurs de chiens, SJZ 2009, 49 ff.;
FELLMANN, Der Tierhalter – Begriff oder Typus?, SJZ 1987, 337 ff.; DERS., Zivilrechtliche
Haftung öffentlich zugänglicher Tiersammlungen für Schädigungen durch Tiere, Diss.
Bern 1984; KARLEN, Die Haftung des Familienhauptes nach ZGB 333 und des Tierhalters
nach OR 56, Diss. Bern 1980; PAYLLIER, Der Tierhalter und dessen besondere Be-
freiungsmöglichkeiten (Art. 56 Abs. 1 OR) – unter rechtsvergleichender Berücksichtigung
des deutschen und des französischen Rechts, Diss. Zürich 2003.

1. Allgemeines

Nach Art. 56 Abs. 1 haftet der Halter für den von einem Tier 53.04
angerichteten Schaden, wenn er nicht nachweist, dass er die nach den
Umständen gebotene Sorgfalt in der Verwahrung und Beaufsichtigung
des Tieres angewendet hat oder dass der Schaden auch bei Anwendung
dieser Sorgfalt eingetreten wäre. Nach herrschender Meinung (vgl. REY,
Haftpflichtrecht, N 979 m.w. Nachw.) handelt es sich dabei um eine *einfache Kausalhaftung* mit Befreiungsbeweis; nach hier vertretener Auffassung liegt eine Verschuldenshaftung mit Beweislastumkehr vor.

Der *Schutzzweck* der Tierhalterhaftung erfasst nur absolute Rechtsgü- 53.05
ter, d.h. vor allem die körperliche Integrität und das Eigentum. Reine
Vermögensinteressen werden von Art. 56 Abs. 1 nicht geschützt.

2. Tierhalter

Tierhalter ist, wer in einem *tatsächlichen Gewaltverhältnis* zum 53.06
Tier steht, darüber also verfügen kann (BGE 115 II 237, 245; 104 II 23,
25). Das Eigentum am Tier ist nicht entscheidend. Es kommt vielmehr
darauf an, wer den Nutzen vom Tier hat und für seinen Unterhalt auf-
kommen muss. So ist beispielsweise derjenige, der über längere Zeit ein
Pferd gemietet hat, dessen Halter. Allerdings ist erforderlich, dass das
Gewaltverhältnis von *gewisser Dauer* ist (diff. OFTINGER/STARK, Haftpflichtrecht II/1, § 21 N 35 ff.; wie hier HONSELL, Haftpflichtrecht, § 17
N 7, jeweils m.w. Nachw.); das blosse «Gassiführen» eines Hundes begründet noch keine Haltereigenschaft, wohl aber die für die Dauer der
Sommerferien übernommene selbstständige Obhut für ein Reitpferd
(BGer, SJZ 2002, 20 f.). Umgekehrt entfällt die Haltereigenschaft nicht
bei vorübergehender Unterbrechung des Gewaltverhältnisses (BGE 110
II 136, 139; 58 II 371, 376 f.), wie insbesondere bei Entweichen des Tieres. Vom Halter sind dessen *Hilfspersonen*, z.B. Stallpfleger, zu unter-

scheiden; ihnen fehlt der Nutzen vom Tier. Für Hilfspersonen hat der Halter selbst nach Art. 56 Abs. 1 und nicht lediglich nach Art. 55 Abs. 1 einzustehen (BGE 110 II 136, 139).

53.07 Halter kann sowohl eine *natürliche* als auch eine *juristische Person* sein (BGE 115 II 237, 245). Sind mehrere Personen gleichzeitig Halter, so haften sie solidarisch (REY, Haftpflichtrecht, N 996 m.w. Nachw.).

53.08 Art. 56 Abs. 1 gilt nicht für Tiere, die *nicht «gehalten»* werden, z.B. Jagdwild, Ungeziefer oder Krankheitserreger (vgl. REY, Haftpflichtrecht, N 999 f. m.w. Nachw.).

3. Verursachung durch ein Tier

53.09 Das Tier muss den Schaden aus eigenem Antrieb verursachen, d.h. es muss sich eine *typische Tiergefahr* verwirklicht haben, z.B. Schädigung durch Ausschlagen, Beissen, Kratzen, Überrennen, Erschrecken durch Kläffen etc. Auch das Decken einer Rassehündin durch einen Mischlingsrüden fällt darunter (BGHZ 67, 129 ff.). Solange das Tier tiergemäss handelt, kommt es nicht darauf an, ob es von einem Menschen, einem anderen Tier oder durch andere äussere Ereignisse hierzu veranlasst wird. Beispiel: Ein Pferd scheut, weil es infolge Fluglärms erschrickt oder der Reiter es schlägt.

53.10 Keine typische Tiergefahr liegt vor, wenn Tiere als *willenloses Werkzeug* des Menschen eingesetzt werden, z.B. eine Katze als Wurfgeschoss (zum Ganzen BGE 64 II 373, 375). Dasselbe gilt bei einer Krankheitsübertragung von Tieren auf Menschen oder andere Tiere sowie bei Belästigung durch Lärm oder Geruch von Tieren. Hier muss ggf. auf andere Haftungstatbestände zurückgegriffen werden (vgl. HONSELL, Haftpflichtrecht, § 17 N 10 f.).

4. Sorgfaltsbeweis

53.11 Der Halter kann sich von der Haftung nach Art. 56 Abs. 1 befreien, indem er nachweist, dass er oder die mit der Verwahrung oder Beaufsichtigung des Tieres betraute Hilfsperson alle *nach den Umständen* gebotene Sorgfalt angewendet hat oder dass der Schaden auch bei Anwendung dieser Sorgfalt eingetreten wäre (z.B. BGE 104 II 23, 24; 102 II 232, 235).

53.12 Welche Massnahmen erforderlich und zumutbar sind, um das Tier an der Verursachung eines Schadens zu hindern, hängt von den konkreten *Umständen des Einzelfalles* ab. Dabei sind sowohl die *Art* und der *Cha-*

rakter des Tieres zu berücksichtigen als auch die jeweilige *Umgebung.* So sind bei einem bissigen Hund andere Anforderungen zu stellen als bei einem gutmütigen, beim Reiten neben einer öffentlichen Strasse andere als in freiem Gelände (reichhaltige Kasuistik bei BernerKomm/BREHM, Art. 56 N 56 ff.; OFTINGER/STARK, Haftpflichtrecht II/1, § 21 N 96). Sicherheits- und Unfallverhütungsvorschriften können zur Konkretisierung der Sorgfaltspflicht herangezogen werden (vgl. BGE 131 III 115, 118: Weidezaun). Ähnlich wie bei der Bestimmung eines Werkmangels (vgl. 53.26) sind dabei die Aufwendungen für den Tierhalter einerseits und die Wahrscheinlichkeit des Eintritts eines Schadens andererseits gegeneinander abzuwägen (vgl. BGE 126 III 14, 17 f.). Für deliktisches Handeln Dritter kann der Tierhalter nicht verantwortlich gemacht werden (vgl. BGer, 7. 7. 2009, RJJ 2009, 206, 208).

5. Rückgriff

Nach Art. 56 Abs. 2 bleibt dem Halter der *Rückgriff* vorbehalten, wenn das Tier von einem anderen oder durch das Tier eines anderen gereizt worden ist. Diese Bestimmung ist an sich überflüssig; das Rückgriffsrecht folgt unmittelbar aus Art. 51 Abs. 1. 53.13

Hat die Verletzte selbst das Tier gereizt, so findet kein Rückgriff statt, ihr Anspruch wird jedoch wegen *Selbstverschuldens* nach Art. 44 Abs. 1 gekürzt oder ggf. ausgeschlossen. 53.14

6. Selbsthilfe

Nach Art. 57 Abs. 1 kann die geschädigte Besitzerin eines Grundstückes zur *Sicherung ihrer Schadenersatzforderung* das eingedrungene Tier einfangen und u.U. sogar töten (vgl. dazu insb. BaslerKomm/ HEIERLI/SCHNYDER A.K., Art. 57; BernerKomm/BREHM, Art. 57). 53.15

IV. Werkeigentümerhaftung (Art. 58)

Literatur: BERGER, Schuldrecht, N 1892 ff.; DESCHENAUX/TERCIER, § 12; ENGEL, OR AT, 545 ff.; FURRER/MÜLLER-CHEN, Kap. 12 N 82 ff.; GUHL/KOLLER, 206 ff.; HONSELL, Haftpflichtrecht, § 18; KELLER, Haftpflicht I, 191 ff.; KELLER/GABI/GABI, Haftpflichtrecht, 184 ff.; OFTINGER/STARK, Haftpflichtrecht II/1, § 19; PORTMANN/REY, 68 f.; REY, Haftpflichtrecht, N 1022 ff.; ROBERTO, Haftpflichtrecht, N 389 ff.; SCHNYDER/PORTMANN/MÜLLER-CHEN, Haftpflichtrecht, N 285 ff.; VON TUHR/PETER, 456 ff.; WERRO, Responsabilité, N 700 ff.; BaslerKomm/HEIERLI/SCHNYDER A.K.,

Art. 58; BernerKomm/BREHM, Art. 58; CHK/MÜLLER, OR 58; CR CO I/WERRO, Art. 58; KuKo OR/SCHÖNENBERGER, Art. 58;
DE LUZE, Le propriétaire du bâtiment ou de l'ouvrage au sens de l'article 58 CO, Diss. Lausanne 1979; DROZ, La responsabilité civile et contractuelle des entreprises de remontées méchaniques, Jusletter 20. Dezember 2004; FLEISCHMANN, Die Werkeigentümerhaftung für mangelhafte Strassen und mangelhaften Strassenunterhalt, Collezione Assista, Genf 1998, 140 ff.; KOLLER THOMAS/REY, Vom «Neminem laedere» zur «Licence to kill»?, plädoyer 4/06, 32 ff.; METTLER/FRAEFEL, Umwelthaftungsrecht, AwR 2009, 137 ff.; NEF, Die Werkeigentümerhaftung gemäss Art. 58 OR, Festschrift Kramer, Basel 2004, 853 ff.; NIGG, OR 58 und die öffentlichen Strassen, Festschrift Brehm, Bern 2012, 281 ff.; PFAU, Ausgewählte Fragen aus dem Gebiete der Haftung für Wege und Strassen nach Art. 58 OR, Diss. Zürich 1978; SAVIAUX, La responsabilité du bailleur de biens immobiliers, AJP 2009, 867 ff.; WIDMER, Bodenhaftung, Festschrift Rey, Zürich 2003, 343 ff.; WYSS, Technische Normen und Vorschriften im Spannungsfeld zwischen Haftpflicht- und Produktsicherheitsrecht, AJP 2006, 53 ff.

1. Allgemeines

53.16   Nach Art. 58 Abs. 1 haftet der Eigentümer eines Werkes, wenn durch einen Mangel des Werkes ein Schaden verursacht worden ist. Der Eigentümer hat demnach für *den mangelhaften Zustand* als solchen einzustehen, nicht für ein schuldhaftes Verhalten. Im Gegensatz zur Geschäftsherrn- und Tierhalterhaftung kann sich der Werkeigentümer nicht von der Haftung befreien, indem er nachweist, dass er und seine Hilfspersonen die erforderliche Sorgfalt eingehalten haben (vgl. aber BGE 122 III 229, 236). Verursacht eine Hilfsperson den Werkmangel, so geht die Haftung nach Art. 58 Abs. 1 jener nach Art. 55 Abs. 1 vor (vgl. Kuko OR/SCHÖNENBERGER, Art. 58 N 3 m.w. Nachw.).

53.17   Der *Schutzbereich* des Art. 58 Abs. 1 umfasst nur die absoluten Rechtsgüter, d.h. insbesondere Verletzungen der körperlichen Integrität und des Eigentums. Reine Vermögensschäden sind nach Art. 58 Abs. 1 nicht zu ersetzen.

2. Werkbegriff

53.18   Als *Werke* im Sinne des Art. 58 Abs. 1 gelten stabile, mit dem Erdboden direkt oder indirekt verbundene, künstlich hergestellte, d.h. von Menschenhand geschaffene oder angeordnete Gegenstände (BGE 121 III 448, 449; REY, Haftpflichtrecht, N 1038 m.w. Nachw.; ausführliche Kasuistik bei OFTINGER/STARK, Haftpflichtrecht II/1, § 19 N 93). Die in Art. 58 Abs. 1 besonders erwähnten *Gebäude* stellen lediglich einen Unterfall des Werkes im Allgemeinen dar.

Entscheidend ist zum einen das Kriterium der *Stabilität*, zum anderen 53.19
das der *künstlichen Herstellung*.

Stabilität ist nur gegeben bei direkter oder indirekter *Verbindung mit* 53.20
dem Erdboden, z.B. bei Strassen, Gebäuden, in einem Gebäude fest ins-
tallierten Gegenständen, Telefonstangen, Liftanlagen etc. Dabei reicht
eine nur *vorübergehende Verbindung* mit dem Erdboden aus, z.B. bei
Baugerüsten, Baubaracken, mit der Erde verbundenen Maschinen oder
aufgebockten Fahrzeugen. Fahrzeuge im Allgemeinen und bewegliche
Maschinen, z.B. eine Seilwinde oder Strassenwalze, stellen hingegen
keine Werke dar (vgl. REY, Haftpflichtrecht, N 1039 ff.).

Voraussetzung ist weiter die durch Menschenhand geschaffene *künstli-* 53.21
che Herstellung oder *Anordnung* (vgl. REY, Haftpflichtrecht, N 1044 ff.).
Tiere oder *Naturerzeugnisse* sind keine Werke. Sie können jedoch durch
Bearbeitung oder Anordnung zu Werken werden. So kann einem Baum
Werkcharakter zukommen, wenn er künstlich angepflanzt oder versetzt
wird (offen gelassen in BGE 112 II 439, 441). Skipisten gelten jedenfalls
dann als Werke, wenn sie speziell angelegt sind oder präpariert werden
(Nachw. bei BaslerKomm/HEIERLI/SCHNYDER A.K., Art. 58 N 12; offen
gelassen in BGE 130 III 193, 195). Ein lediglich ausgetretener Fusspfad
ist hingegen nicht als Werk zu qualifizieren (BGE 91 II 281, 283).

Überwiegend wird die Auffassung vertreten, dass ein *im Bau, Umbau* 53.22
oder in Reparatur befindliches Werk noch kein Werk im Sinne des
Art. 58 Abs. 1 darstelle (BGE 108 II 184, 186; vgl. REY, Haftpflichtrecht,
N 1048 m.w. Nachw.). Diese Auffassung ist abzulehnen. Auch ein in
Bau befindliches Haus oder eine Baugrube stellt zweifellos ein Werk dar.
Eine andere Frage ist es, wie der Werkmangel in diesen Fällen definiert
wird.

3. Werkmangel

Ob ein Werk mangelhaft ist, ist im Hinblick auf den Zweck zu 53.23
beurteilen, den es zu erfüllen hat: Es muss bei bestimmungsgemässem
Gebrauch genügende *Sicherheit* bieten (BGE 123 III 306, 310 f.; 118 II
36, 38; 117 II 50, 52; 116 II 422, 423). Dabei kann die Ursache des Mangels in *fehlerhafter Anlage* oder *Herstellung* oder *mangelhafter Unterhal-*
tung des Werkes liegen. Irrelevant ist, wer die Ursache des Werkmangels
gesetzt hat. So haftet der Werkeigentümer beispielsweise auch dann,
wenn der Werkmangel auf einen Handwerkerfehler bei der Errichtung
eines Hauses zurückzuführen ist, wenn Dritte die eine Baugrube sichern-

de Absperrung entfernt haben oder für Glatteis auf dem Trottoir vor der Ausgangstüre eines Verkaufslokals (BGE 118 II 36, 38 ff.).

53.24   Ob ein Mangel vorliegt, ist anhand der konkreten Umstände des Einzelfalls zu ermitteln. Dabei kommt der *Zweckbestimmung des Werkes* und der *Zumutbarkeit möglicher Sicherheitsvorkehrungen* für den Werkeigentümer vorrangige Bedeutung zu (ausführliche Kasuistik bei OFTINGER/STARK, Haftpflichtrecht II/1, § 19 N 93). Letzteres rückt die Werkeigentümerhaftung ganz in die Nähe der Haftung wegen Verletzung der allgemeinen Sorgfaltspflicht (weiter gehend ROBERTO, Haftpflichtrecht, N 405 ff.).

53.25   Mangelhaft ist ein Werk, von dem bei *bestimmungsgemässem Gebrauch* eine Gefahr für Menschen oder Sachen ausgeht. Dabei ist auch auf den jeweiligen *Benutzerkreis* abzustellen, wobei der Werkeigentümer mit einem vernünftigen und dem allgemeinen Durchschnitt entsprechenden vorsichtigen Verhalten rechnen darf (vgl. BGer, 2.10.2000, 4C.119/2000 – Hafendusche). Dementsprechend ist ein von Familien viel benutzter Wanderweg anders zu sichern als ein für Berggängerinnen ausgewiesener Klettersteig. An die Sicherheit von Gebäuden mit Publikumsverkehr sind höhere Anforderungen zu stellen als an ausschliesslich privat genutzte (BGE 117 II 399, 400). Unter Umständen kann ein Werk auch mangelhaft sein, wenn sich die Gefährlichkeit nur bei *bestimmungswidrigem Gebrauch* ergibt, soweit dieser – insbesondere bei Benutzung durch Jugendliche und Kinder – für den Werkeigentümer voraussehbar ist (BGE 116 II 422, 424: Plauschbad; zusammenfassend BGE 130 III 736, 745). Auch Personen, die nicht als Benutzerinnen, sondern z.B. zufällig als Passantinnen mit dem Werk in Kontakt kommen, sind geschützt. Der Schutzzweck der Werkeigentümerhaftpflicht umfasst freilich grundsätzlich nicht *unbefugte Eindringlinge*, mit denen der Werkeigentümer nicht zu rechnen braucht (OFTINGER/STARK, Haftpflichtrecht II/1, § 19 N 70 m. Nachw.). So haftet ein Warenhaus beispielsweise nicht, wenn die nächtliche Einbrecherin auf dem rutschigen Bodenbelag ausgleitet.

53.26   Ein Werkmangel kann nur bejaht werden, wenn die Beseitigung allfälliger Mängel oder das Anbringen von Sicherheitsvorrichtungen *technisch* überhaupt *möglich* ist und die entsprechenden Kosten in einem vernünftigen Verhältnis zum Schutzinteresse der Benützerinnen und zum Zweck des Werkes stehen (BGE 126 III 113, 116; 123 III 306, 311; 117 II 399, 400; REY, Haftpflichtrecht, N 1063 m.w. Nachw.). Die *Zumutbarkeitsschwelle* steigt mit dem Grad der Gefährdung, der Bedeutung des gefährdeten Rechtsguts und der Schwere möglicher Verletzungen. Für *Entwick-*

lungsrisiken (zum Begriff vgl. N 53.36) hat der Werkeigentümer nicht einzustehen, da mangels abstrakter Erkennbarkeit derselben Sicherheitsvorkehrungen nicht möglich sind. Eine umfangreiche Kasuistik existiert im Hinblick auf das dem Gemeinwesen Zumutbare, um Mängel bei Herstellung und Unterhalt von Strassen zu vermeiden (vgl. BGE 130 III 736, 742 f.;Nigg, FS Brehm, 281 ff.; Oftinger/Stark, Haftpflichtrecht II/1, § 19 N 115). Das Einhalten *öffentlichrechtlicher Bestimmungen* oder das Vorliegen einer *behördlichen Genehmigung* schliesst einen Werkmangel nicht aus, da diese nur einen Minimalstandard sicherstellen sollen (vgl. Rey, Haftpflichtrecht, N 1062 m.w. Nachw.).

4. Werkeigentümer

Grundsätzlich trifft die Haftpflicht nach Art. 58 Abs. 1 den sa- 53.27 chenrechtlichen *Eigentümer* des Werks. Mehrere Eigentümer haften als Solidarschuldner, und zwar gleichgültig, ob Mit- oder Gesamteigentum besteht (BGE 117 II 50, 63 f.; teilweise str., vgl. auch Rey, Haftpflichtrecht, N 1066). Bei *öffentlichen Strassen*, die in Privateigentum stehen, aber mit einem öffentlichen Wegerecht belastet sind, haftet allerdings das Gemeinwesen, wenn es tatsächlich für Anlage und Unterhalt der Strasse verantwortlich ist (BGE 121 III 448, 449 ff. m.w. Nachw.; die Ausdehnung auf private Servitutsberechtigte wurde offen gelassen: BGE 91 II 281, 290). Umgekehrt haftet die *Konzessionärin* und nicht das Gemeinwesen, wenn sich der Schadensfall während der Dauer einer Konzession zur Nutzung eines öffentlichen Strandes und darauf errichteter Anlagen ereignet (BGE 123 III 306, 309 f., i.c. Haftung verneint).

5. Rückgriff

Art. 58 Abs. 2 stellt klar, dass der in Anspruch genommene 53.28 Werkeigentümer auf andere Personen Rückgriff nehmen kann, die für den Werkmangel verantwortlich sind. Der eigentliche *Rückgriffsanspruch* ergibt sich einerseits aus dem jeweiligen Rechtsverhältnis zwischen dem Werkeigentümer und der weiteren verantwortlichen Person, z.B. aus Werkvertrag, Auftrag oder Arbeitsvertrag, zum anderen aus Art. 51 Abs. 1.

6. Sichernde Massnahmen

53.29 Wird eine Person durch einen Werkmangel in ihren Rechtsgütern bedroht, so braucht sie nicht abzuwarten, bis die Verletzung eingetreten ist. Sie kann vielmehr nach Art. 59 Abs. 1 vom Werkeigentümer die Ergreifung der notwendigen Massnahmen verlangen, um die *Gefahr abzuwenden* (vgl. dazu insb. BaslerKomm/HEIERLI/SCHNYDER A.K., Art. 59; BernerKomm/BREHM, Art. 59).

V. Haftung für Signaturschlüssel (Art. 59a)

Literatur: FURRER/MÜLLER-CHEN, Kap. 12 N 70 ff.; PORTMANN/REY, 65 f.; SCHNYDER/PORTMANN/MÜLLER-CHEN, Haftpflichtrecht, N 269 ff.; CHK/MÜLLER, OR 59a; KuKo OR/SCHÖNENBERGER, Art. 59a;

MARKWALDER, Public Key Infrastructure: Eignung von PKI zur Erfüllung zivilrechtlicher Anforderungen aus Gesetz und Vertrag innerhalb einer Unternehmung (B2B, B2C und B2E), Diss. Zürich 2009; SCHLAURI/JÖRG/ARTER, Internet-Recht und digitale Signaturen, Bern 2005.

53.29a Mit dem Gesetz über die elektronische Signatur wurde in Art. 59a ein Haftungstatbestand für *Signaturschlüssel* aufgenommen. Danach haftet der Inhaber des Signaturschlüssels für dessen Missbrauch, wenn er nicht nachweisen kann, dass er die zumutbaren Sicherheitsvorkehren getroffen hat. Der Schutzbereich erfasst vor allem primäre Vermögensschäden. Die Verletzung absoluter Rechtsgüter ist hier kaum vorstellbar.

VI. Produktehaftpflicht nach PrHG

Literatur: FURRER/MÜLLER-CHEN, Kap. 13 N 1 f.; HONSELL, Haftpflichtrecht, § 21; KELLER, Haftpflicht I, 361 ff.; PORTMANN/REY, 71 f.; REY, Haftpflichtrecht, N 951 ff., 1166 ff.; ROBERTO, Haftpflichtrecht, N 354 ff.; SCHNYDER/PORTMANN/MÜLLER-CHEN, Haftpflichtrecht, N 313 ff.; WERRO, Responsabilité, N 534 ff.; BaslerKomm/FELLMANN, PrHG; WERRO/CHAULMONTET, Produktehaftpflicht, SPR X, 409 ff.;

ADAMS/KRAAS-LITTGER, Produkthaftung für Colagetränke, Festschrift Wiegand, Bern 2005, 1 ff.; AFFOLTER, Angeglichene Produktesicherheit – Mobilität wozu und für wen?, Collezione Assista, Genf 1998, 14 ff.; ANTONIAZZI, La responsabilité du fait des produits défectueux, Mélanges Assista, Genf 1989, 551 ff.; BOLLIGER, Die Haftung des Importeurs für fehlerhafte Produkte in rechtsvergleichender Sicht, Zürich 1995; BORSARI, Schadensabwälzung nach dem schweizerischen Produktehaftpflichtgesetz (PrHG), Diss. Zürich 1998; BÜHLER R., Definition des Produktfehlers im Produkthaftpflichtgesetz (PrHG), AJP 1993, 1425 ff.; BÜYÜKSAGIS, La notion de défaut dans la responsabilité du fait des produits, Diss. Freiburg i.Ue., Zürich 2005; CHRISTEN, Produkthaftung nach der EG-

Produkthaftungsrichtlinie im Vergleich zur Produkthaftung nach schweizerischem Recht, Bern 1992; DAVANI, Die «Risikoerhöhung» im Fall der Produkthaftung der Zigarettenhersteller, HAVE 2005, 220 ff.; FELLMANN, Ausschluss von Schadenersatz für Schäden am fehlerhaften Produkt, AJP 1994, 1466 ff.; DERS., Produzentenhaftung in der Schweiz, ZSR 1988 I, 275 ff.; DERS., Der Produktfehler und sein Nachweis, recht 2007, 158 ff.; DERS., Inhalt und Tragweite des Produktsicherheitsgesetzes (PrSG) vom 12. Juni 2009, HAVE 2010, 3 ff.; DERS., Haftungsrisiken im neuen Produktesicherheitsgesetz, AwR 2012, 192 ff.; FELLMANN/VON BÜREN-VON MOOS, Grundriss der Produktehaftpflicht, Bern 1993; DIES., Das neue Bundesgesetz über die Produktehaftpflicht in der Schweiz (PrHG), PHI 1993, 184 ff.; FREIBURGHAUS, Produktehaftung des Warenimporteurs nach deutschem und schweizerischem Recht, Diss. Basel 1993; GNOS, Anspruchskonkurrenz im schweizerischen Produktehaftpflichtrecht, Diss. Zürich 1997; HAHN, Produktsicherheit und Produkthaftung im internationalen Kontext, AJP 2008, 1007 ff.; HESS, Kommentar zum Produktehaftpflichtgesetz (PrHG), 2. Aufl., Bern/Stuttgart/Wien 1996; DERS., Produktehaftung in der Schweiz, in Deutschland und Europa: Leitfaden für die Unternehmenspraxis, Zürich 1997; HOLLIGER-HAGMANN, Die heimtückische Kaffeekanne, Jusletter 23. April 2007; DIES., Gesetzeskonformität als solche befreit nicht von der Haftung, Jusletter 11. Februar 2008; JÄGGI, Das Bundesgesetz über die Produktehaftpflicht, AJP 1993, 1419 ff.; LOISTL, Technische Normen und Good-Practices im Haftpflichtrecht, LeGes 2006, 75 ff.; LUTZ, Haftung für Gebrauchsanleitungen – ein Sonderfall der Produktehaftung, SJZ 1993, 1 ff.; PETITPIERRE, L'apparition d'un besoin social face à l'inadéquation du droit en vigueur: la genèse d'une nouvelle réglementation, in: CHAPPUIS CHRISTINE/WINIGER (Hrsg.), Responsabilités objectives, Journée de la responsabilité civile 2002, Zürich 2003, 11 ff.; PLÜSS/JETZER, Die Produktehaftpflicht. Ein Handbuch für die Praxis, Zürich 1999; PLUTSCHOW-WILLI, Präsentation des Produktes: Haftung des Herstellers für die fehlerhafte Präsentation seiner Produkte nach dem schweizerischen Produktehaftpflichtgesetz (PrHG), Zürich 1999; POSCH, Die Europäische Produkt(e)haftung und die Schweiz – mitgegangen, mitgehangen, mitgefangen?, Festschrift Widmer, Wien 2003, 267 ff.; RÖTHLISBERGER, Zivilrechtliche Produktbeobachtungs-, Warn- und Rückrufpflichten des Herstellers, Zürich 2003; SCHRUPKOWSKI, Die Haftung für Entwicklungsrisiken in Wissenschaft und Technik, Basel 1995; SCHWENZER, Rückruf und Warnpflichten des Warenherstellers, JZ 1987, 1059 ff.; SCHWENZER/SCHMIDT MAREIKE, Pflicht zum Rückruf fehlerhafter Produkte, Festschrift Wessner, Basel 2011, 223 ff.; SEILER, Produktefehler, in: MÜNCH/GEISER (Hrsg.), Schaden – Haftung – Versicherung, Basel/Genf/München 1999, 935 ff.; STAUDER, Schweizerische Produktehaftung im europäischen Umfeld, ZSR 1990 I, 363 ff.; TAKEI, Produkthaftungsrisiken in Zeiten der Nanotechnologie, Jusletter 5. November 2007; VAUTIER EIGENMANN, La responsabilité civile pour la certification de produits et d'entreprises en droit suisse, Diss. Freiburg i.Ue., Zürich 2005; VON BÜREN-VON MOOS, Normen und Vorschriften über Produktesicherung, AJP 1994, 1376 ff.; WEBER/THÜRER/ZÄCH, Produktehaftpflicht im europäischen Umfeld, Zürich 1994; WERRO, La responsabilité objective du fait des produits est-elle stricte?, in: CHAPPUIS CHRISTINE/WINIGER (Hrsg.), Responsabilités objectives, Journée de la responsabilité civile 2002, Zürich 2003, 29 ff.; DERS., La péremption dans la loi sur la responsabilité du fait des produits: une limitation des droits du lésé par rapport au droit commun de la responsabilité du fabricant?, Festschrift Stauder, Baden-Baden 2006, 567 ff.; DERS., Le défaut du produit, ses catégories, sa preuve et les instructions du fabricant, SJZ 2008, 257 ff.; WESSNER, Quelques propos erratiques sur des questions liées à la responsabilité du fait des produits défectueux, in: CHAPPUIS CHRISTINE/WINIGER (Hrsg.), Responsabilités objectives, Journée de la responsabilité civile 2002, Zürich 2003, 61 ff.; DERS., La responsabilité du fait des produits, un droit venu d'ailleurs, in: CHAPPUIS CHRISTINE/FOËX/ THEVENOZ (Hrsg.), Le législateur et le droit privé, Genf 2006, 11 ff.; WIDMER, Grundlagen und Entwicklung der schweizerischen Produktehaftung(-en), ZSR 1995 I, 23 ff.; WILDHABER, Produkthaftung im Gentechnikrecht, Zürich 2000; WYSS, Der Fehlerbegriff im schweizerischen Produktehaftpflichtgesetz, recht 1996, 108 ff.; DERS., Technische Normen und Vorschriften im Spannungsfeld zwischen Haftpflicht- und Produktsicherheitsrecht, AJP 2006, 53 ff.; vgl. auch die Literatur vor N 23.12 ff.

1. Allgemeines

53.30   Unter Produktehaftpflicht wird das *Einstehenmüssen des Herstellers* für Schäden, die aufgrund der Fehlerhaftigkeit der von ihm in Verkehr gebrachten Produkte entstehen, verstanden (REY, Haftpflichtrecht, N 1167 m.w. Nachw.).

53.31   Mit dem Aufkommen des *Konsumentenschutzgedankens* in den 1960er-Jahren wurde die Produktehaftpflicht auch in Europa zunehmend als rechtspolitisches Problem erkannt. Ansprüche der in ihrer körperlichen Integrität oder ihrem Eigentum geschädigten Konsumentin aus *Kaufrecht* scheitern oft daran, dass den Verkäufer als Zwischenhändler kein Verschulden trifft (Art. 208 Abs. 3), da er grundsätzlich nicht zur Untersuchung der Ware verpflichtet ist, oder dass die Geschädigte gar nicht Endabnehmerin des Produktes ist (sog. *innocent bystander*). Es geht deshalb darum, eine *ausservertragliche Einstandspflicht* vor allem des Herstellers zu begründen. Diese drohte jedoch zumeist an der der Konsumentin im Rahmen des Art. 41 Abs. 1 auferlegten Beweislast für das Verschulden bzw. an der Möglichkeit des Befreiungsbeweises nach Art. 55 Abs. 1 (vgl. BGE 90 II 86, 88 ff.: Fritteusen-Fall) zu scheitern.

53.32   Erst im *Schachtrahmen-Fall* (BGE 110 II 456 ff.) hat das Bundesgericht den Weg für eine effiziente Produktehaftpflicht geebnet. Es hat die Einstandspflicht des Herstellers auf Art. 55 Abs. 1 gestützt, der dem Geschäftsherrn den Befreiungsbeweis auferlegt, und die Anforderungen an diesen so hoch geschraubt, dass er praktisch nicht mehr erbracht werden kann (vgl. N 23.22 ff.). Im Klappstuhl-Fall (BGer, JdT 1986 I, 571 ff.) wurden diese Grundsätze auch auf den *Importeur* einer Ware angewandt. Statt auf Art. 55 Abs. 1 lässt sich die Produktehaftpflicht auch auf Art. 41 Abs. 1 stützen (vgl. bereits AppGer BS, BJM 1961, 189 ff.). Effizient kann diese Haftungsgrundlage aber nur sein, wenn die Anforderungen an den Verschuldensnachweis herabgesetzt werden und praktisch vom Vorliegen eines Fehlers auf Verschulden geschlossen wird (ansatzweise BGE 121 IV 10, 15 ff.).

Gegenüber dem bereits nach dem Deliktsrecht des OR erreichten 53.33
Stand der Rechtsprechung bringt das PrHG, das seit 1994 in Kraft ist, nur
geringe Veränderungen (so auch HONSELL, Haftpflichtrecht, § 21 N 24).
Es stellt die schweizerische Umsetzung einer *EG-Richtlinie* von 1985 dar
und entspricht damit im Wesentlichen den entsprechenden Produkte-
haftpflichtgesetzen in den anderen europäischen Staaten.

Das PrHG statuiert eine *verschuldensunabhängige Kausalhaftung* für 53.34
bestimmte Schäden, die durch fehlerhafte Produkte verursacht wurden.

2. Fehlerhaftes Produkt

a) Produktbegriff

Der Produktbegriff wird in Art. 3 PrHG definiert. Danach gel- 53.35
ten als Produkte *alle beweglichen Sachen.* Entgegen sachenrechtlichen
Prinzipien behalten bewegliche Sachen auch dann ihre Produktqualität,
wenn sie in eine andere bewegliche oder eine unbewegliche Sache einge-
baut werden und damit gemäss dem Akzessionsprinzip das rechtliche
Schicksal der Hauptsache teilen (vgl. dazu REY, Sachenrecht, N 392 ff.,
420 ff.). Auch *Elektrizität* gilt als Produkt, so dass der Hersteller bei
durch Stromschwankungen ausgelösten Schäden einzustehen hat (vgl.
dazu REY, Haftpflichtrecht, N 1187). Dasselbe gilt für *Software* (str., vgl.
ROBERTO, Haftpflichtrecht, N 364 m.w. Nachw.; vgl. PLÜSS/JETZER,
N 69; BaslerKomm/FELLMANN, Art. 3 PrHG N 10) sowie *menschliches
Blut* und menschliche *Organe,* wobei freilich nicht der Spender, sondern
die Blut- oder Organbank Herstellereigenschaft besitzt (vgl. auch BGE
137 III 226 ff. – Hüftgelenksprothese).

b) Fehlerbegriff

aa) Im Allgemeinen

In der Literatur wird gemeinhin im Hinblick auf die Ursache 53.36
nach verschiedenen *Fehlertypen* unterschieden (vgl. REY, Haftpflichtrecht, N 956 ff.; insb. FELLMANN, ZSR 1988 I, 281 ff.): *Konstruktionsfehler* haften allen Produkten einer Serie an, *Fabrikationsfehler* betreffen
nur einzelne Produkte einer im Übrigen fehlerfreien Serie und bei *Ins-
truktionsfehlern* wird dem Hersteller vorgeworfen, dass er die Produkt-
benutzerin nicht vor bestimmten Produktgefahren gewarnt oder sie hinsichtlich einer risikolosen Benutzung des Produktes nicht hinreichend

unterwiesen hat. In der Sache handelt es sich dabei um die Konkretisierung von Verkehrs- oder Organisationspflichten, wie sie auch das Bundesgericht im Schachtrahmen-Fall vorgenommen hat. Als vierte Fehlerkategorie wird schliesslich von den sog. *Entwicklungsrisiken* gesprochen; es handelt sich dabei prinzipiell immer um Konstruktions- oder Instruktionsfehler (ungenau FELLMANN/VON BÜREN-VON MOOS, N 336), wobei die Gefährlichkeit des Produktes im Zeitpunkt seines Inverkehrbringens aufgrund des Standes von Wissenschaft und Technik nicht erkannt werden kann. Für Entwicklungsrisiken wird deshalb im Rahmen einer grundsätzlich auf dem Verschuldensprinzip aufbauenden Produktehaftpflicht nicht gehaftet. Auch nach Art. 55 Abs. 1 liesse sich in diesen Fällen eine Haftung nicht begründen. Allerdings endet der Pflichtenkreis des Herstellers nicht mit dem Zeitpunkt des Inverkehrbringens des Produkts. Ihn trifft vielmehr eine *Produktbeobachtungspflicht* (vgl. PLÜSS/JETZER, N 127). Diese wird nunmehr ausdrücklich in Art. 8 Abs. 2 PrSG statuiert (ausführlich hierzu FELLMANN, HAVE 2010, 3, 7 ff.); sie gilt ausser für den Hersteller auch für den Importeur eines Produkts. Werden gefährliche Eigenschaften eines Produkts erst nach Inverkehrbringen bekannt, so können nach Art. 10 Abs. 3 PrSG zunächst die zuständigen staatlichen Organe Massnahmen ergreifen und öffentlich-rechtlich *Warnungen* oder auch einen *Produktrückruf* anordnen. Darüberhinaus ist der Hersteller zur Warnung und u.U. zum Rückruf der fehlerhaften Produkte auch privatrechtlich verpflichtet (vgl. SCHWENZER, JZ 1987, 1059 ff.; SCHWENZER/SCHMIDT, FS Wessner, 243 ff.; T. KOLLER/M. REY, plädoyer 4/2006, 32, 36 f.).

bb) Nach PrHG

53.37 Diese herkömmliche Unterscheidung zwischen verschiedenen Fehlerkategorien findet sich im PrHG nicht. Nach Art. 4 PrHG ist für die Fehlerhaftigkeit vielmehr entscheidend, dass ein Produkt nicht die *Sicherheit* bietet, die *berechtigterweise erwartet* werden kann (grundlegend hierzu BGE 133 III 81, 84 ff. – Kaffeekanne). Dabei ist vor allem auf die Art und Weise, in der das Produkt dem Publikum präsentiert wird, sowie auf seine *Zweckbestimmung* abzustellen. Ein Produkt muss aber nicht allein bei bestimmungsgemässem Gebrauch sicher sein; auch ein abstrakt *voraussehbarer Fehlgebrauch* wird erfasst (Bsp. in BaslerKomm/FELLMANN, Art. 4 PrHG N 17). Durch Warnhinweise kann der Hersteller seine Verantwortung für die Basissicherheit nicht ausschliessen (vgl. BGE 133 III 81, 85 – Kaffeekanne). Entscheidend für die Beurteilung des Vorliegens eines Fehlers ist der *Zeitpunkt des Inverkehrbringens*, so dass ein Produkt nicht allein deshalb als fehlerhaft zu beurteilen ist, weil später ein verbessertes Produkt auf den Markt kommt (Art. 4 Abs. 2 PrHG).

Mit dieser Fehlerdefinition können problemlos Konstruktions-, Fabrikations- und Instruktionsfehler erfasst werden. Auch *Entwicklungsrisiken* fallen an sich darunter. Nach Art. 5 Abs. 1 lit. e PrHG kann sich der Hersteller jedoch durch den Nachweis entlasten, dass im Zeitpunkt des Inverkehrbringens ein Entwicklungsrisiko vorlag (vgl. BGE 137 III 226, 233 – Hüftgelenk; vgl. aber Art. 5 Abs. 1bis PrHG: Gegenausnahme für tierische Transplantatprodukte). Die Frage allfälliger *Warn-* und *Rückrufpflichten* nach Inverkehrbringen des Produktes regelt das PrHG nicht, da es ausschliesslich auf die Fehlerhaftigkeit im Zeitpunkt des Inverkehrbringens abstellt (vgl. HONSELL, Haftpflichtrecht, § 21 N 44). 53.38

Die Einhaltung gesetzlicher oder behördlicher *Minimumstandards* schliesst eine Fehlerhaftigkeit des Produktes nicht aus (BaslerKomm/ FELLMANN, Art. 5 PrHG N 12 ff. m.w. Nachw.). Lediglich wenn der Fehler darauf zurückzuführen ist, dass das Produkt *verbindlichen*, hoheitlich erlassenen *Vorschriften* entspricht, ist eine Entlastungsmöglichkeit vorgesehen (Art. 5 Abs. 1 lit. d PrHG). 53.39

3. Ersatzfähige Schäden

Der Kreis der ersatzfähigen Schäden wird in Art. 1 PrHG umschrieben. Danach haftet der Hersteller zunächst für *Personenschäden*, wobei ggf. auch eine Genugtuung zu leisten ist (Art. 11 Abs. 1 PrHG i.V.m. Art. 47; vgl. BaslerKomm/FELLMANN, Art. 1 PrHG N 6 m.w. Nachw.). Für *Sachbeschädigungen* haftet der Hersteller nur, wenn die Sache zum *privaten Ge- oder Verbrauch* bestimmt und von der Geschädigten hauptsächlich privat verwendet wurde, wobei die Geschädigte Sachschäden bis zur Höhe von CHF 900.– selbst tragen muss (Art. 6 Abs. 1 PrHG). Nicht ersatzfähig sind Schäden am fehlerhaften Produkt selbst (Art. 1 Abs. 2 PrHG; sog. weiterfressender Mangel, vgl. dazu N 50.17). Ausgeschlossen sind vor allem auch Schäden an *gewerblich genutztem Eigentum*. Für Letztere kann nach wie vor nur nach Art. 41 Abs. 1, 55 Abs. 1 Ersatz verlangt werden. *Reine Vermögensschäden* sind nicht ersatzfähig. 53.40

4. Haftpflichtige Personen

53.41 Primär haftpflichtig ist der *Hersteller* des Produktes, d.h. die Person, die das Endprodukt, einen Grundstoff oder ein Teilprodukt hergestellt hat (Art. 2 Abs. 1 lit. a PrHG). Daneben haftet auch der sog. *Quasihersteller*, der durch Anbringen seines Namens, Warenzeichens u.ä. im Verkehr als Hersteller auftritt, und der *Importeur* (Art. 2 Abs. 1 lit. b, c PrHG). Ein *Zwischenhändler* haftet nur, wenn er den Hersteller oder seinen eigenen Lieferanten nicht innerhalb angemessener Frist benennt (Art. 2 Abs. 2 PrHG). Sind mehrere Personen ersatzpflichtig, so haften sie solidarisch (Art. 7 PrHG). Ist der Fehler des Produktes auf *gentechnisch veränderte Organismen* zurückzuführen, so haftet ausschliesslich die für den Umgang mit solchem Material bewilligungspflichtige Person (Art. 30 Abs. 2, 4 GTG).

5. Beweislast

53.42 Die Geschädigte braucht neben ihrem Schaden nur das Vorliegen eines *Produktfehlers* im Zeitpunkt des schädigenden Ereignisses und dessen *Ursächlichkeit* für die *Rechtsgutsverletzung* zu beweisen. Dabei braucht nicht ein konkreter Fabrikations- oder Konstruktionsfehler nachgewiesen zu werden, sondern allein, dass das Produkt den legitimen Sicherheitserwartungen nicht entsprach (vgl. BGE 133 III 81, 87 – Kaffeekanne). Es ist dann Sache des Herstellers, sich zu *entlasten* (vgl. Art. 5 PrHG; vgl. dazu PLÜSS/JETZER, N 150 ff.). Vor allem trägt der Hersteller die Beweislast dafür, dass das Produkt im Zeitpunkt des Inverkehrbringens fehlerfrei war, dass also der Fehler erst nach diesem Zeitpunkt, z.B. durch unsachgemässe Behandlung des Produkts durch Benutzerinnen oder Dritte, entstanden ist.

6. Konkurrenzen

53.43 Nach Art. 11 Abs. 2 PrHG werden Schadenersatzansprüche vor allem nach OR nicht ausgeschlossen. Es ist vielmehr von *Anspruchskonkurrenz* auszugehen (vgl. auch WERRO, Festschrift Stauder, 567, 577 ff.). Praktisch bedeutsam ist die konkurrierende Haftung nach OR im Bereich der privaten Sachschäden, soweit der Selbstbehalt nach Art. 6 Abs. 1 PrHG gilt. In Fällen, in denen das PrHG keine Haftpflicht vorsieht, wie insbesondere bei Sachschäden an gewerblich genutztem Eigentum und bei Verletzung der Produktbeobachtungspflicht, ist ohnehin allein auf die

Haftungstatbestände des OR abzustellen (offen gelassen für gewerblich genutztes Eigentum in BGer, 25. 1. 2006, 4C.307/2005, da kein Konstruktionsfehler vorlag).

VII. Haftpflicht des Familienhauptes (Art. 333 ZGB)

Literatur: BERGER, Schuldrecht, N 1900 ff.; DESCHENAUX/TERCIER, § 10; FURRER/MÜLLER-CHEN, Kap. 12 N 34 ff.; HEGNAUER, Kindesrecht, N 30.13 ff.; HONSELL, Haftpflichtrecht, § 15; KELLER, Haftpflicht I, 158 ff.; KELLER/GABI/GABI, Haftpflichtrecht, 195 ff.; OFTINGER/STARK, Haftpflichtrecht II/1, § 22; PORTMANN/REY, 64 f.; REY, Haftpflichtrecht, N 1126 ff.; ROBERTO, Haftpflichtrecht, N 435 ff.; SCHMID, 365 ff.; SCHNYDER/PORTMANN/MÜLLER-CHEN, N 260 ff.; TUOR/SCHNYDER/RUMO-JUNGO, 532 ff.; WERRO, Responsabilité, N 415 ff.; BaslerKomm/GIRSBERGER, Art. 333 ZGB; CHK/ KELLER, ZGB 333;

FUCHS, Die Haftung des Familienhaupts nach Art. 333 Abs. 1 ZGB im veränderten sozialen Kontext, Diss. Zürich 2007; KARLEN, Die Haftung des Familienhauptes nach ZGB 333 und des Tierhalters nach OR 56, Diss. Bern 1980; MEISTER-OSWALD, Haftpflicht für ausservertragliche Schädigungen durch Kinder, Zürich 1981; PETITJEAN, Die Haftung des Familienhauptes gemäss Art. 333 ZGB im Wandel der Zeit, Diss. Basel 1979; SCHÖBI, Die Haftung der Eltern für das Verhalten ihrer Kinder, recht 2002, 186 ff.; STETTLER, La responsabilité civile du chef de famille (art. 333 CCS) lors de la prise en charge d'un mineur en dehors du milieu parental, ZVW 1984, 90 ff.; WESSNER, La responsabilité du chef de famille et l'égalité des époux, Neuchâtel 1981.

Nach Art. 333 Abs. 1 ZGB haftet das Familienhaupt, d.h. in der 53.44 Regel die Eltern, solidarisch, für bestimmte aufsichtsbedürftige Hausgenossen. Es handelt sich dabei um eine sog. *einfache Kausalhaftung* mit Entlastungsbeweis (BGE 103 II 24, 25 ff.; REY, Haftpflichtrecht, N 1127 m.w. Nachw.; zu Recht krit. HONSELL, Haftpflichtrecht, § 15 N 1), nach hier vertretener Auffassung um eine Verschuldenshaftung mit Beweislastumkehr.

Die Haftung greift ein für unmündige oder entmündigte, geistes- 53.45 schwache oder geisteskranke *Hausgenossen*. In der Praxis steht die Haftung der Eltern für unmündige Kinder im Vordergrund. Hausgenossen sind alle Personen, die nach Art. 331 ZGB der Hausgewalt des Familienhauptes unterstehen, wobei sich diese aus Gesetz (z.B. Art. 296 Abs. 1 ZGB), Vereinbarung, z.B. Auftrag, Internats- oder Arbeitsvertrag, oder Herkommen ergeben kann. Nur eine Gemeinschaft von gewisser Dauer führt zu einem gemeinsamen Haushalt; ein lediglich kurzfristiger Besuch eines Kindes reicht z.B. noch nicht (BGE 71 II 61, 63).

53.46 Voraussetzung ist des Weiteren, dass die aufsichtsbedürftige Person einem Dritten *widerrechtlich* im Sinne des Art. 41 und *objektiv sorgfaltswidrig* (dazu insb. OFTINGER/STARK, Haftpflichtrecht II/1, § 22 N 67 ff.) einen Schaden zufügt.

53.47 Das Familienhaupt kann sich von der Haftpflicht durch den Nachweis befreien, dass es das übliche und durch die Umstände gebotene Mass an *Sorgfalt in der Beaufsichtigung* beobachtet hat (vgl. dazu statt vieler REY, Haftpflichtrecht, N 1154 ff.). Abzustellen ist dabei auf die konkreten Umstände des Einzelfalls. Zu berücksichtigen sind insbesondere das *Alter* und die *geistige Reife* des Hausgenossen sowie die *örtlichen Verhältnisse* (vgl. nur BGE 133 III 556, 557). Vor allem bei Kindern ist dabei in Rechnung zu stellen, dass ihnen mit zunehmendem Alter zur Erlangung der Selbstständigkeit mehr Freiheit eingeräumt werden muss (Kasuistik bei OFTINGER/STARK, Haftpflichtrecht II/1, § 22 N 112; BGE 133 III 556, 558 ff. – schlittelnde Kinder; zur strafrechtlichen Verantwortlichkeit der Eltern vgl. BGE 128 IV 49 ff. – Luftgewehr –, m. krit. Anm. SCHÖBI, recht 2002, 186 ff.).

53.48 Darüber hinaus kann sich das Familienhaupt auch durch den Nachweis entlasten, dass der Schaden auch bei Anwendung der gebotenen Sorgfalt eingetreten wäre, obgleich dieser Entlastungsbeweis in Art. 333 ZGB im Gegensatz zu Art. 55 Abs. 1, 56 Abs. 1 nicht erwähnt wird (REY, Haftpflichtrecht, N 1165).

VIII. Grundeigentümerhaftpflicht (Art. 679, 679a ZGB)

Literatur: DESCHENAUX/TERCIER, § 13; FURRER/MÜLLER-CHEN, Kap. 12 N 107 ff.; HONSELL, Haftpflichtrecht, § 19; KELLER, Haftpflicht I, 216 ff.; KELLER/GABI/GABI, Haftpflichtrecht, 189 ff.; LIVER, SPR V/1, 218 ff.; PORTMANN/REY, 69 f.; REY, Haftpflichtrecht, N 1095 ff.; REY, Sachenrecht, N 2081 ff.; ROBERTO, Haftpflichtrecht, N 411 ff.; SCHNYDER/PORTMANN/MÜLLER-CHEN, Haftpflichtrecht, N 305 ff.; TUOR/SCHNYDER/SCHMID, 974 ff.; WERRO, Responsabilité, N 787 ff.; BernerKomm/MEIER-HAYOZ, Art. 679 ZGB; CHK/GÖKSU, ZGB 679;

AUER, Neuere Entwicklungen im privatrechtlichen Immissionsschutz, Diss. Zürich 1997; ENDER, Die Verantwortlichkeit des Bauherrn für unvermeidbare, übermässige Bauimmissionen, Freiburg i.Ue. 1995; FRÖHLICH, Die Abgrenzung der Haftung des Werkeigentümers nach Art. 58 OR von der Verantwortlichkeit des Grundeigentümers nach Art. 679 ZGB, Diss. Bern 1959; HESS-ODONI, Bauhaftpflicht: Haftpflicht des Grundeigentümers und des Bauherrn sowie der Planer und Unternehmer: die Regeln der Verantwortung und der Haftung im Zusammenhang mit Grund und Boden sowie dem Bauen und den Gebäuden, Dietikon 1994; KRAMER, Analogie und Willkürverbot (Methodologische Anmerkungen zu BGE 104 II 15), St. Galler Festgabe zum schweizerischen Juristentag 1981,

Bern/Stuttgart 1981, 99 ff.; RYFFEL, Privatrechtlicher Immissionsschutz gemäss Art. 684/ 679 ZGB gegen Geräuschimmissionen von Sportanlagen, Diss. Zürich 2001; SCHMID-TSCHIRREN, Die negativen Immissionen im schweizerischen Privatrecht, Bern 1997; SCHNYDER B., Über die Haftung des Grundeigentümers für Verhalten ausserhalb seines Grundstücks, BR 1997, 33 ff.; SCHÖBI, Privilegierung des bauenden Grundeigentümers, recht 1989, 138 ff.: WIDMER, Bodenhaftung, Festschrift Rey, Zürich 2003, 343 ff.

Der Grundeigentümer haftet nach Art. 679 ZGB für Schäden, 53.49 die aus einer Überschreitung des Eigentumsrechts entstehen. Anknüpfungspunkt ist allein die *objektive Überschreitung* des Nutzungsrechts; ein Entlastungs- oder Befreiungsbeweis ist nicht möglich (vgl. REY, Haftpflichtrecht, N 1096 m.w. Nachw.). Geschützt sind nicht nur *absolute Rechtsgüter*, sondern auch *reine Vermögensinteressen*. Nach Art. 679a ZGB wird die Haftung erweitert, wenn bei *rechtmässiger Bewirtschaftung* aufgrund übermässiger und unvermeidlicher Nachteile ein Schaden verursacht wird. Typischerweise geht es in diesem Fall um sog. *reine Vermögensinteressen*.

1. Voraussetzungen

Für die Haftung nach Art. 679 ZGB ist einzige Voraussetzung 53.50 die *Überschreitung des Grundeigentumsrechts*. Die Schranken des Eigentumsrechts ergeben sich dabei einerseits aus dem Nachbarrecht (vgl. Art. 684, 685 Abs. 1, 689 ZGB) sowie andererseits aus öffentlichrechtlichen Bestimmungen. Danach liegt eine Überschreitung der Eigentümerbefugnisse vor, soweit von der Grundstücksnutzung übermässige Einwirkungen, z.B. durch Rauch, Russ, Gerüche, Lärm, Erschütterungen etc., auf das Nachbargrundstück ausgehen (Einzelheiten bei LIVER, SPR V/1, 223 ff.; REY, Sachenrecht, N 1106 ff.). Auch *ideelle Immissionen*, z.B. der Betrieb eines Schlachthauses oder eines Bordells, kommen in Betracht (BGE 84 II 90; OGer ZH, ZR 84, 1985, Nr. 85, 210 ff.; allg. BGE 108 Ia 140, 144 f.). Dasselbe gilt für sog. *negative Immissionen*, z.B. Beeinträchtigung der Aussicht etc. (REY, Haftpflichtrecht, N 1110).

Schon das Bundesgericht (BGE 114 II 230 ff.) hat Art. 679 ZGB ent- 53.51 sprechend angewandt bei übermässigen, aber unvermeidbaren Immissionen infolge Bauarbeiten in dicht besiedelten Gebieten. Obwohl es sich bei Vorliegen einer Baubewilligung um eine *rechtmässige Ausübung des Grundeigentumsrechts* handelt und die Nachbarin deshalb nicht auf Unterlassung oder Beseitigung der Störung klagen kann, wurde hier ein Ausgleich durch Schadenersatz gewährt (zum Ganzen REY, Haftpflichtrecht, N 1123 ff. m.w. Nachw.). Die neue Fassung des ZGB unterscheidet nun klar zwischen der Verantwortung bei *Überschreitung des Eigentumsrechts* (Art. 679 ZGB) und jener bei *rechtmässiger Bewirtschaftung des Grundstücks* (Art. 679a ZGB). Anknüpfungspunkt für die Schadenersatzhaftung ist entsprechend der früheren Rechtsprechung, dass der Nachbarin vorübergehend übermässige und unvermeidliche Nachteile zugefügt werden.

2. Aktiv- und Passivlegitimation

53.52   Anspruchsberechtigt ist nach Art. 679, 679a ZGB *die Nachbarin*, wobei es nicht darauf ankommt, ob diese Eigentümerin oder beispielsweise lediglich Mieterin oder Pächterin des betroffenen Grundstücks ist (BGE 119 II 411, 415: Basler Gassenzimmer-Fall). Geschützt wird nicht nur das unmittelbar angrenzende Grundstück, sondern auch weiter entfernt liegende, wenn sie von der übermässigen Immission betroffen werden. Liegen im Einzelfall gleichzeitig die Voraussetzungen der Werkeigentümerhaftpflicht nach Art. 58 Abs. 1 vor, so kommen beide Haftungstatbestände *konkurrierend* zur Anwendung (BGE 111 II 429, 436).

53.53   Art. 679 ZGB schützt jedoch nicht Passantinnen oder Personen, die sich lediglich vorübergehend auf dem Nachbargrundstück aufhalten (BGE 104 II 15, 17 f.). Diese können Schadenersatzansprüche nur nach Art. 41, 55 Abs. 1, 58 Abs. 1 geltend machen.

53.54   Nach Art. 679, 679a ZGB trifft die Haftpflicht primär den *Grundeigentümer*. Werden die übermässigen Immissionen jedoch vom Inhaber eines beschränkten dinglichen Rechts, z.B. durch einen Bauberechtigten oder Stockwerkeigentümer, verursacht, so haftet dieser (BGE 111 II 236, 237 f.). Dasselbe gilt nach der Rechtsprechung des Bundesgerichtes (BGE 104 II 15, 19 ff.) auch für Mieter und Pächter des Grundstücks (zum Ganzen vgl. REY, Haftpflichtrecht, N 1117 ff. m.w. Nachw.).

§ 54   Gefährdungshaftungen

Literatur: FURRER/MÜLLER-CHEN, Kap. 13 N 28 ff.; HONSELL, Haftpflichtrecht, § 1 N 19 ff.; OFTINGER/STARK, Haftpflichtrecht II/2, § 24; PORTMANN/REY, 12; REY, Haftpflichtrecht, N 1242 ff., 1392 ff.; ROBERTO, Haftpflichtrecht, N 495 ff.; SCHNYDER/PORTMANN/MÜLLER-CHEN, Haftpflichtrecht, N 332 ff.; WERRO, Responsabilité, N 27 ff.;

BÜRGE, Die Entstehung und Begründung der Gefährdungshaftung im 19. Jahrhundert und ihr Verhältnis zur Verschuldenshaftung. Eine Skizze., Festschrift Canaris, Band I, München 2007, 59 ff.; BÜYÜKSAGIS, De l'opportunité de préciser la portée d'une éventuelle clause générale de responsabilité pour risque, HAVE 2006, 2 ff.; CHAPPUIS CHRISTINE/WERRO, La responsabilité civile: à la croisée des chemins, ZSR 2003 II, 237 ff.; HONSELL, Die Reform der Gefährdungshaftung, ZSR 1997 I, 297 ff.; JAUN, Haftung für Sorgfaltspflichtverletzung, Habil. Bern 2007; KOCH/KOZIOL, Generalklausel für die Gefährdungshaftung, HAVE 2002, 368 ff.; WINIGER, La responsabilité pour risque est-elle dangereuse pour la faute?, in: CHAPPUIS CHRISTINE/WINIGER (Hrsg.), Responsabilités objectives, Journée de la responsabilité civile 2002, Zürich 2003, 191 ff.

I. Allgemeines

Die Gefährdungshaftungen knüpfen an bestimmte Vorrichtun- 54.01
gen, vor allem *Betriebe*, an, von denen eine *besondere Gefahr* ausgeht. Die Gefährdung ist zwar erlaubt, gesamtgesellschaftlich vielleicht sogar erwünscht, als Ausgleich wird jedoch der Schutz der Opfer durch eine scharfe Kausalhaftung verbessert. Die Position der Geschädigten wird weiter dadurch gestärkt, dass in vielen Gesetzen gleichzeitig eine *obligatorische Haftpflichtversicherung* vorgesehen ist (vgl. z.B. Art. 63 SVG, Art. 11 KHG, Art. 35 RLG, Art. 16 JSG, Art. 16 TrolleybusG, Art. 70 f. LFG, Art. 31 BSG, vgl. auch Art. 59b lit. a USG, Art. 34 lit. a GTG) und der Geschädigten ein *direktes Forderungsrecht* gegen den Versicherer eingeräumt wird (vgl. nur Art. 65 Abs. 1 SVG).

Die Gefährdungshaftungstatbestände finden sich ausschliesslich in 54.02
Sondergesetzen zum OR. Eine allgemeine Regelung der Gefährdungshaftung fehlt im geltenden Recht. Dies führt zu Wertungswidersprüchen, weil die Haftung nur punktuell gilt und die einzelnen Haftungstatbestände nicht aufeinander abgestimmt sind.

Die Gefährdungshaftungstatbestände erwähnen das Erfordernis der 54.03
Widerrechtlichkeit nicht explizit. Viele begrenzen den Schutzbereich jedoch von vornherein auf Personen- und Sachschäden, so dass der Ersatz primärer Vermögensschäden schon deshalb ausgeschlossen ist (vgl. z.B. Art. 58 Abs. 1 SVG, Art. 27 EleG, Art. 40b EBG, Art. 33 Abs. 1 RLG, Art. 64 Abs. 1 LFG). Doch auch bei den anderen Gefährdungshaftungstatbeständen geht die herrschende Meinung (vgl. REY, Haftpflichtrecht, N 1246 m.w. Nachw.) vom Erfordernis der Widerrechtlichkeit aus, so dass nur bei Verletzung absoluter Rechtsgüter eine Haftung in Betracht kommt (offen gelassen im Rahmen des KHG: BGE 116 II 480, 491 f.).

54.04 Nach herrschender Auffassung (REY, Haftpflichtrecht, N 1247 m. Nachw.) geht die Gefährdungshaftung der Verschuldenshaftung und den einfachen Kausalhaftungen vor und kommt *exklusiv* zur Anwendung, auch wenn ein anderer Haftungstatbestand erfüllt ist. Richtiger Ansicht nach kann dies jedoch jedenfalls nicht im Verhältnis zur Vertragshaftung gelten; insoweit muss von *Anspruchskonkurrenz* ausgegangen werden (ebenso OFTINGER/STARK, Haftpflichtrecht I, § 13 N 44; REY, Haftpflichtrecht, N 44, 1248). Doch auch wenn die deliktische Verschuldenshaftung weiter reicht als die Gefährdungshaftung, ist nicht einzusehen, warum die Geschädigte schlechter stehen soll, weil der Schädiger auch aus Gefährdungshaftung haftet.

II. Überblick über die Gefährdungshaftungstatbestände

1. Haftpflicht des Motorfahrzeughalters (Art. 58 Abs. 1 SVG)

Literatur: DESCHENAUX/TERCIER, § 15; FURRER/MÜLLER-CHEN, Kap. 13 N 32 ff.; HONSELL, Haftpflichtrecht, § 20; KELLER, Haftpflicht I, 280 ff.; OFTINGER/STARK, Haftpflichtrecht II/2, § 25; PORTMANN/REY, 73 ff.; REY, Haftpflichtrecht, N 1263 ff.; ROBERTO, Haftpflichtrecht, N 512 ff.; SCHNYDER/PORTMANN/MÜLLER-CHEN, Haftpflichtrecht, N 337 ff.; WERRO, Responsabilité, N 843 ff.;

BREHM, La responsabilité civile automobile, Bern 2010; DÄHLER/SCHAFFHAUSER, Verkehrsunfall, in: MÜNCH/GEISER (Hrsg.), Schaden – Haftung – Versicherung, Basel/Genf/München 1999, 493 ff.; GEISSELER, Haftpflicht und Versicherung im revidierten SVG, Diss. Freiburg i.Ue. 1980; GIGER, Strassenverkehrsgesetz, 5. Aufl., Zürich 1996; GSCHWEND, Die Haftpflicht zwischen Motorfahrzeughaltern im schweizerischen und deutschen Recht, Diss. Zürich 1997; HULLIGER, Die Haftungsverhältnisse nach Art. 60 und 61 SVG, Freiburg i.Ue. 2003; LANDOLT, Haftpflichtrechtliche Ersatzpflicht für Autoschäden, in: SCHAFFHAUSER (Hrsg.), Jahrbuch zum Strassenverkehrsrecht 2008, St. Gallen 2008, 88 ff.; SCHAFFHAUSER/ZELLWEGER, Grundriss des schweizerischen Strassenverkehrsrechts, Bd. II: Haftpflicht und Versicherung, Bern 1988.

54.05 Nach Art. 58 Abs. 1 SVG haftet der *Halter* für durch den Betrieb eines Motorfahrzeugs entstandenen *Personen- oder Sachschaden*. Als Halter gilt nicht der Eigentümer des Fahrzeugs oder wer formell im Fahrzeugausweis eingetragen ist, sondern derjenige, auf dessen Rechnung und Gefahr der Betrieb des Fahrzeugs erfolgt und der die tatsächliche und unmittelbare Verfügung besitzt (BGE 129 III 102, 103). Des Weiteren sieht das SVG eine Haftung des Garagisten, des Veranstalters von Rennen und desjenigen, der ein Motorfahrzeug zu einer Strolchenfahrt entwendet, vor (Art. 71 Abs. 1, 72 Abs. 2, 75 Abs. 1 SVG). Der mit dem Halter nicht identische *Lenker* des Fahrzeugs haftet hingegen lediglich nach Art. 41 (REY, Haftpflichtrecht, N 1315 m. Nachw.).

Motorfahrzeuge sind alle Fahrzeuge, die sich aus eigenem Antrieb auf 54.06 dem Erdboden unabhängig von Schienen fortbewegen (Art. 7 Abs. 1 SVG). Voraussetzung ist, dass der Schaden durch den Betrieb des Fahrzeugs verursacht wurde. Nach dem von der herrschenden Lehre vertretenen sog. *maschinentechnischen Betriebsbegriff* setzt dies die Inbetriebnahme der maschinellen Einrichtung zwecks Fortbewegung voraus (vgl. REY, Haftpflichtrecht, N 1289 m.w. Nachw.). Für nicht in Betrieb befindliche Fahrzeuge, wie insbesondere am Strassenrand parkierte, normiert Art. 58 Abs. 2 SVG eine Kombination von Verschuldenshaftung und einfacher Kausalhaftung (REY, Haftpflichtrecht, N 1298).

Ersatzberechtigt sind nicht nur aussenstehende Dritte, z.B. Fussgänge- 54.07 rinnen und andere Verkehrsteilnehmerinnen, sondern auch Mitfahrerinnen sowie die mit dem Halter nicht identische Lenkerin des Fahrzeugs (z.B. OFTINGER/STARK, Haftpflichtrecht II/2, § 25 N 71; REY, Haftpflichtrecht, N 1303). Für *Sachschäden* einer anderen Halterin gilt allerdings Art. 61 Abs. 2 SVG, der einer reinen Verschuldenshaftung nahe kommt.

Der Halter kann sich nach Art. 59 Abs. 1 SVG nur von der Haftpflicht 54.08 *befreien*, wenn er nachweist, dass der Unfall durch höhere Gewalt oder grobes Verschulden der Geschädigten oder eines Dritten verursacht wurde, ohne dass ihn selbst oder Personen, für die er verantwortlich ist, ein Verschulden trifft, und ohne dass eine fehlerhafte Beschaffenheit des Fahrzeugs zum Unfall beigetragen hat (Einzelheiten bei REY, Haftpflichtrecht, N 1322 ff.).

2. Betrieb von Eisenbahnen (Art. 40b ff. EBG)

Literatur: DESCHENAUX/TERCIER, § 16; HONSELL, Haftpflichtrecht, § 22 N 1 ff.; KELLER, Haftpflicht I, 245 ff.; OFTINGER/STARK, Haftpflichtrecht II/3, § 27; GAUCH, Die Haftpflicht der Eisenbahnen: Haftung nach Eisenbahnhaftpflichtgesetz, recht 1998, 194 ff.; TERCIER, La responsabilité des entreprises de chemin de fer, in: Journées du droit de la circulation routière, Fribourg 1998, 1 ff.

Nach Art. 40b Abs. 1 und Art. 40c EBG haftet der *Betreiber* 54.09 einer Eisenbahn, wenn beim Bau oder Betrieb ein *Personenschaden* verursacht wird, es sei denn, es läge ein Fall höherer Gewalt oder groben Selbst- oder Drittverschuldens vor. Für *Sachschäden* greift die verschärfte Haftung nur ein, soweit es sich um Gegenstände handelt, die die Betroffene mit sich führte und der Schaden bei einem Unfall entstand, bei dem die reisende Person getötet oder verletzt wurde und das Unternehmen für den Körperschaden haftet (Art. 40b Abs.2 lit. a EBG; Art. 23 Abs. 2 lit. a PBG); im Übrigen verbleibt es insoweit bei einer Verschuldenshaftung (Art. 23 Abs. 2 lit. b PBG).

54.10 Die Gefährdungshaftung nach EBG gilt aufgrund Verweises auch für andere Transportbetriebe, z.B. für konzessionierte Schifffahrtsunternehmen (Art. 30a BSG) und für Luftseilbahnen (Art. 20 SebG), nicht aber für Rodelbahnen (BGE 130 III 571, 574).

3. Betrieb von Luftfahrzeugen (Art. 64 LFG)

Literatur: DESCHENAUX/TERCIER, § 17 N 39 ff.; HONSELL, Haftpflichtrecht, § 22 N 10 ff.; KELLER, Haftpflicht I, 267 ff.;

DETTLING-OTT, Internationales und schweizerisches Lufttransportrecht, Zürich 1993; HODEL, Von Warschau bis Kuala Lumpur – Entwicklung und heutiger Stand der Haftungsregelung bei Flugunfällen, SJZ 1997, 410 ff.; SCHILLER, Vom Warschauer zum Montrealer Abkommen, SJZ 2000, 184 ff.; WITTMANN, Neuere Entwicklungen in der luftverkehrsrechtlichen Unfallhaftung, HAVE 2003, 3 ff.; DERS., Die Haftung gegenüber Dritten im internationalen Luftverkehr, HAVE 2005, 98 ff.

54.11 Nach Art. 64 Abs. 1 LFG haftet der *Halter* (vgl. dazu BGE 129 III 410, 414) eines im Flug befindlichen Luftfahrzeugs, wenn dadurch *Personen-* oder *Sachschäden* auf der Erde verursacht werden. Ein Entlastungsbeweis ist im LFG nicht vorgesehen (vgl. KELLER, Haftpflicht I, 241 f.). Das LFG regelt nicht die Haftung gegenüber den *Flugreisenden*. Bei gewerblicher Personenbeförderung gilt das Montrealer Übereinkommen von 1999 (SR 0.748.411), subsidiär gilt die Verordnung über den Lufttransport vom 17.8.2005 (LTrV; SR 748.411). Im Übrigen kann die Haftung nur auf Art. 41, 55 Abs. 1 bzw. auf Vertragsverletzung gestützt werden.

4. Kernenergiehaftpflicht (Art. 3 KHG)

Literatur: HONSELL, Haftpflichtrecht, § 22 N 19; KELLER, Haftpflicht I, 310 ff.; OFTINGER/STARK, Haftpflichtrecht II/3, § 29; REY, Haftpflichtrecht, N 1342 ff.;

DEBIEUX, La responsabilité civile des exploitants d'installations nucléaires et sa couverte, Diss. Fribourg 1987; KUNZ/JÄGGI, Die Entwicklung der Kernenergiehaftpflicht in der Schweiz, SJZ 1986, 277 ff.; ZENDER, Les dommages nucléaires en droit suisse et en droit comparé, Diss. Neuchâtel 1995.

Nach Art. 3 Abs. 1, 4 KHG haften der *Betreiber* und der *Eigen-* 54.12
tümer einer Kernanlage für Nuklearschäden, die durch Kernmaterialien
aus einer Anlage verursacht werden. Bei Nuklearschäden aufgrund von
Kernmaterialien im *Transit* durch die Schweiz haftet der Inhaber der
Transportbewilligung (Art. 3 Abs. 5 KHG). Subsidiär haftet der Bund
(Art. 12 KHG; hierzu REY, Haftpflichtrecht, N 1366 ff.). Weitere Personen haften jedoch nicht, womit das KHG eine Kanalisierung der Haftpflicht bezweckt (Art. 3 Abs. 6 KHG).

Als *Nuklearschäden* gelten nicht nur Schäden, die durch die gefährli- 54.13
chen Eigenschaften von Kernmaterialien verursacht werden, sondern
auch solche, die durch Katastrophenmassnahmen der Behörden entstehen
(Art. 2 Abs. 1 KHG). Im Tschernobyl-Fall (BGE 116 II 480 ff.) hat es
das Bundesgericht offen gelassen, ob im Rahmen des KHG *Widerrechtlichkeit* vorauszusetzen ist (BGE 116 II 480, 491 f.). Die Unverkäuflich-
keit von Gemüse und Salat wurde als Eigentumsverletzung betrachtet,
obwohl eine gesundheitsschädigende Verstrahlung nicht nachgewiesen
war. Der Konsumverzicht des Publikums stelle eine adäquate Folge der
Verstrahlung der Produkte dar (BGE 116 II 480, 487).

Nach Art. 5 Abs. 1 KHG wird der Haftpflichtige von der Haftung nur 54.14
befreit, wenn er beweist, dass die Geschädigte selbst den Schaden absichtlich verursacht hat. Höhere Gewalt und Drittverschulden führen
nicht zu einer Entlastung. Grobes Selbstverschulden kann allenfalls einen
Reduktionsgrund darstellen (Art. 5 Abs. 2 KHG).

Das neue KHG (nKHG) wurde bereits 2008 verabschiedet, kann aber 54.14a
erst in Kraft gesetzt werden, wenn das Revisionsprotokoll zum Pariser
Übereinkommen in Kraft tritt, was noch einige Zeit dauern kann.

5. Umwelthaftung (Art. 59a, 59a^bis USG)

Literatur: FURRER/MÜLLER-CHEN, Kap. 13 N 86 ff.; HONSELL, Haftpflichtrecht, § 22 N 33 ff.;

ADLER, Das Verhältnis zwischen Verursacherprinzip und Haftpflicht im Umweltrecht,
Diss. Zürich 2011; BRÜLHART, Haftpflicht und gentechnische Risiken, recht 2000, 265 ff.
und recht 2001, 15 ff.; JÄGGI, Neue Haftungsbestimmungen im Umweltschutzgesetz, SJZ
1996, 249 ff.; METTLER/FRAEFEL, Umwelthaftungsrecht, AwR 2009, 137 ff.; MÜLLER-
CHEN, Entwicklungen im europäischen Umwelthaftungsrecht, SZIER 1997, 213 ff.;
DERS., Haftung für durch gentechnisch veränderte Organismen verursachte Schäden nach
Art. 30 ff. Gentechnikgesetz, Risiko und Recht, Festgabe Schweizerischer Juristentag
2004, Basel 2004, 151 ff.; NIGG, Kausalität und Umwelthaftung im Zivilrecht, SVZ 1997,
30 ff.; PELLONI, Privatrechtliche Haftung für Umweltschäden und Versicherung, Zürich
1993; PERGOLIS, Umweltschaden –Haftpflicht – Ausgewählte Fragen im Zusammenhang

mit der Kostenauflage an den Verursacher (Störer), SVZ 1995, 258 ff.; PETITPIERRE, Zivilrechtliche Haftpflicht für Umweltschädigungen nach schweizerischem Recht: unter Berücksichtigung der Bestimmungen von Art. 138 IPRG und Art. 59a USG (Entwurf), Basel/Frankfurt a.M. 1993; SCHMID/FANKHAUSER, Industrieunfall, in: MÜNCH/GEISER (Hrsg.), Schaden – Haftung – Versicherung, Basel/Genf/München 1999, 973 ff.; SCHWENZER, Grundzüge des Umwelthaftungsrechts in der Schweiz, PHI 1991, 113 ff.; VETTORI, Haftung für Ökoschäden im Recht der USA: mit Hinweisen zur Weiterentwicklung des schweizerischen Umwelthaftpflichtrechts, Diss. Zürich 1996.

54.15   Art. 59a Abs. 1 USG normiert für *Inhaber von Betrieben* oder *Anlagen*, mit denen eine besondere Gefahr für die Umwelt verbunden ist, eine Gefährdungshaftung für Wasser-, Boden- und Luftverschmutzung. Der reine *Umweltschaden*, d.h. die Beeinträchtigung der Allgemeingüter wie Luft, Wasser, frei lebende Pflanzen und Tiere, die in niemandes Eigentum stehen, wird freilich nicht erfasst. Allerdings hat der Verursacher für die Kosten von Massnahmen aufzukommen, die die Behörden zur Abwehr und Behebung von Einwirkungen treffen (Art. 59 USG; vgl. auch Art. 15 Abs. 2 BGF, Art. 54 GSchG).

54.16   Die Haftpflicht trifft nur Inhaber von Betrieben oder Anlagen, mit denen eine *besondere Gefahr für die Umwelt* verbunden ist (Bsp. vgl. Art. 59a Abs. 2 USG). Der Schaden muss auf dem sog. *Umweltpfad*, d.h. durch Immissionen in Form von Staub, Lärm, Erschütterungen, Strahlen, Gewässerverunreinigung etc. (vgl. Art. 7 Abs. 1 USG), entstanden sein. Neben *Personen-* und *Sachschäden* sind auch *reine Vermögensschäden*, z.B. der Verdienstausfall eines Ausflugsrestaurants infolge Gewässerverschmutzung, zu ersetzen (vgl. JÄGGI, SJZ 1996, 249, 251). Für Schäden aufgrund *pathogener Organismen* haftet ausschliesslich die bewilligungspflichtige Person (Art. 59a[bis] Abs. 1, 2, 4 USG). Damit werden die Anwender der Organismen, z.B. Landwirte, entlastet.

54.17   Im Gegensatz zum PrHG (vgl. N 53.38) enthält das USG keinen Ausschluss für sog. *Entwicklungsrisiken*. Für *pathogene Organismen* bestimmt Art. 59a[bis] Abs. 4 S. 2 USG sogar ausdrücklich die Haftung für Entwicklungsrisiken. Diese Lösung ist auch für andere Schädigungen im Rahmen des USG zu befürworten. Es ist deshalb davon auszugehen, dass nach USG hierfür gehaftet wird (diff. JÄGGI, SJZ 1996, 249, 253 f.; MÜLLER-CHEN, SZIER 1997, 213, 225). Als *Entlastungsgründe* kommen auch im USG höhere Gewalt oder grobes Selbst- oder Drittverschulden in Betracht (Art. 59a Abs. 3, 59a[bis] Abs. 10 USG).

54.18   Das USG bleibt in verschiedenen Punkten hinter dem im Ausland erreichten Stand der Umwelthaftung zurück. Insbesondere trägt die Geschädigte die *Beweislast* für die *Ursächlichkeit* einer bestimmten Anlage für den entstandenen Schaden, was vor allem bei den sog. multikausalen

Schäden ein grosses Problem darstellt. Eine Kausalitätsvermutung, wie sie im deutschen Recht besteht (vgl. § 6 Abs. 1 Satz 1 UmwelthaftungsG), ist im USG nicht vorgesehen.

6. Haftung für gentechnisch veränderte Organismen (Art. 30 ff. GTG)

Literatur: FURRER/MÜLLER-CHEN, Kap. 13 N 68 ff.; HONSELL, Haftpflichtrecht, § 22 N 45a ff.; REY, Haftpflichtrecht, N 657, 662;
BRÜLHART, Gentechnik und Haftpflicht: Vom rechtlichen Umgang mit Unsicherheit, Diss. Bern 2003; ERRASS, Die wesentlichen verwaltungsrechtlichen Aspekte des Gentechnikgesetzes vom 21. März 2003, AJP 2004, 253 ff.; FUHLROTT, Mais in Bern, Haftung und Versicherung nach dem Gentechnik-Gesetz, HAVE 2004, 13 ff.; HEDIGER, Die Haftungsbestimmungen des Gentechnikgesetzes (Art. 30–34 GTG), Diss. Luzern 2008, Zürich/Basel/Genf 2009; MÜLLER-CHEN, Haftung für durch gentechnisch veränderte Organismen verursachte Schäden nach Art. 30 ff. Gentechnikgesetz, Risiko und Recht, Festgabe zum Schweizerischen Juristentag 2004, Basel 2004, 151 ff.; RUCH, Regulierungsfragen der Gentechnologie und des Internet, ZSR 2004 II, 373 ff.; SCHOTT, Gentechnologie in Landwirtschaft und Lebensmittelproduktion nach Inkrafttreten des neuen Gentechnikgesetzes, ZSR 2004 I, 435 ff.; WILDHABER, Koexistenz und Haftung: Gedanken zu wirtschaftlichen Schäden im biotechnischen Zeitalter, ZBJV 2011, 631 ff.

Während Art. 59a^{bis} USG eine Haftung für Schäden in Zusammenhang mit pathogenen Organismen regelt, normiert das GTG die Haftung für den Umgang mit *gentechnisch veränderten Organismen*. Haftpflichtig ist die bewilligungs- oder meldepflichtige Person (Art. 30 Abs. 1 GTG), auf die die Haftung grundsätzlich kanalisiert wird (vgl. Art. 30 Abs. 2 GTG: sog «Bauernprivileg»). Gehaftet wird für *fehlerhafte Organismen* (Art. 30 Abs. 5 GTG). Der Fehler wird in ähnlicher Weise wie in Art. 4 PrHG umschrieben, jedoch greift die Haftung auch bei Entwicklungsrisiken ein (Art. 30 Abs. 4 Satz 2 GTG). Nach Art. 31 GTG wird auch für *Umweltschäden* gehaftet. 54.18a

7. Weitere Gefährdungshaftungen

Als weitere Gefährdungshaftungen sind zu nennen: die Haftpflicht des Inhabers einer *elektrischen Anlage* nach Art. 27 ff. EleG; die Haftpflicht des Inhabers einer *Rohrleitungsanlage* nach Art. 33 ff. RLG; die Haftpflicht des Inhabers eines Betriebes oder einer Anlage, in denen Sprengmittel oder pyrotechnische Gegenstände hergestellt, gelagert oder verwendet werden, nach Art. 27 SprstG (vgl. dazu BGE 131 III 61, 65 ff.); die Haftpflicht der Eidgenossenschaft für *militärische Übungen* 54.19

nach Art. 135 ff. MG; die Haftpflicht des Bundes, der Kantone, Gemeinden und Betriebe für *Zivilschutzschäden* nach Art. 60 ff. BZG; die Haftpflicht des *Jägers* nach Art. 15 JSG; die Haftung für Schäden, die durch Einrichtungen oder Tätigkeiten, die eine Gefährdung durch *ionisierende Strahlen* mit sich bringen, hervorgerufen werden, nach Art. 39 StSG; die Haftung für Schäden bei Personen im Bereich der *Humanforschung* nach Art. 19 HFG.

6. Teil: Die Entstehung der Obligation aus ungerechtfertigter Bereicherung

Kapitel 1: Die Voraussetzungen der ungerechtfertigten Bereicherung

Literatur: BERGER, Schuldrecht, N 2019 ff.; BUCHER, OR AT, 651 ff.; ENGEL, OR AT, 579 ff.; FURRER/MÜLLER-CHEN, Kap. 15 N 4 ff.; GAUCH/SCHLUEP/SCHMID, N 1465 ff.; GUHL/KOLLER, 219 ff.; HUGUENIN, OR AT, N 1018 ff.; KELLER/SCHAUFEL-BERGER, Schuldrecht III, 1 ff.; KOLLER, OR AT, § 30 N 1 ff.; TERCIER, Obligations, N 1809 ff.; VON TUHR/PETER, 472 ff.; BaslerKomm/SCHULIN, Art. 62–67; BernerKomm/ BECKER, Art. 62–67; CHK/HAHN, OR 62–67; CR CO I/PETITPIERRE, Art. 62 N 1 ff.; KuKo OR/OBERHAMMER, Art. 62–66; KuKo OR/DÄPPEN, Art. 67; ZürcherKomm/OSER/ SCHÖNENBERGER, Art. 62–67;

BÜRGI-WYSS, Der unrechtmässig erworbene Vorteil im schweizerischen Privatrecht, Diss. Zürich 2005; CHAPPUIS CHRISTINE, La restitution des profits illégitimes: Le rôle privilégié de la gestion d'affaires sans mandat en droit privé suisse, Basel 1991; DESSEMONTET, L'enrichissement illégitime dans la propriété intellectuelle, Festschrift Kummer, Bern 1980, 191 ff.; GILLIARD, La disparition de l'enrichissement, Lausanne 1985; HUWILER, Zum Bereicherungsanspruch gegen den Fahrniseigentümer kraft Ersitzung, Festschrift Schweizerischer Juristentag, Bern 1988, 99 ff.; DERS., Zur Anspruchsgrundlage der Obligation aus ungerechtfertigter Bereicherung im Schweizerischen Obligationenrecht, Liber Amicorum Schulin, Basel/Genf/München 2002, 41 ff.; JENNY, Die Eingriffskondiktion bei Immaterialgüterrechtsverletzungen, Diss. Zürich 2005; KAUFMANN-BÜTSCHLI, Grundlagenstudien zur ungerechtfertigten Bereicherung in ihrer Ausgestaltung durch das schweizerische Recht, Bern 1983; KÖNDGEN, Bereicherungsansprüche im bargeldlosen Zahlungsverkehr, SZW 1996, 30 ff.; NIETLISPACH, Zur Gewinnherausgabe im schweizerischen Privatrecht. Zugleich ein Beitrag zur Lehre von der ungerechtfertigten Bereicherung, Zürich 1994; PAHUD DE MORTANGES, Systematik und Grundregel des Schweizerischen Bereicherungsrechts. Eine rechtshistorische Skizze, Festschrift Soliva, Bern 1994, 161 ff.; PETITPIERRE, Absence de cause et enrichissement illégitime, Mélanges Grossen, Basel/Frankfurt a.M. 1992, 317 ff.; SCHAUFELBERGER, Bereicherung durch unerlaubte Handlung, Zürich 1981; SCHLECHTRIEM, Restitution und Bereicherungsausgleich in Europa, Bd. 1, Tübingen 2000, Bd. 2, Tübingen 2001; SCHLUEP, Über Eingriffskondiktionen, Mélanges Piotet, Bern 1990, 173 ff.; SCHMIDLIN, Der Einheitstatbestand der Bereicherungsregel im Schweizerischen OR AT, Festschrift Kramer, Basel 2004, 663 ff.; SCHWENZER, Rezeption deutschen Rechtsdenkens im schweizerischen Obligationenrecht, in: SCHWENZER (Hrsg.), Schuldrecht, Rechtsvergleichung und Rechtsvereinheitlichung an der Schwelle zum 21. Jahrhundert, Tübingen 1999, 59 ff.

§ 55   Allgemeines

I. Funktionen des Bereicherungsrechtes

55.01   Neben Vertrag und unerlaubter Handlung regelt das OR in Art. 62 ff. als dritten Entstehungsgrund für Obligationen die ungerechtfertigte Bereicherung. Will die Schadenersatzhaftung einen beim Geschädigten entstandenen Vermögensnachteil ausgleichen, so geht es im Bereicherungsrecht darum, einen bei der Bereicherten von der Rechtsordnung missbilligten *Vermögensvorteil abzuschöpfen* (vgl. BUCHER, OR AT, 652; VON TUHR/PETER, 472).

55.02   Das Bereicherungsrecht verfolgt zwei wesentliche Aufgaben: Zum einen geht es um die *Rückabwicklung* fehlgeschlagener Leistungsbeziehungen. Zum anderen ergänzt es den sachen- und deliktsrechtlichen *Rechtsgüterschutz* (vgl. NIETLISPACH, Gewinnherausgabe, 412).

55.03   Das Bereicherungsrecht gehört zu den Materien des OR, bei denen äusserst viele Fragen streitig und noch offen sind, was nicht zuletzt darin begründet liegt, dass seine generalklauselartigen Bestimmungen durch Richterrecht und Rechtswissenschaft auszufüllen und den modernen Problemstellungen, die den Gesetzesverfassern nur zu einem geringen Teil vor Augen standen, anzupassen sind (vgl. KAUFMANN-BÜTSCHLI, Grundlagenstudien, 20 ff., 56 ff.).

II. Kondiktionstypen

55.04   Schweizerische Lehre und Rechtsprechung gehen heute davon aus, dass je nach dem Grund der Bereicherung zwischen verschiedenen Bereicherungsansprüchen (Kondiktionstypen) zu unterscheiden ist (vgl. nur GAUCH/SCHLUEP/SCHMID, N 1479 ff.; SCHLUEP, FS Piotet, 173, 174 f., je m.w. Nachw.). Die erste Gruppe bilden die sog. *Leistungs- oder Zuwendungskondiktionen*, die der Gesetzgeber bei der Regelung des Bereicherungsrechts vorrangig im Auge hatte (vgl. Art. 62 Abs. 2). Bei den Leistungskondiktionen geht es um Rückgewähr rechtsgrundloser Zuwendungen, sei es weil jemand auf eine nicht bestehende Schuld geleistet hat oder ein Vertrag fehlgeschlagen ist. Daneben ist jedoch anerkannt, dass Art. 62 Abs. 1 als Generalklausel zu begreifen ist, die neben den Leistungskondiktionen auch andere Kondiktionstypen erfasst (vgl. BaslerKomm/SCHULIN, Art. 62 N 19). Deren wichtigster ist die sog. Eingriffskondiktion, bei der die Bereicherung auf einem Eingriff in eine dem Bereicherungsgläubiger zugewiesene Rechtsposition beruht. Über weitere Kondiktionstypen und deren Abgrenzung herrscht in der schweizerischen Literatur Uneinigkeit (vgl. die Übersicht bei SCHLUEP, FS Piotet, 173 ff.). Im Folgenden seien sie gemeinsam mit der Eingriffskondiktion unter dem Oberbegriff der *Nichtleistungskondiktionen* zusammengefasst (so etwa auch BUCHER, OR AT, 659). In einem Entscheid (vgl. BGE 123 III 101, 107) meinte das Bundesgericht freilich, Art. 62 Abs. 1 sei auf Leistungskondiktionen gar nicht anwendbar, diese seien vielmehr ausschliesslich Art. 63 Abs. 1 zu unterstellen. Diese Auffassung ist aus rechtshistorischer und rechtsvergleichender Sicht schlechterdings nicht haltbar (zur Entstehungsgeschichte des Art. 62 Abs. 1 vgl. HUWILER, in: VOGT/ZOBL (Hrsg.), Der Allgemeine Teil und das Ganze, 41, 43 ff.; SCHWENZER, in: SCHWENZER (Hrsg.), Schuldrecht, Rechtsvergleichung und Rechtsvereinheitlichung, 59, 70 m.w. Nachw.).

Leistungs- und Nichtleistungskondiktionen müssen sowohl im Hinblick auf ihre Voraussetzungen als auch auf die Rechtsfolgen unterschieden werden. 55.05

III. Die Voraussetzungen eines Bereicherungsanspruchs im Allgemeinen

Nach dem Wortlaut des Art. 62 Abs. 1 setzt ein Bereicherungsanspruch dreierlei voraus: Die Bereicherung der Bereicherungsschuldnerin, die aus dem Vermögen des Bereicherungsgläubigers stammen und in ungerechtfertigter Weise erfolgt sein muss (so etwa auch GAUCH/ SCHLUEP/SCHMID, N 1470 ff.; BaslerKomm/SCHULIN, Art. 62 N 5 ff.). 55.06

1. Bereicherung

Spiegelbildlich zum Schadenersatzrecht, das an einen Vermögensnachteil des Geschädigten anknüpft, ist im Bereicherungsrecht ein Vermögensvorteil der Bereicherten erforderlich (vgl. VON TUHR/PETER, 472). Dieser kann in der *Vergrösserung des Vermögens* einerseits bestehen, z.B. Erwerb einer Forderung (vgl. BGE 110 II 199 ff.) oder Untergang einer Schuld (vgl. BGE 87 II 137, 142), oder in einer *Nichtverminderung des Vermögens* andererseits, z.B. Ersparnis von Auslagen, die anderweitig hätten getätigt werden müssen (sog. Ersparnisbereicherung; vgl. BGE 129 III 646, 652; 119 II 437, 442 f.). 55.07

2. Entreicherung

55.08 Aus der Formulierung des Art. 62 Abs. 1, wonach die Bereicherung aus dem Vermögen eines anderen stammen muss, wird geschlossen, dass dem Vermögensvorteil der Bereicherungsschuldnerin eine entsprechende Entreicherung des Bereicherungsgläubigers gegenüberstehen müsse. Verlangt wird demnach eine *Vermögensverschiebung*, wobei zwischen der Einbusse des Verletzten und dem Vorteil der Bereicherten ein Kausalzusammenhang bestehen muss (vgl. nur BGE 117 II 404, 410; ENGEL, OR AT, 585 f.).

55.09 In der Literatur wird das Erfordernis der Vermögensverschiebung und damit der spiegelbildlichen Entreicherung des Bereicherungsgläubigers überwiegend *abgelehnt* (vgl. KAUFMANN-BÜTSCHLI, Grundlagenstudien, 230 ff.; SCHLUEP, FS Piotet, 173, 181 ff.; aus historischer Sicht vgl. HUWILER, Festschrift Schulin, 41, 66 f.). Bei den *Leistungskondiktionen* taugt es allein zur Lösung der ohnehin unproblematischen Zweipersonenverhältnisse. Zahlt jemand aufgrund einer nicht bestehenden Schuld, so ist der Leistende um eben jenen Betrag entreichert, um den die Empfängerin bereichert ist. Bei den heute problematischen Drei- und Mehrpersonenverhältnissen (vgl. N 56.15 ff.) ist das Merkmal der Entreicherung indessen nicht geeignet, um zu bestimmen, zwischen welchen Personen der Bereicherungsausgleich stattfinden soll. Hier dient es häufig nur als Scheinargument, das die erforderliche Interessenbewertung eher verdunkelt denn offen legt. Ungeeignet ist das Erfordernis der Vermögensverschiebung aber auch bei der *Eingriffskondiktion* (eingehend: JENNY, Eingriffskondiktion, N 417 ff., 444 ff.). Hier ist heute anerkannt, dass eine durch Eingriff erlangte Bereicherung auch dann herauszugeben ist, wenn dieser keine entsprechende Entreicherung des Bereicherungsgläubigers gegenübersteht (vgl. nur SCHLUEP, FS Piotet, 173, 179, 181; BaslerKomm/SCHULIN, Art. 62 N 23). Nutzt jemand Räume, ohne vertraglich hierzu berechtigt zu sein, so schuldet sie einen angemessenen Mietzins auch dann, wenn der Eigentümer die Räume während des fraglichen Zeitraumes nicht vermietet hätte (BGE 119 II 437, 442).

3. In ungerechtfertigter Weise

55.10 Ein Bereicherungsanspruch besteht nur, wenn der Bereicherungsschuldnerin im Verhältnis zum Bereicherungsgläubiger *kein Rechtsgrund zum Behaltendürfen* des erlangten Vermögensvorteils zusteht, d.h., wenn die Bereicherung ungerechtfertigt ist (ganz h.M.; vgl.

nur BGE 117 II 404, 410; ENGEL, OR AT, 587 ff.). Ein Rechtsgrund zum Behaltendürfen kann sich aus Vertrag oder Gesetz ergeben (KGer TI, SJZ 1990, 268 f.). Erhält die Verkäuferin den Kaufpreis, zahlt der Vater Unterhalt für ein ausserehelicher Kind oder tritt der Erbe eine Forderung an eine Dritte ab, die dieser aufgrund Vermächtnisses vom Erblasser zugewendet wurde, so liegt der Rechtsgrund zum Behaltendürfen im jeweiligen bestehenden Anspruch der Gläubigerin gegen den Schuldner (vgl. Art. 184 Abs. 1, Art. 276 Abs. 1, 484 f. ZGB). Nutzt jemand das Foto eines berühmten Sportlers zu Werbezwecken, so ist der dadurch erlangte Vermögensvorteil nicht ungerechtfertigt, wenn die betroffene Person eingewilligt hat. Aber auch wenn jemand aufgrund Gesetzesvorschrift *gutgläubig Eigentum erwirbt* (vgl. Art. 933 ZGB), besteht ein Rechtsgrund zum Behaltendürfen (vgl. aber N 58.16). Eine gegenteilige Entscheidung hätte hier zur Folge, den im Verkehrsinteresse ermöglichten gutgläubigen Erwerb durch die Hintertür des Bereicherungsrechts wieder rückgängig und damit illusorisch zu machen (str., zum Meinungsstand vgl. GAUCH/SCHLUEP/SCHMID, N 1502; ferner BGE 106 II 29 ff.). Entsprechendes gilt bei Ge- oder Verbrauch von *unbestellt zugesandten Sachen* (vgl. N 28.14). Auch können Nachteile, die aus der *Verjährung* von Forderungen entstehen, nicht auf dem Umweg über das Bereicherungsrecht beseitigt werden (BGE 117 II 404, 410).

§ 56 Leistungskondiktionen

Literatur: BUCHER, OR AT, 665 ff.; ENGEL, OR AT, 587 ff.; FURRER/ MÜLLER-CHEN, Kap. 15 N 19 ff.; GAUCH/SCHLUEP/SCHMID, N 1479 ff.; GUHL/KOLLER, 220 f.; HUGUENIN, OR AT, N 1035 ff.; KELLER/SCHAUFELBERGER, Schuldrecht III, 17 ff.; KOLLER, OR AT, § 31 N 1 ff.; VON TUHR/PETER, 476 ff.; BaslerKomm/SCHULIN, Art. 62 N 11 ff.; BernerKomm/RÜEDI, Art. 66; Art. 63; CHK/HAHN, OR 62 N 5 ff.; CR CO I/ PETITPIERRE, Art. 62 N 6 ff.; KuKo OR/OBERHAMMER, Art. 62 N 13 ff.;

FURRER/RÖLLI, Einheitlicher Anwendungsbereich von Art. 66 OR?, Festschrift Eugen Bucher, Bern 2009, 167 ff.; HAHN, Vergütungsansprüche für Dienstleistungen bei fehlender vertraglicher Grundlage, Diss. Freiburg i.Ue., Bern 2004; HALFMEIER, Zur Beweislast für den Mangel des Rechtsgrunds, Festschrift Eike Schmidt, Heidelberg 2005, 109 ff.; PURTSCHERT/HUGUENIN, Art. 66 OR und der Ausschluss bereicherungsrechtlicher Rückforderungen, ius.full 2009, 2 ff.; KOLLER ALFRED, Die Kondiktionssperre von Art. 63 Abs. 1 OR, Festschrift Welser, Wien 2004, 523 ff.; DERS., Die Kondiktionssperre von Art. 63 Abs. 1 OR, AJP 2006, 468 ff.; RUSCH, Das Irrtumserfordernis bei der condictio indebiti, ZSR 2009 I, 131 ff.; WOLF, Rechtsirrtum im Privatrecht – Argument oder Anachronismus?, Diss. Basel 2003.

I. Begriff der Leistung

56.01   Der Begriff der Leistung und seine Funktion für das Bereiche-rungsrecht wird in der schweizerischen Lehre und Rechtsprechung nicht näher thematisiert. Im Anschluss an die deutsche Doktrin soll er hier aber als *«bewusste, zweckgerichtete Mehrung fremden Vermögens»* definiert werden. Der so verstandene Leistungsbegriff erfüllt vor allem drei Funk-tionen (vgl. SCHLECHTRIEM, Schuldrecht BT, N 722): Zunächst dient er der *Abgrenzung* zwischen Leistungs- und Nichtleistungskondiktionen. Vermietet z.B. jemand eine Sache, so leistet er nur die zeitlich beschränk-te Besitzüberlassung; gibt die Mieterin die Sache nach Beendigung des Mietverhältnisses nicht heraus, so erlangt sie den in der unberechtigten Nutzung liegenden Vermögensvorteil aufgrund eines Eingriffs (BGE 119 II 437 ff.). Sodann dient der Leistungsbegriff zur Bestimmung des Berei-cherungsgegenstandes und damit des *Inhalts und Umfangs des Bereiche-rungsanspruchs*. So wird auch bei einem Darlehen trotz Eigentumsüber-tragung am Geld nur die zeitweise, nicht aber die endgültige Überlassung der Darlehenssumme geleistet (vgl. aber BGE 102 II 401 ff.). Schliess-lich kann mit dem Leistungsbegriff vor allem auch eine Zuordnung der faktischen Zuwendung in Fällen erfolgen, in denen der Schuldner der Gläubigerin etwa Geld aus verschiedenen Rechtsgründen schuldet, sowie die Bestimmung der Parteien des Bereicherungsausgleichs in *Mehrper-sonenverhältnissen*. Liefert beispielsweise der Hersteller einer Ware di-rekt an die Abnehmerin eines Grosshändlers, so muss bestimmt werden, ob dies eine Leistung des Herstellers an die Abnehmerin oder eine Leis-tung des Herstellers an den Grosshändler einerseits und des Grosshänd-lers an die Abnehmerin andererseits darstellt (illustrativ auch BGH NJW 1974, 1132: Hemden-Fall). Relevant wird diese Frage nicht nur im Hinblick auf die Erfüllung, sondern insbesondere auch dann, wenn die jeweiligen Verträge Gültigkeitsmängel aufweisen (Einzelheiten vgl. N 56.15 ff.).

II. Arten der Leistungskondiktionen

56.02   Innerhalb der Leistungskondiktionen kann je nach dem Zweck, den die jeweilige Leistung verfolgte, unterschieden werden. In Art. 62 Abs. 2 nennt das Gesetz *drei Fälle*: die Leistung ohne jeden gültigen Grund, aus einem nicht verwirklichten oder nachträglich weggefallenen Grund. Sonderregeln finden sich in Art. 63 für die Leistung einer Nichtschuld (vgl. aber BGE 123 III 101, 107) und in Art. 66 für eine Leistung, die in der Absicht erfolgte, einen rechtswidrigen oder unsittlichen Erfolg herbeizuführen.

1. Leistung ohne jeden gültigen Grund

In Art. 62 Abs. 2 wird zunächst die Kondiktion wegen Leistung ohne jeden gültigen Grund erwähnt *(condictio sine causa)*. Nach der Lehre (vgl. nur VON TUHR/PETER, 476) sollen hierunter zum einen Zuwendungen fallen, über deren Rechtsgrund die Parteien sich nicht geeinigt haben, und zum anderen Leistungen auf eine Nichtschuld *(condictio indebiti)*. Es ist freilich nicht ersichtlich, inwieweit der ersten Fallgruppe im Verhältnis zur zweiten eine eigenständige Bedeutung zukommen soll (vgl. auch die Beispiele bei GAUCH/SCHLUEP/SCHMID, N 1482). Deshalb ist es gerechtfertigt, die condictio indebiti mit der condictio sine causa gleichzusetzen (ähnlich ENGEL, OR AT, 588).

Eine Leistung auf eine Nichtschuld liegt vor, wenn zwischen Leistendem und Leistungsempfängerin ein *Schuldverhältnis* überhaupt nie oder jedenfalls *nicht wirksam begründet* wurde oder im Zeitpunkt der Leistung bereits wieder *weggefallen* war. Beispiele (vgl. auch weitere Fälle bei GAUCH/SCHLUEP/SCHMID, N 1482): Der Schuldner geht irrig von seiner eigenen Verantwortung an einem Unfall aus und leistet auf den vermeintlichen Schadenersatzanspruch; er zahlt an die falsche Gläubigerin. Der Kaufvertrag, aufgrund dessen der Käufer den Kaufpreis bezahlt, ist wegen Handlungsunfähigkeit einer Partei (KGer GR, SJZ 1961, 156 ff.), Sitten- oder Gesetzeswidrigkeit oder Formverstosses nie wirksam zustande gekommen (BGE 123 III 101 ff.; 115 II 28 ff.). Dasselbe gilt, wenn ein Vertrag wegen Willensmängel angefochten wurde, und zwar unabhängig davon, ob der Anfechtungs- oder der Ungültigkeitstheorie (vgl. N 39.02 ff.) gefolgt wird, da die Anfechtung in jedem Fall auf den Zeitpunkt des Vertragsschlusses zurückwirkt (BGE 114 II 131, 141 ff.; a.A. offenbar GAUCH/SCHLUEP/SCHMID, N 1483).

Steht einer Forderung eine *dauernde Einrede* entgegen, z.B. die Einrede nach Art. 67 Abs. 2 oder Art. 210 Abs. 2, so handelt es sich auch insoweit um eine Nichtschuld, und das in Unkenntnis der Einrede Geleistete kann mit der condictio indebiti zurückverlangt werden. Eine wichtige Ausnahme hiervon macht Art. 63 Abs. 2 im Hinblick auf die *Einrede der Verjährung:* Die Rückforderung des auf eine verjährte Forderung Geleisteten kann auch nicht bei Unkenntnis der Verjährungseinrede verlangt

56.03

56.04

56.05

werden (vgl. VON TUHR/PETER, 479 f.). Andernfalls würde der Zweck der Verjährung vereitelt.

56.06 Nach Art. 63 Abs. 2 ist die Rückforderung auch ausgeschlossen, wenn zwar ohne Rechtspflicht, aber in Erfüllung einer *sittlichen Pflicht* geleistet wurde, z.B. wenn ein nach Gesetz nicht unterstützungspflichtiger Verwandter zum Unterhalt eines Kindes beigetragen hat (vgl. Basler-Komm/SCHULIN, Art. 63 N 7). Dasselbe gilt für die Leistung auf eine *Naturalobligation*, bei der der Schuldner zwar einerseits zur Leistung nicht verpflichtet ist, die jedoch andererseits einen Rechtsgrund zum Behaltendürfen darstellt, wenn die Leistung tatsächlich erfolgt (vgl. auch Art. 514 Abs. 2).

56.07 Die Kondiktion wegen Leistung auf eine Nichtschuld (weitergehend BGE 123 III 101, 107) setzt voraus, dass sich der Leistende im Hinblick auf seine Leistungspflicht im *Irrtum* befunden hat (Art. 63 Abs. 1). Weiss er, dass eine Schuld nicht besteht, oder hegt er entsprechende Zweifel und leistet dennoch freiwillig, so ist die Rückforderung ausgeschlossen, es sei denn, er hat sie sich im Zeitpunkt der Leistung vorbehalten (vgl. GAUCH/SCHLUEP/SCHMID, N 1533 ff., m.w. Nachw.). Dies gilt nicht für *unfreiwillige Leistungen*, z.B. aufgrund einer widerrechtlichen Drohung (HGer ZH, ZR 1970, 249 ff.) oder wenn der Leistende durch Unterlassen des Rechtsvorschlags oder durch Rechtsöffnung zur Zahlung einer Nichtschuld gezwungen wird (Art. 63 Abs. 3 i.V.m. Art. 86 SchKG; vgl. AMONN/WALTHER, SchKG, § 20 N 28 ff.), d.h., wenn eine *Zwangslage* vorliegt und der Leistende unzumutbare Nachteile in Kauf zu nehmen hätte, die er nicht anders als durch Leistung abwenden kann (vgl. BGE 123 III 101, 108). In diesen Fällen kann trotz Kenntnis der Nichtschuld kondiziert werden (vgl. VON TUHR/PETER, 485 f.).

2. Leistung aus einem nicht verwirklichten Grund

56.08 Als zweiten Fall der Leistungskondiktion nennt Art. 62 Abs. 2 die Leistung aus einem nicht verwirklichten Grund *(condictio ob causam futuram* oder *condictio causa data causa non secuta)*. Im Unterschied zur Leistung auf eine Nichtschuld weiss der Leistende hier, dass keine Leistungspflicht vorliegt. Die Leistung erfolgt jedoch im Hinblick auf einen erwarteten Grund, der später nicht eintritt, oder um die Leistungsempfängerin zu einem Verhalten zu bewegen, zu dem sie von Rechts wegen nicht verpflichtet ist. Als Beispiele seien genannt bauliche Aufwendungen eines Mieters in Erwartung eines längerfristigen Mietverhältnisses, das dann aber vorzeitig aufgelöst wird (BGE 105 II 92, 96); Leistungen auf einen beiden Parteien als formunwirksam bekannten Grundstücks-kaufvertrag in der Erwartung, auch die Gegenpartei werde den unwirksamen Vertrag freiwillig erfüllen (BGE 110 II 335 ff.; 123 III 101 ff.); Pflegeleistungen in der Erwartung, die Gepflegte werde den Pflegenden testamentarisch bedenken; Zuwendungen der Schwiegereltern an den Verlobten der Tochter im Hinblick auf die spätere (nicht zustande kommende) Eheschliessung (BGE 82 II 430, 436).

Auf die Kondiktion wegen Leistung auf einen nicht verwirklichten 56.09 Grund ist Art. 63 Abs. 1 nicht anwendbar (BGE 119 II 19, 21 f.; im Ergebnis anders BGE 123 III 101, 107, ohne dies freilich zu thematisieren), d.h. der Anspruch auf Rückforderung besteht auch und gerade, wenn der Leistende im *Bewusstsein des fehlenden Rechtsgrundes* freiwillig leistet. Ist die Nichtverwirklichung des erwarteten Grundes oder Zwecks allerdings dem Leistenden selbst zuzuschreiben, so erscheint die Rückforderung als *rechtsmissbräuchlich* und ist deshalb auszuschliessen (BGE 104 II 202, 203 f.; VON TUHR/PETER, 489).

3. Leistung aus einem nachträglich weggefallenen Grund

Den dritten in Art. 62 Abs. 2 genannten Fall der Leistungskon- 56.10 diktionen stellt die Leistung aus einem nachträglich weggefallenen Grund dar *(condictio ob causam finitam)*. Es geht hier darum, dass im Zeitpunkt der Leistung ein Rechtsgrund bestanden hatte, der jedoch später weggefallen ist. Ein nachträglicher Wegfall des Rechtsgrundes liegt beispielsweise vor bei Eintritt einer auflösenden Bedingung nach Leistung (Art. 154 Abs. 2; für Anwendung vertragsrechtlicher Prinzipien dagegen CJ GE, ZBGR 2002, 208, 209) sowie beim Widerruf einer vollzogenen Schenkung (Art. 249). Früher konnten auch die Fälle der nachträglichen, von keiner Partei zu vertretenden Unmöglichkeit (Art. 119 Abs. 2) und des Rücktritts (Art. 109 Abs. 1) hierzu gerechnet werden; heute wird in diesen Fällen jedoch ein vertragliches Rückgewährschuldverhältnis angenommen (vgl. N 66.33). Nicht hierher gehören die Fälle, in denen der Rechtsgrund rückwirkend wegfällt, z.B. bei Anfechtung wegen Willensmängel nach der Anfechtungstheorie; insoweit liegt eine condictio indebiti vor.

4. Sonderfall: Leistung zur Herbeiführung eines rechtswidrigen oder unsittlichen Erfolgs

56.11
Grundsätzlich kann auch eine Leistung zurückgefordert werden, wenn die zugrunde liegende Leistungspflicht wegen Gesetzes- oder Sittenwidrigkeit unwirksam ist *(condictio ob turpem vel iniustam causam)*. Kennt der Leistende den Gesetzes- oder Sittenverstoss nicht, so steht ihm für die Rückforderung die condictio indebiti zur Verfügung. Anders ist die Sachlage, wenn die Leistung geradezu in der *Absicht* erfolgte, einen *rechtswidrigen oder unsittlichen Erfolg* herbeizuführen. Die hier an sich mögliche Rückforderung wegen nicht verwirklichten Grundes wird durch Art. 66 ausgeschlossen. Dies gilt ohne Rücksicht darauf, ob das Verhalten der Leistungsempfängerin ebenfalls rechts- oder sittenwidrig ist oder nicht (BGE 95 II 37, 41; BaslerKomm/SCHULIN, Art. 66 N 5).

56.12
Die Vorschrift des Art. 66 stammt aus dem römischen Recht und verfolgt einen *pönalen Zweck* (zur Entstehungsgeschichte vgl. BUCHER, OR AT, 678 ff.). Sie wird heute allgemein als verfehlt angesehen und ihr Anwendungsbereich dementsprechend von der herrschenden Lehre (vgl. Nachw. bei BaslerKomm/SCHULIN, Art. 66 N 4) stark beschränkt (so auch HGer ZH, ZR 1999, 103, 108 f.). Danach soll die Kondiktionssperre des Art. 66 nur in Fällen des sog. *Gaunerlohns* anwendbar sein, d.h. auf Leistungen, die zur Anstiftung oder Belohnung eines verbotenen oder sittenwidrigen Handelns des Empfängers erfolgen (vgl. etwa BGE 66 II 256 ff.: Lohn für Beihilfe bei Erbschleicherei; BGE 95 II 37 ff.: Leistungen mit schmiergeldähnlichem Charakter).

56.13
Während das Bundesgericht in älteren Entscheiden (vgl. BGE 102 II 401 ff.) Art. 66 generell bei Leistungen aufgrund eines *rechts- oder sittenwidrigen Vertrages* anwandte, folgt es nunmehr der herrschenden Lehre (vgl. BGE 134 III 438, 445).

56.14
Unabdingbar ist es jedenfalls, im Rahmen des Art. 66 den *Gegenstand der Leistung* exakt zu bestimmen. Wurde eine Geldsumme als Darlehen gegeben, das wegen Gesetzes- oder Sittenverstosses nichtig ist, so ist die Leistung in der zeitweisen Überlassung und nicht in der endgültigen Hingabe der Darlehenssumme zu sehen (vgl. GAUCH/SCHLUEP/SCHMID, N 1551; zu Unrecht a.A. BGE 102 II 401, 409 f.). Art. 66 schliesst dann nur die im Vergleich zur in Aussicht genommenen Kreditdauer vorzeitige, nicht aber die generelle Rückforderbarkeit der Darlehensvaluta aus (vgl. auch Art. 11 Abs. 2, 3 KKG). Entsprechendes gilt bei einer fiduziarischen Rechtsübertragung (vgl. N 30.10), wenn der Leistende damit die zugewendeten Werte seinen Konkursgläubigern entziehen will (a.A.

BGE 37 II 65 ff.). Liegt bei einer *Anweisung* (vgl. N 86.13) Sittenwidrigkeit allein im Valutaverhältnis vor, so hindert Art. 66 die Rückabwicklung des Deckungsverhältnisses nicht (vgl. BGE 124 III 253, 258).

III. Drei- und Mehrpersonenverhältnisse

Literatur: FURRER/MÜLLER-CHEN, Kap. 16 N 39 ff.; HUGUENIN, OR AT, N 1070 ff.; KELLER/SCHAUFELBERGER, Schuldrecht III, 35 ff.; KOLLER, OR AT, § 31 N 68 ff.; BaslerKomm/SCHULIN, Art. 62 N 27 ff.; CHK/HAHN, OR 62 N 13 ff.; CR CO I/ PETITPIERRE, Art. 62 N 16 ff.; KuKo OR/OBERHAMMER, Art. 62 N 28 ff.;
DIETZI, Zahlungsverkehr, in: WIEGAND (Hrsg.), Rechtliche Probleme des Zahlungsverkehrs, Berner Bankrechtstag 2000, Bern 2000, 139 ff.; KAUFMANN-BÜTSCHLI, Grundlagenstudien zur ungerechtfertigten Bereicherung in ihrer Ausgestaltung durch das schweizerische Recht, Bern 1983, 248 ff.; KOLLER THOMAS/KISSLING CHRISTA, Anweisung und Dokumentenakkreditiv im Zahlungsverkehr, in: WIEGAND (Hrsg.), Rechtliche Probleme des Zahlungsverkehrs, Berner Bankrechtstag 2000, Bern 2000, 23 ff.; KÖNDGEN, Bereicherungsansprüche im bargeldlosen Zahlungsverkehr, SZW 1996, 30 ff.; KRAMER STEFAN, Rechtsprobleme des Interbanken-Zahlungsverkehrs, Diss. Zürich 2005; KRAUSKOPF, Der Vertrag zugunsten Dritter, Freiburg i.Ue. 2000, N 696 ff., 1536 ff.; RIEMER, Bereicherungsansprüche gegenüber Dritten, recht 2005, 35 ff.; VOSER, Bereicherungsansprüche in Dreiecksverhältnissen erläutert am Beispiel der Anweisung, Habil. Basel 2004, Basel 2006.

1. Allgemeines

In Drei- und Mehrpersonenverhältnissen, z.B. bei Stellvertretung, Vertrag zugunsten Dritter und Anweisung, ist es oft schwierig, die *Personen des Bereicherungsausgleichs* zu bestimmen. Das Kriterium der Vermögensverschiebung (vgl. N 55.09) ist hierzu nicht geeignet (vgl. KÖNDGEN, SZW 1996, 30, 38). Anspruchsberechtigt ist also nicht notwendigerweise derjenige, der eine Vermögensverschiebung tatsächlich vorgenommen hat; für die Anspruchsverpflichtung reicht es umgekehrt nicht aus, dass eine bestimmte Person den Gegenstand in Empfang genommen hat. Bessere Dienste zur Bestimmung der Parteien des Bereicherungsausgleichs leistet hier der *Leistungsbegriff* (vgl. N 56.01). 56.15

In der Sache geht es darum, die Parteien in ihrem Vertrauen auf die (fehlgeschlagenen) schuldrechtlichen Beziehungen zu schützen (vgl. SCHLECHTRIEM, Schuldrecht BT, N 771 ff.; ferner BGE 99 II 131, 134 f.). *Einwendungen und Einreden*, die einer Partei gegen eine andere zustehen, dürfen durch den Bereicherungsausgleich nicht zerstört werden (BGE 116 II 689, 691; vgl. BaslerKomm/SCHULIN, Art. 62 N 36). Umgekehrt muss sich eine Person nur solche Einwendungen und Einreden 56.16

entgegenhalten lassen, die aus der Grundbeziehung mit ihrem eigenen Vertragspartner resultieren, nicht aber solche, die in einer Drittbeziehung wurzeln. Schliesslich muss auch der Bereicherungsausgleich beachten, wer nach den entsprechenden Grundverhältnissen für wen das *Insolvenzrisiko* tragen soll (vgl. KÖNDGEN, SZW 1996, 30, 37 f.). All dies muss auch bei einem sog. Doppelmangel gelten, d.h., wenn beide dem Vermögensaustausch zugrunde liegenden Rechtsverhältnisse unwirksam sind (BGE 116 II 689, 691; KELLER/SCHAUFELBERGER, Schuldrecht III, 37 f.; KÖNDGEN, SZW 1996, 30, 38).

56.17   Für die Zuordnung einer Leistung kommt zunächst einem *übereinstimmenden Willen* aller Beteiligten überragende Bedeutung zu. In diesem Fall hat der Bereicherungsausgleich grundsätzlich entsprechend den von den Beteiligten intendierten Leistungsbeziehungen stattzufinden (vgl. KELLER/SCHAUFELBERGER, Schuldrecht III, 38). Schwierigkeiten treten jedoch auf, wenn die Vorstellungen der Beteiligten auseinander laufen. Hier gilt zunächst die Regel, dass völlig *unbeteiligte Personen* nicht in einen allfälligen Bereicherungsausgleich hineingezogen werden dürfen. Tritt z.B. jemand als Vertreter eines anderen auf, ohne bevollmächtigt zu sein, und macht der Dritte eine Vermögenszuwendung an den Vertreter in der Meinung, damit an den (vermeintlichen) Geschäftsherrn zu leisten, so muss sich der Dritte an den falsus procurator halten, wenn der Geschäftsherr dessen Handeln nicht nachträglich genehmigt (vgl. auch BGE 116 II 689, 691; KÖNDGEN, SZW 1996, 30, 32 f.). Anders ist die Sachlage, wenn jemand einen *zurechenbaren Rechtsschein* gesetzt hat, wie wenn etwa im vorangegangenen Beispiel zunächst eine Vollmacht erteilt war, die dann später widerrufen wurde. Hier kommt es sowohl auf die Zweckbestimmung durch den Zuwendenden als auch auf die Sicht der gutgläubigen Leistungsempfängerin an (vgl. SCHLECHTRIEM, Schuldrecht BT, N 772a ff.).

2. Fallgruppen

a) Stellvertretung

56.18   Bei der *direkten Stellvertretung* sollen nach dem Willen der Beteiligten Leistungsbeziehungen ausschliesslich zwischen *der Dritten* und *dem Geschäftsherrn* entstehen. Erbringt deshalb der Vertreter eine Zuwendung aus dem Vermögen des Geschäftsherrn oder nimmt er eine solche der Dritten für den Geschäftsherrn entgegen, so findet der Bereicherungsausgleich grundsätzlich zwischen der Dritten und dem Geschäftsherrn statt (vgl. BaslerKomm/SCHULIN, Art. 62 N 27). Dasselbe gilt, wenn an eine Bank als *Zahlstelle* «geleistet» wird. Fehlt ein Rechtsgrund für die Zahlung, so richtet sich der Bereicherungsanspruch gegen den Kontoinhaber, nicht gegen die Bank (BGE 92 II 335 ff.).

Bei der *mittelbaren Stellvertretung*, bei der der Vertreter in eigenem 56.19 Namen, aber für fremde Rechnung handelt, liegen Leistungsbeziehungen hingegen regelmässig nur zwischen der Dritten und dem mittelbaren Stellvertreter einerseits und zwischen dem mittelbaren Stellvertreter und dem Auftraggeber andererseits vor. Dementsprechend hat auch ein allfälliger Bereicherungsausgleich, wenn eines dieser Rechtsverhältnisse unwirksam ist, zwischen diesen Personen zu erfolgen (vgl. KELLER/ SCHAUFELBERGER, Schuldrecht III, 36 f.; BaslerKomm/SCHULIN, Art. 62 N 28). Ein Durchgriff vom Auftraggeber auf die Dritte bzw. umgekehrt findet grundsätzlich auch dann nicht statt, wenn beide Rechtsverhältnisse Not leidend sind (BGE 116 II 689, 691).

b) Vertrag zugunsten Dritter

Beim Vertrag zugunsten Dritter liegen nach dem übereinstim- 56.20 menden Willen der Beteiligten Leistungsbeziehungen nur im *Deckungsverhältnis* einerseits und im *Valutaverhältnis* andererseits vor. Fehlt demnach im Deckungsverhältnis der Rechtsgrund, so muss sich die Versprechende an den Versprechensempfänger halten; ist das Valutaverhältnis mangelhaft, so kann allein der Versprechensempfänger vom Dritten Bereicherungsausgleich verlangen (vgl. KELLER/SCHAUFELBERGER, Schuldrecht III, 36 f.). Auch bei einem Doppelmangel kommt nur der Ausgleich über Eck in Betracht, nicht aber ein direkter Anspruch der Versprechenden gegen den die Leistung in Empfang nehmenden Dritten.

Eine Ausnahme gilt für den *Lebensversicherungsvertrag*. Die Versi- 56.21 cherung macht hier erkennbar ihre Zuwendung an den begünstigten Dritten von der Wirksamkeit des Deckungsverhältnisses abhängig. Stellt sich im Nachhinein heraus, dass der Versicherungsvertrag, d.h. das Deckungsverhältnis, unwirksam war, so kann sich die Versicherung unmittelbar an den Begünstigten halten und braucht sich nicht auf einen Anspruch gegen die Erben des Versicherungsnehmers verweisen zu lassen. Auch dem Willen des Erblassers als Versicherungsnehmer dürfte dieses Ergebnis im Regelfall entsprechen.

c) Weisungsfälle

56.22 Auch in den sog. Weisungsfällen liegen Leistungsbeziehungen grundsätzlich nur im *Deckungsverhältnis*, d.h. zwischen Anweisendem und Angewiesener einerseits, und im *Valutaverhältnis*, d.h. zwischen Anweisendem und Zuwendungsempfänger andererseits, vor. Bei Mängeln im Deckungs- oder Valutaverhältnis hat die bereicherungsrechtliche Rückabwicklung entsprechend diesen Leistungsbeziehungen zu erfolgen (BGE 116 II 689, 691; KELLER/SCHAUFELBERGER, Schuldrecht III, 36 f.; BaslerKomm/SCHULIN, Art. 62 N 30 f.). Nur in besonders gelagerten Ausnahmefällen, z.B. bei evidenter Sittenwidrigkeit des Valutaverhältnisses, kommt ein Einwendungsdurchgriff in Frage (vgl. BGer, AJP 2002, 464 ff. m. Anm. T. KOLLER).

56.23 Dies gilt nicht, wenn gar *keine Weisung* vorliegt (vgl. N 56.17). Zahlt eine Bank aufgrund eines nicht unterschriebenen Checks, einer niemals unterschriebenen Anweisung, überweist sie Geld aufgrund eines Versehens statt an A an B oder überweist sie denselben Betrag zweimal, so kann und muss sie sich deshalb unmittelbar an den Zahlungsempfänger halten (BGE 117 II 404, 408; 132 III 609, 619 f.; KÖNDGEN, SZW 1996, 30, 38; T. KOLLER/KISSLING, in: WIEGAND [Hrsg.], BBT 2000, 23, 45 f.; BaslerKomm/SCHULIN, Art. 62 N 33). Dieser ist auch nicht schutzbedürftig, weil er die Zahlung nach Treu und Glauben nicht als Leistung des (scheinbar) Anweisenden betrachten durfte. Anders ist die Sachlage jedoch wiederum, wenn der Anweisende einen *Rechtsschein* gesetzt hat, z.B. bei Widerruf eines Checks oder eines Überweisungsauftrags (BGE 121 III 109, 114 ff.; KÖNDGEN, SZW 1996, 30, 34 ff.; a.A. BaslerKomm/SCHULIN, Art. 62 N 33 m.w. Nachw.). Vertraut der Zahlungsempfänger gutgläubig darauf, dass es sich bei der Zahlung um eine Leistung des Anweisenden im Valutaverhältnis handelt, so darf er nicht einem Bereicherungsanspruch seitens der zahlenden Bank, der ihm eventuelle Einreden aus dem Valutaverhältnis abschneiden würde, ausgesetzt werden. Der Bereicherungsausgleich hat in diesem Fall vielmehr wiederum im Deckungsverhältnis einerseits und im Valutaverhältnis andererseits stattzufinden.

d) Leistung auf eine abgetretene Forderung

56.24 Leistet der Drittschuldner nach Abtretung der Forderung an den Zessionar, so muss wiederum die *Sicht der Beteiligten* entscheiden, ob hiermit eine Leistung an die ursprüngliche Gläubigerin oder eine solche an den Zessionar gewollt ist (vgl. BUCHER, OR AT, 559 f.; Zürcher-Komm/SPRING, Vorbem. Art. 164–174 N 120 ff.). So hat etwa bei einer Sicherungszession der Zessionar mit dem ursprünglichen Schuldverhältnis als solchem nichts zu tun; Leistung auf die zedierte Forderung bedeutet deshalb eine Leistung an die Zedentin. Besteht die zedierte Forderung nicht, kann deshalb der Drittschuldner Bereicherungsausgleich von der Zedentin verlangen. Etwas anderes gilt, wenn der Zessionar nach dem Willen aller Beteiligten ganz an die Stelle der Zedentin treten soll (vgl. auch N 90.21). Die Erfüllung der (vermeintlichen) Forderung stellt hier eine Leistung an den Zessionar dar, so dass die Rückabwicklung zwischen diesen Personen stattzufinden hat. Dies gilt auch bei einer irrtümlich über den Forderungsbetrag hinausgehenden Zahlung oder bei Doppelbezahlung.

§ 57 Nichtleistungskondiktionen

I. Eingriffskondiktion

Literatur: FURRER/MÜLLER-CHEN, Kap. 15 N 29 ff.; HUGUENIN, OR AT, N 1045 ff.; KELLER/SCHAUFELBERGER, Schuldrecht III, 38 ff.; KOLLER, OR AT, § 32 N 6 ff.; BaslerKomm/SCHULIN, Art. 62 N 19 ff.; CHK/HAHN, OR 62 N 22 ff.; CR CO I/ PETITPIERRE, Art. 62 N 47 ff.; KuKo OR/OBERHAMMER, Art. 62 N 18 ff.;
ARNET, Die Fotografie – «Sorgenkind» des Urheberrechts?, AJP 2005, 67 ff.; BÜCHLER, Die Kommerzialisierung Verstorbener, Ein Plädoyer für die Vererblichkeit vermögenswerter Persönlichkeitsrechtsaspekte, AJP 2003, 3 ff.; DIES., Persönlichkeitsgüter als Vertragsgegenstand?, Festschrift Rey, Zürich 2003, 177 ff.; FOURNIER, Bereicherungsausgleich bei Verstössen gegen das UWG, Frankfurt a.M. 1999; GROS, Sponsoring des athlètes. Relations contractuelles avec les sponsors et droit à l'image, ZSR 2005 I, 383 ff.; JENNY, Die Eingriffskondiktion bei Immaterialgüterrechtsverletzungen, Diss. Zürich 2005; KOZIOL, Bereicherungsansprüche bei Eingriffen in nicht entgeltsfähige Güter?, Festschrift Wiegand, Bern 2005, 449 ff.; NIETLISPACH, Zur Gewinnherausgabe im schweizerischen Privatrecht. Zugleich ein Beitrag zur Lehre von der ungerechtfertigten Bereicherung, Zürich 1994, 412 ff.; SCHLUEP, Über Eingriffskondiktionen, Mélanges Piotet, Bern 1990, 173 ff.; SCHMID, Fragen zur eigennützigen Geschäftsführung ohne Auftrag, ZBJV 1995, 261 ff.; WEBER, Gewinnherausgabe – Rechtsfigur zwischen Schadenersatz-, Geschäftsführungs- und Bereicherungsrecht, ZSR 1992 I, 333 ff.; DERS., Persönlichkeit als Immaterialgut, Festschrift Kramer, Basel 2004, 411 ff.

1. Allgemeines

Die wichtigste Fallgruppe unter den Nichtleistungskondiktionen stellt die Eingriffskondiktion dar. Sie soll einen Ausgleich insbeson- 57.01

dere in Fällen des *Ge- oder Verbrauchs* oder der *Nutzung fremden Guts* schaffen (vgl. SCHLUEP, FS Piotet, 173, 181). Meist erfolgt der Eingriff durch die Bereicherte selbst. Unabdingbar ist dies jedoch nicht (vgl. SCHLECHTRIEM, Schuldrecht BT, N 745; a.A. SCHLUEP, FS Piotet, 173, 174; BaslerKomm/SCHULIN, Art. 62 N 20). Auch das Handeln Dritter, des Bereicherungsgläubigers selbst oder eine Vermögensverschiebung, die nicht auf menschliches Verhalten zurückzuführen ist, können Anlass für eine Eingriffskondiktion sein. So liegt ein Eingriff vor bei Verteilung des Erlöses nach unberechtigter Pfändung und Verwertung von Sachen in der Zwangsvollstreckung, wenn der so in seinem Eigentum Betroffene der Gläubigerin nichts schuldet. Dasselbe gilt in dem alten Lehrbeispiel, in dem ein Abwart für die betreute Wohnanlage versehentlich eigenes Heizöl verfeuert oder wenn Vieh, das die Weidezäune durchbrochen hat, fremde Wiesen abweidet.

57.02 Das Kernproblem bei der Eingriffskondiktion liegt in der Frage, wann der erlangte Vermögensvorteil *ungerechtfertigt* ist. Hierzu gibt es verschiedene Ansätze, die im Wesentlichen entweder darauf abstellen, ob der Eingriff *rechtswidrig* ist oder ob er den *Zuweisungsgehalt eines fremden Rechts* verletzt (SCHLUEP, FS Piotet, 173, 187 ff.; WEBER, ZSR 1992 I, 333, 348 ff., je m.w. Nachw.). Namentlich im Wirtschaftsleben gibt es viele Verhaltensweisen, mit denen jemand zwar gegen objektives Recht verstösst und dadurch einen Vermögensvorteil erlangt, diese Vermögensposition jedoch nicht einem anderen (Mitbewerber) zugewiesen ist, so dass ein Bereicherungsausgleich nicht gerechtfertigt erscheint. Dies gilt insbesondere bei Verstoss gegen *Normen des Wettbewerbsrechts*, die allein die Allgemeinheit vor der Verfälschung des Wettbewerbs, nicht aber bestimmte Mitbewerber schützen wollen. Es ist deshalb angemessener, darauf abzustellen, ob eine Bereicherung vorliegt, die im Widerspruch zum Zuweisungsgehalt einer Rechtsposition steht, d.h., dass die Rechtsposition, in die eingegriffen wird, ihrem Inhaber von der Rechtsordnung zur ausschliesslichen Nutzung zugewiesen ist (h.M., vgl. nur SCHLUEP, FS Piotet, 173, 187; BaslerKomm/SCHULIN, Art. 62 N 19).

2. Zuweisungsgehalt

57.03 Generelle Massstäbe, anhand derer der Zuweisungsgehalt einer Rechtsposition abstrakt bestimmt werden könnte, lassen sich kaum finden. Es ist vielmehr im jeweiligen Einzelfall zu fragen, ob die konkrete Nutzung, um die es geht, dem Rechtsinhaber ausschliesslich zugewiesen ist (ausführlich SCHLUEP, FS Piotet, 173, 187 ff.).

Relativ unproblematisch ist der Zuweisungsgehalt *absoluter Rechte* zu 57.04
bestimmen. Schon Art. 641 Abs. 1 ZGB bestimmt, dass der *Eigentümer*
einer Sache über sie nach seinem Belieben verfügen kann. Ihm ist deshalb die Befugnis zum ausschliesslichen Ge- und Verbrauch sowie zur
Verfügung über sein Recht zugewiesen. Ge- oder verbraucht jemand eine
fremde Sache zu eigenem Nutzen, so greift sie damit in den Zuweisungsgehalt des Eigentums ein und schuldet dementsprechend Ersatz (vgl. VON
TUHR/PETER, 495; BaslerKomm/SCHULIN, Art. 62 N 21; zum Verhältnis
zu Art. 938 ZGB vgl. N 59.05). Dasselbe gilt, wenn jemand über eine
fremde Sache eine Verfügung trifft, die aufgrund der Gutglaubensvor-
schriften (Art. 933 ff. ZGB) gegenüber dem Eigentümer wirksam ist. Ist
die Verfügung nicht wirksam, weil z.B. die Sache dem Eigentümer abhanden gekommen ist (Art. 934 ZGB), so kann der Eigentümer die unberechtigte Verfügung nachträglich genehmigen und die Verfügende aus
Eingriffskondiktion in Anspruch nehmen. Diesen Weg wird er insbesondere dann wählen, wenn der Dritterwerber nicht auffindbar und deshalb
der Vindikationsanspruch nicht Erfolg versprechend ist. Die unberechtigte Untervermietung löst ebenfalls einen Bereicherungsanspruch aus (vgl.
BGE 126 III 69, 72 f.; vgl. auch BGE 129 III 422, 425).

Einen im Sinne des Bereicherungsrechts ungerechtfertigten Eingriff 57.05
stellt auch der Eigentumserwerb aufgrund von *Einbau, Bearbeitung,
Verbindung und Vermischung* (Art. 671, 726 f. ZGB) dar (vgl. GAUCH/
SCHLUEP/SCHMID, N 1491; VON TUHR/PETER, 494 ff.). Denn im Gegensatz zum gutgläubigen Erwerb (Art. 933 ff. ZGB) und zur Ersitzung
(Art. 728 ZGB), die einen Rechtsgrund zum Behaltendürfen abgeben,
wird dort der Ausgleich ausdrücklich vorbehalten (Art. 726 Abs. 3, 727
Abs. 3 ZGB; zu Art. 671 ZGB vgl. BGE 99 II 131, 138). Erfolgt die Verbindung oder Vermischung durch einen Dritten, z.B. wenn ein Handwerker fremdes Material einbaut, so liegt dem Eigentumserwerb allerdings
regelmässig der Werkvertrag mit dem Unternehmer als Rechtsgrund
zugrunde (vgl. auch BGE 99 II 131, 134 f.). Ist dieser Vertrag unwirksam, so hat die Rückabwicklung in diesem Verhältnis auf der Grundlage
der *Leistungskondiktion* zu erfolgen; eine Eingriffskondiktion des ursprünglichen Eigentümers des Materials muss jedenfalls dann ausscheiden, wenn die Begünstigte auch rechtsgeschäftlich gutgläubig hätte Eigentum erwerben können. Bei Einbau fremden Materials in ein Grundstück kommt allerdings u.U. ein Ausgleichsanspruch nach Art. 672 ZGB
in Betracht (vgl. N 59.07 ff.).

Selbst das *Eigentumsrecht* besteht jedoch nur in den *Schranken der* 57.06
Rechtsordnung. So muss etwa der Eigentümer das Überfliegen seines

Grundstücks ab einer gewissen Höhe dulden; ein bereicherungsrechtlicher Ausgleich findet insoweit nicht statt (BGE 104 II 86 ff.; REY, Sachenrecht, N 1078). Auch die Eigentümer der Häuser, die auf Postkarten mit einer Stadtansicht abgebildet sind, können keinen Ausgleich verlangen (vgl. BGH NJW 1975, 778). Anders mag der Fall der gewerblichen Nutzung von Postkarten eines kunsthistorisch wertvollen Gebäudes zu beurteilen sein, wenn das Fotografieren nur durch Betreten des zugehörigen Grundstückes möglich ist (vgl. BGH NJW 1989, 2251).

57.07   Zuweisungsgehalt besitzen auch *Immaterialgüterrechte*, d.h. Urheberrechte, Patente, Design sowie das Markenrecht (vgl. GAUCH/SCHLUEP/ SCHMID, N 1491; BaslerKomm/SCHULIN, Art. 62 N 21). Rechtspositionen mit Zuweisungsgehalt verleiht auch das *UWG*, soweit es nicht lediglich einen Schutz der Allgemeinheit anstrebt. So ist zum Ausgleich verpflichtet, wer ein fremdes Arbeitsergebnis oder fremdes Know-how unbefugt verwertet (vgl. Art. 5, 6 UWG; NIETLISPACH, Gewinnherausgabe, 433 f.). Zuweisungsgehalt besitzen schliesslich die kommerzialisierbaren Aspekte des *Persönlichkeitsrechts*, wie insbesondere Name, Bild, aber auch die eigene Lebensgeschichte (vgl. BÜCHLER, AJP 2003, 3, 9 f.; NIETLISPACH, Gewinnherausgabe, 427 ff.; SCHMID, ZBJV 1995, 261, 272 ff.). Zwar verweisen die einschlägigen Bestimmungen (vgl. nur Art. 9 Abs. 3 UWG, Art. 28a Abs. 3 ZGB) nur auf das Recht der Geschäftsführung ohne Auftrag und nicht auf das Bereicherungsrecht. Dies schliesst die Geltendmachung einer Eingriffskondiktion jedoch nicht aus (vgl. N 59.15 ff.).

57.08   Unstreitig stellt auch die *Forderungszuständigkeit* eine Rechtsposition mit Zuweisungsgehalt dar (vgl. SCHLUEP, FS Piotet, 173, 200). Eine Eingriffskondiktion ist deshalb gegeben, wenn jemand eine fremde Forderung einzieht und der Schuldner durch Leistung an die Nichtberechtigte befreit wird (vgl. z.B. Art. 167). Dasselbe muss gelten, wenn der Gläubiger die den Schuldner zunächst nicht befreiende Leistung an die falsche Gläubigerin nachträglich genehmigt. Im Übrigen besitzen *relative Rechte* im Regelfall keinen Zuweisungsgehalt. Wird eine verkaufte Sache vom Verkäufer noch einmal verkauft und der zweiten Käuferin übereignet, so kann der erste diese nicht wegen «Eingriffs in seinen Übereignungsanspruch» in Anspruch nehmen (a.A. NIETLISPACH, Gewinnherausgabe, 439 f.; SCHMID, ZBJV 1995, 261, 278 f.). Dies würde der Relativität des Schuldverhältnisses widersprechen. Ausnahmen sind allenfalls da zu machen, wo durch Vertrag einem Dritten *ausschliessliche Nutzungsrechte* eingeräumt werden, weil das betreffende Recht selbst nicht übertragbar ist (vgl. SCHLUEP, FS Piotet, 173, 199 f.). So wird demjenigen, der das ausschliessliche Recht zur Verbreitung bestimmter Fotos eines Filmschauspielers besitzt, eine Eingriffskondiktion zuzubilligen sein, wenn eine andere diese Fotos kommerziell verwertet (so nunmehr auch BÜCHLER, FS Rey, 177, 189 f.). Dies entspricht auch der modernen Tendenz, die Vererblichkeit der vermögenswerten Bestandteile des Persönlichkeitsrechts anzunehmen (vgl. BÜCHLER, AJP 2003, 3, 9 f.).

3. Übrige Tatbestandsvoraussetzungen

Liegt ein unbefugter Eingriff in den Zuweisungsgehalt einer fremden Rechtsposition vor, so genügt dies für eine Eingriffskondiktion. Weitere Voraussetzungen sind nicht erforderlich (vgl. BaslerKomm/ SCHULIN, Art. 62 N 23). 57.09

Insbesondere bedarf es im Gegensatz zu einem Schadenersatzanspruch nach Art. 41 *keines Verschuldens* der Eingreiferin (vgl. statt vieler GAUCH/SCHLUEP/SCHMID, N 1478a). Auch wer gutgläubig ein fremdes Gut nutzt, hat den dadurch erlangten Wert herauszugeben. Irrelevant ist auch, ob der Berechtigte das Rechtsgut selber hätte nutzen wollen oder können und ihm deshalb ein entsprechender *Vermögensnachteil* entstanden ist oder nicht (vgl. SCHMID, ZBJV 1995, 261, 275; WEBER, ZSR 1992 I, 333, 346). Das Kriterium der Vermögensverschiebung ist für die Fälle der Eingriffskondiktion unbrauchbar (vgl. N 55.09). 57.10

II. Sonstige Nichtleistungskondiktionen

In Anlehnung an die deutsche Doktrin können auch im Schweizer Recht als weitere Fälle der Nichtleistungskondiktionen die *Rückgriffskondiktion,* die *Verwendungskondiktion* sowie die *Zufallskondiktion* genannt werden (vgl. SCHLECHTRIEM, Schuldrecht BT, N 761 ff.). 57.11

Allen drei Kondiktionsarten kommt jedoch in der Praxis *keine Bedeutung* zu. Der Rückgriff wegen Bezahlung einer fremden Schuld kann in aller Regel auf andere Anspruchsgrundlagen als auf eine Nichtleistungskondiktion gestützt werden, z.B. Vertrag, Solidarschuldnerausgleich, Leistungskondiktion oder Geschäftsführung ohne Auftrag. Ähnliches gilt für Ansprüche auf Verwendungsersatz. Die meisten der in der Literatur (vgl. GAUCH/SCHLUEP/SCHMID, N 1498) unter dem Stichwort der Zufallskondiktion behandelten Fälle gehören schliesslich zur Eingriffskondiktion (vgl. N 57.01). 57.12

Kapitel 2: Die Rechtsfolgen der ungerechtfertigten Bereicherung

§ 58   Gegenstand und Umfang der Rückerstattung

Literatur: BERGER, Schuldrecht, N 2070 ff.; BUCHER, OR AT, 686 ff.; ENGEL, OR AT, 596 ff.; FURRER/MÜLLER-CHEN, Kap. 16 N 4 ff.; GAUCH/SCHLUEP/SCHMID, N 1495 ff.; GUHL/KOLLER, 228 f.; HUGUENIN, OR AT, N 1052 ff.; KELLER/SCHAUFEL-BERGER, Schuldrecht III, 69 ff.; KOLLER, OR AT, § 30 N 36 ff.; VON TUHR/PETER, 500 ff.; BaslerKomm/SCHULIN, Art. 64 f.; CHK/HAHN, OR 64 f.; CR CO I/PETITPIERRE, Art. 64 f.; KuKo OR/OBERHAMMER, Art. 64–65;

BÜRGI-WYSS, Der unrechtmässig erworbene Vorteil im schweizerischen Privatrecht, Diss. Zürich 2005; CHAPPUIS CHRISTINE, La remise du gain: les temps sont mûrs, in: WERRO (Hrsg.), Quelques questions fondamentales du droit de la responsabilité civile: actualités et perspectives, Bern 2002, 51 ff.; GRUNEWALD, Saldotheorie und neues Rücktrittsrecht, Festschrift Musielak, München 2004, 33 ff.; HAHN, Vergütungsansprüche für Dienstleistungen bei fehlender vertraglicher Grundlage, Diss. Freiburg i.Ue., Bern 2004; HONSELL, Drei Fragen des Bereicherungsrechts, Liber Amicorum Schulin, Basel/Genf/München 2002, 25 ff.; DERS., Tradition und Zession – kausal oder abstrakt?, Festschrift Wiegand, Bern 2005, 349 ff.; NIETLISPACH, Zur Gewinnherausgabe im schweizerischen Privatrecht. Zugleich ein Beitrag zur Lehre von der ungerechtfertigten Bereicherung, Diss. Zürich 1994, 357 ff.; SCHLUEP, Über Eingriffskondiktionen, Mélanges Piotet, Bern 1990, 173 ff.; SCHMID, Fragen zur eigennützigen Geschäftsführung ohne Auftrag, ZBJV 1995, 261 ff.; WEBER, Gewinnherausgabe – Rechtsfigur zwischen Schadenersatz-, Geschäftsführungs- und Bereicherungsrecht, ZSR 1992 I, 333 ff.

I. Gegenstand der Bereicherung

58.01   Nach Art. 62 Abs. 1 ist die Bereicherung zurückzuerstatten. Herrschende Lehre und Rechtsprechung differenzieren dabei nicht zwischen den einzelnen Kondiktionsarten (vgl. nur BGE 119 II 437, 442 f.; GAUCH/SCHLUEP/SCHMID, N 1498). Entsprechend der Differenzhypothese im Schadensrecht (vgl. N 14.03) wird vielmehr primär auf den *aktuellen Vermögensstand* des Bereicherungsschuldners abgestellt und dieser mit seinem *hypothetischen Vermögensstand* verglichen, wenn der zur Bereicherung führende Umstand ausgeblieben wäre (vgl. nur BGE 87 II 137, 142; BUCHER, OR AT, 690 f.).

1. Naturalrestitution

58.02   Rückerstattung der Bereicherung bedeutet zunächst *Naturalrestitution,* soweit das Erlangte in natura zurückgegeben werden kann (vgl.

nur BGE 110 II 228, 233 f.; GUHL/KOLLER, 228; VON TUHR/PETER, 500 f.). Eine abgetretene Forderung ist durch Rückzession zurückzugeben, die Befreiung von einer Verbindlichkeit im Wege eines unwirksamen Erlassvertrages durch Wiederbegründung der Forderung.

Kaum praktische Bedeutung hat der auf Naturalrestitution gerichtete   58.03
Bereicherungsanspruch im Rahmen der Rückabwicklung *rechtsgrundloser Übertragung des Eigentums* an Fahrnis und Grundstücken (vgl. GUHL/KOLLER, 228; BaslerKomm/SCHULIN, Art. 64 N 2). Da die herrschende Auffassung (vgl. N 3.43) von der kausalen Natur der Eigentumsübertragung ausgeht, bleibt die Verfügende Eigentümerin, wenn die Verfügung rechtsgrundlos ist. Es steht ihr deshalb der Vindikations- bzw. Grundbuchberichtigungsanspruch aus Art. 641 Abs. 2 ZGB bzw. Art. 975 Abs. 1 ZGB zu, der nach herrschender Auffassung den Bereicherungsanspruch ausschliesst (vgl. N 59.04). Denkbar ist ein auf Eigentumsherausgabe gerichteter Bereicherungsanspruch jedoch z.B., wenn die Eigentumsübertragung in Erfüllung eines Vertrages zugunsten Dritter erfolgte und nur das Valuta-, nicht aber das Deckungsverhältnis unwirksam ist. Der Versprechensempfängerin steht hier eine Leistungskondiktion gegen den Dritten zu. Erbringt der Drittschuldner einer Sachleistung diese mit befreiender Wirkung an den Zedenten, so kann die Zessionarin ebenfalls Eigentumsübertragung aufgrund einer (Eingriffs-)Kondiktion verlangen (vgl. KELLER/SCHAUFELBERGER, Schuldrecht III, 70 f.).

2. Nutzungen und Surrogate

Der Bereicherungsschuldner hat neben dem eigentlichen Berei-   58.04
cherungsgegenstand auch die aus ihm gezogenen *Nutzungen* herauszugeben (BGE 84 II 179, 186; VON TUHR/PETER, 501 f.). Insbesondere muss er bei grundlos geleisteter Zahlung die tatsächlich erlangten Zinsen zurückerstatten (BGE 116 II 689, 692). Die Pflicht zur Herausgabe von Nutzungen nach Bereicherungsrecht steht im Widerspruch zu Art. 938 ZGB, wonach der *gutgläubige Besitzer* zur Nutzungsherausgabe nicht verpflichtet ist (vgl. GUHL/KOLLER, 228 f.; GAUCH/SCHLUEP/SCHMID, N 1525). Dieser Widerspruch kann nur durch eine einschränkende Interpretation des Art. 938 ZGB aufgelöst werden. Die Privilegierung des gutgläubigen Besitzers ist in Fällen einer rechtsgrundlosen Leistung, jedenfalls bei der Rückabwicklung synallagmatischer Verträge, unangemessen (vgl. auch GUHL/KOLLER, 228 f.). Demgegenüber hält das Bundesgericht (BGE 110 II 244, 247; BGer, SemJud 1998, 109, 115) formal zwar am Vorrang des Art. 938 ZGB fest, unbillige Ergebnisse sucht es

jedoch u.a. durch Annahme eines faktischen Vertrages (vgl. N 28.62) zu vermeiden, womit im Ergebnis ebenfalls Wertersatz für gezogene Nutzungen ermöglicht wird.

58.05 Ist der Bereicherungsgegenstand selbst oder eine grundlos übergebene und damit zu vindizierende Sache untergegangen und hat der Schuldner hierfür ein *Surrogat* in Form eines Ersatzes oder Ersatzanspruchs erlangt, so ist dieses nach Bereicherungsrecht herauszugeben (vgl. VON TUHR/PETER, 503; BaslerKomm/SCHULIN, Art. 64 N 4). Dies gilt etwa im Hinblick auf die vom Drittschuldner geleistete Zahlung bei Einzug einer nicht wirksam zedierten Forderung oder auf einen Versicherungs- oder Schadenersatzanspruch bei Zerstörung der grundlos übergebenen Sache. Auch Nutzungen aus dem Surrogat, z.B. Zinsen des eingezogenen Forderungsbetrags, sind herauszugeben. Kein Surrogat stellt der *Veräusserungsgewinn* dar, wenn der Bereicherungs- bzw. Vindikationsschuldner den Bereicherungsgegenstand oder die Sache verkauft. In diesen Fällen ist lediglich Wertersatz zu leisten (vgl. VON TUHR/PETER, 503; a.A. BGE 45 II 447, 452; 44 II 132, 141).

3. Wertersatz

58.06 Wertersatz ist immer dann geschuldet, wenn der ursprüngliche Bereicherungsgegenstand, die Nutzungen daraus oder das Surrogat nicht herausgegeben werden können (vgl. BUCHER, OR AT, 688 f.; KELLER/SCHAUFELBERGER, Schuldrecht III, 71).

58.07 Dies ist einmal der Fall, wenn die Bereicherung aufgrund ihrer *Beschaffenheit* nicht in Natur zurückgewährt werden kann, z.B. bei rechtsgrundlos erlangten Arbeitsleistungen, Beförderungsleistungen oder Gebrauchsvorteilen (BGE 119 II 437 ff.; VON TUHR/PETER, 501). Dasselbe gilt, wenn die geleistete Sache durch Einbau, Verarbeitung, Verbindung oder Vermischung (Art. 671, 726 f. ZGB) in das *Eigentum des Bereicherten übergegangen* ist. Hat beispielsweise der Bereicherte das empfangene Geld mit seinem eigenen vermischt, so wird er entgegen Art. 727 Abs. 1 ZGB Alleineigentümer des empfangenen Geldes; er schuldet Wertersatz in Höhe der empfangenen Summe (BGE 84 II 369, 377 ff.; BaslerKomm/SCHULIN, Art. 64 N 3).

58.08 Wertersatz ist auch geschuldet, wenn auf Seiten des Bereicherten die Herausgabe des Bereicherungsgegenstandes *subjektiv unmöglich* geworden ist, z.B. wenn er die rechtsgrundlos zedierte Forderung oder rechtsgrundlos übergebene Sache veräussert hat (VON TUHR/PETER, 503; BaslerKomm/SCHULIN, Art. 64 N 10).

Geschuldet ist der *objektive Wert*, d.h. der Verkehrs- oder Marktwert. 58.09
Ein für den Bereicherten subjektiv höherer Wert bleibt ausser Betracht
(BUCHER, OR AT, 688 f.; ENGEL, OR AT, 599 m.w. Nachw.; a.A. wohl
KELLER/SCHAUFELBERGER, Schuldrecht III, 44 f., 74 ff.). Insbesondere
braucht er einen über dem objektiven Wert liegenden Gewinn nicht he-
rauszugeben, z.b., wenn er das rechtsgrundlos empfangene Geld Gewinn
bringend in Aktien angelegt hat. Bleibt der subjektive Wert für den Be-
reicherten hinter dcm objektiven Wert zurück, so kann dies allenfalls im
Rahmen des Art. 64 berücksichtigt werden (vgl. KELLER/SCHAUFEL-
BERGER, Schuldrecht III, 72).

Auch bei der *Eingriffskondiktion*, bei der aufgrund der Natur der er- 58.10
langten Bereicherung in der Regel nur Wertersatz in Betracht kommt, ist
auf den *objektiven Wert* des durch den Eingriff Erlangten abzustellen
(BGE 84 II 369, 377 ff.). Entscheidend ist dabei wiederum der Verkehrs-
oder Marktwert für den in Frage stehenden Ge- oder Verbrauch des
Rechts, in das eingegriffen wird (vgl. auch SCHLUEP, FS Piotet, 203 f.).
Bei unberechtigter Nutzung einer fremden Sache ist der übliche Miet-
oder Pachtzins zu zahlen (BGE 119 II 437, 442), bei Eingriff in Immaterialgüterrechte die übliche Lizenzgebühr (unzutreffend deshalb BGE 132
III 379, 383 ff., wo die Lizenzanalogie nur als Form der Schadensberechnung geprüft wird) und bei Einziehung einer fremden Forderung
oder Verkauf einer fremden Sache eine Summe, die dem Wert derselben
entspricht. Ein über dem objektiven Ge- oder Verbrauchswert liegender
Verletzergewinn braucht nach Bereicherungsrecht nicht herausgegeben
zu werden. Dies gilt insbesondere bei Gewinn bringender Verwertung
fremder Immaterialgüterrechte. Bei Bösgläubigkeit kommt jedoch ein auf
Gewinnherausgabe gerichteter Anspruch aus unechter Geschäftsführung
ohne Auftrag in Betracht (vgl. N 59.15 ff.).

II. Beschränkung der Rückerstattung

1. Wegfall der Bereicherung

a) Grundsatz

Nach Art. 64 kann der gutgläubige Bereicherungsschuldner die 58.11
Rückerstattung insoweit verweigern, als er im Zeitpunkt der Rückforderung *nicht mehr bereichert* ist (BGE 106 II 36, 41). Der Gutgläubige soll
davor geschützt werden, dass er nach Rückerstattung der Bereicherung
schlechter dasteht, als wenn die Bereicherung nicht eingetreten wäre

(BGer, SemJud 1994, 269, 271; KELLER/SCHAUFELBERGER, Schuldrecht III, 77).

58.12 Möglich ist zunächst, dass eine eingetretene Bereicherung später *weggefallen* ist. Dies ist beispielsweise der Fall, wenn vom Scheinvater gezahlte Unterhaltsbeiträge vom Kind verbraucht worden sind (vgl. BGE 129 III 646, 651), das rechtsgrundlos geleistete Geld gestohlen oder vom Bereicherten verschenkt wurde. In allen Fällen muss allerdings sorgfältig geprüft werden, ob der Bereicherte nicht durch den Verbrauch einer grundlosen Zuwendung eigene Aufwendungen erspart hat (sog. *Ersparnisbereicherung*), z.B., wenn mit rechtsgrundlos erworbenem Geld Schulden getilgt oder der Lebensunterhalt bestritten werden. Ist Letzteres – wie wohl häufig – der Fall, so entfällt die Berufung auf den Wegfall der Bereicherung (BGE 119 II 437, 442 f.; GAUCH/SCHLUEP/SCHMID, N 1473).

58.13 Abzugsfähig sind grundsätzlich die *Vertragskosten* sowie die Kosten der *Rückabwicklung*, nicht aber die im Rahmen eines synallagmatischen Vertrages vom Bereicherungsschuldner erbrachte *Gegenleistung*. Bei einer Eingriffskondiktion wegen Einzugs einer fremden Forderung können die Kosten der Einziehung abgezogen werden. Als Wegfall der Bereicherung anerkennt die Rechtsprechung auch den sog. *Rückforderungsschaden* (BGer, SemJud 1994, 269, 274; BGE 107 II 255, 259), der darin bestehen kann, dass der Bereicherte im Vertrauen auf die Endgültigkeit des Erwerbs eine an sich angezeigte Massnahme zur Wahrung seiner Vermögensinteressen nicht vorgenommen hat, z.B., dass er nach Zuwendung eines wertvollen Gebrauchsgegenstandes den früher benützten verschenkt oder die Neuanschaffung von Sachen zu günstigem Preis unterlassen hat (vgl. BUCHER, OR AT, 694 f.; GUHL/KOLLER, 229).

58.14 Dem Wegfall der Bereicherung ist der Fall gleichzustellen, dass diese zu keinem Zeitpunkt vorgelegen hat, insbesondere weil eine rechtsgrundlos erbrachte Leistung für den Bereicherungsschuldner *wertlos* ist oder ihm eine *Wertsteigerung aufgedrängt* wird, die er nicht nutzen will (vgl. NIETLISPACH, Gewinnherausgabe, 359 ff. m.w. Nachw.; diff. KuKo OR/OBERHAMMER, Art. 64–65 N 16). So fehlt es an einer Bereicherung, wenn jemand Baumschnitt vor seinem Grundstück zur kostenlosen Abholung zur Kompostieranlage lagert und ein Häckselunternehmen durch Verwechslung mit dem auf dem Nachbargrundstück gelagerten Baumschnitt dieses rechtsgrundlos zu Häckselgut verarbeitet. Dasselbe gilt, wenn eine Garage aufgrund Verwechslung zweier Aufträge ein Auto mit aufwendiger Metalliclackierung neu einspritzt, ohne dass der Eigentümer dieses Autos eine Realisierung des dadurch entstandenen Mehrwerts durch Verkauf beabsichtigt.

Auf Art. 64 kann sich der Bereicherte nur berufen, soweit und solange 58.15 er *gutgläubig* ist, d.h. nicht weiss oder wissen muss, dass der erlangte Vermögensvorteil ohne Rechtsgrund erfolgte (BGE 116 II 689, 692; GAUCH/SCHLUEP/SCHMID, N 1523 f.). Bei handlungsunfähigen Personen ist grundsätzlich auf die Gutgläubigkeit der gesetzlichen Vertreter abzustellen; etwas anderes mag allenfalls im Hinblick auf die durch den Eingriff eines urteilsfähigen Minderjährigen ausgelöste Kondiktion gelten (vgl. BGHZ 55, 136).

Scheitert der Bereicherungsanspruch, weil der Bereicherte den Berei- 58.16 cherungsgegenstand an einen Dritten verschenkt hat, ohne dass er deshalb eigene Auslagen erspart hat, so ist in Anlehnung an das deutsche Recht (§ 822 BGB) der Bereicherungsgläubigerin ein *Verfolgungsanspruch* gegen den Dritten zu gewähren (vgl. VON TUHR/PETER, 515 f.). Der unentgeltliche Erwerber ist im Vertrauen auf die Beständigkeit des Erwerbs nicht zu schützen, so dass sich der Bereicherungsanspruch nunmehr gegen ihn richtet (BGE 110 II 228, 233 f.). Dasselbe muss gelten, wenn der gutgläubige Eingreifer unentgeltlich wirksam über eine fremde Sache verfügt, falls in diesem Fall nicht bereits die Wirksamkeit der Schenkung verneint wird, weil der Schenker nicht aus seinem eigenen Vermögen leistet, so dass auch die Eigentumsübertragung an den Beschenkten scheitern würde (vgl. Art. 239 Abs. 1; zum Ganzen HONSELL, OR BT, 204 ff. m.w. Nachw.).

b) Rückabwicklung synallagmatischer Verträge

Art. 64 ist primär auf einseitige Bereicherungen zugeschnitten. 58.17 Bei *Rückabwicklung beidseitig erfüllter synallagmatischer Verträge* führt die Anwendung des Art. 64 hingegen u.U. zu stossenden Ergebnissen, wenn die Bereicherung der einen Partei weggefallen, die andere Partei jedoch noch in der Lage ist, das Empfangene zurückzugewähren. Ob und wie in diesem Fall Art. 64 zur Anwendung gelangt, ist in der Lehre umstritten (vgl. GAUCH/SCHLUEP/SCHMID, N 1527).

Nach der früher herrschenden *Zweikondiktionentheorie* ist jeder Berei- 58.18 cherungsanspruch im Hinblick auf Art. 64 gesondert zu beurteilen (vgl. etwa VON TUHR/PETER, 507 ff.). Dies führt dazu, dass eine Partei das von ihr Geleistete auch dann zurückverlangen kann, wenn sie von ihrer eigenen Rückgewährpflicht wegen Wegfalls der Bereicherung nach Art. 64 befreit ist. Eine Korrektur ist im Rahmen dieser Theorie nur dadurch möglich, dass hohe Anforderungen an den Wegfall der Bereicherung gestellt werden und insbesondere bei empfangenen Geldleistungen Art. 64 nicht zur Anwendung kommt, sondern von anderweitig ersparten Aufwendungen ausgegangen wird.

58.19 Die mit der Zweikondiktionentheorie oftmals verbundenen stossenden Ergebnisse sucht die *Saldotheorie* zu vermeiden, indem sie die synallagmatische Verknüpfung beider Leistungen auch in der Phase der Rückabwicklung aufrechterhält. Nach der Saldotheorie kann Rückgewähr der eigenen Leistung nur gegen Herausgabe der empfangenen Leistung verlangt werden (BGE 110 II 244, 247). Ist eine Partei wegen Wegfalls der Bereicherung nicht in der Lage, die empfangene Leistung herauszugeben, so ist der Wert des Empfangenen von der hingegebenen Leistung abzuziehen; ein Bereicherungsanspruch besteht nur insoweit, als sich zugunsten der nach Art. 64 befreiten Partei ein positiver Saldo ergibt.

58.20 Ob der Zweikondiktionen- oder der Saldotheorie zu folgen ist, ist in der Schweizer Literatur bislang wenig diskutiert und von der Rechtsprechung noch nicht entschieden (offen gelassen in BGE 110 II 244, 247). Im *Regelfall* führt die Saldotheorie bei Rückabwicklung beidseits erfüllter synallagmatischer Verträge zu angemesseneren Ergebnissen (zur Berechnung des Werts der Bereicherung vgl. BGE 134 III 438, 443 f.). Dabei darf freilich nicht übersehen werden, dass bei Anwendung der Saldotheorie der Vertrag faktisch durchgeführt wird, wenn die Partei, die nach Art. 64 befreit ist, ihre erbrachte Gegenleistung nicht zurückverlangen kann. Es ist deshalb im Einzelfall zu prüfen, ob ein solches Ergebnis mit dem *Zweck der Unwirksamkeitsnorm*, die zur Nichtigkeit des in Frage stehenden Vertrages führt, zu vereinbaren ist oder nicht (vgl. SCHLECHTRIEM, Schuldrecht BT, N 796). Hat z.B. ein Minderjähriger ohne Zustimmung seiner gesetzlichen Vertreter einen Vertrag über eine Luxusreise geschlossen und die Gegenleistung erbracht, so würde es dem Zweck des *Minderjährigenschutzes* widersprechen, wenn ihm durch Anwendung der Saldotheorie die Berufung auf Art. 64, weil er die Reise sonst nicht unternommen hätte, verwehrt würde und er seine Gegenleistung nicht zurückverlangen könnte. In diesem Fall ist deshalb der Zweikondiktionentheorie der Vorzug zu geben (vgl. auch BGH, NJW 1994, 2021, 2222). Dasselbe muss bei Anfechtung eines Vertrages wegen *absichtlicher Täuschung* gelten, wenn bei der getäuschten Partei die Voraussetzungen des Art. 64 vorliegen. Hingegen ist bei Anfechtung wegen *Irrtums* die Anwendung der Saldotheorie angemessen (vgl. BGH, NJW 1990, 2880, 2882), wenn nicht sogar die Zulässigkeit der Irrtumsanfechtung nach Art. 25 Abs. 1 verneint wird, wenn die irrende Partei nicht in der Lage ist, die erhaltene Leistung zurückzugewähren (vgl. N 39.18).

Dieselben Probleme treten auf, wenn sich bei der Rückabwicklung 58.21 beidseits erfüllter synallagmatischer Verträge nicht zwei Bereicherungsansprüche, sondern ein *Vindikationsanspruch* nach Art. 641 Abs. 2 ZGB und ein *Bereicherungsanspruch* gegenüberstehen, d.h. insbesondere bei der Rückabwicklung beidseits erfüllter unwirksamer Kaufverträge. Das Bundesgericht hat es zwar abgelehnt, in solchen Fällen die Saldotheorie entsprechend anzuwenden (BGE 110 II 244, 247), in der Sache kann jedoch kein Zweifel darüber bestehen, dass allein die Rechtsnatur der in Frage stehenden Rückgewähransprüche nicht über den Ausgang der Rückabwicklung entscheiden kann (vgl. HONSELL, OR BT, 43 ff.; BUCHER, ZSR 1983 II, 251, 289 f.). Dies gilt nicht allein im Vergleich zu dem Fall, in dem sich zwei Bereicherungsansprüche gegenüberstehen, sondern auch im Vergleich zu einem *vertraglichen Rückgewährschuldverhältnis*, wie insbesondere bei der Wandlung eines Kaufvertrags wegen Sachmängel (Art. 208 Abs. 1, 2). So schliesst Art. 207 Abs. 3 die Wandlung aus, wenn die Kaufsache durch Verschulden des Käufers untergegangen oder von ihm weiterveräussert oder umgestaltet worden ist. Es darf nun keinen Unterschied machen, ob beispielsweise der Käufer den Kaufvertrag wegen Sachmängel wandeln will oder wegen Grundlagenirrtums nach Art. 24 Abs. 1 Ziff. 4 anficht. Ist der Käufer nicht in der Lage, die Sache zurückzugeben, weil sie durch sein Verschulden untergegangen ist oder von ihm weiterveräussert oder umgestaltet worden ist (vgl. Art. 207 Abs. 3), und ginge deshalb auch der nach Anfechtung bestehende Vindikationsanspruch der Verkäuferin ins Leere, so braucht auch die Verkäuferin den empfangenen Kaufpreis nur insoweit herauszugeben, als er den Wert der Sache übersteigt. Ob dies mit einer entsprechenden Anwendung der Saldotheorie begründet oder der Verkäuferin ein *«obligatorisches Retentionsrecht»* (so BUCHER, ZSR 1983 II, 251, 290) zuerkannt wird, ist nur von sekundärer Bedeutung. Eine andere Lösung läge darin, in diesem Fall die Anfechtung nach Art. 25 Abs. 1 auszuschliessen (vgl. N 39.18). Ist umgekehrt die Verkäuferin wegen ausnahmsweisen Wegfalls der Bereicherung ausserstande, den Kaufpreis zurückzuzahlen, so kann der Käufer dem Vindikationsanspruch der Verkäuferin ein *Zurückbehaltungsrecht* an der Kaufsache (Art. 895 ff. ZGB) entgegenhalten (vgl. BUCHER, ZSR 1983 II, 251, 289).

c) Eingriffskondiktion

58.22 Teilweise wird die Auffassung vertreten, dass bei der Eingriffskondiktion ein Wegfall der Bereicherung nach Art. 64 grundsätzlich nicht in Betracht komme (vgl. Nachw. bei SCHLUEP, FS Piotet, 173, 206).

58.23 Zutreffend ist diese Auffassung in der Regel in Fällen, in denen es um *unberechtigte Nutzung* eines fremden Rechtsguts geht. Wer ein fremdes Patent nutzt, überführt den in der Nutzung liegenden Vermögensvorteil damit endgültig und wertbeständig in sein Vermögen. Er kann nicht mit dem Einwand gehört werden, dass die Nutzung ihm entgegen seinen Erwartungen keinen Gewinn, sondern vielmehr einen Verlust eingebracht hat, da er dieses Risiko auch bei berechtigter Nutzung zu tragen hätte (SCHLUEP, FS Piotet, 173, 207). Auch derjenige, der *gestohlenes Material verarbeitet oder einbaut* und dadurch Eigentümer desselben wird, kann vom Wert der Sache grundsätzlich nicht den Kaufpreis abziehen, den er an den Dieb bezahlt hat. Gegenüber dem ursprünglichen Vindikationsanspruch der Eigentümerin könnte er diesen ebenfalls grundsätzlich nicht als Abzugsposten geltend machen. Liegen freilich die Voraussetzungen des Art. 934 Abs. 2 ZGB vor, d.h., hätte die Eigentümerin die Sache nur gegen Vergütung des vom Besitzer an den Veräusserer bezahlten Preises herausverlangen können, so muss – um Wertungswidersprüche zu vermeiden – auch im Rahmen der Eingriffskondiktion ein Abzug des bezahlten Kaufpreises vom Wert der Sache zulässig sein.

58.24 Auch in weiteren Einzelfällen muss bei der Eingriffskondiktion ein Bereicherungswegfall berücksichtigt werden. Gelingt es zum Beispiel einem Urteilsunfähigen, als blinder Passagier in einem Flugzeug nach New York befördert zu werden, so gebietet es der Vorrang des Minderjährigenschutzes zu berücksichtigen, dass eine Bereicherung im Vermögen des Urteilsunfähigen niemals vorgelegen hat. Auch bei gutgläubiger *Veräusserung einer fremden Sache* oder *Einzug einer fremden Forderung* kommt in Ausnahmefällen ein Wegfall der Bereicherung in Betracht, wenn etwa der Eingreifer den daraus erzielten Erlös verschenkt (zum Verfolgungsanspruch vgl. N 58.16) oder zu einer Luxusreise verwendet, die er im Übrigen nicht unternommen hätte (vgl. NIETLISPACH, Gewinnherausgabe, 364; WEBER, ZSR 1992 I, 333, 358).

2. Verwendungsersatz

58.25 Art. 65 regelt den *Ersatz von Verwendungen*, die der Bereicherungsschuldner auf eine Sache gemacht hat, die er nach Bereicherungsrecht zurückzugeben hat. In der Praxis hat diese Bestimmung kaum Bedeutung, da ungerechtfertigte Sachleistungen aufgrund der kausalen Natur der Übereignung meist nicht nach Bereicherungsrecht, sondern im Wege der Vindikation herauszugeben sind (vgl. BUCHER, OR AT, 696 f.).

In der Sache entspricht die Regelung des Art. 65 im Wesentlichen den Art. 939, 940 ZGB (Einzelheiten bei BaslerKomm/SCHULIN, Art. 65 N 2 ff.). 58.26

III. Konsumentenschutzrechtliche Sonderregeln

Nach Art. 15 Abs. 2 und 3 KKG braucht der Konsument bei *Nichtigkeit des Konsumkreditvertrages* die empfangene Summe nicht sofort, sondern erst bis zum Ablauf der (unwirksam) vereinbarten Kreditdauer in gleich hohen Teilzahlungen zurückzuzahlen. Eine sofortige Rückzahlungspflicht entsprechend allgemeinen Grundsätzen wäre für viele Konsumenten prohibitiv. Dieser Gedanke muss auch bei Rückabwicklung anderer Verträge, die aufgrund Verletzung sozialschützender Normen nichtig sind, beachtet werden. 58.27

§ 59 Rechtsnatur des Bereicherungsanspruchs und Konkurrenzen

Literatur: BUCHER, OR AT, 660 ff.; ENGEL, OR AT, 596 ff.; DERS., OR BT, 567 ff.; FURRER/MÜLLER-CHEN, Kap. 16 N 52 ff.; GAUCH/SCHLUEP/SCHMID, N 1499 ff.; HUGUENIN, OR AT, N 1073 ff.; HUGUENIN, OR BT, N 853 ff., 893 ff.; GUHL/KOLLER, 230; KELLER/SCHAUFELBERGER, Schuldrecht III, 6 ff.; KOLLER, OR AT, § 33 N 19 ff.; VON TUHR/PETER, 512 ff.; BaslerKomm/SCHULIN, Art. 62 N 37 ff.; CHK/HAHN, OR 62 N 36 ff.; CR CO I/PETITPIERRE, Art. 62 N 44 ff.; KuKo OR/OBERHAMMER, Art. 62 N 1 ff.;
BÜRGI-WYSS, Der unrechtmässig erworbene Vorteil im schweizerischen Privatrecht, Diss. Zürich 2005; CHAPPUIS CHRISTINE, La remise du gain: les temps sont mûrs, in: WERRO (Hrsg.), Quelques questions fondamentales du droit de la responsabilité civile: actualités et perspectives, Bern 2002, 51 ff.; DIES., Enrichissement illégitime: entre contrat et gestion d'affaires, in: BLANC (Hrsg.), L'évolution récente du droit des obligations, Lausanne 2004, 25 ff.; DIES., La restitution des profits illégitimes, le retour, Festschrift Hirsch, Genf 2004, 341 ff.; HAHN, Vergütungsansprüche für Dienstleistungen bei fehlender vertraglicher Grundlage, Diss. Fribourg, Bern 2004; HAUSHEER, Gewinnherausgabe nach Persönlichkeitsverletzung durch Medien – BGE 5C.66/2006 vom 7. Dezember 2006, ZBJV 2007, 341 ff.; HOLENSTEIN, Wertersatz oder Gewinnherausgabe, Diss. Zürich 1983; HONSELL, Drei Fragen des Bereicherungsrechts, Liber Amicorum Schulin, Basel/Genf/München 2002, 25 ff.; KOHLER, Berechnung des Verletzergewinns bei gut- und bösgläu-

bigen Immaterialgüterrechtsverletzungen, sic! 2008, 564 ff.; LISCHER, Die Geschäftsführung ohne Auftrag im schweizerischen Recht, Basel 1990; NIETLISPACH, Zur Gewinnherausgabe im schweizerischen Privatrecht. Zugleich ein Beitrag zur Lehre von der
ungerechtfertigten Bereicherung, Zürich 1994, 378 ff.; PETITPIERRE, Vertragsrecht und
Bereicherungsrecht, Festschrift Gauch, Zürich 2004, 529 ff.; SCHLUEP, Über Eingriffskondiktionen, Mélanges Piotet, Bern 1990, 173 ff.; SCHMID, Die Geschäftsführung ohne
Auftrag, Freiburg i.Ue. 1992; DERS., Gewinnherausgabe bei unerlaubter Untermiete, recht
2000, 205 ff.; DERS., Die Geschäftsführung ohne Auftrag, in: GAUCH/SCHMID (Hrsg.), Die
Rechtsentwicklung an der Schwelle zum 21. Jahrhundert, Symposium zum Schweizerischen Privatrecht, Zürich 2001, 421 ff.; WERRO, Une remise de gain sans gain?, Mélanges
Tercier II, Genf 2008, 495 ff.; WOLF, Persönlichkeitsverletzung und Gewinnherausgabe,
in: WOLF/MONA/HÜRZELER (Hrsg.), Prävention im Recht, Basel 2008, 221 ff.

I. Rechtsnatur

59.01   Im Gegensatz zum Vindikationsanspruch, der dinglicher Natur
ist, ist der Bereicherungsanspruch *obligatorischer Natur*, und zwar selbst
dann, wenn er auf die Herausgabe einer Bereicherung in Natur gerichtet
ist (vgl. ENGEL, OR AT, 569; VON TUHR/PETER, 512).

59.02   Der Unterschied zwischen dem lediglich obligatorisch wirkenden Bereicherungsanspruch und einem Vindikationsanspruch zeigt sich vor
allem im *Konkurs* des Schuldners (zu den Aussonderungsrechten im
Konkurs vgl. AMONN/WALTHER, SchKG, § 40 N 25 ff.; BaslerKomm/
RUSSENBERGER, Art. 242 SchKG N 14 ff.): Während die Eigentümerin
einer Sache diese aussondern und herausverlangen kann, ist die Bereicherungsgläubigerin auf die regelmässig niedrige Konkursquote beschränkt.
Dies gilt selbst dann, wenn die Bereicherung in etwas anderem als Geld
besteht, da sich der Bereicherungsanspruch nach Art. 211 Abs. 1 SchKG
in eine Geldforderung verwandelt. Lediglich wenn der Gemeinschuldner
eine fremde Sache verkauft hat, kann die bisherige Eigentümerin nach
Art. 202 SchKG die Abtretung der Kaufpreisforderung oder Herausgabe
des inzwischen von der Konkursverwaltung eingezogenen Kaufpreises
verlangen. Hat der Gemeinschuldner freilich selbst den Kaufpreis einge-
zogen, so wird die Bereicherungsgläubigerin aber ebenfalls auf die Konkursquote verwiesen.

II. Konkurrenzen

59.03   Häufig wird auch heute noch behauptet, der Bereicherungsanspruch habe *subsidiären Charakter*, d.h., er müsse gegenüber anderen
Ansprüchen zurücktreten (vgl. nur BGE 114 II 156, 159; NIETLISPACH,

Gewinnherausgabe, 378 m.w. Nachw.). In der neueren Literatur wird das Dogma von der Subsidiarität des Bereicherungsanspruchs allerdings zunehmend in Zweifel gezogen (vgl. GAUCH/SCHLUEP/SCHMID, N 1499 m.w. Nachw.). Das Verhältnis des Bereicherungsanspruchs zu anderen Rechtsbehelfen sei deshalb im Folgenden genauer untersucht.

1. Verhältnis zu sachenrechtlichen Ansprüchen

a) Vindikation

Nach ganz herrschender Auffassung *schliesst* die Vindikation 59.04 nach Art. 641 Abs. 2 ZGB bzw. der Grundbuchberichtigungsanspruch nach Art. 975 Abs. 1 ZGB den Bereicherungsanspruch *aus* (BGE 110 II 228, 234; GAUCH/SCHLUEP/SCHMID, N 1500; BaslerKomm/SCHULIN, Art. 62 N 37, je m.w. Nachw.). Bei rechtsgrundloser Übertragung des Eigentums an beweglichen Sachen oder an Grundstücken kommt deshalb wegen der kausalen Natur der Übereignung dem Bereicherungsanspruch kaum Bedeutung zu (vgl. N 58.03).

Bei *Ge- oder Verbrauch* einer fremden Sache gehen Rechtsprechung 59.05 (vgl. BGE 84 II 369, 377 f.; zurückhaltend aber BGE 110 II 244, 247) und überwiegende Lehre (vgl. nur ZürcherKomm/HOMBERGER, Art. 938 ZGB N 12) von einem generellen Vorrang der sachenrechtlichen Regeln aus. Nach Art. 938 ZGB ist dabei der gutgläubige Besitzer zur Herausgabe von Nutzungen oder zu sonstigem Ersatz nicht verpflichtet. Streitig sind die Rechtsfolgen bei *Veräusserung* einer fremden Sache. Das Bundesgericht (vgl. BGE 71 II 90, 96 ff.) will selbst hier den Gutgläubigen nach Art. 938 ZGB schützen; die Lehre bejaht indessen in diesem Fall eine Eingriffskondiktion (vgl. nur HOLENSTEIN, 137 ff.). Lediglich für die Fälle des Eigentumserwerbs aufgrund *Einbaus* (Art. 672 ZGB, vgl. dazu N 59.07 ff.), *Verarbeitung* (Art. 726 Abs. 3 ZGB), *Verbindung* oder *Vermischung* (Art. 727 Abs. 3 ZGB) ordnet das Gesetz eine Ausgleichspflicht an. M.E. muss in all diesen Fällen ein Anspruch aus Eingriffskondiktion ungeachtet Art. 938 ZGB in Betracht kommen, sollen Wertungswidersprüche zu anderen Normen vermieden werden. So hat z.B. auch der gutgläubige Käufer bei Rückabwicklung des Kaufvertrages wegen Rechts- oder Sachmangels (Art. 195 Abs. 1 Ziff. 1, 208 Abs. 1) die bezogenen Nutzungen herauszugeben. Warum er bei Anfechtung des Kaufvertrages nach Art. 938 ZGB davor geschützt werden sollte, vermag nicht einzuleuchten.

b) Besitzesrechtliche Rückgabepflicht

59.06   Bei rechtsgrundloser Übertragung des Besitzes, z.B. aufgrund unwirksamen Mietvertrags, soll die *besitzesrechtliche Rückgabepflicht* ebenfalls *exklusiv* sein und den Bereicherungsanspruch verdrängen (BGE 102 II 329, 338; BernerKomm/STARK, Vorbem. Art. 938–940 ZGB N 21 m.w. Nachw.). In einem neueren Entscheid (BGE 119 II 437, 442) wurde allerdings ein Bereicherungsanspruch bejaht, als eine Mieterin eines Cafés dieses zweieinhalb Jahre nach Auflösung des Mietverhältnisses weiter benutzte, weil sich die Vermieterin auf die Unwirksamkeit der Kündigung berief. Art. 938 ZGB wurde mit einem Kunstgriff beiseite geschoben: die Mieterin sei bösgläubig gewesen.

c) Ersatzanspruch bei Einbau

59.07   Schwierige Abgrenzungsfragen ergeben sich zwischen Bereicherungsrecht und dem in Art. 672 ZGB geregelten *Ersatzanspruch der Materialeigentümerin*, wenn diese nach Art. 671 Abs. 1 ZGB ihr Eigentum aufgrund Einbaus in ein fremdes Grundstück verliert. Dabei sind drei Fallgruppen zu unterscheiden.

59.08   Verwendet jemand *fremdes Material* zu einem Bau *auf eigenem Boden*, so liegt regelmässig der Tatbestand einer Eingriffskondiktion vor. Zwischen dieser und dem Ersatzanspruch nach Art. 672 ZGB besteht Anspruchskonkurrenz (BGE 99 II 131, 137).

59.09   Bei Verwendung *eigenen Materials auf fremdem Boden* muss differenziert werden. Hält sich die Materialeigentümerin irrtümlich selbst für die Grundstückseigentümerin, kommt ebenfalls sowohl ein Anspruch aus Eingriffskondiktion als auch nach Art. 672 ZGB in Betracht. Besteht zwischen dem Grundstückseigentümer und der Materialeigentümerin ein Vertrag, so scheiden beide Ansprüche aus (BGE 99 II 131, 139). Liegen Vertragsbeziehungen zwischen dem Grundeigentümer und einem Dritten einerseits und der Materialeigentümerin und diesem Dritten andererseits vor und darf der Grundeigentümer den Einbau als Leistung des Dritten ansehen, so kommt ebenfalls kein Bereicherungsanspruch der Materialeigentümerin gegen den Grundeigentümer in Frage. Die Materialeigentümerin kann jedoch Ersatz nach Art. 672 ZGB verlangen, wobei der Grundeigentümer die aus dem Vertrag mit dem Dritten zu leistenden und geleisteten Zahlungen – anders als bei der Eingriffskondiktion – abziehen darf (BGE 103 II 227, 239 f.; 99 II 131, 141 f.). Damit dürfte der Anspruch nach Art. 672 ZGB in der Regel keinen grossen wirtschaftlichen Wert besitzen.

Verwendet jemand, der weder Material- noch Grundeigentümer ist, 59.10 *fremdes Material* zum Bau *auf fremdem Boden*, ist Art. 672 ZGB nicht anwendbar (BGE 99 II 131, 138 f.; anders LIVER, SPR V/1, 178). Ob die Materialeigentümerin in diesem Fall einen Anspruch aus Eingriffskondiktion gegen den Grundeigentümer besitzt, hängt davon ab, ob der Grundeigentümer im Rahmen einer Eigentumsübertragung ohne Einbau gutgläubig Eigentum erworben hätte oder nicht (Art. 933 f. ZGB; vgl. auch N 57.05).

2. Verhältnis zu vertraglichen Ansprüchen

Eine Konkurrenz zwischen Bereicherungsansprüchen in Form 59.11 einer *Leistungskondiktion* und vertraglichen Ansprüchen *kann* gar *nicht auftreten*, so dass es verfehlt ist, insoweit von der Subsidiarität des Bereicherungsrechts zu sprechen. Soweit vertragliche Ansprüche gegeben sind, liegt keine rechtsgrundlose Bereicherung vor (BGE 133 III 356, 358; 126 III 119, 121 f.; 114 II 131, 159; GAUCH/SCHLUEP/SCHMID, N 1507 ff. m.w. Nachw.). Liefert z.B. die Verkäuferin Ware, ohne den Kaufpreis dafür zu erhalten, so hat sie gegen den Käufer den Kaufpreisanspruch nach Art. 184 Abs. 1. Der Käufer ist nicht ungerechtfertigt bereichert, da ihm aus dem Kaufvertrag das Recht zum Behaltendürfen der Sache zusteht. Selbst bei einem *Rücktritt* vom Vertrag oder bei Unmöglichwerden der Sachleistung fällt der Vertrag als Rechtsgrund nicht weg, er verwandelt sich vielmehr nach neuerer Auffassung in ein Rückabwicklungsschuldverhältnis (vgl. N 66.33), so dass auch insoweit für Bereicherungsansprüche kein Raum bleibt (BGE 126 III 119, 122; 114 II 131, 159; GAUCH/SCHLUEP/SCHMID, N 1508 m.w. Nachw.). Hingegen kann eine im Rahmen eines Vertragsverhältnisses *irrtümlich* erbrachte, nicht vertraglich geschuldete Leistung über Bereicherungsrecht zurück verlangt werden (vgl. BGE 133 III 356, 359). Anders verhält es sich allerdings bei einer *Eingriffskondiktion*. Veräussert der Entlehner die geliehene Sache wirksam an einen gutgläubigen Dritten, so steht der Verleiherin sowohl ein vertraglicher Schadenersatzanspruch als auch ein Bereicherungsanspruch wegen Eingriffs in ihr Eigentum zu (CHAPPUIS CHRISTINE, in: BLANC, Évolution récente, 25, 28).

3. Verhältnis zu deliktischen Ansprüchen

59.12   Im Gegensatz zum Bereicherungsanspruch setzt ein deliktischer Anspruch neben der Widerrechtlichkeit vor allem auch Verschulden und einen Schaden der Verletzten voraus. Zu einer Konkurrenz zwischen Bereicherungs- und Deliktsrecht kann es bei der Eingriffskondiktion kommen, wenn der Eingreifer schuldhaft handelt und der Rechtsinhaberin daraus ein Schaden entsteht (vgl. BaslerKomm/SCHULIN, Art. 62 N 39).

59.13   Die heute herrschende Meinung (vgl. GAUCH/SCHLUEP/SCHMID, N 1510 m.w. Nachw.; a.A. aber BGE 74 II 19, 24 f.) geht davon aus, dass der Bereicherungsanspruch gegenüber dem Deliktsanspruch nicht subsidiär ist, sondern dass zwischen beiden *Anspruchskonkurrenz* besteht (vgl. aber auch die bundesgerichtliche Rechtsprechung im Patentrecht, wonach Ansprüche auf Schadenersatz und auf Gewinnherausgabe nur alternativ geltend gemacht werden können: BGE 98 II 325, 332 ff.; für das Urheberrecht ebenso: BBl 1989 III 566 f.).

4. Verhältnis zu Ansprüchen aus Geschäftsführung ohne Auftrag

a) Echte Geschäftsführung ohne Auftrag

59.14   Echte Geschäftsführung ohne Auftrag (Art. 419–422) und Bereicherungsrecht *schliessen einander* denknotwendig *aus* (BGE 55 II 262, 265; GAUCH/SCHLUEP/SCHMID, N 1509). Aufgrund echter Geschäftsführung ohne Auftrag entsteht ein gesetzliches Schuldverhältnis mit vertragsähnlichen Wirkungen. Die im Interesse des Geschäftsherrn tätige Geschäftsführerin hat nach Art. 422 Abs. 1 Anspruch auf Ersatz der notwendigen oder nützlichen Aufwendungen und auf Befreiung von eingegangenen Verbindlichkeiten. Umgekehrt kann der Geschäftsherr analog Art. 400 Abs. 1 von der Geschäftsführerin herausverlangen, was diese aus der Geschäftsführung erlangt hat. In beiden Fällen kommt das Bereicherungsrecht nicht zum Zuge (vgl. zum Ganzen HONSELL, OR BT, 342 ff.).

b) Unechte Geschäftsführung ohne Auftrag

59.15   Die unechte Geschäftsführung ohne Auftrag (*Geschäftsanmassung*, Art. 423) ist eigentlich kein Fall der Geschäftsführung, weil es dem

Geschäftsführer am Fremdgeschäftsführungswillen fehlt; er führt vielmehr ein objektiv fremdes Geschäft als eigenes (vgl. etwa WEBER, ZSR 1992 I, 333, 340). Nicht erforderlich ist, dass die Geschäftsherrin das Geschäft auch selbst hätte führen können oder wollen (BGE 133 III 153, 159 – Papa Schnyder), da sonst gerade der Eingriff in absolute Rechte oftmals sanktionslos bliebe. Der Tatbestand überschneidet sich damit mit der *Eingriffskondiktion*, bei der mit dem Eingriff in den Zuweisungsgehalt eines fremden Rechts ebenfalls regelmässig ein objektiv fremdes Geschäft als eigenes geführt wird (vgl. SCHMID, ZBJV 1995, 261, 272 ff.; BaslerKomm/WEBER, Art. 423 N 10). Nach Art. 423 Abs. 1 hat die Geschäftsherrin allerdings gegen den unberechtigten Geschäftsführer einen Anspruch auf *Gewinnherausgabe* (zur Berechnung bei Patentverletzung vgl. BGE 134 III 306, 309), so dass die Abgrenzung zwischen Eingriffskondiktion und Geschäftsanmassung von erheblicher praktischer Bedeutung ist.

Der Anwendungsbereich der Eingriffskondiktion als solcher hängt 59.16 ganz entscheidend von der *Auslegung des Art. 423 Abs. 1* ab. Nach bis vor kurzem überwiegender Auffassung wurde mangels Spezifizierung im Gesetzestext Art. 423 Abs. 1 auch dann angewendet, wenn der Eingreifer gutgläubig, d.h. unwissentlich und damit ohne Verschulden in die fremde Rechtssphäre eingreift (vgl. BGE 97 II 169, 177 f.; BaslerKomm/ WEBER, Art. 423 N 8 m.w. Nachw.). Dementsprechend verweisen die Bestimmungen in Sondergesetzen (vgl. Art. 28a Abs. 3 ZGB, Art. 9 Abs. 3 UWG, Art. 62 Abs. 2 URG, Art. 35 Abs. 2 DesG) lediglich auf die Regeln über die Geschäftsführung ohne Auftrag, nicht jedoch auf das Bereicherungsrecht (vgl. etwa auch BBl 1989 III 566 f.). Diese Auslegung des Art. 423 Abs. 1 degradiert die Eingriffskondiktion nach Art. 62 Abs. 1 zur Bedeutungslosigkeit, da der Anwendungsbereich praktisch deckungsgleich ist, die unechte Geschäftsführung ohne Auftrag jedoch über die Eingriffskondiktion hinausgehend einen Anspruch auf Gewinnherausgabe ermöglicht (vgl. NIETLISPACH, Gewinnherausgabe, 404 f.; BaslerKomm/SCHULIN, Art. 62 N 40).

Die neuere Lehre (vgl. BaslerKomm/WEBER, Art. 423 N 8 m.w. 59.17 Nachw.; nunmehr auch BGE 129 III 422, 425; 126 III 69, 72) will nun allerdings den Anwendungsbereich des Art. 423 Abs. 1 zu Recht einschränken (krit. jedoch HILTI, AJP 2006, 695, 697 ff.). Die ausserordentlich strenge Sanktion der *Gewinnherausgabe* nach Art. 423 Abs. 1 soll nur eingreifen, wenn der *Geschäftsführer bösgläubig* war, d.h., wenn er wusste oder wissen musste, dass er in ein fremdes Rechtsgut eingreift. Bei *Gutgläubigkeit* hingegen ist nur *Wertersatz* nach den Grundsätzen der *Eingriffskondiktion* geschuldet. Allein diese Differenzierung der Rechtsfolgen entsprechend der Vorwerfbarkeit erscheint sinnvoll und gibt der Eingriffskondiktion einen eigenen Anwendungsbereich (so auch SCHMID, ZBJV 1995, 261, 272; DERS., recht 2000, 205, 208; Basler-Komm/WEBER, Art. 423 N 11; NIETLISPACH, Gewinnherausgabe, 123; a.A. ENGEL, OR BT, 574).

59.18 Soweit demnach der Eingreifer gutgläubig gehandelt hat, schuldet er lediglich Wertersatz nach Bereicherungsgrundsätzen. Bei Bösgläubigkeit ist eine *Anspruchskonkurrenz* zwischen der Eingriffskondiktion und dem Anspruch auf Gewinnherausgabe nach Art. 423 Abs. 1 gegeben (vgl. auch HUGUENIN, OR BT, N 914).

7. Teil: Die Leistungsstörungen

Kapitel 1: Allgemeine Grundlagen

§ 60 Regelungsgegenstand und Systematik

Literatur: BERGER, Schuldrecht, N 1488 ff.; BUCHER, OR AT, 327 ff.; ENGEL, OR AT, 704 ff.; FURRER/MÜLLER-CHEN, Kap. 18 N 1 ff.; GAUCH/SCHLUEP/EMMENEGGER, N 2482 ff.; GUHL/KOLLER, 240 ff.; HUGUENIN, OR AT, N 541 ff.; KELLER/SCHÖBI, Schuldrecht I, 201 f., 244; KELLER/SCHÖBI, Schuldrecht IV, 123 ff.; KOLLER, OR AT, § 45 N 1 ff.; TERCIER, Obligations, N 1120 ff.; VON TUHR/ESCHER, 1 ff., 86 ff.; BaslerKomm/ WIEGAND, Art. 97–109; BernerKomm/WEBER, Vorbem. Art. 97–109; CHK/FURRER/ WEY, OR 97–109; CR CO I/THÉVENOZ, Art. 97–109; KuKo OR/THIER, Einl. zu Art. 97– 109;

BÄHLER, Das Verhältnis von Sachgewährleistungs- und allgemeinem Leistungsstörungsrecht, Diss. Basel 2005; FURRER, Ist das schweizerische Leistungsstörungsrecht noch zeitgemäss?, Festgabe zum Schweizerischen Juristentag 2007, Zürich 2007, 303 ff.; HILTY, Leistungsstörungsrecht beim Technologietransfer, Festschrift Rey, Zürich 2003, 217 ff.; KOLLER ALFRED, Grundzüge der Haftung für positive Vertragsverletzungen, AJP 1992, 1483 ff.; DERS., Einem geschenkten Gaul schaut man nicht ins Maul, Bedeutung und Herkunft der Parömie und ihre Umsetzung in Art. 248 OR und den Nachbarrechten, Festschrift Schulin, Basel 2002, 97 ff.; DERS. (Hrsg.), Leistungsstörungen, Nicht- und Schlechterfüllung von Verträgen, St. Gallen 2008; MORIN, Le droit suisse de l'inexécution à la lumière du nouveau BGB, ZSR 2005 I, 349 ff.; MÜLLER-CHEN, Folgen der Vertragsverletzung, Zürich 1999; SCHMID JÖRG, Die Folgen der Nichterfüllung, in: GAUCH/ SCHMID (Hrsg.), Die Rechtsentwicklung an der Schwelle zum 21. Jahrhundert, Symposium zum Schweizerischen Privatrecht, Zürich 2001, 301 ff.; SCHWENZER, Rechtsbehelfe und Rückabwicklungsmodelle im CISG, in den European und UNIDROIT Principles, im Gandolfi-Entwurf sowie im Schuldrechtsmodernisierungsgesetz, in: SCHLECHTRIEM (Hrsg.), Wandlungen des Schuldrechts, Baden-Baden 2002, 37 ff.; STÖCKLI, Das Synallagma im Vertragsrecht, Habil. Fribourg 2006, Zürich/Basel/Genf 2008; SULZER, Zweckstörungen im Schweizerischen Vertragsrecht, Diss. St. Gallen, Zürich 2002; WIEGAND, Die Leistungsstörungen, recht 1983, 1 ff., 118 ff.; 1984, 13 ff.

Leistet der Schuldner gar nicht, nicht zur richtigen Zeit oder 60.01 bleibt die Leistung in sonstiger Weise hinter dem zurück, was die Gläubigerin erwarten darf, so stellt sich zunächst die Frage, welche Möglichkeiten die Gläubigerin hat, gegen den Schuldner vorzugehen. Kann sie im Falle einer solchen Leistungsstörung die Erbringung der Leistung durch den Schuldner erzwingen, Ersatz allfälliger Schäden verlangen oder – bei einem Vertrag – vom ganzen Vertrag durch Rücktritt Abstand nehmen? Bei synallagmatischen Verträgen muss zudem die Frage beantwortet werden, wie sich eine Leistungsstörung auf die Gegenleistungspflicht der Gläubigerin auswirkt.

60.02 Das OR kennt den *allgemeinen Begriff der Leistungsstörung* nicht. Entsprechend gemeinrechtlicher Tradition unterscheidet es vielmehr nach der Art der Leistungsstörung (vgl. nur BaslerKomm/WIEGAND, Einl. zu Art. 97–109 N 1 f.). Hieraus ergibt sich folgende Trias: Die *Nichtleistung* (Unmöglichkeit), die *Spätleistung* (Schuldnerverzug) und die *Schlechtleistung* (positive Vertragsverletzung). Hinzu tritt der Fall, dass die Leistung deshalb nicht (rechtzeitig) erbracht werden kann, weil die Gläubigerin sie nicht entgegennimmt oder eine sonstige ihr obliegende Mitwirkungshandlung nicht vornimmt *(Gläubigerverzug).*

60.03 Die Darstellung und das Verständnis des Rechts der Leistungsstörungen wird weiter dadurch erschwert, dass die einzelnen Tatbestände im OR *systematisch nicht zusammenhängend* geregelt werden und die jeweiligen Rechtsbehelfe durch historische Zufälligkeiten bedingte, im Ergebnis nicht sachgerechte Unterschiede aufweisen (vgl. WIEGAND, recht 1983, 1 ff.). So ist etwa die anfängliche objektive Unmöglichkeit in Art. 20 Abs. 1, die nachträgliche, vom Schuldner zu vertretende Nichtleistung in Art. 97 Abs. 1, die nicht zu vertretende in Art. 119 geregelt. Die Folgen der Spätleistung ergeben sich aus Art. 102 ff. Die Schlechtleistung ist in allgemeiner Form nur in Art. 97 Abs. 1 angesprochen; Sonderbestimmungen finden sich vor allem bei den einzelnen Vertragstypen im OR BT. Die auf die Gläubigerin zurückzuführende Leistungsstörung ist schliesslich nur ansatzweise in Art. 91 ff. normiert.

60.04 Moderne Kodifikationen – wie insbesondere das CISG – bauen demgegenüber auf einem grundsätzlich *einheitlichen Leistungsstörungstatbestand* auf. Die Art der der Gläubigerin zur Verfügung stehenden Rechtsbehelfe hängt nicht von der *Ursache* der Leistungsstörung, sondern von deren *Intensität* ab. Rücktritt, d.h. Vertragsaufhebung, kann als einschneidendster Rechtsbehelf nur geltend gemacht werden, wenn die Vertragsverletzung wesentlich ist. Schadenersatz wird gewährt, wenn der Schuldner sich nicht entlasten kann. Im Rahmen wertender Auslegung des geltenden Rechts sind diese Gedanken heute schon zu berücksichtigen.

60.05 Leistungsstörungen können bei *allen Arten von Obligationen* auftreten, gleichgültig, auf welchem Rechtsgrund sie beruhen. So kann nicht nur die Leistung aus einem Vertrag unmöglich sein oder werden, sondern beispielsweise auch die Verpflichtung des Erben, einer Dritten einen bestimmten Gegenstand als Vermächtnis zu übertragen. Jede Forderung, insbesondere auch eine als Schadenersatz oder aufgrund Bereicherungsrechts geschuldete Geldleistung, kann zu spät erfüllt oder von der Gläubigerin nicht angenommen werden. Schlechtleistung tritt allerdings primär in Zusammenhang mit Vertragsleistungen auf, da Obligationen aus Gesetz überwiegend auf eine Geldleistung gerichtet sind, bei der eine Schlechtleistung kaum praktisch wird.

§ 61   Erzwingung der Leistung

Literatur: BUCHER, OR AT, 327 ff.; ENGEL, OR AT, 697 ff.; GAUCH/SCHLUEP/EMMENEGGER, N 2487 ff.; GUHL/KOLLER, 37 ff.; HUGUENIN, OR AT, N 547 ff.; KOLLER, OR AT, § 44 N 1 ff.; TERCIER, Obligations, N 1144 ff.; VON TUHR/ESCHER, 86 ff.; BaslerKomm/WIEGAND, Art. 98; CR CO I/THÉVENOZ, Art. 98; KuKo OR/THIER, Art. 98;

GAUCH, Die Ersatzvornahme nach OR 98 I und viele Fragen der Nichterfüllung, recht 1987, 24 ff.; FELLMANN, Die Ersatzvornahme nach Art. 98 Abs. 1 OR – Vollstreckungstheorie oder Erfüllungstheorie, recht 1993, 109 ff.; FLESSNER, Der Gelderfüllungsanspruch im europäischen Vertragsrecht auf den Stufen zum Gemeinsamen Referenzrahmen, Festschrift Bucher, Bern 2009, 145 ff.; HACHEM, Die Konturen des Prinzips Pacta Sunt Servanda, Festschrift Schwenzer, Band I, Bern 2011, 647 ff.; MÜLLER-CHEN, Der Erfüllungsanspruch – primärer Inhalt der Obligation?, in: Jahrbuch Junger Zivilrechtswissenschaftler 1996, 23 ff.; SCHMID, Die Ersatzvornahme im allgemeinen Schuldrecht, Festschrift Wiegand, Bern 2005, 605 ff.; DERS., Vertragsrecht und Realerfüllung, Festschrift Gauch, Zürich 2004, 589 ff.

I. Allgemeines

Leistet der Schuldner bei Fälligkeit nicht, so kann die Gläubigerin zunächst auf *Erfüllung* klagen. Das darauf ergehende Urteil ist ein sog. *Leistungsurteil*, und zwar gleichgültig, ob es den Schuldner zu einer Handlung oder zu einer Unterlassung verpflichtet (vgl. GAUCH/SCHLUEP/EMMENEGGER, N 2494 f.; STAEHELIN/STAEHELIN/GROLIMUND, Zivilprozessrecht, § 14 N 11 ff.). 61.01

Der Anspruch der Gläubigerin auf Erfüllung wird im OR *nicht explizit* geregelt, er wird aber in Art. 97 Abs. 2, 98 Abs. 1 und 107 Abs. 2 implizit vorausgesetzt. Im kontinentalen Recht erscheint der Erfüllungsanspruch gewissermassen als *Rückgrat der Obligation*, während er dem römischen Recht grundsätzlich unbekannt war und im angloamerikanischen Recht auch heute nur in Ausnahmefällen zugelassen wird (vgl. nur ZWEIGERT/KÖTZ, Rechtsvergleichung, 469, 477 ff.). In der *Praxis* spielt der Erfüllungsanspruch und seine zwangsweise Durchsetzung bei anderen als Geldforderungen freilich auch im kontinentalen Recht eine geringere Rolle, als zunächst vermutet werden könnte. Kann sich die Gläubigerin die vom Schuldner versprochene Leistung anderweitig am Markt 61.02

beschaffen, so wird sie regelmässig nicht den zeit- und kostenintensiven Weg einer Erfüllungsklage mit anschliessender Zwangsvollstreckung beschreiten. Sie wird vielmehr dem Schuldner eine Nachfrist zur Leistungserbringung setzen und nach fruchtlosem Ablauf dieser Frist vom Vertrag Abstand nehmen (Art. 107 Abs. 2), um sich die vom Schuldner versprochene Leistung schnellstmöglich im Wege eines sog. *Deckungsgeschäftes* von einem anderen Anbieter zu beschaffen. Allfällige daraus entstehende Nachteile kann die Gläubigerin im Rahmen eines Anspruchs auf Schadenersatz geltend machen. Von wirklichem Interesse ist der Erfüllungsanspruch für die Gläubigerin deshalb nur in Fällen, in denen allein der Schuldner zur Leistungserbringung in der Lage ist, z.B. beim Kauf von Grundstücken, Kunstwerken oder Antiquitäten sowie bei persönlichen Leistungen.

II. Zwangsvollstreckung

61.03   Hat die Gläubigerin ein Leistungsurteil auf Erfüllung erstritten, so ist die Leistung in natura freilich immer noch nicht sichergestellt. Leistet der Schuldner nunmehr nicht freiwillig, so bedarf es der *Zwangsvollstreckung*.

1. Allgemeine Grundsätze

61.04   Die Zwangsvollstreckung ist Teil des *Prozessrechtes* und gehört damit nicht zur Regelungsmaterie des OR. Art. 97 Abs. 2 hat deshalb keine eigenständige Bedeutung (vgl. GAUCH/SCHLUEP/EMMENEGGER, N 2504).

61.05   Im Rahmen der Zwangsvollstreckung ist zwischen *Geldleistungspflichten* und *anderen Leistungspflichten* zu differenzieren. Die Zwangsvollstreckung von Geldforderungen richtet sich nach Art. 38 SchKG. Sie erfolgt durch Pfändung und Verwertung von Vermögensgegenständen des Schuldners zugunsten der Gläubigerin (Einzelheiten dazu bei AMONN/WALTHER, SchKG, § 22 ff.). Die Vollstreckung anderer als auf eine Geldleistung lautender Titel ist in Art. 335 ff. ZPO geregelt (Einzelheiten dazu bei STAEHELIN/STAEHELIN/GROLIMUND, Zivilprozessrecht, § 28; SUTTER-SOMM, Zivilprozessrecht, § 19.

2. Vollstreckungsregeln des OR

In Art. 98 Abs. 1 und 3 finden sich bundesrechtliche Regeln, die der Gläubigerin die Durchsetzung eines Anspruchs auf eine Handlung (ein Tun) oder auf ein Unterlassen (ein Nichttun) ermöglichen. Im ersten Fall kommt eine *Ersatzvornahme*, im zweiten die *Beseitigung* des rechtswidrigen Zustandes in Betracht. Beide Vollstreckungsmittel finden sich auch in Art. 343 Abs. 1 lit. d und e ZPO und in Art. 77 BZP (vgl. STAEHELIN/STAEHELIN/GROLIMUND, Zivilprozessrecht, § 28 N 44 ff.; vgl. auch VOGEL/SPÜHLER, Zivilprozessrecht, Kap. 15 N 34 f.). 61.06

Streitig ist, ob Art. 98 Abs. 1 und 3 nur ein *Mittel der Zwangsvollstreckung* oder einen *materiell-rechtlichen Anspruch* darstellen. Die herrschende Literatur vertritt die erste Auffassung (vgl. GAUCH/SCHLUEP/EMMENEGGER, N 2514 f. m.w. Nachw.) mit der Konsequenz, dass ein vorhergehendes oder begleitendes Leistungsurteil erforderlich ist. Bei einem materiell-rechtlichen Verständnis (so FELLMANN, recht 1993, 115 f.) bedarf es hingegen keines *Leistungsurteils*, die Gläubigerin kann vielmehr direkt nach Art. 98 Abs. 1 oder 3 vorgehen. In der Praxis hat der Streit allerdings keine grosse Bedeutung, da die Gläubigerin jedenfalls den Weg über Art. 107 ohne vorhergehendes Leistungsurteil beschreiten kann, wobei die Kosten einer allfälligen Ersatzvornahme einen Teil des dann möglichen Schadenersatzanspruches bilden (vgl. GAUCH/SCHLUEP/EMMENEGGER, N 2516; vgl. auch BGE 126 III 230, 235). Nur wo es an einem Verschulden mangelt und ein Schadenersatzanspruch deshalb ausgeschlossen ist, kommt Art. 98 Abs. 1 und 3 eine eigene Funktion zu. 61.07

Nach Art. 98 Abs. 1 kann sich die Gläubigerin vom Gericht dazu ermächtigen lassen, die Leistung auf Kosten des Schuldners selbst vorzunehmen oder von einem Dritten vornehmen zu lassen *(Ersatzvornahme)* und hat hierbei Anspruch auf Kostenbevorschussung (BGE 129 III 416, 418). Möglich ist dies vor allem bei Ansprüchen aus Arbeitsvertrag, Werkvertrag (vgl. BGE 107 II 50, 55 f.) oder Auftrag (Einzelheiten vgl. BaslerKomm/WIEGAND, Art. 98 N 4; zur Ersatzvornahme bei Sachleistungen vgl. KELLER/SCHÖBI, Schuldrecht IV, 126 m.w. Nachw.). Die Ersatzvornahme fliesst aus dem Erfüllungsanspruch und setzt deshalb wie dieser kein Verschulden des Schuldners am Ausbleiben der Leistung voraus (vgl. GAUCH/SCHLUEP/EMMENEGGER, N 2518). Erforderlich ist jedoch eine *gerichtliche Ermächtigung*. 61.08

Ohne gerichtliche Ermächtigung ist eine Ersatzvornahme nach einer Reihe gesetzlicher Regelungen im OR BT möglich (vgl. Art. 259b lit. b, 288 Abs. 1, 366 Abs. 2, 392 Abs. 3; so auch BGE 107 II 50, 55 f. bei der 61.09

Ersatzvornahme der Nachbesserung beim Werkvertrag; a.A. GAUCH, BR 1982, 34 ff.). Diese Bestimmungen sind eindeutig *materiell-rechtlicher Natur*, die Ersatzvornahme durch die Gläubigerin ist deshalb auch ohne vorhergehendes oder begleitendes Leistungsurteil möglich (vgl. ENGEL, OR AT, 702; GAUCH/SCHLUEP/EMMENEGGER, N 2517).

61.10 Nach Art. 98 Abs. 3 hat die Gläubigerin einen Anspruch auf *Beseitigung* des rechtswidrigen Zustandes, wenn der Schuldner einer Unterlassungspflicht zuwiderhandelt. Auch dieser Anspruch ist verschuldensunabhängig. Die Ersatzvornahme setzt aber wiederum eine *gerichtliche Ermächtigung* und nach herrschender Meinung ein vorhergehendes *Leistungsurteil* auf Unterlassen voraus (vgl. nur BGE 114 II 329, 333). Statt oder neben der Beseitigung des rechtswidrigen Zustandes kann die Gläubigerin bei Verletzung einer Unterlassungspflicht auch *Schadenersatz* nach Art. 98 Abs. 2 verlangen. Nach allgemeiner Auffassung (vgl. nur BaslerKomm/WIEGAND, Art. 98 N 11; OGer LU, SJZ 1964, 160) erfordert dieser Anspruch jedoch ein Verschulden des Schuldners bzw. ein Misslingen des Exkulpationsbeweises.

§ 62 Leistungsverweigerungsrechte

Literatur: BERGER, Schuldrecht, N 1266 ff.; BUCHER, OR AT, 309 ff.; ENGEL, OR AT, 655 ff.; FURRER/MÜLLER-CHEN, Kap. 18 N 25 ff.; GAUCH/SCHLUEP/EMMENEGGER, N 2203 ff.; GUHL/KOLLER, 20 ff.; HUGUENIN, OR AT, N 654 ff.; KELLER/SCHÖBI, Schuldrecht I, 219 ff.; KOLLER, OR AT, § 40 N 22 ff.; VON TUHR/ESCHER, 57 ff.; BaslerKomm/LEU, Art. 82/83; BernerKomm/WEBER, Art. 82/83; CHK/WULLSCHLEGER, OR 82 f.; CR CO I/HOHL, Art. 82/83; KuKo OR/GROSS/SPRECHER, Art. 82 f.; ZürcherKomm/SCHRANER, Art. 82/83;

BÜHLER, Mietzinsherabsetzung und Einrede des nichterfüllten Vertrages, SJZ 1984, 33 ff.; MARCHAND, Contrats et insolvabilité, in: BRAUN (Hrsg.), Actualités du droit des contrats, Lausanne 2008, 15 ff.; SIMMEN, Die Einrede des nicht erfüllten Vertrages, Zürich 1981; WEY, Das obligatorische Retentionsrecht, Diss. Luzern 2007.

62.01 Auch wenn die Gläubigerin einen Erfüllungsanspruch besitzt, so ist dieser in seiner Durchsetzung doch immer mit einer gewissen Unsicherheit belastet. Bei zweiseitigen Verträgen ist es der Gläubigerin deshalb grundsätzlich nicht zumutbar, ihre eigene Leistung zunächst erbringen zu müssen und im Hinblick auf die Leistung des Schuldners auf den unsicheren Erfüllungsanspruch verwiesen zu werden. Art. 82 und 83 geben deshalb der Gläubigerin ein *Sicherungs- und Druckmittel* in Form eines Zurückbehaltungsrechtes in die Hand (vgl. BGE 105 II 28, 30 ff.; BernerKomm/WEBER, Art. 82 N 8 f.).

I. Einrede des nicht erfüllten Vertrages

1. Voraussetzungen

Art. 82 geht von dem Grundsatz aus, dass bei einem *synallag-* 62.02
matischen Vertrag die gegenseitigen Leistungen *Zug um Zug*, d.h.
gleichzeitig auszutauschen sind. Ausdrücklich erwähnt wird dieses Prinzip im Kaufrecht (Art. 184 Abs. 2). Es gilt jedoch auch bei anderen Verträgen, soweit nicht eine Partei nach dem Inhalt des Vertrages vorleistungspflichtig ist (zur Kasuistik möglicher Austauschverhältnisse vgl.
BernerKomm/WEBER, Art. 82 N 94 ff.).

Art. 82 gilt nicht, wenn eine Partei *vorleistungspflichtig* ist. Eine sol- 62.03
che Vorleistungspflicht kann sich zunächst aus einer entsprechenden
Abrede zwischen den Parteien ergeben, z.B. wenn der Käuferin zur Zahlung des Kaufpreises eine Frist von 30 Tagen nach Lieferung eingeräumt
wird (vgl. BGE 117 II 604, 607; BernerKomm/WEBER, Art. 82 N 143 f.
m.w. Nachw.). Bei verschiedenen Verträgen normiert das Gesetz die
Vorleistungspflicht einer Partei, soweit nichts anderes vereinbart wurde
(vgl. Art. 257c: Vermieter; Art. 323: Arbeitnehmer; Art. 372: Werkunternehmer; für Architekten vgl. KGer ZG, SJZ 1968, 294; für Agenten
OGer BL, BJM 1955, 248, 251). Zur Abgrenzung zwischen *beständiger*
und *nicht beständiger Vorleistungspflicht* vgl. BGE 127 III 199, 201 ff.

Von seinem Wortlaut her ist Art. 82 nur auf synallagmatische Verträge 62.04
anwendbar. Nach herrschender Auffassung gilt Art. 82 jedoch analog
auch bei *unvollkommen zweiseitigen Verträgen* (vgl. EVG, SemJud 2002
I, 604, 606; BGE 94 II 263, 267 f.), wobei insoweit von einem obligatorischen Retentionsrecht gesprochen wird (vgl. GAUCH/SCHLUEP/EMMEN-
EGGER, N 2219 m.w. Nachw.). Auch bei der *Rückabwicklung* eines synallagmatischen Vertrages, sei es, dass diese wegen Unwirksamkeit (vgl.
BGE 113 II 450, 455), Wandlung (vgl. BGE 109 II 26, 29 f.) oder Rücktritts (vgl. OGer TG, SJZ 1987, 66 ff.) erfolgt, kann die Einrede des nicht
erfüllten Vertrages geltend gemacht werden. Auch auf *Dauerschuldverhältnisse* findet Art. 82 Anwendung (vgl. GAUCH/SCHLUEP/EMMEN-
EGGER, N 2221). Beim Arbeitsvertrag gilt dies sogar trotz der Vorleistungspflicht des Arbeitnehmers (vgl. BGE 120 II 209, 212). Dem Arbeitnehmer steht bei Ausbleiben der Lohnzahlung für vergangene Lohnpe-
rioden ein Leistungsverweigerungsrecht im Hinblick auf seine Arbeitsleistung auch insoweit zu, als sie Gegenleistung eines künftigen Lohnan-
spruchs ist. So kann der Arbeitnehmer die Arbeit z.B. im Monat Juli
verweigern, wenn er für den Monat Juni noch keinen Lohn erhalten hat
(vgl. für den Mietvertrag BÜHLER, SJZ 1984, 33, 38).

62.05 Erforderlich ist freilich immer, dass die jeweiligen Leistungspflichten aus einem *einheitlichen Vertrag* hervorgehen (BernerKomm/WEBER, Art. 82 N 80 ff. m.w. Nachw.; weiter gehend HGer ZH, ZR 2006, 75, 81, Nr. 17). Eine laufende Geschäftsbeziehung, innerhalb derer verschiedene Verträge zwischen den Parteien bestehen, reicht zur Anwendung des Art. 82 nicht aus, so dass der Verkäufer nicht die Lieferung der Ware deshalb verweigern darf, weil die Käuferin den Kaufpreis aus einem anderen unabhängigen Kaufvertrag noch nicht geleistet hat (vgl. BGE 44 II 72, 74; AppGer BS, BJM 1978, 23, 25).

2. Rechtsfolgen

62.06 Art. 82 gibt dem Schuldner ein *Leistungsverweigerungsrecht*. Er kann seine Leistung so lange zurückhalten, bis die andere Partei entweder ihrerseits gehörig erfüllt hat oder die Erfüllung vertragsgemäss anbietet. Grundsätzlich ist ein reales Angebot der Leistung erforderlich (sog. Realoblation, vgl. BGE 111 II 463, 469); ein lediglich wörtliches Angebot der Leistung (sog. Verbaloblation) reicht nur in Ausnahmefällen aus (vgl. BGE 119 II 437, 439 f.; vgl. auch Art. 91 ff.).

62.07 Das Leistungsverweigerungsrecht ist im Wege einer *Einrede* geltend zu machen, d.h., es ist im Prozess nicht von Amtes wegen zu berücksichtigen. Beruft sich der Schuldner im Prozess auf die Einrede des nicht erfüllten Vertrages, so erfolgt keine Klagabweisung. Vielmehr wird er nur zur Leistung Zug um Zug gegen Empfang der Gegenleistung der Klägerin verurteilt (vgl. BGE 127 III 199, 200; 111 II 195, 197 f.; ZürcherKomm/SCHRANER, Art. 82 N 206 ff.).

62.08 Auch die Einrede des nicht erfüllten Vertrages steht unter dem Verbot des *Rechtsmissbrauchs* (Art. 2 Abs. 2 ZGB). Sie kann deshalb nicht geltend gemacht werden, wenn der Wert der vom Schuldner verlangten Leistung ganz ausser Verhältnis steht zum Wert der von der Gläubigerin noch zu erbringenden (Teil-)Leistung (vgl. GAUCH/SCHLUEP/EMMENEGGER, N 2213 m.w. Nachw.). Ist die Leistung des Schuldners *teilbar*, ist eine teilweise Zurückbehaltung entsprechend dem Wert der noch ausstehenden Gegenleistung möglich.

II. Unsicherheitseinrede

1. Voraussetzungen

Bei synallagmatischen Verträgen gewährt Art. 83 Abs. 1 ein 62.09
besonderes Zurückbehaltungsrecht bei einer *Verschlechterung der Ver-
mögenslage* der anderen Partei (vgl. zur Verwandtschaft mit der clausula
rebus sic stantibus BaslerKomm/LEU, Art. 83 N 1 m.w. Nachw.). Voraussetzung ist zunächst die *Zahlungsunfähigkeit*. Diese ist anzunehmen
bei Konkurs, fruchtloser Pfändung, aber auch bei Einstellung der Zahlungen oder Stellung von Stundungsgesuchen (vgl. BGE 105 II 28, 30;
68 II 177, 179 f.). Die Zahlungsunfähigkeit muss *nach Vertragsschluss*
eingetreten sein; eine bereits im Zeitpunkt des Vertragsschlusses vorliegende Zahlungsunfähigkeit, die der Gläubigerin erst später bekannt wird,
berechtigt nicht zur Einrede nach Art. 83; in diesem Fall kommt allenfalls eine Anfechtung wegen absichtlicher Täuschung oder wegen Grundlagenirrtums in Betracht (vgl. BGE 105 II 28, 31; ZürcherKomm/
SCHRANER, Art. 83 N 16 m.w. Nachw.).

Seine Hauptbedeutung hat Art. 83 in den Fällen, in denen eine Partei 62.10
vorleistungspflichtig ist, z.B. beim Werkvertrag (vgl. GAUCH/SCHLUEP/
EMMENEGGER, N 2230). Er gilt aber auch bei *Zug-um-Zug-Leistung*. So
kann beispielsweise der Verkäuferin von Waren nicht zugemutet werden,
Anstrengungen und Kosten zur Beschaffung der Kaufsache zu übernehmen, wenn der Käufer zahlungsunfähig und deshalb die spätere Realisierung des Kaufpreisanspruchs unsicher ist (vgl. BGE 105 II 28, 32).

2. Rechtsfolgen

Art. 83 Abs. 1 gewährt der Gläubigerin der zahlungsunfähig 62.11
gewordenen Partei zunächst ein *Zurückbehaltungsrecht*. Damit wird die
Fälligkeit bzw. der Verzug bezüglich der Leistung der einredeberechtigten Partei ausgeschlossen (vgl. BaslerKomm/LEU, Art. 83 N 3). Das Zurückbehaltungsrecht kann jedoch von der zahlungsunfähigen Partei durch
Anbieten der vertragsgemässen Leistung oder durch *Sicherheitsleistung*,
wie insbesondere durch Stellen einer Bankbürgschaft, abgewendet werden.

Erfolgt innerhalb einer angemessenen Frist keine Sicherstellung durch 62.12
die zahlungsunfähige Partei, so kann die Gläubigerin den Zustand der
Ungewissheit dadurch beenden, dass sie nach Art. 83 Abs. 2 vom Vertrag
zurücktritt. Für dieses *Rücktrittsrecht* gelten die Grundsätze des Art. 107

(vgl. BGE 116 II 436, 440; BernerKomm/WEBER, Art. 83 N 74 ff.), d.h. die Gläubigerin muss der zahlungsunfähigen Partei eine Frist zur Sicherheitsleistung setzen. Erfolgt der Rücktritt nach Art. 83 Abs. 2, so sind bereits erbrachte (Teil-)Leistungen rückabzuwickeln.

Kapitel 2: Die Nichtleistung (Unmöglichkeit)

Literatur: BERGER, Schuldrecht, N 1498 ff.; BUCHER, OR AT, 247 f., 416 ff.; ENGEL, OR AT, 268 ff., 705 ff., 781 ff.; FURRER/MÜLLER-CHEN, Kap. 18 N 37 ff.; GAUCH/SCHLUEP/SCHMID, N 631 ff.; GAUCH/SCHLUEP/EMMENEGGER, 2522 ff.; GUHL/ KOLLER, 40 f., 240 ff.; HUGUENIN, OR AT, N 552 ff.; KELLER/SCHÖBI, Schuldrecht I, 93 f., 145 f., 245 ff.; KOLLER, OR AT, § 54 N 1 ff.; TERCIER, Obligations, N 754 ff., 1139 ff.; VON TUHR/ESCHER, 93 ff., 131 ff.; VON TUHR/PETER, 262 ff.; BaslerKomm/HUGUENIN, Art. 20 N 46 ff.; BaslerKomm/WIEGAND, Art. 97, 119; BernerKomm/KRAMER, Art. 19– 20 N 235 ff.; BernerKomm/WEBER, Art. 97 N 98 ff.; CHK/KUT/SCHNYDER, OR 19–20 N 32 ff.; CHK/FURRER/WEY, OR 97–98 N 26 ff.; CR CO I/THÉVENOZ, Art. 97 N 5 ff., Art. 119; KuKo OR/THIER, Art. 97 N 5 ff.;

ACOCELLA, Nichtigkeitsbegriff und Konzept einer einheitlichen vertragsrechtlichen Rückabwicklung gescheiterter Verträge, SJZ 2003, 494 ff.; CAYTAS, Der unerfüllbare Vertrag, Zürich 1984; CHAPUIS, Die Haftung wegen Ausbleibens der Erfüllung im Sinne von Art. 97 Abs. 1 OR: ein Begriff im Wandel?, AJP 2005, 653 ff.; COENDET, Subjektive Unmöglichkeit als regulatives Prinzip, recht 2009, 128 ff.; EBERHARD, Les sanctions de l'inexécution du contrat et les principes UNIDROIT. Université de Lausanne, Centre du droit de l'entreprise 2005, Lausanne 2005; FARGNOLI, Eine vom Bundesgericht verpasste Gelegenheit? Rücktrittsrecht bei nachträglicher Leistungsunmöglichkeit, Jusletter 13. September 2010; GEISER, Fragen im Zusammenhang mit der Lohnfortzahlungspflicht bei Krankheit, AJP 2003, 323 ff.; GIGER, Die vom Gläubiger verschuldete Leistungsunmöglichkeit, Bern 1992; GILLIARD, La sanction de l'inexécution des contrats dans la jurisprudence du Tribunal Fédéral, in: Hundert Jahre Schweizerisches Obligationenrecht, Freiburg i.Ue. 1982, 113 ff.; GLASL, Die Rückabwicklung im Obligationenrecht. Ein Beitrag zum vertraglichen Sanktionensystem der Schweiz, Zürich 1992; GLÄTTLI, Zum Schadenersatz wegen Nichterfüllung nach Art. 97 Abs. 1 und 107 Abs. 2 OR, Zürich 1998; HARTMANN, Die Rückabwicklung von Schuldverträgen, Zürich 2005; HUGUENIN, Nichtigkeit und Unverbindlichkeit als Folgen anfänglicher Vertragsmängel, Bern 1984; KÄLIN, Unmöglichkeit der Leistung nach Art. 119 OR und clausula rebus sic stantibus, recht 2004, 246 ff.; KELLER, Die Gefahrtragungsregeln im Obligationenrecht, AJP 2003, 1152 ff.; KOLLER ALFRED, Beidseits verschuldete Leistungsunmöglichkeit des Arbeitnehmers, Festschrift Rehbinder, München/Bern 2002, 51 ff.; DERS., Sachenrechtlich begründete Unmöglichkeit, Festschrift Schwenzer, Band I, Bern 2011, 955 ff.; OTT/ TENCHIO-KUZMIC, Der massgebende Zeitpunkt der Schadensberechnung im Delikts- und Vertragsrecht, ZSR 1998 I, 183 ff.; PETITPIERRE, Réflexions sur l'impossibilité objective initiale provoquée par la faute d'une partie, Mélanges Tandogan, Ankara 1990, 165 ff.; DERS., La responsabilité pour inexécution: dépassée ou avant-gardiste?, in: BELLANGER/ CHAIX/CHAPPUIS CHRISTINE/HÉRITIER LACHAT (Hrsg.), Le contrat dans tous ses états,

Bern 2004, 257 ff.; PFAMMATTER, Der Anspruch auf das stellvertretende commodum, Diss. Bern 1985; PICHONNAZ, Impossibilité et exorbitance: étude analytique des obstacles à l'exécution des obligations en droit suisse (art. 119 CO et 79 CVIM), Freiburg i.Ue. 1997; RAMPINI, Die nachträgliche Leistungserschwerung, Diss. St. Gallen, Bern 2003; SULZER, Zweckstörungen im schweizerischen Vertragsrecht, Zürich 2002; WEBER, Vertragsaufhebung bei Leistungsstörungen, Rechtsnatur und Rechtsfolgen, ZBJV 1991, 634 ff.; WIEGAND, Die Leistungsstörungen, recht 1983, 1 ff.; ZIEGLER, Die anfängliche Unmöglichkeit der Leistung, Bern 1992.

§ 63   Voraussetzungen

I. Begriff der Unmöglichkeit

Von *Nichterfüllung, Nichtleistung* oder *Unmöglichkeit* wird ge- 63.01 sprochen, wenn die der Schuldnerin obliegende Leistung nicht oder nicht mehr erbracht werden kann.

1. Tatsächliche, rechtliche und wirtschaftliche Unmöglichkeit

Die Unmöglichkeit kann auf *tatsächlichen, rechtlichen* oder 63.02 *wirtschaftlichen* Gründen beruhen.

Tatsächliche Unmöglichkeit liegt vor, wenn beispielsweise die ver- 63.03 kaufte Speziessache zerstört oder bei einer Gattungsschuld die gesamte Gattung untergegangen ist. Dasselbe gilt, wenn der Vertragszweck aus anderen tatsächlichen Gründen nicht erreicht werden kann, z.B. wenn das im Eis festsitzende Schiff wegen einsetzenden Tauwetters vor Ankunft des Schleppers von selbst freigekommen ist oder wenn sich die Miete eines Fensterplatzes deshalb als nutzlos erweist, weil der erwartete Krönungszug ausfällt. Schliesslich fallen hierunter auch Verpflichtungen zu naturgesetzlich nicht denkbaren Leistungen, z.B. Zauberei oder Geisterbeschwörung (vgl. BernerKomm/KRAMER, Art. 19–20 N 250).

Tatsächliche Unmöglichkeit ist auch gegeben, wenn eine Leistung 63.04 nicht zu dem vereinbarten Zeitpunkt erbracht wird und dieser so wesentlich ist, dass das Geschäft mit seiner Einhaltung steht und fällt (sog. *absolutes Fixgeschäft,* vgl. dazu N 7.18).

Rechtliche Unmöglichkeit liegt vor, wenn der Vertrag auf eine vom 63.05 Gesetz nicht zugelassene Rechtsfolge gerichtet ist, z.B. die Bestellung eines nicht eintragungsfähigen dinglichen Rechts (vgl. BGE 133 III 311, 318 f.; BGE 111 II 134, 138 ff.), oder wenn sich jemand z.B. zur Übertragung des Eigentums an eine Person verpflichtet, die bereits Eigentümer der Sache ist (BaslerKomm/WIEGAND, Art. 97 N 9 m.w. Nachw.).

63.06 Blosse *Unerschwinglichkeit* begründet an sich keine Unmöglichkeit. Eine im Zeitpunkt des Vertragsschlusses nicht bekannte Leistungserschwerung fällt grundsätzlich in den Risikobereich der Schuldnerin. Allenfalls kann in diesen Fällen ein Grundlagenirrtum oder ausnahmsweise die Anpassung des Vertrages nach den Regeln der clausula rebus sic stantibus (vgl. N 35.04 ff.) in Betracht kommen (vgl. GAUCH/SCHLUEP/ SCHMID, N 635 m.w. Nachw.; GAUCH/SCHLUEP/EMMENEGGER, N 2565). Gleichwohl gibt es Fälle, in denen zwar keine tatsächliche Unmöglichkeit vorliegt, die Leistungserbringung der Schuldnerin aber dennoch *nicht zumutbar* ist. Dies hängt damit zusammen, dass der Bereich tatsächlicher Unmöglichkeit aufgrund des Fortschritts der Technik immer kleiner wird. So kann ein Schiff, das auf den Meeresgrund gesunken ist, heute ohne weiteres geborgen werden, so dass keine tatsächliche Unmöglichkeit vorliegt, wenn jemand die Bergung des Schiffes verspricht. Hat jedoch jemand die sich auf dem Schiff befindende Ware verkauft, so schuldet sie, um ihrer Lieferpflicht nachzukommen, nicht deren Bergung vom Meeresgrund, wenn das Schiff untergeht. Es geht hier um eine sachgerechte Eingrenzung der von der Schuldnerin versprochenen Leistungspflicht. Insoweit kann in den Fällen, in denen die Grenze des der Schuldnerin Zumutbaren überschritten wird, von *wirtschaftlicher Unmöglichkeit* gesprochen werden (vgl. BGE 116 II 512, 514; 68 II 169, 172; BaslerKomm/WIEGAND, Art. 97 N 14 m.w. Nachw.; a.A. GAUCH/SCHLUEP/ EMMENEGGER, N 2565; BGE 111 II 352 ff.). Dasselbe gilt in Fällen, in denen die Leistungserbringung der Schuldnerin aus *moralischen* oder *ethischen Gründen* nicht zumutbar ist. Beispiel: Das Kind der Opernsängerin hatte kurz vor deren Auftritt einen tödlichen Unfall. Ein höchst aktuelles Beispiel ist der Verkauf von sog. *Dual-Use-Produkten*. Erfährt z.B. die Verkäuferin von Kunstdünger, dass dieser vom Käufer (unzulässigerweise) zu Sprengstoff verarbeitet werden soll, ist ihr die Lieferung nicht zumutbar. Unmöglichkeit kann auch vorliegen, wenn die Schuldnerin selbst leistungsbereit ist, der Gläubiger aber berechtigterweise um die Gesundheit der Schuldnerin besorgt ist und deshalb die Leistung nicht annimmt (BGE 126 III 75 ff.: schwangere Opernsängerin).

63.07 Werden die beiden vorgenannten Fallgruppen (wirtschaftliche und moralische Unmöglichkeit) nicht als Fälle der Unmöglichkeit qualifiziert, so müssen sie nach den Regeln der clausula rebus sic stantibus behandelt werden.

2. Objektive und subjektive Unmöglichkeit

Die Unmöglichkeit kann danach unterschieden werden, ob 63.08 niemand auf der Welt in der Lage ist, die versprochene Leistung zu erbringen *(objektive Unmöglichkeit)*, oder ob allein die konkrete Schuldnerin hierzu nicht in der Lage ist *(subjektive Unmöglichkeit, Unvermögen)*. Umstritten ist die Abgrenzung im Hinblick auf höchstpersönliche Leistungen und bei unbekanntem Lageort des Gegenstandes einer Sachleistung (vgl. GAUCH/SCHLUEP/EMMENEGGER, N 2571). Erkrankt eine Sängerin vor dem Konzert, so liegt m.E. objektive Unmöglichkeit vor, da keine andere Sängerin die versprochene Leistung erbringen könnte. Wird die verkaufte Sache hingegen gestohlen, handelt es sich in Bezug auf die Besitzverschaffungspflicht um blosses Unvermögen, da der Dieb den Besitz auf den Käufer übertragen könnte (so auch die h.M. in Deutschland, vgl. WIEGAND, recht 1984, 1, 7 m.w. Nachw.; a.A. BUCHER, OR AT, 248). Subjektive Unmöglichkeit liegt auch vor bei fehlender Verfügungsmacht der Schuldnerin, wenn es als aussichtslos erscheint, dass sie diese zurückerlangen kann (vgl. BGE 135 III 212, 218 ff.; vgl. dazu COENDET, recht 2009, 128 ff.; KOLLER, FS Schwenzer, 955, 959 f.).

3. Anfängliche und nachträgliche Unmöglichkeit

Die Unterscheidung zwischen *anfänglicher* und *nachträglicher* 63.09 *Unmöglichkeit* bezieht sich auf den *Zeitpunkt des Vertragsschlusses*. Anfängliche Unmöglichkeit bedeutet, dass die Leistung bereits im Zeitpunkt des Vertragsschlusses nicht möglich ist, bei nachträglicher Unmöglichkeit tritt diese erst nach Vertragsschluss ein.

4. Vorübergehende und dauernde Unmöglichkeit

Schliesslich kann noch zwischen *vorübergehender* und *dau-* 63.10 *ernder Unmöglichkeit* unterschieden werden. Bei vorübergehender Unmöglichkeit ist die Leistung zwar im Augenblick nicht möglich, sie kann jedoch zu einem späteren Zeitpunkt erbracht werden. Dauernde Unmöglichkeit schliesst die Leistungserbringung für immer aus. Die Abgrenzung muss sich dabei am *Vertragszweck* und dem jeweiligen Interesse des Gläubigers an der Leistungserbringung orientieren (vgl. Basler-Komm/WIEGAND, Art. 97 N 16 m.w. Nachw.).

II. Abgrenzung zum Schuldnerverzug

63.11 Die Abgrenzung zwischen Unmöglichkeit und Verzug ist auf theoretischer Ebene einfach vorzunehmen: Der Verzug der Schuldnerin setzt voraus, dass die Leistung noch möglich ist; Unmöglichkeit und Verzug *schliessen sich* damit gegenseitig *aus*. In der Praxis kann die Differenzierung freilich im Einzelfall erhebliche Schwierigkeiten bereiten. So muss z.B. beim Fixgeschäft der Zeitpunkt ermittelt werden, in dem die Spätleistung in Unmöglichkeit umschlägt; bei der wirtschaftlichen Unmöglichkeit muss die Grenze des der Schuldnerin Zumutbaren bestimmt werden. Das Bundesgericht verlangt neuerdings, dass das Leistungshindernis für die Schuldnerin geradezu unüberwindbar sein muss (BGE 135 III 212, 218). All dies ist nur möglich im Wege einer wertenden Betrachtung des Vertragszwecks und der Interessen der Parteien (vgl. BGE 82 II 332, 338 f.; 45 II 319 ff.; BaslerKomm/WIEGAND, Art. 97 N 17).

63.12 Leistet die Schuldnerin nicht, so weiss der Gläubiger oft nicht, aus welchem Grund die Leistung ausbleibt, d.h., ob es sich um einen Fall der Unmöglichkeit oder blosser Spätleistung handelt. Würde er sofort die Rechtsbehelfe wegen Unmöglichkeit geltend machen, so liefe er Gefahr, dass sich später im gerichtlichen Verfahren herausstellt, dass die Leistung noch möglich war und er es versäumt hat, der Schuldnerin eine Nachfrist zur Leistungserbringung (Art. 107 Abs. 1) zu setzen. In der *Praxis* wird der Gläubiger deshalb bei Nichtleistung seitens der Schuldnerin in der Regel zunächst nach Art. 107 ff. vorgehen, wenn er nicht sicher ist, ob tatsächlich ein Fall der Unmöglichkeit vorliegt (ähnlich BaslerKomm/WIEGAND, Art. 97 N 13; GUHL/KOLLER, 241).

63.13 Vereinzelt wird in der Literatur (vgl. GAUCH/SCHLUEP/EMMENEGGER, N 2575 ff.) die Auffassung vertreten, dass die *subjektive Unmöglichkeit* gar keinen Fall der Unmöglichkeit darstelle, sondern vielmehr nach den Verzugsregeln zu beurteilen sei. Begründet wird dies neben der Schwierigkeit der Abgrenzung zwischen Unmöglichkeit und Verzug vor allem damit, dass die in Art. 107 ff. vorgesehenen Rechtsbehelfe für den Gläubiger günstiger seien. Mit der herrschenden Lehre ist indes daran festzuhalten, dass auch subjektives Unvermögen Unmöglichkeit darstellt (ausdrücklich auch BGE 135 III 212, 218; vgl. auch BaslerKomm/WIEGAND, Art. 97 N 13). Zum einen kann auch die Mindermeinung nicht ohne Wertungen auskommen, so dass in Bezug auf die Rechtssicherheit nicht viel gewonnen ist. Zum anderen ist nach zutreffender Ansicht auch im Rahmen des Art. 97 Abs. 1 dem Gläubiger ein Rücktrittsrecht zuzugestehen (vgl. N 64.27 f.), so dass die Unterschiede in den Rechtsfolgen verschwimmen. Schliesslich sind die Meinungsdivergenzen in der Praxis nur von geringer Relevanz, weil der Gläubiger, um Risiken zu vermeiden, oft ohnehin nach Art. 107 ff. vorgehen wird.

§ 64 Rechtsfolgen

Im Hinblick auf die Rechtsfolgen muss zwischen anfänglicher 64.01 objektiver, anfänglicher subjektiver und nachträglicher objektiver bzw. subjektiver Unmöglichkeit differenziert werden.

I. Anfängliche objektive Unmöglichkeit

Nach Art. 20 Abs. 1 ist ein Vertrag, der einen unmöglichen 64.02 Inhalt hat, *nichtig.* Nach herrschender Meinung fällt hierunter aber nur die *anfängliche, objektive* und *dauernde Unmöglichkeit* (BaslerKomm/ WIEGAND, Art. 20 N 46 m.w. Nachw.). Alle übrigen Fälle der Unmöglichkeit sind nach Art. 97 Abs. 1, Art. 119 oder Art. 107 ff. zu behandeln.

Doch selbst wenn der Anwendungsbereich des Art. 20 Abs. 1 sol- 64.03 chermassen begrenzt wird, vermag die *Nichtigkeitsfolge* rechtspolitisch *nicht zu überzeugen.* Ob die Unmöglichkeit kurz vor oder nach Vertragsschluss eingetreten ist, ist oft höchst zufällig und zuweilen ungewiss, so dass die Unterschiede in den damit verbundenen Rechtsfolgen nicht zu rechtfertigen sind. Eine gesetzliche Regelung, die wie das CISG auch die anfängliche objektive Unmöglichkeit den anderen Leistungsstörungen gleichstellt, erscheint deshalb sachgerechter (BernerKomm/KRAMER, Art. 19–20 N 236 ff.). In Anlehnung hieran will KOLLER (OR AT I, § 13 N 56 ff.) die Anwendung des Art. 20 Abs. 1 auf Fälle einer «absurden» Leistung beschränken. De lege lata erscheint dies allerdings als zu weitgehend (vgl. BernerKomm/KRAMER, Art. 19–20 N 239).

Nicht unter Art. 20 Abs. 1 fällt der *Verkauf einer nicht existenten For-* 64.04 *derung*, da das Gesetz in Art. 171 Abs. 1 ausdrücklich die Haftung des Forderungsverkäufers für den Bestand der Forderung anordnet (vgl. auch BGE 110 II 239, 240 ff.: wirksamer Kaufvertrag bezüglich eines nichtigen Patents). Dasselbe gilt, wenn eine Sache verkauft wird, die nach der vertraglichen Vereinbarung der Parteien Eigenschaften besitzen soll, die naturgesetzlich (noch) nicht möglich sind. Die Verkäuferin hat auch insoweit nach Art. 197 ff. einzustehen.

64.05 Durch Auslegung des Vertrages kann sich ausserdem ergeben, dass das *Risiko* der objektiven Unmöglichkeit der Leistung bewusst *einer Partei zugeordnet* sein soll. Kauft z.B. jemand ein Fohlen im Mutterleib, so ist vor allem unter Berücksichtigung des Kaufpreises zu ermitteln, ob der Kaufvertrag nur für den Fall, dass das Fohlen lebend zur Welt kommt, geschlossen wurde oder ob es sich um den Kauf einer Chance handelt und der Käufer folglich das Risiko einer Totgeburt trägt (vgl. BUCHER, OR AT, 248).

64.06 Ist der Vertrag nach Art. 20 Abs. 1 nichtig, so ist ein *Erfüllungsanspruch* selbstverständlich nicht gegeben. Ein Schadenersatzanspruch kommt allenfalls nach den Grundsätzen der *culpa in contrahendo* in Betracht, wenn eine Partei die Unmöglichkeit im Zeitpunkt des Vertragsschlusses gekannt hat oder hätte kennen müssen (BGE 40 II 370, 372).

64.07 Da die Nichtigkeit den ganzen (synallagmatischen) Vertrag beschlägt, entfällt automatisch auch die Pflicht zur *Gegenleistung* (BGE 90 II 34, 39).

64.07a Insbesondere im Falle rechtlicher Unmöglichkeit kann jedoch das nichtige Geschäft ggf. in ein gültiges umgedeutet werden *(Konversion)*, um zum annähernd gleichen Ergebnis zu gelangen, wenn dessen Erfordernisse ebenfalls erfüllt sind, dieses in seinen Wirkungen nicht über das ungültige hinausgeht und die Konversion nicht im Sinn und Zweck der die Nichtigkeit des umzudeutenden Rechtsgeschäfts begründenden Norm widerspricht (vgl. BGE 133 III 311, 319).

II. Anfängliche subjektive Unmöglichkeit

64.08 Nach herrschender Ansicht fällt die *anfängliche subjektive Unmöglichkeit* nicht unter Art. 20 Abs. 1, d.h., der *Vertrag ist wirksam*, obgleich der Schuldnerin persönlich die Leistung im Zeitpunkt des Vertragsschlusses nicht möglich ist. Die Rechtsfolgen bei anfänglicher subjektiver Unmöglichkeit sind dieselben wie bei *nachträglicher Unmöglichkeit*. Nach Art. 97 Abs. 1 haftet die Schuldnerin auf Schadenersatz, wenn sie sich nicht entlasten kann. Ein solcher Exkulpationsbeweis wird allerdings im Regelfall nicht in Betracht kommen, denn er setzt voraus, dass die Schuldnerin im Zeitpunkt des Vertragsschlusses ihre eigene mangelnde Leistungsfähigkeit weder kannte noch kennen musste (vgl. BGE 117 II 71, 72; 111 II 352, 354). Verkauft z.B. jemand eine ihr im Zeitpunkt des Vertragsschlusses nicht gehörende Sache in der Hoffnung, der Eigentümer derselben werde sie ihr überlassen, so muss sie einstehen, wenn der Eigentümer seinerseits zu einem Verkauf nicht gewillt ist. Sie hätte sich durch Aufnahme einer entsprechenden Klausel in den Vertrag (z.B. Selbstbelieferung vorbehalten) schützen können. Allenfalls in extremen Ausnahmefällen, die vor allem in Lehrbüchern Relevanz erlangen, kann es an einem *Übernahmeverschulden* fehlen, z.B. wenn die Kaufsache ohne Wissen der Verkäuferin wenige Minuten vor Vertragsschluss gestohlen wird. Liegt ein derartiger Ausnahmefall vor, so bestimmen sich die Rechtsfolgen nach Art. 119.

III. Nachträgliche objektive und subjektive Unmöglichkeit

Im Rahmen der *nachträglichen* Unmöglichkeit sind *objektive* 64.09 und *subjektive Unmöglichkeit gleichzustellen.* Die Trennungslinie ist hier danach zu ziehen, ob eine der Parteien das Leistungshindernis *zu vertreten* hat oder nicht.

Zu vertreten haben die Parteien eigenes Verschulden und das Handeln 64.10 ihrer Hilfspersonen nach Art. 101, wobei nach Art. 97 Abs. 1 der Schuldnerin der Entlastungsbeweis obliegt.

1. Von keiner Partei zu vertreten

Ist die nachträgliche Unmöglichkeit weder von der Schuldnerin 64.11 noch vom Gläubiger zu vertreten, so beurteilen sich die Rechtsfolgen nach Art. 119.

a) Leistungspflicht des Schuldners

aa) Grundsatz

Nach Art. 119 Abs. 1 *erlischt die Leistungspflicht* der Schuld- 64.12 nerin im Zeitpunkt des Eintritts der Unmöglichkeit, d.h., die Schuldnerin wird frei. Der Gläubiger trägt die sog. *Leistungsgefahr.* Diese Rechtsfolge tritt automatisch ein, ohne dass es einer Gestaltungserklärung in Form des Rücktritts durch den Gläubiger bedarf.

Das Freiwerden der Schuldnerin bedeutet zunächst, dass kein *Erfül-* 64.13 *lungsanspruch* besteht. Darüber hinaus entsteht aber auch grundsätzlich keine *sekundäre Leistungspflicht,* d.h., die Schuldnerin ist nicht zu Schadenersatz verpflichtet.

bb) Stellvertretendes commodum

64.14 Denkbar ist jedoch, dass die Schuldnerin von dritter Seite aufgrund des Umstandes, der zur Unmöglichkeit der Leistung führt, einen Ersatz oder Ersatzanspruch erhält *(stellvertretendes commodum)*, z.B. bei Zerstörung einer Speziessache die Versicherungssumme oder den Schadenersatzanspruch gegen den Schädiger. Im Gegensatz zum deutschen BGB (§ 285 BGB) regelt Art. 119 diesen Fall nicht. Nach ganz herrschender Meinung (vgl. Nachw. in BaslerKomm/WIEGAND, Art. 119 N 15 ff.; ausführlich GAUCH/SCHLUEP/EMMENEGGER, N 2594 ff.) kann der Gläubiger die *Herausgabe* bzw. *Abtretung* des stellvertretenden commodums verlangen.

b) Gegenleistungspflicht

aa) Grundsatz

64.15 Wird die Schuldnerin nach Art. 119 Abs. 1 von ihrer Leistungspflicht frei, so *verliert* sie nach Art. 119 Abs. 2 ihren Anspruch auf die *Gegenleistung* des Gläubigers. Die Schuldnerin trägt damit die sog. *Gegenleistungs-* oder *Preisgefahr*. Dies ist die Folge der synallagmatischen Verknüpfung von Leistung und Gegenleistung.

64.16 Hat der Gläubiger der unmöglich gewordenen Leistung seine eigene Gegenleistung bereits erbracht, so hat die Schuldnerin diese nach Art. 119 Abs. 2 *zurückzugewähren*. Nach dem Wortlaut des Art. 119 Abs. 2 hat die Rückerstattung nach den Vorschriften über die ungerechtfertigte Bereicherung (Art. 62 ff.) zu erfolgen. Die moderne Lehre (vgl. Nachw. in BaslerKomm/WIEGAND, Art. 119 N 18; a.A. HARTMANN, Rückabwicklung, N 868 ff.) befürwortet jedoch auch hier zu Recht entsprechend der bundesgerichtlichen Rechtsprechung zu Art. 109 Abs. 1 (vgl. BGE 114 II 152 ff.) ein vertragliches Rückabwicklungsschuldverhältnis.

bb) Ausnahmen

64.17 Art. 119 Abs. 2 gilt nicht, wenn der Gläubiger die *Gefahr des zufälligen Untergangs* der Leistung zu tragen hat (Art. 119 Abs. 3). Er ist dann mit der Preisgefahr belastet, d.h., er bleibt zur Gegenleistung verpflichtet, auch wenn er weder die Leistung noch einen Sekundäranspruch aufgrund des Freiwerdens der Schuldnerin nach Art. 119 Abs. 1 erhält.

Regeln, nach denen die Gefahr bereits vor der Erfüllung auf den Gläubiger übergeht, finden sich im OR BT im Rahmen einzelner Vertragstypen (vgl. insbesondere Art. 185: Kaufvertrag; Art. 324a: Arbeitsvertrag; vgl. ferner ZürcherKomm/AEPLI, Art. 119 N 96 ff.).

Verlangt der Gläubiger das *stellvertretende commodum*, so bleibt er 64.18 insoweit auch zur Gegenleistung verpflichtet.

2. Vom Schuldner zu vertreten

Hat die Schuldnerin den zur Unmöglichkeit führenden Um- 64.19 stand zu vertreten, so ergeben sich die Rechtsfolgen aus Art. 97 Abs. 1.

a) Leistungspflicht des Schuldners

Auch bei der von der Schuldnerin zu vertretenden Unmöglich- 64.20 keit besteht *kein Erfüllungsanspruch*, da Unmögliches nicht verlangt werden kann (vgl. BUCHER, OR AT, 247, 345). Der ursprüngliche Erfüllungsanspruch des Gläubigers wandelt sich jedoch um in einen *Sekundäranspruch*, in einen Anspruch auf *Schadenersatz*, wobei das Vertragsverhältnis erhalten bleibt. Der Schadenersatzanspruch tritt an die Stelle der ursprünglichen Forderung (vgl. BaslerKomm/WIEGAND, Art. 97 N 47 m.w. Nachw.; KassGer ZH, SJZ 1957, 201; BGE 117 II 273, 278). Daraus ergeben sich folgende Konsequenzen:

Für den Erfüllungsanspruch bestellte *Sicherheiten*, z.B. eine Bürg- 64.21 schaft, decken auch den Schadenersatzanspruch (a.A. offenbar BGE 49 II 373, 379). Eine *Abtretung* des Primäranspruchs erfasst auch den Sekundäranspruch (vgl. VON TUHR/ESCHER, 104). *Einreden* und *Einwendungen*, die die Schuldnerin gegen den Erfüllungsanspruch geltend machen konnte, kann sie auch dem Schadenersatzanspruch entgegenhalten (OGer ZH, ZR 1941, 233 ff.). Auch eine *Verjährung*, die in Bezug auf den Erfüllungsanspruch bereits zu laufen begonnen hat, läuft weiter und beginnt mit der Umwandlung in einen Schadenersatzanspruch nicht von neuem (BGE 96 II 115, 117 ff.).

Im Rahmen des Art. 97 Abs. 1 ist das *positive Interesse* geschuldet, 64.22 d.h., der Gläubiger ist so zu stellen, als ob die Schuldnerin ordnungsgemäss erfüllt hätte (vgl. BGE 84 II 6, 10). Daraus ergibt sich auch, dass für die Schadensberechnung auf den Zeitpunkt abzustellen ist, in dem die Schuldnerin hätte erfüllen sollen (vgl. BGE 120 II 296 ff.; GAUCH/SCHLUEP/EMMENEGGER, N 2926 m.w. Nachw.), wobei nach Wahl des Gläubigers auch der Zeitpunkt des Urteils in Frage kommt, wenn sich der

Schaden bis dahin vergrössert hat (vgl. BGE 109 II 474, 476 m.w. Nachw.; ausf. zum Zeitpunkt der Schadensberechnung OTT/TENCHIO-KUZMIC, ZSR 1998 I, 183, 190 ff.).

64.23 Auch im Rahmen des Art. 97 Abs. 1 ist dem Gläubiger wahlweise zum Schadenersatz ein Anspruch auf das *stellvertretende commodum* zu gewähren (vgl. OGer ZH, ZR 2008, 8, 11, Nr. 3). Denn der Gläubiger darf bei von der Schuldnerin verschuldeter Unmöglichkeit nicht schlechter gestellt werden als bei unverschuldeter. Vor allem in diesem Rahmen wird die Streitfrage relevant, ob der Gläubiger die Herausgabe des stellvertretenden commodums auch verlangen kann, wenn dessen Wert den der ursprünglichen Leistung übersteigt, z.B. wenn der Verkaufserlös, den die Schuldnerin durch die Veräusserung des Vertragsgegenstandes und die dadurch eintretende Unmöglichkeit erzielt hat, höher ist als der Wert der Sache. Nach herrschender Ansicht (vgl. GAUCH/SCHLUEP/EMMENEGGER, N 2603 m.w. Nachw.) steht dem Gläubiger auch hier ein Anspruch auf das stellvertretende commodum ohne Erhöhung der eigenen Gegenleistung zu, denn wirtschaftlich – wenngleich nicht rechtlich – gebührt die Vertragsleistung ab dem Zeitpunkt des Vertragsschlusses dem Gläubiger, und die Schuldnerin soll nicht besser gestellt werden, als wenn sie ordnungsgemäss erfüllt hätte (vgl. m.w. Nachw. bei Basler-Komm/WIEGAND, Art. 119 N 16 f.).

b) Gegenleistungspflicht

64.24 Nach der früher vertretenen *Austauschtheorie* (vgl. KELLER/SCHÖBI, Schuldrecht I, 275 m.w. Nachw.) erhielt der Gläubiger zwar den Schadenersatzanspruch als Surrogat für den Erfüllungsanspruch, blieb jedoch seinerseits zur Gegenleistung verpflichtet.

64.25 Die moderne Auffassung (vgl. GAUCH/SCHLUEP/EMMENEGGER, N 2780 ff. m.w. Nachw.; BGE 65 II 171, 174 f.; BezGer ZH, SJZ 1993, 119, 122) vertritt jedoch im Rahmen des Art. 97 Abs. 1 die im Kaufrecht (Art. 215) für den kaufmännischen Verkehr ausdrücklich anerkannte sog. *Differenztheorie*. Danach ist es dem Gläubiger gestattet, seinen Schaden anhand der Differenz zwischen der unmöglich gewordenen Leistung und seiner Gegenleistung zu berechnen, ohne diese noch erbringen zu müssen.

64.26 Austausch- und Differenztheorie führen zum selben Ergebnis, wenn die *Gegenleistung* des Gläubigers *in Geld* besteht. Denn dann steht dem Gläubiger auch bei der Austauschtheorie die Möglichkeit der Verrechnung offen, so dass der verbleibende Schadenersatzanspruch nur noch auf die Differenz zwischen dem Wert der Leistung und der Gegenleistung gerichtet ist. Zu unterschiedlichen Ergebnissen führen beide Theorien lediglich dann, wenn wie beim *Tauschvertrag* auch die Gegenleistung des Gläubigers in einer Sach- oder Arbeitsleistung besteht. Hier ist die Differenztheorie in der Tat sachgerechter, da dem Gläubiger nicht zugemutet werden kann, die Gegenleistung erbringen oder jedenfalls bereithalten zu müssen, während er selbst auf einen (unsicheren) Schadenersatzanspruch verwiesen wird (vgl. GUHL/KOLLER, 258). Allerdings muss dem Gläubiger die *Wahl* gelassen werden, ob er im Einzelfall nach der Austausch- oder nach der Differenztheorie vorgehen will (vgl. GAUCH/SCHLUEP/EMMENEGGER, N 2781 m.w. Nachw.).

c) Rücktrittsrecht

Von seinem Wortlaut her gewährt Art. 97 Abs. 1 dem Gläubiger lediglich einen Anspruch auf Schadenersatz. Nach herrschender Auffassung (vgl. nur BaslerKomm/WIEGAND, Art. 97 N 58; BUCHER, OR AT, 339 f., 424) soll ihm jedoch darüber hinaus auch ein *Rücktrittsrecht* analog Art. 107 Abs. 2 zustehen. Der Gläubiger soll bei verschuldeter Unmöglichkeit nicht schlechter stehen als beim Verzug. Zu ergänzen ist, dass auch keine Schlechterstellung im Vergleich zur von der Schuldnerin nicht verschuldeten Unmöglichkeit erfolgen darf; dort wird der Vertrag ex lege aufgehoben, so dass das Rücktrittsrecht in Art. 97 Abs. 1 mehr als gerechtfertigt erscheint. 64.27

In der *Praxis* wird der Gläubiger allerdings von einem Rücktrittsrecht bei verschuldeter Unmöglichkeit nur höchst selten Gebrauch machen müssen. Denn die Schadensberechnung anhand der Differenztheorie stellt faktisch nichts anderes dar als eine Kombination von Rücktritt und Schadenersatz (vgl. auch BUCHER, OR AT, 339). Erforderlich ist das Rücktrittsrecht demnach nur, wenn der Gläubiger z.B. bei einem Tauschvertrag die ihm obliegende Gegenleistung bereits erbracht hat und ihre Rückgewähr anstrebt. 64.28

3. Vom Gläubiger zu vertreten

Der Fall, dass der Gläubiger die Unmöglichkeit zu vertreten hat, wird weder in Art. 97 Abs. 1 noch in Art. 119 ausdrücklich geregelt. Vereinzelte *Sonderbestimmungen* finden sich im OR BT bei einzelnen Vertragstypen (vgl. Art. 324: Arbeitsvertrag; vgl. auch Art. 376 Abs. 3, 378: Werkvertrag; Art. 17 PauRG). In Analogie zu Art. 324 geht die herrschende Auffassung (vgl. GAUCH/SCHLUEP/EMMENEGGER, N 2591 f. 64.29

m.w. Nachw.; BGE 116 II 512, 514; 114 II 274, 277) davon aus, dass die Schuldnerin bei einer vom Gläubiger zu vertretenden Unmöglichkeit so zu stellen ist, als ob sie ordnungsgemäss erfüllt hätte. Dies bedeutet, dass sie von ihrer eigenen *Leistungspflicht frei* wird, den *Anspruch auf die Gegenleistung* jedoch behält (vgl. Art. 324 Abs. 1). Sie muss sich jedoch allfällige *Vorteile* oder *Ersparnisse*, die sie dadurch erzielt, dass sie die Leistung nicht erbringen muss, auf diesen Anspruch anrechnen lassen (vgl. Art. 324 Abs. 2, vgl. auch Art. 264 Abs. 3; BaslerKomm/WIEGAND, Art. 97 N 23).

4. Von beiden Parteien zu vertreten

64.30   Auch der Fall einer beidseitig, d.h. von Schuldnerin und Gläubiger zu vertretenden Unmöglichkeit, ist im OR nicht geregelt. Die Lösung ist darin zu suchen, dass die Schuldnerin der unmöglich gewordenen Leistung ihren *Anspruch auf* die *Gegenleistung* behält. Sie muss sich darauf jedoch im Wege der Verrechnung den *Schadenersatzanspruch des Gläubigers* aus Art. 97 Abs. 1, der allerdings seinerseits wegen des *Selbstverschuldens* des Gläubigers nach Art. 44 Abs. 1 zu kürzen ist, entgegenhalten lassen (vgl. BaslerKomm/WIEGAND, Art. 97 N 24 m.w. Nachw.; BGE 114 II 274, 277 zu Art. 324; krit. hierzu A. KOLLER, FS Rehbinder, 51, 53 ff.).

IV. Teilweise Unmöglichkeit

64.31   Ist bei einer (teilbaren) Leistung nur ein Teil der Leistung unmöglich, so kommt es entsprechend Art. 20 Abs. 2 darauf an, ob der Gläubiger an der Leistung des möglichen Teils ein *Interesse* hat oder nicht (vgl. GAUCH/SCHLUEP/EMMENEGGER, N 2609; BaslerKomm/WIEGAND, Art. 119 N 13). Bilden z.B. mehrere Sachen ein zusammengehörendes Ganzes (Kaffeeservice, Pferde als eingefahrenes Gespann), so wird regelmässig ein Interesse des Gläubigers an einer Teilleistung nicht gegeben sein. Der Fall ist dann so zu beurteilen, als ob Unmöglichkeit bezüglich der gesamten Leistung vorliege (vgl. BaslerKomm/WIEGAND, Art. 97 N 15). Soweit der Gläubiger jedoch ein Interesse an dem noch möglichen Teil der Leistung hat, sind die Unmöglichkeitsfolgen auf den unmöglichen Teil der Leistung zu beschränken; beim synallagmatischen Vertrag reduziert sich die Gegenleistungspflicht des Gläubigers entsprechend.

Kapitel 3: Die Spätleistung (Schuldnerverzug)

Literatur: BERGER, Schuldrecht, N 1641 ff.; BUCHER, OR AT, 355 ff.; ENGEL, OR AT, 684 ff., 725 ff.; FURRER/MÜLLER-CHEN, Kap. 20 N 4 ff.; GAUCH/SCHLUEP/ EMMENEGGER, N 2655 ff.; GUHL/KOLLER, 251 ff.; HUGUENIN, OR AT, N 646 ff.; KELLER/ SCHÖBI, Schuldrecht I, 265 ff.; KOLLER, OR AT, § 55 N 1 ff.; TERCIER, Obligations, N 1274 ff.; VON TUHR/ESCHER, 135 ff.; BaslerKomm/WIEGAND, Art. 102–109; Berner-Komm/WEBER, Art. 102–109; CHK/FURRER/WEY, OR 102–109; CR CO I/THÉVENOZ, Art. 102–109; KuKo OR/THIER, Art. 102–109;

BLAESER, Die Zinsen im schweizerischen Obligationenrecht, St. Gallen 2011; BUZ, Das ius variandi des Gläubigers bei Verzug des Schuldners, recht 1997, 197 ff.; CHAVANNE, Le retard dans l'exécution des travaux de construction, Basel 1993; EHRAT, Der Rücktritt vom Vertrag nach Art. 107 Abs. 2 OR in Verbindung mit Art. 109 OR, Zürich 1990; GELZER, Verzugs-, Schadens- und Bereicherungszins, Basel 2010; DERS., Verzugszinssatzregelungen im Spannungsfeld zwischen Wirtschaft, Politik und Rechtswissenschaft, Festschrift Schwenzer, Band I, 561 ff.; GIGER, Der zahlungsunwillige Mieter, Analyse der Verzugsregeln im Mietrecht, Zürich 1987; GLASL, Die Rückabwicklung im Obligationenrecht, ein Beitrag zum vertraglichen Sanktionensystem der Schweiz, Zürich 1992; GLÄTTLI, Zum Schadenersatzanspruch bei Rücktritt – eine These zu den Gläubigerbehelfen bei Leistungsstörungen in zweiseitigen Verträgen, SJZ 1997, 233 ff.; DIES., Zum Schadenersatz wegen Nichterfüllung nach Art. 97 Abs. 1 und 107 Abs. 2 OR, Zürich 1998; HABSCHEID, Der Anspruch auf Zahlung von Verzugszins im Prozess, SJZ 1994, 287 ff.; HARTMANN, Die Rückabwicklung von Schuldverträgen, Zürich 2005; JERMANN, Die Ausübung der Gläubigerrechte im Falle eines gültigen Leistungsverzichts nach Art. 107 Abs. 2 OR: Zeitpunkt und Widerrufbarkeit, Diss. St. Gallen 2003; KISS-LING, Patientinnenkartei – Die Auslegung und die Frage der Unwiderruflichkeit der Wahl-erklärung des Gläubigers im Schuldnerverzug, AJP 1997, 1287 ff.; KOLLER ALFRED, Die Verzichtsfolgen i.S.v. Art. 107 Abs. 2 OR und deren Abänderung durch Vertrag, in: KOLLER ALFRED (Hrsg.), Haftung aus Vertrag, St. Gallen 1998, 1 ff.; DERS., Gläubiger-rechte im Falle eines Leistungsverzichts nach Art. 107 Abs. 2 OR, ZSR 1997 I, 495 ff.; DERS., Die Verbindung von teleologischer Reduktion und Analogie, dargestellt am Bei-spiel von Art. 102 Abs. 1 und 2 OR, Festschrift Kramer, Basel 2004, 517 ff.; DERS., Die Verjährung bei der Rückabwicklung von Verträgen, BR 2006, 4 ff.; KUSTER, Der Ver-zugszinssatz unter Kaufleuten nach Art. 104 Abs. 3 OR, AJP 2008, 275 ff.; POLYDOR-WERNER, Rückabwicklung und Aufrechterhaltung fehlerhafter Dauerschuldverhältnisse, Zürich 1988; RAMONI, Demeure du débiteur et contrats de droit suisse, Diss. Lausanne, Zürich 2002; RÜETSCHI, Zahlbar «30 Tage netto», SJZ 2003, 341 ff.; SCHENKER, Die Voraussetzungen und die Folgen des Schuldnerverzuges im Schweizerischen Obligatio-nenrecht, Freiburg i.Ue. 1988; DERS., Die rechtzeitige und die verspätete Erfüllung von Verbindlichkeiten, recht 1989, 47 ff.; DERS., Schadensberechnung im Verzugsrecht, in: KOLLER ALFRED (Hrsg.), Haftung aus Vertrag, St. Gallen 1998, 27 ff.; STÖCKLI, Über-kommene und eigene Gedanken zum Schuldnerverzug, Mélanges Tercier II, Genf 2008, 427 ff.; SUTER, Rechtsnatur und Rechtsfolgen des Vertragsrücktrittes im Zusammenhang mit dem Schuldnerverzug, Zürich 1991; WEBER, Gedanken zur Verzugsschadenregelung bei Geldschulden, Festschrift Keller, Zürich 1989, 323 ff.; DERS., Vertragsaufhebung bei Leistungsstörungen: Rechtsnatur und Rechtsfolgen, ZBJV 1991, 634 ff.; DERS., Neukon-zeption der Verzugszinsregelung, Festschrift Eugen Bucher, Bern 2009, 780 ff.; WIE-GAND, Die Leistungsstörungen, recht 1984, 13 ff.

§ 65 Voraussetzungen

I. Allgemeines

65.01 Schuldnerverzug liegt vor, wenn der Schuldner seiner Leistungspflicht *nicht rechtzeitig* nachkommt. Im Gegensatz zum Gläubigerverzug stellt der in Art. 102 ff. geregelte Schuldnerverzug eine echte *Pflichtverletzung* dar. Er setzt Nichtleistung trotz Möglichkeit der Leistung, Fälligkeit sowie grundsätzlich eine Mahnung seitens der Gläubigerin voraus.

II. Nichtleistung trotz Möglichkeit

65.02 Voraussetzung ist zunächst, dass der Schuldner eine ihm aufgrund Gesetzes oder Vertrages obliegende Leistung nicht erbringt, obgleich sie ihm *möglich* wäre. Ist die Leistung nicht (mehr) möglich, so liegt kein Verzug vor; es kommen vielmehr die Regeln über die Unmöglichkeit zur Anwendung. Tritt die Unmöglichkeit ein, nachdem sich der Schuldner bereits in Schuldnerverzug befunden hat, so endet dieser. Bis zum Zeitpunkt des Eintritts der Unmöglichkeit gelten die Vorschriften zum Verzug, danach jene zur Unmöglichkeit (vgl. GAUCH/SCHLUEP/EMMENEGGER, N 2658). Dabei ist zu beachten, dass der Schuldner nach Art. 103 Abs. 1 im Verzug grundsätzlich auch für Zufall einzustehen hat (vgl. N 66.07).

65.03 *Gläubigerverzug* schliesst Schuldnerverzug aus (zum sog. hypothetischen Gläubigerverzug vgl. KOLLER, FS Kramer, 517, 520 f.). Bietet der Schuldner nach Verzugseintritt die Leistung in einer den Gläubigerverzug begründenden Weise an, so endet der Schuldnerverzug.

65.04 Irrelevant ist, ob der Schuldner die Spätleistung *zu vertreten* hat oder nicht. Diese Frage spielt erst für die möglichen Rechtsbehelfe der Gläubigerin eine Rolle.

III. Fälligkeit

65.05 Verzug tritt nach Art. 102 Abs. 1 nur ein, wenn die Leistung *fällig* und *durchsetzbar* ist. Ist der Schuldner (noch) nicht zur Leistung verpflichtet, so kann ihm aus der Nichtleistung kein Vorwurf gemacht werden.

Fälligkeit bedeutet, dass der Schuldner die Leistung erbringen muss, 65.06
Nichtleistung bei blosser Erbringbarkeit begründet noch keinen Schuldnerverzug. Der Zeitpunkt der Fälligkeit ergibt sich aus der Parteivereinbarung, den Umständen oder subsidiär aus Gesetz (Einzelheiten vgl.
N 7.19 ff.).

Beruft sich der Schuldner auf ein *Leistungsverweigerungsrecht*, z.B. 65.07
die Einrede der Verjährung, so schliesst dies den Schuldnerverzug aus
(vgl. BGE 68 II 220 ff.; VON TUHR/ESCHER, 136). Ein bereits bestehender Verzug endet mit Geltendmachung der Einrede. Bei der *Einrede des
nicht erfüllten Vertrages* muss bereits das objektive Vorliegen des Leis-
tungsverweigerungsrechts ausreichen, um den Eintritt des Verzuges auszuschliessen, ohne dass es darauf ankommt, wann sich der Schuldner auf
die Einrede beruft (vgl. BGH NJW 1999, 2110; a.A. KOLLER, FS Kramer, 517, 521).

IV. Mahnung

1. Grundsatz

Um Härten für den Schuldner zu vermeiden, setzt der Eintritt 65.08
des Verzugs nach Art. 102 Abs. 1 grundsätzlich eine *Mahnung* durch die
Gläubigerin voraus. Die Mahnung ist die unmissverständliche Aufforderung der Gläubigerin an den Schuldner, die geschuldete Leistung unverzüglich zu erbringen (vgl. BaslerKomm/WIEGAND, Art. 102 N 5; HGer
AG, SJZ 2000, 224). Sie ist eine *rechtsgeschäftsähnliche Handlung*, so
dass die Regeln über die Willenserklärungen entsprechend anwendbar
sind (vgl. BaslerKomm/WIEGAND, Art. 102 N 7). Sie ist formlos, d.h.
insbesondere auch konkludent, möglich (BGE 57 II 324, 327; 41 II 245,
249) und wird als empfangsbedürftige Erklärung mit Eintreffen beim
Schuldner wirksam, so dass in diesem Zeitpunkt die Verzugsfolgen eintreten (vgl. BGE 103 II 102, 105). Die blosse Übersendung einer Rechnung stellt noch keine Mahnung dar (vgl. HGer AG, SJZ 2000, 224 f.),
wohl aber die Zusendung eines Rechnungsauszugs, einer quittierten
Rechnung, eines Einzugsmandats oder das Ansetzen einer Nachfrist im
Sinne des Art. 107 Abs. 1 (vgl. BGE 103 II 102, 104 f.; KGer VS, SJZ
1994, 218). Die Zustellung eines Zahlungsbefehls (vgl. OGer BE, ZBJV
1956, 457) oder die Erhebung einer Leistungsklage (vgl. BGE 56 II 212,
220) sind der Mahnung gleichzustellen. Geldforderungen sind grundsätzlich zu beziffern (zu Ausnahmen vgl. BGE 129 III 535, 540).

65.09 Nach herrschender Auffassung (vgl. Nachw. bei BaslerKomm/ WIEGAND, Art. 102 N 8) kann die Mahnung auch schon vor *Eintritt der Fälligkeit* vorsorglich erfolgen. Die Verzugsfolgen treten dann gleichzeitig mit der Fälligkeit ein. Enthält eine Rechnung die Klausel «zahlbar 30 Tage netto», so ist dies als Mahnung zu werten, so dass der Schuldner mit unbenutztem Verstreichen der Frist in Verzug gerät.

2. Ausnahmen

a) Bestimmter Verfalltag

65.10 Nach Art. 102 Abs. 2 ist eine Mahnung entbehrlich, wenn für die Erfüllung ein *bestimmter Verfalltag* vereinbart wurde oder sich ein solcher aus einer ordnungsgemässen Kündigung ergibt. In diesen Fällen muss sich der Schuldner auch ohne Mahnung bewusst sein, dass er zur Leistung verpflichtet ist.

65.11 Die Mahnung ist nur entbehrlich, wenn die Parteien einen bestimmten Verfalltag *vereinbart* haben, nicht jedoch, wenn sich dieser aus einer subsidiär anwendbaren gesetzlichen Bestimmung ergibt (vgl. BaslerKomm/WIEGAND, Art. 102 N 10). Beispiele für die Verabredung eines bestimmten Verfalltages sind Klauseln wie «Zahlung am 15.8.», «Lieferung 20 Tage nach Vertragsschluss» oder «innerhalb von 3 Monaten» etc. Entscheidend ist, dass sich der Fälligkeitszeitpunkt *kalendermässig genau* berechnen lässt (vgl. VON TUHR/ESCHER, 140). Klauseln wie «Lieferung demnächst» oder «sobald als möglich» stellen keine Verabredung eines bestimmten Verfalltags dar.

65.12 Ein Verfalltag kann sich auch aus einer *Kündigung* ergeben, z.B. wenn ein Darlehen aufgrund vertraglicher Kündigungsfrist gekündigt und damit zur Rückzahlung fällig gestellt wird. Trotz des zu engen Wortlauts des Art. 102 Abs. 2 gilt dies sowohl für vertragliche als auch für gesetzliche Kündigungsmöglichkeiten (vgl. VON TUHR/ESCHER, 139; BUCHER, OR AT, 359), so dass auch bei Kündigung eines Arbeitsverhältnisses mit Ablauf der Kündigungsfrist ohne weiteres Verzug eintritt (vgl. BGer, 4.5.2005, 4C.67/2005, E. 2.3).

b) Weitere Fälle

65.13 Über die in Art. 102 Abs. 2 genannten Fälle hinausgehend ist eine Mahnung auch dann entbehrlich, wenn sie *zwecklos* oder der Gläubigerin *nicht zumutbar* ist (vgl. VON TUHR/ESCHER, 141). Dies gilt insbesondere, wenn der Schuldner ernsthaft und endgültig die Erfüllung verweigert (vgl. BGE 110 II 141, 143 f.; 97 II 58, 64) oder den Zugang der Mahnung verhindert. Auch der Schuldner, der zur Rückgabe einer Sache oder zu Schadenersatz aus unerlaubter Handlung verpflichtet ist, braucht nicht gemahnt zu werden (vgl. BaslerKomm/WIEGAND, Art. 102 N 11 m.w. Nachw.; kritisch GAUCH/SCHLUEP/EMMENEGGER, N 2725).

§ 66 Rechtsfolgen

Die Rechtsfolgen des Schuldnerverzugs ergeben sich aus 66.01 Art. 103–109.

I. Im Allgemeinen

1. Ersatz des Verspätungsschadens

Nach Art. 103 Abs. 1 haftet der Schuldner auf *Schadenersatz*, 66.02 wenn er nicht nachweist, dass er den Verzug nicht zu vertreten hat (Art. 103 Abs. 2).

Schadenersatz bedeutet hier Ersatz des *Verspätungsschadens*, d.h. der 66.03 Vermögensnachteile, die durch die Verspätung eingetreten sind (vgl. BGE 116 II 441, 444 ff.). Als Schadensposten kommen dabei insbesondere entgangener Nutzungsvorteil oder Wiederverkaufsgewinn, Kosten für die Miete einer Ersatzsache sowie Ersatzansprüche allfälliger Abnehmer der Gläubigerin auf Schadenersatz oder Konventionalstrafe in Betracht (vgl. BGE 116 II 436, 441 ff.; vgl. auch BaslerKomm/WIEGAND, Art. 103 N 6). Eine aufgrund von Markt- oder Kursschwankungen während des Verzugs eingetretene Wertdifferenz ist jedenfalls dann zu erstatten, wenn anzunehmen ist, dass die Gläubigerin die Sache zu einem höheren Preis weiterveräussert hätte oder Fremdwährung zu einem besseren Kurs in Landeswährung umgetauscht hätte (BGE 109 II 436 ff.).

Auf Schadenersatz haftet der Schuldner freilich nur, wenn er sich nicht 66.04 *exkulpieren* kann, d.h. wenn er den Verzug zu vertreten hat. Zu vertreten hat der Schuldner eigenes Verschulden und das Handeln seiner Hilfspersonen nach Art. 101. Geldmangel hat der Schuldner immer zu vertreten.

Der Schadenersatzanspruch nach Art. 103 tritt *neben den Erfüllungs-* 66.05 *anspruch* und kann kumulativ zu diesem geltend gemacht werden.

2. Haftungsverschärfung

66.06   Hat der Schuldner den Verzug zu vertreten, so tritt zudem eine *Haftungsverschärfung* ein. Allfällige *Haftungsmilderungen*, z.B. nach Art. 99 Abs. 2, entfallen, d.h., der Schuldner hat nunmehr auch für leichte Fahrlässigkeit einzustehen (vgl. BaslerKomm/WIEGAND, Art. 103 N 8).

66.07   Darüber hinaus ordnet Art. 103 Abs. 1 sogar die Haftung des Schuldners für *Zufall* an. Dies bedeutet, dass der Schuldner nach Art. 97 Abs. 1 einstehen muss, auch wenn seine Leistung aufgrund eines Umstandes unmöglich wird, den weder er noch die Gläubigerin zu vertreten hat, z.B. Zerstörung der zu liefernden Sache durch Brand oder Erkrankung des zu einer Dienstleistung verpflichteten Schuldners (vgl. GAUCH/SCHLUEP/ EMMENEGGER, N 2679). Von dieser Haftung kann sich der Schuldner nur befreien, indem er nachweist, dass derselbe Zufall auch bei rechtzeitiger Erfüllung den Leistungsgegenstand in derselben Weise getroffen hätte, z.B. wenn das Feuer nicht nur das Haus des Schuldners, sondern auch jenes der Gläubigerin mitsamt der zu liefernden Ware zerstört hätte (vgl. BaslerKomm/WIEGAND, Art. 103 N 11). Dies ist nichts anderes als eine Anerkennung der *Berufung auf rechtmässiges Alternativverhalten* (vgl. N 21.07). In der Praxis erlangt diese Entlastungsmöglichkeit allerdings nur selten Bedeutung.

3. Verzugszinsen bei Geldforderungen

66.08   Ist der Schuldner mit einer *Geldleistung* in Verzug, so schuldet er grundsätzlich *Verzugszinsen* (zur Abgrenzung vom Schadenszins vgl. BGE 130 III 591, 596 ff.). Diese Rechtsfolge tritt unabhängig davon ein, ob der Schuldner den Verzug zu vertreten und ob die Gläubigerin durch die Spätleistung einen Schaden erlitten hat (ATC VS, RVJ 1992, 393 ff.). Hinter dieser Regelung steht der Gedanke, dass der Schuldner die geschuldete Summe nach wie vor nutzen kann und die Gläubigerin eine entsprechende Einbusse erleidet (vgl. BGE 123 III 241, 245; HABSCHEID, SJZ 1994, 287 f.).

66.09   Nach Art. 104 Abs. 1 beträgt der Verzugszins *mindestens 5%* (vgl. OGer AG, AGVE 1989, 20, 27). Höhere Zinsen können sich zum einen aus einer entsprechenden *Parteivereinbarung* ergeben (Art. 104 Abs. 2; vgl. aber Art. 18 Abs. 3 KKG). Zum anderen können *Kaufleute* nach Art. 104 Abs. 3 einen höheren Zinssatz verlangen, wenn der Bankdiskonto am Zahlungsort 5% übersteigt. Unter Bankdiskonto versteht die Rechtsprechung den Zinssatz, den private Bankinstitute der Kundin für die Diskontierung erstklassiger Wechsel verrechnen (vgl. BGE 116 II 140 ff.; a.A. teilweise die Literatur, vgl. BaslerKomm/WIEGAND, Art. 104 N 6 m.w. Nachw.). Ein Vorstoss, im kaufmännischen Verkehr generell den Verzugszins auf 10% hochzusetzen (vgl. Art. 104 Abs. 2 VE-Verzugs-zinsen), wurde vorerst fallengelassen.

Eine Sonderregel gilt für *Zins- und Rentenschulden* sowie Geldschul-den aus *Schenkungsversprechen*. Nach Art. 105 Abs. 1 ist Verzugszins hier nicht bereits mit Verzugseintritt, sondern erst vom Zeitpunkt der Anhebung der Betreibung oder der gerichtlichen Klage an geschuldet (vgl. OGer SO, SOG 1985, 3, 7). Haben die Parteien etwas anderes ver-einbart, so gilt dies als Konventionalstrafe, d.h., das Gericht kann die Verpflichtung ggf. herabsetzen (vgl. N 71.15). 66.10

Von Verzugszinsen sind nach Art. 105 Abs. 3 grundsätzlich keine Verzugszinsen zu zahlen (vgl. dazu N 10.15). 66.11

Erleidet die Gläubigerin einer Geldforderung einen *über die Verzugs-zinsen hinausgehenden Schaden*, so kann sie diesen nach Art. 106 Abs. 1 ersetzt verlangen. Wie nach Art. 103 ist jedoch auch hier Voraussetzung, dass der Schuldner den Verzug verschuldet hat, bzw. dass er sich nicht exkulpieren kann (vgl. BaslerKomm/WIEGAND, Art. 106 N 2). Ein den Verzugszins übersteigender Schaden kommt beispielsweise in Betracht bei Valutaverlusten oder wenn die kaufmännische Gläubigerin gezwun-gen ist, sich zu einem höheren Zinssatz als dem Bankdiskonto zu refi-nanzieren (vgl. BGE 117 II 256 ff.; 109 II 436 ff.). Handelt es sich bei der Gläubigerin um einen Grossbetrieb (z.B. Finanzinstitut, Versiche-rung), so kann im Allgemeinen davon ausgegangen werden, dass einge-hende Geldbeträge Gewinn bringend angelegt werden. Gestützt auf die-sen Erfahrungssatz wird der Gläubigerin in solchen Fällen der Schadens-nachweis erleichtert (BGE 123 III 241, 243 f.). 66.12

II. Bei synallagmatischen Verträgen

1. Allgemeines

Bei synallagmatischen Verträgen sind die in Art. 103 ff. gege-benen Ansprüche nicht ausreichend, um die Interessen der Gläubigerin zu schützen, denn der Verzug des Schuldners berührt den Bestand des Vertrages nicht. D.h., die Gläubigerin bleibt *weiterhin gebunden;* sie muss ihre eigene Leistung erbringen oder jedenfalls bereithalten. Über eine längere Zeit hinweg ist dies der Gläubigerin indessen nicht zumut-bar. Art. 107–109 enthalten deshalb Bestimmungen, die es bei synallag- 66.13

matischen Verträgen der Gläubigerin ermöglichen, über das weitere Schicksal des Vertrages und damit über ihre eigene Leistungspflicht zu entscheiden (zur Anwendung der Art. 107–109 auf nicht synallagmatische Pflichten vgl. MORIN, ZSR 2005 I, 349, 374 ff.).

66.14   Da die in Art. 107 Abs. 2 geregelten Rechtsbehelfe den Schuldner u.U. hart treffen, hat die Gläubigerin ihm durch Setzen einer *Nachfrist* eine letzte Gelegenheit zur Erfüllung zu geben. Aus Gründen des Konsumentenschutzes bestehen teilweise zusätzliche Voraussetzungen (vgl. Art. 18 Abs. 1 KKG: Verzug mit mindestens 10% des Kredits bzw. Barzahlungspreises).

2. Nachfristsetzung

a) Grundsatz

66.15   Nach Art. 107 Abs. 1 ist die Gläubigerin berechtigt, dem Schuldner eine *angemessene Frist zur nachträglichen Erfüllung* anzusetzen oder durch die zuständige Behörde ansetzen zu lassen. Will sie einen anderen Rechtsbehelf als Erfüllung geltend machen, so muss sie dem Schuldner grundsätzlich eine derartige Nachfrist setzen.

66.16   Die Nachfristsetzung ist die *ultimative Aufforderung* an den Schuldner, innerhalb einer bestimmten Frist die Leistung zu erbringen (vgl. BaslerKomm/WIEGAND, Art. 107 N 7). Es handelt sich dabei um eine *rechtsgeschäftsähnliche*, empfangsbedürftige *Willensäusserung*, die keiner besonderen Form bedarf. Grundsätzlich ist eine Nachfristsetzung erst möglich, wenn sich der Schuldner bereits in Verzug befindet. Allerdings ist anerkannt, dass die Nachfristsetzung mit der den Verzug begründenden Mahnung verbunden werden kann (vgl. BGE 103 II 102, 104 f.).

66.17   Die Nachfrist muss *angemessen* sein, wobei bei der Bestimmung der Angemessenheit die Interessen beider Parteien und insbesondere Art und Umfang der geschuldeten Leistung zu berücksichtigen sind (vgl. BGE 105 II 28, 33; 103 II 102, 106). Einer objektiv *zu kurzen Nachfrist* muss der Schuldner widersprechen, sonst gilt sie als akzeptiert. Verwahrt sich der Schuldner dagegen und verspricht seinerseits ernsthaft, innerhalb einer angemessenen Frist zu leisten, so setzt sie den Lauf einer angemessenen Frist in Gang (vgl. BGE 116 II 436, 440). Zugunsten der sozial schwächeren Partei legt das Gesetz bei einzelnen Vertragstypen die Länge der Nachfrist ausdrücklich fest (vgl. Art. 257d Abs. 1: Verzug des Mieters; Art. 282 Abs. 1: Verzug des Pächters).

b) Ausnahmen

Nach Art. 108 ist die *Nachfristsetzung entbehrlich*, wenn sie 66.18 sich entweder als nutzlose Formalität darstellen würde oder die Gläubigerin das Interesse an nachträglicher Erfüllung verloren hat. In diesen Fällen kann die Gläubigerin sofort die in Art. 107 Abs. 2 genannten Rechtsbehelfe ausüben.

Auf eine Nachfristsetzung kann gemäss Art. 108 Ziff. 1 verzichtet 66.19 werden, wenn aus dem Verhalten des Schuldners hervorgeht, dass sie sich als *unnütz* erweisen würde. Dies liegt insbesondere vor, wenn der Schuldner *ernsthaft und endgültig* die Erfüllung *verweigert*, wobei es gleichgültig ist, ob dies erst nach oder bereits vor Fälligkeit (antizipierter Vertragsbruch) erfolgt (vgl. BGE 94 II 31 ff.). Unnütz ist die Nachfristsetzung ebenfalls, wenn die Leistung auch innert einer angemessenen Nachfrist nicht erbracht werden könnte (vgl. BGE 97 II 58, 65).

Die Nachfristsetzung ist nach Art. 108 Ziff. 2 auch dann entbehrlich, 66.20 wenn aufgrund des Verzuges das *Interesse* der Gläubigerin an der Leistung *weggefallen* ist und der Schuldner dies im Voraus erkennen konnte (str., wie hier GAUCH/SCHLUEP/EMMENEGGER, N 2745). Hierunter fällt beispielsweise die verspätete Lieferung von Saisonware.

Schliesslich bedarf es bei sog. *(relativen) Fixgeschäften* nach Art. 108 66.21 Ziff. 3 keiner Nachfristsetzung. Erforderlich ist dazu, dass sich aus dem Vertrag die Absicht der Parteien ergibt, dass die Leistung genau zu einer bestimmten Zeit oder bis zu einem bestimmten Zeitpunkt erfolgen soll. Dies setzt eine schärfere Präzisierung als nur die Festlegung eines bestimmten Verfalltags voraus und kann sich insbesondere aus Klauseln wie «spätestens», «genau», «nicht später als ...» etc. ergeben (vgl. BGE 96 II 47, 50; 49 II 220, 227). Vom relativen ist das absolute Fixgeschäft zu unterscheiden, bei dem die Einhaltung des Leistungszeitpunktes derart essenziell ist, dass mit dem Verstreichen des Termins Unmöglichkeit eintritt (Beispiele: Hochzeitstorte, Taxi zum Flughafen).

3. Wahlrecht des Gläubigers

Leistet der Schuldner auch innerhalb der ihm von der Gläubi- 66.22 gerin nach Art. 107 Abs. 1 gesetzten Nachfrist nicht oder ist eine solche nach Art. 108 entbehrlich, so steht der Gläubigerin nach Art. 107 Abs. 2 ein dreifaches Wahlrecht offen:

a) Erfüllung und Ersatz des Verzugsschadens

66.23   Der Gläubigerin bleibt es unbenommen, an ihrem *Erfüllungs-anspruch* weiter festzuhalten und daneben *Ersatz des Verzugsschadens* nach Art. 103 zu verlangen. Beharrt sie auf Erfüllung, so kann sie dem Schuldner eine weitere Nachfrist setzen und nach deren fruchtlosem Verstreichen ggf. zu anderen Rechtsbehelfen übergehen (vgl. BGE 86 II 221, 235).

b) Verzicht auf Erfüllung und Schadenersatz wegen Nichterfüllung

66.24   Die Gläubigerin kann aber auch auf die Erfüllung *verzichten* und stattdessen *Schadenersatz wegen Nichterfüllung* verlangen.

66.25   Will die Gläubigerin diesen Weg beschreiten, so muss sie dem Schuldner *unverzüglich mitteilen*, dass sie auf die nachträgliche Leistungserbringung verzichtet (vgl. BGE 116 II 436, 441). Damit soll im Interesse beider Parteien Klarheit über das weitere Schicksal des Vertrages geschaffen werden. Die *Verzichtserklärung* ist eine formlos mögliche Gestaltungserklärung, mit deren Wirksamwerden der ursprüngliche Erfüllungsanspruch erlischt. An seine Stelle tritt nunmehr der Anspruch auf Schadenersatz wegen Nichterfüllung. Ein späteres Zurückkommen auf den Erfüllungsanspruch ist der Gläubigerin verwehrt (vgl. OGer ZH, ZR 1959, 10, 12). Auch die Möglichkeit, vom Vertrag zurückzutreten, soll mit der Wahl des Schadenersatzes ausgeschlossen sein, da die Ausübung eines Gestaltungsrechtes grundsätzlich unwiderruflich ist (vgl. BGE 123 III 16, 22; zu Recht krit. KISSLING, AJP 1997, 1287, 1289 ff.; KOLLER, ZSR 1997 I, 495 ff.).

66.26   Entgegen dem scheinbar anderen Wortlaut des Art. 107 Abs. 2 kann die Gläubigerin Schadenersatz wegen Nichterfüllung allerdings nur verlangen, wenn der Schuldner sich nicht *exkulpieren* kann (vgl. Basler-Komm/WIEGAND, Art. 107 N 16 m.w. Nachw.; a.A. KELLER/SCHÖBI, Schuldrecht I, 276; BGE 44 II 407, 411). Allein diese Auslegung entspricht dem grundsätzlich am Verschuldensprinzip ausgerichteten Schadenersatzrecht. Zur Frage der Wiedereinsetzung der Gläubigerin in ihr Wahlrecht bei Gelingen des Exkulpationsbeweises vgl. GAUCH/SCHLUEP/EMMENEGGER, N 2783 ff.

66.27   Für die *Berechnung des Schadenersatzes* gelten dieselben Regeln wie im Rahmen des Art. 97 Abs. 1. Geschuldet ist das sog. *positive Interesse*, d.h., die Gläubigerin ist so zu stellen, als ob der Vertrag ordnungsgemäss erfüllt worden wäre (vgl. BGE 123 III 16, 22; 120 II 296, 299). Für die Berechnung des Werts der ausgebliebenen Leistung ist dabei grundsätzlich der Zeitpunkt der Fälligkeit massgeblich (vgl. BaslerKomm/ WIEGAND, Art. 107 N 19; a.A. GAUCH/SCHLUEP/EMMENEGGER, N 2770: Zeitpunkt des Verzichts). Vergrössert sich der Schaden der Gläubigerin nach diesem Zeitpunkt, so sind freilich auch diese Nachteile zu ersetzen. Insbesondere wird damit auch der Verspätungsschaden vom Schadenersatz wegen Nichterfüllung erfasst (vgl. GAUCH/SCHLUEP/ EMMENEGGER, N 2772).

Im Hinblick auf die Frage, ob die Gläubigerin ihrerseits zur *Gegenleistung* verpflichtet bleibt, kommt es auch im Rahmen des Art. 107 Abs. 2 darauf an, ob der *Austausch-* oder *Differenztheorie* (vgl. dazu N 64.24 ff.) gefolgt wird. Richtiger Ansicht nach muss auch hier die Gläubigerin wählen können, ob sie entsprechend der Austauschtheorie ihre Gegenleistung erbringt und Schadenersatz wegen Nichterfüllung der gesamten Verbindlichkeit verlangt oder ob sie nach der Differenztheorie im Wege des Schadenersatzes lediglich die Wertdifferenz zwischen beiden Leistungen zuzüglich allfälliger weiterer Schäden geltend macht (vgl. KOLLER, ZSR 1997 I, 495, 500; BaslerKomm/WIEGAND, Art. 107 N 18 m.w. Nachw.).   66.28

c) Verzicht auf Erfüllung und Rücktritt

Verzichtet die Gläubigerin auf die Erfüllung, so kann sie, statt Schadenersatz wegen Nichterfüllung zu verlangen, auch vom Vertrag *zurücktreten*. Erforderlich ist auch hier eine unverzügliche *Verzichtserklärung* (vgl. BGE 116 II 436, 441).   66.29

Im Gegensatz zum Anspruch auf Schadenersatz wegen Nichterfüllung setzt das Rücktrittsrecht *kein Verschulden* des Schuldners bzw. keine fehlende Exkulpation voraus. Die Gläubigerin wird diesen Rechtsbehelf deshalb insbesondere dann wählen, wenn den Schuldner am Verzug kein Verschulden trifft. Im Übrigen ist das Rücktrittsrecht für die Gläubigerin allenfalls dann von Interesse, wenn sie ihre eigene Gegenleistung bereits erbracht hat und sie wiedererlangen will. In den übrigen Fällen wird sie zumeist Schadenersatz wegen Nichterfüllung verlangen, zumal die Berechnung nach der Differenztheorie faktisch ohnehin eine Kumulation von Rücktritt und Schadenersatz darstellt (vgl. auch BaslerKomm/ WIEGAND, Art. 109 N 2).   66.30

66.31   Das der Gläubigerin zustehende Rücktrittsrecht wird durch eine *Gestaltungserklärung* ausgeübt. Die Rechtsfolgen bestimmen sich nach Art. 109.

66.32   Nach Art. 109 Abs. 1 kann die Gläubigerin die versprochene *Gegenleistung verweigern* und bereits Geleistetes *zurückfordern.* Entgegen dem zu engen Wortlaut der Bestimmung gilt dies auch für den *Schuldner* (vgl. nur VON TUHR/ESCHER, 155).

66.33   Herrschende Rechtsprechung und Lehre (vgl. BGE 114 II 152 ff.; BaslerKomm/WIEGAND, Art. 109 N 4 ff.) gehen dabei heute von der sog. *Umwandlungstheorie* aus. Dies bedeutet, dass durch den Rücktritt – anders als nach ganz h.M. bei der Anfechtung wegen Willensmängel (vgl. N 39.23) – der Vertrag nicht aufgehoben wird; er wird vielmehr umgewandelt in ein *vertragliches Rückabwicklungsverhältnis* mit umdirigiertem Pflichtenprogramm. Aus dieser Sichtweise ergeben sich folgende Konsequenzen: Die Rückgabepflichten sind vertraglicher Natur und unterliegen demgemäss der zehnjährigen Verjährungsfrist nach Art. 127. Sachleistungen können nicht vindiziert, sondern müssen rückübereignet werden. Für empfangene Dienst- oder Geldleistungen ist Wertersatz zu leisten. Vertragliche Nebenpflichten, die nicht leistungsbezogen sind, bleiben aufrechterhalten. Auf das Rückabwicklungsschuldverhältnis finden die allgemeinen für Verträge geltenden Regeln Anwendung, d.h. insbesondere Art. 82 f., 97 Abs. 1 und Art. 119 (vgl. dazu BaslerKomm/WIEGAND, Art. 109 N 7).

66.34   Nach Art. 109 Abs. 2 kann die Gläubigerin, wenn sie vom Vertrag zurücktritt, zusätzlich zu einer allfälligen Rückgewähr bereits erbrachter Leistungen Ersatz des *Vertrauensschadens* verlangen. D.h. sie ist so zu stellen, als ob sie vom Vertrag nie etwas gehört hätte (vgl. HGer ZH, ZR 2003, 33, 45 f.; a.A. GLÄTTLI, SJZ 1997, 233, 239 ff.). Als Anwendungsfall der Haftung für culpa in contrahendo soll auch dieser Anspruch nach dem Wortlaut des Gesetzes ein Verschulden des Schuldners bzw. fehlende Exkulpation voraussetzen (vgl. BGE 61 II 255, 256 f.; GAUCH/SCHLUEP/EMMENEGGER, N 2808). Darin liegt jedoch ein unüberbrückbarer Wertungswiderspruch zu anderen Bestimmungen des OR. Bei Verschulden des Schuldners ist nicht nur bei Nichterfüllung nach Art. 97 Abs. 1 das *positive Interesse* geschuldet, sondern auch nach vielen Bestimmungen des OR BT (vgl. Art. 195 Abs. 2, 208 Abs. 3, 259e, 368 Abs. 1), und zwar neben der Möglichkeit zur Vertragsaufhebung. Dies muss auch im Rahmen des Art. 109 Abs. 2 gelten; der Ersatz des negativen Interesses sollte hingegen verschuldensunabhängig gewährt werden (a.A. dezidiert BGer, 18.1.2006, 4C.286/2005, E. 2.4 wegen des klaren anders lautenden Gesetzeswortlauts).

4. Sonderfälle

a) Teilverzug

Der Teilverzug ist im Gesetz nicht geregelt. Befindet sich der 66.35 Schuldner nur mit einem Teil der Leistung in Verzug, so kann die Gläubigerin die Rechtsbehelfe des Art. 107 Abs. 2 grundsätzlich nur bezüglich des *ausstehenden Teils* der Leistung geltend machen. Eine Ausnahme ist dann zu machen, wenn die bereits erfolgte Teilleistung für die Gläubigerin objektiv *ohne Interesse* ist (vgl. BaslerKomm/WIEGAND, Art. 109 N 10). Dasselbe gilt, wenn die Gläubigerin eine nicht teilbare Sachleistung bereits erbracht hat und die vollständige Vertragserfüllung durch den Geldschuldner als ausgeschlossen erscheint (vgl. BGE 119 II 135, 140). In diesen Fällen kann die Gläubigerin die Rechtsbehelfe bezüglich der Gesamtleistung ausüben. In entsprechender Anwendung des Art. 207 Abs. 1 ist der Rücktritt allerdings ausgeschlossen, wenn die Gläubigerin die empfangene Teilleistung aufgrund eigenen Verschuldens nicht zurückgeben kann.

b) Dauerschuldverhältnisse

Bei bereits in Vollzug gesetzten Dauerschuldverhältnissen 66.36 herrscht Einigkeit, dass sich grundsätzlich das Rücktrittsrecht in ein *Kündigungsrecht* verwandelt. Soweit der Vertrag erfüllt wurde, bleibt er aufrechterhalten; eine Aufhebung erfolgt nur im Hinblick auf künftige Leistungen (vgl. BGE 123 III 124, 127; 97 II 58, 65 f.; 78 II 32, 37; GAUCH/SCHLUEP/EMMENEGGER, N 2815 m.w. Nachw.). Nur in seltenen Ausnahmefällen kann die Gläubigerin auch die *rückwirkende Auflösung* eines Dauerschuldverhältnisses verlangen, nämlich dann, wenn die bereits erbrachten Leistungen aufgrund des Verzuges für sie nicht mehr von Interesse sind und sie deshalb den Vertrag für die Dauer, während derer er ordnungsgemäss erfüllt wurde, nicht abgeschlossen hätte (vgl. BaslerKomm/WIEGAND, Art. 109 N 10).

c) Sukzessivlieferungsverträge

66.37   Bei Sukzessivlieferverträgen, z.B. Bierlieferverträgen, wirkt sich der Verzug zunächst nur bezüglich der betroffenen *einzelnen Rate* aus. Besteht jedoch aufgrund des Verzuges mit einer oder mehreren Raten die begründete Besorgnis, dass auch die künftige korrekte Abwicklung des Vertrages gefährdet ist, und ist der Gläubigerin das Abwarten *künftiger Vertragsverletzungen* nicht zumutbar, so steht ihr analog Art. 107 Abs. 2 ein Rücktrittsrecht auch in Bezug auf die noch nicht fälligen Raten zu, so dass sie sich für die Zukunft ganz vom Vertrag lösen kann (vgl. BGE 69 II 243, 244; BaslerKomm/WIEGAND, Art. 109 N 10 m.w. Nachw.). Wie bei Dauerschuldverhältnissen lässt dies den bereits *abgewickelten Teil* des Sukzessivliefervertrages grundsätzlich unberührt, es sei denn, die Gläubigerin hätte an den erbrachten Teilleistungen kein Interesse.

Kapitel 4: Die Schlechtleistung (positive Vertragsverletzung)

Literatur: BERGER, Schuldrecht, N 1732 ff.; BUCHER, OR AT, 335 ff.; ENGEL, OR AT, 709 ff.; FURRER/MÜLLER-CHEN, Kap. 18 N 14 ff.; GAUCH/SCHLUEP/EMMENEGGER, N 2614 ff.; GUHL/KOLLER, 243 ff.; HUGUENIN, OR AT, N 586 ff.; KELLER/ SCHÖBI, Schuldrecht I, 283 f.; KOLLER, OR AT, § 57 N 34 ff., § 58 N 1 ff.; VON TUHR/ESCHER, 106 ff.; BaslerKomm/WIEGAND, Einl. zu Art. 97–109 N 4 ff.; Art. 97 N 25 ff.; BernerKomm/WEBER, Art. 97 N 44 ff.; CHK/FURRER/WEY, OR 97–98 N 4 ff.; CR CO I/THÉVENOZ, Art. 97 N 19 ff.; KuKo OR/THIER, Art. 97 N 13 f.;

BENSAHEL/MICOTTI/SCHERRER, Certains Aspects du dommage dans la gestion de fortune, SemJud 2008 II, 333 ff.; BOCK, Gewinnherausgabe als Folge einer Vertragsverletyung> eine rechtsvergleichende Untersuchung der vertraglichen Vorteilsherausgabe unter Ber[cksichtigung des schweiyerischen, deutschen und englischen Rechts, Diss. Basel 2010; DIES., Gewinnherausgabeansprüche gernäss CISG, Festschrift Schwenzer, Band I, Bern 2011, 175 ff.; CHAPUIS, Responsabilité et devoirs accessoires découlant d'un contrat, Diss. Neuchâtel, Basel 2005; DERS., Die Haftung wegen Ausbleibens der Erfüllung im Sinne von Art. 97 Art. 1 OR: ein Begriff im Wandel?, AJP 2005, 653 ff.; CHAPPUIS BENOÎT, La détermination du dommage dans la responsabilité du gérant de fortune, in: THÉVENOZ/BOVET (Hrsg.), Journée 2008 de droit bancaire et financier, Zürich 2009, 83 ff.; CHAPPUIS CHRISTINE, Violation contractuelle et remise du gain, Mélanges Tercier II, Genf 2008, 153 ff.; DIETZI, Aufklärungs- und Informationspflichten von Banken, Festschrift Zobl, Zürich 2004, 249 ff.; GINTER, Verhältnis der Sachgewährleistung nach Art. 197 ff. OR zu den Rechtsbehelfen in Art. 97 ff. OR, Diss. St. Gallen, Zürich 2005; GROSS, Fehlerhafte Vermögensverwaltung – Klage des Anlegers auf Schadenersatz, AJP 2006, 161 ff.; HAGER, Schadensersatz bei antizipiertem Vertragsbruch,

Festschrift Schwenzer, Band I, Bern 2011, 681 ff.; IMMENHAUSER, Von der allgemeinen Kontraktsklage zum einheitlichen gesetzlichen Schutzverhältnis, Festschrift Huwiler, Bern 2007, 287 ff.; KOLLER ALFRED, Grundzüge der Haftung für positive Vertragsverletzung, AJP 1992, 1483 ff.; DERS., Einem geschenkten Gaul schaut man nicht ins Maul, Bedeutung und Herkunft der Parömie und ihre Umsetzung in Art. 248 OR und den Nachbarrechten, Festschrift Schulin, Basel 2002, 97 ff.; LUGINBÜHL, Leistungsstörungen beim Unternehmens- und Beteiligungskauf, Zürich 1993; OSWALD, Analyse der Sorgfaltspflichtverletzungen im vertraglichen wie ausservertraglichen Bereich, Zürich 1988; PACHMANN/VON DER CRONE, Unabhängige Vermögensverwaltung: Aufklärung, Sorgfalt und Schadenersatzberechnung, SZW 2005, 146 ff.; SCHMID JÖRG, Die Folgen der Nichterfüllung, in: GAUCH/SCHMID (Hrsg.), Die Rechtsentwicklung an der Schwelle zum 21. Jahrhundert, Symposium zum Schweizerischen Privatrecht, Zürich 2001, 301 ff.; STUDER, Die Beweislastverteilung bei positiver Vertragsverletzung, Diss. St. Gallen 1992; WALTER, Von der positiven Vertragsverletzung zur materiellen Forderungsverletzung, Festschrift Eugen Bucher, Bern 2009, 761 ff.; WIEGAND, Die Leistungsstörungen, recht 1983, 1 ff., 118 ff.; recht 1984, 13 ff.

§ 67 Voraussetzungen

I. Allgemeines

Neben den Störungstatbeständen «Nichtleistung wegen Unmöglichkeit» und «Spätleistung» gibt es andere Fälle der Verletzung von Vertragspflichten, die alle unter dem Sammelbegriff der *nicht gehörigen Erfüllung* oder *positiven Vertragsverletzung* zusammengefasst werden (vgl. VON TUHR/ESCHER, 106 f.; BaslerKomm/WIEGAND, Art. 97 N 25). Beispiele: Ein Verkäufer liefert mangelhafte Ware; ein Treuhänder verletzt die Beratungspflicht seiner Kundin gegenüber, so dass dieser steuerliche Nachteile entstehen; ein Verkäufer klärt die Käuferin nicht über die gefahrlose Verwendung der Kaufsache auf, so dass diese eine Gesundheitsbeeinträchtigung erleidet. Wie diese Beispiele deutlich machen, geht es bei der positiven Vertragsverletzung um zwei Fallgruppen: Die *Schlechterbringung* (auch Schlechterfüllung) einer *Hauptleistungspflicht* einerseits und die *Verletzung vertraglicher Nebenpflichten* andererseits (vgl. GAUCH/SCHLUEP/EMMENEGGER, N 2614 ff.; GUHL/KOLLER, 243 f.).

67.01

Die Rechtsfolgen einer Schlechterfüllung sind oft bei den einzelnen Vertragstypen geregelt. Daneben behandelt Art. 97 Abs. 1 die nicht gehörige Erfüllung in allgemeiner Form. Daraus ergibt sich eine schwierige *Gemengelage* zwischen OR AT und BT (vgl. BaslerKomm/WIEGAND, Einl. zu Art. 97–109 N 16).

67.02

II. Schlechterbringung einer Hauptleistungspflicht

67.03 Entspricht die vom Schuldner erbrachte Hauptleistung nicht dem vertraglich Versprochenen, so kann die Gläubigerin verschiedene Nachteile erleiden. Der erste besteht in einer *Störung des Synallagmas*: Die erbrachte Leistung bleibt hinter dem Wert der Gegenleistung zurück. Des Weiteren kann die Gläubigerin einen Schaden wegen *entgangenen Gewinns* oder entgangener Gebrauchsvorteile verzeichnen. Schliesslich können auch sog. *Mangelfolgeschäden* eintreten, d.h. Schäden an Rechtsgütern ausserhalb des eigentlichen Leistungsgegenstandes, z.B. Körper- und Sachschäden bei Lieferung einer mangelhaften Sache oder Herstellung eines mangelhaften Werkes oder Vermögensfolgeschäden infolge von Haftpflichtansprüchen Dritter oder Beeinträchtigung des Goodwills.

67.04 Für *Sach- und Werkleistungen* (z.B. Kauf, Miete, Werkvertrag, Reiseveranstaltungsvertrag – PauRG), bei denen der Schuldner regelmässig einen Erfolg und nicht nur ein sorgfältiges Tätigwerden verspricht (obligation de résultat), enthält das Gesetz detaillierte Regeln für die Schlechterfüllung. Hier stellt sich namentlich die Frage, wie sich diese zur allgemeinen Bestimmung des Art. 97 Abs. 1 verhalten. Beim *Kaufvertrag* lässt das Bundesgericht in ständiger Rechtsprechung (BGE 133 III 335, 341 f. m.w. Nachw.) Art. 97 Abs. 1 neben den Ansprüchen wegen Mängelgewährleistung zu, allerdings nur, wenn auch die kaufrechtlichen Voraussetzungen (Art. 201, 210) erfüllt sind. Demgegenüber soll die *werkvertragliche Mängelhaftung* die Anwendung von Art. 97 Abs. 1 ausschliessen (BGE 117 II 550, 553; 100 II 30, 32). Auch das *Mietrecht* (Art. 258 ff.) und die Haftung für *Reisemängel* (Art. 12 ff. PauRG) gehen der allgemeinen Vorschrift vor (vgl. BaslerKomm/WIEGAND, Art. 97 N 28 ff.).

67.05 Bei *Dienstleistungs- und Arbeitsverträgen* ist regelmässig kein bestimmter Erfolg, sondern lediglich ein sorgfältiges Tätigwerden geschuldet (obligation de moyens). Die Schlechterfüllung besteht damit regelmässig in einem Sorgfaltsverstoss, z.B. beim ärztlichen Behandlungsfehler (vgl. nur BGE 120 II 248 ff.; 116 II 519 ff.), der unsorgfältigen Vermögensverwaltung (vgl. nur BGE 115 II 62 ff.; 111 II 263 ff.) und Aufbewahrung (vgl. BGE 126 III 192, 196) oder der fehlerhaften Ausübung anwaltlicher Pflichten (vgl. nur BGE 134 III 534, 537 f.; 117 II 563 ff.; 106 II 173 ff.). Soweit sich im OR BT bei den einzelnen Vertragstypen Regelungen zur Schlechterfüllung finden (vgl. z.B. Art. 321e Abs. 1), entsprechen diese Art. 97 Abs. 1, so dass sich anders als bei Sach- und Werkleistungen kein Konkurrenzproblem stellt.

Werden durch die Schlechterbringung einer Hauptleistung absolute 67.06 Rechtsgüter der Gläubigerin, z.b. körperliche Integrität oder Eigentum, verletzt, so kann Ersatz dieser Mangelfolgeschäden grundsätzlich auch über das *Deliktsrecht* verlangt werden (Anspruchskonkurrenz). Bei reinen Vermögensschäden kommt hingegen ein konkurrierender Deliktsanspruch mangels Widerrechtlichkeit grundsätzlich nicht in Frage, es sei denn es wurde gleichzeitig eine vermögensschützende Schutznorm verletzt (z.B. Veruntreuung durch Treuhänder – Art. 138 StGB).

III. Verletzung von Nebenpflichten

Schlechtleistung liegt auch vor, wenn der Schuldner zwar die 67.07 Hauptleistung richtig und vertragsgemäss erbringt, jedoch aus dem Vertrag resultierende Nebenpflichten verletzt und der Gläubigerin dadurch Schaden zufügt. Primär ist es Sache der Parteien, in ihrem Vertrag Nebenpflichten, wie z.b. Montage der verkauften Maschine, Unterweisung des Personals etc., zu vereinbaren. Im übrigen können Nebenpflichten rechtsdogmatisch mit neuerer Lehre und Rechtsprechung aus Art. 2 Abs. 1 ZGB abgeleitet werden (zum Meinungsstand vgl. BaslerKomm/ WIEGAND, Art. 97 N 35; BernerKomm/KRAMER, Allg. Einl. N 96). Dabei kann zwischen *Obhuts- und Schutzpflichten* auf der einen Seite und *leistungsbezogenen Nebenpflichten* auf der anderen Seite unterschieden werden.

Obhuts- und Schutzpflichten sollen die Gläubigerin vor Beeinträchti- 67.08 gung ihrer *körperlichen Integrität* und ihres *Eigentums* schützen. So hat z.B. das Bergbahnunternehmen für die Sicherung der Skipisten zu sorgen (vgl. BGE 126 III 113, 115; 121 III 358 ff.; 113 II 246 ff.), Praxisräume müssen gefahrlos zu begehen sein, der Arbeitgeber muss einen gefahrlosen Arbeitsplatz zur Verfügung stellen (vgl. BGE 102 II 18 ff.; 100 II 352 ff.) und die Voraussetzungen dafür schaffen, dass die Arbeitnehmerin ihre persönlichen Gegenstände sicher aufbewahren kann (vgl. ZürcherKomm/STAEHELIN, Art. 328 N 10: Velo). Faktisch handelt es sich bei diesen Schutzpflichten um an das Vertragsrecht angepasste deliktische Verhaltenspflichten (vgl. BGE 126 III 113, 115; GAUCH/SCHLUEP/ EMMENEGGER, N 2645; BaslerKomm/WIEGAND, Art. 97 N 34).

Leistungsbezogene Nebenpflichten sollen den Eintritt des *mit dem Ver-* 67.09 *trag bezweckten Erfolgs* sichern. Hierzu gehören vor allem *Aufklärungs-,*

Beratungs- und *Unterlassungspflichten.* Der Verkäufer einer komplizierten Maschine muss die Käuferin in deren Handhabung unterweisen (vgl. BGHZ 47, 312; BGHZ 88, 130), der Verkäufer eines Unternehmens darf der Käuferin in einem bestimmten räumlich-zeitlichen Umfeld keine Konkurrenz machen, der Architekt hat auf eine sachgerechte Haftpflichtversicherung hinzuweisen (BGE 111 II 72, 75), eine Bank muss die Kundin über Risiken bei Spekulationsgeschäften aufklären (BGer, SemJud 2002 I, 274, 275; BGE 115 II 62, 64 f.), ein Arzt hat die Patientin über Risiken der Heilbehandlung und deren wirtschaftliche Belange aufzuklären (BGE 119 II 456 ff.; 116 II 519 ff.). In allgemeiner Weise kann insoweit von der *Pflicht* des Schuldners *zu loyalem Verhalten* gesprochen werden. Er hat alles zu unterlassen, was das Erreichen des Vertragszwecks gefährden könnte. Insofern kann auch eine Erfüllungsverweigerung des Schuldners vor Fälligkeit der Verpflichtung *(antizipierter Vertragsbruch)* als Fall der Schlechtleistung begriffen werden.

§ 68   Rechtsfolgen

I. Erfüllungsanspruch

1. Schlechterbringung einer Hauptleistungspflicht

68.01   Ob der Gläubigerin bei nicht vertragsgemässer Erbringung einer Hauptleistungspflicht ein Anspruch auf Erfüllung in Form von *Nachbesserung* oder *Nachlieferung* zusteht, beurteilt sich für die verschiedenen Vertragstypen unterschiedlich.

68.02   Beim *Spezieskauf* geht die herrschende Auffassung immer noch davon aus, dass auch mit einer mangelhaften Sache erfüllt wird und deshalb der Käuferin nur Sekundäransprüche, nicht aber ein Anspruch auf Nachbesserung zustehen (vgl. HONSELL, OR BT, 101 f.), auch wenn ein solcher häufig vereinbart wird. Hingegen umfasst die Pflicht des Verkäufers beim *Gattungskauf* auch die Verpflichtung zur Lieferung von Ware mittlerer Qualität, so dass bei Lieferung minderer Qualität der ursprüngliche Erfüllungsanspruch weiter besteht (vgl. N 8.07). Er wird freilich in Art. 206 Abs. 1 dadurch eingeschränkt, dass er nur bei Einhaltung der Voraussetzungen der kaufrechtlichen Gewährleistung (Art. 201, 210) geltend gemacht werden kann (vgl. BaslerKomm/HONSELL, Art. 206 N 1; KELLER/SIEHR, Kaufrecht, 94 f.).

68.03   Das *Miet-* und *Werkvertragsrecht* enthält jeweils Sonderregelungen zum Nachbesserungsanspruch der Mieterin bzw. Bestellerin (vgl.

Art. 258 Abs. 1 i.V.m. 107 ff., 259a Abs. 1 lit. a, 368 Abs. 2), die dem allgemeinen Erfüllungsanspruch vorgehen (vgl. GUHL/KOLLER, 243).

Bei mangelhafter *Arbeitsleistung* soll der Arbeitgeberin nach herr- 68.04 schender Auffassung kein Recht auf Nachleistung der Arbeit zustehen (vgl. BaslerKomm/PORTMANN, Art. 321e N 1 ff.). Einen Nachbesserungsanspruch sieht das Gesetz allerdings beim Heimarbeitsvertrag vor (Art. 352 Abs. 2). Auch beim *Auftrag* ist ein Nachbesserungsanspruch zu bejahen, soweit die Nachbesserung möglich ist und dem Beauftragten nicht übermässige Kosten verursacht (vgl. auch Art. 368 Abs. 2).

2. Verletzung von Nebenpflichten

Ob der Gläubigerin bei Verletzung von Nebenpflichten ein Er- 68.05 füllungsanspruch zusteht, kann kaum abstrakt, sondern meist nur anhand des konkreten *Einzelfalls* beurteilt werden. Als Faustregel (vgl. BaslerKomm/WIEGAND, Art. 97 N 32; BernerKomm/KRAMER, Allg. Einl. N 91, 96) gilt, dass die Einhaltung von *Obhuts-* und *Schutzpflichten* grundsätzlich nicht selbstständig einklagbar ist; die Gläubigerin ist hier auf Sekundäransprüche verwiesen. Die Erfüllung von *leistungsbezogenen Nebenpflichten*, z.B. Verpackung der Ware, Konkurrenzverbot beim Unternehmenskauf etc., kann hingegen grundsätzlich klageweise erzwungen werden, wenngleich auch hier der Erfüllungsanspruch in der Praxis zuweilen von nur untergeordneter Bedeutung ist (vgl. auch N 61.02).

II. Schadenersatz

Erleidet die Gläubigerin aufgrund der Schlechtleistung einen 68.06 Schaden, so ist dieser zu ersetzen. Geschuldet ist das *positive Interesse*, d.h. die Gläubigerin ist so zu stellen, als ob der Schuldner ordnungsgemäss erfüllt hätte. Damit sind nicht nur der Minderwert der erbrachten Leistung, entgangener Gewinn und entgangene Gebrauchsvorteile, sondern auch allfällige Mangelfolgeschäden auszugleichen (vgl. BaslerKomm/WIEGAND, Art. 97 N 38). Kann der Umfang des positiven Interesses nicht bewiesen werden, ist das negative Interesse als Mindestschaden geschuldet (vgl. N 14.30).

Der Anspruch auf Schadenersatz setzt grundsätzlich voraus, dass es 68.07 dem Schuldner nicht gelingt nachzuweisen, dass er die Schlechtleistung *nicht zu verantworten* hat. Dies gilt nicht nur im Rahmen des Art. 97

Abs. 1, sondern auch im Rahmen der Schadenersatzhaftung der besonderen Vertragstypen (vgl. nur Art. 208 Abs. 3, 259e, 368 Abs. 1, 2).

68.08 Bei verschiedenen Vertragstypen steht der Gläubigerin auch die Möglichkeit offen, im Falle mangelhafter Leistung des Schuldners ihre eigene Gegenleistung im Wege der *Minderung* verhältnismässig herabzusetzen (Art. 205 Abs. 1, 259a Abs. 1 lit. b, 368 Abs. 2, Art. 13 Abs. 1 lit. b PauRG; vgl. aber BGE 97 II 142, 150: keine Minderung bei mangelhafter Arbeitsleistung). Faktisch kommt die Minderung einem Schadenersatzanspruch insoweit nahe, als damit der Minderwert der Vertragsleistung kompensiert wird (vgl. aber KELLER/SIEHR, Kaufrecht, 92). Die Minderung – als Fortwirkung des Synallagmas – ist jedoch unabhängig vom Verschulden des Schuldners.

68.08a In jüngerer Zeit wird daneben bei Vertragsverletzung auch ein Anspruch auf *Gewinnherausgabe* befürwortet (vgl. grundlegend BOCK, Gewinnherausgabe, *passim*; CHAPPUIS CHRISTINE, Mélanges Tercier II, 153, 163 ff.). Zweck ist die Prävention vorsätzlich begangener lukrativer Vertragsbrüche («breach of contract must not pay») namentlich in Fällen, wo ein blosser Anspruch auf Schadenersatz die Interessen der Gläubigerin nicht hinreichend zu berücksichtigen vermag (vgl. BOCK, Gewinnherausgabe, 297 ff.).

III. Rücktrittsrecht

68.09 Verschiedene Bestimmungen des OR BT gewähren der Gläubigerin bei mangelhafter Erbringung der Hauptleistung ein *Rücktritts-* bzw. *Kündigungsrecht* (vgl. Art. 205 Abs. 1, 257f Abs. 3, 259b lit. a, 368 Abs. 1). Gemeinsam ist allen diesen Bestimmungen, dass das Recht der Gläubigerin zur Aufhebung des Vertrages nicht von einem Verschulden des Schuldners abhängt. Da jedoch die Vertragsaufhebung den einschneidendsten Rechtsbehelf darstellt, wird sie nur bei einer *wesentlichen Vertragsverletzung* gewährt, d.h. dann, wenn die Aufrechterhaltung des Vertrages der Gläubigerin nicht zumutbar ist. Dies ist dann der Fall, wenn ihr im Wesentlichen das entgeht, was sie vom Vertrag erwarten durfte (vgl. Art. 25 CISG).

68.10 In allen nicht unter die spezialgesetzlichen Normen fallenden Fällen von Schlechtleistung, d.h. insbesondere auch bei der Verletzung von Nebenpflichten, muss der Gläubigerin ein *Rücktrittsrecht* nach Art. 97 Abs. 1 bzw. analog Art. 107 Abs. 2 zustehen. Da sowohl die Sonderregeln des OR BT als auch Art. 107 Abs. 2 kein Verschulden des Schuldners voraussetzen, sollte das Rücktrittsrecht *verschuldensunabhängig* gewährt werden. Erforderlich ist jedoch auch hier eine *wesentliche Vertragsverletzung* (vgl. nun auch GAUCH/SCHLUEP/EMMENEGGER, N 2587 und 2624). Dies kann durchaus auch bei bereits beidseits erfüllten Verträgen in Betracht kommen (a.A. BaslerKomm/WIEGAND, Art. 97 N 58 m.w. Nachw.), z.B. wenn die Käuferin wegen der Verletzung einer Nebenpflicht durch den Verkäufer (Konkurrenzverbot, Beratungspflicht etc.) von dem Kaufgegenstand nicht den nach dem Vertrag vorausgesetzten Gebrauch machen kann. Ist die Schlechtleistung nicht wesentlich, kommt ein Rücktritt analog Art. 107 Abs. 2 nur nach erfolgloser Nachfristsetzung in Betracht. Neben der Rückabwicklung kann entsprechend Art. 109 Abs. 2 das *negative Interesse* verlangt werden, bei fehlender Exkulpation des Schuldners auch das *positive* (vgl. N 66.34).

Beim *antizipierten Vertragsbruch* kann die Gläubigerin bereits vor   68.10a
Fälligkeit der Leistung zurücktreten.

IV. Sonderfälle

Bei *teilweiser Schlechtleistung*, Schlechtleistung bei *Dauer-*   68.11
schuldverhältnissen und *Sukzessivlieferungsverträgen* gelten dieselben Grundsätze wie bei Unmöglichkeit und Verzug (vgl. N 64.31, 66.35 ff.).

Kapitel 5: Der Gläubigerverzug

Literatur: BERGER, Schuldrecht, N 1279 ff.; BUCHER, OR AT, 318 ff.; ENGEL, OR AT, 661 ff.; FURRER/MÜLLER-CHEN, Kap. 20 N 52 ff.; GAUCH/SCHLUEP/EMMENEGGER, N 2429 ff.; GUHL/KOLLER, 260 ff.; HUGUENIN, OR AT, N 697 ff.; KELLER/SCHÖBI, Schuldrecht I, 230 ff., 285 ff.; KOLLER, OR AT, § 56 N 1 ff.; TERCIER, Obligations, N 1391 ff.; VON TUHR/ESCHER, 69 ff.; BaslerKomm/BERNET, Art. 91–96; BernerKomm/WEBER, Art. 91–96; CHK/MERCIER, OR 91–96; CR CO I/LOERTSCHER, Art. 91–96; KuKo OR/GROSS/SPRECHER, Art. 91–96;

SCHULIN, Schuldnerrechte bei vertragswidrigem Verhalten des Gläubigers, insbesondere bei Dienstleistungsobligationen, in: KOLLER ALFRED (Hrsg.), Haftung aus Vertrag, St. Gallen 1998, 75 ff.; STAUBER, Die Rechtsfolgen des Gläubigerverzugs, Diss. Bern 2009.

§ 69   Voraussetzungen

I. Allgemeines

69.01   In den meisten Fällen kann die Schuldnerin ihre Leistung nur erbringen, wenn der Gläubiger *mitwirkt*. So muss beispielsweise der Arbeitgeber nicht nur den Zugang zum Arbeitsplatz ermöglichen, sondern u.U. auch eine erforderliche Arbeitsbewilligung besorgen (vgl. BGE 114 II 279, 283 f.). Die Werkunternehmerin kann die Reparatur einer Sache nur vornehmen, wenn diese ihr überlassen wird. Der Käufer muss die Ware abholen bzw. bei Lieferung entgegennehmen (vgl. BGE 109 II 26, 32). Unterlässt der Gläubiger die erforderlichen Mitwirkungshandlungen, so ist die Leistungsstörung auf ihn zurückzuführen.

69.02   Mitwirkungshandlungen des Gläubigers stellen allerdings grundsätzlich *keine Rechtspflichten* dar, es handelt sich vielmehr um *Obliegenheiten*. Daraus folgt, dass die Schuldnerin weder auf Mitwirkung klagen noch bei Unterbleiben derselben Schadenersatz verlangen kann. Die Rechtsfolgen des Gläubigerverzugs bestehen vielmehr darin, dass die Rechtsstellung der Schuldnerin erleichtert und die des Gläubigers erschwert wird. Gläubiger- und Schuldnerverzug unterscheiden sich damit grundlegend.

69.03   Im Einzelfall kann allerdings auch die Mitwirkung des Gläubigers eine *echte Pflicht* darstellen, so dass ihre Verletzung Schuldnerverzug begründet. So wird die Abnahmepflicht des Käufers (Art. 211) von der herrschenden Meinung als Hauptpflicht angesehen (BGE 110 II 148, 151; 111 II 156, 159; KELLER/SIEHR, Kaufrecht, 22; a.A. HONSELL, OR BT, 49 f.), ebenso die Annahme des Werkes durch den Besteller (vgl. BernerKomm/WEBER, Art. 91 N 69 m.w. Nachw.).

69.04   Nimmt der Gläubiger bei einem *synallagmatischen Vertrag* die Leistung der Schuldnerin nicht an, so wird er regelmässig auch nicht bereit sein, seinerseits die Gegenleistung zu erbringen (vgl. BGE 110 II 148 ff.; 59 II 305 ff.). Sind die Leistungen Zug um Zug zu erfüllen, so gerät der Gläubiger damit gleichzeitig in *Schuldnerverzug* (vgl. GAUCH/SCHLUEP/EMMENEGGER, N 2432). Liegt sowohl Gläubiger- als auch Schuldnerverzug vor, so hat die Schuldnerin die Wahl, nach welchen Bestimmungen sie vorgehen will (vgl. VON TUHR/ESCHER, 75 f.; BernerKomm/WEBER, Art. 91 N 73). Auf die Rechtsfolgen des Gläubigerverzugs allein ist die Schuldnerin damit nur angewiesen, wenn sie selbst vorleistungspflichtig ist und in der Nichtannahme der Leistung durch den Gläubiger nicht gleichzeitig ein antizipierter Vertragsbruch bezüglich der von diesem geschuldeten Gegenleistung erblickt werden kann (vgl. Basler-Komm/BERNET, Vorbem. Art. 91–96 N 3).

II. Leistungsangebot des Schuldners

Gläubigerverzug setzt zunächst voraus, dass die Schuldnerin 69.05
zur Leistung überhaupt berechtigt, d.h. dass die Leistung zumindest
erbringbar ist. Fälligkeit der Leistung ist hingegen für den Gläubigerverzug nicht erforderlich (vgl. VON TUHR/ESCHER, 70). Des Weiteren ist
Voraussetzung, dass die Schuldnerin zur Leistungserbringung *imstande*
und *bereit* ist (BGE 111 II 463, 469). Unmöglichkeit der Leistung
schliesst Gläubigerverzug aus (vgl. BernerKomm/WEBER, Art. 91 N 34;
BGE 114 II 274, 276 f.). Bei zeitlich eng gebundenen Leistungen geht
der Gläubigerverzug oftmals in Unmöglichkeit über. Erscheint z.B. der
Reisende nicht zum vereinbarten Zeitpunkt am Flughafen, so liegt zunächst Gläubigerverzug vor, der sich jedoch spätestens mit Abflug der
Maschine in Unmöglichkeit verwandelt.

Nach Art. 91 ist schliesslich erforderlich, dass die Schuldnerin dem 69.06
Gläubiger die Leistung *in gehöriger Weise anbietet*. Dies bedeutet, dass
die vertragsgemässe Leistung am richtigen Ort und zur richtigen Zeit
angeboten werden muss. Teilleistungen braucht der Gläubiger in der
Regel nicht zu akzeptieren (vgl. N 7.25 f.). Bietet die Schuldnerin ihre
Leistung nach Erbringbarkeit, aber vor Fälligkeit an, so muss sie dies
dem Gläubiger eine angemessene Zeit vorher *ankündigen*, damit dieser
entsprechende Dispositionen treffen kann (vgl. BaslerKomm/BERNET,
Art. 91 N 3). Dasselbe gilt, wenn für die Leistung kein fester Zeitpunkt
vorgegeben ist. Bei einer Zug-um-Zug-Leistung kann die Schuldnerin
ihre Leistung unter der Bedingung gleichzeitiger Gegenleistung anbieten;
sie kann auch die gleichzeitige Ausstellung einer Quittung verlangen
(vgl. N 76.04).

In der Regel ist ein *tatsächliches Angebot* (Realoblation) erforderlich, 69.07
d.h., dass die Erfüllung nur noch von der Mitwirkung des Gläubigers
abhängt (vgl. BGE 79 II 280, 282; BernerKomm/WEBER, Art. 91
N 100 ff. m.w. Nachw.). Bei Bringschulden muss die Schuldnerin die
Ware am Wohnsitz des Gläubigers anbieten; bei Werk- oder Arbeitsleistungen muss sie sich dort einfinden, wo die Leistung zu erbringen ist.
Ausnahmsweise genügt ein *wörtliches Angebot* (Verbaloblation). Dies ist
insbesondere der Fall, wenn der Gläubiger eine Handlung unterlässt, die
zur Leistungserbringung erforderlich ist, wie insbesondere die Abholung

bei einer Holschuld (BGE 119 II 437, 439; 109 II 26, 32, je m.w. Nachw.).

69.08 Weder ein tatsächliches noch ein wörtliches Angebot ist analog Art. 102 Abs. 2 erforderlich, wenn für die Vornahme der Mitwirkungshandlung des Gläubigers ein *Termin* bestimmt bzw. bestimmbar ist und der Gläubiger diesen Termin, z.B. den Abflug des Flugzeugs, versäumt (vgl. BaslerKomm/BERNET, Art. 91 N 5). Auch im Falle einer *antizipierten Annahmeverweigerung* ist der Schuldnerin das Anbieten der Leistung nicht zumutbar (BGE 111 II 463, 469; 109 II 26, 32; a.A. BernerKomm/ WEBER, Art. 91 N 129 m.w. Nachw.).

III. Verweigerung der Mitwirkung durch den Gläubiger

69.09 Nach Art. 91 kommt der Gläubiger in Verzug, wenn er die Annahme der von der Schuldnerin gehörig angebotenen Leistung *verweigert*. Die Annahmeverweigerung kann ausdrücklich oder konkludent erfolgen, z.B. wenn der Gläubiger die Ware trotz Anzeige nicht abholt (vgl. BaslerKomm/BERNET, Art. 91 N 8). Auch eine antizipierte Annahmeverweigerung führt zum Gläubigerverzug (BGE 109 II 26, 32). Der Annahmeverweigerung ist das *Unterlassen* der dem Gläubiger obliegenden *Vorbereitungshandlungen* gleichgestellt (vgl. BernerKomm/WEBER, Art. 91 N 150 m.w. Nachw.). So tritt Gläubigerverzug ein, wenn der Käufer beim Spezifikationskauf die erforderliche Spezifikation nicht vornimmt (BGE 110 II 148, 152), die Ware nicht abruft (vgl. BGE 59 II 305 ff.; 48 II 98, 103) oder bei einem Arbeits-, Dienstleistungs- oder Werkvertrag die erforderlichen Weisungen nicht erteilt.

69.10 Die Verweigerung der Annahme der Leistung oder der Vornahme von Vorbereitungshandlungen muss *ungerechtfertigterweise* erfolgen. Dies bedeutet jedoch lediglich, dass keine objektiven Gründe im Hinblick auf das Leistungsangebot durch die Schuldnerin vorliegen dürfen, die die Verweigerung des Gläubigers als rechtmässig erscheinen lassen (Kasuistik bei BaslerKomm/BERNET, Art. 91 N 14 f.; BernerKomm/WEBER, Art. 91 N 158). Ein *Verschulden* des Gläubigers ist nicht Voraussetzung, so dass Gläubigerverzug auch dann eintritt, wenn der Gläubiger aus Gründen, die er nicht zu vertreten hat (z.B. Krankheit, Notfall), an der Mitwirkung verhindert ist (anschaulich BGE 88 II 111, 115 f.).

IV. Andere Verhinderung der Erfüllung

In Art. 96 wird dem Gläubigerverzug der Fall gleichgestellt, 69.11
dass die Erfüllung aus einem *anderen in der Person des Gläubigers liegenden Grund* oder infolge einer unverschuldeten *Ungewissheit über die
Person des Gläubigers* nicht erfolgen kann.

Ein *anderer in der Person des Gläubigers liegender Grund* liegt vor, 69.12
wenn dieser aus physischen oder rechtlichen Gründen die Leistung nicht
annehmen kann, z.B. wenn der Aufenthaltsort des Gläubigers unbekannt
ist oder wenn ein urteilsunfähiger Gläubiger keinen Vertreter hat und die
Leistung deshalb nicht wirksam entgegennehmen kann (vgl. AppGer BS,
BJM 1957, 210, 211 f.).

Ungewissheit über die Person des Gläubigers ist gegeben, wenn die 69.13
Schuldnerin gar nicht weiss, wer der Gläubiger ist, oder wenn mehrere
Personen je für sich die Gläubigerstellung in Anspruch nehmen (*Prätendentenstreit*; vgl. Kasuistik bei BaslerKomm/BERNET, Art. 96 N 3;
zum Sonderfall der Forderungsabtretung vgl. N 90.44). Verlangen die
Gläubiger bei alternativ geschuldeten Leistungen unterschiedliche Leistungen, so kann sich die Schuldnerin jedenfalls durch Hinterlegung
sämtlicher wahlweise geschuldeten Leistungen befreien (vgl. BGE 134
III 348, 352).

Zusätzlich erforderlich ist, dass die Ungewissheit von der Schuldnerin 69.14
nicht verschuldet ist. D.h., sie ist verpflichtet, Nachforschungen anzustel-
len, um die Person des Gläubigers zu ermitteln (vgl. BGE 62 II 342, 346;
59 II 226, 232; KGer SG, SJZ 1985, 214 ff.).

§ 70   Rechtsfolgen

Die Rechtsfolgen des Gläubigerverzugs sind in Art. 92–95 nur 70.01
rudimentär geregelt. Daneben haben Rechtsprechung und Lehre eine
Reihe allgemeiner Grundsätze entwickelt.

I. Allgemeine Prinzipien

1. Einfluss auf die Leistungspflicht des Schuldners

Trotz des Gläubigerverzugs bleibt die Leistungspflicht der 70.02
Schuldnerin bestehen, der Gläubiger kann also weiterhin *Erfüllung* verlangen (vgl. ENGEL, OR AT, 665; BernerKomm/WEBER, Art. 92 N 9).

Jedoch wird die Rechtsstellung der Schuldnerin in verschiedenen Punkten erleichtert.

a) Schuldnerverzug

70.03 Der Gläubigerverzug schliesst den *Verzug der Schuldnerin* aus. Befand sich die Schuldnerin vor Eintritt des Gläubigerverzugs in Verzug, so endet dieser. Weitere Verzugszinsen sind nicht mehr geschuldet (vgl. BGE 45 II 250, 256). Vertraglich vereinbarte Zinsen hat die Schuldnerin hingegen weiter zu bezahlen; sie kann sich von dieser Pflicht nur durch Hinterlegung der geschuldeten Summe befreien (BGE 119 II 437, 440).

b) Gefahrübergang

70.04 Im Arbeits- und Werkvertragsrecht finden sich Bestimmungen, wonach bei einem Annahmeverzug des Gläubigers die *Gefahr des zufälligen Untergangs* der Leistung auf diesen übergeht (Art. 324 Abs. 1, 376 Abs. 1). Dies bedeutet, dass der Gläubiger die Leistung nicht mehr verlangen kann (Leistungsgefahr), seinerseits jedoch zur Gegenleistung verpflichtet bleibt (Gegenleistungs- oder Preisgefahr). Zwar fehlt im Rahmen der Art. 91 ff. eine allgemeine Regelung, die den Gefahrübergang anordnet, die herrschende Lehre befürwortet jedoch eine Analogie zu den genannten Vorschriften sowie zu Art. 103 Abs. 1 (vgl. GAUCH/SCHLUEP/EMMENEGGER, N 2438; VON TUHR/ESCHER, 74 f.; a.A. Basler Komm/BERNET, Vor Art. 91–96 N 7; BernerKomm/WEBER, Art. 92 N 21). Diese Auffassung ist sachgerecht, denn ohne den Gläubigerverzug hätte die Schuldnerin erfüllt und damit die Gegenleistung verdient (so auch BUCHER, OR AT, 324 f.).

70.05 Wird die Leistung der Schuldnerin demnach nach Eintritt des Gläubigerverzugs aufgrund eines Umstandes unmöglich, den sie nicht zu vertreten hat, so wird sie von ihrer *Leistungspflicht befreit* und behält den *Anspruch auf die Gegenleistung*. In entsprechender Anwendung der Art. 324 Abs. 2, 376 Abs. 1 muss sie sich jedoch auf diesen Anspruch anrechnen lassen, was sie infolge der Befreiung von der Leistung erspart oder durch anderweitige Verwendung ihrer Arbeitskraft erworben oder zu erwerben absichtlich unterlassen hat. Bedeutung erlangt der Gefahrübergang infolge Gläubigerverzugs in Fällen, in denen die Gefahr nicht bereits zu einem früheren Zeitpunkt (wie etwa nach Art. 185 Abs. 1, 2) auf den Gläubiger übergegangen ist. Beispiel: Die Verkäuferin schuldet 6000 Liter Heizöl (Bringschuld). Als sie das Öl mit ihrem Tankwagen

(Fassungsvermögen 15 000 Liter) beim Käufer abliefern will, ist dieser nicht anwesend. Auf der Rückfahrt kommt es zu einem unverschuldeten Unfall, bei dem das ganze Öl ausläuft. Ein Gefahrübergang nach Art. 185 Abs. 2 scheidet mangels Ausscheidung der Sache aus; dieser kann nur aufgrund des Gläubigerverzugs begründet werden.

c) Haftungserleichterung

Nach überwiegender Auffassung (vgl. BaslerKomm/BERNET, 70.06 Vor Art. 91–96 N 7 m.w. Nachw.; a.A. GAUCH/SCHLUEP/EMMENEGGER, N 2441) ist das *Verschulden* der Schuldnerin mit Eintritt des Gläubigerverzugs nach Art. 99 Abs. 2 *milder zu beurteilen*: Sie haftet ab diesem Zeitpunkt nur noch für Vorsatz und grobe Fahrlässigkeit. Dies hat zur Folge, dass die Gefahr auch dann auf den Gläubiger übergeht, wenn die Leistung während des Annahmeverzugs aufgrund leichten Verschuldens der Schuldnerin unmöglich wird.

d) Ausschluss der Einrede des nicht erfüllten Vertrages

Nach herrschender Lehre (vgl. GAUCH/SCHLUEP/EMMEN- 70.07 EGGER, N 2446 m.w. Nachw.) soll sich der Gläubiger bei Annahmeverzug nicht mehr auf die *Einrede des nicht erfüllten Vertrages* berufen können. Das Bundesgericht hat diese Frage bislang offen gelassen (BGE 111 II 463, 470).

2. Ersatz von Aufwendungen

Entstehen der Schuldnerin aufgrund des Gläubigerverzugs *zu-* 70.08 *sätzliche Aufwendungen*, z.B. für die Aufbewahrung und Erhaltung der Sache, so kann sie diese nach Art. 422 Abs. 1 vom Gläubiger ersetzt verlangen (vgl. BernerKomm/WEBER, Art. 92 N 31 ff. m.w. Nachw.).

II. Sonderregeln der Art. 92–95

1. Sachleistungen

Kommt der Gläubiger einer Sachleistung in Verzug, so hat die 70.09 Schuldnerin das Recht zur *Hinterlegung* (Art. 92, 94) oder zum *Selbsthil-*

feverkauf (Art. 93). In der Praxis spielen diese Regeln allerdings keine grosse Rolle.

a) Hinterlegung

70.10   Bei Sachleistungen kann sich die Schuldnerin nach Art. 92 durch Hinterlegung von ihrer Leistungspflicht befreien.

70.11   Voraussetzung ist zunächst, dass es sich um eine *zur Hinterlegung geeignete Sache* handelt (vgl. BaslerKomm/BERNET, Art. 92 N 2). Hierzu gehören bewegliche Sachen, die nicht dem Verderb ausgesetzt sind oder Unterhaltungs- oder erhebliche Aufbewahrungskosten verursachen (vgl. Art. 93 Abs. 1 e contrario), wozu insbesondere Geld, Urkunden und Wertpapiere zu zählen sind. Grundstücke sind nicht hinterlegungsfähig (vgl. GAUCH/SCHLUEP/EMMENEGGER, N 2454 m.w. Nachw.).

70.12   Den *Ort der Hinterlegung* bestimmt nach Art. 92 Abs. 2 das Gericht. Hinterlegungsfähige Waren können auch ohne gerichtliche Bestimmung in einem *Lagerhaus* hinterlegt werden. Die Hinterlegung erfolgt mittels *Hinterlegungsvertrags* (Art. 472 ff.) zwischen Schuldnerin und Aufbewahrer zugunsten des Gläubigers (Art. 112 Abs. 2). Dieser Vertrag enthält regelmässig die Vereinbarung, dass der Gläubiger nur gegen Erbringung der Gegenleistung und Zahlung der Kosten die Herausgabe verlangen kann (vgl. BernerKomm/WEBER, Art. 92 N 104 ff. m.w. Nachw.). Aus Treu und Glauben ist die Schuldnerin verpflichtet, dem Gläubiger die Hinterlegung *anzuzeigen* (vgl. BUCHER, OR AT, 322 f.).

70.13   Mit ordnungsgemässer Hinterlegung wird die Schuldnerin von ihrer Leistungspflicht *befreit*, d.h., die Forderung des Gläubigers erlischt. Damit geht auch die *Gefahr* des zufälligen Untergangs der Sache auf den Gläubiger über. Nach Art. 94 Abs. 1 ist die Schuldnerin jedoch berechtigt, die hinterlegte Sache wieder *zurückzunehmen*. Dies gilt nicht, wenn der Gläubiger deren Annahme erklärt hat (vgl. auch Art. 112 Abs. 3), infolge der Hinterlegung ein Pfandrecht zugunsten des Gläubigers erloschen ist oder die Schuldnerin auf die Rücknahme verzichtet hat. Im Falle einer Rücknahme lebt die Forderung wieder auf (Art. 94 Abs. 2).

b) Selbsthilfeverkauf

70.14   *Nicht hinterlegungsfähige Sachen* kann die Schuldnerin nach Art. 93 im Wege des *Selbsthilfeverkaufs* verkaufen und den dabei erzielten Erlös nach Art. 92 hinterlegen oder gegebenenfalls mit einer ihr gegen den Gläubiger zustehenden (Gegen-)Forderung verrechnen (Art. 120 ff.).

Der Selbsthilfeverkauf ist nur wirksam, wenn er vom Gericht zuvor *bewilligt* wurde (krit. dazu GAUCH/SCHLUEP/EMMENEGGER, N 2457 m.w. Nachw.; Einzelheiten zum gerichtlichen Bewilligungsverfahren in BGE 136 III 178, 181 ff.). Nach Art. 93 Abs. 1 muss er zudem dem Gläubiger vorher *angedroht* werden und darf nur im Wege einer *öffentlichen Versteigerung* erfolgen. Androhung und öffentliche Versteigerung sind entbehrlich, wenn die Sache einen *Börsen- oder Marktpreis* besitzt oder von geringem Wert ist (Art. 93 Abs. 2; vgl. BGE 89 II 218 ff.). Im *kaufmännischen Verkehr* kann die Verkäuferin, wenn der Käufer die Ware nicht abnimmt und den Kaufpreis nicht bezahlt, die Sache auch ohne gerichtliche Bewilligung im Wege des Selbsthilfeverkaufs veräussern (vgl. Art. 215 Abs. 1; vgl. dazu HONSELL, OR BT, 68 f.).   70.15

Die Möglichkeit, bei Gläubigerverzug zum Selbsthilfeverkauf zu schreiten, stellt grundsätzlich ein *Recht der Schuldnerin* dar. Aus Treu und Glauben kann sich allerdings eine *Pflicht* der Schuldnerin zum Selbsthilfeverkauf ergeben, wenn die Unterlassung desselben den Gläubiger erheblich schädigen würde (BGE 115 II 451, 452). Dies gilt insbesondere, wenn die Sache zu verderben droht (vgl. auch Art. 204 Abs. 3, 427 Abs. 3, 445 Abs. 1).   70.16

2. Andere Leistungen

Bei anderen Leistungen als Sachleistungen, z.B. *Arbeits-* oder *Werkleistungen*, sind Hinterlegung oder Selbsthilfeverkauf nicht denkbar. Deshalb gewährt Art. 95 der Schuldnerin in diesen Fällen ein *Rücktrittsrecht*. Auch bei unbeweglichen Sachen soll die Schuldnerin nach Art. 95 vorgehen können (BGE 111 II 156, 159; stattdessen für ein Recht zum Selbsthilfeverkauf eintretend: GAUCH/SCHLUEP/EMMENEGGER, N 2454 m.w. Nachw.).   70.17

Der Rücktritt hat nach den Bestimmungen über den *Schuldnerverzug* (Art. 107–109) zu erfolgen. Dies bedeutet, dass die Schuldnerin dem Gläubiger grundsätzlich eine Nachfrist zur Annahme der Leistung bzw. zur Vornahme der Vorbereitungshandlung setzen und nach deren Ablauf den Rücktritt unverzüglich erklären muss (vgl. BGE 111 II 156, 159). Tritt die Schuldnerin zurück, so kann sie nach Art. 109 Abs. 2 Schadenersatz verlangen (str., vgl. GAUCH/SCHLUEP/EMMENEGGER, N 2464 f. m.w. Nachw.).   70.18

III. Übergang des Wahlrechts

70.19 Steht bei einer *Wahlschuld* das Wahlrecht dem Gläubiger zu, so nützt der Schuldnerin das Recht zur Hinterlegung oder zum Selbsthilfeverkauf nichts, ehe der Gläubiger das Wahlrecht nicht ausgeübt hat (zur *freiwilligen* Hinterlegung der alternativ geschuldeten Leistungen vgl. BGE 134 III 348, 352). Deshalb geht das Wahlrecht mit Gläubigerverzug auf die Schuldnerin über (vgl. GAUCH/SCHLUEP/EMMENEGGER, N 2256; ZürcherKomm/SCHRANER, Art. 72 N 49; a.A. BernerKomm/WEBER, Art. 92 N 43). Bei *synallagmatischen Verträgen* muss die Schuldnerin dem Gläubiger allerdings zuvor eine *Nachfrist* zur Ausübung des Wahlrechts analog Art. 107 Abs. 1 setzen. Dasselbe gilt beim *Spezifikationskauf*, wenn es der Käufer unterlässt, die nötigen Spezifizierungen der Ware – z.B. im Hinblick auf Grösse, Farbe etc. – vorzunehmen (BGE 110 II 148, 152).

Kapitel 6: Konventionalstrafe, Haft- und Reugeld

§ 71 Konventionalstrafe

Literatur: BERGER, Schuldrecht, N 1779 ff.; BUCHER, OR AT, 521 ff.; ENGEL, OR AT, 862 ff.; FURRER/MÜLLER-CHEN, Kap. 20 N 72 ff.; GAUCH/SCHLUEP/EMMENEGGER, N 3781 ff.; GUHL/SCHNYDER, 618 ff.; HUGUENIN, OR AT, N 1206 ff.; KELLER/SCHÖBI, Schuldrecht I, 109 ff.; KOLLER, OR AT, § 81 N 1 ff.; TERCIER, Obligations, N 1365 ff.; VON TUHR/ESCHER, 277 ff.; BaslerKomm/EHRAT, Art. 160–163; CHK/DUBS/ROTH PELLANDA, OR 160–163; CR CO I/MOOSER, Art. 160–163; KuKo OR/PIETRUSZAK, Art. 160–163;

BENTELE, Die Konventionalstrafe nach Art. 160–163 OR, Diss. Freiburg i.Ue. 1994; CHAPPUIS FERNAND, Les conseillers juridiques et leurs clients face aux clauses pénales: le mythe du rameur?, Festschrift Wessner, Basel 2011, 429 ff.; COUCHEPIN, La clause pénale, Diss. Fribourg 2007, Zürich/Basel/Genf 2008; DERS., La forfaitisation du dommage, SemJud 2009 II, 1 ff.; DESSEMONTET, Le point sur la peine conventionelle lors de la résiliation des contrats de service, Lausanne 1991; ERDEM, La clause pénale, Étude comparative de droit suisse et de droit turc, Diss. Neuchâtel 2006; GYSI, Break Fee-Vereinbarungen bei Unternehmensübernahmen, Jusletter 29. Oktober 2007; HACHEM, Agreed sums payable upon breach of an obligation: rethinking penalty and liquidated damages clauses, Diss. Basel 2011; MABILLARD, Rechtsnatur, anwendbare Gesetzesbestimmungen und Zulässigkeit der unechten Konventionalstrafe, AJP 2005, 547 ff.; RIEMER, Konventionalstrafen in Gestalt von Verfall- oder Verwirkungsklauseln, in: Hundert Jahre Schweizerisches Obligationenrecht, Freiburg i.Ue. 1982, 443 ff.; WERRO, La peine conventionnelle: quelques aspects saillants de l'actualité jurisprudentielle, in: PICHONNAZ/WERRO

(Hrsg.), La pratique contractuelle 2: Symposium en droit des contrats, Genf/Zürich/Basel 2011, 1 ff.

I. Allgemeines

Die Konventionalstrafe (Vertragsstrafe) ist ein (aufschiebend) 71.01 *bedingtes Versprechen* für den Fall der Nicht-, Spät- oder Schlechtleistung (vgl. Art. 160 Abs. 1). Sie kann vertraglich, aber auch durch die Statuten einer Körperschaft (Verein, Genossenschaft) begründet werden (vgl. BGE 80 II 123, 133). Als Konventionalstrafe gilt auch die Verabredung, dass Teilzahlungen im Falle eines Rücktritts der Schuldnerin dem Gläubiger verbleiben sollen (vgl. BGE 133 III 43, 48; BGE 133 III 201, 207 f.). Regelmässig wird im Rahmen einer Konventionalstrafe die Zahlung einer Geldsumme vereinbart. Denkbar sind jedoch auch andere Leistungen. Auch die Vereinbarung der *Verwirkung* von Rechten oder Anwartschaften bei pflichtwidrigem Verhalten ist als Konventionalstrafe zu werten (BGE 135 III 433, 438 f.; anders noch BGE 80 II 123 ff.).

Der *Zweck* der Konventionalstrafe liegt einerseits darin, *Druck* auf die 71.02 Schuldnerin auszuüben, ihre Verpflichtungen ordnungsgemäss zu erfüllen; andererseits wird durch die Vereinbarung einer Vertragsstrafe die Situation des Gläubigers *erleichtert* (grundlegend HACHEM, 43 ff.). Er kann die Konventionalstrafe bei Eintritt der Bedingung verlangen, auch wenn ihm kein Schaden entstanden ist (Art. 161 Abs. 1), z.B. wenn lediglich eine Beeinträchtigung des Affektionsinteresses vorliegt oder wenn es ihm unter normalen Umständen nicht möglich wäre, die Höhe des eingetretenen Schadens in einem Prozess zu beweisen (vgl. BGE 109 II 462, 468; 102 II 420, 425).

Von der Konventionalstrafe i.e.S. ist die sog. *unechte Konventional-* 71.02a *strafe* zu unterscheiden (ausf. dazu MABILLARD, AJP 2005, 547 ff.). Sie stellt ein Strafversprechen für den Fall dar, dass die Versprechende eine an sich erlaubte Handlung vornimmt (z.B. Kündigung).

II. Akzessorietät

Die Konventionalstrafe sichert eine *Hauptschuld*. Sie ist des- 71.03 halb in Entstehung, Fortbestand und Durchsetzbarkeit von dieser abhängig (*akzessorisch*; vgl. BGE 73 II 158, 161; BaslerKomm/EHRAT, Art. 160 N 3 m.w. Nachw.). Hieraus ergeben sich folgende Konsequenzen:

71.04 Besteht die zu sichernde Hauptschuld nicht, so ist auch das Konventionalstrafeversprechen *unwirksam* (vgl. auch Art. 163 Abs. 2). Unwirksam ist auch eine Konventionalstrafe für den Fall, dass der Auftraggeber auf Ausübung seines (unverzichtbaren) Widerrufsrechts nach Art. 404 Abs. 1 verzichtet (BGE 110 II 380, 383; 109 II 462, 468). Dasselbe gilt, wenn eine Konventionalstrafe zur Verstärkung einer *nicht klagbaren Forderung* (Eheversprechen: Art. 90 Abs. 3 ZGB; Spiel und Wette: Art. 513) eingegangen worden ist.

71.05 Ist für die Begründung der Hauptverpflichtung die Einhaltung einer bestimmten *Form* erforderlich, so gilt dies auch für die Vereinbarung einer Konventionalstrafe (vgl. GAUCH/SCHLUEP/EMMENEGGER, N 3794 m.w. Nachw.).

71.06 Wird die Schuldnerin von ihrer primären Leistungspflicht nach Art. 119 Abs. 1 wegen *nicht zu vertretender Unmöglichkeit* befreit, so kann die Vertragsstrafe nur gefordert werden, wenn Entsprechendes verabredet wurde (Art. 163 Abs. 2). Auch in ihrer *Durchsetzbarkeit* ist die Konventionalstrafe von der gesicherten Hauptverbindlichkeit abhängig; sie verjährt beispielsweise mit der Forderung (vgl. GAUCH/SCHLUEP/EMMENEGGER, N 3841).

71.07 Bei *Abtretung* der Hauptforderung geht regelmässig auch der Anspruch auf die Konventionalstrafe auf den Zessionar über.

III. Voraussetzungen des Verfalls

71.08 Die Konventionalstrafe ist verfallen, wenn die von den Parteien vereinbarte *Bedingung eintritt*, d.h. Nichterfüllung oder nicht gehörige Erfüllung der gesicherten Hauptverpflichtung. Bei Nichterfüllung gilt dies nach Art. 163 Abs. 2 allerdings nur, wenn die Schuldnerin ein Verschulden trifft, es sei denn, die Parteien hätten etwas anderes vereinbart. Nicht erforderlich ist jedoch, dass dem Gläubiger aufgrund der Leistungsstörung ein *Schaden* entstanden ist (Art. 161 Abs. 1).

IV. Verhältnis zu anderen Rechtsbehelfen

71.09 Das Verhältnis der Konventionalstrafe zu *anderen Rechtsbehelfen* regeln Art. 160 und Art. 161 Abs. 2.

71.10 Ist die Konventionalstrafe für den Fall der *Nicht-* oder *Schlechtleistung* versprochen, so gilt der Grundsatz der *Alternativität* (vgl. Art. 160 Abs. 1): Soweit nichts anderes vereinbart ist, kann der Gläubiger nur entweder Erfüllung oder die Konventionalstrafe verlangen. Macht er die Konventionalstrafe geltend, so ist darin ein Verzicht auf die Erfüllung zu sehen (vgl. BGE 63 II 84). Hat der Gläubiger freilich zunächst Erfüllung verlangt, so bleibt es ihm unbenommen, zu einem späteren Zeitpunkt auf die Konventionalstrafe zurückzugreifen (vgl. BaslerKomm/EHRAT, Art. 160 N 18 m.w. Nachw.).

Bei *Spätleistung* oder *Leistung am falschen Ort* kann hingegen die 71.11 Konventionalstrafe *kumulativ* zur Erfüllung geltend gemacht werden (Art. 160 Abs. 2). Dies gilt allerdings nicht, wenn der Gläubiger ausdrücklich auf die Geltendmachung der Konventionalstrafe verzichtet (HGer SG, SJZ 1955, 300) oder sie sich bei Erfüllung nicht vorbehält (vgl. BGE 97 II 350, 352).

Ein allfälliger *Schadenersatzanspruch* des Gläubigers nach Art. 97 71.12 Abs. 1, 103 Abs. 1, 107 Abs. 2 kann neben der Konventionalstrafe geltend gemacht werden, wenn und soweit der vom Gläubiger erlittene und nachgewiesene Schaden den Betrag der Strafe übersteigt (Art. 161 Abs. 2; vgl. GAUCH/SCHLUEP/EMMENEGGER, N 3815 ff. m.w. Nachw.).

Nach Art. 160 Abs. 3 bleibt der Schuldnerin der Nachweis vorbehal- 71.13 ten, dass ihr gegen Leistung der Konventionalstrafe der Rücktritt vom Vertrag freistehen sollte (sog. *Wandelpön*). Funktional entspricht die Wandelpön dem Reugeld. Ist eine Wandelpön vereinbart, so entfällt automatisch der Erfüllungs- und grundsätzlich auch ein allfälliger Schadenersatzanspruch (vgl. GAUCH/SCHLUEP/EMMENEGGER, N 3810 ff. m.w. Nachw.). Eine Sonderregelung der Wandelpön findet sich im Rahmen des arbeitsrechtlichen Konkurrenzverbots (Art. 340b Abs. 2, 3; vgl. dazu BaslerKomm/PORTMANN, Art. 340b).

V. Schuldnerschutz

Grundsätzlich kann die *Höhe* der Konventionalstrafe von den 71.14 Parteien *beliebig* bestimmt werden (Art. 163 Abs. 1; vgl. dazu BaslerKomm/EHRAT, Art. 163 N 3).

Zum Schutze der Schuldnerin ermöglicht Art. 163 Abs. 3 auf Antrag 71.15 der Schuldnerin die *Herabsetzung* übermässig hoher Konventionalstrafen durch das Gericht nach seinem Ermessen. *Übermässig* ist eine Konventionalstrafe, wenn zwischen dem vereinbarten Betrag und dem Interesse des Gläubigers, daran in vollem Umfang festzuhalten, ein krasses Missverhältnis besteht (BGE 114 II 264; 102 II 420, 426). Dabei sind die *Umstände des Einzelfalls* zu berücksichtigen, wie insbesondere die Art

(BGE 103 II 129, 136 f.) und die Dauer des Vertrages (BGE 44 II 89, 95), die Schwere der Vertragsverletzung und des Verschuldens (BGE 103 II 129, 135; 42 II 510, 511 f.), das Interesse des Gläubigers (BGE 133 III 201, 209 ff.) sowie die wirtschaftliche Lage der Beteiligten (BGE 114 II 264, 265; 103 II 129, 135).

71.16   Von der Konventionalstrafe ist die Vereinbarung einer *Schadenspauschalierung* zu unterscheiden. Diese soll dem Gläubiger die vereinfachte Durchsetzung eines Schadenersatzanspruchs durch Verzicht auf den Nachweis des tatsächlich eingetretenen Schadens ermöglichen (vgl. GAUCH/SCHLUEP/EMMENEGGER, N 3851 m.w. Nachw.). Bei unverhältnismässig hoher Schadenspauschale ist jedoch ebenfalls eine *Herabsetzung* analog Art. 163 Abs. 3 möglich (vgl. BaslerKomm/EHRAT, Art. 160 N 12).

71.17   Auch eine *bereits geleistete Konventionalstrafe* kann nachträglich herabgesetzt werden, da in der vorbehaltlosen Bezahlung keine Anerkennung zu sehen ist (vgl. BGE 133 III 43, 49 ff.; 133 III 201 ff.).

§ 72   Haft- und Reugeld

Literatur: BERGER, Schuldrecht, N 1807 ff.; BUCHER, OR AT, 515 ff.; ENGEL, OR AT, 860 f.; GAUCH/SCHLUEP/EMMENEGGER, N 3853 ff.; GUHL/KOLLER, 309, 619; HUGUENIN, OR AT, N 1198 ff.; KELLER/SCHÖBI, Schuldrecht I, 115 ff.; KOLLER, OR AT, § 80 N 1 ff.; VON TUHR/ESCHER, 287 ff.; BaslerKomm/EHRAT, Art. 158; CHK/DUBS/ROTH PELLANDA, OR 158; CR CO I/MOOSER, Art. 158; KuKo OR/PIETRUSZAK, Art. 158; BÜHLER, Haft- und Reugeld sowie Konventionalstrafe im alten und im geltenden Obligationenrecht, in: Hundert Jahre Schweizerisches Obligationenrecht, Freiburg i.Ue. 1982, 143 ff.; KOLLER, Reugelder bei Grundstückkaufverträgen, ZBJV 2009, 73 ff.; SOLIVA, Rechtshistorische Anmerkungen zu Art. 158 OR, Festschrift Keller, Zürich 1989, 299 ff.; WOLFER, Reurecht und Reugeld auf vertraglicher Grundlage, Diss. St. Gallen 2010, Zürich 2012.

72.01   Vereinzelt kommt es vor, dass eine Partei der anderen zur Bekräftigung des Vertragsschlusses Geld gibt (vgl. VON TUHR/ESCHER, 287). In Art. 158 Abs. 1 wird die Vermutung aufgestellt, dass es sich dabei um *Haft-* und nicht um *Reugeld* handelt, d.h., dass die Schuldnerin nicht berechtigt sein soll, gegen Belassung der hingegebenen Summe vom Vertrag zurückzutreten (vgl. BUCHER, OR AT, 515 f.: «Bekräftigungsgeld»). Mangels anderer Abrede oder Ortsgebrauchs braucht sich der Empfänger das Haftgeld weder auf seine Hauptforderung noch auf einen Schadenersatzanspruch bei Leistungsstörung anrechnen zu lassen (Art. 158 Abs. 2; sog. *Draufgeld* und nicht *Angeld*; zum Angeld vgl. BGE 133 III 43 ff.). Ergibt sich aus der Vereinbarung der Parteien, dass nicht ein Haft-, sondern ein Reugeld gewollt war, so steht beiden Parteien ein vertragliches Rücktrittsrecht zu, wobei allerdings die Gegenpartei in Höhe des Reugelds zu entschädigen ist (Art. 158 Abs. 3; vgl. nur BGE 110 II 141, 145 ff.). Von der Wandelpön unterscheidet sich das Reugeld dadurch, dass die vereinbarte Summe bereits bei Vertragsschluss und nicht erst, wenn die Schuldnerin vom Vertrag zurücktreten will, zu leisten ist (vgl. BaslerKomm/EHRAT, Art. 158 N 14 m.w. Nachw.).

8. Teil: Die Beendigung von Schuldverhältnissen

Kapitel 1: Die Erfüllung der Obligation

§ 73   Erfüllung

Literatur: BERGER, Schuldrecht, N 1190 ff.; BUCHER, OR AT, 291 ff.; ENGEL, OR AT, 607 ff.; FURRER/MÜLLER-CHEN, Kap. 21 N 13 ff.; GAUCH/SCHLUEP/EMMENEGGER, N 2001 ff., 2543 ff.; GUHL/KOLLER, 231 ff., 295 ff.; HUGUENIN, OR AT, N 755 ff.; KELLER/SCHÖBI, Schuldrecht I, 201 ff.; DIES., Schuldrecht IV, 97 ff.; KOLLER, OR AT, § 35 N 1 ff.; VON TUHR/ESCHER, 1 ff.; BaslerKomm/LEU, Vor Art. 68–74 N 2 ff.; BernerKomm/WEBER, Vorbem. Art. 68–96 N 10 ff.; CR CO I/HOHL, Art. 68–83; KuKo OR/GROSS/SPRECHER, Vor Art. 68–96 N 3 ff.; ZürcherKomm/SCHRANER, Vorbem. Art. 68–96 N 7 ff.;

RIMLE, Der erfüllte Schuldvertrag: vom Einfluss auf die Entstehung des Vertrages und von weiteren Wirkungen der Vertragserfüllung, Freiburg i.Ue. 1995; SCHMID, Vertragsrecht und Realerfüllung, Festschrift Gauch, Zürich 2004, 589 ff.

I. Allgemeines

Im Normalfall, der freilich die Juristin kaum interessiert, wird eine Leistung von der Schuldnerin so erbracht, wie sie geschuldet ist. Der Gläubiger hat sein Ziel erreicht. Seine Forderung gegen die Schuldnerin erlischt mit Erfüllung.   73.01

Im OR wird der Begriff der Erfüllung nicht definiert. Es besteht jedoch Einigkeit, dass die Erfüllung voraussetzt, dass die geschuldete Leistung an den Gläubiger oder eine andere zum Empfang zuständige Person erbracht wird (vgl. nur GAUCH/SCHLUEP/EMMENEGGER, N 2033 ff.).   73.02

II. Voraussetzungen

1. Bewirken der geschuldeten Leistung

Erfüllung tritt nur dann ein, wenn die Leistung so erbracht wird, *wie sie geschuldet ist*, d.h. richtig nach Gegenstand, Person, Ort und Zeit. Dies bestimmt sich nach dem Inhalt der jeweiligen Obligation.   73.03

Aus dem Inhalt der Obligation ergibt sich auch, ob Erfüllung lediglich ein bestimmtes Tätigwerden der Schuldnerin oder darüber hinaus auch den Eintritt eines Leistungserfolges erfordert *(obligation de moyens* oder   73.04

obligation de résultat). So hat z.B. eine Ärztin erfüllt, wenn sie den Patienten entsprechend den Regeln der Heilkunst behandelt hat und dieser später dennoch verstorben ist. Eine Verkäuferin hat hingegen erst erfüllt, wenn die Ware in Eigentum und Besitz des Käufers übergegangen ist, nicht jedoch bereits dann, wenn sie beispielsweise beim Versendungskauf mit Absendung der Ware alles ihrerseits Erforderliche getan hat. Zu beachten ist allerdings, dass nach herrschender Meinung (vgl. N 68.02) beim *Spezieskauf* – im Gegensatz zum Gattungskauf und zum Werkvertrag – die Sachmangelfreiheit der Kaufsache nicht zum Inhalt der Leistungspflicht der Verkäuferin gehört. Deshalb kann beim Spezieskauf auch mit einer mangelhaften Sache erfüllt werden.

2. Empfangszuständigkeit

a) Leistung an den Gläubiger

73.05   Eine im Übrigen ordnungsgemässe Leistung befreit die Schuldnerin nur dann, wenn der Leistungsempfänger auch die erforderliche *Empfangszuständigkeit* besitzt. Empfangszuständig ist regelmässig der jeweilige *Gläubiger* bzw. *Forderungsinhaber*, beim echten Vertrag zugunsten Dritter also der Dritte, nach Abtretung einer Forderung der Zessionar. Ausnahmsweise fehlt dem Gläubiger jedoch die Empfangszuständigkeit, wie insbesondere nach Eröffnung des *Konkurses* (Art. 205 Abs. 1 SchKG, dazu BaslerKomm/WOHLFART, Art. 205 SchKG N 1 ff.).

73.06   Erfüllung durch Leistung an den empfangsberechtigten Gläubiger liegt auch vor, wenn die Leistung an einen *Vertreter* des Gläubigers erfolgt, der diese im Namen und mit Wirkung für den Gläubiger entgegennimmt.

b) Leistung an empfangszuständige Dritte

73.07   Die *Leistung an einen Dritten*, der nicht Gläubiger ist und sie in eigenem Namen entgegennimmt, befreit die Schuldnerin nur, wenn der Dritte die Empfangszuständigkeit besitzt. Diese kann sich ergeben aus *Gesetz* (vgl. Konkursverwaltung, Art. 240 SchKG) oder aufgrund einer *Zustimmung* des empfangszuständigen Gläubigers, sei es, dass diese im Zeitpunkt der Leistung bereits vorliegt oder dass der Gläubiger die Leistung an den Dritten nachträglich genehmigt. Eine solche Situation liegt etwa beim sog. *unechten Vertrag zugunsten Dritter* vor, z.B. beim Kauf von Ware durch einen Grosshändler bei der Herstellerin derselben mit der Abrede, dass die Ware direkt an die Abnehmer des Käufers geliefert werden soll (sog. Durchlieferung).

c) Schuldnerschutz bei fehlender Empfangszuständigkeit

Fehlt der Person, an die geleistet wird, die erforderliche Emp- 73.08 fangszuständigkeit, so tritt grundsätzlich keine Erfüllung ein. In der Regel trägt die Schuldnerin das Risiko einer Leistung an einen Unberechtigten (vgl. BGE 111 II 263, 265). Aus Gründen des *Schuldnerschutzes* macht das Gesetz hiervon allerdings eine Reihe von Ausnahmen in Fällen, in denen die Schuldnerin gutgläubig von der Empfangszuständigkeit einer bestimmten Person ausgehen darf. So kann die Schuldnerin nach Art. 167 mit befreiender Wirkung an ihren ursprünglichen Gläubiger leisten, wenn ihr die *Abtretung* im Zeitpunkt der Leistung nicht bekannt ist (Einzelheiten vgl. N 90.41 ff.). Bei einer Leistung an den Gläubiger (Gemeinschuldner) vor der öffentlichen Bekanntmachung des *Konkurses* wird die Schuldnerin befreit, wenn ihr die Eröffnung des Konkurses nicht bekannt war (Art. 205 Abs. 2 SchKG, dazu BaslerKomm/WOHLFART/ MEYER, Art. 205 SchKG N 10). Die Leistung an eine Person, die durch *Erbbescheinigung* (Art. 559 ZGB) als Erbe ausgewiesen ist, befreit die Schuldnerin, auch wenn sich nachträglich herausstellt, dass in Wirklichkeit ein anderer Erbe ist (vgl. DRUEY, Erbrecht, § 15 N 19 f.; BGE 41 II 202, 213; offen gelassen in BGE 95 II 109, 118). Weitere, die gutgläubige Schuldnerin schützende Bestimmungen finden sich namentlich im *Wertpapierrecht* (vgl. nur Art. 1030 Abs. 3).

III. Rechtsnatur

Die Rechtsnatur der Erfüllung ist umstritten (vgl. GAUCH/ 73.09 SCHLUEP/EMMENEGGER, N 2004 ff.). Nach der von der herrschenden Meinung vertretenen *eingeschränkten Vertragstheorie* (vgl. BaslerKomm/LEU, Vor Art. 68–74 N 4) ist zu unterscheiden: Erfolgt die Erfüllung durch rein *tatsächliche Handlungen*, d.h. durch ein Tun, Dulden oder Unterlassen – z.B. bei Erbringung einer Werkleistung oder Unterlassen von Konkurrenz –, so stellt die Erfüllung kein Rechtsgeschäft dar. Es ist also weder ein entsprechender Erfüllungswille der Leistenden noch ein Annahmewille des Leistungsempfängers erforderlich. Dementsprechend brauchen Gläubiger und Schuldnerin für den Eintritt der Erfüllungswirkungen nicht handlungsfähig zu sein. Anders ist die Sachlage, wenn die Erfüllung selbst *rechtsgeschäftliche Erklärungen* verlangt, insbesondere bei Übereignung einer Sache oder Abtretung einer Forderung. Die damit verbundenen Willenserklärungen setzen Handlungsfähigkeit von Gläubiger und Schuldnerin voraus.

IV. Rechtsfolgen

73.10 Mit der Erfüllung *erlischt* die jeweilige Forderung. Nach Art. 114 Abs. 1 erlöschen damit auch alle akzessorischen Nebenrechte, insbesondere Bürgschaft, Pfandrecht, aber auch Retentionsrecht, Eigentumsvorbehalt, Zinsen und Konventionalstrafe (BaslerKomm/GONZENBACH/GABRIEL-TANNER, Art. 114 N 4 ff.). Vor dem Untergang der Hauptforderung entstandene Zinsen können nur bei einer entsprechenden Abrede zwischen den Parteien nachgefordert werden, oder wenn dies den Umständen zu entnehmen ist (Art. 114 Abs. 2). Abweichende Bestimmungen für Grundpfandrechte (vgl. Art. 801, 826, 863 ZGB), Wertpapiere (vgl. Art. 980 Abs. 1) und Nachlassverträge bleiben nach Art. 114 Abs. 3 vorbehalten.

73.11 Vom Erlöschen der einzelnen Forderung durch Erfüllung ist das *Erlöschen des Schuldverhältnisses* i.w.S. zu unterscheiden. Das Schuldverhältnis als Ganzes erlischt erst, wenn alle daraus resultierenden Pflichten, einschliesslich etwaiger Schutz- und Abwicklungspflichten, durch Erfüllung, Erlass oder Ähnliches erloschen sind.

§ 74 Leistung an Erfüllungs Statt und Leistung erfüllungshalber

Literatur: BERGER, Schuldrecht, N 1227 ff.; BUCHER, OR AT, 312 ff.; ENGEL, OR AT, 619 f.; FURRER/MÜLLER-CHEN, Kap. 21 N 19 ff.; GAUCH/SCHLUEP/EMMENEGGER, N 2277 ff.; GUHL/KOLLER, 234 f.; HUGUENIN, OR AT, N 772 ff.; KELLER/SCHÖBI, Schuldrecht I, 205 f.; KOLLER, OR AT, § 35 N 18 ff.; TERCIER, Obligations, N 1014 ff.; VON TUHR/ESCHER, 11 ff.; BernerKomm/WEBER, Vorbem. Art. 68–96 N 126 ff., 150 ff.; KuKo OR/GROSS/SPRECHER, Vor Art. 91–96 N 7 f.; ZürcherKomm/SCHRANER, Vorbem. Art. 68–96 N 83 ff.

I. Leistung an Erfüllungs Statt

74.01 Erbringt die Schuldnerin eine andere statt der geschuldeten Leistung, z.B. eine Dienstleistung statt Geldzahlung, Lieferung einer anderen Sache als der verkauften, so tritt grundsätzlich keine Erfüllung ein. Etwas anderes gilt freilich, wenn der Schuldnerin aufgrund Gesetzes oder Vertrages eine Ersetzungsbefugnis eingeräumt ist. Dem Gläubiger ist es jedoch unbenommen, die von der Schuldnerin angebotene andere Leistung statt der ursprünglich geschuldeten als Erfüllung anzunehmen (Leistung an Erfüllungs Statt, *datio in solutum*).

Eine solche Leistung an Erfüllungs Statt stellt eine vertragliche Modi- 74.02 fikation der ursprünglich geschuldeten Leistung dar. Aus diesem Grund ist eine entsprechende *Erfüllungsvereinbarung* zwischen Schuldnerin und Gläubiger erforderlich.

Mit Annahme einer Leistung an Erfüllungs Statt *erlischt* die ursprüng- 74.03 liche Forderung des Gläubigers. Deshalb ist eine Leistung an Erfüllungs Statt nicht leichthin anzunehmen. Im Zweifel liegt bei Hingabe einer anderen als der geschuldeten Leistung lediglich eine Leistung erfüllungshalber vor (vgl. BGE 119 II 227, 230).

Ist die Erfüllungsvereinbarung aus irgendwelchen Gründen *unwirk-* 74.04 *sam*, z.B. aufgrund Anfechtung wegen Willensmängel, so lebt die ursprüngliche Forderung des Gläubigers zwar nicht automatisch wieder auf (a.A. ZürcherKomm/SCHRANER, Vorbem. Art. 68–96 N 101), er besitzt jedoch einen bereicherungsrechtlichen Anspruch gegen die Schuldnerin auf Herausgabe des Erlangten, nämlich der Befreiung von der ursprünglichen Verbindlichkeit. Dieser Herausgabeanspruch wird durch eine Wiederbegründung der ursprünglichen Forderung vollzogen. Ist eine an Erfüllungs Statt hingegebene Sache *mangelhaft*, so hat die Schuldnerin hierfür wie eine Verkäuferin (Art. 197 ff.) einzustehen. Mit der Wandlung (Art. 205, 208 Abs. 2 analog) kann auch hier der Gläubiger die Wiederbegründung der ursprünglichen Forderung verlangen.

II. Leistung erfüllungshalber

Von der Leistung an Erfüllungs Statt ist die Leistung erfül- 74.05 lungshalber *(datio solvendi causa)* zu unterscheiden. Zwar nimmt auch hier der Gläubiger eine andere Leistung als die ursprünglich geschuldete entgegen. Dies erfolgt jedoch mit der Abrede, dass der Gläubiger seine ursprüngliche Forderung zunächst behält, vorrangig allerdings Befriedigung aus der erfüllungshalber hingegebenen Leistung suchen soll. Insoweit ist die ursprüngliche Forderung *gestundet* (vgl. BGE 118 II 142, 146). Wenn und soweit der Gläubiger Befriedigung aus der erfüllungshalber hingegebenen Leistung erhält, geht auch die ursprüngliche Forderung unter. Misslingt der Befriedigungsversuch, so kann der Gläubiger ohne weiteres auf die ursprüngliche Forderung zurückgreifen.

74.06 Hauptbeispiel für eine Leistung erfüllungshalber ist die Zahlung mittels eines *Checks* oder *Wechsels* (vgl. BGE 89 II 337, 341 f.; diff. KOLLER, § 36 N 22). Erlangt der Gläubiger aus dem Check oder Wechsel Zahlung oder eine unwiderrufliche Gutschrift auf seinem Konto, so erlischt damit auch die ursprüngliche Forderung. Verweigert die Bank hingegen die Einlösung des Checks, so kann der Gläubiger nach wie vor aus der ursprünglichen Forderung gegen die Schuldnerin vorgehen. Dieselben Prinzipien gelten bei einer Zahlung mittels *Debit- oder Kreditkarte* (vgl. GÖTZ, Das internationale Kreditkartenverfahren, Basel 1992, 95 f.).

74.07 Im Hinblick auf den erfüllungshalber hingegebenen Gegenstand hat der Gläubiger eine ähnliche Stellung wie ein *Beauftragter* mit entsprechenden Sorgfalts- und Rechenschaftspflichten. Erzielt er aus der Verwertung im Vergleich zu seiner ursprünglichen Forderung einen Überschuss, so muss er diesen an die Schuldnerin herausgeben (Art. 400 analog).

§ 75 Besonderheiten der Erfüllung von Geldforderungen

Literatur: BERGER, Schuldrecht, N 1235 ff.; BUCHER, OR AT, 300 ff.; ENGEL, OR AT, 633 ff.; GAUCH/SCHLUEP/EMMENEGGER, N 2286 ff.; GUHL/KOLLER, 89 ff.; HUGUENIN, OR AT, N 789 ff.; KOLLER, OR AT, § 41 N 1 ff.; MERZ, SPR VI/1, 167 ff.; TERCIER, Obligations, N 1092 ff.; VON TUHR/PETER, 58 ff.; BaslerKomm/LEU, Art. 84–87; BernerKomm/WEBER, Art. 84–87; CHK/MERCIER, OR 84–87; CR CO I/LOERTSCHER, Art. 84–87; KuKo OR/GROSS/SPRECHER, Art. 84–87; ZürcherKomm/OSER/SCHÖNENBERGER, Art. 84–87;

ARTER, Elektronische Bezahlvorgänge, in: SCHLAURI/JÖRG/ARTER (Hrsg.), Internet-Recht und digitale Signaturen, Bern 2005, 125 ff.; ARTER/JÖRG, Kreditkartenverträge – unter besonderer Berücksichtigung von Rückbelastungsklauseln, AJP 2004, 425 ff.; DIES., Rückbelastungsklauseln bei Kreditkartenverträgen im E-Commerce, SJZ 2003, 25 ff.; CHERPILLOD/GIACOBINO, Internet dans la conclusion du contrat et les solutions du paiement, SemJud 2003 II, 393 ff.; EMCH/RENZ/BÖSCH, Das Schweizerische Bankgeschäft, 5. Aufl., Thun 1998, 549 ff.; GLOOR, Risikoverteilung beim Missbrauch von Kreditkarten bei Distanzzahlungsgeschäften, SJZ 2003, 251 ff.; HEINI, Rechtsprobleme der bargeldlosen Zahlung, insbesondere zur Frage der Rechtzeitigkeit und der Möglichkeit des Widerrufs, Zürich 1991; HESS, Rechtliche Aspekte der Banküberweisung unter besonderer Berücksichtigung des Interbankzahlungsverkehrssystems Swiss Interbank Clearing (SIC), SZW 1991, 101 ff.; HONSELL, Zwei Fragen zur Umrechnung von Devisenforderungen, Festschrift Horn, Berlin 2006, 39 ff.; KILGUS, Kredit- und Kundenkarten als Zahlungs- und Kreditinstrumente nach revidiertem KKG, in: JKR 2002, Das neue Konsumkreditgesetz (KKG), Bern 2003, 127 ff.; KLAUSER, Elektronischer Interbank-Zahlungsverkehr in der Schweiz, WuR 1988, 5 ff.; KLEINER, Internationales Devisen-Schuldrecht, Fremdwährungs-, Euro- und Rechnungseinheitsschulden, Zürich 1985; KOLLER THOMAS, Die fristgerechte Erfüllung von Geldschulden im Privatrecht, recht 1993, 148; KOLLER ALFRED, Rechtsprobleme der halbbaren Zahlung, Festschrift Rey, Zürich 2003, 235 ff.; KÜMPEL, Elektronisches Geld (cyber coins) als Bankgarantie, NJW 1999, 313 ff.; LEHNER, Erfüllungsort und Gerichtsstand für Geldschulden im nationalen Recht und im internationalen Einheitsrecht, Diss. Basel 1991; NOBEL, So lautet die Devise: Richtig klagen, denn Schweizer Franken sind für Schuldner reserviert, SZW 2010, 156 ff.; OTT, Aktuelle Entwicklungen im Recht der (Universal)Kreditkarte, Festschrift Musielak, München 2004, 383 ff.; THALMANN, Die Rechtzeitigkeit von Überweisungen und Einzahlungen auf ein Bank- oder Postcheckkonto des Gläubigers, SZW 1990, 257 ff.; WEBER, Das Geld in einem sich wandelnden Vermögensrecht, ZSR 1981 I, 165 ff.; DERS., Probleme bei der bargeldlosen Erfüllung von Geldschulden, SJZ 1982, 137 ff.; DERS., Fremdwährungsschulden in der Praxis, BJM 1983, 105 ff.; DERS., Elektronisches Geld, Zürich 1999; WIEGAND/HODEL, Die bargeldlose Zahlung im schweizerischen Recht, in: WIEGAND (Hrsg.), Rechtliche Probleme des Zahlungsverkehrs, Berner Bankrechtstag, Bern 2000, 179 ff.

I. Grundsatz

In Art. 84 Abs. 1 wird der Grundsatz festgehalten, dass Geld- 75.01 schulden in *gesetzlichen Zahlungsmitteln der geschuldeten Währung* zu bezahlen sind (zur Zahlung mit WIR-Geld vgl. BGE 95 II 176, 178 ff.; 119 II 227, 229 ff.; BernerKomm/WEBER, Art. 84 N 129 ff.). Nach Art. 3 Abs. 1 des Bundesgesetzes über die Währung und die Zahlungsmittel vom 22. Dezember 1999 WZG e contrario ist der Gläubiger allerdings nicht verpflichtet, Zahlung in mehr als hundert *Umlaufmünzen* anzunehmen. Auch besteht grundsätzlich keine Pflicht des Gläubigers, Geldzeichen mit höherem Nennwert *umzuwechseln* (vgl. VON TUHR/PETER, 62 FN 22).

II. Fremdwährungsschulden

Bei einer Schuld, die in einer Währung zu erfüllen ist, die am 75.02 Zahlungsort nicht gesetzliches Zahlungsmittel ist, kommt es darauf an, ob sie nach der Vereinbarung der Parteien nur in der vereinbarten Währung erfüllt werden darf oder ob die Schuldnerin auch die Möglichkeit haben soll, z.B. in der Schweiz in Schweizer Franken zu erfüllen. Nach Art. 84 Abs. 2 ist Ersteres anzunehmen, wenn die Parteien Worte wie *«effektiv»* benutzen. Dasselbe gilt bei Vorliegen einer *Geldsortenschuld* (vgl. dazu N 10.02). Fehlt es an derartigen Hinweisen, so ist die Schuldnerin im Zweifel berechtigt, nicht aber verpflichtet, die auf eine ausländische Währung lautende, aber in der Schweiz erfüllbare Schuld in Inlandswährung zu erfüllen; der Gläubiger muss deshalb auf Zahlung in der Fremdwährung klagen (BGE 134 III 151, 154). Allein für die Schuldnerin handelt es sich insoweit um einen gesetzlichen Fall der *Ersetzungsbefugnis* (vgl. N 9.05). Massgebend ist der Wechselkurs im Zeitpunkt der Fälligkeit der Schuld. Art. 84 ist auch auf Forderungen aus unerlaubter Handlung anwendbar, wenn der Schadenersatz in ausländischer Währung zu leisten wäre (vgl. BGE 137 III 158 ff. = Pra 100 (2011) Nr. 95, E. 3). Zur Betreibung einer auf ausländische Währung lautenden Forderung in der Schweiz vgl. Art. 67 Abs. 1 Ziff. 3 SchKG; BGE 134 III 151, 155; 115 III 36, 40 f.

III. Erfüllung beim bargeldlosen Zahlungsverkehr

1. Allgemeines

75.03   Nach der historischen Vorstellung des Gesetzgebers sind Geldforderungen durch die Übereignung von Noten und Münzen, d.h. *bar* zu erfüllen. In weiten Bereichen des Wirtschaftslebens herrscht jedoch heute der *bargeldlose Zahlungsverkehr* (Überweisung, Lastschriftverfahren, Zahlung mit Debit- oder Kreditkarte) vor. Insoweit handelt es sich um sog. *Erfüllungssurrogate* (vgl. N 74.01 ff.). Weitergehend wird teilweise die Auffassung vertreten, dass Zahlung im heutigen Wirtschaftsleben auch durch Leistung von Buchgeld erfolgen könne (vgl. GAUCH/SCHLUEP/EMMENEGGER, N 2315 ff. m.w. Nachw.; WIEGAND/HODEL, in: WIEGAND (Hrsg.), BBT 2000, 179, 196).

75.04   Bei der *Überweisung* erlangt der Gläubiger eine Gutschrift auf seinem Konto, d.h. eine Forderung gegen seine Bank oder die Post. Insoweit liegt eine andere Leistung als Barzahlung vor. In der Errichtung eines Postcheckkontos oder der Bekanntgabe eines Bankkontos wird jedoch regelmässig das Einverständnis des Gläubigers mit dieser Art der Zahlung gesehen (vgl. BGE 55 II 200, 201; weitergehend BGer, SemJud 1997, 245, 254 f.). Die Überweisung stellt damit eine *Leistung an Erfüllungs Statt* dar.

75.05   Dieselben Grundsätze wie bei der Überweisung gelten auch beim *Lastschriftverfahren*. Hier wird der Gläubiger von der Schuldnerin ermächtigt, den Forderungsbetrag unter Einschaltung der Bank(en) unmittelbar vom Konto der Schuldnerin abzubuchen.

Zur Zahlung mittels Check, Wechsel, Debit- oder Kreditkarte vgl. 75.06 N 74.06. Zu den elektronischen Zahlungsmöglichkeiten bei Internet-Geschäften vgl. CHERPILLOD/GIACOBINO, SemJud 2003 II, 393, 418 ff.

2. Zeitpunkt der Erfüllung

Geldschulden sind *Bringschulden* (vgl. N 7.13). Bei Barzah- 75.07 lung tritt Erfüllung ein, wenn die Schuldnerin dem Gläubiger den geschuldeten Betrag an seinem Wohn- oder Geschäftssitz übergibt.

Nach herrschender Auffassung (vgl. BGE 119 II 232, 235; Basler- 75.08 Komm/LEU, Art. 74 N 6) darf der Gläubiger nicht dadurch schlechter gestellt werden, dass sich die Schuldnerin bei der Zahlung eines *Erfüllungsgehilfen*, z.B. der Post oder einer Bank, bedient. Auch beim bargeldlosen Zahlungsverkehr kommt es deshalb für die Erfüllung auf den Zeitpunkt an, in dem der Gläubiger über den entsprechenden Betrag verfügen kann (WIEGAND/HODEL, in: WIEGAND (Hrsg.), BBT 2000, 179, 197). Dies ist der Zeitpunkt der *Gutschrift* des entsprechenden Betrages auf dem Konto des Gläubigers. Bei Übersendung eines Einzahlungsscheins für ein Postcheckkonto mag aus Gründen des Sozialschutzes entsprechend allgemeiner Verkehrsauffassung zur Wahrung der Zahlungsfrist die Einzahlung am Postschalter genügen; Buchungs- oder Überweisungsverzögerungen gehen zu Lasten des Gläubigers, der die Post als Zahlstelle bezeichnet hat (vgl. BGE 124 III 145, 147 f.; vgl. auch N 7.13). Besonderheiten gelten im öffentlichen Recht namentlich für Prozesskostenvorschüsse (vgl. BaslerKomm/LEU, Art. 74 N 6).

IV. Anrechnung

Leistet die Schuldnerin lediglich einen *Teilbetrag*, so muss be- 75.09 stimmt werden, auf welchen Teil der Forderung(en) die Zahlung anzurechnen ist.

Teilzahlungen, die der Gläubiger grundsätzlich nicht annehmen muss, 75.11 werden nach Art. 85 auf rückständige Zinsen und Kosten und auf den nicht oder weniger gesicherten Teil der Hauptforderung angerechnet (vgl. BGE 121 III 432, 435). Bestreitet die Schuldnerin jedoch die Zinsen und die Kosten, muss ihre Teilzahlung auf das Kapital angerechnet werden, das sie anerkennt (vgl. BGE 133 III 598, 605).

75.10   Hat der Gläubiger *mehrere Geldforderungen* gegen dieselbe Schuldnerin und reicht die Zahlung nicht aus, um alle zu erfüllen, so ergibt sich folgende dreistufige Prüfungsreihenfolge: Zunächst ist die Schuldnerin berechtigt zu erklären, welche Schuld sie tilgen will (Art. 86 Abs. 1). Fehlt eine solche Erklärung, kann der Gläubiger die Bestimmung vornehmen (Art. 86 Abs. 2). Subsidiär sieht schliesslich das Gesetz in Art. 87 vor, in welcher Reihenfolge die verschiedenen Forderungen als getilgt anzusehen sind.

§ 76   Beweis der Erfüllung

Literatur: BERGER, Schuldrecht, N 1274 ff.; BUCHER, OR AT, 314 ff.; ENGEL, OR AT, 650 ff.; GAUCH/SCHLUEP/EMMENEGGER, 2402 ff.; GUHL/KOLLER, 235, 296 f.; HUGUENIN, OR AT, N 700; KELLER/SCHÖBI, Schuldrecht IV, 117 ff.; KOLLER, OR AT, § 43 N 1 ff.; VON TUHR/ESCHER, 32 ff.; BaslerKomm/LEU, Art. 88–90; BernerKomm/WEBER, Art. 88–90; CHK/MERCIER, OR 88–90; CR CO I/LOERTSCHER, Art. 88–90; KuKo OR/GROSS/SPRECHER, Art. 88–90; ZürcherKomm/OSER/SCHÖNENBERGER, Art. 88–90.

I. Beweislast

76.01   Nach allgemeinen Grundsätzen (Art. 8 ZGB) hat *die Schuldnerin* die Erfüllung zu beweisen. Hierzu gehört auch der Nachweis, dass sie die Leistung ordnungsgemäss erbracht hat. Eine Reihe *beweistechnischer Vermutungen* (Art. 88–90) erleichtern ihr jedoch die Beweisführung.

76.02   Nimmt der Gläubiger eine Leistung der Schuldnerin vorbehaltlos als Erfüllung an, so kehrt sich die Beweislast um. Es ist nunmehr Sache des *Gläubigers* zu beweisen, dass die Schuldnerin nicht oder jedenfalls nicht ordnungsgemäss erfüllt hat (vgl. BGE 59 I 255, 257). Dasselbe gilt für das Zuwiderhandeln gegen eine Unterlassungspflicht.

II. Quittung

76.03   Nach Art. 88 Abs. 1 kann die Schuldnerin bei Leistung eine Quittung verlangen. Der Wortlaut der Bestimmung ist insofern zu eng, als er lediglich von Zahlung spricht. Eine Quittung ist die *schriftliche Erklärung* des Gläubigers, dass er eine ihm geschuldete Leistung erhalten hat. Sie muss die Individualisierung der von der Schuldnerin erbrachten

Leistung ermöglichen und hat in formaler Hinsicht den Erfordernissen der Art. 13 ff. zu genügen.

Die Pflicht zur Ausstellung einer Quittung stellt keine (klagbare) Rechtspflicht, sondern lediglich eine *Obliegenheit* dar. Weigert sich der Gläubiger, eine Quittung auszustellen, so kann die Schuldnerin die Leistung zurückbehalten; der Gläubiger gerät in Annahmeverzug. 76.04

Von der einfachen Quittung als blosser Wissenserklärung ist die sog. *Saldoquittung* zu unterscheiden. Diese enthält neben der Empfangsbestätigung die (Willens-)Erklärung des Gläubigers, dass er von der Schuldnerin nichts mehr zu fordern habe (negatives Schuldanerkenntnis, vgl. BGE 100 II 42, 45; zur Abgrenzung vgl. BGer 10. 10. 2007, 4A_97/2007). Insoweit kann die Saldoquittung im Gegensatz zur einfachen Quittung wegen Willensmangels angefochten werden. Die Ausstellung einer Saldoquittung kann die Schuldnerin vom Gläubiger im Gegensatz zur einfachen Quittung nicht verlangen (vgl. BGE 88 II 111, 115). 76.05

Legt die Schuldnerin eine Quittung vor, so wird *vermutet*, dass sie die darin als empfangen bestätigte Leistung erbracht hat. Weitere Vermutungen ergeben sich aus Art. 89 Abs. 1 und 2. Dem Gläubiger bleibt es freilich unbenommen, seinerseits das Gegenteil zu beweisen, indem er nachweist, dass die entsprechende Leistung tatsächlich nicht oder nicht ordnungsgemäss erbracht worden ist (BGE 45 II 210, 212). 76.06

Bei vielen *Bargeschäften* des täglichen Lebens, z.B. beim Marktkauf, im Ladengeschäft oder bei Taxibeförderung, ist es unüblich, eine Quittung zu verlangen oder aufzubewahren. Hier spricht eine tatsächliche Vermutung dafür, dass die Schuldnerin bezahlt hat. Es ist dann Sache des Gläubigers zu beweisen, dass die Geldleistung ausnahmsweise gestundet wurde. 76.07

III. Schuldschein

Hat die Schuldnerin dem Gläubiger zum Beweis des Bestandes ihrer Schuld einen Schuldschein ausgestellt und ausgehändigt, so kann sie diesen bei Leistung vom Gläubiger zurückfordern (Art. 88 Abs. 1). Die *Rückgabe des Schuldscheins* begründet die Vermutung, dass die Schuld getilgt sei (Art. 89 Abs. 3). Behauptet der Gläubiger, der Schuldschein sei abhanden gekommen, so kann die Schuldnerin verlangen, dass der Gläubiger die Entkräftung des Schuldscheins und die Tilgung der Schuld in einer öffentlichen oder beglaubigten Urkunde erklärt (Art. 90 Abs. 1). Für die Kraftloserklärung von in Wertpapieren verbrieften For- 76.08

derungen gelten Sonderbestimmungen (Art. 90 Abs. 2; vgl. Nachw. in BaslerKomm/LEU, Art. 90 N 2).

Kapitel 2: Die Verrechnung

Literatur: BERGER, Schuldrecht, N 1360 ff.; BUCHER, OR AT, 428 ff.; ENGEL, OR AT, 669 ff.; FURRER/MÜLLER-CHEN, Kap. 21 N 42 ff.; GAUCH/SCHLUEP/EMMEN-EGGER, N 3200 ff.; GUHL/KOLLER, 297 ff.; HUGUENIN, OR AT, N 848 ff.; KELLER/SCHÖBI, Schuldrecht IV, 168 ff.; KOLLER, OR AT, § 66 N 1 ff.; TERCIER, Obligations, N 1511 ff.; VON TUHR/ESCHER, 190 ff.; BaslerKomm/PETER, Art. 120–126; BernerKomm/BECKER, Art. 120–126; CHK/KILLIAS, OR 120–126; CR CO I/JEANDIN, Art. 120–126; KuKo OR/KELLER, Art. 120–126; ZürcherKomm/AEPLI, Art. 120–126;

AEPLI, Ausgewählte Fragen zur Verrechnung, BR 1990, 3 ff.; DERS., Zur Inhaltsproblematik allgemeiner Geschäftsbedingungen, dargestellt anhand vorformulierter Klauseln von Banken, ZSR 2000 I, 85 ff.; BUCHER, Rechtsvergleichende und kollisionsrechtliche Bemerkungen zur Verrechnung («Kompensation»), Festschrift von Overbeck, Freiburg i.Ue. 1990, 701 ff.; DERS., Kompensation im Prozess: Zurück zum materiellen Recht, Festschrift Geimer, München 2002, 97 ff.; HERREN, Verrechnungsprobleme beim Ausscheiden eines zahlungsunfähigen Konsortienten aus mehreren Arbeitsgemeinschaften, AJP 1999, 265 ff.; KOLLER ALFRED, Die Verrechnung nach schweizerischem Recht, recht 2007, 101 ff.; PICHONNAZ, La compensation, Fribourg 2001; STADLIN, Die Verrechnung im Konkurs und beim Nachlassvertrag mit Vermögensabtretung nach schweizerischem Recht, Diss. Basel 1986; THALMANN, Das Pfand- und Verrechnungsrecht nach den Allgemeinen Geschäftsbedingungen der Banken, SAG 1989, 136 ff.; WILD, Die Verrechnung im internationalen Privatrecht – unter besonderer Berücksichtigung der schweizerischen und der US-amerikanischen Rechtsordnung, St. Gallen 1992.

§ 77   Voraussetzungen

I. Allgemeines

77.01　　　Schulden zwei Personen einander gleichartige Leistungen, wie insbesondere Geld, so wäre es wirtschaftlich unsinnig, ein Hin- und Herschieben der jeweiligen Leistungen zu verlangen. Mit der Verrechnung (Art. 120–126) ermöglicht das Gesetz die *wechselseitige Tilgung* gleichartiger Forderungen in dem Umfang, in dem sie sich decken. Allerdings tritt die Tilgungswirkung nicht automatisch – ipso iure – ein, sie erfordert vielmehr eine *(Gestaltungs-)Erklärung* einer der beiden Parteien (vgl. dazu ausf. PICHONNAZ, N 2000 ff.). Mit der Verrechnung wird die Position der Verrechnenden als Schuldnerin erleichtert: Ihr wird die Leistungserbringung abgenommen. Ihre Position als Gläubigerin wird gestärkt: Sie erlangt Befriedigung für ihre Forderung, ohne hierzu staatliche Hilfe in Anspruch nehmen zu müssen. Insoweit stellt die Verrechnung faktisch einen Akt privater Zwangsvollstreckung dar.

An der Verrechnung sind zwei Personen beteiligt: diejenige, die die 77.02 Initiative ergreift und die Verrechnungserklärung abgibt *(Verrechnende, Kompensantin)*, und die Gegenpartei *(Verrechnungsgegner, Kompensat)*. Die Forderung der Verrechnenden gegen den Verrechnungsgegner wird als *Verrechnungsforderung* (zum Teil auch Gegenforderung), jene des Verrechnungsgegners gegen die Verrechnende als *Hauptforderung* bezeichnet.

Von der Verrechnung durch einseitige Gestaltungserklärung einer Par- 77.03 tei, wie sie im OR geregelt ist, ist der *Verrechnungsvertrag*, der eine Einigung der Parteien voraussetzt, zu unterscheiden. Damit können die Parteien eine Tilgung wechselseitiger Forderungen auch dann vereinbaren, wenn es im Einzelfall an den Voraussetzungen für eine einseitige Verrechnung fehlt (vgl. dazu BGE 126 III 361, 368 f.). In Verträgen mit konzernangehörigen Unternehmen finden sich häufig sog. *Konzernverrechnungsklauseln* (vgl. dazu GAUCH/SCHLUEP/EMMENEGGER, N 3259 ff.), wodurch das Merkmal der Gegenseitigkeit auf bestimmte dritte konzernangehörige Unternehmen ausgedehnt wird. Einen Sonderfall des Verrechnungsvertrages stellt das Kontokorrent dar (vgl. N 80.05 ff.).

II. Gegenseitigkeit

1. Grundsatz

Wer verrechnen will, muss nach Art. 120 Abs. 1 *Gläubigerin* 77.04 der Verrechnungsforderung sein, die sie durchsetzen möchte, und *Schuldnerin* der Hauptforderung, die sie tilgen will. Dies bedeutet einerseits, dass die Verrechnende nicht die Forderung einer Dritten gegen den Verrechnungsgegner als Verrechnungsforderung einsetzen kann, andererseits, dass sie nicht gegen eine dem Verrechnungsgegner gegenüber einer Dritten zustehende Forderung verrechnen kann. So kann auch eine Bank nicht mit einer Forderung, die ihr gegenüber dem Alleinaktionär zusteht, gegen eine Forderung der Aktiengesellschaft verrechnen (vgl. BGer, SemJud 2001 I, 165, 167 ff.). Eine Verrechnungslage kann in diesen Fällen nur durch Abtretung bzw. Schuldübernahme hergestellt werden.

77.05   Beim *Vertrag zugunsten Dritter* kann die Versprechende mit einer Forderung, die ihr gegen den Versprechensempfänger zusteht, nicht gegen die Leistung, die dem Dritten zukommen soll, verrechnen (vgl. BGE 122 V 81, 84 f.). Beim echten Vertrag zugunsten Dritter fehlt es insoweit an der Gegenseitigkeit (vgl. HGer ZH, ZR 1998, 23, 29); beim unechten Vertrag zugunsten Dritter folgt dies aus Art. 122. In beiden Fällen soll nach dem Vertragszweck eine effektive Leistung an den Dritten erfolgen. Die *Bürgin*, die vom Gläubiger aus der Bürgschaft in Anspruch genommen wird, kann nicht mit einer Forderung, die dem Hauptschuldner gegen den Gläubiger zusteht, verrechnen. Sie hat jedoch insoweit ein Leistungsverweigerungsrecht, als dem Hauptschuldner das Recht zur Verrechnung gegenüber dem Gläubiger zusteht (Art. 121; vgl. dazu BGE 126 III 25, 28). Schwierig ist die Lage auch bei *Personengesellschaften:* Die Personengesellschaft ist nicht identisch mit der einzelnen Gesellschafterin. Daraus ergibt sich Folgendes: Ist ein Dritter Schuldner der Gesellschaft und steht ihm gleichzeitig eine private Forderung gegen nur eine der Gesellschafterinnen zu, so ist die Verrechnung mangels Gegenseitigkeit für alle Beteiligten ausgeschlossen (vgl. Art. 573 Abs. 1 und 2). Nur eine scheinbare Ausnahme vom Erfordernis der Gegenseitigkeit macht Art. 573 Abs. 3. Ist der Dritte Gläubiger der Gesellschaft und gleichzeitig Privatschuldner einer Gesellschafterin, so können sowohl der Dritte als auch die Gesellschafterin verrechnen, sobald die Gesellschafterin für die Gesellschaftsschuld persönlich haftet (Art. 568). In diesem Fall liegt Gegenseitigkeit vor (zur Gegenseitigkeit bei Konkurs einer Kollektivgesellschaft vgl. BGE 134 III 643, 652 ff.).

2. Ausnahmen

77.06   Aus Gründen des Schuldnerschutzes macht das Gesetz bei der *Abtretung* eine Ausnahme vom Erfordernis der Gegenseitigkeit, wenn durch die Abtretung eine der Schuldnerin ansonsten gegenüber ihrem ursprünglichen Gläubiger mögliche Verrechnung verhindert wird (Art. 169, Einzelheiten vgl. N 90.50).

77.07   Eine weitere Ausnahme gilt nach herrschender Lehre (vgl. BaslerKomm/PETER, Art. 120 N 9) für diejenige, die mittels *Pfand* eine fremde Schuld sichert (vgl. Art. 110 Ziff. 1, Art. 827 ZGB). Sie kann ihr Pfand nicht nur durch Zahlung auslösen, sondern auch durch Verrechnung mit einer Forderung, die ihr selbst gegen den Gläubiger zusteht, obwohl sich die Hauptforderung des Gläubigers nicht gegen sie persönlich richtet.

III. Gleichartigkeit

Nach Art. 120 Abs. 1 müssen beide Forderungen ihrem Ge- 77.08
genstand nach im Zeitpunkt der Verrechnung *gleichartig* sein.

Bei *Geldforderungen* ist die Gleichartigkeit unproblematisch. In der 77.09
Praxis ist dies auch der weitaus häufigste Fall der Verrechnung. Grundsätzlich sind auch Geldleistungen in verschiedenen Währungen verrechenbar (BGE 130 III 312, 318 f.), soweit eine Umrechnung möglich ist
und die Hauptforderung nicht einer Effektivklausel unterliegt.

Gleichartigkeit kann auch gegeben sein bei anderen *vertretbaren Sa-* 77.10
chen oder *Gattungsschulden*, z.B. wenn zwei Personen einander jeweils
das gleiche Saatgut schulden. Bei *Stückschulden* liegt hingegen nie
Gleichartigkeit vor.

Gleichartigkeit bedeutet jedoch nicht, dass beide Forderungen *gleich* 77.11
hoch sein müssen (vgl. Art. 124 Abs. 2). Ebenso wenig ist ein rechtlicher
Zusammenhang *(Konnexität)* zwischen den Forderungen, z.B. dass sie
einem einheitlichen Vertrag oder einer laufenden Geschäftsbeziehung
entstammen, erforderlich (vgl. BGE 91 II 213, 216). Schliesslich wird die
Verrechnung nicht dadurch ausgeschlossen, dass für die Forderungen
verschiedene *Leistungs-* oder *Ablieferungsorte* bestehen. Ein möglicher
Schaden des Verrechnungsgegners, der daraus entsteht, dass nicht am
Leistungsort geleistet wird, ist von der Verrechnenden zu ersetzen (vgl.
BaslerKomm/PETER, Art. 120 N 13).

IV. Durchsetzbarkeit der Verrechnungsforderung

Da die Verrechnung faktisch einen Akt privater Zwangsvoll- 77.12
streckung darstellt, muss die Verrechnungsforderung durchsetzbar sein
(vgl. dazu PICHONNAZ, N 2047 ff.). Zur Durchsetzbarkeit gehören *Klag-*
barkeit, *Einredefreiheit* und *Fälligkeit*.

Die Gläubigerin einer *nicht klagbaren Forderung*, d.h. insbesondere 77.13
einer Forderung aus Spiel oder Wette, kann nicht verrechnen. Dasselbe
gilt, wenn der Verrechnungsforderung eine *Einrede* entgegensteht. Will
z.B. die Verkäuferin eine Forderung aus Darlehen, die dem Käufer gegen
die Verkäuferin zusteht, durch Verrechnung mit der Kaufpreisforderung
tilgen, so ist dies nicht möglich, wenn der Käufer der Kaufpreisforderung
die Einrede des nicht erfüllten Vertrages (Art. 82) entgegenhalten kann.
Zur Einrede mangelnden neuen Vermögens nach Art. 265a SchKG, vgl.
BGE 133 III 620, 624 ff.

77.14   Eine wichtige Ausnahme vom Erfordernis der Einredefreiheit der Verrechnungsforderung macht Art. 120 Abs. 3. Danach kann auch mit einer *verjährten Forderung* verrechnet werden, wenn die Verjährung erst eingetreten ist, nachdem sich die beiden Forderungen bereits verrechenbar gegenübergestanden haben. Dadurch wird der Gläubigerin der Verrechnungsforderung die ursprünglich bestehende Verrechnungsmöglichkeit trotz Verjährung erhalten.

77.15   Schliesslich muss die Verrechnungsforderung *fällig* sein (Art. 120 Abs. 1). Eine noch nicht fällige Forderung kann auch nicht im Wege der Verrechnung vorzeitig durchgesetzt werden. In den AGB der Banken wird dieses Erfordernis allerdings durch die Klausel «ohne Rücksicht auf die Fälligkeit» ausgeschlossen (vgl. dazu AEPLI, ZSR 2000 I, 85, 91 ff.).

77.16   Nicht erforderlich ist, dass die Verrechnungsforderung *unbestritten* ist (Art. 120 Abs. 2). Bestreitet der Schuldner der Verrechnungsforderung deren Bestehen oder Durchsetzbarkeit, so ist darüber in einem Prozess im Rahmen der Frage zu entscheiden, ob die Hauptforderung durch wirksame Verrechnung erloschen ist (vgl. auch BGer, 23.3.2011, 4A_23/2011, E. 3.3).

V. Erbringbarkeit der Hauptforderung

77.17   Im Gegensatz zur Verrechnungsforderung braucht die Hauptforderung nicht durchsetzbar zu sein. Entgegen dem Wortlaut des Art. 120 Abs. 1 muss diese nicht fällig sein, es genügt vielmehr *Erbringbarkeit*. Auch eine nicht klagbare oder einredebehaftete Hauptforderung kann im Wege der Verrechnung getilgt werden, da es dem Schuldner auch offen steht, diese durch freiwillige Leistung zu erfüllen (vgl. weiterführend PICHONNAZ, N 2048 ff.).

VI. Kein Verrechnungsverbot

1. Verrechnungsverbote aufgrund Gesetzes

77.18   Nach Art. 125 ist die Verrechnung ausgeschlossen, wenn die *Hauptforderung bestimmte Merkmale* aufweist. Die Schuldnerin einer derartigen Forderung kann demnach wider den Willen des Gläubigers nicht verrechnen, wohl aber der Gläubiger.

77.19   Nach Art. 125 Ziff. 1 ist die Verrechnung zunächst ausgeschlossen bei Verpflichtungen zur *Rückgabe* oder zum *Ersatz hinterlegter Sachen.*

Beim *regelmässigen Hinterlegungsvertrag* (Art. 472 ff.) ist die Verrechnung gegen die Herausgabeforderung des Hinterlegers, die sich auf eine Speziessache richtet, schon mangels Gleichartigkeit ausgeschlossen. Praktische Bedeutung hat Art. 125 Ziff. 1, wenn bei der regelmässigen Hinterlegung eine Schadenersatzforderung an die Stelle des Herausgabeanspruchs getreten ist, sowie vor allem bei der *unregelmässigen Hinterlegung* (Art. 481), die sich auf Gattungssachen und insbesondere auf Geld bezieht. So kann eine Bank bei Spareinlagen ihre Rückgabeverpflichtung nicht mit möglichen Ansprüchen gegen den Sparer verrechnen (BGE 100 II 153, 155). Die Bestimmung ist insoweit allerdings dispositiv, so dass der Sparer auf den Verrechnungsausschluss – auch im Rahmen von AGB – verzichten kann (vgl. BaslerKomm/PETER, Art. 125 N 2; AEPLI, ZSR 2000 I, 85, 94 ff.). Des Weiteren schliesst Art. 125 Ziff. 1 die Verrechnung gegen eine Hauptforderung zur Rückgabe oder zum Ersatz *widerrechtlich entzogener* oder *böswillig vorenthaltener Sachen* aus. Der Zweck dieser Bestimmung liegt darin zu verhindern, dass sich jemand durch widerrechtlichen Entzug oder böswilliges Vorenthalten von Sachen eine Verrechnungsmöglichkeit schafft (vgl. BaslerKomm/PETER, Art. 125 N 3). Böswilligkeit im Sinne dieser Bestimmung liegt allerdings nicht bereits dann vor, wenn die Schuldnerin weiss, dass sie ohne Rechtsgrund besitzt, hinzukommen muss vielmehr ein moralisch verwerfliches Verhalten (BGE 111 II 447, 453).

77.20 Art. 125 Ziff. 2 verbietet die Verrechnung gegen Forderungen, deren *besondere Natur* die tatsächliche Erfüllung an den Gläubiger verlangt. Hierzu gehören vor allem Lohnforderungen aus Arbeitsvertrag (vgl. auch Art. 323b Abs. 2), unpfändbares Einkommen aus selbstständiger Erwerbstätigkeit, familienrechtliche Unterhaltsbeiträge einschliesslich des Anspruchs auf Prozesskostenvorschuss, Renten und Pensionen, Ansprüche auf künftige Leistungen der Personalfürsorge (vgl. auch Art. 331b) sowie unterhaltssichernde Haftpflichtansprüche (vgl. Art. 46 Abs. 1, 45 Abs. 3), soweit diese Ansprüche jeweils für den Unterhalt des Gläubigers und seiner Familie unbedingt erforderlich sind (vgl. aber Art. 121 Abs. 2 ZGB).

77.21 Schliesslich ist nach Art. 125 Ziff. 3 zum Schutze des Fiskus als Gläubiger die Verrechnung gegen *Forderungen des Gemeinwesens* aus öffentlichem Recht, z.B. Steuerforderungen, ausgeschlossen. Gegen privatrechtliche Forderungen des Staates kann hingegen auch die Bürgerin verrechnen.

2. Verrechnungsausschluss aufgrund Vereinbarung

77.22 Entsprechend dem Grundsatz der Vertragsfreiheit können die Parteien die Verrechnung *durch Vertrag ausschliessen* (Art. 126). Abweichende Sonderbestimmungen finden sich bei Miete (Art. 265) und Pacht (Art. 294).

77.23 Der Verrechnungsausschluss kann ausdrücklich, insbesondere auch im Rahmen von Allgemeinen Geschäftsbedingungen, aber auch konkludent erfolgen. Letzteres ist regelmässig anzunehmen, wenn die Parteien *Barzahlung* vereinbart haben (vgl. BGE 87 II 24, 26) oder wenn sich der Verrechnungsausschluss aus der *Natur eines bestimmten Vertrages* ergibt, z.B. beim Treuhandvertrag zur Verwaltung von Geld (vgl. BGE 130 III 312, 318: Treuhandanlagen im Interbankengeschäft). Mangels besonderer Umstände gilt der Verrechnungsverzicht im Falle der Abtretung der Forderung fort (HGer ZH, ZR 2001, 107, 108).

VII. Besonderheiten im Konkurs

77.24 Im Konkurs wird die Möglichkeit der Gläubigerin des Gemeinschuldners zu verrechnen einerseits erweitert, zum anderen erfährt sie gewisse Einschränkungen.

77.25 *Erweitert* wird die Verrechnungsmöglichkeit dadurch, dass nach Art. 123 Abs. 1 die Verrechnungsforderung nicht fällig zu sein braucht. Diese Bestimmung ergänzt Art. 208 Abs. 1 SchKG, wonach die Konkurseröffnung die Fälligkeit sämtlicher Verpflichtungen des Gemeinschuldners bewirkt mit Ausnahme grundpfandgesicherter Forderungen. Eine erweiterte Verrechnungsmöglichkeit schafft auch Art. 211 Abs. 1 SchKG, wonach Forderungen, die nicht eine Geldzahlung zum Gegenstand haben, in Geldforderungen umgewandelt werden, so dass auf diese Weise Gleichartigkeit hergestellt werden kann.

77.26 *Einschränkungen* der Verrechnungsmöglichkeit ergeben sich aus Art. 213 Abs. 2, 3 und 214 SchKG, wenn die Gläubigerin eine zunächst mangels Gegenseitigkeit nicht bestehende Verrechnungsmöglichkeit im Hinblick auf den Konkurs herbeigeführt hat (vgl. BaslerKomm/ STÄUBLI, Art. 213 SchKG N 18 ff., Art. 214 SchKG N 1 ff.; Überblick bei BaslerKomm/PETER, Art. 123 N 8 ff.).

§ 78 Durchführung und Wirkungen der Verrechnung

I. Durchführung der Verrechnung

Die Verrechnung erfolgt durch einseitige, empfangsbedürftige *(Gestaltungs-)Erklärung* (Art. 124 Abs. 1). Für die Abgabe der Verrechnungserklärung ist Handlungsfähigkeit erforderlich, da die Verrechnende nicht nur eine eigene Schuld tilgt, sondern gleichzeitig auch ihre Forderung gegen den Verrechnungsgegner verliert. 78.01

Die Verrechnungserklärung kann ausdrücklich oder konkludent erfolgen. Eine *konkludente Verrechnung* wird beispielsweise anzunehmen sein bei Übersendung einer Rechnung, wenn der Betrag der Hauptforderung bereits vom Rechnungsbetrag abgezogen wurde, oder bei Erhebung einer Widerklage (vgl. BGE 59 II 382, 383). 78.02

Wie jede Gestaltungserklärung ist auch die Verrechnung *bedingungsfeindlich*. Dies schliesst jedoch die sog. *Eventualverrechnung* im Prozess nicht aus. Dabei bestreitet die Schuldnerin in erster Linie den Bestand der Hauptforderung, hilfsweise beruft sie sich darauf, dass diese durch Verrechnung erloschen sei. Da der Bestand der Hauptforderung Voraussetzung für die Verrechnung ist, ist die aus der Eventualverrechnung resultierende Ungewissheit dem Verrechnungsgegner zumutbar (vgl. Basler-Komm/Peter, Art. 124 N 3). 78.03

II. Wirkungen der Verrechnung

Durch die Verrechnung *erlöschen* Haupt- und Verrechnungsforderung in dem Umfang, in dem sie sich decken, und zwar *rückwirkend* auf den Zeitpunkt, in dem sie sich erstmalig verrechenbar gegenüberstanden (Art. 124 Abs. 2; vgl. dazu die Kritik bei Pichonnaz, N 2108 ff.). Wann die Verrechnungslage eingetreten ist, ist aus der Sicht der Verrechnenden zu bestimmen, unabhängig davon, ob die Gegenpartei schon zu einem früheren oder erst zu einem späteren Zeitpunkt hätte verrechnen können. Mit den Forderungen erlöschen auch die Nebenrechte (Art. 114). 78.04

Aufgrund der *Rückwirkung* der Verrechnung entfallen nachträglich allfällige Verzugsfolgen, wozu auch eine für Spätleistung versprochene Konventionalstrafe gehört. Ist allerdings eine der beiden Forderungen zwischen dem Eintritt der Verrechnungslage und der Verrechnungserklä- 78.05

rung auf andere Art und Weise erloschen – z.B. durch Erfüllung, Rücktritt etc. –, so lebt sie nicht aufgrund der Verrechnung wieder auf (BGE 119 II 241, 248). Vielmehr geht die Verrechnung dann ins Leere.

78.06 Bestehen zwischen den Parteien *mehrere* zur Verrechnung geeignete *Forderungen*, so ist es zunächst Sache der Verrechnenden zu bestimmen, welche Forderungen durch die Verrechnung getilgt werden sollen (Art. 86 Abs. 1 analog). Fehlt eine derartige Erklärung, so ist Art. 87 entsprechend anzuwenden (BGE 58 III 21, 25; a.A. GAUCH/SCHLUEP/ EMMENEGGER, N 3254).

Kapitel 3: Weitere Arten des Erlöschens

§ 79   Erlass

Literatur: BERGER, Schuldrecht, N 1331 ff.; BUCHER, OR AT, 398 ff.; ENGEL, OR AT, 761 ff.; FURRER/MÜLLER-CHEN, Kap. 21 N 24 ff.; GAUCH/SCHLUEP/EMMEN- EGGER, N 3112 ff.; GUHL/KOLLER, 304 f.; HUGUENIN, OR AT, N 817 ff.; KELLER/SCHÖBI, Schuldrecht IV, 190 ff.; KOLLER, OR AT, § 63 N 1 ff.; TERCIER, Obligations, N 1463 ff.; VON TUHR/ESCHER, 173 ff.; BaslerKomm/GONZENBACH/GABRIEL-TANNER, Art. 115; BernerKomm/BECKER, Art. 115; CHK/KILLIAS, OR 115; CR CO I/PIOTET, Art. 115; KuKo OR/LARDI/VANOTTI, Art. 115; ZürcherKomm/AEPLI, Art. 115; WOLFER, Formfreiheit der Rückabwicklungsvereinbarung, AJP 2008, 1582 f.

I. Allgemeines

79.01 Nach Art. 115 kann eine Forderung durch Vertrag ganz oder teilweise aufgehoben werden. Mit einem solchen *Erlassvertrag* erlöschen die Forderung und die damit verbundenen Nebenrechte (Art. 114).

79.02 Der *Abschluss* des Erlassvertrages ist formlos möglich. Dies gilt selbst dann, wenn für die Begründung der Forderung eine Form erforderlich ist (Art. 115; zur Abgrenzung zu Art. 12 vgl. N 31.25). Er kann ausdrücklich oder stillschweigend geschlossen werden. Allerdings übt die Rechtsprechung bei der Annahme eines konkludenten einseitigen Schulderlasses äusserste Vorsicht (vgl. BGE 109 II 327, 329; BaslerKomm/ GONZENBACH/GABRIEL-TANNER, Art. 115 N 6 m.w. Nachw.). Ein Aufhebungsvertrag ist auch dann formfrei möglich, wenn die Parteien darin die Bedingungen und Modalitäten der Rückabwicklung regeln (vgl. BGer, 9. 4. 2008, 4A_49/2008, E. 2).

II. Erlass als Verfügungsgeschäft

Da mit dem Erlass die Forderung erlischt, stellt er ein *Verfü-* 79.03
gungsgeschäft dar. Als solches setzt er die Verfügungsmacht des Erlas-
senden voraus.

Dem Erlassvertrag liegt regelmässig eine *schuldrechtliche Vereinba-* 79.04
rung zugrunde, z.B. eine Schenkung oder ein Vergleich. Im Verhältnis zu
dieser ist der Erlass jedoch *abstrakt* (ZürcherKomm/AEPLI, Art. 115
N 44 m.w. Nachw.; a.A. GAUCH/SCHLUEP/EMMENEGGER, N 3121 ff.).
Dies bedeutet, dass er auch dann wirksam ist, wenn der zugrunde liegende schuldrechtliche Vertrag nicht besteht. In diesem Fall steht dem erlas-
senden Gläubiger ein Bereicherungsanspruch zur Verfügung, mit dem er
die Wiederbegründung der ursprünglichen Forderung verlangen kann.

III. Abgrenzungen

Vom Erlassvertrag wird gewöhnlich das *negative Schuldaner-* 79.05
kenntnis unterschieden, mit dem festgestellt wird, dass eine Forderung
nicht (mehr) besteht. Der Unterschied wird darin gesehen, dass das negative Schuldanerkenntnis eine Situation der Unsicherheit bereinigen soll
(vgl. GAUCH/SCHLUEP/EMMENEGGER, N 3134). In der Sache handelt es
sich jedoch, soweit die ungewisse Forderung tatsächlich besteht, um
nichts anderes als einen Erlass.

Verspricht der Gläubiger, eine Forderung nicht geltend zu machen 79.06
(pactum de non petendo), so hat dies auf den Bestand der Forderung
keinen Einfluss. In der Regel ist damit lediglich eine Stundung, d.h. ein
Hinausschieben der Fälligkeit, verbunden.

Der *Klagerückzug* ist ein prozessrechtliches Institut; nach Eintritt der 79.07
Rechtskraft des darauf folgenden Entscheids ist ein Wiedereinbringen der
Klage grundsätzlich ausgeschlossen. Der materiellrechtliche Bestand der
Forderung wird dadurch aber nicht betroffen (vgl. GAUCH/SCHLUEP/
EMMENEGGER, N 3139).

Zur Abgrenzung des Erlassvertrags zum *Nachlassvertrag* des SchKG 79.08
vgl. GAUCH/SCHLUEP/EMMENEGGER, N 3138.

§ 80   Neuerung

Literatur: BERGER, Schuldrecht, N 1341 ff.; BUCHER, OR AT, 406 ff.; ENGEL,
OR AT, 768 ff.; FURRER/MÜLLER-CHEN, Kap. 21 N 32 ff.; GAUCH/SCHLUEP/EMMEN-
EGGER, N 3140 ff.; GUHL/KOLLER, 305 ff.; HUGUENIN, OR AT, N 828 ff.; KELLER/

8. Teil: Die Beendigung von Schuldverhältnissen

SCHÖBI, Schuldrecht IV, 194 ff.; KOLLER, OR AT, § 24 N 33 ff., § 64 N 1 ff.; TERCIER, Obligations, N 1444 ff.; VON TUHR/ESCHER, 179 ff.; BaslerKomm/GONZENBACH/ GABRIEL-TANNER, Art. 116, 117; BernerKomm/BECKER, Art. 116, 117; CHK/KILLIAS, OR 116, 117; CR CO I/PIOTET, Art. 116, 117; KuKo OR/LARDI/VANOTTI, Art. 116, 117; ZürcherKomm/AEPLI, Art. 116, 117;

BUCHER, Grundprobleme des Kontokorrentrechts, recht 1994, 168 ff.; ETTER, Le contrat de compte courant, Diss. Lausanne 1994; KLEINER, Bankkonto – Giro- und Kontokorrentvertrag, Festgabe Schluep, Zürich 1988, 273 ff.

I. Allgemeines

80.01 Aufgrund der Vertragsfreiheit können die Parteien vereinbaren, dass eine Forderung dadurch getilgt wird, dass eine neue begründet wird *(Neuerung, Novation)*. Beispiel: Die Käuferin schuldet dem Verkäufer den Kaufpreis aus verschiedenen Kaufverträgen, und die Parteien vereinbaren die Umwandlung dieser Forderungen in ein Darlehen. Vgl. ferner etwa BGE 126 III 375 m.Anm. LOSER, AJP 2001, 115 ff.

80.02 Nach Art. 116 Abs. 1 wird eine *Neuerung nicht vermutet*. Dies bedeutet, dass diejenige Partei, die sich darauf beruft, diese zu beweisen hat (vgl. auch Art. 8 ZGB). Wegen des Fortbestands von Einreden und Nebenrechten liegt im Zweifel lediglich eine blosse inhaltliche Änderung der ursprünglichen Forderung vor (Einzelheiten bei BaslerKomm/ GONZENBACH/GABRIEL-TANNER, Art. 116 N 3). Insbesondere ist nach Art. 116 Abs. 2 in der Eingehung einer *Check-* oder *Wechselverbindlichkeit* keine Neuerung zu sehen; vielmehr bedeutet dies lediglich eine Leistung erfüllungshalber (vgl. auch BGE 127 III 559, 562 f.). Zum Sonderfall der Neuerung durch Errichtung eines Schuldbriefs oder einer Gült nach Art. 855 Abs. 1 ZGB vgl. GAUCH/SCHLUEP/EMMENEGGER, N 3157 ff. m.w. Nachw.

80.03 Die Neuerung ist ein *Verfügungsgeschäft*. Ihr liegt regelmässig eine *schuldrechtliche Vereinbarung*, insbesondere ein Vergleichsvertrag, zugrunde. Die herrschende Meinung (vgl. ZürcherKomm/AEPLI, Art. 116 N 13 m.w. Nachw.) geht jedoch davon aus, dass die Neuerung unter der (stillschweigenden) Bedingung des Bestandes der zu tilgenden Forderung geschlossen wird. Besteht die ursprüngliche Forderung nicht, soll demnach auch keine neue Forderung entstehen. Diese Auffassung steht im Widerspruch dazu, dass gegen die alte Forderung bestehende Einwendungen nicht gegen die neue erhoben werden können. Richtigerweise kann deshalb das Bestehen der alten Forderung nicht als Bedingung der Novation betrachtet werden. Besteht die ursprüngliche Forderung nicht, hat die aus der Neuerung Verpflichtete einen Bereicherungsanspruch auf

Herausgabe der neuen Forderung, den sie der Inanspruchnahme aus dieser auch einredeweise entgegenhalten kann (vgl. Art. 67 Abs. 2).

II. Rechtsfolgen

1. Im Allgemeinen

Durch die Neuerung wird die ursprüngliche Forderung zum *Erlöschen* gebracht und die neue Forderung *begründet*. Soweit sich aus der Vereinbarung der Parteien nichts anderes ergibt, kann die Schuldnerin *Einreden* und *Einwendungen*, die ihr gegen die alte Forderung zustanden, nicht gegen die neue erheben (vgl. BGE 105 II 273, 277). Umgekehrt entfallen für den Gläubiger mit Tilgung der alten Forderung nach Art. 114 alle *Nebenrechte*, d.h. insbesondere die akzessorischen Sicherheiten. Mit der Novation beginnt eine neue (zehnjährige) *Verjährungsfrist* zu laufen.

80.04

2. Kontokorrentvertrag

Eine besondere Regelung der Fragen der Novation findet sich in Art. 117 für das Kontokorrent. Ein *Kontokorrentvertrag* ist die Vereinbarung zweier miteinander in Geschäftsverbindung stehender Parteien, alle aus diesem Verhältnis entspringenden Forderungen zunächst in eine Rechnung einzustellen und in bestimmten Zeitabschnitten durch Verrechnung und Feststellung des jeweiligen Überschusses auszugleichen.

80.05

Nach Art. 117 Abs. 1 hat das blosse *Einstellen der einzelnen Forderung* in ein Kontokorrent keine Neuerung zur Folge. Vielmehr ist die Forderung damit zunächst gestundet, und der Gläubiger darf sie weder abtreten noch separat geltend machen. Die *Ziehung des Saldos* erfolgt aufgrund einer vorhergehenden Verrechnungsvereinbarung (vgl. N 77.03) zwischen den Parteien. Wird der Saldo anerkannt *(Schuldanerkenntnis)*, so ist damit nach Art. 117 Abs. 2 eine Neuerung verbunden (vgl. BGE 127 III 147, 150). Die ursprünglichen Forderungen erlöschen, an deren Stelle tritt die Forderung gemäss dem Saldoergebnis. Entgegen Art. 114 Abs. 1 bleiben nach Art. 117 Abs. 3 *Sicherheiten*, die für eine einzelne Forderung bestanden, grundsätzlich erhalten und sichern nunmehr die Saldoforderung in Höhe der gesicherten Einzelforderung.

80.06

80.07 Die Saldoanerkennung bedeutet nicht den Verzicht auf Einreden und Einwendungen gegen eine *versehentliche Buchung* (BGE 104 II 190, 196). Insoweit hat der Benachteiligte einen Anspruch aus ungerechtfertigter Bereicherung. Blosse *Rechnungsfehler* können korrigiert werden (BGE 100 III 79, 86; vgl. auch Art. 24 Abs. 3).

§ 81   Vereinigung

> *Literatur:* BERGER, Schuldrecht, N 1354 ff.; BUCHER, OR AT, 405 f.; ENGEL, OR AT, 777 ff.; FURRER/MÜLLER-CHEN, Kap. 21 N 39 ff.; GAUCH/SCHLUEP/EMMEN-EGGER, N 3175 ff.; GUHL/KOLLER, 308 f.; HUGUENIN, OR AT, N 841 ff.; KELLER/SCHÖBI, Schuldrecht IV, 200 f.; KOLLER, OR AT, § 65 N 1 ff.; TERCIER, Obligations, N 1449 ff.; VON TUHR/ESCHER, 186 ff.; BaslerKomm/GONZENBACH/GABRIEL-TANNER, Art. 118; BernerKomm/BECKER, Art. 118; CHK/KILLIAS, OR 118; CR CO I/PIOTET, Art. 118; KuKo OR/LARDI/VANOTTI, Art. 118; ZürcherKomm/AEPLI, Art. 118.

I. Allgemeines

81.01 Von Vereinigung *(Konfusion)* wird bei nachträglichem Zusammenfallen von Schuldner- und Gläubigerstellung in einer Person gesprochen. Dies ist beispielsweise der Fall, wenn die Schuldnerin den Gläubiger beerbt oder umgekehrt eine Forderung an die Schuldnerin derselben abgetreten wird oder aufgrund Legalzession übergeht, oder bei einer Vermögens- oder Geschäftsübernahme (Art. 181) mit Forderungen gegen oder Schulden an den Übernehmer.

II. Rechtsfolgen

81.02 Mit der Vereinigung gilt die Forderung nach Art. 118 Abs. 1 grundsätzlich als *erloschen*. Mit ihr erlöschen auch die *Nebenrechte* (Art. 114). Die Forderung mit ihren Nebenrechten lebt jedoch in ihrer ursprünglichen Form wieder auf, wenn die Vereinigung rückgängig gemacht wird (Art. 118 Abs. 2), z.B. bei Ausschlagung der Erbschaft oder bei Eintritt einer auflösenden Bedingung.

81.03 Ausnahmen vom Prinzip des Untergangs der Forderung aufgrund Vereinigung bei *Grundpfandrechten* (vgl. Art. 859 Abs. 2, 863 ZGB) und *Wertpapieren* (vgl. Art. 1001 Abs. 3, 1108 Abs. 3) werden durch Art. 118 Abs. 3 vorbehalten. Eine Ausnahme gilt auch insoweit, als

Rechte Dritter an der Forderung, z.B. Nutzniessung oder Pfandrecht, trotz Vereinigung erhalten bleiben.

§ 82 Auflösung des ganzen Schuldverhältnisses

Literatur: BERGER, Schuldrecht, N 1411 ff.; BUCHER, OR AT, 390 ff.; GAUCH/SCHLUEP/EMMENEGGER, N 3102 ff.; GUHL/KOLLER, 304, 309 ff.; KELLER/SCHÖBI, Schuldrecht I, 300 ff.; KOLLER, OR AT, § 63 N 26 ff.; VON TUHR/ESCHER, 165 ff.

Vom Erlöschen der einzelnen Forderung ist die Auflösung des ganzen Schuldverhältnisses zu unterscheiden. Damit erlöschen auf jeden Fall die Hauptleistungspflichten eines Vertrages, jedoch können Abwicklungspflichten erhalten bleiben.   82.01

Mit einem *Aufhebungsvertrag* (contrarius actus) können die Parteien die Aufhebung eines früher abgeschlossenen Vertrages vereinbaren. Dies ist entsprechend Art. 115 formlos möglich (vgl. BGer, SJZ 2000, 476; vgl. aber N 31.25). Soweit dadurch bestehende Forderungen aufgehoben werden sollen, steht dies einem Erlassvertrag gleich. Wurden Leistungen bereits ausgetauscht, erfolgt die Rückabwicklung entsprechend Art. 109 (vgl. OGer LU, ZBJV 2007, 53, 54).   82.02

Bei einem *Rücktritt* erlöschen die ursprünglichen Leistungspflichten; das Schuldverhältnis wird allerdings umgewandelt in ein Rückabwicklungsverhältnis (vgl. N 66.33). Ein Rücktrittsrecht kann sich aus einer entsprechenden vertraglichen Vereinbarung oder bei Leistungsstörungen ergeben. Der Rücktritt wird durch einseitige (Gestaltungs-)Erklärung ausgeübt und wirkt auf den Zeitpunkt des Vertragsschlusses zurück.   82.03

Kündigung und *Widerruf* sind Gestaltungsrechte, mittels derer Dauerschuldverhältnisse beendet werden können. Im Gegensatz zum Rücktritt wirken sie nicht ex tunc, sondern lediglich für die Zukunft (ex nunc). Für eine bestimmte Dauer eingegangene Dauerschuldverhältnisse enden darüber hinaus durch *Zeitablauf*.   82.04

Schliesslich sieht das Gesetz für eine Reihe von Verträgen, wobei es sich ganz überwiegend ebenfalls um Dauerschuldverhältnisse handelt, die Beendigung durch *Tod*, *Handlungsunfähigkeit* oder *Konkurs* einer Partei vor (vgl. die Aufzählung bei GAUCH/SCHLUEP/EMMENEGGER, N 3107).   82.05

Auflösende Bedingung vgl. N 11.05.   82.06

Kapitel 4: Die Verjährung

Literatur: BERGER, Schuldrecht, N 1429 ff., 1915 ff., 2080 ff.; BUCHER, OR AT, 444 ff.; ENGEL, OR AT, 795 ff.; DERS., OR BT, 567 ff.; FURRER/MÜLLER-CHEN, Kap. 14 N 21 ff., Kap. 21 N 77 ff.; GAUCH/SCHLUEP/EMMENEGGER, N 3268 ff.; GUHL/ KOLLER, 316 ff.; HUGUENIN, OR AT, N 890 ff.; KELLER/SCHÖBI, Schuldrecht IV, 130 ff.; KOLLER, OR AT, § 67 N 1 ff.; OFTINGER/STARK, Haftpflichtrecht II/1, § 16 N 341 ff.; PORTMANN/REY, 41 ff.; REY, Haftpflichtrecht, N 1605 ff.; SCHNYDER/PORTMANN/ MÜLLER-CHEN, Haftpflichtrecht, N 544 ff.; TERCIER, Obligations, N 1545 ff.; VON TUHR/ ESCHER, 211 ff.; BaslerKomm/DÄPPEN, Art. 127–142; BernerKomm/BECKER, Art. 127– 142; CHK/KILLIAS, OR 127–142; CR CO I/PICHONNAZ, Art. 127–142; KuKo OR/ DÄPPEN, Art. 127–142; ZürcherKomm/BERTI, Art. 127–142;

ACOCELLA, Die Verjährung in der neueren Rechtsprechung des Bundesgerichts, SJZ 1990, 333 ff.; ALIOTTA/HUSMANN, Die Verjährung von Ersatzforderungen aus Spätschäden – neue Entwicklungen in Rechtsprechung und Gesetzgebung, HAVE 2012, 90 ff.; DIES., Der Gesetzgeber muss die Opfer von Spätschäden schützen, plädoyer 2011, 42 ff.; ALLIMANN, La péremption: étude en droit privé Suisse, Diss. Genf 2011; BENEDICK/ VISCHER, Vertragliche Modifikation der Verjährungsregeln im Gewährleistungsrecht beim Unternehmenskauf, Jusletter 4. September 2006; BERGAMIN, Vorentwurf zur Totalrevision des Verjährungsrechts: eine erste Sicht der Bestimmungen über die Unterbrechung der Verjährung, HAVE 2012, 84 ff.; BERTI, Zur Unterbrechung der Verjährung durch Betreibung und Klage – oder die Alternativen zum «Inspired guess», recht 1994, 76 ff.; DERS., Verjährung vertraglicher Schadenersatzansprüche, in: KOLLER ALFRED (Hrsg.), Leistungsstörungen, Nicht- und Schlechterfüllung von Verträgen, St. Gallen 2008, 15 ff.; BIEDER, Aspekte der Verjährung im Haftpflichtrecht, nach VVG und nach SVG, Collezione Assista, Genf 1998, 50 ff.; BOUVERAT/WESSNER, Quelques questions choisies liées à la prescription extinctive: un état des lieux en droit suisse et quelques regards de droit comparé, AJP 2010, 951 ff.; BUCHER, Verjährung: gute Schritte in guter Richtung, recht 2006, 186 ff.; BUCHSER, Nochmals zur Tragweite eines zeitlich begrenzten Verjährungsverzichts, SJZ 1997, 261; CHAPPUIS BENOÎT/WERRO, Délais de prescription et dommages différées: réflexions sur l'ATF 137 III 16 et la motion parlementaire 07-3763, HAVE 2011, 139 ff.; CHAPPUIS CHRISTINE, La péremption en droit de la responsabilité civile, in: WERRO (Hrsg.), Le temps dans la responsabilité civile, Bern 2007, 107 ff.; CHAPPUIS GUY, L'avant-projet de loi sur l'uniformisation de la prescription en matière de responsabilité civile – Réflexions d'un practicien, HAVE 2012, 72 ff.; FISCHER, Die Verjährung von Haftpflichtansprüchen, in: KOLLER ALFRED (Hrsg.), Haftpflicht- und Versicherungsrechtstagung 1997, St. Gallen 1997, 93 ff.; GAUCH, Verjährungsverzicht: Ein Entscheid des Bundesgerichts (132 III 226) und was davon zu halten ist, SJZ 2006, 533 ff.; DERS., Verjährungsunsicherheit – Ein Beitrag zur Verjährung privatrechtlicher Forderungen, Festschrift Murer, Bern 2010, 239 ff.; GIRSBERGER, Verjährung und Verwirkung im internationalen Obligationenrecht, Zürich 1989; HUGUENIN/ THOUVENIN/PURTSCHERT, Vereinheitlichung des Fristenregimes: zu viel oder zu wenig?, HAVE 2012, 76 ff.; HUSMANN/ALIOTTA, Zeit heilt nicht alle Wunden – Zur verjährungsrechtlichen Problematik bei Personalschäden durch Asbest, HAVE 2010, 128 ff.; KOLLER ALFRED, Die Tragweite eines zeitlich begrenzten Verjährungsverzichts, SJZ 1996, 369 ff.; DERS., Verjährt oder nicht verjährt?, AJP 2000, 243 ff.; DERS., Dispositives und zwingendes Verjährungsrecht, SJZ 2007, 193 ff.; KOLLER THOMAS, Die Verjährung von Ansprüchen des Käufers aus Lieferung nicht vertragskonformer Ware im Spannungsfeld zwischen UN-Kaufrecht (CISG) und nationalem Partikularrecht, recht 2003, 41 ff.; KRAUS-KOPF, Der Begriff, die Erscheinungsformen und die Bedeutung der Schuldanerkennung im Obligationenrecht, recht 2005, 169 ff.; DERS., Aktuelle Fragen zur Verjährungsunterbre-chung, BR 2003, 131 ff.; DERS., Die Verjährung der haftpflichtrechtlichen Ansprüche wegen Personenschäden, in: WEBER (Hrsg.), Personen-Schaden-Forum 2012, Zürich/Basel/Genf 2012, 113 ff.; DERS., Die Verjährung von Schadenersatzforderungen aus positiver Vertragsverletzung (Anwaltshaftung), HAVE 2009, 273 ff.; DERS., La prescrip-tion en pleine mutation: quelques réflexions sur la prescription de l'action en dommages-intérêts, SemJud 2011 II, 1 ff.; KRESO, Verjährung in der Haftpflichtversicherung, AJP 1993, 488 ff.; LOSER, Kritische Überlegungen zur Reform des privaten Haftpflichtrechts – Haftung aus Treu und Glauben, Verursachung und Verjährung, ZSR 2003 II, 127 ff.; MELLER-HANNICH, Die Einrede der Verjährung, JZ 2005, 656 ff.; MEUWLY, La prescription des créances d'assurance privée (art. 46 al. 1 LCA) au regard de la dernière jurisprudence du Tribunal fédéral (ATF 126 III 278 et 127 III 268), AJP 2003, 303 ff.; MOHS/HACHEM, Verjährung von Ansprüchen des Käufers wegen Nichterfüllung und Lieferung vertragswidriger Ware aus CISG nach internem Schweizer Recht, AJP 2009, 1541 ff.; NIKLAUS, La prescription extinctive: modifications conventionelles et renoncia-tion, Diss. Neuchâtel 2007, Basel 2007; PICHONNAZ, La prescription de l'action en dom-mages-intérêts: Un besoin de réforme, in: WERRO (Hrsg.), le temps dans la responsabilité civile, Bern 2007, 71 ff.; DERS., La renonciation à la prescription: une appréciation des réformes proposées par l'avant-projet de révision de la prescription; HAVE 2012, 79 ff.; PIOTET, La restitution des loyer ou d'acomptes de frais accessoires perçus à tort: un autre avis sur la question de la prescription et du transfert de la chose louée, Cahiers du bail 2006, 1 ff.; SCHÖBI, Lex dura sed lex? Festschrift Brehm, Bern 2012, 417 ff.; SCHÖLL, Verjährungsstillstand infolge Unmöglichkeit der Rechtsverfolgung «vor einem schweize-rischen Gerichte», Festschrift Schwander, Zürich/St. Gallen 2011, 383 ff.; SEILER, Die Verjährung von Schadenersatzforderungen aus positiver Vertragsverletzung, Diss. Zürich 2011; SPIRO, Die Begrenzung privater Rechte durch Verjährungs-, Verwirkungs- und Fatalfristen, 2 Bde., Bern 1975; DERS., Zur Entstehung und Entwicklung der Verjährungs-bestimmungen, Jubiläumsschrift Hundert Jahre Schweizerisches Obligationenrecht, Frei-burg i.Ue. 1982, 127 ff.; DERS., Zur Verjährung des Ersatzanspruchs aus Schadenversiche-rung, Mélanges Engel, Lausanne 1989, 371 ff.; STACHER/WEHRLI, Postulat gegen die Streichung von Art. 139 OR, recht 2008, 92 ff.; THÉVENAZ, La déclaration de renonciation à se prévaloir de la préscription, Mélanges Tercier II, Genf 2008, 443 ff.; VEST/ZYGMONT, Unverjährbare zivilrechtliche Ansprüche aus Verbrechen gegen die Menschlichkeit (Art. 60 Abs. 2 OR i.V.m. Art. 101 StGB)?, AJP 2007, 790 ff.; VOSER, Aktuelle Probleme zivilrechtlicher Verjährung bei körperlichen Spätschäden aus rechtsvergleichender Sicht, recht 2005, 121 ff.; WALTER/HURNI, Zum Verjährungsverzicht während laufender Verjäh-rung, AwR 2007, 284 ff.; WERRO, Vers la révision du droit de la prescription: une appréciation critique de l'avant-projet, HAVE 2012, 70 ff.; WESSNER, La prescription des actions réparatoires et récursoires au regard de la révision totale du droit de la responsabilité, in: KOLLER ALFRED (Hrsg.), Haftpflicht- und Versicherungsrechtstagung 1997, St. Gallen 1997, 143 ff.; WIDMER PIERRE, Dies irae, dies illa: der dies a quo bei der (absoluten) Verjährung von Schadenersatzforderungen aus Delikt, HAVE 2012, 92 f.; ZIMMERMANN/KLEINSCHMIDT, Verjährung: Grundgedanken und Besonderheiten bei Ansprüchen auf Schadensersatz, Festschrift Bucher, Bern 2009, 861 ff.

§ 83 Begriff und Funktionen der Verjährung

I. Begriff der Verjährung

83.01 Verjährung ist die *Entkräftung* einer Forderung *durch Zeitablauf*. Sie gibt dem Schuldner eine *Einrede*, kraft derer er die Leistung auf Dauer verweigern kann. Die Verjährung ist Teil des *materiellen Rechts*, nicht des Prozessrechts; bei einem Sachverhalt mit Auslandsberührung unterliegt sie deshalb dem auf die Forderung anwendbaren Recht (Art. 148 Abs. 1 IPRG).

83.02 Gegenstand der Verjährung können nur *Forderungen* sein. *Andere subjektive Rechte* verjähren nicht. Dies gilt etwa für dingliche Rechte, Immaterialgüterrechte, Persönlichkeitsrechte (BGE 118 II 1, 5) und Mitgliedschaftsrechte (für Gestaltungsrechte vgl. N 83.05). So ist insbesondere der *dingliche Herausgabeanspruch* der Eigentümerin (Art. 641 Abs. 2 ZGB) unverjährbar. Abgeschwächt wird dieser Grundsatz allerdings im Verhältnis zu einem gutgläubigen Besitzer durch das Institut der Ersitzung (Art. 728 ZGB; vgl. auch Art. 934 ZGB). Auch der aus dem Eigentumsrecht folgende dingliche Unterlassungs- bzw. Beseitigungsanspruch sowie der Erbteilungsanspruch (Art. 604 Abs. 1 ZGB) unterliegen nicht der Verjährung.

83.03 Grundsätzlich verjähren *alle obligatorischen Forderungen*, also auch solche, die aus familien- oder erbrechtlichen Beziehungen entspringen. Ausnahmen von diesem Prinzip gelten insbesondere für grundpfandgesicherte Forderungen (Art. 807 ZGB; weitere Ausnahmen bei Basler-Komm/DÄPPEN, Art. 127 N 11 ff.).

83.04 Von der Verjährung ist die *Verwirkung* zu unterscheiden. Verwirkungsfristen (Präklusivfristen) setzen der Ausübung eines subjektiven Rechts zeitliche Grenzen. Während die Verjährung lediglich die Durchsetzbarkeit eines Anspruchs betrifft, führt die Verwirkung grundsätzlich zum *Untergang* des betreffenden Rechtes. Auf die Verwirkung sind die Art. 127–142 jedenfalls nicht unmittelbar anwendbar. So stellt die Verwirkung keine Einrede im technischen Sinn dar, sie ist vielmehr vom Gericht anders als die Verjährung (Art. 142) von Amts wegen zu berücksichtigen. Die Vorschriften zur Hemmung und Unterbrechung von Verjährungsfristen sind auf Verwirkungsfristen nicht, auch nicht analog, anwendbar (BGE 119 II 434, 435), wenngleich eine Wiederherstellung dieser Fristen nicht ausgeschlossen ist (vgl. GAUCH/SCHLUEP/EMMENEGGER, N 3392).

83.05 Für die *Abgrenzung* zwischen Verjährungs- und Verwirkungsfristen ist die in ZGB und OR verwendete Terminologie kaum brauchbar. Das Gesetz spricht teilweise von Verjährung, wo es sich in der Sache um Verwirkungsfristen handelt (vgl. nur Art. 533 ZGB), andererseits von Verwirkung, wo es um Verjährung geht (Art. 10 PrHG). Als Faustregel gilt jedoch, dass *Forderungen verjähren, Gestaltungsrechte* – vor allem auch solche, die im Wege einer Gestaltungsklage ausgeübt werden müssen – *verwirken*. Dementsprechend stellt auch die in Art. 31 Abs. 1 niedergelegte Jahresfrist, innerhalb derer ein Irrtum geltend gemacht werden muss, eine Verwirkungsfrist dar (vgl. BGE 114 II 131, 141).

II. Funktionen

Zweck der Verjährung ist die Erhaltung der *Rechtssicherheit* 83.06 und des *Rechtsfriedens*. Nach einer bestimmten Zeit braucht der Schuldner nicht mehr mit der Geltendmachung alter Forderungen zu rechnen. Die Verjährung schützt ihn vor unbilliger Belästigung und der mit dem Verstreichen der Zeit immer schwierigeren Beweisführung. Sie entlastet damit gleichzeitig die Gerichte.

Entsprechend diesem Zweck bestimmt Art. 141 Abs. 1, dass auf die 83.07 Verjährung *nicht zum Voraus verzichtet* werden kann. Art. 141 Abs. 1 gilt allerdings nur für die in Art. 127 f. aufgestellten Verjährungsfristen (BGE 112 II 231, 233). Diese Bestimmung schliesst auch einen nachträglichen Verzicht durch Vertrag zwischen Gläubigerin und Schuldner nicht aus, sei es, dass dieser nach Eintritt der Verjährung oder bei noch laufender Verjährung im Hinblick auf die bereits verstrichene Verjährungszeit erfolgt (vgl. BGE 132 III 226, 239 f.; krit. hierzu GAUCH, SJZ 2006, 533 ff.).

§ 84   Verjährungsfrist

I. Dauer der Frist

1. Regelmässige Verjährungsfrist

Die regelmässige (ordentliche) Verjährungsfrist beträgt nach 84.01 Art. 127 *zehn Jahre*. Sie gilt für alle Forderungen, für die das Gesetz nicht ausdrücklich etwas anderes bestimmt.

2. Ausnahmen

84.02 Der Grundsatz der zehnjährigen Verjährung wird durch zahlreiche Ausnahmen durchbrochen. Zumeist normieren solche Sonderbestimmungen kürzere Verjährungsfristen. Nur wenige Normen sehen längere Verjährungsfristen vor. Art. 149a Abs. 1 SchKG bestimmt, dass eine Forderung, für die nach fruchtloser Schuldbetreibung ein Verlustschein ausgestellt wurde, erst zwanzig Jahre nach der Ausstellung des Verlustscheines verjährt. Nach Art. 59c Abs. 2 USG, Art. 32 GTG unterliegt die Haftung wegen des Umgangs mit pathogenen, bzw. gentechnisch veränderten Organismen einer absoluten Verjährungsfrist von 30 Jahren. Für Kulturgüter normiert Art. 934 Abs. 1bis ZGB eine dreissigjährige Frist für den Rückforderungsanspruch, Art. 196a eine entsprechende für den Anspruch des Käufers wegen Rechtsgewährleistung. Bei den im Erbrecht normierten dreissigjährigen Fristen handelt es sich teilweise um Verwirkungs- (Art. 521 Abs. 2 ZGB), teilweise um Verjährungsfristen (Art. 600 Abs. 2 ZGB).

a) Fünfjährige Verjährungsfrist

84.03 Art. 128 normiert eine *fünfjährige Verjährungsfrist* für Forderungen, die regelmässig schnell erfüllt werden. Hier ist es dem Schuldner nicht zumutbar, Belege für einen längeren Zeitraum aufzubewahren.

84.04 Nach Art. 128 Ziff. 1 gilt die fünfjährige Verjährung zunächst für *Miet-, Pacht-* und *Kapitalzinsen* sowie für andere periodische Leistungen. Hierunter fallen insbesondere auch Renten- und Pensionsforderungen, Unterhaltsansprüche, Regressansprüche des Gemeinwesens aus Verwandtenunterstützung (Art. 329 Abs. 3 ZGB), Dividenden sowie die einzelnen Raten beim Abzahlungskauf (str., vgl. BGE 69 II 298, 303) und bei Sukzessivlieferungsverträgen. Nicht dazu zählen der einmalig zu entrichtende Mietzins, Verzugszinsen oder vertragliche Zinsen.

84.05 Art. 128 Ziff. 2 umfasst *Geldforderungen von Lieferantinnen* aus Umsatzgeschäften mit Konsumenten über Lebensmittel und Getränke.

84.06 Schliesslich gilt die fünfjährige Verjährung nach Art. 128 Ziff. 3 für *Geldforderungen aus Handwerksarbeit*, wobei die manuelle Tätigkeit den übrigen Leistungen zumindest gleichkommen muss (vgl. BGE 123 III 120, 122; 116 II 428, 429 f.), für Forderungen aus dem Detailverkauf von Waren, für Honorarforderungen aufgrund ärztlicher Besorgung (zum Begriff vgl. BaslerKomm/DÄPPEN, Art. 128 N 11), für Honorarforderungen der Rechtsanwältinnen, Notarinnen u.ä. sowie für den Lohnanspruch der Arbeitnehmerin. Für die Unterstellung unter Art. 128 Ziff. 3 kommt es nicht auf die Gesamttätigkeit einer Berufsgruppe, sondern auf die konkrete Leistung an; so fallen Arbeiten, die eindeutig das Feld der Wirtschaftsprüfung beschlagen und sich erheblich von der normalen Anwaltstätigkeit unterscheiden, nicht darunter (vgl. BGE 132 III 61 ff. = ZBJV 2010, 582 f.).

b) Delikts- und Bereicherungsansprüche

Nach Art. 60 Abs. 1, 67 Abs. 1 gilt für Delikts- und Bereiche- 84.07 rungsansprüche eine *doppelte Verjährungsfrist*: eine einjährige Frist, die mit Kenntnis der Gläubigerin zu laufen beginnt (*relative Verjährungsfrist;* zum Zeitpunkt der Kenntnis vgl. BGE 129 III 503, 505 ff.), und eine zehnjährige, beginnend mit der schädigenden Handlung bzw. mit der Entstehung des Bereicherungsanspruchs *(absolute Verjährungsfrist)*. Beruht die Schädigung allerdings auf einer strafbaren Handlung, für die das Strafrecht (vgl. Art. 97 ff. StGB) eine längere Verjährung vorschreibt, so gilt diese auch insgesamt für den privatrechtlichen Anspruch (Einzelheiten bei BaslerKomm/DÄPPEN, Art. 60 N 11 ff.; BGE 127 III 538, 540 ff.). Insoweit kommt es allerdings nur auf die *inländischen* Strafrechtsnormen an (vgl. BGE 132 III 661, 665 f.). Auf eine durch eine strafbare Handlung erlangte Bereicherung wird Art. 60 Abs. 2 entsprechend angewandt. Schliesslich gewähren Art. 60 Abs. 3, 67 Abs. 2 dem Schuldner eine dauernde Einrede, wenn er auf Erfüllung einer Forderung in Anspruch genommen wird, die die Gläubigerin durch eine unerlaubte Handlung, z.B. durch absichtliche Täuschung, erlangt hat oder um die sie ungerechtfertigt bereichert ist, auch wenn der entsprechende Delikts- oder Bereicherungsanspruch des Schuldners bereits verjährt ist (zum Verhältnis zwischen Art. 60 Abs. 3 und Art. 31 Abs. 1 vgl. BGE 127 III 83, 85).

Zahlreiche von Art. 60 abweichende Bestimmungen zur Verjährung 84.08 finden sich in haftpflichtrechtlichen Sondergesetzen (vgl. nur Art. 83 Abs. 1 SVG, Art. 9, 10 PrHG). Derzeit wird eine Verlängerung der Verjährungsfristen im Haftpflichtrecht diskutiert um zu gewährleisten, dass Opfer auch bei *Spätschäden* Schadenersatzansprüche geltend machen können (Medienmitteilung des EJPD vom 21. 1. 2009).

Die deliktische Verjährungsfrist gilt auch für *Genugtuungsansprüche* 84.09 *naher Angehöriger,* selbst wenn der Anspruch der Direktgeschädigten dem Vertragsrecht untersteht (vgl. BGE 123 III 204, 206 ff.; krit. dazu GAUCH/SCHLUEP/EMMENEGGER, N 3291). Sie gilt darüber hinaus auch für die Haftung des Grundeigentümers nach Art. 679 ZGB (vgl. BGE 127 III 257, 259) sowie für den Gewinnherausgabeanspruch bei bösgläubiger Geschäftsanmassung nach Art. 423 Abs. 1 (vgl. BGE 126 III 382, 385 ff.; a.A. ENGEL, OR BT, 574: zehn Jahre gemäss Art. 127). Zur Verjährung von Ansprüchen aus *culpa in contrahendo* vgl. N 48.05.

c) Weitere Sonderregeln

84.10   Im OR und seinen Nebengesetzen sowie im ZGB finden sich darüber hinaus unzählige Bestimmungen, die *kürzere Verjährungsfristen* als die zehnjährige Regelverjährung nach Art. 127 vorsehen (vgl. die Zusammenstellung bei BaslerKomm/DÄPPEN, Art. 127 N 14 ff.). Erwähnt sei hier nur die Verjährung der Ansprüche der Käuferin wegen Mängel der Sache. Nach Art. 210 Abs. 1 gilt für bewegliche Sachen eine einjährige Verjährungsfrist ab Ablieferung (Art. 210 Abs. 1 nOR: zwei Jahre), nach Art. 219 Abs. 3 für Gebäude eine fünfjährige ab Eigentumserwerb. Eine entsprechende Regelung findet sich in Art. 371 bezüglich der Haftung des Werkunternehmers (Art. 371 Abs. 1 nOR: zwei Jahre). Diese Bestimmung wird auf den Pauschalreisevertrag entsprechend angewandt (vgl. BaslerKomm/ROBERTO, Art. 12 PauRG N 15). Rechtsgewährleistungsansprüche bei Kulturgütern unterliegen einer relativen ein- und einer absoluten dreissigjährigen Verjährungsfrist (Art. 196a), für rechtliche Mängel, die auf die Eigenschaft als Kulturgut zurückzuführen sind, gilt ein Jahr ab Kenntnis, bzw. 30 Jahre ab Vertragsschluss (Art. 210 Abs. 1bis, Art. 210 Abs. 3 nOR).

3. Abänderbarkeit

84.11   Nach Art. 129 können die in Art. 127, 128 bestimmten Verjährungsfristen von den Parteien *nicht abgeändert* werden. Dies bedeutet, dass vertraglich weder eine Verlängerung noch eine Verkürzung zulässig ist.

84.12   Nach herrschender Auffassung (vgl. GAUCH/SCHLUEP/EMMENEGGER, N 3380 m.w. Nachw.) gilt Art. 129 jedoch im Umkehrschluss nicht für die ausserhalb der Art. 127, 128 geregelten Verjährungsfristen. Diese können demnach durch die Parteien vertraglich abgeändert werden. Für eine vertragliche *Verlängerung* gilt allerdings auch insoweit die Grenze der zehnjährigen Verjährungsfrist nach Art. 127 (BGE 99 II 185, 189). Entsprechendes gilt für einen *Verjährungsverzicht* (vgl. BGer, ZBJV 1998, 583, 584). Eine *Verkürzung* ist nur insoweit möglich, als dadurch die Rechtsverfolgung nicht unbillig erschwert wird (BGE 108 II 194, 196). Für Konsumentenkaufverträge soll neu (Art. 210 Abs. 4 nOR) eine Verkürzung auf weniger als zwei Jahre bzw. weniger als ein Jahr für gebrauchte Sachen nicht mehr zulässig sein.

II. Beginn der Verjährung

1. Grundsatz

Nach Art. 130 Abs. 1 beginnt die Verjährungsfrist mit der *Fäl-* 84.13 *ligkeit der Forderung* zu laufen, d.h. mit dem Zeitpunkt, in dem die Gläubigerin die Leistung verlangen kann. Oftmals fällt dieser Zeitpunkt mit dem Entstehen der Forderung zusammen (vgl. Art. 75). Ist allerdings die Fälligkeit durch Stundung hinausgeschoben, so beginnt auch die Verjährungsfrist nicht zu laufen. Andere Einreden, z.B. die des nicht erfüllten Vertrages nach Art. 82, hindern hingegen den Beginn der Verjährung grundsätzlich nicht.

Die Verjährung des Anspruchs auf Rückerstattung der in einem Konto 84.13a oder Depot *hinterlegten Guthaben* beginnt erst im Zeitpunkt zu laufen, in dem die vertraglichen Beziehungen zwischen den Parteien beendigt sind (vgl. BGE 133 III 37, 40 f.).

Bei *vertraglichen Schadenersatzansprüchen* ist zu unterscheiden: Bei 84.14 Sekundäransprüchen, die bei Nicht- oder Spätleistung an die Stelle der primären vertraglichen Leistungspflicht treten, beginnt die Verjährung mit Fälligkeit der ursprünglichen Leistungspflicht (vgl. BaslerKomm/ DÄPPEN, Art. 130 N 11 m.w. Nachw.). Bei Ansprüchen wegen Schlechtleistung (positive Vertragsverletzung) oder aus culpa in contrahendo ist nach der Rechtsprechung des Bundesgerichts hingegen auf den Zeitpunkt der Pflichtverletzung abzustellen (vgl. BGer, 27.4.2009, 4A_103/2009; BGE 137 III 16, 20 ff. – Asbestschaden; 106 II 134, 138 f.). Nicht entscheidend ist in beiden Fällen der Zeitpunkt des Schadenseintritts (vgl. aber für abw. Meinungen in der Literatur FRÉDÉRIC KRAUSKOPF, HAVE 2009, 273, 275). Dies erscheint vor allem stossend in Fällen der Schlechterfüllung, in denen der Schaden typischerweise erst nach mehr als zehn Jahren auftritt, wie insbesondere bei durch Einatmen von Asbeststaub bedingten Krebsarten. Ausländische Gerichte haben in derartigen Fällen regelmässig anspruchsausschliessende Verjährungsfristen ausser Kraft gesetzt (Nachw. bei HUSMANN/ALIOTTA, HAVE 2010, 128, 134). Zur Vereinbarkeit der (absoluten) Verjährung mit der EMRK vgl. SCHÖBI, FS Brehm, 417 ff.

84.15 Auf den Zeitpunkt, in welchem die Gläubigerin *Kenntnis* vom Bestand der Forderung und ihrer Fälligkeit hat, kommt es nicht an (BGE 126 III 278, 280 ff.; 119 II 216, 219; a.A. MEUWLY, AJP 2003, 303, 315 ff.).

2. Ausnahmen

84.16 Bei Ansprüchen, die auf ein *Unterlassen* gerichtet sind, beginnt die Verjährung mit der Zuwiderhandlung.

84.17 Ist die Fälligkeit einer Forderung von einer *Kündigung* durch die Gläubigerin abhängig, z.B. bei einem Darlehen, so beginnt die Verjährung nach Art. 130 Abs. 2 mit dem Tag, auf den die Kündigung zulässig ist, weil es sonst die Gläubigerin in der Hand hätte, durch Unterlassen der Kündigung den Verjährungsbeginn beliebig hinauszuschieben (vgl. auch BGE 122 III 10, 19). Dies bedeutet z.B., dass der Rückzahlungsanspruch der Gläubigerin aus Darlehen mangels anderweitiger Abrede sechs Wochen nach Auszahlung zu verjähren beginnt (vgl. Art. 318).

84.18 Bei *deliktischen Schadenersatzansprüchen* und *Bereicherungsansprüchen* ist zu unterscheiden (vgl. Art. 60 Abs. 1, 67 Abs. 1): Die relative Verjährungsfrist von einem Jahr beginnt erst zu laufen, wenn die Geschädigte Kenntnis vom Schaden und von der Person des Ersatzpflichtigen (vgl. auch Art. 9 PrHG; Art. 59c Abs. 2 USG, Art. 32 Abs. 1 GTG: 3 Jahre ab Kenntnis) bzw. vom Bestehen des Anspruchs erlangt hat. Die zehnjährige absolute Verjährungsfrist knüpft hingegen an den Zeitpunkt der schädigenden Handlung (vgl. auch Art. 10 PrHG: Inverkehrbringen des Produkts; Art. 59c Abs. 2 USG, Art. 32 Abs. 1 GTG: 30 Jahre ab Schadensereignis oder Inverkehrbringen) bzw. an die Entstehung des Bereicherungsanspruchs an. Bei Erkrankungen mit langer Latenzzeit kann dies dazu führen, dass der Anspruch bereits verjährt bevor er überhaupt – mangels Schadenseintritts – entstanden ist, was Hauptgrund für die Verlängerung der Verjährung bei Personenschäden anlässlich der Revision ist (vgl. N 84.36).

84.19 Weitere Ausnahmen finden sich in zahlreichen Sonderbestimmungen des OR BT sowie in Nebengesetzen. So beginnt die Verjährung der Ansprüche der Käuferin wegen *Sachmängel* bei beweglichen Sachen mit der Ablieferung (Art. 210 Abs. 1), bei Grundstücken mit Eintragung im Grundbuch (Art. 219 Abs. 3). Beim Werkvertrag wird ebenfalls an den Zeitpunkt der Ablieferung bzw. Abnahme des Werkes angeknüpft (Art. 371).

84.20 Bei Leibrenten und ähnlichen *periodischen Leistungen*, z.B. Schadenersatzrenten nach Art. 43 Abs. 2 oder vertraglich übernommenen Unterhaltsverpflichtungen, gilt zunächst, dass für jeden wiederkehrenden Betrag mit Fälligkeit eine eigene Verjährung zu laufen beginnt (vgl. Art. 128 Ziff. 1). Die einzelnen Teilleistungen stellen sich hier aber als Teil einer *Gesamtforderung* dar; würde im Hinblick auf die Verjährung nur auf die einzelne Teilleistung abgestellt, so könnte die Gesamtforderung auch bei langjähriger Nichterfüllung nicht verjähren. Art. 131 bestimmt deshalb, dass die – zehnjährige – Verjährung für das Forderungsrecht im Ganzen mit dem Zeitpunkt beginnt, in dem die erste rückständige Leistung fällig war (vgl. dazu BGE 124 III 449, 451 f.).

III. Berechnung

Zur *Berechnung* der Verjährung vgl. Art. 132 Abs. 1 und 84.21 Art. 132 Abs. 2 i.V.m. Art. 77 ff.

IV. Stillstand und Unterbrechung der Verjährung

1. Stillstand der Verjährung

Der *Stillstand* der Verjährung bewirkt, dass ein bestimmter 84.22 Zeitraum nicht in die Verjährungsfrist eingerechnet wird. Nach Wegfall der Umstände, die zu einem Stillstand führen, läuft die Verjährungsfrist, die bereits vor Eintritt dieser Umstände begonnen hat, weiter und verlängert sich um den entsprechenden Zeitraum (Art. 134 Abs. 2).

Nach Art. 134 Abs. 1 beginnt die Verjährung nicht, bzw. eine bereits 84.23 begonnene Verjährung steht still, wenn der Gläubigerin aufgrund besonderer Umstände die *Rechtsverfolgung nicht möglich* oder *zumutbar* ist. Hierzu zählen zunächst Fälle einer besonders engen persönlichen Beziehung zwischen Gläubigerin und Schuldner oder der Abhängigkeit der Gläubigerin vom Schuldner (Art. 134 Abs. 1 Ziff. 1–4). Steht dem Schuldner an der Forderung eine Nutzniessung zu (Art. 134 Abs. 1 Ziff. 5), so ist deren Geltendmachung objektiv nutzlos bzw. unmöglich (vgl. Art. 773, 775 ZGB).

Nach Art. 134 Abs. 1 Ziff. 6 steht die Verjährung auch still, solange 84.24 die Forderung vor einem *schweizerischen Gericht* nicht geltend gemacht werden kann. Die Tragweite dieser Bestimmung ist umstritten (vgl. die Nachw. in BaslerKomm/DÄPPEN, Art. 134 N 7 ff.; SCHÖLL, FS Schwander, 383 ff.). Nach der Rechtsprechung des Bundesgerichts (vgl. BGE 124 III 449, 452 f.) setzt sie voraus, dass die Gläubigerin durch objektive, von ihren persönlichen Verhältnissen unabhängige Umstände daran gehindert ist, in der Schweiz zu klagen, namentlich wenn ihr kein Gerichtsstand in der Schweiz zur Verfügung steht. Eine lediglich subjektive Verhinderung der Gläubigerin, insbesondere die Unkenntnis der Geschädigten von ihrem Schaden, hemmt den Lauf der Verjährung nicht (BGE 124 III 449, 452 f.; 106 II 134, 137). Die abstrakte Möglichkeit, sich in der Schweiz einen Gerichtsstand zu verschaffen, schliesst die Berufung auf Art. 134 Abs. 1 Ziff. 6 allerdings nicht aus. Das blosse Vorhandensein von Arrestgegenständen in der Schweiz genügt nur dann zur Aufhebung des Verjährungsstillstands, wenn die Gläubigerin hinreichende Kenntnis davon hat und in der Lage ist, einen gültigen Arrest zu erlangen (vgl. BGE 134 III 294, 299).

84.25 Sonderbestimmungen zum Stillstand der Verjährung finden sich namentlich auch im ZGB (vgl. Art. 586 Abs. 2 ZGB) und im SchKG (vgl. nur Art. 207 Abs. 3 SchKG; für weitere Sonderbestimmungen vgl. BaslerKomm/DÄPPEN, Art. 134 N 12).

2. Unterbrechung der Verjährung

a) Voraussetzungen

84.26 Vom Stillstand ist die *Unterbrechung* zu unterscheiden, bei der die Verjährung nicht fortgesetzt wird, sondern von neuem zu laufen beginnt (Art. 137 Abs. 1). Die bis zum Zeitpunkt der Unterbrechung abgelaufene Verjährungsfrist wird bedeutungslos.

84.27 Die Verjährung kann nach Art. 135 unterbrochen werden durch Anerkennungshandlungen des Schuldners einerseits (Ziff. 1) sowie durch bestimmte Rechtsverfolgungsmassnahmen der Gläubigerin andererseits (Ziff. 2). Im Rahmen der Vertragsfreiheit können die Parteien jedoch vereinbaren, dass auch anderen Handlungen verjährungsunterbrechende Wirkung zukommen soll (vgl. KRAUSKOPF, BR 2003, 131 ff.).

84.28 Die *Forderungsanerkennung seitens des Schuldners* kann zunächst ausdrücklich, z.B. durch Ausstellung eines Schuldscheins, erfolgen. Dabei genügt es, dass der Schuldner seine Schuldpflicht dem Grundsatz nach anerkennt, ohne dass sich die Anerkennung auf einen bestimmten Betrag bezieht (BGE 119 II 368, 378; vgl. aber N 84.30). Eine Anerkennung ist aber auch konkludent möglich. Beispielhaft nennt das Gesetz Zins- und Abschlagszahlungen sowie die Bestellung von Sicherheiten. In Betracht kommen darüber hinaus die Bitte um Stundung oder Erlass der Forderung, die Anerkennung einer Nachbesserungspflicht (BGE 121 III

270, 272), die Erklärung der Verrechnung mit einer Gegenforderung (BGE 110 II 176, 180) oder eine Akontozahlung (vgl. BGE 134 III 591, 593 ff.). Entscheidend ist, dass sich die Gläubigerin auf die Äusserungen des Schuldners verlässt und im Vertrauen darauf eigene Schritte zur Verjährungsunterbrechung unterlässt. Deshalb führt auch ein erst nach Verjährungseintritt abgegebenes Anerkenntnis nicht mehr zu einer Unterbrechung (BGE 122 III 10, 19).

Will die *Gläubigerin* die Verjährung unterbrechen, so reichen private   84.29
Schritte, z.B. ein eingeschriebener Brief oder ein Einzugsmandat, nicht aus; sie muss vielmehr ihre Forderung im Wege *amtlicher Handlungen* geltend machen (vgl. zum Begriff BGE 130 III 202, 207). Hierzu zählen die Klageanhebung, wobei die Unterbrechungswirkung bereits mit Postaufgabe des Begehrens eintritt (vgl. auch Art. 143 Abs. 1 ZPO), das Geltendmachen einer Einrede im Prozess, z.B. des nicht erfüllten Vertrages (Art. 82) oder der ungerechtfertigten Bereicherung, eine Eventualverrechnung im Prozess, das Begehren um einstweiligen Rechtsschutz und u.U. auch die Streitverkündung. Entsprechendes gilt für schiedsgerichtliche Verfahren. Verjährungsunterbrechend wirkt auch die Schuldbetreibung, der Arrest und die Ladung zu einem amtlichen Sühneversuch (vgl. BGE 114 II 335, 336; KGer VS, RVJ 2001, 291, 293 – ab 2011 Schlichtungsgesuch), wobei auch hier jeweils der Zeitpunkt der Postaufgabe des Begehrens der Gläubigerin entscheidet. Auch die Eingabe im Konkurs des Schuldners (vgl. Art. 232 Ziff. 2, 251 SchKG) unterbricht die Verjährung. Die Vornahme bloss beweissichernder Massnahmen, z.B. einer vorsorglichen Expertise, genügt hingegen nicht zur Unterbrechung. Die Unterbrechung der *strafrechtlichen Verjährung* bewirkt auch die Unterbrechung der zivilrechtlichen Verjährung, soweit die Geschädigte ihre Zivilforderung innerhalb der strafrechtlichen Verjährungsfrist im Strafverfahren geltend macht (vgl. BGE 124 IV 49, 51 f.).

Vertraglich können die Parteien weitere Unterbrechungshandlungen,   84.29a
z.B. Mahnung mittels eingeschriebenem Brief, vereinbaren (vgl. BGer, 14. 5. 1998, 4C.9/1998, dazu T. KOLLER, AJP 2000, 243, 247 f.). Dies gilt aber nicht für die in Art. 129 genannten Fristen, da diese nicht abdingbar sind (vgl. CR CO I/PICHONNAZ, Art. 135 N 6).

b) Rechtsfolgen

Mit der Unterbrechung *beginnt* die Verjährung *von neuem* zu   84.30
laufen (Art. 137 Abs. 1). Bei Klage oder Einrede im Prozess gilt dies erst ab dem Zeitpunkt, wo der Rechtsstreit vor der befassten Instanz abge-

schlossen ist (Art. 138 Abs. 1). Bei Verjährungsunterbrechung durch Schuldbetreibung beginnt die Verjährung mit jedem Betreibungsakt von neuem (Art. 138 Abs. 2), bei Eingabe im Konkurs mit dem Zeitpunkt, in dem die Forderung wieder geltend gemacht werden kann (Art. 138 Abs. 3). Die nach der Unterbrechung neu laufende *Verjährungsfrist* entspricht grundsätzlich in ihrer Dauer der ursprünglichen (vgl. BGE 121 III 270, 272; zu Art. 60 Abs. 2 vgl. BGE 131 III 430, 436 f.). Nach Art. 137 Abs. 2 läuft jedoch eine *zehnjährige Verjährungsfrist*, wenn die Unterbrechung durch gerichtliches Urteil oder durch Anerkennung seitens des Schuldners in einer Urkunde, die den geschuldeten Betrag genau beziffert (BGE 113 II 264, 268), erfolgt.

84.31 Rechtsverfolgungsschritte seitens der Gläubigerin vermögen die Verjährung allerdings nur zu unterbrechen, wenn sie in *formeller Hinsicht wirksam* eingeleitet wurden. Wird beispielsweise eine Klage aus formellen Gründen – Unzuständigkeit des angerufenen Gerichts, Fehlen einer gesetzlich gebotenen Vertretung – zurückgewiesen, so wurde die Verjährung nicht wirksam unterbrochen (vgl. BGE 130 III 202, 210; 132 V 404, 408: sachlich unzuständige Vermittlungsbehörde). Die Gläubigerin befindet sich dann in einer misslichen Lage, wenn die Verjährungsfrist inzwischen abgelaufen ist. In dieser Situation hilft ihr allerdings Art. 63 ZPO: Wird die Klage innerhalb eines Monats nach dem Nichteintretensentscheid beim zuständigen Gericht neu eingereicht, so gilt als Zeitpunkt der Rechtshängigkeit das Datum der ersten Einreichung, so dass die verjährungsunterbrechende Wirkung erhalten bleibt.

84.32 Die Rechtsfolgen der Verjährungsunterbrechung beschränken sich auf den jeweiligen Betrag, auf den sich die Unterbrechungshandlung bezieht. Klagt die Gläubigerin z.B. nur einen *Teil der Forderung* ein, so unterbricht dies nicht die Verjährung im Hinblick auf die Restforderung. Will sie sichergehen, muss sie bezüglich der Restforderung auf einen Verjährungsverzicht seitens des Schuldners bestehen.

V. Revision des Verjährungsrechts

84.33 Entsprechend bereits durchgeführter Reformen in den Nachbarstaaten soll nunmehr auch in der Schweiz das Verjährungsrecht einer grundlegenden Revision unterzogen werden. Seit August 2011 liegt ein entsprechender Vorentwurf vor (vgl. VE-Verjährung).

84.34 Kernpunkt der Revision ist die *Vereinheitlichung* des gesamten Verjährungsrechts. Vertragliche und ausservertragliche Forderungen sollen demselben verjährungsrechtlichen Regime unterworfen werden. Damit werden nicht nur derzeit bestehende Zweifelsfragen gelöst, sondern auch der Anspruchskonkurrenz die verjährungsrechtliche Spitze gebrochen.

Entsprechend der heutigen Regelung für ausservertragliche Schaden- 84.35 ersatzansprüche und Bereicherungsansprüche (Art. 60 Abs. 1, 67 Abs. 1) sollen alle Ansprüche einer *doppelten Frist* unterworfen werden: Einer *relativen kurzen* (Art. 128 VE-Verjährung) und einer *absoluten längeren* (Art. 129 Abs. 1 VE-Verjährung) Verjährungsfrist. Die relative Frist soll mit Kenntnis der Gläubigerin von der Forderung und der Person des Schuldners zu laufen beginnen, die absolute mit der Fälligkeit der jeweiligen Forderung, ohne dass es auf die subjektive Kenntnis der Gläubigerin ankäme. Bei Schadenersatzansprüchen soll wie bisher auf den *Zeitpunkt der schädigenden Handlung* und nicht auf jenen des Schadenseintritts abgestellt werden (Art. 129 Abs. 2 Ziff. 1 VE-Verjährung). Dieser Ansatz entspricht insgesamt der jüngeren internationalen Entwicklung.

Die relative kurze Frist soll *drei Jahre,* die absolute Frist *zehn Jahre* 84.36 betragen. Namentlich im Hinblick auf Opfer von Spätschäden ist jedoch für Forderungen aus *Personenschäden* eine Höchstdauer von *dreissig Jahren* vorgesehen (Art. 130 VE-Verjährung). Alternativ wird eine einheitliche absolute Frist von *zwanzig Jahren* vorgeschlagen (Variante zu Art. 129/130 VE-Verjährung).

Im Hinblick auf die Vereinheitlichung der Verjährungsfristen wird die 84.37 Vertragsfreiheit in diesem Bereich erweitert und die Möglichkeit der *vertraglichen Abänderung* der Fristen ermöglicht, wo sich dies nicht zum Schutze der schwächeren Partei verbietet (Art. 133 VE-Verjährung).

§ 85 Rechtswirkungen der Verjährung

I. Einrede des Schuldners

Entgegen der systematischen Stellung der Art. 127 ff. führt die 85.01 Verjährung nicht zum Erlöschen der Forderung. Die Forderung bleibt vielmehr bestehen, sie ist jedoch *nicht mehr durchsetzbar.* Der Schuldner hat das Recht, die Leistung auf Dauer *(peremptorisch)* zu verweigern. Dieses ist im Wege einer *Einrede* geltend zu machen, das Gericht darf die Verjährung nicht von Amts wegen berücksichtigen (Art. 142). Beruft sich der Schuldner im Prozess auf die Verjährungseinrede, so ist die Klage als unbegründet abzuweisen (BGE 118 II 447, 450).

Ein verjährter Anspruch bleibt weiterhin *erfüllbar.* Das zur Befriedi- 85.02 gung einer verjährten Forderung Geleistete kann nicht zurückgefordert werden, auch wenn der Schuldner in Unkenntnis der Verjährung geleistet hat (Art. 63 Abs. 2). Auch eine verjährte Forderung kann zur Verrechnung gebracht werden, wenn sich beide Forderungen in irgendeinem Zeitpunkt verrechenbar gegenübergestanden haben (vgl. Art. 120 Abs. 3; dazu N 77.14). Sie kann u.U. auch einredeweise geltend gemacht werden, wenn der Schuldner seinerseits von der Gläubigerin in Anspruch genommen wird (vgl. Art. 67 Abs. 2, 210 Abs. 2). Besteht für die Forderung ein *Fahrnispfand*, so hindert die Verjährung der Forderung die Gläubigerin nicht an der Geltendmachung des Pfandrechts (Art. 140). Dasselbe gilt für die Sicherung einer Forderung durch einen Eigentumsvorbehalt.

II. Rechtsmissbrauch

85.03
Ausnahmsweise kann die Erhebung der Verjährungseinrede *rechtsmissbräuchlich* (Art. 2 Abs. 2 ZGB) sein (BGE 131 III 430, 437). Dies gilt einmal dann, wenn der Schuldner im Rahmen von Verhandlungen über den streitigen Anspruch das berechtigte Vertrauen erweckt, er werde erfüllen, und die Gläubigerin deshalb die entsprechenden Schritte zur Verjährungsunterbrechung unterlässt. Blosse Leistungsversprechen des Schuldners begründen dagegen noch keinen Rechtsmissbrauch. Zum anderen ist vor allem rechtsmissbräuchlich, mit der Geltendmachung von Ansprüchen aus Immaterialgüterrechtsverletzung so lange zuzuwarten, bis die Folgen für den Verletzer völlig unzumutbar geworden sind (vgl. BGer, sic! 2008, 820, 823; vgl. auch HGer AG, sic! 2008, 707, 712 – SBB Uhren III).

III. Umfang der Verjährung

85.04
Mit der Forderung verjähren gleichzeitig *Zinsen* und allfällige *Nebenansprüche*, z.B. der Anspruch auf Ersatz des Verzugsschadens oder eine Konventionalstrafe (Art. 133). Ist bei Leibrenten und ähnlichen periodischen Leistungen das Forderungsrecht im Ganzen verjährt, so gilt dies auch für die einzelnen Teilleistungen (Art. 131 Abs. 2; vgl. dazu BGE 124 III 449, 451 f.).

9. Teil: Der Kreis der Beteiligten – Erweiterungen und Veränderungen

Kapitel 1: Verträge zugunsten Dritter und mit Schutzwirkung für Dritte

Literatur: BERGER, Schuldrecht, N 1583, 2261 ff.; BUCHER, OR AT, 473 ff.; ENGEL, OR AT, 417 ff.; FURRER/MÜLLER-CHEN, Kap. 22 N 1 ff.; GAUCH/SCHLUEP/ EMMENEGGER, N 3876 ff.; GUHL/KOLLER, 171 ff.; HUGUENIN, OR AT, N 1138 ff.; KOLLER, OR AT § 73 N 1 ff., TERCIER, Obligations, N 1044 ff.; VON TUHR/ESCHER, 236 ff.; BaslerKomm/GONZENBACH/ZELLWEGER-GUTKNECHT, Art. 112, 113; BernerKomm/ WEBER, Art. 112/113; CHK/ REETZ/GRABER, OR 112, 113; CR CO I/TEVINI DU PASQUIER, Art. 112/113; KuKo OR/LARDI/VANOTTI, Art. 112, 113; ZürcherKomm/ OSER/SCHÖNENBERGER, Art. 112/113;

CERUTTI, Der Untervertrag, Freiburg i.Ue. 1990; EISNER-KIEFER, Das Versicherungsvertragsgesetz heute und morgen, Festschrift Hasenböhler, Zürich 2004, 43 ff.; FLÜHMANN, Haftung aus Prüfung und Berichterstattung gegenüber Dritten, Diss. St. Gallen, Bern 2004; HOCHSTRASSER, Freizeichnung zugunsten und zulasten Dritter, Diss. Zürich 2006; KRAUSKOPF, Der Vertrag zugunsten Dritter, Freiburg i.Ue. 2000; RÜEGG, Leistung des Schuldners an einen Nicht-Gläubiger, Freiburg i.Ue. 1990; RUSCH, Konten für Dritte, AJP 2007, 561 ff.; WEBER, Dreipersonen-Verhältnisse im Schuldrecht, Festschrift Schulin, Basel/Genf/München 2002, 169 ff.; WEBER/SKRIPSKY, Verfügungen zugunsten Dritter, ZBJV 2003, 249 ff.; ZULLIGER, Eingriffe Dritter in Forderungsrechte, Zürich 1988.

§ 86   (Echter) Vertrag zugunsten Dritter

I. Allgemeines

Im Regelfall begründen Vertragsparteien Rechte und Pflichten 86.01 jeweils für sich selbst. Aufgrund der Vertragsfreiheit ist es den Parteien jedoch unbenommen zu vereinbaren, dass die Leistung der Schuldnerin nicht an den Gläubiger, sondern an einen Dritten erfolgen soll. Es handelt sich dann um einen *Vertrag zugunsten eines Dritten* (Art. 112).

Der Vertrag zugunsten Dritter stellt *keinen eigenen Vertragstypus* dar; 86.02 vielmehr können praktisch alle schuldrechtlichen Verträge zugunsten eines Dritten geschlossen werden. Lässt jemand einer anderen Person per Fleurop Blumen übersenden, liegt ein Kaufvertrag zugunsten Dritter vor. Lassen Eltern ihr Kind ärztlich behandeln, handelt es sich um einen Auftrag zugunsten Dritter; buchen sie eine Reise für die ganze Familie, so liegt ein Reisevertrag zugunsten Dritter vor. Am häufigsten tritt der Vertrag zugunsten Dritter im *Versicherungsrecht* und im *Frachtrecht* auf. Der Versicherungsnehmer schliesst mit der Versicherung einen Lebensversicherungsvertrag ab; die Versicherungssumme ist bei seinem Tod an einen Dritten auszubezahlen. Der Frachtvertrag (Art. 440 ff.) wird vom Absender mit der Frachtführerin zugunsten des Empfängers der Ware geschlossen.

86.03 Denkbar ist auch eine *Freizeichnung zugunsten Dritter* (vgl. KRAUSKOPF, N 1708 ff.). Schliesst z.B. ein Arbeitgeber in einem Vertrag die Haftung aus, so wird davon regelmässig auch eine allfällige deliktische Haftung seiner Arbeitnehmer gegenüber der Vertragspartnerin erfasst.

II. Terminologie

86.04 Beim Vertrag zugunsten Dritter sind *drei Personen* zu unterscheiden: die Schuldnerin (Versprechende, Promittentin), die die Leistung an den Dritten verspricht, ihr Vertragspartner der Gläubiger (Versprechensempfänger, Promissar, Stipulant), der sich die Leistung an den Dritten versprechen lässt, und schliesslich der Dritte (Begünstigter), an den die Leistung erfolgen soll.

86.05 Die Rechtsbeziehungen zwischen den einzelnen Personen müssen sorgfältig auseinander gehalten werden. Das Rechtsverhältnis zwischen der Versprechenden und dem Versprechensempfänger wird *Deckungsverhältnis* genannt. Es gibt Auskunft darüber, ob und wie die Versprechende für ihre an den Dritten erfolgende Leistung Deckung vom Versprechensempfänger erhält. So liegt z.B. bei der Lebensversicherung im Deckungsverhältnis ein Versicherungsvertrag vor. Die Rechtsbeziehung zwischen dem Versprechensempfänger und dem Dritten heisst *Valutaverhältnis*. Aus diesem ergibt sich der Rechtsgrund, aufgrund dessen der Dritte eine Zuwendung erhält, die letztlich aus dem Vermögen des Versprechensempfängers, der die Gegenleistung an die Versprechende dafür erbringt, stammt. Auch im Valutaverhältnis können viele Arten schuldrechtlicher Verträge vorliegen (z.B. Kauf, Schenkung, Darlehen, Auftrag etc.), häufig sind es aber auch familienrechtliche Verpflichtungen oder Zuwendungen von Todes wegen. So erfüllen Eltern, die zugunsten ihres Kindes einen ärztlichen Behandlungsvertrag abschliessen, diesem gegenüber ihre Unterhaltspflicht. Bei Eröffnung eines Sparkontos auf den Namen eines Dritten mit der Massgabe, dass der Dritte erst im Falle des Todes davon benachrichtigt werden soll, liegt im Valutaverhältnis eine Zuwendung von Todes wegen – in der Regel ein Vermächtnis – vor. Das zwischen der Versprechenden und dem Dritten durch den Vertrag zugunsten Dritter geschaffene Rechtsverhältnis wird schliesslich als *Zuwendungsverhältnis* (direktes Leistungsverhältnis) bezeichnet.

III. Abgrenzungen

1. Echter und unechter Vertrag zugunsten Dritter

In Art. 112 wird zwischen dem echten und dem unechten Vertrag zugunsten Dritter unterschieden. 86.06

Beim *echten Vertrag zugunsten Dritter* hat der Dritte ein eigenes Forderungsrecht, das er selbstständig im Klagewege durchsetzen kann. Daneben kann aber auch der Versprechensempfänger die Leistung an den Dritten verlangen. 86.07

Demgegenüber steht dem Dritten beim *unechten Vertrag zugunsten Dritter* (auch Vertrag auf Leistung an einen Dritten) kein eigenes Forderungsrecht zu, er kann deshalb nicht selbstständig gegen die Versprechende auf Leistung an sich klagen. Das alleinige Forderungsrecht bleibt vielmehr beim Versprechensempfänger. Die Versprechende befreit sich jedoch durch Leistung an den Dritten von ihrer Verpflichtung gegenüber dem Versprechensempfänger. Dem Dritten steht die Empfangszuständigkeit zu. Insoweit handelt es sich lediglich um eine Erfüllungsmodalität. 86.08

Ob im Einzelfall ein echter oder ein unechter Vertrag zugunsten Dritter vorliegt, ist nach Art. 112 Abs. 2 aufgrund der Parteivereinbarung oder der Übung, d.h. durch *Auslegung*, zu ermitteln (vgl. HGer ZH, ZR 1998, 22, 26; Kasuistik bei BaslerKomm/GONZENBACH/ZELLWEGER-GUTKNECHT, Art. 112 N 12). Dabei kommt es vor allem auf den *Willen des Versprechensempfängers* an, d.h., ob dieser für den Dritten ein selbstständiges Forderungsrecht begründen wollte. Findet sich beispielsweise in einem Hofübernahmevertrag zwischen den Eltern und einem Kind eine Abfindungsklausel zugunsten der nicht berücksichtigten Geschwister, so entspricht allein die Annahme eines echten Vertrages zugunsten Dritter dem Parteiwillen. Hingegen liegt lediglich ein unechter Vertrag zugunsten Dritter vor im Falle der sog. Erfüllungsübernahme (vgl. N 91.03 ff.), d.h. der Vereinbarung zwischen Versprechender und Versprechensempfänger, durch die sich die Versprechende verpflichtet, eine Verbindlichkeit des Versprechensempfängers gegenüber dem Dritten zu tilgen. Dasselbe gilt bei der sog. Durchlieferung, einem Kaufvertrag, bei dem die Verkäuferin die Ware nicht an den Käufer selbst, sondern direkt an dessen Abnehmer liefern soll. 86.09

86.10 In vielen Fällen hält auch das Gesetz *Auslegungsregeln* bereit, wie insbesondere für Versicherungsverträge (vgl. Art. 113; Art. 78, 87 VVG) und Frachtverträge (vgl. Art. 443).

2. Stellvertretung

86.11 Auf theoretischer Ebene ist die Abgrenzung zwischen Vertrag zugunsten Dritter und Stellvertretung einfach: Beim Vertrag zugunsten Dritter handelt der Versprechensempfänger im eigenen Namen, bei der (direkten) Stellvertretung wird der Vertreter im Namen des Vertretenen tätig. In der Praxis kann die Abgrenzung jedoch Probleme bereiten, weil das Forderungsrecht des Dritten durch beide Institute begründet werden kann. Schliessen Eltern einen Arztvertrag für ihr Kind, so kann es sich dabei um einen Vertrag zugunsten Dritter handeln, die Eltern können aber auch als gesetzliche Vertreter im Namen des Kindes tätig werden. Der entscheidende Unterschied zwischen beiden Konstruktionen liegt darin, wer zur Erbringung der *Gegenleistung* verpflichtet ist. Im ersten Fall sind es die Eltern, im zweiten Fall ist es das Kind.

86.12 Für die praktische Abgrenzung zwischen Vertrag zugunsten Dritter und Stellvertretung ist deshalb entsprechend dem Offenkundigkeitsprinzip entscheidend auf die *Sicht der Vertragspartnerin* abzustellen: Durfte sie darauf vertrauen, die Gegenleistung von der Person zu erhalten, mit der sie verhandelt hat, oder sollte sie sich an den von ihrer Leistung Begünstigten halten müssen? Im Falle des Handelns der Eltern für Kinder wird deshalb meist von einem Vertrag zugunsten Dritter auszugehen sein (vgl. SCHWENZER, FS Bernhard Schnyder, 679 ff.).

3. Anweisung

86.13 Bei der Anweisung (Art. 466 ff.) handelt es sich nach herrschender Meinung (vgl. BaslerKomm/KOLLER, Vor 18. Titel N 1) nicht um einen Vertrag, sondern um eine *Doppelermächtigung*, mit der der Anweisende einerseits die Angewiesene zur Leistung an den Anweisungsempfänger und andererseits den Anweisungsempfänger zur Erhebung der Leistung ermächtigt. Im Unterschied zum Vertrag zugunsten Dritter ist die Angewiesene zur Leistung an den Anweisungsempfänger grundsätzlich nicht verpflichtet (vgl. aber Art. 468). Auch bei der Anweisung sind jedoch Valuta- und Deckungsverhältnis klar auseinander zu halten (vgl. BGE 124 III 253, 256; BGer, AJP 2002, 464, m. Anm. T. KOLLER).

4. Zession

Mit der Zession lässt sich ein dem echten Vertrag zugunsten 86.14
Dritter vergleichbares wirtschaftliches Ergebnis erzielen: Der Dritte
(Zessionar) wird Forderungsinhaber. Der praktische Unterschied liegt
jedoch vor allem darin, dass bei der Zession das *Forderungsrecht* zunächst *in der Person des Zedenten* entsteht und erst danach in das Vermögen des Zessionars überführt wird.

IV. Zustandekommen

Der Vertrag zugunsten Dritter kommt durch die *Willensüber-* 86.15
einstimmung zwischen Versprechender und Versprechensempfänger
zustande. Der Dritte ist am Vertragsschluss nicht beteiligt. Er braucht
hiervon auch keine Kenntnis zu haben und nicht handlungsfähig zu sein.
Begünstigter aus einem Vertrag zugunsten Dritter kann sogar sein, wer
noch nicht rechtsfähig ist (nasciturus, juristische Person in Gründung),
wobei der Forderungserwerb erst mit Eintritt der Rechtsfähigkeit stattfinden kann.

Ob der Vertrag zugunsten Dritter *formbedürftig* ist, bestimmt sich aus- 86.16
schliesslich nach dem *Deckungsverhältnis*. Liegt hier z.B. ein Kaufvertrag über ein Grundstück vor, das die Versprechende direkt an den Dritt-
begünstigten übereignen soll, so bedarf der Vertrag der öffentlichen Beurkundung nach Art. 216 Abs. 1.

Formvorschriften, die für das *Valutaverhältnis* zwischen Verspre- 86.17
chensempfänger und Drittem gelten, z.B. für eine Schenkung oder eine
Verfügung von Todes wegen, sind für das Zustandekommen des Vertrages zugunsten Dritter irrelevant. Werden sie nicht eingehalten, so hindert
dies seine Wirksamkeit nicht. Die Rechtsfolge besteht vielmehr allein
darin, dass bei formunwirksamem Valutaverhältnis der Dritte im Verhältnis zum Versprechensempfänger die Forderung bzw. die Leistung
ohne Rechtsgrund erhält und sie deshalb an den Versprechensempfänger
nach Bereicherungsrecht (Art. 62 ff.) herauszugeben hat.

Im Regelfall wird durch den Vertrag zugunsten Dritter eine *Forderung* 86.18
neu *begründet*. Es ist jedoch auch möglich, dass eine dem Versprechensempfänger gegen die Versprechende bereits zustehende Forderung durch
Vertrag zugunsten Dritter im Wege einer Vertragsänderung auf den Dritten übertragen wird.

V. Wirkungen

1. Forderungsrecht des Dritten

86.19   Beim echten Vertrag zugunsten Dritter erwirbt der Dritte *unmittelbar* und *originär* das *Forderungsrecht*. Da er dies ohne sein Zutun erhält, muss ihm das *Recht zur Zurückweisung* eingeräumt werden. Er braucht sich gegen seinen Willen nichts aufdrängen zu lassen, wie ja auch bei der Schenkung die Zustimmung des Beschenkten erforderlich ist. Der Versprechensempfänger hat dann in der Regel die Möglichkeit, umzudisponieren und entweder Leistung an sich selbst zu verlangen oder einen anderen Begünstigten zu benennen. Soll durch die Leistung der Versprechenden allerdings eine Verpflichtung des Versprechensempfängers gegenüber dem Dritten im Valutaverhältnis erfüllt werden, so gerät der Dritte bei Nichtannahme der Leistung gegenüber dem Versprechensempfänger in Gläubigerverzug.

86.20   Durch Vertragsänderung oder -aufhebung zwischen Versprechender und Versprechensempfänger kann die *Drittbegünstigung* grundsätzlich *widerrufen* werden. Dies gilt nicht nur beim unechten, sondern auch beim echten Vertrag zugunsten Dritter, solange der Dritte der Versprechenden noch nicht erklärt hat, dass er von seinem Recht Gebrauch machen wolle (Art. 112 Abs. 3). Zur Widerrufsmöglichkeit des Versicherungsnehmers beim Versicherungsvertrag zugunsten Dritter vgl. Art. 77 VVG.

86.21   Beim echten Vertrag zugunsten Dritter erwirbt der Dritte das Forderungsrecht gegen die Versprechende *unmittelbar*, d.h., ohne dass es in das Vermögen des Versprechensempfängers fällt. Es ist deshalb dem Zugriff der Gläubiger des Versprechensempfängers entzogen. Fällt der Versprechensempfänger in Konkurs oder verstirbt er, so fällt das Forderungsrecht nicht in die Konkursmasse bzw. in den Nachlass. Allenfalls geht das Recht zum Widerruf der Drittbegünstigung – soweit es noch besteht – auf die Konkursmasse bzw. die Erben über (vgl. aber BGer, Pra 85 Nr. 150).

2. Einwendungen und Einreden

86.22   Da der Dritte seine Berechtigung aus dem Vertrag zwischen Versprechender und Versprechensempfänger ableitet, muss er sich sämtliche *Einwendungen und Einreden*, die im *Deckungsverhältnis* von der Versprechenden gegenüber dem Versprechensempfänger geltend gemacht werden können, entgegenhalten lassen (vgl. BGE 92 II 10, 12). So kann sich die Versprechende gegen die Inanspruchnahme durch den Dritten insbesondere damit zur Wehr setzen, dass sie geltend macht, der Vertrag mit dem Versprechensempfänger sei nicht wirksam zustande gekommen, angefochten worden oder ihr stehe die Einrede des nicht erfüllten Vertrages (Art. 82) zu, weil der Versprechensempfänger die versprochene Gegenleistung noch nicht erbracht habe. Darüber hinaus kann die Versprechende ihr gegenüber dem Dritten zustehende *persönliche Einreden*, z.B. Stundung, geltend machen.

Einwendungen und Einreden aus dem *Valutaverhältnis* kann die Ver- 86.23 sprechende hingegen dem Dritten nicht entgegenhalten. Sie betreffen ausschliesslich das Verhältnis zwischen Versprechensempfänger und Drittem.

Die Versprechende kann gegen die Forderung des Dritten aufgrund 86.24 des Erfordernisses der Gegenseitigkeit nur eine ihr gegen den Dritten zustehende Forderung zur *Verrechnung* bringen, nicht jedoch eine solche, die ihr gegen den Versprechensempfänger oder dem Versprechensempfänger gegen den Dritten zusteht.

3. Leistungsstörungen

Leistungsstörungen im *Deckungs-* oder *Valutaverhältnis* sind 86.25 zunächst nach den für diese Rechtsverhältnisse geltenden Regeln zu beurteilen. Leistet die Versprechende nicht oder nicht gehörig, so kann der Dritte beim echten Vertrag zugunsten Dritter zunächst Erfüllung verlangen. Ihm stehen aber auch allfällige Schadenersatzansprüche nach Art. 97 Abs. 1, 103 zu. Die Frage, ob *Gestaltungsrechte*, z.B. Anfechtung wegen Grundlagenirrtums, Rücktritt, Wandlung etc., vom Versprechensempfänger, vom Dritten oder eventuell nur von beiden gemeinsam ausgeübt werden können, kann wie bei der Zession einer Forderung (vgl. N 90.39) nicht abstrakt beurteilt werden (a.A. GAUCH/SCHLUEP/EMMENEGGER, N 3894 m.w. Nachw.). Entscheidend ist vielmehr auch hier das Verhältnis zwischen Versprechensempfänger und Drittem und wem nach Sinn und Zweck des konkreten Vertrages die Entscheidung über Fortführung oder Aufhebung des jeweiligen Schuldverhältnisses zustehen soll. Zu beachten ist, dass dem Dritten bei Nicht- oder Schlechtleistung seitens der Versprechenden gleichzeitig Ansprüche aus dem Valutaverhältnis gegen den Versprechensempfänger zustehen können, da die Versprechende, wenn sie in Erfüllung einer Schuldpflicht des Versprechensempfängers gegenüber dem Dritten handelt, als Hilfsperson im Sinne des Art. 101 Abs. 1 anzusehen ist.

VI. Verfügungen zugunsten Dritter

86.26   Durch den echten Vertrag zugunsten Dritter wird für den Dritten ein Forderungsrecht begründet. Demgegenüber sind *Verfügungen zugunsten Dritter*, mittels derer ein der Versprechenden gehörendes Recht ohne Mitwirkung des Dritten auf diesen übertragen wird, nach herrschender Meinung (vgl. GAUCH/SCHLUEP/EMMENEGGER, N 3905) nicht möglich. Dies gilt insbesondere für die Eigentumsübertragung an Sachen und die Zession von Forderungen.

86.27   Vom Grundsatz der Unzulässigkeit von Verfügungen zugunsten Dritter gibt es jedoch Ausnahmen. Dies gilt einmal für die *Schuldübernahme* zugunsten Dritter (vgl. dazu N 91.35) sowie für eine *Pfandbestellung* zugunsten Dritter. Auch ein *Erlassvertrag* zugunsten Dritter, bei dem die Versprechende als Gläubigerin des Dritten mit dem Versprechensempfänger vereinbart, dass die Verpflichtung des Dritten erlöschen soll, wird als zulässig betrachtet (vgl. BaslerKomm/GONZENBACH/ZELLWEGER-GUTKNECHT, Art. 112 N 3). Auch hier ist dem Dritten ein Recht auf Zurückweisung der Begünstigung bzw. Befreiung einzuräumen (vgl. N 86.19; so ausdrücklich LOSER, AJP 2001, 115, 117).

VII. Vertrag zulasten Dritter (Garantievertrag)

Literatur: BERGER, Schuldrecht, N 2349 ff.; ENGEL, OR AT, 429 ff.; FURRER/MÜLLER-CHEN, Kap. 22 N 49 ff.; GAUCH/SCHLUEP/EMMENEGGER, N 3919 ff.; GUHL/KOLLER, 176 ff.; HONSELL, OR BT, 404 ff.; HUGUENIN, OR AT, N 1182 ff.; KELLER/SCHÖBI, Schuldrecht I, 211 ff.; KOLLER, OR AT, § 72 N 1 ff.; BaslerKomm/PESTALOZZI, Art. 111; BernerKomm/WEBER, Art. 111; CHK/REETZ/GRABER, OR 111; CR CO I/TEVINI DU PASQUIER, Art. 111; KuKo OR/LARDI/VANOTTI, Art. 111; ZürcherKomm/OSER/SCHÖNENBERGER, Art. 111;

BELSER, Finanzierung und Bürgschaft – die Bürgin zwischen Verantwortung und Verschuldung, in: JKR 2002, Das neue Konsumkreditgesetz, Bern 2003, 203 ff.; DEVELIOGLU, Les garanties indépendantes examinées à la lumière des règles relatives au cautionnement, Diss. Neuchâtel, Bern 2006; DOHM, Bankgarantien im internationalen Handel, Bern 1985; EMMENEGGER, Garantie, Schuldbeitritt und Bürgschaft – vom bundesgerichtlichen Umgang mit gesetzgeberischen Inkohärenzen, ZBJV 2007, 561 ff.; GUGGENHEIM, La garantie bancaire principale et accessoire dans le commerce international et au regard du droit suisse, Liber amicorum Schnitzer, Genève 1979, 165 ff.; HANDSCHIN, Zur Abgrenzung von Garantievertrag und Bürgschaft: Akzessorietät der Verpflichtung als massgebliches Kriterium?, SZW 1994, 226 ff.; KLEINER, Die Garantie unter besonderer Berücksichtigung des Bankgarantiegeschäftes, 4. Aufl., Zürich 1990; ROTH, Zur Problematik des Vertrags zu Lasten Dritter, Festschrift Hadding, Berlin 2004, 253 ff.

Ein Vertrag zulasten Dritter in der Weise, dass durch die Ver- 86.28
einbarung zwischen zwei Parteien eine Leistungspflicht eines unbeteiligten Dritten begründet wird, ist nicht möglich. Verspricht jemand einem
anderen die Leistung eines Dritten, so kann dies rechtliche Konsequenzen nur für die Person der Versprechenden (Garantin) selbst, nicht aber
für den Dritten erzeugen. Dementsprechend bestimmt Art. 111 – mit der
irreführenden Marginalie «Vertrag zulasten eines Dritten» –, dass diejeni-
nige, die die Leistung eines Dritten verspricht, zu Schadenersatz verpflichtet ist, wenn diese Leistung nicht erfolgt. Es handelt sich dabei um
einen sog. *Garantievertrag*, dessen Regelung systematisch zum OR BT
gehört. Ob die Garantin nach Leistung an den Begünstigten gegenüber
dem Dritten einen Regressanspruch hat, bestimmt sich nach dem Verhältnis zwischen ihr und dem Dritten. So besteht z.B. bei der Bankgarantie der Rückgriff nach Auftragsrecht (Art. 402 Abs. 1).

Der *Abschluss* des Garantievertrages folgt den allgemeinen Regeln. Da 86.29
der Garantievertrag im Gegensatz zur Bürgschaft (Art. 492 ff.) grundsätzlich *nicht akzessorisch* ist zur Hauptschuld, d.h. zur Verpflichtung
des Dritten gegenüber dem Versprechensempfänger (Garantiebegünstig-
ter), kommt es auf das Bestehen oder die Durchsetzbarkeit der Hauptforderung nicht an. Weiss der Begünstigte freilich, dass er keinen Anspruch
aus dem Valutaverhältnis hat, handelt er rechtsmissbräuchlich, wenn er
die Garantie trotzdem abruft (vgl. GAUCH/SCHLUEP/EMMENEGGER,
N 3936). Bei Sitten- oder Gesetzeswidrigkeit der Leistung des Dritten ist
grundsätzlich auch der Garantievertrag unwirksam (BGE 76 II 33, 37 f.).

Der *Garantiefall* tritt ein, wenn der Dritte zum vereinbarten Zeitpunkt 86.30
nicht oder nicht gehörig leistet, ohne dass es einer Mahnung oder Nachfristsetzung seitens des Versprechensempfängers bedarf. In diesem
Fall ist die Versprechende zu Schadenersatz in Höhe des positiven Interesses verpflichtet. Zur sog. Bankgarantie auf erstes Anfordern vgl.
KLEINER, 46 f.; Einzelheiten zur Geltendmachung BGer, 13. 2. 2012,
4A_505/2011, E. 3.3 ff.

Der Garantievertrag ist insbesondere von der *Bürgschaft* abzugrenzen, 86.31
weil Letztere im Gegensatz zu Ersterem formbedürftig ist (Art. 493) und
ggf. der Zustimmung des Ehegatten oder der eingetragenen Partnerin der
Bürgin bedarf (Art. 494). Ob im Einzelfall eine Bürgschaft oder ein
selbstständiges Garantieversprechen vorliegt, ist durch Auslegung des
Sicherungsvertrages zu ermitteln (BGE 111 II 276, 279; 125 III 305,
307 ff.), wobei den verwendeten Begriffen keine entscheidende Bedeutung zuzumessen ist, sondern es auf Sinn und Zweck der Vereinbarung
ankommt (vgl. BGE 125 III 305, 308 f.); unter Privaten ist aufgrund des

Schutzzwecks der Formvorschriften im Zweifel eher eine Bürgschaft anzunehmen (ausführliche Darstellung bei BaslerKomm/PESTALOZZI, Art. 111 N 22 ff.; vgl. zum Ganzen auch HANDSCHIN, SZW 1994, 226 ff.).

§ 87   Vertrag mit Schutzwirkung für Dritte

Literatur: FURRER/MÜLLER-CHEN, Kap. 22 N 15 ff.; HUGUENIN, OR AT, N 1171 ff.; KOLLER, OR AT, § 61 N 13 ff.;

ARMBRÜSTER, Drittschäden und vertragliche Haftung, recht 1993, 84 ff.; DERS., Vertragliche Haftung für Drittschäden – quo vadis Helvetia?, Festschrift Wiegand, Bern 2005, 71 ff.; BÄRTSCHI, Verabsolutierte Relativität: die Rechtsstellung des Dritten im Umfeld von Verträgen, Habil. Zürich 2009; HÜRLIMANN/SIEGENTHALER, Die Haftung des Liegenschaftsschätzers gegenüber einem vertragsfremden Dritten, BR 2004, 105 ff.; HONSELL, Die Haftung für Auskunft und Gutachten, insbesondere gegenüber Dritten, Festschrift Nobel, Bern 2005, 939 ff.; KOLLER, Haftung einer Vertragspartei für den Schaden eines vertragsfremden Dritten, in: KOLLER (Hrsg.), Neue und alte Fragen zum privaten Baurecht, St. Galler Baurechtstagung 2004, 1 ff.; DERS., Ausservertragliche Haftung eines Ingenieurs für mangelhafte Hangsicherung?, Festschrift Walter, Bern 2005, 367 ff.; LOSER, Schutzwirkungen zugunsten Dritter, Festschrift Kramer, Basel 2004, 579 ff.; MOSER MARTIN, Die Haftung gegenüber vertragsfremden Dritten, Diss. Bern 1998; MÜLLER-CHEN, Probleme des dualistischen Haftungskonzepts, in: FELLMANN/WEBER, Haftpflichtprozess 2008, Zürich 2008, 13 ff.; PIOTET, Une théorie allemande en Suisse: La responsabilité contractuelle quant au dommage subi par un tiers, in: Les étrangers en Suisse, Lausanne 1982, 337 ff.; SCHROETER, Die Dritthaftung staatlich anerkannter Gutachter im deutschen und schweizerischen Recht, Festschrift Schwenzer, Band II, Bern 2011, 1565 ff.; SIEGRIST, Der Vertrag mit Schutzwirkung zugunsten Dritter nach schweizerischem Recht, Diss. Bern 1997; STÖCKLI, Arztvertrag mit Drittschutzwirkung?, HAVE 2007, 200 ff.; TEUBNER, Expertise als soziale Institution: Die Internalisierung Dritter in den Vertrag, Festschrift Eike Schmidt, Heidelberg 2005, 303 ff.; WALTER, Vertrauenshaftung im Vorfeld des Vertrages, ZBJV 1996, 273 ff.

87.01   Vom Vertrag zugunsten Dritter ist der im deutschen Recht seit Jahrzehnten anerkannte *Vertrag mit Schutzwirkung für Dritte* zu unterscheiden. Während der Dritte beim echten Vertrag zugunsten Dritter ein eigenes Forderungsrecht auf die Primärleistung besitzt, hat er beim Vertrag mit Schutzwirkung für Dritte keinen derartigen primären Leistungsanspruch. Ihm soll lediglich im Falle einer Leistungsstörung ein eigener (vertraglicher) Schadenersatzanspruch als *Sekundäranspruch* zustehen. Es geht dabei darum, gewisse Schwächen, die das Deliktsrecht aufweist, zu überwinden. In der Sache handelt es sich vor allem um folgende Fallgruppen:

87.02   Ausgangspunkt im deutschen Recht waren Fälle von *Integritätsschäden* von Personen, die in einem gewissen Näheverhältnis zum Vertragsgläubiger stehen. Ein defekter Gasbadeofen explodiert und verletzt die Angestellte des Mieters; das Kind des Käufers erleidet einen Gesundheitsschaden aufgrund verdorbener Lebensmittel. In diesen Fällen hat zwar der Geschädigte regelmässig einen deliktischen Schadenersatzanspruch; in der arbeitsteiligen Gesellschaft droht dieser aber u.U. am Exzeptionsbeweis des Art. 55 Abs. 1 zu scheitern.

In der zweiten Fallgruppe geht es um den Ersatz *primärer Vermögens-*   87.03 *schäden* vertragsfremder Dritter. Eine von einem Grundstücksverkäufer beauftragte Sachverständige erstellt fahrlässig ein unzutreffendes Wertgutachten, auf das sich der Käufer des Grundstücks verlässt und deshalb einen Schaden erleidet. Die Begründung eines deliktischen Schadenersatzes kann in diesem Fall im Hinblick auf das Merkmal der Widerrechtlichkeit Schwierigkeiten bereiten.

In der jüngeren Schweizer Literatur findet die Lehre vom Vertrag mit   87.04 Schutzwirkung für Dritte zunehmend Interesse (vgl. GAUCH/SCHLUEP/ EMMENEGGER, N 3915 ff.; offen gelassen zuletzt in BGE 130 III 345, 348). Dabei wird – entsprechend der ursprünglichen deutschen Auffassung – ein Vertrag mit Schutzwirkung für Dritte angenommen, wenn folgende drei Kriterien erfüllt sind: Der Dritte muss sich in *Leistungsnähe* befinden, so dass er von einer Schlechtleistung ebenso betroffen ist wie der Gläubiger selbst; der Gläubiger muss für das *Wohl und Wehe* des Dritten verantwortlich sein; der Schuldnerin müssen die beiden ersten Tatsachen *erkennbar* sein (vgl. BGer, ZBJV 2000, 289, 291). Dementsprechend verneint das Bundesgericht (BGE 130 III 345, 348) die Haftung der vom Grundstücksverkäufer beauftragten Liegenschaftsschätzerin gegenüber dem Käufer aufgrund Vertrages mit Schutzwirkung für Dritte schon deshalb, weil die Interessen der Vertragsparteien gegenläufig seien, wobei es freilich übersieht, dass im deutschen Recht das Wohl- und Wehekriterium für diese Fallgruppe schon lange aufgegeben wurde.

Für das Schweizer Recht ist das Institut des Vertrages mit Schutzwir-   87.05 kung für Dritte indes *abzulehnen*. Die Rechtsvergleichung mit Rechtsordnungen ausserhalb des deutschen Rechtskreises macht deutlich, dass es sich bei den genannten Fällen genuin um *deliktische Haftung* handelt. Deshalb sollte nicht die Vertragshaftung auf vertragsfremde Dritte ausgedehnt, sondern die Deliktshaftung sachgerecht weiterentwickelt werden. In der ersten Fallgruppe geht es darum, den Exzeptionsbeweis nach Art. 55 Abs. 1 auszuschliessen, in der zweiten Fallgruppe geht es um die Anerkennung berufsspezifischer Pflichten zum Schutze fremden Vermögens. Eine dritte – im deutschen Recht ebenfalls dem Vertrag mit

Schutzwirkung für Dritte zugerechnete – Fallgruppe ist schliesslich dem Vertrag zugunsten Dritter direkt zu unterstellen. Beauftragt der Erblasser eine Anwältin mit der Errichtung eines Testamentes zugunsten einer bestimmten Person, so soll die Leistung der Anwältin gerade dieser Person zugute kommen.

Kapitel 2: Mehrheit von Schuldnern und Gläubigern

§ 88   Mehrheit von Schuldnern

Literatur: BERGER, Schuldrecht, N 1907 ff., 2388 ff.; BUCHER, OR AT, 486 ff.; ENGEL, OR AT, 836 ff.; FURRER/MÜLLER-CHEN, Kap. 2 N 10 ff.; GAUCH/ SCHLUEP/EMMENEGGER, N 3685 ff.; GUHL/KOLLER, 28 ff., 211 ff.; HONSELL, Haftpflichtrecht, § 11; HUGUENIN, OR AT, N 1432 ff.; KELLER/GABI/GABI, Haftpflichtrecht, 136 ff.; KELLER/SCHÖBI, Schuldrecht IV, 3 ff.; KOLLER, OR AT, § 75 N 1 ff.; MERZ, SPR VI/1, 98 ff.; OFTINGER/STARK, Haftpflichtrecht I, § 10; PORTMANN/REY, 48 ff.; REY, Haftpflichtrecht, N 1403 ff.; ROBERTO, Haftpflichtrecht, N 539 ff.; SCHNYDER/PORTMANN/ MÜLLER-CHEN, Haftpflichtrecht, N 489 ff.; TERCIER, Obligations, N 1597 ff.; VON TUHR/ ESCHER, 290 ff.; BaslerKomm/HEIERLI/SCHNYDER A.K., Art. 143–149; BernerKomm/ BECKER, Art. 143–149; CHK/MAZAN, OR 143–149; CR CO I/ROMY, Art. 143–149; KuKo OR/JUNG, Art. 143–149; ZürcherKomm/OSER/SCHÖNENBERGER, Art. 143–149;

BECK, Zusammenwirken von Schadenausgleichsystemen, in: MÜNCH/GEISER (Hrsg.), Schaden – Haftung – Versicherung, Basel/Genf/München 1999, 235, 282 ff.; CHAPPUIS BENOÎT, Pluralité des responsables et transaction, in: WERRO (Hrsg.), La pluralité des responsables, Bern 2009, 127 ff.; CASANOVA, Ausgleichsanspruch und Ausgleichsordnung: die Regressregelung von Art. 51 OR , Diss. Zürich 2010; ERNST, Solidarschuld und Verjährung, Festgabe zum Schweizerischen Juristentag 2006, Zürich 2006, 175 ff.; GAUTSCHI, Solidarschuld und Ausgleich, Diss. Fribourg 2009, Zürich/St. Gallen 2009; GRABER/CASANOVA, In Erwartung der Revision…, Zum Regress des Haftpflichtversicherers, Festschrift Brehm, Bern 2012, 157 ff.; HEIERLI/SCHNYDER A.K., Diskursive Rechtsprechung – dargestellt an BGE 133 III 6 zur Verjährung von Regressansprüchen, Festschrift zum fünfzigjährigen Bestehen der Schweizerischen Gesellschaft für Haftpflicht- und Versicherungsrecht, Zürich/Basel/Genf 2010, 209 ff.; HOFFMANN-NOWOTNY/VON DER CRONE, Solidarität, Vergleich und Rückgriff in der aktienrechtlichen Verantwortlichkeit, SZW 2007, 261 ff.; HONSELL, Der Regress des Versicherers im schweizerischen Recht, Mélanges Schmidlin, Basel/Frankfurt a.M. 1998, 279 ff.; HULLIGER, Die Haftungsverhältnisse nach Art. 60 und 61 SVG, Freiburg i.Ue. 2003; JUNG, Regressprobleme bei Privilegierung eines Solidarschuldners, Mélanges Tercier II, Genf 2008, 285 ff.; KOLLER, Zum Dritten – nochmals und letztmals zu BGE 119 II 127, AJP 2003, 729 ff.; DERS., Regressausgleich zwischen einem privaten Schadensversicherer und einem Haftpflichtigen, Festschrift zum fünfzigjährigen Bestehen der Schweizerischen Gesellschaft für Haftpflicht- und Versicherungsrecht, Zürich/Basel/Genf 2010, 331 ff.; KÖRNER, Die Haftung der Solidarschuldner im Aussenverhältnis: Kausalität und persönliche Herabsetzungsgründe im System der Solidarität, Diss. Luzern 2011, Zürich 2011; KRAUSKOPF/MÜLLER, Die Verjährung von Regressrechten im Haftpflicht- und Privatversicherungsrecht, HAVE 2006, 321 ff.; MÜLLER CHRISTOPH, La solidarité parfaite, in: WERRO (Hrsg.), La pluralité des responsables, Bern 2009, 31 ff.; MÜLLER ALEXANDER, Besonderheiten beim Regress des Privatversicherers, in: WEBER (Hrsg.), Personen-Schaden-Forum 2012, Zürich/Basel/ Genf 2012, 47 ff.; PICHONNAZ, La prescription de l'action récursoire, in: WERRO (Hrsg.), La pluralité des responsables, Bern 2009, 155 ff.; PROBST, La solidarité imparfaite, in: WERRO (Hrsg.), La pluralité des responsables, Bern 2009, 51 ff.; RUMO-JUNGO, Coordination de la responsabilité civile et de la prévoyance professionnelle, in: WERRO (Hrsg.), La fixation de l'indemnité, Bern 2004, 167 ff.; SCHAER, «Hard cases make bad law» oder OR 51 Abs. 2 und die regressierende Personalvorsorgeeinrichtung, recht 1991, 12 ff.; SCHMID, Der gemeinsame Mietvertrag, SJZ 1991, 349 ff.; 374 ff.; STADELMANN STÖCKLI, Eine kritische Auseinandersetzung mit der Gini/Durlemann-Rechtsprechung – Plädoyer für eine Praxisänderung, Festschrift zum fünfzigjährigen Bestehen der Schweizerischen Gesellschaft für Haftpflicht- und Versicherungsrecht, Zürich/Basel/Genf 2010, 551 ff.; STEIN, Neuordnung des Regresses im schweizerischen Privatrecht oder Der mobile Leiterhaken, Collezione Assista, Genf 1998, 704 ff.; STRUB, Der Regress des Schadensversicherers de lege lata – de lege ferenda, Diss. Zürich 2011; TERCIER, Concours d'actions et solidarité: Où en sommes-nous?, in: WERRO (Hrsg.), Quelques questions fondamentales du droit de la responsabilité civile: actualités et perspectives, Bern 2002, 115 ff.; WEBER, Eine einheitliche Lösung für eine Mehrheit von Ersatzpflichtigen?, Festschrift Widmer, Wien 2003, 341 ff.; DERS., Kausalität und Solidarität – Schadenszurechnung bei einer Mehrheit von tatsächlichen oder potentiellen Schädigern, HAVE 2010, 115 ff.; WEISS, Solidarität nach Art. 143-149 des Schweizerischen Obligationenrechts unter besonderer Berücksichtigung der Verjährung, Diss. Zürich 2011; WERRO, La pluralité des responsables, quelques principes et distinctions, in: WERRO (Hrsg.), La pluralité des responsables, Bern 2009, 15 ff.; WESSNER, L'action récursoire en cas de solidarité imparfaite: l'inopposabilité dans les rapports internes de la prescription acquise dace au lésé, ATF 133 III 6, HAVE 2008, 26 ff.; WIDMER, Privatrechtliche Haftung, in: MÜNCH/GEISER (Hrsg.), Schaden – Haftung – Versicherung, Basel/Genf/München 1999, 7, 74 ff.; WINIGER, Solidarités parfaite et imparfaite? Les enseignements du projet de réforme suisse et des droits étrangers, in: WERRO (Hrsg.), La pluralité des responsables, Bern 2009, 189 ff.

I. Allgemeines

Auf Schuldner- wie auch auf Gläubigerseite können mehrere 88.01 Personen beteiligt sein. Eine Mehrheit von Schuldnern kann bereits im Zeitpunkt des *Entstehens der Forderung* vorliegen, z.B. wenn zwei Personen zusammen eine Wohnung mieten oder mehrere einen Schaden aus unerlaubter Handlung verursachen. Möglich ist aber auch, dass Schuldnermehrheit erst zu einem *späteren Zeitpunkt* eintritt, z.B. wenn der (Einzel-)Schuldner verstirbt und von mehreren Personen beerbt wird oder jemand ein Vermögen oder Geschäft mit Aktiven und Passiven übernimmt (Art. 181). Keine Schuldnermehrheit liegt vor bei *akzessorischer* oder *subsidiärer Haftung*, z.B. zwischen Hauptschuldner und Bürge, Kollektivgesellschaft und Gesellschafter oder haftpflichtigem Motorfahrzeughalter und Haftpflichtversicherung (Art. 58, 65 SVG).

88.02 Bei einer Mehrheit von Schuldnern müssen verschiedene Erscheinungsformen auseinander gehalten werden: die Teilschuld, die gemeinschaftliche Schuld und die Solidarschuld.

II. Teilschuld

88.03 Eine – gesetzlich nicht geregelte – Teilschuld liegt vor, wenn mehrere Schuldner einer teilbaren Leistung jeweils nur *anteilig* und nicht zur Erbringung der gesamten Leistung verpflichtet sind. Die Verpflichtungen sind voneinander *unabhängig*. Insbesondere wirkt die Erfüllung nur für den jeweils leistenden Teilschuldner.

88.04 Die Verbindung mehrerer Teilschulden liegt in ihrem *einheitlichen Entstehungsgrund*, der auf Gesetz (vgl. z.B. Art. 428 Abs. 2 ZGB) oder Vertrag beruhen kann. Eine Teilschuld besteht auch beim Rückgriff unter mehreren Solidarschuldnern (Art. 148 Abs. 2).

88.05 Rechtsprechung und herrschende Lehre (vgl. BGE 116 II 707, 712; TERCIER, Obligations, N 1602; GAUCH/SCHLUEP/EMMENEGGER, N 3688) gehen aufgrund des Wortlauts des Art. 143 davon aus, dass bei einer Mehrzahl von Schuldnern einer teilbaren Leistung *im Zweifel* eine *Teilschuld* anzunehmen sei. In der Praxis freilich überwiegt die *Solidarschuld* die Teilschuld bei weitem. Dies gilt nicht nur, weil das Gesetz in den meisten Fällen einer Mehrheit von Schuldnern die solidarische Verpflichtung anordnet, sondern auch, weil sich bei gemeinsamer vertraglicher Verpflichtung die Solidarität oft aus den Umständen und dem sonstigen Inhalt des Vertrages ergibt (vgl. N 88.15). Teilschuld wird deshalb eher selten anzunehmen sein, z.B. bei Bauverträgen über die Errichtung eines Hauses mit Stockwerkseigentum, durch die die künftigen Wohnungseigentümer die Bauarbeiten im eigenen Namen vergeben, oder bei Sammelbestellungen.

III. Gemeinschaftliche Schuld

88.06 Von einer gemeinschaftlichen Schuld wird gesprochen, wenn mehrere Schuldner zu einer *ungeteilten Leistung* verpflichtet sind und diese nur durch ein *Zusammenwirken aller Schuldner* erbracht werden kann. Die Notwendigkeit des Zusammenwirkens kann auf *tatsächlichen* oder auf *rechtlichen* Gründen beruhen. Schuldet eine Musikgruppe eine Aufführung, so kann diese nur gemeinsam durch alle Schuldner erfolgen. Aus rechtlichen Gründen ist ein Zusammenwirken mehrerer Schuldner dann erforderlich, wenn ihnen der Leistungsgegenstand so zugeordnet ist, dass sie nur gemeinsam darüber verfügen können. Dies ist einmal der Fall bei der sog. *Gesamthand* (z.B. einfache Gesellschaft – Art. 544 Abs. 1 –, Erbengemeinschaft – Art. 602 Abs. 2 ZGB –, Gütergemeinschaft – Art. 228 Abs. 1 ZGB), bei der es nach Art. 653 Abs. 2 ZGB zur Ausübung des Eigentums und insbesondere zur Verfügung über die Sache des einstimmigen Beschlusses aller Gesamteigentümer bedarf (vgl. dazu REY, Sachenrecht, N 984 ff.). Aber auch beim *Miteigentum*, bei dem im Gegensatz zum Gesamteigentum jeder einzelne Miteigentümer über seinen Anteil selbstständig verfügen kann (Art. 646 Abs. 3 ZGB), muss die Rechtsausübung über die gemeinschaftliche Sache insgesamt – z.B. Veräusserung eines Grundstücks oder Grundpfandbestellung – durch die Miteigentümer gemeinsam erfolgen (Art. 648 Abs. 2 ZGB).

Die Literatur bezweifelt die gemeinschaftliche Schuld vor allem für 88.07 *Gesamthandsschulden*, weil das Gesetz (vgl. Art. 603 Abs. 1 ZGB, Art. 544 Abs. 3) eine solidarische Haftung der Gesamthänder anordnet (MERZ, SPR VI/1, 115). Damit wird jedoch der Unterschied zwischen Schuld und Haftung nicht beachtet. Ist die Primärverpflichtung auf ein Tätigwerden oder Unterlassen gerichtet, das aufgrund der gemeinsamen Berechtigung an einem Vermögensgegenstand ein Zusammenwirken aller Beteiligten voraussetzt, so liegt eine *gemeinschaftliche Schuld* vor. Die Gläubigerin muss gegen alle Schuldner gemeinsam gerichtlich und vollstreckungsrechtlich vorgehen (wie hier BUCHER, OR AT, 503 f.). Davon ist die *Haftung* zu unterscheiden, wenn die Primärleistung ausbleibt. Hier liegt in der Tat eine *solidarische Verpflichtung* zwischen den Gesamthändern vor, d.h., jeder Einzelne hat für den vollen Betrag einzustehen.

IV. Sonderfall: Art. 70 Abs. 2

Nach Art. 70 Abs. 2 ist jeder Schuldner zur ganzen Leistung 88.08 verpflichtet, wenn eine *unteilbare Leistung* von mehreren Schuldnern zu erbringen ist. Zwar spricht das Gesetz insoweit nicht von *Solidarität*, die Konsequenzen sind jedoch praktisch dieselben. So stellt etwa Art. 136 Abs. 1 Solidarschuld und Mitschuld einer unteilbaren Leistung im Hinblick auf die Unterbrechung der Verjährung gleich; Art. 70 Abs. 3 entspricht der Regelung bei der Solidarschuld (Art. 148 f.).

88.09   Der Anwendungsbereich des Art. 70 Abs. 2 ist gering. Die Bestimmung gilt nur bei unteilbaren Leistungen, die jeder der mehreren Schuldner *einzeln erbringen kann*, z.B. wenn sich mehrere Anwälte einer Sozietät als Schuldner vertraglich verpflichtet haben, ohne dass eine Solidarschuld vorliegt. Kann ein Schuldner eine Leistung nur durch gemeinschaftliches Zusammenwirken mit den anderen erbringen, handelt es sich dagegen um eine gemeinschaftliche Schuld.

88.10   Bei Umwandlung einer nicht teilbaren Primärverpflichtung in eine *teilbare Sekundärverpflichtung* ist von einer Solidarschuld auszugehen (wie hier BUCHER, OR AT, 490; a.A. GAUCH/SCHLUEP/EMMENEGGER, N 3698).

V. Solidarschuld

1. Entstehung

88.11   Nach Art. 143 entsteht Solidarität unter mehreren Schuldnern entweder durch entsprechende *vertragliche Vereinbarung* (Abs. 1) oder aufgrund *Gesetzes* (Abs. 2).

a) Aufgrund Gesetzes

88.12   Die Fälle, in denen das Gesetz Solidarität anordnet, sind zahlreich und sollen hier nicht alle aufgelistet werden (Überblick bei GAUCH/SCHLUEP/EMMENEGGER, N 3701 ff.). Hauptanwendungsbeispiele finden sich im *ausservertraglichen Haftpflichtrecht* (Art. 50 f., Art. 7 PrHG, Art. 60 Abs. 1, 61 Abs. 3 SVG), bei Vermögens-, Geschäfts- und Vertragsübernahme (Art. 181 Abs. 2, 263 Abs. 4, 333 Abs. 3) und im Gesellschaftsrecht (vgl. nur Art. 568 f., 645 Abs. 1, 759; Art. 75 Abs. 1 FusG). Des weiteren seien die solidarische Verpflichtung von Ehegatten bei Vertretung der ehelichen Gemeinschaft bzw. von Partnerinnen und Partnern (Art. 166 Abs. 3 ZGB; Art. 15 Abs. 3 PartG) sowie die Erbenhaftung (Art. 603 Abs. 1 ZGB) genannt.

88.13   Nach Art. 50 Abs. 1 entsteht Solidarität, wenn mehrere einen *Schaden* ausservertraglich *gemeinsam verschuldet* haben. Dies setzt zunächst eine gemeinsame Verursachung eines Schadens, d.h. ein *Zusammenwirken*, voraus. Dabei genügt es allerdings, wenn jeder Schädiger um das pflichtwidrige Verhalten des anderen weiss oder jedenfalls wissen konnte (BGE 115 II 42, 45). Ausreichend ist auch eine psychische Mitverursachung, so dass z.b. Personen, die an einem Raufhandel oder an Strassenkrawallen teilnehmen, als Mitverursacher haften, auch wenn sie den Schaden selbst nicht (physisch) herbeigeführt haben. Neben der gemeinsamen Schadensverursachung verlangt Art. 50 Abs. 1, dass jeden Beteiligten ein *Verschulden* trifft, wobei allerdings auch Fahrlässigkeit ausreicht.

Haften mehrere Personen aus *verschiedenen Rechtsgründen*, z.B. aus 88.14 Verschulden, Kausalhaftung und Vertrag, so liegt ebenfalls ein Fall der Solidarität vor. Art. 51 Abs. 1 regelt dies zwar nicht ausdrücklich, er setzt es jedoch implizit voraus. Solidarische Haftung liegt z.B. vor, wenn ein Arbeitnehmer aus Art. 41 Abs. 1 und der Arbeitgeber aus Art. 55 Abs. 1 oder Vertrag haftet. Art. 51 Abs. 1 findet jedoch auch dann Anwendung, wenn zwei Personen aus dem *gleichen Rechtsgrund* haften, ohne dass ein gemeinsames Verschulden im Sinne des Art. 50 Abs. 1 oder eine gemeinsame vertragliche Verpflichtung vorliegt. Beispiel: Die Abgase zweier voneinander unabhängiger Industriebetriebe verursachen ein Waldsterben; Architekt und Bauunternehmer haften jeweils aus Vertrag für Mängel des Bauwerks (vgl. BGE 130 III 362, 369).

b) Durch Vertrag

Durch *Vertrag* entsteht Solidarität, wenn jeder Schuldner der 88.15 Gläubigerin die Erfüllung der ganzen Schuld verspricht. Eine solche Verpflichtung kann ausdrücklich, z.B. durch Klauseln wie «solidarisch» (BGE 111 II 284, 287) oder «als Gesamtschuldner», erfolgen. Sie kann sich aber auch aus den Umständen und dem Inhalt des Vertrages ergeben (BGE 116 II 707, 712; krit. BUCHER, OR AT, 493). Bei einer Reihe von Verträgen wird Solidarität bei gemeinsamer Verpflichtung mehrerer Schuldner *vermutet* (vgl. Art. 308, 403, 478, 544 Abs. 3). Im Übrigen wird zwar immer wieder betont, dass allein die Tatsache eines *gemeinsamen Vertragsabschlusses* nicht für die Annahme einer Solidarschuld genüge (vgl. BGE 116 II 707, 712). Praktisch wird sich jedoch eine solche meist aus den Umständen ergeben. So ist beispielsweise Solidarität zu bejahen, wenn mehrere Personen einen Mietvertrag unterschreiben, Ehegatten gemeinsam ein Darlehen aufnehmen oder ein Familienhaus bauen, mehrere Aktionäre gleichzeitig und gemeinsam derselben Käuferin ihre Aktien als ganzes Paket verkaufen (BGE 116 II 707 ff.) sowie bei Verpflichtungen aus einem Gemeinschaftskonto.

88.16   Solidarität aufgrund Vertrages kann bereits im Zeitpunkt des *Vertrags-abschlusses* entstehen, z.B. bei gemeinsamem Mietvertrag, sie kann aber auch erst *später* eintreten, z.B. wenn zunächst nur ein Ehegatte ein Darlehen aufnimmt, der andere jedoch später im Wege kumulativer Schuldübernahme der Schuld beitritt.

2. Wirkungen im Aussenverhältnis

88.17   Das Aussenverhältnis zwischen der Gläubigerin und den Solidarschuldnern bestimmt sich nach Art. 144–147.

a) Verpflichtung jedes Solidarschuldners auf das Ganze

88.18   Nach Art. 144 Abs. 1 kann die Gläubigerin die Leistung nach ihrem Belieben von jedem Solidarschuldner *ganz oder zu einem Teil* fordern. Allerdings kann sie sie nicht mehr als einmal verlangen. Bis zur Erfüllung der ganzen Forderung bleiben alle Solidarschuldner verpflichtet (Art. 144 Abs. 2). Die Gläubigerin ist damit gewissermassen ein «juristischer Pascha».

b) Einwendungen und Einreden

88.19   Der in Anspruch genommene Solidarschuldner kann der Gläubigerin nach Art. 145 Abs. 1 zunächst die Einwendungen und Einreden entgegensetzen, die aus dem *gemeinsamen Entstehungsgrund* oder dem *Inhalt* der solidarischen Verbindlichkeit hervorgehen. Hierzu gehören Einwendungen, die die Wirksamkeit der gemeinsamen vertraglichen Verpflichtung betreffen, z.B. Sittenwidrigkeit oder Formmangel, oder die Berufung auf das Erlöschen der Forderung infolge Erfüllung (vgl. Art. 147 Abs. 1) oder nachträglicher unverschuldeter Unmöglichkeit (Art. 119 Abs. 1). Hat die Gläubigerin bei einem synallagmatischen Vertrag die ihr obliegende Gegenleistung noch nicht erbracht, kann jeder Solidarschuldner die Einrede des nicht erfüllten Vertrages nach Art. 82 erheben. Neben den gemeinsamen Einwendungen und Einreden kann jeder Solidarschuldner die allein *in seiner Person* begründeten Einwendungen und Einreden geltend machen. So kann er sich beispielsweise auf eigene fehlende Handlungsfähigkeit, einen in seiner Person vorliegenden Willensmangel oder darauf berufen, dass ein ihn schützendes Verbotsgesetz missachtet wurde (vgl. BGE 124 III 305 ff. zu Art. 327a Abs. 3); er kann geltend machen, dass die Gläubigerin ihm persönlich die Forderung erlassen (vgl. Art. 147 Abs. 2) oder gestundet habe. Auch kann der in Anspruch genommene Solidarschuldner der Gläubigerin persönliche Herabsetzungsgründe, z.B. nur leichtes eigenes Verschulden (Art. 43 Abs. 1), entgegenhalten (REY, Haftpflichtrecht, N 1464 ff. m.w. Nachw.; vgl. auch Art. 759 Abs. 1, Art. 146 Abs. 1 KAG; a.A. BGE 113 II 321, 331; vgl. dazu WEISS, 69 ff.). Auch die Haftungsquote bei Selbstverschulden ist für jeden Solidarschuldner individuell zu bestimmen.

Auf Einwendungen und Einreden, die allein *in der Person eines anderen Solidarschuldners* vorliegen, kann sich der in Anspruch genommene Solidarschuldner hingegen nicht berufen. Er kann der Gläubigerin z.B. nicht entgegenhalten, dass ein anderer Solidarschuldner handlungsunfähig ist (vgl. auch N 88.44) oder diesem gegenüber die Forderung gestundet wurde. 88.20

c) Keine Verschlechterung durch Handlungen eines Solidarschuldners

Wie sich kein Solidarschuldner auf persönliche Einreden eines anderen Solidarschuldners berufen kann, so kann er auch nach Art. 146 umgekehrt durch seine persönlichen Handlungen die Lage der anderen grundsätzlich nicht erschweren. Dies bedeutet, dass *nachträgliche Vereinbarungen* zwischen Gläubigerin und einem Solidarschuldner, z.B. eine Erweiterung der Haftung oder die Vereinbarung einer Konventionalstrafe, nicht zulasten der anderen Solidarschuldner wirken. Auch sind die Voraussetzungen des *Schuldnerverzugs* grundsätzlich für jeden Solidarschuldner gesondert zu prüfen. Dasselbe gilt für *Nichtleistung* oder *nicht gehörige Leistung* im Rahmen des Art. 97 Abs. 1. Allerdings ist zu beachten, dass bei Solidarschuld aufgrund gemeinsamer vertraglicher Verpflichtung regelmässig jeder Schuldner auch Erfüllungsgehilfe des anderen im Sinne des Art. 101 Abs. 1 ist, so dass sich der Solidarschuldner das Handeln der anderen zurechnen lassen muss (vgl. BGE 116 II 512, 514). Haben z.B. mehrere Personen zusammen eine Sache gemietet und kann sie nicht zurückgegeben werden, weil ein Schuldner sie schuldhaft zerstört hat, so haften alle aus Art. 97 Abs. 1 auf Schadenersatz (vgl. BGer, 3. 7. 2006, 4C.103/2006, E. 4.2). 88.21

Eine Ausnahme vom Prinzip des Art. 146 macht Art. 136 Abs. 1 (vgl. aber N 88.45). Danach wirkt die *Unterbrechung der Verjährung* gegen einen Solidarschuldner auch gegen die übrigen. Dies gilt auch, wenn die Unterbrechung durch Anerkennung der Forderung seitens eines Schuld- 88.22

ners erfolgt (Art. 135 Ziff. 1). Der Verzicht eines Solidarschuldners auf die Einrede der Verjährung kann jedoch den übrigen Solidarschuldnern nicht entgegengehalten werden (Art. 141 Abs. 2).

88.23   Klagt die Gläubigerin gegen einen Solidarschuldner und erstreitet ein zusprechendes *Urteil*, so wirkt dies zwar verjährungsunterbrechend gegenüber den anderen Solidarschuldnern. Im Übrigen kann es diesen jedoch nicht entgegengehalten werden. Insbesondere ist das Urteil gegen die Mitschuldner weder rechtskräftig noch vollstreckbar (BGE 93 II 329, 333).

d) Befreiung aller Solidarschuldner durch Erfüllung

88.24   Die Erfüllung der Forderung durch einen Solidarschuldner *befreit* auch die übrigen Solidarschuldner (Art. 147 Abs. 1). Dasselbe gilt für Erfüllungssurrogate wie Leistung an Erfüllungs Statt, Hinterlegung oder Verrechnung. Allerdings kann ein Solidarschuldner nur eine eigene Forderung gegen die Gläubigerin zur *Verrechnung* bringen, nicht jedoch eine Forderung, die einem anderen Solidarschuldner gegen die Gläubigerin zusteht; insoweit fehlt es an der Gegenseitigkeit. Bei nur teilweiser Befriedigung der Gläubigerin findet eine entsprechende Reduktion der Forderung statt.

88.25   Da jeder Solidarschuldner die Erfüllung bewirken kann, wirkt der durch Nichtannahme der Leistung begründete *Gläubigerverzug* gegenüber einem Solidarschuldner auch für die übrigen Schuldner.

88.26   Wird ein Solidarschuldner hingegen *ohne Befriedigung* der Gläubigerin *befreit*, so ist nach Art. 147 Abs. 2 im Einzelfall aufgrund der Umstände und der Natur der Verbindlichkeit zu prüfen, ob die Befreiung nur für den betroffenen Schuldner oder auch für die anderen wirken soll. Hierzu rechnen vor allem die Fälle der Befreiung durch *Erlass* (Art. 115), Vergleich (vgl. dazu BGE 133 III 116 ff.) und Neuerung (Art. 116). So ist etwa bei einem *Vergleich* zwischen der Gläubigerin und einem Solidarschuldner durch Auslegung der Vereinbarung zu ermitteln, ob die Befreiung auch für die übrigen Solidarschuldner gelten soll; denkbar ist auch, dass lediglich eine Herabsetzung der Verpflichtung der übrigen Solidarschuldner um den Betrag gewollt ist, der auf den befreiten Solidarschuldner im Innenverhältnis entfiele, um diesen vor Regressansprüchen zu schützen, oder dass der Vergleich die Verpflichtung der übrigen Solidarschuldner gar nicht berühren soll (vgl. BGE 133 III 116, 121).

88.27   *Stundung* und *Verjährung* führen zwar nicht zur Befreiung von der Verbindlichkeit, sie sind jedoch ebenfalls grundsätzlich für jeden Solidarschuldner gesondert zu beurteilen. Dasselbe gilt für ein klagabweisendes Urteil gegen einen Solidarschuldner, jedoch freilich nicht im Hinblick auf die Unterbrechung der Verjährung.

3. Ausgleich im Innenverhältnis

Die Frage, ob und inwieweit ein Solidarschuldner, der die 88.28
Gläubigerin befriedigt hat, im Innenverhältnis auf die anderen Schuldner
zurückgreifen kann *(Rückgriff, Regress)*, bestimmt sich nach Art. 148 f.

a) Haftungsquote im Innenverhältnis

Nach Art. 148 Abs. 1 haften die Solidarschuldner im Innen- 88.29
verhältnis im Zweifel nach Kopfteilen, d.h., jeder hat einen *gleichen Teil*
zu übernehmen. Dies gilt jedoch nur, soweit sich aus dem Rechtsverhältnis unter den Solidarschuldnern nichts anderes ergibt. Letzteres ist häufig
der Fall.

So finden sich im *Erb-* und *Sachenrecht* verschiedene Bestimmungen, 88.30
die die Haftungsquote im Innenverhältnis entsprechend der jeweiligen
Erb- oder Miteigentumsanteile festlegen (Art. 640 Abs. 2, 3, 649 Abs. 1
ZGB).

Auch im Rahmen des Ausgleichs zwischen *mehreren Schädigern* ist 88.31
oft vom Grundsatz anteiliger Verpflichtung abzuweichen. So bestimmt
nach *Art. 50 Abs. 2* das Gericht, ob und in welchem Umfang die Beteiligten an einer unerlaubten Handlung Rückgriff gegeneinander haben. Dabei spielt in erster Linie die Schwere des Verschuldens jedes Schädigers
eine Rolle; darüber hinaus ist auch zu berücksichtigen, in wessen Interesse die unerlaubte Handlung begangen wurde (vgl. auch Art. 50 Abs. 3,
Art. 60 Abs. 2 SVG).

Haften mehrere Personen aus verschiedenen Rechtsgründen, so ent- 88.32
scheidet das Gericht ebenfalls nach seinem Ermessen über den Umfang
des Rückgriffs (Art. 51 Abs. 1 i.V.m. 50 Abs. 2). Dabei soll es jedoch
nach *Art. 51 Abs. 2* folgende *Rangfolge* zwischen den Verpflichteten
berücksichtigen: In erster Linie soll derjenige den Schaden tragen, dem
deliktisches Verschulden zur Last gelegt wird, in zweiter Linie derjenige,
der aufgrund Vertrages haftet, und in letzter Linie derjenige, den eine
gesetzliche Kausalhaftung trifft. Schädiger einer nachgeordneten Gruppe
können danach in vollem Umfang auf solche einer vorgeordneten zurückgreifen, nicht jedoch umgekehrt. Die Angemessenheit der in Art. 51
Abs. 2 statuierten Rangfolge ist in der Literatur stark umstritten (vgl.

Nachw. bei GAUCH/SCHLUEP/EMMENEGGER, N 3738). Jedenfalls darf sie nur als Leitlinie für die Ausübung gerichtlichen Ermessens und niemals als starre Regel betrachtet werden (vgl. BGE 115 II 24, 28). Haftet z.B. ein Arbeitnehmer aus Delikt und der Arbeitgeber aus Vertrag und wird Ersterer von der Geschädigten in Anspruch genommen, so muss er in vollem Umfang beim Arbeitgeber Rückgriff nehmen können, wenn es sich um einen Fall gefahrgeneigter Arbeit (Art. 321e, vgl. dazu N 22.25) handelt.

88.33   Besonders problematisch ist der *Regress des Versicherers* bei der Schadensversicherung (vgl. hierzu insb. HONSELL, Mélanges Schmidlin, 279 ff.). Nach Art. 72 Abs. 1 VVG geht der Anspruch der Versicherten gegen den aus unerlaubter Handlung Ersatzpflichtigen auf den Versicherer insoweit über, als dieser eine Entschädigung geleistet hat. Die Rechtsprechung (vgl. nur BGE 137 III 352, 353 m.ausf. Nachw.; ff.) ordnet den Versicherer jedoch im Rahmen des Art. 51 Abs. 2 der Gruppe der aus Vertrag Ersatzpflichtigen zu, mit der Konsequenz, dass das Regressrecht des Versicherers beschränkt wird auf Schädiger, die aufgrund deliktischer Verschuldenshaftung einzustehen haben. Ausgeschlossen soll der Rückgriff gegenüber Personen sein, die aus Vertrag oder aus Kausalhaftung haften.Dies soll selbst dann gelten, wenn die Geschädigte ihren Anspruch gegen diese Personen an den Versicherer abtritt (vgl. BGE 137 III 352 ff. m.ausf. Nachw.; 132 III 626, 639). Die Literatur steht dieser Auffassung zunehmend ablehnend gegenüber (vgl. HONSELL, Haftpflichtrecht, § 11 N 41 ff.; GRABER/CASANOVA, FS Brehm, 157, 164; KOLLER, FS Ges. Haftplicht- und Versicherungsrecht, 331, 334 f.; STADELMANN STÖCKLI, FS Ges. Haftplicht- und Versicherungsrecht, 551, 559). Mit der Revision des VVG (Art. 75 Abs. 2 E-VVG) soll diese Situation geändert werden. Unübersichtlich war früher auch das Regressrecht der Sozialversicherer (ausf. RUMO-JUNGO, Haftpflicht und Sozialversicherung, Freiburg i.Ue. 1998, N 949 ff.). Heute ordnen Art. 72 Abs. 1 ATSG und Art. 34b BVG ein mit einem gesetzlichen Forderungsübergang versehenes Rückgriffsrecht des Versicherungsträgers gegenüber allen für den Versicherungsfall haftenden Dritten an. Zum Regressanspruch des Arbeitgebers, der dem arbeitsunfähigen Arbeitnehmer zur Lohnfortzahlung verpflichtet ist, gegenüber dem Schädiger vgl. BGE 126 III 521, 522 f.

88.34   Auch im Bereich *vertraglich begründeter Solidarschuldverhältnisse* wird sich häufig eine Abweichung von dem in Art. 148 Abs. 1 ausgesprochenen Prinzip anteiliger Haftung ergeben. Haben Ehegatten beispielsweise gemeinsam ein Darlehen aufgenommen, das allein dazu dient, das Hobby eines Ehegatten zu finanzieren, so ist dieser im Innenverhältnis allein zur Rückzahlung verpflichtet. Leistet der durch das Darlehen begünstigte Ehegatte, steht ihm deshalb kein Ausgleichsanspruch zu; umgekehrt kann der andere Ehegatte bei Befriedigung der Gläubigerin in vollem Umfang seiner Leistung Rückgriff nehmen.

Auch bei einer Solidarschuld, die aufgrund *Vermögens-, Geschäfts-* oder *Vertragsübernahme* entsteht, passt Art. 148 Abs. 1 nicht. Regelmässig soll hier im Innenverhältnis der Übernehmer allein verpflichtet sein; die gesetzlich angeordnete Solidarhaftung des Veräusserers bezweckt lediglich einen zusätzlichen Schutz der Gläubigerin. 88.35

b) Rückgriffsanspruch

Nach Art. 148 Abs. 2 kann der leistende Solidarschuldner *Rückgriff* auf seine Mitschuldner nehmen. Der Rückgriff beschränkt sich allerdings auf den Betrag, um welchen die Leistung im Aussenverhältnis die Haftungsquote des Solidarschuldners im Innenverhältnis übersteigt. Mehrere Mitschuldner haften dem Regressberechtigten nicht solidarisch, sondern nur jeweils *anteilig* entsprechend ihrer Quote im Innenverhältnis (BGE 103 II 137, 139). Fällt ein Mitschuldner wegen Zahlungsunfähigkeit im Rahmen des Regresses aus, so ist dessen Anteil nach Art. 148 Abs. 3 auf die verbleibenden Mitschuldner zu verteilen. Der Wortlaut der Bestimmung legt zwar nahe, dass der *Ausfall* gleichmässig auf alle verbleibenden Solidarschuldner aufgeteilt wird (so VON TUHR/ESCHER, 316). Sachgerecht ist dies jedoch nur dann, wenn alle Solidarschuldner nach Art. 148 Abs. 1 zu gleichen Anteilen haften. Bestehen im Innenverhältnis andere Haftungsquoten, muss auch der Ausfallbetrag entsprechend den unterschiedlichen Quoten von den einzelnen Solidarschuldnern getragen werden (vgl. GAUCH/SCHLUEP/EMMENEGGER, N 3741 m.w. Nachw.). 88.36

Hat die Gläubigerin einem Solidarschuldner die *Schuld erlassen*, so hindert dies den Rückgriff auf diesen im Innenverhältnis grundsätzlich nicht. Aus der dem Erlassvertrag zugrunde liegenden Vereinbarung zwischen Gläubigerin und befreitem Solidarschuldner kann sich aber ein Befreiungsanspruch gegenüber der Gläubigerin im Hinblick auf die Regressforderung ergeben. Im Einzelfall mag auch eine Analogie zu Art. 149 Abs. 2 (vgl. dazu N 88.40) gerechtfertigt erscheinen. 88.37

Der Rückgriff ist *ausgeschlossen*, wenn der leistende Solidarschuldner schuldhafterweise eine Einwendung oder Einrede nicht geltend gemacht hat, die allen Solidarschuldnern gemeinsam zustand und die er der Inan- 88.38

spruchnahme durch die Gläubigerin wirksam hätte entgegensetzen können (Art. 145 Abs. 2; vgl. auch Art. 502 Abs. 3).

88.39   Der Ausgleichsanspruch *entsteht* erst *mit der Leistung* des Regressberechtigten. In diesem Zeitpunkt beginnt auch die *Verjährung* der Regressforderung zu laufen (vgl. BGE 133 III 6 ff.; 127 III 257, 266; zum Ganzen REY, Haftpflichtrecht, N 1712 ff.; vgl. auch Art. 83 Abs. 3 SVG). Die Verjährung des Anspruchs der Verletzten gegen einen Solidarschuldner schliesst den Rückgriff nicht aus (BGE 133 III 6, 32 f.). Die Verjährungsfrist ist jene, die auch für den Anspruch der Gläubigerin gegen die Solidarschuldner gilt (so ausdrücklich Art. 59d S. 2 USG; vgl. auch OGer SO, SOG 2000, 13, 14). Bei unterschiedlichen Verjährungsfristen ist auf jene der Gläubigerin gegen den Rückgriffsverpflichteten abzustellen.

88.40   Neben dem eigenständigen Ausgleichsanspruch nach Art. 148 Abs. 2 steht dem leistenden Solidarschuldner ein weiterer Regressweg offen. Nach Art. 149 Abs. 1 geht im Wege einer Legalzession (*Subrogation*) der Anspruch der Gläubigerin insoweit auf den Leistenden über, als dieser nach Art. 148 zum Rückgriff berechtigt ist (vgl. aber N 88.45). Hat die Gläubigerin einen Solidarschuldner durch persönlichen Erlass von der Schuld befreit oder eine Sicherheit aufgegeben, so findet zwar insofern keine Subrogation statt. Nach Art. 149 Abs. 2 mindert sich jedoch die Forderung der Gläubigerin gegen den dadurch in seinem Regress benachteiligten Schuldner. Der *Vorteil* der Subrogation liegt darin, dass mit der Forderung der Gläubigerin nach Art. 170 Abs. 1 auch die Vorzugs- und Nebenrechte übergehen (zur Frage, ob diese vor der Belangung der übrigen Solidarschuldner verwertet werden müssen, vgl. KGer VS, RVJ 2002, 265, 268 ff.). Gegenüber der originären Ausgleichsforderung nach Art. 148 Abs. 2 weist der Regressweg nach Art. 149 Abs. 1 aber auch *Nachteile* auf: So muss sich der Rückgriffsberechtigte sämtliche Einreden entgegenhalten lassen, die einem Solidarschuldner persönlich gegen die Gläubigerin zustehen; auch die bereits begonnene Verjährungsfrist läuft nach der Legalzession weiter, so dass der abgeleitete Anspruch zu einem früheren Zeitpunkt verjähren kann als der originäre nach Art. 148 Abs. 2.

88.41   Ein dritter Regressweg kann schliesslich aus dem *Innenverhältnis* zwischen den Solidarschuldnern folgen. Hat z.B. jemand aufgrund eines Auftrags die Mitschuld übernommen, so steht ihm nach Art. 402 Abs. 1 ein Anspruch auf Ersatz seiner Auslagen und Verwendungen, die er in Form der Leistung an die Gläubigerin getätigt hat, gegen den Auftraggeber zu. Weitere mögliche Anspruchsgrundlagen können sich auch aus

Familien-, Erb- oder Gesellschaftsrecht ergeben. Fehlt es an einer vorbestehenden Rechtsbeziehung zwischen den Solidarschuldnern, kommt u.U. ein Anspruch aus Geschäftsführung ohne Auftrag oder Bereicherungsrecht in Betracht. Nach diesen Anspruchsgrundlagen kann darüber hinaus ggf. auch Ersatz allfälliger Prozesskosten und sonstiger Auslagen verlangt werden.

c) Gestörter Solidarschuldnerausgleich

Wie oben ausgeführt hat ein zwischen Gläubigerin und einem 88.42 Solidarschuldner vereinbarter individueller Erlass grundsätzlich keinen Einfluss auf die Rückgriffsmöglichkeit des leistenden Solidarschuldners. Eine ähnliche Situation kann auftreten, wenn zugunsten eines (potenziellen) Solidarschuldners ein *Haftungsprivileg* eingreift oder sich dieser von der Haftung im Verhältnis zur Gläubigerin wirksam *freigezeichnet* hat. In diesen Fällen entsteht an sich wegen der Befreiung des Schuldners gar kein Solidarschuldverhältnis, so dass insoweit von einem gestörten Solidarschuldnerausgleich gesprochen werden kann. Fraglich ist, ob sich der (von Anfang an) befreite Schuldner im Verhältnis zu seinen Mitschuldnern auf die Befreiung berufen kann oder ob ungeachtet der Befreiung im Aussenverhältnis der Regress zu ermöglichen ist.

Zur Lösung dieser Problematik bieten sich *verschiedene Wege* an: Das 88.43 Haftungsprivileg kann auf die Mitschuldner erstreckt werden, so dass auch diese im Aussenverhältnis nicht haften. Stattdessen kann auch der Anspruch der Gläubigerin gegen die Mitschuldner von vornherein um den Betrag gekürzt werden, den der befreite Schuldner im Innenverhältnis zu tragen hat. Müssen die (nicht befreiten) Mitschuldner im Aussenverhältnis voll haften, so kann entweder im Innenverhältnis trotz Freistellung voller Regress zugelassen werden, so dass dann freilich die Haftungsprivilegierung illusorisch wird, oder der Regress wird abgeschnitten, wodurch der leistende Mitschuldner in stärkerem Masse belastet wird, als wenn ein Haftungsprivileg nicht bestünde.

Keine der genannten Lösungen vermag für jeden erdenklichen Fall des 88.44 gestörten Solidarschuldnerausgleichs voll zu befriedigen. Vielmehr ist in jedem *Einzelfall* zu prüfen, welches Ergebnis sachgerecht erscheint. Greift beispielsweise zugunsten des Schenkers das *Haftungsprivileg* des Art. 248 Abs. 1 ein, so muss dieses auch durchschlagen, soweit es um die ausservertragliche Verantwortlichkeit einer Hilfsperson des Schenkers geht. Lässt sich hingegen jemand von der Entlehnerin einer Sache, z.B. eines Reitpferdes, einen *Haftungsverzicht* unterschreiben, so soll dies regelmässig nicht zu einer Haftungsentlastung dritter, an einem Unfall mitursächlich beteiligter Personen führen. Andererseits kann der Haftungsausschluss zwischen Gläubigerin und Eigentümer der Sache auch nicht den Regress des Dritten gegen Letzteren beeinträchtigen, denn dies wäre ein (unzulässiger) Vertrag zulasten Dritter. In diesem Fall sind deshalb die Wirkungen des Haftungsverzichts auf das Verhältnis zwischen Gläubigerin und Eigentümer zu beschränken; im Übrigen hat der Verzicht auf die Solidarschuld und den Regress im Innenverhältnis keinen Einfluss. Wiederum anders ist der Fall zu beurteilen, dass sich z.B. ein *Handlungsunfähiger* gemeinsam mit einem Handlungsfähigen solidarisch gegenüber einer Gläubigerin verpflichtet. Einerseits kann die Gläubigerin in vollem Umfang auf den handlungsfähigen Schuldner greifen. Der Minderjährigenschutz gebietet jedoch einen Ausschluss des Regresses. Dasselbe gilt bei *Haftungsprivilegien im Versicherungsrecht*. Gehört der Schädiger z.B. zu dem nach Art. 75 ATSG privilegierten Personenkreis, so haftet er nicht bei leichter Fahrlässigkeit. Dennoch kann die Geschädigte von der Versicherung vollen Ersatz ihres Schadens verlangen. Ein Regressrecht der Versicherung gegen den Schädiger besteht jedoch nicht (Einzelheiten bei BECK, in: MÜNCH/GEISER (Hrsg.), Schaden – Haftung – Versicherung, 235, 305 ff.). Auch soll der Regress der am Bau beteiligten Haftpflichtigen gegen den Architekten ausgeschlossen sein, wenn der Anspruch der Bauherrin gegen den Architekten nach Art. 371 Abs. 2 verjährt ist (BGE 130 III 362, 370).

4. Echte und unechte Solidarität

88.45   In ständiger Rechtsprechung (vgl. nur BGE 115 II 42, 45 ff.; 119 II 127, 131; 127 III 257, 264 f.) unterscheidet das Bundesgericht zwischen sog. echter und unechter Solidarität. *Echte Solidarität* soll nur dann vorliegen, wenn die Verpflichtung der Solidarschuldner auf *demselben Rechtsgrund* beruht, insbesondere bei gemeinsamem Verschulden nach Art. 50 Abs. 1 oder bei Verpflichtung aufgrund eines einheitlichen Vertrages. Wo hingegen die Haftung mehrerer Personen aus *verschiedenen Rechtsgründen* resultiert (vgl. Art. 51 Abs. 1), soll es sich um *unechte Solidarität* handeln. Praktische Konsequenzen aus dieser Unterscheidung sollen sich vor allem im Hinblick auf die *Verjährungsunterbrechung* ergeben. Art. 136 Abs. 1 sei als Ausnahmebestimmung auf die Fälle der echten Solidarität zu beschränken (BGE 115 II 42, 46). Des Weiteren soll die *Legalzession* nach Art. 149 Abs. 1 ebenfalls nur bei echter Solidarität eingreifen. Im Übrigen können freilich auch nach der

Rechtsprechung des Bundesgerichts die Art. 144 ff. auf die Fälle unechter Solidarität sinngemäss angewandt werden (BGE 119 II 127, 131).

In der Literatur wird diese bundesgerichtliche Rechtsprechung schon 88.46 seit langem als rein begriffsjuristisch und ohne praktische Konsequenzen *kritisiert* (vgl. GAUCH/SCHLUEP/EMMENEGGER, N 3755 m.w. Nachw.; WEISS, 67 ff.). Allerdings ist dem Bundesgericht insoweit zuzustimmen, als es sich bei Art. 136 Abs. 1 um eine kaum sachgerechte Regelung handelt. Insofern verdient die durch die Unterscheidung zwischen echter und unechter Solidarität bewirkte Einschränkung dieser Bestimmung Zustimmung (vgl. auch Art. 593).

§ 89 Mehrheit von Gläubigern

Literatur: BUCHER, OR AT, 499 ff.; ENGEL, OR AT, 832 ff.; FURRER/ MÜLLER-CHEN, Kap. 2 N 24 ff.; GAUCH/SCHLUEP/EMMENEGGER, N 3656 ff.; GUHL/ KOLLER, 25 ff.; HUGUENIN, OR AT, N 1461 ff.; KELLER/SCHÖBI, Schuldrecht IV, 30 ff.; KOLLER, OR AT, § 76 N 1 ff.; MERZ, SPR VI/1, 89 ff.; TERCIER, Obligations, N 1648 ff.; VON TUHR/ESCHER, 321 ff.; BaslerKomm/HEIERLI/SCHNYDER A.K., Art. 150; Berner Komm/BECKER, Art. 150; CHK/MAZAN, OR 150; CR CO I/ROMY, Art. 150; KuKo OR/ JUNG, Art. 150; ZürcherKomm/OSER/SCHÖNENBERGER, Art. 150.

I. Allgemeines

Wie auf Schuldnerseite, so können auch auf Gläubigerseite 89.01 mehrere Personen beteiligt sein. Dabei können die gleichen Formen wie bei Schuldnermehrheiten auch bei Gläubigermehrheiten unterschieden werden, d.h. Teil-, gemeinschaftliche und Solidargläubigerschaft.

Bei *synallagmatischen Verträgen* sind beide Parteien zugleich Gläubi- 89.02 ger und Schuldner. Dabei muss aber die *Art der Gläubigerschaft* nicht der *Art der Schuldnerschaft* spiegelbildlich entsprechen. Die jeweilige Form der Personenmehrheit ist deshalb gesondert festzustellen. Mieten z.B. zwei Personen gemeinsam ein Auto für eine Ferienreise, so sind sie im Hinblick auf die Verpflichtung zur Mietzinszahlung je nach Ausgestaltung des Vertrages Teil- oder Solidarschuldner. Als Gläubiger der Ansprüche gegen den Vermieter kommt je nach Ausgestaltung des Innenverhältnisses gemeinschaftliche Gläubigerschaft oder Gläubigergemeinschaft bei unteilbarer Leistung (Art. 70 Abs. 1) in Betracht.

II. Teilgläubigerschaft

89.03   Die im OR nicht geregelte Teilgläubigerschaft ist dadurch gekennzeichnet, dass mehrere Gläubigerinnen einer *teilbaren Leistung* berechtigt sind, jeweils nur den auf sie entfallenden *Teil zu fordern*. Die Teilforderungen beruhen jedoch auf einem einheitlichen Rechtsgrund.

89.04   Bei Teilgläubigerschaft stehen die einzelnen Forderungen *unabhängig* nebeneinander. Jede Gläubigerin kann über ihre (Teil-)Forderung selbstständig verfügen. Das Schicksal einer Teilforderung berührt die anderen nicht.

89.05   Teilgläubigerschaft ist in der Praxis eher der Ausnahme- denn der Normalfall (a.A. GAUCH/SCHLUEP/EMMENEGGER, N 3658). Ein praktischer Anwendungsfall ist die Anleihensobligation (Art. 1156 ff.).

III. Gemeinschaftliche Gläubigerschaft

89.06   Die gemeinschaftliche Gläubigerschaft ist dadurch gekennzeichnet, dass eine Forderung – gleichgültig ob teilbar oder nicht – mehreren Gläubigerinnen ungeteilt, d.h. *gemeinschaftlich,* zusteht. Sie tritt auf bei *Gesamthandsgemeinschaften* (z.B. einfache Gesellschaft, Erbengemeinschaft, Gütergemeinschaft) sowie bei Miteigentümerinnen, soweit sich die Forderung auf die ganze Sache bezieht.

89.07   Bei gemeinschaftlicher Gläubigerschaft kann der Schuldner sich nur dadurch von seiner Leistungspflicht befreien, dass er *an alle Gläubigerinnen gemeinsam* leistet. Ob die Gläubigerinnen nur gemeinsam oder jede einzeln Leistung an alle fordern können bzw. kann, bestimmt sich nach dem jeweiligen Gemeinschaftsverhältnis (vgl. für die einfache Gesellschaft Art. 535; für die Erbengemeinschaft Art. 602 Abs. 2 ZGB; für die Gütergemeinschaft Art. 227 Abs. 2, 228 ZGB; für die Miteigentümergemeinschaft Art. 647 ff. ZGB).

IV. Sonderfall: Art. 70 Abs. 1

89.08   Art. 70 Abs. 1 regelt den (seltenen) Sonderfall, dass mehrere Gläubigerinnen einen Anspruch auf eine *unteilbare Leistung* gegen den Schuldner besitzen, ohne dass zwischen ihnen ein Fall gemeinschaftlicher Gläubigerschaft oder der Solidargläubigerschaft vorliegt. Denkbar ist dies bei gemeinsamem Kauf oder gemeinsamer Miete einer Sache, wenn die Gläubigerinnen ausnahmsweise im Innenverhältnis nicht zu einer einfachen Gesellschaft verbunden sind.

Nach Art. 70 Abs. 1 muss der Schuldner *an alle Gläubigerinnen ge-* 89.09 *meinsam leisten*, jede Gläubigerin kann jedoch *selbstständig* Leistung an alle gemeinsam verlangen.

V. Solidargläubigerschaft

Die Solidargläubigerschaft ist das Gegenstück zur Solidar- 89.10 schuldnerschaft. Sie ist dadurch gekennzeichnet, dass jede Gläubigerin die *ganze Leistung an sich selbst verlangen* kann (BGE 118 II 168, 170) und der Schuldner durch Leistung an eine der Solidargläubigerinnen von der Verpflichtung gegenüber allen *befreit* wird. In der Praxis ist Solidargläubigerschaft selten, da mehrere Gläubigerinnen meist zu einer Gesamthands- oder Miteigentümergemeinschaft verbunden sind und dann die für diese Gemeinschaft geltenden Regeln zur Anwendung gelangen.

Nach Art. 150 Abs. 1 entsteht Solidarität unter mehreren Gläubigerin- 89.11 nen aufgrund *vertraglicher Abrede* zwischen Schuldner und Gläubigerinnen oder aufgrund *Gesetzes*. Wichtigstes Beispiel für vertragliche Solidargläubigerschaft ist das *Gemeinschaftskonto* (compte joint), bei dem jede der mehreren Kontoinhaberinnen selbstständig über das Konto verfügen kann (BGE 101 II 117, 120; ausführlich hierzu MERZ, SPR VI/1, 94 ff.). Gesetzlich angeordnete Solidarität findet sich nur in Einzelfällen (vgl. Art. 262 Abs. 3 Satz 2; 399 Abs. 3).

Im *Aussenverhältnis* hat jede Solidargläubigerin gegen den Schuldner 89.12 eine *selbstständige Forderung*. Im Gegensatz zur gemeinschaftlichen Gläubigerschaft und zu Art. 70 Abs. 1 ist sie berechtigt, *Leistung an sich selbst* und nicht nur an alle gemeinschaftlich zu verlangen. Die Leistung an eine Solidargläubigerin *befreit* den Schuldner gegenüber allen (Art. 150 Abs. 2). Dabei hat der Schuldner zunächst die *Wahl*, an welche Solidargläubigerin er leisten will (Art. 150 Abs. 3). Wird er allerdings von einer bestimmten Gläubigerin rechtlich belangt, so kann er nur noch an diese mit befreiender Wirkung leisten. Der Leistung gleichzustellen sind Hinterlegung, Verrechnung, aber auch Leistung an Erfüllungs Statt und Vereinigung. Der *Verzug einer Solidargläubigerin* wirkt auch gegen die anderen (a.A. VON TUHR/ESCHER, 322). Ein *Erlass* oder ein *Vergleich* zwischen einer Solidargläubigerin und dem Schuldner soll allerdings nur dann Gesamtwirkung zeitigen, wenn die betreffende Solidargläubigerin ermächtigt ist, über das gesamte Schuldverhältnis zu verfügen (vgl. VON TUHR/ESCHER, 324). *Andere Tatsachen,* die lediglich in der Person einer Solidargläubigerin eintreten, haben keine Gesamtwirkung. Dies gilt etwa für die Verjährungsunterbrechung nach Art. 135.

89.13   Der *Ausgleich* zwischen mehreren Solidargläubigerinnen im *Innenverhältnis* nach Erhalt der Leistung ist im Gesetz nicht geregelt. Insoweit kommt es auf die jeweilige Ausgestaltung des internen Verhältnisses an. Fliesst beispielsweise auf ein Gemeinschaftskonto von Ehegatten nur das Arbeitseinkommen eines der beiden, so besteht im Zweifel keine Ausgleichspflicht, wenn der andere Beträge für den gemeinsamen Lebensbedarf abhebt. Anders mag es aussehen bei Anschaffungen für den persönlichen Gebrauch des anderen Ehegatten oder nach Trennung der Eheleute.

Kapitel 3: Der Wechsel der Beteiligten

§ 90   Abtretung von Forderungen

Literatur: BERGER, Schuldrecht, N 2085 ff.; BUCHER, OR AT, 535 ff.; ENGEL, OR AT, 872 ff.; FURRER/MÜLLER-CHEN, Kap. 23; GAUCH/SCHLUEP/EMMENEGGER, N 3398 ff.; GUHL/KOLLER, 265 ff.; HUGUENIN, OR AT, N 1278 ff.; KELLER/SCHÖBI, Schuldrecht IV, 43 ff.; KOLLER, OR AT, § 83 N1 ff., § 84 N 1 ff.; TERCIER, Obligations, N 1663 ff.; VON TUHR/ESCHER, 329 ff.; BaslerKomm/GIRSBERGER, Art. 164–174; BernerKomm/BECKER, Art. 164–174; CHK/REETZ/BURRI, OR 164–174; CR CO I/PROBST, Art. 164–174; KuKo OR/LARDELLI, Art. 164–174; ZürcherKomm/SPIRIG, Art. 164–174;

ARROYO, Dei Einrede «dolo agit, qui petit, quod statim redditurus est» im Rahmen von fiduziarischen Abtretungen und Kettenzessionen, Jusletter 25. Juli 2005; BUCHER, Kreditsicherung durch Zession, in: Berner Tage für die juristische Praxis, Bern 1981, 9 ff.; DERS., Zur Gültigkeit von Globalzessionen, recht 1989, 12 ff.; DERS., Keine Lohnzessionen mehr, recht 1991, 112 ff.; BYDLINSKI, Zessionsverbot und Vertragsauslegung, Festschrift Kramer, Basel 2004, 121 ff.; DIETSCHE, (Globale) Debitorenzession im Nachlassverfahren, SJZ 1997, 337 ff.; DOMMER, Der Einfluss des SchKG auf die Forderungsabtretung des Schuldners, Diss. Freiburg i.Ue. 1987; DUTOIT, La cession de créance = acte causal ou abstrait?, in: Hundert Jahre schweizerisches Obligationenrecht, Freiburg i.Ue. 1982, 453 ff.; GIRSBERGER/HERMANN, Reformbedarf beim pactum de non cedendo?, Festschrift Schwander, Zürich/St.Gallen 2011, 319 ff.; HÄNSELER, Die Globalzession, Zürich 1991; HONSELL, Tradition und Zession – kausal oder abstrakt?, Festschrift Wiegand, Bern 2005, 349 ff.; KLARER, Die Globalzession von Debitorenforderungen als wirksames und notwendiges Sicherungsmittel und ihre Behandlung im Konkurs, SJZ 1998, 354 ff.; KOLLER ALFRED, Nemo plus iuris transferre potest quam ipse habet, Festschrift Pedrazzini, Bern 1990, 323 ff.; DERS., Die Mängelrechte und die Frage ihrer Abtretbarkeit, in: KOLLER ALFRED (Hrsg.), SIA-Norm 118, St. Gallen 2000, 1 ff.; KRAUS-

KOPF, Der Begriff, die Erscheinungsformen und die Bedeutung der Schuldanerkennung im Obligationenrecht, recht 2005, 169 ff.; DERS., Die Schuldanerkennung im schweizerischen Obligationenrecht, Diss. Freiburg i.Ue. 2003; LARDELLI, Schuldnerschutz im Zessionsrecht, Festschrift Honsell, Zürich 2007, 59 ff.; DERS., Die Einreden des Schuldners bei der Zession, Diss. Zürich 2008; LOSER, Die Abtretung und Verpfändung von Garantieansprüchen zur Kreditabsicherung, SZW 2006, 200 ff.; MANG, Die Abtretung und Verpfändung künftiger Lohnforderungen (OR 325), Diss. Zürich 1993; MOHS, Drittwirkung von Schieds- und Gerichtsstandsvereinbarungen, Frankfurt/München 2006; MÜLLER-CHEN, Internationales Factoring, BJM 1999, 177 ff.; NÄF, Die Sicherung von Gläubigerrechten im Hinblick auf den Konkurs des Schuldners, Diss. Freiburg i.Ue. 1983; OBERLIN, Die Globalzession in Theorie und Bankpraxis, Diss. Basel 1989; REETZ, Die Form der Sicherungszession, Festschrift Gauch, Zürich 2004, 553 ff.; DERS., Die Sicherungszession von Forderungen, Habil. Fribourg 2005, Zürich/ Basel/Genf 2006; DERS., Die Anwendbarkeit von Art. 152 Abs. 3 OR im Rahmen der Sicherungszession, recht 2006, 233 ff.; REY, Die Behandlung des Factoringvertrages im schweizerischen Recht, in: KRAMER (Hrsg.), Neue Vertragsformen, 289 ff.; REYMOND, La cession des contrats, Lausanne 1989; SCHÖLL, Die Konversion des Rechtsgeschäfts, Diss. Basel, Bern 2005; SCHULIN/VOGT, Die Unabtretbarkeit von Foderungen: Bemerkungen zum schweizerischen Vertrags- und Erbrecht, Festschrift Huwiler, Bern 2007, 609 ff.; SCHWENZER, Zession und sekundäre Gläubigerrechte, AcP 182 (1982), 214 ff.; SPIRIG, Zur Kausalität der Abtretung, SJZ 2000, 7 ff.; STAEHELIN, Zur Abtretung künftiger Forderungen, in: Mélanges Pierre Engel, Lausanne 1989, 381 ff.; STOLL, Doppel- und Mehrfachzession, SJZ 1993, 389 ff.; TERCIER/ EIGENMANN, La renonciation du débiteur cédé à ses exceptions, SZW 2003, 129 ff.; VIONNET, L'exercice des droits formateurs, Diss. Lausanne 2007, Genf/Basel/ Zürich 2008; VON DER CRONE, Zession: kausal oder abstrakt, SJZ 1997, 249 ff.; WEHRLI, Die vertragliche Abtretung von Forderungen, Bern 1993; WIEGAND, Kreditsicherung und Rechtsdogmatik, in: Berner Festgabe zum Schweizerischen Juristentag 1979, Bern 1979, 283 ff.; WIEGAND/KOLLER-TUMLER, Gültigkeit der Globalzession einer künftigen Forderung, recht 1988, 102 f.; ZOBL, Die Globalzession im Lichte der neueren Lehre und Rechtsprechung – eine Standortbestimmung, SJZ 1989, 349 ff.; DERS., Die Ablösung von durch Grundpfandverschreibung sichergestellten Forderungen, Liber Amicorum Schulin, Basel/Genf/München 2002, 195 ff.

Ein Gläubigerwechsel kann auf verschiedene Weise stattfinden: 90.01
durch *Universalsukzession*, z.B. infolge Erbganges, durch *Auswechseln
einer Vertragspartei* oder durch *Singularsukzession* in Bezug auf eine
einzelne Forderung, sei es durch Abtretung oder von Gesetzes wegen
bzw. durch gerichtlichen Entscheid.

I. Allgemeines

1. Begriff und Funktion

Die Abtretung (Zession) ist die *rechtsgeschäftliche Übertra-* 90.02
gung einer Forderung gegen einen Schuldner (Drittschuldner, *debitor
cessus*) von der alten Gläubigerin *(Zedentin)* auf einen neuen Gläubiger

(Zessionar). Der Schuldner der Forderung ist an der Abtretung nicht beteiligt, er braucht von dieser nicht einmal Kenntnis zu haben.

90.03 Im heutigen Wirtschaftsleben hat die Übertragung von Forderungen namentlich zu Finanzierungs- und Sicherungszwecken eine *wichtige Bedeutung*. So werden Forderungen verkauft, z.B. beim *Diskontgeschäft* oder beim echten *Factoring* (vgl. HONSELL, OR BT, 447 ff.; REY, in: KRAMER (Hrsg.), Neue Vertragsformen, 289, 292; zum internationalen Factoring vgl. MÜLLER-CHEN, BJM 1999, 177 ff.). Bei der *Sicherungszession* tritt die Schuldnerin Kundenforderungen beispielsweise zur Sicherung eines Darlehens an ihre Bank ab, damit sich diese aus den Forderungen befriedigen kann, falls die Schuldnerin das Darlehen nicht (rechtzeitig) zurückzahlt. Grosse Bedeutung hat schliesslich auch die *Inkassozession*, bei der die Abtretung erfolgt, damit der Zessionar die Forderung für die Zedentin einzieht und den Erlös an diese herausgibt.

2. Abtretung als Verfügung

90.04 Die Abtretung ist ein *Verfügungsgeschäft*, da sich mit ihr die Forderungszuständigkeit ändert. Als solches setzt sie *Verfügungsmacht* der Zedentin voraus. Wird dieselbe Forderung von der Gläubigerin mehrfach an verschiedene Zessionare abgetreten, so ist nur die erste Zession wirksam, da es der Gläubigerin für alle weiteren Zessionen an der Verfügungsmacht mangelt (Grundsatz der *zeitlichen Priorität*).

90.05 Im Gegensatz zum Mobiliar- und Immobiliarerwerb gibt es *keinen gutgläubigen Erwerb von Forderungen*. Eine Ausnahme hiervon macht jedoch Art. 18 Abs. 2 für den Fall, dass der Zessionar die Forderung im Vertrauen auf ein schriftliches Schuldbekenntnis erworben hat. Ihm kann der Schuldner nicht die Einwendung entgegenhalten, dass die Forderung wegen *Simulation* überhaupt nicht besteht. Andere Einwendungen, die den Bestand der Forderung betreffen, werden jedoch auch bei Vorliegen eines schriftlichen Schuldbekenntnisses nicht ausgeschlossen. Wichtige weitere Ausnahmen vom Prinzip, dass es keinen gutgläubigen Erwerb von Forderungen gibt, finden sich vor allem im *Wertpapierrecht* (vgl. nur Art. 979), das damit die Verkehrsfähigkeit von Wertpapieren sichern will.

90.06 Die Abtretung als Verfügungsgeschäft ist zu unterscheiden von dem ihr zugrunde liegenden *Verpflichtungsgeschäft*, durch das sich die Zedentin gegenüber dem Zessionar zur Abtretung verpflichtet *(pactum de cedendo)*. Als solches kommt namentlich ein Kaufvertrag, eine Schenkung,

ein Auftrag oder auch eine Sicherungsabrede – wie bei der Sicherungszession – in Betracht.

Streitig ist, ob die Abtretung in ihrer Wirksamkeit wie die Eigentums- 90.07
übertragung an Sachen von der Wirksamkeit des Verpflichtungsgeschäftes abhängig ist *(kausal)* oder nicht *(abstrakt)*. Wird von der kausalen
Natur der Abtretung ausgegangen, so erfassen allfällige Mängel des Verpflichtungsgeschäftes automatisch auch die Abtretung, so dass die Zedentin Forderungsinhaberin bleibt. Bei Annahme von Abstraktheit ist
hingegen die Wirksamkeit der Abtretung unabhängig vom Verpflichtungsgeschäft zu beurteilen. Ist dieses unwirksam, so kann die Abtretung
gleichwohl gültig sein; die Zedentin hat dann gegen den Zessionar einen
auf Rückzession gerichteten Bereicherungsanspruch.

In älteren Entscheiden hat sich das Bundesgericht für die Abstraktheit 90.08
ausgesprochen (vgl. BGE 71 II 167, 169 f.), später wurde die Frage aber
wieder offen gelassen (vgl. BGE 95 II 109, 112; ausdrücklich für Abstraktheit: OGer ZH, ZR 1988, 305 ff.). Die Lehre ist geteilt. Die Vertreter der kausalen Natur der Abtretung berufen sich neben dem (angebli-
chen) Willen der Parteien vor allem auf die entsprechende Wertung im
Sachenrecht (vgl. GAUCH/SCHLUEP/EMMENEGGER, N 3514 ff.). Dagegen wird vor allem angeführt, dass eine Analogie wegen des weitgehend
fehlenden Gutglaubensschutzes im Zessionsrecht nicht möglich sei (vgl.
BUCHER, OR AT, 554 ff.). Vor allem im Hinblick auf mögliche *Kettenzessionen* muss m.E. um der Verkehrsfähigkeit von Forderungen willen
von der *Abstraktheit* der Abtretung ausgegangen werden. Bei einer kausalen Natur der Abtretung müsste der Zweit- oder Drittzessionar nicht
nur das Risiko der Wirksamkeit aller vorangegangenen Verfügungsgeschäfte, sondern auch aller zugrunde liegenden Verpflichtungsgeschäfte
tragen. Dies aber würde die Verkehrsfähigkeit von Forderungen erheblich beeinträchtigen. Der fehlende Gutglaubensschutz im Zessionsrecht
ist deshalb zumindest teilweise durch den Grundsatz der Abstraktheit der
Abtretung auszugleichen (vgl. auch BaslerKomm/GIRSBERGER, Art. 164
N 25).

Den Parteien bleibt es freilich unbenommen, die Gültigkeit der Abtre- 90.09
tung vertraglich an die *Bedingung* zu knüpfen, dass das ihr zugrunde
liegende Verpflichtungsgeschäft wirksam ist (vgl. VON TUHR/ESCHER,
334). Eine solche Vereinbarung kann zwar auch stillschweigend geschlossen werden, jedoch müssen gewisse Anhaltspunkte für eine stillschweigende Bedingung vorhanden sein, z.B. eine zwischen den Parteien
bestehende Unsicherheit über die Wirksamkeit des Verpflichtungsgeschäftes.

3. Abgrenzungen

90.10 Ähnliche Ziele wie mit der Zession können auch durch andere Rechtsinstitute erreicht werden. So kann die Gläubigerin einer Forderung einen anderen *bevollmächtigen*, die Forderung für sie einzuziehen. Der Unterschied zur Zession liegt darin, dass der Handelnde weder Forderungsinhaber wird noch in eigenem Namen handelt. Auch bei der *Einziehungsermächtigung* wechselt die Forderungszuständigkeit nicht. Vielmehr wird eine andere Person ermächtigt, die der Gläubigerin zustehende Forderung in eigenem Namen einzuziehen.

II. Voraussetzungen

1. Vertrag

90.11 Die Abtretung erfolgt durch einen *Vertrag* zwischen der Zedentin und dem Zessionar, für dessen Entstehung und Wirksamkeit die allgemeinen Regeln gelten. Ohne weiteres möglich ist es, die Abtretung mit einer *Bedingung* zu verknüpfen (a.A. ENGEL, OR AT, 853). Ist beispielsweise die Abtretung resolutiv bedingt, so fällt die Forderung automatisch mit Eintritt der Bedingung an die Zedentin zurück.

90.12 Der *Schuldner* der Forderung ist am Abtretungsvertrag *nicht beteiligt*. Er braucht nicht einmal benachrichtigt zu werden (sog. *stille Zession*). In der Praxis empfiehlt sich allerdings eine Benachrichtigung, da der Schuldner sonst mit befreiender Wirkung an die ursprüngliche Gläubigerin leisten kann.

2. Form

90.13 Nach Art. 165 Abs. 1 bedarf die Abtretung der *einfachen Schriftform*. Das Formerfordernis dient primär der Verkehrssicherheit und nicht dem Schutz der Zedentin vor übereilter Abtretung (vgl. BGE 82 II 48, 52). Entsprechend Art. 13 Abs. 1 ist allein die Erklärung der Zedentin, nicht aber jene des Zessionars formbedürftig. Das der Abtretung zugrunde liegende *Verpflichtungsgeschäft* ist hingegen grundsätzlich nicht formbedürftig (Art. 165 Abs. 2).

90.14 Das Formerfordernis gilt für alle *wesentlichen Teile* des Rechtsgeschäftes. Dementsprechend muss aus der Urkunde nicht nur eindeutig hervorgehen, dass eine Übertragung der Forderung gewollt ist. Auch muss die abzutretende Forderung ausreichend bezeichnet oder jedenfalls bestimmbar sein (BGE 105 II 83, 84; vgl. N 90.28). Wird nur ein Teil einer Forderung zediert, so muss klar bestimmt oder bestimmbar sein, um welchen Teil es sich handelt (vgl. BGer, 12.8.2010, 4A_125/2010, E. 4.). Grundsätzlich muss auch die Person des Zessionars aus der Urkunde hervorgehen. Dies schliesst jedoch eine sog. *Blankozession* nicht aus, bei der der Name des Zessionars oder die Bezeichnung der abzutretenden Forderung von einem anderen, insbesondere vom Zessionar selbst ergänzt werden soll (vgl. BaslerKomm/GIRSBERGER, Art. 165 N 4 m.w. Nachw.). Der Übergang der Forderung erfolgt in diesem Fall nicht erst mit der Vervollständigung der Urkunde, sondern bereits mit Zugang der Blankourkunde beim Verfügungsberechtigten (a.A. GAUCH/SCHLUEP/ EMMENEGGER, N 3541).

Kein Gültigkeitserfordernis ist die *Übergabe der Schuldurkunde*, die 90.15 der Zessionar allerdings von der Zedentin nach Art. 170 Abs. 2 herausverlangen kann.

Wird die erforderliche Form nicht eingehalten, so ist die Abtretung 90.16 *unwirksam*. Die Forderung verbleibt bei der Zedentin. Möglich ist es allerdings, eine formungültige Zession in eine formlos mögliche Einziehungsermächtigung oder -vollmacht *umzudeuten*.

Sonderregeln gelten für Forderungen, die in *Wertpapieren* (vgl. die 90.17 Legaldefinition in Art. 965) verbrieft sind. Dabei ist zwischen Namen-, Ordre- und Inhaberpapieren zu unterscheiden (Einzelheiten bei BaslerKomm/FURTER, Art. 967 N 6 ff.). In jedem Fall bedarf es der Übertragung des Besitzes an der Urkunde (Art. 967 Abs. 1). Bei *Inhaberpapieren* (Art. 978 ff.) geht damit automatisch auch die Forderung über. Bei *Ordrepapieren* (insbesondere Wechseln, Art. 990 ff.) bedarf es zusätzlich der Indossierung (Art. 967 Abs. 2, 968, 1001 ff.). Ein *Namenpapier* (Art. 974 ff.) kann nur durch Abtretung im Sinne der Art. 164 ff. übertragen werden.

3. Abtretbarkeit

Voraussetzung einer wirksamen Abtretung ist, dass die in Fra- 90.18 ge stehende Forderung überhaupt übertragbar ist.

a) Grundsatz

Aus Art. 164 Abs. 1 ergibt sich, dass grundsätzlich *alle Forde-* 90.19 *rungen* abtretbar sind. Auch die Abtretung einer *Teilforderung* ist möglich, sofern die Forderung – wie insbesondere bei einer Geldleistung –

teilbar ist und die Teilzession im Hinblick auf die Interessen des Schuldners nicht als rechtsmissbräuchlich erscheint.

90.20 Verneint wird von der herrschenden Meinung (vgl. BGE 114 II 239, 247; GAUCH/SCHLUEP/EMMENEGGER, N 3424 ff. m.w. Nachw.; für Abtretbarkeit im Bündel HONSELL, OR BT, 443 ff.) die Abtretbarkeit von *Gestaltungsrechten*, da diese keine Forderungen darstellen, sondern Ausfluss der (unübertragbaren) vertraglichen Grundbeziehung seien. Abtretbar seien allein forderungsimmanente Befugnisse (vgl. BUCHER, OR AT, 539), z.B. das Recht zur Mahnung oder Nachfristsetzung, und die sich aus der Ausübung eines Gestaltungsrechtes ergebenden Ansprüche auf Rückgewähr etc. Soweit eine Übertragung von Gestaltungsrechten abgelehnt wird, ist eine dennoch erfolgte Abtretung unwirksam und kann allenfalls in eine Ermächtigung bzw. Vollmacht zur Ausübung des Gestaltungsrechtes umgedeutet werden.

90.21 Der herrschenden Meinung kann in Bezug auf die Übertragbarkeit von Gestaltungsrechten *nicht gefolgt werden*. Die Herausnahme der Gestaltungsrechte aus Art. 164 Abs. 1 ist begriffsjuristisch und lässt sich nur damit erklären, dass rechtshistorisch auch die Abtretung einer Forderung zunächst nicht möglich war, weil sie als persönliches Band zwischen Gläubigerin und Schuldner angesehen wurde. In der Sache ist kein Grund ersichtlich, warum die Parteien im Rahmen der Vertragsfreiheit nicht auch die Freiheit haben sollten, Gestaltungsrechte zu übertragen. Weder sprechen die Interessen der Zedentin noch jene des Schuldners für ein generelles Verbot der Abtretbarkeit. Eine andere Frage ist es, ob Gestaltungsrechte bei Abtretung einer Forderung nach Art. 170 Abs. 1 automatisch auf den Zessionar übergehen sollen. Insoweit ist eine differenzierte Betrachtung erforderlich (vgl. N 90.39).

b) Ausnahmen

90.22 Die Abtretbarkeit einer Forderung kann ausgeschlossen sein durch *Gesetz, Vereinbarung* oder aufgrund der *Natur des Rechtsverhältnisses* (vgl. Art. 164 Abs. 1).

90.23 In zahlreichen Bestimmungen wird die Abtretbarkeit *gesetzlich* ausgeschlossen. So können künftige Lohnforderungen nur zur Sicherung familienrechtlicher Unterhalts- und Unterstützungspflichten und nur insoweit abgetreten werden, als sie pfändbar sind (Art. 325). Grundsätzlich nicht übertragbar sind der Anspruch der Arbeitgeberin auf Leistung der versprochenen Arbeit (Art. 333 Abs. 4), der Anspruch der Entlehnerin auf Gebrauch der Sache (Art. 306 Abs. 2), die mitgliedschaftlichen Rechte bei der Personengesellschaft (Art. 542 Abs. 2) sowie das dingliche Wohnrecht (Art. 776 Abs. 2 ZGB). Weitere Beispiele bei BaslerKomm/ GIRSBERGER, Art. 164 N 28. Abtretungsverbote können sich darüber hinaus vor allem auch aus öffentlichem Recht ergeben.

Die Abtretbarkeit einer Forderung kann aber auch durch *Vereinbarung* 90.24 zwischen (Alt-)Gläubigerin und Schuldner ausgeschlossen sein (sog. *pactum de non cedendo*). Möglich ist dabei nicht nur ein völliger Ausschluss der Abtretbarkeit, sondern auch die blosse Erschwerung, z.B. die Bindung an eine Zustimmung des Schuldners. Ein pactum de non cedendo kann ausdrücklich oder stillschweigend geschlossen werden. Es ist auch wirksam, wenn die (künftige) Forderung im Wege einer Vorauszession bereits abgetreten wurde (BGE 112 II 241, 243). In der Praxis sind vertragliche Abtretungsverbote relativ häufig, da durch einen Gläubigerwechsel die Stellung des Schuldners trotz der gesetzlichen Schuldnerschutzbestimmungen regelmässig erschwert wird. Da der moderne Handelsverkehr, insbesondere das Factoring, von einer möglichst unbeschränkten Handelbarkeit von Forderungen lebt, bestehen indes erhebliche rechtspolitische Bedenken gegen die Zulässigkeit von Zessionsverboten. Manch ausländische Gesetzgeber verbieten deshalb vertragliche Abtretungsverbote generell (vgl. MÜLLER-CHEN, BJM 1999, 177, 192 ff.; GIRSBERGER/HERMANN, FS Schwander, 319 ff.). Im Schweizer Recht muss im Einzelfall sorgfältig geprüft werden, ob ein pactum de non cedendo nicht gegen Art. 27 Abs. 2 ZGB verstösst, weil die wirtschaftliche Dispositionsfreiheit der Gläubigerin dadurch zu sehr eingeschränkt wird.

Schliesslich kann sich die Unübertragbarkeit einer Forderung aus der 90.25 *Natur des Rechtsverhältnisses* ergeben. Nicht abtretbar sind danach insbesondere Forderungen, die mit der Person der Gläubigerin derart verbunden sind, dass ein Gläubigerwechsel faktisch zu einer Änderung des Forderungsinhalts führt oder dass der Zweck der Forderung durch eine Abtretung gefährdet wird (BGE 115 II 264, 266). Hierzu zählen u.a. persönliche Unterhaltsansprüche (vgl. BGE 107 II 465, 473 ff.), Ansprüche aus Vorverträgen sowie der Anspruch auf Befreiung von einer Verbindlichkeit. Für vertragliche Vorkaufs-, Kaufs- und Rückkaufsrechte wird in Art. 216b Abs. 1 vermutet, dass sie nicht abtretbar sind (weitere Beispiele bei BaslerKomm/GIRSBERGER, Art. 164 N 33). Der Anspruch auf Genugtuung nach Art. 47, 49 ist hingegen nach herrschender Meinung abtretbar (OFTINGER/STARK, Haftpflichtrecht I, § 8 N 44 m.w. Nachw.).

Die Abtretung einer nicht übertragbaren Forderung ist *unwirksam*, so 90.26 dass die Zedentin Forderungsinhaberin bleibt. Daran ändert sich auch nichts, wenn der Zessionar im Hinblick auf die Abtretbarkeit gutgläubig war. Eine wichtige Ausnahme von diesem Prinzip enthält allerdings Art. 164 Abs. 2 für den Fall der Unübertragbarkeit aufgrund eines *vertraglichen Abtretungsverbotes*. Hat der gutgläubige Zessionar eine Forderung im Vertrauen auf ein schriftliches Schuldbekenntnis erworben, das ein Verbot der Abtretung nicht enthält, so kann ihm dieses nicht entgegengehalten werden.

4. Abtretung künftiger Forderungen

90.27   Auch künftige Forderungen können abgetreten werden *(Vorausabtretung)*. Dies gilt nicht nur für Forderungen, die erst in der Zukunft fällig werden, sondern auch für Forderungen, deren Entstehen vom Eintritt einer Bedingung abhängig ist, und solche, die noch gar nicht – auch nicht bedingt – entstanden sind. In letzterem Falle wird die Abtretung wirksam, sobald die betreffende Forderung entstanden ist.

90.28   Probleme können sich insoweit ergeben, als im Zeitpunkt der Vorausabtretung künftiger Forderungen diese zumeist weder der Höhe nach noch im Hinblick auf die Person des Schuldners *bestimmt* sind, z.B. wenn eine Unternehmerin sämtliche, auch künftige Forderungen aus Warenumsatzgeschäften zur Sicherung eines Darlehens an ihre Bank abtritt. Das Bundesgericht (BGE 113 II 163, 165 ff.) lässt es allerdings genügen, wenn die Forderung im Zeitpunkt der Abtretung lediglich *bestimmbar* ist. Ausreichend ist, wenn erst im Zeitpunkt der Entstehung der Forderung Bestimmtheit vorliegt, d.h., wenn aufgrund der Bestimmungen des Abtretungsvertrages klar ist, ob die jeweilige Forderung der Zedentin oder dem Zessionar zusteht. *Ausreichende Bestimmbarkeit* im Zeitpunkt der Abtretung ist z.B. gegeben, wenn die Zedentin sämtliche Kundenforderungen an den Zessionar abtritt oder jene gegen Kunden mit den Anfangsbuchstaben A–K. An der Bestimmbarkeit mangelt es jedoch, wenn Kundenforderungen bis zu einem bestimmten Höchstbetrag abgetreten werden, da es unter diesen Umständen für einen unbeteiligten Dritten nicht möglich ist, eine Forderung bei ihrer Entstehung ohne weiteres der Zedentin oder dem Zessionar zuzuordnen (vgl. auch BGE 122 III 361, 367 f.).

90.29   Gegen die Rechtsprechung des Bundesgerichtes wendet sich ein Teil der Literatur (BUCHER, OR AT, 544; WIEGAND, FS zum schweizerischen Juristentag, 283, 289 ff.). Unter Berufung auf das im Sachenrecht geltende *Spezialitätsprinzip* (vgl. REY, Sachenrecht, N 333 ff.), wonach Verfügungsgeschäfte ihren Gegenstand genau bezeichnen müssen, lassen einige Autoren Bestimmbarkeit im Zeitpunkt der Abtretung nicht genügen, sondern verlangen *Bestimmtheit*. Ohne diese sei lediglich das Verpflichtungsgeschäft wirksam, die einzelne Forderung müsse dann jedoch nach ihrer Entstehung gesondert zediert werden. Den Interessen des modernen Wirtschaftsverkehrs, die vor allem auch ein unkompliziertes Verfahren der Nutzbarmachung von Forderungen zu Sicherungszwecken verlangen, kann diese Literaturmeinung, auch wenn sie dogmatisch begründet sein mag, nicht genügen. Allein aus Praktikabilitätserwägungen ist deshalb der Auffassung des Bundesgerichts, wonach Bestimmbarkeit im Zeitpunkt der Abtretung der Forderung ausreicht, zu folgen (so auch BaslerKomm/GIRSBERGER, Art. 164 N 41 m.w. Nachw.).

5. Globalzession

Unter dem Begriff Globalzession wird eine Abtretung verstanden, die auf eine *Gruppe von Forderungen* der Gläubigerin gerichtet ist, wie insbesondere die Abtretung sämtlicher Kundenforderungen. In der Praxis ist die Globalzession häufig anzutreffen, sei es zur Sicherung eines Kredits als Sicherungszession oder im Rahmen eines Factoring-Vertrages, bei dem der Factor die Einziehung der Forderungen und die Kundenbuchhaltung übernimmt. 90.30

Soweit die Globalzession auch *künftige Forderungen* umfasst, stellt sich zunächst das Problem der Bestimmtheit bzw. Bestimmbarkeit. Darüber hinaus kann eine Globalzession *sittenwidrig* und damit nichtig sein (Art. 20 Abs. 1, Art. 27 Abs. 2 ZGB). In Lehre und Rechtsprechung herrscht Übereinstimmung, dass eine *zeitlich und gegenständlich unbeschränkte Zession* aller gegenwärtigen und künftigen Forderungen gegen das Recht der Persönlichkeit verstösst, weil damit die Zedentin ihre wirtschaftliche Bewegungsfreiheit verliert (vgl. BGE 112 II 433, 436). Keine Verletzung des Persönlichkeitsrechts liegt vor, wenn eine Globalzession auf einen bestimmten Geschäftsbetrieb oder Kundenkreis beschränkt wird. Sittenwidrigkeit kann darüber hinaus in Betracht kommen, wenn die Globalzession zur *Übersicherung* des begünstigten Gläubigers zulasten der übrigen Gläubiger führt. 90.31

Ist eine Globalzession nach den genannten Grundsätzen als sittenwidrig zu beurteilen, so führt dies zu einer *Total-* und nicht lediglich zu *Teilnichtigkeit* (BGE 112 II 433, 438), da bei Annahme blosser Teilnichtigkeit das Erfordernis der Bestimmbarkeit im Zeitpunkt der Abtretung nicht mehr gewahrt wäre. 90.32

III. Wirkungen

1. Übergang der Forderung

90.33 Mit der Abtretung *geht die Forderung* von der Zedentin auf den Zessionar *über*, der Zessionar tritt an die Stelle der Zedentin. Die Zedentin verliert damit die Verfügungsmacht und darf die Forderung nicht mehr geltend machen. Möglich ist allerdings, dass der Zessionar der Zedentin – insbesondere bei der stillen Zession – die Ermächtigung erteilt, die für sie nunmehr fremde Forderung in eigenem Namen einzuziehen.

90.34 Bei Abtretung *künftiger Forderungen* können die Wirkungen der Zession erst in dem Zeitpunkt eintreten, in dem die Forderung entsteht. Hat die Zedentin eine künftige Forderung *mehrfach abgetreten*, so gilt auch hier der Grundsatz der zeitlichen Priorität: Der erste Zessionar wird Forderungsgläubiger. Umstritten ist, ob die Forderung unmittelbar in der Person des Zessionars *(Unmittelbarkeitstheorie)* oder zunächst in der Person der Zedentin entsteht und erst dann auf den Zessionar übergeht *(Durchgangstheorie)*. Relevant wird die Frage insbesondere dann, wenn die Zedentin nach der Vorausabtretung, aber vor Entstehen der Forderung in Konkurs fällt. Die herrschende Meinung (vgl. BGE 111 III 73, 75 f.; BGE 130 III 248, 255; BaslerKomm/HANDSCHIN/HUNKELER, Art. 197 SchKG N 83; GAUCH/SCHLUEP/EMMENEGGER, N 3438 f. m.w. Nachw.; krit. BaslerKomm/GIRSBERGER, Art. 164 N 48) spricht sich entsprechend der Durchgangstheorie dafür aus, dass die Forderung in die *Konkursmasse* fällt. Demgegenüber setzt sich die Vorauszession gegenüber einer *späteren Pfändung* der Forderung durch einen anderen Gläubiger durch (BGE 111 III 73, 76; a.A. GAUCH/SCHLUEP/EMMENEGGER, N 3440). Dies entspricht dem Prinzip der zeitlichen Priorität bei mehrfacher Zession. Unabhängig von diesem Theorienstreit ist die Frage zu beurteilen, ob der *Schuldner* dem Zessionar *Einwendungen und Einreden*, die ihren Ursprung in der Zeit zwischen Vorausabtretung und Entstehen der Forderung haben, entgegenhalten kann. Diese Frage ist unproblematisch zu bejahen; der Zessionar erwirbt die Forderung immer nur in dem Umfang und in der Gestalt, wie sie zwischen Zedentin und Schuldner begründet wird. Dementsprechend führt auch ein nach Vorausabtretung zwischen Zedentin und Schuldner vereinbartes Zessionsverbot dazu, dass die Forderung nicht in der Person des Zessionars entstehen kann (vgl. BGE 112 II 241, 243).

90.35 Aufgrund der Abtretung selbst ist die Zedentin verpflichtet, dem Zessionar eine allfällige *Schuldurkunde* sowie alle vorhandenen Beweismittel auszuhändigen und ihm die zur Geltendmachung der Forderung erforderlichen Auskünfte zu erteilen (Art. 170 Abs. 2).

2. Übergang von Nebenrechten

Nach Art. 170 Abs. 1 gehen – soweit die Parteien nichts anderes vereinbart haben – mit der Forderung die *Vorzugs-* und *Nebenrechte* auf den Zessionar über, es sei denn, sie sind untrennbar mit der Person der Zedentin verknüpft.   90.36

Zu den übergehenden Vorzugsrechten gehören vor allem Privilegien der Gläubigerin im *Pfändungs- und Konkursverfahren* (vgl. Art. 146, 219 SchKG), soweit sie auf dem Entstehungsgrund der Forderung beruhen, z.B. Forderungen der Arbeitnehmerin aus Arbeitsvertrag. Konkurs- und Vollstreckungsprivilegien von Ehegatten und Schutzbefohlenen, die mit der Person der Zedentin verknüpft sind, gehen allerdings nicht über.   90.37

Unter Nebenrechten im Sinne von Art. 170 Abs. 1 sind vor allem der *Sicherung* der Forderung dienende Rechte zu verstehen, wie insbesondere Pfand- und Bürgschaftsrechte (BGE 105 II 183, 186 f.; BGer, Pra 2002, 917, 919), das Bauhandwerkerpfandrecht, der Eigentumsvorbehalt (str.; bejahend: BGE 77 II 127, 133 ff.; ZürcherKomm/SPIRIG, Art. 170 N 34; verneinend: VON TUHR/ESCHER, 355), der Anspruch auf eine Konventionalstrafe, soweit sie noch nicht verfallen ist, Vormerkungen und Verfügungsbeschränkungen nach Art. 959 f. ZGB sowie das Retentionsrecht nach Art. 895 Abs. 1 ZGB (BGE 80 II 109, 115 f.). Das Recht auf *Zinsen* gehört ebenfalls zu den Nebenrechten des Art. 170 Abs. 1; nach Art. 170 Abs. 3 gehen im Zweifel auch rückständige Zinsen auf den Zessionar über. Verneint wird hingegen der Übergang des höheren Verzugszinsanspruchs des Kaufmanns nach Art. 104 Abs. 3 und des kaufmännischen Retentionsrechts nach Art. 895 Abs. 2 ZGB (vgl. GAUCH/SCHLUEP/EMMENEGGER, N 3469 f.; HGer ZH, ZR 1999, 145, 158 f.; offen gelassen in BGE 80 II 109, 115). Als automatisch mit der Forderung übergehendes Nebenrecht wird schliesslich auch eine *Schiedsabrede* betrachtet (BGE 128 III 50, 55 f.; grundlegend MOHS, 53 ff.).   90.38

Im Hinblick auf *Gestaltungsrechte* differenziert die herrschende Meinung (vgl. N 90.20) zwischen solchen, die mit der zedierten Forderung als solcher, und anderen, die mit dem zugrunde liegenden Schuldverhältnis als Ganzem verbunden sind. Während Erstere automatisch nach Art. 170 Abs. 1 auf den Zessionar übergehen sollen, wird für Letztere nicht nur der automatische Übergang, sondern sogar die Abtretbarkeit an   90.39

sich verneint. Diese Auffassung ist jedoch abzulehnen. Wie oben dargelegt kann an der Abtretbarkeit auch von Gestaltungsrechten, die mit dem Schuldverhältnis als Ganzem verbunden sind, nicht gezweifelt werden. Die Frage, welche Gestaltungsrechte nach Art. 170 Abs. 1 auf den Zessionar übergehen, kann nicht abstrakt im Hinblick auf das jeweilige Gestaltungsrecht beantwortet werden. Entscheidend ist vielmehr der jeweilige *Zweck der Zession* (vgl. dazu ausführlich SCHWENZER, AcP 182 [1982], 214 ff.). Handelt es sich beispielsweise um eine (stille) Sicherungszession, bei der der Zessionar zunächst gar nicht in Erscheinung treten soll, so verbleiben auch mit der Forderung direkt verbundene, der unmittelbaren Anspruchsverwirklichung dienende Rechte, z.B. das Recht zur Mahnung und Nachfristsetzung, bei der Zedentin. Dies gilt erst recht für Gestaltungsrechte, mit deren Ausübung über das weitere Schicksal des Vertrages entschieden wird, z.B. Kündigungs-, Rücktritts- oder Anfechtungsrechte. Ganz anders ist der Fall zu beurteilen, wenn beispielsweise ein Lieferanspruch aus einem Kaufvertrag verkauft wird. Wer solche Ansprüche verkauft, will regelmässig nichts mehr mit dem Vertragsverhältnis zu tun haben (vgl. etwa BGer, Pra 2002, 925, 928). Dasselbe gilt z.B. beim Leasingvertrag (vgl. auch HONSELL, OR BT, 443 ff.). Deshalb gehen in diesem Fall sämtliche Gestaltungsrechte, einschliesslich Vertragsaufhebungs- und Anfechtungsrechte, auf den Zessionar über. Wie diese Beispiele deutlich machen, muss für den Übergang von Gestaltungsrechten jeweils die Frage gestellt werden: Wer von den Zessionsparteien ist nach Sinn und Zweck der Zession die *wirtschaftlich dominierende Person* des Schuldverhältnisses? Dieser muss folgerichtig auch die Ausübung von Gestaltungsrechten zustehen. Rechtsdogmatisch ist diese Lösung im Rahmen des Art. 170 Abs. 1 damit zu begründen, dass darauf abgestellt wird, was vernünftige Parteien in der konkreten Situation im Hinblick auf den Übergang von Gestaltungsrechten vereinbart hätten.

IV. Schuldnerschutz

90.40 Da der Schuldner bei der Zession nicht mitwirkt und oft nicht einmal von dieser erfährt, muss er vor einer Verschlechterung seiner Stellung geschützt werden. Schutz verdient er in zweifacher Hinsicht: Einmal muss er bei *Unkenntnis* der Zession in seinem Vertrauen darauf geschützt werden, dass die Zedentin noch seine Gläubigerin ist, zum anderen muss er *Gegenrechte*, die ihm gegenüber der Zedentin zustan den, auch im Verhältnis zum Zessionar geltend machen können. Diesem Schuldnerschutz dienen die Art. 167–169.

1. Schutz bei Leistung an den Zedenten

Nach Art. 167 wird der Schuldner *befreit*, wenn er in gutem 90.41 Glauben an die ursprüngliche Gläubigerin leistet, weil er von der Zession noch keine Kenntnis hat. Gleichgestellt wird der Fall der *Kettenzession*, wenn dem Schuldner z.B. nur die erste Zession, nicht aber die Weiterzession bekannt ist, und er in gutem Glauben an den Erstzessionar, der nicht mehr Forderungsinhaber ist, leistet. Nach herrschender Meinung muss jedoch die Schuldnerschutzbestimmung des Art. 167 auf *weitere Fälle* entsprechend angewandt werden (vgl. GAUCH/SCHLUEP/EMMENEGGER, N 3495 m.w. Nachw.). Leistet der Schuldner in gutem Glauben an den Zessionar, weil ihm die Zession angezeigt wurde, so befreit ihn diese Leistung auch dann, wenn die Zession unwirksam war und die Zedentin deshalb Gläubigerin der Forderung geblieben ist. Dasselbe gilt, wenn die Zedentin selbst die Forderung mehrfach abgetreten hat und dem Schuldner z.B. die zweite – mangels Verfügungsmacht der Zedentin unwirksame – Abtretung angezeigt wurde: Auch hier ist der Schuldner in seinem Vertrauen auf die ihm angezeigte (Schein-)Zession zu schützen (BGer, SemJud 1998, 385, 387).

Art. 167 spricht zwar lediglich von Zahlung, der Wortlaut ist indessen 90.42 zu eng. Vielmehr muss Art. 167 für *alle Rechtsgeschäfte* gelten, die der Schuldner mit der Zedentin im Hinblick auf die abgetretene Forderung vornimmt, wie beispielsweise Erlass, Novation oder Stundung (vgl. BGE 131 III 586, 591). Auch das Erlöschen der Forderung durch *Verrechnung* fällt unter Art. 167, und zwar gleichgültig, ob die Verrechnung vom Schuldner oder von der Zedentin erklärt wird.

Art. 167 verlangt allerdings, dass der Schuldner gutgläubig ist und ihm 90.43 die Abtretung noch nicht angezeigt wurde. *Gutgläubigkeit* setzt voraus, dass der Schuldner keine Kenntnis von der Zession hat oder nach den Umständen haben müsste (enger LARDELLI, Festschrift Honsell, 59, 81: nur zuverlässige Kenntnis). Die Anzeige *(Notifikation)* der Abtretung schliesst den guten Glauben des Schuldners aus. Sie ist eine empfangsbedürftige, formfreie Wissenserklärung und kann sowohl von der Zedentin als auch vom Zessionar ausgehen. Die Anzeige allein durch den Zessionar nimmt dem Schuldner allerdings nur die Möglichkeit, mit befreiender Wirkung an die Zedentin zu leisten, sie begründet noch nicht die *Verpflichtung* des Schuldners *zur Leistung* an den Zessionar. Hierfür kann der Schuldner den Nachweis der Zession – vor allem durch Vorlegung der Abtretungsurkunde – verlangen. Ist unsicher, wer Gläubiger der Forderung ist, und streiten sich Zedentin und Zessionar oder verschiedene Zessionare über die Gläubigerposition *(Prätendentenstreit)*, so kann der Schuldner nach Art. 168 Abs. 1 die Leistung verweigern und sich durch gerichtliche Hinterlegung befreien (vgl. auch N 70.10 ff.). Eine Leistung an die falsche (vermeintliche) Gläubigerin befreit den Schuldner bei Kenntnis vom Prätendentenstreit nicht (Art. 168 Abs. 2).

90.44   Liegen die Voraussetzungen des Art. 167 vor, so wird der Schuldner von seiner Leistungspflicht *befreit*. Der Zessionar als wahrer Gläubiger verliert damit seine Forderung. Dieser kann sich nur an die Zedentin halten, die in der Regel mit der Einziehung der Forderung eine Pflicht aus dem der Abtretung zugrunde liegenden Schuldverhältnis verletzt und deshalb nach Art. 97 Abs. 1 *schadenersatzpflichtig* wird. Die unbefugte Einziehung der Forderung kann auch eine unerlaubte Handlung darstellen. Auf jeden Fall hat die Zedentin das durch die Einziehung der Forderung Erlangte nach Bereicherungsrecht oder aufgrund unechter Geschäftsführung ohne Auftrag (Art. 423 Abs. 1) herauszugeben.

90.45   Da Art. 167 nur dem Schutz des Schuldners dient, ist diesem ein *Wahlrecht* einzuräumen (a.A. ZürcherKomm/SPIRIG, Art. 167 N 40). Er kann sich auf die Befreiung berufen, kann aber auch entsprechend der wahren Berechtigung die an die Zedentin erfolgte Leistung nach Art. 62 Abs. 1 zurückverlangen. Den letzteren Weg wird er bevorzugen, wenn einerseits die Zedentin leistungsfähig ist und ihm andererseits z.B. gegen den Zessionar eine Forderung zusteht, die ihm die Verrechnung ermöglicht.

2. Erhalt von Einwendungen und Einreden

90.46   Der Schuldner muss nicht nur bei Leistung an die Zedentin, sondern auch in seinem Vertrauen auf den *Erhalt von Gegenrechten* geschützt werden. Deshalb bestimmt Art. 169 Abs. 1, dass der Schuldner alle Einreden, die der Forderung der Zedentin in dem Zeitpunkt entgegenstanden, als der Schuldner von der Zession *Kenntnis* erlangte, auch gegenüber dem Zessionar geltend machen kann. Der Zeitpunkt der Kenntnis ist dabei ebenso wie im Rahmen des Art. 167 zu bestimmen. Der Wortlaut der Bestimmung ist insofern zu eng, als darunter unstreitig nicht nur Einreden im engeren Sinne, sondern auch Einwendungen fallen. Art. 169 ist dispositiv; im Rahmen von Konsumkreditverträgen kann er jedoch nicht abbedungen werden (Art. 19 KKG).

Zu den *Einwendungen* gehören zunächst die rechtshindernden, z.B. 90.47
Nichtigkeit der Forderung aufgrund Sitten- oder Gesetzeswidrigkeit oder
Formfehlers. Sodann sind die rechtsvernichtenden Einwendungen hierzu
zu rechnen, z.B. das Erlöschen der Forderung aufgrund Anfechtung,
Rücktritts oder nachträglicher unverschuldeter Unmöglichkeit. Für das
Erlöschen der Forderung aufgrund *Erfüllung* geht Art. 167 als lex specia-
lis vor. Eine Ausnahme vom Grundsatz, dass der Schuldner dem Zessio-
nar alle Einwendungen entgegenhalten kann, die ihm im Zeitpunkt der
Kenntnis der Abtretung zustanden, macht Art. 18 Abs. 2: Hat der
Schuldner ein schriftliches Schuldbekenntnis abgegeben und der Zessionar die Forderung im Vertrauen darauf erworben, so kann er sich nicht
darauf berufen, dass die Forderung wegen *Simulation* gar nicht besteht.

Zu den *Einreden*, die der Schuldner dem Zessionar entgegenhalten 90.48
kann, gehören insbesondere die Einrede der Verjährung, des nicht erfüllten Vertrages, aber beispielsweise auch die Wandlungs- oder Minde-
rungseinrede, die der Käufer der Inanspruchnahme auf Zahlung des
Kaufpreises bei Sachmängeln entgegenhalten kann (vgl. BGE 109 II 213,
216).

Der Schuldner kann dem Zessionar Gegenrechte nicht nur dann entge- 90.49
genhalten, wenn sie im Zeitpunkt der Kenntnis von der Abtretung bereits
voll entstanden sind, sondern auch, wenn sie zu diesem Zeitpunkt in dem
zwischen ihm und der Zedentin bestehenden Schuldverhältnis wenigstens
im Keim angelegt waren. Tritt beispielsweise die Verkäuferin die Kaufpreisforderung ab und liefert die Ware nicht, so hat der Käufer gegenüber
dem Zessionar auch dann die Einrede des nicht erfüllten Vertrages, wenn
er im Zeitpunkt der Nichtlieferung Kenntnis von der Abtretung besitzt.
Er hat auch die Möglichkeit, die Forderung durch Ausübung von Gestaltungsrechten, z.B. Rücktritt oder Anfechtung, zum Erlöschen zu bringen.

Zu den Einreden im Sinne des Art. 169 Abs. 1 zählt auch das Recht 90.50
zur *Verrechnung*, obwohl es sich nicht um eine Einrede im technischen
Sinn handelt. Der Schuldner soll in seinem Vertrauen auf das Be- oder
Entstehen einer Verrechnungslage geschützt werden, solange er von der
Abtretung keine Kenntnis hat. Das Erfordernis der Gegenseitigkeit wird
deshalb aus Schuldnerschutzgründen eingeschränkt. So kann der Schuldner eine Verrechnungsforderung gegen die zedierte Hauptforderung auch
dann zur Verrechnung bringen, wenn er sie gegen die Zedentin erst nach
Abtretung, aber vor Kenntnis von dieser erworben hat. Die Verrechnungsmöglichkeit bleibt dem Schuldner auch erhalten, wenn die Verrechnungsforderung im Zeitpunkt der Kenntniserlangung noch nicht
fällig ist (Art. 169 Abs. 2). Eine Ausnahme gilt jedoch für den Fall, dass

die Verrechnungsforderung später als die abgetretene Forderung fällig geworden ist. Dann hätte der Schuldner auch ohne Abtretung nicht auf das Entstehen einer Verrechnungslage vertrauen können, weil die Gläubigerin/Zedentin die Hauptforderung vor Fälligkeit der Verrechnungsforderung hätte einziehen können, ohne dass der Schuldner gegen den Willen der Zedentin hätte verrechnen können (krit. hierzu VON TUHR/ ESCHER, 368).

90.51   Neben den Einwendungen und Einreden, die aus dem Schuldverhältnis mit der Zedentin resultieren, kann der Schuldner selbstverständlich auch solche geltend machen, die ihm *direkt gegenüber dem Zessionar* zustehen. Er kann insbesondere *einwenden*, dass die Zession, z.B. infolge Formmangels, nicht wirksam und deshalb der Zessionar nicht Forderungsinhaber geworden ist (vgl. BGE 105 II 83, 84 f.); Mängel des zugrunde liegenden Verpflichtungsgeschäftes bleiben aber jedenfalls bei Annahme der Abstraktheit der Zession unberücksichtigt. Auch ein Abtretungsverbot kann der Schuldner dem Zessionar entgegenhalten. Eine Ausnahme gilt nach Art. 164 Abs. 2 nur dann, wenn der Schuldner ein schriftliches Schuldbekenntnis gegeben hat, das kein vertragliches Abtretungsverbot enthält, und der Zessionar die Forderung im Vertrauen darauf erworben hat. Schliesslich können dem Schuldner auch *persönliche Einreden* gegen den Zessionar zustehen, z.B. eine zwischen ihnen vereinbarte Stundung. Eine Forderung, die der Schuldner gegen den Zessionar selbst besitzt, kann er gegen die abgetretene Forderung zur Verrechnung bringen; insoweit liegt Gegenseitigkeit vor.

V. Gewährleistungspflicht des Zedenten gegenüber dem Zessionar

90.52   In Art. 171–173 finden sich Bestimmungen zur *Gewährleistungspflicht* der Zedentin gegenüber dem Zessionar. Systematisch gehören diese Vorschriften eigentlich nicht zum Zessionsrecht. Denn eine mögliche Haftung der Zedentin kann sich nie aus dem Verfügungsgeschäft der Zession, sondern allein aus dem ihr zugrunde liegenden *Verpflichtungsgeschäft* ergeben. In der Sache handelt es sich deshalb bei den Art. 171–173 um Sonderbestimmungen vor allem zum Kauf- und Schenkungsrecht, die den dort geregelten Gewährleistungstatbeständen (vgl. nur Art. 192 ff., 248) vorgehen (BGE 90 II 490, 499).

90.53   Bei der *entgeltlichen Abtretung*, d.h. vor allem beim Forderungskauf, haftet die Zedentin nach Art. 171 Abs. 1 für die sog. *Verität*, d.h. dafür, dass die Forderung im Zeitpunkt der Abtretung existiert, klagbar und frei von Einreden ist. Dazu gehört auch die Abtretbarkeit. Nach der Abtretung hat die Zedentin alles zu unterlassen, was die zedierte Forderung beeinträchtigen könnte. Handelt sie dieser Pflicht zuwider, wie insbesondere durch eine gegenüber dem Zessionar wirksame Einziehung der Forderung (Art. 167), so haftet sie nach Art. 97 Abs. 1. Für die sog. *Bonität*, d.h. die Leistungsfähigkeit des Schuldners, haftet die Zedentin hingegen grundsätzlich nicht, es sei denn, sie hat eine solche Haftung ausdrücklich oder stillschweigend übernommen (Art. 171 Abs. 2). Soweit die Zedentin eine Gewährleistungspflicht trifft, wird der *Umfang der Haftung* nach Art. 173 Abs. 1 gegenüber den allgemeinen Bestimmungen beschränkt. Die Zedentin haftet nur bis zur Höhe des empfangenen Gegenwertes sowie für die dem Zessionar zusätzlich erwachsenen nutzlosen Kosten der Abtretung und des erfolglosen Vorgehens gegen den Schuldner.

Bei der *unentgeltlichen Abtretung*, z.B. bei Schenkung oder Abtretung 90.54 aufgrund eines Vermächtnisses, haftet die Zedentin mangels besonderer Abrede weder für Verität noch für Bonität (Art. 171 Abs. 3).

Art. 172 enthält eine Auslegungsregel für den Fall einer *Abtretung* 90.55 *zahlungshalber*. Hier muss sich der Zessionar nur dasjenige auf seine eigene Forderung gegen die Zedentin anrechnen lassen, was er vom Schuldner tatsächlich erhält oder bei gehöriger Sorgfalt hätte erhalten können (vgl. BGE 119 II 227 ff.; HGer ZH, ZR 1998, 124, 126 ff.). Demgegenüber haftet die Zedentin bei einer *Abtretung an Zahlungs Statt* nach Art. 171 Abs. 1, 173 Abs. 1, da es sich insoweit um eine entgeltliche Abtretung handelt.

VI. Forderungsübergang aufgrund Gesetzes oder gerichtlichen Entscheids

Ohne rechtsgeschäftliche Vereinbarung zwischen Zedentin und 90.56 Zessionar kann eine Forderung von der ursprünglichen auf einen neuen Gläubiger unmittelbar aufgrund gesetzlicher Anordnung *(Legalzession)* oder aufgrund *gerichtlichen Gestaltungsurteils* übergehen. Die Fälle einer *Legalzession* sind recht zahlreich. Als wichtigste aus dem OR seien hier nur genannt der Übergang der Forderung auf den leistenden Dritten (Subrogation) im Falle des Art. 110, den leistenden Solidarschuldner (Art. 149 Abs. 1) oder den leistenden Bürgen (Art. 507 Abs. 1). Nach Art. 401 Abs. 1 gehen Forderungen, die die Beauftragte für Rechnung des Auftraggebers erworben hat, auf den Auftraggeber über, sobald dieser alle Verbindlichkeiten aus dem Auftragsverhältnis erfüllt hat. Weitere Fälle einer Legalzession finden sich auch in anderen Rechtsgebieten, beispielsweise im Familienrecht (vgl. z.B. Art. 131 Abs. 3, 289 Abs. 2 ZGB), im Sachenrecht (vgl. z.B. Art. 827 Abs. 2 ZGB) sowie insbesondere im Versicherungs- und Sozialversicherungsrecht (vgl. Art. 72 Abs. 1 ATSG; Art. 34b BVG). Ein Übergang einer Forderung durch *Gerichtsentscheid* kommt namentlich bei der Auseinandersetzung eines gemeinsamen Vermögens sowie im Rahmen von Zwangsvollstreckung und Konkurs in Betracht.

90.57 Auf den Übergang einer Forderung von Gesetzes wegen oder durch Gerichtsentscheid sind die Regeln über die rechtsgeschäftliche Abtretung *entsprechend anwendbar*. Dies gilt insbesondere für die generelle Frage der Abtretbarkeit, den Schuldnerschutz und den Übergang von Neben- und Vorzugsrechten. Keine Anwendung finden hingegen die Vorschriften über die Form (Art. 166) und über die Gewährleistungspflicht der Zedentin gegenüber dem Zessionar (Art. 173 Abs. 2).

§ 91 Schuldübernahme

Literatur: BERGER, Schuldrecht, N 2299 ff.; BUCHER, OR AT, 580 ff.; ENGEL, OR AT, 894 ff.; FURRER/MÜLLER-CHEN, Kap. 22 N 55 ff.; GAUCH/SCHLUEP/EMMENEGGER, N 3556 ff.; GUHL/KOLLER, 284 ff.; HUGUENIN, OR AT, N 1367 ff.; KELLER/SCHÖBI, Schuldrecht IV, 74 ff.; KOLLER, OR AT, § 74 N 1 ff., § 83 N 10 ff., § 85 N 1 ff., § 86 N 1 ff.; TERCIER, Obligations, N 1767 ff.; BaslerKomm/TSCHÄNI, Art. 175–183; BernerKomm/BECKER, Art. 175–183; CHK/REETZ/BURI, OR 175–180, 182/183; CHK/REETZ/GRABER, OR 181; CR CO I/PROBST, Art. 175–183; KuKo OR/TSCHÄNI, Art. 175–183; ZürcherKomm/SPIRIG, Art. 175–183;

BARANDUN, Die Übernahme eines Geschäftes mit Aktiven und Passiven, Diss. Bern 1993; EMMENEGGER, Garantie, Schuldbeitritt und Bürgschaft – vom bundesgerichtlichen Umgang mit gesetzgeberischen Inkohärenzen, ZBJV 2007, 561 ff.; HURNI, La nuova cessione d'azienda in Svizzera alla luce del diritto commerciale italiano, RtiD 2008 II, 773 ff.; LANZ, Der Wechsel des Passivsubjekts in der Realobligation, Diss. Basel 1986; LOSER, Die Vermögensübertragung, Kompromiss zwischen Strukturanpassungsfreiheit und Vertragsschutz im Entwurf des Fusionsgesetzes, AJP 2000, 1095 ff.; MARTINEZ/VON DER CRONE, Vermögensübertragung, SZW 2004, 297 ff.; MEIER, Die Vermögensübernahme nach französischem, englischem, schweizerischem und österreichischem Recht, ZVglRWiss 1985, 54 ff.; MEIER-SCHATZ, Einführung in das neue Fusionsgesetz, AJP 2002, 514 ff.; SCHÖLL, Die Konversion des Rechtsgeschäfts, Diss. Basel, Bern 2005; TSCHÄNI, Unternehmensübernahmen nach schweizerischem Recht, 2. Aufl., Basel 1991; VISCHER, Fusionsgesetz, BJM 1999, 289 ff.

I. Allgemeines

Das Gegenstück zur Abtretung, bei der die Gläubigerin wech- 91.01
selt, stellt die Schuldübernahme mit dem *Wechsel des Schuldners* dar.
Allerdings ist die Situation im Hinblick auf die *Interessenlage* ganz verschieden: Während es dem Schuldner grundsätzlich gleichgültig ist, an
wen er seine Leistung zu erbringen hat, ist für die Gläubigerin die Person
des Schuldners von entscheidender Bedeutung, da der Wert einer Forderung von der Leistungsfähigkeit und -willigkeit des jeweiligen Schuldners abhängt. Im Unterschied zur Abtretung, bei der der Schuldner nicht
mitzuwirken braucht, kommt deshalb eine Auswechslung des Schuldners
im Wege einer Schuldübernahme nur in Betracht, wenn die Gläubigerin
damit einverstanden ist.

Bei der Schuldübernahme im engeren Sinne *(privative Schuldüber-* 91.02
nahme) scheidet der Altschuldner aus dem Schuldverhältnis aus, und der
neue Schuldner tritt an seine Stelle. Hiervon zu unterscheiden ist die sog.
kumulative Schuldübernahme, bei der der Neuschuldner als zusätzlicher
Schuldner neben den Altschuldner tritt, womit vor allem eine Absicherung der Gläubigerin bezweckt wird. Abzugrenzen ist schliesslich die
externe Schuldübernahme, die der Gläubigerin einen eigenen Anspruch
gegen den Neuschuldner gibt, von der lediglich *internen Schuldüber-*
nahme, bei der allein der ursprüngliche Schuldner vom Neuschuldner
Leistung an die Gläubigerin verlangen kann.

II. Interne Schuldübernahme (Befreiungsversprechen)

Entgegen der Marginalie zu Art. 175 stellt die interne Schuld- 91.03
übernahme (Befreiungsversprechen, Erfüllungsübernahme) *keine Schuld-*
übernahme im engeren Sinne dar, da kein Schuldnerwechsel stattfindet.
Vielmehr handelt es sich hierbei um einen Vertrag zwischen dem
Schuldner und einem Dritten, in dem dieser dem Schuldner verspricht,
ihn von seiner Verpflichtung gegenüber der Gläubigerin zu befreien.

1. Voraussetzungen

Die interne Schuldübernahme kommt durch den *Vertrag zwi-* 91.04
schen Schuldner und Übernehmer zustande. Für den Vertragsschluss
gelten die allgemeinen Grundsätze. Das *entgeltliche Befreiungsverspre-*

chen ist grundsätzlich formfrei gültig (BGE 110 II 340, 341). Das *unentgeltliche Befreiungsversprechen* bedarf als Schenkung der Schriftform (Art. 243 Abs. 1). Unterliegt der *Vertrag, aus dem die Schuld stammt,* einer besonderen Form, so ist zu unterscheiden: Will die betreffende Formvorschrift lediglich vor Übereilung schützen, z.B. beim Schenkungsversprechen und der Bürgschaftsverpflichtung, so ist das Befreiungsversprechen formlos möglich. Ist dagegen der Vertrag wegen der besonderen Natur des Leistungsgegenstandes einer besonderen Form unterworfen, z.B. bei Grundstücksgeschäften, so gilt dieselbe Form auch für die Übernahme der Verpflichtung mit diesem Leistungsgegenstand (BGE 110 II 340, 342 f.).

91.05   Grundsätzlich kann *jede Schuld* Gegenstand einer internen Schuldübernahme sein, auch vom Schuldner persönlich zu erbringende Leistungen. Ausgeschlossen ist jedoch die Übernahme einer Busse aus einer strafbaren Handlung (BGE 79 II 151, 152 f.). Besteht die Schuld nicht, für die Befreiung versprochen wird, so ist das Befreiungsversprechen nach Art. 20 Abs. 1 wegen anfänglicher objektiver Unmöglichkeit nichtig (BGE 95 II 37, 40).

2. Wirkungen

91.06   Durch die interne Schuldübernahme wird der *Übernehmer* gegenüber dem Schuldner *verpflichtet*, diesen von seiner Schuld zu befreien. Die Gläubigerin der Forderung kann hingegen aus diesem Vertrag grundsätzlich keine Rechte ableiten (vgl. OGer ZH, ZR 1996, 80, 82; vgl. aber N 91.35).

91.07   Die Befreiung des Schuldners kann durch *Befriedigung* der Gläubigerin oder durch *externe Schuldübernahme* erfolgen (Art. 175 Abs. 1). Denkbar ist auch ein Erlass-, Novations- oder Verrechnungsvertrag zwischen Übernehmer und Gläubigerin. Allein die Leistung durch den Übernehmer kann die Gläubigerin grundsätzlich nicht zurückweisen und damit die Befreiung des Schuldners durch Befriedigung nicht verhindern. In allen anderen Fällen ist die Mitwirkung der Gläubigerin im Rahmen eines entsprechenden Vertrages erforderlich.

91.08   *Befriedigung* der Gläubigerin *durch Leistung* kann der Schuldner allerdings nur verlangen, wenn die Schuld bereits fällig ist. Vor diesem Zeitpunkt hat der Schuldner nur einen Anspruch auf Befreiung in anderer Form. Erklärt sich die Gläubigerin hierzu nicht bereit, so kann der Schuldner vom Übernehmer nach Art. 175 Abs. 3 *Sicherheit* verlangen, z.B. durch Stellen einer Bürgschaft.

Eine besondere Ausprägung der Einrede des nicht erfüllten Vertrages 91.09
(Art. 82) enthält Art. 175 Abs. 2: Der Übernehmer hat ein *Leistungsver-weigerungsrecht*, solange der Schuldner seinen eigenen Verpflichtungen aus einem entgeltlichen Übernahmevertrag nicht nachgekommen ist. Im Übrigen gelten bei Nichterfüllung des Befreiungsversprechens die allgemeinen Regeln der Art. 97 ff.

III. Externe, privative Schuldübernahme

1. Allgemeines

Die Schuldübernahme im engeren Sinne ist ein *Vertrag zwi-* 91.10 *schen Gläubigerin und Übernehmer (extern)*, durch den der bisherige Schuldner von seiner Verpflichtung befreit wird (*privativ*) und der Übernehmer an dessen Stelle tritt (BGE 121 III 256, 258; zur Auslegung im Einzelfall vgl. BGE 126 III 375, 380).

Die externe, privative Schuldübernahme stellt sowohl ein Verpflich- 91.11 tungs- als auch ein Verfügungsgeschäft dar. *Verpflichtungsgeschäft* ist sie insoweit, als der Neuschuldner die Leistungspflicht übernimmt; *Verfügungsgeschäft* ist sie im Hinblick auf die Befreiung des Altschuldners.

In der Praxis geht der externen, privativen Schuldübernahme regel- 91.12 mässig eine *interne Schuldübernahme voraus*, z.B. wenn der Käufer eines Grundstücks verspricht, Darlehensverbindlichkeiten des Verkäufers in Anrechnung auf den Kaufpreis zu übernehmen. Denknotwendig ist dies allerdings nicht. Auf jeden Fall muss aber die Schuldübernahme im engeren Sinne streng unterschieden werden von den schuldrechtlichen Beziehungen zwischen Alt- und Neuschuldner.

2. Voraussetzungen

Die externe, privative Schuldübernahme erfolgt durch einen 91.13 *Vertrag zwischen Übernehmer und Gläubigerin* (Art. 176 Abs. 1). Die *Zustimmung des Altschuldners* ist hierzu nicht erforderlich. Er kann die dadurch zu seinen Gunsten bewirkte Befreiung auch nicht zurückweisen (vgl. GAUCH/SCHLUEP/EMMENEGGER, N 3580 m.w. Nachw.). Damit wird diesem zwar u.U. gegen seinen Willen eine Befreiung von seiner Schuld aufgedrängt; er könnte aber auch eine effektive Drittleistung und die damit verbundene Befreiung nicht verhindern.

91.14   Der Vertragsschluss unterliegt den *allgemeinen Regeln*. Die Schuldübernahme bedarf keiner besonderen *Form*, es sei denn, die übernommene Verpflichtung unterliegt aufgrund ihres besonderen Leistungsgegenstandes einer Formvorschrift, z.B. bei Grundstücksgeschäften.

91.15   Für den Vertragsschluss gelten zunächst zwei *Vermutungen*, die allerdings nicht von den allgemeinen Regeln abweichen. Nach Art. 176
Abs. 2 gilt die Mitteilung der internen Schuldübernahme an die Gläubigerin als Antrag zum Abschluss des Vertrages auf externe Schuldübernahme. Diese Mitteilung kann sowohl durch den Übernehmer als auch
durch den bisherigen Schuldner, der insoweit als Stellvertreter für den
Übernehmer handelt (Art. 32 ff.), erfolgen. Art. 176 Abs. 3 wiederholt
den allgemeinen Grundsatz, dass die Annahme durch die Gläubigerin
ausdrücklich oder stillschweigend erfolgen kann. Die stillschweigende
Annahme wird vermutet, wenn die Gläubigerin ohne Vorbehalt vom
Übernehmer die Leistung entgegennimmt oder einer anderen schuldneri-
schen Handlung, z.B. einer Kündigung oder Verrechnung, zustimmt.

91.16   *Abweichungen* von den allgemeinen Grundsätzen des Vertragsschlussverfahrens enthält Art. 177. Nach Art. 177 Abs. 1 kann die *Annahme* durch die Gläubigerin grundsätzlich *jederzeit* erfolgen, d.h., Art. 4
und 5 gelten insoweit nicht. Wartet die Gläubigerin allerdings zu lange
mit der Abgabe einer Annahmeerklärung, so kann darin nach Treu und
Glauben die stillschweigende Ablehnung des Antrags gesehen werden
(vgl. VON TUHR/ESCHER, 386). Der Übernehmer kann freilich der Gläubigerin eine Frist zur Annahmeerklärung setzen, nach deren Ablauf die
Annahme als verweigert gilt. In Abweichung von den allgemeinen
Grundsätzen kann diese *Fristsetzung* auch noch nach Antragstellung
erfolgen. Darüber hinaus besitzt auch der ursprüngliche Schuldner als
nicht am Vertragsschlussverfahren Beteiligter diese Möglichkeit. Eine
weitere Sonderregel enthält Art. 177 Abs. 2. Danach ist der Übernehmer
nicht mehr an seinen Antrag auf Abschluss des Übernahmevertrages
gebunden, wenn vor der Annahmeerklärung durch die Gläubigerin zwischen dem Altschuldner und einem anderen Übernehmer eine weitere
interne Schuldübernahme vereinbart wird und der Gläubigerin ein Antrag
des zweiten Übernehmers auf Abschluss eines Schuldübernahmevertrages zugeht.

91.17   Als Verfügungsgeschäft setzt die privative Schuldübernahme *Verfügungsmacht* seitens der Gläubigerin voraus.

3. Wirkungen

a) Schuldnerwechsel

Durch die private Schuldübernahme scheidet der ursprüngli- 91.18
che Schuldner aus dem Schuldverhältnis aus und der Übernehmer tritt als
neuer Schuldner an seine Stelle. Es findet damit lediglich eine *Auswechslung des Schuldners* und nicht etwa eine Novation statt (vgl. BGE 121 III
256, 258).

Da die Schuld ihre Identität behält, werden die *Nebenrechte* vom 91.19
Schuldnerwechsel grundsätzlich nicht berührt (Art. 178 Abs. 1). Dies
bedeutet, dass die Gläubigerin Zinsansprüche (vgl. BGE 121 III 256,
259 f.), verfallene Konventionalstrafen und Schadenersatzansprüche nunmehr gegen den Neuschuldner geltend machen kann. Auch eine Schieds-
klausel bindet den Neuschuldner (vgl. BGE 134 III 565, 568 f.). *Sicherheiten*, die der ursprüngliche Schuldner selbst bestellt hat, z.B. ein von
ihm bestelltes Pfandrecht, bleiben bestehen. Eine Ausnahme gilt für Nebenrechte, die mit der Person des bisherigen Schuldners untrennbar verknüpft sind, wie insbesondere Konkursprivilegien der Gläubigerin
(Art. 219 SchKG); insoweit erfolgt kein Übergang auf den Neuschuldner
(vgl. GAUCH/SCHLUEP/EMMENEGGER, N 3601 ff. m.w. Nachw.). Eine
weitere Ausnahme gilt für Sicherheiten, die *von dritten Personen* für den
alten Schuldner bestellt wurden (Art. 178 Abs. 2). Die Bestellung erfolgt
regelmässig im Hinblick auf die Bonität des Altschuldners, so dass dem
Sicherungsgeber die Sicherung einer Forderung gegen den Neuschuldner
nicht zugemutet werden kann. Deshalb erlöschen von Dritten bestellte
Pfandrechte und Bürgschaften, es sei denn, der Verpfänder oder Bürge
stimmt der Schuldübernahme zu und übernimmt damit auch das Risiko
für den Neuschuldner. Die Zustimmung des Bürgen bedarf dabei der
Schriftform (Art. 493 Abs. 5 Satz 2). Für *nicht akzessorische Sicherheiten*, z.B. eine Sicherungszession oder ein Garantieversprechen, gilt Entsprechendes. Stimmt beispielsweise der Sicherungszedent der Schuldübernahme nicht zu, so ist die Gläubigerin zur Rückzession der siche-
rungshalber zedierten Forderung verpflichtet. *Gesetzliche Pfandrechte*,
z.B. das Bauhandwerkerpfandrecht (Art. 839 ZGB), bleiben auch ohne
Zustimmung des sichernden Dritten bestehen.

Nach Art. 180 Abs. 1 lebt die Verpflichtung des Altschuldners samt al- 91.20
len Nebenrechten wieder auf, wenn der *Übernahmevertrag* als *unwirksam* dahinfällt. Der Übernehmer ist in diesem Fall u.U. zum Ersatz des
negativen Interesses gegenüber der Gläubigerin verpflichtet (Art. 180
Abs. 2). Praktische Bedeutung erlangt diese Vorschrift namentlich dann,

wenn im Rahmen der Anfechtung wegen Willensmängel der Anfechtungstheorie gefolgt wird, da bei Anwendung der vom Bundesgericht vertretenen Ungültigkeitstheorie der Vertrag von vornherein unwirksam ist und deshalb keinerlei Wirkungen entfaltet.

b) Einwendungen und Einreden

91.21   Da der Neuschuldner in die Position des Altschuldners eintritt, stehen ihm nach Art. 179 Abs. 1 grundsätzlich alle *Einwendungen* und *Einreden* zu, die der bisherige Schuldner geltend machen konnte. So kann er insbesondere einwenden, dass die Forderung nie bestanden hat oder nachträglich erloschen ist, oder er kann sich auf Einreden, z.B. Stundung, Verjährung etc., berufen. Umstritten ist die Berufung auf Willensmängel und die Einrede des nicht erfüllten Vertrages (vgl. Basler-Komm/TSCHÄNI, Art. 179 N 5 m.w. Nachw.). Im Hinblick auf die *Verjährungseinrede* ist zu beachten, dass eine laufende Verjährung durch die Übernahme unterbrochen wird, weil in ihr eine Anerkennung im Sinne des Art. 135 Ziff. 1 liegt. Wird eine bereits verjährte Forderung übernommen, so kann darin u.U. ein stillschweigender Verzicht auf die Erhebung der Verjährungseinrede liegen. *Persönliche Einreden* des Altschuldners kann der Übernehmer mangels anderer Abrede der Gläubigerin nicht entgegenhalten (Art. 179 Abs. 2). Hierzu gehört etwa die Einrede nach Art. 250 Abs. 1, die dem Schenker unter bestimmten Umständen ein Leistungsverweigerungsrecht gibt. Die Verrechnung mit einer Forderung, die dem Altschuldner gegen die Gläubigerin zusteht, ist nicht möglich, da es insoweit an der Gegenseitigkeit fehlt.

91.22   Einwendungen und Einreden, die das *Verhältnis zwischen* dem *Alt-* und dem *Neuschuldner* betreffen, kann der Neuschuldner der Gläubigerin nicht entgegenhalten (Art. 179 Abs. 3), da dieses Verhältnis jenes zwischen Gläubigerin und Übernehmer nicht berührt. So kann der Neuschuldner seine Leistung gegenüber der Gläubigerin insbesondere nicht unter Berufung darauf verweigern, dass er seinerseits die ihm vom Altschuldner in Zusammenhang mit der Schuldübernahme versprochene Gegenleistung noch nicht empfangen hat.

91.23   Unbenommen ist es dem Neuschuldner selbstverständlich, Einwendungen und Einreden geltend zu machen, die aus seinem *Verhältnis zur Gläubigerin* selbst resultieren. So kann er insbesondere die Unwirksamkeit der Schuldübernahme wegen eigener Handlungsunfähigkeit, Formverstosses etc. einwenden oder sich z.B. einredeweise darauf berufen, dass die Gläubigerin ihm die Forderung gestundet hat. Auch kann er eine ihm selbst gegen die Gläubigerin zustehende Forderung zur Verrechnung bringen und die Schuld dadurch tilgen.

IV. Sonderfälle

1. Vermögens- oder Geschäftsübernahme

Eine Sonderregel enthält Art. 181 für den Übergang der Schul- den bei *Übernahme eines Vermögens oder eines Geschäfts*. Art. 181 regelt ausschliesslich den Schuldübergang im Verhältnis zu den Gläubigerinnen. Er regelt aber weder die Rechte und Pflichten der Parteien des Übernahmevertrages im Innenverhältnis noch den Übergang der Aktiven. Letztere müssen nach den für sie geltenden Bestimmungen übertragen werden. Nach Art. 181 Abs. 4 richtet sich die Vermögens- oder Geschäftsübernahme bei im Handelsregister eingetragenen Unternehmen ausschliesslich nach den Vorschriften des FusG, so dass Art. 181 Abs. 1 praktisch bedeutungslos ist. 91.24

Voraussetzung für die Anwendbarkeit des Art. 181 ist zunächst, dass ein Vermögen oder ein Geschäft *mit Aktiven und Passiven übertragen* wird. Ausreichend ist auch die Übertragung eines organisch in sich geschlossenen Teils des Vermögens oder Geschäftes (VON BÜREN, OR AT, 352). Des Weiteren ist Voraussetzung, dass die Übernahme den Gläubigerinnen *mitgeteilt* oder in öffentlichen Blättern *bekannt gemacht* wurde. Die Gläubigerinnen dürfen sich nach dem Vertrauensprinzip auf den *Inhalt der Mitteilung* verlassen, auch wenn er von der Vereinbarung zwischen den Parteien abweicht, z.B. wenn lediglich Teile der Passiven übernommen werden sollen, dies aber in der Mitteilung nicht deutlich zum Ausdruck kommt (BGE 129 III 167, 169 = Pra 2003, 638, 641). 91.25

Liegen die genannten Voraussetzungen vor, so *gehen* die *Schulden* im Umfang der Mitteilung von Gesetzes wegen auf den Erwerber *über* (Art. 181 Abs. 1). Eines externen Schuldübernahmevertrages zwischen Gläubigerin und Übernehmer bedarf es nicht. 91.26

Diese gesetzliche Schuldübernahme hat *dieselben Wirkungen* wie eine durch Vertrag begründete *externe Schuldübernahme* (Art. 181 Abs. 3 i.V.m. Art. 178 f.). Eine Ausnahme ist allerdings insoweit zu machen, als sich der Übernehmer entgegen Art. 179 Abs. 3 auch gegenüber den Gläubigerinnen auf die Ungültigkeit des Übernahmevertrages berufen kann (vgl. BGE 60 II 100, 107 ff.; GAUCH/SCHLUEP/EMMENEGGER, N 3631 m.w. Nachw.). 91.27

91.28   Da die Gläubigerin jedoch im Gegensatz zur vertraglichen Schuld-übernahme an der Vermögens- oder Geschäftsübernahme nicht beteiligt ist, muss sie in ihrem Vertrauen darauf, ihren ursprünglichen Schuldner behalten zu dürfen, geschützt werden. Deshalb hat die Schuldübernahme nach Art. 181 grundsätzlich (vgl. aber BGE 126 III 375 ff.) *zunächst keine befreiende Wirkung*; der ursprüngliche Schuldner bleibt vielmehr für die Dauer von drei Jahren neben dem Übernehmer solidarisch ver-pflichtet (Art. 181 Abs. 2). Insoweit liegt zunächst eine kumulative Schuldübernahme vor, die erst nach Ablauf der Dreijahresfrist in eine privative übergeht.

91.29   Für die *Vereinigung* und *Umwandlung* von Unternehmen, die im Han-delsregister eingetragen sind, gelten Art. 69 ff. FusG. Weitere Fälle ge-setzlicher Schuldübernahme finden sich im ZGB (vgl. nur Art. 193 Abs. 2 ZGB).

2. Erbteilung und Veräusserung verpfändeter Grundstücke

91.30   Nach Art. 183 bleiben die besonderen Bestimmungen für die Schuldübernahme bei Erbteilung und Veräusserung verpfändeter Grund-stücke vorbehalten.

91.31   Für *Erbteilungen* gilt Art. 639 ZGB, wonach der Gläubigerin in Er-mangelung einer externen Schuldübernahme alle Miterben während eines Zeitraums von fünf Jahren nach der Teilung solidarisch haften; nach Ablauf dieser Frist muss die Gläubigerin jedoch eine interne Schuldüber-nahme zwischen den Erben gegen sich gelten lassen und kann nur noch den jeweiligen Übernehmer der Schuld belangen.

91.32   Bei *Veräusserung von mit einer Grundpfandverschreibung belasteten Grundstücken* ist vor allem Art. 832 Abs. 2 ZGB zu beachten: Danach wird der ursprüngliche Schuldner frei, wenn der neue Eigentümer die Schuldpflicht für die Pfandforderung übernommen hat und die Gläubige-rin dem Altschuldner nicht binnen Jahresfrist schriftlich erklärt, ihn bei-behalten zu wollen (zum Ganzen vgl. BaslerKomm/TSCHÄNI, Art. 183 N 3 ff.).

V. Kumulative Schuldübernahme (Schuldbeitritt)

1. Allgemeines

Von der privativen Schuldübernahme, die zu einer Befreiung 91.33 des ursprünglichen Schuldners führt, ist der – im Gesetz nicht geregelte – *Schuldbeitritt* zu unterscheiden, bei dem ein Dritter die Schuld neben dem ursprünglichen Schuldner solidarisch mitübernimmt (deshalb auch kumulative Schuldübernahme). Der Schuldbeitritt führt damit nicht zu einem Wechsel des Schuldners, er ist vielmehr ein *Sicherungsmittel* für die Gläubigerin, die damit einen zusätzlichen Schuldner erhält.

In seiner Funktion als Sicherungsmittel muss der Schuldbeitritt abge- 91.34 grenzt werden von der *Bürgschaft,* vor allem weil diese formbedürftig ist (Art. 493), während der Schuldbeitritt keiner besonderen Formvorschrift unterliegt. Die herrschende Meinung nimmt einen Schuldbeitritt an, wenn der Dritte ein erkennbares *eigenes wirtschaftliches oder rechtliches Interesse* an der Erfüllung des Vertrages hat (vgl. BGE 129 III 702, 710; GAUCH/SCHLUEP/EMMENEGGER, N 3645 m.w. Nachw.). Fehlt es hieran, so handelt es sich um eine formbedürftige Bürgschaft. So ist beispielsweise von einem Schuldbeitritt auszugehen, wenn eine Ehefrau die Mitschuld für ein Darlehen übernimmt, das vom Ehemann zur Anschaffung der Wohnungseinrichtung aufgenommen wird. Handelt es sich dagegen um einen Betriebsmittelkredit für das dem Ehemann gehörende Unternehmen, liegt regelmässig eine Bürgschaft vor. Die *Umdeutung* einer formunwirksamen Bürgschaft in einen Schuldbeitritt ist aufgrund der Schutzfunktion der Formvorschrift ausgeschlossen.

2. Voraussetzungen

Der Schuldbeitritt erfolgt in der Regel durch einen *Vertrag zwi-* 91.35 *schen der Gläubigerin und dem Beitretenden.* Möglich ist es allerdings auch, dass der ursprüngliche Schuldner und der Beitretende den Beitritt in Form eines *Vertrages zugunsten Dritter*, d.h. zugunsten der Gläubigerin (Art. 112), vereinbaren.

Grundsätzlich ist der Schuldbeitritt *formlos* möglich. Unterliegt frei- 91.36 lich die ursprüngliche Forderung einer Formvorschrift, die den Schuldner vor Übereilung schützen will, so muss diese auch auf den Beitritt angewandt werden.

91.37 Von *Gesetzes wegen* wird ein Schuldbeitritt ausser in Art. 181 Abs. 2 insbesondere in Fällen der Vertragsübernahme und bei Eintritt eines neuen Gesellschafters in die Kollektivgesellschaft (Art. 569) angeordnet.

3. Wirkungen

91.38 Mit dem Schuldbeitritt werden der ursprüngliche Schuldner und der Beitretende *Solidarschuldner* im Sinne der Art. 143 ff. Es handelt sich dabei um einen Fall echter Solidarität.

91.39 Im Zweifel will der Beitretende die Schuld nur insoweit mitübernehmen, als sie im Zeitpunkt seines Beitritts besteht. Entsprechend Art. 179 Abs. 1 muss er deshalb der Gläubigerin alle *Einwendungen* und *Einreden* entgegenhalten können, die der Schuldner im Zeitpunkt des Beitritts vorbringen konnte. Bestand die mit übernommene Schuld nicht, so ist auch der Beitritt unwirksam.

91.40 Entsprechend Art. 179 Abs. 3 ist es dem Beitretenden verwehrt, sich auf Gegenrechte zu berufen, die seine *Rechtsbeziehung zum ursprünglichen Schuldner* betreffen. Dies gilt allerdings nicht, wenn der Schuldbeitritt in Form eines Vertrages zugunsten Dritter zwischen Altschuldner und Beitretendem vereinbart wurde, da die Gläubigerin in diesem Falle ihre Rechte aus dieser Rechtsbeziehung ableitet.

91.41 Nach dem Schuldbeitritt wirken *Veränderungen*, die die Forderung der Gläubigerin gegen den Altschuldner betreffen, auf die Forderung der Gläubigerin gegen den Beitretenden nur noch nach den für die Solidarschuld geltenden Regeln.

§ 92   Vertragsübernahme

Literatur: BERGER, Schuldrecht, N 2341 ff.; BUCHER, OR AT, 592 f.; GAUCH/ SCHLUEP/EMMENEGGER, N 3547 ff.; GUHL/KOLLER, 269; HUGUENIN, OR AT, N 1423 ff.; KELLER/SCHÖBI, Schuldrecht IV, 38 f.; KOLLER, OR AT, § 83 N 23 ff.; VON TUHR/ ESCHER, 342 f.; CR CO I/PROBST, Art. 181 N 19; ZürcherKomm/SPIRIG, Vorbem. Art. 175–183 N 226 ff.;

BAUER, Parteiwechsel im Vertrag: Vertragsübertragung und Vertragsübergang: unter besonderer Berücksichtigung des allgemeinen Vertragsrechts und des Fusionsgesetzes, Diss. Zürich 2010; BERETTA, Vertragsübernahmen im Anwendungsbereich des geplanten Fusionsgesetzes, SJZ 2002, 249 ff.; FAVRE, Le transfert conventionnel de contrat, Diss. Freiburg i.Ue., Zürich 2005; KOLLER ALFRED, Verkauf einer vermieteten Wohnliegenschaft, Bemerkungen zum Übergang des Mietverhältnisses auf den Käufer nach Art. 261 OR, in: KOLLER ALFRED (Hrsg.), Der Grundstückkauf, 2. Aufl., Bern 2001, 377 ff.; MEIER-SCHATZ, Das neue Fusionsgesetz, Zürich 2000; DERS., Einführung in das neue

Fusionsgesetz, AJP 2002, 514 ff.; RAPP, Les Contrats et la loi sur la fusion, in: BRAUN (Hrsg.), Actualités du droit des contrats, Lausanne 2008, 1 ff.; VAN OMMESLAGHE, La cession de contrats et en particulier la cession de contrats synallagmatiques, Études Hirsch, Genève 2004, 349 ff.; WILDHABER, Der Tatbestand des Betriebs(teil)übergangs gemäss Art. 333 Abs. 1 OR, ZSR 2007 I, 463 ff.

Bei einer Vertragsübernahme tritt eine neue Partei an Stelle der 92.01 alten in das *gesamte Vertragsverhältnis* mit sämtlichen Forderungen, Schulden und Gestaltungsrechten ein. In allgemeiner Form ist die Vertragsübernahme im OR nicht geregelt (vgl. demgegenüber Art. 1406 ff. italienischer Codice civile). Sie ist jedoch heute als *eigenständiges Institut*, das über die Kombination der Abtretung von Forderungen und Schuldübernahme hinausgeht, anerkannt.

An verschiedenen Stellen ordnet das *Gesetz* selbst eine Vertragsüber- 92.02 nahme an. Es handelt sich dabei um Fälle, in denen ein bestimmter Gegenstand übertragen wird und der Erwerber die in Bezug auf diesen Gegenstand bestehenden Vertragsverhältnisse übernehmen soll. So gehen nach Art. 261 Abs. 1 mit dem Eigentum an der Sache auch die an dieser bestehenden *Mietverhältnisse* auf den Erwerber über (vgl. auch Art. 14 LPG). Nach Art. 333 Abs. 1 erfolgt ein Übergang der *Arbeitsverhältnisse*, wenn der Arbeitgeber den Betrieb oder einen Betriebsteil auf einen Dritten überträgt (vgl. auch Art. 76 Abs. 1 FusG). In allen diesen Fällen ist freilich die Vertragspartnerin nicht an dem Übertragungsvorgang beteiligt, sie muss diesem auch nicht zustimmen. Weil ihr im Wege der gesetzlichen Vertragsübernahme ein neuer Schuldner aufgedrängt wird, bedarf sie des Schutzes. Dieser wird einmal dadurch verwirklicht, dass die Vertragspartnerin das Recht hat, den *Vertrag zu kündigen* (vgl. Art. 333 Abs. 1, 2). Für die Mieterin ist dies zwar nicht in Art. 261 vorgesehen, jedoch kann hier eine ausserordentliche Kündigung aus wichtigen Gründen nach Art. 266g Abs. 1 in Betracht kommen. Ähnliches gilt für die Dritte bei einer Spaltung oder Vermögensübertragung nach den Bestimmungen des FusG (vgl. BERETTA, SJZ 2002, 249, 255). Ausserdem bleibt der ursprüngliche Schuldner der Vertragspartnerin für einen gewissen Zeitraum neben dem Übernehmer *solidarisch verpflichtet* (vgl. Art. 333 Abs. 3; Art. 75 Abs. 1 FusG); beim Übergang eines Mietverhältnisses wird diese Rechtsfolge allerdings von der überwiegenden Lehre (m.E. zu Unrecht) verneint (vgl. BaslerKomm/WEBER, Art. 261 N 5; A. KOLLER, 377, N 9 ff.).

Eine Vertragsübernahme kraft *gerichtlichen Gestaltungsurteils* sieht 92.03 Art. 121 Abs. 1 ZGB vor. Danach kann das Gericht die Rechte und Pflichten aus einem *Mietvertrag bei Scheidung* auf den Ehegatten allein übertragen, der wegen der Kinder oder aus anderen wichtigen Gründen auf die Wohnung der Familie angewiesen ist. Eine entsprechende Regelung enthält Art. 32 Abs 1 PartG für den Fall der *Auflösung einer eingetragenen Partnerschaft.* Auch in diesen Fällen haftet der bisherige Mieter weiter solidarisch für den Mietzins während maximal zweier Jahre (Art. 121 Abs. 2 ZGB; Art. 32 Abs. 2 PartG).

92.04   Auch eine *rechtsgeschäftliche Vertragsübernahme* ist möglich. Nach der heute vertretenen *Einheitstheorie* (vgl. BAUER, N 136 ff.; GAUCH/ SCHLUEP/EMMENEGGER, N 3548 m.w. Nachw.) handelt es sich dabei um einen eigenständigen Vertrag und nicht lediglich um eine Kombination von Zessionen und Schuldübernahmen. Da jedoch der Vertragspartnerin nicht nur ein neuer Gläubiger, sondern auch ein neuer Schuldner aufgedrängt wird, bedarf die Vertragsübernahme der *Zustimmung aller (drei) Beteiligten* (vgl. KGer VD, SJZ 2001, 328, 329). Das Gesetz sieht eine rechtsgeschäftliche Vertragsübernahme ausdrücklich in Art. 263 vor: Danach kann der *Mieter von Geschäftsräumen* das Mietverhältnis mit schriftlicher Zustimmung der Vermieterin auf einen Dritten übertragen (für die Pacht vgl. Art. 292). Da jedoch die Vermieterin die Zustimmung nur aus wichtigem Grund verweigern darf (Art. 263 Abs. 2), bleibt auch hier der ursprüngliche Mieter für einen bestimmten Zeitraum neben dem Übernehmer solidarisch verpflichtet (Art. 263 Abs. 4 Satz 2). Einen ausdrücklich geregelten Fall rechtsgeschäftlicher Vertragsübernahme kennt auch das *PauRG* (Art. 17 PauRG), wenn der Konsument daran gehindert ist, die Pauschalreise anzutreten.

92.05   Mit der Vertragsübernahme *tritt der Übernehmer* in sämtliche Rechte und Pflichten des Vertragsverhältnisses *ein.* Auch die *Gestaltungsrechte* gehen auf den Übernehmer über, wie er auch Adressat für die Ausübung von Gestaltungsrechten durch die andere Vertragspartei wird. *Künftige Forderungen* entstehen in seiner Person und nicht in der Person des ursprünglichen Vertragspartners.

Gesetzesregister

Die linke Spalte bezeichnet jeweils die zitierten Artikel oder Paragrafen, die rechte die entsprechenden Randnummern. Fettschrift bei mehreren Randnummern verweist auf die Hauptfundstellen.

I. Schweiz

1. Bundesgesetze und -verordnungen

OR

1 Abs. 1	27.01, **28.01 f.**
1 Abs. 2	**27.08 ff.,** 45.01
2 Abs. 1	**29.03 f.,** 29.10, 45.15
2 Abs. 2	**29.05,** 45.15
3 ff.	28.01 ff.
3	28.16
3 Abs. 1	28.17
3 Abs. 2	27.23, **28.25**
4	3.10, 27.12, 28.16, **28.25,** 28.40, 91.16
4 Abs. 1	28.19
4 Abs. 2	28.19
5	27.12, 28.16, 28.25, 28.40, 91.16
5 Abs. 1	28.20 f.
5 Abs. 2	28.20
5 Abs. 3	**28.26,** 28.42
6	27.11, 28.13, **28.37 ff.,** 28.41, 28.48, 45.02, 45.15
6a	28.12 ff.
6a Abs. 1	28.12 f.
6a Abs. 2	28.14
6a Abs. 3	28.14
7	**28.10,** 28.12
7 Abs. 1	28.10
7 Abs. 2	28.10
7 Abs. 3	27.10, 28.04, 28.08, **28.10**
8	3.04, 3.32, 27.15, **28.52 ff.**
8 Abs. 1	28.52 f.
8 Abs. 2	14.31, **28.54**
9	**27.25,** 28.30
9 Abs. 1	28.03
10	28.41
10 Abs. 1	27.26, **28.41**
10 Abs. 2	28.41
11 ff.	31.01 ff.

11 Abs. 1	26.26, **31.01**
11 Abs. 2	31.26 ff.
12	31.24 f., 31.51
13 ff.	**31.05 ff.,** 31.48, 76.03
13 Abs. 1	**31.07,** 90.13
14 Abs. 1	31.10
14 Abs. 2	31.10
14 Abs. 2bis	31.14
14 Abs. 3	31.10
15	31.10
16	31.01, **31.44 ff.,** 33.08
16 Abs. 1	26.26, **31.47**
16 Abs. 2	31.48
17	3.47 f.
18	30.06 ff.
18 Abs. 1	**27.38 f.,** 29.02, 30.01, **30.07 f.,** 33.02, 33.04, 33.09
18 Abs. 2	4.34, **30.07,** 90.05, 90.47
19 f.	32.01 ff.
19	32.48
19 Abs. 1	**26.19 ff.,** 32.01
19 Abs. 2	32.02 ff., 46.05, 46.07 ff.
20	32.48
20 Abs. 1	4.35, 6.08, 10.13, 14.11, 16.10, 24.14, 28.41, **32.02 ff.,** 32.47, 32.54, 46.05, 46.07 ff., 50.36, 51.03, 60.03, **64.02 ff.,** 90.31, 91.05
20 Abs. 2	31.28, **32.39 ff.,** 39.08 f., 39.19, 64.31
21	10.14, 26.19, 32.31 f., **32.48 ff.,** 37.37, 38.06
21 Abs. 1	**32.51 ff.,** 39.01, 39.15, 46.05
21 Abs. 2	**32.54,** 39.15
22	26.04 ff.
22 Abs. 2	26.05

ZPO

31	7.05
63	84.31
105	15.10a
130 Abs. 1	31.14
143 Abs. 1	84.29
335 ff.	4.31, 61.05
343 Abs.1	61.06
lit. d, e	

2. Kantonale Erlasse

EGZGB ZH

215 Abs. 1	10.13

II. Internationale Übereinkommen

CIM

40	14.14

CISG

13	31.14
25	68.09
27	27.16
35 ff.	39.43
41	39.43
42	39.43
71	39.43

CMR

23	14.14

LugÜ

5 Ziff. 1	7.05

III. Deutschland

BGB

122	39.30
138 Abs. 2	32.54

140	31.39
243 Abs. 2	8.11
249 Abs. 1	15.01
265	9.04
268	7.34
281	64.14
284	14.30
305 ff.	44.04
305 Abs. 2	45.02
307 Abs. 2	46.04
308	46.08
309	46.08
315	6.08
317 Abs. 1	6.09
355 ff.	28.63
780	3.48
781	3.48
822	58.16
823	50.02

ProstG

1	32.28

UmweltHG

6 Abs. 1 S. 1	54.18

IV. Frankreich

Code civil

1252	7.34

V. Italien

Codice civile

1406 ff.	92.01

VI. Österreich

ABGB

879 Abs. 2	32.54
Ziff. 4	
934	26.19

Sachregister

Die Ziffern verweisen auf die Randnummern

Abbruch von Vertragsverhandlungen 47.08
Abgabe
- einer Willenserklärung 27.18 ff.
Ablösungsrecht 7.33
Abnahmepflicht 69.03
Abschlagszahlung
- und Verjährungsunterbrechung 84.28
Abschluss des Vertrages s. Vertrags-
  schluss
Abschlussfreiheit 26.02 ff.
Abschlusskontrolle bei AGB 45.01 ff.
Abschlusspflicht
- aufgrund Kontrahierungszwangs
  26.10 ff.
- aus Vorvertrag 26.04 ff.
Abschlussvermittler
- und Stellvertreter 40.09
Absendeprinzip 27.30
Absicht
- Begriff 22.13
- Täuschungs~ 38.07 f.
- und sittenwidrige Schädigung 51.04
absichtliche Täuschung 38.01 ff.
- Absicht 38.07 f.
- Beginn der Anfechtungsfrist 39.15
- bereicherungsrechtliche Rückabwick-
  lung 58.20
- durch Dritte 38.11 f.
- Kausalität 38.10
- Schadenersatz bei Anfechtung wegen ~
  39.35 ff.
- Täuschungshandlung 38.03 ff.
- über Formbedürftigkeit 31.32, 31.42
- und Rechtsbehelfe des OR BT 39.45
- Widerrechtlichkeit 38.09
- s.a. Willensmängel
absolutes Fixgeschäft
- Begriff 7.18
- Unmöglichkeit beim ~ 63.04
absolutes Recht
- Widerrechtlichkeit bei Verletzung
  eines ~ 50.05 ff.
- Zuweisungsgehalt von ~ 57.04 ff.

abstrakte Schadensberechnung 14.33
abstraktes Geschäft 3.40 ff.
- Begriff 3.44
- Schuldbekenntnis als ~ 3.46 ff.
abstraktes Schuldbekenntnis 3.46 ff.
- Beweislastumkehr 3.47
Abstraktheit
- der Vollmacht 42.07
- der Zession 90.07 f.
- des Erlassvertrags 79.04
- s.a. abstraktes Geschäft
Abtretung s. Zession
Abwerben von Arbeitnehmern
- keine Widerrechtlichkeit des ~ 32.08
- sittenwidrige Schädigung bei ~ 51.06
Abwicklungspflichten 82.01
Abzug neu für alt 15.18, 18.02
accidentalia negotii s. Nebenpunkte
Adäquanztheorie 19.03 ff.
- und Erfolgsunrecht 50.31
- und Vorteilsanrechnung 15.12
Affektionsinteresse 14.03, 18.04
- und Konventionalstrafe 71.02
aktive Stellvertretung s. Stellvertretung
Akzept s. Annahme
Akzessorietät
- der Konventionalstrafe 71.03 ff.
- der Zinspflicht 10.07
aliud 8.07
Allgemeine Geschäftsbedingungen
  44.01 ff.
- Auslegung 45.08 ff.
- Bedeutung 44.02
- Begriff 44.01
- Einbeziehung 45.01 ff.
- Inhaltskontrolle von ~ 6.01 ff.
- Kollision von ~ 45.14 f.
- Rechtsfolgen bei Unwirksamkeit 46.09
- Transparenzgebot 46.04
- und Vertragsfreiheit 25.06, 44.03
- Ungewöhnlichkeitsregel 45.07
- Unklarheitenregel 45.10
alternative Kausalität 21.02 f.

Ersitzung 83.02
Erziehungsrecht 50.35
Erzwingung
– der Leistung 61.01 ff.
essentialia negotii s. wesentliche Vertragspunkte
Eventualverrechnung 78.03
Eventualvorsatz 22.12
– und absichtliche Täuschung 38.08
Eviktionsprinzip 39.42
ewiger Vertrag 32.24
exceptio non adimpleti contractus s. Einrede des nicht erfüllten Vertrages
Exkulpation
– bei anfänglicher subjektiver Unmöglichkeit 64.08
– bei Schlechtleistung 68.07
– bei zu vertretender Unmöglichkeit
64.10
– bei Schuldnerverzug 66.04
Exkulpationsbeweis 22.30
externe Schuldübernahme 91.10 ff.
– als Verpflichtungs- und Verfügungsgeschäft 91.11
– Einwendungen und Einreden des
Neuschuldners 91.21 ff.
– Form 91.14
– Unwirksamkeit der ~ 91.20
– Voraussetzungen 91.13 ff.
– Wirkungen 91.18 ff.
externe Vollmacht 42.04
– Schutz gutgläubiger Dritter bei ~
42.29 ff.
– Widerruf einer ~ 42.31
Exzeptionsbeweis 23.21 ff.

Fabrikationsfehler 53.36, 53.38
Factoring
– und Zession 90.03, 90.24
facultas alternativa s. Ersetzungsbefugnis
Fahrlässigkeit 22.14 ff.
– Freizeichnung und ~ 24.04 ff.
– Grade der ~ 22.22
– objektivierte ~ 22.14 ff.
Fahrzeuglenker s. Lenker
Faksimileunterschrift 31.10
faktischer Vertrag 28.58 ff., 58.04
– bei Formunwirksamkeit 31.35

Fälligkeit
– Begriff 7.17
– Bestimmung der ~ 7.19 ff.
– der Verrechnungsforderung 77.15
– und Beginn der Verjährung 84.13
– und Schuldnerverzug 65.05 ff.
falsa demonstratio non nocet 27.38,
29.02
Falschbeurkundung
– Folgen der ~ 33.10
Falschübermittlung 37.07 f.
– absichtliche ~ 37.08
Fälschung einer Unterschrift
– keine Willenserklärung bei ~ 27.45
falsus procurator s. Vertretung ohne Ver-
tretungsmacht
Familienhaupt
– Haftpflicht des ~ 53.44 ff.
Familienwohnung 4.11, 92.03
favor negotii 33.07
Fehlerbegriff
– und Produktehaftpflicht 53.36 ff.
fehlerhafte Anlage
– und Werkmangel 53.23 ff.
Fehlgebrauch
– und Produktfehler 53.37
– und Werkmangel 53.25
Fernabsatzvertrag
– Leistungsort 7.16a
fiduziarische Rechtsübertragung
– Begriff 30.10
– Rückforderung bei ~ 56.14
Fixgeschäft, absolutes s. absolutes
Fixgeschäft
Fixgeschäft, relatives s. relatives
Fixgeschäft
Flugreisende
– Haftung gegenüber ~ 54.11
Forderungskauf
– Haftung des Zedenten 90.53
– nicht existente Forderung 64.04
– und Leistung durch Dritte 7.31
Forderungsrecht
– des Gläubigers 4.29 ff.
– direktes ~ gegen Versicherung 54.01
Forderungsrechte Dritter
– Sittenwidrigkeit bei Beeinträchtigung
von ~ 32.33

ignorantia 37.01
Immaterialgüterrecht
– Herausgabe des Verletzergewinns
  58.10, 59.15 ff.
– und Verjährung 83.02
– Widerrechtlichkeit bei Verletzung
  eines ~ 50.05
– Zuweisungsgehalt von ~ 57.07
immaterieller Schaden 14.03
– Genugtuung bei ~ 17.01 ff.
– und Naturalrestitution 15.03
Immissionen
– Grundeigentümerhaftpflicht für ~ 53.50
Importeur
– Haftung des ~ 53.32, 53.41
Inäquivalenz von Leistung und Gegen-
  leistung s. Disparität
Incoterms s. Handelsklauseln
Indexierung
– von Schadenersatzrente 15.06
– von Unterhaltsrente 10.05
Indexklauseln 10.04, 35.02
indirekter Schaden 14.19 ff.
– bei Tötung eines Menschen 18.28
Individualabrede
– Vorrang der ~ 45.09
Inflation
– und Vertragsanpassung 35.08
Informationspflicht
  s. Aufklärungspflicht
Inhaberpapier 90.17
Inhaltsfreiheit 26.19 f.
– Grenzen der ~ 32.01 ff.
Inhaltsirrtum 37.09
Inhaltskontrolle von AGB 46.01 ff.
– allgemeine ~ 46.06 ff.
– nach UWG 46.03 ff.
Inkassovollmacht 90.10
Inkassozession 90.03
Innenverhältnis
– zwischen Solidarschuldnern 88.28 ff.
– zwischen Vollmachtgeber
  und Bevollmächtigtem 42.05 ff.
innocent bystander 53.31
Innominatvertrag
– Bedeutung von AGB für ~ 44.02
– Begriff 3.15 ff., 26.21
– Rechtsanwendung bei ~ 26.23 ff.

In-sich-Geschäft 42.18 ff.
Insolvenzrisiko
– und Bereicherungsausgleich 56.16
Instruktionsfehler 53.36, 53.38
Instruktionspflicht
– des Geschäftsherrn 23.23
Integritätsinteresse 14.32
Interessewegfall
– bei Dauerschuldverhältnis 66.36
– bei Sukzessivlieferungsvertrag 66.37
– bei Teilunmöglichkeit 64.31
– bei Teilverzug 66.35
– Entbehrlichkeit einer Nachfrist bei ~
  66.20
internationale Staatsverträge 1.10
internationales Privatrecht 2.07
interne Schuldübernahme 91.03 ff.
– Form 91.04
– Voraussetzungen 91.04 ff.
– Wirkungen 91.06
interne Vollmacht 42.04
– Schutz gutgläubiger Dritter bei ~
  42.29
interpretatio contra proferentem 45.10
Interzession
– naher Angehöriger 32.25
Invalidität
– Ersatz des Verdienstausfalls bei ~
  18.20 ff.
invitatio ad offerendum
– Abgrenzung zu Angebot 28.09 ff.
– Submission als ~ 28.57
ionisierende Strahlen
– Haftung für ~ 54.19
Irreführung
– ~ durch AGB 46.04
Irrtum 37.01 ff.
– Beginn der Anfechtungsfrist 39.15
– Begriff 37.01
– Erklärungs~ 37.03 ff., s.a. dort
– Grundlagen~ 37.23 ff., s.a. dort
– Kalkulations~ 37.41
– Motiv~ 37.21 f.
– Wesentlichkeit des ~ 37.02
– s.a. Willensmängel
iura novit curia 5.03
ius cogens s. zwingendes Recht
iustum pretium 26.19